JUS PUBLICUM

Beiträge zum Öffentlichen Recht

Band 164

Stefan Haack

Verlust der Staatlichkeit

Mohr Siebeck

Stefan Haack, geboren 1975, Studium der Rechtswissenschaft in Leipzig; 1999 wiss. Mitarbeiter am Lehrstuhl für Staats- und Verwaltungsrecht, Wirtschafts-, Umwelt- und Planungsrecht der Juristenfakultät der Universität Leipzig (Prof. Dr. C. Degenhart); 2001 Referendariat in Sachsen, Wahlstation am Europäischen Hochschulinstitut in Florenz bei Prof. Dr. B. de Witte und Prof. Dr. G. de Búrca; Promotion 2001. Anschließend Wiss. Assistent am oben genannten Lehrstuhl, Habilitation 2007; Verleihung der Lehrbefugnis für die Fächer Öffentliches Recht, Europarecht und Allgemeine Staatslehre.

ISBN 978-3-16-149398-0
ISSN 0941-0503 (Jus Publicum)

Die deutsche Nationalbibliothek verzeichnet diese Publikation in der Deutschen Nationalbibliographie; detaillierte bibliographische Daten sind im Internet über *http://dnb.d-nb.de* abrufbar.

Das Buch wurde von Gulde-Druck in Tübingen aus der Garamond Antiqua gesetzt, auf alterungsbeständiges Werkdruckpapier gedruckt und von der Buchbinderei Spinner in Ottersweier gebunden.

Vorwort

Binnenmarkt, Osterweiterung, Post-Nizza-Prozeß, Türkei-Beitritt, Grundrechte-Konvent und Verfassungsvertrag: jedes dieser Stichworte markiert Aspekte in der Diskussion um die künftige Gestalt und um das künftige Wesen der Europäischen Union. Die meisten dieser Punkte führten und führen auf ein und dieselbe Grundthematik zurück – auf die Ungewißheit nämlich, welches Ergebnis am Ende des europäischen Integrationsprozesses erreicht werden soll. Daß dieses Ziel nicht in einem gesamteuropäischen Staatsganzen zu sehen sein dürfe, wird von vielen Seiten beteuert. Über das Problem jedoch, wie weit die Europäische Union gegenwärtig noch davon entfernt ist, ein Staatswesen zu bilden, und über die Frage, was getan werden müßte (oder was eben nicht getan werden darf), um diesen Schritt zu vollbringen – hierüber existieren bislang noch keine zufriedenstellenden Analysen. Nach dem Scheitern des „Vertrages über eine Verfassung für Europa" erscheint die Gelegenheit günstig, mit einer solchen Untersuchung an die Öffentlichkeit zu treten: in der Diskussion darüber, wie die Europäische Union reformiert werden sollte, herrschen nunmehr, nach den ambitioniert geführten Verfassungsdebatten seit Mitte der neunziger Jahre und nach ihrer Kulmination in den Auseinandersetzungen um den Verfassungsentwurf, Sachlichkeit und Ernüchterung vor – was einer wissenschaftlichen Aufarbeitung der Verfassungsthematik und der Staatlichkeitsfrage nur dienlich sein kann. Ganz in diesem Sinne soll sich auch die vorliegende Studie, ohne verfassungspolitischen Anspruch, dem Aspekt der Staatlichkeit widmen.

Begonnen habe ich mit ihrer Ausarbeitung im Dezember 2002 während meines Aufenthaltes am Europäischen Hochschulinstitut in Florenz; beendet habe ich sie in Leipzig im September 2006. In die Zeit ihrer Entstehung fallen damit die Arbeiten des Verfassungskonvents, die Querelen um den Entwurf, den dieser Konvent präsentiert hat, das Ratifikationsverfahren, sein Scheitern und die selbstverordnete Denkpause seitens der politischen Akteure. Den „Vertrag über eine Verfassung für Europa" in die Überlegungen einzubeziehen, erschien in dieser Situation unausweichlich. Für denjenigen, der sich mit den Grundproblemen von Staatlichkeit und Staatsform im europäischen Einigungsvorgang beschäftigen will, lohnt es sich dabei auch über den Zeitpunkt des Scheiterns hinaus, sich mit den Regelungen dieses Vertragswerks auseinanderzusetzen. Im Hinblick auf zahlreiche Einzelprobleme, wie zum Beispiel die Kompetenzkompetenz, ergeben sich aus dem Verfassungsvertrag Erkenntnisse, die in staatlichkeitstheoretischer und verfassungsjuristischer Hinsicht ihre Bedeutung behalten. Angesichts ihrer andauernden inhaltlichen Gültigkeit erscheint es mir dabei nach wie vor sinnvoll, ihnen trotz des Scheiterns des Verfassungsvertrages einen Platz im Rahmen dieser Studie zu geben.

Die Fülle des Materials, die zum Fragenkreis der europäischen Integration und zu den Grundlagen von Staatlichkeit und demokratischer Staatsform veröffentlicht wurde, hat eine Auswahl der Schrifttumsnachweise unumgänglich gemacht. Literatur, die nach dem 31. August 2006 erschienen ist, konnte nur noch vereinzelt berücksichtigt werden. Die Schrift „Verlust der Staatlichkeit" wurde im Sommersemester 2007 von der Juristenfakultät der Universität Leipzig als Habilitationsleistung angenommen. Herrn Professor Dr. *Christoph Degenhart* danke ich sehr herzlich für seine Bereitschaft, die Arbeit zu betreuen und den Erstbericht zu erstatten. Als seinem Assistenten hat er mir die Gelegenheit geboten, die Arbeit in einer überschaubaren Zeit fertigzustellen. Ebenso danke ich Herrn Professor Dr. *Helmut Goerlich*, der das Zweitgutachten verfaßt hat. Seine kritischen Anmerkungen zu dem von mir vertretenen Standpunkt waren mir ein Anlaß und werden mir ein Anlaß bleiben, das eigene Denken selbstkritisch zu prüfen. Das nach sächsischem Hochschulrecht obligatorische Drittgutachten hat Professor Dr. *Christian Hillgruber* erstattet; auch ihm möchte ich hierfür recht herzlich danken. Zum Gelingen des Buches haben *Sophia Bendele*, *Brigitta Haack*, *Ingeborg Haack*, *Gunda Heinze* und *Stefan Piper* sowie die studentischen Hilfskräfte des Lehrstuhls für Staats- und Verwaltungsrecht, Wirtschafts-, Umwelt- und Planungsrecht beigetragen. Ihnen allen gilt mein ganz besonderer Dank.

Leipzig, den 6. Juli 2007 *S.H.*

Gliederung

Inhaltsverzeichnis

Abkürzungsverzeichnis

a. A.	anderer Ansicht
a.a.O.	am angegebenen Ort
Abl.	Amtsblatt (der Europäischen Gemeinschaft)
Abs.	Absatz
a. E.	am Ende
a. F.	alte Fassung
AJCL	*The American Journal of Comparative Law*
AJIL	*The American Journal of International Law*
Alt.	Alternative
AöR	*Archiv des Öffentlichen Rechts*
APuZ	*Aus Politik und Zeitgeschichte*
Art.	Artikel
Artt.	die Artikel
AU	Afrikanische Union
Aufl.	Auflage
AVR	*Archiv des Völkerrechts*
BayVBl.	*Bayerische Verwaltungsblätter*
BayVerf	Verfassung des Freistaates Bayern
BB	*Betriebs-Berater*
Bd.	Band
BGB	Bürgerliches Gesetzbuch
BGBl.	Bundesgesetzblatt
BRAO	Bundesrechtsanwaltsordnung
BT-Drs.	Bundestagsdrucksache
BT-Prot.	Bundestagsprotokoll
BVerfG	Bundesverfassungsgericht
BVerfGE	Entscheidungen des Bundesverfassungsgerichts
BVerwG	Bundesverwaltungsgericht
BWahlG	Bundeswahlgesetz
BWVerf	Verfassung des Landes Baden-Württemberg
BYIL	*British Yearbook of International Law*
bzw.	beziehungsweise
CDE	*Cahiers de Droit Européen*
CMLR	*Common Market Law Review*
COSAC	Konferenz der Europa-Ausschüsse
CPE	*Constitutional Political Economy*
dens.	denselben
ders.	derselbe
dies.	dieselbe/dieselben

d.h.	das heißt
DÖV	*Die Öffentliche Verwaltung*
DVBl.	*Deutsches Verwaltungsblatt*
E	Entscheidung
EAG	Europäische Atomgemeinschaft
EFTA	European Free Trade Association (Europäische Freihandelsassoziation)
EG	Europäische Gemeinschaft(en)
EGKS	Europäische Gemeinschaft für Kohle und Stahl
EGMR	Europäischer Gerichtshof für Menschenrechte
EGV	Vertrag zur Gründung der Europäischen Gemeinschaft
EJIL	*European Journal of International Law*
EJIR	*European Journal of International Relations*
ELJ	*European Law Journal*
ELR	*European Law Review*
EMRK	Europäische Menschenrechtskonvention
EP	Europäisches Parlament
EPL	*European Public Law*
EU	Europäische Union
EUG	Europäisches Gericht erster Instanz
EuGH	Europäischer Gerichtshof
EuGRZ	*Europäische Grundrechte-Zeitschrift*
EUMC	Europäischer Militärausschuß
EUMS	Europäischer Militärstab
EuR	*Europarecht*
EUV	Vertrag über die Europäische Union
EuZW	*Europäische Zeitschrift für Wirtschaftsrecht*
EV	Vertrag über eine Verfassung für Europa
EWR	Europäischer Wirtschaftsraum
EWG	Europäische Wirtschaftsgemeinschaft
EWS	*Europäisches Wirtschafts- und Steuerrecht*
f.	folgende
FCE	Forum Constitutionis Europae
ff.	die folgenden
Fn.	Fußnote
GASP	Gemeinsame Außen- und Sicherheitspolitik
GG	Grundgesetz
GLJ	*German Law Journal* (Online-Publikation)
HandwO	Handwerksordnung
HILJ	*Harvard International Law Journal*
h.M.	herrschende Meinung
Hrsg.	Herausgeber
HS	Halbsatz
insbes.	insbesondere
ICLQ	*International and Comparative Law Quarterly*
i.e.	im einzelnen
i.S.	im Sinne
i.S.v.	im Sinne von

i.ü.	im übrigen
i. V. m.	in Verbindung mit
IPG	*Internationale Politik und Gesellschaft*
JA	*Juristische Arbeitsblätter*
JBl.	*Juristische Blätter*
JCMS	*Journal of Common Market Studies*
JEPP	*Journal of European Public Policy*
JÖR	*Jahrbuch des Öffentlichen Rechts*
JZ	*Juristenzeitung*
KritV	*Kritische Vierteljahresschrift*
lit.	litera
m.a.W.	mit anderen Worten
MDR	*Monatsschrift für Deutsches Recht*
m. E.	meines Erachtens
MLR	*The Modern Law Review*
m.N.	mit Nachweisen
m. w. N.	mit weiteren Nachweisen
NATO	North Atlantic Treaty Organisation
n. F.	neue Fassung
N. F.	Neue Folge
NJ	*Neue Justiz*
NJW	*Neue Juristische Wochenschrift*
Nr.	Nummer
Nrn.	Nummern
NVwZ	*Neue Zeitschrift für Verwaltungsrecht*
NYIL	*Netherlands Yearbook of International Law*
ORDO	*Das Jahrbuch für die Ordnung von Wirtschaft und Gesellschaft*
PL	*Public Law*
RabelsZ	*Rabels Zeitschrift für ausländisches und internationales Privatrecht*
RDP	*Revue de Droit Public*
REDC	*Revista Española de Derecho Constitucional*
RFDA	*Revue francaise de droit administratif*
Rn.	Randnummer
Rnrn.	Randnummern
Rs.	Rechtssache
RTDE	*Revue trimestrielle de droit européen*
RUDH	*Revue universelle des Droits des l'homme*
RuP	*Recht und Politik*
S.	Seite
SächsGemO	Sächsische Gemeindeordnung
SächsKomZG	Gesetz über die kommunale Zusammenarbeit in Sachsen
SächsVerf	Verfassung des Freistaates Sachsen
SGB	Sozialgesetzbuch
Slg.	Sammlung
sog.	sogenannt
st. Rspr.	ständige Rechtsprechung
TDS	*Teoria del diritto e dello stato*

ThürVBl.	*Thüringer Verwaltungsblätter*
u.a.	und andere
u.a.	unter anderem
UAbs.	Unterabsatz
UdSSR	Union der Sozialistischen Sowjetrepubliken
u.d.T.	unter dem Titel
UN	United Nations
UNO	United Nations Organisation
US	United States
USA	United States of America
usw.	und so weiter
u.U.	unter Umständen
v.a.	vor allem
VBlBW	*Verwaltungsblätter Baden-Württemberg*
verb.Rs.	verbundene Rechtssachen
VG	Verwaltungsgericht
vgl.	vergleiche
VerwArch	*Verwaltungsarchiv*
VVDStRL	*Veröffentlichungen der Vereinigung der Deutschen Staatsrechtslehrer*
WEP	*West European Politics*
WTO	World Trade Organization
WVRK	Wiener Vertragsrechtskonvention
YEL	*Yearbook of European Law*
YLJ	*The Yale Law Journal*
ZaöRV	*Zeitschrift für ausländisches öffentliches Recht und Völkerrecht*
z.B.	zum Beispiel
ZEuS	*Zeitschrift für europarechtliche Studien*
ZfA	*Zeitschrift für Arbeitsrecht*
ZfP	*Zeitschrift für Politik*
ZfRV	*Zeitschrift für Rechtsvergleichung*
ZG	*Zeitschrift für Gesetzgebung*
ZIB	*Zeitschrift für Internationale Beziehungen*
ZÖR	*Zeitschrift für Öffentliches Recht*
ZRP	*Zeitschrift für Rechtspolitik*
ZSR	*Zeitschrift für Schweizerisches Recht*
z.T.	zum Teil

Einleitung

I. Staatlichkeit als Grundform des politischen Gebundenseins

Daß individuelle Feindschaften schweigen, wo äußere Anfechtungen die Gesamtheit bedrohen: diese Annahme markiert den gedanklichen Ursprung der neuzeitlichen politischen Organisation. Was seit über vier Jahrhunderten in der Gestalt des Territorialstaats den Grundbaustein der politischen Ordnung bildet, ging als staatsrechtliche Einheit aus dem Bedürfnis hervor, Länder und Städte, in ihren komplexen und aus heutiger Sicht kaum noch nachvollziehbaren mittelalterlichen Herrschaftsstrukturen, gegen den Angriff äußerer Feinde zu sichern.[1] Politische Einheitstiftung vollzieht sich seit dieser Zeit zwangsläufig in geographischen Grenzen: Herrschaftsräume werden zu Räumen im territorialen Sinne; Fragen des politischen Verbundenseins bilden Probleme der territorialen Teilung. Als Gemeinschaft unabhängig zu sein, heißt in diesem Kontext vor allem, ein bestimmtes geographisches Gebiet exklusiv für sich in Anspruch zu nehmen. Indem sich so, durch die Ausformung des politischen Raums in seiner territorialen Begrenzung, die Staatlichkeit der Neuzeit etablierte, ergab es sich, daß auch die Zuordnung des einzelnen in der politischen Sphäre flächenbezogen fixiert werden mußte. An die Stelle seines konkreten persönlichen Gebundenseins an Landes-, Lehns- oder Hausherrn trat nach und nach seine Bindung an das Staatsganze.[2] Der Beginn der neuzeitlichen territorialstaatlichen Ordnung läßt sich insofern zuerst als Wandel politischer Bezugs- und Bindungsstrukturen erfassen. Die Ordnung der öffentlichen Sphären ist jedoch, und dies ist die entscheidende Konstante, auch über diesen Wandel hinweg als eine Summe letztmaßgeblicher individueller Einbindungsmomente erkennbar, in die der einzelne eingestellt bleibt.

Dieser zuletzt bezeichnete Zusammenhang: die neuzeitliche Staatlichkeit als eine Grundform des politischen Gebundenseins, muß demzufolge immer dann als Ausgangspunkt der Überlegungen dienen, wenn es darum geht, „Staatlichkeit“ staatstheoretisch zu entschlüsseln, um ihr Erscheinen und Vergehen verfassungsrechtlich einordnen zu können. Staatslehre und Verfassungsrechtswissenschaft stehen derzeit vor der Herausforderung, den Einfluß überstaatlicher

---

[1] *Otto Brunner*, Land und Herrschaft, S. 101.

[2] *Otto Brunner*, Land und Herrschaft, S. 426ff.

Transformationsprozesse auf den Bestand der Staatlichkeit beurteilen zu müssen. Weltpolitische Zwänge und kontinenteübergreifende Wirtschaftsstrukturen verringern ebenso wie globale Umwelt- und Gesundheitsprobleme die bisher vorhandenen Steuerungspotentiale zahlreicher Staaten, die hierauf durch verstärkte Kooperation reagieren – bis hin zur Einrichtung von Integrationsformen, durch die das Staatsein der daran beteiligten Einheiten selbst in Zweifel gestellt werden muß. Letzteres gilt in besonderem Maße für jene Art der Staatenverbindung, die aufgrund der unmittelbaren Anwendbarkeit des gemeinschaftlich erlassenen Rechts und seines verbindlichen Anwendungsvorrangs in der staats- und politikwissenschaftlichen Terminologie als „supranational" eingestuft wird.[3] Um festzustellen, ob (und wenn ja, in welchem Moment) die daran beteiligten Mitgliedsländer ihre Staatsqualität überwinden, bedarf es zuallererst der Erkenntnis, welche Faktoren die territorial gebundene Staatlichkeit als eine Grundform der politischen Bindung charakterisieren: welche Umstände begründen es, daß die Zugehörigkeit eines einzelnen zu einem Staat bis heute als die grundlegende politische Bindung seiner Existenz anzusehen ist? Was hebt diese Einbindung in ein staatliches Gemeinwesen über andere Zugehörigkeitsmomente, auf lokaler und regionaler Ebene, hinaus? Ist es vor diesem Hintergrund beispielsweise vorstellbar, daß eine europäische die nationale Staatlichkeit ersetzt? Wodurch tritt sie ein?

Seit dem Vertrag von Maastricht erörtert die Staatsrechtswissenschaft den Staatlichkeitsverlust.[4] Ihre Diskussionen darüber erwiesen sich von Anfang an als besonders facettenreich: in ihnen vermischen sich Staatsrecht und Verfassungstheorie mit verfassungspolitischen Ambitionen; „Verfassung", „Staat" und „Souveränität" wurden als Begriffe beansprucht und verworfen; hinzu kamen, insbesondere durch den verstärkten Einfluß angloamerikanischen Verfassungsdenkens, Gesichtspunkte der Demokratietheorie, die das Staatlich-

[3] Zur Definition der „Supranationalität" siehe *Christian Koenig/Andreas Haratsch*, Europarecht, Rn. 13, die für eine Begriffsbestimmung insbesondere auf die unmittelbare Anwendbarkeit des Gemeinschaftsrechts in den Mitgliedstaaten und dessen Anwendungsvorrang sowie die Beschlußfassungsverfahren durch Mehrheitsentscheidung in der EG abstellen. Eine abweichende Verwendungsweise findet sich u. a. bei *Thomas Oppermann*, Europarecht, § 12 Rn. 6, der die Kompetenzfülle der EG in den Mittelpunkt rückt. – Daß die Zahl an supranationalen Organisationen zunimmt (und mittlerweile auch die UNO supranationale Züge aufweist), meint *Christoph Gusy*, ZfP 1998, 267, 268. Ausführlich zum Wesen der „Suprantionalität" auch *Christian Hillgruber*, in: Isensee/Kirchhof (Hrsg.), Handbuch des Staatsrechts, Bd. II, § 32 Rnrn. 85 ff.

[4] Siehe dazu insbesondere die Nachweise zum Ersten Abschnitt des Vierten Buches, dort unter II.1. Eine erste Einführung in die Thematik vermitteln u. a. *Matthias Herdegen*, EuGRZ 1992, 589, 590; *Josef Isensee*, in: Festschrift für Ulrich Everling, Bd. I, S. 567, 585 ff.; *Peter Lerche*, in: Festschrift für Konrad Redeker, S. 131, 134 ff.; *Dietrich Murswiek*, Der Staat 32 (1993), 161; *Fritz Ossenbühl*, DVBl. 1993, 629, 632 und *Hans Heinrich Rupp*, NJW 1993, 38, 39 sowie aus französischer Sicht *Jean François Flauss*, in: Schwarze/Müller-Graff (Hrsg.), Europäische Verfassungsentwicklung, S. 31, 36 ff.

keitsthema verdecken. Der „Vertrag über eine Verfassung für Europa“ hat dieser Diskussion in den vergangenen Jahren neuen Gesprächsstoff gegeben. Einzelne seiner Inhalte, aber auch das Stichwort „Verfassung“ haben das Staatlichkeitsthema noch einmal hervortreten lassen. Heute, in der Ungewißheit über sein Inkrafttreten und die künftigen Wege der Integration, ist dessen Behandlung nur um so dringender geboten.

II. Die Hauptanliegen der Untersuchung

1. Inhaltliche Ansprüche: Staatlichkeit und Staatsform im europäischen Kontext – verfassungstheoretische Analyse und juristische Behandlung

Inhaltlich beansprucht die folgende Untersuchung, Zulässigkeit und Erkennbarkeit eines Beitritts der Bundesrepublik Deutschland zu einem gesamteuropäischen Bundesstaatsganzen zu klären. Dies setzt es voraus, „Staatlichkeit“ als Grundform des politischen Gebundenseins einer Gemeinschaft zu entwerfen, deren Übergang anhand bestimmbarer Kriterien ermittelt werden kann.[5] Die verfassungsrechtlichen Folgen eines Staatlichkeitsverlustes zu bestimmen, bedeutet dabei zugleich, eine Studie zum Wesen der Legalität zu erbringen: aus dem Verständnis vom Ursprung der verfassungsrechtlichen Ordnung heraus ist zu ermitteln, inwiefern diese Verfassungsnatur und Geltungsgrund preisgeben kann. Die Auslegung verfassungsrechtlicher Normen im Grenzbereich der Staatlichkeitsfrage, wie sie sich im Grundgesetz in den Artt. 20 Abs. 1, 79 Abs. 3 und 146 finden, verlangt es dem Rechtsanwender ab, sich über Grund und Grenzen der Geltung verfassungsrechtlicher Rechtsvorschriften im klaren zu sein. Untersuchungsziele dieser Art beleuchten damit zugleich die Grenzen des Positivismus; sie zwingen dazu, über das Verhältnis von Rechtssatz und Wirklichkeit, von Normwissenschaft und Ontologie, zu spekulieren. Von hier aus sind dann alle weiteren Fragen, die sich mit dem Staatsein verbinden, in die Aufgabenstellung zu integrieren, d. h. insbesondere der Aspekt des Föderalismus und die Frage nach dem Zusammenspiel von Staatlichkeit und Staatsform, von Souveränität und Demokratie.

Die verfassungsrechtlichen Überlegungen dazu gehen vom augenblicklichen Integrationsstand aus und weisen darüber hinaus; sie deuten die gegenwärtige Verfassungsstruktur in Deutschland und der EU und berechnen die Folgen ihrer möglichen künftigen Änderung. Ihr Anspruch ist es, die Auswirkungen staatlichkeitsrelevanter Rechtsstrukturen im supranationalen Staatengefüge auf den Geltungsanspruch und den Inhalt der mitliedstaatlichen Verfassungs-

---

5 Als grundlegende Abhandlung zu Wesen und rechtlicher Relevanz des Phänomens Staatlichkeit ist bereits an dieser Stelle zu nennen: *Christoph Gusy*, Brauchen wir eine juristische Staatslehre?, passim.

ordnung am Beispiel der Bundesrepublik sichtbar zu machen. Dieser inhaltliche Anspruch umfaßt dabei die folgenden vier Punkte:

- Was kennzeichnet die Staatlichkeit als Grundform der politischen Bindung?
- Was davon fehlt der EU und wie kann sie es erlangen?
- In welchem Zusammenhang stehen Staatlichkeit und Staatsform; was verbindet die Frage eines gesamteuropäischen Bundesstaats mit dem Problem der gesamteuropäischen Demokratie?
- Läßt das Grundgesetz einen Beitritt Deutschlands zum gesamteuropäischen Bundesstaat zu?

2. *Begriffssystematische Ansprüche: Sachfragen und Denkschablonen im Kontext der europäischen Konstitutionalisierungsdebatte*

Die Konstitutionalisierung der supranationalen Struktur[6] durch verfassungsqualitative Einzelelemente überstaatlichen Rechts und durch das Inkraftsetzen eines formell als „Verfassung für Europa" bezeichneten Vertrages zwingt Verfassungstheorie und Staatsrechtslehre dazu, sich der Bedeutung ihrer Grundbegriffe zu vergewissern. Supranationales Verfassungsrecht wirft die Lehren vom Staat auf entschieden geglaubte Grundfragen zurück. Die Erörterungen dieser Arbeit sollen helfen, die zentralen Gesichtspunkte europäischer Verfassunggebung im theoretischen Diskurs zu systematisieren. Inhaltliche Kontroversen sind dabei, soweit dies möglich sein kann, vom Begrifflichen abzuziehen[7]; Streitigkeiten wie beispielsweise die Frage, ob Verfassungen ohne Staat vorstellbar sind, sollen aufgelöst und auf das zurückgeführt werden, was sich

---

[6] Monographische Arbeiten zum Konstitutionalisierungsprozeß liegen u. a. vor von *Armin von Bogdandy* (Supranationaler Föderalismus als Wirklichkeit und Idee einer neuen Herrschaftsform, 1999), *Christoph Dorau* (Die Verfassungsfrage der Europäischen Union, 2001), *Jörg Gerkrath* (L'Emergence d'un droit constitutionnel pour l'Europe, 1997), *Ulrich Haltern* (Europarecht und das Politische, 2005) und *Manuel Medina* (Hacia una constitución europea, 1994). Besondere Erwähnung verdienen des weiteren *Roland Bieber*, in: Wildenmann (Hrsg.), Staatswerdung Europas?, S. 393; *ders.*, Die Union 1998/4, 17; *Michiel Brand*, Affirming and Refining European Constitutionalism: Towards the Establishment of the First Constitution for the European Union, passim; *Dieter Grimm*, in: Schuppert/Pernice/Haltern (Hrsg.), Europawissenschaft, S. 177; *Ulrich Hufeld*, in: Beckmann/Dieringer/Hufeld (Hrsg.), Eine Verfassung für Europa, S. 313; *Beate Kohler-Koch*, A Constitution for Europe?, passim; *Theo Öhlinger*, in: Festschrift für Georgios I. Kassimatis, S. 801; *Ingolf Pernice*, Die neue Verfassung der Europäischen Union – ein historischer Fortschritt zu einem europäischen Bundesstaat?, passim, sowie *Paul Craig*, ELJ 7 (2001), 125, der die Konstitutionalisierung durch Einzelelemente überstaatlichen Verfassungsrechts auf S. 128 ff. und die Frage des Inkraftsetzens einer formellen Verfassungsurkunde auf S. 135 ff. darstellt. Eine Einschätzung der Debatte selbst bietet *Peter M. Huber*, in: Deutscher Bundestag – Referat Öffentlichkeitsarbeit (Hrsg.), Der Weg zum EU-Verfassungskonvent, S. 193 f.

[7] Vgl. dazu auch *Karl Doehring*, in: Festschrift für Ulrich Everling, Bd. I, S. 263, 266; *Stefan Oeter*, ZaöRV 55 (1995), 659, 701; *ders.*, ZaöRV 59 (1999), 901, 902; *Cass R. Sunstein*, Transit 17 (1999), 193, 196 und *Christian Tomuschat*, in: Nettesheim/Schiera (Hrsg.), Der integrierte Staat, S. 155, 161.

hinter den Fassaden der jeweiligen Termini verbirgt. Natur und Charakter der Europäischen Union lassen sich ebensowenig wie die Bedeutung künftiger Integrationsschritte aus dem nationalstaatlich geprägten Arsenal verfassungstheoretischer Begrifflichkeiten deduzieren[8]; die Grundmotive des verfassungstheoretischen Denkgebäudes, die Themenkreise von Verfassunggebung und Souveränität, sind im Kontext der europäischen Konstitutionalisierungsdebatte als Sachfragen zu behandeln. In welchen rechtlichen Zusammenhängen drückt sich die Staatlichkeit aus? Was bedeutet zum Beispiel das Recht, einen supranationalen Verband verlassen zu können, im Kontext der Staatlichkeitsanalyse; welche Rolle spielen Letztentscheidungsrecht, Zwangsmittelhoheit und die Option, legal über die Auflösung des Gesamtverbands zu entscheiden? Welche tatsächlichen Umstände liegen diesen Rechtstrukturen zugrunde? Erst aus den Antworten auf diese und alle damit verbundenen Fragen läßt sich eine haltbare staats- und verfassungstheoretische Begriffssystematik von Ausdrükken wie „Staat", „Verfassung" und „Souveränität" entwickeln. Die juristische Analyse, die sich auf Wendungen wie den „Verlust der Staatlichkeit" bezieht, hat zunächst die Inhalte dieser Begrifflichkeiten zu verdeutlichen; der unreflektierte Einsatz terminologisch-ideeller Denkschablonen muß die Diskurse über Wesen und Dasein des Staates zwangsläufig verzerren. Wo sich verfassungstheoretische Gedankengebäude im Zuge des Denkens in ihrer Systematik verselbständigt haben, mißlingt im Falle der gewandelten Verhältnisse der verfassungsrechtliche Schluß.

3. Wissenschaftlich-methodische Ansprüche: staatswissenschaftliches Erkenntnisbestreben und verfassungspolitische Ambition

In den Auseinandersetzungen um Einrichtung und Ausbau einer europäischen Verfassungsordnung wurden staatsrechtliche und staatstheoretische Analysen nicht selten mit verfassungspolitischen Ambitionen verknüpft.[9] In ihrem wissenschaftlich-methodischen Anspruch wendet sich die folgende Betrachtung gegen den Versuch, verfassungspolitische Ziele zugunsten eines Fortschritts der Integration oder zugunsten einer Stärkung des Nationalstaates durch eine Verschleierung theoretischer Grundfragen zu verfolgen.[10] Jahrzehntelang wur-

---

[8] Wie dies beispielsweise *Jean Louis Seurin* (PL 1994, 625, 626ff.) für den Begriff des „federalism" unternimmt. Demgegenüber zeigt *Philip Raworth* (AVR 32 [1994], 24), wie entstehende Strukturen an hergebrachten Begriffen zu messen sind.

[9] Anschauliche Beispiele dafür finden sich u.a. bei *Roland Bieber*, in: Ipsen/Rengeling/Mössner/Weber (Hrsg.), Verfassungsrecht im Wandel, S. 291; *Ernst-Ulrich Petersmann*, CMLR 32 (1995), 1123, 1124ff.; *Rupert Scholz*, ZG 2002, 1; *Jürgen Schwarze*, in: Schwarze/Müller-Graff (Hrsg.), Europäische Verfassungsentwicklung, S. 7, 18ff.; *ders.*, DVBl. 1999, 1677, 1683f. und *Joseph H. H. Weiler*, ELJ 1 (1995), 219.

[10] Vgl. auch *Jean-Claude Piris*, EuR 2000, 311, 314. Demgegenüber hält es *Peter Häberle* (Europäische Verfassungslehre, S. 149f.) für die Aufgabe des „Europäischen Juristen", „als

de auf der politischen Bühne die Offenheit des europäischen Integrationsprozesses hervorgehoben[11], die es verbieten sollte, Integrationsziele im Sinne der traditionellen Staatlichkeitslehren festzulegen. Die Wissenschaft ist dieser Direktive bereitwillig gefolgt.[12] Integrationsziele offen zu lassen, hat seinen Sinn, solange Fortschritt und Richtung des Einigungswerkes ungewiß sind[13]. Ziele nicht festzulegen, kann aber auch heißen, Ziele nicht auszusprechen – ihr weiteres Offengehaltenwerden könnte umschlagen in ein Tabu, politisch heikle Projekte (wie einen europäischen Staat) bei ihrem passenden Namen zu nennen. Aufgabe einer „europäischen Staatsrechtslehre"[14] ist es daher, die entstehende Bindungsform der Europäischen Union verfassungstheoretisch zu erfassen und in die vorhandene Vielfalt vorstellbarer Herrschaftsmuster einzuordnen.[15] Dies ermöglicht es, die konstitutionalisierte überstaatliche Struktur staatsrechtlich zu begreifen. Konsequenzen, wie sie im folgenden dargestellt werden, sind juristische Konsequenzen, die der europäische Konstitutionalisierungsprozeß heute und bei möglichen künftigen Integrationsschritten zeitigt; die hierbei zu entwickelnden Lehren von Verlust und Neubegründung der Staatlichkeit können dabei, je nach verfassungspolitischem Standpunkt, als Wegbeschreibung oder als Worst-Case-Szenario dienen.

4. Phänomenologische Ansprüche: überstaatliche Verfassunggebung und Staatlichkeitsübergang als Kategorien des Verfassungsdenkens

Die Auflösung nationaler Staatlichkeit im europäischen Integrationsprozeß läßt sich zugleich als Musterfall einer phänomenologischen Kategorie im Bereich der Staatswissenschaften beschreiben. Sie zeigt, wie ein konkretes Gemeinwesen eine Bindung in innerer und äußerer Unabhängigkeit begründet,

europäischer Verfassungspolitiker" zum „Mittler der europäischen Identität" zu werden und „Nationalismus zurück[zu]drängen", indem er für die „innere Europäisierung des nationalen Verfassungsrechts" wirbt.

11 Wohingegen mit der Gründung der Gemeinschaften durchaus ein bestimmtes Ziel – die Vision vom europäischen Bundesstaat – verfolgt worden ist; vgl. *Eckhard Pache*, EuR 2002, 767.

12 Beispielhaft dafür sind *Roland Bieber*, in: Ipsen/Rengeling/Mössner/Weber (Hrsg.), Verfassungsrecht im Wandel, S. 291, 296; *Hermann-Josef Blanke*, ThürVBl. 2002, 224, 225; *Peter Häberle*, DVBl. 2000, 840, 845; *Meinhard Hilf*, in: Hommelhoff/Kirchhof (Hrsg.), Der Staatenverbund der Europäischen Union, S. 75, 85 sowie *Dimitris Th. Tsatsos*, EuGRZ 1995, 287, 289. Stellungnahmen gegen ein weiteres Offenlassen häufen sich; vgl. *Karl Doehring*, VVDStRL 60 (2001), 357; *Udo Di Fabio*, JZ 2000, 737, 738; *Thomas Läufer*, in: Gedächtnisschrift für Eberhard Grabitz, S. 355, 357; *ders.*, integration 1994, 204.

13 *Udo Di Fabio*, JZ 2000, 737, 738.

14 Von der bereits *Peter Häberle*, EuGRZ 1991, 261, 267, spricht.

15 Gegebenenfalls wird es sich zeigen, daß sich manches von dem, was politisch gewollt ist, gegenseitig beschränkt, so etwa, wenn der ehemalige Bundesaußenminister *Joschka Fischer* eine Europäische Föderation anvisiert, die „voll souverän" sein soll, und zugleich davon spricht, daß die Nationalstaaten fortexistieren (integration 2000, 149, 154).

betätigt und verliert. Die Abläufe paralleler Phänomene in Gegenwart und Geschichte bergen den Schlüssel zu Fragen der Verfassungsentstehung, wie sie auch im Kontext des europäischen Integrationsprozesses zutage getreten sind. Souveränitätseinbußen, Staatlichkeitsübergang und die Entstehung einer verfassungsrechtlichen Ordnung aus einer Summe von völkerrechtlichen Verträgen bilden phänomenologische Kategorien einer sich vollziehenden politischen Wirklichkeit nach bisweilen sich wiederholendem Muster.

Auflösung und Neuentstehung staatlichkeitsbegründender Bindungsstrukturen lassen sich gegenwärtig in entgegengesetzten Richtungen beobachten: während möglicherweise überstaatliche Integrationsprozesse den darin eingebundenen Teilen die Staatlichkeit nehmen[16], zeigen sich anderenorts Zerfallsprozesse, in denen der Unabhängigkeitsanspruch einzelner Teile die Bindung der Gesamtheit bezwingt. Keineswegs beschränkten sich derartige desintegrationistische Bestrebungen auf das Ende der osteuropäischen Vielvölkerstaaten nach ihrer Abkehr vom Marxismus: die Sezessionsbestrebungen der kanadischen Provinz Québec in den achtziger und neunziger Jahren haben bewiesen, daß die Frage nach dem Verhältnis von Verfassungsordnung und politischem Gebundensein auch in der Gegenwart der westlichen Staatenwelt theoretisch interessant und praktisch von Bedeutung bleibt.[17] Hier und in vergleichbaren Prozessen ließ sich beobachten, wie bei Zerfall und Zusammenschluß einzelner Teilräume eine als Staatlichkeit aufzufassende, auf Unabhängigkeit nach innen und außen gerichtete Bindung vergeht und abgelöst wird.

Auch der Blick auf historische Parallelen verspricht Antworten auf verfassungstheoretische Fragen im europäischen Konstitutionalisierungsprozeß. Das europarechtliche Schrifttum hat sich dieser Erkenntnisquelle bedient und interessante Affinitäten beschrieben. So wurde des öfteren auf die vorgebliche Ähnlichkeit der Unionsstruktur mit dem Heiligen Römischen Reich hingewiesen[18]; in der Auseinandersetzung um die Souveränität in Europa hat man die

---

[16] Daß mittelfristig auch andere internationale Staatenverbindungen, wie etwa die Afrikanische Union (AU), supranationale Wege beschreiten, erscheint gegenwärtig zumindest vorstellbar. Der europäische Einigungsprozeß läßt sich insofern auch als Modell begreifen, das die praktische Umsetzung entsprechender Vorhaben beeinflussen wird und zugleich als Bezugspunkt ihrer rechtswissenschaftlichen Erfassung fungiert.

[17] Auf die verfassungstheoretischen Zusammenhänge dieser Ereignisse mit der europäischen Frage weist *Jo Shaw*, Journal of Law and Society 27 (2000), 4, 23f., zutreffend hin, wo auch weitere Nachweise zur Québec-Frage selbst zu finden sind. Anspielungen finden sich darüber hinaus bei *Olivier Beaud*, Der Entwurf einer Verfassung für Europa – Verfassungsrechtliche Betrachtungen aus französischer Perspektive, S. 10; *Luis Diez-Picazo*, in: Weiler/Eisgruber (Hrsg.), Altneuland: The EU Constitution in a Contextual Perspective, S. 10f. sowie *Joseph H.H. Weiler*, in: Joerges/Mény/Weiler (Hrsg.), What Kind of Constitution for What Kind of Polity?, S. 235, 240 und 247. Zu weiterführenden Hinweisen siehe zusätzlich noch *Neil Walker*, The Migration of Constitutional Ideas and the Migration of the Constitutional Idea: the Case of the EU, S. 16 (dort in Fn. 82).

[18] *Jochen A. Frowein*, EuR 1995, 315, 319 und *Josef Isensee*, in: Festschrift für Ulrich Ever-

Aussagen *Samuel Pufendorfs* zur Souveränitätsproblematik im Reich wiederholt als für die EU passend empfunden.[19] Auch die späteren Formen bündischer Einheitstiftung in Deutschland – vom Deutschen[20] über den Norddeutschen[21] Bund bis zum Kaiserreich[22] – wurden als historische Vergleichsmomente herangezogen. Als Parallele zur Entstehung der EU wurde, allgemein oder in gewissen Details, auch die Gründung und Entwicklung der Vereinigten Staaten[23] gesehen, vor allem zwischen 1776 und 1788, aber auch im Zeitraum ihrer noch nicht zur vollen Eigenstaatlichkeit herangewachsenen Bundesstruktur vor dem Sezessionskrieg. Die Einrichtung staatlicher Strukturen aus Staatenverbindungen heraus beschäftigt die Staatswissenschaft außerdem in den Fällen Kanadas[24] und der Schweiz[25]. Deren Schritt in die Verfassungsautonomie[26] ist ein

---

ling, Bd. I, 567, 584 f. Gegen den Vergleich wendet sich *Ulrich K. Preuß*, Transit 17 (1999), 154, 165.

[19] Gemeint sind die Ausführungen *Samuel Pufendorfs* im 6. Kapitel, § 9 seiner Reichsverfassungsschrift. Die Parallelen der EU zum Alten Reich behandelt eingehend *Tilman Evers*, Leviathan 1994, 115, 121 ff. (aus der Sicht des Politologen). Anspielungen in diese Richtung finden sich des weiteren bei *Stefan Griller*, in: Schuppert/Pernice/Haltern (Hrsg.), Europawissenschaft, S. 201, 202 f.; *Ernst-Joachim Mestmäcker*, RabelsZ 58 (1994), 615, 630; *Gunnar Folke Schuppert*, in: Klingemann/Neidhardt (Hrsg.), Zur Zukunft der Demokratie, S. 237, 246 f. und *Albrecht Weber*, JZ 1993, 325, 326. Die von *Pufendorf* gebrauchte Formulierung „Monstrum" wird von einigen Autoren ohne ausdrückliche Erwähnung des Urhebers aufgegriffen, wie z. B. von *Karl Doehring*, ZRP 1993, 98, 102 und *Jochen A. Frowein*, EuR 1995, 315, 319. Gegen die Verwendung dieses Ausdrucks argumentiert *Christian Tomuschat*, in: Nettesheim/Schiera (Hrsg.), Der integrierte Staat, S. 155, 174 f.

[20] *Stefan Griller*, in: Schuppert/Pernice/Haltern (Hrsg.), Europawissenschaft, S. 201, 203; *Reinhard Mußgnug*, VVDStRL 60 (2001), 350 f.

[21] *Franz Cromme*, DÖV 2002, 593, 594 f.; *Paul Kirchhof*, in: Isensee/Kirchhof (Hrsg.), Handbuch des Staatsrechts, Bd. VII, § 183 Rn. 38 und *Heinrich Schneider*, integration 2000, 171, 177.

[22] *Claus Eiselstein*, ZRP 1991, 18, 19; *Stefan Griller*, in: Schuppert/Pernice/Haltern (Hrsg.), Europawissenschaft, S. 201, 203; *Stefan Oeter*, ZaöRV 55 (1995), 659, 663 ff. und 679 ff. sowie *Albrecht Weber*, JZ 1993, 325, 327. Zurückhaltender gegenüber der deutschen Parallele äußert sich *Rainer Wahl*, in: Festschrift für Hasso Hofmann, S. 113, 118 f.

[23] Eine Fülle interessanter Gesichtspunkte dazu enthält der Vortrag des EU-Botschafters in den USA, *Günter Burghardt*, an der Berliner Humboldt-Universität vom 6. Juni 2002 (Die Europäische Verfassungsentwicklung aus dem Blickwinkel der USA). Siehe dazu außerdem *Luis Diez-Picazo*, in: Weiler/Eisgruber (Hrsg.), Altneuland: The EU Constitution in a Contextual Perspective, S. 4 ff.; *Randi L. Goring*, Requirements for the Emerging European Constitution, passim; *Dieter Grimm*, in: Schuppert/Pernice/Haltern (Hrsg.), Europawissenschaft, S. 177, 188 f. und *Markus M. Müller*, in: Beckmann/Dieringer/Hufeld (Hrsg.), Eine Verfassung für Europa, S. 73 f. (speziell zur Tätigkeit der Verfassungskonvente).

[24] *Trevor C. Hartley*, AJCL 34 (1986), 229, 232.

[25] *Paul Kirchhof* in: Isensee/Kirchhof (Hrsg.), Handbuch des Staatsrechts, Bd. VII, § 183 Rn. 38; *Ernst-Joachim Mestmäcker*, RabelsZ 58 (1994), 615, 620; *Joseph H. H. Weiler*, YLJ 100 (1991), 2403, 2471; *ders.*, Aussenwirtschaft 46 (1991), 411, 419. Hierzu und zu einer Reihe weiterer möglicher Parallelen auch *Alexander Schmitt Glaeser*, Grundgesetz und Europarecht als Elemente Europäischen Verfassungsrechts, S. 27.

[26] Der auch für Großbritannien und die Niederlande angesprochen wurde, vgl. zum ersten *Philip Raworth*, AVR 32 (1994), 24, 37 und zum zweiten *Ernst-Joachim Mestmäcker*, RabelsZ

Gesichtspunkt, dessen Übertragbarkeit auf die EU durch phänomenologische Kategorienbildung zu bestimmen ist.

5. Terminologische Ansprüche: Identifikation und Lösung begrifflicher Dissonanzen im Kontext der europäischen Verfassungsdebatte

Objektivierung und Systematisierung eines Verfassungsdiskurses sind mit der Überprüfung seiner Begrifflichkeiten verbunden.[27] Die Probleme, mit denen sich die Wissenschaft im Kontext der Integrationsfragen abmüht, haben in beträchtlichem Umfang auch begriffliche Wurzeln, die sich in drei Gruppen zusammenfassen lassen:

- Terminologische Schwierigkeiten rühren zuerst aus dem Stoff selbst her. Die Auseinandersetzungen um die Begriffe von „Staat" und „Verfassung" weisen auf philosophisch-weltanschauliche Vorprägungen der entsprechenden Ausdrücke hin.[28] Die kaum noch zu fassende Nuancenvielfalt der eingenommenen Positionen bei teilweise grundlegenden Divergenzen entzieht den Begriffen die Fähigkeit, in allgemein akzeptierter Form verstanden zu werden.
- Hinzu kommt zweitens, daß es teilweise für notwendig gehalten wird, die Bedeutung verfassungstheoretischer Wendungen neu zu bestimmen, um diese im Kontext der Integration aus bestimmten Gründen beizubehalten. Begriffe werden neu definiert, ihre Inhalte ausgetauscht, um durch eine terminologische Kontinuität die inhaltliche Problematik bestimmter Ergebnisse zu kaschieren.
- Eine Quelle von Mißverständnissen liegt zudem in der Sprachenvielfalt, welche die Auseinandersetzungen über das Entstehen einer gesamteuropäischen Rechtsordnung prägt. Die linguistische Inkongruenz der diskursbeherrschenden Begriffe macht übersetzungsbedingte Reibungsverluste nahezu unvermeidlich.

Der folgende Absatz greift diesen terminologischen Anspruch auf; er zielt darauf ab, die Debatte um die europäische Konstitutionalisierung von der Begriffsfassade zu lösen.

---

58 (1994), 615, 620; vgl. auch *Alexander Schmitt Glaeser*, Grundgesetz und Europarecht als Elemente Europäischen Verfassungsrechts, S. 27.

[27] Neuer Terminologien bedarf es dabei erst, wenn die alten mit Sicherheit ausscheiden – was nicht selten zu voreilig unterstellt wird; siehe statt vieler *Ingolf Pernice*, Die neue Verfassung der Europäischen Union – ein historischer Fortschritt zu einem europäischen Bundesstaat?, S. 13 f.

[28] Vgl. auch *Paul Craig*, ELJ 7 (2001), 125, 127.

III. Terminologische Diagnostik: Begriffsverwirrungen und Begriffsverzerrungen im europäischen Verfassungsdiskurs

1. *Stoffbedingte Verständigungshürden: die Unzulänglichkeit der begrifflichen Deduktion*

Verfassungstheoretische Abhandlungen zur europäischen Verfassunggebung kommen nicht umhin, sich die Problematik ihrer zentralen Termini bewußt zu machen. Die Bedeutung der Begriffe „Staat", „Verfassung" und „Souveränität" bedarf der Transparenz. Zugleich muß es darum gehen, die Relevanz der Begriffe im Verfassungsdiskurs zu relativieren[29]: sich zu verständigen heißt, seine Positionen in der Sache selbst einzunehmen. Übereinstimmung und Differenzen sind daher zuallererst dort zu suchen, wo die Inhalte des Verfassungsdiskurses liegen; von hieraus sind sodann die Begriffe zu ordnen: verfassungstheoretische Diskussionen um die Natur von Staat und Verfassung erfüllen ihren Zweck nur insoweit, wie die Durchdringung des Gedankens den Streit um den Ausdruck verdrängt.

Ein erstes Beispiel hierfür findet sich in der Auseinandersetzung darüber, ob Souveränität zwischen verschiedenen Trägern (z.B. zwischen der EU und ihren Mitgliedstaaten) geteilt werden kann.[30] Dieser Streit ist in vorderster Linie begrifflich: die hierzu vertretenen Positionen divergieren auch und vor allem darin, welches Phänomen mit dem Ausdruck „souverän" benannt werden soll. „Souveränität" bezieht sich dabei einerseits auf eine (durchaus teilbare) Fülle an staatlicher Hoheitsgewalt und andererseits auf ein aus der Unabhängigkeit einer abgegrenzten politischen Einheit sich ergebendes unteilbares Selbstbestimmungsrecht.[31] „Souveränität" ist damit ein Nomen, das verschiedene Seiten jenes Gesamtzusammenhangs kennzeichnet, den wir als „Staatlichkeit" kennen.

---

[29] Zur Hilflosigkeit begrifflich orientierter Debatten in diesem Kontext auch *Martin Nettesheim*, ZEuS 2002, 507, 524f.; *Stefan Oeter*, ZaöRV 55 (1995), 659, 701 und *Christian Tomuschat*, in: Nettesheim/Schiera (Hrsg.), Der integrierte Staat, S. 155, 161.

[30] Zu den Wurzeln des Streits im deutschen Konstitutionalismus *Stefan Oeter*, ZaöRV 55 (1995), 659, 667ff.; zu seiner begrifflichen Natur ebenda, 668. – Anschaulich für die Begrifflichkeit des Streits ist auch die Unterscheidung zwischen „shared" und „divided sovereignty" bei *Tanja A. Börzel/Thomas Risse*, in: Joerges/Mény/Weiler (Hrsg.), What Kind of Constitution for What Kind of Polity?, S. 45, 46ff. Weitere Gesichtspunkte, die in diesem Kontext eine erste Orientierung verschaffen, finden sich bei *Karl Doehring*, in: Festschrift für Ulrich Everling, Bd. I, S. 263, 266f.

[31] Vgl. dazu beispielsweise *Günter Frankenberg*, ELJ 6 (2000), 257, 274; *Paul Kirchhof*, in: Isensee/Kirchhof, Handbuch des Staatsrechts, Bd. VII, § 183 Rn. 55, sowie *dens.*, in: Festschrift für Thomas Oppermann, S. 201, 209. Neueste Abwandlungen des Souveränitätsbegriffes versuchen, diesen vom einzelnen her zu entwerfen; so z.B. *Ingolf Pernice*, VVDStRL 60 [2001], 148, 162: Souveränität bedeute „Selbstbestimmung des einzelnen als Element der Menschenwürde"; ähnlich jetzt *Markus Kotzur*, Grenznachbarschaftliche Zusammenarbeit in Europa, S. 265ff.; *ders.*, JÖR 52 N.F. (2004), 197, 214. Die daraus sich ergebenden Schwierigkeiten sind weniger die Folge der Unzulänglichkeit von begrifflichen Deduktionen bei ei-

Die gewählte Benennung oder ihre Ablehnung ändert indes nichts an der Existenz der damit bezeichneten Größen; „Souveränität" als eine Mehrzahl von Phänomenen der Staatswirklichkeit existiert, unabhängig davon, ob der Begriff in jedem Zusammenhang paßt. Was man „Souveränität" nennen soll, ist ein Definitionsproblem – die Sachfrage lautet, was die damit bezeichneten Umstände ausmacht.[32]

Auch das Problem[33], ob die EU als Nichtstaat Inhaberin einer Verfassung sein könne, entpuppt sich zuerst als eine Begriffsabgrenzungsfrage[34]: die Antwort hängt davon ab, in welchem Sinne man den Ausdruck „Verfassung" versteht. Bei der Verwendung des Wortes vermischen sich dabei juristische, soziologische und politische Dimensionen des Verfassungskonzepts[35]: während sich aus juristischer Sicht der Ausdruck „Verfassung" allein auf das höchste Gesetz

---

nem umstrittenen verfassungstheoretischen Begriff als vielmehr die Komplikationen einer gezielten Begriffsumprägung, von denen nachstehend unter 2. die Rede ist.

[32] Die hieraus sich ergebenden Probleme verdeutlichen die Ausführungen von *Hermann-Josef Blanke* (DÖV 1993, 412, 420), der nach dem Versuch einer begrifflichen Erschließung des Souveränitätsphänomens mit der Unterscheidung von „nationaler Staatsgewalt" und „Gemeinschaftsgewalt" zur Sache selbst zurückfindet. Auf begriffliche Divergenzen in diesem Kontext weist auch *Karl Doehring* (VVDStRL 60 [2001], 357) hin.

[33] Maßgebliche Stellungnahmen hierzu finden sich u.a. bei *Giovanni Biaggini*, ZSR 119 N.F. (2000), 445, 457ff.; *Roland Bieber*, in: Ipsen/Rengeling/Mössner/Weber (Hrsg.), Verfassungsrecht im Wandel, S. 291, 292ff.; *Christoph Dorau/Philipp Jacobi*, EPL 6 (2000), 413, 416ff.; *Udo Di Fabio*, JZ 2000, 737, 738f.; *Dieter Grimm*, JZ 1995, 581; *ders.*, in: Eriksen/Fossum/Menéndez (Hrsg.), Developing a Constitution for Europe, S. 69; *ders.*, in: Schuppert/Pernice/Haltern (Hrsg.), Europawissenschaft, S. 177, 184ff.; *Markus Heintzen*, EuR 1997, 1ff.; *Josef Isensee*, in: Festschrift für Ulrich Everling, Bd. I, S. 567, 580ff.; *Paul Kirchhof*, in: Isensee/Kirchhof (Hrsg.), Handbuch des Staatsrechts, Bd. VII, § 183 Rnrn. 34ff.; *Alexander Schmitt Glaeser*, Grundgesetz und Europarecht als Elemente Europäischen Verfassungsrechts, S. 50ff. und *Neil Walker*, PL 1996, 266, 270f. Von Interesse bleibt für diese Frage auch *Ernst Rudolf Huber*, Deutsche Verfassungsgeschichte, Bd. III, S. 669f.

[34] Dieser Punkt wurde in der Diskussion über eine europäische Verfassung bereits des öfteren angesprochen, so beispielsweise von *Adele Anzon*, JÖR 49 N.F. (2001), 103f.; *Christoph Degenhart*, Staatsrecht I, Rn. 18; *Stefan Griller*, in: Schuppert/Pernice/Haltern (Hrsg.), Europawissenschaft, S. 201, 235f.; *Matthias Herdegen*, in: Ronge (Hrsg.), In welcher Verfassung ist Europa – Welche Verfassung für Europa?, S. 255, 259; *Martin Nettesheim*, ZEuS 2002, 507, 524; *Francis Snyder*, in: Collected Courses of the Academy of European Law VI/1, S. 41, 53 und *Dimitris Th. Tsatsos*, Das Prinzip der europäischen Verfassungsverantwortung, Rnrn. 11ff.

[35] Neuere Versuche der Systematisierung des Verfassungsbegriffs finden sich u.a. bei *Giovanni Biaggini*, ZSR 119 N.F. (2000), 445; *Michael Dickstein*, Der Verfassungsbegriff der Europäischen Union, S. 16ff.; *Jörg Gerkrath*, L'emergence d'un droit constitutionnel pour l'Europe, S. 62ff.; *Dieter Grimm*, in: Eriksen/Fossum/Menéndez (Hrsg.), Developing a Constitution for Europe, S. 69, 70ff.; *Stefan Haack*, EuR 2004, 785 und *Theo Öhlinger*, in: Festschrift für Georgios I. Kassimatis, S. 801, 802ff. Aus der älteren Literatur bleibt *Carl Schmitt*, Verfassungslehre, S. 1ff., in begriffssystematischer Hinsicht wertvoll. – Einer Abschichtung verschiedener Inhalte des Verfassungsbegriffs läuft es zuwider, wenn *Peter Häberle* (Europäische Verfassungslehre, S. 186ff.; *ders.*, in: Ronge [Hrsg.], In welcher Verfassung ist Europa – Welche Verfassung für Europa?, S. 99, 102) ein „‚gemischtes', viele Funktionen zusammenbindendes Verfassungsverständnis" anregt.

einer autonomen rechtlichen Ordnung bezieht, spricht nichts dagegen, in einem soziologischen Sinne als „Verfassungen" die Grundstatuten von beliebigen Verbänden zu bezeichnen.[36] Wie in den Fällen der Souveränitätsterminologie kann es berechtigt sein, Richtigkeit und Nutzen bestimmter Redeweisen im Kontext der gesamteuropäischen Konstitutionalisierung zu hinterfragen.[37] Doch muß man sich des Umstandes bewußt bleiben, daß Zweifel an der Anwendbarkeit eines Begriffs auf bestimmte Strukturen und deren inhaltlich-sachbezogene Analyse wesensverschiedene Anliegen sind.[38]

Vordergründig-begrifflich verläuft auch die angloamerikanische Diskussion um den Ausdruck „federation", dessen Anwendbarkeit auf den EU-Staatenverbund das englischsprachige Schrifttum bewegt.[39] In der Sache geht es dabei um die strukturelle Verdichtung der Union von einem Staatenbündnis hin zu einer politischen Einheit, die gegenüber den anderen Ebenen in ihrem Inneren sowie gegenüber auswärtigen Akteuren autonom handelt. Auch hierbei muß sich die Debatte, um voranzukommen, vom Streit um die Bedeutung bestimmter Ausdrücke lösen. Die Einordnung der EU in den Kontext dieser Begriffe ist nicht das Entscheidende. Die eigentliche Aufgabe liegt vielmehr darin, induktiv die Existenz von Merkmalen einer Bindung, die wir Staatlichkeit nennen, auf europäischer Ebene nachzuweisen. Ableitungen aus dem Bundesstaatsbegriff und aus dem Wort „federation" führen in den sachlichen Fragen nicht weiter.[40]

Selbst der Staatsbegriff steht in Europa als solcher in Frage[41]; was er bedeutet, kann durch die bisher geläufigen Definitionen (insbesondere durch die Drei-

---

[36] Zur politischen Bedeutung des Verfassungskonzepts siehe unten Erstes Buch, Zweiter Abschnitt, I.

[37] Was als Anliegen z.B. von *Christian Koenig* (NVwZ 1996, 549 und DÖV 1998, 268, 275) verfolgt wird. Die Bedeutung der Bezeichnung wird von *Cass R. Sunstein* (Transit 17 [1999], 193 ff.) unterschätzt.

[38] So daß von einer Verwendung des Ausdrucks „Verfassung" keinesfalls auf die Natur der Sache geschlossen werden kann; *Ulrich Everling*, in: Winter/Curtin/Kellermann/de Witte (Hrsg.), Reforming the Treaty on European Union, S. 19, 21; *Cass R. Sunstein*, Transit 17 (1999), 193, 196 und *Christian Tomuschat*, in: Nettesheim/Schiera (Hrsg.), Der integrierte Staat, S. 155, 157. Von einer unproduktiven Debatte spricht daher zu Recht *Stefan Oeter*, ZaöRV 59 (1999), 901, 902.

[39] Vgl. *Trevor C. Hartley*, AJCL 34 (1986), 229; *Andrew Moravcsik*, in: Nicolaidis/Howse, The Federal Vision, S. 161; *Philipp Raworth*, AVR 32 (1994), 24 sowie *Tanja A. Börzel/Thomas Risse*, in: Joerges/Mény/Weiler (Hrsg.), What Kind of Constitution for What Kind of Polity?, S. 45, 52 ff. und im selben Band den Beitrag von *Charles Leben*, S. 99, 101. Zur entsprechenden französischen Debatte vgl. *Olivier Beaud*, RFDA 1993, 1045, 1067 f. und *Jean Louis Seurin*, PL 1994, 625, 626 ff. Aus deutscher Sicht *Heinrich Schneider*, integration 2000, 171, 172 ff., der mögliche Unterscheidungsmerkmale in ihrer Bedeutung zutreffend relativiert (S. 178 f.).

[40] Zur Problematik des Bundesstaatsbegriffs auch *Edin Šarčević*, Das Bundesstaatsprinzip, S. 18 ff.

[41] Vgl. dazu statt vieler *Hermann Lübbe*, Abschied vom Superstaat, S. 141. Aus dem englischsprachigen Schrifttum ist hierbei auch *James A. Caporaso*, JCMS 34 (1996), 29, 31 ff. von Interesse.

Elemente-Lehre) innerhalb des supranationalen Integrationsgeschehens nicht mehr hinreichend abgegrenzt werden. Für den Zusammenhang, um den es hier geht, ist seine Rolle eher zu beschränken als zu betonen[42]: wichtiger als das Festhalten an einer nicht länger konsensfähigen Bezeichnung wäre letztlich die Analyse, welche Merkmale der politischen Bindung die Wendung „Staatlichkeit" meint – um dann zu erkennen, inwieweit auch die EU diese Elemente der Sache nach aufweist.[43] Divergenz und Einklang der vertretenen Positionen sind auch hier aus der Substanz der betrachteten Zusammenhänge heraus und nicht in der verwendeten Begrifflichkeit zu suchen. Wenn das Schrifttum nahezu einhellig die fehlende Staatsqualität der EU beschwört und beteuert[44], so handelt es sich mehr und mehr um eine begriffliche Absicherung, die dem Sachzusammenhang nur noch begrenzt gerecht werden kann.[45] Der Begriff wird dann bewußt nicht verwendet, obwohl und weil er der Sache nach irgendwann paßt.[46]

---

[42] Vgl. dazu auch *Rainer Wahl*, in: Festschrift für Hasso Hofmann, S. 113, 124 ff. Vor einer Überstrapazierung des Staatsbegriffs und dessen Konturenverlust warnt *Armin von Bogdandy*, integration 1993, 210.

[43] Vgl. *Amadeu Lopes-Sabino*, Revue du Marché commun et de l'Union européenne 1993, 362, 366 : „La Communauté n'est pas un État, non parce qu'elle ne l'est pas encore mais par la simple raison qu'elle est une autre chose." Auf deren genaue Kennzeichnung und die Punkte ihrer Übereinstimmung mit jener von uns als „Staat" begriffenen Form der politischen Bindung kommt es in staatstheoretischer Hinsicht an. Siehe dazu auch *Nick Bernard*, Multilevel Governance in the European Union, chapter 7, passim; *Armin von Bogdandy*, integration 1993, 210; *Heinrich Schneider*, in: Jopp/Matl (Hrsg.), Der Vertrag über eine Verfassung für Europa, S. 109 ff. sowie *Rainer Wahl*, in: Festschrift für Hasso Hofmann, S. 113, 125 f.

[44] Siehe z.B. *Adele Anzon*, JÖR 49 N.F. (2001), 103, 110 f.; *Dieter Grimm* JZ 1995, 581, 584 f.; *Markus Heintzen*, AöR 119 (1994), 564, 580; *Wolfram Hertel*, JÖR 48 N.F. (1999), 233; *Peter M. Huber*, in: Ipsen/Rengeling/Mössner/Weber (Hrsg.), Verfassungsrecht im Wandel, S. 349, 351; *Josef Isensee*, in: Festschrift für Ulrich Everling, Bd. I, S. 567, 572; *Paul Kirchhof*, in: Kirchhof/Ehlermann (Hrsg.), Deutsches Verfassungsrecht und Europäisches Gemeinschaftsrecht, S. 11, 12; *Amadeu Lopes-Sabino*, Revue du Marché commun et de l'Union européenne 1993, 362, 366; *Ernst-Joachim Mestmäcker*, RabelsZ 58 (1994), 615, 619; *Peter-Christian Müller-Graff*, EWS 2002, 206, 209; *Ingolf Pernice*, VVDStRL 60 (2001), 148, 159; *Jean-Claude Piris*, EuR 2000, 311, 323; *Ulrich K. Preuß*, Transit 17 (1999), 154, 156 f.; *Rupert Scholz*, ZG 2002, 1, 2; *Jo Shaw*, JEPP 6 (1999), 579, 584; *Dimitris Th. Tsatsos*, EuGRZ 1995, 287, 291; *ders.*, Das Prinzip der europäischen Verfassungsverantwortung, Rn. 14 und *Joseph H.H. Weiler*, ELJ 1 (1995), 219, 235. Daß die Union „der Staatlichkeit bereits sehr nahe kommt" konstatiert demgegenüber *Dietrich Murswiek*, Der Staat 32 (1993), 161, 182; ähnlich *Hermann-Josef Blanke*, DÖV 1993, 412, 421; *Martin Nettesheim*, ZEuS 2002, 507, 520 ff. („ein werdender Staat") und *Meinhard Schröder*, in: Ipsen/Rengeling/Mössner/Weber (Hrsg.), Verfassungsrecht im Wandel, S. 509, 512. Einen Überblick über weitere ähnliche Äußerungen bietet *Peter Lerche*, in: Festschrift für Konrad Redeker, S. 131, 132.

[45] Zurückhaltend auch *Rainer Wahl*, in: Festschrift für Hasso Hofmann, S. 113, 126.

[46] Aufschlußreich hierfür sind auch die Bemühungen *Armin von Bogdandys* (JZ 2005, 529, 532 ff.) um den Begriff der „europäischen Republik", die einerseits zeigen, daß der Ausdruck „Staatlichkeit" um jeden Preis vermieden werden soll, andererseits dabei nur schlecht verbergen, in welchem Umfang sich die EU dem genähert hat, was bislang so bezeichnet worden ist.

Um das Gegenteil dessen, die Übertragung an sich nicht erfüllter Begriffe auf den Bestand der Union, geht es im folgenden Abschnitt.

2. *Diskursbedingte Verständigungshürden: Umprägung und Manipulation verfassungstheoretischer Grundbegriffe*

Terminologische Dissonanzen rühren teils auch von Bestrebungen her, bestimmten Figuren des Verfassungsdenkens im europäischen Konstitutionalisierungsdiskurs einen neuen Inhalt zu geben.[47] Die Neudefinition bestimmter Begriffe soll dazu verhelfen, Ergebnisse zu umgehen, die man nach hergebrachter Lesart derselben gewinnt. Positiv besetzte Terminologien sollen aus bestimmten Berechnungen heraus beibehalten und sachliche Brüche überspielt werden[48], gerade weil die europäische Struktur die Ansprüche der bisherigen Definitionen verfehlt.[49] Eine entsprechende Neuausrichtung von verfassungsrechtlichen Schlüsselbegriffen besitzt nicht zuletzt auch politischen Wert: die Beibehaltung eines Ausdrucks bei geändertem Inhalt bewahrt vor dem Eingeständnis, daß gewisse Integrationsschritte die Voraussetzungen zentraler verfassungsrechtlicher Normen und Prinzipien gerade nicht mehr erfüllen, dies insbesondere dann, wenn die offene Absage daran politisch nicht vorstellbar ist. Begriffsumdeutungen dieser Art übertreten die Grenze, welche die natürliche Fortentwicklung eines Ausdrucks[50] vom bewußt vollzogenen Bruch mit seinem bisherigen Inhalt trennt.

---

[47] So beginnt beispielsweise *Utz Schliesky* das Vorwort zu seinem Buch „Souveränität und Legitimität von Herrschaftsgewalt" mit dem Satz: „Am Vorabend einer Europäischen Verfassung ist es das Anliegen dieser Arbeit, die zentralen Begriffe der Staatslehre – Staat, Souveränität und Legitimität – den realen und normativen Anforderungen anzupassen, denen sich der Staat des Grundgesetzes im Prozeß der europäischen Integration ausgesetzt sieht." Von „Umakzentuierungen am konventionellen Verständnis der Legitimations- und Organisationsgrundlage demokratischer Politik" spricht auch *Rainer Schmalz-Bruns*, ZIB 1999, 185, 188. – Demgegenüber wendet sich *Heinrich Schneider* (integration 2001, 198, 202 ff.) gegen eine Neuinterpretation des Verfassungsbegriffes im europäischen Integrationsprozeß und bezeichnet diese als „Etikettenschwindel".

[48] *Dietrich Rauschning*, VVDStRL 60 (2001), 396, 397. Auf derselben Staatsrechtslehrertagung wandte sich auch *Hans-Peter Schneider* gegen den Brauch, inhaltlich nicht mehr voll zutreffende Ausdrücke mit dem Präfix „post"- zu verbinden (a.a.O., S. 367). Die entscheidende Frage lautet jedoch, ob eine solche (wissenschaftlich hilflose) Kennzeichnung nicht doch der Neudefinition des Begriffes vorzuziehen wäre. Interessant ist es in diesem Zusammenhang auch, daß Staatslehre und Politikwissenschaft schon heute von „postparlamentarischen Demokratiemodellen" sprechen; vgl. z.B. *Anne Peters*, Elemente einer Theorie der Verfassung Europas, S. 754 und *Rainer Schmalz-Bruns*, ZIB 1999, 185, 235.

[49] Vgl. hierzu (im Kontext des nachstehend aufgeführten Beispiels „Demokratie") die Einschätzungen von *Dieter Grimm*, JZ 1995, 581, 590; *Fritz Ossenbühl*, DVBl. 1993, 629, 634 und *Karl-Albrecht Schachtschneider*, VVDStRL 60 (2001), 393, 395.

[50] Vorstöße zu einer behutsamen Korrektur des Rechts-Begriffs selbst bietet *Armin von Bogdandy*, in: von Danwitz u.a. (Hrsg.), Auf dem Wege zu einer europäischen Staatlichkeit,

Das anschaulichste Beispiel für diese Zusammenhänge findet sich in den Auseinandersetzungen um die Möglichkeiten der gesamteuropäischen Demokratie.[51] Angloamerikanische und kontinentaleuropäische Demokratietheorien bemühen sich um eine Neubestimmung des Demokratieverständnisses, damit dieses den Ansprüchen des europäischen Integrationswerks gerecht werden kann. Das Demokratiekonzept fortzuentwickeln, weil dieses in seiner bisherigen Form den Herausforderungen der europäischen Integration nicht länger genügt[52], bedeutet von einem bestimmten Punkt an nichts anderes, als den Maßstab „demokratisch" der Sache nach selbst in Frage zu stellen. Die grundlegende Neufixierung eines verfassungsrechtlichen Schlüsselbegriffs erklärt, gewollt oder ungewollt, auch dessen Inhalt für substituierbar; das Attribut „demokratisch" wäre fortan zur Staatsformbeschreibung und -unterscheidung nicht mehr geeignet. Es müßte den Wert als Maßstab verlieren. Wo dann die Normtexte des mitgliedstaatlichen Verfassungsrechts wie Art. 23 Abs. 1 Satz 1 GG grundlegende Rechtsfolgen an diese Kennzeichnung knüpfen, gefährdet die Neukonzeption der Begriffe auch die juristische Arbeit[53] – semantische Verschiebungen hintergehen die Geltungskraft der Normen. Die entstehende Verfassungsordnung ist daher nicht an neuen, sondern an etablierten Begriffskonzeptionen zu messen; der möglicherweise zu bemerkende sachliche Schwund im Bereich hergebrachter Verfassungsgrundsätze ist zu beschreiben.[54] Neueti-

---

S. 9, 16; ähnlich *Sionaidh Douglas-Scott*, Constitutional Law of the European Union, S. 520f.

[51] Siehe hierzu insbesondere die Ausführungen des Dritten Buches, Erster Abschnitt.

[52] Wie dies z. B. auch *Dimitris Th. Tsatsos* unternimmt, wenn er den Demokratiebegriff an den Erfordernissen der europäischen Integration orientiert (EuGRZ 1995, 287, 292ff.). Indem er zugunsten der „dualen Dimension der europäischen Unionsgrundordnung" die ausnahmslose Geltung des Mehrheitsprinzips ablehnt, paßt er den Begriffsinhalt den faktischen Gegebenheiten an. Der Maßstab wird zurechtgerückt, damit das festzustellende Ergebnis befriedigend erscheint. Weiteres Anschauungsmaterial für entsprechende Versuche bieten neben den in Fn. 47 nachgewiesenen Arbeiten die Schriften von *Christoph Dorau*, in: Ronge (Hrsg.), In welcher Verfassung ist Europa – Welche Verfassung für Europa?, S. 155, 175; *Agustín José Menéndez*, in: Joerges/Mény/Weiler (Hrsg.), What Kind of Constitution for What Kind of Polity?, S. 125, 131ff.; *Ulrich K. Preuß*, Transit 17 (1999), 154, 167ff. sowie *Rainer Schmalz-Bruns*, ZIB 1999, 185. Daß „Demokratie" relativ zu verstehen sei, meint auch *Thomas Jansen* in dem erwähnten Sammelband von *Ronge* auf S. 323, 325.

[53] Vor einer Korrektur verfassungspolitischer Entscheidungen des Grundgesetzes „durch eine untergründige Verschiebung der staatstheoretischen Paradigmata" warnt *Stefan Oeter*, ZaöRV 55 (1995), 659, 706, der jedoch meint, hieraus ein Argument gegen das hergebrachte Souveränitätsverständnis entwickeln zu können.

[54] *Gertrude Lübbe-Wolff* hat diesen Punkt in ihrem Referat auf der Leipziger Staatsrechtslehrertagung sehr deutlich zum Ausdruck gebracht. Der Grundsatz der Nichtübertragbarkeit nationalstaatlicher Demokratiemaßstäbe auf die Union besitze „eine auch für die nationale Ebene gefährliche Implikation, nämlich daß die üblichen Anforderungen an die demokratische Legitimation allgemeinverbindlicher Entscheidungsproduktion nur gelten, soweit sie eben für das, was man politisch vorhat, passen. Diese Implikation – die Lehre, daß man einfach den angelegten verfassungsrechtlichen Maßstab verwerfen kann, wenn der Gegen-

kettierungen heilen kein sachliches Defizit. Sich darauf einzulassen, ist eine Absage an die Sache selbst.

Auch der Umgang mit dem Ausdruck „Souveränität" ist von Umdeutungsbestrebungen geprägt. Neuere Interpretationsvorstöße sind bemüht, den Begriff von der Menschenwürde des einzelnen her zu konzipieren.[55] Der damit beschriebene Umstand – der Mensch als Legitimationssubjekt im demokratischen Staat – mag für sich genommen ein zutreffend gedeutetes Kennzeichen der bestehenden politischen Strukturen und ein möglicher Ansatz für individualistische Demokratiekonzepte sein. Seine Bezeichnung als „Souveränität" verdunkelt aber den Punkt, daß „Souveränität" nach bisherigem Verständnis andere Zusammenhänge charakterisiert und dabei Unabhängigkeit und Höchstrangigkeit als Wesenszug von staatlichen Entscheidungsträgern und Verbänden beschreibt.[56] Daß diese ursprünglich gemeinten Aspekte nicht länger unter wissenschaftlicher Beobachtung stehen, wo eine solche Begriffsumdeutung gelingt, heißt allerdings nicht, daß sie nicht weiterhin existierten. Die bisher als „Souveränität" verstandene Autonomie könnte nach ihrem Unsichtbarwerden im wissenschaftlichen Diskurs auf andere Träger übergehen, ohne Aufsehen zu erregen. Zu diesen Trägern zählt möglicherweise auch die EU.

3. Sprachbedingte Verständigungshürden: Reibungsverluste durch semantische und gedankliche Inkongruenzen im multilingualen Diskurs

Mißverständnisse im Verfassungsdiskurs rühren nicht zuletzt von sprachlichen Inkongruenzen her. Die Schlüsselbegriffe modernen Verfassungsdenkens entsprechen einander in den diskursbeherrschenden Sprachen allenfalls ausschnittsweise. Die semantischen Dissonanzen kennzeichnen Unterschiede im Verfassungsdenken selbst:

– Anders als beim deutschen Nomen „Verfassung" klingt in seinen romanischen und englisch-amerikanischen Entsprechungen immer auch das lateinische „constituere" bzw. „constitutum" und damit der Gedanke der Grün-

stand, an den er angelegt wird, sich ihm nicht fügen will – ist der faule Kern des Nichtübertragbarkeitsgrundsatzes" (VVDStRL 60 [2001], 246, 262).

[55] Siehe dazu die Nachweise oben in Fn. 31.

[56] Die traditionellen Inhalte des Souveränitätsbegriffes behandeln in jüngerer Zeit beispielsweise *Stefan Griller*, in: Pernice/Zemánek (Hrsg.), A Constitution for Europe: The IGC, the Ratification Process and Beyond, S. 151, 160ff.; *Gerd Roellecke*, in: Festschrift für Helmut Quaritsch, S. 15; *Alexander Schmitt Glaeser*, Grundgesetz und Europarecht als Elemente Europäischen Verfassungsrechts, S. 32ff. und *Utz Schliesky*, Souveränität und Legitimität von Herrschaftsgewalt, S. 57ff. Auf die Begriffsdissonanz wies auch *Karl Doehring* in seiner Entgegnung auf *Pernice* (VVDStRL 60 [2001], 357) mit deutlichen Worten hin: „Wir müssen wohl dann eine verschiedene Terminologie benutzen, und wir können uns wohl deswegen schwer verständigen." Zur Bedeutung des Ausdrucks „Souveränität" (in den entsprechenden Übersetzungen) im Hinblick auf dessen Erwähnung in einer Reihe mitgliedstaatlicher Verfassungstexte siehe *Stefan Griller*, a.a.O., S. 153ff.

dung an.[57] Um so leichter fällt es in diesen Sprachen, den Begriff „Konstitution" auf andere Organisationen als den Staat zu übertragen.[58] Dies erklärt, weshalb die Anwendung des Verfassungsbegriffs auf die EU im deutschsprachigen Schrifttum kontroverser als überall sonst diskutiert worden ist.

- Auch das Wörtchen „Staat" läßt sich nicht ohne Sinnverschiebungen übersetzen. „État", „estado" und „state" gehen im Umfang dessen, was darin anklingt, und damit zuletzt in den Möglichkeiten ihrer konkreten Bedeutung im Kontext der Europäischen Integration, über das hinaus, was der deutsche Terminus „Staat" im Politischen trennscharf absteckt.[59] Eine Ausweitung des Staatsbegriffs kann auch im Deutschen ihren Sinn haben, wenn sie dorthin zurückführt, wo sich der gedankliche Ursprung des Ausdrucks findet: „Staat" ist danach von „status" abgeleitet[60] und meint den „Stand" des Gemeinwesens, in dem sich dieses zur unabhängigen politischen Einheit formt; „Staat" ist der „Stand" des Gemeinwesens, in dem dieses sich selbst autonom bindet.[61]
- Spürbare Akzentverschiebungen lassen sich auch zwischen „sovereignty" und „Souveränität" belegen. Hinter dem englischen Ausdruck steht der Gedanke einer unbeschränkten Machtfülle im Sinne der „sovereignty of Parliament". Diese Akzentuierung wirkt sich beispielsweise in der Diskussion um eine mögliche Aufteilung der Souveränität zwischen verschiedenen Ebenen eines supranationalen Verbandes aus: die Teilbarkeit einer als „sovereignty" gekennzeichneten parlamentarischen Machtfülle erscheint jedenfalls leichter

[57] So zum Beispiel, wenn im Spanischen die Gründungsverträge der EG als „tratados constitutivos" gekennzeichnet werden. Sprachlich und gedanklich liegen dann die „asamblea contituyente" (im Sinne von konstitutiver Versammlung, aber auch von verfassunggebender Versammlung) und der „tratado constitucional" (d.h. der Verfassungsvertrag) näher beieinander als in einer Sprache, die „Verfassung" und „Gründung" von vornherein unterscheidet.

[58] So mit Selbstverständlichkeit für den Ausdruck „constitution" z.B. *Trevor C. Hartley*, AJCL 34 (1986), 229 und *Eric Stein*, AJIL 75 (1981), 1. *Bruno de Witte* spricht insofern zu Recht von einem „commonplace thing" (in: Winter/Curtin/Kellermann/de Witte [Hrsg.], Reforming the Treaty on European Union, S. 3, 12). Von Interesse ist in diesem Zusammenhang auch der Hinweis auf Bedeutungsunterschiede, die sich aus der Groß- und Kleinschreibung des Ausdruckes ergeben; vgl. *Daniel Thym*, integration 2001, 356, 364. Beispiele aus dem französischen Diskurs finden sich bei *Vlad Constantinesco*, RUDH 1995, 445 und *Jean Paul Jacqué*, RUDH 1995, 397; als Beispiele aus der spanischen Literatur sind zu nennen *Maria Luisa Fernandez Esteban*, REDC 40 (1994), 241 und *Manuel Medina*, Hacia una constitutión europea, passim.

[59] Dies führt im Ergebnis dazu, daß im englischsprachigen Schrifttum die EU weitgehend unwidersprochen als „international state" bezeichnet werden konnte (so *James A. Caporaso*, JCMS 34 [1996], 29, in dessen Arbeit der gedankliche Zusammenhang von „state" als „Staat" und „Status" in besonderer Weise erfahrbar wird).

[60] *Richard Thoma*, Artikel „Staat (Allgemeine Staatslehre)", in: Handwörterbuch der Staatswissenschaften, 7. Band, I.2. Zum ideengeschichtlichen Zusammenhang von „Staat" und „Status" siehe *Carl Schmitt*, Verfassungslehre, S. 49.

[61] Näheres hierzu findet sich im Ersten Abschnitt des Ersten Buches, dort insbesondere unter II.

vorstellbar als die Teilbarkeit dessen, was *Karl Doehring* mit „Befehlsunabhängigkeit" umschreibt.[62]

In all diesen und zahlreichen weiteren Fällen korrespondiert die Semantik auf das Engste mit der jeweiligen, begrifflich zu vermittelnden staatstheoretischen Idee: verschieden akzentuierte Begriffsapparate beruhen zuletzt auf unterschiedlichen Akzenten im Staats- und Verfassungsbild selbst. Die Auffassungen des angloamerikanischen, aber auch des spanischen und des französischen Diskurses zu rezipieren setzt insofern voraus, über Identität und Abweichung seiner Begriffe im klaren zu sein. Die damit beschriebenen begrifflichen Schwierigkeiten bilden dabei nur einen Ausschnitt aus dem Kreis der Methodenprobleme, derer sich eine juristische Annäherung an die Staatlichkeitsfrage im Kontext des europäischen Integrationsfortschritts bewußt werden muß.

IV. Methodenprobleme im Grenzbereich: Konstitutionalisierungstheorien zwischen Norm und Faktum

1. Prozesse als Fakten, Theorien als Gegenstand der Kritik

Methodenbewußte Bemühungen um ein wissenschaftliches Thema verlangen es, so genau wie möglich zwischen dem zu analysierenden Stoff und vorgefundenen Ansätzen zu dessen Erklärung zu unterscheiden. Was betrachtet werden soll, steht fest: Stoff sind die Regelungen und Strukturen der europäischen Ebene ebenso wie die Einrichtungen des nationalen Rechts. Überstaatliche „Netzwerkstrukturen", „supranationaler Föderalismus", „consociation" und „Mehrebenen-Verfassungsverbund" sind demgegenüber Erklärungsversuche[63], deren Kritik nicht mit einer Negierung bestehender Zusammenhänge verwechselt

[62] Das Zitat bezieht sich auf den Diskussionsbeitrag *Karl Doehrings* in VVDStRL 60 (2001), 357. – Als unteilbar erscheint „Souveränität" auch nach jener Vorstellung, die sich mit dem französischen Ausdruck „souveraineté" verbindet und diesen auf das Volk bezieht. Vgl. zu diesem Verständnis der Volkssouveränität beispielsweise *Alexis de Tocqueville*, Über die Demokratie in Amerika, I. Band, 4. Kapitel.

[63] Der Begriff des „supranationalen Föderalismus" wurde durch *Armin von Bogdandy* (Supranationaler Föderalismus als Wirklichkeit und Idee einer neuen Herrschaftsform, S. 61 ff.), der Begriff des „Mehrebenen-Verfassungsverbundes" durch *Ingolf Pernice* (VVDStRL 60 [2001], 148) eingebracht; vgl. auch *dens.*, CMLR 36 (1999), 703, 708 ff. („multilevel constitutionalism"). Der Begriff „consociation" taucht in der englischsprachigen Literatur u.a. bei *Dimitris N. Chryssochoou* (WEP 17/4 [1994], 1, 6) auf, die deutsche Abwandlung „konsoziative Föderation" bei *Martin Nettesheim*, ZEuS 2002, 507. Vom „Network Concept" spricht u.a. *Karl-Heinz Ladeur*, ELJ 3 (1997), 33. Ein weiteres Beispiel ist der Ausdruck „Verfassungsverbund", den das BVerfG in E 89, 155, 156 (dort noch öfter) verwendet hat. Vgl. dazu ferner auch *Giovanni Biaggini*, ZSR 119 N.F. (2000), 445, 467 ff.; *Peter M. Huber*, Recht der Europäischen Integration, § 5 Rnrn. 1 ff. und *Gunnar Folke Schuppert*, in: Klingemann/Neidhardt (Hrsg.), Zur Zukunft der Demokratie, S. 237, 252 ff.

werden darf. Theorien sind wissenschaftlich, nicht politisch diskussionsbedürftig. Ähnliches gilt für den Gebrauch bestimmter Begriffe: so fungiert zuletzt auch der Ausdruck „Staatlichkeit" selbst in erster Linie als ein Baustein der staatswissenschaftlichen Erfassung, der sich zwar auf nachweisbare Gegebenheiten der Staatswirklichkeit bezieht, selbst aber Bestandteil ihrer theoretischen Einordnung bleibt. Auseinandersetzungen über die empirische Bestandsaufnahme müssen auch hier vom Streit über Interpretation und Systematisierung abgelöst werden.

Wissenschaftliche Erkenntnisse wirken indessen ins Geschehende zurück; sie werden ihrerseits in der Gesellschaft aufgegriffen und interpretiert. Die Aufgabe der Wissenschaft vom Staatsrecht ist es insofern, die Basis der Ereignisse im Integrationskontext freizulegen. Das Problem, wieviel „Staatlichkeit" die Union erlangt, bleibt der politischen Aktion anheimgegeben; sie wird davon bestimmt, inwieweit sich die einbezogenen Akteure über die Zusammenhänge dieser „Staatlichkeit" im klaren sind.

2. Empirische Stoffsichtung, geisteswissenschaftliche Systembildung und juristische Normexegese: Untersuchungsmittel und Untersuchungsfelder

Eine Untersuchung, die es sich vornimmt, bestimmte Auswirkungen des supranationalen Integrationsvorgangs in einer präexistenten Verfassungsstruktur aufzuklären, muß verschiedene Diskussionsebenen verbinden. Im methodischen Anspruch geht die Arbeit über das Feld verfassungsjuristischer Hermeneutik hinaus: der Vergleich von Stoff und Vorschrift setzt notwendigerweise voraus, daß die an der Norm zu messende Erscheinung identifiziert werden kann. Wenn es dabei um die Frage geht, inwieweit Vorschriften des mitgliedstaatlichen Verfassungsrechts (das, indem es den Staat konstituiert, möglicherweise sein weiteres Dasein erfordert) es zulassen, daß diese Staatlichkeit im Integrationsvorgang preisgegeben wird, so verlangt dies zunächst, daß jenes Geschehnis selbst: die Auflösung der mitgliedstaatlichen Souveränität im supranationalen Verbund, verständlich gemacht werden muß. Die Untersuchung hat daher zu zeigen, was Staat- und Souveränsein bedeuten.[64] Das methodische Problem dabei lautet, wie „Staatlichkeit" als Phänomen erschlossen werden kann: empirisch, als eine individuell erfahrbare Veranstaltung legislativer, exekutiver und judikativer Gewalt, oder juristisch, als Inhaberschaft bestimmter oberster Zuständigkeiten?[65] Die Verfassungstheorie muß, um darauf zu antworten, den Bereich der juristischen Hermeneutik hinter sich lassen und sich aufs Feld der Empirie und der empirisch fundierten Systembildung begeben.[66]

---

[64] Aus jüngerer Zeit hierzu: *Christoph Gusy*, Brauchen wir eine juristische Staatslehre?, S. 8f.

[65] Siehe dazu und zum folgenden unten: Erstes Buch, Vierter Abschnitt, passim.

[66] Ähnlich jetzt *Christian Starck*, in: Festschrift für Jost Delbrück, S. 711, 715.

Als reine Normwissenschaft gelangt sie an die Grenzen ihrer Möglichkeiten, wo im Konflikt zweier sich selbst als autonom verstehender Ordnungen eine Befugnis zur Zuständigkeitenabgrenzung bestimmt werden soll. Gleiches gilt, wenn juristisch geklärt werden soll, ob die Mitgliedstaaten eines konkreten, vertraglich entstandenen Verbandes dazu befugt sind, über dessen Ende oder zumindest über das Ende ihrer eigenen Mitgliedschaft frei zu bestimmen. Selbst dann, wenn man „Staatlichkeit" schematisch-formal als die Inhaberschaft ganz bestimmter Sachkompetenzen versteht, kommt man ohne den Schritt von der Auslegung der Verfassungsnormen in die systematisierende Wahrnehmung von Zuständen der Verfassungspraxis nicht aus[67]: die Begegnung autonomer Systeme macht es auch hier juristisch fraglich, wer im Streitfall verbindlich entscheidet. Die verfassungsrechtliche Subsumtion setzt insofern den Rückgriff auf politikwissenschaftliche Bemühungen um die Staatlichkeitsfrage voraus.

Vom Boden der staatsrechtlichen Dogmatik aus lassen sich auch die Rechtsfolgen einer verwirklichten Staatlichkeitspreisgabe nicht restlos und ohne Brüche erfassen. Die Verfassungsauslegung ist als Methode juristischer Wahrnehmung von vornherein einseitig angelegt, wenn es um die Bestimmung der rechtlichen Konsequenzen staatlichkeitsübertragender Integrationsschritte geht. Zur wissenschaftlichen Durchdringung des Problems, was in einem solchen Augenblick mit der grundgesetzlichen Ordnung vor sich geht, sind daher Methoden außerstande, die sich ausschließlich ins Innere der Ordnung orientieren. Hierzu gehört die verfassungsrechtliche Norminterpretation, die zwar die inneren Zusammenhänge der Verfassungsrechtsordnung bestimmen und darstellen kann, dabei jedoch blind sein muß für äußere Transformationsprozesse, die das Wesen dieser von ihr gedeuteten Ordnung selbst ergreifen und ändern. Verfassungsrecht und Verfassungslehre greifen mithin ineinander: wie die juristische Subsumtion der Staatlichkeitsfrage ihrerseits einer wirklichkeitsbezogenen Aufklärung aller Staatlichkeitsumstände bedarf, so ist auch die Rechtsfolgenanalyse keine verfassungsrechtliche Ableitung im herkömmlichen Sinne: „Rechtsfolgen" des Staatlichkeitsverlustes sind nur zu einem Teil Schlußfolgerungen aus staatsrechtlichen Normen selbst, die diese an den entsprechenden Tatbestand knüpfen; es sind zum anderen Teil auch Folgen, die sich auf Rang und Geltung der Verfassungsrechtsordnung als solche beziehen. Der hypothetische Verfassungsbruch im souveränitätsrelevanten Bereich stellt den Geltungs- und Fortgeltungsanspruch der mitgliedstaatlichen Rechtsordnung selbst in Frage und zwingt somit dazu, rechtstheoretische Problembewältigungsmittel zu suchen. Die künftige Neubewertung der bisher als Verfassung geltenden grundgesetzlichen Ordnung hätte, wenn sich diese Ordnung als unselbständiger Baustein eines gesamteuropäischen Rechtsgefüges entpuppt, anhand der

---

[67] Vgl. dazu auch *Armin von Bogdandy*, integration 1993, 210, 214 f. und *Christoph Enders*, in: Festschrift für Ernst-Wolfgang Böckenförde, S. 29, 44.

hergebrachten rechtstheoretischen Denkfiguren zur Normengeltung und Normhierarchie zu erfolgen.

Die folgenden Abschnitte zu Staatlichkeit und Souveränität handeln somit von Erscheinungen am Grenzverlauf zwischen Staatsrechtswissenschaft und den Wissenschaften von Staat und Recht. Rechtssätze über die Staatlichkeit sind im Kontext des Faktischen zu betrachten; verfassungsrechtlich zu schlußfolgernde Zusammenhänge sind an außerrechtlichen Deutungsmustern von Staatstheorie und Verfassungslehre zu messen.[68] Die Beziehung von europäischer Verfassunggebung und mitgliedstaatlichem Souveränitätsanspruch ist nur auf diese Weise zu klären. Reine Rechtsbetrachtungen übersehen die faktischen Grenzen zeitlicher Rechtsgeltung; die nackte Empirie verkennt das Wesen der Verfassunggebung selbst, die Zweck und Ursprung im Geltungsanspruch einer neuen Norm gegenüber alten Zuständen hat[69]: im Moment des ordnungstiftenden Anspruchs der neuen Verfassung sind Ordnungsbewußtsein (Sein) und rechtliche Setzung (Sollen) verbunden.[70] Einem methodisch eindimensionalen Herangehen an die Behandlung der Staatlichkeitsfrage bleibt dieses hybride Wesen der Staats- und Verfassungsentstehung verschlossen.

V. Die Staatlichkeit, ihr Übergang auf die Union und dessen juristische Folgen: der Untersuchungsverlauf

Der Versuch, den Verlust der souveränen Staatlichkeit durch den europäischen Integrationsprozeß in seinen juristischen Konsequenzen zu erfassen, erfordert es zunächst, Wesen und Charakteristika dessen zu suchen, was wir bisher „souveräne Staatlichkeit" nennen. Anliegen des *Ersten Buches* ist es daher, Attribute dieses als „Staatlichkeit" zu bezeichnenden Zusammenhanges zu ermitteln, zu ordnen und in ein Gesamtbild zu stellen. Die Überlegungen hierzu sind an die Vorstellung einer besonderen, grundlegenden Form der politischen Bindung des konkreten Gemeinwesens geknüpft, dessen Mitglieder sich aus dem Bewußtsein ihrer Zusammengehörigkeit heraus zu einer nach innen und außen unabhängigen Einheit verbinden. Die Kennzeichen der von uns als „Staatlichkeit" zu bestimmenden Form der politischen Bindung sollen von hier aus eingeführt werden in die verfassungstheoretischen Diskussionen um Souveränität,

---

[68] *Christian Starck*, in: Festschrift für Jost Delbrück, S. 711, 715 (für die Methodik einer Allgemeinen Staatslehre).

[69] Zur Verknüpfung des Faktischen und des Normativen im Moment der Verfassunggebung: *Pavlos Eleftheriadis*, ELR 21 (1996), 32, 39 (dort insbesondere in Fn. 33); *Markus Heintzen*, AöR 119 (1994), 564, 581 und *Paul Kirchhof*, in: Isensee/Kirchhof, Handbuch des Staatsrechts, Bd. VII, § 183 Rn. 34.

[70] Siehe dazu eingehend unten: Erstes Buch, Zweiter Abschnitt, I.

Föderalismus und Legitimität, um dabei zugleich die ersten Antworten zu finden auf aktuelle Grundfragen des europäischen Verfassungsdiskurses.

Das *Zweite Buch* analysiert, ausgehend von dieser theoretischen Grundlegung, die Staatlichkeitsfrage im europäischen Konstitutionalisierungsprozeß. Anhand der bestehenden (und bevorstehenden) Rechtsstruktur der Union, wie die bisherigen Verträge und der „Vertrag über eine Verfassung für Europa“ sie konstituieren, ist zu zeigen, welche sachlichen Staatlichkeitskennzeichen der Union zum Erreichen einer vollen Eigenstaatlichkeit fehlen. Die Untersuchung muß sich dabei mit den Aspekten der Kompetenzverteilung und -kontrolle, der Primärrechtsrevision und des Primärrechtsvorrangs, der Austrittsmöglichkeiten und des Unionszwangs befassen, die, in verschiedener Weise und in verschiedenem Umfang, den Status des politischen Gebundenseins kundtun. Zugleich ist jedoch zu ermitteln, welchen Einfluß die Verfahrensweise bei der Inkraftsetzung künftiger Primärrechtsänderungen, beispielsweise in der Gestalt eines Verfassungsreferendums, auf die Rechtsnatur des Integrationswerkes nimmt. Der im Ersten Buch entworfene Ansatz, die grundlegende politische Bindung des konkreten Gemeinwesens durch bestimmte einheitstiftende Ordnungsvorstellungen, soll auch hier dazu verhelfen, verfassungstheoretische Grundfragen im Kontext des Integrationsfortgangs zu entschlüsseln.

Das *Dritte Buch* überträgt sodann die Denkansätze der Arbeit auf ein weiteres ungelöstes Problem des europäischen Integrationsvorgangs: es untersucht das sogenannte Demokratiedefizit in der Europäischen Union und verdeutlicht hieran den Zusammenhang von Staatlichkeit und Staatsform. Was bisher einerseits als eine Beeinträchtigung der mitgliedstaatlichen Demokratien und andererseits als ein Mangel an demokratischer Legitimation im Hinblick auf das Handeln der EU eingestuft wurde, könnte sich bei näherem Hinsehen als Folge des Konflikts zweier miteinander konkurrierender Staatlichkeitsmomente erweisen. Um die entsprechenden verfassungsrechtlichen Verankerungen des Demokratiegrundsatzes, wie sie sich unter anderem in Art. 20 GG finden, juristisch handhaben zu können, ist es erforderlich, diesen Zusammenhang von Staatlichkeit und Staatsform zu ergründen: die Anwendung der verfassungsrechtlichen Norm setzt auch insoweit eine Einsicht in das Grundproblem der Staatlichkeitsthematik voraus.

Das *Vierte und letzte Buch* der Arbeit schließt die Überlegungen zur Staatlichkeitsthematik mit der juristischen Subsumtion ab: es untersucht den Beitritt Deutschlands zum europäischen Bundesstaat[71] auf seine Vereinbarkeit mit dem geltenden Grundgesetz hin; es mißt das Szenario vom Staatlichkeitsverlust am

---

[71] Der im verfassungspolitischen Schrifttum bereits zahlreiche Anhänger findet. Siehe z. B. *Thomas Jansen*, in: Ronge (Hrsg.), In welcher Verfassung ist Europa – Welche Verfassung für Europa?, S. 323, 327; *Federico Mancini*, KritV 81 (1998), 386 (englisch in ELJ 4 [1998], 29); *Markus M. Müller*, in: Beckmann/Dieringer/Hufeld (Hrsg.), Eine Verfassung für Europa, S. 73, 77; andeutungsweise auch *Rupert Scholz*, ZG 2002, 1, 8. Zur europäischen Bun-

nationalen Verfassungsrecht. Neben der Frage, inwieweit es rechtlich zulässig ist, die Staatlichkeit Deutschlands selbst preiszugeben, ist dabei zu untersuchen, ob nicht bereits der mit dem Staatlichkeitsverlust verbundene Wandel der Staatsform änderungsfeste Verfassungsinhalte verletzt. Auch ist zu klären, welche Rolle Art. 146 GG in einem solchen Zusammenhang spielt. Juristisch-dogmatische Schlüsse sind auch hier auf eine Beantwortung rechts- und staatstheoretischer Fragen verwiesen. Zuletzt zu beantworten ist dann auch die Frage, welche Rolle das Grundgesetz mit dem Vollzug dieses Schrittes erfährt: bleibt es in Kraft – und wenn ja, als was gilt es fort?

desstaatsvision *Hermann Hellers* siehe *Helmut Goerlich*, Theodor-Litt-Jahrbuch 2005/4, 21, 33 f.

Erstes Buch

Bindungen

Einführung in das Erste Buch

Den Ausgangspunkt zur Untersuchung der Staatlichkeit bilden – soviel wurde in der Einleitung bereits angedeutet – die Fragen nach dem politischen Gebundensein einer Gemeinschaft, insbesondere im Hinblick auf das Verhältnis verschiedener Formen und Kreise des politischen Gebundenseins untereinander. Die entscheidende Frage, die sich dabei stellt, lautet, wodurch jene Art der Bindung gekennzeichnet ist, die wir, in der Gegenwart des nationalen Territorialstaats, Staatlichkeit nennen. Wie entsteht aus dem Willen des Gemeinwesens zum gemeinschaftlichen Verbundensein heraus das, was wir als staatliche Ordnung wahrnehmen? Die Stiftung der verfassungsrechtlichen Ordnung soll im folgenden als Vorgang dargelegt werden, der im Gewilltsein des einzelnen zu einer höchsten politischen Einbindung wurzelt. Wenn *Peter Sloterdijk* im ersten Band seines Sphären-Projektes behauptet, daß Ordnung nichts anderes sei als „die Übertragung von Interieur auf Exterieur"[1], liegt darin zugleich der Schlüssel zur Staatlichkeitsfrage: staatliche Ordnung erscheint danach als eine Übertragung innerer persönlicher Motive (in Gestalt der für gültig befundenen Werte und Gerechtigkeitskomponenten) in die Organisation der äußeren Welt.[2] Erst die Erörterung dieser Grundsätze ermöglicht es, die zentralen Gesichtspunkte der europäischen Konstitutionalisierungsdebatte, die Auseinandersetzungen um das Wesen von Souveränität und Bundesstaatlichkeit, zutreffend zu erfassen.[3] Auf der Grundlage dieses Ansatzes und seiner Verdeutlichungen in den genannten Kategorien sollte es dann gelingen, Kriterien der Staatlichkeit zu bestimmen, die eine Überprüfung ihres Bestandes erlauben.[4]

Die entscheidende Aussage des Ersten Buches: daß es das politische Bindungsbewußtsein des einzelnen ist, das Staatlichkeit und Rechtsordnung begründet, muß an seinem Anfang jedoch zurückgestellt werden – die Untersuchung kommt dann im Verlauf des folgenden Abschnitts ausführlich darauf zurück. Der Bedeutung dieses Gedankens soll sie sich zunächst von einer Seite

---

[1] Sphären I: Blasen, S. 56.
[2] Hiervon handeln der Erste und der Zweite Abschnitt des Ersten Buches.
[3] Dieses wird im Dritten Abschnitt im Mittelpunkt der Betrachtungen stehen.
[4] Dazu im Vierten Abschnitt dieses Buches.

her nähern, die, in scheinbarer Selbstverständlichkeit, jedem öffentlich-rechtlich versierten Juristen vertraut ist: die Mehrschichtigkeit dessen, was dem einzelnen als hoheitliche Ordnung der öffentlichen Sphären gegenübertritt.[5]

---

[5] In der Terminologie bestimmter Strömungen der europäischen Verfassungsdogmatik: der „Mehrebenen-Verfassungsverbund", oder auch, in der Terminologie *Hans Kelsens*, der „Stufenbau der Rechtsordnung".

1. Abschnitt

Die grundlegende politische Bindung des Gemeinwesens und deren Ausschließlichkeit

I. Staat und Status: die Definition der Staatlichkeit im Hinblick auf die Muster des politischen Gebundenseins

1. Die Ordnung der öffentlichen Sphären als Zusammenspiel unterschiedlicher Regelungsebenen

Als einem Adressaten ihrer hoheitlichen Maßnahmen und einem Träger von Rechten und Pflichten treten dem einzelnen verschiedene Inhaber von Hoheitsgewalt gegenüber: Gemeinde, Landkreis, Bundesland und Gesamtstaat können ihn, in unterschiedlicher Weise und unterschiedlichem Umfang, durch individuelle Anordnungen und den Erlaß allgemeinverbindlicher Normen zu diesem und jenem verpflichten. Die supranationale Integration des Staates in den „Staatenverbund"[6] der EU hat hierbei eine Ebene ergänzt: auch das Recht der Union beansprucht, zumindest partiell, dem einzelnen gegenüber eine unmittelbare Geltung; auch aus ihm ergeben sich für bestimmte Aspekte unseres individuellen Agierens hoheitlich zu vollstreckende Rechte und Pflichten. Bindungen dieser Art machen den einzelnen selbst zum Bestandteil einer ganzen Reihe von territorial-hoheitlichen Strukturen: sein Status als Bürger vollzieht sich gegenwärtig auf verschiedenen Ebenen der öffentlichen Sphäre.

Das konkrete Gemeinwesen, die konkrete Gemeinschaft zusammenlebender Menschen, nimmt auf diese Weise seine öffentlichen Aufgaben auf verschiedenen Ebenen wahr.[7] Die öffentliche Gewalt gliedert sich damit, ihrem Auftrag entsprechend, in eine Reihe von organisatorischen Schichten, die einander bedingen und sich aufeinander beziehen, die miteinander kooperieren und unter Umständen auch untereinander im Wettbewerb stehen. Umfang und Charakter jeder einzelnen dieser Ebenen ergeben sich aus der Natur ihrer Aufgaben, die ihrer Bedeutung und ihrem Wesen zufolge ein Tätigwerden in einem bestimmten, kleineren oder größeren Kreis, notwendig machen.[8] Begrenztheit und Komplexität begründen gestufte Wirkungsräume: während die Einrichtung

---

[6] So BVerfGE 89, 155, 156 und öfter.

[7] Siehe dazu jetzt auch *Rainer Wahl*, in: Festschrift für Ernst-Wolfgang Böckenförde, S. 59ff.

[8] Dieser Gesichtspunkt soll an späterer Stelle weiterentwickelt werden: daß die Effektivität

und Pflege von kommunalen Freizeit- und Erholungsobjekten (von Parkanlagen, Freibädern und Kultur-Veranstaltungsräumen) in erster Linie die Belange der Städte und Dorfgemeinden betrifft, bedürfen Fragen der Verkehrswegeplanung und des höheren Bildungswesens einer gemeindeübergreifenden, landes- oder bundesweit herzustellenden Koordination. Kleinere Ausschnitte der Gesamtgemeinschaft wären mit den Aufgaben der größeren ebenso überlastet, wie umgekehrt auch die größere Einheit mit bestimmten Angelegenheiten der Gemeinschaft vor Ort überfordert sein kann.

Bestimmte Aufgaben auf dieser oder jener Ebene erfolgreich wahrzunehmen, hängt dabei vom Erfolg der anderen Ebenen ab: die Aufgabennatur determiniert folglich keinerlei isolierten Wirkungskreis, sondern knüpft sich an das Tätigsein anderer Einheiten an: Natur und Landschaft zu schützen, kann beispielsweise nur dann gelingen, wenn auch international gegen Verschmutzungen von Luft und Wasser angekämpft wird; die Aufgabe Umweltschutz setzt jedoch gleichermaßen voraus, daß der entsprechende Standard vor Ort überwacht werden kann. Der Erfolg der einzelnen Handlungsebene hängt vom Erfolg der anderen ab und wirkt zugleich daran mit: die Sphären öffentlicher Aufgabenerledigung sind insofern geprägt von schichtenübergreifender Zusammenarbeit, von Austausch, Einfluß und Kommunikation. Die Zweckverwirklichung der öffentlichen Gewalt, der Ausgleich individueller Rechte mit dem Gemeinwohl, hängt damit vom Zusammenspiel verschiedener politischer Ebenen ab. Die entscheidende Frage, die sich angesichts des hier verfolgten Untersuchungsziels – den Verlust der Staatlichkeit zu erfassen – aufwirft, lautet daher nunmehr, welche Rolle diesem Gesichtspunkt der „Staatlichkeit" innerhalb eines solchen hoheitlichen Ebenenzusammenspiels zukommt.

2. *Staatlichkeit als Muster des politischen Gebundenseins: theoretische Herleitungen einer grundlegenden Bindungsstruktur*

a. *Die Annahme unabgeleiteter Hoheitsstrukturen aus denknotwendigen Gründen (Staatlichkeit als Maßstabsbegründung)*

Die These, auf der alle folgenden Annahmen beruhen, lautet, daß eine ganz bestimmte Form der politischen Bindung den anderen Ebenen vorgesetzt ist, und daß diese Ebene kollektiver Bindungen als „Staat" bezeichnet werden kann.[9] Um sein Wesen zu verdeutlichen, soll im folgenden von einem grundle-

der Aufgabenwahrnehmung die Größe des Verbandes determiniert, wird sich als eine Grundkomponente der Staatlichkeitsentfaltung erweisen. Siehe dazu unten II.1.b.

[9] Ähnlich *Rainer Wahl*, in: Festschrift für Ernst-Wolfgang Böckenförde, S. 59, 71. Als „Elementarform der politischen Organisation" beschreibt den Staat *Josef Isensee*, in: Isensee/Kirchhof (Hrsg.), Handbuch des Staatsrechts, Bd. II, § 15 Rn. 60. Die staatstheoretischen Fragen, die sich im Kontext der europäischen Integration aufwerfen und die im folgenden behandelt werden sollen, berühren auch die früheren Auseinandersetzungen um die soge-

genden politischen Gebundensein des Gemeinwesens ausgegangen werden, dem alle übrigen Entscheidungsstrukturen praktisch unterstellt und wesensmäßig nachgeordnet sind. Die Vorrangigkeit einer solchen Ebene der politischen Bindung vor allen anderen ist dabei theoretisch zu begründen und empirisch zu belegen.

Handlungen jedweder hoheitlicher Gewalten können, als Ausschnitt aus der Gesamtheit dessen, was menschliches Tun und Entfalten bedeutet, entweder frei oder abhängig sein. Letzteres sind sie, wenn ein Träger der öffentlichen Gewalt durch einen übergeordneten hierzu gezwungen oder ermächtigt wird – auch derjenige, der nur deshalb etwas tun darf, weil ein anderer ihn dazu ermächtigt, kann, trotz aller Spielräume, die ihm dabei im Einzelfall bleiben, nicht als unabhängig agierend aufgefaßt werden. Unabhängige Handlungen setzen insofern die unabgeleitete, unbegrenzte und vor niemandem außer sich selbst zu verantwortende Entscheidungsfreiheit dessen, der handelt, voraus. Auf das Zusammenspiel der Ebenen bei der Herstellung der Ordnung bezogen, bedeutet dies, daß eine bestimmte Ebene der hoheitlichen Gewalt nur dann als unabhängig zu betrachten ist, wenn sie zu ihren Maßnahmen durch eine andere Ebene weder gezwungen noch ermächtigt wird, sondern diese nur vor sich selbst, vor ihren Bürgern nach Maßgabe der aus sich selbst heraus statuierten Verfassungsmaßstäbe, zu verantworten hat. In einem staatlichkeitsrelevanten Sinne ließe sich demgemäß formulieren, daß nur jene Ebene des politischen Verbundenseins unabhängig und unabgeleitet agiert, die sämtliche Maßstäbe ihres Handelns aus sich selbst heraus festlegt. Wenngleich diese Annahme noch der Begründung und der näheren Ausformulierung bedarf, ist der Begriff dafür bereits an dieser Stelle ersichtlich: wo es im Über-und-Untereinander der hoheitlichen Entscheidungsstrukturen so etwas wie eine vollständige, maßstabsbegründende Autonomie gibt, muß diese das Wesen der Staatlichkeit bilden.

Demgegenüber setzen abgeleitete Entscheidungsbefugnisse zwangsläufig eine höhere Zurechnungsebene voraus, die sämtliche Handlungen dadurch determiniert, daß sie diese verbietet, erzwingt oder zuläßt. Wo die Organe dieser Ebene selbst auch abgeleitet agieren, ist notwendigerweise wiederum eine nächsthöhere Ebene der öffentlichen Hoheitsgewalten vorhanden. An der Spitze der entsprechenden Zurechnungskette steht zwangsläufig ein Verband, der aus sich selbst heraus über die entsprechenden Maßstäbe frei und ohne Befugnis entscheidet: alles Abgeleitete geht notwendigerweise auf einen nichtabgeleiteten Ursprung zurück. Menschliche Entscheidungsstrukturen gipfeln zwangsläufig in Autonomie: jede eingeräumte Befugnis läßt sich denknotwendigerweise bis zu einem Ursprung zurückverfolgen, in dem ein unabgeleiteter Träger der

nannten „pluralistischen Staatstheorien", die vor allem in den angelsächsischen Staatlichkeitsdiskursen vertreten worden sind. Vgl. hierzu die Auseinandersetzungen *Carl Schmitts* mit *Harald J. Laski* in seiner Schrift „Der Begriff des Politischen", S. 40ff.

staatlichen Hoheitsgewalt (anhand der Maßstäbe, die seine Ebene selbst hervorgebracht hat) diese im Letzten begründet.

Die These, daß Staatlichkeit die grundlegende politische Entscheidungsstruktur eines Gemeinwesens markiert, wird hierdurch jedoch nur zur Hälfte erschlossen: wenngleich aus Gründen der Logik jede zugewiesene Befugnis zur Ausübung von hoheitlicher Gewalt eines autonomen und unabgeleiteten Ursprungs bedarf, so ist damit noch nichts darüber gesagt, wie viele von diesen autonom und unabgeleitet agierenden Hoheitsstrukturen innerhalb ein und desselben politischen Raumes (den wir neuzeitlich als einen territorialen verstehen) nebeneinander bestehen. Können dies zwei oder mehr sein – oder muß sich die politische Struktur in einem konkreten Gebiet zwangsläufig auf eine einzige als unabhängig zu begreifende Entscheidungsebene beschränken? Welche Art von Gründen ist es, die über diese Frage entscheidet: sind es allein Gründe der Logik oder sind es auch Gründe einer bestimmten, in der Natur der politischen Ordnung ruhenden Realität?

b. Die Ausschließlichkeit der unabgeleiteten Hoheitsstruktur aus formal-theoretischer Perspektive

Um die Frage nach dem Mit- und Nebeneinander mehrerer autonom und unabgeleitet agierender Hoheitsträger zunächst von einem modellhaft-theoretischen Ansatz her zu erschließen, muß man sich vor allem eines vergegenwärtigen: verschiedene Ebenen des Hoheitlichen, die in gleichen Kreisen agieren, bedürfen der letztverbindlichen Koordination in Gestalt eines ursprünglichen und vorstatuierten Entscheidungsträgers, der ihnen Aufgaben zuweist und auf den Rest der im Voraus nicht erfaßbaren Regelungsnotwendigkeiten zugreift. Die Ordnung des Öffentlichen im gestuft organisierten Gemeinwesen impliziert insofern eine Bestimmung des Status der einzelnen daran beteiligten Schicht.[10] Die Entscheidung über Rang und Stellung der Hoheitsträger, die im Gemeinwesen tätig sind, geht dabei zuletzt von einer Ebene aus, die nicht nur übergeordnet, sondern vom eigenen Status her unabgeleitet erscheint: jeder zugewiesene Status geht notwendigerweise auf einen unabgeleiteten Akt der Statuszuweisung zurück. Die Ordnung des Öffentlichen wird damit als Statusdefinition identifiziert. Eine solche umfassende Definition des Rangs und des Zusammenspiels aller in einem Gemeinwesen tätigen Hoheitsträger ist jedoch als Anspruch exklusiv und unteilbar: sie kann nur einmal, von einer einzigen Ebene aus festgelegt werden.

Hinter dieser logisch-abstrahierenden Betrachtungsweise steht damit ein Gesichtspunkt, der in der Realität der politischen Ordnungsbegründung selbst seine Ursache hat und hierbei die eigentliche Bedeutung eines solchen status-

---

[10] Die in diesem Absatz dargelegten Ansichten gehen auf eine frühere, bereits veröffentlichte Vorarbeit des Verfassers zurück; vgl. *Stefan Haack*, ZÖR 2006, 23.

orientierten Herangehens (und dessen methodische Richtigkeit) dokumentiert: eine dauerhafte Ordnung der öffentlichen Sphäre läßt sich nur insoweit erreichen, wie eine ursprüngliche Ebene der hoheitlichen Gewalt die anderen, abgeleiteten Ebenen koordiniert; geschichtete Entscheidungsstrukturen können nur dann ordnend wirken, wenn die Rangfolge und das Zusammenspiel der darin sich begegnenden Hoheitsgewalten festgelegt sind. Eine solche Koordinations- und Konstitutionalisierungsnotwendigkeit ist somit als ein zwingender Bestandteil des Ordnungsbewußtseins selbst identifiziert: die gewollte Ordnung erfordert es, hoheitliche Strukturen auf das Fundament einer ursprünglichen, unabgeleiteten Herrschaft zu bauen. Der Ordnungswille eines Gemeinwesens, das sich selbst als unabhängig verfaßt, ist dabei nicht anders als ausschließlich vorstellbar; im gedanklichen Ursprung einer unabhängigen Ordnung liegt der Anspruch einer Gemeinschaft zur Ausübung der höchsten und letzten, unabgeleiteten und ungeteilten Gewalt.

Hiermit verbindet sich nun ein Gesichtspunkt, der bereits zu späteren Erwägungen hinüberleiten muß: Hoheitsgewalt ist als Herrschaftsbeziehung an das Dasein eines Adressatenkreises gebunden; sie vermittelt zwischen Gesamt- und Sonderinteressen durch Rechtsetzung und individuelle Entscheidung, die sie an alle oder einzelne Rechtssubjekte richtet. Die unabgeleitete Gewalt beansprucht es dabei, ihrem Adressaten gegenüber in letzter Verantwortung über die Ausgestaltung der öffentlichen Sphäre in dem von ihr zu ordnenden Kreis zu entscheiden. Jene Ebene des politischen Gebundenseins, die in der oben beschriebenen Weise selbst die letzten Maßstäbe einer Ordnung der öffentlichen Sphären setzt, kann nicht ihrerseits unter dem Vorbehalt anderer Maßstäbe stehen; als Quelle aller hoheitlichen Befugnisse kann sie sich nicht selbst unter der Aufsicht übergeordneter Entscheidungsstrukturen befinden. Unabhängig und unabgeleitet zu agieren, heißt zwangsläufig zugleich: mit letzter Verbindlichkeit zu entscheiden. „Letztverbindlich“ meint dabei nicht ohne weiteres „immer und überall selbst“: es liegt allein in den Händen der grundlegenden politischen Verbundenheitsstruktur, welche Aufgaben sie selbst, auf ihrer eigenen Ebene, ausführen will, und welche sie aussondern und als abgeleitete Regelungsrechte an andere Ebenen der hoheitlichen Gewalt, an Gemeinden, Regionen und Kreise[11] – oder auch an eine supranationale Struktur – zur eigenverantwortlichen Wahrnehmung weitergeben will. Auch dort, wo sie dies in großem Umfang und für zentrale Regelungsfelder (wie beispielsweise Wirtschaft, Bildung oder kommunale Belange) vornimmt, ändert dies nichts am Fortbestand ihrer theoretischen Letztverantwortlichkeit: der Anspruch, die öffentliche Sphäre in letzter Verantwortung zu ordnen, ist seiner Natur zufolge unteilbar.

---

[11] Auf die besondere Bewandtnis, die es dabei mit der Stellung föderaler Gliedeinheiten (wie z.B. der deutschen Länder) hat, wird im Dritten Abschnitt des Ersten Buches (dort insbesondere unter II.) einzugehen sein.

Die Untersuchung zu Wesen und Bestand der Staatlichkeit ist damit an einem ersten entscheidenden Punkt angekommen: sie hat theoretisch bezeichnet, was „Staatlichkeit", abstrakt verstanden, bedeutet, und konnte zugleich begründen, warum diese auch dort, wo sich mehrere Ebenen der hoheitlichen Gewalt in ein und derselben Gemeinschaft begegnen, als denknotwendiger Zurechnungspunkt im Raum stehen muß. Der Staatlichkeitsfrage hat sich die Analyse damit zunächst unter formal-theoretischen Aspekten genähert; der letzte der zuvor angesprochenen Gesichtspunkte, die Exklusivität des Ordnungsanspruchs und die damit einhergehende Letztverantwortlichkeit, eröffnet jedoch den Zugang zu einem Themenkreis, der die Substanz der Staatlichkeitsfrage markiert: dem Gewilltsein des einzelnen, eine grundlegende politische Bindung zu begründen.

II. Die grundlegende politische Bindung der individuellen Subjekte und ihre Abgrenzung als Gemeinwesen innerhalb des politischen Raums

1. *Zusammengehörigkeitsbewußtsein und einheitstiftende Ordnungsidee*

a. *Zusammengehörigkeitsvorstellungen als Ursprung des politischen Gebundenseins*

Was ist es nun, das einen entsprechenden Status des grundlegenden politischen Gebundenseins in der Gemeinschaft begründet?[12] Bestand und Inhalt der Bindung werden vom Selbstverständnis des Gemeinwesens bestimmt, wie es das Bewußtsein seiner Mitglieder prägt. Hieraus ist zu erklären, warum ein ganz bestimmtes Gemeinwesen ausgerechnet in diesem oder jenem Umfang (d.h. in einem konkreten Bevölkerungskreis, der sich als zugehörig identifiziert) zur politischen Autonomie verbunden sein will[13]: die grundsätzliche Ordnung des

---

[12] Vgl. zum folgenden allgemeinen *Armin von Bogdandy*, JZ 2004, 53, 54f.; *Ulrich Haltern*, Europarecht und das Politische, S. 440ff.; *Hermann Heller*, Staatslehre, S. 266f.; *Ernst Rudolf Huber*, Deutsche Verfassungsgeschichte, Bd. III, S. 680; *Markus Kotzur*, Grenznachbarschaftliche Zusammenarbeit in Europa, S. 262f.; *Werner von Simson*, EuR 1991, 1, 6; *Rainer Wahl*, in: Festschrift für Ernst-Wolfgang Böckenförde, S. 59, 71f.; in etwas anderem Zusammenhang auch *Werner von Simson*, in: Schwarze/Bieber (Hrsg.), Eine Verfassung für Europa, S. 91, 108.

[13] Der folgende Ansatz berührt sich hier mit dem, was *Rudolf Smend* so formulierte: „Der Staat ist nur, weil und sofern er sich dauernd integriert, in und aus den Einzelnen aufbaut – dieser dauernde Vorgang ist sein Wesen als geistig-soziale Wirklichkeit." (Verfassung und Verfassungsrecht, S. 20). *Smends* bleibendes Verdienst besteht vor allem darin, die Aussagekraft und den wissenschaftlichen Nutzen der Vorstellungen vom Staat als Körper und als Person in Frage gestellt und deren beschränktes gedankliches Anwendungsfeld in seinen Grenzen umrissen zu haben – in der von ihm entwickelten Staatstheorie wurde das Wesen des Staates als das erfaßt, was es in Wirklichkeit ist: eine Summe von (Integrations-)Verhältnis-

Öffentlichen, die diese Bindung begründet, geht auf das Vorhandensein bestimmter zugrunde liegender Ordnungsmotive zurück, die dem Bestand des Gebundenseins Form und Umfang verschaffen.[14]

Ein derartiger einheitstiftender Ordnungsgedanke, der ein Gemeinwesen unter sich bindet, findet sich in jeder menschlichen Gemeinschaft, die sich selbst als unabhängig organisiert. Beschaffenheit und Inhalt werden vom Denken der Gemeinschaft, ihrer Selbstsicht und ihrem Weltverständnis, geprägt.[15] Die zeitliche und räumliche Lage des Gemeinwesens bringt ein bestimmtes Bewußtsein hervor und prägt es in einer einzigartigen Weise. Aus diesem Bewußtsein heraus entwirft sich die Ordnung: man könnte daher, im Hinblick auf das Verhältnis von Sein und Bewußtsein in der politischen Sphäre, sagen, daß sich das erste aus dem zweiten ergibt. Die grundlegende politische Bindung kann sich dann durch die Inanspruchnahme bestimmter Räume manifestieren, wie dies der neuzeitliche Flächenstaat belegt.[16] Es hat jedoch das Denken über den Staat als Bindungsform behindert, politischen Raum und territoriale Erstreckung zu identifizieren, mit anderen Worten: den Raum der politischen Bindung gedanklich mit der Frage seiner geographischen Abgrenzung zu verbinden.[17] Historische Gesellschaftsformen haben bewiesen, daß ein entsprechendes Maß an politischer Bindung mit einer territorialen Fixierung des Verbandes, der sich als politische Einheit abgrenzen will, nicht zwingend verbunden sein muß – was jedoch zwangsläufig existiert, ist die einheitstiftende Ordnungsvorstellung selbst, so daß in einem gewissen Sinne, wie er hier zugrunde gelegt wird, auch diese Strukturen „staatlich" genannt werden müssen.[18] Die Ideen, aus denen

sen. Der Unterschied zum hier verfolgten Konzept liegt darin, daß *Smend* den Staat zuallererst dynamisch, als plébiscite toujours versteht, wie er selbst im Anklang an *Ernest Renan* (a.a.O., S. 18) formuliert. Aus der täglichen Wiederholung bestimmter Verhaltensweisen im Hinblick auf die Struktur der politischen Sphären ergeben sich jedoch Muster, die hier als die Betätigung von „Bindungen" begriffen und dargestellt werden. Der bestehende Staat, der sich täglich aufs neue verwirklicht, indem er permanent praktiziert wird, beruht insofern auf einem gewissen Bestand an entsprechenden Bindungsmustern, die für die Zeit der Akzeptanz seiner Ordnungsidee nicht mehr in Frage gestellt werden müssen. Siehe dazu auch *Werner von Simson*, in: Schwarze/Bieber (Hrsg.), Eine Verfassung für Europa, S. 91, 93f.

[14] *Ernst Rudolf Huber*, Deutsche Verfassungsgeschichte, Bd. III, S. 680.

[15] Vgl. dazu auch *Ernst Rudolf Huber*, Deutsche Verfassungsgeschichte, Bd. III, S. 680.

[16] Vgl. dazu auch *Carl Schmitt*, Verfassungsrechtliche Aufsätze, S. 379.

[17] Zur Kritik der Drei-Elemente-Lehre siehe unten im selben Abschnitt IV.3.

[18] Gegen eine Beschränkung des Staatsbegriffs auf neuzeitliche Phänomene wendet sich auch *Josef Isensee*, in: Isensee/Kirchhof (Hrsg.), Handbuch des Staatsrechts, Bd. II, § 15 Rn. 62, der zu Recht feststellt, daß sich der wissenschaftliche Streit um das Wort, nicht um die Sache bewegt. Ähnlich *Friedrich Berber*, in: Festgabe für Theodor Maunz, S. 19: „Überall da, wo eine Gruppe von Menschen in einer verbindlichen Ordnung zusammengefaßt und keiner anderen Gruppe untergeordnet, also souverän ist, können wir von Staat, zumindest in rudimentärer Form, sprechen." Eingehend zur Verwendung des Ausdrucks „Staat" auf frühere Bindungsformen auch *Otto Brunner*, Land und Herrschaft, S. 111ff.; vgl. ferner auch *Otto von Gierke*, Das Deutsche Genossenschaftsrecht, 2. Band, S. 831. – Als „Staaten" auch andere als die neuzeitlichen Territorialhoheiten anzusehen, bedeutet demnach, den Aspekt der Bin-

sich die jeweilige Verbindung ergibt, sind inhaltlich verschieden, erfüllen jedoch die gleiche Funktion: ohne sie wäre das politische Gemeinwesen außerstande, sich letztverantwortlich zu einer Einheit zu formen.[19]

Grundlegendes Bindungsmotiv der neuzeitlich-westlichen Territorialstaatlichkeit bildet die Idee der Nation.[20] Das Zusammengehörigkeitsbewußtsein, das sich damit verbindet, wird einerseits aus bestimmten ethnisch-kulturellen und andererseits aus bestimmten werteorientierten und politischen Momenten gespeist.[21] Letzteres schließt insbesondere den Glauben an gemeinsame Überzeugungen und an die Gültigkeit gewisser Lebensweisen ein; Ordnungsvorstellungen sind insofern untrennbar mit konkreten Gerechtigkeitskonzepten verbunden.[22] Beide Komponenten, politisches Bürgerethos und ethnische Abstammungsidentität, können dabei auf unterschiedliche Weise miteinander korrespondieren; jedes davon kann in den Vordergrund treten und somit das jeweils andere verdrängen. Der klassifikationsbestimmende Übergang von politisch determinierten Nationen (wie den USA) zum echten Vielvölkerstaat, dessen Fähigkeit zur Kohäsion sich primär auf andere Motive als den Gedanken der geeinten Nation stützen muß, ist dabei in der Staatswirklichkeit fließend und für eine Staatstheorie, wie sie hier vorgestellt wird, ohne Bedeutung: entscheidend ist einzig, daß beide Formen ein entsprechendes Bewußtseinsmoment erfordern, welches den Zusammenhalt des Ganzen vermittelt. „Nation" und „Volk" sind daher allenfalls als Ansätze zu einer begrifflichen Fixierung der neuzeitlich-westlichen Bindungsmotive zu deuten. Ihr Kern ist Formulierungen verschlossen.[23]

---

dung nach vorn zu stellen, um parallele Erscheinungen identifizieren zu können. Siehe zum Ganzen auch unten die Nachweise in Fn. 73.

[19] Den Abgrenzungsgedanken betont dabei insbesondere *Walter Leisner*, JZ 2002, 735, 739, der hierfür den Begriff der „Abwehreinung" verwendet; dazu auch *Armin von Bogdandy*, JZ 2004, 53, 59 und *Michel Rosenfeld*, in: Weiler/Eisgruber (Hrsg.), Altneuland: The EU Constitution in a Contextual Perspective, S. 18.

[20] *Ernst Rudolf Huber*, Deutsche Verfassungsgeschichte, Bd. III, S. 680; vgl. auch *Rudolf Streinz*, in: Festschrift für Georg Ress, S. 1277, 1281.

[21] Dazu *Ernst-Wolfgang Böckenförde*, Staat Nation Europa, S. 34ff.; *Stefan Griller*, in: Schuppert/Pernice/Haltern (Hrsg.), Europawissenschaft, S. 201, 238f.; *Jiří Přibáň*, ELJ 2005, 135, 139ff.; *Rudolf Streinz*, in: Festschrift für Georg Ress, S. 1277, 1281ff.; aus der älteren Literatur *Friedrich Meinecke*, Weltbürgertum und Nationalstaat, S. 1–22. Vgl. dazu in weiteren Zusammenhängen auch *Markus Kotzur*, Grenznachbarschaftliche Zusammenarbeit in Europa, S. 263ff. und *Michel Rosenfeld*, in: Weiler/Eisgruber (Hrsg.), Altneuland: The EU Constitution in a Contextual Perspective, S. 12ff.

[22] Daß dabei auch Effektivitätsgesichtspunkte eine wichtige Rolle spielen, wird im folgenden Absatz erörtert; siehe unten b.

[23] Ein aufschlußreiches Beispiel für die Grenzen, die dem menschlichen Verstehen hierbei gezogen sein können, bietet die Geschichte der Hutu und Tutsi in Ruanda, die *Gert Nicolaysen* schildert (in: Festschrift für Ulrich Everling, Bd. II, S. 945, 954f.): die Identität beider Gruppen entsprang einer nahezu willkürlichen Einteilung der ruandischen Bevölkerung durch die belgische Kolonialmacht. Die so entstandenen „Völker" lieferten sich in den neunziger Jahren einen Bürgerkrieg, bei dem mehr als eine halbe Million Menschen getötet wurde.

Prüfstein einer solchen Verbundenheit ist die Reaktion der Gemeinschaft im Fall des inneren und äußeren Konflikts. Ein Gemeinwesen ist dann in einer als „staatlich" zu bezeichnenden Weise gebunden, wenn die Mehrzahl seiner Mitglieder in den Momenten des inneren oder äußeren Angefochtenseins ihrer Einheit am Bestand der Verbundenheit festhält. Innenpolitische Konflikte lösen sich im verfaßten Verbandsganzen auf, indem eine der verwickelten Parteien zugunsten des Zusammenhalts ihre Niederlage hinnimmt[24]; die einzelnen Glieder der Einheit müssen einander insoweit als zusammengehörig begreifen, daß innere Konflikte nicht zur Abspaltung führen.[25] Im Falle eines äußeren Angriffs manifestiert sich die grundlegende Bindung im gemeinsamen Auftritt als ein geschlossenes Ganzes. Jede menschliche Gesellschaft weist, auf dieser oder jener Ebene, die Merkmale eines entsprechenden Zusammenhaltens auf.

b. Staatlichkeitsbegründung und faktischer Zwang

Die Entstehung des Staates aus dem Gewilltsein der Gemeinschaft zur Begründung einer unabgeleiteten Ordnung wäre indes nicht vollständig zu verstehen, wenn man sich durch das oben Gesagte zu der Annahme verleiten ließe, daß es allein das Bewußtsein eines Gemeinwesens sei, welches über Gestalt und Umfang seines grundlegenden politischen Gebundenseins entscheidet – oder, genauer gesagt, daß dieses Bewußtsein in seiner Entwicklung allein auf sich selbst gestellt sei. Wie insbesondere der europäische Integrationsprozeß verdeutlicht, wird die Entstehung des Staates ebenso von faktischen Zwängen determiniert, die ihrerseits auf die Herausbildung bestimmter einheitsbegründender und ordnungstiftender Bewußtseinsinhalte wirken – in der Form, daß sie diese in eine bestimmte Richtung lenken, indem sie gewisse (utopische) Verbundenheitsambitionen blockieren oder indem sie diese, in anders gelagerten Fällen, forcieren.[26] Im Prozeß der Staatlichkeitsbegründung korrespondieren insofern Idee und Wirklichkeit.

Dies gilt insbesondere für die grundsätzliche Frage (die sich zugleich als das Schlüsselproblem des europäischen Einigungswerkes erweist), in welchem

---

Anders als *Gert Nicolaysen* möchte ich dies als einen Beleg für die Irrationalität entsprechender Verbundenheitsmomente verstehen. Zur Rationalitätsproblematik auch *Werner von Simson*, in: Schwarze/Bieber (Hrsg.), Eine Verfassung für Europa, S. 91, 93 und 108 und *ders.*, EuR 1991, 1, 6.

[24] Daß hierin zugleich eine Staatsaufgabe liegt, führt *Josef Isensee*, (in: Isensee/Kirchhof [Hrsg.], Handbuch des Staatsrechts, Bd. II, § 15 Rn. 84) aus.

[25] Vgl. *Josef Isensee*, in: Isensee/Kirchhof (Hrsg.), Handbuch des Staatsrechts, Bd. II, § 15 Rn. 122: „Die Einheit des Volkes muß sich also in der Staatspraxis als belastbar erweisen und politische Konflikte aushalten." Siehe dazu auch *Carl J. Friedrich*, Der Verfassungsstaat der Neuzeit, S. 187 mit weiterführenden Hinweisen auf *de Maistre* und *Burke*. – Zur Zuspitzung dieser Fragen im demokratisch verfaßten Staatswesen siehe unten Drittes Buch, Erster Abschnitt, II.3.b.

[26] Siehe hierzu auch die Beispiele bei *Josef Isensee*, Das Volk als Grund der Verfassung, S. 55 f.

Raumumfang (d.h. auf welcher Ebene) sich das Gemeinwesen zum Zweck der Ordnungstiftung zur letztverantwortlichen politischen Einheit verbindet. Versuche, eine derartige letzte Verantwortung in einem zu klein bemessenen Kreis zu begründen, müssen daher scheitern, weil eine solche Ordnung nicht effektiv vollzogen werden kann. Ordnungs- und Verbundenheitsutopien können nicht als Grund der Staatlichkeit fungieren. Bei der Herausbildung einer einheitstiftenden Ordnungsvorstellung ist insofern deren Machbarkeit entscheidend; zur Gestaltung der öffentlichen Sphäre muß sich das grundlegende Bindungsempfinden auf eine Größe beziehen, durch die sich der Ordnungsanspruch in der erwarteten Weise umsetzen läßt.[27] Das Verbundenheitsbewußtsein einer Gemeinschaft paßt sich dabei jedoch auch an die Eigendynamik geschichtlicher Prozesse an, die es sich selbst nicht voll unterwerfen kann, wenn diese, wie beispielsweise weltwirtschaftliche Zwänge, auf ein Handeln anderer autonomer Gemeinschaften zurückführbar sind.[28] Die einheitstiftende Ordnungsidee erweist sich damit als ein Komplex von kulturellem oder politisch-traditionellem Verbundenheitsempfinden und praktischen Zwängen in Anbetracht ihrer Realisierbarkeit.

Die Ordnung, die sie entwirft, muß den faktischen Grenzen der Ordnungstiftung entsprechen; anderenfalls kann sie dasjenige nicht erfüllen, was die Gemeinschaft von ihrer Errichtung erwartet. In jenem Maße, in dem einer grundlegenden Ordnungsstruktur die Fähigkeit eines effektiven Vollzogenwerdens entgleitet[29], scheitert zugleich die Verwirklichung der ihr zugrunde liegenden Werte.[30] Das Gemeinwesen kann sich auch in einer solchen Lage der ihm obliegenden Ordnungsaufgabe nicht entziehen; die Gemeinschaft muß in irgendeiner Weise wirksam verfaßt, die öffentliche Sphäre geordnet werden.[31] Ihm bleibt entweder übrig, diese Ordnung auf höherer Ebene gemeinsam mit anderen neu zu entwerfen[32] (mit anderen Worten: die Integration) – oder es ver-

[27] Daß demgegenüber in der zu groß bemessenen Einheit Zusammengehörigkeitsempfindungen schwinden, betont zu Recht *Werner von Simson*, in: Schwarze/Bieber (Hrsg.), Eine Verfassung für Europa, S. 91, 97f.

[28] Um einen Sonderfall dessen handelt es sich auch bei jenen Zusammenhängen, die *Walter Leisner* (JZ 2002, 735, 739) als „Abwehreinung" beschreibt; vgl. dazu auch *Armin von Bogdandy*, JZ 2004, 53, 59 und *Michel Rosenfeld*, in: Weiler/Eisgruber (Hrsg.), Altneuland: The EU Constitution in a Contextual Perspective, S. 18.

[29] Wie dies *Christoph Dorau*, Die Verfassungsfrage der Europäischen Union, S. 49, für die gegenwärtige Ordnung im Nationalstaat diagnostiziert. Siehe dazu auch unten Erstes Buch, Dritter Abschnitt, III.3.b.

[30] Vgl. hierzu auch *Robert Jackson*, Political Studies 47 (1999), 431, 454.

[31] Der Staatsgründungswille der politischen Organe, auf den *Stefan Griller*, in: Schuppert/Pernice/Haltern (Hrsg.), Europawissenschaft, S. 201, 232ff., abstellt, ist dabei zwar wichtig, aber letztendlich nicht entscheidend. Wo dieser die Ordnungsvorstellung verfehlt, kann keine dauerhafte Staatsgründung gelingen. Siehe dazu auch unten Zweites Buch, Dritter Abschnitt, III.

[32] Dazu auch *Paul Kirchhof*, DVBl. 1999, 637, 646f.

sucht, den Zwängen, die zur Erosion führen, politisch entschlossen entgegenzusteuern, um Spielraum zurückzugewinnen. Das Risiko, sich dabei falsch zu entscheiden, trägt jedes Gemeinwesen selbst.[33] Es muß, so oder so, in dieser oder jener Größe, um die von ihm favorisierte Ordnung ringen.

2. *Staatlichkeitsrelevante Konsequenzen eines grundlegenden politischen Gebundenseins: die Entstehung der staatlichen Ordnung als äußerer Raum und innere Form*

a. *Der Staatlichkeitsanspruch in seiner territorialen Fixierung*

Staatlichkeit als ursprüngliche Bindung impliziert einen weiteren Umstand, der im europäischen Konstitutionalisierungsprozeß eine besondere Rolle spielt – gemeint ist der Zusammenhang von unabgeleiteter politischer Autonomie und territorialer Reichweite, in anderen Worten: die Relation von Staatlichkeit und geographischem Raum.[34] Wie oben bereits angedeutet wurde, ist diese Beziehung vom räumlich-statischen Denken (im Sinne der klassischen Drei-Elemente-Lehre[35]) zu lösen, wenn es darum geht, das Wesen der Staatlichkeit selbst zu erschließen; statt dessen ist auch dieses Verhältnis aus dem Gedanken des grundlegenden Gebundenseins einer Gemeinschaft heraus zu bestimmen. Der entscheidende Zusammenhang liegt demnach darin, daß es die Reichweite dieser Verbundenheitsvorstellung ist, welche die räumlichen Grenzen eines Staates, zumindest dem Grunde nach, determiniert.[36] Der staatlichkeitsbegründende Anspruch eines bestimmten Gemeinwesens reicht an seinen räumlichen Rändern gerade bis dorthin, wo sich die Mehrheit der Menschen immer noch dieser und keiner anderen Quelle der letztverbindlich-unabgeleiteten Hoheitsgewalt unterwirft, da sie nur diese als das identifiziert, was ihrem eigenen Ordnungs- und Verbundenheitsbewußtsein vorschwebt. Staatlichkeitsansprüche finden ihre geographisch-räumlichen Grenzen demzufolge dort, wo sich ein benachbartes Gemeinwesen aus einer anderen Bindungsvorstellung heraus zur unabhängigen politischen Einheit verbindet.[37] Dieser Zusammenhang: die grundlegende politische Bindung individueller Subjekte und ihre Abgrenzung

---

[33] *Carl Schmitt*, Verfassungslehre, S. 372: „Jedes politisch existierende Volk entscheidet notwendigerweise die Fragen seiner politischen Existenz selbst und auf eigene Gefahr."

[34] Die „Abschließung von Herrschaftsräumen" zählt auch *Josef Isensee* (in: Isensee/Kirchhof [Hrsg.], Handbuch des Staatsrechts, Bd. II, § 15 Rn. 65) zu den wesentlichen Momenten der Staatenevolution. Er deutet damit an, was hier näher untersucht werden soll. Zum Verhältnis von Staatlichkeit und territorialem Raum auch *Carl Schmitt*, Verfassungsrechtliche Aufsätze, S. 375, 379f.

[35] Siehe zu dieser unten IV.3. Den Ausdruck „räumlich-statisches Denken" gebraucht in diesem Zusammenhang *Rudolf Smend*, Verfassung und Verfassungsrecht, S. 9.

[36] Daß die Identifizierbarkeit eines Raumes dabei auch auf die Ordnungsvorstellung zurückwirkt, macht *Armin von Bogdandy*, JZ 2004, 53, 57 geltend.

[37] Mitunter mag die Abgrenzung diesem gegenüber auch im Zentrum der eigenen Verbundenheitsvorstellung liegen, vgl. *Walter Leisner*, JZ 2002, 735, 739; s. dazu auch *Armin von*

als Gemeinwesen im geographischen Raum, bezeichnet dabei das Grundmuster neuzeitlich-territorialer Herrschaftsorganisation.

b. Räumliche Einheit und innere Ordnung

Aus den bisher angestellten Erwägungen ergibt es sich auch, daß zwischen räumlicher Einheit im Äußern und politischer Ordnung im Innern ein grundlegender, auf die Bindungsvorstellung selbst zurückführbarer Zusammenhang besteht.[38] Das Ordnungsbewußtsein, das Zusammenhalt und Bindung begründet, determiniert durch seine Verwurzelung im Bestand gemeinsamer Werte, durch seinen Bezug auf bestimmte Gerechtigkeitsmotive und durch das Für-Richtig-Halten dieser oder jener Lebensweise zugleich die Basis der zu erschaffenden politischen Form. Die Etablierung einer grundlegenden politischen Bindung als ins Werk gesetzte Ordnungsidee vollzieht sich in concreto durch die bereitwillige Unterordnung der Bevölkerung unter eine entsprechende Ordnungsmacht.[39] Diese wird vom einzelnen akzeptiert, wenn sie als eine Umsetzung jener von ihm geteilten Ordnungsvorstellung identifiziert werden kann. Insbesondere muß sie dazu imstande sein, Ordnungsstrukturen zu sichern, die dem Zweck dieser Bindung genügen. Unabhängigkeitsvorstellungen richten sich damit zwangsläufig darauf, aus einer bestimmten Identität heraus ein Ordnungskonzept zu entwickeln – und zwar genau das Ordnungskonzept, welches dem Gemeinwesen zu jener inneren politischen Form verhilft, die dem Motiv für seine Abgrenzung entspricht. Autonomieansprüche sind damit stets zugleich Herrschaftsideen.

Die konkrete, dem Bewußtsein entsteigende Bindung enthält damit zugleich die Vorstellung einer grundlegenden Ordnung, die beispielsweise demokratisch, monarchisch oder ständisch gestaltet sein kann. Wenn sich im neuzeitlichen Staat Menschen zur Nation zusammenschließen, um als Volk sich selbst zu regieren, kann nur ein Modell demokratischer Ordnung, das den Gedanken der Volkssouveränität staatsrechtlich umsetzt, diese Bindungsvorstellung erfüllen. Die Vorstellung individueller Zugehörigkeit impliziert insofern eine bestimmte Art und Weise des individuellen Einbezogenseins; sie determiniert die

---

Bogdandy, JZ 2004, 53, 59 und *Michel Rosenfeld*, in: Weiler/Eisgruber (Hrsg.), Altneuland: The EU Constitution in a Contextual Perspective, S. 18.

[38] Diesen Zusammenhang am Beispiel des europäischen Integrationsprozesses zu beschreiben, habe ich in meinem Referat auf der 45. Assistententagung Öffentliches Recht im März 2005 in Bielefeld versucht; vgl. *Stefan Haack*, in: Die Europäische Verfassung – Verfassungen in Europa, 45. Assistententagung Öffentliches Recht, S. 90ff.

[39] Die schroffe Gegenüberstellung einer Staatlichkeit durch Institutionen und einer Staatlichkeit durch Wertekonsens, wie sie insbesondere *Walter Leisner* entwirft (JZ 2002, 735ff.), verschleiert insofern den Grundzusammenhang der Thematik, kann jedoch dort von Interesse sein, wo Ordnungsvorstellung und juristische Staatlichkeitskonstruktion divergieren. Zur Frage, ob dies auch im Hinblick auf die „Staatlichkeit" der EU anzunehmen sein kann, siehe unten Zweites Buch, Dritter Abschnitt, III.

Stellung des Subjekts und bestimmt, in welcher Weise es (in Gestalt seiner Repräsentanten) das Gemeinwesen lenkt.

In der Untersuchung dessen, was das Wesen der Staatlichkeit ausmacht, ist damit zunächst ein weiteres Zwischenergebnis zu formulieren: substantielle Grundlage jener als Staatlichkeit zu begreifenden grundlegenden Bindung ist das politische Verbundenheitsbewußtsein aller einbezogenen Individuen, aus dem sich der Bestand von äußerer Abgrenzung und innerer politischer Form, von Einheit und Ordnung, ergibt. Um die Konflikte, die sich bei einem Wechsel der Staatlichkeit von einer Ebene auf eine andere abspielen, von ihrem Grund her zu erfassen, ist es an diesem Punkt notwendig, den Zusammenhang von Staatlichkeit und individuellem Bewußtsein noch einmal, gewissermaßen aus der Perspektive des inbegriffenen Individuums, zu entfalten: was unterscheidet die politische Identität des Individuums von allen anderen Identitäten, die der einzelne – durch Beruf, Religion oder Weltsicht – annehmen kann? Was verbirgt sich hinter dem Gesichtspunkt der Letztverantwortlichkeit, der hier bereits mehrfach anklingen mußte?

III. Das Verhältnis von Mensch und Staat unter dem Gesichtspunkt der letztverantwortlichen Bindung

1. Verbundenheit und Einbezogenwerden als real sich vollziehende Staatlichkeitsgründe

Der Staat ist dem Gesagten zufolge insoweit vom Menschen her zu entwerfen, als das menschliche Zusammenleben ihn notwendigerweise zustande bringt. Diese Wahrnehmung des Staates als eine Veranstaltung der ihm zuzuordnenden Summe von Individuen bildet ihrem Wesen nach keine Fiktion, sondern ist empirisch erfahrbar: mit dem Aspekt einer grundlegenden politischen Bindung bezieht sie sich auf bestehende Gegebenheiten des realen menschlichen Daseins.[40] Anders als in den Lehren vom Gesellschaftsvertrag[41], fungiert der einzelne dabei nicht bloß als ein abstrakter Zurechnungspunkt einer ihm gegenüber in seinem Interesse ausgeübten hoheitlichen Gewalt: die Vorstellung der Staatlichkeit als Bindung knüpft sich an real sich vollziehende Vorgänge an, bei

---

[40] Die hiermit vorgetragene Staatstheorie stimmt in diesem Punkt mit der Staatslehre *Hermann Hellers* überein; vgl. *dens.*, Staatslehre, S. 259 ff.

[41] Auf die sich insbesondere die hiermit angegriffene Theorie vom „Mehrebenenverfassungsverbund" beruft, vgl. *Ingolf Pernice*, CMLR 36 (1999), 703, 709. Der Bezug *Pernices* auf *Rousseau* wurde zum Teil scharf kritisiert, vgl. beispielsweise den Diskussionsbeitrag von *Karl Albrecht Schachtschneider* in VVDStRL 60 (2001), 393, 394. Zur Theorie vom Gesellschaftsvertrag allgemein *René Marcic*, Geschichte der Rechtsphilosophie, S. 268 ff.

denen das individuelle Bewußtsein der im Gemeinwesen zusammenhaltenden Menschen bestimmte Formen der politischen Bindung bewirkt.

Der Staat als Grund- und Primärform der politischen Bindung erscheint dabei bei genauer Betrachtung als Beziehungsgeflecht, das zwei verschiedene Bindungsmomente umfaßt:

- Seine Ordnung beruht dem Grunde nach auf einer Art von Bindung, welche die einzelnen miteinander verbindet. Sie wurzelt im *Willen zur Verbundenheit*, der sich entwickelt, wenn der einzelne aus diesen oder jenen Aspekten heraus (die oben bereits dargelegt wurden) die mit ihm zusammenlebenden Menschen als seinesgleichen empfindet.
- Aus der Verbundenheit der einzelnen untereinander folgt eine zweite Art von persönlicher Bindung, die sich auf sein Eingestelltsein ins Ganze richtet. In Abgrenzung zu der zuerst genannten Art von Bindung könnte diese nun als *Wille des einzelnen zum Einbezogensein* aufgefaßt werden, dessen Bezugspunkte der Verband und die darin entstandene Ordnung bilden.[42]

Was hier und im folgenden als Staatlichkeit verstanden werden soll, ist demnach ein Bindungskomplex, der sich aus der Summe dieser zuletzt genannten Verbundenheitsaspekte ergibt. Staatlichkeit ist damit, so könnte man sagen, eine Art makropolitischer Verbundenheitsstruktur, die sich aus der Addition der individuellen (oder: mikropolitischen) Zusammengehörigkeitsempfindungen ergibt.

2. *Höchstverbindlicher Befolgungsanspruch und letztverantwortliche Rechtsverbürgung*

Aus diesen zuletzt genannten Gesichtspunkten heraus läßt sich das Verhältnis des einzelnen zum Staat, im Hinblick auf sein grundsätzliches Wesen, nunmehr vollständig erschließen: Menschen sind dem Staat zum Gehorsam verpflichtet, weil sie seine Struktur mehrheitlich als die von ihnen gewollte Ordnung identifizieren. Wer sich einer Gesellschaft zugehörig fühlt, unterwirft sich ihrer Entscheidungsstruktur. Die Elementarordnung eines Gemeinwesens (nicht deren Details), die seine Menschen mehrheitlich als die höchste Form der politischen Bindung verstehen, trägt in sich selbst einen Befolgungsanspruch, der dadurch als unabgeleitet erscheint. Da jedem menschlichen Verbundensein (von frühgeschichtlichen Stammesformen bis hin zur Massendemokratie) ein Bedürfnis nach Ordnung notwendigerweise innewohnt, oder, um es genauer auszusprechen: da doch der Sinn eines jeglichen politischen Verbundenseins überhaupt erst in der Ordnungstiftung liegt, ist der Befolgungsanspruch selbst der Bindung wesenseigen. Sein Wille, dem Verband mit seinesgleichen anzugehören,

---

[42] Hierzu *Hermann Heller*, Staatslehre, S. 266.

bedeutet für den einzelnen, aufgrund seiner Zugehörigkeit zu einer Gemeinschaft in über-individuelle Entscheidungsstrukturen einbezogen zu sein.

Das Wesen dieser Bindung wird dabei insbesondere dort erkennbar, wo es um die Frage geht, warum sich eine Ordnung auch jenem gegenüber als zwingend erweist, der sich entgegenstellt und sie, aus einer anderen Ordnungsvorstellung heraus, negiert.[43] Die Antwort darauf liegt in seinem Verhältnis zur Gemeinschaft, der er angehören will. Wer aufgrund einer abweichenden Ordnungsvorstellung die mehrheitlich eingerichtete Ordnung nicht akzeptiert, bleibt dieser Ordnung legitimerweise unterworfen, solange er auf einer Zugehörigkeit zum Gemeinwesen besteht. Sein eigener Zugehörigkeitswille unterwirft ihn der Ordnung, welche die Mehrheit des Gemeinwesens will, das er als sein eigenes identifiziert.[44] Solange er diese Zugehörigkeit will, muß er ertragen, bei seinen Versuchen, die Ordnung zu ändern, dieser selbst unterworfen zu sein. Sieht er sich hierzu nicht fähig, so steht es ihm an, die Bindung zu lösen, indem er die Gemeinschaft verläßt.[45] Dazugehören zu wollen und ungebunden zu sein, ist ein unauflöslicher Widerspruch.

Mit dem Anspruch der staatlichen Ordnung, vom einzelnen letztmaßgeblich befolgt zu werden, korrespondiert dabei der Gesichtpunkt der letztverbindlichen Verbürgung seines rechtlichen Status.[46] Wer aus dem Willen zur Verbundenheit heraus sein Einbezogensein in eine grundlegende und unabgeleitete politische Ordnungsstruktur bejaht, tut dies nur unter der Erwartung einer wechselseitigen Loyalität: der einzelne, indem er sich politisch bindet, will sich darauf verlassen, daß in allen Fällen des Zweifels eine Ebene der letztverantwortlichen Entscheidung ihm dafür bürgt, daß dieses und jenes (und nichts anderes) gilt.[47] Die grundlegende Bindung (sein Staat) wird von ihm gerade des-

---

[43] Gemeint sind hierbei die Fälle der radikalen Opposition gegenüber einer vorherrschenden Ordnung, wie sie der bundesdeutsche Staat in den siebziger Jahren erlebt hat und wie sie sich möglicherweise auch gegenwärtig, in der Gestalt bestimmter, in Deutschland lebender fundamental-islamistischer Kreise, entwickelt.

[44] Dieser Gesichtspunkt wird oft übersehen, wenn es um eine Kritik konsensualer Ansätze der Begründung öffentlicher Hoheitsgewalt geht; vgl. z. B. *Joseph Raz*, in: Alexander (Hrsg.), Costitutionalism: Philosophical Foundations, S. 152, 162ff. Vgl. zu diesem Punkt ferner auch *Hermann Heller*, Staatslehre, S. 266.

[45] Diese Annahme berührt sich zum Teil auch mit Erwägungen, die *Albert O. Hirschman* im demokratietheoretischen Kontext unter den Stichworten „voice" und „exit" dargelegt hat; vgl. *dens.*, „Abwanderung und Widerspruch", passim. Im Kontext der europäischen Verfassungsdiskussion wurde dieser Ansatz bereits des öfteren aufgegriffen, so beispielsweise von *Joseph H. H. Weiler*, YLJ 100 (1991), 2403, 2410ff.

[46] Auch dieser Zusammenhang läßt sich in den historischen Formen eines grundlegenden politischen Eingebundenseins des einzelnen detailliert nachweisen; so zum Beispiel im Mittelalter unter dem Gesichtspunkt von „Schutz und Schirm" für „Treue und Rat"; dazu eingehend *Otto Brunner*, Land und Herrschaft, S. 263ff. (für die Landbevölkerung) und S. 351 (für die Städte).

[47] Dies ist ein Haupteinwand gegen die Lehre vom „multilevel constitutionalism" bzw. „Mehrebenenverfassungsverbund", wie sie vor allem *Ingolf Pernice* vertritt (vgl. z. B. *dens.*,

halb bejaht, weil er die Ordnung letztverbindlich verbürgt. Daß sich der einzelne aus dem Bewußtsein seiner grundlegenden Zugehörigkeit heraus in jene als autonom gedachte Ebene in besonderer Weise (nämlich letztverbindlich) eingebunden fühlt, bedeutet zugleich, daß diese Loyalität unteilbar sein muß. Hieraus ergibt sich, als praktische Konsequenz, die Unteilbarkeit der individuellen Loyalität im Konflikt. Wo verschiedene Ebenen der Hoheitsgewalt aufeinanderstoßen und sich gegenseitig in ihren Befehlen widersprechen, artikuliert der einzelne mit seiner Entscheidung für diese oder jene Seite seine individuelle politische Bindung.

Einzelner und Staat beziehen sich daher insoweit aufeinander, als beide mit letzter Verantwortung handeln: der Staat verantwortet die verbindliche Ordnung, der einzelne verantwortet demgegenüber die Tat. Beide Verantwortlichkeiten sind in letzter Konsequenz undelegierbar und folgen unabgeleitet aus der Stellung des Menschen als Mensch und der Stellung des Staates als Staat. Sie korrespondieren dabei in grundsätzlicher Weise: der Mensch verantwortet die Tat gegenüber einer Ordnung, deren Unverbrüchlichkeit ihm der Staat verbürgt. Weil dieser das tut, kann er ihre Befolgung erwarten. Die überwiegende Befolgung gewährt ihm die Existenz.[48] Die Doppelverbürgung zu leugnen (indem man die Letztverantwortlichkeit der staatlichen Entscheidungsstrukturen verkennt) hieße, die politische Bindung des einzelnen auszuhebeln: er kann die Tat nur dem gegenüber verantworten, der für den Bestand einer höchstverbindlichen Ordnung mit letzter Verantwortung einsteht. „Staatlichkeit" meint demzufolge die Wechselbeziehung von letzter Verbürgung und letzter Verantwortlichkeit – oder in rechtsphilosophischer Terminologie: die absolute Geltung des Sollens durch das politische Sein. Wo sie sich lösen, weil jene Ebene fehlt, die eine Ordnung uneingeschränkt garantieren kann, ist das Grundprinzip menschlicher Ordnung selbst in Frage gestellt.[49]

3. Probleme der individuellen politischen Identität

Anhand dieser Erwägungen dürfte nunmehr auch deutlich geworden sein, worin das zentrale Problem – oder, wenn man so will, das zentrale Mißverständnis – dessen liegt, was in den letzten Jahren unter dem Stichwort „politi-

---

CMLR 36 [1999], 703, 707; in der Sache ähnlich *Thomas Schmitz*, EuR 2003, 217, 222f.), die davon ausgeht, daß der einzelne verschiedene politische „Identitäten" besitzt und dementsprechend verschiedenen Ebenen als politisches Subjekt zuzurechnen ist. Dieser Ansatz verkennt, daß sich eine dieser Bindungen grundlegend von den übrigen unterscheidet.

[48] Dazu *Isensee* (in: Isensee/Kirchhof [Hrsg.], Handbuch des Staatsrechts, Bd. II, § 15 Rn. 82): „Die Entscheidungseinheit beruht auf der Bereitschaft der Adressaten, den Entscheidungen zu folgen. Die Staatsgewalt läßt sich geradezu bestimmen als institutionalisierte Chance des Gehorsams."

[49] Vgl. auch *Josef Isensee*, in: Isensee/Kirchhof (Hrsg.), Handbuch des Staatsrechts, Bd. II, § 15 Rn. 100: „Machteinheit als Grundlage der Verfassungseinheit".

sche Identitäten", insbesondere im Zusammenhang mit dem europäischen Konstitutionalisierungsprozeß, breit diskutiert worden ist.[50] Die Zusammensetzung der öffentlichen Sphären aus verschiedenen Ebenen bringt es mit sich, daß sich auch der Status des einzelnen als Bürger auf verschiedenen Ebenen vollzieht, der zugleich Bürger seiner Gemeinde, seines Bundeslandes und der Bundesrepublik als Gesamtstaat sein soll.[51] Mit der Einführung der Unionsbürgerschaft gemäß Art. 17 Abs. 1 EGV wurde nunmehr, durch den Prozeß der supranationalen Integration, eine weitere Ebene des individuellen Eingebundenseins ergänzt. In diesem Sinne läßt sich mit Recht auch von einer mehrfachen Identität des einzelnen als Bürger dieser und jener Gemeinde, dieses und jenen Bundeslandes und der Bundesrepublik Deutschland sprechen. Im Dasein des einzelnen kann sich die Bedeutung dieser Identitäten untereinander verschieben: wer seinen Wohnsitz mehrmals im Leben verlegt, wird sich weniger durch seine Zugehörigkeit zu einer Gemeinde identifizieren als jemand, der sein ganzes Leben in ein und derselben Dorfgemeinschaft verbracht hat. Auch können im Alltag des Individuums Identifikationsmöglichkeiten in den Vordergrund treten, die sich nicht auf seine territoriale Zugehörigkeit, sondern auf andere Momente seines Bewußtseins: seinen Glauben, seine Weltanschauung, seine Hobbys oder seine berufliche Tätigkeit beziehen, so daß sich der einzelne in erster Linie als Christ, als Sozialdemokrat, als Wissenschaftler, als Anhänger eines Fußballvereins oder als dieses und jenes versteht. Mit der Frage der Staatlichkeit als Grundform des politischen Gebundenseins, wie sie hier untersucht werden soll, dürfen Identitäten dieser Art nicht ohne weiteres in Verbindung gebracht werden: daß der einzelne sich, in seinem Alltag, aber auch im Hinblick auf seine territorial-politische Zugehörigkeit, durch verschiedene Identitäten auszeichnen kann, ändert nichts an dem Umstand, daß es in der Sphäre des Politischen eine bestimmte Identität gibt, die sich ihrer Qualität zufolge von allen anderen unterscheidet[52]: diese Identität ist das Einbezogensein des einzelnen in die Begrün-

---

[50] Siehe hierfür beispielsweise *Armin von Bogdandy*, JZ 2004, 53; *Franz C. Mayer/Jan Palmowski*, JCMS 2004, 573, 576ff.; *Stefan Griller*, in: Schuppert/Pernice/Haltern (Hrsg.), Europawissenschaft, S. 201, 243ff.; *Jiří Přibáň*, ELJ 2005, 135; *Michel Rosenfeld*, in: Weiler/Eisgruber (Hrsg.), Altneuland: The EU Constitution in a Contextual Perspective, S. 11ff.; *András Sajó*, in: Weiler/Eisgruber (Hrsg.), Altneuland: The EU Constitution in a Contextual Perspective, S. 18ff. (im Hinblick auf eine europäische Identität aus osteuropäischer Sicht); *Wolfgang Graf Vitzthum*, EuR 2002, 1 (im Hinblick auf eine europäische Identität im allgemeinen); zur Identitätsthematik (aus der Sicht des Juristen) auch *Gerd Roellecke*, in: Kroker/Dechamps (Hrsg.), Das Menschenbild der freien Gesellschaft, S. 213, 215f.

[51] *Stefan Griller*, in: Schuppert/Pernice/Haltern (Hrsg.), Europawissenschaft, S. 201, 245. Vgl. auch *Ulrich Haltern*, Europarecht und das Politische, S. 442: „‚Bürgerschaft' findet ihren Bezugspunkt von der Stadt bis zur Welt."

[52] Dies übersieht *Stefan Griller*, in: Schuppert/Pernice/Haltern (Hrsg.), Europawissenschaft, S. 201, 245, wenn er „Staatsbegriff und Zugehörigkeitsgefühl" als „entkoppelt" versteht. Ähnlich wie hier (in etwas anderem Kontext) *Rainer Wahl*, in: Festschrift für Ernst-Wolfgang Böckenförde, S. 59, 71.

dung des Staates, die jedes Gemeinwesen, in der einen oder anderen Form, aus sich selbst heraus leisten und gewährleisten muß. Die Gründe dafür wurden geschildert.

IV. „Staatlichkeit" als Hoheitsgewalt, als Aufgabeninhaberschaft und als die Summe dreier Elemente: Abgrenzungsfragen eines bindungsbezogenen Staatlichkeitsdenkens

1. „Staatlich", „hoheitlich" und „privat": Funktionen des Staatsbegriffs in der Abgrenzung der Sphären von Staat und Bürger

Mit dieser Herangehensweise an den Themenkreis des Staatlichkeitsbestandes wurden zugleich drei Abgrenzungen vollzogen, die den hier verfolgten Ansatz, den Staat als Ordnung und als Summe von Bindungen zu begreifen, von anderen Ansätzen zur Bestimmung der Staatlichkeitsfrage abheben. Die erste Abgrenzung, die mit der Beschreibung der Staatlichkeit als Verbundenheitszusammenhang erreicht worden ist, betrifft deren Gleichsetzung mit jedweder Hoheitsgewalt, die zweite Abgrenzung, eng mit der ersten verbunden, ihre Identifizierung durch ihren Aufgabenkreis, und die dritte Abgrenzung, möglicherweise die am dringendsten nötige, ihre Verzerrungen durch die Folgen „räumlich-statischen Denkens"[53]. Die Diskussionen über eine der EU erwachsende Staatlichkeit haben gezeigt, daß die Frage nach dem Übergang der Staatlichkeit durch diese Ansätze nicht zu erschließen ist. Wenn es darum geht, Kriterien zu gewinnen, die Staaten von anderen Formen der hoheitlichen Gewalt, von bundesstaatlichen Gliedeinheiten oder kommunalen Verbänden, unterscheiden, muß scheitern, wer dazu bei Denkmustern ansetzt, die aus anderen Problemkreisen stammen und andere Zwecke verfolgen.[54]

Die erste dieser drei nötigen Abgrenzungen ist dabei vollzogen, wenn deutlich geworden ist, daß sich die Frage nach dem Bestand des Staatseins nicht beantworten läßt, indem man, aus der gewohnten staatsrechtlichen Perspektive heraus, „staatlich" und „hoheitlich" gleichsetzt.[55] Eine solche Identifizierung von „Staatlichkeit" und „Hoheitlichkeit" ist nur dort zulässig, wo es auf die Gegenüberstellung der rechtlichen Sphären von hoheitlicher Gewalt und privaten Individuen ankommt, nicht jedoch, wo das Verhältnis von verschiedenen Hoheitsträgern untereinander bestimmt werden soll. Im Gegenteil: wo es darum geht zu unterscheiden, welcher von mehreren Verbänden der hoheitlichen Herrschaftsgewalt als unabgeleitete Ordnung (d.h. als Staat) und welcher dem-

---

[53] Zum Begriff des „räumlich-statischen Denkens" siehe den Nachweis oben in Fn. 35.

[54] Zur perspektivischen Bedingtheit von Staatlichkeitskonzeptionen auch *Uwe Volkmann*, AöR 127 (2002), S. 575, 579ff.

[55] Vgl. hierzu auch *Hermann Heller*, Staatslehre, S. 269.

gegenüber als praktisch und rechtlich untergeordnet eingestuft werden darf, muß die Gegenüberstellung von „Staat“ und „Bürger“ verwirren, da der Staat, wie oben gesehen, nichts anderes als ein Produkt bestimmter individueller Bindungen darstellt.[56] Obgleich diese Abgrenzung aus methodischer Sicht offenkundig erscheint („staatlich“ kann nicht „hoheitlich“ heißen, wenn das eine als eine Form des andern gedacht werden soll), gebieten es die Entwicklungen des europäischen Verfassungsdiskurses, dies in aller Deutlichkeit zu betonen – und zwar insbesondere deshalb, weil hieraus, im Zusammenspiel mit den nachstehend zu behandelnden Denkfiguren der Drei-Elemente-Lehre, ein personifizierendes Staatsdenken resultiert, das den Auftritt einer supranationalen Hoheitsgewalt dementsprechend als eine diffuse „Auflösung der Staatlichkeit“ wahrnimmt und mißversteht.[57]

2. *Frieden, Freiheit und Sicherheit: Grund und Grenzen einer aufgabenbezogenen Staatlichkeitsbeschreibung*

Staatlichkeit als eine Summe individueller Einbindungsbeziehungen zu deuten, hebt das Verständnis des Staates auch von solchen Denkansätzen ab, die darauf zielen, das Wesen des Staates von seinen Aufgaben her zu erschließen, und dabei auf seine Funktionen, die Sicherung des inneren Friedens und den Schutz privater Rechte, rekurrieren.[58] Die Kriterien der Staatlichkeit, die dieser Ansatz entwirft, erschließen sich aus der ihm eigenen Perspektive, welche ebenfalls dem Gegenüber von „Staats“-Gewalt und Individuum entspringt. Im Mittelpunkt dieser Wahrnehmung steht der Staat als ein Aufgabenträger, dessen Dasein sich durch die Gewähr von Freiheit und Sicherheit dem einzelnen gegenüber legitimiert; der Gedanke der Staatlichkeit beschreibt unter diesen Kriterien eine Art Wirkungsgesamtheit, die aus der Sphäre der hoheitlichen Institutionen hervorgeht. Die inneren Strukturen dieser Sphäre sind von hieraus nicht zu erfassen. Auch diese Herangehensweise identifiziert letztendlich Staat und Hoheitlichkeit, so daß sie nicht in der Lage erscheint, verschiedene Ebenen des Hoheitlichen zu dividieren: wenn jede hoheitliche Tätigkeit Friedensstiftung, Rechtsschutz und einen Mindestumfang an sozialer Sicherung bezweckt,

---

[56] Daß diese Entgegensetzung zu einer Erklärung dessen, wie der Staat funktioniert, nichts beiträgt, zeigt *Rudolf Smends* Abhandlung „Verfassung und Verfassungsrecht“, der sich einer Erklärung des Staates dadurch weiter als andere angenähert hat, als er die entsprechende Perspektive konsequent abgelegt hat.

[57] Einen Überblick über entsprechende Denkansätze im politikwissenschaftlichen Schrifttum verschafft *Tilman Evers*, Leviathan 1994, 115, 116ff.; zurückhaltender *Rainer Wahl*, in: Schuppert/Pernice/Haltern (Hrsg.), Europawissenschaft, S. 147, 156ff., der zu Recht Abstand nimmt vom Gedanken an das Ende der Staatlichkeit (S. 172f.).

[58] Siehe dazu u. a. *Jiří Přibáň*, ELJ 2005, 135, 147ff.; staatenübergreifende Staatsaufgaben im Integrationskontext erörtert *Markus Kotzur*, Grenznachbarschaftliche Zusammenarbeit in Europa, S. 292ff.

bieten derartige Staatlichkeitskonzepte keinen Schlüssel dafür, Formen des hoheitlichen Wirkens im Hinblick auf den Status, den sie haben, zu erkennen.[59] Staatlichkeitsfunktionen müssen hierzu als Selbstverständlichkeit vorausgesetzt werden.

3. Volk, Gebiet und Gewalt: die Drei-Elemente-Lehre als Richtschnur der Völkerrechtspraxis

Die wichtigste Abgrenzung, die mit dem vorliegenden Ansatz (Staatlichkeit als eine Summe des individuellen Eingebundenseins) im staatstheoretischen Denken verfolgt werden soll, gilt indes einer Theorie, die auch in der europäischen Konstitutionalisierungsdebatte häufig als ein Ausgangspunkt zur Behandlung der Staatlichkeitsfrage angewandt worden ist: gemeint ist die Drei-Elemente-Lehre von *Georg Jellinek*, die sich ungeachtet scharfer Kritik[60] bis heute ungebrochener Beliebtheit erfreut.[61] Ihrem gedanklichen Ansatz zufolge werden Staaten durch drei Kriterien: Staatsgebiet, Staatsvolk, Staatsgewalt, definiert. Die Drei-Elemente-Lehre dient dabei in erster Linie als Richtschnur zur Erfassung des Staats als Akteur im internationalen Geschehen[62]: Staaten lassen sich anhand der genannten Kriterien als völkerrechtliche Subjekte identifizieren. Die Schablonenhaftigkeit dieser Lehre, die sie praktisch einfach handhabbar macht, entzieht ihr zugleich jedoch jeden staatswissenschaftlichen Wert.[63] Zur Bestimmung, ob es sich bei diesen oder jenen Verbänden um Staaten handelt oder um unselbständige Ordnungsstrukturen, deren Dasein von einer höheren Staatlichkeit abhängt, ist diese Theorie außerstande. Sie erfaßt in erster Linie Fälle, in denen Gebiet, Gewalt oder Volk vollständig fehlen.[64]

---

[59] Beispielhaft für die Schwierigkeiten, die sich anderenfalls ergeben: *Jiří Přibáň*, ELJ 2005, 135, 147ff.

[60] Z.B. von *Rudolf Smend*, Verfassung und Verfassungsrecht, S. 8ff., 55.

[61] Eingehend dazu *Michael Dickstein*, Der Verfassungsbegriff der Europäischen Union, S. 46ff.; *Josef Isensee*, in: Isensee/Kirchhof (Hrsg.), Handbuch des Staatsrechts, Bd. II, § 15 Rnrn. 49ff.; *Alexander Somek*, Ist die Europäische Union ein Staat? Soll sie ein Staat werden?, S. 6; *Rainer Wahl*, in: Schuppert/Pernice/Haltern (Hrsg.), Europawissenschaft, S. 147, 151f. Siehe ferner auch *Uwe Volkmann*, AöR 127 (2002), 575, 587. Versuche, sich der Staatlichkeitsfrage in Europa auf diese Weise zu nähern, finden sich beispielsweise bei *Hermann-Josef Blanke*, DÖV 1993, 412, 415ff.; *Stefan Griller*, in: Schuppert/Pernice/Haltern (Hrsg.), Europawissenschaft, S. 201, 220ff. und *Markus Kotzur*, Grenznachbarschaftliche Zusammenarbeit in Europa, S. 258ff.

[62] *Josef Isensee*, in: Isensee/Kirchhof (Hrsg.), Handbuch des Staatsrechts, Bd. II, § 15 Rnrn. 48, 50. Vgl. zum völkerrechtlichen Staatsbegriff auch Art. 1 der Montevideo-Konvention vom 26. 12. 1933, die zusätzlich noch die Fähigkeit nennt, mit anderen Staaten in Beziehung zu treten; dazu *Josef Isensee*, in: Festschrift für Ulrich Everling, Bd. I, S. 567, 573.

[63] Skeptisch gegenüber dem Drei-Elemente-Gedanken äußert sich auch *Walter Leisner*, JZ 2002, 735.

[64] Das bekannteste Beispiel für einen derart offensichtlichen Fall findet sich in der Behandlung des „Fürstentums Sealand" (VG Köln DVBl. 1978, 510f.). Siehe dazu auch *Torsten Stein/Christian von Buttlar*, Völkerrecht, Rn. 266.

Diese Unzulänglichkeit des Drei-Elemente-Denkens im Kontext der hier zu erörternden Staatlichkeitsfragen rührt zuletzt daher, daß die Kategorien Volk, Gebiet und Gewalt inhaltlich nicht auf ein und derselben gedanklichen Ebene liegen: Volk und Gebiet sind notwendige Kriterien jeder öffentlich-rechtlichen Gebietskörperschaft, die in Wirklichkeit, im Hinblick auf den Bestand des Staates, nur als schematisierte Ausdrücke eines grundlegenden politischen Gebundenseins fungieren: einerseits (in der Gestalt des Staatsvolks) im Hinblick auf die Summe der inbegriffenen Subjekte, aus deren Bewußtsein heraus sich die staatliche Ordnung entfaltet; andererseits (in der Gestalt des Gebiets) im Hinblick auf den territorialen Anspruch, der sich durch die Abgrenzung verschiedener letztverbindlicher Ordnungen gegeneinander ergibt[65]. Wer diesen Bezug aus den Augen verliert, indem er Staatsvolk und -gebiet selbst als Wesensinhalte des Staatseins versteht, verwechselt die Substanz der staatlichen Ordnung mit deren nach außen hin sichtbaren Folgen.[66] Allein maßgeblich für die hier zu klärende Frage ist letztlich das Vorhandensein einer unabgeleiteten, originären Staatsgewalt.[67] Wie dieses zu bestimmen sein soll, ist dem Drei-Elemente-Gedanken nicht zu entnehmen.[68] Wenn es darum geht, staatliche und überstaatliche Hoheitsgewalt auseinanderzuhalten, ist diese Lehre demnach als ein Umweg einzustufen.

Die Gefahr, die von ihr ausgeht, liegt jedoch darin, die Staatlichkeitsfrage aus einer statischen oder personifizierenden Sichtweise zu verkürzen: den Übergang der Staatlichkeit auf eine andere Ebene (wie die EU) zu erfassen, setzt es voraus, daß diese weder als juristischer Körper, der dem einzelnen gegenüber agiert, noch als die schematische Summe von Fläche, Volk und Gewalt, sondern als besondere und grundlegende Form des politischen Gebundenseins wahrgenommen werden kann.[69] Als Ende und Auflösung der Staatlichkeit selbst könnte ansonsten mißverstanden werden[70], was sich möglicherweise, bei genauerer Betrachtung, nur als ein Wechsel ihres Bezugspunkts entpuppt.

---

[65] Siehe zu dem zuletzt genannten Punkt die vorangegangenen Darlegungen unter II.2.a.

[66] Von „Irrwegen räumlich-statischen Denkens" sprach dabei schon *Rudolf Smend*, Verfassung und Verfassungsrecht, S. 9.

[67] Dies zeigt sich auch in der praktischen Anwendung dieser Lehre, in der den Merkmalen Volk und Gebiet meist nur wenige Sätze, der Frage der Staatsgewalt demgegenüber umfangreiche Ausführungen gewidmet werden; besonders anschaulich hierfür ist *Stefan Griller*, in: Schuppert/Pernice/Haltern (Hrsg.), Europawissenschaft, S. 201, 222ff.

[68] *Walter Leisner*, JZ 2002, 735.

[69] *Otto von Gierke* (Das Deutsche Genossenschaftsrecht, 2. Band, S. 832ff.) hat einen ähnlichen Zusammenhang für den Wechsel der Staatlichkeit von Stadt- und Landes-Gemeinwesen auf die Ebene von höheren Verbänden beschrieben.

[70] Siehe dazu die Nachweise oben in Fn. 57.

V. Zwischenergebnis: Staatlichkeitsbestand und Staatlichkeitsbelege

Zusammenfassend ist demnach zu konstatieren, daß jedes Gemeinwesen in Entscheidungsstrukturen eingestellt ist, die sich auf die unabgeleitete, ursprüngliche Gewalt einer bestimmten Ebene gründen. Staatlichkeit ist demzufolge unverlierbar; ihr Träger kann wechseln, ohne daß sie verschwände.[71] Sie kennzeichnet das Gemeinwesen und ist im Kern mit seiner Ordnung identisch; ihr Wesen knüpft sich an den Anspruch der Autonomie. Wenn man „Staat" in diesem Sinne als Status versteht (als Stand, über den Status[72] weiterer hoheitlicher Akteure und das Dasein entsprechender Bindungen zu entscheiden), so wird es deutlich, daß „Staatlichkeit" weder an nationalstaatlich-hergebrachte Ordnungsstrukturen gebunden sein muß noch künftig verloren gehen kann. „Staatlichkeit" ist danach zwar in der konkreten Gestalt, nicht jedoch in ihrem generellen Bestand an historische Zeitabschnitte gebunden.[73] Möglich erscheint daher der Staatlichkeitsübergang auf eine andere Ebene innerhalb der öffentlichen Sphäre, nicht jedoch das Ende der Staatlichkeit selbst. Vom „Verlust der Staatlichkeit" kann demzufolge nur relativ, im Hinblick auf einen konkreten Bezugspunkt innerhalb des politischen Raumes, nicht jedoch absolut, im Hinblick auf ihr Fortbestehen als Phänomen politisch-sozialer Ordnung, gesprochen werden.[74] Der Bestand menschlicher Gemeinwesen fordert politische Bindung; innerhalb dieser Bindungen tritt eine Ebene der hoheitlichen Gewalt

---

[71] „Weil es zu allen Zeiten Verbände über den Einzelnen gab, immer aber unter diesen Verbänden ein höchster sein mußte, existierte Staatliches von je."; *Otto von Gierke*, Das Deutsche Genossenschaftsrecht, 2. Band, S. 831. – Einen solchen Wendepunkt der Staatlichkeit, nämlich die Entstehung des neuzeitlichen Flächenstaates, beschreibt *Carl Schmitts* Aufsatz „Staat als ein konkreter, an eine geschichtliche Epoche gebundener Begriff", siehe *dens.*, Verfassungsrechtliche Aufsätze, S. 375 ff.

[72] Zum Zusammenhang der Ausdrücke „Staat" und „Status" siehe die oben angegebenen Nachweise: Einleitung, III.3., dort in Fn. 60 sowie *Josef Isensee*, in: Isensee/Kirchhof (Hrsg.), Handbuch des Staatsrechts, Bd. II, § 15 Rn. 63.

[73] Vom „Wandel des Staates vom stammes- oder lehensrechtlichen Personenverband zur Gebietskörperschaft" spricht *Josef Isensee*, in: Isensee/Kirchhof (Hrsg.), Handbuch des Staatsrechts, Bd. II, § 15 Rn. 65. Daß die ursprüngliche Großfamilie als höchster sozialer Verband kraft ihrer Souveränität der Ansatzpunkt zum Staat gewesen sei, bemerkt *Friedrich Berber*, in: Festgabe für Theodor Maunz, S. 19, 21 f. Zur „Staatlichkeit" des Mittelalters *Otto Brunner*, Land und Herrschaft, S. 240 ff.; zur Stadt als erstem deutschen Staat *Otto von Gierke*, Das Deutsche Genossenschaftsrecht, 2. Band, S. 831. Die Mehrheit der Genannten spricht im Hinblick auf die von ihnen untersuchten Epochen mit Selbstverständlichkeit vom „Staat".

[74] Es ist aus diesen Gründen auch unrichtig, von einer „Trennung des Politischen vom Staat" zu sprechen, wie dies *Ulrich K. Preuß* (in: Schuppert/Pernice/Haltern [Hrsg.], Europawissenschaft, S. 489, 496 f.) tut. Wovon sich das Politische allenfalls trennt, ist, in der Gestalt der abgeschlossenen Nationalstaatlichkeit, seine heute herrschende territoriale Fixierung, bzw. genauer gesagt, eine bestimmte Art dieser territorialen Fixierung: die Abgrenzung von Räumen ohne den Anlaß zur Einrichtung einer „über"staatlichen Ordnung (vgl. hierzu auch *Markus Kotzur*, Grenznachbarschaftliche Zusammenarbeit in Europa, S. 270 ff. und

hervor, auf der ihre Träger die öffentliche Sphäre unabgeleitet in letzter Verantwortung ordnen.[75]

Die Wirklichkeit einer grundlegenden Ebene der politischen Bindung, die allen nachgeordneten Entscheidungsstrukturen das Dasein bereitet, ist dementsprechend bis heute empirisch offenkundig.[76] Seit dem 17. und 18. Jahrhundert verkörpert sie sich in einer gebietshoheitlichen Struktur: dem neuzeitlichen Territorialstaat. Als erster und höchster Akteur der politischen Sphäre ist dieser bis heute erhalten geblieben. Die Sonderumstände einer supranationalen Integration, wie sie Europa erfährt, dürfen die Wahrnehmung der gegenwärtigen politischen Welt in ihrer Gesamtheit nicht verzerren: außerhalb der supranationalen Integration sind die meisten Staaten bis jetzt imstande geblieben, frei und allein über Dasein und Status hoheitlich agierender Akteure in ihrem Kreis zu entscheiden, andere Bindungen einzurichten und aufzuheben, um so die öffentliche Sphäre in ihrem Raum letztverbindlich zu ordnen.[77] Als geographische Einheiten teilen unabgeleitete höchste Gewalten territoriale Räume unter sich auf, die sie mit Ausschließlichkeitsanspruch beherrschen. Unvoreingenommen betrachtet, ist die Existenz der autonomen politischen Einheit Normalfall geblieben.[78]

---

285 ff.). Von einer Staatlichkeit ganz ohne territoriale Fixierung war das Mittelalter geprägt; Staatlichkeit und Politisches waren dennoch unmittelbar aufeinander bezogen.

[75] Vgl. *Otto von Gierke*, Das deutsche Genossenschaftsrecht, 2. Band, S. 831: „Die Körperschaft wird [...] zum Staat, sobald sie als höchster und umfassendster Verband auf einem bestimmten Gebiet für Erreichung des menschlichen Gemeinschaftszwecks schlechthin konstituiert ist." Von einer „Überordnung des Staates über alle Individuen und nichtstaatlichen Verbände" spricht dementsprechend *Josef Isensee*, in: Isensee/Kirchhof (Hrsg.), Handbuch des Staatsrechts, Bd. II, § 15 Rn. 65.

[76] Vgl. dazu auch *Rainer Wahl*, in: Festschrift für Ernst-Wolfgang Böckenförde, S. 59, 72 ff.

[77] Siehe dazu auch *Rudolf Streinz*, in: Festschrift für Georg Ress, S. 1277, 1291.

[78] Ähnlich *Josef Isensee*, in: Isensee/Kirchhof (Hrsg.), Handbuch des Staatsrechts, Bd. II, § 15 Rn. 54 („Globalisierung hat nicht zur Auflösung des Staates, sondern zur Verstaatlichung des Planeten geführt. Die Erdoberfläche ist nahezu vollständig unter Staaten verteilt. Die reale Verfassung der Weltgesellschaft ist zuvörderst das Pluriversum der Staaten.") sowie *Eckart Klein*, in VVDStRL 63 (2004), 74; *Rudolf Streinz*, in: Festschrift für Georg Ress, S. 1277, 1288 f. und *Rainer Wahl*, in: Festschrift für Ernst-Wolfgang Böckenförde, S. 59, 73.

2. Abschnitt

Recht und Verfassung als die maßgeblichen Umsetzungsformen eines letztentscheidenden politischen Gebundenseins

I. Verfassungsrecht als die Vermittlung der Ordnungsvorstellung

1. *Das Sichtbarmachen der Ordnung durch die rechtliche Form*

Wie passen Rechts- und Verfassungsordnung in dieses Bild einer grundlegenden politischen Bindung und welche Konsequenzen ergeben sich hieraus für die Theorien von der Rechtsordnung selbst? Im folgenden soll es zunächst um das Wesen des Verfassungsrechts gehen, wenn man es vom Gesichtpunkt eines bindungsbezogenen Staatsverständnisses her begreift, anschließend um die Fragen nach der Rechtsordnung als Ganzes, die sich zugleich nach innen und außen entfaltet.

Die Begründung der politischen Einheit durch die Gemeinschaft aus einem bestimmten Zusammengehörigkeitsbewußtsein heraus zielt, wie dargestellt[79], auf die Herstellung einer konkreten politischen Ordnung, die demnach als eine auf realen Bindungen beruhende Struktur verstanden werden muß.[80] Die einheitstiftende Verbundenheitsidee determiniert dabei zugleich die innere politi-

---

[79] Siehe dazu oben: Erster Abschnitt, II.2.b.

[80] Der hiermit vertretene Ansatz unterscheidet sich vom Standpunkt *Hans Kelsens* in erster Linie dadurch, daß *Kelsen* Ordnung und Rechtsordnung inhaltlich gleichsetzt und in der Konsequenz dessen auch den Staat im Recht aufgehen läßt (siehe *dens.*, Das Problem der Souveränität und die Theorie des Völkerrechts, S. 11 f.). Mit dieser Identifikation von Staatlichkeit und Rechtsordnung könnte, so scheint es, die Rechtswissenschaft solange arbeiten, wie der Bestand der Staatlichkeit selbst außerhalb ihres Gesichtskreises liegt. Die Staatstheorie, die zu erfassen sucht, was dem Wesen nach Staatsein bedeutet, kommt hiermit jedoch keinesfalls aus: sie muß, um diesen Anspruch verwirklichen zu können, den Zusammenhang von Staatlichkeit und rechtlicher Ordnung erfassen. Durch die Entwicklungen des europäischen Einigungswerkes sieht sich nunmehr auch die juristische Dogmatik mit der Staatlichkeitsthematik konfrontiert und muß, angetrieben durch das juristische Vorgehen gegen den Vertrag von Maastricht und den Verfassungsvertrag, über das Verhältnis von Staat und Recht reflektieren. Wie in der Einleitung ausgeführt wurde, lassen sich die hiermit verbundenen Auslegungsfragen nur bewältigen, wenn das Wesen der Staatlichkeit richtig erfaßt worden ist (siehe oben: Einleitung, IV.2.). Wo die Staatlichkeit selbst den möglichen Gegenstand einer konkreten Rechtsvorschrift bildet (wie dies im Hinblick auf Art. 79 Abs. 3 GG i. V. m. Art. 20 Abs. 1 GG möglicherweise der Fall ist), tritt sie als Faktum und Tatbestandsmerkmal in die juristische Arbeit. Ausführlich zum Ganzen *Christoph Möllers*, Staat als Argument, S. 36 ff.; kri-

sche Form[81]; die Ordnung, die errichtet werden muß, entspricht insofern dem verbundenheitsbewirkenden Moment. Wo beispielsweise eine menschliche Gemeinschaft aus dem Gedanken der in Freiheit vereinten Nation heraus zur Einheit findet, folgt dieser Idee zugleich ein Musterbild der Ordnung: in diesem Fall, aus dem Aspekt der Souveränität des Volkes, die demokratische Struktur. Um dieses ideelle Muster als herrschende Ordnung zu errichten, bedarf es der verbindlichen und durchsetzbaren Form: diese Form ist die Verfassung.[82] Ihre Hauptfunktion besteht demnach darin, die Ordnung sichtbar zu machen. Dies geschieht durch die Festlegung grundlegender rechtlicher Sätze, in denen die Kerninhalte der angestrebten Ordnung in der Form des verbindlichen Sollens ausgeprägt sind. Verfassungen bilden insofern den ersten Schritt, der getan werden muß, um eine Ordnungsvorstellung aus der Welt der Ideen heraus in die Gestaltung der politischen Wirklichkeit eintreten zu lassen.

2. *Verfassungsrecht als die Verankerung von Ordnungskomponenten*

Eine erste rechtstheoretische Erkenntnis aus diesem Ansatz betrifft damit das Wesen einer Verfassung selbst: wenn man die „Verfassung" als den zur rechtlichen Form gelangten Ausdruck der Ordnungsidee einer Gemeinschaft versteht, die sich aus diesem Gedanken heraus zur Einheit zusammenschließt, so ergeben sich daraus zwei Merkmale des Verfassungsbegriffs: Rechtsqualität und Höchstrangigkeit. Die Rechtsqualität der Verfassung entspringt dem Muß der Verbindlichkeit, das dem Ordnungsanspruch notwendigerweise innewohnt. Die Höchstrangigkeit folgt aus dem Umstand, daß dieses Gesetz an der Spitze einer als unabhängig entworfenen Ordnung steht.[83]

Um eine entsprechende Ordnungsvorstellung aus der Welt der Ideen in die Wirklichkeit des Gemeinwesens zu übersetzen und in der Gestalt einer Ordnung der öffentlichen Sphären wirksam zu machen, bedarf es vier grundlegender Elemente, die in rechtlicher Form auf der Ebene des grundlegenden politischen Gebundenseins, d.h. im Verfassungsrecht selbst, umgesetzt werden müssen. Diese vier Komponenten heißen Ordnungszweck, Institutionen,

---

tisch zur Identifikation von Recht und Staat auch *Christoph Gusy*, Brauchen wir eine juristische Staatslehre?, S. 15 (dort vor allem in Fn. 62) und *Hermann Heller*, Staatslehre, 285f.

[81] Siehe dazu auch *Ernst-Wolfgang Böckenförde*, Staat, Verfassung, Demokratie, S. 93 und *Paul Kirchhof*, in: Isensee/Kirchhof (Hrsg.), Handbuch des Staatsrechts, Bd. VII, § 183 Rn. 34.

[82] Vgl. *Adele Anzon*, JÖR 49 N.F. (2001), 103, 109: die Verfassung sei ein „normsetzender Akt, der den Anspruch erhebt, eine politische Gesellschaft zu regieren". Zum Zusammenhang von Staatlichkeit und Verfassung siehe *Giovanni Biaggini*, ZSR 119 N.F. (2000), 445, 457ff.; *Christoph Gusy*, Brauchen wir eine juristische Staatslehre?, S. 4ff.; *Theo Öhlinger*, in: Festschrift für Georgios I. Kassimatis, S. 801, 805f. und *Hans-Jürgen Papier*, in: Festschrift für Georg Ress, S. 699, 701ff.

[83] Ein ähnliches Verfassungsverständnis stellt *Adele Anzon*, JÖR 49 N.F. (2001), 103, 106f. und 115 als „präskriptive[s] Konzept der Verfassung" dar.

Rechtsetzungsregeln und individuelle Einbeziehung. Dies bedeutet erstens: daß in der Verfassungsordnung bestimmte Grundanliegen der Gemeinschaft verbindlich festgelegt sind; zweitens: daß sie Institutionen gründet und steuert, die jene Art von Ordnung vollziehen, wie sie dem Gemeinwesen vorschwebt; drittens: daß sie Regeln erläßt, in denen sie diese Ordnung verankert, bzw. sagt, wie und von wem diese Regeln gesetzt werden müssen; viertens: daß sie bestimmt, in welcher Weise der einzelne in die entsprechende Ordnung einbezogen ist und welche Stellung er innerhalb dieser genießt. Als „Verfassung" ist zu bezeichnen, was diese vier Elemente der Ordnung des Öffentlichen auf höchster Ebene rechtsverbindlich verankert.[84] Verfassungsbestimmungen eines unabhängigen Gemeinwesens umschließen somit auf oberster Stufe folgendes Recht:

- Grundsätze und Grundanliegen, aus denen sich die Rechtsordnung speist;
- rechtliche Gründungen bestimmter höchster Institutionen, durch die sich die Ordnung, im Wege von Rechtsetzung, Rechtsanwendung und Rechtskontrolle, vollzieht;
- Regeln über Geltung und Zustandekommen des untergeordneten Rechts;
- Bestimmungen über Stellung und Bedeutung des Einzelsubjekts, das dieser Ordnung angehört.

Verfassungen verschaffen damit den Ordnungsgrundlagen rechtliche Form, sie legitimieren, was als Recht gilt. Was die äußere Gestalt der Verfassung betrifft, so überwiegt gegenwärtig die Kodifizierung der Verfassungsnormen im geschlossenen Text, dem sogenannten Verfassungsgesetz.[85] Die Form der Verfassung ist jedoch stets von den Besonderheiten der Normgeltung und der Normsetzung abhängig, die eine Rechtsordnung prägen. Für die Verfassungsqualität einer Regelung kommt es allein darauf an, daß sie als Rechtsnorm höchstrangig und unabgeleitet gilt.[86] Aus dieser Höchstrangigkeit der Verfassung ergibt es sich als eine weitere Konsequenz, daß Verfassungen die Regeln über ihre eigene Änderbarkeit aus sich selbst heraus festlegen müssen; sobald jene durch andere Rechtsnormen determiniert wird, kann es sich bei dem in Frage stehenden Rechtsausschnitt nicht um das Verfassungsrecht handeln.[87]

---

[84] Ähnlich *Roland Bieber*, in: Wildenmann (Hrsg.), Staatswerdung Europas?, S. 393 f. Der Begriff der Verfassung läßt sich daher nur dann auf überstaatliche Verbände übertragen, wenn man ihn in einer anderen, allgemeinsprachlichen Bedeutung verwendet; vgl. *Giovanni Biaggini*, ZSR 119 N. F. (2000), 445, 459 ff.

[85] Der Begriff des Verfassungsgesetzes geht in dieser Bedeutung auf *Carl Schmitt* zurück; vgl. *dens.*, Verfassungslehre, S. 11 ff.

[86] Siehe dazu auch *Francis Snyder*, in: Collected Courses of the Academy of European Law, Bd. IV/1, S. 41, 54.

[87] Ähnlich *Trevor C. Hartley*, in: Mouton/Stein (Hrsg.), Eine neue Verfassung für die Europäische Union? Die Regierungskonferenz 1996, S. 57, 60 und *Otto Pfersmann*, in: Weiler/Eisgruber (Hrsg.), Altneuland: The EU Constitution in a Contextual Perspective, S. 4.

3. *Politische Bindung und verfassunggebende Gewalt: die Lehren vom pouvoir constituant unter dem Gesichtspunkt der Ordnungsbegründung*

Wie verhält sich, aus dieser Perspektive betrachtet, die verfassunggebende Gewalt des Volkes zur politischen Bindung der Gemeinschaft?[88] Wenn man, wie hier, „Verfassung" als das höchste Gesetz einer unabgeleiteten, sich selbst als unabhängig konzipierenden Ordnung versteht, so heißt Verfassunggebung, eine entsprechende Ordnung des Öffentlichen aus einer Idee heraus ins Werk zu setzen.[89] Verfassunggeber ist damit, wer eine entsprechende Ordnungsgestaltung zustande bringt, mit anderen Worten, wer es schafft, die Ordnungsvorstellung aus der Ideenwelt in die politische Wirklichkeit zu übertragen und als neue Begründung hoheitlicher Höchstgewalt einzusetzen.[90] Mit einer gewissen Berechtigung könnte man insofern, mit *Carl J. Friedrich*[91], von einer verfassunggebenden Gruppe sprechen.[92] Der Akt der Verfassunggebung gelingt jedoch nur, wenn auch der überwiegende Teil der Gemeinschaft die Ordnungsvorstellung dieser verfassunggebenden Gruppe vertritt[93]; das Volk muß in sei-

---

[88] Hierzu grundlegend *Josef Isensee*, Das Volk als Grund der Verfassung, passim. Siehe dazu auch *Christoph Möllers*, Staat als Argument, S. 199 ff.

[89] Zum Akt der Verfassunggebung *Ernst-Wolfgang Böckenförde*, Staat, Verfassung, Demokratie, S. 90 ff.; *Marcel Kaufmann*, Der Staat 36 (1997), 521, 523 ff.; *Ulrich K. Preuß*, Cardozo Law Review 14 (1993), 639; *Theodor Schilling*, HILJ 37 (1996), 389, 391 ff. und *Christian Winterhoff*, Verfassung – Verfassunggebung – Verfassungsänderung, S. 123 ff. (mit detaillierter Darstellung der hierzu vertretenen Positionen). Bezüge und Unterschiede zur Philosophie *Georg Wilhelm Friedrich Hegels* verdeutlicht *István M. Feher*, in: Beckmann/Dieringer/Hufeld (Hrsg.), Eine Verfassung für Europa, S. 61, 67 ff.

[90] Ähnlich definiert *Ernst-Wolfgang Böckenförde* (Staat, Verfassung, Demokratie, S. 94): „Verfassunggebende Gewalt ist diejenige (politische) Kraft und Autorität, die in der Lage ist, die Verfassung in ihrem normativen Geltungsanspruch hervorzubringen, zu tragen und aufzuheben." Daß es sich um eine vorrechtliche Kategorie handelt, stellt *Markus Heintzen*, AöR 119 (1994), 564, 581 zutreffend fest; ähnlich *Ernst-Wolfgang Böckenförde*, a. a. O., S. 91 und *Marcel Kaufmann*, Der Staat 36 (1997), 521, 525. Zum Verhältnis von verfassunggebender Gewalt und Rechtsbindung auch *Gerd Roellecke*, JZ 1992, 929, 933 f.

[91] Der Verfassungsstaat der Neuzeit, S. 148. Die Vorstellung von einer „verfassunggebenden Gruppe" wird auch von *Ernst-Wolfgang Böckenförde*, Staat, Verfassung, Demokratie, S. 96 und *Theodor Schilling*, HILJ 37 (1996), 389, 394 aufgegriffen.

[92] Historische Beispiele hierfür analysiert *Josef Isensee*, Das Volk als Grund der Verfassung, S. 43 ff. Eingehend zum „Subjekt der Verfassunggebung" *Christian Winterhoff*, Verfassung – Verfassunggebung – Verfassungsänderung, S. 146 ff.

[93] Anschaulich für diesen Zusammenhang erscheint auch die Situation in Deutschland im November 1918, als zwei verfassunggebende Gruppen, die Vertreter des bürgerlichen Lagers und die späteren Kommunisten, um die Durchsetzung ihrer jeweiligen Ordnungsvorstellung rangen. Hier zeigte sich, daß die verfassunggebende Gruppe nur dann Erfolg verzeichnen kann (und dementsprechend als verfassunggebende Gruppe agiert), wenn die Mehrheit der Gemeinschaft ihre Ordnungsvorstellung teilt. Näheres zu diesem Beispiel findet sich u. a. bei *Ernst Rudolf Huber*, Deutsche Verfassungsgeschichte, Bd. V, S. 673 ff. und *Josef Isensee*, Das Volk als Grund der Verfassung, S. 62 f. – Zu Verfassunggebungsprozessen in Osteuropa aus politikwissenschaftlicher Sicht siehe *Robert Elgie/Jan Zielonka*, in: Zielonka (Hrsg.), Democratic Consolidation in Eastern Europe, Bd. 1, S. 25.

ner Mehrheit die eingesetzte Ordnung für richtig befinden.[94] Im selben, nichtfiktionalen Sinn wurde bereits 1833 die amerikanische Verfassung als eine Schöpfung des Volkswillens verstanden: „The Constitution is the will, the deliberate will of the people."[95] Die verfassunggebende Gewalt des Volkes ist insofern weder normative Zuschreibung noch Ideologie[96]: sie rührt als historischer Faktor aus dem Selbstbewußtsein des Gemeinwesens her, das sich auf einer bestimmten Ebene aus dieser oder jener Bindungsvorstellung heraus als unabhängig entwirft.[97] Verfassunggeber ist damit das Gemeinwesen selbst, mit anderen Worten: sein Volk.[98]

Ordnung, Staat und Volk sind insofern nur verschiedene Facetten ein und desselben einheitstiftenden Vorgangs.[99] Sie haben ihren gemeinsamen Grund in dem geteilten Gewilltsein, aus diesen oder jenen Motiven heraus eine unabhängige politische Einheit in dieser oder jener konkreten verfassungsrechtlichen Ordnung zu bilden.[100] Wenn man vermeidet, den Begriff des Volkes auf be-

---

[94] *Josef Isensee*, Das Volk als Grund der Verfassung, S. 47.

[95] So der US-amerikanische Jurist *Joseph Story* in seinem Verfassungskommentar; s. dazu den Quellennachweis bei *Akhil Reed Amar*, YLJ 96 (1987), 1425, 1451 (dort in Fn. 104). Dieser Gedanke: daß Verfassung Wille bedeutet, wird insbesondere dort relevant, wo es um eine grundlegende Änderung dieses Willens geht, d.h. um die Bereitschaft einer Gemeinschaft, ihre bisherige verfassungsrechtliche Ordnung zu verlassen, und, auf derselben oder einer anderen Ebene, eine solche neu zu begründen. Um die Durchdringung dieses Gesichtspunkts am Beispiel des europäischen Integrationsprozesses geht es im Dritten Abschnitt des Zweiten Buches sowie (im Hinblick auf den Austritt des Volkes aus der grundgesetzlichen Ordnung) im Zweiten Abschnitt des Vierten Buches.

[96] So jedoch *Gerd Roellecke*, JZ 1992, 929, 934.

[97] Ähnlich *Ernst-Wolfgang Böckenförde*, Staat, Verfassung, Demokratie, S. 93.

[98] *Ernst-Wolfgang Böckenförde*, Staat, Verfassung, Demokratie, S. 96; *Günter Frankenberg*, ELJ 6 (2000), 257, 265. Demgegenüber versteht *Josef Isensee* (Das Volk als Grund der Verfassung, S. 48) das Volk als bloßes „Referenzsubjekt" und meint, daß „die Lehre vom Volk als Verfassunggeber nicht beim Wort genommen werden" dürfe; vgl. auch *Dieter Grimm*, Integration durch Verfassung, S. 14: Verfassungen würden „dem Volk als Träger der öffentlichen Gewalt zugeschrieben". Da es letztlich jedoch immer das Volk ist, das durch den Vollzug die Verfassungsordnung in Kraft setzt, erscheint die Redewendung von der „verfassunggebenden Gewalt des Volkes" sachlich unbedingt angemessen. Was *Isensee* als passive Hinnahme schildert, erweist sich im Hinblick auf Funktion und Bestehen der verfassungsrechtlichen Ordnung als ein schöpferischer Akt.

[99] So in der Sache auch *Karl Albrecht Schachtschneider*, in: Blomeyer/Schachtschneider (Hrsg.), Die Europäische Union als Rechtsgemeinschaft, S. 75, 76. Wer diesen Zusammenhang vollzieht, muß auch die oft diskutierte Frage als müßig empfinden, ob der Staat der Verfassung voraus liege, oder ob, so die Gegenthese, nur so viel „Staat" existiere, wie die Verfassung konstituiert. Siehe dazu *Giovanni Biaggini*, ZSR 119 N.F. (2000), 445, 457ff.; *Christoph Gusy*, Brauchen wir eine juristische Staatslehre, S. 23ff. und *Christoph Möllers*, Staat als Argument, S. 256ff. Der gemeinsame Ursprung von Staat und Verfassung wird von beiden Ansichten unterbewertet. Demgegenüber zielt *Werner von Simson*, EuR 1991, 1, 3f. (mit Bezügen zu *Hegel*) in die richtige Richtung.

[100] Vgl. dazu auch *Ernst Rudolf Huber*, Deutsche Verfassungsgeschichte, Bd. III, S. 680. Demgegenüber meint *Christian Koenig* (DVBl. 1993, 140, 148), daß ein Volk bereits verfaßt sein müßte, um verfassunggebend tätig zu sein – und hält die hier vertretene Ansicht für be-

stimmte ethnische Facetten dieses Bindungsbewußtseins zu verengen und zugleich der Gefahr entrinnt, ihn zur beliebigen Beschreibung einer physisch greifbaren Menschenmenge in einem konkreten Gebiet zu entgrenzen[101], wird man auch das Volk als eine verfassungstheoretische Größe aus dem Willen zur politischen Einheitsbildung heraus zu begreifen haben.[102] Dann kann man erkennen, daß eine neue ins Dasein tretende Ordnung nicht mehr vom selben Volk getragen und der dadurch begründete Staat nicht mehr über dasselbe Volk definiert werden könnte.[103] Das Volk, das sich nach 1789 in Frankreich als „Staatsvolk" konsolidierte, war wesensmäßig nicht mehr dasselbe wie die Untertanenschaft der Bourbonen; das Bürgertum, das die Entstehung und Demokratisierung des deutschen Nationalstaates von 1871 bis 1918 vorantrieb, bildete wesensmäßig ein anderes Volk als die Landeskinder der einzelnen deutschen Fürstentümer aus der Restaurationszeit und den Jahren davor. Brüche der Ordnung stellen somit grundsätzlich auch die Verbundenheit der Gemeinschaft in Frage, es sei denn, daß ein und dasselbe Moment einer traditionellen oder kulturellen Verbundenheit die alte und die neue Ordnungsvorstellung bestimmt – entscheidend ist dann jedoch nicht, daß die neue der alten im Hinblick auf den gemeinsamen Anknüpfungspunkt ähnelt, sondern daß sich diese Einheit neu konstituiert und damit das Volk sein Volksein neu erringen und politisch unter Beweis stellen muß.[104] Die politische Identität jedes einzelnen wird, schnell oder weniger schnell, grundlegend neu geprägt.

---

weispflichtig, „wie sich das Volk ohne organschaftlich und verfassungsrechtlich verfaßte Ordnung artikulieren und als Gewalt verwirklichen kann". Die Antwort hierauf lautet: durch den Vollzug dessen, was ihm als verfassungsrechtliche Ordnung von den entsprechenden politischen Akteuren angeboten wird. Die eigentliche Beweispflicht trifft *Koenig*: nämlich in der Frage, wodurch die von ihm so genannte „verfaßte" verfassunggebende Gewalt verfaßt worden ist. Anders auch *Dietrich Murswiek*, Der Staat 32 (1993), 161, 162.

[101] Wie sich dies im Ergebnis einer unbesehenen Anwendung der Drei-Elemente-Lehre auf den vorliegenden Fragenkreis darstellen kann; siehe dazu oben: Erster Abschnitt, IV.3.

[102] Der damit gewonnene staats- und verfassungstheoretische Volk-Begriff kann eine wissenschaftliche Gültigkeit nur im Kontext von Staatlichkeits- und Verfassungsentstehung behaupten – diese beansprucht er exklusiv.

[103] Siehe dazu auch *Karl Albrecht Schachtschneider*, in: Blomeyer/Schachtschneider (Hrsg.), Die Europäische Union als Rechtsgemeinschaft, S. 75, 86.

[104] Demgegenüber geht *Carl Schmitt* (Verfassungslehre S. 99 und öfter) von der Möglichkeit aus, daß in bestimmten Situationen die Verfassungsordnung grundlegend ausgetauscht, der pouvoir constituant dabei jedoch derselbe bleiben könne. Der Unterschied zu der von mir vertretenen Position hat seine Ursache letztlich in einem anderen Begriff des pouvoir constituant bei *Schmitt*, der diesen stärker auf das Volk im ethnischen Sinne bezieht und demzufolge auch über Revolutionen hinweg von der Kontinuität der verfassunggebenden Gewalt ausgehen kann. Diese Vermischung des ethnischen Volk-Begriffes mit verfassungs- und staatstheoretischen Konzepten ist jedoch in doppelter Hinsicht bedenklich: einerseits, weil sie von vornherein letztverbindliche politische Einheiten (d.h. Staaten) nur bedingt als solche wahrnehmen kann, wo diese auf anderen Gesichtspunkten als ethnischen Zusammengehörigkeitsgefühlen beruhen, und andererseits weil sie, indem sie die politischen Komponenten der Einheitstiftung auf die ethnische Seite verengt, die politische Neukonstituierung des Gemeinwe-

„Volk" ist insofern ein Kreis von Menschen, der sich aus bestimmten Motiven heraus in einer solchen Weise als zusammengehörig empfindet, daß er aus dieser Empfindung heraus zur innerlich und äußerlich unabhängigen Einheit verbunden sein will. Durch den verfassunggebenden Akt entwirft sich das Volk als unabhängige Einheit, grenzt sich nach außen hin ab und gibt sich selbst Ordnung und Form.[105]

4. *Konstitutionalisierung als Akt und Prozeß*

Verfassungsordnung und Verfassunggebung lassen sich, wie verschiedene Strömungen des staatsrechtlichen Denkens immer wieder zeigen, statisch und dynamisch verstehen, so daß einerseits von verfassunggebenden Akten und andererseits von der Verfassung als einem Prozeß gesprochen wird.[106] An welche dieser beiden Sichtweisen knüpft sich das hier verfolgte Konzept an, das „Verfassung" als das höchste Gesetz einer autonomen Ordnung des Öffentlichen sieht, die ein Gemeinwesen aus seiner Unabhängigkeitsidee heraus entfaltet?

Wer die Errichtung der Verfassungsordnung als historisch datierbaren Akt versteht, fixiert den zeitlichen Punkt, an dem eine bestimmte verfassunggebende Gruppe mit neuem Ordnungskonzept und neuem Zusammengehörigkeitsmotiv hervorgetreten war und dabei dem Bewußtsein der Mehrheit der Gemeinschaft entsprach.[107] Eine solche Entstehung der Verfassungsordnung zu

---

sens in den Fällen eines vollständigen Ordnungszusammenbruchs unterschätzt. Als einer unter vielen Faktoren der Ordnungstiftung kann das Ethnische verfassungstheoretisch von vornherein nur von begrenztem Erkenntniswert sein; politische Bindung und Ordnungstiftung können unter bestimmten Umständen völlig darauf verzichten. – Ein weiterer Unterschied zu *Schmitts* Konzept von der verfassunggebenden Gewalt des Volkes liegt zudem darin, daß *Carl Schmitt* vom Begriff des pouvoir constituant zugleich auch andere Kräfte als das Volk umfaßt sehen will, wie beispielsweise die Gewalt des Monarchen im absolutistischen Staat. Hierauf ist zurückzukommen, wenn es um den Aspekt der Volkssouveränität geht (siehe dazu unten: Dritter Abschnitt, III.).

[105] *Ernst-Wolfgang Böckenförde*, Staat, Verfassung, Demokratie, S. 96, sagt, „Volk im politischen Sinn" sei „die (politisch sich zusammenfindende und abgrenzende) Gruppe von Menschen, die sich ihrer selbst als politische Größe bewußt ist und als solche handelnd in die Geschichte eintritt."

[106] Die erste Sichtweise behandeln u.a. *Ernst-Wolfgang Böckenförde*, Staat, Verfassung, Demokratie, S. 90ff.; *Hermann Heller*, Staatslehre, S. 282f. und *Dietrich Murswiek*, Der Staat 32 (1993), 161, 172f.; die zweite geht maßgeblich auf *Rudolf Smend* und seine Arbeit „Verfassung und Verfassungsrecht" zurück.

[107] Hiermit ist jedoch nicht unbedingt gesagt, daß Verfassunggebung zwingend einen „constitutional moment" voraussetzt, wie dies eine bestimmte Richtung, insbesondere des US-amerikanischen Verfassungsdenkens (*Bruce Ackerman*), suggeriert. Staatlichkeit und Verfassungen können auch durch langsam sich vollziehende Prozesse entstehen: die neu zu verwirklichende Ordnungsvorstellung muß nicht in einen Gegensatz zur früheren treten, sondern sich von dieser lediglich unterscheiden. Dazu auch *Dieter Grimm*, Integration durch Verfassung, S. 9 und *András Sajó*, in: Weiler/Eisgruber (Hrsg.), Altneuland: The EU Constitution in a Contextual Perpective, S. 1 (beide mit weiterführenden Nachweisen zu den Arbeiten *Ackermans*).

diesem oder jenem Zeitpunkt ist nicht etwa rückprojizierte Fiktion, sondern geschichtlicher Fakt. Die Ordnung, die sich daraus ergibt, richtet durch die Gesetze und durch die Begründung entsprechender Status (von Richtern, Beamten, Soldaten und Lehrern) Bindungen ein, durch die sich die Ordnungsvorstellung in der Summe allen individuellen Handelns vollzieht. Ihre Akzeptanz setzt die Ordnung ins Werk. Der tägliche Vollzug dieser Bindungen ist empirisch millionenfach sichtbar[108]: der Beamte, der sich am Morgen an sein tägliches Arbeitssoll setzt, bestätigt damit de facto die Verfassungsordnung in einer konkreten, von ihm durch seine Handlungen zu bewirkenden Struktur; nüchtern betrachtet, vollzieht er eine Bindung, in welche die Ordnung ihn setzt. Der Einfall, die Verfassungsordnung ernsthaft in Frage zu stellen, kommt ihm möglicherweise nie in den Sinn. Sein Handeln hierbei zum plébiscite toujours[109] über Staat und Verfassung zu erheben, übertreibt somit die Bedeutung des täglichen Bindungsvollzugs und spielt damit zugleich die Bedeutung der historischen Bindungsbegründung herunter.[110]

5. *Legitimität als Kongruenz von Idee und Ordnung*

a. *Die Definition der Legitimität als Kongruenzverhältnis: Grundsatz und legitimitätstheoretische Implikationen*

Mit diesen Erkenntnissen zur Entstehung der verfassungsrechtlichen Ordnung aus dem Willen des Volkes ist geklärt, was Verfassungsbestimmungen ihrem Wesen nach ausmacht: sie verwirklichen die grundsätzlichen Anliegen der maßgeblichen Ordnungsvorstellung und die damit verbundenen institutionell-organisatorischen Muster in höchster rechtlicher Form. Die Frage, ob die bestehende verfassungsrechtliche Ordnung diese Ansprüche einlösen kann, erscheint dabei als ein Problem der Legitimität. Diese ruht in dem Umstand, daß eine bestimmte Ordnung sich mit jener Vorstellung deckt, die das Bewußtsein eines Gemeinwesens im Hinblick auf Grund und Gestalt seiner Bindung entwirft.[111] Verfassungsrechtliche Anordnungen sind legitim, solange sie diese Ordnungsvorstellung erfüllen; sie sind illegitim, wo sie ihr widersprechen. Legitimität

---

108 Daß die Verfassung fortdauernd von den Überzeugungen der Gemeinschaft getragen sein muß, betont *Ernst-Wolfgang Böckenförde*, Staat, Verfassung, Demokratie, S. 99f. – Vgl. zu einer „schleichenden" Verfassunggebung auch *Dietrich Murswiek*, Der Staat, 32 (1993), 161, 172f. sowie *Trevor C. Hartley*, Constitutional Problems of the European Union, S. 140, der schildert, wie die kanadische Verfassung schrittweise aus einem britischen Parlamentsgesetz hervorgegangen ist.

109 *Rudolf Smend*, Verfassung und Verfassungsrecht, S. 18, der das bekannte Wort von *Ernest Renan* zitiert.

110 Vgl. dazu auch *Hermann Heller*, Staatslehre, S. 283.

111 *Dario Castiglione*, in: Eriksen/Fossum/Menéndez (Hrsg.), Constitution-Making and Democratic Legitimacy, S. 75, 79. Weitere aufschlußreiche Stellungnahmen zur Legitimitätsthematik, insbesondere vor dem Hintergrund des europäischen Konstitutionalisierungsprozesses, finden sich bei *Cindy Skach*, JCMS 43 (2005), 149, 152ff.

erscheint insofern in erster Linie als ein Verhältnis der Kongruenz von Idee und Struktur.

Die Frage, was Legitimität sein kann, ist damit durch einen abstrakten Gesichtspunkt, unabhängig von konkreten verfassungsrechtlichen Inhalten und Werten, beantwortet worden – die Frage, ob diese oder jene verfassungsrechtliche Ordnung als legitim gelten darf, kann demgegenüber nur anhand dessen ermittelt werden, was das Gemeinwesen, das sie beherrscht, als Anliegen seiner verfassungsrechtlichen Ordnung behauptet. Eine verbreitete Strömung des gegenwärtigen Legitimitätsdenkens beschreitet indes den entgegengesetzten Weg: während sie die Legitimität als solche aus bestimmten Ordnungsinhalten heraus definiert (seien es Staatsformaspekte, wie das Gebot der Demokratie, oder seien es Aspekte der Herrschaftsausübung, wie die Gebote der Rechtsstaatlichkeit), so sollen die damit gewonnenen Maßstäbe in ihrer Anwendung möglichst zeitlos und allgemein gelten. Maßstäbe außerhalb eines zeitlich und örtlich beschränkten Geltungskreises zu statuieren, hat immer dann seinen Sinn, wenn es darum geht, das eigene Ordnungskonzept (und damit zuletzt das eigene Empfinden von gerechter und legitim erscheinender Herrschaft) aus dem Inneren einer verfassungsrechtlichen Ordnung heraus gegen seine Infragestellung zu sichern; es muß jedoch als Theorieansatz unzureichend erscheinen, wenn es um eine staatstheoretische Erfassung und Bewertung von Ordnungsumbrüchen geht, die Verluste der Staatlichkeit darstellen. Die Schwäche jeder ordnungsimmanenten Legitimitätskonzeption liegt hierbei darin, daß sie dort, wo eine staatliche Ordnung erlischt und mit anderen Inhalten wiederentsteht, in zweierlei Richtung riskiert, unangebracht zu entscheiden: gemessen am bisherigen Legitimitätsmaßstab erscheint die neue Ordnung regelmäßig ebenso illegitim wie die alte am Maßstab der neuen. Was politisch zweckmäßig und geboten sein kann: die Legitimität des Neuen zu leugnen, um das Alte retten, beziehungsweise auf die des Neuen zu drängen, um die Überwindung des Alten zu legitimieren, muß staatswissenschaftlich zwangsläufig in eine beträchtliche Schwächung jeglichen Legitimitätsdenkens münden – als staatstheoretisches Konzept müßte sie ihr Anliegen: die Unterscheidung freier und selbstbestimmter Herrschaftsformen von Unterdrückung, Zwang und Besetzung, aus den Augen verlieren. Wer alles das als illegitim darstellt, was nicht der Grundkonzeption seiner eigenen Ordnung entspricht, macht alles andere ununterscheidbar. Um im Moment des Staatlichkeitsverlustes mit dem Gedanken der Legitimität überhaupt operieren zu können, ist die Legitimitätstheorie der Staatwissenschaft daher in einer solchen Weise zu konzipieren (und zugleich so zu beschränken), daß sie inhaltlich standhält, wenn die bestehende Staatsordnung kippt. Sie muß sich daher auf den Kern der Sache beziehen, um die es ihr geht: die Kongruenz von bestehender Ordnung und zugrunde liegendem Willen.[112]

---

[112] In seinen mittelbaren Zusammenhängen bleibt auch ein solches Legitimitätskonzept

b. Normative und soziale Legitimität

Legitimität als Kongruenz von Idee und Ordnung zu konzipieren, führt zum gemeinsamen Ursprung verschiedener Legitimationsansätze zurück. *Joseph H.H. Weiler*[113] hat ebenso wie zahlreiche Autoren vor und nach ihm im Hinblick auf die Legitimität einer bestimmten rechtlichen Ordnung soziale und normative Ansätze unterschieden. Wie beides miteinander zu tun hat, wird deutlich, wenn man ihrer Erörterung den hier vertretenen Ansatz: die Verfassung als rechtlicher Ausdruck des höchsten und letztverantwortlichen Gebundenseins, zugrunde gelegt wissen will. Die Ordnungsvorstellungen der einzelnen und deren Summe in der Gemeinschaft bilden dabei die Determinanten für ein Entweder-Oder von Ablehnung und Akzeptanz der bestehenden Ordnung; sie fungieren als Grundlagen der Prüfung, inwieweit eine bestimmte Herrschaft dem vorkonzipierten Muster legitimer Herrschaftsausübung entspricht. Diese Akzeptanz (und die Rechtsbefolgung, die sich daraus ergibt) macht die soziologische Seite der Legitimationskonzeption aus.

Legitimität normativ zu entwerfen, setzt einen Bezugspunkt voraus, von dem aus sich erschließt, welche Ordnung als legitim eingestuft werden kann. Wie in den vorangegangenen Absätzen dargelegt wurde, kann der Prüfstein dessen zuletzt nur jenes ordnungstiftende Moment sein, aus dem heraus eine Gemeinschaft ihre Ordnung entwirft. Der überpositive Bestand an Normen und Werten, an denen die Legitimität politischer Ordnungen gemessen werden soll, rührt dabei selbst aus jenen Ordnungsmaximen her, die das Gemeinwesen hervorbringt. Ordnungsvorstellungen besitzen insofern einen normativen Aspekt, der ihrer verfassungsrechtlichen Ausgestaltung vorausliegt; sie liefern eine klare Begründung, welche Ordnung an einem bestimmten Ort und zu einer bestimmten Zeit als legitime Form der hoheitlichen Gewalt gedacht werden muß.[114] Die grundlegenden Ordnungsmotive, auf denen die politische Einheit beruht, bewirken daher zugleich die soziologische und die normative Legitimi-

---

wertegebunden: es unterstellt, daß die Ordnungsmotive der menschlichen Gemeinschaften, wenn diese frei und ohne Verfälschung verwirklicht werden können, jeweils in ihrer speziellen Weise dem Gedanken der menschlichen Würde verpflichtet sein müssen, den sie, kulturell, zeitlich und religiös bedingt, auf ihre Weise bestimmen. Bürgerkriege und Gewaltherrschaften markieren insofern den Zusammenbruch und nicht den Inhalt bestimmter Ordnungsideen.

[113] Aussenwirtschaft 46 (1991), 411, 415f.; *ders.*, YLJ 100 (1991) 2403, 2469. Vgl. daneben auch *Stefan Griller*, in: Schuppert/Pernice/Haltern (Hrsg.), Europawissenschaft, S. 201, 243; *Marcus Höreth*, Die Europäische Union im Legitimationstrilemma, S. 82ff. und *Joseph Raz*, in: Alexander (Hrsg.), Constitutionalism: Philosophical Foundations, S. 152, 173f.

[114] Auch Freiheitlichkeit und Grundrechte sind daher Quelle der Legitimität, wenn sich eine Verfassungsordnung auf ihre Geltung hin konzipiert. Vgl. zu ihrer legitimitätsvermittelnden Bedeutung, die sie insbesondere im amerikanischen Verfassungskonzept genießen, *Thomas Fleiner*, in: Müller-Graff/Riedel (Hrsg.), Gemeinsames Verfassungsrecht in der Europäischen Union, S. 17, 23ff.

tät: sie vermitteln im Faktischen die Chancen der Akzeptanz und bilden zugleich den Maßstab, anhand dessen der Legitimitätsgrad bestimmt werden kann. Die soziale Seite der normativen Idee ist eine Folge ihrer Vermittlung in die politische Welt.

c. Erfüllte Erwartungen als Wirksamkeitsbedingung: zum Konzept von Input- und Output-Legitimität

Vor diesem Hintergrund verschmilzt noch ein weiterer Unterschied, den insbesondere das angloamerikanische Schrifttum im Hinblick auf die Legitimität hoheitlicher Ordnungsgewalten macht. Gemeint ist das Begriffspaar der Input- und Output-Legitimität, das von *Koen Lenaerts* und *Marlies Desomer* wie folgt beschrieben wird:

> „Output legitimacy [...] measures the extent to which citizens see their interests and desires mirrored in the outcomes of political processes and therefore accept and support the political order as ‚right'. [...] Input legitimacy addresses the question of direct legitimization of political power through the democratic participation of the citizens or their elected representatives in transparent decision-making and constitution-making procedures."[115]

Was dieser Ansatz als *Output-Legitimität* bezeichnet, ist zuletzt dasselbe wie das hier beschriebene Kongruenzverhältnis von Idee und Ordnung, das aus der Perspektive der mit einer Ordnung verknüpften Erwartungen wahrgenommen wird. Indem das Gemeinwesen seine Ordnung vollzieht, will es in dieser oder jener Weise bestimmte Konsequenzen für die einzelnen schaffen, will ihnen Freiheit und Sicherheit bieten, ihr Eigentum schützen und ähnliches mehr. Die Ordnung, die es stiftet, zielt auf entsprechende Folgen. Wo eine Ordnung diese praktischen Erwartungen systematisch verfehlt, offenbart sich zugleich ihre Inkongruenz mit der durch die Ordnungstiftung verfolgten Idee.[116] Mängel der Output-Legitimität weisen auf eine ganz oder teilweise illegitime Ordnung hin, die in ihrer praktischen Wirkung nicht schafft, was das Gemeinwesen mit ihrer Stiftung bezweckt. Die Output-Legitimität bezieht sich dabei freilich nicht auf einen einzelnen inakzeptabel erscheinenden Akt; sie fehlt nur dort, wo die Mehrheit der Menschen die Folgen des obrigkeitlichen Tätigseins nicht länger als Ergebnisse der von ihr bevorzugten Ordnung identifiziert.

Das Stichwort *Input-Legitimität* knüpft sich demgegenüber an die Möglichkeiten einer individuellen Einflußnahme auf Steuerung und Kontrolle der

---

[115] CMLR 39 (2002), 1217, 1224f. Siehe zu diesem Begriffspaar weiterhin *Marcus Höreth*, Die Europäische Union im Legitimationstrilemma, S. 82ff. und *Anne Peters*, Elemente einer Theorie der Verfassung Europas, S. 521ff.

[116] Vgl. *Christian Joerges*, in: Jachtenfuchs/Kohler-Koch (Hrsg.), Europäische Integration, S. 73, 87: „Es mindert die Überzeugungskraft rechtlicher Konzeptualisierungen, wenn sich ihre Voraussetzungen als unrealistisch erweisen oder sich Implikationen aufzeigen lassen, die ihre normativen Versprechen diskreditieren."

mehrheitlich eingesetzten Gewalt. Diese Möglichkeiten sind in höchstem Maß an die politische Gestaltung der Gemeinschaft geknüpft und setzen deren demokratische Verfassung voraus.[117] Die Arbeit kehrt im Dritten Buch zu dieser Frage zurück. Doch geht auch dieser Legitimitätsgedanke in seinem Kern über die Frage der demokratischen Legitimation des hoheitlichen Handelns hinaus und führt auf den Aspekt der Grundlegitimität[118], der Kongruenz von Herrschaft und Ordnungsidee, zurück: in einem weiteren Sinne besitzen alle jene Institutionen Input-Legitimität, die der Idee der Gemeinschaft von der durch sie zu errichtenden Ordnung entsprechen: sie werden vom Willen des Volkes gesetzt; die Wirksamkeit ihrer Tätigkeit hängt von dieser Übereinstimmung ab. In anderen Worten: die Akzeptanz, die eine Ordnung durch ihre Übereinstimmung mit den Vorstellungen der Gemeinschaft erlangt, verhilft ihr zur Wirksamkeit und schlägt sich in Entscheidungen nieder, die eine Gemeinschaft als von ihrem Willen getragen versteht. Sie verschafft ihr damit, im weiteren Sinne, Input-Legitimität. Input- und Output-Legitimität bilden insofern zwei Facetten ein und desselben Umstands: um als legitim verstanden zu werden, muß die bestehende Herrschaftsstruktur der Ordnungsvorstellung in doppelter Hinsicht entsprechen – einerseits im Hinblick auf Bestand und Arbeitsweise ihrer hoheitlich handelnden Institutionen, und andererseits im Hinblick auf den Inhalt und die Folgen ihres gesamten Agierens.

d. Legitimität von Einzelakten und Ordnungsgesamtheit

Indem die errichtete Herrschaftsstruktur nach dem hier vorgetragenen Legitimitätsverständnis nur dann als legitim gelten kann, wenn sie auch in ihrer Wirkung den Erwartungen der Gemeinschaft entspricht, die diese an die bestehende (und von ihr selbst errichtete) Ordnung knüpft, hängt die Legitimität der Ordnungsgesamtheit zuletzt von der Summe der einzelnen Maßnahmen ab. Diese wiederum können überhaupt nur dann als legitim eingestuft werden, wenn die Verfassungsordnung, die sie hervorbringt, selbst dem Grunde nach durch ihre Kongruenz mit der Ordnungsvorstellung legitimiert ist. Die Legitimität der Ordnungsgesamtheit und die Legitimität des Einzelakts sind daher zwingend miteinander verbunden: Ordnung ist einerseits eine Summe von einzelnem (durch dessen Unzulänglichkeiten sie als ganze in Frage gestellt wird) und andererseits dessen Grundlage. Maßnahmen einer Herrschaftsstruktur, die in ihrer Mehrzahl als ungerecht und aufgezwungen aufgefaßt werden, lassen zugleich die Legitimität der bestehenden Ordnung als solche entfallen, mit dem

[117] Zur Unterscheidung von grundsätzlicher (herrschaftsbezogener) Legitimität und demokratischer (handlungsbezogener) Legitimation vgl. auch *Cindy Skach*, JCMS 43 (2005), 149, 152ff.

[118] Vgl. dazu auch die Unterscheidung von Grund- und Handlungslegitimation bei *Peter-Christian Müller-Graff*, EWS 2002, 206, 211.

Ergebnis, daß auch die Einzelmaßnahme nicht mehr an der Legitimität der verfassungsrechtlichen Ordnung partizipiert.

Wo demgegenüber eine Verfassungsordnung aus den dargestellten Gründen als legitim eingestuft werden kann, haben an dieser Legitimität auch die von ihr abgeleiteten Rechtsakte teil.[119] Die Voraussetzung dafür ist es, daß der entsprechende Einzelakt jene Prämissen erfüllt, die der Ordnung zufolge für den Erlaß und die Wirksamkeit derartiger Akte gelten. Im Einzelakt (in der Gestalt von Verwaltungshandeln und Urteilen) wird die Bindung aufs Neue vollzogen, deren Rahmen die Verfassungsnorm absteckt; wurde eine Ordnung als legitim identifiziert, gilt das gleiche für jene Akte, die diese Bindung im Detail, der Ordnung entsprechend, ins Werk setzen sollen. Die Fragen, die sich hieran anschließen, betreffen den Charakter der Rechtsordnung als Stufenbau oder, um den Unterschied der hier vertretenen Lehre zur Schule *Hans Kelsens* nicht zu verwischen, als Komplex von Ableitungszusammenhängen. In welchem Verhältnis stehen Staatlichkeit und Rechtsordnung, wenn man die zuerst genannte als die Folge eines höchsten und letztverantwortlichen politischen Gebundenseins begreift? Was ist davon zu halten, wenn eine verbreitete Strömung der europarechtlichen Lehre die Autonomie der EG-Rechtsordnung postuliert? Um den Wandel von Recht und Verfassung im europäischen Integrationskontext vollständig zu erfassen, sind diese Fragen zu untersuchen.

II. Rechtliche Ordnung und grundlegendes politisches Gebundensein

1. Das Wesen der rechtlichen Ordnung im Konzept eines bindungsbezogenen Staatlichkeitsdenkens

a. Rechtliche Regeln als Mittel zur Einbindung des einzelnen in die Ordnungsgesamtheit

Die Ordnung, die sich aus der Verfassung ableitet, zielt darauf, den einzelnen rechtlich einzubinden – die Verwirklichung der gemeinschaftlichen Ordnungsvorstellung (und damit zugleich des Willens einer Gemeinschaft zum Zusammengeschlossensein) hängt davon ab, inwieweit diese Einbeziehung des Individuums gelingt. Die Ordnung des Öffentlichen kann sich anderenfalls nicht wirksam vollziehen; sie existiert nicht abstrakt, sondern nur durch ein entsprechendes Verhalten der einbezogenen Individuen – was sich nur dann ereignet, wenn der einzelne die ihm erwachsenden Rechte und die ihm obliegenden Pflichten (d. h. die ihm zugeordnete rechtliche Bindung) als Bestandteil der von ihm gewollten Ordnung identifiziert. Ordnungsvorstellungen werden daher umgesetzt, indem die Verfassungsorgane rechtliche Regeln erschaffen, die dem

---

119 Dazu aus rechtstheoretischer Sicht auch *Hans Kelsen*, Reine Rechtslehre, S. 200ff.

einzelnen sagen, wie er sich in diesem und jenem Moment, im wörtlichen Sinne des Ausdrucks: ordnungsgemäß, zu verhalten hat, daß er dies oder jenes tun beziehungsweise nicht tun darf, daß er Steuern zahlen und sein Kind zur Schule schicken muß. Auch eine mehrheitlich gewollte Ordnung kann dabei durch den einzelnen, vollständig oder punktuell, in Frage gestellt worden sein. Um als Ordnung zu bestehen, muß sie diese Anfechtung durch Zwang oder Strafen abwehren.[120] Es kennzeichnet damit das Wesen der rechtlichen Bindung, nötigenfalls erzwingbar zu sein.[121]

Die Verfassungsrechtsordnung konzipiert mithin die zentralen Gesichtspunkte der individuellen Einbindung in die Ordnung des Öffentlichen durch die Formen des Rechts. Das einfache Recht formt diese Einbindung in Gestalt öffentlicher und privater Verantwortlichkeiten aus. Der einzelne Rechtssatz und das einzelne Rechtsgebiet sind auf eine bestimmte Ordnung des Öffentlichen bezogen, deren Vollzug sie bewirken. Quelle des Rechts ist demnach der Wille der Gemeinschaft zur Ordnung. Insofern, als auch die Ordnung keine anderen Gründe haben kann (wenn man von irregulären Besatzungszuständen absieht), sind andere Quellen des Rechts nicht vorstellbar.[122] Als Recht gilt demnach, was der Verfassung als oberster Rechtsgeltungsregel zufolge in Kraft gesetzt worden ist – mit anderen Worten: als Recht gilt, was nach der Ordnungsvorstellung einer Gemeinschaft als Recht gelten soll.[123]

b. Charakter und Einheit der Rechtsordnung als Gesamtheit von Ableitungsverhältnissen

Inwieweit ist vor diesem Hintergrund ein Nebeneinander verschiedener Rechtsordnungen im selben politischen Raum (in ein und demselben Gemeinwesen) vorstellbar?[124] Im Rahmen der Auseinandersetzungen um den Geltungsgrund der europäischen Rechtsordnung wird dies vielfach (meist ohne vertiefte Behandlung) für möglich gehalten: die Mitgliedstaaten haben, so wird behauptet, als Gründer der Europäischen Gemeinschaft Rechtsregeln in Kraft treten lassen, aus denen, mit Hilfe des EuGH, supranationale Rechtsnormen mit autonomer Geltung entstanden. Bevor die Arbeit auf diesen speziellen Fall des EG-

---

[120] Zur Legitimität dieses Zwangs siehe oben: Erster Abschnitt, III.2.

[121] *René Marcic*, Rechtsphilosophie, S. 160.

[122] Vgl. hierzu aus einer stärker rechtstheoretischen Sicht auch *Matthias Jestaedt*, in: Gedächtnisschrift für Wolfgang Blomeyer, S. 637, 658.

[123] Demgegenüber hält es *Marcel Kaufmann* (Der Staat 36 [1997], 521, 527) für möglich, daß „ein Rechtsanwendungsbefehl ohne Rückbindung an die normative Kraft der politischen Einheit behauptet" und die „Einheit von Politik und Recht" so „in ihrer Wurzel gesprengt" wird.

[124] Zum Konzept autonomer Rechtsordnungen (im internationalen Raum) siehe *Max Sørensen*, ICLQ 32 (1983), 559; zu ihrer Entstehung im Hinblick auf die kanadische Verfassung siehe *Trevor C. Hartley*, Constitutional Problems of the European Union, S. 141 f.; im Hinblick auf die Verfassung Irlands siehe *dens.*, BYIL 72 (2001), 3, 7.

Rechts zurückkommt[125], soll der hier verfolgte Ansatz auf seine verfassungstheoretisch-allgemeine Antwort hin untersucht werden. Diese Antwort lautet, daß ein solches Nebeneinander als Normalfall nicht vorstellbar ist[126]: eine solche Annahme widerspräche einerseits, im Hinblick auf den Bestand der grundlegenden Bindungsstruktur, dem Willen einer Gemeinschaft, die Sphäre des Öffentlichen letztverbindlich zu regeln; sie widerspräche andererseits, im Hinblick auf die Rolle des einzelnen, dem Grundmoment seiner Bindungsmotive, wonach dieser seine Handlungen nur deshalb vor einer Herrschaftsgewalt verantworten muß, weil der Staat ihm dieselbe Ordnung letztverbindlich verbürgt.[127] Der Wille zur Ordnungstiftung bedeutet immer zugleich eine Ebene von Letztverantwortlichkeit, die dem Prinzip der gegenseitigen letzten Verantwortlichkeit von Staat und Individuum entspricht. Auf diese Ebene der Hoheitsgewalt hin sind alle anderen ausgerichtet, aus ihr schöpfen sie ihre Begründung.

Wenn insofern alle Beziehungen des einzelnen zur hoheitlichen Gewalt auf eine bestimmte Ebene seines letztverbindlichen Einbezogenseins zurückgeführt werden können[128], so ergibt sich hieraus, daß auch die entsprechenden Umsetzungen dieser Bindungen in die rechtliche Ordnung auf der Ebene des Verfassungsrechts angelegt sind: die Gesamtheit der Normen, die in einem bestimmten Gebiet der Ordnung des Öffentlichen dient, muß sich ihrerseits auf die Ebene seiner Verfassung beziehen und von ihr abgeleitet sein (so daß, umgekehrt, die Verfassung als entsprechende Bezugsebene identifiziert werden kann). Der Status jeder einzelnen Rechtsnorm (als Gesetz, als Verordnung, als Vertrag) leitet sich vom Bestand dieser höchsten Normsetzung ab.[129] Dasselbe gilt auch für die Institutionen, die diese Rechtsordnung gründet: ihr rechtlicher Status, Rechtspersönlichkeit und Kompetenzbemessung, gehen auf die Normen des Verfassungsrechts zurück. Die Rechtsordnung eines Gemeinwesens

---

[125] Siehe dazu unten: Zweites Buch, Zweiter Abschnitt.

[126] So auch *Matthias Jestaedt*, in: Gedächtnisschrift für Wolfgang Blomeyer, S. 637, 657 ff. Anderer Ansicht hierzu sind unter anderem *Jo Shaw*, JEPP 6 (1999), 579, 588 und *Amaryllis Verhoeven*, The European Union in Search of a Democratic and Constitutional Theory, S. 303.

[127] Zur Begründung hierfür siehe oben: Erster Abschnitt, I.2.b.

[128] Was oben als allgemein-theoretische Überlegung zum Gesichtspunkt der Statusverhältnisse formuliert worden ist (Erster Abschnitt, I.2.a.), wird hiermit unter rechts- und verfassungstheoretischen Aspekten konkretisiert.

[129] Aus rechtstheoretischer Sicht formuliert demzufolge *Matthias Jestaedt* (in: Gedächtnisschrift für Wolfgang Blomeyer, S. 637, 658) mit Recht: „Die Geltung von Rechtsnormen läßt sich nicht ohne den Bezugsrahmen einer – geltungsvermittelnden – Rechtsordnung denken", Geltung beschreibe „Zugehörigkeit eines Sollenssatzes zu einer Rechtsordnung"; alles außerhalb Liegende kann deshalb aus der Rechtsordnung heraus nicht als etwas rechtlich Geltendes aufgefaßt werden. Über den Zusammenhang dieses Ansatzes mit den Lehren der Wiener Schule siehe unten III. sowie *Theo Öhlinger*, in: Festschrift für Georg Ress, S. 685, 696 f.

erscheint vor diesem Hintergrund notwendigerweise als eine Einheit[130]: nicht im Sinne ihrer Widerspruchsfreiheit, sondern im Sinne eines rechtstheoretischen Holismus, der die rechtliche Ordnung einer Gemeinschaft als ein ganzes, auf ein und denselben Ursprung zurückzuführendes Regelsystem und als Gesamtheit von Ableitungsketten versteht. Am Anfang aller rechtsordnungsinternen Ableitungsketten steht notwendigerweise ein und dieselbe höchste und letztverbindliche Norm[131], die nur vom Volk als Verfassunggeber, aus dem Bewußtsein seiner Zusammengehörigkeit heraus, gesetzt werden kann. Die Einzigartigkeit der zugrunde liegenden Ordnungsvorstellung und die Ausschließlichkeit der hieraus sich ergebenden höchstrangigen Bindung sind daher mit der unabgeleiteten Geltung des Verfassungsrechts und der hierdurch begründeten Einheit der Rechtsordnung wesensnotwendig auf das Engste verbunden.

c. Rechtsstrukturen der Gemeinschaft im Innern und Äußern: die Gemeinsamkeit ihrer Geltung

Die rechtlichen Strukturen, die das Gemeinwesen zu seiner Ordnung auf diese Weise hervorbringt, lassen sich dabei grundsätzlich nach zwei Kategorien, nach innen und außen, differenzieren: während sich innere Rechtsstrukturen der Gemeinschaft durch das ordnungsausgestaltende und -vollziehende Tätigsein ihrer Verfassungsorgane entwickeln, entstehen Rechtsstrukturen nach außen hin durch die Interaktion eines zur politischen Unabhängigkeit verbundenen Gemeinwesens mit seinesgleichen. In beiden Fällen handelt es sich um Rechtsstrukturen, die aus der Verfassungsordnung (beziehungsweise: den Verfassungsordnungen) hervorgehen.[132] Was als rechtliche Regel, sei es innerhalb eines Staates oder sei es in seinem Verhältnis zu einem anderen, in Kraft tritt, kann nur deshalb als eine solche gelten, weil ihre Geltung als Rechtsnorm gewollt wird.[133] Diese rechtliche Geltung zu begründen, vermag weder der einzelne in seiner Isoliertheit noch eine rechtsetzende Kraft außerhalb des zur Unabhängigkeit verbundenen Gemeinwesens. Die Geltung rechtlicher Normen anzunehmen heißt letztlich: zur Ordnung gewillt sein – Recht kann daher nur dort theoretisch als solches gedacht und praktisch als solches bewirkt werden, wo das Bewußtsein einer Gemeinschaft eine solche Ordnung grundlegend begründet.

---

[130] Zum Begriff der Einheit, wie er hier verwendet wird, siehe *Karl Engisch*, Die Einheit der Rechtsordnung, S. 9ff.

[131] Was in rechtstheoretischer Sicht auch von den Vertretern der Wiener Schule herausgestellt wird. Vgl. beispielsweise *Hans Kelsen*, Reine Rechtslehre, S. 228.

[132] In der Sache ähnlich *Karl Albrecht Schachtschneider*, in: Blomeyer/Schachtschneider (Hrsg.), Die Europäische Union als Rechtsgemeinschaft, S. 75, 88.

[133] Vgl. dazu auch *Karl Albrecht Schachtschneider*, in: Blomeyer/Schachtschneider (Hrsg.), Die Europäische Union als Rechtsgemeinschaft, S. 75, 88.

Diese Erkenntnis soll nun, im Hinblick auf die Unterscheidung von Innen und Außen, näher ausgeführt werden. Für eine staats- und verfassungstheoretische Durchdringung des europäischen Integrationsgeschehens ist dies unerläßlich: im Problem der juristischen Ableitungsverhältnisse zwischen der Verfassungsordnung und den hieraus sich ergebenden inneren und äußeren Strukturen liegt zugleich der Schlüssel zur Staatlichkeitsfrage – den Staatlichkeitsbestand zu bestimmen heißt, diese Ableitungsketten nachzuvollziehen.[134] Dies setzt voraus, ihren Charakter verstanden zu haben.

2. *Rechtsableitungsverhältnisse im Inneren einer unabhängigen Ordnung (am Beispiel des Grundgesetzes)*

Was die Art und Weise betrifft, wie im Inneren der rechtlichen Ordnung Ableitungsverhältnisse entstehen, so hängt diese in erster Linie von den verfassungsrechtlichen Vorgaben ab, welche die Rechtsentstehung in concreto determinieren. Im Verfassungsstaat des Grundgesetzes erscheint als zentrales rechtliches Steuerungsmittel das parlamentarisch zustande gebrachte Gesetz.[135] Auf dieses gründet sich die Entfaltung der rechtlichen Ordnung, indem es als Grundlage und zugleich als Grenze sämtlichen staatlichen Handelns fungiert.[136] Rechtsnormen, welche die Exekutive erläßt, setzen dabei zwingend eine gesetzliche Grundlage voraus: Möglichkeiten dazu, Rechtsverordnungen zu erlassen, sind der Exekutive nur dort eröffnet, wo eine gesetzliche Verordnungsermächtigung gemäß Art. 80 Abs. 1 GG sie dazu ermächtigt; Satzungen setzen voraus, daß ein bestimmtes Gesetz Rechtsträgern Satzungsautonomie einräumt.[137] Durch das Gesetz, das von den Verfassungsorganen nach Maßgabe der Verfassung zustande gebracht wird, sind insofern auch diese Formen untergesetzlichen Rechts (und damit zuletzt auch die Einzelmaßnahmen, welche darauf beruhen) mit der Ebene der Verfassung verbunden.

Hinzu kommt, daß die Verfassung in der grundgesetzlichen Ordnung die Ausgestaltung des einfachen Rechts in erheblichem Umfang inhaltlich bindet: nachgeordnete Rechtsakte, seien es Gesetze oder untergesetzliche Maßnahmen, dürfen dem Grundgesetz nicht widersprechen.[138] Beide Komponenten, der inhaltliche Vorrang der Verfassung und ihre Rolle als Rechtsgrundlage sämtlichen staatlichen Handelns, ergeben gemeinsam einen Ableitungszusammenhang, durch den das untergesetzliche Recht aus der Verfassung in einem rechtstheore-

---

[134] Siehe zur näheren theoretischen Begründung dieser Annahme oben: Erster Abschnitt, I.1.; zu den hieraus sich ergebenden Konsequenzen für die Staatlichkeitskriterien unten: Erstes Buch, Vierter Abschnitt.

[135] *Christoph Degenhart*, Staatsrecht I, Rn. 122.

[136] *Christoph Degenhart*, Staatsrecht I, Rn. 122.

[137] *Christoph Degenhart*, Staatsrecht I, Rn. 132.

[138] Ein Merkmal, das als „Vorrang der Verfassung" verfassungsrechtlich bekannt ist; vgl. *Christoph Degenhart*, Staatsrecht I, Rn. 14.

tisch-ordnungsbezogenen Sinne: „hervorgeht". Entsprechende Ableitungszusammenhänge lassen sich, bei aller Vielfalt der einzelnen Formen, überall dort nachvollziehen, wo sich die Staatlichkeit neuzeitlich-territorial, als politische Ordnung einer zur Unabhängigkeit verbundenen Gemeinschaft, etabliert hat.

3. Rechtsableitungsverhältnisse im Hinblick auf die Außenbeziehung des Staates (Geltungsgründe des Völkerrechts)

a. Völkerrecht als Ordnungsbestandteil

aa. Notwendigkeit und Mechanismus: Koordinationsfunktionen des Völkerrechts. Inwiefern kann nun von Ableitungsverhältnissen auch dort die Rede sein, wo es um das Verhältnis des politisch geeinten Gemeinwesens zu seinesgleichen, d.h. um die Frage nach dem Geltungsgrund des Völkerrechts, geht? Im Kontext der Staatlichkeitsfrage spielt dies eine wichtige Rolle: wenn sich auch die äußeren Beziehungen des Staates in einer rechts- und verfassungstheoretischen Perspektive als Ableitungsverhältnisse aus seiner höchsten inneren Ordnung auffassen ließen, ließe sich die Frage nach der Rechtsnatur eines Verbandes (sei es die Union, seien es die Mitgliedstaaten) auf die Alternative von innerem höchstrangig-letztverantwortlichem Gebundensein (d.h. Staatlichkeit) und äußerer völkerrechtlicher Verpflichtung zuspitzen. Mit anderen Worten: Europarecht könnte dann nur Völkerrecht oder Verfassungsrecht sein. Eine nähere Betrachtung der völkerrechtlichen Dogmen belegt, daß eine solche grundlegende Unterscheidung, ungeachtet aller „Verfassungsentwicklungen" im Völkerrecht[139], bis heute inhaltlich zutreffend ist.[140]

Wenn Rechtssätze nur deshalb gelten, weil ihre rechtliche Geltung gewollt ist, so heißt das für das Völkerrecht, daß dieses gilt, weil die Staaten es wollen.[141] Um zu ermessen, was diese Aussage impliziert, genügt es wiederum nicht, die Staaten als völkerrechtserzeugende Akteure personifizierend und die Staatengemeinschaft dementsprechend als Ensemble verschiedener Rechtsper-

---

[139] Hierzu eingehend *Brun-Otto Bryde*, Der Staat 42 (2003), 61; siehe ferner *Giovanni Biaggini*, ZSR 119 N.F. (2000), 445, 452ff. und *Rainer Wahl*, in: Festschrift für Ernst-Wolfgang Böckenförde, S. 59, 64f.

[140] Daß sich die „Souveränität" der Staaten, ungeachtet ihrer zunehmend stärkeren völkerrechtlichen Einbindung, in der Konsensabhängigkeit des Völkerrechts verwirklicht, betont zu Recht *Stefan Oeter*, in: Festschrift für Helmut Steinberger, S. 259, 287; ähnlich *Christian Hillgruber*, JZ 2002, 1072, 1075.

[141] *Olivier Beaud*, RFDA 1993, 1045, 1050; *Giovanni Biaggini*, ZSR 119 N.F. (2000), 445, 460; *Christian Hillgruber*, in: Isensee/Kirchhof (Hrsg.), Handbuch des Staatsrechts, Bd. II, § 32 Rnrn. 56ff.; *Stefan Oeter*, in: Festschrift für Helmut Steinberger, S. 259, 287. Demgegenüber verkehrt *Heribert Franz Köck* (in: Festschrift für Georg Ress, S. 557, 562) diesen Zusammenhang in sein Gegenteil, wenn er die Freiheit der Staaten als ein „Moment der Privatautonomie", d.h. eine Art Spielraum, interpretiert, der nur deshalb besteht, weil ihn das Völkerrecht einräumt. Zum Streit um die Rechtsnatur des Völkerrechts auch *Wolfgang Graf Vitzthum*, in: Vitzthum (Hrsg.), Völkerrecht, 1. Abschnitt Rnrn. 61ff.

sonen zu denken[142] (wie es mitunter anklingt, wenn das Völkerrecht als eine Art Privatrecht der Staaten dargestellt wird[143]). Die Gründe der Völkerrechtsgeltung sind vielmehr nur dann zu verstehen, wenn man bedenkt, in welcher Weise sich unabhängige politische Einheiten aus bestimmten Ordnungsmotiven heraus im politischen Raum (der in der Neuzeit mit dem geographisch bestimmten zusammentrifft[144]) abgrenzen: die territoriale Fixierung der Herrschaft stellt diese zwangsläufig in ein Beziehungsgeflecht zu anderen letztverbindlich geeinten Ordnungszusammenhängen und erfordert deren Koordination. Der Koordinationsnotwendigkeit entspricht das Völkerrecht in seiner Funktion als Koordinationsmechanismus[145]: was im Umgang der Staaten miteinander gelten soll, ergibt sich durch Verhandlungen und Vereinbarungen, deren Grundlage wiederum die einander begegnenden Ordnungskonzepte bilden. Welche völkerrechtlichen Positionen dieser und jener Staat vertritt, bestimmt sich nach der seiner Ordnung zugrunde liegenden Wertevorstellung (und demzufolge nach seiner Ordnungsidee); was letztlich dann als Völkerrecht wirksam gemacht wird, stellt das Ergebnis einer Suche nach den Möglichkeiten des Konsenses zwischen diesen Konzepten dar.[146] Die Vorstellungen, die das Völkerrecht prägen, müssen, um binden und wirken zu können, eine sie fortwährend speisende Quelle haben: diese findet sich in den Ordnungsvorstellungen der daran beteiligten Staaten.[147]

bb. Kategoriale Unterschiede und gemeinsamer Geltungsgrund: Monismus und Dualismus als Perspektivenfrage (zum Verhältnis von Verfassungs- und Völkerrecht). Wenn im Hinblick auf den Verlust der Staatlichkeit untersucht werden soll, welche Stellung das Europarecht im Verhältnis von Verfassung und Völkerrecht einnimmt, muß, über die bisherigen Ergebnisse hinaus, die Frage nach

---

[142] Mit Recht weist *Ingolf Pernice* (Die neue Verfassung der Europäischen Union – ein historischer Fortschritt zu einem Europäischen Bundesstaat?, S. 7) darauf hin, daß es nicht richtig sein kann, den Staat, der sich supranational integriert, seinen Bürgern gegenüber als etwas „Drittes" zu verstehen. Dazu auch *Karl Albrecht Schachtschneider*, in: Blomeyer/Schachtschneider (Hrsg.), Die Europäische Union als Rechtsgemeinschaft, S. 75, 84 und 88f.

[143] So zum Beispiel *Heribert Franz Köck*, in: Festschrift für Georg Ress, S. 557, 562.

[144] Von Interesse für den grundlegenden Zusammenhang sind hierzu auch die Darlegungen *Otto Brunners*, der das Verhältnis von inneren und äußeren Bindungen in der spätmittelalterlichen Ordnung beschreibt und dabei einen Teil der individuellen Rechtsbeziehungen durch völkerrechtliche Formen geprägt sieht; vgl. *dens.*, Land und Herrschaft, S. 16f., 51 und öfter.

[145] Vom „Völkerrecht als Koordinationsordnung" spricht *Christian Hillgruber*, in: Isensee/Kirchhof (Hrsg.), Handbuch des Staatsrechts, Bd. II, § 32 Rn. 62; *ders.*, JZ 2002, 1072, 1075.

[146] Vgl. *Christian Hillgruber*, JZ 2002, 1072, 1075: im Konsens tritt dem Staat sein eigener Wille entgegen.

[147] Ähnlich *Wolfgang Graf Vitzthum*, in: Vitzthum (Hrsg.), Völkerrecht, 1. Abschnitt Rn. 64.

dem Geltungsgrund völkerrechtlicher Regeln und deren Charakterisierung als äußere Bindung in den Kontext einer Debatte eingeführt werden, die unter den Stichworten von „Monismus“ und „Dualismus“ um das Verhältnis beider Rechtsgebiete zueinander geführt worden ist.[148] Während eine dualistische Betrachtungsweise hierbei auf zwei zu unterscheidenden, im Hinblick auf Inhalt und Geltung einander weder über- noch untergeordneten Regelsystemen besteht[149], soll es sich, den monistischen Lehren zufolge, bei Völkerrecht und nationalem Recht letztendlich nur um eine, in sich hierarchisch geordnete Rechtsmasse handeln (woraus sich die Frage ergibt, welches Recht an der Spitze des Ganzen zu finden sein soll). Im Hinblick auf das hier verfolgte Untersuchungsziel ist es dabei nicht nötig, die Auseinandersetzung in allen Facetten nachzuvollziehen; es zwingt jedoch dazu, sich zwei Aspekte vor Augen zu führen – nämlich erstens: auf welchen Standpunkt beruft sich, wer den Geltungsgrund des Völkerrechts in der hier vertretenen Weise versteht; und zweitens: welche Bestätigung erfährt dieser Ansatz durch die Art und Weise, wie die staatliche Praxis mit der Lösung der Monismus-Dualismus-Thematik verfährt?

Eine solche Beziehung von Verfassungs- und Völkerrecht, wie sie hier herausgearbeitet wurde, kann man mit einer gewissen Berechtigung als Dualismus beschreiben, wenn man den qualitativen Unterschied von äußerem rechtlichem Verpflichtetsein und innerer Ausgestaltung der Ordnungsvorstellung in den Vordergrund stellt. Völkerrecht und innerstaatliches Recht sind unter diesem Gesichtspunkt zwei voneinander wesensverschiedene rechtliche Ordnungen. Im Hinblick auf ihren Geltungsgrund muß deren Beziehung zueinander jedoch monistisch, im Sinne eines einheitlichen Ursprungs, aufgefaßt werden. Innerstaatliches Recht und Völkerrecht gelten, weil ihre Geltung gewollt ist, und zwar gewollt von keiner fremden, jenseits der Staatlichkeit aufzufindenden Kraft, sondern gewollt von den Gemeinwesen selbst, die sich aus dieser und jener konkreten Ordnungsvorstellung heraus zu staatlichen Einheiten formen.[150] Die traditionsreiche Auseinandersetzung um das Verhältnis von Staats- und Völkerrecht kann daher, durch die Wahl verschiedener Perspektiven, zumindest insoweit aufgelöst werden, wie dies für die hier anzustellende Untersuchung notwendig ist: wer Völkerrecht und Verfassungsrecht dualistisch versteht,

---

[148] Zum Themenkreis von Monismus und Dualismus im Völkerrecht vgl. *Christine Amrhein-Hofmann*, Monismus und Dualismus in den Völkerrechtslehren, passim; *Rudolf Bernhardt*, in: Festschrift für Reinhard Mußgnug, S. 281; *Karl Doehring*, Völkerrecht, Rnrn. 696 ff.; *Rudolf Geiger*, Grundgesetz und Völkerrecht, S. 12 ff.; *Matthias Herdegen*, Völkerrecht, § 22 Rnrn. 1 ff.; *Philip Kunig*, in: Vitzthum (Hrsg.), Völkerrecht, 2. Abschnitt Rnrn. 28 f. und *Alfred Verdross/Bruno Simma*, Universelles Völkerrecht, §§ 71 ff.

[149] Zusammenhänge von dualistischer Sicht und herkömmlichem Souveränitätsdenken behandelt *Rainer Wahl*, in: Schuppert/Pernice/Haltern (Hrsg.), Europawissenschaft, S. 147, 153 f.

[150] *Olivier Beaud*, RFDA 1993, 1045, 1050.

betont die Unterscheidung von Innen und Außen; wer eher monistisch denkt, den gemeinsamen Geltungsgrund.

An dieser Stelle wird zugleich deutlich, inwiefern auch die praktische Lösung des Monismus-Dualismus-Problems durch die Verfassungsordnungen der Mitgliedstaaten zuletzt nicht nur Ausweg, sondern zugleich Bestätigung einer bestimmten (nämlich der hier vertretenen) theoretischen Denkweise ist. Die Entscheidung darüber, auf welche Weise den Normen des Völkerrechts innerstaatliche Kraft zukommt, fällt in Ländern mit dualistischer ebenso wie in Ländern mit monistischer Sicht auf der Ebene des nationalen Verfassungsrechts. Mit Recht läßt sich daher behaupten, daß keine verfassungsrechtliche Ordnung ohne die entsprechende Entscheidung für eine Geltung des monistischen oder des dualistischen Zuordnungssystems auskommt.[151] Sie bestimmt damit über das Verhältnis ihrer inneren und äußeren Rechtsbindungen zueinander. Unabhängig davon, wie sie es bestimmt, ist das Bemerkenswerte daran, daß sie selbst es ist, die dies tut. Die Staatswirklichkeit hat diese Entscheidung bis jetzt immer getroffen, zumeist ausdrücklich, mitunter in gewohnheitsrechtlicher Form. Ihr ist es vorbehalten, den Status des Völkerrechts in ihrer Ordnung zu regeln[152], wobei sie ihm punktuell sogar Vorrang einräumen kann.[153] Indem der Staat selber darüber befindet, wie in seiner Rechtsordnung mit Normen des Völkerrechts umzugehen ist, bestätigt er sich, im Hinblick auf die von ihm errichtete Ordnung im Ganzen, als höchstrangiger Bindungsbezugspunkt.[154]

---

[151] Gerade deshalb wird die praktische Bedeutung der Monismus-Dualismus-Kontroverse heute überwiegend als gering eingeschätzt; vgl. z.B. *Rudolf Geiger*, Grundgesetz und Völkerrecht, S. 14; *Matthias Herdegen*, Völkerrecht, § 22 Rn. 2 und *Philip Kunig*, in: Vitzthum (Hrsg.), Völkerrecht, 2. Abschnitt Rn. 34; ferner auch *Rainer Wahl*, in: Schuppert/Pernice/Haltern (Hrsg.), Europawissenschaft, S. 147, 169.

[152] *Rudolf Bernhardt*, in: Festschrift für Reinhard Mußgnug, S. 281, 282; für die grundgesetzliche Ordnung auch BVerfGE 111, 307, 318.

[153] So aus rechtstheoretischer Sicht auch *Matthias Jestaedt*, in: Gedächtnisschrift für Wolfgang Blomeyer, S. 637, 661 f. Entscheidend ist dabei zum einen, daß dieser Vorrang punktuell bleibt, und zum anderen, daß Kernanliegen der verfassungsrechtlichen Ordnung hierdurch nicht in Frage gestellt werden, wie auch *Matthias Jestaedt* (a.a.O.) der Sache nach einräumt. Vgl. hierzu ferner auch Tribunal Constitucional EuR 2005, 339, 346, der hierbei „primacía" und „supremacía" unterscheidet (zustimmend *Gil Carlos Rodriguez Iglesias*, Perspektiven europäischer und nationaler Verfassungsgerichtsbarkeit im Lichte des Vertrages über eine Verfassung für Europa, S. 9), womit sich die interessante rechtsmethodisch-rechtstheoretische Fragestellung verbindet, ob dies mit der Unterscheidung von „Anwendungsvorrang" und „Geltungsvorrang" gleichgesetzt werden muß, m.a.W. ob also hieraus zu schlußfolgern ist, daß der Vorrang, den das Verfassungsrecht völkerrechtlichen Normen punktuell einräumt, seiner Rechtsnatur nach immer nur ein Anwendungsvorrang und kein echter Geltungsvorrang sein kann. Sicher ist jedenfalls, daß sich die Verfassungsordnung nicht dauerhaft und unwiderruflich gegenüber völkerrechtlichen (bzw. supranationalen) Vorschriften außer Kraft setzen kann.

[154] Siehe dazu auch Tribunal Constitucional EuR 2005, 339, 346. A.A. wohl *Heribert Franz Köck*, in: Festschrift für Georg Ress, S. 557, 562.

Die damit begründete These: daß Völkerrecht und innerstaatliches Recht ihren gemeinsamen Geltungsgrund im Ordnungsbewußtsein der geeinten Gemeinschaft besitzen, bestätigt sich, wenn man das Verhältnis von Verfassungs- und Völkerrecht näher betrachtet, in einer doppelten Weise: einerseits durch die Bedeutung, welche die staatliche Ordnung im Hinblick auf die Genese der völkerrechtlichen Normen genießt; andererseits durch den Umgang des innerstaatlichen Verfassungsrechts mit dem Völkerrecht, der hier bereits erwähnt werden mußte. Beide Aspekte sind im folgenden kurz zu erläutern.

b. Die Bedeutung der staatlichen Ordnung für die Genese von Völkervertrags- und Völkergewohnheitsrecht

Der Staat als Resultat einer letztverantwortlichen politischen Gebundenheit der Gemeinschaft begibt sich grundsätzlich freiwillig in eine äußere, als völkerrechtlich zu verstehende Bindung: *völkerrechtliche Verträge* kommen durch einen freiwilligen Abschluß zustande; die Mitgliedschaft des Staates in internationalen Organisationen beruht auf dem von ihm erklärten Beitritt. Völkervertragsrechtliche Verpflichtungen als Ursprung und Grundform der äußerlichen Rechtsstruktur hängen insofern hinsichtlich ihrer Entstehung vom Willen der Gemeinwesen ab.[155] Jene Gemeinschaft, die aus sich selbst heraus die öffentliche Ordnung begründet, entscheidet durch Repräsentanten, die sie ihrer Ordnung entsprechend bestimmt, über den Eintritt in diese und jene äußere Bindung; die Möglichkeiten hierzu leitet sie aus den Vorgaben ihres Verfassungsrechts ab.[156] Auch der Umstand, daß der einzelne Staat stärker als früher einer Vielzahl von Kooperationszwängen (durch wirtschaftliche Zusammenhänge und durch den Druck der Staatenwelt) ausgesetzt ist, vermag diese Freiheit nicht grundsätzlich zu beschränken.[157] Dies belegen die zahlreichen Beispiele, in denen einzelne Staaten bestimmten Abkommen fernbleiben.[158] Diesem Muster entsprechend, setzt sich im Falle des Konflikts von nationaler und internationaler Bindung die erstere durch[159]: zwar verletzt der Staat, der seine Ver-

---

[155] *Olivier Beaud*, RFDA 1993, 1045, 1050; *Christian Hillgruber*, in: Isensee/Kirchhof (Hrsg.), Handbuch des Staatsrechts, Bd. II, § 32 Rn. 56; *ders.*, JZ 2002, 1072, 1075; *Stefan Oeter*, in: Festschrift für Helmut Steinberger, S. 259, 287.

[156] *Theodor Schilling*, HILJ 37 (1996), 389, 404; aus rechtstheoretischer Sicht dazu auch *Bert van Roermund*, Ratio Juris 15 (2002), 206, 216 f.

[157] *Christian Hillgruber*, JZ 2002, 1072, 1076; *Stefan Oeter*, in: Festschrift für Helmut Steinberger, S. 259, 287. Siehe dazu auch unten: Dritter Abschnitt, III.3.

[158] Ein weiteres Indiz, das in dieselbe Richtung weist, ist die im Völkerrecht übliche Möglichkeit eines Staates, den Beitritt zum Vertrag mit Vorbehalten zu versehen. Vgl. dazu aus der völkerrechtlichen Literatur etwa *Rudolf Geiger*, Grundgesetz und Völkerrecht, S. 96 ff.; *Wolff Heintschel von Heinegg*, in: Ipsen (Hrsg.), Völkerrecht, § 14 und *Matthias Herdegen*, Völkerrecht, § 15 Rnrn. 20 ff.

[159] Siehe dazu auch die Entscheidung des spanischen Tribunal Constitucional EuR 2005, 339, 340 sowie *Trevor C. Hartley*, in: Mouton/Stein (Hrsg.), Eine neue Verfassung für die Europäische Union? Die Regierungskonferenz 1996, S. 57, 61 f.

pflichtungen nicht erfüllt, den abgeschlossenen Vertrag und bricht damit internationales Recht, ohne daß ihm das nationale Recht als Entschuldigung dient.[160] Dies ändert jedoch nichts daran, daß letzten Endes doch das nationale Verfassungsrecht die Oberhand behält[161]: Verstöße gegen internationales Recht lösen (nicht anders als Verstöße gegen nationales Recht) Ersatzansprüche aus.[162] Der Staat als Ebene der letztverantwortlichen Bindung akzeptiert diese als vom äußeren Gebundensein umfaßt. Der Rang der ihm zugrunde liegenden Bindung wird dadurch abermals bestätigt.[163]

Der hier vertretenen Ansicht: der Ableitung auch der völkerrechtlichen Bindungen eines Staates aus der unabgeleiteten höchsten Ordnung auf der Ebene seines Verfassungsrechts, könnte entgegengehalten werden, daß sich diese Unterordnung, wenn sie aus den dargestellten Gründen anzunehmen sei, auf das Völkervertragsrecht beschränkt. Insbesondere sei *Völkergewohnheitsrecht* nicht vom Willen der Einzelgemeinschaft abhängig und demzufolge von staatlicher Ordnung unabhängig. Wie eine nähere Betrachtung dessen beweist, trifft dieser Einwand nicht zu: auch das Völkergewohnheitsrecht (als wichtigste Form außervertraglichen Völkerrechts) rührt aus der Bindung des Staates zur höchsten und unabgeleiteten Ordnung her.[164] Dies ergibt sich zuallererst aus dem Umstand, daß zahlreiche Regeln des Völkergewohnheitsrechts von vornherein nicht allgemein, sondern innerhalb eines bestimmten Kreises von Staaten oder gar bilateral gelten, weshalb man vom sogenannten „partiellen Völkergewohnheitsrecht" spricht.[165] Die Entstehung entsprechender rechtlicher Regeln läßt sich dabei aus den rechtserheblichen Handlungen der beteiligten Staaten (und damit aus ihrer grundlegenden politischen Bindung) begründen. Dasselbe gilt schließlich auch, wo eine gewohnheitsrechtliche Regel allgemein akzeptiert und als für alle verbindlich angesehen wird. Soweit die Akteure[166]

---

[160] Vgl. Art. 46.1 WVRK, sofern es sich um Unterzeichnerstaaten handelt. Dazu *Heribert Franz Köck*, in: Festschrift für Georg Ress, S. 557, 563 ff.; *Joseph H. H. Weiler/Ulrich R. Haltern*, HILJ 37 (1996), 411, 441 und *Bruno de Witte*, in: Craig/de Búrca (Hrsg.), The Evolution of EU Law, S. 177, 178.

[161] Ebenso *Trevor C. Hartley*, in: Mouton/Stein (Hrsg.), Eine neue Verfassung für die Europäische Union? Die Regierungskonferenz 1996, S. 57, 61 f.

[162] Dazu *Heribert Franz Köck*, in: Festschrift für Georg Ress, S. 557, 566 (mit anderen Schlußfolgerungen).

[163] Genaugenommen in doppelter Form: einmal, weil sie es ist, die sich in der Sache letztendlich durchsetzt, und zum anderen, weil sich auch die Akzeptanz einer eventuellen Ersatzpflicht aus dieser Bindung herleiten läßt (indem das Gemeinwesen entsprechende völkerrechtliche Pflichten auf sich genommen hat).

[164] Siehe dazu auch *Christian Hillgruber*, in: Isensee/Kirchhof (Hrsg.), Handbuch des Staatsrechts, Bd. II, § 32 Rn. 58 und *Stefan Oeter*, in: Festschrift für Helmut Steinberger, S. 259, 287.

[165] *Karl Doehring*, Völkerrecht, Rn. 293; *Rudolf Geiger*, Grundgesetz und Völkerrecht, S. 77.

[166] Vgl. dazu die weiterführenden Hinweise bei *Rudolf Geiger*, Grundgesetz und Völker-

der staatlichen Ebene an dieser Entstehung durch eigenes Handeln mitgewirkt haben, geht auch die Einrichtung dieser Regeln auf den höchsten und unabgeleiteten Status der Verfassungsrechtsordnung zurück. Dies geschieht konkludent, wenn ein Staat das Entstehen der Regel als Recht akzeptiert.[167] Insofern er sich jedoch, aus seiner Ordnung heraus, der entsprechenden Regel dauerhaft widersetzt, bindet ihn auch das Völkergewohnheitsrecht nicht. Diese Schlußfolgerung, die sich aus dem abgeleiteten Charakter der völkerrechtlichen Ordnung zwingend ergibt, wird auch durch die Völkerrechtslehre gezogen, welche die dauerhafte Verweigerung als Hinderungsgrund der völkergewohnheitsrechtlichen Bindung bestätigt.[168] Die Rechtsfigur des persistent objector beweist insofern Dasein und Verortung einer letztverantwortlichen Bindung und die hieraus sich ergebende Ableitung der internationalen Beziehungen aus der letztverantwortlichen Ordnung des Öffentlichen durch die obersten Normen des jeweiligen nationalen Rechts. Weder völkervertragsrechtlich noch völkergewohnheitsrechtlich kann der Staat in einer Weise gebunden werden, daß die eigene höchste Ordnung ihre Qualität als einzige Quelle seiner äußeren Bindungen verliert.

Was schließlich den Bestand der *allgemeinen Rechtsgrundsätze* betrifft, die allen Kulturnationen gemeinsam sind, da sie als deren grundlegende Rechtsregeln gelten[169], so handelt es sich dabei um elementare Kernbestandteile des ordnungstiftenden Bewußtseins selbst, die in der gegenwärtigen Völkergemeinschaft allen Staaten zugrunde liegen. Sie bilden, so könnte man sagen, den kleinsten gemeinsamen Nenner der staatlichen Ordnungsvorstellungen hinsichtlich eines internationalen Verhaltens. Auch sie gelten daher als Recht, weil die zur letztverbindlichen Ordnung zusammengeschlossene Gemeinschaft, der Staat, es will – genauer gesagt, weil alle (oder fast alle) Staaten es wollen.[170]

---

recht, S. 75; zum theoretischen Kontext auch *Stefan Oeter*, in: Festschrift für Helmut Steinberger, S. 259, 286.

[167] Dem entspricht auch das herrschende „Konsensprinzip" im Völkerrecht, wonach die Geltung des Völkerrechts aus der Zustimmung der Staaten hervorgeht; vgl. (auch zur Aufweichung dieses Prinzips) *Matthias Herdegen*, Völkerrecht, § 3 Rnrn. 4 ff.; *Christian Hillgruber*, in: Isensee/Kirchhof (Hrsg.), Handbuch des Staatsrechts, Bd. II, § 32 Rn. 58 und *Wolfgang Graf Vitzthum*, in: Vitzthum (Hrsg.), Völkerrecht, 1. Abschnitt Rn. 63.

[168] *Rudolf Geiger*, Grundgesetz und Völkerrecht, S. 76; *Christian Hillgruber*, in: Isensee/Kirchhof (Hrsg.), Handbuch des Staatsrechts, Bd. II, § 32 Rn. 58; *Wolfgang Graf Vitzthum*, in: Vitzthum (Hrsg.), Völkerrecht, 1. Abschnitt Rn. 133; mit Einschränkungen auch *Matthias Herdegen*, Völkerrecht, § 3 Rn. 8 sowie § 16 Rn. 13.

[169] Dazu *Torsten Stein/Christian von Buttlar*, Völkerrecht, Rnrn. 161 ff.

[170] Vgl. *Ernst-Wolfgang Böckenförde*, Staat Verfassung Demokratie, S. 111: „Umgekehrt wird kein überpositives Recht und keine politische Ordnungsidee konkret wirksam, wenn nicht eine geschichtlich-politische Kraft sie sich zu eigen macht, als eigene Überzeugung und Vorstellung vertritt und dafür eintritt und sie eben dadurch in die geschichtlich-politische Wirklichkeit überführt." Vgl. zum ius cogens in gleichem Sinne auch *Christian Hillgruber*, in: Isensee/Kirchhof (Hrsg.), Handbuch des Staatsrechts, Bd. II, § 32 Rn. 59.

c. Geltungsanordnung und Statuszuweisung: die Behandlung des Völkerrechts durch die Verfassung

Die Annahme, daß auch die Regeln des Völkerrechts zuletzt auf der Geltung oberster einzelstaatlicher Ordnungsstrukturen beruhen, läßt sich auch in umgekehrter Hinsicht, aus der Sicht der Verfassungsordnung, belegen. Ausschlaggebend ist dafür, auf welche Weise diese mit dem Völkerrecht umgeht. [171]

Was den *Abschluß und die Umsetzung völkerrechtlicher Verträge* betrifft, so finden sich in vielen Verfassungen Regeln, die bezeugen, daß es die letztverantwortliche Bindung der Gemeinschaft auf nationalstaatlicher Ebene ist, welche die außenpolitische Bindung (und damit zugleich die Entstehung von Völkervertragsrecht) determiniert. Die Verfassung bestimmt, ob, wie und durch wen Verträge geschlossen werden dürfen.[172] Teilweise, wie zum Beispiel in §95 Abs. 2 der finnischen Verfassung, in Art. 91 Abs. 3 der Verfassung der Niederlande oder in Art. 95 Abs. 1 der Verfassung Spaniens[173], ist ausdrücklich festgelegt, daß Verträge, die ihrem Inhalt zufolge verfassungsdurchbrechend wirken, einer entsprechenden verfassungsändernden Abstimmungsmehrheit zu ihrer Ratifizierung und der Anpassung des Verfassungstextes bedürfen. Die Verfassung verordnet insofern, daß eine entsprechende Änderung Wirksamkeitsvoraussetzung ist und anderenfalls der Vertrag selbst nicht in Kraft gesetzt werden kann.[174] Von besonderer Deutlichkeit ist dabei Art. 54 der französischen Verfassung, der ebenfalls die Änderung der Verfassung zur Voraussetzung der Vertragsinkraftsetzung macht, wenn der Conceil Constitutionnel Vertragsklauseln einer internationalen Verpflichtung für verfassungswidrig erklärt. Ziel dessen ist es nicht allein, die Texteinheit gegen Durchbrechungen zu schützen – in den entsprechenden Regelungen manifestiert sich zugleich das Moment einer strukturellen Höchstrangigkeit: die Verfassungsordnung selbst kann sich dem Inkrafttreten der völkervertragsrechtlichen Regeln entgegenstellen. Die Notwendigkeit des innerstaatlichen Zustimmungsaktes und die Möglichkeiten der gerichtlichen Prüfung drücken dieses Zuhöchstgestelltsein der Verfassungsnormen aus.[175] Auch der rechtliche Status des ratifizierten Völkervertragsrechts ergibt sich aus den Bestimmungen der Verfassung[176]: so verschafft beispielsweise Art. 55 der französischen Verfassung den Normen des Vertragsrechts (in moni-

---

[171] Dazu *Rudolf Bernhardt*, in: Festschrift für Reinhard Mußgnug, S. 281; *Rainer Wahl*, in: Schuppert/Pernice/Haltern (Hrsg.), Europawissenschaft, S. 147, 169f. und *Bruno de Witte*, in: Craig/de Búrca (Hrsg.), The Evolution of EU Law, S. 177, 178.

[172] *Theodor Schilling*, HILJ 37 (1996), 389, 404.

[173] Dazu Tribunal Constitucional EuGRZ 1993, 285, 289.

[174] Tribunal Constitucional EuGRZ 1993, 285, 289.

[175] Im Ergebnis ebenso Tribunal Constitucional EuR 2005, 339, 347. Weitere Rechtsprechungsnachweise, die in dieselbe Richtung zielen, finden sich bei *Paul Kirchhof*, JZ 1998, 965, 973.

[176] *Bruno de Witte*, in: Craig/de Búrca (Hrsg.), The Evolution of EU Law, S. 177, 178.

stischer Tradition ohne entsprechenden Umsetzungsakt) übergesetzlichen Rang. Diese Statuszuweisung verdeutlicht, daß die Verfassungsordnung in der Lage ist, alle Normen, deren Geltung sie vermittelt, aus einer unabgeleiteten Befugnis heraus in die Ordnung einzufügen.

Nichts anderes gilt auch dort, wo eine Verfassungsfestlegung den Staat zur *Mitarbeit in internationalen Organisationen* bestimmt. Ziele, Formen und Grenzen dieser Mitwirkung werden dabei vom nationalen Verfassungsrecht determiniert.[177] Wie im Grundgesetz durch Art. 24 Abs. 1 GG, wird eine entsprechende Mitwirkung auch in zahlreichen anderen Verfassungen, wie z. B. durch Art. 34 der belgischen Verfassung, Art. 20 Abs. 1 der Verfassung Dänemarks und (unter bestimmten Voraussetzungen) durch Art. 28 Abs. 2 der griechischen Verfassung, erlaubt. Die Funktion derartiger Öffnungsklauseln geht dabei über die Eröffnung der Option zu einer intensiven staatlichen Partizipation an völkerrechtlichen Gebilden hinaus: die Staatsverfassung als Ausdruck einer letztverantwortlichen Bindung gestattet es den von ihr eingesetzten Institutionen (Volksvertretung und Regierung), untergeordnete Bindungen (nach außen hin) zu begründen. Auch Art. 24 GG und die ihm verwandten Normen sind daher als ein Ausdruck der ausschließlichen und letztmaßgeblichen Ordnung zu verstehen: das Grundgesetz und alle anderen Verfassungen, die entsprechende Öffnungsklauseln enthalten, haben sich mit Vorschriften dieser Art für ein intensives zwischenstaatliches Zusammenwirken entschieden – was hier speziell, subjektbezogen, betont werden muß: entschieden haben es die Träger der konkreten verfassungsrechtlichen Ordnung.

Auch die Regeln der nationalen Verfassungsrechtsordnung zur Geltung der *allgemeinen Bestimmungen des Völkerrechts* bestätigen den hier vertretenen Ansatz.[178] Diese (dualistische) Implementierung völkerrechtlicher Regeln in eine rechtliche Ordnung ergibt sich damit aus dem nationalen Verfassungsrecht – und zwar auch dort, wo eine bestimmte Vorschrift (wie zum Beispiel Art. 29 Abs. 3 der irischen Verfassung) ohne jede nähere Bestimmung auf die Beachtung der anerkannten Grundsätze des Völkerrechts verweist. Der Rang dieser Regeln im innerstaatlichen Recht wird dabei vom Verfassungsrecht bestimmt[179]: gemäß Art. 25 GG gehen sie den Gesetzen, nicht jedoch dem Verfassungsrecht vor.[180] Regeln dieser Art sind einerseits Ausdruck der dualistischen Tradition,

---

[177] Und zwar auch dort, wo das nationale Verfassungsrecht den Anwendungsvorrang jener Rechtsakte, die von internationalen Organisationen in Kraft gesetzt werden, bestimmt – wie dies z. B. in Art. 94 der niederländischen Verfassung der Fall ist.

[178] Außer in Art. 25 GG findet sich eine entsprechende Bestimmung beispielsweise in Art. 28 Abs. 1 der griechischen Verfassung. Eine abgeschwächte Formulierung findet sich u. a. in Art. 29 Abs. 3 der irischen Verfassung, wonach Irland die allgemein anerkannten Grundsätze des Völkerrechts zur Richtschnur für seine Beziehungen zu anderen Staaten macht.

[179] Vgl. auch *Bruno de Witte*, in: Craig/de Búrca (Hrsg.), The Evolution of EU Law, S. 177, 178.

[180] So die heute vorherrschende Ansicht zu Art. 25 GG, siehe BVerfGE 6, 309, 363; 37, 271,

beweisen andererseits aber auch den Ordnungswillen einer Verfassungsgemeinschaft, die durch eine solche Statusbestimmung Völkerrecht und nationales Recht miteinander verschränkt. Autonomie und unabgeleitete Natur geben sich darin zu erkennen. Wenn demgegenüber ein Staat mit monistischer Tradition völkerrechtliche Regeln per se als höherrangig versteht[181], so ist dies letztendlich nichts anderes als ein So-Tun-Als-Ob, das durch eine entsprechende Umstellung des nationalen Verfassungsrechts (etwa durch einen Wechsel zur dualistischen Sicht) zu jeder Zeit beendet werden kann. Die Verfassungsordnung ist infolge von Höchstrangigkeit und unabgeleitetem Wesen außerstande, eine höhere Struktur aus sich heraus zu generieren.[182] Sie bleibt auch dort zuhöchst, wo sie Durchbrechungen erlaubt.

Alles in allem bedeutet dies, daß sich auch jene Rechtsmasse, die als Völkerrecht Staatenbeziehungen determiniert, aus der Ordnung der nationalen Verfassungsstrukturen herleiten läßt.[183] Staaten als höchste Form politischer Bindung gehen durch Vertragsunterzeichnung und Ratifikation bzw. durch ihre Billigung bestimmter zwischenstaatlicher Verhaltensweisen Bindungen ein, die sich auch als Ordnungsgesamtheit auf staatliche Verfassungsstrukturen (und damit auf die Ordnungen der Staaten als solche) zurückführen lassen.[184] Aus ihrer Höchstrangigkeit heraus bestimmt die staatliche Ordnungsstruktur den Status dieser Regeln im nationalen Recht; sie zeigt, durch Umsetzungsakt oder Anordnung ihrer Geltung im Verfassungsrecht, wie Vertragsinhalte und Völkergewohnheitsrecht zu innerstaatlicher Geltung gelangen.[185] Insofern bestimmt in monistischen ebenso wie in dualistisch geprägten Rechtsordnungen die Verfassungsstruktur Rang und Geltung des internationalen Rechts. Die

279; *Klaus Stern*, Staatsrecht, Bd. I, S. 493; einen verfassungsgleichen Rang nehmen *Helmut Steinberger*, in: Isensee/Kirchhof (Hrsg.), Handbuch des Staatsrechts, Bd. VII, § 173 Rn. 61 und *Rudolf Streinz*, in: Sachs (Hrsg.), Grundgesetz, Rn. 88 zu Art. 25 (m. w. N.) an. Daß ein „überverfassungsmäßiger" Rang, wie er früher vereinzelt vertreten wurde, nicht mit dem Höchstrangigkeitsanspruch des Grundgesetzes zu vereinbaren wäre, betont zu Recht *Klaus Stern*, a.a.O. (m.N. aus dem älteren Schrifttum, auch zur entgegengesetzten Rechtsansicht). Zum Ganzen auch *Rainer Wahl*, in: Schuppert/Pernice/Haltern (Hrsg.), Europawissenschaft, S. 147, 169.

181 Beispiele dafür benennt *Rainer Wahl*, in: Schuppert/Pernice/Haltern (Hrsg.), Europawissenschaft, S. 147, 169 (m.N.).

182 Wo ein Gemeinwesen dies zuläßt, handelt es sich in Wirklichkeit um einen verfassunggebenden Akt, durch den die Gemeinschaft selbst eine neue Verfassungsordnung begründet.

183 So auch *Olivier Beaud*, RFDA 1993, 1045, 1050; ähnlich *Giovanni Biaggini*, ZSR 119 N.F. (2000), 445, 460f.; *Christian Hillgruber*, JZ 2002, 1072, 1075; *Stefan Oeter*, in: Festschrift für Helmut Steinberger, S. 259, 286f. A. A. *Heribert Franz Köck*, in Festschrift für Georg Ress, S. 557, 562, der umgekehrt die Autonomie des Staates aus dem Völkerrecht ableiten will.

184 Vgl. *Olivier Beaud*, RFDA 1993, 1045, 1050.

185 Tendenziell in dieselbe Richtung BVerfGE 111, 307, 319. Von einem Höhergestelltsein der Verfassungsstruktur gegenüber der völkerrechtlichen Bindung geht auch Tribunal Constitucional (EuR 2005, 339, 346) aus.

Konsequenz dessen ist es, daß von einer Autonomie der völkerrechtlichen Ordnung nur in einem beschränkten Sinne, nämlich im Hinblick auf ihren Sondercharakter als Außenbeziehung der Ordnungsstruktur, nicht jedoch im Hinblick auf ihre Geltung die Rede sein kann: diese ergibt sich, als Folge einer äußeren Koordinationsnotwendigkeit, aus dem Ordnungsbewußtsein.

III. Rechtstheoretisches Resümee

1. *Ordnungsdenken und Grundnormkonzept*

Die vorangegangenen Darlegungen über das Verhältnis von gemeinschaftlichem Ordnungsanspruch und rechtlichem System sollen nun, zum Abschluß dieses Abschnittes, noch auf ihre rechtstheoretischen Implikationen hin analysiert werden. Inwieweit lassen sich die zuletzt angestellten Beobachtungen zur Rechtsordnung als einem System innerer und äußerer Ableitungsverhältnisse aus der Verfassung auch in das von *Hans Kelsen*[186] entworfene Grundnormkonzept übersetzen? Wo berühren sich beide Modelle, wo widersprechen sie sich?

Staatlichkeitsindizierende Rechtsstrukturen anhand bestimmter Ableitungszusammenhänge zu bestimmen, entspricht, zumindest im Hinblick auf die damit verbundenen Rechtshierarchie-Gesichtspunkte, durchaus dem von *Hans Kelsen* in Anschluß an *Adolf J. Merkl* entwickelten Stufenmodell.[187] Beiden Konzepten zufolge erscheint die Rechtsordnung als ein ganzes, in sich geschlossenes und hierarchisch gestuftes Normengefüge, innerhalb dessen die höhere Norm die Geltung der nachgeordneten Vorschrift bewirkt.[188] Ableitungsverhältnisse bedeuten, hier wie bei *Kelsen* und *Merkl*, Geltungsvermittlung. Der Unterschied liegt indes darin, unter welchen Gesichtspunkten und mit welchem Interesse diese Ableitungsbeziehungen zurückverfolgt werden: während es bei

---

[186] Reine Rechtslehre, S. 196 ff.; aus Sicht der Wiener Schule auch *René Marcic*, Rechtsphilosophie, S. 164 ff. Im Rahmen der europäischen Integrations- und Konstitutionalisierungsdebatten wurde die *Kelsensche* Grundnormlehre unter anderem von *Frank Ernest Dowrick*, YEL 3 (1983), 169, 171 ff.; *Pavlos Eleftheriadis*, ELR 21 (1996), 32, 35 ff.; *Jörg Gerkrath*, L'emergence d'un droit constitutionnel pour l'Europe, S. 72; *Wolf-Dietrich Grussmann*, in: von Danwitz u.a. (Hrsg.), Auf dem Wege zu einer Europäischen Staatlichkeit, S. 47, 48 ff.; *Trevor C. Hartley*, BYIL 72 (2001), 3, 4 f.; *Bert van Roermund*, Ratio Juris 15 (2002), 206, 211 ff.; *Hans Heinrich Rupp*, AöR 120 (1995), 269, 272 ff.; *Theodor Schilling*, ZfRV 1998, 149 und *Joseph H. H. Weiler*, in: Nicolaidis/Howse (Hrsg.), The Federal Vision, S. 54, 60 aufgegriffen.

[187] Dazu eingehend, mit umfassenden Nachweisen der Originalquellen, *Theo Öhlinger*, in: Festschrift für Georg Ress, S. 685, 695 ff.

[188] Genaugenommen handelt es sich dabei um einen „Stufenbau anhand der rechtlichen Bedingtheit", der nach den Lehren der Wiener Schule von einem „Stufenbau kraft derogatorischer Kraft" unterschieden werden muß; vgl. *Theo Öhlinger*, in: Festschrift für Georg Ress, S. 685, 695 f.

Kelsen darum geht, den Geltungsursprung der rechtlichen Ordnung in immanent-normtheoretischer Hinsicht zu rekonstruieren, kommt es in der vorliegenden Arbeit zuallererst darauf an, die Geltung der Normen, insbesondere im Hinblick auf die Geltung des Europarechts, aus der Sphäre des Politisch-Sozialen und der hierin sich entfaltenden ordnungstiftenden Kraft der Gemeinschaft heraus zu erklären.[189]

Dieser Unterschied zeigt sich insbesondere dann, wenn es darum geht, den theoretischen Ausgangspunkt der Ableitungsbeziehung zu formulieren: wer die geltungsvermittelnden Ableitungsketten wie *Kelsen* aus normtheoretischer Sicht (d. h. mit dem Ziel, die Rechtsordnung als die Gesamtheit des erzwingbaren Sollens zu dokumentieren) zum Ursprung der Geltungsbeziehung zurückverfolgt, gelangt notwendigerweise zur Annahme einer Grundnorm, welche die Geltung aller anderen Normen vermittelt.[190] Als rechtstheoretische Denkkategorie bildet die Grundnorm einen imaginären Flucht- und Zurechnungspunkt[191] jeglicher rechtlichen Geltung, der normtheoretisch nicht hinterfragt werden kann.[192] Ein solcher ursprünglicher Zurechnungspunkt läge, wenn man ihn annehmen will, der Verfassungsgeltung voraus; er besagt, daß die Verfassung gilt.[193] Um Verlust und Neubegründung der Staatlichkeit anhand bestimmter verfassungsjuristischer Muster der Geltungsableitung nachzuvollziehen, muß der Ursprung der Verfassungsgeltung nicht nur rechtstheoretisch, bis zu einem denknotwendigen Zurechnungspunkt, sondern auch substantiell, bis zum Grund der Rechtsgeltung, zurückverfolgt werden. Die Begründung des Sollens im Sein, die *Hans Kelsen* in seiner Rechtstheorie ausblenden konnte, muß – aus staats- und verfassungstheoretischer Sicht – in den Blick geraten, sobald es um Umbrüche geht, welche die rechtliche Ordnung als ganze erfas-

---

[189] Zum Zusammenhang beider Aspekte auch *Pavlos Eleftheriadis*, JCMS 36 (1998), 255, 258f. und *Joseph H. H. Weiler*, in: Nicolaidis/Howse (Hrsg.), The Federal Vision, S. 54, 60.

[190] Dazu *Pavlos Eleftheriadis*, ELR 21 (1996), 32, 35; *Bert van Roermund*, Ratio Juris 15 (2002), 206, 213f. und *Hans Heinrich Rupp*, AöR 120 (1995), 269, 273.

[191] Vom „vanishing point" spricht *Bert van Roermund*, Ratio Juris 15 (2002), 206, 213.

[192] *Pavlos Eleftheriadis*, ELR 21 (1996), 32, 36; *Wolf-Dietrich Grussmann*, in: von Danwitz u. a. (Hrsg.), Auf dem Wege zu einer Europäischen Staatlichkeit, S. 47, 49ff. und *Hans Heinrich Rupp*, AöR 120 (1995), 269, 273. Daß die Grundnorm insofern nicht Teil der Rechtsordnung sei, meint *Bert van Roermund*, Ratio Juris 15 (2002), 206, 213f. Mißverständlich erscheint demgegenüber die Fragestellung bei *Anne Peters* (Elemente einer Theorie der Verfassung Europas, S. 765), „ob die Grundnorm des Gemeinschaftsrechts der mitgliedstaatlichen Sphäre angehört oder ob sie autonom ist". Die Grundnorm ist per definitionem unabgeleitet und insofern autonom; die Frage, um die es in rechtstheoretischer Hinsicht geht, kann daher nur lauten, ob supranationale und mitgliedstaatliche Rechtsordnung auf ein und dieselbe Grundnorm zurückführbar sind. Vgl. dazu auch *Theodor Schilling*, ZfRV 1998, 149f.

[193] Daß die Grundnorm nicht mit der Verfassung selbst gleich gesetzt werden darf, betont *Pavlos Eleftheriadis*, ELR 21 (1996), 32, 35, während *Trevor C. Hartley*, BYIL 72 (2001), 3, 4f., obwohl auch ihm die Differenzierung bewußt ist, diesem Gesichtspunkt keine Bedeutung beimessen will.

sen.[194] Selbst die verfassungsrechtliche Dogmatik muß, entgegen den Prämissen einer reinen Normwissenschaft, diese Zusammenhänge erfassen und ihrer Entwicklung zugrunde legen, wenn sie sich mit Normen beschäftigen soll, die sich, wie beispielsweise Art. 146 GG, an der Grenze zu einem solchen Umbruch der staatlichen Ordnung bewegen – und sei es auch nur, um zu erfassen, was nicht der Gegenstand rechtlicher Regeln sein kann.[195]

Für das Verhältnis der hier anzustellenden Untersuchung zum Grundnormkonzept von *Hans Kelsen* heißt dies, daß ein Verständnis der Rechtsordnung als Gesamtheit innerer und äußerer Ableitungszusammenhänge den Lehren vom Stufenbau der Rechtsordnung mitsamt dem Grundnormgedanken insoweit verpflichtet ist, wie es darum geht, Ableitungsverhältnisse innerhalb dieser rechtlichen Ordnung zur Bestimmung von Verfassungsstrukturen nachzuvollziehen.[196] Zum Schlüsselproblem der Staatlichkeitsfrage, der Neuverfassung einer Gemeinschaft und der Staatlichkeitsübertragung, trägt die Grundnormlehre demgegenüber nichts bei.

2. *Grundnormerkenntnis und politischer Raum: die Bestätigung der grundlegenden politischen Bindung im Falle des Grundnormkonflikts*

Die Problematik des Grundnormgedankens im Rahmen des hier verfolgten Konzepts wird noch etwas deutlicher, wenn man die Frage der Grundnormkonflikte betrachtet. Die Vorstellung, daß in ein und demselben politischen Raum mehrere Grundnormkonzepte aufeinandertreffen und in Konflikt treten können, wurde insbesondere in der Diskussion um die Zuständigkeiten von Europäischem Gerichtshof und nationalen obersten Gerichten[197] aufgegriffen; sie sollte begründen, daß die Standpunkte beider Seiten für sich genommen juristisch schlüssig und unwiderlegbar sind.[198] Wenn es sich beim Recht der Union und den nationalen Ordnungen um autonome Rechtsmengen handelt, die aus sich selbst heraus, voneinander unabgeleitet gelten, müsse, so wird argumentiert, der Konflikt beider Ordnungen als Begegnung zweier Grundnormen aufgefaßt werden[199], der juristisch nicht auflösbar sei. Seiner Art nach handele

---

[194] *Pavlos Eleftheriadis*, JCMS 36 (1998), 255, 259.

[195] Dazu unten: Viertes Buch, Zweiter Abschnitt, II.

[196] Vgl. dazu auch *Wolf-Dietrich Grussmann*, in: von Danwitz u. a. (Hrsg.), Auf dem Wege zu einer Europäischen Staatlichkeit, S. 47, 49.

[197] Dazu z. B. *Markus Heintzen*, AöR 119 (1994), 564.

[198] So *Markus Heintzen*, AöR 119 (1994), 564, 579. Siehe dazu auch *Matthias Jestaedt*, in: Gedächtnisschrift für Wolfgang Blomeyer, S. 637, 666 ff.; *Theodor Schilling*, ZfRV 1998, 149, 151.

[199] *Wolf-Dietrich Grussmann*, in: von Danwitz u. a. (Hrsg.), Auf dem Wege zu einer Europäischen Staatlichkeit, S. 47, 60; *Markus Heintzen*, AöR 119 (1994), 564, 582; *Marcel Kaufmann*, Der Staat 36 (1997), 521, 527; siehe dazu auch *Pavlos Eleftheriadis*, JCMS 36 (1998), 255, 259.

es sich dabei um einen Normbefolgungskonflikt[200], der im Einzelfall aufbricht, wo einzelne Normadressaten gegenläufigen Rechtsakten ausgesetzt sind. Ein solcher Befolgungskonflikt lasse sich aber nur praktisch und außerrechtlich entscheiden.[201] Der einzelne, indem er dieser oder jener Rechtsvorschrift folgt, kann dabei stets nur einer der beiden Ordnungen genügen, während er die andere zwangsläufig und ohne Rechtfertigung verletzt. Letztendlich setze sich dann diejenige Rechtsordnung durch, die in der Praxis, durch die Mehrheit der hoheitlichen Entscheidungsträger (insbesondere die Mehrheit der Behörden und Gerichte), vorrangig angewandt wird.[202]

Übertragen in das hier vertretene Konzept bedeutet eine solche Auflösung des Grundnormkonflikts durch außerrechtliches Geschehen eine Entscheidung über die Frage des grundlegenden politischen Gebundenseins und damit die Verkörperung des Willens, als Gemeinschaft auf dieser konkreten Ebene in dieser und jener politischen Form zur unabhängigen Einheit vereinigt zu sein. Wenn sich Gerichte, Behörden und Einzelpersonen im Konfliktfall an die Bestimmungen des bisherigen Verfassungsrechts halten und seinen Anliegen Vorrang einräumen vor Rechtsakten eines neu hinzukommenden Rechts, so bestätigen sie durch ihr Verhalten eine bestimmte bestehende Bindung, aus der ihr bisheriges Rechtssystem, das zugleich ihr künftiges bleibt, hervorgeht.[203] Sie verstehen die Verfassung nicht deshalb als vorrangig, weil eine bestimmte rechtliche Ableitung sie dazu veranlaßt, sondern weil dies der Struktur der von ihnen gewünschten Ordnung entspricht.[204]

---

[200] *Wolf-Dietrich Grussmann*, in: von Danwitz u. a. (Hrsg.), Auf dem Wege zu einer Europäischen Staatlichkeit, S. 47, 56f.; in der Sache ebenso *Matthias Jestaedt*, in: Gedächtnisschrift für Wolfgang Blomeyer, S. 637, 669f.

[201] *Pavlos Eleftheriadis*, JCMS 36 (1998), 255, 260.

[202] Ähnlich *Trevor C. Hartley*, BYIL 72 (2001), 3, 6 (zur Verfassung von Kanada); *Matthias Jestaedt*, in: Gedächtnisschrift für Wolfgang Blomeyer, S. 637, 639f. und *Theodor Schilling*, ZfRV 1998, 149, 151.

[203] *Bert van Roermund* (Ratio Juris 15 [2002], 206, 215) formuliert diese Rolle der „officials" aus rechtstheoretischer Sicht: „They are officials by virtue of accepting the vanishing point, that is the assumption about a supreme norm in the political order. And, inversely, there is only such a vanishing point to accept, if it is the correlate of the viewpoint these officials adopt qua political agents, to wit their public attitude that the commonwealth or the interest of society as a whole is at stake. Thus we might as well say that the legal order exists in virtue of the behaviour of ‚officials'". Siehe ferner auch *Frank Ernest Dowrick*, YEL 3 (1983), 169, 197 und 222ff. (der diese Fragen in den Kontext der Rechtstheorie *H. L. A. Harts* stellt) sowie *Christian Joerges*, in: Jachtenfuchs/Koehler-Koch (Hrsg.), Europäische Integration, S. 73, 80.

[204] In diesem Zusammenhang erscheint es bemerkenswert, was *Bruno de Witte* (in: Craig/de Búrca [Hrsg.], The Evolution of EU Law, S. 177, 201) im Hinblick auf die Haltung der nationalen Verfassungsgerichte gegenüber der Rolle des Gemeinschaftsrechts festhält: „... those courts recognize the privileged position of EC law, not by virtue of the inherent nature of that law, as the Court of Justice would have it, but by grace of their own constitutional system".

Was würde es aus dieser Sicht bedeuten, wenn Behörden und Gerichte als die juristischen Akteure der politischen Gemeinschaft im Falle des Konflikts ohne Wenn und Aber das neu hinzugetretene Recht befolgen, auch gegen die Normen der bisherigen Verfassung? In diesem Fall würde das Gemeinwesen seine grundlegende politische Bindung neu ausrichten; es wäre, mit anderen Worten, der Eintritt in einen verfassunggebenden Akt.[205] Was zunächst als eine scheinbare Verselbständigung bestimmter Ordnungsmomente daherkommt, kann sich als Neubeginn einer grundlegenden politischen Ordnungsbegründung (auf anderer Ebene) erweisen. Insofern liegt es nahe, daß die Begegnung zweier Rechtsordnungen in einer entsprechenden Übergangszeit eher von praktischen Kompromissen als von einer stimmig konzipierten Systematik geprägt sein wird.[206] Wo eine neu sich entwickelnde Verfassungsordnung die Organisation des Öffentlichen von einer anderen übernimmt und jene damit der Verfassungsqualitäten beraubt, muß das Verhältnis beider Ordnungen beinahe zwangsläufig für eine Zeitlang ungelöst sein.[207] Die neu sich etablierende Ordnung behauptet, von der alten nicht abgeleitet und ihr demzufolge auch nicht unterworfen zu sein.[208] Die bisherige Verfassungsordnung muß diesen Anspruch zurückweisen, wenn sie ihre Höchstrangigkeit wahren soll. Der Konflikt beider Ordnungen (und der dahinter sich zeigenden Bindungsideen) ist aus diesem Grund für eine Weile nicht anders als praktisch lösbar. Diese Lösung obliegt dem Gemeinwesen (und damit dem Volk als pouvoir constituant), das sich durch das Bekenntnis zu dieser oder jener Verfassung selbst eine neue Ordnung verschafft oder die bestehende eingesetzt läßt.[209] Inwieweit sich auch die Rechtsordnung der EG als eine neu sich etablierende grundlegende Bindung herausstellen kann, wird im Zweiten Buch dieser Arbeit eingehend zu beantworten sein.

---

[205] *Pavlos Eleftheriadis*, JCMS 36 (1998), 255, 260: „The doctrine of unconditional supremacy of Community law requires the replacement of the old constitutional order by a new one." Ähnlich *Theodor Schilling*, ZfRV 1998, 149, 151.

[206] Siehe dazu auch *Theodor Schilling*, ZfRV 1998, 149, 152.

[207] Eine bezeichnende Beschreibung dieses Ungelöstseins findet sich bei *Amaryllis Verhoeven*, The European Union in Search of a Democratic and Constitutional Theory, S. 297, wonach es sich bei dem Recht der EG im Verhältnis zur nationalen Ordnung um „different (territorially) overlapping legal systems" handeln soll, von denen jedes in seiner Sphäre autonom sei. EG-Recht sei für die Mitgliedstaaten zugleich „foreign law" und „part of the law of the land". Keines der Systeme könne a priori den Vorrang vor dem anderen beanspruchen.

[208] Vgl. hierzu die interessante Darstellung der juristischen Unstimmigkeiten im Hinblick auf Status und Entstehung der kanadischen Verfassung, die aus einem britischen Parlamentsgesetz hervorgegangen ist, bei *Trevor C. Hartley*, Constitutional Problems of the European Union, S. 141 f.; zu dem ebenfalls aufschlußreichen Beispiel der irischen Verfassung siehe *dens.*, BYIL 72 (2001), 3, 7.

[209] Prozesse dieser Art behandelt auch *Theodor Schilling*, HILJ 37 (1996), 389, 395 ff.; vgl. auch *dens.*, ZfRV 1998, 149, 151.

IV. Zwischenergebnis: Staatlichkeit und rechtliche Ordnung

In welchem Verhältnis stehen nun Staatlichkeit und Verfassung, oder, allgemeiner gefragt: Staatlichkeit und rechtliche Ordnung, nach dem hier zugrunde gelegten Ansatz? Verfassung, untergesetzliches Recht und Völkerrechtsordnung gelten, weil die Gemeinschaft aus ihrem Ordnungsbewußtsein heraus ihre Geltung bejaht. Aus der Einheitlichkeit und Unteilbarkeit dieses Ursprungs folgt, daß auch die entstehende Rechtsordnung als Einheit gedacht werden muß, an deren Spitze sich die Verfassung als unmittelbarer Ausdruck der Ordnungsvorstellung befindet. Die Geltung der Verfassungsrechtsordnung geht damit unmittelbar und nicht nur fiktiv auf den Willen des Volkes zurück, indem dieses die ihm (durch politische Akteure) vorgelegten Rechtstrukturen als Ausprägung seiner gewollten Ordnung erkennt und vollzieht.[210] Verfassungen sind demzufolge jene rechtlichen Regeln, deren eigene Geltung aus keinen anderen Vorschriften abgeleitet werden kann[211]; sie strukturieren, durch die Einsetzung von Verfassungsorganen und Bestimmungen über die Inkraftsetzung des untergeordneten Rechts, die gesamte rechtliche Ordnung. Staatlichkeit und Verfassung sind daher zwingend miteinander verbunden: nur die zur unabhängigen politischen Einheit geformte Gemeinschaft kann aus sich selbst heraus unabgeleitete rechtliche Regeln in Kraft treten lassen. Wenngleich sich die Wirkungen des grundlegenden politischen Gebundenseins nicht in der rechtlichen Ordnung erschöpfen, so setzt diese doch, um unabgeleitet zu gelten, eine solche politische Einheit voraus.[212] Mit anderen Worten: Recht und Staat sind durch ihren gemeinsamen Ursprung zwingend aufeinander bezogen. Welche Rechtsnormen nun, insbesondere in den Momenten einer in Frage gestellten Staatlichkeit, die Verfassung des Gemeinwesens bilden, ist in erster Linie anhand der Ableitungsverhältnisse zu beurteilen, die innerhalb der rechtlichen Ordnung, aber auch in ihren Verhältnissen zu ihresgleichen (d.h. zu anderen Staaten), bestehen. Diese Ableitungsbeziehungen sind somit nachzuvollziehen, wenn es darum geht, Verlust und Neubegründung der Staatlichkeit zu erfassen.

---

[210] Trotz ihrer Ungenauigkeit trifft daher auch die Begriffsbestimmung von *Miguel Poiares Maduro* (in: Weiler/Eisgruber [Hrsg.], Altneuland: The EU Constitution in a Contextual Perspective, S. 9) den Kern der Sache, der pouvoir constituant als „power of a polity to define its own destiny“ definiert.

[211] Ähnlich *Trevor C. Hartley*, BYIL 72 (2001), 3, 5; *ders.*, in: Mouton/Stein (Hrsg.), Eine neue Verfassung für die Europäische Union? Die Regierungskonferenz 1996, S. 57, 61; *Josef Isensee*, Das Volk als Grund der Verfassung, S. 80.

[212] Inhaltlich zielt auch *Olivier Beaud*, RFDA 1993, 1045, 1059 in eine ähnliche Richtung. Siehe dazu ferner *Otto Pfersmann*, in: Weiler/Eisgruber (Hrsg.), Altneuland: The EU Constitution in a Contextual Perspective, S. 6f.

3. Abschnitt

Souveränität und Föderalismus im ordnungsbezogenen Staatlichkeitsdenken

I. Perspektivische Unzulänglichkeiten einer personifizierenden Staatlichkeitskonzeption in den Auseinandersetzungen um Föderalismus und Souveränität

Die Kennzeichnung der Staatlichkeit als ranghöchste innere Ordnung und letztmaßgebliches politisches Gebundensein, die in den Ausführungen der ersten beiden Abschnitte entwickelt worden ist, erlaubt es nun, zwei Schlüsselfragen der gegenwärtigen europäischen Konstitutionalisierungsdebatte neu zu betrachten, die als theoretische Konzepte Bestand und Eigenart des Staatseins beschreiben: gemeint sind hiermit die Auseinandersetzungen um Souveränität und Bundesstaatlichkeit.[213] Diese lassen sich in ihrer Bedeutung für die Fragen von Staatlichkeitsverlust und Staatlichkeitsbegründung erst dann zutreffend erfassen, wenn man für die Bestimmung der Staatlichkeit im Mehrebenenverhältnis jegliches personifizierende Staatsdenken[214] aufgibt, d.h. wenn man versteht, in der Untersuchung der öffentlichen Herrschaftsstrukturen staatlich und hoheitlich zu unterscheiden. Wenn aus den bisher entwickelten Gründen unter den verschiedenen Ebenen, auf denen sich die Ordnung der öffentlichen Sphäre vollzieht, lediglich eine (nämlich jene, welche den Status der anderen vorgibt) als Staat gedacht werden kann, so ergeben sich hieraus zugleich zwingende Kon-

[213] Einen Einstieg in die Thematik vermitteln u.a. die Beiträge von *Tanja A. Börzel/Thomas Risse* und *Charles Leben* in dem von Joerges, Mény und Weiler herausgegebenen Sammelband „What Kind of Constitution for What Kind of Polity?“, sowie *Daniel J. Elazar*, in: Nicolaidis/Howse (Hrsg.), The Federal Vision, S. 31 ff.; *Koen Lenaerts*, AJCL 38 (1990), 205; *ders.*, in: Festschrift für Jan M. Broekman, S. 417 ff.; *Stefan Oeter*, in: von Bogdandy (Hrsg.), Europäisches Verfassungsrecht, S. 59 ff.; *Heinrich Schneider*, integration 2000, 171 und *Christoph Schönberger*, AöR 129 (2004), 81. Zur selben Fragestellung im Rahmen der US-amerikanischen Geschichte *Akhil Red Amar*, YLJ 96 (1987), 1425 und *Randi L. Goring*, Requirements for the Emerging European Constitution, S. 6 ff. Den Kontext der Debatten um Föderalismus und Konföderalismus im Hinblick auf die verschiedenen Strömungen der Integrationstheorie beleuchtet *Alexander Warleigh*, WEP 21/3 (1998), 1.

[214] Siehe dazu oben: Erster Abschnitt, IV. Ein Beispiel für eine problematische Personifikation ist es auch, wenn der Staat bei *Stefan Oeter* als „treuhänderischer Verwalter der vom Volk ausgehenden Herrschaftsgewalt“ dargestellt wird (ZaöRV 55 [1995], 659, 674 f.).

sequenzen auch für die Theorien des Föderalismus, die einer unbesehenen Anwendung entsprechender Denkfiguren auf das europäische Integrationswerk möglicherweise entgegenstehen müssen. Während das übliche Drei-Elemente-Denken die Vorstellung einer Mehrebenen-Staatlichkeit, je nach der Auffassung vom abgeleiteten oder unabgeleiteten Charakter der staatlichen Hoheitsgewalt, mehr oder weniger trägt, gibt die hier vertretene Staatlichkeitskonzeption Anlaß zu Fragen: Was kennzeichnet föderale Hoheitsstrukturen im Hinblick auf Orte und Inhalt der Staatlichkeit? Was hat es auf sich mit der „Staatlichkeit" föderaler Gliedeinheiten, die nach nahezu einhelliger Lesart Gliedstaaten wie den Ländern der Bundesrepublik zukommt? Was bedeutet die Dichotomie von Staatenbund und Bundesstaat – und: gibt es etwas dazwischen?

Ein nicht-personifizierendes, bindungsfunktionell und ordnungsstrukturell orientiertes Staatsverständnis, wie es hier zugrunde gelegt werden soll, kann zugleich dazu beitragen, die Kontroverse um Ort, Bedeutung und Fortbestand der „Souveränität" im integrationstheoretischen Kontext zu entscheiden, die inhaltlich nicht vom Streit um Staatenverbund und Bundesstaat getrennt werden kann. Den Staat auf die grundsätzliche Ordnung des Öffentlichen durch den Willen der Gemeinschaft zum grundlegenden politischen Verbundensein zurückzuführen, hilft dabei auch, die Souveränitätsdebatte von terminologischen Mißverständnissen und konzeptionellen Ungereimtheiten zu befreien. Das Wesen der Souveränität ist vom Ordnungswillen der Gemeinschaft her zu erschließen, ihr Platz ist von hier aus zu orten, um Souveränität und Staatlichkeit in ein Gesamtkonzept zu bringen, das die Gegebenheiten der gegenwärtigen Staatenwelt zutreffend beschreibt und sich als in sich geschlossen und stimmig erweist.

II. Föderalismuskonzeptionen unter Staatlichkeitsaspekten

1. Die unabgeleitete Ordnung der öffentlichen Sphären im föderalen Verbund

Wie der Erste Abschnitt gezeigt hat, bezeichnet der Ausdruck „Staat" jene Ebene des gemeinschaftlich-politischen Verbundenseins, auf der sich ein Gemeinwesen in einer unabhängig-unabgeleiteten Ordnung organisiert. Die Grundfrage, die im Kontext der Diskussionen um bundesstaatliche und staatenbündische Gefüge untersucht werden muß, lautet daher, auf welcher Ebene eine solche Struktur existiert. Die Unterscheidung von Staatenbund und Bundesstaat ist hierzu als Statusproblem zu entwerfen; dabei ist zugleich zu ergründen, inwiefern auch dazwischen liegende Staatlichkeitsformen vorstellbar sind. Erst die staatlichkeitstheoretische Verdeutlichung dessen, was Föderalismus als Verfassungsgesichtspunkt bedeutet, erlaubt es, die Zugehörigkeit konkret existierender Hoheitsgefüge, im nationalen wie im supranationalen Maßstab, zur einen oder zur anderen Kategorie zu ermitteln.[215]

Nicht selten werden föderale Systeme dabei so interpretiert, als ob in ihnen mehrere autonome Träger von unabgeleiteter Hoheitsgewalt gleichzeitig nebeneinander bestünden[216]; diese existierten einerseits in den Gliedstaaten und andererseits in der gesamtstaatlichen Bundesstruktur. Bund und Einzelstaat werden in der staatsrechtlichen Lehre gleichermaßen als unabgeleitete Hoheitsstrukturen verstanden.[217] Es handelt sich dabei, wie sogleich ausgeführt werden soll, um Ausweitungen des Staats- wie auch des Souveränitätsbegriffs, die aus verfassungspolitischen, in der Ordnung selbst zu suchenden Gründen eingeführt wurden, und die dabei als hinnehmbar, unter Umständen auch als geboten erscheinen, die aber an dem Faktum nichts ändern, daß zwischen einer gliedstaatlichen Landesgewalt und der Ordnungsstruktur des Bundesganzen Differenzen existieren, die deren wissenschaftliches Gleichgestelltwerden verbieten. Die „Staatlichkeit" der deutschen Bundesländer, wie das BVerfG und die staatsrechtliche Lehre sie kennen, darf deshalb mit jener hier zu untersuchenden Staatlichkeit keinesfalls gleichgesetzt werden.[218]

Auch im bundesstaatlichen Gefüge erscheint die Ordnung als Einheit. Diese Annahme stützt sich auf das oben Gesagte und umfaßt demzufolge einen lo-

---

215 Zur Föderalismusdiskussion im Zusammenhang der europäischen Einigungsbestrebung siehe zusätzlich zu den oben (in Fn. 213) gegebenen Nachweisen auch *Andrew Moravcsik*, in: Nicolaidis/Howse (Hrsg.), The Federal Vision, S. 161 ff. und *Stefan Oeter*, in: Bruha/Hesse/Nowak (Hrsg.), Welche Verfassung für Europa?, S. 243, 252 ff.

216 Siehe z.B. *Tanja A. Börzel/Thomas Risse*, in: Joerges/Mény/Weiler (Hrsg.), What Kind of Constitution for What Kind of Polity?, S. 45 ff.

217 Die Staatlichkeit der Länder betonen u.a. BVerfGE 36, 342, 360 f.; 72, 330, 386; *Peter Badura*, in: Starck (Hrsg.), Rangordnung der Gesetze, S. 107, 113; *Christoph Degenhart*, Staatsrecht I, Rn. 461; *Reinhold Zippelius/Thomas Würtenberger*, Deutsches Staatsrecht, S. 126; *Hartmut Maurer*, Staatsrecht I, § 10 Rn. 1; *Albrecht Randelzhofer*, in: Noske (Hrsg.), Der Rechtsstaat am Ende?, S. 123, 130 sowie *Edin Šarčević*, Das Bundesstaatsprinzip, S. 111 ff., wobei mitunter hinzugefügt wird, daß „Staatlichkeit" hier staatsrechtlich und nicht völkerrechtlich aufgefaßt werden müsse, vgl. *Michael Bothe*, in: Denninger/Hoffmann-Riem/Schneider/Stein (Hrsg.), Kommentar zum Grundgesetz für die Bundesrepublik Deutschland (Alternativkommentar), Rn. 19 zu Art. 20 Abs. 1–3 II; *Josef Isensee*, in: Festschrift für Ulrich Everling, S. 567, 576 und *Karl-Peter Sommermann*, in: von Mangoldt/Klein/Starck, Das Bonner Grundgesetz, Bd. 2, Rn. 26 zu Art. 20 Abs. 1. Daß es sich um eine „unabgeleitete Staatsgewalt" handele, unterstreichen etwa *Christoph Degenhart*, a.a.O., Rn. 461; *Reinhold Zippelius/Thomas Würtenberger*, a.a.O., S. 126 f.; *Heinhard Steiger*, Der Staat 41 (2002), 331, 334 und *Hans-Jochen Vogel*, in: Benda/Maihofer/Vogel (Hrsg.), Handbuch des Verfassungsrechts, § 22 Rnrn. 27 ff. Von spürbarer Zurückhaltung gegenüber diesen Begriffen ist demgegenüber die Darstellung von *Konrad Hesse*, Grundzüge des Verfassungsrechts der Bundesrepublik Deutschland, Rnrn. 216 ff. geprägt. – Bemerkenswert ist in diesem Zusammenhang auch Art. 3 der Schweizerischen Bundesverfassung, der von einer Souveränität der Kantone spricht.

218 Wie hier *Karl Doehring*, VVDStRL 46 (1988), 126. Von einem „für die Länder allgemein anerkannten Staatsbegriff" spricht demgegenüber *Ingolf Pernice*, DVBl. 1993, 909, 922.

gisch-formalen und einen real-substantiellen Aspekt[219]: der föderale Verbund mehrerer hoheitlicher Ebenen benötigt denknotwendigerweise an seiner Spitze eine statusbestimmende Grundstruktur, welche die Ordnung verfaßt[220]; auf diese Ebene ist der Wille der Gemeinschaft zur grundlegenden Ordnung der öffentlichen Sphäre, wie ihn das konkrete Zusammengehörigkeitsbewußtsein hervorbringt, bezogen. Die grundlegende politische Bindung des Gemeinwesens schlägt sich auch im föderalen Ordnungsgefüge in einer Verfassungsstruktur nieder, die diesem Zuhöchstsein und der damit gewollten Letztverantwortlichkeit entspricht.[221] Entweder erscheint die gliedstaatliche Autonomie aus der bundesstaatlichen Verfassungsstruktur abgeleitet – oder der Gesamtverband hat seinen Daseinsgrund im einzelstaatlichen Verfassungsrecht.[222] Die Statusverhältnisse werden auch hierbei vom Recht reflektiert.

2. *Bundesformen*

a. *Bundesstaat und Staatenbund: die hergebrachte Dichotomie*

Was verbindet sich also, im Hinblick auf eine grundlegende öffentliche Bindungsstruktur, mit dem Begriffspaar „Staatenbund" und „Bundesstaat" in herkömmlicher staatstheoretischer Dichotomie?[223] „Staatenbund" wird demnach

---

[219] Siehe dazu oben: Erster Abschnitt, I. und II.

[220] *Peter-Christian Müller-Graff*, integration 2000, 157, 165; angedeutet auch bei *Philip Raworth*, AVR 32 (1994), 24, 27. Prononciert gegenteilig demgegenüber *Daniel J. Elazar*, in: Nicolaidis/Howse (Hrsg.), The Federal Vision, S. 31, 42.

[221] *Karl Doehring*, Allgemeine Staatslehre, Rn. 171.

[222] Zutreffend stellt daher *Peter-Christian Müller-Graff* (integration 2000, 157, 165) fest, daß es unklar sei, „wie eine Aufteilung in unterschiedliche originäre Souveränitäten für unterschiedliche Aufgaben auf demselben Raum und mit Wirkung für dieselben Personen als Dauerkonzept möglich ist, ohne zur Absicherung beider Ebenen eben doch eine verbindliche Abgrenzung vornehmen zu müssen, die entweder staatsvertraglicher Natur oder aber bundesstaatlicher Natur ist und dadurch zumindest implizit die Frage der originären Souveränität zu entscheiden hat"; angedeutet auch bei *Philip Raworth*, AVR 32 (1994), 24, 27. Dies wird von den meisten wissenschaftlichen (ebenso wie von den politischen) Befürwortern nichthierarchischer Ordnungsmodelle nicht thematisiert; vgl. z.B. *Neil MacCormick*, MLR 56 (1993), 1, 10; *Daniel J. Elazar*, in: Nicolaidis/Howse (Hrsg.), The Federal Vision, S. 31, 42; *Thymen Koopmans*, CMLR 29 (1992), 1047, 1051 und *Martin Nettesheim*, ZEuS 2002, 507, 526.

[223] Dazu *Karl Doehring*, Allgemeine Staatslehre, S. 68ff.; *Josef Isensee*, in: Festschrift für Ulrich Everling, S. 567, 582; *Bruno Kahl*, Der Staat 33 (1994), 241, 242ff.; *Charles Leben*, in: Joerges/Mény/Weiler (Hrsg.), What Kind of Constitution for What Kind of Polity?, S. 99, 102; *Roland Lhotta*, Der Staat 36 (1997), 189ff.; *Stefan Oeter*, in: von Bogdandy (Hrsg.), Europäisches Verfassungsrecht, S. 59, 75f.; *ders.*, in: Bruha/Hesse/Nowak (Hrsg.), Welche Verfassung für Europa?, S. 243, 252ff.; *Ulrich K. Preuß*, in: Schuppert/Pernice/Haltern (Hrsg.), Europawissenschaft, S. 489, 514ff.; *Heinrich Schneider*, integration 2000, 171, 172ff.; *ders.*, in: Jopp/Matl (Hrsg.), Der Vertrag über eine Verfassung für Europa, S. 109, 127ff.; *Christian Tomuschat*, in: Nettesheim/Schiera (Hrsg.), Der integrierte Staat, S. 155, 158ff.; *Dimitris Th. Tsatsos*, EuGRZ 1995, 287, 291; *Albrecht Weber*, JZ 1993, 325f. und *Reinhold Zippelius*, Allgemeine Staatslehre, S. 404. – Kritisch demgegenüber *Olivier Beaud*, Der Staat

in der Lesart der herrschenden Lehre im Sinne einer völkerrechtlichen Staatenverbindung verstanden[224], die durch einen oder mehrere Vertragsabschlüsse begründet werden muß und die Souveränität der Mitgliedstaaten, zumindest im Regelfall, nicht demontiert.[225] Als Völkerrechtssubjekte seien Staatenbünde nur dann anzusehen, wenn die Mitgliedstaaten dieses beschließen.[226] Demgegenüber wird der Ausdruck „Bundesstaat" verwendet, wenn die Bundesgesamtheit, als Inhaberin von innerer und äußerer Souveränität, den „Staat" darstellt und aus sich selbst heraus völkerrechtsunmittelbar am zwischenstaatlichen Rechtsverkehr teilnimmt. Rechtliche Grundlage des Bundesstaates sei dabei die Verfassung, nicht der Vertrag.[227] Als „Staat" kann ein politisch zusammengefaßtes Gemeinwesen aber nur unter der einzigen Voraussetzung verstanden werden, daß die Gemeinschaft des Gesamtraumes die Ordnungsstrukturen des Bundes als ihre grundlegende Ordnung der öffentlichen Sphäre in letzter Verbindlichkeit will.[228] Dem geht voraus, daß die Mehrheit der inbegriffenen Individuen erstrebt, dieser Einheit politisch letztverantwortlich anzugehören.[229] „Staatenbund" und „Bundesstaat" erweisen sich insofern als geeignetes Begriffspaar, als es die Situation des Dort-Oder-Hier im Hinblick auf die Existenz einer unabgeleiteten, statusbestimmenden Ordnungsstruktur zutreffend beschreibt.[230] Es darf jedoch diesem Inhalt gegenüber nicht verselbständigt und zur Grundlage politischer und rechtlicher Deduktionen erhoben werden.[231]

35 (1996) 45, 49 ff.; *ders.*, RDP 1998, 83, 90 ff.; *ders.*, in: Théret (Hrsg.), L'État, la finance et le social, S. 282, 286 ff.; *Christoph Schönberger*, AöR 129 (2004), 81, 88; *Heinhard Steiger*, Staatlichkeit und Überstaatlichkeit, S. 149 ff. und *Rainer Wahl*, in: Festschrift für Hasso Hofmann, S. 113, 126 ff.

[224] Zur Historie dieser Lehre vgl. *Stefan Oeter*, in: von Bogdandy (Hrsg.), Europäisches Verfassungsrecht, S. 78 ff.

[225] *Bruno Kahl*, Der Staat 33 (1994), 241, 243; vgl. zusammenfassend auch *Christoph Schönberger*, AöR 129 (2004), 81, 88.

[226] Siehe dazu auch *Christian Hillgruber*, JZ 2002, 1072, 1076.

[227] Vgl. *Christoph Schönberger*, AöR 129 (2004), 81, 88.

[228] *Heinrich Schneider* (integration 2000, 171, 177) stellt deshalb zutreffend fest: „Ob ein föderales System eher eine staatenbündische oder eher eine bundesstaatliche Qualität hat, hängt ganz entscheidend davon ab, welches Kraftfeld von Loyalitäten in Bezug auf die Bundes- und die Gliederebene besteht oder entwickelt werden kann."

[229] *Heinrich Schneider*, integration 2000, 171, 177 f. – Zur selben Frage im Rahmen der US-amerikanischen Staatsgeschichte siehe *Randi L. Goring*, Requirements for the Emerging European Constitution, S. 6 ff.

[230] Dies ist zugleich der Haupteinwand gegen die Ansicht des früheren Bundesaußenministers *Joschka Fischer*, daß es eine „voll souveräne" Europäische Union geben könne, ohne daß damit die Nationalstaaten abgeschafft würden. Vgl. dazu die Rede *Fischers* vom 12. 05. 1999 in der Humboldt-Universität zu Berlin, abgedruckt beispielsweise in: integration 2000, 149 – die Bezugsstelle findet sich auf S. 155. Richtig demgegenüber *Josef Isensee*, in: Festschrift für Ulrich Everling, S. 567, 582 und *Alexander Schmitt Glaeser*, Grundgesetz und Europarecht als Elemente Europäischen Verfassungsrechts, S. 38 f.

[231] In gleichem Sinne *Christian Tomuschat*, in: Nettesheim/Schiera (Hrsg.), Der integrierte Staat, S. 155, 161.

Seine Bestimmung folgt der Verortung der letztmaßgeblichen Bindung, nicht umgekehrt: „Bundesstaat" ist danach ein Verband, dessen Gemeinwesen die Ebene des Bundesganzen als Trägerin der letztverantwortlichen Ordnung begreift; im „Staatenbund" ist dies die Ebene des Mitgliedstaats.[232]

Wie die Geschichte des neuzeitlichen Staates des öfteren gezeigt hat, kann eine Form aus der anderen hervorgehen, kann sich ein Bundesstaat zum Staatenbund und ein Staatenbund zum Bundesstaat wandeln.[233] Beides markiert zwangsläufig einen verfassunggebenden Akt.[234] Dem Ordnungsbewußtsein des Gemeinwesens entspricht fortan eine geänderte Begründung der gemeinschaftlichen Verbundenheit und mit ihr zugleich ein geänderter Raum, auf den sich der Einheitsgedanke bezieht.[235] Gründung und Zerfall eines Bundesstaates beruhen auf der Einsetzung einer Ordnung, die ihrem Wesen nach als unabgeleitet erscheint und aus dieser Unabhängigkeit heraus andere, untergeordnete Strukturen trägt: so fließt die gliedstaatliche Ordnung im Bundesstaat aus der gesamtstaatlichen Verfassungsstruktur[236], wogegen die staatenbündische Ordnung auf den Verfassungen der Mitgliedstaaten, auf Öffnungsklauseln, Vertragsschlüssen, Ratifizierungsakten und Umsetzungen beruht.

b. Bundesstaatlichkeit als Ordnungskonzept: zur Wesensbesonderheit föderal motivierter Staatlichkeitsformen

Was unterscheidet unter diesen Gesichtspunkten die föderalistische Organisation eines Bundesstaates vom nichtföderalen Einheitsstaat, der ebenfalls auf die eine oder andere Weise, durch eine Gliederung in einzelne Departements und Provinzen mit eigenverantwortlich tätigen Verwaltungsstrukturen, dezentral organisiert werden kann? Das maßgebliche Kriterium hierfür sieht das herr-

---

[232] Entgegen der Ansicht *Olivier Beauds* (Der Staat 35 [1996] 45, 65) kann es mehrere ineinander geschachtelte „Völker" (das Volk des Einzelstaats und das Volk des Bundes) in einem staatstheoretischen Sinn, als Träger einer grundlegenden politischen Ordnungsstruktur, nicht geben. Derselbe Einwand trifft die Vorstellung *Heinrich Schneiders* (integration 2000, 171, 174), daß im Föderalismus auch der pouvoir constituant nicht als Einheit, sondern als „Vielheit" gedacht werden müsse. Im gleichen Sinne wie *Schneider* auch *Stefan Oeter*, ZaöRV 55 (1995), 659, 677.

[233] Eine interessante Zusammenstellung jüngerer Beispiele aus der zweiten Hälfte des 20. Jahrhunderts bietet *Daniel J. Elazar*, in: Nicolaidis/Howse (Hrsg.), The Federal Vision, S. 31, 46 ff. Zur Formenvielfalt auch *Heinrich Schneider*, integration 2000, 171, 176 f.

[234] *Stefan Oeter*, in: Bruha/Hesse/Nowak (Hrsg.), Welche Verfassung für Europa?, S. 243, 253; vgl. hierzu auch *Dieter Grimm*, in: Schuppert/Pernice/Haltern (Hrsg.), Europawissenschaft, S. 177, 188 f. (zur Staatlichkeitsrelevanz der US-amerikanischen Verfassungsentstehung).

[235] Vgl. dazu auch *Stefan Oeter*, in: Bruha/Hesse/Nowak (Hrsg.), Welche Verfassung für Europa?, S. 243, 254; *Heinrich Schneider*, integration 2000, 171, 178; *dens.*, in: Jopp/Matl (Hrsg.), Der Vertrag über eine Verfassung für Europa, S. 109, 125 f.

[236] Entgegen *Christoph Schönberger* (AöR 129 [2004], 81, 98) ergibt sich hieraus notwendigerweise die hierarchische Nachrangigkeit des einzelstaatlichen Ordnungssystems. Vgl. dazu auch *Peter Badura*, in: Starck (Hrsg.), Rangordnung der Gesetze, S. 107, 113.

schende Föderalismusverständnis in der autonomen Wahrnehmung von Rechtsetzung, Rechtsvollzug und Rechtskontrolle, d.h. in der Ausübung aller drei Staatsgewalten durch den einzelnen Gliedstaat[237] – es muß hierbei nichtsdestoweniger einräumen, daß der entsprechende Übergang alles in allem ein fließender bleibt.[238] Worin liegt dabei der Wesensunterschied von Bundesstaaten zu nichtföderalen Staatlichkeitsformen? Welches staatstheoretische Grundphänomen liegt der staatsrechtlich-äußeren Unterscheidbarkeit beider Formen zugrunde? Welche Konsequenzen sind hieraus in verfassungstheoretischer, aber auch in juristischer Hinsicht zu ziehen?

Wie oben bereits ausgeführt wurde, übersetzt die Ausgestaltung der Verfassungsrechtsordnung die Grundanliegen der ordnungsfundierenden Gebundenheitsmotive in eine normativ-sprachliche und damit öffentlich wirkende Form. Dieser Zusammenhang läßt sich auch dort nachvollziehen, wo es um die Unterscheidung von Bundesstaaten und (dezentralisierten) Einheitsstaaten geht: der äußeren, an der Ausgestaltung der Verfassungsordnung orientierten Unterscheidung entspricht ein essentieller Unterschied in der Ordnungsvorstellung selbst, die das Gesamtgefüge verfaßt. Anders als im dezentralisierten Einheitsstaat ist die föderalistische Komponente im Bundesstaat ein Kernbestandteil der Verfassungsstruktur; der Gesichtspunkt des ebenenübergreifenden Zusammenspiels bildet im bundesstaatlichen Ensemble eines der Wesensmerkmale der zugrunde liegenden Ordnungsidee.[239] Bundesstaaten zeichnen sich daher durch die Besonderheit aus, daß die im Gesamtsstaat vereinigten Volksteile den Bund zugleich als letztverbindliche Entscheidungsstruktur und als Ausdruck ihrer Vielfalt begreifen[240]: die staatsorganisatorische Struktur der von ihnen gesuchten Verfassungsrechtsordnung muß folglich das Dasein autonomer Gebietskörperschaften mit einer eigenverantwortlichen Wahrnehmung aller staatlichen Hoheitsfunktionen umfassen.[241] Bundesstaatlichkeit kommt daher als Staat-

---

[237] *Christoph Degenhart*, Staatsrecht I, Rn. 7; *Thomas Fleiner/Lidija R. Basta Fleiner*, Allgemeine Staatslehre, S. 568; *Hartmut Maurer*, Staatsrecht I, § 10 Rn. 1; siehe dazu auch *John Kincaid*, in: Griffiths (Hrsg.), Handbook of Federal Countries, 2002, S. 3, 7 ff.

[238] Als ein entsprechender Grenzfall könnte sich, im Hinblick auf Schottland, Großbritannien erweisen; vgl. *Thomas Fleiner/Lidija R. Basta Fleiner*, Allgemeine Staatslehre, S. 549.

[239] Auch dieser Zusammenhang von „Einheit" und „Vielheit" kann weder durch die hergebrachten Stellungnahmen zur Föderalismusfrage (im Sinne einer doppelten Staatlichkeit von Bund und Ländern) noch durch die Lehre vom Bund zutreffend eingeordnet werden, wie beispielsweise die Darlegungen von *Carl Schmitt*, Verfassungslehre, S. 389 zeigen.

[240] Dies gilt in besonderer Weise dort, wo sich der Bundesgesamtstaat historisch aus dem Zusammenschluß mehrerer Einzelstaaten ergibt. Die Föderalismusforschung hat hierfür den Begriff des integrativen Föderalismus geprägt; vgl. *Koen Lenaerts*, AJCL 38 (1990), 205, 206; *ders.*, in: Festschrift für Jan M. Broekman, S. 417, 420; ähnlich *Stefan Oeter*, ZaöRV 55 (1995), 659, 677 f., die jedoch zu Unrecht davon ausgehen, daß die einzugliedernde Einheit ihre Souveränität teilweise wahrt.

[241] Insofern könnte man mit einer gewissen Berechtigung „federations" durchaus als „communities of both polities and individuals" definieren, wie dies *Daniel J. Elazar* (in: Ni-

lichkeitsform insbesondere dort in Betracht, wo Einzelstaaten als zu klein bemessen erscheinen, um jenes Maß an Wohlstand und Sicherheit zu erreichen, das die Gesamtbevölkerung als Bestandteil der Ordnungsbegründung versteht. Föderale Systeme gründen sich daher, zumindest historisch, nicht selten auf eine Anpassung der einheitsbegründenden Ordnungsvorstellung an politische Zwänge zur hinreichend großen Dimensionierung einer politisch unabhängigen Einheit.[242] Die Vermutung, daß bundesstaatliche Organisationsmuster zukünftig an Bedeutung gewinnen, muß daher auch von hier aus plausibel erscheinen.[243]

Die Umwandlung vom Bundesstaat zum Einheitsstaat bräche demnach mit der Basis der Verfassungsstruktur und erwiese sich damit als verfassunggebender Akt[244], der eine neue, einheitsstaatlich orientierte Ordnungsbegründung an die Stelle der föderalistisch geprägten Motive setzt; Entsprechendes gilt, wo Einheitsstaaten föderalisiert werden sollen. Ein verfassunggebender Akt läge demgegenüber nicht vor, wenn in einem dezentralisierten Einheitsstaat territorial fixierte Verwaltungsstrukturen geändert oder abgeschafft werden. Die Verankerung der gliedstaatlichen Autonomie im Grundkonzept der Verfassungsstruktur unterscheidet demzufolge den Bundes- vom Einheitsstaat.[245] Daß die Ordnungsvorstellung mitsamt ihrem föderalen Motiv gleichwohl auf den Herrschaftskreis der Bevölkerungsgesamtheit bezogen bleibt, markiert die Wesensverschiedenheit zum Staatenbund.[246]

---

colaidis/Howse [Hrsg.], The Federal Vision, S. 31, 51) vorgeschlagen hat, nur muß man beachten, daß sich diese Ordnung aus dem Bewußtsein des Gesamtgemeinwesens heraus entwirft und dementsprechend eine höchste, föderalistisch gestaltete Bundesgesamtverfassung in letzter Verbindlichkeit maßgeblich ist. Wenn dabei *Olivier Beaud* (Der Staat 35 [1996], 45, 65) behauptet, daß im Föderalismus mehrere Völker als ineinandergeschachtelte Verbände bestehen, so ist dies nur in einem beschränkten, allgemeinsprachlichen Sinn des Volks-Begriffs richtig – es darf den Zusammenhang nicht verdunkeln, daß das Gemeinwesen nur auf einer Ebene als Träger einer grundlegenden Ordnung auftreten kann und nur in dieser Beziehung auch aus staatstheoretischer Sicht als Volk gedacht werden muß. – In diesen Kontext gehört auch die Darstellung von *Martin Nettesheim*, ZEuS 2002, 507, 536, der jedoch das ordnungstiftende Einheitsmoment, das die Bundesstaatsgründung fundiert, unterbewertet und deshalb die hieraus sich ergebenden Schlüsse, insbesondere im Hinblick auf die Ableitung der einzelstaatlichen Struktur aus der Bundesgesamtverfassung, nicht zieht.

242 Siehe dazu oben: Erster Abschnitt, II.1.b.

243 *John Kincaid*, in: Griffiths (Hrsg.), Handbook of Federal Countries, 2002, S. 3, 6; vgl. dazu auch *Thomas Fleiner/Lidija R. Basta Fleiner*, Allgemeine Staatslehre, S. 537.

244 *Stefan Oeter*, ZaöRV 55 (1995), 659, 677.

245 Zutreffend *Thomas Fleiner/Lidija R. Basta Fleiner*, Allgemeine Staatslehre, S. 544: „Gliedstaaten in föderalen Systemen verfügen über eine ursprüngliche Autonomie, die nicht durch das Gesetz, sondern durch die Verfassung begründet und geschützt wird."

246 Dies verkennt *Olivier Beaud*, Der Staat 35 (1996), 45, 63, der eine Föderation mit beidseitigem Souveränitätsvorbehalt für vorstellbar hält, ohne zu erörtern, auf welcher Ebene die Statuszuweisung angelegt ist: in den Ordnungen der Einzelräume oder in der Ordnung des Gesamtraums.

c. Die Renaissance der Lehre vom Bund im Kontext der Integration

Das Entweder-Oder von Bundesstaat und Staatenbund wurde im verfassungstheoretischen Schrifttum zum Teil als unzutreffende Verkürzung kritisiert.[247] Die Lehre vom Bund, die auf *Carl Schmitt* zurückgeht und in der Auseinandersetzung um die Natur der EU eine Reihe neuer Anhänger fand[248], sieht bündische Verbände als eigenständige politische Gebilde, die von beiden Extremen, Staatenbund und Bundesstaat, wesensmäßig zu unterscheiden sind. Diese „Bünde" seien durch eine Reihe von Antinomien geprägt[249]: trotz des freien Abschlusses führten sie zu einer dauerhaften Einordnung ihrer einzelnen Glieder in eine Gesamtstruktur, die ihrerseits die politische Existenz des Einzelstaates verbürge[250], zugleich jedoch die Bundesexekution erlaubt. Die Frage nach der Souveränität von Bund oder Gliedstaat sei daher in einem (richtigerweise so zu nennenden) Bund nicht zu lösen[251], da dessen Struktur die Souveränität für die Dauer ihres Bestandes suspendiert. Die Homogenität der zum Bund vereinigten Staaten verhindere einen Konflikt, der eine Souveränitätsentscheidung erzwingt.

Wenn man sich näher betrachtet, welche Art Ordnungen diese Lehre unter dem Gesichtspunkt des „Bundes" erfaßt, so zeigt sich, daß dieser Ansatz außenpolitisch geschlossene Bündnisse mit Aspekten der grundlegenden Ordnung einer Gemeinschaft vermischt. Das Konstrukt eines „Bundes" als Zwischending von „Staat" und „Staatenbund" blendet die Natur der politischen Bindungen aus, auf denen diese Ordnung beruht.[252] Die Bereitschaft der Ge-

---

[247] Siehe beispielsweise *Olivier Beaud*, Der Staat 35 (1996), 45, 50 und *Christoph Schönberger*, AöR 129 (2004), 81, 88ff.; aus der älteren Literatur *Heinhard Steiger*, Staatlichkeit und Überstaatlichkeit, S. 149ff.

[248] Verfassungslehre, S. 366ff. – Zustimmend u.a. *Olivier Beaud*, Der Staat 35 (1996), 45, 49; *ders.*, RDP 1998, 83, 98ff.; *ders.*, in: Théret (Hrsg.), L'État, la finance et le social, S. 282, 288ff.; *ders.*, RFDA 1993, 1045, 1067; *Heinrich Schneider*, integration 2001, 198, 204; *Christian Schönberger*, AöR 129 (2004), 81, 85; *Heinhard Steiger*, Staatlichkeit und Überstaatlichkeit, S. 149ff.; *Rainer Wahl*, in: Festschrift für Hasso Hofmann, S. 113, 127 und *Albrecht Weber*, JZ 1993, 325, 326; im wesentlichen übereinstimmend auch *Ulrich K. Preuß*, in: Schuppert/Pernice/Haltern (Hrsg.), Europawissenschaft, S. 489, 514ff. – Die Lehre vom Bund wird außerdem von *Karl Doehring*, Allgemeine Staatslehre, Rn. 157; *Charles Leben*, in: Joerges/Mény/Weiler (Hrsg.), What Kind of Constitution for What Kind of Polity?, S. 99, 110; *Ingolf Pernice*, AöR 120 (1995), 100, 110 und *Heinrich Schneider*, in: Jopp/Matl (Hrsg.), Der Vertrag über eine Verfassung für Europa, S. 109, 123ff. kommentiert.

[249] *Carl Schmitt*, Verfassungslehre, S. 370ff.; ihm folgend *Christoph Schönberger*, AöR 129 (2004), 81, 102ff. und *Heinhard Steiger*, Staatlichkeit und Überstaatlichkeit, S. 151.

[250] *Carl Schmitt*, Verfassungslehre, S. 368.

[251] *Ulrich K. Preuß*, in: Schuppert/Pernice/Haltern (Hrsg.), Europawissenschaft, S. 489, 521 und *Heinhard Steiger*, Staatlichkeit und Überstaatlichkeit, S. 152.

[252] Obwohl ungenau, kommt die Unterscheidung von *Daniel J. Elazar* (in: Nicolaidis/Howse [Hrsg.], The Federal Vision, S. 31, 51), der „federations" als „communities of both polities and individuals" und „confederations" als „[communities] of polities" beschreibt, der Sache nah. Entgegen der Lehre vom Bund, wie sie z.B. *Olivier Beaud*, Der Staat 35 (1996), 45,

meinschaft zum Eintritt in ein äußeres Verpflichtetsein, die im Handeln der von ihr getragenen Organe nach außen tritt, wird vom Willen der Gemeinschaft zur grundlegenden politischen Verbundenheit (und einer hieraus sich ergebenden Ordnungsbestrebung) nicht unterschieden.[253]

Aus ihrer unabgeleiteten Ordnungsstruktur heraus geht die Gemeinschaft äußere Beziehungen mit anderen Gemeinwesen ein; sie schließt bilaterale Verträge und tritt internationalen Organisationen bei. Alle diese äußeren Bindungen sind ihrem Wesen nach Ableitungen aus ein und derselben höchsten inneren Ordnungsstruktur; sie bilden die Außenseite eines autonomiebegründenden politischen Verbundenseins.[254] Welche konkreten Inhalte diese äußeren Bindungen markieren, ändert zunächst einmal nichts am Ableitungscharakter eines solchen Verpflichtetseins, und damit auch nichts an der uneingeschränkten künftigen Geltung des zugrunde liegenden Verfassungsbestandes[255]: solange das Volk sich noch nicht in größerer Einheit als Träger einer unabgeleiteten Ordnung entwirft[256], bleibt diese im Einzelstaat letztverbindlich bestehen, unabhängig von Umfang und Inhalt jedweder äußerer Pflichten. Äußere Verpflichtungen ändern insoweit nichts am politischen Status einer Gemeinschaft.[257] Auch die Mitgliedschaften in einem „Bund" erscheinen demnach als völkerrechtliche Bindung, so lange die letztmaßgebliche politische Verbundenheit des Gemeinwesens innerhalb der einzelnen Mitgliedstaaten erhalten bleibt.[258]

Eine solche letztmaßgebliche politische Einheit im Gesamtraum entsteht jedoch dort, wo das Gemeinwesen dieser Gesamtheit deren Begründung mehr-

---

49ff.; *ders.*, in: Théret (Hrsg.) L'État, la finance et le social, S. 282, 295; *ders.*, RDP 1998, 83, 98ff. und *Christoph Schönberger* (AöR 129 [2004], 81, 85ff.) vertreten, erkennt *Elazar* richtig, daß es um eine qualitative Unterscheidung der zugrunde liegenden Bindungen geht und nicht um deren rechtliche Intensität.

[253] Dies wird z.B. bei *Olivier Beaud*, Der Staat 35 (1996), 45, 53 deutlich.

[254] Siehe dazu oben: Zweiter Abschnitt, II.3.

[255] Dies verkennen *Olivier Beaud* (Der Staat 35 [1996], 45, 51) und *Christoph Schönberger* (AöR 129 [2004], 81, 92).

[256] Daß es sich dabei um langwierige Vorgänge handeln kann, betont zu Recht *Dietrich Murswiek*, Der Staat 32 (1993), 161.

[257] Anders *Carl Schmitt*, Verfassungslehre, S. 366f.: der Eintritt in einen Bund sei notwendigerweise mit einer Statusveränderung verbunden (wie *Schmitt* auch *Ulrich K. Preuß*, in: Schuppert/Pernice/Haltern [Hrsg.], Europawissenschaft, S. 489, 519 und *Christoph Schönberger*, AöR 129 [2004], 81, 111). Was mit „Status" genau gemeint sein soll, bleibt bei den genannten Autoren letztendlich unklar – nach dem hier vertretenen Konzept hieße Statusänderung soviel wie Neueinsetzung einer grundlegenden Ordnungsstruktur, die nur durch einen verfassunggebenden Akt der entsprechenden Völker erreicht werden könnte. Vom „Statusvertrag" spricht in diesem Zusammenhang auch *Heinhard Steiger*, Staatlichkeit und Überstaatlichkeit, S. 152f.

[258] Zu Recht meint daher *Ingolf Pernice* (AöR 120 [1995], 100, 110), daß bei *Schmitt* Bundeskonzeption und Staatsbegriff unvereinbar erscheinen. Von einer Relativierung des Staatsbegriffs in *Schmitts* Werk spricht auch *Christoph Schönberger*, AöR 129 (2004), 81, 99, dort in Fn. 62.

heitlich will. Der freiwillige Eintritt in die entsprechende Bindung markiert dabei einen verfassunggebenden Schritt, an den sich eine echte Statusveränderung knüpft.[259] Das politische Dasein der vereinigten Teile wird von da an aus der Bundesverfassung gespeist; ihr Status leitet sich fortan aus der Ordnungsvorstellung der Bundesgesamtheit ab. Außenpolitische Verträge können die Staatlichkeitsfrage demzufolge nur in jenen Momenten berühren, in denen das Gemeinwesen aus seinem Bewußtsein heraus bereit ist, bestimmte nach außen hin eingegangene Bindungen zum Ausgangspunkt einer neuen und gemeinsamen Grundordnung der öffentlichen Sphären zu machen. Vertragsschlüsse sind in diesem Falle verbunden mit einem verfassunggebenden Akt.

Die daraus sich ergebende Kategoriendivergenz von äußerem völkerrechtlichem Verpflichtetsein und innerer politischer Verbundenheit kommt in der Theorie vom Bund weniger zum Ausdruck als im hergebrachten, alternativ-dichotomisch angelegten Denkmodell vom Bundesstaats- und Staatenbundcharakter.[260] Die Betrachtung verschiedener Bindungsformen des Gemeinwesens muß hier, im Grunde seiner politischen Gestalt, ansetzen, um den juristischen Charakter einer Gesamtgemeinschaft, d.h. deren Plazierung im Gesamtzusammenhang von föderalen und überstaatlichen Spielarten der Staatlichkeitsentfaltung, bestimmen zu können. Der wahre Kern der Lehre vom Bund (und der von ihr vertretenen Annahme einer mehr oder weniger lang sich ereignenden Souveränitätssuspension) liegt dabei in dem Punkt, daß der Moment des Hinüberwechselns der politischen Bindung auf die Ebene einer Bundesgesamtheit häufig nicht eindeutig feststellbar ist und sich mitunter in Lang-

---

[259] Die Unzulänglichkeit der Theorie vom Bund zeigt sich auch in ihrer Ratlosigkeit bei der Frage, ob nun das „Volk der Föderation, oder das der Staaten, die Vielzahl der Staaten oder die Föderation, Urheber der föderativen Verfassung ist" (siehe *Oliver Beaud*, Der Staat 35 [1996], 45, 62). Träger einer Verfassung als der rechtlich fixierten Grundlage einer Ordnung kann nur das ordnungsbegründende Gemeinwesen in seiner Gesamtheit sein, auch dort, wo dessen zugrunde liegendes Verbundenheitsbewußtsein eine föderale Komponente besitzt – siehe dazu die vorangegangenen Darlegungen unter b. Anderenfalls handelt es sich, unabhängig von der gewählten Bezeichnung, um keine Verfassung, sondern um einen Vertrag, der die Außenbeziehungen des (Einzel-)Gemeinwesens regelt, mit anderen Worten: um eine äußere Verpflichtung anstelle eines inneren Gebundenseins.

[260] Wenn *Schönberger* der Unterscheidung von Bundesstaat und Staatenbund vorwirft, daß sie Ableitungszusammenhänge suche und konstruiere, wo in Wirklichkeit Koordination prägend sei (AöR 129 [2004], 81, 97f.; ähnlich *Rainer Wahl*, in: Festschrift für Hasso Hofmann, S. 113, 127f.), so muß der Gegenvorwurf lauten, daß die Lehre vom Bund, indem sie die Qualität der zugrunde liegenden Bindungen ignoriert, Ungleiches gleichsetzt und die Einheit der Ordnung verkennt. Wenn *Schönberger* weiter meint (a.a.O., S. 98f.), daß die Theorie des Bundes die „föderalen Ordnungen nicht länger nach Rechtsgebieten – Völkerrecht oder Staatsrecht – auseinander" reiße, sondern sich dem widme, „was ihnen gemeinsam ist", so muß man erwidern, daß sich ihm die formale Kongruenz bestimmter rechtlicher Muster nur deshalb als Gemeinsamkeit darstellt, weil er nicht danach sieht, was sich dahinter verbirgt. Vgl. dazu ferner auch *Heinrich Schneider*, in: Jopp/Matl (Hrsg.), Der Vertrag über eine Verfassung für Europa, S. 109, 125f.

zeitprozessen vollzieht.[261] Was dann als „schwebende Souveränität“[262] zu beobachten ist, beruht auf dem Faktum, daß ein Gemeinwesen im Zustand der inneren Ruhe nicht dazu gezwungen sein wird, die von ihm getragene Ordnung neu zu bekunden.[263] Wenn die äußere Bindung Wirkungen zeigt, die bei genauer Betrachtung nicht in eine als autonom und zuhöchst sich verstehende Ordnung passen, so kann auch dies vom Gemeinwesen hingenommen werden, solange es Nutzen daraus zieht. In souveränitätstheoretischer Hinsicht mutet diese Lage wie ein permanenter Suspensionszustand an.[264] Doch allein der Umstand, daß die Gemeinschaft auch weiterhin die von ihr errichtete Ordnung vollzieht, weist diese als fortbestehendes Grundbindungsmuster aus.[265] Diese Annahme bestätigt sich spätestens dann, wenn die Wirkung der äußeren Bindung jene Erwartungen vereitelt, die das Gemeinwesen an die von ihm getragene Ordnung knüpft – wenn beispielsweise der Anwendungsvorrang überstaatlichen Rechts die Gewährleistungen nationaler Grundrechtsbestimmungen konterkariert. Die entstehende Ordnung wird dann unter Umständen nicht länger als die gemeinsam gewollte identifiziert.[266] Das gleiche kann sich ebensogut in der entgegengesetzten Richtung vollziehen: die Gemeinschaft sieht dann im äußeren Verpflichtetsein die Gelegenheit dazu, ihre bisherige Ordnung zu sprengen.[267] Die Erfahrungen der Staatlichkeitsgeschichte haben dabei gezeigt, daß Tilgung und Neueinsetzung einer unabhängigen und unabgeleiteten Ordnungsstruktur in der Mehrheit der Fälle von intensiven politischen

---

[261] *Dietrich Murswiek*, Der Staat 32 (1993), 161, 169; weitergehend *Stefan Griller*, in: Schuppert/Pernice/Haltern (Hrsg.), Europawissenschaft, S. 201, 264: der Übergang zwischen Staatenbund und Bundesstaat könne bisweilen auch ein Dauerzustand sein.

[262] *Christoph Schönberger*, AöR 129 (2004), 81, 104f.; *Heinhard Steiger*, Staatlichkeit und Überstaatlichkeit, S. 152; *Rainer Wahl*, in: Festschrift für Hasso Hofmann, S. 113, 130. – *Olivier Beaud* (Der Staat 35 [1996], 45, 56) stellt zu Recht klar, daß sich *Schmitts* Konzept der „schwebenden Souveränität“ auf das Verhältnis von Bund und Gliedstaat, d. h. auf die Verbandssouveränität bezieht, die „Organsouveränität“ (zumindest im reduzierten Sinne einer partiellen Letztentscheidungsbefugnis) jedoch abwechselnd hier und dort ausgeübt werden kann.

[263] Ähnlich (indes mit anderen verfassungstheoretischen Konsequenzen) *Heinhard Steiger*, Staatlichkeit und Überstaatlichkeit, S. 153.

[264] Vgl. dazu auch *Stefan Griller*, in: Schuppert/Pernice/Haltern (Hrsg.), Europawissenschaft, S. 201, 264.

[265] Dies übersieht *Stefan Griller*, in: Schuppert/Pernice/Haltern (Hrsg.), Europawissenschaft, S. 201, 264.

[266] Spätestens dann zeigt sich auch, ob es sich beim „Bundesvertrag“ um einen Vertrag (= Moment des äußeren Verpflichtetseins) oder um eine Verfassung (= rechtliche Fixierung der grundlegenden Ordnung) handelt. Insofern trifft es nicht zu, daß die „Gegenüberstellung von Verfassung und Vertrag“ im „Verfassungsvertrag“ dauerhaft aufgehoben sein soll, wie *Christoph Schönberger* meint (AöR 129 [2004], 81, 112); sein Charakter klärt sich, wenn Umstände das Gemeinwesen veranlassen, über die Ebene seines grundlegenden inneren Gebundenseins zu entscheiden.

[267] Siehe dazu auch *Heinrich Schneider*, in: Jopp/Matl (Hrsg.), Der Vertrag über eine Verfassung für Europa, S. 109, 126ff.

Auseinandersetzungen begleitet gewesen sind. Solange es diese nicht gab, darf auch von dem Bewußtsein der verfaßten Gemeinschaft, die bisherige letztverbindliche Ordnung endgültig preisgegeben zu haben, in der verfassungstheoretischen Analyse der bestehenden Herrschaftsstrukturen nicht ohne weiteres ausgegangen werden.[268]

d. Legitimitätsvermittelnde Ableitungsketten in föderalen Systemen

Aus der staatlichkeitsbegründenden Bindungsstruktur einer *föderativen Ordnung* ergibt es sich, daß auch die Legitimität der gesamtstaatlichen Hoheitsgewalt allein vom Volk der Bundesgesamtheit ausgehen kann: sie ergibt sich aus dem Willen des Gesamtvolkes zur Einsetzung einer entsprechenden bundesstaatlichen Ordnung, was hier speziell auf dem Attribut „bundesstaatlich" betont werden muß. Auch die Legitimität der gliedstaatlichen Hoheitsgewalt leitet sich damit aus dem Verfassungsgedanken der Bundesgesamtstaatlichkeit her. Anders als im dezentralisierten Einheitsstaat (im Hinblick auf dessen untergeordnete Träger der Hoheitsgewalt) vollzieht sich diese Legitimitätsbegründung (im Hinblick auf die bundesstaatlichen Gliedeinheiten) unmittelbar durch die gesamtstaatliche Verfassung: gliedstaatliche Herrschaftsgewalt erscheint danach als legitim, wenn sie jener föderalistischen Ordnungskomponente entspricht, die der bundesgesamtstaatlichen Verfassungsarchitektur als Wesensbestandteil zugrunde gelegt ist.

Demgegenüber fließt im *staatenbündischen System* die Legitimität der Ordnungsgesamtheit aus der einzelstaatlichen Verfassungsrechtsordnung (wenn man auf die Legitimität der Hoheitsgewalt gegenüber den einzelnen Staaten abstellt) bzw. aus dem Gesamtensemble derselben (wenn man die Legitimität der Verbindung als ganze betrachtet). Sie endet, wo die überstaatliche Gewalt durch Inhalt oder Umfang jene Grenzen sprengt, welche die einzelstaatliche Verfassung ihrer Einsetzung zieht. Ihre einzige Möglichkeit, jenseits dessen legitim zu sein, liegt im verfassunggebenden Akt.

[268] Es ist deshalb unrichtig (mit *Olivier Beaud*, Der Staat 35 [1996], 45, 54) anzunehmen, daß die Mitglieder des „Bundes" einen Teil ihrer Souveränität verlieren – wenn man diese nicht allein als eine bestimmte Zuständigkeitssumme begreift (siehe dazu unten: III.3.a.). Fraglich kann allenfalls sein, ob daß Volk die politisch intendierte Aufgabe der Souveränität (und die damit verbundene Neueinsetzung einer grundlegenden Ordnung auf höherer Ebene) akzeptiert. – Der entsprechende Vorgang in der US-amerikanischen Geschichte wird von *Randi L. Goring*, Requirements for the Emerging European Constitution, S. 6ff. behandelt.

III. Souveränitätskonzepte im Kontext von Bindung und Ordnung

1. Die Ordnung als Bezugspunkt der Souveränität

Anhand der bisher gefundenen Ergebnisse läßt sich nun auch ermessen, welche Rolle das Souveränitätskonzept im Staatlichkeitsdenken spielt.[269] Hierbei ist zu beachten, daß, insbesondere im Hinblick auf die intensiven Auseinandersetzungen um Nutzen und Bedeutung des Souveränitätsbegriffs im Kontext der europäischen Verfassungsdiskussion, das Verhältnis von Staatlichkeit und Souveränität zuallererst als eine Begriffszuordnungsfrage erscheint: wenn unter dem Stichwort „Souveränität“ teilweise andere Zusammenhänge erfaßt werden sollen (von denen sogleich und an späterer Stelle die Rede sein wird[270]), so will die hier zugrunde gelegte Bedeutung des Souveränitätsbegriffs die Richtigkeit dieser Zusammenhänge nicht als solche bestreiten[271] – der an dieser Stelle vor-

---

[269] Als wichtigste Arbeiten aus der jüngeren Zeit sind u.a. zu nennen *Manfred Baldus*, Der Staat 36 (1997), 381; *Olivier Beaud*, RFDA 1993, 1045; *Albert Bleckmann*, AVR 23 (1985), 450; *Micha Brumlik*, in: Brunkhorst/Niesen (Hrsg.), Das Recht der Republik, S. 66ff.; *Neil MacCormick*, Questioning Sovereignty, S. 123ff.; *ders.*, MLR 56 (1993), 1; *Erhard Denninger*, JZ 2000, 1121; *Udo Di Fabio*, Das Recht offener Staaten, S. 122; *Stefan Griller*, in: Pernice/Zemánek (Hrsg.), A Constitution for Europe: The IGC, the Ratification Process and Beyond, S. 151, 160ff.; *Bardo Fassbender*, in: Festschrift für Erik Jayme, Bd. 2, S. 1089; *Michael Ross Fowler/Julie Marie Bunck*, Law, Power, and the Sovereign State, passim; *Christian Hillgruber*, in: Isensee/Kirchhof (Hrsg.), Handbuch des Staatsrechts, Bd. II, § 32 Rnrn. 46ff.; *ders.*, JZ 2002, 1072; *John Hoffman*, Sovereignty, passim; *Robert Jackson*, Political Studies 47 (1999), 431; *Michael Newman*, Democracy, Sovereignty and the European Union, passim; *Daniela Obradovic*, Legal Issues of European Integration 1993/1, 1; *Stefan Oeter*, in: Festschrift für Helmut Steinberger, S. 259ff.; *Albrecht Randelzhofer*, in: Isensee/Kirchhof (Hrsg.), Handbuch des Staatsrechts, Bd. II, § 17; *ders.*, in: Noske (Hrsg.), Der Rechtsstaat am Ende?, S. 123; *Utz Schliesky*, Souveränität und Legitimität von Herrschaftsgewalt, passim und *Heinhard Steiger*, Der Staat 41 (2002), 331. Aus der älteren Literatur bleibt u.a. *C.F. Ophüls*, in: Ule u.a. (Hrsg.), Recht im Wandel, S. 519 von Interesse.

[270] Siehe dazu insbesondere: III. und den Überblick bei *Michael Ross Fowler/Julie Marie Bunck*, Law, Power, and the Sovereign State, S. 4ff. und *Michael Newman*, Democracy, Sovereignty and the European Union, S. 5ff.

[271] Angesichts der unheilvollen Verwirrung, die sich mit dem Souveränitätsbegriff verbindet (dazu gleich näher im Haupttext), ist die Forderung durchaus verständlich, auf den Souveränitätsbegriff in der Staatswissenschaft ganz zu verzichten (so z.B. *Michael Newman*, Democracy, Sovereignty and the European Union, S. 12ff.). Ein solcher Standpunkt: die Aufgabe des Souveränitätsbegriffs, darf dabei keinesfalls mit jenen Theorien gleichgesetzt werden, welche die bisherigen Inhalte des Souveränitätskonzepts als erledigt betrachten (dazu unten: 3.b.): die Entwertung eines Begriffes und dessen Aufgabe haben mit der Sachfrage, ob die hiermit bezeichneten Zusammenhänge fortbestehen, nicht notwendigerweise zu tun. In der vorliegenden Untersuchung soll, um die gedankliche Nähe der Arbeit zum bisherigen Souveränitätsdenken zu verdeutlichen und die Kontinuitäten zu bezeichnen, am Begriff der „Souveränität“ zunächst festgehalten werden; inhaltlich, im Hinblick auf die Beurteilung der Staatlichkeitsfrage, ist die Wendung „Souveränität“ als solche durchaus entbehrlich. – Zur Vieldeutigkeit des Souveränitätskonzeptes auch *Thomas Fleiner/Lidija R. Basta Fleiner*, Allgemeine Staatslehre, S. 325f. und *Michael Ross Fowler/Julie Marie Bunck*, Law, Power, and the Sovereign State, S. 4ff.

zustellenden Souveränitätsdefinition liegt jedoch die Bemühung zugrunde, den Ausdruck „Souveränität" für einen besonderen Zusammenhang, oder genauer gesagt, eine besondere Fähigkeit des Gemeinwesens zu reservieren: souverän ist danach jeder politische Verband, der imstande ist, sich selbst aus seiner Unabhängigkeit heraus eine unabgeleitete Ordnung zu geben; Souveränität läßt sich folglich definieren als die Fähigkeit zur Begründung einer unabhängigen und letztverbindlichen Ordnungsstruktur. In philosophischer Terminologie ließe sich sagen, daß Souveränität als ein Können (zur Begründung der Ordnung) gedacht werden muß, das im Sein (dem Staat) erkannt werden kann.

Wenn man den Staat als Dimension der grundlegenden Bindung und damit als Verkörperung der vom Volk gewollten Ordnungsform begreift, erscheinen Souveränität und Staatlichkeit somit verbunden.[272] Nichtsouveräne Staaten kann es dann per definitionem ebensowenig geben wie nichtstaatliche souveräne Gebilde im politischen Raum.[273] „Staat" ist demnach die Veranstaltung der souverän hervorgebrachten Ordnung. Die Souveränität als Grundlage der unabgeleiteten Ordnung unterscheidet ihn von allen sonstigen Verbänden[274], die an der Ordnung des Öffentlichen auf dieser oder jener Ebene beteiligt sind; der Souveränitätsbegriff markiert damit die ordnungsbezogene Wirksamkeit jeder grundlegend gebundenen Gemeinschaft. *Robert Jackson*[275] hat dabei verdeutlicht, was in der Souveränitätsdebatte bislang zu wenig berücksichtigt wird: Souveränität und Werteumsetzung sind praktisch aufs Engste verbunden; die Gemeinschaft schließt sich zur Einheit zusammen, um aus ihrer Unabhängigkeit heraus jene Werte, die ihre Vorstellung prägen, zur Basis ihrer Ordnung zu

---

[272] Dies wird, teilweise vor dem Hintergrund anderer Souveränitätskonzeptionen, von vielen Autoren anders gesehen, vgl. *Josef Isensee*, in: Festschrift für Ulrich Everling, S. 567, 576; *Bernhard Kempen*, in: Festschrift für Hartmut Schiedermair, S. 783, 785 f.; *Martin Nettesheim*, ZEuS 2002, 507, 521 und *Albrecht Randelzhofer*, in: Isensee/Kirchhof (Hrsg.), Handbuch des Staatsrechts, Bd. II, § 17 Rn. 3. Von einer Korrektur des Staatsbegriffs durch *Georg Jellinek* und *Paul Laband* spricht in diesem Zusammenhang *Michael Ronellenfitsch*, in: Festschrift für Thomas Oppermann, S. 65, 79. – Wie hier (bei verwandten, aber nicht identischen Staats- und Souveränitätsbegriffen) *Hans Kelsen*, Das Problem der Souveränität und die Theorie des Völkerrechts, S. 53 ff., insbes. S. 66.

[273] Zur „Staatlichkeit" der Länder, welche dieser Annahme scheinbar entgegensteht, siehe oben II.1.

[274] Daß eine Abgrenzung des „Staates" von der ihm unterliegenden „Ordnung" ohne das Souveränitätskriterium unmöglich sei, behauptet *Hans Kelsen*, Das Problem der Souveränität und die Theorie des Völkerrechts, S. 55. Obwohl *Hans Kelsens* Staatlichkeitskonzept nicht dem Ansatz des Verfassers entspricht, und obwohl der Begründer der „reinen Rechtslehre" die Begriffe „Staat", „Souveränität" und „Ordnung" aus diesem Grund in anderer Bedeutung gebraucht, bestätigt seine Erkenntnis dennoch die hier entworfene These: es ist der unabgeleitete Charakter der Verfassungsrechtsordnung (in der logisch-normtheoretischen Vorstellungswelt von *Hans Kelsen*) bzw. der unabhängige Charakter jener sie tragenden politischen Einheit (in der politisch-ordnungsbezogenen Vorstellungswelt von *Carl Schmitt*), der die Ebene des Staates von allen anderen, untergeordneten abhebt.

[275] Political Studies 47 (1999), 431, 454 f.

machen. Souveränität ist insofern ein Stück weit auch Mittel zum Zweck[276]: die Gemeinschaft grenzt sich durch den Akt souveräner Ordnungserrichtung als solche nach außen hin ab, um ihre Idee von guter und richtiger Ordnung in ihrem Kreis zu vollziehen.

Von dieser Warte aus trifft nunmehr die Aussage zu, daß auch Verfassungsrecht (im dargelegten materiellen Sinn) auf Souveränität und Unabhängigkeit beruht. Indem es die Grundstrukturen der vom Volk bevorzugten Ordnung rechtlich fundiert[277], richtet sich – wiederum in philosophischer Terminologie formuliert – das Können auf die Begründung des Sollens; souveränitätsbegründendes Können, staatliches Sein und verfassungsrechtliches Sollen sind demnach im Moment der Ordnungstiftung verbunden.[278] Neben seiner Einsetzung beruht dabei auch der Fortbestand des Verfassungsrechts auf der Souveränität der Gemeinschaft, deren Ordnung es durch seine rechtliche Geltung verwirklichen soll.[279] Solange eine Gemeinschaft ihr Verfassungsrecht als Ausdruck ihrer unabgeleiteten Ordnung wahrnimmt (und sich gegen seine Verletzungen wehrt), handelt sie souverän, d.h. als unabhängige, grundlegend gebundene Einheit. Die Substanz der Souveränität liegt damit in der Hoheit über das Verfassungsrecht.[280] Hiervon ausgehend, soll das Souveränitätskonzept nunmehr

---

[276] Daß der souveräne Staat kein Selbstzweck sei, betont auch *Juliane Kokott* (VVDStRL 63 [2004], 7, 23), ohne den entscheidenden Bezug zur Werteumsetzung der Gemeinschaft aufzudecken.

[277] Siehe oben Zweiter Abschnitt, I.

[278] Ähnlich beispielsweise *Christian Hillgruber*, JZ 2002, 1072, 1074. Demgegenüber meint *Neil MacCormick* (Questioning Sovereignty, S. 131), daß das Volk als Einheit durch die Verfassung entsteht. Wer trägt, wenn dem so wäre, die Ordnung, als deren rechtliche Fixierung die Verfassung erscheint? Siehe dazu auch oben: Zweiter Abschnitt, I.3.

[279] Demgegenüber will *Stefan Oeter* (in: Festschrift für Helmut Steinberger, S. 259, 286f.) den „Akt der Verfassunggebung" als einen „Akt der Selbstorganisation eines Volkes in freier Selbstbestimmung" als rechtlich gebunden verstehen. Es handele sich um eine „Entscheidungsautonomie im Rahmen der rechtlichen Vorgaben". M.E. läßt sich dies mit der (zutreffenden) Annahme eines Ableitungszusammenhangs, der die Normen des Völkerrechts auf den Konsens der Staaten zurückführt (so *Oeter*, a.a.O.), konzeptionell nicht zusammenführen: was sonst sollte die Quelle der zuerst genannten rechtlichen Bindung sein? In ähnliche Richtung wie *Oeter* argumentieren *Bernhard Kempen*, in: Festschrift für Hartmut Schiedermair, S. 783, 795f. und *Utz Schliesky*, Souveränität und Legitimität von Herrschaftsgewalt, S. 513, die ebenfalls von einer rechtlichen Bindung der staatlichen Höchstgewalt ausgehen. Zutreffend demgegenüber *Olivier Beaud*, RFDA 1993, 1045; *Christoph Enders*, in: Festschrift für Ernst-Wolfgang Böckenförde, S. 29, 30 und *Christian Hillgruber*, JZ 2002, 1072, 1074.

[280] Ähnlich auch *Christoph Enders*, in: Festschrift für Ernst-Wolfgang Böckenförde, S. 29, 30 und *Christian Hillgruber*, JZ 2002, 1072, 1074. Insofern beruht es auf der oben bereits behandelten Verkürzung *Kelsens*, was das Wesen von Staat und Ordnung betrifft (siehe dazu oben: Zweiter Abschnitt, I.1., dort vor allem Fn. 80), wenn er schreibt, daß Souveränität nicht über der Rechtsordnung stehen könne, sondern nur eine Eigenschaft der Rechtsordnung sei (Das Problem der Souveränität und die Theorie des Völkerrechts, S. 36). Wenn man Souveränität richtigerweise als (die von *Kelsen* ausgeblendete) Fähigkeit zur Einsetzung einer solchen unabgeleiteten Ordnung versteht, liegt sie dieser voraus.

in fünf Unterscheidungen verdeutlicht werden[281], die den Souveränitätsdiskurs in der Gegenwart europäischer Einigungsbestrebungen, aber auch in den historischen Bezügen prägen.

2. *Das ordnungsbezogene Souveränitätskonzept in fünf perspektivischen Verdeutlichungen*

a. *Die wesensbeleuchtende Perspektive: zur Verkürzung der Souveränitätsfrage in den Theoremen von souveräner Norm und souveräner Macht*

Wie steht ein solches ordnungsbezogenes Souveränitätsmodell zu den Fragen nach einer Souveränität des Rechts bzw. nach einer Souveränität der höchsten staatlichen Macht?[282] Welche souveränitätstheoretischen Gesichtspunkte werden durch jedes der beiden Konzepte aufgegriffen und isoliert? Indem man die Souveränität dem ordnungstiftenden Gemeinwesen und den von ihm als Ordnung entworfenen politischen Strukturen zuerkennt, verbietet sich sowohl die Vorstellung von Souveränität als bloßer Eigenschaft der Norm als auch deren Zuschreibung an eine bestimmte, in normfreier Sphäre agierende Macht[283]; erst im Gedanken der letztverbindlichen Ordnung werden die juristische und die machtbezogene Komponente in der richtigen Weise miteinander verknüpft.[284]

Den obersten Normen einer rechtlichen Ordnung liegt die Souveränität im Setzungsakt voraus. Indem die Verfassung die gemeinschaftliche Konzeption einer Ordnung (und damit den ordnungsbegründenden Bindungsgedanken) in eine verbindliche Normstruktur umsetzt, ist sie Ausdruck (nicht: Träger) einer Souveränität, die sich juristisch im unabgeleiteten Wesen der Verfassungsbestimmungen niederschlägt. Wenn also *Kelsen* von einer Souveränität der

---

[281] Ähnliche Gegenüberstellungen bieten *Thomas Fleiner/Lidija R. Basta Fleiner*, Allgemeine Staatslehre, S. 325 f.

[282] *Kelsen* und *Austin* markieren insofern die diametralen Pole einer möglichen Souveränitätszuordnung. Zum Ansatz *Hans Kelsens* siehe insbesondere dessen Schrift „Das Problem der Souveränität und die Theorie des Völkerrechts", S. 9 ff.; zum Konzept von *John Austin* vgl. *Neil MacCormick*, MLR 56 (1993) 1, 12. Weitere Überlegungen zum selben Thema bietet der zuletzt genannte Autor auch in anderen seiner Schriften, siehe z. B. *Neil MacCormick*, Questioning Sovereignty, S. 127 ff. – Allgemein zum Zusammenhang von Souveränität und Macht auch *Christian Hillgruber*, in: Isensee/Kirchhof (Hrsg.), Handbuch des Staatsrechts, Bd. II, § 32 Rn. 48 und *Thomas Fleiner/Lidija R. Basta Fleiner*, Allgemeine Staatslehre, S. 333 ff.; zum Verhältnis von Macht und „äußerer" Souveränität *Michael Ross Fowler/Julie Marie Bunck*, Law, Power, and the Sovereign State, S. 24 ff.

[283] Als Scheinproblem erweist sich daher auch die Überlegung von *Neil MacCormick* (Questioning Sovereignty, S. 127; *ders.*, MLR 56 [1993], 1, 11 ff.), ob der rechtlichen oder der politischen Souveränität der Vorrang gebührt und welche von ihnen die jeweils andere voraussetzt.

[284] Dies erklärt auch die Zusammenhänge von Grundnormsetzung und Autorität, deren Behandlung in der europäischen Verfassungsdebatte von *Joseph H. H. Weiler* als „strange combination of Kelsen and Schmitt" abgetan wurde (in: Joerges/Mény/Weiler [Hrsg.], What Kind of Constitution for What Kind of Polity?, S. 235, 242).

Rechtsnormen ausgeht und der Staat bei ihm darin aufgeht[285], verkürzt er Ordnungstiftungsvorgänge auf deren juristischen Ausdruck und verzerrt somit den Zusammenhang von Staatlichkeit und Verfassung, indem er die grundsätzliche Ordnung des Öffentlichen mit dem von ihr getragenen Schatz an rechtlichen Regeln identifiziert: der Vorgang der Verfassunggebung bliebe damit als souveränitätsbekundender Akt ausgeblendet – ebenso wie der Vorgang des Ordnungsvollzugs, der sich in der Dimension des Faktischen verwirklichen muß, wo sich die Ordnung durch Institutionen und durch die von ihnen vollzogenen Maßnahmen entfaltet.[286]

Noch stärker als die Annahme, Gegenstand der Souveränität sei das Recht, verbietet sich aus diesen Gründen der Gedanke, Souveränität sei ihrem Kern zufolge identisch mit organschaftlich ausgeübter Macht.[287] Wenn Souveränität der Fähigkeit zur Ordnungstiftung gleichkommt, kann sie in keinem Fall mit jener Macht gleichgesetzt werden, die das Gemeinwesen mit dieser Ordnung einsetzt. Nicht die Macht stiftet innerhalb einer freien Gemeinschaft die politische Ordnung, sondern die politische Ordnung stiftet die Macht. Deshalb kann auch die widerrechtliche, illegitime Macht, die sich die Gemeinschaft unterwirft, nicht als souverän im verfassungstheoretischen Sinne des Wortes aufgefaßt werden: was sie entwickelt, ist keine vom Volk getragene Ordnung, sondern allenfalls ertragene Gewalt.[288] Die Annahme, daß Souveränität in ihrem Kern als Macht verstanden werden müsse, ist nur dann als richtig anzusehen, wenn man sie auf die Fähigkeit (oder: die Macht) der Gemeinschaft zur Begründung der Ordnung bezieht. Die Souveränität als Fähigkeit zur Ordnungstiftung liegt insofern Recht und (organschaftlich zu vollziehender) Macht als Basis zugrunde.[289] Die Frage nach ihrem Wesen wird durch den einseitigen Bezug auf eines der beiden Momente verkürzt.

---

[285] Das Problem der Souveränität und die Theorie des Völkerrechts, S. 14ff.

[286] *Hans Kelsen* (Das Problem der Souveränität und die Theorie des Völkerrechts, S. 15) betont, daß die Souveränität kein „in der Außenwelt sozialer Tatsachen wahrnehmbares Faktum", sondern eine „Annahme des Betrachters, eine Betrachtungs-, Wertungsvoraussetzung" sei. Wenn man demgegenüber die Souveränität als Fähigkeit zur Einsetzung einer eigenen unabgeleiteten Ordnung und diese Ordnung nicht allein als rechtlich, sondern als real (und in der Rechtsordnung zum Ausdruck kommend) versteht, so kann man auch die „Souveränität" der rechtlichen Ordnung (mit anderen Worten: die Fähigkeit zur Unabhängigkeit und, wenn man so will, zur Verfassungsrechtlichkeit) auf das zurückführen, was sie ihrem Wesen nach ist: eine theoretische Kategorie zur Beschreibung real sich vollziehender Ordnungsstrukturen im politischen Raum. Wie *Kelsen* auch *Christian Hillgruber*, JZ 2002, 1072, 1073.

[287] Was beispielsweise auch *Josef Isensee* (VVDStRL 63 [2004], 90, 91) andeutet. Richtig demgegenüber *Thomas Fleiner/Lidija R. Basta Fleiner*, Allgemeine Staatslehre, S. 338f., die auf das „Rechtsbewußtsein des Volkes" abstellen.

[288] *Thomas Fleiner/Lidija R. Basta Fleiner*, Allgemeine Staatslehre, S. 338f.

[289] *Olivier Beaud*, RFDA 1993, 1045, 1049. Derselbe Gedanke findet sich bereits bei *Joseph de Maistre*, der die Entstehung der Gesellschaft mit der Entstehung der Souveränität identifiziert (Von der Souveränität, S. 11). – *Kelsen* muß diesen Punkt, bedingt durch die Identifizie-

b. Die trägerbezeichnende Perspektive: zum Zusammenhang von Verbands- und Organsouveränität

Ein Teil der gegenwärtigen Verwirrung um Begriff und Wesen der Souveränität rührt aus einer Vermischung zweier Bezugspunkte her, mit denen sich jeweils ein verschiedenes Souveränitätsverständnis verbindet.[290] Hierbei geht es zuallererst darum, welchem Träger die Souveränität zuzuschreiben ist bzw. ob das, was ihm zuzuschreiben ist, so genannt werden soll. „Souveränität" wird dabei einerseits dem Staatsverband als Ganzem, andererseits bestimmten darin tätigen Organen, wie beispielsweise einer Volksversammlung oder dem Monarchen, zugeordnet.[291]

Die Souveränität des Staatsverbandes, die *Olivier Beaud* auch als „Souveränität in abstracto" versteht[292], entspricht vom Grundsatz her der hier vertretenen Denkart, wonach sich Souveränität auf eine unabgeleitete Ordnung und damit zugleich auf die Gesamtheit ihres institutionellen Gefüges bezieht. Der Ausdruck „Souveränität" beschreibt in diesem Sinne das Können des Gesamtverbandes, aus seiner Unabhängigkeit heraus den Inhalt seiner Ordnung zu entwerfen. Tritt demgegenüber die Frage nach dem Träger der Souveränität innerhalb des Staates in den Mittelpunkt des Interesses (die *Olivier Beaud* als

---

rung von Recht und Ordnung und Staat, demgegenüber verfehlen (vgl. *Hans Kelsen*, Das Problem der Souveränität und die Theorie des Völkerrechts, S. 36).

[290] Anschaulich dafür sind beispielsweise die Äußerungen von *Tanja A. Börzel/Thomas Risse* (in: Joerges/Mény/Weiler [Hrsg.], What Kind of Constitution for What Kind of Polity?, S. 45), wenn sie meinen: „The question is not, whether national sovereignty exclusively resides in the Member States or whether it is to be transferred to the European Union, but how to organise the division and sharing of sovereignty rights between the various levels of government.", sowie im selben Band der Beitrag von *Charles Leben*, S. 99, 105ff. – Zur Begriffsklarheit im Kontext der Souveränitätsdiskussion mahnt auch *Christian Hillgruber*, JZ 2002, 1072, 1073; vgl. auch *dens.*, in: Isensee/Kirchhof (Hrsg.), Handbuch des Staatsrechts, Bd. II, § 32 Rnrn. 50ff.

[291] Die Unterscheidung beachten *Olivier Beaud*, Der Staat 35 (1996), 45, 55; *Albert Bleckmann*, AVR 23 (1985), 450, 453ff.; *Stefan Griller*, in: Pernice/Zemánek (Hrsg.), A Constitution for Europe: The IGC, the Ratification Process and Beyond, S. 151, 159f. und *Albrecht Randelzhofer*, in: Isensee/Kirchhof (Hrsg.), Handbuch des Staatsrechts, Bd. II, § 17 Rnrn. 4, 17. Es trifft daher die Sache nicht ganz, wenn *Gerd Roellecke* (in: Festschrift für Helmut Quaritsch, S. 15, 17) die Frage als strittig bezeichnet: da beide Phänomene existieren, kann es allenfalls strittig sein, welche Begriffe man dafür gebraucht. Eine neue Variante bietet *Utz Schliesky* (Souveränität und Legitimität von Herrschaftsgewalt, S. 545ff.), der Souveränität als Eigenschaft der Hoheitsgewalt versteht und auf das System ihrer Wirkungen bezieht. Der entscheidende Gesichtspunkt des unabgeleiteten Charakters einer Ordnung (und, wenn man so will, ihrer Gewalt) wird dabei zu Unrecht ausgeblendet; die wissenschaftliche Abwendung von diese Frage erledigt jedoch nicht die Relevanz des Phänomens, gerade im europäischen Integrationskontext. Gleiches gilt für die Idee von *Ingolf Pernice* (VVDStRL 60 [2001], 148, 162; ähnlich *Markus Kotzur*, Grenznachbarschaftliche Zusammenarbeit in Europa, S. 265), den Ausdruck „Souveränität" als „Selbstbestimmung des einzelnen" zu verstehen: der Begriff wird damit auf einen anderen Gegenstand übertragen, was die alten Souveränitätsfragen nicht beantworten kann, sondern diese für erledigt erklärt.

[292] Der Staat 35 (1996), 45, 55.

„Souveränität in concreto" bezeichnet[293]), so geht es in erster Linie um jene Organe, die eine Gemeinschaft als Trägerin einer unabgeleiteten Ordnung an die Spitze der ordnungsvollziehenden Entscheidungsstrukturen stellt.[294] Während sich also die Verbandssouveränität auf die Einsetzung einer autonomen und unabgeleiteten Ordnung bezieht, stellt die Organsouveränität in ihrer Eigenschaft als höchste innere Autorität einen Gesichtspunkt der Verfassungsinhalte dar, der, je nach deren konkreter Gestaltung, einem der Organe im Innern einer Ordnung zuzuschreiben ist.[295] Der Blick richtet sich also in dem zuletzt genannten Fall auf das Innere einer verfassungsrechtlichen Ordnung – nicht nur hinsichtlich dessen, wer als der Inhaber dieser höchsten Befugnis erscheint, sondern vor allem in der Frage, ob es einen solchen Inhaber, mit anderen Worten: eine umfassende oberste Autorität, überhaupt gibt. Daß die Ordnung vieler Verfassungsstaaten keinen alleinigen Inhaber von höchster Befehlsgewalt kennt, wurde immer wieder beschrieben und nachgewiesen[296]: die Gewaltenteilung hat die Organsouveränität ein Stück weit mediatisiert, die damit, im Unterschied zur Souveränität des Staatsganzen[297], aufgegeben werden kann. Nicht zuletzt die Vermischung dieser beiden Bezüge hat die europäische Konstitutionalisierungsdebatte erheblich verwirrt.[298]

Was in diesem Sinne als Organsouveränität bezeichnet werden kann, wird demzufolge von der Souveränität des Gesamtverbandes getragen. Wo dabei das Volk innerhalb der von ihm gestifteten Ordnung als verfassungsmäßiger Inhaber der obersten, ungeteilten Herrschaftsgewalt, d.h. als höchstes der Verfassungsorgane, erscheint, können Verbandssouveränität und Organsouveränität eng beieinander liegen – nichtsdestoweniger sind in verfassungstheoretischer Hinsicht beide Aspekte streng voneinander zu trennen. Wo das Volk selbst als Inhaber der Organsouveränität auftritt (d.h. im demokratischen Staat[299]), muß

---

[293] Der Staat 35 (1996), 45, 55; RDP 1998, 83, 113.

[294] Fragen der Organsouveränität standen auch im Zentrum der Souveränitätslehren *Jean Bodins* (prägnant hierzu *Thomas Fleiner/Lidija R. Basta Fleiner*, Allgemeine Staatslehre, S. 320), die deshalb für das Thema der Staatlichkeit selbst weniger ergiebig sind, als dies ihre regelmäßige Erwähnung im Kontext der europäischen Konstitutionalisierungsdebatte vermuten lassen muß.

[295] Hierzu auch *Albert Bleckmann*, AVR 23 (1985), 450, 454ff., der die „Verengung der Souveränitätsproblematik auf die Organsouveränität" auf *Georg Jellinek* zurückführt.

[296] Siehe beispielsweise *Neil MacCormick*, Questioning Sovereignty, S. 129f.; *Stefan Griller*, in: Pernice/Zemánek (Hrsg.), A Constitution for Europe: The IGC, the Ratification Process and Beyond, S. 151, 159 und *Christian Hillgruber*, JZ 2002, 1072, 1073f. sowie *Stefan Oeter*, ZaöRV 55 (1995), 659, 674.

[297] Vgl. *Albrecht Randelzhofer* (in: Isensee/Kirchhof [Hrsg.], Handbuch des Staatsrechts, Bd. II, § 17 Rn. 38): „Teilung bei der Ausübung beeinträchtigt die Souveränität des Staates als solche nicht".

[298] Anschaulich dafür *Neil MacCormick*, Questioning Sovereignty, S. 129ff.

[299] Wobei die Rolle des Volkes auch innerhalb demokratischer Verfassungsordnungen in unterschiedlicher Weise verwirklicht sein kann, wie etwa der Vergleich von bundesdeutscher und schweizerischer Verfassungsrechtsordnung belegt. Daß die Organsouveränität des Vol-

sich diese Rolle aus der verfassungsrechtlichen Ordnung ergeben.[300] Entscheidend ist dabei, daß das Volk innerhalb der von ihm entworfenen Ordnung seine Rolle als Verfassungsorgan in der verfassungsrechtlich vorgeschriebenen Weise ausübt. Eingriffe in die Grundlagen des staatlichen Ordnungsgefüges selbst sind demgegenüber verfassunggebende Akte – und damit Fragen der Verbandssouveränität.

Im Hinblick auf die Wahrnehmbarkeit verfassungsrechtlicher Ableitungsverhältnisse (wie sie zur Entschlüsselung der Staatlichkeitsfrage nachzuvollziehen sind), weist jedoch das Vorhandensein der Organsouveränität auf die Souveränität des jeweiligen Staatsganzen hin; Organsouveränität setzt insofern die Verbandssouveränität voraus. Dies belegt in einer besonders deutlichen Weise die britische Doktrin der „sovereignty of Parliament", die sich auf die Stellung des Parlamentes an der Spitze der britischen Verfassungsordnung bezieht.[301] Deren zentrale Aussagen: daß es keine inhaltliche Grenze für Parlamentsgesetze gibt und die legislative Gewalt sich selbst nicht zukünftig binden kann[302], haben überhaupt nur dann einen Sinn, wenn auch die Ordnung, als deren Spitze sich das Parlament versteht, als unabgeleitet erscheint. Inhaltliche Grenzen seiner eigenen Wirkungsmöglichkeiten zu leugnen, wäre, wenn man die zugrunde liegende Ordnung nicht als unabhängig versteht, juristisch von vornherein gegenstandslos.

c. *Die geschichtsbezogene Perspektive: zum Unterschied von Volks- und Fürstensouveränität*

Mit der Unterscheidung von Verbands- und Organsouveränität verbindet sich in historischer Perspektive das Begriffspaar der „Volks-" und der „Fürstensouveränität".[303] Wenn man Souveränität als Fähigkeit zur Einsetzung einer unab-

kes innerhalb demokratischer Ordnungen den Regelfall darstellt, ist daher nur in einem sehr allgemeinen Sinn richtig. Siehe dazu auch *Heinhard Steiger*, Der Staat 41 (2002), 331, 336, mit dem verbreiteten, aber unklaren Hinweis, daß dem Volk im demokratischen Verfassungsstaat die Souveränität zustehe – wenn diese sich auf die Organsouveränität bezieht, ist zu ergänzen: „nach Maßgabe der Verfassung"; wenn sie sich auf die „Verbandssouveränität" bezieht, gilt dies für jede Form von legitimer politischer Ordnung.

300 Beispiele dafür finden sich etwa in den direktdemokratischen Bestimmungen der Schweizerischen Bundesverfassung (Artt. 136ff.). Daß die Annahme der (Organ-)Souveränität des Volkes im demokratisch verfaßten Gemeinwesen zur These einer Souveränitätsmediatisierung im Gewaltenteilungsstaat in einem gewissen Widerspruch steht, sei hier nur angemerkt. Es handelt sich dabei um Fragen, welche die konkrete verfassungsrechtliche Ausgestaltung der Ordnung (im Hinblick auf die Rolle des Volkes) und nicht das Staatsein als solches betreffen. Siehe dazu auch *Stefan Griller*, in: Pernice/Zemánek (Hrsg.), A Constitution for Europe: The IGC, the Ratification Process and Beyond, S. 151, 159f.

301 Vgl. zu dieser britischen Sonderform einer praktischen Organsouveränität *Trevor C. Hartley*, Constitutional Problems of the European Union, S. 170f. und *Karl Loewenstein*, Staatsrecht und Staatspraxis von Großbritannien, Bd. I, S. 65f.

302 *Trevor C. Hartley*, Constitutional Problems of the European Union, S. 170.

303 Hierzu *Thomas Fleiner/Lidija R. Basta Fleiner*, Allgemeine Staatslehre, S. 323.

geleiteten Ordnung und deren hieraus sich ergebenden rechtlichen Regeln (mit anderen Worten: als verbandsbezogen) versteht, kann sich der Ausdruck nur auf die Gemeinschaft als Ganzes beziehen, d.h. auf ein Volk, das die Ordnung als solche errichtet und trägt.[304] Souveränität, wie sie hier verstanden wird, ist damit von vornherein als Eigenschaft des Volkes definiert. Demgegenüber bezieht sich die historische Unterscheidung von Volks- und Fürstensouveränität auf den Gedanken der Organsouveränität, den beide Konzepte, die souveräne Selbstherrschaft des Volkes nach *Rousseau*[305] und *Sieyès*[306] und der souveräne Allmachtsanspruch des Monarchen nach *de Maistre* und *Bonald*, in die eine und die andere politische Richtung auslegen mußten. Im Hinblick auf den Gesichtspunkt der Verbandssouveränität gilt zuletzt selbst für das Zeitalter der Fürstensouveränität der Grundsatz, daß nur die Gemeinschaft als Ganzes die Fähigkeit zur Begründung der Ordnung besitzt. Dies war, wenngleich sie die Bedeutung dieses Gedankens herunterzuspielen versuchten, bereits den Theoretikern der Fürstensouveränität bewußt. Bezeichnend hierfür sind die Aussagen *Joseph de Maistres* in seinem (gegen *Rousseau* gerichteten) Fragment „Von der Souveränität. Ein Anti-Gesellschaftsvertrag", die folgendermaßen lauten:

„Es ist in einer vereinfachten und untergeordneten Bedeutung sehr richtig, daß die Souveränität auf menschlicher Übereinkunft beruht, denn wenn irgendein Volk darin übereinstimmte, nicht mehr zu gehorchen, so würde plötzlich die Souveränität verschwinden, und es ist unmöglich, sich die Gründung einer Herrschaft vorzustellen ohne ein Volk, das einwilligt zu gehorchen."[307]

Auch der absolut regierende Monarch konnte somit keine Ordnung aus sich selbst heraus tragen[308] – es ist die Gesamtheit einer Gemeinschaft, die durch die Einrichtung von Ordnung und Staatlichkeit die Herrschaftsgewalt auf diese oder jene Institutionen delegiert.[309] Die Frage, inwieweit sie deren Besetzung und Tätigsein mitprägt, betrifft dagegen den Inhalt der Ordnung und nicht ihren Grund.[310]

---

[304] Anders *Utz Schliesky*, Souveränität und Legitimität von Herrschaftsgewalt, S. 541, der Souveränität als Eigenschaft der Herrschaftsgewalt und nicht als Fähigkeit der Gemeinschaft versteht.

[305] Dazu auch *Markus Kotzur*, Grenznachbarschaftliche Zusammenarbeit in Europa, S. 260 und *Michael Newman*, Democracy, Sovereignty and the European Union, S. 6f.

[306] Zu *Sieyès* im Kontext der hier interessierenden Fragen *Josef Isensee*, Das Volk als Grund der Verfassung, S. 52f. und *Markus Kotzur*, Grenznachbarschaftliche Zusammenarbeit in Europa, S. 260.

[307] *Joseph de Maistre*, Von der Souveränität, S. 4.

[308] Zur praktisch begrenzten Relevanz der Frage, ob dem Fürsten die Staatsgewalt vom Volk übertragen wird, siehe aus der Literatur der damaligen Zeit *Jacob Balmes*, Protestantismus und Katholizismus in ihren Beziehungen zur europäischen Civilisation, 2. Band, S. 184ff.

[309] Zurückhaltender demgegenüber *Thomas Fleiner/Lidija R. Basta Fleiner*, Allgemeine Staatslehre, S. 347, die von Fiktion und Symbolik sprechen.

[310] Diese Aspekte werden häufig nicht klar genug voneinander getrennt; siehe z.B. *Robert*

d. Die raumbeschreibende Perspektive: zu den Gemeinsamkeiten von innerer und äußerer Souveränität

Hintergründe und Bedeutung der hier vertretenen ordnungsbezogenen Souveränitätsdoktrin lassen sich des weiteren anhand des Nebeneinanders von innerer und äußerer Souveränität nachvollziehen.[311] Diese Unterscheidung, die sich vor allem durch die Funktion des Souveränitätsgedankens im Völkerrecht erklärt[312], berührt sich zwar mit der oben angerissenen Gegenüberstellung von Verbands- und Organsouveränität[313], ist damit aber keineswegs identisch[314]; während „äußere Souveränität" Befehlsunabhängigkeit gegenüber anderen völkerrechtlichen Subjekten[315] bedeutet, kann sich der Ausdruck „innere Souveränität" auf das Zuhöchstsein eines Staates im Hinblick auf die Ausgestaltung seiner inneren Ordnung, aber auch auf die damit möglicherweise verwirklichte Organsouveränität beziehen. Diese Unterscheidung von Innen und Außen, die im völkerrechtlichen Kontext ihren Sinn haben kann, darf indes nicht verschleiern, daß innerer und äußerer Aspekt Facetten ein und desselben Umstandes sind[316]: dem Gebundensein der Gemeinschaft zur unabgeleiteten Ordnung.

Weil jene Ordnung, die sich eine Gemeinschaft um der Verwirklichung ihrer Werte willen aus ihrer Unabhängigkeit heraus gibt, keine anderen Ordnungen

---

Jackson, Political Studies 47 (1999), 431, 444. *Albrecht Randelzhofer* (in: Isensee/Kirchhof [Hrsg.], Handbuch des Staatsrechts, Bd. II, § 17 Rn. 18) deutet die Beziehungslosigkeit beider Fragenkreise, bei gleichzeitiger Rückschau auf die Positionen von *Bodin* und *Althusius*, dem Grundsatz nach an.

311 Dazu *Anneli Albi/Peter van Elsuwege*, ELR 30 (2004), 741, 743; *Albert Bleckmann*, AVR 23 (1985), 450, 464 ff.; *Christian Hillgruber*, in: Isensee/Kirchhof (Hrsg.), Handbuch des Staatsrechts, Bd. II, § 32 Rnrn. 53 ff.; *Thomas Fleiner/Lidija R. Basta Fleiner*, Allgemeine Staatslehre, S. 325 f; Neil MacCormick, Questioning Sovereignty, S. 129 ff.; *Michael Ross Fowler/Julie Marie Bunck*, Law, Power, and the Sovereign State, S. 36 ff.; *Stefan Griller*, in: Pernice/Zemánek (Hrsg.), A Constitution for Europe: The IGC, the Ratification Process and Beyond, S. 151, 164 ff.; *Christian Hillgruber*, JZ 2002, 1072, 1074; *Charles Leben*, in: Joerges/Mény/Weiler (Hrsg.), What Kind of Constitution for What Kind of Polity?, S. 99, 105 ff.; *Albrecht Randelzhofer*, in: Isensee/Kirchhof (Hrsg.), Handbuch des Staatsrechts, Bd. II, § 17 Rnrn. 23 ff.; *Heinhard Steiger*, Der Staat 41 (2002), 331, 335 und *Dimitris Th. Tsatsos*, EuGRZ 1995, 287, 290.

312 Hierzu eingehend *Albert Bleckmann*, AVR 23 (1985), 450, 464 ff.

313 Siehe dazu oben: b.

314 Unzutreffende Gleichsetzungen finden sich demgegenüber (der Sache nach) bei *Robert Jackson*, Political Studies 47 (1999), 431, 433 und *Dimitris Th. Tsatsos*, EuGRZ 1995, 287, 290.

315 *Christian Hillgruber*, in: Isensee/Kirchhof (Hrsg.), Handbuch des Staatsrechts, Bd. II, § 32 Rn. 54; *ders.*, JZ 2002, 1072, 1074 und *Charles Leben*, in: Joerges/Mény/Weiler (Hrsg.), What Kind of Constitution for What Kind of Polity?, S. 99, 105; vgl. auch *Karl Doehring*, VVDStRL 60 (2001), 357.

316 So auch *Albrecht Randelzhofer*, in: Isensee/Kirchhof (Hrsg.), Handbuch des Staatsrechts, Bd. II, § 17 Rn. 24 und *Alexander Schmitt Glaeser*, Grundgesetz und Europarecht als Elemente Europäischen Verfassungsrechts, S. 33; gegenteilig aber *Neil MacCormick*, Questioning Sovereignty, S. 129 f., der dabei innere Souveränität mit Organsouveränität gleichsetzt.

über sich hat, gründen sich die äußeren Bindungen dieser Gemeinschaft auf freiwillige Verpflichtungen und Grundsätze, die sie der eigenen Verfassung zufolge anerkennt. Äußere Souveränität meint insofern das unmittelbare Unterstelltsein des Staates unter das Völkerrecht, oder genauer gesagt den Umstand, daß äußere Handlungen des Staates ihrem Wesen nach nur Koordination, Kooperation und Selbstverpflichtung (und demzufolge Völkerrecht) darstellen können. Hierin liegt zugleich der Kern der oft zu lesenden Aussage, daß Staaten die einzigen „geborenen Völkerrechtssubjekte" sind[317]: Völkerrecht, so könnte man sagen, ist der äußere Koordinationsmechanismus der Staatlichkeit selbst. Das äußere Verpflichtetsein eines Staates durch bilaterale Abkommen oder durch seinen Beitritt zu internationalen Organisationen führt daher nicht zum Souveränitätsverlust[318], sondern kennzeichnet die Souveränitätsverwirklichung.[319] Souveränität heißt daher nicht, daß äußere Bindungen fehlten, sondern daß diese, wo es sie gibt, gewollt sind[320]: das souveräne Gemeinwesen leitet den Umfang seines äußeren Gebundenseins aus Entscheidungen ab, die es der eigenen Ordnung entsprechend zustande gebracht und ins Werk gesetzt hat.[321] Völkerrecht verwirklicht insofern die Volkssouveränität[322]: es leitet sich zuletzt auch selbst aus dieser her und entspricht der Unabhängigkeit eines zu höchster Ordnung vereinigten Gemeinwesens nach außen hin.[323]

---

[317] Siehe dazu *Stefan Griller*, in: Pernice/Zemánek (Hrsg.), A Constitution for Europe: The IGC, the Ratification Process and Beyond, S. 151, 164 ff.; *Kay Hailbronner*, in: Vitzthum (Hrsg.), Völkerrecht, 3. Abschnitt Rn. 8; *Matthias Herdegen*, Völkerrecht, § 7 Rn. 2; *Albrecht Randelzhofer*, in: Isensee/Kirchhof (Hrsg.), Handbuch des Staatsrechts, Bd. II, § 17 Rn. 25; ferner *Christian Hillgruber*, JZ 2002, 1072, 1074 und *Charles Leben*, in: Joerges/Mény/Weiler (Hrsg.), What Kind of Constitution for What Kind of Polity?, S. 99, 105.

[318] So aber tendenziell *Erhard Denninger*, JZ 2000, 1121, 1122 f.

[319] *Stefan Griller*, in: Schuppert/Pernice/Haltern (Hrsg.), Europawissenschaft, S. 201, 231; *Christian Starck*, in: Festschrift für Jost Delbrück, S. 711, 723.

[320] *Albrecht Randelzhofer*, in: Isensee/Kirchhof (Hrsg.), Handbuch des Staatsrechts, Bd. II, § 17 Rn. 27; *Christian Starck*, in: Festschrift für Jost Delbrück, S. 711, 723 und *Alfred Verdross*, in: Festschrift für Friedrich August Freiherr von der Heydte, 1. Halbband, S. 703, 706 f. Siehe dazu auch *Udo Di Fabio*, VVDStRL 63 (2004), 71, 72; *Christian Hillgruber*, JZ 2002, 1072, 1075 und *Stefan Oeter*, in: Festschrift für Helmut Steinberger, S. 259, 277.

[321] Von einer „Primarität des Staates" als Grundlage überstaatlicher Systeme spricht *Heinhard Steiger*, Der Staat 41 (2002), 331, 350 f. Vgl. daneben auch *Christian Hillgruber*, JZ 2002, 1072, 1074. Zur Frage, welche Rolle die Quantität der Bindungen für ihre Qualität spielt, vgl. auch *Hermann-Josef Blanke*, TDS 2003, 95, 103.

[322] Dazu auch *Olivier Beaud*, RFDA 1993, 1045, 1051; *Christian Hillgruber*, JZ 2002, 1072, 1076 f.; *Stefan Oeter*, in: Festschrift für Helmut Steinberger, S. 259, 285 f.; *ders.*, ZaöRV 55 (1995), 659, 675.

[323] *Olivier Beaud*, RFDA 1993, 1045, 1050. Man könnte deshalb mit *Robert Jackson* (Political Studies 47 [1999], 431, 432) Souveränität als Grundnorm der internationalen Ordnung bezeichnen, auf der die Staatengemeinschaft beruht. Dies ist in einem logischen Sinne richtig, wenn man die Staatenwelt in ihrer Struktur isoliert und aus einer personifizierenden Perspektive betrachtet. Mißverständlich ist eine solche Aussage insoweit, als es sich um keine Grundnorm in dem hier vorgestellten ordnungsbezogenen Sinn handelt: die internationalen Regeln leiten ihr Dasein als Ordnung vielmehr gerade aus dieser Souveränität (der Fähigkeit der

Bei der Trennung von innerer und äußerer Souveränität handelt es sich daher um die Frage der räumlichen Perspektive, aus der heraus man die Unabhängigkeit eines Staatswesens wahrnimmt: der Ausdruck „äußere Souveränität" erfaßt sie im Verhältnis zu anderen Staaten, d. h. im Außenverhältnis der Gemeinschaft im politischen Raum, die Formulierung „innere Souveränität" beschreibt die Fähigkeit der Gemeinschaft zur Errichtung der letztverbindlichen Ordnung im Inneren der von ihr zu schaffenden Einheit.[324]

e. Die momentbestimmende Perspektive: zur Wahrnehmbarkeit der Souveränität im Normalfall und im „Ausnahmezustand"

Die fünfte und letzte hier zu erklärende Unterscheidung betrifft die Frage, in welchen Momenten die Souveränität eines Gemeinwesens wahrnehmbar wird.[325] Während die überwiegende Autorenzahl die Souveränität anhand des jeweiligen Normalfalls im Staatsgeschehen ausmachen möchte[326], nimmt eine andere, von *Carl Schmitt*[327] begründete Lehre an, daß dafür ein rechtlich nicht faßbarer Ausnahmezustand maßgeblich sei. Die Frage, bei welchen Gelegenheiten die Souveränität zu beobachten ist, führt noch einmal zum Zusammenhang von Organ- und Verbandssouveränität zurück. Die Souveränität im Ausnahmefall einem bestimmten Akteur des politischen Geschehens zuzuschreiben, setzt ein besonderes, organbezogenes Souveränitätsverständnis voraus. Die Wendung „Souveränität" bezieht sich dann auf die Entscheidung einer konkreten Situation durch eine hierzu befähigte Instanz. Diese kann jedoch nur dann imstande sein, eine verfassungsrechtlich nicht faßbare Spannungslage auf diese oder jene Art zu lösen, wenn ihre Lösung und damit zugleich der Umstand, wer sie vollzieht, als solche der Ordnung des jeweiligen Gemeinwesens und seiner Vorstellung vom grundlegenden politischen Gebundensein entsprechen. Die vermeintliche Souveränität der handelnden Organe würde anderenfalls bei entsprechender Gelegenheit berichtigt werden müssen, indem sich die Gemeinschaft aus ihrem Ordnungswillen heraus dem Anspruch derselben entgegenstellt.

Einzelgemeinschaften zur Begründung ihrer letztverbindlichen Ordnungen) ab. Grundsätzlich richtig auch *Albert Bleckmann*, AVR 23 (1985), 450, 464ff., der jedoch das Wesen des unabhängigen Staates zu sehr als Person und dessen äußere Souveränität daher als dessen „natürliche Handlungsfreiheit" versteht.

[324] Innere Souveränität bedeutet insofern auch Wahl des politischen, ökonomischen, sozialen und kulturellen Systems; vgl. *Christian Hillgruber*, JZ 2002, 1072, 1074 und *Dietrich Murswiek*, Der Staat 32 (1993), 161, 175 (dort in Fn. 33).

[325] Dazu auch *Olivier Beaud*, RFDA 1993, 1045, 1048; *Armin von Bogdandy*, integration 1993, 210, 214; *Josef Isensee*, in: Isensee/Kirchhof (Hrsg.), Handbuch des Staatsrechts, Bd. II, § 15 Rn. 102 und *Stefan Oeter*, ZaöRV 55 (1995), 659, 674.

[326] So beispielsweise *Armin von Bogdandy*, integration 1993, 210, 214.

[327] *Carl Schmitt*, Politische Theologie, S. 13.

Bei welchen Gelegenheiten wird dementsprechend die Souveränität des Verbandsganzen sichtbar? Inwiefern können (oder: müssen) hierfür Situationen an der Grenze des rechtlich Erfaßbaren maßgeblich sein? Indem man Souveränität als die Fähigkeit einer Gemeinschaft zur Einsetzung und Wahrung einer unabgeleiteten Ordnung versteht, geht man zunächst vom Bestand einer grundlegenden politischen Verbundenheit des Gemeinwesens aus, die sich täglich, durch den Vollzug der verfassungsmäßigen Ordnung, realisiert. Souveränität wird dadurch im Normalfall, um nicht zu sagen: im Alltag, verwirklicht.[328] In der historischen Entwicklung kann es sich dabei zutragen, daß eine Gemeinschaft durch die Aktivitäten ihrer politischen Entscheidungsträger Bindungen entwickelt, die mit jener Ordnungsvorstellung nicht länger zu vereinbaren sind, auf welcher die Ordnung ihrer öffentlichen Sphären beruht. Ebenso kann es geschehen, daß sich die Ordnungsvorstellung innerhalb des Gemeinwesens grundlegend wandelt und sich fortan auf eine andere, über- oder untergeordnete Ebene der Gemeinschaft bezieht, ohne daß sich dieser Wandel, der im Grunde eine Verfassunggebung bedeutet, sofort in den Verfassungsstrukturen ausdrückt. In diesen Fällen ist es unsicher, auf welcher Ebene das Gemeinwesen grundlegend zur unabhängigen politischen Einheit verbunden ist: nach 1787 auf der Ebene von Bundesstaat oder Föderation[329], nach 1871 auf der Ebene von Einzelstaat oder Reich und nach 1992 auf der Ebene von Mitgliedstaat oder EU. Die Ungewißheiten darüber dauern an, bis ein konkretes, gestaltete Ordnung und tragende Ordnungsvorstellung zugleich herausforderndes Geschehnis[330] dem Gemeinwesen ein Bekenntnis zu dieser oder jener Ebene als Basis seines grundlegenden politischen Gebundenseins abverlangt, indem sie das ordnungstiftende Bewußtsein zur Überprüfung der faktisch existierenden Ordnungsstrukturen herausfordert. Wo sich der verfassungs- und völkerrechtlich gestaltete Gesamtkomplex innerer und äußerer rechtlicher Systeme (d.h. der Staat als Struktur) in seiner Entwicklung zu weit von jenem Punkt entfernt, der seine Einsetzung begründet hat, und sich dabei anschickt, mit anderen politischen Systemen zu verschmelzen, muß irgendwann der Zeitpunkt erreicht sein, an dem das Gemeinwesen nach der Möglichkeit verlangt, sich für oder gegen diesen Neuordnungsversuch auszusprechen. In diesen Konstellationen erweist sich der Ausnahmefall als Prüfstein der Ordnung: die Frage nach der Kongruenz von Ordnungswille und realer Ordnungsstruktur, in die auch das Problem der Organsouveränität einfließt, weitet sich hier zur Frage aus, auf welcher Ebene sich die grundsätzliche Ordnung des Öffentlichen findet. Die Souverä-

[328] *Olivier Beaud*, RFDA 1993, 1045, 1048; *Josef Isensee*, in: Isensee/Kirchhof (Hrsg.), Handbuch des Staatsrechts, Bd. II, § 15 Rn. 102.

[329] Dazu *Randi L. Goring*, Requirements for the Emerging European Constitution, S. 6ff.

[330] Vom „existenziellen Konflikt" spricht *Carl Schmitt*, Verfassungslehre, S. 372; hierzu auch *Olivier Beaud*, RDP 1998, 83, 113f.

nität, die sich im Normalfall erfüllt, bedarf dann eines Ausnahmefalls, um wirksam werden zu können.

Das ordnungsbezogene Souveränitätskonzept wurde damit unter fünf verschiedenen Gesichtpunkten – Wesen, Bezugspunkt, Geschichte, Raum und Wahrnehmbarkeit – dargestellt und verdeutlicht. Dies ermöglicht es nun, die beiden zentralen Konfliktfelder der Souveränitätsdiskussion, die Fragen nach der Teilbarkeit der Souveränität und ihrer künftigen Relevanz, neu zu durchdenken.

3. Eigenschaften der Souveränität: Unteilbarkeit und Unversieglichkeit

a. Das Scheinproblem der Teilbarkeit

In der jüngeren, auf die europäische Integration bezogenen Literatur zum Fragenkreis der Souveränität wurde insbesondere das Problem ihrer Teilbarkeit intensiv diskutiert.[331] Aus dem bisher Gesagten läßt sich schlußfolgern, daß es sich dabei um ein begriffsbedingtes Scheinproblem handelt, dessen Grund in der Verschiedenheit der möglichen Wortbedeutungen liegt.[332] Wer die Terminologie der „Souveränität" auf das Innehaben von Zuständigkeiten (von Kompetenzfülle an sich[333] oder einzelnen Zweigen[334]) und damit auf einen personifizierten Verband oder dessen Organe bezieht, wird notwendigerweise zum Ergebnis gelangen, daß „Souveränität" teilbar sein muß, da Zuständigkeiten kurzzeitig oder langfristig auf andere Ebenen der öffentlichen Hoheitsgewalt

---

[331] Siehe z.B. *Hermann-Josef Blanke*, DÖV 1993, 412, 420; *Stefan Griller*, in: Pernice/Zemánek (Hrsg.), A Constitution for Europe: The IGC, the Ratification Process and Beyond, S. 151, 174ff.; *Stephan Hobe*, Der offene Verfassungsstaat zwischen Souveränität und Interdependenz, S. 433ff.; *Markus Kotzur*, Grenznachbarschaftliche Zusammenarbeit in Europa, S. 268f.; *Peter-Christian Müller-Graff*, integration 2000, 157, 165; *Daniela Obradovic*, Legal Issues of European Integration 1993/1,1; *Michael Ronellenfitsch*, in: Festschrift für Thomas Oppermann, S. 65, 66ff.; *Utz Schliesky*, Souveränität und Legitimität von Herrschaftsgewalt, S. 530f., 545; *Rainer Wahl*, in: Festschrift für Hasso Hofmann, S. 113, 130; aus der Sicht der politischen Philosophie *Hermann Lübbe*, in: Festschrift für Nikolaus Lobkowicz, S. 269. – Zur Historie des Streits um die geteilte Souveränität vgl. *Stefan Oeter*, ZaöRV 55 (1995), 659, 667ff.

[332] Die Teilbarkeitsproblematik wird auch von *Daniela Obradovic* (Legal Issues of European Integration 1993/1, 1, 6) als Frage des Souveränitätskonzepts erkannt; ähnlich auch *Alexander Schmitt Glaeser*, Grundgesetz und Europarecht als Elemente Europäischen Verfassungsrechts, S. 36f. und *Christian Starck*, in: Festschrift für Jost Delbrück, S. 711, 723.

[333] So beispielsweise *Olivier Beaud*, Der Staat 35 (1996), 45, 61; *Neil MacCormick*, Questioning Sovereignty, S. 129f.; ähnlich wohl auch *Dietrich Murswiek*, Der Staat 32 (1993), 161, 169 und *Utz Schliesky*, Souveränität und Legitimität von Herrschaftsgewalt, S. 513.

[334] So beispielsweise *Charles Leben*, in: Joerges/Mény/Weiler (Hrsg.), What Kind of Constitution for What Kind of Polity?, S. 99, 107, der auf außen- und verteidigungspolitische Letztverantwortlichkeit abstellt; vgl. auch *Dietrich Murswiek*, Der Staat 32 (1993), 161, 170.

übertragen werden können.[335] Aus dem oben Gesagten[336] geht dabei hervor, daß sämtliche denkbaren Adressaten eines solchen Übertragungsaktes nur abgeleitete Rechtsstrukturen sein können; seien es, im Inneren der staatlichen Ordnung, Gliedstaaten[337] oder Verwaltungseinheiten, oder seien es, im zwischenstaatlichen Raum, internationale Organisationen als Formen des Verpflichtetseins nach außen. Eine solche kompetenzbezogene Verwendungsweise des Wortes „Souveränität" findet sich insbesondere im englischsprachigen Verfassungsdiskurs[338]: wenn dort gesagt wird, daß „sovereign powers" auf ein supranationales Gebilde wie die Union übertragbar sind, so meint dies nichts anderes als eine Verteilung von Hoheitsrechten, die auf eine unbestimmte Zeit hin einem neuen, aus der eigenen Verfassungsstruktur heraus konzipierten Träger überlassen worden sind.[339] Es heißt jedoch keineswegs, daß alles, was sonst noch unter „Souveränität" verstanden werden kann, ebenfalls als teilbar angesehen werden darf.[340]

Wer demgegenüber den Ausdruck „Souveränität" auf die Bindungsstrukturen eines Verbandes und das Imstandesein zur Ordnungsbegründung bezieht, muß „Souveränität" notwendigerweise als unteilbar verstehen: zu etwas imstande oder nicht imstande zu sein, ist eine Frage des Entweder-Oder, die kein Teilweise zuläßt. Dieses Entweder-Oder zielt zuletzt auf den Aspekt der Ebene ab, auf der eine Gemeinschaft zur autonomen Ordnungstiftung in der Lage ist, da jede Gemeinschaft auf einer bestimmten Ebene ihres politischen Gebundenseins zur letztverbindlichen Einheit vereinigt sein muß.[341] Wenn die Gemeinschaft auf unterer Ebene (als Stadt oder Dorf) über keine unabgeleitete Ordnung verfügt, so erlangt sie diese im größeren Kreis; das Gemeinwesen ist zur

---

335 *Neil MacCormick*, Questioning Sovereignty, S. 130; vgl. weiterhin auch *Philip Raworth*, AVR 32 (1994), 24, 27. Dasselbe gilt zuletzt auch für die Ansicht von *Utz Schliesky* (Souveränität und Legitimität von Herrschaftsgewalt, S. 545), der „Souveränität" für eine Eigenschaft der Herrschaftsgewalt hält, die von verschiedenen Trägern gemeinsam ausgeübt werden könne. *Schliesky* unterscheidet sich vom Ansatz der „geteilten Souveränität" in seinem Bezug des Ausdrucks „souverän" und nicht in der Sache. – Nur vor dem Hintergrund eines solchen Souveränitätsverständnisses läßt sich dann auch die weitere Unterscheidung von „divided" und „shared sovereignty" verstehen, wie sie beispielsweise von *Tanja A. Börzel/Thomas Risse* (in: Joerges/Mény/Weiler [Hrsg.], What Kind of Constitution for What Kind of Polity?, S. 45, 46ff.) angesprochen wird. Das erste meint dabei die Verteilung von Kompetenzen, das zweite ihre gemeinsame Ausübung. Vgl. dazu auch *Michael Newman*, Democracy, Sovereignty and the European Union, S. 8.

336 Siehe oben: Zweiter Abschnitt, II.

337 Zur besonderen Ableitungsproblematik der Gliedstaaten siehe oben: II.2.b.

338 So zum Beispiel bei *Neil MacCormick*, Questioning Sovereignty, S. 130.

339 *Daniela Obradovic*, Legal Issues of European Integration 1993/1, 1, 7.

340 Zu Recht stellt auch *Stephan Hobe* (Der offene Verfassungsstaat zwischen Souveränität und Interdependenz, S. 433 [dort in Fn. 183]) fest, daß in der Auseinandersetzung um die Teilbarkeit nicht immer klar sei, wann Souveränität und wann Staatsgewalt gemeint sei; ebenso *Christian Starck*, in: Festschrift für Jost Delbrück, S. 711, 723.

341 Siehe dazu oben: Erster Abschnitt, I.

Begründung einer höchsten und unabgeleiteten Ordnung nur einmal, auf einer Ebene fähig, die demzufolge als souverän gedacht werden muß. Das Nebeneinander mehrerer unabgeleiteter Ordnungen im selben politischen Raum verwirft die Ordnungsvorstellung selbst, die das Gemeinwesen umsetzen will.[342] Eine solche Art von „Souveränität", wie sie hier vertreten wird, ist ihrem Wesen zufolge unteilbar: Ordnung ist naturgemäß Einheit.[343]

b. Unversieglichkeit der Souveränität und Effizienz der Ordnung

Das Problem, dem die Souveränitätstheorie in Anbetracht von weltwirtschaftlicher Verflechtung und global zu lösenden Problemen neuerdings begegnet, ist die Ungewißheit, ob durch diese Entwicklungen die Souveränität der Staaten zukünftig verlorengehen kann.[344] Indizien eines solchen Verlustes werden vor allem in jenen Einschränkungen einzelstaatlicher Handlungsspielräume ausgemacht, die beispielsweise durch Wirtschaftsglobalisierung und Weltfinanzsystem[345], durch globale ökologische Probleme[346] und kontinenteübergreifende Migrationsströme oder durch die Gefahr weltweit agierender Terrornetzwerke hervorgerufen werden.[347] Die Enge der verbliebenen Optionen macht sich insbesondere im Bereich der Gesetzgebungsaktivitäten bemerkbar: Arbeits-, Steuer- und Sozialrecht werden primär von Globalisierungszwängen beherrscht, wenn sie so gestaltet werden müssen, daß nationale Wirtschaftsunternehmen weltweit konkurrenzfähig sind. Wie spiegelt sich diese praktische Beschränktheit politischer Optionen im ordnungsbezogenen Souveränitätskonzept?

Entwicklungen dieser Art dürfen weder isoliert betrachtet noch in ihrer theoretischen Einordnung mißverstanden werden. Verengte Handlungsspielräume sind kein neues Phänomen: kleinere Staaten sind dem Druck der großen

---

[342] Siehe dazu oben: Erster Abschnitt, III.

[343] *Hans Kelsen*, Das Problem der Souveränität und die Theorie des Völkerrechts, S. 65 („es gibt schließlich nur eine Ordnung").

[344] Dazu *Tanja A. Börzel/Thomas Risse*, in: Joerges/Mény/Weiler (Hrsg.), What Kind of Constitution for What Kind of Polity?, S. 45, 50; *Joseph A. Camilleri/Jim Falk*, The End of Sovereignty?, passim; *Christian Hillgruber*, in: Isensee/Kirchhof (Hrsg.), Handbuch des Staatsrechts, Bd. II, § 32 Rn. 48; *Neil MacCormick*, MLR 56 (1993) 1, 16 ff.; *Michael Ross Fowler/Julie Marie Bunck*, Law, Power, and the Sovereign State, S. 153 ff.; *Markus Kotzur*, Grenznachbarschaftliche Zusammenarbeit in Europa, S. 272 ff.; *John Pinder*, integration 2001, 77 und *Dimitris Th. Tsatsos*, EuGRZ 1995, 287, 290 f. Die zugrunde liegende Frage formuliert *Neil MacCormick*, Questioning Sovereignty, S. 126, wie folgt: „The key question becomes whether there can be a loss of sovereignty at one level without its inevitable and resultant re-creation at another. Is sovereignty like property, which can be given up only when another person gains it?"

[345] Siehe hierzu statt aller *Joseph A. Camilleri/Jim Falk*, The End of Sovereignty?, S. 69 ff.

[346] Siehe hierzu statt aller *Joseph A. Camilleri/Jim Falk*, The End of Sovereignty?, S. 171 ff.

[347] Ausführlich dazu *Joseph A. Camilleri/Jim Falk*, The End of Sovereignty?, passim, sowie *Christoph Dorau*, Die Verfassungsfrage der Europäischen Union, S. 50 f.; siehe auch *Markus Kotzur*, Grenznachbarschaftliche Zusammenarbeit in Europa, S. 272 f.

schon von jeher unterworfen, von deren Verhalten ihr eigenes Dasein politisch und wirtschaftlich abhängt.[348] Das Maß der faktischen Unabhängigkeit war noch nie für alle Staaten das gleiche. Die Handlungsspielräume der größeren und größten Staaten der Erde (der USA, Rußlands und Chinas)[349] belegen ebenso wie die Neuausrichtung der politischen Ordnung in den Ländern des Ostblocks, daß Richtungsentscheidungen, die ein Gemeinwesen aus seiner unabgeleiteten Ordnung heraus trifft, nach wie vor möglich erscheinen.[350] Im Hinblick auf die Staatlichkeit Westeuropas ist der Fortbestand der Souveränität im ordnungsbezogenen Sinne dort zu erkennen, wo auf gesamteuropäischer Ebene an Handlungsoptionen wiedergewonnen wird, was national als verloren erscheint.[351] Jene Prozesse, die wir in Europa als Souveränitätserosionen empfinden, erweisen sich bei genauer Betrachtung als Prüfsteine für die Größe der politischen Einheit[352], innerhalb derer die westeuropäischen Ordnungsvorstellungen von Rechtsstaatlichkeit, Freiheit und Demokratie umsetzbar sind.[353] So lange das supranationale Eingebundensein der einzelnen europäischen Staaten die globalisierungsbedingten sozialen Probleme löst und so die Souveränitätsverluste durch Mechanismen einer effektvollen Zusammenarbeit kompensiert, müssen die involvierten Gemeinwesen ihre Vorstellungen über die Bezugsebene und den personellen Umfang ihres grundlegenden politischen Zusammengehörigkeitsbestrebens nicht neu bekunden. Erst wenn der Konflikt beider Ebenen eine Entscheidung erzwingt, muß die Einwohnerschaft der einzelnen Mitgliedstaaten entscheiden, welche Ordnung sie als höhere will – mit anderen Worten: in welcher Größe der zur politischen Letztverantwortlichkeit gebun-

---

[348] Dazu auch *Christian Hillgruber*, in: Isensee/Kirchhof (Hrsg.), Handbuch des Staatsrechts, Bd. II, § 32 Rn. 48; *ders.*, JZ 2002, 1072, 1073; *Robert Jackson*, Political Studies 47 (1999), 431, 432 (zum Beispiel von USA und Kanada); *Albrecht Randelzhofer*, in: Isensee/Kirchhof (Hrsg.), Handbuch des Staatsrechts, Bd. II, § 17 Rn. 32 (zur Frage der Großmächte) und *Alfred Verdross*, in: Festschrift für Friedrich August Freiherr von der Heydte, 1. Halbband, S. 703, 710.

[349] Dazu auch *Christian Hillgruber*, JZ 2002, 1072, 1073.

[350] Insofern gilt bis heute, was *Alfred Verdross* (in: Festschrift für Friedrich August Freiherr von der Heydte, 1. Halbband, S. 703, 708) festgestellt hat: daß die These vom Souveränitätsverlust die westeuropäische Lage zu Unrecht verallgemeinert und diese zudem überschätzt. In dieselbe Richtung äußert sich *Eckart Klein*, VVDStRL 63 (2004), 74; die Sonderumstände des westeuropäischen Staates werden zutreffend auch von *Neil MacCormick*, MLR 56 (1993), 1, 16 erkannt. *Heinhard Steiger* (Der Staat 41 [2002], 331, 347) hält die westeuropäische Entwicklung insofern für symptomatisch. – Beispielhaft für diesen Wahrnehmungsfehler auch *Juliane Kokott*, VVDStRL 63 (2004), 7, 21 ff.

[351] *Christoph Dorau*, Die Verfassungsfrage der Europäischen Union, S. 52 und *Dimitris Th. Tsatsos*, EuGRZ 1995, 287, 290 f.

[352] Siehe dazu allgemein oben: Erster Abschnitt, II.1.b.

[353] Zu Unrecht setzen daher *Erhard Denninger* (JZ 2000, 1121, 1125) und *Juliane Kokott* (VVDStRL 63 [2004], 7, 21 ff.) den „Abschied vom Nationalstaat" mit dem „Abschied vom Begriff der Souveränität" gleich. Demgegenüber zutreffend schlußfolgert *Robert Jackson*: „A politically united Europe would still be part of a world of sovereign states." Vgl. dazu auch *Markus Kotzur*, Grenznachbarschaftliche Zusammenarbeit in Europa, S. 273.

dene Raum bemessen werden muß. Faktische Zwänge können diese Entscheidung determinieren.

IV. Zwischenergebnis: Zur Bedeutung von Souveränität und Bundesstaatlichkeit im europäischen Integrationsprozeß

Die dargestellte faktische Verengung politischer Gestaltungspotentiale und die Verfassungsstrukturen der neuzeitlich geteilten Staatsgewalt haben einige Autoren dazu veranlaßt, das Souveränitätsdenken in der Verfassungswissenschaft, insbesondere im Hinblick auf den europäischen Integrationsprozeß, für überwindungsbedürftig zu halten.[354] Die dargelegten Gründe lassen erkennen, warum dieser Forderung nicht gefolgt werden kann[355]: die Verbandssouveränität eines Volkes kennzeichnet die Fähigkeit dieser Gemeinschaft, eine unabgeleitete Ordnung des Öffentlichen aus sich selbst heraus zu begründen. Seine Souveränität dauert an, solange sich diese von ihm entwickelte Ordnung in der praktischen Gestaltung der öffentlichen Sphären als vollziehbar erweist. Diese Souveränität wurde weder durch den Grundsatz der Gewaltenteilung abgeschafft, noch lassen Globalisierungsprozesse sie gegenwärtig verschwinden. Alle anderen Verständnisweisen des Ausdrucks „Souveränität", die sich auf ein bestimmtes Organ an der Spitze dieser Ordnung beziehen, beschreiben sachlich davon abzugrenzende Momente. Sie ändern nichts an dem Umstand, daß jene Fähigkeit, die hier, in einem ordnungsbezogenen Sinn, als Souveränität bezeichnet wird, in dieser oder jener Form auch fortan existiert. Wenn die Mitgliedstaaten der Europäischen Union ihre Souveränität tatsächlich verlieren, wird die EU sie erlangen. Im Ergebnis bestätigt sich damit, was *Robert Jackson* mit den folgenden Worten ausgedrückt hat:

---

[354] So z.B. (bei unterschiedlicher Stringenz, aber im wesentlichen ähnlicher Begründung) *Erhard Denninger*, JZ 2000, 1121, 1125f.; *ders.*, VVDStRL 60 (2001), 362, 363; *Juliane Kokott*, VVDStRL 63 (2004), 7, 21 und *C.F. Ophüls*, in: Ule u.a. (Hrsg.), Recht im Wandel, S. 519, 586.

[355] Ebenso *Albrecht Randelzhofer*, in: Isensee/Kirchhof (Hrsg.), Handbuch des Staatsrechts, Bd. II, § 17 Rn. 12 (der auch auf zahlreiche internationale Verträge hinweist, in denen die Souveränität der Staaten genannt und vorausgesetzt wird) sowie *Claus Dieter Classen*, JZ 2003, 143f.; *Christian Hillgruber*, JZ 2002, 1072, 1076 (beschränkt auf die äußere Souveränität); *Dietrich Murswiek*, Der Staat 32, (1993), 161, 169 und *Stefan Oeter*, in: Festschrift für Helmut Steinberger, S. 259, 290. Für „(noch) nicht verzichtbar" hält den Begriff „Souveränität" *Utz Schliesky*, Souveränität und Legitimität von Herrschaftsgewalt, S. 508. Daß auch *Hans Kelsen* den Souveränitätsbegriff nicht für überflüssig erachtet haben wollte, belegt *Manfred Baldus*, Der Staat 36 (1997), 381, 387.

„Sovereignty clearly is something that many people want to keep and many other people want to have. [...] The institutional arrangements have changed over time but the core notion of sovereignty as political independence has remained the same.“ [356]

Europa würde dann, wenn es die Fähigkeit erlangt, aus sich selbst heraus eine unabgeleitete und letztverbindliche Ordnung zu begründen, zu einem Bundesstaat. Europas künftige rechtliche Ordnung wäre dann auf der Ebene der europäischen Völkergesamtheit verankert, womit von „Staaten“ und „Völkern“ nur noch in einem unspezifischen, nicht staatstheoretischen Sinn die Rede sein könnte. Das Charakteristikum eines solchen gesamteuropäischen Bundesstaates bestünde darin, letztverantwortliche Bezugsebene für eine Vielzahl historisch unabhängiger Völker zu sein – die föderalistische Komponente, die im Bundesstaat generell einen Bestandteil der Ordnungsvorstellung bildet, müßte hierbei in besonderer Weise ordnungsgestaltend wirken.

In den folgenden Abschnitten soll es nun darum gehen zu ermitteln, wann und wie dieser Punkt erreicht werden kann. Welche verfassungsrechtlichen Strukturen entsprächen dem europäischen Bundesstaat? Welche juristischen Kriterien bezeugen in concreto das Staatsein eines Verbandes?

[356] Political Studies 47 (1999), 431, 434.

4. Abschnitt

Staatlichkeitsindizien in der rechtlichen Struktur

I. Die Höchstrangigkeit der Verfassungsstruktur als Ausgangspunkt der Staatlichkeitsbestimmung

1. Unabgeleitete Verfassungsgeltung und unbedingter Verfassungsvorrang als Konsequenzen der verfassungsmarkierenden Höchstrangigkeit

Um Merkmale zu bestimmen, anhand derer der Bestand der Staatlichkeit im Gemeinwesen identifiziert werden kann, gilt es, dessen rechtliche Ordnungsstrukturen, insbesondere im Hinblick auf ihre inneren Ableitungsverhältnisse, zu entschlüsseln; es geht, mit anderen Worten, darum, die höchsten rechtlichen Regeln einer Gemeinschaft zu finden: von Staatlichkeit kann nur dort die Rede sein, wo es sich um eine grundlegende, unabgeleitete Ordnungsstruktur handelt. Das Wesen der Verfassung als unmittelbarer Ausdruck der grundlegenden Ordnungsvorstellung manifestiert sich dabei auf zweierlei Weise: die Besonderheit der *Verfassungsgeltung* liegt demnach darin, daß diese nicht auf die Geltung anderer Normen zurückgeführt werden kann. Diesem originären Gelten der Verfassungsnormen entspricht in einer normhierarchischen Hinsicht ihr *Vorrang*: das Gemeinwesen, das sich aus einer bestimmten Ordnungsvorstellung heraus zur politischen Einheit verbindet und die Verfassungsgeltung begründet, verbindet mit der Einsetzung der verfassungsrechtlichen Ordnung die Erwartung ihrer Effektivität: die von ihm eingerichtete verfassungsrechtliche Ordnung soll sich gegenüber allem anderen durchsetzen, was innerhalb derselben politischen Einheit an der Ordnung der öffentlichen Sphären mitwirken will. Originäre Verfassungsgeltung und inhaltlicher Verfassungsvorrang markieren insofern zwei Seiten dessen, was das Wesen des Verfassungsrechts ausmacht – einerseits im Hinblick auf Grund und Entstehung und andererseits im Hinblick auf Sinn und Funktion. Die Ebene des politischen Gebundenseins, auf der sich diese Kriterien nachweisen lassen, verfügt über Verfassungsautonomie (im richtigen Sinne des Wortes) und bildet damit den Staat.[357] Den Staatlichkeitsbestand in einer Gemeinschaft zu identifizieren (um ihn einer bestimmten Ebene ihres rechtlichen Verfaßtseins zuordnen zu können), setzt daher voraus, die unabgeleitete Verfassungsgeltung und den unbedingten Ver-

---

[357] Siehe hierzu auch *Theodor Schilling*, AöR 116 (1991), 32, 62.

fassungsvorrang nachzuvollziehen. Aus diesen Denkfiguren heraus ist demnach zu entwickeln, welche Kriterien hierbei im einzelnen angelegt werden müssen.

Zu beachten ist jedoch, daß die Verfassung ihren eigenen Vorrang punktuell zurücknehmen kann, ohne ihre höchstrangige und unabgeleitete Geltung als solche in Frage zu stellen. Dies geschieht insbesondere dort, wo sie, wie in Art. 23 Abs. 1 Satz 3 GG, verfassungsdurchbrechende Aktivitäten nachgeordneter Hoheitsträger erlaubt. Der Ableitungszusammenhang bleibt dabei derselbe: Verfassungsdurchbrechungen sind möglich, wo die Verfassung selbst sie bewirkt. Die Höchstrangigkeit ihrer Geltung wird damit im Grunde bestätigt: wo sich die Verfassung punktuell zurücknimmt, handelt es sich um eine Verfassungsentscheidung, die ihrem eigenen Anspruch entspringt und die, durch ein entsprechendes Tätigwerden der Verfassungsorgane, jederzeit rückgängig gemacht werden kann. Diese Zusammenhänge belegen, daß die Verfassung als Grund der rechtlichen Ordnung, indem sie als ursprünglich und unabgeleitet eingesetzt ist, diesen Status nicht von sich aus aufgeben kann: alles, was sie an Bindung hervorbringt, leitet sich notwendigerweise aus dieser Ordnung heraus ab. Punktuelle Durchbrechungen, welche die Verfassung selbst vorsieht, stellen daher weder die unabgeleitete Geltung des Verfassungsrechts noch dessen grundsätzlichen Vorrang in Frage.

2. *Sonderfragen der Staatlichkeitsbestimmung im Mehrebenenverbund*

a. *Die „Verfassungsautonomie" von nachgeordneten Verbänden*

Bevor nunmehr aus diesen Grundsätzen der unabgeleiteten Verfassungsgeltung und des unbedingten Verfassungsanspruchs heraus konkrete Kriterien zur Bestimmung des Staatlichkeitsbestandes entworfen werden können, sind, insbesondere im Hinblick auf die gegenwärtigen Diskussionen der Staatlichkeitsfrage, zwei Punkte zu bedenken, welche die Verfassungsstrukturen in sogenannten „Mehrebenenverbänden" betreffen. Diese Bedenken berühren zum einen, in Theorie und Dogmatik bestehender Staatlichkeitsmuster, das Wesen des Verfassungsrechts innerhalb der hergebrachten Bundesstaatsformen: inwiefern kann auch in einem Bundesstaat von der Höchstrangigkeit und der unabgeleiteten Geltung der verfassungsrechtlichen Normen zu sprechen sein und wo sind diese zu suchen? Und vor allem: was hat es auf sich mit der Verfassungsautonomie der Länder – weshalb muß diese sich nicht als unüberwindliche Schwierigkeit erweisen, wenn aus der unabgeleiteten Geltung der Verfassung heraus auf den Bestand der Staatlichkeit geschlossen werden soll, diese jedoch, nach der hier vertretenen Lehre, nur hier oder dort, nur auf der Ebene des Bundes oder auf der Ebene der Länder, zu finden sein kann? Die Bedenken gegen das hier bevorzugte Vorgehen betreffen zum anderen, in der Theorie supranationaler Herrschaftsstrukturen, die Lehre vom „Mehrebenenverfassungsverbund", deren Betrachtung den tieferen Grund der Staatlichkeitsentfaltung in politischen Räumen verdeutlicht.

Was die „Verfassungsautonomie" der Gliedstaaten anbelangt, die den deutschen Bundesländern durch die Staatsrechtslehre einhellig zuerkannt wird[358], so soll, ähnlich wie bei der Frage nach ihrer Staatsqualität, die Notwendigkeit dieser Bezeichnung dahingestellt bleiben; entscheidend ist allein der Umstand, daß die Verfassungsautonomie des Gesamtstaates und die „Verfassungsautonomie" seiner Glieder Verschiedenes meinen. Während es sich im Gesamtstaat um die rechtliche Fixierung einer unabgeleiteten Ordnungsbegründung handelt, welche normativ durch die Einsetzung einer entsprechenden Verfassungsstruktur wirksam wird, entspringt die „Verfassungshoheit" der Länder der bundesstaatlich geprägten Ordnungsvorstellung des Ganzen: was diesen an „Verfassungshoheit" zusteht, ergibt sich verfassungsrechtlich aus dem föderalen Kernbestandteil der gesamtstaatlichen Verfassung. Am Beispiel der grundgesetzlichen Ordnung läßt sich verstehen, wie dieser Zusammenhang in der Bundesverfassung juristisch zum Ausdruck gelangt: während Art. 20 Abs. 1 GG das föderalistische Kernelement der Ordnungsvorstellung verwirklicht und damit zugleich jenen Freiraum begründet, der die „Verfassungsautonomie" des Gliedstaats genannt werden kann, dient Art. 28 Abs. 1 Satz 1 GG der Einbettung dieses Elementes in das Ordnungsmuster der Bundesgesamtstaatlichkeit, das, wie Satz 1 der Präambel klarstellt, der Wille des Gesamtvolkes trägt. Landesverfassungen gelten daher, in einem streng rechtstheoretischen Sinn, gerade nicht unabgeleitet, sondern beziehen ihre Geltung aus der föderalen Grundkomponente der bundesstaatlichen Verfassungsarchitektur. Dem entspricht es, daß sich auch ein Vorrang der Bundesverfassung nachweisen läßt. Im Grundgesetz findet sich dieser in mehrfacher Hinsicht: einmal, indem Bundesrecht den Vorrang vor Landesrecht genießt (Art. 31 GG), zum anderen, indem die Verfassungsordnungen der Länder an die Kernanliegen der Bundesverfassung gebunden erscheinen (Art. 28 Abs. 1 Satz 1 GG); und zum dritten durch die entsprechenden Rechtsdurchsetzungsmechanismen (Art. 37 GG).

Eine andere, hiervon zu trennende Frage ist es, ob auch die Herrschaft über diese Verfassung dem Bundesstaatsganzen und seinen Gliedern gemeinsam obliegen kann. Bundesstaatliche Verfassungen wie das Grundgesetz bestätigen die Möglichkeit dessen: so wirken beispielsweise die Ländervertreter gemäß Art. 79 Abs. 2 GG an der Willensbildung bei Änderungen der gesamtsstaatlichen Verfassungsbestimmungen mit. Daß sie dies tun, ändert nichts daran, daß sich der Geltungsanspruch der Bundesverfassung aus ihrer Einsetzung durch das Volk des Gesamtsstaats ergibt und auf das Bundesstaatsganze bezieht.[359] Die Länder als Gliedstaaten agieren insofern als Verfassungsstrukturen des Bundes, ihr

---

[358] Siehe dazu die Nachweise in Fn. 217.

[359] Zu den Abgrenzungsschwierigkeiten, die sich hieraus ergeben, sind insbesondere die

Mitwirkungsorgan, der Bundesrat, bildet ein Verfassungsorgan des Gesamtsstaats.[360] Gliedstaatliche Gestaltungs- und Mitwirkungsformen ergeben sich demzufolge aus der verfassungsrechtlichen Ordnung des Bundes; die Mitwirkung seiner Einzelglieder an den Änderungen seiner Verfassung setzt das föderalistische Gestaltungsmoment seines eigenen Ordnungsanspruches um. Die grundlegende Ordnung der öffentlichen Sphäre ist auch insoweit nur einmal, auf der gesamtstaatlichen Ebene, rechtlich fixiert; Dasein und Mitgestaltungsoptionen der föderalen Glieder wurzeln in diesem Ordnungsprogramm selbst. Alles in allem zeigt sich auch hieran, daß die unabgeleitete Verfassungsgeltung und der unbedingte Verfassungsvorrang, in der Weise, wie sie hier verstanden werden sollen, innerhalb der Gemeinschaft nur einmal, und zwar auf oberster Ebene, existieren. Ihr Wert als Ausgangspunkt der Staatlichkeitsbestimmung wird durch autonome Verfassungsräume bundesstaatlicher Gliedeinheiten demzufolge nicht in Frage gestellt.

b. Konzepte des ebenenübergreifenden Verfassungsverbunds

Wenn man diese Betrachtungen aus der Dimension der konkreten Bundesstaatlichkeit auf das abstraktere Konzept des Mehrebenendenkens (wie es im Kontext der Diskussion um eine europäische Verfassunggebung von verschiedenen Autoren vorgetragen wurde[361]) überträgt, so beantwortet sich hiermit die grundsätzliche Frage, ob eine höchste und unabgeleitete Verfassungsstruktur auch mehrdimensional, als ein Zusammenspiel von höchsten und unabgeleiteten Regeln auf verschiedenen Ebenen des politischen Gebundenseins, konzipiert werden kann – und dies mit einem negativen Fazit. Zwar kann, wie gezeigt worden ist, die föderalistische Konzeption selbst einen Bestandteil der Ord-

---

Darlegungen *Theodor Schillings* (AöR 116 [1991], 32, 63) instruktiv. Siehe dazu auch unten: III.2.c.

[360] BVerfGE 1, 299, 311; 8, 104, 120; 106, 310, 330. Siehe dazu auch *Christoph Degenhart*, Staatsrecht I, Rn. 653 und *Bodo Pieroth*, in: Jarass/Pieroth, Grundgesetz, Rn. 1 zu Art. 50.

[361] Entsprechende Ansätze werden mittlerweile von zahlreichen Autoren vertreten; siehe z. B. *Anneli Albi/Peter van Elsuwege* ELR 30 (2004), 741, 761 ff.; *Armin von Bogdandy*, Supranationaler Föderalismus als Wirklichkeit und Idee einer neuen Herrschaftsform, S. 13 f.; *ders.*, in: Festschrift für Peter Badura, S. 1033, 1047; *Martin Nettesheim*, ZEuS 2002, 507, 533 ff. sowie *Ingolf Pernice*, VVDStRL 60 (2001), 148, 163 ff.; *ders.*, Die Verfassungsfrage aus rechtswissenschaftlicher Sicht, Rnrn. 34 ff.; *ders.*, RTDE 36 (2000), 623, 631 ff.; *ders.*, Fondements du droit constitutionnel européen, Rnrn. 53 ff.; *ders.*, JÖR 48 N. F. (2000), 205, 210 ff.; *ders.*, CMLR 36 (1999), 703, 707 ff. Ein ähnliches Konzept verfolgt auch *Dimitris Th. Tsatsos* unter den Stichworten „Unionsgrundordnung" und „gemeineuropäische Verfassungsverantwortung"; vgl. *dens.*, EuGRZ 1995, 287, 292; *dens.*, Das Prinzip der Europäischen Verfassungsverantwortung, Rnrn. 51 ff.; *dens.*, in: Festschrift für Martin Kriele, S. 1263, 1270 ff. Weniger weitgehend, aber in dieselbe Richtung auch *Christian Calliess/Matthias Ruffert*, EuGRZ 2004, 542, 544 und *Peter Häberle*, DVBl. 2000, 840, 841 f. – Entsprechende Konzepte kommentieren u. a. *Ulrich Haltern*, Europarecht und das Politische, S. 301 ff. und *Markus Kotzur*, Grenznachbarschaftliche Zusammenarbeit in Europa, S. 268.

nungsvorstellung bilden[362], so daß es zunächst vorstellbar erscheint, daß auch ein föderalistisches Gefüge als Ganzes die höchsten Regeln des Gemeinwesens liefert und somit, in seiner juristischen Qualität als Verknüpfung von gliedstaatlichen und gesamtstaatlichen Verfassungsmomenten, dessen eigentliche Verfassung markiert – wieso, so könnte man fragen, sollte eine grundlegende und ordnungerrichtende normative Struktur, an deren Beherrschung sich das Wesen der Staatlichkeit knüpft, tatsächlich nur eindimensional gedacht werden können und nicht auch ebenenübergreifend, Gesamtstaats- und Gliedstaatsverfassungen einbeziehend, vorstellbar sein? Bei näherer Betrachtung erweist sich dieses Problem auch, und möglicherweise primär, als eine Frage der verfassungstheoretischen Herangehensweise. Ebenenübergreifende Gesamtverfassungskonzepte stellen insofern ein Problem des Wirklichkeitsbezugs der staatswissenschaftlichen Modellbildung dar.

Träger einer jeden grundlegenden Ordnung ist das Volk, das sich aus einem bestimmten Zusammengehörigkeitsbewußtsein heraus zur unabhängigen Einheit verbindet. Aus dieser Unabhängigkeit heraus setzt es, in Gestalt verfassungsrechtlicher Regeln und sie vollziehender Organe, eine höchste und unabgeleitete Ordnungsstruktur ein. Unabhängig von ihrem konkreten Inhalt ist diese auf das Volk in Gesamtheit bezogen, dessen Bewußtsein die Ordnungsvorstellung prägt. Der Entwurf einer solchen unabgeleiteten ranghöchsten Ordnung ist ausgeschlossen, wenn sich ein und dieselbe Gemeinschaft zugleich auf anderer Ebene als Teil eines größer oder kleiner dimensionierten Gemeinwesens für die Begründung einer unabgeleiteten Ordnung engagiert: ein und dasselbe Volk kann nicht zugleich selbst und als Teil einer anderen Einheit Träger einer letztverbindlichen Ordnung sein; das Grundanliegen seines Unabhängigseins, das seine Verbindung begründet, läßt sich denknotwendigerweise nur einmal erreichen. Die Unabhängigkeit muß sich in ihrer Einmaligkeit auf eine konkrete Größe und damit auf eine bestimmte Ebene, ein bestimmtes Volk und einen bestimmten geographischen Raum, beziehen. Zur unabhängigen Einheit vereinigt zu sein, heißt zwangsläufig, sich als Gemeinwesen räumlich-politisch (in der Neuzeit territorial) gegen die anderen abzugrenzen und damit eine Bezugsgröße zu bilden für den Geltungskreis einer höchstrangigen Ordnung. Diese Eindimensionalität rührt dabei aus der notwendigen Einheitlichkeit und Ganzheit gemeinschaftlicher Ordnungsbestrebungen her: das Öffentliche grundlegend zu ordnen, ist seinem Wesen nach ein unteilbarer und ausschließlicher Anspruch – diese Ausschließlichkeit und Unteilbarkeit bilden zuletzt selbst den Grund dafür, daß sich das Gemeinwesen abgrenzen muß, wenn es seine Ordnungsvorstellung, d.h. seine Werte und seine von ihm für richtig befundene Lebensweise, umsetzen will. Verfassungsrecht (in der wissenschaftlich relevanten Bedeutung des Wortes) muß sich demnach auf eine be-

---

[362] Siehe oben: Dritter Abschnitt, II.2.b.

stimmte Ebene des Gemeinwesens beziehen und kann nicht, wie *Pernice* meint, über mehrere verteilt erscheinen. Die unabgeleitete Geltung des Verfassungsrechts und dessen unbedingter Anwendungsvorrang verwirklichen sich demzufolge auch (und: insbesondere) dort, wo mehrere Ebenen der öffentlichen Gewalt nebeneinander agieren. Gerade in diesen Zusammenhängen ermöglicht es deren Betrachtung, den Bestand der Staatlichkeit zu bestimmen.

3. Staatlichkeitskriterien für den Fall des Staatlichkeitsübergangs

Die entscheidenden Fragen, anhand derer der Bestand der Staatlichkeit in einem Gemeinwesen identifiziert werden kann, lauten daher, auf welcher Ebene ihrer rechtlichen Ordnung die Gemeinschaft über Normen verfügt, deren Geltung nicht aus der Geltung anderer rechtlicher Regeln ableitbar ist, und die, im Zusammenhang damit, Vorrang vor sämtlichen abgeleiteten Rechtsstrukturen genießen. Diese Frage kann, wie beispielsweise im Falle eines klassischen, nichtföderalen Nationalstaats, leicht zu beantworten sein: eine unabgeleitete verfassungsrechtliche Struktur, die, zumindest dem Grunde nach, Vorrang vor sämtlichem anderen Recht beanspruchen muß, findet sich hier in der nationalstaatlichen Verfassung. Wenn jedoch untersucht werden soll, wie es um den Bestand der Staatlichkeit in solchen Momenten bestellt ist, in denen sich Staaten, sei es supranational oder sei es föderal, integrieren, oder in denen Integrationsverbände zerfallen, mit anderen Worten: in denen sich die Staatlichkeit wandelt und möglicherweise ihre Bezugsgröße wechselt oder bereits gewechselt hat – wenn dies untersucht werden soll, zeigt sich in der Beantwortung der beiden angesprochenen Fragen das ganze Ausmaß der Problematik. Die juristischen Schwierigkeiten, die den europäischen Integrationsprozeß begleiten, haben dies aufs neue verdeutlicht. So läßt sich die Frage danach, auf welcher Ebene die unabgeleitete, autonom geltende verfassungsrechtliche Ordnung begründet liegt, nicht mehr ohne weiteres entscheiden, seit der EuGH und der ihm folgende Teil der europarechtlichen Lehre die autonome Geltung des Gemeinschaftsrechts postulieren. Ähnliche Schwierigkeiten treten dort auf, wo das Vorrangverhältnis im Zusammenspiel der beiden rechtlichen Ebenen, und damit zuletzt der Vorrang des Verfassungsrechts, vor einer abgeleiteten und untergeordneten Bindung, untersucht werden soll: während der EuGH vom Vorrang des Gemeinschaftsrechts vor sämtlichem mitgliedstaatlichen Recht ausgeht (und damit die Verfassungsnatur des EG-Rechts bejaht), verstehen andere das mitgliedstaatliche Verfassungsrecht letztendlich als vorrangig, dies zumindest dort, wo es um dessen änderungsfeste Kernbestandteile geht.[363] Um den Bestand der Staatlichkeit (ihr Werden und Vergehen) in einem solchen Fall hinrei-

[363] Dazu *Theo Öhlinger*, in: Festschrift für Georg Ress, S. 685, 691. Die Frage nach der Natur beider Vorrangmodelle, Anwendungs- oder Geltungsvorrang, soll hier zunächst noch zurückgestellt werden.

chend deutlich beobachten zu können, müssen aus den beiden zentralen Aspekten der Verfassungsstruktur, der unabgeleiteten Geltung und ihrer rechtlichen Höchstrangigkeit, handhabbare Kriterien abgeleitet werden, die den Kern des Staatseins verfassungsrechtlich markieren. Welche rechtlichen Strukturen sind es also, welche die unabgeleitete Geltung und den unbedingten Vorrang bewirken? In den folgenden Absätzen dieses Abschnitts werden hierfür zehn Kriterien herauszuarbeiten sein.[364]

Im Hinblick auf die *unabgeleitete Geltung* des Verfassungsrechts ist dafür zunächst zu betrachten, worin die Spezifika seines Zustandekommens bestehen: was höchstrangig und unabgeleitet gilt, muß notwendigerweise über Besonderheiten bei der Entstehung der jeweiligen rechtlichen Normen verfügen, die es von allem anderen Recht unterscheiden.[365] Besonderheiten könnten aber auch dort nachzuweisen sein, wo es um das Außerkrafttreten der entsprechenden Normen geht[366]: während Rechtsnormen vom Rang unterhalb der Verfassung grundsätzlich außer Kraft gesetzt werden können, stellen sich im Falle des Verfassungsrechts Fragen, die im einzelnen auf ihren Wert als Staatlichkeitskriterien hin untersucht werden müssen. Im Hinblick auf den *Vorrang der Verfassung* vor untergesetzlichem Recht erweisen sich die Merkmale des Staatseins einerseits als inhaltliche Fragen[367] – im Hinblick auf den institutionellen Ausbau der Ordnung, ihren territorialen Bestand und ihren gegenständlichen Umfang; andererseits jedoch auch als Fragen der Rechtsdurchsetzung und der Rechtskontrolle[368], die den inhaltlich geltend gemachten Vorrang in der Rechtsanwendung sichern. Erst die Zusammenschau all dieser Komponenten gibt zu erkennen, auf welcher Ebene das Verfassungsrecht (in einem staatlichkeitsrelevanten Sinne) angelegt ist. Die Ebene, auf der sich diese Strukturen nachweisen lassen, besitzt Verfassungsautonomie und bildet somit den Staat.

III. Staatlichkeitskriterien im Hinblick auf die Vorgänge der Rechtserzeugung

1. *Erstes Kriterium: Die Regeln der Änderbarkeit*

a. *Staatlichkeit als Geltungskreis unabgeleiteter Rechtsänderungsregeln*

Um feststellen zu können, welche Ebene des politischen Gebundenseins als „Staat“ betrachtet werden muß, sind zunächst jene Kriterien eingehend zu un-

---

[364] Merkmale der Staatlichkeit, die sich mit dem hier vertretenen Ansatz punktuell berühren, behandelt auch *Christoph Gusy*, Brauchen wir eine juristische Staatslehre?, S. 14.

[365] Siehe dazu unten: III.

[366] Siehe dazu unten: VI.

[367] Siehe dazu unten: IV.

[368] Siehe dazu unten: V.

tersuchen, die sich aus dem unabgeleiteten Gelten der verfassungsrechtlichen Ordnung ergeben. Die Frage nach der ebenenbezogenen Verortung einer aus sich selbst heraus sich ergebenden rechtlichen Geltung befaßt sich dabei unmittelbar mit dem Zugriff des Verbandes auf seine Ordnung, mit anderen Worten: mit dem Inkraftgesetzt- und Geändertwerden seiner verfassungsrechtlichen Normen. *Als ein erstes Kriterium der Staatlichkeit erscheint in dieser Hinsicht die Frage, welche Regelungsebene innerhalb einer Rechtsordnung die Regeln ihrer eigenen Änderbarkeit aus sich selbst heraus festlegt.* Als Staat ist danach jene Ebene des politischen Gebundenseins einer Gemeinschaft zu betrachten, auf der sich ein solcher Zusammenhang nachweisen läßt.

Denknotwendige Folge der Höchstrangigkeit einer Verfassung (und damit der Staatlichkeit) ist es, daß eine entsprechende Regelungsebene die Vorschriften darüber, wie und durch wen sie geändert werden kann, von keiner höheren Rechtsebene ableiten kann, sondern aus sich selbst heraus einsetzt.[369] Dies unterscheidet die Verfassung (in einer staatlichkeitsrelevanten Bedeutung) von allem anderen Recht, dessen Änderbarkeit sich jeweils aus übergeordneten Rechtsnormen ableiten läßt: die Änderung der Gesetze aus der Verfassung, die Änderung untergesetzlichen Rechts aus den Gesetzen usw. Die Ebene der Verfassung bildet insofern den letzten Bezugspunkt der Erzeugung rechtlicher Regeln und damit zugleich auch des rechtlichen Geltens, da sämtliche Modalitäten ordnungsinterner Rechtsinkraftsetzung hierauf zurückgeführt werden können. Rückgriffe auf höherrangiges Recht sind, was Zustandekommen und Gültigkeit rechtlicher Regeln anbelangt, von dieser Ebene aus notwendigerweise ausgeschlossen: wo sie weiterhin möglich erscheinen, bildet das betrachtete Normenensemble keine ranghöchste, unabgeleitete Rechtsschicht und stellt damit seinem Wesen zufolge kein Verfassungsrecht dar.

Die Frage danach, auf welcher Ebene des gemeinschaftlichen Verbundenseins rechtliche Regeln ihre eigene Änderbarkeit statuieren, ist als Staatlichkeitskriterium auch deshalb von primärer Bedeutung, weil hierdurch der Blick zunächst von den Akteuren der konkreten Änderung abgezogen und auf den Geltungskreis der rechtlichen Ordnung gelenkt werden kann. Zur Bestimmung der Staatlichkeitsfrage ist es in erster Linie entscheidend, auf welcher Ebene der Gemeinschaft entsprechende unabgeleitete, in ihrer Änderbarkeit auf sich selbst bezogene Rechtsregeln bestehen, und weniger, welche Organe konkret daran mitwirken. Wo der Geltungskreis einer höchstrangigen Ordnung eindeutig feststellbar ist, muß es sich auch bei den Organen, die diese gestalten, um Verfassungsorgane in der hier vertretenen, staatlichkeitsbezogenen Bedeutung dieses Ausdruckes handeln. Sichtbar wird das Ganze im Mehrebenensystem, wenn Organe verschiedener Ebenen bei der Verfassungsänderung zusammenwirken,

---

[369] *Trevor C. Hartley*, in: Mouton/Stein (Hrsg.), Eine neue Verfassung für die Europäische Union? Die Regierungskonferenz 1996, S. 57, 60.

d. h. wenn ein Organ an der Gestaltung der Gesamtstaatsverfassung mitwirkt, dessen Aufgabe es ist, Gliedstaatsinteressen zu vertreten, und über dessen Besetzung Gliedstaatsorgane bestimmen (wie dies beispielsweise beim deutschen Bundesrat idealtypischerweise der Fall ist). Wer hier zunächst auf die Akteure der Verfassungsänderung (oder auch auf das unsichere Kriterium der „Verfassungshoheit“) abstellen will, müßte es durchaus als fraglich empfinden, welche rechtliche Ebene als höherrangig verstanden werden muß: die Mitwirkung eines entsprechenden Verfassungsorgans läßt sich von der Funktion eines Rates von Staatenvertretern in einem zwischenstaatlichen Bündnis nicht ohne weiteres unterscheiden. Eine Betrachtung der Änderbarkeitsregeln (der Bundesverfassung) schafft hier zunächst insoweit Klarheit, als dadurch der Geltungskreis der höchstrangigen Regeln bestimmt werden kann, der seinerseits die Dimension des Staatlichen markiert. Die Regeln, wie, durch wen und in welchem Umfang das Grundgesetz als Verfassung des Bundes formal oder inhaltlich modifiziert werden kann, ergeben sich ausschließlich aus diesem selbst, und identifizieren die Bundesrepublik somit als Staat. Änderungsregeln, die sich demgegenüber (wie beispielsweise im Falle eines Staatenbundstatutes) aus völkerrechtlichen Vertragsrechtsbestimmungen, wie etwa der WVRK, und damit aus einer Form des abgeleiteten äußeren Verpflichtetseins einer Gemeinschaft ergeben, sind hierdurch ebenso als nichtverfassungsrechtlich zu qualifizieren wie die Rechtsregeln innerer autonomer Akteure (wie beispielsweise von Landkreisen oder Gemeinden), deren Dasein und autonome Rechtsetzungsgewalt gleichwohl auf dem Willen des Gesamtstaats beruht. Wo die Rechtsvorschriften einer bestimmten Ebene, sei es im Staatenbund oder sei es Inneren einer staatlichen Ordnung, nur so geändert werden können, wie andere Normen es vorsehen, kann der Geltungskreis dieser Regeln nicht als Staat im Sinne einer letztverbindlichen Ordnungsbegründung eingestuft werden.

b. Änderungsregeln als Unterscheidungskriterium bundesstaatlichen und staatenbündischen Geeintseins: Brauchbarkeit und Grenzen

Wo die Frage nach dem Bestand eines rechtlichen Regelungsensembles, dessen Änderbarkeit aus ihm selbst heraus hervorgeht, zur Unterscheidung von Bundesstaatlichkeit und staatenbündischem Eingebundensein genutzt werden soll, zeigen sich die Leistungsfähigkeit, aber auch die Grenzen dieses Kriteriums. Beschränkungen und Verfahrensvorschriften für die Änderbarkeit bestimmter rechtlicher Regeln können sich anhand dieses Kriteriums auch dann als abgeleitet erweisen, wenn die Frage nach ihrem unabgeleiteten Charakter bei einer verkürzten Betrachtung scheinbar das Gegenteil suggeriert. Dieses Problem stellt sich insbesondere dort, wo die Natur des Eingebundenseins der Bundesländer in das Bundesstaatsganze untersucht werden soll: bei einer rechtsformalen Betrachtung ergeben sich, so scheint es, die Regeln darüber, wie und durch wen die Landesverfassungen geändert werden können, einzig und allein aus diesen selbst. In ihnen sind die entsprechenden Verfahren bestimmt und findet sich das Tätigsein der Landesverfassungsorgane verankert. Daß es sich dennoch nicht um unabgeleitete, verfassungsrechtliche Vorschriften nach dem hier zugrunde gelegten Verständnis handelt, ergibt sich erst durch die Betrachtung der jeweiligen Beschränkungen, durch die das Änderungsverfahren von oben her, aus der Bundesverfassung heraus, determiniert wird. Unter dem grundgesetzlichen Verfassungsregime ist die „Verfassungshoheit" der Länder insbesondere durch Art. 28 Abs. 1 Satz 1 GG an die Grundanliegen der bundesgesamtstaatlichen Ordnungsbegründung gebunden. Hiernach müssen (im Hinblick auf das Zustandekommen landesverfassungsrechtlicher Normen) demokratische Ansätze gewahrt und (im Hinblick auf deren Inhalt) Verfassungsprinzipien des Bundes berücksichtigt werden. Das aber heißt, daß sich die Regeln über die Änderbarkeit gerade nicht allein aus der Landesverfassung, sondern eben auch, und letztlich sogar in entscheidender Weise, aus der Bundesverfassung ergeben.

Größere Schwierigkeiten können sich einstellen, wenn es um die rechtlichen Strukturen eines äußeren Gebundenseins geht: Rechtserzeugungsregeln aus einem grundlegenden Gebundensein heraus (und damit unabgeleitet) in Geltung zu setzen, kann, was die sichtbaren rechtlichen Formen des Ganzen betrifft, dem Inkraftsetzen eines Vertrages mit einer Festlegung eigener Änderungsmodalitäten gleichen – insbesondere dann, wenn Organe beider Ebenen zusammenwirken müssen.[370] So enthält beispielsweise das EG-Primärrecht eigene, überwiegend als abschließend angesehene Regelungen über die Verfahrensweisen zu seiner eigenen Änderung (Art. 48 EUV), läßt andererseits aber auch einen Rückgriff auf die Regeln der WVRK (und damit: auf ein rechtssystematisch-ableitungsstrukturell vorgeordnetes Regelwerk) nicht von vornherein als ausgeschlossen erscheinen[371] – so daß nicht ohne weiteres entschieden werden kann, ob die entsprechende Rechtsebene (der EU) unabgeleitet oder als Produkt äußerer, ordnungsgebundener Rechtspflichten gilt. In Fällen dieser Art (die jetzt das Zentrum aller Staatlichkeitsdebatten markieren) bedarf es daher weiterer Indizien, die Aufschluß darüber geben, ob höhere Normen (in diesem Fall: die Verfassungen der daran beteiligten Staaten) den Rechtserzeugungsvorgang prädeterminieren.

---

[370] Siehe dazu unten: 2.c. sowie *Theodor Schilling*, AöR 116 (1991), 32, 63.

[371] Siehe dazu unten: Zweites Buch, Erster Abschnitt.

2. *Zweites Kriterium: Die Kompetenzhoheit des Staates in seinem Innern*

a. *Staatlichkeit als Zuständigkeit zur grundlegenden Ordnung der Rechtsetzungskompetenzen*

Ein weiteres Indiz, anhand dessen sich der unabgeleitete Charakter der Verfassungsbestimmungen nachweisen (und damit die Staatlichkeit räumlich zuordnen) läßt, kann dabei in der Frage zu finden sein, wer über die Verteilung der Normsetzungszuständigkeiten entscheidet. Die Rechtserzeugung in einer bestimmten Gemeinschaft kann nur dann als unabgeleitet erscheinen, wenn diese es auch aus sich selbst heraus festlegt, welche Akteure in ihrem Innern Regelungszuständigkeiten besitzen und wie dieselben verteilt werden sollen. Eine unabgeleitete, höchstrangige Geltung der Rechtsnormen kann deshalb nur in einem solchen Gemeinwesen angenommen werden, dessen Verfassungsorgane über eine uneingeschränkte Hoheit in der Verteilung der Rechtsetzungszuständigkeiten verfügen. Die Frage der Kompetenzkompetenz[372], d. h. die Frage danach, wer darüber entscheidet, welche Stelle welche Rechtsnorm hervorbringen darf, markiert insofern einen formalen Ableitungszusammenhang, der für die Staatlichkeitsbestimmung von zentraler Bedeutung ist.[373] *Die Schlüsselfrage zum zweiten Staatlichkeitskriterium lautet daher, wer innerhalb eines rechtlich organisierten Gemeinwesens den darin tätigen Hoheitsträgern Rechtsetzungszuständigkeiten aus sich selbst heraus zuweist.* „Staat“ ist danach jene Ebene des Gemeinwesens, von der diese Zuordnung ausgeht. [374]

Von den verschiedenen möglichen Bedeutungen, welche die Wortschöpfung „Kompetenzkompetenz“ im rechtswissenschaftlichen Schrifttum besitzt, ist

[372] Zur Figur der Kompetenzkompetenz in der gegenwärtigen staatsrechtlichen Dogmatik siehe auch *Theodor Maunz*, in: Isensee/Kirchhof (Hrsg.), Handbuch des Staatsrechts, Bd. IV, § 94 Rn. 16.

[373] *Trevor C. Hartley*, Constitutional Problems of the European Union, S. 152 f.; *Peter M. Huber*, in: Ipsen/Rengeling/Mössner/Weber (Hrsg.), Verfassungsrecht im Wandel, S. 349, 354; zurückhaltender jedoch *Stefan Griller*, in: Schuppert/Pernice/Haltern (Hrsg.), Europawissenschaft, S. 201, 227 ff. Inhaltlich entspricht diesem Kriterium der Allzuständigkeitsanspruch einer Gemeinschaft, auf den an späterer Stelle, im Rahmen der rechtsinhaltebezogenen Staatlichkeitskriterien zurückzukommen ist. Siehe dazu unten: IV.1. Den Zusammenhang beider Kriterien zur Verfassungsautonomie beschreibt *Peter M. Huber*, a.a.O., S. 354.

[374] Ähnlich *Michael Dickstein*, Der Verfassungsbegriff der Europäischen Union, S. 57; *Christian Koenig*, DÖV 1998, 268, 272 und *Alexander Somek*, Ist die Europäische Union ein Staat? Soll sie ein Staat werden? S. 9. A. A. *Stefan Griller*, EuZW 2002, 33, der jedoch verkennt, daß es gerade darum geht, ob der Gesamtverband oder seine einzelnen Glieder als unabhängig aufzufassen sind. Die Selbständigkeit gegenüber Dritten, auf die *Griller* abstellt, bezöge sich in dem einen Fall auf das Bundesganze, im anderen Fall auf die Einzelstaaten. Ebenfalls anders *Peter Lerche* (in: Ipsen/Rengeling/Mössner/Weber [Hrsg.], Verfassungsrecht im Wandel, S. 409, 421), der hierdurch die Staatlichkeit der Länder in Frage gestellt sieht. Dies ist zwar sachlich richtig, aber die Frage wäre daher gewesen, ob die „Staatlichkeit“ der Länder mit jener „Staatlichkeit“ identisch sein kann, wie sie den Untersuchungen vom Fortbestand des „Staates“ im supranationalen Integrationsprozeß zugrunde liegen muß.

damit zunächst jene angesprochen, die sich auf die Zuständigkeit zur grundlegenden Ordnung der Rechtsetzungskompetenzen bezieht.[375] Zuständigkeiten grundlegend zu verteilen, obliegt allein der höchsten Ordnungsstruktur, da nur diese ihrerseits nicht von zugewiesenen Zuständigkeiten abhängig ist[376] – als höchster Struktur zur Ordnung der öffentlichen Sphäre haftet ihr diese Aufgabe definitionsgemäß an.[377] Begrenzte Zuständigkeiten sind demgegenüber ihrem Wesen nach von anderen abgeleitet.[378] Kompetenzkompetenz ist dabei nicht gleichbedeutend mit Souveränität[379], steht aber in enger Verbindung zu dieser[380]: während diese, wie oben beschrieben[381], die Fähigkeit des Gemeinwesens meint, aus sich selbst heraus seine öffentliche Sphäre letztverbindlich zu ordnen, bezeichnet Kompetenzkompetenz eine aus dem Stiftungsakt folgende Befugnis, die einzelnen Sachkompetenzen als Bestandteile der Allzuständigkeit den abgeleiteten Entscheidungsstrukturen zu übertragen.[382] Ebenso wie ihre Basis, die Souveränität, bezieht sich auch die Kompetenzkompetenz nicht zwingend auf ein einzelnes Organ.[383] Verfassungsordnungen können bestimmen, daß nur mehrere Akteure gemeinsam über die grundsätzliche Verteilung der Zuständigkeiten in Exekutive, Legislative und Judikative entscheiden. Im

---

[375] Entsprechende Definitionen finden sich bei *Peter M. Huber*, in: Ipsen/Rengeling/Mössner/Weber (Hrsg.), Verfassungsrecht im Wandel, S. 349, 354 und *Otto Pfersmann*, in: Weiler/Eisgruber (Hrsg.), Altneuland: The EU Constitution in a Contextual Perspective, S. 5; ähnlich *Trevor C. Hartley*, Constitutional Problems of the European Union, S. 152. Im Unterschied dazu definiert *Udo Di Fabio* (Der Staat 32 [1993], 191, 201) Kompetenzkompetenz als „grundsätzlich unbegrenzte Gesetzgebungskompetenz". Allgemein zu den möglichen Bedeutungen des Ausdrucks *Peter Lerche*, in: Ipsen/Rengeling/Mössner/Weber (Hrsg.), Verfassungsrecht im Wandel, S. 409, 412 ff. und *Carl Schmitt*, Verfassungslehre, S. 386 f.

[376] *Peter Lerche*, in: Ipsen/Rengeling/Mössner/Weber (Hrsg.), Verfassungsrecht im Wandel, S. 409, 422. Dies verkennt z. B. *Stefan Griller*, EuZW 2002, 33.

[377] Weshalb es unrichtig ist anzunehmen, daß es auch so etwas wie „Kompetenz-Kompetenz-Kompetenz" (und entsprechende weitere Steigerungen) geben könne, wie *Trevor C. Hartley*, Constitutional Problems of the European Union, S. 153 (dort in Fn. 12) meint.

[378] Dazu wiederum *Trevor C. Hartley*, Constitutional Problems of the European Union, S. 152 f.

[379] *Peter Lerche*, in: Ipsen/Rengeling/Mössner/Weber (Hrsg.), Verfassungsrecht im Wandel, S. 409, 420 und *Carl Schmitt*, Verfassungslehre, S. 387. Die Gleichsetzung von Souveränität und Kompetenzkompetenz findet sich beispielsweise bei *Jean-Claude Piris*, EuR 2000, 311, 325. Diese Verwechslung rührt aus einem Souveränitätsdenken her, das Souveränität als Inhaberschaft bestimmter Zuständigkeiten versteht; siehe dazu oben Dritter Abschnitt, III.3.a.

[380] Hierzu *Stefan Griller*, in: Pernice/Zemánek (Hrsg.), A Constitution for Europe: The IGC, the Ratification Process and Beyond, S. 151, 161 f. (mit Bezügen zur Rechtslehre *Kelsens*). Von der Kompetenzkompetenz als „Konkretisierung von Souveränität" spricht *Udo Di Fabio*, Der Staat 32 (1993), 191, 201.

[381] Siehe oben: Dritter Abschnitt, III.1.

[382] In der Sache ähnlich *Peter Lerche*, in: Ipsen/Rengeling/Mössner/Weber (Hrsg.), Verfassungsrecht im Wandel, S. 409, 420.

[383] Siehe oben: Dritter Abschnitt, III.2.b.; daß die Kompetenzkompetenz unter Demokratiegesichtspunkten beim Parlament liege, betont *Udo Di Fabio*, Der Staat 32 (1993), 191, 201.

folgenden geht es daher um eine ebenenbezogene Ortung der Kompetenzkompetenz, aus der heraus die Staatlichkeitsfrage geklärt werden muß.[384]

b. Kompetenzdelegationen als Einsetzung nachrangiger Ordnungsstrukturen

Die Hoheit des Staates über die Zuständigkeiten der in seinem Inneren öffentlich-rechtlich agierenden Stellen erfüllt sich dabei zuallererst durch die Einrichtung dieser Strukturen selbst: hoheitlich handelnde Stellen werden in jenen Sektoren tätig, die der Staat ihnen zuweist.[385] In bestimmten Fällen können staatliche Normsetzungszuständigkeiten auch nach außen hin, an völkerrechtlich ins Leben gerufene Ordnungsstrukturen, abgegeben werden. Der Zuweisungsakt bestätigt, im Innern und nach außen hin, die Höchstrangigkeit der strukturbegründenden Ordnungsgewalt. Die Höchstrangigkeit bringt es dabei zwangsläufig mit sich, daß jede zugewiesene Befugnis grundsätzlich zurückgeholt werden kann. Die eingesetzten Herrschaftsstrukturen können aufgelöst und ihre Aufgabenfelder anderen Stellen anvertraut werden, wann immer dies ratsam erscheint.[386] Zwei Ausnahmen, die hierbei bestehen, ändern demnach am Grundsätzlichen nichts:

– Befugnisse von nachgeordneten Einheiten können dann nicht gänzlich entzogen, normsetzend tätige Organe dann nicht nach freiem Ermessen aufgelöst werden, wenn es sich dabei um Ordnungsstrukturen handelt, deren Bestand die Verfassung als Gesichtspunkt der Ordnungsvorstellung verbürgt.[387] Dies gilt zunächst für das Tätigsein der Verfassungsorgane selbst, es gilt jedoch ebenso für die originären *Zuständigkeiten von Bundesländern* im föderalen System. Diese Kompetenzen stehen den untergeordneten Einheiten aufgrund ihrer Verankerung in der Ordnungsidee in gewisser Weise ursprünglich zu – dies insofern, als der Staat von vornherein auf diese Verteilung hin angelegt ist: bundesstaatliche Gliedstaaten besitzen ihre Kernkompetenzen unmittelbar durch jene Ordnungsvorstellung, auf die sich das Dasein des Bundesstaats gründet. Dennoch liegt auch in diesen Fällen die Hoheit der Zuständigkeitenverteilung beim Bund, da es letztendlich doch die Verfassung der Bundesgesamtheit ist, die jene, auch gegenüber den Gliedern, verbürgt. Zuständigkeitsgrundsätze, die (wie Art. 30 GG) der kleineren Einheit den Vorrang einräumen, ändern nichts daran, daß die entsprechenden Zuständigkeiten von der Bundesverfassung eingesetzt sind und bis hin zur

---

[384] Siehe hierzu auch *Peter M. Huber*, Maastricht – ein Staatsstreich?, S. 30.

[385] Man kann insofern vom Staat auch als von einer Entscheidungsinstanz sprechen, die Vor- und Nachrangverhältnisse festlegt, vgl. *Christoph Enders*, VVDStRL 60 (2001), 374, 375.

[386] *Michael Dickstein*, Der Verfassungsbegriff der Europäischen Union, S. 57.

[387] Siehe oben: Dritter Abschnitt, II.2.b.

Grenze der änderungsfesten Verfassungsinhalte dem Gestaltungsvermögen des verfassungsändernden Bundesgesetzgebers unterliegen.[388]

- Die zweite Ausnahme betrifft die Übertragung von Zuständigkeiten auf eine *völkerrechtliche Organisation*. Die Schranken, die einer Rückholung hierbei gesetzt sind, betreffen im Unterschied zu den Schranken im Innern nicht inhaltliche Aspekte, sondern die Art und Weise, wie eine Rückübertragung erfolgt: diese hängt allein vom Konsens der Vertragspartner ab und bricht, wo dieser fehlt, Völkervertragsrecht. Im Ausnahmefall eines Konflikts der äußeren Bindung mit den unverzichtbaren Mindestgeboten ordnungsinterner Verfassungsgrundsätze kann auch dies die von der Verfassung gewollte Rechtsfolge sein. Beides, die einseitige Rückholbarkeit in einem anders nicht auflösbaren Konflikt und die konsensgetragene Rücküberführung auf völkerrechtlichem Weg, bestätigt die Höchstrangigkeit der jeweiligen Verfassungsstruktur: Befugnisse lassen sich aus der verfassungsrechtlichen Ordnung heraus nicht in einer Weise übertragen, daß sie nicht zurückgeholt werden können.

Die Hoheit über die Verteilung der Rechtsetzungszuständigkeiten ist demnach, unbedingt und unversieglich, aus dem Verfassungsrecht selbst abzuleiten, was umgekehrt heißt, daß jene Rechtsebene das Verfassungsrecht bildet, aus der heraus sich diese ergibt.[389] Das Grundmuster der Kompetenzverteilung ist dabei im änderungsfesten Verfassungskern angelegt; es speist sich aus der verfassungsstiftenden Ordnungsvorstellung selbst, die bestimmte unverrückbare Kompetenzanliegen aufweist. Aus ihr folgt zugleich die Entscheidung für Föderalismus oder kompetenzmonolithischen Einheitsstaat.

c. Grenzen einer kompetenzordnungsbezogenen Staatlichkeitsbestimmung: die Zuordnung von Ebene und Organ

Was seine praktische Handhabbarkeit angeht, so ist auch das Kriterium der Kompetenzkompetenz als Staatlichkeitskennzeichen mit erheblichen Unsicherheiten behaftet. Dies wird im Schrifttum zu wenig beachtet, wenn die Staatlichkeitsfrage anhand der Kompetenzordnungshoheit bestimmt werden soll. Schwierigkeiten zeigen sich insbesondere, wo Organe von Bund und Gliedstaat gemeinsam über die Verteilung der Zuständigkeiten entscheiden.[390] So kann auch hier, ebenso wie beim Kriterium der Änderungsregeln[391], die scheinbar formale Frage durchaus als offen erscheinen, um wessen Organ es sich handelt, das über die Zuständigkeiten entscheidet: wenn es sich beim Bun-

---

[388] *Michael Dickstein*, Der Verfassungsbegriff der Europäischen Union, S. 57.

[389] Diese Zusammenhänge verkürzt *Stefan Griller*, in: Schuppert/Pernice/Haltern (Hrsg.), Europawissenschaft, S. 201, 228.

[390] Hierzu auch *Joseph H. H. Weiler*, Political Studies 44 (1996), 517, 530.

[391] Es handelt sich im Grunde um ein und dieselbe Frage.

desrat der Bundesrepublik Deutschland um ein Verfassungsorgan des Gesamtstaats handelt, das mit dem Bundestag zusammen über die Verteilung der Gesetzgebungszuständigkeiten entscheidet, könnte es sich dann nicht auch bei der Versammlung der Staats- und Regierungschefs, die über die Zuständigkeiten dieser oder jener internationalen Organisation entscheiden, um ein Verfassungsorgan derselben handeln – ganz besonders dann, wenn deren Zusammentritt im Statut der Organisation festgelegt wurde und diese auch durch eigene Organe, wie beispielsweise eine geschäftsführende Kommission, in irgendeiner Weise an der Rechtsänderung mitwirkt?[392] Wann ist eine Versammlung von Vertretern der Glieder Staatenkonferenz und wann ist sie Verfassungsorgan eines höheren Staates? Die Frage nach der Hoheit über die Zuständigkeitenverteilung erweist sich dabei als Ausschnitt eines diffizilen staatswissenschaftlichen Gesamtzusammenhangs[393]: territoriale Einheiten innerhalb eines Ganzen können, wenn sie an der Ausgestaltung der Gesamtstrukturen mitwirken dürfen, völkerrechtlich verpflichtete Staaten oder Länder eines Bundesstaats sein. In dem zuerst genannten Fall vollziehen sie ein äußeres Eingebundensein, im zweiten Fall die föderalistisch grundierte Ordnungsvorstellung des Staates. Die Frage, worum es sich handelt, läßt sich dann nur anhand solcher Kriterien entscheiden, die sich weniger auf das Zustandekommen der Ordnung, sondern stärker auf deren Inhalt und Durchsetzbarkeit, auf Vorrangverhältnisse und letztverbindliche Zwangsmöglichkeiten, beziehen.[394] Um die Bestimmung solcher Kriterien soll es daher im folgenden gehen.

IV. Staatlichkeitsindizien im Hinblick auf die Rechtsinhalte

1. Drittes Kriterium: der Anspruch des Staates auf erschöpfende Zuständigkeit (die sachliche Einheit der Ordnung)

a. Staatlichkeit als originäre Sachzuständigkeit

Um nachzuvollziehen, welche rechtlichen Muster der Staatlichkeit im Hinblick auf den Vorrang der Verfassung und deren unabgeleitete Geltung entsprechen, sind neben den bereits behandelten Umständen der Rechtsentstehung eine Reihe inhaltlicher Kriterien zu erkennen. Beide Aspekte: Höchstrangigkeit und originäres Gelten, spielen vor allem dort eine Rolle, wo es um die materielle

[392] Hierzu auch *Theodor Schilling*, AöR 116 (1991), 32, 63.

[393] Dies unterschätzt *Stefan Griller* (in: Schuppert/Pernice/Haltern [Hrsg.], Europawissenschaft, S. 201, 228), wenn er die „Gewaltenbalance" im Inneren einer Ordnung als unerheblich für die Staatsqualität des Gesamtverbandes betrachtet.

[394] Demgegenüber versucht *Theodor Schilling*, AöR 116 (1991), 32, 63, die Unterscheidung aus Art und Umfang dessen abzuleiten, was die Mitwirkungsmöglichkeiten der Gliedeinheiten innerhalb des in Frage stehenden Mehrebenenverbundes vom Völkerrecht unterscheidet.

Seite dessen geht, was zuvor als Hoheit über die Verteilung der Rechtsetzungszuständigkeiten ausgemacht werden konnte.[395] Der logisch-formalen Notwendigkeit, daß die Verteilung sämtlicher Rechtsetzungszuständigkeiten innerhalb der konkreten Gemeinschaft von einer bestimmten Ebene ihres Normiertseins ausgehen muß, entspricht der Anspruch einer Gemeinschaft, aus diesen oder jenen Gerechtigkeitsmotiven heraus die öffentlichen Sphären ihres Innern nach den passenden Mustern letztverbindlich zu ordnen. Der Anspruch, zur politischen Einheit in grundlegender Weise verbunden sein, richtet sich deshalb auf eine umfassende innere Zuständigkeit. Die Ebene, auf der ein Gemeinwesen diesen Anspruch verwirklicht, muß damit jenem Geltungskreis entsprechen, in dem auch die Kompetenzkompetenz im Sinne einer originären Zuweisung von Regelungszuständigkeiten an abgeleitete Hoheitsträger zu verwirklichen ist.[396] Über unabgeleitete Rechtsnormen zu verfügen, bedeutet somit, originäre Zuständigkeiten (im rechtlichen Sinn:) ex nihilo geschaffen zu haben. *Wenn man dabei den inhaltlichen Gesichtspunkt des allumfassenden Gestaltungswillens in den Mittelpunkt rückt, lautet die dritte Frage, die das Wesen des Staatlichen kennzeichnet, ob jener Verband, um dessen Qualifikation es geht, eine umfassende Zuständigkeit zur Ordnung der öffentlichen Sphären beansprucht.* Wo sich aus einer rechtlichen Ordnung der Anspruch zur grundsätzlichen Gestaltung in diesem Sinne ablesen läßt, ist als „Staat" das zu betrachten, was von ihrem Geltungskreis umfaßt wird.[397]

b. Allzuständigkeitsanspruch und Letztverantwortlichkeit

Mit dem Gesichtspunkt des staatlichen Allzuständigkeitsanspruchs korrespondiert zugleich das Moment der Letztverantwortlichkeit. Indem der Staat als höchste Ordnungsebene umgrenzte Zuständigkeiten an innere und äußere Strukturen abgeben kann, begründet er Ableitungszusammenhänge, in denen sich auch seine eigene Letztverantwortlichkeit für die getroffenen Entscheidungen manifestiert. Im Bereich der inneren Ordnungsstrukturen liegt dieser Zusammenhang offen: ihr abgeleitetes Handeln muß sich an jenen Vorgaben mes-

[395] Von Interesse sind hierzu auch die Darlegungen *Theodor Schillings* (AöR 116 [1991], 32, 37), der formale Kompetenzkompetenz und inhaltliche Allzuständigkeit anhand des Begriffspaars „potentiell" und „aktuell" unterscheidet: „aktuell" meint dabei das Innehaben umfassender sachlicher Zuständigkeiten, „potentiell" das Innehaben der Hoheit über die Zuständigkeitenverteilung.

[396] Daß „aktuelle" und „potentielle" Allzuständigkeit im Regelfall zusammenfallen, nimmt auch *Theodor Schilling* (AöR 116 [1991], 32, 37) an.

[397] Eine Spielart dieses Gedankens findet sich bei *Jean-Claude Piris* (EuR 2000, 311, 327), der, im Anschluß an die Staatsdefinition in Black's Rechtswörterbuch, dem „Staat" die Kontrolle über alle Menschen und Dinge innerhalb seiner Grenzen zuschreibt. Anders als hier, steht damit nicht die Allumfänglichkeit des Gegenstandes staatlicher Zuständigkeit, sondern die Allumfänglichkeit ihres Adressatenkreises im Mittelpunkt. – Siehe dazu ferner noch *Peter Badura*, in: VVDStRL 60 (2001), 353, 354 („vollkommene Gesellschaft").

sen lassen, die das Verfassungsrecht aufstellt. Nichts anderes gilt schließlich auch dort, wo Befugnisse nach außen hin, zum Beispiel auf die Einrichtungen einer supranationalen Union, übertragen worden sind. Die staatliche Struktur behält auch hier die Letztverantwortung für sämtliche Maßnahmen, die von ihr ausgehen.[398] Wo Handlungen der abgeleiteten Herrschaftsstrukturen, im Innern des Staates oder durch seine äußere Bindung, gegen die Grundsätze der Verfassung verstoßen, muß die Verfassungsstruktur letztverbindliche Abhilfe bieten, um ihren Vorrang zu sichern.[399] Dieser Zusammenhang von Allzuständigkeitsanspruch und Letztverantwortlichkeit entspricht dem oben beleuchteten Umstand[400], daß nur jene Hoheitsgewalt als Staat verstanden werden kann, die dem einzelnen als elementare und letztverbindliche Herrschaftsstruktur gegenübersteht. Die Allzuständigkeit des Staates ist dabei ein Bestandteil des Zusammenhangs von hoheitlicher Verbürgung (des Rechtes) und individuellem Verantwortenmüssen (der Tat).

c. Essentielle Sachzuständigkeiten staatlicher Ordnung?

In der Diskussion über die Implikationen der europäischen Verfassunggebung wurden dem Wesen des Staates mitunter bestimmte sachliche Zuständigkeiten zugerechnet, deren Bestand die Substanz des Staats markiere.[401] Als derartige, nicht aus der Hand zu gebende Grundzuständigkeiten der staatlichen Ordnung wurden die Aufgabenfelder der Verteidigung, der inneren Sicherheit und der Währung genannt.[402] Ordnungsstrukturen dürften nur dann als Staaten eingestuft werden, wenn sie selbst über diese Fragen entscheiden. Um Staatlichkeitsindizien, wie sie hier gesucht werden sollen, könnte es sich jedoch nur dann handeln, wenn das Innehaben dieser Kompetenzen auf die Höchstrangigkeit

---

398 Was insbesondere im internationalen Haftungsrecht bedeutsam wird; vgl. *Karl Doehring*, ZRP 1993, 98, 100f. Siehe dazu außerdem *Ulrich Everling*, in: Winter/Curtin/Kellermann/de Witte (Hrsg.), Reforming the Treaty on European Union, S. 19, 20.

399 Vgl. Art. 1 Abs. 3 GG, wonach die Verfassung die Staatsgewalt bindet. Mögliche Verstöße gegen die Verfassung sind daher gerichtlich nachzuprüfen, zuletzt durch das BVerfG selbst, das beispielsweise nach Art. 93 Abs. 1 Nr. 4 a GG im Wege der Verfassungsbeschwerde oder gemäß Art. 100 Abs. 1 Satz 1 GG mit einer Prüfung befaßt werden kann.

400 Siehe dazu oben: Erster Abschnitt, III.2.

401 So u. a. *Charles Leben*, in: Joerges/Mény/Weiler (Hrsg.), What Kind of Constitution for What Kind of Polity?, S. 99, 107 und *Dietrich Murswiek*, Der Staat 32 (1993), 161, 170. Vgl. auch die Äußerungen des ehemaligen Bundesaußenministers *Joschka Fischer* in seiner Rede vom 12. Mai 2000 (abgedruckt in: integration 2000, 149) zur Bedeutung der Sachzuständigkeit für die eigene Währung.

402 Vgl. z. B. *Charles Leben*, in: Joerges/Mény/Weiler (Hrsg.), What Kind of Constitution for What Kind of Polity?, S. 99, 107, der auf Außen- und Verteidigungszuständigkeiten abstellt; die Währungspolitik nennt zusätzlich *Dietrich Murswiek*, Der Staat 32 (1993), 161, 170. Von den „drei wesentlichen Souveränitäten des Nationalstaates" spricht auch *Joschka Fischer* (integration 2000, 149, 151).

der jeweiligen Ordnungsebene schließen läßt, d.h. wenn sie dazu beitragen, entsprechende Ableitungsverhältnisse zu definieren.

- Im Bereich der *Verteidigung* scheint dieser Zusammenhang zunächst nahe zu liegen: die Unabhängigkeit eines Gemeinwesens gegen äußere Bedrohungen zu sichern, ist ein Erfordernis, das sich unmittelbar aus dem Willen der Gemeinschaft zum freien Vereintsein ergibt. Der Wille der Gemeinschaft, eine unabhängige politische Einheit zu bilden und sich selbst Gesetze zu geben, kann nur dann erfolgreich verwirklicht werden, wenn diese Ungebundenheit auch faktisch gegen gewaltsame Anfechtungsversuche von außen her behauptet werden kann. Wenngleich sich das Erfordernis einer wirksamen Verteidigung damit unmittelbar aus dem Zuhöchstsein einer Ordnung (und der Unabhängigkeit, die dieses voraussetzt) ableiten läßt, so heißt dies gleichwohl nicht notwendigerweise, daß der Staat diese Aufgabe selbst wahrnehmen muß. Obschon der unmittelbare Zusammenhang zum Gesichtspunkt seiner Unabhängigkeit die eigene Erfüllung dieser Anforderungen nahelegt, verliert er seine Unabhängigkeit nicht automatisch dadurch, daß er seine Verteidigungskompetenzen an abgeleitete Strukturen nach innen oder außen delegiert. Die Erfahrung hat insofern gezeigt, daß auch diese Zuständigkeit auf zwischenstaatliche Verbände (wie heute die NATO) übertragen werden kann, ohne daß dies die Teilnehmer entstaatlicht.
- Nichts anderes gilt im Bereich der *inneren Sicherheit*: obwohl diese einen der Grundzwecke jeder hoheitlichen Herrschaftsbegründung darstellt[403], kann hieraus nicht geschlußfolgert werden, daß nur jene Ebene der öffentlichen Ordnung diese Aufgabe wahrnehmen kann, die hier als Staat ausgemacht wurde. Regelungsbelange der inneren Sicherheit können im Bundesstaat, zumindest in beträchtlichem Umfang, Angelegenheit seiner Gliedstaaten sein. Entscheidend ist hierbei der Umstand, daß sich die maßgeblichen Zuständigkeiten auf die Verfassungsstruktur des Gesamtstaats zurückführen lassen.
- Erst recht gilt dies im Feld der *Währungspolitik*: geldpolitische Entscheidungen sind Schlüsselfragen im Streben nach Wohlstand, auf dem die gedeihliche Entwicklung der industrialisierten Gesellschaft basiert; Ordnung und Finanzielles hängen, neuzeitlich oder gar wesensnotwendig, zwingend miteinander zusammen. Dennoch handelt es sich auch dabei um keine Zuständigkeit, die ein Staat selbst ausführen muß.[404] Staaten, die das Währungswesen in die Zuständigkeit eines supranationalen Verbandes legen, verlieren hierdurch nicht ihre Staatsqualität. Auch jener völkerrechtlich fundierte Staaten-

---

[403] *Udo Di Fabio*, in: Festschrift für Walter Leisner, S. 225, 229; *Josef Isensee*, in: Isensee/Kirchhof (Hrsg.), Handbuch des Staatsrechts, Bd. II, § 15 Rnrn. 84 f.; *Christoph Link*, VVDStRL 48 (1990), 7, 27 und *Alexander Somek*, Ist die Europäische Union ein Staat? Soll sie ein Staat werden?, S. 3; ähnlich *Christoph Gusy*, Brauchen wir eine juristische Staatslehre?, S. 30.

[404] Ebenso *Josef Isensee*, in: Festschrift für Ulrich Everling, S. 567, 577.

verbund, der von einem bestimmten Moment an die Geldhoheit für eine Gruppe bestehender Staaten wahrnimmt, bleibt in seinem Wesen unverändert und agiert als eine abgeleitete, auf zugewiesene Befugnisse beschränkte Struktur, die von den Staaten geändert, ersetzt und abgeschafft werden kann.

Diese drei Beispiele zeigen, daß es essentielle sachliche Zuständigkeiten, deren Inhabern zwangsläufig Staatlichkeit zukommt, richtigerweise nicht gibt.[405] Staatliche Allzuständigkeit bedeutet demzufolge nur, daß grundsätzlich alle Zuständigkeiten transferierbar sind,[406] trotz dieser Übertragung jedoch auf die Ebene des Verfassungsrechts zurückbezogen bleiben.[407] Die Allzuständigkeit der staatlichen Ebene darf daher nicht als Autarkie-Bestrebung mißverstanden werden; letztere ist, wie *Isensee* bemerkt hat[408], kein Wesensmerkmal des Staates. Erst das Zerreißen der Ableitungsketten wirft die Fragen der Staatlichkeit auf: dann aber nicht, weil diese oder jene Befugnis auf andere Träger übergeht, sondern weil dadurch eine Ordnung entsteht, die den staatlichen Allzuständigkeitsanspruch in Frage stellt und sich im selben politischen Raum als höchstrangig und unabgeleitet entwirft.

2. *Viertes Kriterium: die Hoheit der institutionellen Organisation (die organisatorische Einheit der Ordnung)*

Die Ableitungsmomente in der Ordnung des Gemeinwesens (und anhand ihrer auch der Vorrang der Verfassung) lassen sich auch in organisatorisch-institutionellen Zusammenhängen, im Hinblick auf den Bestand von Behörden und Gerichten, belegen. Um als höchste Ordnung wirken zu können, umfaßt die Verfassungsrechtsordnung Organe, die ihre Ordnungsanliegen praktisch vollziehen. Die obersten, von der Verfassung selbst eingesetzten Institutionen sind demnach Verfassungsorgane, denen Regierung und Gesetzgebung obliegen; aus ihrem Tätigsein leitet sich der Gesamtbestand der untergeordneten Verwaltungsbehörden und (in einem gewissen ableitungstheoretischen Sinn, weniger im Hinblick auf ein inhaltlich-sachliches Unterstelltsein) auch des Justizappa-

---

[405] So auch *Stefan Griller*, EuZW 2002, 33 und *Josef Isensee*, in: Festschrift für Ulrich Everling, S. 567, 577.

[406] Eine ganz andere Frage ist es indes, inwiefern eine solche Verlagerung von Zuständigkeiten auf andere Herrschaftsebenen innerhalb oder außerhalb einer staatlichen Ordnung mit der Staatsform derselben zu vereinbaren ist. Diese Frage stellt sich insbesondere im Hinblick auf den Grundsatz der Demokratie, wie im Dritten Buch verfassungstheoretisch erklärt und im Vierten Buch am Beispiel des Grundgesetzes rechtlich untersucht werden soll.

[407] Etwas anders jedoch *Theodor Schilling* (AöR 116 [1991], 32, 37), der stärker auf das „aktuelle" Innehaben der Zuständigkeiten abstellt und deshalb, im Hinblick auf die Zuschreibung der Souveränität an eine der beiden Ebenen, der „potentiellen" Allzuständigkeit (d.h. der formellen Kompetenzkompetenz) den Vorrang einräumen will.

[408] In: Festschrift für Ulrich Everling, S. 567, 578.

rates her. Verfassungsorgane bilden insofern die letzten Bezugspunkte der organisatorischen Ableitungsketten innerhalb der ordnungsgestaltenden Hoheitsstrukturen. Ihre Stellung, die sie aus der Verfassung heraus wahrnehmen, kann weder delegiert noch abgestreift werden. *Die Frage zur Entschlüsselung des vierten Staatlichkeitskriteriums lautet daher, auf welcher Ebene die Gemeinschaft über die höchsten in ihr tätigen Organe verfügt.* Diese Ebene kennzeichnet, dem hier vertretenen Ansatz zufolge, das Staatsein.

Aus den Festlegungen der Verfassung heraus und aus den Handlungen der Verfassungsorgane ergibt es sich daher, wie staatliche Institutionen gegründet und besetzt werden müssen, welchen Status die Staatsdiener genießen und wer diese Ämter ausüben kann. Ausnahmen gelten wiederum nur dort, wo abgeleitete Strukturen in der Verfassungsordnung selbst angelegt sind: so genießen die Gliedstaaten im föderalen System, ebenso wie die Gemeinden unter der Garantie der kommunalen Selbstverwaltung (z.B. nach Art. 28 Abs. 2 GG), eine mehr oder weniger umfassende Autonomie, was die Einrichtung der eigenen Organe betrifft. Auch hierbei ist der Grund dieser Selbständigkeit zu beachten: er liegt darin, daß die gesamtstaatliche Verfassung sie will.

3. Fünftes Kriterium: das staatliche Gewaltmonopol (die Zwangsmitteleinheit der Ordnung)

Als fünftes (und drittes inhaltebezogenes) Kriterium ist ein Zusammenhang abzuhandeln, dem im Streit um das Wesen der Staatlichkeit seit den Lehren *Max Webers* besondere Aufmerksamkeit zukommt: gemeint ist das Monopol des Staates, in seinem Inneren physische Gewalt anzuwenden.[409] Eine entsprechende Zwangsmittelhoheit des Staates ist seit dem Ende des Mittelalters zwingender Bestandteil jeder staatsbegründenden Ordnungsidee[410], auf die sich der Wille des einzelnen zum politischen Eingebundensein bezieht. Dieser verzichtet nur deshalb auf eine eigenverantwortliche Gewaltanwendung zum Erreichen der von ihm verfolgten Interessen, weil der Staat mit Hilfe seines Gewaltmonopols eine Ordnung verbürgt, die diese Interessen hinreichend schützt.[411] Die Bindung, die der einzelne damit eingeht, wird aus seiner Sicht erst dadurch akzeptabel, daß der Staat den Gewaltmitteleinsatz grundsätzlich sich und sei-

---

[409] Zum Gewaltmonopol im Kontext der Integrationsfrage siehe *Armin von Bogdandy*, integration 1993, 210, 211; *Udo Di Fabio*, in: Festschrift für Walter Leisner, S. 225, 228; *Christoph Gusy*, Brauchen wir eine juristische Staatslehre?, S. 30ff. und *Alexander Somek*, Ist die Europäische Union ein Staat? Soll sie ein Staat werden? S. 3; ferner auch *Josef Isensee*, in: Isensee/Kirchhof (Hrsg.), Handbuch des Staatsrechts, Bd. II, § 15 Rnrn. 83ff. und *Christoph Link*, VVDStRL 48 (1990), 7, 28ff.

[410] Zur historischen Herausbildung des staatlichen Gewaltmonopols *Dietmar Willoweit*, in: Randelzhofer/Süß (Hrsg.), Konsens und Konflikt, S. 313ff.

[411] *Josef Isensee*, in: Isensee/Kirchhof (Hrsg.), Handbuch des Staatsrechts, Bd. II, § 15 Rn. 93.

nen Organen vorbehält und Privatgewalt weitgehend[412] unterbindet.[413] Das Gewaltmonopol erscheint in dieser Beschreibung in erster Linie als Merkmal der öffentlichen Ordnung selbst.[414] Zur Frage, welche Ebene dieser Ordnung als deren höchste erscheint, findet man erst, wenn man den Gedanken des Gewaltmonopols in den Kontext der Ableitungsverhältnisse rückt, d.h. wenn man fragt, welche Ebene der hoheitlichen Ordnungsstruktur zum legalen Einsatz von Gewalt ermächtigen kann, ohne ihrerseits von einer anderen Ebene hierzu ermächtigt zu sein. Wenn es den Staat kennzeichnen soll, daß er den Einsatz physischer Gewaltmittel der Ordnungsvorstellung entsprechend für sich reserviert, muß jede Gewaltanwendung durch hoheitliche Träger auf seinen Willen zurückführbar sein.[415] *Wenn es darum geht, den Staat als Hoheitsträger zu bestimmen, ist demzufolge zu fragen, welcher Verband über den Einsatz von Gewaltmitteln in seinem Inneren entscheidet, ohne dazu durch höhere Ordnungsstrukturen ermächtigt zu sein.* In einer rechtlichen Ordnung, die auf der Zwangsmittelhoheit der öffentlichen Gewalt aufgebaut ist, kann Ursprung dieser Befugnis nur die Ebene des Staates sein.

Auch in diesem Zusammenhang verdeutlicht sich das unmittelbare Aufeinanderbezogensein von Staatlichkeit und individueller Bindungsbereitschaft, von dem bereits mehrfach gesprochen worden ist[416]: der einzelne findet sich nur dann bereit zum politischen Eingebundensein (und verzichtet nur dann auf eine eigenmächtige Durchsetzung seiner Interessen), wenn auch die Option, für sich selbst Gerechtigkeit zu erlangen, durch die Rechtsordnung der Gemeinschaft verbürgt ist. Diese Verbürgung der Gerechtigkeitsherstellung (notfalls durch das Gewaltmonopol) muß sich jedoch auf der gleichen Ebene des politischen Verbundenseins vollziehen, auf die sich auch das Gewilltsein des einzelnen zur

---

412 Ausnahmen hierzu (private Selbsthilferechte wie beispielsweise die Notwehr) behandelt *Christoph Gusy*, Brauchen wir eine juristische Staatslehre?, S. 30f.; von einer „Reduktion der Privatgewalt auf den Ausnahmefall" spricht auch *Christoph Link*, VVDStRL 48 (1990), 7, 27.

413 Genauer gesagt müßte von einem Monopol des Staates gesprochen werden, „selbst über die Legitimität von Gewaltausübung zu entscheiden", so *Christoph Gusy*, Brauchen wir eine juristische Staatslehre?, S. 31. Ausführungen hierzu finden sich auch bei *Josef Isensee*, in: Isensee/Kirchhof (Hrsg.), Handbuch des Staatsrechts, Bd. II, § 15 Rn. 93 und *Alexander Somek*, Ist die Europäische Union ein Staat? Soll sie ein Staat werden?, S. 3. – Daß jedes organisierte Gemeinwesen, welches Mechanismen regulärer gerichtlicher Konfliktbelegung kennt, Beschränkungen privater Gewaltausübung aufweist, betont *Dietmar Willoweit*, in: Randelzhofer/Süß (Hrsg.), Konsens und Konflikt, S. 313, 318.

414 Siehe dazu auch *Armin von Bogdandy*, integration 1993, 210, 211; *dens.*, Supranationaler Föderalismus als Wirklichkeit und Idee einer neuen Herrschaftsform, S. 35 und *Josef Isensee*, in: Isensee/Kirchhof (Hrsg.), Handbuch des Staatsrechts, Bd. II, § 15 Rn. 86. – Zum Zusammenhang von Gewaltmonopol und Allzuständigkeit *Michael Dickstein*, Der Verfassungsbegriff der Europäischen Union, S. 58.

415 *Udo Di Fabio*, in: Festschrift für Walter Leisner, S. 225, 228; siehe dazu auch *Josef Isensee*, in: Isensee/Kirchhof (Hrsg.), Handbuch des Staatsrechts, Bd. II, § 15 Rn. 90.

416 Siehe oben: Erster Abschnitt, III.2. und in diesem Abschnitt IV.1.b.

Begründung der öffentlichen Ordnung richtet, da beide Komponenten, die Staatlichkeitsbezogenheit des Gewaltmittelverzichts und die Letztverbindlichkeit der für richtig befundenen Ordnung, einander im Kern der Sache entsprechen. Am Sonderfall des Gewaltmonopols sind damit Ableitungsverhältnisse nachzuvollziehen, die bereits im Zusammenhang der Zuständigkeitsfragen und der Organisationshoheit sichtbar geworden sind. Diese Ableitungen sind von unten nach oben, von Gemeinde und Landkreis über das Bundesland bis hin zum Gesamtstaat, zurückzuverfolgen, um hieraus jene Struktur zu ermitteln, auf der diese Befugnisse beruhen.

4. Sechstes Kriterium: die Rechtsnatur der Austrittsentscheidung (die räumliche Einheit der Ordnung)

a. Staatliche Einheit und territoriale Integrität

Die bisher behandelten Staatlichkeitskriterien, die den Inhalt des Verfassungsrechts untersuchen (Allzuständigkeit, Organisations- und Gewalthoheit), beziehen sich jeweils auf solche Regelungen, die in einer bestimmten Weise die Einheit der Ordnung betreffen: im Hinblick auf die Allzuständigkeit des Staates ist dies die sachliche Einheit der Ordnung (Staatlichkeit erscheint danach als Regelungsgesamtheit – genauer gesagt: als der Anspruch, das Gesamte zu regeln), im Hinblick auf die Organisationshoheit ist dies die institutionelle Einheit der Ordnung (Staatlichkeit erscheint danach als ein Gesamtzusammenhang von Ämtern und Amtsträgern), im Hinblick auf die Gewalthoheit ist dies die zwangsmittelbezogene Einheit des Staates (die Staatlichkeit erscheint als Ursprung jedes hoheitlichen Anspruchs, Gewalt anwenden zu dürfen). Innerhalb der neuzeitlichen Herrschaftsmodelle läßt sich die Staatlichkeit noch in einer vierten Einheit erkennen: durch die territoriale Fixierung des hoheitlichen Agierens muß ein Staat auch als räumliches Ganzes, als Gesamtbestand eines beanspruchten Territoriums, erscheinen. Auch dieser Anspruch findet, mehr oder weniger explizit formuliert, in der Verfassungsstruktur seinen rechtlichen Ausdruck, die alle Versuche, diese Einheit zu sprengen, rechtlich unbedingt ablehnen muß.[417] Umgekehrt ist zu erklären, daß dort kein Staat und keine Verfassung sein kann, wo einzelne Gebietsteile das Recht zum Austritt besitzen.[418] *Als Staatlichkeitskriterium dient damit auch die Frage nach dem Recht zum*

---

[417] Zahlreiche Verfassungen zählen daher die territoriale Unversehrtheit des Staates zu den Verfassungsgrundlagen, siehe dazu zum Beispiel Art. 1 Satz 1 der französischen Verfassung, Art. 5 1. HS der italienischen Verfassung, Art. 1 der luxemburgischen Verfassung und Art. 2 1. HS der Verfassung des Königreichs Spanien.

[418] So in der Sache auch BVerfGE 89, 155, 190; ähnlich *Peter M. Huber*, Maastricht ein Staatsstreich?, S. 33f.; *ders.*, Recht der Europäischen Integration, § 4 Rn. 54; siehe hierzu, im Kontext der europäischen Integrationsdebatte, auch *Luis Diez-Picazo*, in: Weiler/Eisgruber (Hrsg.), Altneuland: The EU Constitution in a Contextual Perspective, S. 9f.

Austritt aus einem Verband: um festzustellen, welche Ableitungszusammenhänge zwischen den verschiedenen Ebenen der Ordnung eines Gemeinwesens wirken und welche dieser Ebenen demzufolge die letzte und höchste sein muß, ist als fünfter Anhaltspunkt zu untersuchen, ob der Gliedstaat legal aus dem Gesamtverband austreten kann.[419] Die Unterscheidung, der damit nachzugehen ist, betrifft die Abgrenzung von Austrittsrecht und Sezession.[420]

b. Austrittsrecht und Sezession

Vor dem Hintergrund der hier entworfenen Staatlichkeitslehren muß die Gegenüberstellung von rechtlich möglichem Austritt und rechtlich unstatthafter Sezession eines Verbandes zunächst als grundsätzliches Entweder-Oder im Hinblick auf eine ebenenbezogene Verortung der Staatlichkeit erscheinen: während die Austrittsrechte eines Mitgliedes aus einem Bündnis Bestandteile seines abgeleitet-äußeren Verpflichtet-und-Berechtigtseins bilden, sprengt die Sezession eines Staatsteils die innere Einheit als Basis der grundlegenden Ordnung. Sie ist ihrer Natur nach ein verfassunggebender Akt, der auf einer neuen, den Teilraum beherrschenden Gebundenheitsbegründung basiert.[421] Hieraus ergibt es sich, daß Sezessionen ihrem Wesen nach keine Rechtsakte sind: sie liegen als Momente der Verfassunggebung dem Rechtlichen voraus, wenn der jeweilige Volksteil seine Ordnungsvorstellung im Gesamtverband nicht länger verwirklichen kann und er deshalb seine Bindung zur politischen Unabhängigkeit künftig nicht im Gesamtraum, sondern im eigenen Teilkreis verfolgt. Sezessionsprozesse besitzen insofern ordnungsbeendende und ordnungsbegründende Züge.

Austrittsrechte aus völkerrechtlichen Bündnissen entsprechen demgegenüber dem Wesen der abgeleiteten (äußeren) Herrschaftsstruktur, die als solche frei begründet und grundsätzlich auch, dem Vertragscharakter entsprechend im Wege des Konsenses, rückgängig gemacht werden kann.[422] Austritts- und Kündigungsrechte sind deshalb im Recht der internationalen Verträge grundsätzlich vorgesehen (Artt. 54ff. WVRK). In seiner Eigenschaft als Koordinationsmechanismus zwischen verschiedenen letztverbindlichen Ordnungsansprüchen muß das Völkerrecht hier einen Ausgleich herstellen zwischen der

[419] Vorsicht ist insoweit geboten, als der Ausschluß eines Austrittsrechts nicht zwangsläufig auf die Staatsqualität des nächsthöheren Verbandes schließen läßt. Vgl. zur parallelen Fragestellung im Hinblick auf die Auflösungsmöglichkeiten unten: VI.1.a.

[420] Zur völkerrechtlichen Diskussion um die juristische Bewertung von Sezessionen vgl. *Thomas Fleiner/Lidija R. Basta Fleiner*, Allgemeine Staatslehre, S. 558ff.; *Dietrich Murswiek*, AVR 31 (1993), 307 und *Stefan Oeter*, ZaöRV 52 (1992), 741; aus der Sicht der „constitutional economics" *Detmar Doering*, ORDO 51 (2000), 383.

[421] Anders jedoch *Luis Diez-Picazo*, in: Weiler/Eisgruber (Hrsg.), Altneuland: The EU Constitution in a Contextual Perspective, S. 9.

[422] Vgl. dazu auch *Peter M. Huber*, Maastricht – ein Staatsstreich?, S. 33f.; *ders.*, Recht der Europäischen Integration, § 4 Rn. 58.

prinzipiellen Freiheit und Höchstrangigkeit der staatlichen Ordnungsstrukturen (in der Ausdrucksweise der Diplomatie: dem Selbstbestimmungsrecht der Staaten) und dem Bedürfnis nach der Verläßlichkeit der vertraglichen Bindungen, auf der die Funktionsfähigkeit des Völkerrechts selbst beruht (seine Potenz, Verpflichtungen begründen und Rechten Akzeptanz verschaffen zu können). Die hieraus völkerrechtlich sich ergebenden Beschränkungen der freien Kündbarkeit von Bündnissen und Verträgen, wie diese insbesondere auch in den Art. 54 ff. WVRK zum Ausdruck gebracht worden sind, stellen die eigentliche Schwierigkeit im Hinblick auf die Abgrenzung von äußerem Verpflichtetsein und staatlicher Ordnung anhand des Entweder-Oders von Sezession und Austrittsrecht dar: zwischen der Alternative von völkerrechtlich eröffneten Austrittsrechten und staatlichkeitsverändernder Sezession liegt der Bereich völkerrechtswidriger Austritte. Was ist es, das diese völkerrechtswidrigen Vertragsaufkündigungen und Verbandsaustritte von der Sezession im staatstheoretischen Sinn unterscheidet? Und vor allem: welchen Einfluß hat die Unschärfe dieser Unterscheidung auf den Wert des Austrittsrechts als Staatlichkeitskriterium?

c. Austrittsrechte als Staatlichkeitskriterium: Schwierigkeiten im Hinblick auf Abgrenzungs- und Anwendungsfragen

aa. Völkerrechtswidrige Vertragsbeendigungen und staatlichkeitsbestimmende Sezessionen: Kriterienrelativierung, Zirkelschluß-Gefahren und Staatlichkeitsbedingtheit der Unterscheidung. Die Hauptschwierigkeit, die das Austrittsrecht als Staatlichkeitsmerkmal belastet, liegt demnach darin, völkerrechtswidrigen Austritt und verfassungsverletzende Sezession voneinander zu unterscheiden. Auch die Aufkündigung multilateraler Verträge und der Rückzug aus einer supranationalen Organisation müssen als Rechtsbrüche eingestuft werden, wenn sie sich nicht an vereinbarte Kündigungsregeln halten oder diese Möglichkeit im Vertragswerk selbst nicht angelegt ist. Die Frage nach dem Austrittsrecht verliert hierdurch ein Stück weit ihren staatlichkeitsbestimmenden Indizcharakter. Die Gefahr, die dabei besteht, liegt in einem Zirkelschluß[423]: um dort, wo die Rechtslage Anlaß zu Zweifeln gibt, Austrittsrechte anzunehmen, müßte bewiesen sein, daß der Gesamtverband die Ordnung nicht letztverbindlich verbürgt. Das Austrittsrecht kann folglich nicht selbst der Beweis dafür sein. Die Zulässigkeit eines Austritts ist in diesem Fall aus dem Gesamtgeschehen zu schließen. Hieraus werden die Ableitungszusammenhänge ersichtlich, die erkennen lassen, welche Strukturen die höchsten sind; aus diesen heraus ist dann zu bestimmen, ob es sich um Austritts- oder Sezessionsvorgänge handelt.

---

[423] So auch *Alexander Schmitt Glaeser*, Grundgesetz und Europarecht als Elemente Europäischen Verfassungsrechts, S. 41.

Für die hier zu behandelnden Fragen und das Staatlichkeitsverständnis, auf dem ihre Lösung basiert, ist es dabei noch wichtig, jene Funktion vollständig nachzuvollziehen, die dem Gedanken der Höchstrangigkeit einer Ordnungsstruktur (und damit: der Staatlichkeit selbst) im Hinblick auf die Differenzierung von völkerrechtswidrigen Vertragsbeendigungen und echten Sezessionsakten zukommt: wie leicht zu erkennen ist, bildet die Staatlichkeit selbst den Grund dieser Differenzierung – und wird vom Völkerrecht in dieser Bedeutung vorausgesetzt. Indem auch dessen Normen die Unterscheidung vollziehen, bestätigt es die Höchstrangigkeit der staatlichen Ordnung, da es gerade diese höchstrangige Ordnung ist, aus deren Fortbestand oder Gebrochensein sich die Differenzierung der beiden grundsätzlich verschiedenen Vorgänge überhaupt erst ergibt. Staatlichkeit ist somit die Grunddeterminante, wenn es darum geht, die Auflösung politischer Verbände in theoretischer (und daraufhin auch in juristischer) Hinsicht zu thematisieren. Ohne die angenommene Höchstrangigkeit eines als Staat zu verstehenden Verbandes wäre es unmöglich, in der juristischen Behandlung beider Vorgänge sachlich zu differenzieren: das Ausscheiden eines territorial fixierten Herrschaftsensembles aus einem Eingebundensein ist erst durch die Annahme einer letztverbindlichen Ordnung in seiner Bedeutung als Völkerrechtsbruch oder als verfassunggebender Akt, als Vertragsverletzung oder als Revolution, zu erfassen.

bb. Austrittsklauseln in bundesstaatlichen Verfassungsgesetzen. Eine zweite, vergleichsweise einfach zu bewältigende Einschränkung des Wertes, den die Frage nach den Austrittsmöglichkeiten als Staatlichkeitskriterium besitzt, ergibt sich aus dem Umstand, daß auch Staatenverbände Mitglied in internationalen Organisationen werden können (wie beispielsweise die EU in der WTO). Dies schließt es aus, ohne weiteres dem austrittberechtigten Mitglied Staatlichkeitseigenschaften zuzuerkennen; zulässig ist demnach allenfalls der negative Schluß: wo der einzelne Teil austreten darf, kann das Gesamtgefüge nicht als Staat eingestuft werden. Ein Blick auf die Praxis der Staatenwelt zeigt indes, daß selbst diese Aussage wenn nicht eingeschränkt, so doch zumindest näher geprüft werden muß: die politische Geschichte kennt eine Anzahl von Fällen, in denen die Verfassungen von Bundesstaaten den jeweiligen Gliedeinheiten ein Recht zum Austritt eröffnen[424], ohne daß dies die Staatsqualität des Verbandsganzen ausschließen muß – im politisch hochsensiblen Bereich der Staatsgründungsprozesse kann es aus verschiedenen Gründen vorstellbar sein, daß die

[424] Vgl. dazu auch *Detmar Doering*, ORDO 51 (2000), 383, 398. Zu Unrecht schlußfolgert *Luis Diez-Picazo* (in: Weiler/Eisgruber [Hrsg.], Altneuland: The EU Constitution in a Contextual Perspective, S. 9) hieraus, daß Bundesstaatlichkeit und Austrittsrechte grundsätzlich nicht unvereinbar seien.

Ausgestaltung der verfassungsrechtlichen Normen das Wesen der zugrunde liegenden Ordnung nicht eins zu eins spiegelt:

- Austrittsrechte können zunächst konsolidierungsbedürftige *Übergangsphasen* prägen. Zusammengehörigkeitsempfindungen brauchen Entwicklungszeit, wenn sie, aus diesen oder jenen Gründen, eine andere Ebene des politischen Gebundenseins zu ihrem Bezugspunkt bestimmen. Nicht immer gelingt es einer Gemeinschaftsmehrheit, sich mit dem Staatsgründungsakt gegen Auflösungsbestrebungen endgültig abzusichern. In diesen Fällen kann es politisch sinnvoll sein, ein Austrittsrecht im Verfassungstext zu verankern, das Übergangscharakter trägt. Es wird, wenn die Gründung des Staates gelingt, zum gegenstandslosen Relikt.[425]
- Verwandte Hintergründe besitzt das Austrittsrecht dann, wenn dieses dem einzelnen Mitgliedsland eingeräumt wurde, weil der Gesamtstaat in außergewöhnlich hohem Maß *heterogen* zusammengesetzt ist. Wenngleich sich auch hier die grundlegende Ordnungskonzeption auf den Gesamtraum bezieht und einer einzigen Ordnungsvorstellung entstammt, ist es möglich, daß diese politische Einheit immer wieder der Anfechtung ausgesetzt ist.[426] Austrittsmöglichkeiten zu eröffnen, verschafft den unabhängigkeitsorientierten Volksteilen das Gefühl eines freiwilligen und aufkündbaren Gebundenseins. Eine entsprechende Klausel dient insofern zuallererst dazu, diesen Fall zu verhindern.[427] Einzelgemeinwesen, die von dieser Vorschrift Gebrauch machen wollen, vollziehen gleichwohl einen verfassunggebenden Akt; die Staatlichkeitsfrage tritt damit erneut auf den Plan, die für die Dauer der Verfassungsgeltung gelöst worden war. Daß sie nun erneut aktuell werden kann, ist indes keine Frage des Austrittsrechts, sondern der verblassenden Ordnungsidee.[428] Die Verankerung eines Austrittsrechts in der Verfassung schließt daher auch in diesen Fällen die Staatlichkeit nicht aus.
- Rechtslage und Status widersprechen schließlich einander auch dort, wo Austrittsklauseln bezwecken, eine erzwungene Bindung zu kaschieren, insbesondere wenn bestimmte Regime benachbarte Volksgruppen gegen deren

---

[425] Als Beispiel dafür sind die Artt. 201–206 der Verfassung des Staates Burma vom 24.09. 1947 zu nennen, wonach den darin vereinigten Staaten ein Sezessionsrecht zuerkannt wurde. Bezeichnend für den Übergangscharakter ist es, daß Art. 202 die Sezession für die Dauer von 10 Jahren nach dem Inkrafttreten ausschließt. Das Sezessionsrecht wurde so in Aussicht gestellt und zugleich eine Probezeit abgesichert, in der abgewartet werden sollte, ob die Staatsgründung gelingt.

[426] Beispiele hierfür weisen *Thomas Fleiner/Lidija Basta Fleiner*, Allgemeine Staatslehre, S. 559 nach.

[427] Im Sinne *Dietrich Murswieks*, wenn dieser meint, daß die beste Prävention gegen Sezessionsbestrebungen ein Recht auf Sezession sei (AVR 31 [1993], 307, 332).

[428] Die Frage des Austrittsrechts wird daher mitunter überschätzt, nicht zuletzt im Bereich der „constitutional economics" – siehe beispielsweise *Russell S. Sobel*, CPE 7 (1996), 309, 311, der sich dabei insbesondere auf das Buch „Europe: A Constitution for the Millennium" von *Frank Vibert* bezieht.

wirklichen Willen einzubeziehen versuchen. In diesem Fall dient die Austrittsklausel im Verfassungstext hauptsächlich dazu, dem Eingebundensein den *Anschein* des Gewolltseins zu geben. Um eine solche Kaschierung handelte es sich möglicherweise bei Art. 72 der Verfassung der UdSSR, der den Sowjetrepubliken das Recht des Austritts gewährte.[429] Wenn dabei bereits die Freiwilligkeit des Gebundenseins bestritten werden kann, besteht zur Staatlichkeitsthematik, wie sie hier untersucht werden soll, kein unmittelbarer Zusammenhang: Verfassunggebung und staatliche Ordnungsbegründung beruhen auf Autonomie; wo diese verwehrt wird, kann ein ordnungsbezogenes Staatlichkeitskonzept keine Erkenntnis verschaffen.

Diese Beispiele zeigen, daß auch ein Austrittsrecht, welches der Gesamtstaat den Buchstaben seines Verfassungsgesetzes gemäß seinen bundesinneren Teilräumen zubilligt, die Staatsqualität des Gesamten nicht notwendigerweise negiert. Es handelt sich gleichwohl um Ausnahmefälle, die den Wert von Austrittsklauseln als Indiz der Staatlichkeit mindern.

cc. Juristische Optionen und faktischer Zwang. Eine weitere Erschwernis, die sich mit dem Austrittsrecht als Merkmal des Staatseins verbindet, ist das Problem der faktischen Beschränktheit rechtlichen Dürfens. Was bedeutet es für die Staatsqualität integrierter Verbände, wenn sie zwar juristisch befugt, aber faktisch (aufgrund wirtschaftlicher und politischer Zwänge) längst nicht mehr in der Lage sind, den Gesamtverband zu verlassen? Da das Recht zum Austritt nur eine Folge der Fähigkeit bildet, über die Einsetzung einer unabgeleiteten Ordnung selbst zu entscheiden, handelt es sich um den Fall, daß ein Gemeinwesen durch die faktische Entwicklung seiner politischen Lage den souveränen Statuts eingebüßt hat, oder (solange die Entwicklung im Gang ist): daß diese zumindest bestätigungsbedürftig erscheint.[430] Dabei ist zunächst genau zu beachten, ob auch einer rechtlich und wirtschaftlich eingebundenen Gemeinschaft am Ende nicht doch eine Wahl bleibt, mag diese auch heikel und schwer zu verwirklichen sein: auch das Unvernünftige ist eine Option, auf die sich das Gemeinwesen aus seiner Unabhängigkeit heraus einlassen kann. Entscheidend ist insofern allein die Frage, ob sich das einzelne Gemeinwesen selbst als letztver-

---

[429] Verfassung der UdSSR von 1977. Vorläuferbestimmungen fanden sich in Art. 4 der Verfassung von 1924 und Art. 17 der Verfassung von 1936. Bewertungen dieser Klauseln, die sich mit der vorliegenden decken, bieten *Luis Diez-Picazo*, in: Weiler/Eisgruber (Hrsg.), Altneuland: The EU Constitution in a Contextual Perspective, S. 9; *Reinhart Maurach*, Handbuch der Sowjetverfassung, S. 105ff.; *Dietrich Murswiek*, AVR 31 (1993), 307, 323 und *Henn-Jüri Uibopuu*, in: Fincke (Hrsg.), Handbuch der Sowjetverfassung, Bd. II, Rnrn. 7ff. zu Art. 72. Dasselbe gilt auch für die spiegelbildliche Vorschrift in Art. 69 der Verfassung der Russischen Sozialistischen Föderativen Sowjetrepublik (RSFSR) vom 12. 04. 1978, wonach diese das Recht auf einen „freien Austritt" aus der UdSSR für gewahrt erklärt.

[430] Siehe oben: Dritter Abschnitt, III.3.b.

antwortliche Einheit versteht. Umgekehrt ist jedoch zu bemerken, daß auch das einheitstiftende Bewußtseinsmoment, indem es Einheit und Ordnung entwirft, den Faktor der Größe unter Effektivitätsgesichtspunkten einkalkulieren muß.[431] Die Aussichtslosigkeit von Autonomiebestrebungen in einem zu klein bemessenen Rahmen bestimmt die gedankliche Neuprogrammierung der Ordnungsbegründung mit. Wo sie sich endgültig durchsetzt, ist dies gleichbedeutend mit dem Schritt zum Staatlichkeitstransfer. Die schwierige Frage, ob (und wenn ja, wie) er sich vollzieht, kann nur von Fall zu Fall entschieden werden; für die EU wird dies im Zweiten Buch versucht.

Aufgrund dieser drei Einschränkungsnotwendigkeiten: der Zirkelschlußgefahr, dem Vorhandensein statusinkongruenter Verfassungsrechtsnormen und faktischer Souveränitätsverluste, erweist sich das Austrittsrecht als das problematischste der hier zu behandelnden rechtsstrukturell identifizierbaren Staatlichkeitskriterien. Dies steht im offenen Widerspruch zur Beliebtheit dieses Aspektes als Argumentationsfigur, wenn es darum geht, anhand der Austrittsmöglichkeiten die Nicht-Staatlichkeit der EU zu beweisen. Es zeigt die Staatlichkeit des Einzelgliedes im Grunde immer nur dann an, wenn dieses imstande ist, sich ohne verfassunggebenden Akt aus der Einheit zu lösen; im übrigen ist es auf die rein negative Feststellung: daß ein Austrittsrecht die Staatlichkeit ausschließt, beschränkt (und muß auch hierbei noch Ausnahmen einräumen). Wann ein verfassunggebender Akt vorliegt, ist nur durch eine Gesamtschau aller rechtlichen und politischen Umstände zu ermessen, anhand derer ein bestimmter Abspaltungsprozeß als eine von der Verfassungsordnung determinierte und abgeleitete Lösung oder als verfassunggebender Sezessionsakt erscheint.

V. Staatlichkeitskriterien im Hinblick auf Rechtskontrolle und Rechtsdurchsetzung

1. *Siebtes Kriterium: die verfassungsgerichtliche Letztentscheidungsbefugnis*

Um die Fragen des Verfassungsvorrangs und der unabgeleiteten Geltung anhand der rechtlichen Strukturen zu erschließen, sind außer den Gesichtspunkten der Verfassungsrechtsentstehung und der einheitsfundierenden Verfassungsrechtsinhalte auch die Mechanismen der Kontrolle und Erzwingung dieser Inhalte zu betrachten. Die Ableitungsverhältnisse, in denen die verschiedenen Ebenen eines Gesamtgemeinwesens zueinander stehen, treten hierbei in besonderer Schärfe hervor. Eine höchste und letztverbindliche Ordnung kann dabei nur dann als solche eingestuft werden, wenn sie in der Lage ist, sich gegenüber

---

[431] Siehe oben: Erster Abschnitt, II.1.b.

sämtlichen abgeleiteten Strukturen zu behaupten. Zuständigkeitsregeln müssen den abgeleiteten Charakter der untergeordneten Hoheitsträger auch dort spiegeln, wo es um die Kontrolle ihrer Handlungen geht[432]: der Bestand einer unabgeleiteten Ordnung setzt es voraus, daß die Geltung der Verfassungsinhalte, seien es formelle Zuständigkeitsfragen oder seien es materielle Kernanliegen (wie beispielsweise die Grundrechte), durch die Verfassungsinstanzen vollumfänglich und letztverbindlich kontrolliert werden können. Auch die letztverbindliche gerichtliche Klärung[433] verfassungsrechtlicher Streitfälle ist demnach, sofern sie institutionell in entsprechender Weise ausgebaut wurde, als Staatlichkeitskriterium zu begreifen. *Die maßgebliche Frage hierzu muß dabei lauten, welcher Ebene innerhalb einer mehrstufig verfaßten Gemeinschaft das letzte Wort in der Entscheidung von Zuständigkeitskollisionen und Rechtskonflikten gebührt.* Diese Ebene bildet den Staat.

Eine solche verfassungsgerichtliche Letztentscheidungsbefugnis als Staatlichkeitskriterium zu bejahen, setzt damit voraus, daß eine Delegation der entsprechenden Zuständigkeiten auf andere Ebenen verfassungsrechtlich unmöglich ist. Inwiefern kann es also innerhalb eines mehrstufig organisierten Gemeinwesens vorstellbar sein, daß die Inhaber einer abgeleiteten Hoheitsgewalt, seien es kommunale Rechtsträger, seien es die Länder eines föderalen Gesamtsstaats oder seien es völkerrechtlich begründete Strukturen eines äußeren Verpflichtetseins, durch eigene Gerichte letztverbindlich über den Umfang der ihnen zugewiesenen Befugnisse entscheiden? Dies anzunehmen hieße, daß die Verfassungsorgane als Hüter der höchsten Ordnung dazu befugt sind, ihre Höchstrangigkeit punktuell preiszugeben. Indem die Verfassung sie an die Spitze der Rechtsordnung stellt, sind sie die legitime Autorität zur Definition von Zuständigkeiten und deren Kontrolle; Verfassungsorgane, die für Bestand und Vollzug der Rechtsstruktur bürgen, können dieses von ihrer Verfassung gewollte, sich hieraus zwingend ergebende Zuhöchstsein nicht abstreifen, indem sie abgeleiteten Strukturen die Definition des Umfangs ihrer Zuständigkeiten gestatten. Die Ordnung selbst hätte damit ihre Höchstrangigkeit verloren, da eine ebenenübergreifende Verlagerung der letztverbindlichen Zuständigkeitenkontrolle (ebenso wie die Entscheidung über die Geltung bestimmter Verfassungsinhalte) grundlegende Ableitungszusammenhänge zerreißt. Wo dieses versucht wird, indem gerichtliche Akteure einer abgeleiteten Struktur

---

[432] Vgl. auch *Josef Isensee*, in: Isensee/Kirchhof (Hrsg.), Handbuch des Staatsrechts, Bd. II, § 15 Rn. 107.

[433] Die zum Teil, im Hinblick auf Zuständigkeitsfragen, auch als judizielle Kompetenzkompetenz bezeichnet worden ist; so insbesondere *Joseph H. H. Weiler*, JCMS 35 (1997), 97, 124 ff.; *ders.*, Political Studies 44 (1996), 517, 532; *ders./Ulrich R. Haltern*, HILJ 37 (1996), 411, 413; außerdem *Trevor C. Hartley*, Constitutional Problems of the European Union, S. 156. Von „faktischer Kompetenz-Kompetenz" spricht (im Hinblick auf die Rolle des EuGH) *Udo Di Fabio*, Der Staat 32 (1993), 191, 197.

ein solches Recht beanspruchen, kommt es maßgeblich darauf an, wie sich die höchste Ordnungsstruktur dazu verhält[434]: um sich selbst zu behaupten, muß sie entsprechenden Bestrebungen den Boden entziehen, im äußersten Fall durch die partielle Entmachtung der hervorgetretenen Organe. Wo sie jedoch nichts dergleichen unternimmt und die verfassungswidrige Okkupation justitieller Letztentscheidungszuständigkeiten billigt (und damit zugleich auch Brüche mit ihren Verfassungsinhalten ermöglicht), trägt sie eine Neuverfassung des Gemeinwesens mit, durch die sie ihre Staatlichkeit einbüßt.

Im Hinblick auf die gerichtliche Letztentscheidungsbefugnis in Zuständigkeitsfragen ist dabei zu betonen, daß deren Verlust an eine andere Ebene auch durch den Fortbestand der eigenen Kompetenzkompetenz nicht dauerhaft kompensiert werden kann. Die Hoheit der Verfassungsorgane über die Verteilung der Zuständigkeiten auf abgeleitete Träger kann nicht auf anderer Ebene angesiedelt sein als die Befugnis, verfassungsgerichtlich über die Einhaltung dieser Zuständigkeiten zu wachen. Das Tätigsein der Verfassungsorgane stünde dann, potentiell oder tatsächlich, im Konflikt zu anderen Akteuren – was weder der juristischen Funktion der Verfassungsorgane entspräche noch politisch dauerhaft auszuhalten wäre. Die Verfassungskonflikte, die hierdurch hervorbrechen müßten, ließen den Ordnungsanspruch als solchen in seiner Erreichbarkeit unsicher werden. Letztverbindliche Kompetenzkontrollen und letztinstanzliche Entscheidungen über Verfassungsinhalte müssen daher innerhalb eines Verfassungsraums so ausgestaltet sein, daß sich die Ebene der Verfassung durch ihre Organe gegenüber der Gesamtheit der abgeleiteten Rechtsstrukturen behauptet.

2. *Achtes Kriterium: Rechtliche Aufsichtsinstrumentarien*

a. *Rechts- und Fachaufsicht über abgeleitete Hoheitsstrukturen, Selbsteintrittsrechte*

Um eine rechtliche Ordnung zu errichten und wirksam werden zu lassen, bedarf es neben der Rechtsetzung auch der Rechtsdurchsetzung; um vollständig nachzuvollziehen, durch welche Ableitungszusammenhänge sich die Anliegen höchstrangig geltender Verfassungsinhalte verwirklichen lassen, muß daher zusätzlich untersucht werden, wie die praktische Umsetzung von Rechtsakten der Verfassungsorgane, seien es gesetzliche Regelungen, Exekutivmaßnahmen oder verfassungsgerichtliche Entscheidungen, sichergestellt werden kann. Ebenso wie sich der Erlaß von Rechtsvorschriften in seiner Gesamtheit durch eine Kette von verfassungsrechtlichen, gesetzlichen und untergesetzlichen Vorschriften über das Zustandekommen rechtlicher Regeln in besonderen Ablei-

[434] Unabhängig davon, ob es um innere Strukturen oder äußere Bindungen geht. Zum Beispiel der EU siehe nachstehend Zweites Buch, Erster Abschnitt.

tungszusammenhängen entfaltet, so sind auch im Hinblick auf die Instrumentarien einer ausdifferenzierten Rechtsdurchsetzung Ableitungsverhältnisse zwischen den verschiedenen Ebenen der hoheitlichen Gewalt nachzuvollziehen. Diese zu bestimmen heißt mithin zu verfolgen, wie sich die oberste Ordnungsstruktur gegen die unteren durchsetzt – es sei denn, daß jene sich aus besonderen Gründen selbst ein Stück weit zurücknehmen will. *Entscheidend ist somit die Frage, welche Ebene der hoheitlichen Gewalt nicht durch eine andere letztverbindlich zur Ausführung rechtserheblicher Maßnahmen gezwungen werden kann.* Wo diese zu finden ist, bildet ihr Wirkungskreis den Staat.

Der oben bereits angerissene Fall einer gerichtlichen Kontrolle im Hinblick auf die Wahrung von Zuständigkeitsgrenzen[435] bildet insoweit nur einen Ausschnitt aus dem gesamten Verhältnis, in welchem die abgeleiteten Strukturen (der Verwaltungs- und Justizunterbau) und die höchste Ordnungsstruktur unter dem Gesichtspunkt der rechtlichen Aufsicht zueinander stehen. Kontrollmechanismen, die eine verfassungskonforme Ausführung der rechtlichen Vorgaben sicherstellen, müssen sich dabei auf allen Ebenen der hoheitlichen Gewalt finden lassen; rechtlich unkontrollierte Herrschaftsgewalt kann es innerhalb einer hoheitlich-staatlichen Ordnungsgesamtheit, welche eine umfassende Gestaltung der öffentlichen Sphären beansprucht, nicht geben. Eine solche Rechtskontrolle sämtlicher abgeleiteter Gewalten setzt grundsätzlich zweierlei voraus: einerseits ein Instrumentarium der Rechtsaufsicht, d.h. Möglichkeiten der Kontrolle, ob untergeordnete Hoheitsträger rechtmäßig agieren (was hier im weitesten denkbaren Sinn, unter Einbeziehung auch der gerichtlichen Rechtmäßigkeitskontrolle, verstanden werden muß), und andererseits Instrumentarien des Selbsteintritts und der Ersatzvornahme, die gewährleisten, daß die höhere und höchste Herrschaftsebene zuletzt auch dort die Oberhand behalten, wo sich Akteure der abgeleiteten Hoheitsstrukturen ihren Aussprüchen widersetzen. Eine Fachaufsichtsbefugnis, d.h. die Möglichkeit, Entscheidungen untergeordneter Hoheitsträger auch auf ihre inhaltliche Zweckmäßigkeit hin zu überprüfen, kann unter Umständen das Ableitungsverhältnis komplettieren – zwingender Bestandteil dessen ist sie jedoch nicht, wie insbesondere das Fehlen entsprechender Aufsichtsrechte bei solchen Herrschaftsstrukturen verdeutlicht, die von Verfassungs wegen über ein besonderes Maß an Autonomie verfügen.

b. Sonderfragen: Rechtskontrolle und Rechtsdurchsetzungsmechanismen gegenüber autonom agierenden Herrschaftsstrukturen

Beschränkungen der durchsetzungsbezogenen Ableitungszusammenhänge finden sich insbesondere dort, wo autonome Akteure hoheitlich handeln, denen durch die Verfassungsordnung selbst der Raum zur aufsichtsfreien Entfaltung

---

[435] Dazu unmittelbar zuvor: 1.

zugewiesen ist. Dies gilt zuallererst dort, wo die Autonomie territorialer Herrschaftsverbände selbst ein zentrales Merkmal der staatlichkeitsbegründenden Ordnungsvorstellung darstellt, d. h. im Falle der föderalen Gliedeinheiten eines Bundesstaats. Diese agieren im Rahmen der ihnen zugewiesenen Rechtsetzungs- und Verwaltungsaufgaben zunächst weitgehend autonom, unterliegen aber dennoch der Bindung an das höherrangige, vom Bund erlassene Recht, der behördlich und gerichtlich die Einhaltung dieser Rechtsbindung kontrolliert. Am Beispiel der grundgesetzlichen Ordnung wird dies in besonderer Weise deutlich: die Selbständigkeit der Bundesländer wird in erheblichem Umfang durch die rechtlichen Vorgaben beschränkt, die das Bundesrecht statuiert. Ob diese durch das Bundesland eingehalten worden sind, entscheiden, je nach der Art dieser rechtlichen Vorgaben, insbesondere das BVerfG oder die obersten Fachgerichte des Bundes, jedenfalls aber Bundesgerichte. Hinzu kommen auch hier weitreichende Rechtsaufsichtszuständigkeiten des Bundes, wenn es um die Ausführung der Bundesgesetze durch die Länder geht (vgl. z.B. Art. 84 Abs. 3 GG). Letztendlich, und dies ist der entscheidende Gesichtspunkt für die Frage des Staatlichkeitsbestandes, muß die Ebene des Gesamtstaats den Ländern gegenüber auch im Bundesstaat über Möglichkeiten einer zwangsweisen Durchsetzung ihrer Rechtsinhalte verfügen, wenn (wie Art. 37 Abs. 1 GG dies ausdrückt) „ein Land die ihm nach dem Grundgesetz oder einem anderen Bundesgesetz obliegenden Bundespflichten nicht erfüllt". Die Staatlichkeit des Gesamtverbandes setzt damit auch die Möglichkeit des Bundeszwangs voraus.[436]

VI. Staatlichkeitskriterien im Hinblick auf das Außerkrafttreten rechtlicher Ordnungsstrukturen

1. Neuntes Kriterium: die Legalität der Auflösung untergeordneter Herrschaftskomplexe

a. Die Abschaffung hoheitlicher Verbände – von oben herab und durch ihre Glieder

Geltung und Höchstrangigkeit einer bestimmten, staatlichkeitsdefinierenden Ordnungsstruktur müssen sich schließlich auch dort in besonderer Weise niederschlagen, wo es um das Außerkraftsetzen rechtlicher Normen oder gar um die Abschaffung untergeordneter Herrschaftsstrukturen geht. Was höchstrangig und unmittelbar gelten soll, muß, zumindest in seinen Kernanliegen, dem Zugriff der abgeleiteten Hoheitsstrukturen entzogen sein. Im Hinblick auf die

[436] Außer in Art. 37 GG findet sich eine entsprechende Vorschrift u. a. in Art. 34 der brasilianischen Verfassung.

rechtliche Ordnung innerhalb eines Gemeinwesens ist daher der Frage nachzugehen, inwieweit sich unverbrüchliche, gegen jede Änderung geschützte Regelungsinhalte auffinden lassen (dazu im Anschluß); im Hinblick auf die institutionelle Architektur einer Mehrebenenordnung geht es darum zu untersuchen, welche Herrschaftsstrukturen innerhalb dieses Gefüges aufgelöst werden können. Die Möglichkeit ihrer rechtsordnungskonformen Beseitigung indiziert demnach den abgeleiteten, untergeordneten Charakter der konkreten Inhaberschaft staatlicher Hoheitsgewalt. *Die maßgebliche Frage, anhand derer das achte Staatlichkeitskriterium bestimmt werden soll, muß daher lauten, ob eine bestimmte Ebene der hoheitlichen Gewalt entweder von oben herab oder durch das einvernehmliche Handeln ihrer einzelnen Glieder abgeschafft werden kann.* Wenn eines von beidem zutrifft, kann es sich bei der konkret betrachteten Ordnungsstruktur nicht um die grundlegende, staatliche handeln: wo eine Auflösung des Verbandes durch dessen einzelne Glieder möglich ist, handelt es sich nicht um einen Staat, sondern um ein völkerrechtliches Bündnis[437]; wo eine Abschaffung des Verbandes von oben her rechtlich zulässig wäre, handelt es sich ebenfalls nicht um einen Staat, sondern um einen unselbständigen Bestandteil der innerstaatlichen Herrschaftsstruktur.

Auch in dieser Beziehung spielt die Unterscheidung von äußeren völkerrechtlichen Pflichten und grundlegendem inneren Gebundensein des Gemeinwesens eine entscheidende Rolle: Völkerrechtliche Verbände können durch ein einvernehmliches Tätigwerden der darin verbundenen Mitgliedstaaten ebenso abgeschafft werden[438], wie innere Verwaltungsstrukturen durch einen Beschluß der darüberliegenden Ordnungsstruktur. In beiden Fällen handelt es sich um abgeleitete und untergeordnete Akteure. Mitspracherechte über die eigene Auflösung besitzen sie dabei naturgemäß nicht; ihr Dasein und ihr Status hängen von den Entscheidungen höherer rechtlicher Ebenen ab. Einzig und allein die Ebene des Staates kann weder von oben herab, durch eine darüberliegende Ordnungsstruktur, noch von unten herauf, durch das Zusammenwirken einzelner im Staat vereinigter Glieder, abgeschafft werden: von oben herab nicht, weil eine solche darüberliegende Ebene der hoheitlichen Herrschaftsgewalt nicht existiert, von unten herauf nicht, weil untergeordnete und abgeleitete Hoheitsinhaber hierzu juristisch weder berechtigt noch überhaupt in der Lage sein können – eine Auflösung der grundlegenden staatlichen Ordnungsstruktur entzöge ihnen zwangsläufig die Grundlage ihres Agierens; der Akt, wenn sie ihn ver-

---

437 *Peter M. Huber*, AöR 116 (1991), 210, 222; vgl. auch *Christian Seiler*, Der souveräne Verfassungsstaat zwischen demokratischer Rückbindung und überstaatlicher Einbindung, S. 258f.

438 *Peter M. Huber*, in: Ipsen/Rengeling/Mössner/Weber (Hrsg.), Verfassungsrecht im Wandel, S. 349, 356 und *Christian Tomuschat*, EuGRZ 1993, 489, 495; vgl. auch *Christian Seiler*, Der souveräne Verfassungsstaat zwischen demokratischer Rückbindung und überstaatlicher Einbindung, S. 258f.

suchten, läge jenseits der Ordnung selbst und könnte aus dieser heraus nicht als rechtmäßig gelten. Was mitunter, wie beispielsweise beim Ende der UdSSR, nach der einvernehmlichen Abschaffung eines Gesamtstaatsgebildes aussah[439], erweist sich bei näherem Hinsehen als eine Summe von verfassunggebenden Akten in den einzelnen Gliedern, die sich aus neuen Motiven heraus im Teilraum zur Einheit verbinden. Wo sich ein solcher Prozeß in allen Gliedern eines Gesamtstaats nahezu gleichzeitig abspielt, können die neu konstituierten Teile als nunmehr ranghöchste Ordnung die Bindung des Ganzen beenden. Auch die Frage der Auflösbarkeit eines bestimmten hoheitlich handelnden Verbandes erscheint damit als Entweder-Oder, aus dem sich, so scheint es, die Frage der Staatsqualität eindeutig ableiten läßt. Wiederum ergeben sich jedoch aus den Umständen der bundesstaatlichen Ordnungsmodelle Besonderheiten, die den Wert des Kriteriums ein Stück weit relativieren.

b. Verfassungsrechtliche Bestandsverbürgungen bundesstaatlicher Gliedeinheiten und ebenenübergreifende Auflösungsverfahren als gegebene und potentielle Abschwächung des Staatlichkeitsfazits

Zu einer wichtigen Einschränkung des Staatlichkeitskriteriums führt wiederum der Umstand, daß sich der Bestand der bundesstaatlichen Gliedeinheiten (in Deutschland: der Länder) unmittelbar aus der verfassungsrechtlichen Ordnung und deren Kernanliegen ergibt. Dies schließt die Abschaffung der Länder durch den Bund aus. Da auch deren legale Beseitigung von unten her, durch weitere Untergliederungen in der Länderstruktur, rechtlich ausgeschlossen erscheint, wäre insofern die Kontrollfrage zum achten Staatlichkeitskriterium, was den Status der Länder betrifft, mit der Aussage zu beantworten, daß auch die bundesstaatlichen Gliedeinheiten rechtlich nicht aufgelöst werden können und daher Staaten (im hier zugrunde liegenden Sinne) sein müssen. Zwar ergibt sich aus den Besonderheiten der grundgesetzlichen Ordnung, daß eine entsprechende Bestandsgarantie nur für das Dasein von Ländern überhaupt, nicht jedoch für das Dasein des einzelnen Landes eingreift, wenn Art. 29 GG eine Neugliederung des Bundesgebietes (und damit die Neueinteilung der Länder) durch Volksabstimmung erlaubt. Da jedoch eine solche verfassungsrechtliche Neueinteilungsoption nicht zum Kernbestandteil jeder bundesstaatlichen Ordnung zählt, sondern auch die verfassungsrechtlich verbürgte Unverbrüchlichkeit des vorhandenen Länderbestandes grundsätzlich vorstellbar sein kann, ist die Situation der föderalen Gliedeinheiten als Einschränkung der oben begründeten Annahmen zu verstehen – strenggenommen läßt sich der Ausgangsfrage des achten Staatlichkeitskriteriums (der Frage also, ob der Verband von unten her oder von oben her aufgelöst werden kann) nur ein negativ formuliertes

---

[439] Dem Mißverständnis erliegt *Luis Diez-Picazo*, in: Weiler/Eisgruber (Hrsg.), Altneuland: The EU Constitution in a Contextual Perspective, S. 9.

Staatlichkeitsfazit entnehmen: die Auflösbarkeit des Verbandes schließt dessen Staatsein aus.

Eine besondere Schwierigkeit stellt sich auch dort, wo eine Verfassungsordnung die Auflösung des Gesamtverbandes von der Zustimmung zweier Ebenen abhängig macht. Regelungen, daß die Auflösung des Ganzen nur unter Zustimmung von Bund und Gliedern möglich ist, könnten sich theoretisch sowohl in der Verfassung eines Bundesstaates als auch im Grundstatut eines Staatenbundes auffinden lassen. Wenngleich die verfassungswissenschaftliche Einordnung einer solchen Vorschrift vergleichsweise leichtfallen muß – es handelt sich entweder um eine gegenstandslose Vorschrift (wenn der Bund die höchste Ordnung darstellt und sich selbst ohnehin legal nicht auflösen kann) oder um eine Bestimmung, die ihrerseits durch einvernehmliches Handeln der Glieder außer Kraft gesetzt werden kann (wenn es sich bei der Gesamtstruktur um ein Bündel äußerer Verpflichtungen handelt) – so wird doch die Anwendung des Staatlichkeitskriteriums in einem solchen Fall relativiert; der Umstand, daß eine Auflösung überhaupt möglich erscheint, muß indes auch hier als ein Indiz gegen das Staatsein des Gesamtverbandes angesehen werden. Was sich in der Herleitung der anderen Kriterien schon mehrfach abgezeichnet hat, bestätigt sich wiederum: um festzustellen, auf welcher Ebene des politischen Gebundenseins Staatlichkeit existiert, kommt es gerade dann, wenn ihr Bestand fraglich erscheint, auf die Gesamtbetrachtung aller zehn Kriterien an.

2. Zehntes Kriterium: die Auffindbarkeit änderungsfester Verfassungsinhalte

a. Änderungsfeste Verfassungsinhalte als Staatlichkeitsindiz

Die Fragen nach der Höchstrangigkeit und der unabgeleiteten Geltung der Verfassungsinhalte lassen sich zuletzt auch anhand eines Kriteriums behandeln, das sich auf die Aufhebbarkeit bestimmter verfassungsrechtlicher Vorschriften bezieht. Regelungsinhalte, die als oberste Anliegen einer Rechtsordnung gelten, können auch durch die Verfassungsorgane nicht beliebig änderbar sein. Wie hängen demzufolge Änderungsfestigkeit und Ableitungsverhältnisse ihrem Wesen zufolge miteinander zusammen? Welche Rolle spielt das Konzept von „Ewigkeitsklauseln"[440] und änderungsfesten Verfassungsinhalten für die Staatlichkeitsfrage? Trotz scheinbarer Ausnahmen, insbesondere im Landesverfassungsrecht einiger Bundesstaaten[441], sind entsprechende Inhalte aus staats- und verfassungstheoretischer Perspektive grundsätzlich nur auf der obersten Ebene einer Rechtsordnung vorstellbar: alles abgeleitete Recht hängt vom Willen der Quelle ab, aus der es den Grund seiner Rechtsgeltung schöpft;

---

[440] Zur Unzulänglichkeit dieses Begriffs siehe unten: Viertes Buch, Erster Abschnitt (mit entsprechenden Schrifttumsnachweisen).

[441] Hierzu unmittelbar anschließend: b.

der Ableitungscharakter einer Norm schließt deren Änderungsfestigkeit wesensnotwendig aus.[442] Nachgeordnete Gesetze können von höheren Normen geändert und abgeschafft werden. Änderungsfeste Normeninhalte können deshalb nur auf jener Ebene existieren, die hier als Staat aufgefaßt wird; ihr Geltungskreis bezeichnet die räumliche Bezugsgröße des grundlegenden politischen Gebundenseins. *Die entscheidende Frage zum zehnten und letzten rechtsstrukturellen Staatlichkeitsmerkmal lautet daher, auf welcher Ebene einer rechtlichen Ordnung änderungsfeste Verfassungsinhalte bestehen.* Ihr Vorhandensein weist auf die Staatlichkeit hin.

In welchen Formen treten derartige änderungsfeste Verfassungsinhalte auf? Ihr Bestand wird zum Teil in den Verfassungsgesetzen, speziell im Rahmen der Vorschriften zu ihrer Änderung, anerkannt. So nimmt zum Beispiel Art. 79 Abs. 3 GG, ebenso wie Art. 110 Abs. 1 der griechischen Verfassung und Art. 288 der Verfassung Portugals, bestimmte Verfassungsgrundsätze[443] von jeglicher Änderung aus.[444] Andere Verfassungsgesetze legen bestimmte Grundmomente der Staatsform als unabänderlich fest.[445] Änderungsbeständige Verfassungsinhalte markieren dabei die Grundanliegen des konkreten Ordnungsmotivs, das durch die Staatsverfassung umgesetzt wird; sie bestehen selbst dort, wo das Verfassungsgesetz keine entsprechenden Schranken enthält.[446] Die Grundelemente jeder vom Volk gewollten Ordnung sind der verfassungsändernden Gesetzgebung bereits ihrer Natur nach verschlossen, da deren inhaltliche Änderung und Beseitigung verfassunggebende Akte verlangen, die aus der bestehenden Ordnung heraus legal nicht zu bewältigen sind. Eingesetzte Organe können hierüber selbst nicht verfügen. Wo sie es dennoch versuchen, handelt es sich um illegale Vorstöße zu einer neuen Verfassung, deren Erfolg davon abhängt, inwieweit das Volk sie praktisch bestätigt. Die mit Art. 20 Abs. 1 GG bezeichneten Grundthemen einer bestehenden Staatlichkeitsstruktur: Staats-

---

[442] Dasselbe gilt, wenn es sich um äußere Ableitungen in Gestalt von internationalen Verträgen handelt. Diese können naturgemäß keinen änderungsfesten Kern enthalten, da ihre einstimmige Aufhebung jederzeit möglich ist; vgl. *Bruno de Witte*, in: Winter/Curtin/Kellermann/de Witte (Hrsg.), Reforming the Treaty on European Union, S. 3, 16.

[443] Nicht jedoch die Details ihrer Ausgestaltung, siehe *Christoph Degenhart*, Staatsrecht I, Rn. 222; *ders.*, Klausurenkurs im Staatsrecht, Rn. 557; *ders.*, in: Gedächtnisschrift für Joachim Burmeister, S. 87, 97.

[444] Eine vergleichbare Vorschrift findet sich auch in Art. 148 Abs. 1 und 2 der rumänischen Verfassung. Zahlreiche weitere Beispiele könnten ebenfalls genannt werden.

[445] So zum Beispiel Art. 139 der italienischen Verfassung und Art. 89 Abs. 4 der Verfassung Frankreichs. – Punktuelle Änderungsschranken finden sich u. a. auch in Art. 142 Abs. 2 der Verfassung Moldawiens und in Art. 157 Satz 1 der ukrainischen Verfassung (im Hinblick auf den Bestand der Grundrechte). Auch diese Beispiele könnten zahllos fortgesetzt werden.

[446] *Carl Schmitt*, Verfassungslehre, S. 104 ff. Die vorliegende Untersuchung folgt hier in der Sache (wie bereits *Schmitt*) den Lehren *Maurice Haurious* vom „Überverfassungsrecht“, wie dieser sie in seinem „Précis de Droit Constitutionnel“, S. 296 f. entfaltet hat.

und Regierungsform, Föderalismus und Rechtsstaatlichkeit, sind daher auch dort als änderungsfest anzusehen, wo der Verfassungstext nichts dazu sagt oder, wie beispielsweise in Art. 46 Abs. 1 der irischen Verfassung, ausdrücklich eine Verfügbarkeit aller Artikel vorsieht.[447] In den zuletzt angesprochenen Fällen, in denen das Verfassungsrecht keine ausdrücklichen Hinweise auf änderungsfeste Inhalte aufweist, besteht insofern die Gefahr eines Zirkelschlusses, wenn es darum geht, die Ebene der Staatlichkeit zu orten: man kann das Vorhandensein unabänderlicher Verfassungsinhalte nicht zum Kriterium der Staatlichkeit machen, wenn man diese selbst erst aus der Höchstrangigkeit der betrachteten Ordnung ableiten muß. Mit anderen Worten: als Staatlichkeitskriterium taugt die Frage nach änderungsfesten Verfassungsinhalten nur dort, wo diese entweder im Verfassungstext selbst fixiert sind oder die Rechtsordnung diese auf andere Weise (wie etwa durch höchstrichterliche Entscheidungen) anerkennt.

b. Sonderfragen: Ewigkeitsklauseln im Landesverfassungsrecht

Eine Besonderheit, die im Kontext des letzten Staatlichkeitskriteriums thematisiert werden muß, stellt die Frage nach dem Bestand änderungsfester Verfassungsinhalte im Landesverfassungsrecht dar. Änderungssperren zugunsten zentraler Verfassungsanliegen (Grundrechtsgeltung, Rechtsstaatlichkeit und Demokratie) finden sich danach in mehreren deutschen Länderverfassungen.[448] In welchem Zusammenhang stehen derartige Regelungen zur Staatlichkeitsfrage? Was läßt sich ihnen im Hinblick auf die Rangverhältnisse von gesamtstaatlichen und gliedstaatlichen Ordnungsstrukturen entnehmen? Inwiefern können diese Regelungen den Wert von „Ewigkeitsklauseln" als Staatlichkeitsindizien mindern? Auch die Antwort hierauf ergibt sich aus dem bereits mehrfach angesprochenen Gedanken, daß die Gliedstaaten des Bundes selbst Bestandteile der grundlegenden Ordnungsvorstellung bilden und insofern in ihrem Dasein (insgesamt, nicht unbedingt im Hinblick auf das Dasein des einzelnen Landes) und in den Kernaussagen ihrer grundlegenden Statute (den Landesverfassungen) mit dem Dasein und den Inhalten der gesamtstaatlichen Verfassung zwingend einhergehen müssen. Indem Landesverfassungen diese Garantien für den von ihnen geregelten Staatsausschnitt wiederholen, wollen sie bekräftigen, daß sich die Länder selbst als unverzichtbare Bestandteile der gesamtstaatlichen Verfassungsarchitektur, und somit als deren Konzepten verpflichtet, empfinden. Vorschriften dieser Art bilden demnach, rechtsanalytisch gesprochen, deklaratorische Hinweise auf die änderungsfesten Kerngehalte der gesamtstaat-

---

[447] So auch *Carl Schmitt*, Verfassungslehre, S. 105 zum vergleichbaren Fall der französischen Verfassung vom 4. November 1848.

[448] So zum Beispiel in Art. 75 Abs. 1 BayVerf; Art. 64 Abs. 1 Satz 2 BWVerf und Art. 74 Abs. 1 Satz 2 SächsVerf.

lichen Verfassung. Der Wert, den „Ewigkeitsklauseln“ in ihrer Funktion als Indizien des Staatseins dennoch besitzen, richtet sich insbesondere danach, inwieweit es gelingt, entsprechende unterverfassungsrechtliche Hinweise auf die unverbrüchlichen Grundanliegen einer verfassungsrechtlichen Ordnung als solche zu erkennen und hieraus die richtigen Schlüsse zu ziehen.

VII. Zwischenergebnis: die zehn Kriterien im Zusammenspiel

Die dargestellten zehn Kriterien: Änderungsregeln, Kompetenzhoheit, Allzuständigkeit, Organisationshoheit, Zwangsmittelhoheit, Austrittsrechte, gerichtliche Letztentscheidungsbefugnisse, Möglichkeiten der Rechtsaufsicht, Auflösbarkeit und der Bestand änderungsfester Rechtsinhalte, bestimmen eine konkrete Ebene der hoheitlichen Gewalt in einer Gemeinschaft als Raum ihrer grundlegenden Bindung, d. h. als Staat. Das Zweite Buch soll nun unter dem Titel „Übergänge“ am Beispiel des Verhältnisses von Mitgliedstaaten und Europäischer Union verdeutlichen, in welchen inhaltlichen Schritten und auf welchen verfahrensmäßigen Wegen die Eigenschaft des Staatseins übertragen werden kann. Bevor in diese Fragenkreise eingetreten wird, ist als letztes zu klären, wie die einzelnen Kriterien im ganzen zusammenhängen. Genügt ein einzelnes von ihnen schon, um mit Recht vom „EU-Staat“ zu sprechen? Was heißt es, wenn eines oder mehrere dieser Kriterien in der rechtlichen Praxis unbestimmbar geworden sind, indem zwei Ebenen zugleich Entsprechendes beanspruchen? Kann man in einem solchen Fall von einzelnen auf alle Indizien schließen? Ließe sich beispielsweise in einem Kompetenzrechtsverfahren behaupten, daß diese oder jene Seite die gerichtliche Letztentscheidungsbefugnis besitzt (oder im Streit um die Kündigung der Bindung ein Austrittsrecht?), da es sich aufgrund der anderen Indizien um einen Staat handeln muß? Dienen die genannten Kriterien möglicherweise nicht nur als staatstheoretische Einordnungshilfe, sondern zugleich als juristisches Auslegungsmittel?

Wie dargestellt wurde, spiegelt das Recht die Ordnung, macht das Recht die Ordnung erkennbar. Die zehn dargestellten Staatlichkeitskriterien haben einen gemeinsamen Schnittpunkt, dessen juristischen Ausdruck sie bilden: die Höchstrangigkeit einer unabgeleitet geltenden Ordnungsstruktur. Wo sie sich in der geschilderten Weise auffinden lassen, indizieren sie das Staatsein des Verbandes; wo sich jedoch ein einzelnes dieser Kriterien in der Rechtsordnung nicht hinreichend nachweisen läßt (oder auf anderer Ebene steht), obwohl die übrigen vorliegen, so handelt es sich um eine Anomalie, mit der die denknotwendige Höchstrangigkeit einer bestimmten Ordnungsstruktur nicht dauerhaft einhergehen kann. Anomalien dieser Art in der Verfassungsarchitektur können darauf zurückzuführen sein, daß die rechtliche Struktur den politischen Geschehnissen in einzelnen Punkten nachhinkt – oder von den Trägern der politischen Verantwortung diesen vorausgeschickt wurde.[449] Hierbei wird deutlich, daß die Suche nach dem Raum der Staatlichkeit auf die Aspekte des Verfassungsrechtsinhalts nur als Indizien zurückgreifen kann. Sie selbst bleibt eine Substanzfrage[450]: sie ergründet die Existenz bestimmter Bewußtseinsinhalte und die hieraus erwachsende Bindung. Wenn die letztverbindliche Ordnungsstruktur auf eine andere Ebene wechselt, wird diese sich durch den Gehorsam, den sie empfängt, gegen die erste behaupten.[451] Die zehn behandelten Rechtsstrukturen müssen dem nach und nach folgen; die Verfassungsorgane der Gesamtgemeinschaft passen die von ihnen zu entfaltende Verfassungsstruktur dem neuen Ordnungs- und Gebundenheitsbewußtsein an. Mit dem Vollzug des neuen Verfassungsvorrangs etabliert sich der neu entstehende Staat.

[449] Ein solches Vorausgehen war auch mit der Gründung der EG als Rechtsgemeinschaft beabsichtigt, vgl. *Walter Hallstein*, Die Europäische Gemeinschaft, S. 33 ff.

[450] Vgl. *Uwe Volkmann*, AöR 127 (2002), 575, 590 ff.

[451] In diesem Kontext sind auch die knappen Bemerkungen von hohem Interesse, die sich bei *Trevor C. Hartley* (Constitutional Problems of the European Union, S. 147) zur kanadischen Unabhängigkeit gegenüber dem Vereinigten Königreich finden.

Zweites Buch

Übergänge

Einführung in das Zweite Buch

Die gegenwärtige staats- und verfassungstheoretische Diskussion begegnet im europäischen Integrationsprozeß einem besonderen Prüfstein ihrer Standpunkte und Theoreme. Sie erzwingt eine Neubestimmung von Hoheitsgewalt und Staatlichkeit; sie veranlaßt dazu, genau zu erfassen, was gemeint ist, wenn man in der Auseinandersetzung um die Inhalte der rechtlichen Ordnung vom Dasein des „Staates" spricht. Dies zu erschließen, wurde im Ersten Buch versucht. Der „Staat" bildet danach die höchste Form von politischer Ordnung, die allen hoheitlichen Strukturen ein und desselben Raumes zugrunde liegt; er markiert eine unabgeleitete, oberste Ordnungsstruktur, die notwendigerweise jedes Gemeinwesen prägt. Im letzten Abschnitt des Ersten Buches wurden hierfür Kriterien gefunden, die nun, im Zweiten Buch, auf den europäischen Einigungsvorgang anzuwenden sind. Die Angemessenheit der Kriterien soll damit bewiesen und die Staatlichkeitsfrage im gegenwärtigen Integrationskontext beantwortet werden: von der Überzeugungskraft des gezogenen Schlusses hängt im geisteswissenschaftlichen Denken die Gültigkeit des Ansatzes ab. Im Mittelpunkt steht zunächst die Frage der Staatlichkeit unter dem Maßstab des gegenwärtigen Rechts[1]: welche der rechtlichen Strukturen, die das geltende EU-Primärrecht aufweist, entsprechen bereits heute dem gesamteuropäischen Bundesstaat? Welche Umstände deuten in die entgegengesetzte Richtung? Welche Rolle spielt dabei die Rechtsprechung des EuGH zur Autonomie des Gemeinschaftsrechts und zu seinem Anwendungsvorrang? Und schließlich: was ändert sich im Hinblick auf die Staatlichkeitsfrage durch ein mögliches Inkrafttreten des Verfassungsvertrages – stellt dieser, wie mitunter vermutet, den entscheidenden Schritt zum Bundesstaat dar? Im Zweiten Abschnitt des Zweiten Buches soll dann untersucht werden, welche weiteren Integrationsschritte den Übergang der Staatlichkeit bewirken oder vervollständigen könnten. Hierzu ist auch auf die Vorstellungen früherer Verfassungsentwürfe zurückzukommen, die deutlicher in diese Richtung zielten. Zuletzt (im Dritten Abschnitt) ist dann zu behandeln, welchen Einfluß die Frage des Verfahrens auf das Entstehen der gesamteuropäischen Staatlichkeit nimmt. Schließt eine völkerrechtliche Vorge-

[1] Siehe unten: Erster Abschnitt.

hensweise das Entstehen der Bundesstaatlichkeit aus? Kann ein Bundesstaat sich hieraus allmählich, möglicherweise auch unbeabsichtigt, entwickeln? Und umgekehrt: erscheint die Gründung eines solchen Staates als zwingende Folge eines europaweiten Referendums? Welche Rolle gebührt dem Volk – und welche den Völkern?

1. Abschnitt

Europas Staatlichkeit im gegenwärtigen Zustand

I. Die Autonomie des europäischen Gemeinschaftsrechts als Grundfrage der europäischen Staatlichkeitsthematik

1. Der Zusammenhang von Autonomiegesichtspunkt und Staatlichkeitsfrage

Wie oben bereits ausführlich dargelegt[2], ist die Existenz des Staates als höchste und unabgeleitete Struktur zur Ordnung der öffentlichen Sphäre untrennbar mit dem Bestand eines originären, unabgeleiteten rechtlichen Regelungsganzen verbunden. Völkerrechtliche Verpflichtungen erscheinen demgegenüber als ein äußeres rechtliches Gebundensein einer solchen autonomen Ordnung, das sich zwangsläufig aus der Notwendigkeit ergibt, das Vorhandensein mehrerer letztverantwortlicher Einheiten zu koordinieren. Die Frage, ob das gegenwärtige europäische Gemeinschaftsrecht eine autonome rechtliche Ordnung bildet, erweist sich damit als eine Schlüsselfrage, wenn es darum geht, den Staatlichkeitsbestand innerhalb des supranationalen Staatengefüges zu bestimmen; zugleich stellt sie die zentrale Thematik verschiedener Problemfelder der Europarechtslehre dar – insbesondere im Hinblick auf das Verhältnis von europäischem und nationalem Recht. Wenn es darum geht, den Staatlichkeitsbestand innerhalb der gegenwärtigen Union zu untersuchen, muß dieser Zusammenhang von nationalem und europäischem Recht als erster gedanklicher Ausgangspunkt dienen. Wo sich in juristischer Hinsicht eine Ordnung aus der anderen ableiten läßt, kann jene nicht als unabgeleitet und höchstrangig gelten – und deshalb nicht das Verfassungsrecht bilden, durch welches die Staatlichkeit in rechtliche Normen umgesetzt wird. Die Frage nach dem Verhältnis von europäischer und mitgliedstaatlicher Ordnung, und damit nach der Autonomie des Unionsrechts, ist indes strittig. Protagonisten dieser Auseinandersetzung sind (bezeichnenderweise, wenn man die staatlichkeitsrelevanten Hintergründe bedenkt) die obersten Gerichte der beiden zu koordinierenden Ebenen, die unabgeleitete Geltung und Höchstrangigkeit mit allen hieraus sich ergebenden Folgen (wie z.B. das eigene Letztentscheidungsrecht) für ihren Rechtskreis beanspruchen.

---

[2] Siehe oben: Erstes Buch, Zweiter Abschnitt, II.

2. *Der Standpunkt der nationalen Verfassungsorgane: die abgeleitete Geltung der Gemeinschaftsrechtsordnung kraft mitgliedstaatlicher Verfassungsbestimmung*

a. *Argumente gegen eine unabgeleitete Geltung des Gemeinschaftsrechts*

Im Vertragstext selbst findet sich auf die Autonomie des Gemeinschaftsrechts keinerlei Hinweis, weshalb ein Teil der rechtswissenschaftlichen Lehre gemeinsam mit mehreren mitgliedstaatlichen Verfassungsgerichtshöfen bis jetzt davon ausgeht, daß eine solche nicht zu begründen ist. Das Recht der europäischen Gemeinschaft erscheint danach, wenn man diesen Ansatz in die gedanklichen Zusammenhänge des hier entwickelten Staatlichkeitsmodells übersetzt, als abgeleitetes äußeres Verpflichtetsein der daran beteiligten Staaten, mit anderen Worten: als völkerrechtlich geltender Vertrag. Für eine Ableitung des supranationalen EG-Rechts aus der Gesamtheit der mitgliedstaatlichen Verfassungsstrukturen spricht dieser Ansicht zufolge bis heute die Art und Weise, in der das Recht der Gemeinschaft zur Geltung gelangt. Maßgeblich für das Zustandekommen des EG-Sekundärrechts ist das höchste Recht der Union, EGV und EUV, zukünftig möglicherweise der Verfassungsvertrag. Dieses sogenannte EG-Primärrecht gilt, weil es in Form von Verträgen zwischen den EG-Mitgliedstaaten abgeschlossen wurde.[3] Andere Geltungsgründe gibt es dieser Auffassung zufolge nicht (und kann es nicht geben, wenn man, dem Entweder-Oder des hier verfolgten Denkens entsprechend, die Staatlichkeit der Teile gewahrt sehen will): die Mitgliedstaaten haben die weitere Entwicklung des Primärrechts, seine inhaltliche Änderung und seine Außerkraftsetzung, allein in der Hand.[4] Ihr Status als „Herren der Verträge" macht sie zu Trägern der gemeinschaftlichen Ordnung[5]: durch ihren Zustimmungsakt wird die Rechts-

---

[3] *Trevor C. Hartley*, in: Mouton/Stein (Hrsg.), Eine neue Verfassung für die Europäische Union? Die Regierungskonferenz 1996, S. 57, 60; *ders.*, Constitutional Problems of the European Union, S. 129; *Peter M. Huber*, in: Ipsen/Rengeling/Mössner/Weber (Hrsg.), Verfassungsrecht im Wandel, S. 349, 360; *ders.*, Recht der Europäischen Integration, § 7 Rnrn. 9 ff.; *Paul Kirchhof*, in: Festschrift für Thomas Oppermann, S. 201, 213; *Christian Koenig*, DÖV 1998, 268, 274; *Siegfried Magiera*, in: Festschrift für Rudolf Morsey, S. 211, 219 und *Christian Seiler*, Der souveräne Verfassungsstaat zwischen demokratischer Rückbindung und überstaatlicher Einbindung, S. 252 ff.

[4] *Trevor C. Hartley*, Constitutional Problems of the European Union, S. 142.

[5] BVerfGE 89, 155, 190; *Adele Anzon*, JÖR 49 N.F. (2001), 103, 115; *Carlos Closa*, in: Eriksen/Fossum/Menéndez (Hrsg.), Constitution-Making and Democratic Legitimacy, S. 53, 67; *Stefan Griller*, VVDStRL 60 (2001), 392; *Trevor C. Hartley*, Constitutional Problems of the European Union, S. 148; *Peter M. Huber*, VVDStRL 60 (2001), 194, 222; *ders.*, in: Ipsen/Rengeling/Mössner/Weber (Hrsg.), Verfassungsrecht im Wandel, S. 349, 352; *ders.*, AöR 116 (1991), 210, 223; *Josef Isensee*, in: Festschrift für Ulrich Everling, S. 567, 574; *Paul Kirchhof*, in: Kirchhof/Ehlermann (Hrsg.), Deutsches Verfassungsrecht und Europäisches Gemeinschaftsrecht, S. 11, 13; *ders.*, in: Festschrift für Thomas Oppermann, S. 201, 210 und *Alexander Somek*, Ist die Europäische Union ein Staat? Soll sie ein Staat werden?, S. 9. Möglichkeiten und Folgen einer Außerkraftsetzung der Verträge diskutiert sehr eingehend *Trevor*

ordnung der EG im nationalen Recht ins Werk gesetzt und aktualisiert.[6] Gegen eine Autonomie des Gemeinschaftsrechts spricht damit vor allem, daß die Verträge durch die Mitgliedstaaten geändert werden können.[7] Der Status des Primärrechts ist insofern dem Willen der Mitgliedstaaten zuzuschreiben. Diese Statusbestimmung macht den Erlaß von EG-Primärrecht zum ordnungsgestaltenden und bindungsbegründenden Akt, der sich selbst vom unabhängigen Status der Mitgliedstaaten her ableitet.[8]

Ein solches Ableitungsverhältnis scheint sich zu bestätigen, wenn man die Rolle der Europabestimmungen in den mitgliedstaatlichen Verfassungen betrachtet. Diese weisen zum Teil besondere Klauseln auf, welche die Mitwirkung des jeweiligen Staates am europäischen Einigungswerk erlauben oder erfordern. Art. 23 Abs. 1 Satz 1 GG, Art. 88–1 der französischen Verfassung und (am deutlichsten) Art. 7 Abs. 5 der Verfassung Portugals enthalten dementsprechend ein Mitwirkungsgebot. Diese (und die entsprechenden) Vorschriften sind, den mitgliedstaatlichen Verfassungsgerichten zufolge, die eigentlichen Quellen des europäischen Rechts.[9] Sie sind die rechtliche Grundlage für den Abschluß der bisherigen und künftiger Verträge. Zugleich ermöglichen sie, daß sich die Akte der supranationalen Hoheitsgewalt beispielsweise in Form von Verordnungen im Inneren der jeweiligen Ordnung entfalten.[10] Sie sichern auf diese Art die unmittelbare Anwendbarkeit des Gemeinschaftsrechts und seinen

---

C. Hartley, Constitutional Problems of the European Union, S. 147. – Demgegenüber behauptet *Ingolf Pernice* (VVDStRL 60 [2001], 148, 172), daß die Mitgliedstaaten nicht länger „Herren ihrer eigenen Verfassung", geschweige denn „Herren der Verträge" seien.

[6] BVerfGE 89, 155, 188; *Adelheid Puttler*, DÖV 2005, 401, 403.

[7] Den Einwand gegen die Autonomiethesen hat *Peter M. Huber* (VVDStRL 60 [2001], 194, 220; *ders.*, Recht der Europäischen Integration, § 7 Rn. 7) auf den Punkt gebracht, indem er fragt, wie eine autonome Rechtsordnung durch Maastricht, Amsterdam (und Nizza) habe geändert werden können: „Wenn aber jede Vertragsänderung ein neuer Gesamtakt ist, gilt dann die Autonomie der Unionsrechtsordnung immer nur bis zur nächsten Vertragsänderung?" In eine ähnliche Richtung argumentiert *Adele Anzon*, JÖR 49 N.F. (2001), 103, 115.

[8] *Hermann-Josef Blanke*, DÖV 1993, 412, 419; ähnlich auch *Trevor C. Hartley*, Constitutional Problems of the European Union, S. 129 und *Siegfried Magiera*, in: Festschrift für Rudolf Morsey, S. 211, 220.

[9] So in aller Deutlichkeit Trybunal Konstytucyjny, Urteil vom 11. Mai 2005, K 18/04, Nr. 2 (zitiert nach der deutschsprachigen Zusammenfassung des Urteils unter http://www.trybunal.gov.pl). In der Sache ebenso *Stefan Griller*, in: Schuppert/Pernice/Haltern (Hrsg.), Europawissenschaft, S. 201, 212 ff.; *Paul Kirchhof*, in: Kirchhof/Ehlermann (Hrsg.), Deutsches Verfassungsrecht und Europäisches Gemeinschaftsrecht, S. 11, 15; *ders.*, JZ 1998, 965, 966; ähnlich *Peter M. Huber*, AöR 116 (1991), 210, 223 f.; *ders.*, Recht der Europäischen Integration, § 7 Rn. 12 und *Gil Carlos Rodríguez Iglesias*, NJW 1999, 1, 2 f. – z.T. zur früheren Rechtslage unter Art. 24 Abs. 1 GG.

[10] Dazu auch *Carlos Closa*, in: Eriksen/Fossum/Menéndez (Hrsg.), Constitution-Making and Democratic Legitimacy, S. 53, 71 f.; *Paul Kirchhof*, in: Kirchhof/Ehlermann (Hrsg.), Deutsches Verfassungsrecht und Europäisches Gemeinschaftsrecht, S. 11, 15 und *Jo Shaw*, JEPP 6 (1999), 579, 595.

Anwendungsvorrang.[11] Der Vorrang des Gemeinschaftsrechts auch vor bestimmten Inhalten der nationalen Verfassung ist aus dieser Logik heraus als Konflikt zweier Verfassungsbestimmungen lösbar.[12] Die Ebene, auf der dieser Konflikt auszutragen ist, bildet wiederum das nationale Verfassungsrecht, da es in jedem Fall die nationale Verfassungsordnung selbst ist, die eine entsprechende Mitwirkung samt der damit verbundenen Übertragung von Hoheitsrechten normiert.[13] Neben den Gesichtspunkt, daß die rechtliche Ordnung der Union bereits deshalb nicht autonom sein kann, weil sie von den Mitgliedstaaten gegründet wurde und geändert werden kann, tritt damit ein zweiter Gesichtspunkt: das Sekundärrecht der EG hängt in seiner konkreten Wirksamkeit, im konkret zu entscheidenden Fall, davon ab, daß der Mitgliedstaat sich ihm öffnet, mit anderen Worten, daß die innere rechtliche Ordnung seine Wirksamkeit anerkennt.[14] Eine rechtliche Ordnung, die nur deshalb gilt, weil andere Ordnungen dies anzuerkennen bereit sind, ist indes nicht autonom, sondern in ihrer Geltung bedingt. In diesen Kontext fügt es sich ein, daß nach einigen Verfassungsklauseln die Mitwirkung an der Union davon abhängen soll, ob diese besondere qualitative Momente erfüllt. Eine solche Regelung enthält neben Art. 23 Abs. 1 Satz 1 GG[15] auch Kapitel 10 § 5 Satz 1 der Verfassung des Königreiches Schweden, das die Integrationsoptionen an die Wahrung der Grundrechte auf Unionsebene knüpft. Wenn die Integration insoweit davon abhängt, daß der Integrationsverband verfassungsrechtlich vorab definierten Kriterien genügt, so kann dies nur dann juristisch plausibel erscheinen, wenn man annimmt, daß sich die jeweilige Verfassungsordnung selbst als frei und unabgeleitet entwirft. Wie wir bereits gesehen haben, schließt dies die Autonomie des Gemeinschaftsrechts aus.

---

[11] *Rudolf Streinz*, in: Sachs (Hrsg.), Grundgesetz, Rn. 59 zu Art. 23 und *Bruno de Witte*, in: Craig/de Búrca (Hrsg.), The Evolution of EU Law, S. 177, 199 f. Auch *Peter M. Huber* (VVDStRL 60 [2001], 194, 216 f.) betont, daß sich der Anwendungsvorrang aus dem nationalen Rechtsanwendungsbefehl ergebe – der wiederum seinen verfassungsrechtlichen Grund in Art. 23 Abs. 1 GG findet.

[12] Dazu auch *Marcel Kaufmann*, Der Staat 36 (1997), 521, 546 und *Alec Stone Sweet*, Constitutional Dialogues in the European Community, S. 23.

[13] *Carlo Closa*, in: Eriksen/Fossum/Menéndez (Hrsg.), Constitution-Making and Democratic Legitimacy, S. 53, 67. Daß dies auch dem Standpunkt der Verfassungsgerichte entspricht, betont *Alec Stone Sweet*, Constitutional Dialogues in the European Community, S. 23.

[14] *Josef Isensee*, in: Festschrift für Ulrich Everling, S. 567, 574 und *Paul Kirchhof*, in: Kirchhof/Ehlermann (Hrsg.), Deutsches Verfassungsrecht und Europäisches Gemeinschaftsrecht, S. 11, 15.

[15] Zur Frage, welche Rechtsfolge eintritt, wenn die EU nicht mehr den Standards entspräche, die Art. 23 Abs. 1 Satz 1 GG festlegt, siehe unten: Viertes Buch, Erster Abschnitt.

b. Argumente gegen einen Vorrang des Gemeinschaftsrechts vor höchsten mitgliedstaatlichen Verfassungsgrundsätzen

Die Frage nach der Autonomie des Gemeinschaftsrechts korrespondiert gedanklich eng mit dem Problem, ob dieses auch gegenüber nationalem Verfassungsrecht, und, um es auf die entscheidende Frage zuzuspitzen, auch vor unverbrüchlichen Verfassungsgrundsätzen Vorrang genießt.[16] Höchstrangigkeit und Verfassungscharakter der obersten nationalen Rechtssätze sind damit unmittelbar angesprochen. In der Rechtsprechung der mitgliedstaatlichen Verfassungsgerichte zur Verfassungskonformität der bisherigen Integrationsakte läßt sich als eine Art roter Faden der Gedanke nachweisen, daß ein solcher Vorrang des Gemeinschaftsrechts vor den Kerninhalten der nationalen Verfassungen nicht eingeräumt werden soll[17] – ihre Spruchpraxis ist durchweg von Vorstellungsmustern geprägt, in denen die Höchstrangigkeit der nationalen Verfassung als Fixpunkt aller Lösungsansätze auftritt.[18]

---

[16] Einen Vorrang des Gemeinschaftsrechts gegenüber den nationalen Verfassungen bejahen ohne ausdrückliche Einschränkungen beispielsweise *Peter Badura*, in: Festschrift für Martin Heckel, S. 695, 697; *Matthias Herdegen*, Europarecht, § 11 Rn. 2; *Helmut Lecheler*, Einführung in das Europarecht, S. 53 f.; *Martin Nettesheim*, ZEuS 2002, 507, 514; *Manfred Zuleeg*, BB 1994, 581, 584; *ders.*, NJW 2000, 2846, 2849; *ders.*, Der Staat 41 (2002), 359, 366. Daß Kernanliegen der nationalen Verfassung dem EG-Recht entgegengehalten werden können, vertreten demgegenüber *Günter Hirsch*, NVwZ 1998, 907, 908 und *Peter M. Huber*, AöR 116 (1991), 210, 224. Einen Überblick über die hierzu vertretenen Ansichten in anderen EU-Staaten bietet *Jürgen Schwarze*, in: Schwarze (Hrsg.), Die Entstehung einer europäischen Verfassungsordnung, S. 463, 502 ff. Bezeichnend ist in diesem Zusammenhang auch die oft zitierte Auffassung von *Koen Lenaerts* (AJCL 38 [1990], 205, 220), „(t)here simply is no nucleus of sovereignty that the Member States can invoke, as such, against the Community".

[17] Diese Einschätzung teilen: *Michael Akehurst*, BYIL 60 (1989), 351, 356 f. (zum House of Lords); *Trevor C. Hartley*, Constitutional Problems of the European Union, S. 174 ff.; *Stefan Kadelbach*, in: Festschrift für Manfred Zuleeg, S. 219, 221 ff.; *Gil Carlos Rodríguez Iglesias*, Perspektiven europäischer und nationaler Verfassungsgerichtsbarkeit im Lichte des Vertrags über eine Verfassung für Europa, S. 4; *Alec Stone Sweet*, Constitutional Dialogues in the European Community, S. 17; *Amaryllis Verhoeven*, The European Union in Search of a Democratic and Constitutional Theory, S. 85 und *Bruno de Witte*, in: Craig/de Búrca (Hrsg.), The Evolution of EU Law, S. 177, 201. Die Haltung der Verfassungsgerichte wurde dabei oft kritisiert; vgl. z.B. *Heribert Franz Köck*, in: Festschrift für Georg Ress, S. 557 f.; *Gil Carlos Rodríguez Iglesias*, EuGRZ 1996, 125, 127; *Meinhard Schröder*, DVBl. 1994, 316; *Jürgen Schwarze*, NJ 1994, 1; *Christian Tomuschat*, EuGRZ 1993, 489 und *Manfred Zuleeg*, ELR 22 (1997), 19.

[18] Zur Rechtsprechung des BVerfG in dieser Frage sind insbesondere die Arbeiten von *Pavlos Eleftheriadis*, JCMS 36 (1998), 255, 260 ff. und (aus der früheren Literatur) *Helmut Steinberger*, in: Festschrift für Karl Doehring, S. 951 wertvoll. Einen guten Überblick über die Rechtsprechung in anderen Mitgliedstaaten bieten u.a.: *Carlos Closa*, in: Eriksen/Fossum/Menéndez (Hrsg.), Constitution-Making and Democratic Legitimacy, S. 53, 61 f.; *Paul Craig*, in: Miccù/Pernice (Hrsg.), The European Constitution in the Making, S. 35, 36 ff.; *Trevor C. Hartley*, Constitutional Problems of the European Union, S. 167; *Peter M. Huber*, VVDStRL 60 (2001), 194, 217 ff.; *Stefan Kadelbach*, in: Festschrift für Manfred Zuleeg, S. 219, 221 ff.; *Mattias Kumm/Victor Ferreres Comella*, in: Weiler/Eisgruber (Hrsg.), Altneuland: The EU Constitution in a Contextual Perspective, S. 4 ff.; *Bruno de Witte*, in: Craig/de Búrca

– Bereits die frühen Entscheidungen mitgliedstaatlicher Verfassungsgerichte zur Frage des *Grundrechtsschutzes* gegen Rechtsakte der Gemeinschaft haben diesen Ansatz belegt[19]: so hat beispielsweise das Bundesverfassungsgericht in seiner Entscheidung „Solange I"[20] deutlich gemacht, daß der einzelne auch gegenüber Rechtsakten der Gemeinschaft einen Anspruch auf Schutz durch grundgesetzliche Grundrechte hat, den das Gericht als Organ der verfassungsrechtlichen Ordnungsstruktur ihm gegenüber verbürgt. Dies impliziert, daß das Gericht die Verfassungsordnung des Grundgesetzes als höchste und unabgeleitete Ordnung versteht und demzufolge die Rechtsordnung der EG als abgeleitet und nachgeordnet ansehen muß.[21] Denselben Befund bestätigt die weitere Judikatur[22]: von „Solange II"[23] über „Maastricht" bis hin zur „Bananenmarkt"-Entscheidung behalten es sich die Karlsruher Richter (trotz sich verschiebender Maßstäbe) durchgehend vor, Rechtsakte der EG am grundgesetzlichen Anspruch zu messen. Dies bestätigt ohne Gegenausnahme die Grundaussage von „Solange I", daß die grundgesetzliche Ordnung die von ihr versprochenen Rechte als unverbrüchlich auch gegen supranationale Akteure gewährt[24] – zumindest im Hinblick auf grundrechtliche Mindeststandards, die zur „Identität der geltenden Verfassungsordnung"

(Hrsg.), The Evolution of EU Law, S. 177, 202; *ders.*, Legal issues of European integration 1991/2, 1ff. Von höchstem Interesse ist in diesem Zusammenhang auch die Rechtsprechung des britischen House of Lords, die *Michael Akehurst* (BYIL 60 [1989], 351, 356) nachweist und aus der klar zu erkennen ist, daß der Vorrang des Gemeinschaftsrechts nur solange anerkannt wird, wie kein britisches Parlamentsgesetz ausdrücklich davon abweichen will. Einen Vorrang der griechischen Verfassung vor EG-Primärrecht hat die 6. Kammer des griechischen Staatsrats in ihrer Entscheidung vom 08. 07. 1997 angenommen, vgl. *Emmanuel Maganaris*, ELR 23 (1998), 179, 182. Zur Rechtslage in Frankreich *Eckart Klein*, VVDStRL 50 (1991), 56, 79.

[19] Näher dazu *Eric Stein*, AJIL 75 (1981), 1, 14ff.

[20] E 37, 271. Siehe dazu auch *Pavlos Eleftheriadis*, JCMS 36 (1998), 255, 261 und *Helmut Steinberger*, in: Festschrift für Karl Doehring, S. 951, 956ff.; zu vergleichbaren Entscheidungen des italienischen Verfassungsgerichtshofs *Bruno de Witte*, in: Craig/de Búrca (Hrsg.), The Evolution of EU Law, S. 177, 202.

[21] *Pavlos Eleftheriadis*, JCMS 36 (1998), 255, 261.

[22] BVerfGE 73, 339 (Solange II); 89, 155 (Maastricht); 102, 147 (Bananenmarkt). Bereits der Leitsatz der letzten (und vom Maßstab her strengsten) Entscheidung betont, daß sich das BVerfG auch in Zukunft die Prüfung sekundären Gemeinschaftsrechts an grundgesetzlichen Maßstäben offenhält (näher a.a.O., S. 163f.). BVerfGE 58, 1 (Eurocontrol), die mit dieser Rechtsprechung nicht ohne weiteres zu vereinbaren war, wird von BVerfGE 89, 155, 175 ausdrücklich aufgegeben. Näheres zum Unterschied beider Rechtsprechungslinien behandelt *Siegfried Broß*, VerwArch 92 (2001), 425, 433f.

[23] Dazu *Pavlos Eleftheriadis*, JCMS 36 (1998), 255, 262; *Eckart Klein*, VVDStRL 50 (1991), 56, 80f. und *Helmut Steinberger*, in: Festschrift für Karl Doehring, S. 951, 959ff.

[24] *Siegfried Broß*, VerwArch 92 (2001), 425, 432, 438; *Paul Kirchhof*, in: Kirchhof/Ehlermann (Hrsg.), Deutsches Verfassungsrecht und Europäisches Gemeinschaftsrecht, S. 11, 22; *Norbert Reich*, EJIL 7 (1996), 103, 104f. und *Amaryllis Verhoeven*, The European Union in Search of a Democratic and Constitutional Theory, S. 88.

zählen.[25] Ob das BVerfG diesen Anspruch tatsächlich wahrnimmt oder davon, solange EuGH und EuG die Grundrechte sichern, im Interesse des erreichten Integrationsstandes absieht, ist für die hier zu behandelnde Frage zunächst einmal ohne Bedeutung: die Möglichkeit, grundgesetzlichen Rechtsschutz gegen Rechtsakte der Gemeinschaft zusprechen zu dürfen, hat das Gericht niemals in Frage gestellt.[26] An dieser Stelle werden wiederum die Grundzusammenhänge des individuellen politischen Eingebundenseins sichtbar, die sich aus der Entsprechung von individueller Letztverantwortlichkeit und staatlicher Rechtsverbürgung ergeben[27]: die Verantwortung des einzelnen für seine konkrete Handlung bezieht sich zuletzt auf jene Ebene der öffentlichen Ordnung, die ihm, ihrerseits in letzter Verantwortung, den Schutz seiner grundlegenden Rechte verbürgt. Als rechtlich autonom kann dabei nur jene Ebene des hoheitlichen Tätigseins verstanden werden, die eine solche letzte Verantwortung trägt.

– Dieselbe Haltung der Verfassungsgerichte bestätigt sich auch dort, wo diese sich eine verfassungsgerichtliche Kontrolle der Wahrung gemeinschaftlicher *Kompetenzgrenzen* vorbehalten[28]: die Urteile zum Vertrag von Maastricht durch das Bundesverfassungsgericht und den Obersten Gerichtshof des Königreichs Dänemark[29] sowie nunmehr das Urteil des Trybunal Konstytucyjny zum EU-Beitritt Polens haben gezeigt, daß sich diese Gerichte als jeweils letzte Instanzen im Streit um eine kompetenzrechtliche Prüfung gemeinschaftsrechtlicher Rechtsakte verstehen. Eine solche Haltung kann jedoch nur dann als in sich schlüssig erscheinen, wenn man die mitgliedstaatliche Verfassungsordnung als höherrangig und die Geltung des Gemeinschaftsrechts als abgeleitet versteht: indem das Gericht prüft, ob sich bestimmte Rechtsakte der Union im Rahmen dessen halten, was dieser durch das nationale Zustimmungsgesetz an Kompetenzen zugeteilt wurde, und indem es sich hierbei das Letztentscheidungsrecht vorbehalten will, bekundet es das

---

[25] *Eckart Klein*, VVDStRL 50 (1991), 56, 80f. Unterhalb dieser Schwelle handelt es sich letztlich um eine Kollision verschiedener Verfassungsrechtsgüter: der europäischen Integration und des völkerrechtsgemäßen Verhaltens mit diesem oder jenem grundrechtlichen Anspruch.

[26] *Paul Kirchhof*, in: Kirchhof/Ehlermann (Hrsg.), Deutsches Verfassungsrecht und Europäisches Gemeinschaftsrecht, S. 11, 22.

[27] Siehe oben: Erstes Buch, Erster Abschnitt, III.2.

[28] Einen Rechtsprechungsüberblick bietet *Franz C. Mayer*, Kompetenzüberschreitung und Letztentscheidung, S. 260ff.

[29] Dänischer Oberster Gerichtshof EuGRZ 1999, 49; BVerfGE 89, 155. Ausführlich zu beiden Entscheidungen *Trevor C. Hartley*, Constitutional Problems of the European Union, S. 154ff., 157ff. Anhaltspunkte dafür, daß BVerfGE 102, 147 diese Position aufgegeben haben soll, wie *Amaryllis Verhoeven* (The European Union in Search of a Democratic and Constitutional Theory, S. 88f.) behauptet, finden sich weder in dieser noch in der zweiten von ihr genannten Entscheidung (BVerfG NJW 2001, 1267), wenngleich der zuletzt genannte Beschluß vom 09.01.2001 in der Tat sehr zurückhaltend formuliert ist.

Zuhöchstsein der eigenen Stellung, aus der heraus alle anderen Rechtsstrukturen eingesetzt worden sind. Insbesondere das Urteil des Trybunal Konstytucyjny hat diesen Zusammenhang in aller Deutlichkeit benannt.[30]

– Dieselben Aussagen wiederholen sich nunmehr, bei unterschiedlicher Stringenz in der Entfaltung dieses Gedankens, in den jüngsten Entscheidungen der nationalen Verfassungsgerichte zur Verfassungsmäßigkeit des jeweiligen Zustimmungsgesetzes zum EU-Beitritt bzw. zum europäischen Verfassungsvertrag. Wo diese explizit über die Fragen des gemeinschaftsrechtlichen Vorrangs vor nationalen Verfassungsgrundsätzen entscheiden, wird durchweg die höchstrangige Geltung der zuletzt genannten verdeutlicht, sei es, wie im Falle des spanischen Tribunal Constitucional, durch eine Differenzierung von „primacía" und „supremacía"[31], oder sei es, wie im Fall des polnischen Trybunal Konstytucyjny, durch die unumwundene Aussage, daß sich die Geltung des Gemeinschaftsrechts aus dem Willen der Verfassungsrechtsordnung ergäbe und ihr folglich untergeordnet sein müsse[32].

Die Überprüfung europäischen Gemeinschaftsrechts am nationalen verfassungsrechtlichen Maßstab setzt damit in all diesen Zusammenhängen – im Hinblick auf die Judikatur zur Anwendbarkeit nationaler Grundrechte, zur Frage der Kompetenzüberschreitungen und zur Verfassungsmäßigkeit eines gemeinschaftlichen Vorranganspruchs – unabhängig davon, wie sie ausgeübt wird, eine bestimmte theoretische Vorstellung vom einheitlichen Ursprung der Ordnung voraus[33]; sowohl das BVerfG als auch die anderen soeben genannten Verfassungsgerichte wollen diesen in der verfassungsrechtlichen Ordnung der Mitgliedstaaten erblicken.[34] Sie entwerfen sich damit als die höchsten gerichtlichen

---

[30] Urteil vom 11. Mai 2005, K 18/04, Nrn. 15f. (zitiert nach der deutschsprachigen Zusammenfassung des Urteils unter http://www.trybunal.gov.pl); kritisch dazu *Franz C. Mayer*, GLJ 6 (2005), 1497, 1499.

[31] Tribunal Constitucional EuR 2005, 339, 345ff. Dazu unten 5.

[32] Urteil vom 11. Mai 2005, K 18/04, Nrn. 1, 2, 8, 11 (zitiert nach der deutschsprachigen Zusammenfassung des Urteils unter http://www.trybunal.gov.pl). Vgl. auch *Stefan Griller*, in: Schuppert/Pernice/Haltern (Hrsg.), Europawissenschaft, S. 201, 213f.

[33] Besonders deutlich in BVerfGE 89, 155, 177f.

[34] Anklänge an diesen Gedanken finden sich auch bei *Christian Hillgruber*, in: Isensee/Kirchhof (Hrsg.), Handbuch des Staatsrechts, Bd. II, § 32 Rn. 96; *ders.*, in: Becker (Hrsg.), Zusammengesetze Staatlichkeit in der Europäischen Verfassungsgeschichte, S. 257, 260ff. und *Marcel Kaufmann*, Der Staat 36 (1997), 521, 545f. Das Bild einer Gesamtrechtsordnung, an deren Spitze die Mitgliedstaaten stehen, entwirft auch *Volker Röben* mit seinem Modell des „constitutionalism of inverse hierarchy", das dem EG-Recht eine Art mittlerer Stellung zuweist (Constitutionalism of Inverse Hierarchy: the Case of the European Union, S. 4ff.). Ebenfalls als ein monistisches Konzept, jedoch mit klarem Primat des Gemeinschaftsrechts, erscheint demgegenüber die Lehre *Ingolf Pernices* und der ihm folgenden Autoren, die das europäische Recht und die nationalen Verfassungen als „Teilordnungen eines einheitlichen Systems" begreifen, welches „für jeden Einzelfall letztlich eine rechtliche Lösung produziert" (*Ingolf Pernice*, VVDStRL 60 [2001], 148, 172). Zum Problem des einheitlichen Ursprungs

Organe einer Ordnung, die es beansprucht, den öffentlichen Wirkungskreis in dem von ihr verfaßten Gebiet in letzter Verantwortung zu organisieren[35], und die deshalb alle anderen auftretenden Hoheitsakteure als abgeleitet versteht. Ihrer Ansicht zufolge kann die gemeinschaftsrechtliche Ordnung nicht als autonome Ordnung im eigentlichen Sinne aufgefaßt werden[36]: sie existiert, so die Behauptung der Verfassungsgerichte[37], nur durch den Willen der Mitgliedstaaten und hängt in ihrem Dasein und in ihrer Wirksamkeit von deren Bindungsbereitschaft ab.[38]

3. *Die Autonomiethese des Europäischen Gerichtshofs*

Diesem Ansatz widerspricht die Autonomiethese des Europäischen Gerichtshofs. Mit einem Teil des Schrifttums geht dieser davon aus, daß sich die Rechtsordnung der Gemeinschaft von ihrer völkerrechtlichen Grundlage gelöst und

von europäischem und mitgliedstaatlichem Recht vgl. auch *Christian Seiler*, Der souveräne Verfassungsstaat zwischen demokratischer Rückbindung und überstaatlicher Einbindung, S. 254 ff. – Einen pluralistischen Ansatz vertritt demgegenüber *Amaryllis Verhoeven* (The European Union in Search of a Democratic and Constitutional Theory, S. 299), wenn diese von einem „network of overlapping and interdependent legal systems" spricht.

[35] *Heinz Schäffer*, in: Schwarze (Hrsg.), Die Entstehung einer europäischen Verfassungsordnung, S. 339, 364. *Bruno de Witte* (in: Craig/de Búrca [Hrsg.], The Evolution of EU Law, S. 177, 199) stellt fest: „National courts see themselves as organs of their states, and try to fit their Community mandate within the framework of the powers attributed to them by their national legal systems. [...] The national courts [...] see EC law as voted in their constitution, and seek a foundation for the primacy and direct effect of EC law in that constitution." Ein deutlicher Ausdruck dessen ist beispielsweise auch das Urteil des spanischen Tribunal Constitucional EuGRZ 1993, 285, das den Vorrang der Verfassung herausstellt (S. 286, 289) und zugleich die äußeren Vertragsschlußkompetenzen (und damit Spaniens Bindungen nach außen hin) aus der Verfassungsordnung heraus entwickelt (S. 289). – Siehe in diesem Zusammenhang i.ü. auch *Anne Peters*, Elemente einer Theorie der Verfassung Europas, S. 767.

[36] *Trevor C. Hartley* hat insofern recht, wenn er separate und autonome Ordnung unterscheidet und ersteres vor allem auf die Unterschiedlichkeit der Verfahren und Institutionen bezieht. Da auch die supranationale Ordnung zuletzt im nationalen Verfassungsrecht wurzelt, handelt es sich trotz dieser Unterscheidbarkeit um *eine* grundlegende Ordnung, aus der sämtliche Normen fließen. In dieselben Richtungen zielen auch die Differenzierungen von *Anne Peters* (Elemente einer Theorie der Verfassung Europas, S. 242 ff., 248 ff. und 256 ff.) und *Francis Snyder* (in: Collected Courses of the Academy of European Law VI/1, S. 41, 51 f. – „sui generis system" ja, „legal order ex proprio vigore" nein).

[37] So insbesondere Trybunal Konstytucyjny, Urteil vom 11. Mai 2005, K 18/04, Nrn. 2, 6. (zitiert nach der deutschsprachigen Zusammenfassung des Urteils unter http://www.trybunal.gov.pl), das aus diesen Erwägungen heraus den supranationalen Charakter von Union und Gemeinschaft bestreitet.

[38] *Hermann-Josef Blanke*, DÖV 1993, 412, 419 (der von einer „derivativen Autonomie" spricht); *Stefan Griller*, in: Schuppert/Pernice/Haltern (Hrsg.), Europawissenschaft, S. 201, 213 f.; *Trevor C. Hartley*, Constitutional Problems of the European Union, S. 129 und *Peter M. Huber*, in: Ipsen/Rengeling/Mössner/Weber (Hrsg.), Verfassungsrecht im Wandel, S. 349, 360.

zur autonomen Rechtsordnung entwickelt haben soll.[39] Hierfür sprächen die Gründung der Gemeinschaft auf eine unbestimmte Zeit und deren Ausstattung mit unmittelbarer Rechtsetzungsgewalt[40] einschließlich der Besonderheit, daß der von ihr erlassene Rechtsakt vor mitgliedstaatlichen Normen Vorrang[41] genießt.[42] Der Geltungsgrund des EG-Rechts sei daher nur aus historischer Perspektive in den Zustimmungsgesetzen der Mitgliedstaaten zu den Verträgen zu sehen. Die Kumulation von unmittelbarer Anwendbarkeit, Anwendungsvorrang[43] und einem entsprechenden Rechtsschutzsystem, die einzeln dem Völkerrecht nicht unbekannt sind, soll das Gemeinschaftsrecht vom übrigen Völkerrecht abheben und dem staatlichen Recht in einer besonderen Weise gegenübertreten lassen.[44]

---

[39] Die Rechtsprechung des EuGH zur Autonomie des Gemeinschaftsrechts geht auf die Entscheidung „Costa/ENEL" zurück (Rs. 6/64, Slg. 1964, 1254, 1269); siehe dazu beispielsweise *Stefan Griller*, in: Schuppert/Pernice/Haltern (Hrsg.), Europawissenschaft, S. 201, 210ff.; *Roman Kwieciñ*, GLJ 6 (2005), 1479, 1483ff.; *Eric Stein*, AJIL 75 (1981), 1, 10ff. und *Bruno de Witte*, in: Craig/de Búrca (Hrsg.), The Evolution of EU Law, S. 177, 181ff. Dem EuGH folgen u.a. *Armin von Bogdandy*, integration 1993, 210, 213; *Léontin-Jean Constantinesco*, Das Recht der Europäischen Gemeinschaften I, Nrn. 587ff.; *Matthias Herdegen*, Europarecht, §6 Rn. 10 und *Joseph H.H. Weiler/Ulrich R. Haltern*, HILJ 37 (1996), 411. Die Autonomiethese bestreiten dagegen *Carlos* Closa, in: Eriksen/Fossum/Menéndez (Hrsg.), Constitution-Making and Democratic Legitimacy, S. 53, 65; *Stefan Griller*, VVDStRL 60 (2001), 392; *Trevor C. Hartley*, Constitutional Problems of the European Union, S. 140ff.; *Peter M. Huber*, in: Ipsen/Rengeling/Mössner/Weber (Hrsg.), Verfassungsrecht im Wandel, S. 349, 360; *ders.;* VVDStRL 60 (2001), 194, 213ff.; *Christian Koenig*, DÖV 1998, 268, 274; *Theodor Schilling*, HILJ 37 (1996), 389 und *Rudolf Streinz*, Europarecht, Rn. 123.

[40] Zur unmittelbaren Geltung gemeinschaftsrechtlicher Vorschriften EuGH, Rs. 26/62, Slg. 1963, 1, 24ff. (Van Gend & Loos). Dazu näher *Eric Stein*, AJIL 75 (1981), 1, 3ff. und *Joseph H.H. Weiler*, YLJ 100 (1991), 2403, 2413f.

[41] Ständige Rechtsprechung seit EuGH Rs. 6/64, Slg. 1964, 1251, 1270 (Costa/ENEL). Dazu *Paul Craig*, in: Miccù/Pernice (Hrsg.), The European Constitution in the Making, S. 35f.; *Theo Öhlinger*, in: Festschrift für Georg Ress, S. 685, 687ff.; *Eric Stein*, AJIL 75 (1981), 1, 10ff. und *Joseph H.H. Weiler*, YLJ 100 (1991), 2403, 2414f.

[42] Politische Versuche, diesen Vorrang zu brechen, weist *Bruno de Witte*, in: Craig/de Búrca (Hrsg.), The Evolution of EU Law, S. 177, 194 nach.

[43] Anwendungsvorrang bedeutet dabei, daß die in Frage stehende Norm des nationalen Rechts hinter die europäische Vorschrift zurücktritt, ohne dadurch nichtig zu sein. Sie gilt weiterhin dort, wo keine Bezüge zum europäischen Recht bestehen; vgl. *Josef Isensee*, in: Festschrift für Klaus Stern, S. 1239, 1242f.; *Helmut Lecheler*, Einführung in das Europarecht, S. 53 und *Bruno de Witte*, in: Craig/de Búrca (Hrsg.), The Evolution of EU Law, S. 177, 190; ausführlich dazu auch *Theo Öhlinger*, in: Festschrift für Georg Ress, S. 685, 688f. Daß die Frage nach der Art des Vorrangs – Vorrang in der Anwendung oder Vorrang im Gelten – letztlich nicht entscheidend sei, wenn es darum geht, Autonomie (und Höchstrangigkeit) der europarechtlichen Ordnung zu klären, betont zu Recht *Trevor C. Hartley*, in: Mouton/Stein (Hrsg.), Eine neue Verfassung für die Europäische Union? Die Regierungskonferenz 1996, S. 57, 58; ähnlich *Josef Isensee*, a.a.O., S. 1243. Der Grund hierfür liegt darin, daß jeder Geltungsanspruch auch eine materielle Dimension, ein inhaltliches und wertebezogenes Geltensollen, umfaßt. Siehe dazu auch unten 5.

[44] So beispielsweise *Paul Craig*, ELJ 7 (2001), 125, 131; *Frank Ernest Dowrick*, YEL 3 (1983), 169, 232; *Leigh Hancher*, NYIL 25 (1994), 259, 264; *Gil Carlos Rodríguez Iglesias*,

Der Zusammenhang von Anwendungsvorrang und Autonomiethese wird in besonderer Weise deutlich, wenn man den Umfang dieses Vorranges in diese Überlegungen einbezieht. Der Ansicht des EuGH zufolge verdrängt wirksam gesetztes Gemeinschaftsrecht auch jegliches nationales Verfassungsrecht.[45] Dieser Auffassung ist aus der hier vertretenen staatstheoretischen Grundannahme heraus jedenfalls insoweit beizupflichten, wie diese einen zwingenden Zusammenhang von autonomer Geltung und absolutem Anwendungsvorrang postuliert, mit anderen Worten: ein Vorrang des Unionsrechts auch vor nationalem Verfassungsrecht bildet die Konsequenz des Gedankens, daß die gemeinschaftsrechtliche Ordnung aus sich selbst heraus als ein System höchstrangiger Rechtsregeln gilt.[46] Dies impliziert, alle anderen im gleichen Raum vorhandenen rechtlichen Systeme als Ableitungen zu begreifen, die sich nach der höchsten Ordnung zu richten haben und gegebenenfalls hinter dieser zurücktreten müssen.[47] Das Ableitungsverhältnis zwischen nationalem und Gemeinschaftsrecht hätte sich in diesem Fall umgekehrt; das Gemeinschaftsrecht hätte mit der Autonomie zugleich Verfassungsqualitäten erlangt – und die Union (in der juristischen Konstruktion) zur Ebene des grundlegenden politischen Gebundenseins und damit zum Staat werden lassen. Von diesem Moment an wäre es allein das Gemeinschaftsrecht, das den Konflikt beider Ordnungen löst.[48]

4. Der Autonomiediskurs als die Begegnung zweier Staatlichkeitsansprüche

Ungeachtet aller wissenschaftlichen Bemühungen um eine Antwort konnte die zentrale Frage nach dem autonomen Geltungsgrund des Gemeinschaftsrechts bislang nicht aufgelöst werden. Was zunächst als ein juristischer Meinungsstreit erscheint, entspringt, aus der Perspektive des hier vertretenen Staatlichkeitskonzeptes, einer Differenz in der Verortung des grundlegenden politischen Gebundenseins im System der verschiedenen, miteinander verbundenen Ebenen der Herrschaftsgewalt. Was sich in rechtstheoretischer Hinsicht als ein Konflikt zweier divergierender Grundnormsetzungen darstellen läßt (und demzu-

NJW 1999, 1f. und *Joseph H.H. Weiler*, YLJ 100 (1991), 2403, 2418. Der Gesichtspunkt der Kumulation bleibt dabei mitunter zu Unrecht unberücksichtigt; siehe z.B. *Derrick Wyatt*, ELR 7 (1982), 147, 148.

[45] EuGH, Rs. 11/70 , Slg. 1970, 1125, 1135 (Internationale Handelsgesellschaft). Dazu auch *Stefan Griller*, in: Schuppert/Pernice/Haltern (Hrsg.), Europawissenschaft, S. 201, 210; *Trevor C. Hartley*, AJCL 34 (1986), 229, 232f. und *Theo Öhlinger*, in: Festschrift für Georg Ress, S. 685, 691.

[46] Ähnlich *Peter M. Huber*, Recht der Europäischen Integration, § 7 Rn. 4. Daß dies bereits durch den Unionsvertrag erreicht ist, bestreitet u.a. *Christian Koenig*, DÖV 1998, 268, 274.

[47] Daß auch die Autonomiekonzeption des EuGH von der Einheitlichkeit der Rechtsordnung ausgeht, belegt *Alec Stone Sweet*, Constitutional Dialogues in the European Community, S. 3.

[48] Vgl. dazu auch *Peter M. Huber*, Recht der Europäischen Integration, § 7 Rn. 4.

folge als juristisch nicht zu lösen angesehen wurde)[49], entpuppt sich hier als Konfrontation zweier Staatlichkeitsansprüche, die, ob bewußt oder nicht, durch die entsprechenden Organe den Verfassungsvorrang behaupten. In diesem Umstand findet sich auch der Grund dafür, daß der EuGH und die ihm folgenden Stimmen, wie mitunter bemängelt, eine rechts- und verfassungstheoretische Begründung für ihre Autonomiethese schuldig bleiben müssen.[50] Juristisch betrachtet, handelt es sich bei der Begründung der Autonomie durch Anwendungsvorrang und unmittelbare Geltung um einen Zirkelschluß oder, genauer gesagt, um eine Ableitung zweiter Behauptungen aus ein und derselben ungesicherten Annahme[51]; staatstheoretisch handelt es sich hierbei um den Versuch, eine neue Staatlichkeit zu etablieren.

Gleichwohl wäre es verfrüht, aus diesem historischen Gegeneinander zweier verschiedener Staatlichkeitsansprüche zu schlußfolgern, daß entsprechende Konflikte juristisch nicht gelöst werden könnten.[52] Wo sich aus der Gesamtrechtsordnung heraus eine bestimmte Ebene als grundlegend (und damit zugleich als verfassungsrechtlich) ausmachen läßt, muß sie den Maßstab der zukünftigen juristischen Entscheidungen bilden; nicht jeder behauptete Vorranganspruch kann dazu führen, die Geltung der bisherigen Ordnung als solche in Frage zu stellen. Anhand der zehn herausgearbeiteten Kriterien sind daher die Gesamtumstände des Staatlichkeitsbestandes im Verhältnis von Europäischer Union und Mitgliedstaat zu bestimmen – daß auch in der juristischen Dogmatik vom unlösbaren Konflikt zweier Grundnormsetzungen (und damit vom Konflikt zweier Staatlichkeitsansprüche) auszugehen ist, kann erst dann geschlußfolgert werden, wenn der Charakter beider Ebenen selbst anhand einer deutlichen Mehrzahl der zur Verfügung stehenden Staatlichkeitsindizien nicht bestimmt werden kann. Vom Bestand der bisherigen Staatlichkeit ist dabei solange auszugehen, bis sich deren Verlust und ihre Neubegründung auf anderer Ebene eindeutig nachweisen lassen.

---

[49] Siehe dazu oben: Erstes Buch, Zweiter Abschnitt, III.2. und die dort nachgewiesene Literatur.

[50] Daß Begründungen bislang fehlen, erkennt *Stefan Griller*, in: Schuppert/Pernice/Haltern (Hrsg.), Europawissenschaft, S. 201, 212. Beispielhaft für ein entsprechendes Begründungsdefizit: *Armin von Bogdandy*, integration 1993, S. 210, 213. Auch die Kontroverse zwischen *Theodor Schilling* (HILJ 37 [1996], 389) und *Joseph H. H. Weiler/Ulrich Haltern* (HILJ 37 [1996], 411 – mit Erwiderung von *Schilling* in ZfRV 1997, 96) ist insofern bezeichnend, als die entscheidende Frage, was eine autonome Rechtsordnung ausmacht und wie sie zustande gebracht werden könnte, beiderseits unbeantwortet bleibt.

[51] Die Rolle des EuGH beschreibt *Trevor C. Hartley* (Constitutional Problems of the European Union, S. 139) treffend: „... the court's declaration that Community law is separate from international law itself *made it* separate: in other words, it became separate because the Court declared it separate." (Hervorhebung im Original).

[52] Für Nachweise dieser Ansicht siehe oben: Erstes Buch, Zweiter Abschnitt, III.2.

5. Der Vorrang des Unionsrechts nach Art. I-6 EV: „primacía" und „supremacía" im Verhältnis von mitgliedstaatlichem und gesamteuropäischem Recht

Ein Vorrang des Gemeinschaftsrechts auch vor den Kerninhalten der nationalen Verfassungen scheint nunmehr in Art. I-6 EV enthalten zu sein, der ohne Einschränkungen davon spricht, daß das Recht der Union Vorrang vor dem Recht der Mitgliedstaaten genießt.[53] Wenngleich die Mitgliedstaaten in einer Erklärung zu dieser Bestimmung feststellen, daß Art. I-6 EV nur die „geltende Rechtsprechung" des EuGH ausdrücken soll[54], so ist zu beachten, daß entsprechende Erklärungen keine Vertragsbestandteile bilden[55] und demzufolge in der künftigen Interpretation dieser Vorschrift durch Wissenschaft und Praxis nicht unbedingt eine Rolle spielen müssen.[56] Art. I-6 EV fixiert damit ausdrücklich, was bisher als offen gegolten hat: daß der Vorrang des Gemeinschaftsrechts uneingeschränkt gilt. Die Höchstrangigkeit der nationalen Verfassung wäre notwendigerweise gebrochen, wenn man die Vorschrift im Sinne eines unbegrenzten und bedingungslosen Vorrangs des Unionsrechts verstehen will[57]: die rechtliche Struktur, die damit eingerichtet würde, müßte auf die Höchstrangigkeit und damit zugleich auf die Autonomie des europäischen Verfassungsvertrages abzielen, wie sie der Unabhängigkeit des entsprechenden (gesamteuropäischen) Raumes und damit seinem Staatsein entspricht.[58] Um diese Konsequenzen zu vermeiden, wurde auch in den Erläuterungen zum Verfassungsvertrag, ausgehend von der bereits erwähnten Erklärung der Mitgliedstaaten, versucht, Art. I-6 EV als eine Fortschreibung der EuGH-Rechtsprechung zu interpretieren und die Frage nach dem Verhältnis von EU-Recht und änderungsfesten Verfas-

---

[53] Weiterführende Anmerkungen zu dieser Vorschrift finden sich u. a. bei *Heinrich Schneider*, in: Jopp/Matl (Hrsg.), Der Vertrag über eine Verfassung für Europa, S. 109, 115f.

[54] Schlußakte des Verfassungsvertrages, Erklärung zu Art. I-6.

[55] Anders jedoch *Stefan Kadelbach*, in: Festschrift für Manfred Zuleeg, S. 219, 227 unter Hinweis auf Art. IV-442 EV. Dieser spricht jedoch nur von „Protokollen und Anhängen", die Bestandteile des Verfassungsvertrages seien. „Protokolle" sind dabei die Protokolle 1 bis 36; „Anhänge" sind die Anhänge I und II. Die entscheidende Erklärung zu Art. I-6 EV bildet demgegenüber einen Bestandteil der Schlußakte und gerade nicht des Vertrages.

[56] Aufschlußreich hierzu *Mattias Kumm/Victor Ferreres Comella*, in: Weiler/Eisgruber (Hrsg.), Altneuland: The EU Constitution in a Contextual Perspective, S. 8ff.

[57] Vgl. hierzu auch *Peter M. Huber*, EuR 2003, 574, 590 und *Mattias Kumm/Victor Ferreres Comella*, in: Weiler/Eisgruber (Hrsg.), Altneuland: The EU Constitution in a Contextual Perspective, S. 10ff. – Im Sinne eines solchen unbedingten Vorrangs ist es wohl auch zu verstehen, wenn *Ingolf Pernice* (Die neue Verfassung der Europäischen Union – ein historischer Fortschritt zu einem europäischen Bundesstaat?, S. 17) feststellt, daß in der Vorrangfrage endlich „Klarheit" geschaffen worden sei.

[58] Hiermit deckt sich zuletzt auch die Feststellung von *Anneli Albi/Peter van Elsuwege*, ELR 30 (2004), 741, 751, daß der Vorrang des Gemeinschaftsrechts durch Art. I-6 EV auf der Ebene des Gemeinschaftsrechts verankert werde und damit nicht mehr wie bisher aus der Geltung der mitgliedstaatlichen Zustimmungsakte abzuleiten sei.

sungsinhalten auf mitgliedstaatlicher Ebene weiterhin offen zu halten.[59] Angesichts des klaren Wortlauts des Art. I-6 EV erscheint eine solche Annahme juristisch allerdings fragwürdig.[60]

Einen anderen, juristisch wie staatlichkeitstheoretisch bemerkenswerten Weg, die Höchstrangigkeit der nationalen Verfassung zu behaupten, wählt nunmehr das spanische Tribunal Constitucional, indem es der „primacía" des europäischen Rechts die „supremacía" der nationalen Verfassung, dem Anwendungsvorrang des einen die Höchstrangigkeit des anderen, gegenüberstellen will.[61] Während die „primacía" die Normanwendung betreffen soll, beziehe sich die „supremacía" auf das Rechtsetzungsverfahren.[62] Letztere bedeute, daß die Geltung der untergeordneten Norm auf der höheren beruhe und hinter dieser zurücktreten müsse, wenn sie hiergegen verstößt. Demgegenüber ziele die „primacía" auf die Frage, welche Norm in einem konkreten Rechtsfall vorrangig anzuwenden sei; hierbei könne durch eine Anordnung der Verfassung selbst (d.h. aufgrund ihrer „supremacía") festgelegt werden, daß dies eine andere Norm als die eigene Verfassung sein soll – in einem solchen Fall nähme sich die Verfassung selbst in ihrem Anspruch, angewendet zu werden, zurück.[63] Mit der Verfassung sei der Vorrang, den Art. I-6 EV statuiert, daher so lange zu vereinbaren, wie diese ihn vorsieht.[64]

Die Unterscheidung von „primacía" und „supremacía", wie das Tribunal sie entwirft, kann jedoch die staatlichkeitsbezogenen Komplikationen des Art. I-6 EV nicht beseitigen. In verfassungstheoretischer Hinsicht hängen höchstrangige Geltung und letztmaßgeblicher Anwendungsvorrang zusammen[65]: bereits die Bestimmung, daß diese oder jene Norm letztendlich maßgeblich sein soll,

---

[59] So z.B. *Jörn Sack*, Der Staat 44 (2005), 67, 81, der lapidar feststellt: „Neues ist hier nirgends zu finden." So in der Sache auch Conseil Constitutionnel EuR 2004, 911, 914; *Stefan Griller*, in: Schuppert/Pernice/Haltern (Hrsg.), Europawissenschaft, S. 201, 215; *Hans-Jürgen Papier*, ThürVBl. 2005, 193, 194; Anklänge an diese Argumentation finden sich darüber hinaus auch in Tribunal Constitucional EuR 2005, 338, 347. Gegen die These, daß Art. I-6 EV lediglich die Rechtsprechung wiedergeben soll, *Mattias Kumm/Victor Ferreres Comella*, in: Weiler/Eisgruber (Hrsg.), Altneuland: The EU Constitution in a Contextual Perspective, S. 8ff.

[60] Skeptisch auch *Peter M. Huber*, EuR 2003, 574, 590.

[61] Tribunal Constitucional EuR 2005, 338, 346; dazu *Gil Carlos Rodríguez Iglesias*, Perspektiven europäischer und nationaler Verfassungsgerichtsbarkeit im Lichte des Vertrags über eine Verfassung für Europa, S. 9. – Zum englischen Begriffspaar „primacy" und „supremacy" *Franz C. Mayer*, GLJ 6 (2005), 1497, 1498f.

[62] Tribunal Constitucional EuR 2005, 338, 346.

[63] Tribunal Constitucional EuR 2005, 338, 346. Ähnlich (zum Unterschied von „primacy" und „supremacy") *Franz C. Mayer*, GLJ 6 (2005), 1497, 1499.

[64] Tribunal Constitucional EuR 2005, 338, 346; vgl. dazu auch *Stefan Griller*, in: Schuppert/Pernice/Haltern (Hrsg.), Europawissenschaft, S. 201, 213f. und *Theodor Schilling*, Der Staat 33 (1994), 555, 562.

[65] Beides rührt zuletzt aus der ordnungsstiftenden Funktion der Verfassung her, wie sie im Zweiten Abschnitt des Ersten Buches (dort unter: I.2.) beschrieben wurde.

ist, wenn es sich nicht um die Verfassung handelt, nur durch eine Anordnung der Verfassung zu erreichen – die ihrerseits, durch die Zulassung eines entsprechenden Anwendungsvorrangs, die Geltung ihres eigenen Inhalts nicht aus der Hand geben kann. In dieser Verankerung eines punktuellen Anwendungsvorrangs in der Verfassung (oder: der „primacía" in der „supremacía") liegen daher zugleich die verfassungsrechtlichen Schranken, die einer solchen Einräumung gezogen sind: Verfassungen müssen, da sie zugleich als höchste Rechtsgeltungsregeln *und* als höchste Rechtsaussagen gewollt sind, auch den Bestand ihrer Inhalte gegenüber jedweden Anwendungsvorrängen behaupten, oder, um es noch einmal auf die Begriffe des spanischen Verfassungsgerichtshofs zu bringen: die „primacía", die sich aus der „supremacía" ergibt, bleibt auch inhaltlich an die Vorgaben der „norma suprema" gebunden.[66] Sie kann deshalb gerade nicht als der unbegrenzte und unbedingte Vorrang auch vor Kernbestandteilen der mitgliedstaatlichen Verfassungsordnungen aufgefaßt werden, wie ihn der Wortlaut des Art. I-6 EV nahelegen muß. Im Konflikt derartiger Verfassungsinhalte mit europäischem Recht müßten sich, der Konzeption des Tribunal Constitucional zufolge, letztendlich doch die Erstgenannten behaupten. Art. I-6 EV erweist sich daher, wenn man nicht versucht, ihn in dieser Weise zu relativieren, als eigentlicher Grundstein zu einer Autonomie des Gemeinschaftsrechts.

II. Zur weiteren Vorgehensweise: erkenntnisbezogene Beschränkung und sachbezogene Schematisierung der rechtsstrukturellen Staatlichkeitsbestimmung

1. EUV und EGV als Gegenstände der Untersuchung, Verhaltensweisen im Zweifelsfall

Um den Bestand der höchsten und unabgeleiteten Ordnung innerhalb des europäischen Rechtsraumes zutreffend zu erfassen, müssen die staatlichkeitsrelevanten Inhalte jener Verträge aufgespürt werden, die EG und EU als Form der supranationalen Ordnungsstruktur begründen. Dies ist einerseits der Vertrag zur Gründung der Europäischen Gemeinschaft (EGV) und andererseits der Vertrag über die Europäische Union (EUV), beide in der Fassung des Vertrages von Nizza. Rechtlicher Ausdruck der Ordnung ist daneben jedoch auch das Verhalten maßgeblicher oberster Akteure, sofern sich darin Momente des ober-

[66] Dies erkennt letztlich auch Tribunal Constitucional EuR 2005, 338, 347 an, wenn es auf die Austrittsmöglichkeit gemäß Art. I-60 EV als Lösung eines entsprechenden Konfliktfalls abstellt. Vgl. hierzu auch den klaren Standpunkt des Trybunal Konstytucyjny, Urteil vom 11. Mai 2005, K 18/04, Nr. 11 (zitiert nach der deutschsprachigen Zusammenfassung des Urteils unter http://www.trybunal.gov.pl).

sten Normbestandes bilden und konkretisieren. Ein solcher Akteur ist der EuGH, der durch seine Urteile zur unmittelbaren Geltung und zum Anwendungsvorrang das rechtliche Verhältnis der EU zu ihren Mitgliedstaaten maßgeblich bestimmt.

In die juristischen Auseinandersetzungen um dieses oder jenes Merkmal will sich die Arbeit dabei nicht einmischen; für ihre Zwecke genügt es, den Streit zur Kenntnis zu nehmen. Die folgenden rechtsdogmatischen Erörterungen dienen demnach dazu, die rechtliche Situation im Hinblick auf die Staatlichkeitskriterien zu erfassen – sie sind, so könnte man sagen, rezeptiv-auswertend orientiert. Die Untersuchung geriete ansonsten in die Gefahr, Zirkelschlüsse zu bilden: wenn die Rechtslage in diesem oder jenem Punkt, sei es beim Problem der gerichtlichen Letztentscheidungsbefugnis oder sei es in der Frage des Austrittsrechts, nicht ohne erhebliche Zweifel feststellbar ist, muß dies als Zwischenfazit genügen. Es wäre im Rahmen des hier verfolgten Erkenntnisziels falsch, in einem solchen Fall aus anderen Umständen: aus bereits geprüften Staatlichkeitsindizien oder gar aus dem Charakter der Europäischen Union selbst, Lösungen zu entwickeln. Wenn es darum geht, Indizien zu finden, welche die Höchstrangigkeit einer Ordnung und damit ihr Staatsein belegen, kann der Bestand des Staatlichkeitskriteriums nicht aus dieser Höchstrangigkeit zu schlußfolgern sein. Indiz und Schlußfolgerung, Definiens und Definiendum, vertauschten sonst ihre Rollen.

2. *Das Untersuchungsschema: der völkerrechtliche Ausgangspunkt und seine weiteren Entwicklungsschritte*

In ihrer historischen Perspektive beruhen die Europäischen Gemeinschaften auf der völkerrechtlichen Basis der Römischen Verträge.[67] Um die Staatlichkeitsfrage im Verhältnis von Union und Mitgliedstaat zu lösen, ist zu prüfen, inwieweit es bis jetzt bei dieser Rechtsnatur geblieben ist.[68] Die einzelnen Kriterien sind daher vom Völkerrecht her zu erschließen; ihre Behandlung danach bildet den gedanklichen Ausgangspunkt der jeweiligen Prüfung. Wenn sich am Ende, nach der Betrachtung aller zehn Kriterien, beweisen läßt, daß auch die Rechtslage der europäischen Gegenwart ihrem Wesen zufolge Völkerrecht darstellt, so ist auch die EU als maßgeblicher Gesamtverband ein äußeres Gebundensein. In diesem Falle wären ihre Mitgliedstaaten jene souveränen Ordnungsstrukturen geblieben, als die sie in die Verpflichtungen eingetreten sind.

---

[67] Als „Römische Verträge" werden dabei die Gründungsverträge von EAG und EWG bezeichnet, die 1957 in Rom abgeschlossen wurden. Bereits 1951 war diesen der EGKS-Vertrag vorausgegangen. Siehe zur Entstehung beispielsweise *Thomas Oppermann*, Europarecht, § 1 Rnrn. 19ff.

[68] Eine ähnliche Vorgehensweise, die zu ähnlichen Ergebnissen gelangt, findet sich bei *Theodor Schilling*, HILJ 37 (1996), 389, 403.

Nachdem die völkerrechtliche Behandlung des Einzelkriteriums aufgezeigt wurde, ist in einem zweiten Schritt zu erörtern, inwieweit sich die entsprechenden Regelungen in den Verträgen (EGV und EUV) von diesem völkerrechtlichen Grundmuster lösen. Trotz der völkerrechtlichen Art und Weise, in der die Verträge zustande gekommen sind, könnte es sich ergeben haben, daß eine Vorschrift von Beginn an oder infolge ihrer späteren Änderungen Momente der Verfassungsentwicklung enthält. Hieran schließt sich im dritten Schritt die Frage an, ob (und wenn, in welcher Form) diese Rechtslage durch die Spruchpraxis des EuGH mitgeprägt wird. Wo dessen Entscheidungen nicht nur als Vertragsauslegung erscheinen, sondern Momente der Rechtsfortbildung enthalten, handelt es sich ebenfalls um rechtliche (oder eben: verfassungsrechtliche) Ausprägungen der bestehenden Ordnungsstruktur, die zu würdigen sind. Viertens und letztens ist schließlich zu fragen, welche Änderungen der vorerst gescheiterte Verfassungsvertrag im jeweiligen Zusammenhang mit sich gebracht hätte.

Diese vier Untersuchungsschritte (angewendet auf die Einzelkriterien) belegen, inwieweit sich eine bestimmte rechtliche Regel, die das Verhältnis von Mitgliedstaat und Gemeinschaft fixiert, von den Mustern des Völkerrechts löst. Eine solche Entwicklung von äußerer völkerrechtlicher Bindung zur inneren Ordnungsstruktur, die damit gegebenenfalls aufgedeckt wird, ist zwangsläufig mit dem Verlust und der Neubegründung des Staatseins verbunden.

III. Der Staatlichkeitsbestand in der EU im Spiegel der zehn verfassungsrechtlichen Kriterien

1. Das erste Kriterium: die Änderbarkeit des EG-Primärrechts

a. Vertragsänderungen im Völkerrecht

Als erstes verfassungsrechtliches Kriterium des Staatseins wurde im letzten Abschnitt des Ersten Buches die Frage herausgearbeitet, auf welcher Ebene einer rechtlichen Ordnung die Regeln über deren Änderung angelegt sind. Als Staatsverfassung konnte danach nur diejenige Ebene des rechtlichen Gesamtgefüges eingestuft werden, welche die Art und Weise, wie sie zu ändern ist, aus sich selbst heraus festlegt. Dieser Umstand bedarf, wenn man ihn zu einem ersten Ausgangspunkt der Staatlichkeitsbestimmung macht, einer besonderen Umsicht, da dieses Kriterium dort einfacher zu handhaben ist, wo es um die abgeleiteten Rechtsstrukturen im Inneren einer Ordnung geht – und dort schwieriger, wo (wie hier) ein völkerrechtliches Eingebundensein des Staates von der Staatlichkeit selbst abgegrenzt werden soll. Wenn man nun untersucht, wo die Regeln darüber zu finden sind, wie völkerrechtliche Verträge geändert werden können, so könnte es zunächst scheinen, als fänden sich diese Regeln letztlich im Völkerrecht selbst. Enthält nicht ausschließlich das Völkerrecht, sei es in der Form grundlegender Verträge (wie der WVRK) oder sei es in der Form des Völkergewohnheitsrechts, Aussagen darüber, wie seine Normen geändert werden können? Bei näherer Betrachtung zeigt sich indes, daß hiervon nur im Hinblick auf eine äußerlich-verkürzte Zuordnung der Änderungsregeln die Rede sein kann: die Frage, in welcher Weise ein völkerrechtliches Vertragswerk geändert werden kann, bildet ihrerseits einen Bestandteil der völkerrechtlichen Regelungsgesamtheit, in die ein Staat eingestellt ist und die sich, wie oben begründet, aus den von ihm eingegangenen Verpflichtungen herleiten läßt. So hängt beispielsweise die Frage, ob auf die Änderung eines völkerrechtlichen Vertrages die Regeln der WVRK anwendbar sind, maßgeblich davon ab, ob diese von den beteiligten Staaten unterzeichnet worden ist. Gleiches gilt, wo sich die Änderbarkeit eines Vertragswerkes aus seinem eigenen Inhalt oder, wo hierzu nichts normiert worden ist, aus dem Völkergewohnheitsrecht ergibt: in allen Fällen beziehen sich diese Regeln zuletzt auf die mitgliedstaatliche Verfassungsstruktur, nämlich auf die Frage, welchen Änderungsregeln der betreffende Staat von sich aus, ausdrücklich oder konkludent, zugestimmt hat. Hinzu kommt, daß auch der Punkt, wer an der Änderung mitwirkt, ein Stück weit durch die Verfassungen determiniert wird, nämlich im Hinblick auf die Frage, wer den einzelnen Staat im Falle des Vertragsabschlusses völkerrechtlich vertritt.

Ein weiterer Gesichtspunkt, der die Ableitung der völkerrechtlichen Vertragsänderungsregeln aus den einzelstaatlichen Rechtsordnungen heraus in bezeichnender Weise dokumentiert, ist die Regel des „freedom of form", wonach gewillkürte Formvorschriften in völkerrechtlichen Vertragswerken durch die Parteien einvernehmlich aufgehoben werden können, auch gegen den Wortlaut entsprechender Klauseln.[69] Seinen staats- und verfassungstheoretischen Hintergrund hat dieser Zusammenhang darin, daß mehrere sich als autonom verstehende Ordnungen untereinander keine Bindungen hervorbringen können, die unabhängig von ihrem Willen gegen sie gelten: Autonomie bedeutet zwangsläufig, an den eigenen Willen nur gegenüber anderen und nicht gegenüber sich selbst gebunden zu sein. Diese Doktrin der „freedom of form" wird auch durch Art. 54 lit. b WVRK bestätigt, der als Tatbestand der Vertragsbeendigung den Konsens der Parteien ausreichen läßt.[70] Modifikationen sind daher allenfalls als Lockerungen denkbar[71], nicht jedoch als Hürden, die der einstimmigen Ände-

[69] *Joseph H. H. Weiler/Ulrich R. Haltern*, HILJ 37 (1996), 411, 418 und *Bruno de Witte*, in: Beaumont/Lyons/Walker (Hrsg.), Convergence and Divergence in European Public Law, S. 39, 50; *ders.*, in: Winter/Curtin/Kellermann/de Witte (Hrsg.), Reforming the Treaty on European Union, S. 3, 15; *ders.*, NYIL 25 (1994), 299, 309.

[70] *Joseph H. H. Weiler/Ulrich R. Haltern*, HILJ 37 (1996), 411, 418 (dort in Fn. 26).

[71] *Trevor C. Hartley*, Constitutional Problems of the European Union, S. 143 (dort in Fn. 63); *Joseph H. H. Weiler/Ulrich R. Haltern*, HILJ 37 (1996), 411, 418 (dort in Fn. 26) und *Bruno de Witte*, NYIL 25 (1994), 299, 309.

rung entgegenwirken wollen. Die letzte und höchste Änderungsregel des Völkervertragsrechts hat damit ihren Geltungsgrund allein im Willen der einzelstaatlichen Ordnung – wo sie selbst außer Kraft treten soll, ist im Hinblick auf die Staatlichkeitsthematik besondere Vorsicht geboten.

b. Änderungsregeln im EU-Primärrecht

Regeln über die Art und Weise, wie das Primärrecht der Europäischen Union geändert werden muß, finden sich zunächst einmal in diesem selbst.[72] Gemäß Art. 48 EUV werden Änderungsvorschläge von der Kommission oder den Regierungen der Mitgliedstaaten vorgelegt (UAbs. 1). Der Europäische Rat, der sich laut Art. 4 UAbs. 2 EUV aus den Staats- und Regierungschefs der Mitgliedstaaten und dem Kommissionspräsidenten zusammensetzt, darf dann das Zusammentreten einer Konferenz von Vertretern der Regierungen empfehlen, von der die Änderung beschlossen werden kann (Art. 48 UAbs. 2 EUV). In Kraft tritt sie, nachdem sie von der Gesamtheit der Mitgliedstaaten nach ihren verfassungsrechtlichen Vorschriften ratifiziert worden ist (Art. 48 UAbs. 3 EUV). Die Geltung dieser Vertragsänderungsregeln leitet sich ihrerseits aus einer völkerrechtlichen Vereinbarung und damit aus dem Willen der daran beteiligten Staatengemeinschaft her. Was die Frage betrifft, auf welcher Ebene die Regeln über die Änderbarkeit des Gemeinschaftsrechts angelegt sind (oder genauer gesagt: von welcher Ebene sie ihre Geltung ableiten), so entspricht das Vertragswerk der EU dem oben beschriebenen Muster, indem es den entscheidenden Rückbezug zur Ebene des einzelstaatlichen Verfassungsrechts wahrt.[73]

Bei einer genaueren Betrachtung der Änderungsregeln stellt sich indes das Problem, ob die ebenenbezogene Zuordnung ihrer Begründung letztlich nicht doch durch Sonderumstände des europäischen Vertragswerkes in Frage gestellt wird – und zwar durch Sonderumstände im Hinblick auf die daran beteiligten Organe.[74] Dies betrifft zum einen das Initiativrecht der Kommission, die eine

---

[72] Die damit verbundenen Fragen erörtern u. a. *Michael Dickstein*, Der Verfassungsbegriff der Europäischen Union, S. 124 f.; *Trevor C. Hartley*, Constitutional Problems of the European Union, S. 142 ff.; *Peter M. Huber*, in: Ipsen/Rengeling/Mössner/Weber (Hrsg.), Verfassungsrecht im Wandel, S. 349, 352 f.; *Philip Raworth*, AVR 32 (1994), 24, 38 f. und *Bruno de Witte*, NYIL 25 (1994), 299, 312 ff.

[73] *Hermann-Josef Blanke*, DÖV 1993, 412, 419; *Trevor C. Hartley*, in: Mouton/Stein (Hrsg.), Eine neue Verfassung für die Europäische Union? Die Regierungskonferenz 1996, S. 57, 58 f.; *Peter M. Huber*, in: Ipsen/Rengeling/Mössner/Weber (Hrsg.), Verfassungsrecht im Wandel, S. 349, 352; *Christian Koenig*, DÖV 1998, 268, 274; *Christian Seiler*, Der souveräne Verfassungsstaat zwischen demokratischer Rückbindung und überstaatlicher Einbindung, S. 258; siehe auch *Christian Hillgruber*, in: Becker (Hrsg.), Zusammengesetze Staatlichkeit in der Europäischen Verfassungsgeschichte, S. 257, 260; *Philip Raworth*, AVR 32 (1994), 24, 38 und *Bruno de Witte*, NYIL 25 (1994), 299, 312; *ders.*, in: Beaumont/Lyons/Walker (Hrsg.), Convergence and Divergence in European Public Law, S. 39, 50.

[74] Vgl. dazu auch *Armin von Bogdandy*, integration 1993, 210, 213; *Michael Dickstein*, Der Verfassungsbegriff der Europäischen Union, S. 125; *Stefan Griller*, in: Schuppert/Pernice/

Änderung der Verträge einleiten kann (Art. 48 UAbs. 1 EUV), und dies betrifft zum anderen die Mitwirkung des Rates, der die Änderung des Vertrages der Regierungskonferenz empfehlen muß (Art. 48 UAbs. 2 Satz 1 EUV). An der Entscheidung über eine Änderung der Verträge wirken damit trotz aller mitgliedstaatlichen Dominanz[75] Institutionen der größeren Ebene mit, die diesen Prozeß begleiten dürfen und einleiten können.[76] Wie weiter oben näher dargestellt wurde, muß dieser Punkt den verfassungstheoretischen Erkenntniswert des Staatlichkeitsindiziums mindern[77]: daß die Organe der kleineren Einheit bei den Änderungen der Rechtsgrundlage des Gesamtverbandes mit den Organen desselben zusammenwirken müssen, kann in gleicher Weise bundesstaatliche und staatenbündische Ordnungsgesamtheiten charakterisieren, so daß es in beiden Fällen zu einem Zusammenspiel mehrerer rechtlicher Ebenen kommt.[78] Ob die Änderungsregeln ihre Geltung letztlich von dieser oder jener Ebene, aus den Zustimmungsakten der Mitgliedstaaten oder aus der unabgeleiteten Geltung der obersten europarechtlichen Regeln (als deren „Organe" dann auch die Staatenvertreter fungieren) beziehen, ist demzufolge nicht mehr ganz eindeutig zu unterscheiden.[79]

Inwiefern sollen diese Regeln auch die Möglichkeit verschließen, EGV und EUV durch einvernehmliche Übereinkünfte der Mitgliedstaaten zu ändern? Läßt sich die Regel des „freedom of form" noch anwenden, wo es um die Änderung des EG-Primärrechts geht? Im Schrifttum ist diese Frage umstritten.[80] Anders als bei anderen Staatenverträgen ist hinsichtlich des EG-Primärrechts

---

Haltern (Hrsg.), Europawissenschaft, S. 201, 229; *Trevor C. Hartley*, in: Mouton/Stein (Hrsg.), Eine neue Verfassung für die Europäische Union? Die Regierungskonferenz 1996, S. 57, 60f.; *ders.*, BYIL 72 (2001), 1, 18f. Etwas anders *Bruno de Witte*, NYIL 25 (1994), 299, 312, der auch diese Phänomene als völkerrechtstypisch versteht.

[75] *Stefan Griller*, in: Schuppert/Pernice/Haltern (Hrsg.), Europawissenschaft, S. 201, 229; *Thomas Oppermann*, Europarecht, § 6 Rn. 52.

[76] *Armin von Bogdandy*, integration 1993, 210, 213; *Stefan Griller*, in: Schuppert/Pernice/Haltern (Hrsg.), Europawissenschaft, S. 201, 229.

[77] Siehe dazu oben: Erstes Buch, Vierter Abschnitt, III.1.b.

[78] Vgl. dazu auch *Stefan Griller*, in: Schuppert/Pernice/Haltern (Hrsg.), Europawissenschaft, S. 201, 229f.

[79] *Stefan Griller*, in: Schuppert/Pernice/Haltern (Hrsg.), Europawissenschaft, S. 201, 229f.

[80] Daß ein einstimmiger Beschluß der Mitgliedstaaten genügt, um das Verfahren nach Art. 48 EUV außer acht lassen zu können, nimmt *Trevor C. Hartley* (Constitutional Problems of the European Union, S. 144f.; *ders.*, BYIL 72 [2001], 1, 20; *ders.*, in: Mouton/Stein (Hrsg.), Eine neue Verfassung für die Europäische Union? Die Regierungskonferenz 1996, S. 57, 61) an, der dabei jedoch rechtliche Lage und faktische Verhinderungsoptionen vermengt; ablehnend z.B. *Ulrich Everling*, in: Festschrift für Rudolf Bernhardt, S. 1161, 1169; *Heinhard Steiger*, Staatlichkeit und Überstaatlichkeit, S. 137ff. (mit Nachweisen aus der älteren Literatur); *Bruno de Witte*, in: Winter/Curtin/Kellermann/de Witte (Hrsg.), Reforming the Treaty on European Union, S. 3, 15. Eine vermittelnde Lösung vertritt *Roland Bieber* (Die Union 1998/4, 17, 22), der Abweichungen vom Verfahren des Art. 48 EUV dann für zulässig hält, wenn auch die Unionsorgane hiermit einverstanden sind.

die Besonderheit zu verzeichnen, daß die Mitwirkung der europäischen Organe am Änderungsprozeß nicht (oder jedenfalls nicht allein) der Vereinfachung der Vertragsrevision dient (wie beispielsweise die Einführung des Mehrheitsverfahren neben der oft zu umständlichen Einstimmigkeitsregel), sondern gerade die Beteiligung der europäischen Ebene bezweckt.[81] Wenngleich auch dies „the freedom of form" nicht notwendigerweise ausschließen muß, so wird doch hierdurch die völker- und europarechtliche Auseinandersetzung über diese Frage zusätzlich problematisch – und läßt eine Ablehnung dieser Regel mit guten Gründen bereits unter heutigem Recht als vertretbar erscheinen. Wie oben erklärt, handelt es sich jedoch bei der Regel des „freedom of form" um ein besonders charakteristisches Kennzeichen der völkervertragsrechtlichen Verpflichtung – wo sie entfällt, ist die Staatlichkeitsfrage offen.

In dieses Bild fügt es sich ein, daß bereits das heutige Primärrecht Vertragsanpassungen durch europäische Organe punktuell zuläßt. So erlaubt beispielsweise Art. 213 Abs. 1 UAbs. 2 EGV dem Rat, die Anzahl der Kommissionsmitglieder einstimmig zu ändern.[82] Derartige Regeln, die insbesondere zur Beschleunigung des Änderungsverfahrens gedacht gewesen sind[83], schwächen den Ableitungszusammenhang der bestehenden Änderungsregeln zur mitgliedstaatlichen Verfassungsebene ab: wenngleich der Rat durch die Mitgliedstaaten bestimmt wird, und wenngleich es nur um eine punktuelle Durchbrechung der eigentlich maßgeblichen Grundsätze geht, so zeigen diese Beispiele doch, daß auf gemeinschaftsrechtlicher Ebene Änderungsvorschriften existieren, deren Anwendung den Rückbezug zur Ebene des mitgliedstaatlichen Verfassungsrechts verliert. Nicht nur in europarechtlicher, sondern auch in staatlichkeitstheoretischer Hinsicht ist der Rat dabei als Organ der EU zu verstehen. Zwar mag eine solche Klausel, solange sie nur ein Einzelfall bleibt, für die Frage des Staatseins zunächst noch völlig irrelevant erscheinen: in der Summe der Indizien (und, wie sich zeigen wird, auch in der Summe der damit verbundenen Unsicherheiten) stellt sie ein weiteres, einer Staatlichkeit der Union entsprechendes Zeichen dar.

c. Änderungsregeln in der Rechtsprechung des EuGH

Zum Fragenkreis, welche Regeln für die Änderung des EU-Primärrechts gelten und woher diese Geltung rührt, konnte sich der EuGH in seinen Entscheidungen bislang nur gelegentlich äußern. Bemerkenswert ist jedoch die Tendenz, den abschließenden Charakter des Änderungsverfahrens nach Art. 48 EUV zu betonen.[84] Indem der Gerichtshof den Mitgliedstaaten auf diese Weise das

---

[81] Vgl. dazu *Ulrich Everling*, in: Festschrift für Rudolf Bernhardt, S. 1161, 1168 f.

[82] Weitere Beispiele finden sich bei *Thomas Oppermann*, Europarecht, § 6 Rn. 56.

[83] *Thomas Oppermann*, Europarecht, § 6 Rn. 56.

[84] Siehe dazu aus der Rechtsprechung EuGH, Rs. 7/71, Slg. 1971, 1003, 1018 (Versorgungsagentur) sowie *Thomas Oppermann*, Europarecht, § 6 Rn. 54.

Recht zu einer Änderung der Verträge außerhalb des vertraglich festgelegten Modifizierungsregimes abspricht (selbst wenn diese einhellig gewollt ist), schwächt auch er die Zurückführbarkeit der Änderungsmöglichkeiten auf den Willen der Staaten – zugunsten einer Europarechtsdoktrin, welche die Verfassungsqualitäten der Verträge betont, und damit zugleich auch zugunsten der von ihm vertretenen These, daß die Rechtsordnung der Union als autonom gedacht werden müsse. Daß es dennoch hin und wieder Fälle gegeben hat, in denen die Mitgliedstaaten entsprechende Änderungen (wie *Thomas Oppermann* schreibt: versehentlich) außerhalb des Art. 48 EUV ins Werk setzen konnten[85], illustriert das Nebeneinander zweier miteinander naturgemäß nicht zu vereinbarender Staatlichkeitsansprüche.

d. Änderungsmodalitäten im Verfassungsvertrag

Wie stellt sich die Änderbarkeit des primärrechtlichen Regelungsbestandes dar, wenn man hierzu die Regelungen des vorerst gescheiterten „Vertrages über eine Verfassung für Europa“ betrachtet? Die hierfür maßgeblichen Verfahren behandeln dessen Artt. IV-443 ff. EV.[86] Änderungsvorschläge sind demzufolge vom Europäischen Parlament, der Kommission oder den Regierungen der Mitgliedstaaten vorzulegen (Art. IV-443 Abs. 1 EV); über die entsprechenden Vorschläge soll sodann der Europäische Rat mit einfacher Mehrheit entscheiden. Laut Art. I-21 Abs. 2 EV setzt dieser sich aus den Staats- und Regierungschefs der Mitgliedstaaten, dem Kommissionspräsidenten sowie dem Präsidenten des Europäischen Rates selbst zusammen, der gemäß Art. I-22 Abs. 3 EV keine einzelstaatlichen Ämter ausüben darf. Wenn der Europäische Rat nach Anhörung des Europäischen Parlaments und der Kommission beschließt, daß die vorgeschlagenen Änderungen weiterverfolgt werden sollen, hat er hierzu einen Konvent einzuberufen, der aus Vertretern der nationalen Parlamente, der Staats- und Regierungschefs, des Europäischen Parlaments sowie der Europäischen Kommission zusammengesetzt ist.[87] In diesem Konvent wird eine Empfehlung ausgearbeitet (Art. IV-443 Abs. 2 UAbs. 1 Satz 2 EV), die sich an die Vertreter einer Regierungskonferenz richtet. Der Präsident des Europäischen Rates beruft diese Konferenz nach Art. IV-443 Abs. 3 UAbs. 1 EV ein. Die Änderungen treten in Kraft, wenn diese von der Konferenz vereinbart und von allen Mitgliedstaaten ratifiziert worden sind.

---

[85] Dazu *Trevor C. Hartley*, BYIL 72 (2001), 1, 20 und *Thomas Oppermann*, Europarecht, § 6 Rn. 54. Von „Jugendsünden“ spricht diesbezüglich *Ulrich Everling*, in: Festschrift für Rudolf Bernhardt, S. 1161, 1168.

[86] Dazu *Koen Lenaerts/Piet van Nuffel*, CDE 2005, 13, 118 ff.; *Thomas Oppermann*, DVBl. 2003, 1234, 1244 und *Jürgen Schwarze*, EuR 2003, 535, 568.

[87] Von einer „‚Parlamentarisierung‘ im Sinne der Konventsmethode“ spricht *Thomas Oppermann*, DVBl. 2003, 1234, 1244. Vgl. dazu ferner *Peter M. Huber*, EuR 2003, 574, 583.

Im Ergebnis stellen sich damit auch diese Regelungen als eine ambivalente Kombination zweier Ableitungskonzeptionen dar: was die Frage anbelangt, ob das EU-Primärrecht unter der Geltung des Verfassungsvertrages seine Änderungsregeln aus sich selbst heraus statuiert, so spricht hierfür die Art und Weise ihres Zustandekommens durch einen Verfassungskonvent, der bereits den gegenwärtigen Verfassungsentwurf ausgearbeitet hat und der, in ähnlicher Form, auch bei künftigen Änderungen des Verfassungsvertrages eingesetzt werden müßte (wenn man von den Ausnahmen der Artt. IV-444f. EV absieht). Durch das Erfordernis der Ratifikation (in Art. IV-447 Abs. 1 Satz 1 EV für den gegenwärtigen Verfassungsentwurf, in Art. IV-443 Abs. 3 UAbs. 2 EV für dessen künftige Änderungen) kann indes auch die Geltung dieser Vorschriften (und damit auch der Regeln, wie das Primärrecht geändert werden kann) auf die Ebene des mitgliedstaatlichen Verfassungsrechts zurückgeführt werden. Auch die Regel des „freedom of form" muß künftig, unter der Geltung des Verfassungsvertrages, durch die intensiven Mitwirkungserfordernisse europäischer Organe, um so stärker als ausgeschlossen erscheinen. Um abdingbare Formvorschriften, die allein einer Erleichterung der Vertragsänderung dienen, handelt es sich bei diesen Maßgaben nicht – diese zielen umgekehrt darauf ab, Entscheidungsstrukturen der gesamteuropäischen Ebene einzubeziehen und, durch diese Komplexität, den Einfluß der Mitgliedstaaten zu mindern.

Daß sich die Gewichte durch das Inkrafttreten dieses Vertrages zugunsten einer gesamteuropäischen Staatlichkeit verschieben, zeigt sich jedoch auch daran, daß der Verfassungsvertrag gegenüber dem geltenden Primärrecht in weit größerem Umfang Möglichkeiten eröffnet, das Primärrecht durch die Unionsorgane zu ändern – angesprochen sind damit die eben bereits erwähnten Vereinfachten Änderungsverfahren gemäß Artt. IV-444f. EV, wonach insbesondere der Europäische Rat als ein Organ der EU, unter Beteiligung von nationalen Parlamenten und EP, Änderungen des Verfassungsvertrages herbeiführen kann.[88] Je mehr die entsprechenden Einflußmöglichkeiten an Bedeutung gewinnen, desto größer wird daher die Wahrscheinlichkeit, daß der ursprüngliche Geltungszusammenhang: das Hervorgehen des EU-Primärrechts aus Rechtsakten der mitgliedstaatlichen Verfassungsstruktur, an Bedeutung verliert – ohne daß dies politisch zunächst bemerkt werden muß, wenn man Stellung und Zusammensetzung des Europäischen Rates bedenkt. Die Geltung des Unionsrechts wäre dann möglicherweise nur noch historisch und nicht mehr juristisch auf die Verfassungsordnungen der Mitgliedstaaten zurückführbar.

---

[88] Dazu *Koen Lenaerts/Piet van Nuffel*, CDE 2005, 13, 120 und *Hans-Jürgen Papier*, EuGRZ 2004, 753, 754.

e. Die Zwischenbilanz zum ersten Kriterium

De lege lata bildet das Primärrecht der EU, wenn man seine Qualität anhand des ersten der genannten Kriterien beurteilt, noch keine Verfassung im hier entwickelten Sinn: die Regeln darüber, wie es geändert werden kann, müssen bis heute auf die Ebene des mitgliedstaatlichen Verfassungsrechts zurückgeführt werden. Dennoch zeichnet sich ab, daß diese Ableitung – durch die Beteiligung von europäischen Organen und durch verschiedene Ausnahmen, vor allem nach einem möglichen Inkrafttreten des Verfassungsvertrages – zur Formalie zu werden beginnt, die ihre juristische Bedeutung schrittweise verliert.

2. Das zweite Kriterium: zur Frage einer gemeinschaftlichen Kompetenzhoheit

a. Kompetenzzusammenhänge im Völkerrecht

Fragen der Kompetenzhoheit stellen sich im Völkerrecht dann, wenn durch die vertraglichen Vereinbarungen mehrerer Staaten internationale Organisationen entstehen, denen im Hinblick auf bestimmte Zwecke Hoheitsrechte übertragen werden. Zuständigkeitsänderungen bedürfen des Konsenses der Vertragsparteien – während umgekehrt deren Einigkeit genügt, um diese herbeizuführen. Die Befugnis, über die Verteilung der Zuständigkeiten zu verfügen, liegt damit in den Händen der Mitgliedstaaten. Mitunter kann auch ein völkerrechtlicher Vertrag vorsehen, daß zu seiner Änderung (und damit auch zur Neuabgrenzung der Zuständigkeiten zwischen internationaler Organisation und den darin versammelten Staaten) eine qualifizierte Staatenmehrheit ausreichen soll.[89] Jenen Staaten, die überstimmt wurden und die außerstande sind, den Vertrag in der geänderten Form zu befolgen, steht dann der Austritt offen.

b. Die Kompetenzhoheit nach dem Recht der Verträge

aa. Art. 5 UAbs. 1 EGV als Grundentscheidung der europäischen Kompetenzverteilungskonzeption. Wenn es darum geht festzustellen, inwieweit sich EGV und EUV im Hinblick auf die Kompetenzkompetenz vom völkerrechtlichen Ursprung entfernt haben, so ist zunächst vom Grundsatz der gemeinschaftsrechtlichen Zuständigkeitenverteilung auszugehen. Als oberstes Prinzip der Kompetenzverteilung zwischen Mitgliedstaaten und EG wurde in Art. 5 UAbs. 1 EGV das sogenannte Prinzip der begrenzten Einzelermächtigung festgelegt.[90] Die Europäische Gemeinschaft darf danach nur dort tätig werden, wo der Vertrag ihr Kompetenzen verschafft. Alle anderen Felder, die der EGV

---

[89] *Bruno de Witte*, in: Winter/Curtin/Kellermann/de Witte (Hrsg.), Reforming the Treaty on European Union, S. 3, 8 (mit weiterführenden Hinweisen).

[90] *Alan Dashwood*, ELR 23 (1998), 201, 209; *Josef Isensee*, in: Festschrift für Ulrich Everling, S. 567, 574; *Hans D. Jarass*, AöR 121 (1996), 173, 174 und *Jean-Claude Piris*, EuR 2000, 311, 325.

nicht anspricht, bleiben in der Alleinverantwortung der europäischen Staaten; die Befugnisse der Gemeinschaft sind daher auf benannte Bereiche beschränkt.[91] Dieses Prinzip der begrenzten Einzelermächtigung steht der Annahme einer Kompetenzkompetenz der Gemeinschaft zwingend entgegen: eine Neuverteilung der Zuständigkeiten zwischen EU und Mitgliedstaaten kommt allein durch die Änderung der Verträge zustande, die nach Art. 48 EUV zu vereinbaren ist.[92] Auch die Untersuchung des zweiten Staatlichkeitskriteriums mündet hier in die allgemeine Problematik, daß eine ebenenbezogene Zuordnung dieser Änderungsprozedur durch die Beteiligung europäischer Organe, gewollt oder ungewollt, ein Stück weit in Frage gestellt wird. Wenngleich zwar die Mitgliedstaaten Zuständigkeiten nicht gegen ihren Willen verlieren, sondern diese freiwillig übertragen, so kann doch die Beteiligung europäischer Organe hieran insofern eine Rolle spielen, als sie die Möglichkeit einer Rückübertragung erschwert.[93] Die Frage danach, ob die Mitgliedstaaten über eine uneingeschränkte Kompetenzkompetenz verfügen, kann daher heute nicht mehr ohne weiteres mit „Ja" beantwortet werden.[94]

bb. Zur Funktion von Art. 6 Abs. 4 EUV. Im Kontext der Diskussion um die Kompetenzkompetenz der Gemeinschaft wurde zum Teil auch auf Art. 6 Abs. 4 EUV zurückgegriffen, der von einigen Autoren als Indiz dafür verstanden worden ist, daß die EU Kompetenzkompetenz besitzt.[95] Die Vorschrift besagt, daß sich die Union mit den Mitteln ausstattet, die zum Erreichen ihrer Ziele und zur Durchführung ihrer Politiken notwendig sind. Das BVerfG hat sich mit dieser Frage im Maastrichturteil intensiv auseinandergesetzt und die angesprochene

---

[91] *Alan Dashwood*, ELR 23 (1998), 201, 209; *Sionaidh Douglas-Scott*, Constitutional Law of the European Union, S. 518 f.; *Josef Isensee*, in: Festschrift für Ulrich Everling, S. 567, 574; *Hans D. Jarass*, AöR 121 (1996), 173, 174 und *Jean-Claude Piris*, EuR 2000, 311, 325.

[92] *Peter M. Huber*, in: Ipsen/Rengeling/Mössner/Weber (Hrsg.), Verfassungsrecht im Wandel, S. 349, 354 und *Alexander Somek*, Ist die Europäische Union ein Staat? Soll sie ein Staat werden?, S. 9. Siehe dazu auch oben: 1.b.

[93] Zum Zusammenhang von Kompetenzkompetenz und Vertragsänderungsverfahren auch *Stefan Griller*, in: Schuppert/Pernice/Haltern (Hrsg.), Europawissenschaft, S. 201, 229 (mit teilweise anderen Schlußfolgerungen).

[94] Eine solche Kompetenzkompetenz der Mitgliedstaaten bejahen *Christian Hillgruber*, in: Isensee/Kirchhof (Hrsg.), Handbuch des Staatsrechts, Bd. II, § 32 Rn. 79 und *Peter M. Huber*, in: Ipsen/Rengeling/Mössner/Weber (Hrsg.), Verfassungsrecht im Wandel, S. 349, 354; a. A. *Ingolf Pernice*, Fondements du droit constitutionnel européen, Rn. 77 und *Manfred Zuleeg*, NJW 2000, 2846, 2851: Mitgliedstaaten und Union seien gemeinsam die Inhaber der Kompetenzkompetenz. Warum dies, zumindest als dauerhafter Zustand, nicht haltbar sein kann, wurde oben dargelegt (Erstes Buch, Vierter Abschnitt, I.1.b.). Vgl. auch *M. Dickstein*, Der Verfassungsbegriff der Europäischen Union, S. 126: weitere Kompetenzverluste zu verhindern, sei für den Mitgliedstaat leicht – Kompetenzen aus eigener Kraft zurückzuholen unmöglich.

[95] So *Karl Albrecht Schachtschneider/Angelika Emmerich-Fritsche/Thomas C. W. Beyer*, JZ 1993, 751, 753.

Rechtsauffassung verworfen[96]: Art. F Abs. 3 a. F. EUV[97] bekunde, so die Richter, die „politisch-programmatische Absicht" der Mitgliedstaaten, die Union mit den nötigen Mitteln zu versehen.[98] Der Ausdruck „Union" sei dabei „als Bezeichnung für die gemeinsam handelnden Mitgliedstaaten" gemeint.[99] Wenn man Art. F Abs. 3 EUV als Begründung einer gemeinschaftlichen Kompetenzhoheit verstünde, würden gegen den Willen der Vertragsparteien auch das Prinzip der begrenzten Einzelermächtigung gegenstandslos werden[100] und zugleich die zweite und dritte Säule (GASP sowie polizeiliche und justizielle Zusammenarbeit) in die supranationalen Strukturen verlagert.[101] Darüber hinaus wird Art. 6 Abs. 4 EUV teilweise so ausgelegt, daß der Ausdruck „Mittel" nicht Handlungsmittel, sondern Geldmittel meint.[102] Im einzelnen kommt es darauf nicht an: Art. 6 Abs. 4 EUV als Kompetenzkompetenz zu begreifen, würde, so oder so, mit den übrigen Vorschriften der Verträge und den Motiven ihrer Parteien kaum zu vereinbaren sein.[103]

c. *Die Frage der Kompetenzkompetenz in der EuGH-Rechtsprechung*

Zur Frage, wem in der EU die Gesamtverteilung der Zuständigkeiten gebührt, hat der EuGH bislang noch nicht ausdrücklich Stellung genommen. Indem er jedoch darüber wacht, daß Änderungen des EU-Primärrechts im Wege des Art. 48 EUV zustande gebracht worden sind[104], sichert er die Besonderheiten der gegenwärtigen Kompetenzsituation gegenüber einer möglichen Rückkehr zum völkerrechtlichen Grundmuster ab.

---

[96] BVerfG 89, 155, 192ff. Ebenso *Peter M. Huber*, in: Ipsen/Rengeling/Mössner/Weber (Hrsg.), Verfassungsrecht im Wandel, S. 349, 354f. und *Alexander Schmitt Glaeser*, Grundgesetz und Europarecht als Elemente Europäischen Verfassungsrechts, S. 46f.

[97] Jetzt Art. 6 Abs. 4 EUV.

[98] BVerfG 89, 155, 194.

[99] BVerfG 89, 155, 195.

[100] BVerfG 89, 155, 195.

[101] BVerfG 89, 155, 196.

[102] So beispielsweise *Bettina Herchenhan*, BayVBl. 2003, 649, 650. Dazu ablehnend *Karl Albrecht Schachtschneider/Angelika Emmerich-Fritsche/Thomas C. W. Beyer*, JZ 1993, 751, 753. Allgemein zur Auslegung von Art. 6 Abs. 4 EUV *Adelheid Puttler*, in: Calliess/Ruffert (Hrsg.), Kommentar zu EU-Vertrag und EG-Vertrag, Rnrn. 219ff. zu Art. 6 EUV.

[103] Es ist deshalb widersprüchlich, wenn *Karl Albrecht Schachtschneider/Angelika Emmerich/Thomas C. W. Beyer* (JZ 1993, 751, 753) einerseits meinen, daß Art. F Abs. 3 EUV (a. F.) angesichts der detaillierten Regeln über die finanzielle Absicherung der Politiken nicht als Bestimmung über die Finanzausstattung zu verstehen sei, und andererseits darin eine Festlegung der Kompetenzkompetenz erblicken, die zahlreiche detaillierte Kompetenzgestaltungen überspült.

[104] Vgl. dazu aus der Rechtsprechung EuGH, Rs. 7/71, Slg. 1971, 1003, 1018; siehe ferner *Thomas Oppermann*, Europarecht, § 6 Rn. 54.

d. Die Frage der Kompetenzzuweisung im Verfassungsentwurf

Seiner grundsätzlichen Kompetenzverteilungskonzeption zufolge hält auch der Verfassungsvertrag in Art. I-11 Abs. 1 EV am Grundsatz der begrenzten Einzelermächtigung fest. Auch dieses Bild ist jedoch zu relativieren: das Miteinander von Mitgliedstaaten und Unionsorganen in der gesamten Änderungsprozedur (das gegenüber der heutigen Rechtslage ausgebaut werden soll[105]), erlaubt es letztlich keiner Seite, der anderen entgegen ihrem Willen Kompetenzen zu entziehen. Diese Rechtsgestaltung entspricht bereits sehr deutlich einer föderalistisch grundierten Ordnungskonzeption.

e. Die Zwischenbilanz zum zweiten Kriterium

Nach bisheriger rechtlicher Lage sind die Mitgliedstaaten nur noch in einem eingeschränkten Sinne Inhaber der Kompetenzordnungshoheit geblieben:[106] zwar können ihnen gegen ihren Willen Kompetenzen nicht entzogen werden – an ihrer Rückübertragung durch eine entsprechende Änderung der Verträge wären indes Gemeinschaftsorgane zu beteiligen, denen dies die Möglichkeit eröffnet, entsprechende Maßnahmen zu erschweren. Indem der Verfassungsvertrag diese Mitwirkungsmodalitäten zugunsten der Gemeinschaftsorgane ausbaut, würde die Hoheit über die Zuständigkeitsfragen stärker als bisher föderal ausgestaltet und die Union im Hinblick auf die Inhaberschaft der Kompetenzkompetenz einem Bundesstaat ähnlich gemacht.[107]

3. Das dritte Kriterium: zum staatlichen Allzuständigkeitsanspruch

a. Allzuständigkeitsfragen im Völkerrecht

Der Anspruch, die öffentliche Sphäre in einem bestimmten Raum umfassend zu ordnen, ist dem Völkerrecht naturgemäß fremd: völkerrechtliche Verträge werden von souveränen und demzufolge allzuständigen Staaten im Hinblick auf konkrete, abgrenzbare Felder geschlossen, wie beispielsweise den Luftverkehr, den Artenschutz oder das Handelsrecht. Dasselbe gilt auch für internationale Organisationen, die um bestimmter Zwecke willen, zur Verteidigung, zum Menschenrechtsschutz oder zum Schutze des Weltkulturerbes, eingerichtet werden.[108] Es handelt sich in beiden Fällen um Bindungen von allzuständigen Ordnungsstrukturen nach außen hin, deren Inhalte aus der staatlichen Allzuständigkeit heraus festgelegt (oder, in der hier gebrauchten Terminologie: abgeleitet) werden und die demzufolge gegenstandsmäßig beschränkt sind. Die

---

[105] Siehe dazu oben: 1.d.
[106] So auch *Josef Isensee*, in: Festschrift für Ulrich Everling, S. 567, 577.
[107] So auch *Stefan Griller*, in: Schuppert/Pernice/Haltern (Hrsg.), Europawissenschaft, S. 201, 229.
[108] *Gil Carlos Rodríguez Iglesias*, EuGRZ 1996, 125, 126.

Ordnung innerhalb des Raumes wird vom Staat verantwortet; er wird als jene Ebene verstanden, die dafür allein und umfassend zuständig ist.

b. Zuständigkeitsfragen nach dem Recht der Verträge

aa. Zuständigkeitszuweisungen im Verhältnis von Gemeinschaft und Mitgliedstaaten. Die europäischen Verträge, EGV und EUV, übertragen der Europäischen Union keine inhaltlich umfassende Zuständigkeit, sondern weisen ihr, dem Grundsatz der begrenzten Einzelermächtigung entsprechend, konkrete Tätigkeitsfelder zu.[109] Diese Kompetenzverteilungskonzeption schließt einen inhaltlichen Allzuständigkeitsanspruch der Unionsebene aus. Die rechtliche Ordnung dieser Bereiche ist jedoch durch eine Reihe von Besonderheiten geprägt, die den Grundsatz der begrenzten Einzelermächtigung in seiner Stringenz beschränken. Eine erste Besonderheit betrifft dabei die Art und Weise, wie der Gemeinschaft durch die Verträge Zuständigkeiten zugeteilt werden. Anders als das deutsche Verfassungsrecht kennt die Union keine Zuweisung bestimmter Regelungsmaterien, wie sie beispielsweise in den Artt. 73 und 74 GG aufgezählt sind. EG-Zuständigkeiten werden auf Ziele hin festgelegt.[110] Diese finden sich in Art. 3 EGV aufgelistet; sie variieren zwischen Zielbenennungen (wie beispielsweise im Falle des einheitlichen Binnenmarktes nach Art. 3 Abs. 1 lit. c EGV), der Bezeichnung gemeinsamer Politiken (wie z. B. der gemeinsamen Handelspolitik nach Art. 3 Abs. 1 lit. b EGV) und der Festlegung von Förderungsanliegen (wie z. B. der Forschungsförderung nach Art. 3 Abs. 1 lit. n EGV). Auf diese Ziele hin wird die Gemeinschaft ermächtigt, nach Maßgabe der Artt. 23 bis 181 EGV eigenes Recht zu erlassen, welches das Recht der Mitgliedstaaten verdrängt oder diese zur Harmonisierung verpflichtet. Die Reichweite dieser Befugnisse ist je nach Art der Zielsetzung unterschiedlich: in jenen Bereichen, in denen der EGV dem Gemeinschaftsganzen ausschließlich Förderungskompetenz verschafft, muß diese Befugnis gegenständlich auf Fördermaßnahmen beschränkt und die Möglichkeit des rechtsvereinheitlichenden Normerlasses ausgeschlossen sein, was beispielsweise Art. 151 Abs. 5 erster Anstrich EGV ausdrücklich klarstellt.

Diese Form der Übertragung von Kompetenzen, die sich eher an Zielen und Aufgabenfeldern ausrichtet als an umrissenen Rechtsgebieten, paßt ihrem Ansatz zufolge scheinbar gut zur Konzeption übertragener Zuständigkeiten von sachlich begrenztem Umfang: während die umfassende Ordnung der öffentlichen Sphäre in einem konkreten Raum grundsätzlicher Zweck jeder Staatlich-

[109] *Alan Dashwood*, ELR 23 (1998), 201, 209; *Gil Carlos Rodríguez Iglesias*, EuGRZ 1996, 125, 126; *Jean-Claude Piris*, EuR 2000, 311, 325.

[110] Dazu *Peter M. Huber*, AöR 116 (1991), 210, 214f.; *Hans D. Jarass*, AöR 121 (1996), 173, 176; *Eckart Klein*, VVDStRL 50 (1991), 56, 62; *Hans Heinrich Rupp*, ZRP 1993, 211, 212; *Hans-Peter Schneider*, in: Festschrift für Helmut Steinberger, S. 1401, 1408 und *Helmut Steinberger*, VVDStRL 50 (1991), 9, 19f.

keit ist, wird die Gemeinschaft als abgeleitete äußere Struktur auf konkrete Ziele hin tätig.[111] Dieser Zusammenhang kommt in dem Begriff des „Zweckverbandes" zum Ausdruck, mit dem *Hans Peter Ipsen* die EG gekennzeichnet hat.[112] Demgegenüber ist es nicht vorstellbar, das Wesen des Staates auf einzelne Zwecke hin zu entwerfen: seine Aufgabe liegt in der grundsätzlichen Ordnung der öffentlichen Sphäre und ist als Summe aller öffentlichen Zwecke zu verstehen. Eine solche Form der Zuständigkeitsverteilung, wie der EGV sie verwirklicht, birgt jedoch die Gefahr, ins Konturenlose auszuufern, wenn die Zwecke, denen der Zusammenschluß dient, zu breit angelegt sind.[113] Wenn Art. 3 Abs. 1 EGV als Vertragsziele beispielsweise „Binnenmarkt" und „gemeinsame Handelspolitik", die „Stärkung des wirtschaftlichen und sozialen Zusammenhalts" und die „Förderung der Koordinierung der Beschäftigungspolitik" vorgibt, so wird daran deutlich, daß alles in allem nur noch wenige Felder vorstellbar bleiben, die vom Regelungsstreben der europäischen Organe nicht mindestens mittelbar berührt werden könnten.[114] Was rechtlich als Inhaberschaft limitierten Dürfens erscheint, erweist sich aufgrund der tatsächlichen Breite dessen, was als Ziel bestimmt (bzw. zu wenig bestimmt) worden ist, als eine Form von abgeleiteter Ordnung, die der Allzuständigkeit vom Umfang des Dürfens her nahekommt.[115]

bb. Die Abrundung ungereimter Zuständigkeitslücken durch Art. 308 EGV. Hinzu kommt eine zweite Besonderheit, die in dieselbe Richtung wirkt und sich auf eine sogenannte „Abrundung" der übertragenen Zuständigkeiten bezieht: die Rede ist von Art. 308 EGV, der die EG zur Rechtsetzung berechtigt, wenn „ein Tätigwerden der Gemeinschaft erforderlich" ist, „um im Rahmen des Gemeinsamen Marktes eines ihrer Ziele zu verwirklichen", ohne daß der Vertrag die dafür nötigen Befugnisse enthält. Die Gemeinschaft hat diese Option bis vor wenigen Jahren ausgiebig genutzt.[116] Art. 308 EGV wurde daher mitunter als eine Art Konterkarierung von Art. 5 UAbs. 1 EGV begriffen.[117] In

---

[111] *Paul Kirchhof*, in: Kirchhof/Ehlermann (Hrsg.), Deutsches Verfassungsrecht und Europäisches Gemeinschaftsrecht, S. 11, 12.

[112] *Hans Peter Ipsen*, Europäisches Gemeinschaftsrecht, S. 197f. Zustimmend *Eckart Klein*, VVDStRL 50 (1991), 56, 60f.

[113] So *Hans D. Jarass*, AöR 121 (1996), 173, 180 (der auch auf einen weiteren Faktor in diesem Kontext, den Prognosespielraum des Gemeinschaftsgesetzgebers, hinweist, der die Art der gemeinschaftsrechtlichen Kompetenzzuweisung verstärkt); *Helmut Steinberger*, VVDStRL 50 (1991), 9, 20.

[114] *Helmut Steinberger*, VVDStRL 50 (1991), 9, 20.

[115] *Martin Nettesheim*, ZEuS 2002, 507, 514; ähnlich *Peter M. Huber*, Maastricht – ein Staatsstreich?, S. 36f.

[116] Dazu näher *Joseph H.H. Weiler*, YLJ 100 (1991), 2403, 2443ff. Daß Maßnahmen nur sehr selten allein auf diese Generalermächtigung gestützt wurden, betont *Hans-Peter Schneider*, in: Festschrift für Helmut Steinberger, S. 1401, 1409.

[117] *Hans Heinrich Rupp*, ZRP 1993, 211, 212; dagegen *Gil Carlos Rodríguez Iglesias* („eine

jüngerer Zeit wurde demgegenüber von einzelnen Autoren eine stärkere Zurückhaltung im Hinblick auf die Anwendung der Vorschrift konstatiert.[118]

Bereits seinem Wortlaut zufolge handelt es sich bei Art. 308 EGV um eine Abrundungsklausel, die sich auf bereits bestehende Vertragsziele bezieht. Sie erweitert die Kompetenzen der Gemeinschaft nur insoweit, als dies zur Verwirklichung der genannten Ziele erforderlich ist. Ob ein zusätzliches Tätigwerden notwendig erscheint, kann gerichtlich nachgeprüft werden.[119] Art. 308 EGV muß sich insofern nicht zwangsläufig als ein mittelbares Außerkraftsetzen von Art. 5 UAbs. 1 EGV erweisen; es ist jedoch nicht zu leugnen, daß auch diese Norm dazu beiträgt, die ohnehin weiten Befugnisse der Gemeinschaft in einem ungewissen Umfang zu vergrößern – und daß sie diese der inhaltlichen Allzuständigkeit ein deutliches Stück näher bringt.

cc. Verhältnismäßigkeit und Subsidiarität als Kompetenzbeschränkungsmechanismen (Art. 5 UAbs. 2, 3 EGV). Gegen den Allzuständigkeitsanspruch der gemeinschaftlichen Ordnung spricht indes der Umstand, daß der EG-Vertrag in Art. 5 UAbs. 2 und 3 zwei Instrumente enthält, deren Zweck darin besteht, gemeinschaftliche Kompetenzausdehnungen einzuschränken: so bestimmt Art. 5 UAbs. 3 EGV, daß die Maßnahmen der Gemeinschaft nicht über das zur Zielerreichung nötige Ausmaß hinausgehen dürfen; gemäß Art. 5 UAbs. 2 EGV darf die Gemeinschaft außerhalb ihrer ausschließlichen Zuständigkeiten zudem nur dann tätig werden, wenn die von ihr verfolgten Ziele auf der Ebene der Mitgliedstaaten nicht ausreichend gesichert werden können, die Union sich indes als hierzu imstande erweist. Art. 5 UAbs. 2 EGV verbürgt damit den Grundsatz der Subsidiarität[120], UAbs. 3 Verhältnismäßigkeit. Kompetenzbeschränkungen dieser oder ähnlicher Art schließen zwar die Allzuständigkeit größerer Einheiten nicht absolut aus: die Verfassungspraxis beweist, daß auch eine bundesstaatliche Verfassung die Zuständigkeiten der größeren Einheit auf diese Weise beschränkt[121] – auch diese Gesichtspunkte einer föderalen Zuständigkei-

---

gewisse Flexibilisierung"), der zutreffend darauf hinweist, daß die Anwendung dieser Vorschrift nur durch den Rat, d. h. durch die Mitwirkung aller Mitgliedstaaten erfolgen kann.

[118] *Thomas Oppermann*, DVBl. 2003, 1165, 1173; *Matthias Ruffert*, EuR 2004, 165, 188; *ders.*, ThürVBl. 2005, 49, 53.

[119] So die überwiegende Ansicht, vgl. *Rudolf Streinz*, in: Streinz (Hrsg.), EUV/EGV, Rn. 23 zu Art. 308 EGV m.w.N. beider Ansichten.

[120] Zum Subsidiaritätsprinzip u. a. *Paul Kirchhof*, JZ 1998, 965, 969 f.; *Eckart Klein*, VVDStRL 50 (1991), 56, 72 f.; *Manuel Medina*, Hacia una constitución europea, S. 32 ff.; *Karl Albrecht Schachtschneider*, in: Blomeyer/Schachtschneider (Hrsg.), Die Europäische Union als Rechtsgemeinschaft, S. 75, 134 f. und *Jean Louis Seurin*, PL 1994, 625, 631 ff.

[121] So bestimmt beispielsweise Art. 42 Abs. 2 der Schweizer Bundesverfassung, daß der Bund jene Aufgaben wahrnimmt, „die einer einheitlichen Regelung bedürfen". Bekannt sind auch Erforderlichkeitsschranken für einzelne Formen der Bundes-Gesetzgebungszuständigkeit, wie sie z. B. Art. 72 Abs. 2 GG enthält. Dazu *Christoph Degenhart*, Staatsrecht I, Rnrn. 174 ff.

tenverteilung können Bestandteile der gesamtstaatsbegründenden Ordnungsvorstellung sein. Art. 5 UAbs. 2 und 3 belegt dennoch das grundsätzliche Begrenztsein der gemeinschaftlichen Zuständigkeit, die in doppelter Hinsicht rechtfertigungsbedürftig erscheint. Indem die Rechtsordnung die EG-Kompetenzen durch Verhältnismäßigkeitserfordernis und Subsidiaritätsprinzip beschränkt, sucht sie unkontrollierten Zuständigkeitsverlagerungen auf die Gemeinschaftsebene entgegenzuwirken.

Praktisch wirksam sind beide Instrumente nur dann, wenn auch ihre rechtliche Kontrolle bestmöglich gewährleistet ist. Diese Kontrollverantwortlichkeit obliegt dem EuGH, der jedoch nach der Einschätzung vieler Autoren dieser Funktion bislang nicht uneingeschränkt gerecht werden konnte.[122] Auch aus der Natur des Subsidiaritätsgrundsatzes ergeben sich weitere Handlungshindernisse, die insbesondere daraus herrühren, daß die Frage nach gleichem oder besserem Erreichen irgendwelcher Ziele zwangsläufig mit Unwägbarkeiten verbunden ist, die nur dadurch zu lösen sind, daß man dem Handelnden (d.h. der EG) einen nicht zu knappen Einschätzungsspielraum beläßt.[123] Selbst dort, wo sich das Ganze als meßbar erweist, stellt sich der Subsidiaritätsgrundsatz als praktisch nur schwer zu handhabende Rechtsfigur heraus[124]; mit ihm verknüpft sich die Frage, welcher Staat für die Bewertung der mitgliedstaatlichen Leistungsfähigkeit maßgeblich werden soll: der leistungsfähigste oder der leistungsschwächste, einer allein oder eine bestimmte Mehrheit?[125] Hinsichtlich der Kompetenzbeschränkungen aus Art. 5 UAbs. 2, 3 EGV gilt damit dasselbe wie im Kompetenzzuweisungsbereich: während die juristische Konstruktion auf begrenzte Zuständigkeiten und damit auf den Ableitungscharakter der Gemeinschaft deutet, erscheint diese in der Praxis als Inhaberin umfassender Rechtsetzungsbefugnisse, deren rechtliche Schranken in concreto schwer zu bestimmen und damit auch schwer kontrollierbar sind.

Bei formaler Betrachtung der Zuständigkeitsmechanismen erscheinen die Mitgliedstaaten daher bis heute als die Inhaber einer gegenständlich unbegrenzten Zuständigkeit zur Ordnung der öffentlichen Sphäre, die EG hingegen

---

122 So beispielsweise *Peter M. Huber*, AöR 116 (1991), 210, 213 und *Hans Heinrich Rupp*, ZRP 1993, 211, 212.

123 *Hans-Peter Schneider*, in: Festschrift für Helmut Steinberger, S. 1401, 1413f.

124 Kritisch zur Leistungsfähigkeit des Prinzips *Reinhard Rack*, VVDStRL 50 (1991), 174 und *Hans Heinrich Rupp*, ZRP 1993, 211, 212; zurückhaltend auch *Peter M. Huber*, in: Deutscher Bundestag, Referat Öffentlichkeitsarbeit (Hrsg.), Der Weg zum EU-Verfassungskonvent, S. 193, 204. Siehe dazu ferner *Alan Dashwood*, ELR 23 (1998), 201, 211. Noch grundsätzlicher argumentiert *Hans-Peter Schneider*, in: Festschrift für Helmut Steinberger, S. 1401, 1412f., die Ziele des EG-Vertrages seien durch Vereinheitlichung fast immer besser zu erreichen als durch die Mitgliedstaaten – das gleiche gelte, wenn man negativ fragt, ob diese die Ziele ausreichend umsetzen könnten.

125 *Christoph Dorau*, Die Verfassungsfrage der Europäischen Union, S. 133; *Hans-Peter Schneider*, in: Festschrift für Helmut Steinberger, S. 1401, 1413.

als Adressatin delegierten Dürfens und damit zugleich als eine untergeordnete Struktur.[126] Aus dieser Rechtslage heraus erwachsen ihr jedoch nahezu erschöpfende Zuständigkeiten in zentralen Regelungsfeldern, die üblicherweise vom Tätigsein des Staates geprägt sind, wie etwa Wirtschaft und Währung, Umwelt und Wettbewerb.[127] Die Verschiebung gegenüber dem Völkerrecht liegt damit weniger in Qualität und Struktur der europäischen Zuständigkeitsordnung, sondern hauptsächlich in der Fülle dessen, was der EG an Befugnissen übertragen wurde und zugewachsen ist.[128] Der mitgliedstaatliche Allzuständigkeitsanspruch besteht damit nur noch formell, als juristischer Ableitungszusammenhang. Obschon dies grundsätzlich dafür spricht, die Mitgliedstaaten bis heute als „staatlich" im hier vertretenen Sinne zu sehen, tun sich damit Entwicklungen kund, die diese Eigenschaft ungewiß werden lassen.

c. *Allzuständigkeitsfragen in der EuGH-Rechtsprechung*

Inwiefern hat auch die Judikatur des EuGH die geschilderten Tendenzen verstärkt? Den ersten Rechtsprechungsgrundsatz, der in diesem Zusammenhang von Bedeutung ist, bildet die sogenannte „implied-powers"-Lehre, wonach die Gemeinschaft inhärente Kompetenzen besitzt, wenn ohne eine solche Befugnis bestimmte zugewiesene Rechtsetzungszuständigkeiten nicht hinreichend zweckmäßig ausgeübt werden können.[129] Anders als Art. 308 EGV knüpft sich diese Zuständigkeit jedoch nicht an die allgemeinen Ziele des Vertrages, sondern stellt auf den sachlichen Zusammenhang zur bestehenden Einzelbefugnis ab.[130] Die „implied-powers"-Lehre hat gleichwohl neben Art. 308 EGV ein Stück an Bedeutung verloren; sie illustriert jedoch die Vermutung, daß auch die Rechtsprechung des EuGH zur Erweiterung der EG-Kompetenzen beigetragen hat.

---

[126] *Manfred Zuleeg*, NJW 2000, 2846, 2847.

[127] Dazu ausführlich: Viertes Buch, Erster Abschnitt.

[128] Demgegenüber meint *Josef Isensee*, daß auch die Summe der übertragenen Zuständigkeiten nicht viel mehr als eine Wirtschaftsgemeinschaft ergäbe (in: Festschrift für Ulrich Everling, S. 567, 577). Ähnliches nehmen auch BVerfG 89, 155, 190; *Paul Kirchhof*, in: Kirchhof/Ehlermann (Hrsg.), Deutsches Verfassungsrecht und Europäisches Gemeinschaftsrecht, S. 11, 12f. und *Jean-Claude Piris*, EuR 2000, 311, 326 an. Wie hier u. a. *Stefan Griller*, in: Schuppert/Pernice/Haltern (Hrsg.), Europawissenschaft, S. 201, 205; *Martin Nettesheim*, ZEuS 2002, 507, 514; *Gil Carlos Rodríguez Iglesias*, EuGRZ 1996, 125, 126; *Karl Albrecht Schachtschneider/Angelika Emmerich-Fritsche/Thomas C. W. Beyer*, JZ 1993, 751 und *Christian Tomuschat*, in: Nettesheim/Schiera (Hrsg.), Der integrierte Staat, 155, 172. Siehe dazu auch *Peter M. Huber*, Maastricht – ein Staatsstreich?, S. 36f.

[129] Ständige Rechtsprechung des EuGH seit Rs. 8/55, Slg. 1955/56, 197, 312 und Rs. 20/59, Slg. 1960, 681, 708; dazu *Michael Dickstein*, Der Verfassungsbegriff der Europäischen Union, S. 116f.; *Hans D. Jarass*, AöR 121 (1996), 173, 176f.; *Meinhard Schröder*, JZ 2004, 8, 10 und *Joseph H. H. Weiler*, YLJ 100 1991, 2403, 2415f.

[130] *Thomas Oppermann*, Europarecht, § 6 Rn. 69.

In denselben Kontext gehört auch der Auslegungsgrundsatz des „effet utile", wonach Rechtsakte der Gemeinschaft so zu verstehen sind, daß sie in höchstem Maß wirksam sind.[131] Im Bereich der EG-Zuständigkeitsfragen bedeutet dies, daß alle denkbaren Gemeinschaftsbefugnisse in vollem Umfang auszuschöpfen sind, unabhängig davon, ob es sich um ausdrückliche Befugnisse, solche aus Art. 308 EGV oder solche der „implied-powers"-Lehre handelt.[132] Die Relativierungen des Art. 5 UAbs. 1 EGV, welche die beiden zuletzt genannten Figuren bewirken, werden auf diese Weise zusätzlich intensiviert.

d. Allzuständigkeitsmomente im Verfassungsentwurf

Im Entwurf des Verfassungsvertrags tauchen die bekannten Elemente der gemeinschaftlichen Zuständigkeitsordnung, das Prinzip der begrenzten Einzelermächtigung, der Grundsatz der Subsidiarität und das Gebot der Verhältnismäßigkeit, in Art. I-11 EV auf.[133] Das Prinzip der begrenzten Einzelermächtigung wird als solches nunmehr in Art. I-11 Abs. 1 Satz 1 EV ausdrücklich erwähnt und in Art. I-11 Abs. 2 EV inhaltlich umrissen. Diese scheinbare Stärkung der mitgliedstaatlichen Zuständigkeit entsprach bestimmten Tendenzen innerhalb des Verfassungskonvents.[134] Demgegenüber wurde trotz aller Kritik auch im Verfassungsvertrag an einer Abrundungsklausel nach Art des bisherigen Art. 308 EGV festgehalten, die es der Gemeinschaft auch zukünftig erlaubt, zur Umsetzung der vertraglichen Ziele zusätzliche Regelungszuständigkeiten an sich zu ziehen.[135]

---

[131] EuGH, Rs. C-46/93 und C-48/93, Slg. 1996, I-1029, 1146 – st. Rspr. Zur effet-utile-Rechtsprechung im einzelnen *Manfred Zuleeg*, in: Festschrift für Georgios I. Kassimatis, S. 905, 916; *Rudolf Streinz*, in: Festschrift für Ulrich Everling, Bd. II, S. 1491, zu den kompetenzrechtlichen Implikationen siehe insbesondere S. 1502 ff.; weiterhin zu den Auswirkungen des effet-utile-Grundsatzes auch *Hans Heinrich Rupp*, ZRP 1993, 211, 212.

[132] *Thomas Oppermann*, Europarecht, § 6 Rn. 70.

[133] Dazu *Thomas Oppermann*, DVBl. 2003, 1165, 1171; *Hans-Jürgen Papier*, in: Festschrift für Georg Ress, S. 699, 707 f.

[134] *Markus Ludwigs*, ZEuS 2004, 211, 214 f. Hinzu kommen in den Protokollen zum Verfassungsvertrag neue Klagerechte der Mitgliedstaaten wegen Subsidiaritätsverstoßes und ein sogenanntes „Frühwarnsystem", das durch ein Zusammenspiel von nationalen Parlamenten und Kommission den Subsidiaritätsgrundsatz stärken soll. Näheres dazu bei *Hans-Georg Dederer*, ZG 2003, 97, 105 ff.; *Stefan Kadelbach*, in: Festschrift für Manfred Zuleeg, S. 219, 226; *Markus Ludwigs*, ZEuS 2004, 211, 221 f.; *Thomas Oppermann*, DVBl. 2003, 1165, 1171; *Hans-Jürgen Papier*, in: Festschrift für Georg Ress, S. 699, 707; *ders.*, ThürVBl. 2005, 193, 196; *ders.*, EuGRZ 2004, 753, 755; *Ingolf Pernice*, Die neue Verfassung der Europäischen Union – ein historischer Fortschritt zu einem europäischen Bundesstaat?, S. 17 f. und *Jürgen Schwarze*, EuR 2003, 535, 546 ff.

[135] *Wolfgang Wessels*, JCMS 43 (2005), Sonderheft 1, 11, 18; *Joachim Wuermeling*, BayVBl. 2004, 577, 581; kritisch dazu *Hans-Jürgen Papier*, in: Festschrift für Georg Ress, S. 699, 704 f.; *ders.*, EuGRZ 2004, 753, 755. Der gegenüber Art. 308 EGV leicht geänderte Wortlaut wurde z.T. als eine entschärfende Präzisierung verstanden; vgl. *Thomas Oppermann*, DVBl. 2003, 1165, 1173 und *Jürgen Schwarze*, EuR 2003, 535, 545.

Die bemerkenswerteste Vorschrift, die der Verfassungsvertrag im Hinblick auf die Verteilung der Zuständigkeiten enthält, findet sich jedoch in Art. I-11 Abs. 2 Satz 2 EV. In dieser Bestimmung ist festgelegt, daß alle diejenigen Zuständigkeiten, die der Union nicht durch die Verfassung selbst übertragen worden sind, in den Händen der Mitgliedstaaten verbleiben. Das Hervorhebenswerte dieser Bestimmung liegt weniger in ihrem Inhalt (der sich mit der bisherigen Rechtslage deckt), sondern in dem Umstand, daß es eine solche Regelung überhaupt gibt. Was nach einer Stärkung der mitgliedstaatlichen Kompetenzsphären aussah und wahrscheinlich als solche gemeint war, mag gegenwärtigvordergründig auch als solche wirken[136] – der staatliche Allzuständigkeitsanspruch und damit zugleich der juristische Ableitungszusammenhang werden hierdurch jedoch fundamental in Frage gestellt. Sein scheinbar selbstverständlicher Inhalt und die scheinbar den Mitgliedstaaten günstige Tendenz dürfen nicht darüber hinwegtäuschen, daß Art. I-11 Abs. 2 Satz 2 EV und die hieran sich anschließenden Grundsätze der Zuständigkeitsverteilung in den Artt. I-12ff. EV erstmals eine Gesamtverteilung aller Zuständigkeitsgebiete vornehmen, so daß es diesen Bestimmungen zufolge die Europäische Verfassung als rechtliche Grundordnung der Gesamteinheit ist, die der Union Befugnisse zuweist und den Rest in die Verantwortung der Mitgliedstaaten legt.[137] Art. I-11 Abs. 2 Satz 2 EV ist damit, bewußt oder unbewußt, Ausdruck eines Anspruchs der Gesamtverfassung, über die Verteilung der Zuständigkeiten zwischen EU und Mitgliedstaaten aus sich selbst heraus abschließend zu entscheiden. Er ähnelt damit den entsprechenden Vorschriften in bundesstaatlichen Verfassungen, die im Grundgesetz in den Artt. 30, 70 und 83 zu finden sind.[138] Derartige Verfassungsbestimmungen setzen den Anspruch des Gesamtverbandes, die öffentliche Sphäre grundsätzlich zu ordnen, in eine verfassungsrechtliche Kompetenzsystematik um – ob deren konkrete Gestaltung eher föderal oder unitarisch geprägt ist, bleibt im Staatlichkeitskontext eine zweitrangige Frage, die sich mit dem Inhalt der Ordnungsvorstellung (und nicht mit deren staatlichkeitsbestimmender Bezugsgröße) beschäftigt.

---

[136] Dies veranlaßt viele Autoren, Art. I-11 Abs. 2 Satz 2 EV als Selbstverständlichkeit zu behandeln; siehe z. B. *Volker Epping*, JZ 2003, 821, 826; *Markus Ludwigs*, ZEuS 2004, 211, 217; *Hans-Jürgen Papier*, ThürVBl. 2005, 193, 195; *ders.*, EuGRZ 2004, 753, 755; *Wolfgang Wessels*, JCMS 43 (2005), Sonderheft 1, 11, 17.

[137] Vom „Einstieg in eine bundesstaatsähnliche Aufteilung der Zuständigkeiten" spricht daher zu Recht *Thomas Oppermann*, DVBl. 2003, 1165, 1170; ähnlich *Meinhard Schröder*, JZ 2004, 8 („ein Schritt in eine föderale Zukunft").

[138] Ähnliche Beispiele finden sich auch in vielen anderen bundesstaatlichen Verfassungen, wie z. B. in Art. 15 Abs. 1 der österreichischen Bundesverfassung, in Art. 42 Abs. 1 der Schweizerischen Bundesverfassung und in Art. 73 der russischen Verfassung.

e. Die Zwischenbilanz zum dritten Kriterium

Allzuständigkeitsansprüche auf der Ebene der Europäischen Union sind zu verneinen, wenn man die Frage aus einer formal-zuständigkeitssystematischen Perspektive betrachtet: insbesondere durch das Prinzip der begrenzten Einzelermächtigung erscheint die Regelungszuständigkeit der EU als zugewiesene Befugnis und entspricht damit dem völkerrechtlichen Muster. Die Weite der übertragenen Aufgabenfelder ergibt jedoch, insbesondere in ihrem Zusammenhang mit bestimmten kompetenzrechtlichen Figuren, welche das Prinzip der begrenzten Einzelermächtigung beschränken, ein anderes Bild: die Gemeinschaft verfügt danach über einen solchen Umfang an Zuständigkeiten, daß dies in materiell-kompetenzgegenständlicher Hinsicht einem Anspruch zur grundlegenden Ordnung der öffentlichen Sphäre in ihrem Aktionskreis nahekommt.[139] Dieser Einschätzung entspricht die Änderung der Verteilungsstruktur, die der Verfassungsentwurf vornehmen wollte: die Union wäre diesem Muster zufolge mit dem Anspruch aufgetreten, die Verteilung der Zuständigkeiten zwischen sich und den Mitgliedstaaten erschöpfend zu regeln.

4. Das vierte Kriterium: zur Hoheit der Gemeinschaft über ihre institutionelle Architektur

a. Die Einrichtung internationaler Institutionen durch völkerrechtliche Abkommen

Internationale Organisationen beruhen, im Hinblick auf ihr Dasein und ihre Funktion, auf völkerrechtlichen Verträgen. Diese verschaffen der Organisation zugleich die Grundlagen ihrer institutionellen Architektur; sie bestimmen, durch welche Organe sie handelt, was diese bezwecken und wie sie besetzt werden müssen. Ein anschauliches Beispiel für Regelungen dieser Art bildet Art. 7 Abs. 1 i. V. m. Artt. 9 ff. der UN-Charta, aus dessen Anordnungen Funktion und Zusammensetzung der UN-Organe hervorgehen. Innere Struktur und personelle Besetzung dieser Organe sind in diesen Regeln enthalten oder gehen mittelbar aus diesen hervor. Die Organisation der UN wird hierdurch als abgeleitete Struktur ausgewiesen.

b. Organbestellung und Organbesetzung im Recht der Verträge

aa. Die Ableitung der EG-Organe aus den Verträgen. Dasein und Funktion sämtlicher EG-Organe gründen sich auf das EG-Primärrecht, insbesondere also auf den EG-Vertrag, durch dessen Inkrafttreten sie ins Leben gerufen wurden. Das Staatlichkeitsindiz, von welcher Ebene sich nun ihr Da- und Tätigsein

---

[139] *Hans Heinrich Rupp*, ZRP 1993, 211, 212 und *Christian Tomuschat*, in: Nettesheim/Schiera (Hrsg.), Der integrierte Staat, S. 155, 172; a. A. *Jean-Claude Piris*, EuR 2000, 311, 326.

ableiten, läßt sich hiernach, durch die Betrachtung formaler Ableitungszusammenhänge, scheinbar leicht bestimmen: Rat, Kommission, Parlament, Gerichtshof und die anderen Organe und Einrichtungen der EG bilden danach keine höchstrangigen, sondern abgeleitete Institutionen, deren besondere Stellung sich einerseits aus den Umständen des äußeren politischen Gebundenseins im allgemeinen und andererseits aus den Spezifika der EG, insbesondere im Hinblick auf ihre Fülle an Kompetenzen, ergibt.[140] Der abgeleitete Charakter ihrer institutionellen Architektur schließt eine Staatlichkeit der EU, wie es scheint, bislang aus. Die vorangegangenen Betrachtungen zu den drei ersten Kriterien haben jedoch gezeigt, daß eine allzu formale Betrachtungsweise die Staatlichkeitsnähe der EU-Strukturen mitunter nur unzureichend aufdecken kann; insofern lohnt es sich auch hier, Beschaffenheit und Wesen der einzelnen Organe näher zu betrachten.

bb. Der Rat der EG. Formal-rechtliche Ableitungszusammenhänge und materiell-rechtliche Gegebenheiten entsprechen einander am deutlichsten im Hinblick auf Bedeutung und Stellung des Rates, der nach dem geltenden Recht der Verträge als das zentrale Organ der europäischen Rechtsetzung fungiert. Gemäß Art. 203 UAbs. 1 EGV wird der Rat von Vertretern der mitgliedstaatlichen Regierungen gebildet und tagt gemäß Art. 207 Abs. 3 UAbs. 1 EGV i. V. m. Art. 2 Abs. 1 Satz 1 seiner Geschäftsordnung je nach Sachgebiet in der Zusammensetzung der jeweiligen Fachminister. Obwohl Organ der EU, vereinigt der Rat somit Mandatsträger mitgliedstaatlicher Hoheitsgewalt, deren Ratszugehörigkeit sich aus ihrer Ministerstellung ergibt. Die Befugnisse, die sie innerhalb des Rates, in Abstimmungen oder durch Vorschläge, ausüben, bleiben für sich genommen Akte der deutschen, französischen oder britischen Hoheitsgewalt[141] und sind als solche an Recht und Verfassung des jeweiligen Staates gebunden.[142] Erst in ihrer Summe ergeben diese Akte eine Handlung der supranationalen Hoheitsgewalt. Hieraus ist zu erkennen, daß der Rat nicht nur in einer formalen ableitungstheoretischen Hinsicht, sondern auch inhaltlich, im konkreten Akt seines Tätigwerdens, auf den Bestand der mitgliedstaatlichen Verfassungsstrukturen zurückgeführt werden kann.

---

[140] Vgl. *Trevor C. Hartley*, BYIL 72 (2001), 1, 3.

[141] Anders als die Ratshandlung selbst, vgl. *Michael Dickstein*, Der Verfassungsbegriff der Europäischen Union, S. 127. Wie hier *Peter M. Huber*, AöR 116 (1991) 210, 231 m. w. N.

[142] *Michael Dickstein*, Der Verfassungsbegriff der Europäischen Union, S. 127; *Peter M. Huber*, AöR 116 (1991), 210, 231; *Waldemar Hummer/Walter Obwexer*, in: Streinz (Hrsg.), EUV/EGV, Rn. 10 zu Art. 203 EGV und *Johannes Christian Wichard*, in: Calliess/Ruffert (Hrsg.), Kommentar zu EU-Vertrag und EG-Vertrag, Rn. 3 zu Art. 203; letztlich auch *Eckart Klein*, VVDStRL 50 (1991), 56, 85. Eine andere Frage ist demgegenüber, was die mitgliedstaatliche Verfassung tatsächlich vorgibt: die europäische Integration muß hier als eigenständiger Verfassungswert besondere Bedeutung gewinnen.

cc. Die EG-Kommission. Die Besonderheiten der EG-Organe, die diese vom völkerrechtlichen Muster unterscheiden, zeigen sich deutlicher als beim Rat (aber weniger deutlich als beim Europäischen Parlament, wie gleich erklärt werden soll) an Funktion und Beschaffenheit der Kommission. Die Ableitungszusammenhänge, die sich im Hinblick auf das Dasein der Kommission aus den Artt. 211 ff. EGV ergeben, werden hier durch die große inhaltliche Freiheit dieses Gremiums materiell relativiert: gemäß Art. 213 Abs. 2 UAbs. 1 EGV ist die Kommission zum Wohl der Gemeinschaft tätig, gemäß Art. 213 Abs. 2 UAbs. 2 Satz 1 EGV ist sie den Weisungen nationaler Regierungen nicht unterworfen.[143] Die Unabhängigkeit, welche die Kommission hiermit im Hinblick auf ihr Wirken genießt, wird zwar teilweise dadurch kompensiert, daß sich die Mitgliedstaaten bei der Ernennung der Kommissare die wichtigste Rolle bislang vorbehalten haben; bundesstaatliche Momente sind allerdings, durch die Beteiligung der europäischen Organe Rat und Parlament, auch hierbei zu verzeichnen[144]: Art. 214 Abs. 2 UAbs. 1 EGV sieht vor, daß der Rat (der Staats- und Regierungschefs) mit qualifizierter Mehrheit einen Kommissionspräsidenten bestimmt. Über diesen Vorschlag hat sodann das Parlament zu entscheiden. Stimmt dieses zu, so wird im Einvernehmen zwischen Rat und designiertem Präsidenten eine Liste aller weiteren Kommissare erstellt, wobei von den Vorschlägen der Mitgliedstaaten ausgegangen wird (Art. 214 Abs. 2 UAbs. 2 EGV). Dieses Vorschlagsrecht der Mitgliedstaaten entspricht dem Umstand, daß gemäß Art. 213 Abs. 1 UAbs. 4 EGV jedes Land über einen eigenen EG-Kommissar verfügt.[145] Die Benannten stellen sich dann als Kollegium einem Zustimmungsvotum des Europäischen Parlaments (Art. 214 Abs. 2 UAbs. 3 Satz 1 EGV); wenn dieses die Kommission als ganze bestätigt, werden die Kommissare vom Rat, wiederum mit qualifizierter Mehrheit, ernannt (Art. 214 Abs. 2 UAbs. 3 Satz 2 EGV). Auch die Auswahl- und Ernennungsprozedur der EG-Kommissare ist daher durch das Zusammenspiel von europäischen Organen und Mitgliedstaaten charakterisiert; bundesstaatliche Züge sind somit auch hierin stärker ausgeprägt, als dies eine formale Ableitung des institutionellen Gefüges aus dem EG-Vertragswerk zu erkennen geben kann.[146]

---

[143] Was *Koen Lenaerts*, in: Festschrift für Jan M. Broekman, S. 417, 422 betont.

[144] Siehe dazu auch *Koen Lenaerts*, in: Festschrift für Jan M. Broekman, S. 417, 422.

[145] Vom Beitritt des siebenundzwanzigsten Unionsmitglieds an gilt gemäß Art. 4 Abs. 2 des Protokolls Nr. 7 zum EG-Vertrag über die Erweiterung der Europäischen Union von 2001 die Regel, daß die Zahl der Kommissare vom Rat festzulegen ist und diese auf der Grundlage einer gleichberechtigten Rotation auszuwählen sind.

[146] Ein Ereignis, das diese gegenläufigen Tendenzen und deren Stärke gut verdeutlicht hat, war die Ablehnung des italienischen Europaministers *Rocco Buttiglione* als EG-Kommissar unter *Barroso* durch die Mehrheit des Europäischen Parlaments.

dd. Das Europäische Parlament. Während Rat und Kommission, stärker oder weniger stark, nach wie vor einem Muster entsprechen, das auch die Einrichtung internationaler Organisationen nach Völkerrecht prägt, verfügt die EG mit dem Europäischen Parlament über ein besonderes Organ, das diesen Zusammenhang eindeutig sprengt. Zwar rühren auch dessen Dasein, Stellung und Funktion aus dem EG-Vertrag her und gehen damit auf den Willen der Mitgliedstaaten zurück. Hieraus ergeben sich auch jene Rechte, die dem Parlament im Rahmen der Rechtsetzung (nach Artt. 251 f. EGV) und im Bereich des europäischen Haushaltsrechts (nach Artt. 269 UAbs. 2 EGV, 272 Abs. 4, 6, 8, 276, 279 EGV) zukommen. In der Gestalt des Europäischen Parlamentes verfügt die EU jedoch über ein Organ, dessen konkrete Zusammensetzung und dessen konkretes Wirken sich nicht mehr auf die verfassungsrechtliche Ordnung der Mitgliedstaaten zurückführen lassen, sondern unmittelbar auf deren Völker bzw., in einem gewissen Sinne, auch auf den einzelnen Bürger. Angesichts der besonderen Bedeutung, welche dem Parlamentarismus im System der gegenwärtigen Staatlichkeitsformen zukommt, verdient das Phänomen einer supranational agierenden Volksvertretung auch im Staatlichkeitskontext besondere Beachtung. Inwieweit lassen sich Stellung und Funktion eines solchen Organs auch als Vorboten eines künftigen Staatseins verstehen?

Gemäß Art. 189 UAbs. 1 EGV besteht das Europäische Parlament aus Vertretern der mitgliedstaatlichen Völker; diese Vertreter werden gemäß Art. 190 Abs. 1 EGV in allgemeiner und unmittelbarer Wahl gewählt. Die Zahl der zu vergebenden Abgeordnetensitze ist gemäß Art. 190 Abs. 2 EGV auf die Mitgliedstaaten, einem größenbezogenen Schlüssel entsprechend, verteilt.[147] In diesem Punkt begegnen sich zwei Elemente: die Repräsentation des Staatsvolkes in einer von ihm abgeleiteten Ordnungsstruktur einerseits und die Mitwirkung in einem die eigene Größe übersteigenden Entscheidungsprozeß andererseits. Die Anknüpfung des Wahlrechts an die bestehenden Mitgliedstaaten bringt es mit sich, daß die Abgeordneten des EP ihr eigenes anstelle eines europäischen Volkes vertreten.[148] Verfassungstheoretisch handelt es sich damit um die demokratische Legitimation einer abgeleiteten und nachrangigen politischen Struktur.[149] Deren Besonderheit gegenüber anderen Formen einer unmittelbaren Legitimation abgeleiteter, aber autonom agierender Hoheitsstrukturen (Landesparlamente, Gemeinderäte)[150] liegt dabei darin, daß es sich bei der EU um eine äußere Bindung handelt, die mehrere verfaßte Räume verbindet – die demokratische Bestimmung einer abgeleiteten, der Staatlichkeit ihrer Einzel-

---

[147] Zu den Fragen, die sich damit aus demokratischen Gesichtspunkten, insbesondere unter dem Aspekt der Stimmengleichheit, ergeben, siehe unten: Drittes Buch, Zweiter Abschnitt.

[148] *Koen Lenaerts*, in: Festschrift für Jan M. Broekman, S. 417, 422.

[149] Siehe dazu unten: Drittes Buch, Erster Abschnitt.

[150] Siehe dazu unten: Drittes Buch, Erster Abschnitt.

glieder nachgeordneten hoheitlichen Gesamtstruktur durch gewählte Parlamentarier ist als solche einzigartig. Das Europäische Parlament könnte dabei (in einer den Mitgliedstaaten günstigen Lesart) als demokratisches Mitentscheidungs- und Kontrollinstrument in einem Gebilde verstanden werden, das, wie andere abgeleitete Hoheitsgewalten auch, aufgrund des hohen Maßes an Autonomie zur Wahrung des Staatsformcharakters einer unmittelbaren demokratischen Legitimationsvermittlung bedarf.[151] Es könnte sich jedoch (nach einer den Mitgliedstaaten ungünstigen Lesart der Dinge) auch um die erste wirksame Institution einer sich entwickelnden gesamteuropäischen Staatsordnung handeln, die Schritt für Schritt dazu kommt, sich von einer Versammlung der Völkervertreter in eine Versammlung der Volksvertreter zu wandeln. Die Vereinheitlichung des Wahlmodus und die Bildung größengleicher Wahlkreise (unabhängig von der Größe des Staates), wie zuletzt auch die funktionelle Höhergewichtung des Parlamentes bedeuteten danach, die Staatlichkeit der Union voranzutreiben. Die aufgeschlossene Haltung des Parlamentes zum Fortschritt der Integration beweist ebenso wie die frühen Verfassungsentwürfe von *Herman* und *Spinelli*, die auf diese Haltung zurückgehen, daß es diese Rolle versteht.

ee. Weitere EG-Organe. Wie Rat, Kommission und Parlament, leiten auch die weiteren EG-Organe, EuGH und Rechnungshof, Grund und Inhalt ihres Daseins aus dem EG-Vertrag ab. Für den Gerichtshof finden sich diese Bestimmungen über Stellung, Besetzung und Zuständigkeit in den Artt. 220 ff. EGV, wo im übrigen auch Kompetenz und Funktionsweise des europäischen Gerichtes erster Instanz vorgezeichnet sind (Art. 224 EGV). Entsprechende Regeln zum Rechnungshof enthalten die Artt. 246 ff. EGV. In beiden Fällen kommt den Einzelstaaten die Schlüsselrolle bei der Auswahl und Ernennung der Richter bzw. Rechnungshofmitglieder zu, wie sich aus Art. 221 UAbs. 1 i. V. m. Art. 223 UAbs. 1 2. HS EGV bzw. Art. 247 Abs. 1 und 3 EGV ergibt; an der Bestimmung der zuletzt Genannten wirken indes die europäischen Organe Rat und Parlament in beschließender bzw. beratender Weise mit. Angesichts der inhaltlichen Unabhängigkeit, aus der heraus beide Organe agieren[152] (Art. 223 UAbs. 1 1. HS EGV bzw. Art. 247 Abs. 2 Satz 2 EGV), gilt dasselbe, was zuvor für die staatlichkeitsbezogene Bedeutung der Kommission festgestellt wurde: das formal eindeutig zu bestimmende Ableitungsverhältnis wird durch die inhaltliche Unabhängigkeit und, im Falle des Rechnungshofs, durch den Einfluß europäischer Organe auf die Besetzung relativiert.

---

[151] Siehe unten: Drittes Buch, Erster Abschnitt.

[152] Dazu *Koen Lenaerts*, in: Festschrift für Jan M. Broekman, S. 417, 424.

c. *Fragen der institutionellen Architektur in der Rechtsprechung des EuGH*

Entscheidungen des EuGH zur Frage, in welchem Verhältnis die Organe der EG zu den Rechtsgrundlagen der Union und den Verfassungen der EU-Mitgliedstaaten stehen, sind bisher nur punktuell ergangen. In einer der bekanntesten dieser Entscheidungen, der Rechtssache „Les Verts", hat der EuGH die parlamentaristische Komponente des Unionsgefüges gestärkt und – dies ist eine bemerkenswerte Koinzidenz – den EGV zugleich als „Verfassungsurkunde" der Gemeinschaft bezeichnet.[153] Ein solches Verständnis des Europäischen Parlamentes als demokratische Volksvertretung, das sich auch in anderen EuGH-Entscheidungen nachweisen läßt[154], begünstigt somit jene Komponenten des gemeinschaftlichen Institutionengefüges, die dieses von einer völkerrechtlichen Organisation grundlegend unterscheiden und in eine bundesstaatliche Richtung zielen. Aufgewertet hat der EuGH außerdem noch seine eigene Stellung, der mehr und mehr, auch gegenüber den Mitgliedstaaten, die Funktion eines Verfassungsgerichtshofes wahrnimmt. Bezeichnend hierfür sind vor allem die jüngsten Ansätze des Gerichtshofes, die von ihm entwickelten Grundrechte in einem immer größeren Umfang auch gegenüber den Mitgliedstaaten geltend zu machen[155] – diese Rolle entspricht dem höchsten Gericht, das letztverbindlich über die Verfassungsmäßigkeit der einzelstaatlichen Maßnahmen entscheidet.

d. *Fragen der Organisationshoheit im Verfassungsvertrag*

Die Verschiebungen, die der Verfassungsvertrag im Bereich der organisatorischen Unionsstrukturen mit sich bringen sollte, waren sowohl während des Ausarbeitungsprozesses im Verfassungskonvent als auch in den anschließenden

---

[153] EuGH, Rs. 294/83, Slg. 1986, 1339 (Les Verts), die Redewendung „Verfassungsurkunde der Gemeinschaft" findet sich auf S. 1365.

[154] Siehe dazu EuGH, Rs. 138/79, Slg. 1980, 3333, 3360 (Isoglucose), zur Verletzung der Anhörungsrechte des Parlaments. Der Gerichtshof spricht hier von einem grundlegenden demokratischen Prinzip, „nach dem die Völker durch eine Versammlung ihrer Vertreter an der Ausübung der hoheitlichen Gewalt beteiligt sind".

[155] In der Rechtsprechung des EuGH dürfte hierbei mit der Entscheidung vom 25. 3. 2004 – C-71/02 (Karner) –, Slg. 2004, I-3025, eine neue Dimension eröffnet worden sein. Waren bis vor wenigen Jahren entsprechende Grundrechtsprüfungen auf zwei Fallgruppen beschränkt: nämlich erstens auf die Durchführung von Gemeinschaftsrecht durch die Mitgliedstaaten und zweitens auf die Rechtfertigung mitgliedstaatlicher Beschränkungen der EG-Grundfreiheiten (sog. ERT-Formel; vgl. *Werner Schaller*, JZ 2005, 193 mit weiteren Rechtsprechungsnachweisen), so setzt die zitierte Entscheidung die systematische Aufweichung dieser Anwendungsbeschränkungen ungebremst fort. Durch den EuGH werden die europäischen Grundrechtsstandards nunmehr als beinahe konturenlose Rechtfertigungshürde für jedwedes mitgliedstaatliche Recht geltend gemacht, wenn dieses in einer (bis jetzt nicht näher bestimmten) rechtlich relevanten Weise – um nicht zu sagen: irgendwie – „in den Anwendungsbereich des Gemeinschaftsrechts fällt" (I-3070). Kritisch zur genannten Entscheidung auch *Hartmut Weyer*, EuZW 2004, 455, 457 und *Werner Schaller*, a.a.O. Auf die besondere Problematik, daß es der EuGH ist, der diese Grundrechte überhaupt erst kreiert, wird noch mehrfach zurückzukommen sein.

Verhandlungen der Staats- und Regierungschefs von oberster politischer Bedeutung. Sie führten dazu, daß der Verfassungsentwurf nur mit Verzögerungen und einigen wichtigen Änderungen verabschiedet werden konnte. Wenn man die zentralen Änderungen des Primärrechts durch den Verfassungsvertrag im Bereich der Institutionen im Hinblick auf ihre Staatlichkeitsrelevanz untersucht, ergibt sich im Hinblick auf das Resultat zwar nach wie vor ein ambivalentes, im Hinblick auf die Tendenz der Neuregelungen indes ein eindeutiges Bild:

- Beachtlich ist dabei zunächst, daß durch den Verfassungsvertrag auch der *Europäische Rat* in den Kreis der Unionsorgane eintreten soll. Dieser stellt bis heute kein wirkliches Organ, sondern eher eine Art institutionalisiertes Zusammentreffen von Staats- und Regierungschefs und Kommissionspräsidenten dar, dessen Bedeutung Art. 4 EUV festlegt.[156] Dieser Europäische Rat soll nunmehr über einen Ratspräsidenten verfügen, den er gemäß Art. I-22 Abs. 1 Satz 1 EV für eine Amtszeit von zweieinhalb Jahren selbst wählt; seine Aufgabe bestünde gemäß Art. I-21 EV darin, die allgemeinen politischen Zielvorstellungen festzulegen.[157] Der Rat der Europäischen Union wäre damit das höchste Organ der EU und würde deren weiterer Entwicklung die Richtung weisen. Zwar bliebe diese Aufgabe, bedingt durch die Zusammensetzung des Europäischen Rates, in hohem Maße in der Verantwortung der mitgliedstaatlichen Staatschefs, die jedoch anders als bisher ein echtes Unionsorgan bilden – und damit als institutioneller Verfassungsbestandteil der Unionsebene handeln.
- Durch das Inkrafttreten des Verfassungsvertrages würde auch die Besetzung der *Kommission* dem einzelstaatlichen Einfluß ein Stück weit entzogen, deren Mitglieder nach einer Übergangszeit (Art. I-26 Abs. 5 EV) unter den Staatsangehörigen der Mitgliedstaaten in einem Rotationsverfahren bestimmt werden sollen (Art. I-26 Abs. 6 UAbs. 2 Satz 1 EV). Über die Wahl des Kommissionspräsidenten sollte nach dem Verfassungsentwurf das Parlament auf Vorschlag des Europäischen Rates entscheiden (Art. I-27 Abs. 1 Satz 1 EV).

---

[156] Nach geltendem EU-Recht hat der Rat ein ambivalentes Wesen: er ist weder Organ der EU noch Versammlung der Staats- und Regierungschefs, letzteres schon deshalb nicht, weil ihm auch der Kommissionspräsident angehört; vgl. *Armin von Bogdandy*, Supranationaler Föderalismus als Wirklichkeit und Idee einer neuen Herrschaftsform, S. 45 und *Matthias Pechstein*, in: Streinz (Hrsg.), EUV/EGV, Rn. 9 zu Art. 4 EUV; für Organqualität demgegenüber *Deirdre Curtin*, CMLR 30 (1993), 17, 26 sowie *Rudolf Geiger*, EUV/EGV, Rn. 2 zu Art. 4 EUV m. w. N. Im Kern geht es dabei um die Frage, ob die EU eine Rechtsperson ist, was hier nicht vertieft werden muß. Der Europäische Rat ist demzufolge auch vom Rat der EG in der Zusammensetzung der Staats- und Regierungschefs zu unterscheiden, wie er in Art. 7 Abs. 1 EUV und Art. 121 Abs. 3 EGV erwähnt wird; vgl. *Rudolf Geiger*, a.a.O., Rn. 4 zu Art. 4 EUV. Im Gegensatz zum Europäischen Rat wirkt hierbei der Kommissionspräsident nicht mit.

[157] Was seinem gegenwärtigen Tätigsein entspricht; vgl. Art. 4 UAbs. 1 EUV.

Die Herrschaft der Mitgliedstaaten über die Besetzung der Kommission würde dadurch, auch angesichts der Befugnisse des Präsidenten, Kommissare zu entlassen (Art. I-27 Abs. 3 UAbs. 2 Satz 1 EV), deutlich verkürzt. Ein größeres Gewicht hätten die Mitgliedstaaten demgegenüber gemäß Art. I-28 EV bei der Ernennung des europäischen Außenministers: dieser sollte vom Europäischen Rat (d. h. in erster Linie von den Staats- und Regierungschefs der Mitgliedstaaten) ausgewählt und mit der Zustimmung des Kommissionspräsidenten ins Amt gesetzt werden (Art. I-28 Abs. 1 Satz 1 EV).

– Die interessantesten Verschiebungen im Staatlichkeitskontext müßten sich jedoch im Hinblick auf die Stellung und Zusammensetzung des *Europäischen Parlaments* ergeben, dessen Abgeordnete als „Vertreter der Unionsbürgerinnen und Unionsbürger" fungieren (Art. I-20 Abs. 2 UAbs. 1 Satz 1 EV). Wenngleich sich unmittelbare rechtliche Folgen zunächst nicht daran knüpfen, verdeutlicht diese Formulierung die Absicht, den Charakter des Parlamentes weiter in die oben beschriebene[158] Richtung zu entwickeln.[159] Was seine Zusammensetzung anbelangt, bleibt das Europäische Parlament noch insoweit auf die Staaten bezogen, als jedem von ihnen mindestens sechs Abgeordnetensitze zustehen sollen. Von ebenso großer Bedeutung ist es, daß der Verfassungsentwurf auch die Rechte dieses Parlaments weiter stärken und ausdehnen möchte, indem er dieses gemäß Art. I-20 Abs. 1 Satz 1 EV endgültig zu einem Hauptorgan des europäischen Gesetzgebungsprozesses erhebt.[160] Diese Verschiebungen zugunsten des Parlaments gehen letztendlich zu Lasten des Rates, dessen Einfluß im Verhältnis der beiden verringert wird, und damit zugleich zu Lasten der einzelnen Staaten.[161] Völkerrechtliche Gestaltungsmuster, die einem äußeren Gebundensein entsprechen, werden auch in dieser Hinsicht durch föderalistisch orientierte Strukturen ersetzt.

e. *Die Zwischenbilanz zum vierten Kriterium*

Hinsichtlich der Organisationshoheit über die Herrschaftsstrukturen von Union und Gemeinschaft bezeichnet das geltende Recht eine Reihe von Umständen, die den abgeleiteten Charakter der Gemeinschaftsorgane bezeugen. Auch hierbei zeigen sich jedoch Unterschiede zwischen dem formalen Bestand der Ableitungsketten (das Dasein der EU-Organe beruht auf rechtlichen Struktu-

---

[158] Siehe oben: b.dd.

[159] *Matthias Ruffert*, EuR 2004, 165, 180.

[160] Zur Aufwertung des Parlaments im einzelnen siehe die Darstellungen bei *Thomas Oppermann*, DVBl. 2003, 1165, 1174; *Matthias Ruffert*, EuR 2004, 165, 184 und *Jürgen Schwarze*, EuR 2003, 535, 549f.: neben der Aufwertung im Gesetzgebungsverfahren stehen verstärkte Befugnisse im Haushaltsrecht und die Wahl des Kommissionspräsidenten. Zum Ganzen unten: Drittes Buch, Zweiter Abschnitt.

[161] Ausführlich dazu: Drittes Buch, Zweiter Abschnitt.

ren, die aus dem Willen der Mitgliedstaaten hervorgehen) und materiell bundesstaatsähnlichen Zügen (die Organe agieren im wesentlichen autonom und bestimmen teilweise auch untereinander ihre Besetzung). Als Vorbote einer künftigen gesamteuropäischen Staatsorganisation erscheint in diesem Ensemble insbesondere das Europäische Parlament, das sich dieser Rolle bewußt ist. Der „Vertrag über eine Verfassung für Europa" müßte diese Tendenzen verstärken.

5. *Das fünfte Kriterium: zur Frage eines gemeinschaftlichen Gewaltmonopols*

a. *Gewaltableitungen im Völkerrecht*

Der Einsatz physischer Gewalt, der oft als wichtigstes Kriterium der Staatlichkeit verstanden worden ist, leitet sich in völkerrechtlicher Hinsicht aus staatlichen Hoheitsstrukturen ab. Die Gewalt, die von internationalen Organisationen ausgeübt werden darf, ist demnach nicht originär, sondern vertraglich begründet; sie beruht auf zwischenstaatlichen Verabredungen, die beispielsweise die gemeinsame Verteidigung bezwecken. Auch dort, wo Staaten sich verbünden und den von ihnen geschaffenen Institutionen die Befugnis zur physischen Gewaltanwendung übertragen, bleibt ihr Gewaltmonopol bestehen, solange sie die Möglichkeit besitzen, nach den Regeln des Völkerrechts über die Beendigung von multilateralen Verträgen diese Bündnisstrukturen, wenn ihnen dies nötig erscheint, wieder zu verlassen. Da internationale Organisationen nur durch Verträge existieren, ist die legale Ausübung physischer Gewalt ohne entsprechende Ableitungszusammenhänge unvorstellbar.

b. *Die Frage der Gewalthoheit im Recht der Verträge*

Was die Bereiche einer physischen Gewaltanwendung betrifft, spricht der Unionsvertrag in seinem Art. 17 zunächst die gemeinsame Außen- und Sicherheitspolitik (GASP) an, zu der auch die schrittweise Festlegung einer europäischen Verteidigungspolitik zählt. Der Europäische Rat kann dabei beschließen, zur gemeinsamen Verteidigung überzugehen (Art. 17 Abs. 1 UAbs. 1 Satz 1 letzter HS). Trotz Militärstab und -ausschuß, die der Rat am 22. Januar 2001 eingesetzt hat[162], handelt es sich dabei keinesfalls um eine Struktur, die als Gewalt-

[162] Zum Militärstab der EU (EUMS) siehe den Beschluß des Rates vom 22. Januar 2001, ABl. L 27, S. 7: der Militärstab ist danach Teil des Generalsekretariats des Rates (Art. 1 Abs. 2) und wird vom Militärpersonal der Mitgliedstaaten gebildet. Wie sich aus Art. 2 des Beschlusses i. V. m. Nrn. 2 und 3 des Anhanges ergibt, bestehen seine Hauptaufgaben in Information, Lagebeurteilung und strategischer Planung. Zum EU-Militärausschuß (EUMC) siehe den Beschluß des Rates vom 22. Januar 2001, ABl. L 27 S. 4: gemäß Artikel 1 UAbs. 1 des Beschlusses sind in ihm die Generalstabschefs der Mitgliedstaaten versammelt, deren Aufgaben in der militärischen Beratung der Union und in militärischer Konsultation und Kooperation bestehen (Art. 2 des Beschlusses i. V. m. Nrn. 2 und 3 des Anhangs).

hoheit der EU begriffen werden kann.[163] Art. 17 EUV richtet keinerlei Streitkräfte ein, die unabhängig vom mitgliedstaatlichen Willen agieren[164], was in Bundesstaaten ganz überwiegend der Fall ist.[165] Hinzu kommt, daß 21 Mitgliedstaaten der Union zugleich an der NATO teilnehmen[166] und daher den Artt. 3 ff. des Nordatlantikvertrages unterliegen, die ebenfalls zur militärischen Kooperation und zum Beistand im Angriffsfall verpflichten.[167] Art. 17 Abs. 1 UAbs. 2 2. HS EUV betont ausdrücklich, daß diese Verpflichtungen unberührt bleiben – was wiederum nur möglich sein kann, wenn die letzte Verantwortung über den Einsatz militärisch-physischer Gewalt beim Einzelstaat liegt. Dieser Grundprämisse wird auch durch die weiteren GASP-Vorschriften genügt, die über Verpflichtungen zur Zusammenarbeit, Abstimmung und Information nicht hinausreichen (Artt. 11–28 EUV).

Fragen des Gewaltmonopols berührt auch die „dritte Säule", die Zusammenarbeit in den Bereichen von Polizei und Justiz. Der EU-Vertrag zielt dabei auf ein zwischenstaatliches Zusammenwirken von Polizeibehörden und Justizstellen (Art. 30 bzw. 31 EUV), auf grenzüberschreitende Behördentätigkeiten (Art. 32 EUV) und auf Möglichkeiten einer stärkeren Zusammenarbeit besonders bereitwilliger Mitgliedstaaten in diesen Bereichen (Artt. 40–40b EUV). Die Zuständigkeit der Mitgliedstaaten für die Aufrechterhaltung der öffentlichen Ordnung und den Schutz der inneren Sicherheit bleibt dabei ausdrücklich unangetastet (Art. 33 EUV). Die ersten Ansätze zur Einrichtung gemeinsamer Behörden finden sich in der Gestalt von Europol und Eurojust (dem Europäischen Polizeiamt und der Europäischen Stelle für justizielle Zusammenarbeit), die jedoch beide nur unterstützend, abstimmend und beratend tätig sind (Artt. 30 Abs. 2, 31 Abs. 2 EUV). Über den Einsatz von Gewaltmitteln selbst zu entscheiden, ist ihnen nicht gestattet.[168]

c. *Fragen der Gewalthoheit in der EuGH-Rechtsprechung*

Fragen der Gewalthoheit haben in der Rechtsprechung des EuGH bisher keine Rolle gespielt.

---

[163] *Armin von Bogdandy*, integration 1993, 210, 213; ähnlich *Andrew Moravcsik*, in: Nicolaidis/Howse (Hrsg.), The Federal Vision, S. 161, 166.

[164] *Armin von Bogdandy*, Supranationaler Föderalismus als Wirklichkeit und Idee einer neuen Herrschaftsform, S. 36.

[165] Siehe für die Bundesrepublik Deutschland Art. 87a Abs. 1 Satz 1 GG, für Österreich Art. 79 ff. der Bundesverfassung und für die Schweiz Art. 58 der Bundesverfassung.

[166] Stand: 01. 07. 2007. Mitglieder sind: Belgien, Bulgarien, Dänemark, Deutschland, Estland, Frankreich, Griechenland, Großbritannien, Italien, Lettland, Litauen, Luxemburg, Niederlande, Polen, Portugal, Rumänien, Slowakei, Slowenien, Spanien, Tschechien und Ungarn.

[167] Die Bedeutung dieses Umstandes für die Staatlichkeitsfrage spricht auch *Andrew Moravcsik*, in: Nicolaidis/Howse (Hrsg.), The Federal Vision, S. 161, 166 an.

[168] *Armin von Bogdandy*, integration 1999, 95, 102; *ders.*, Supranationaler Föderalismus als Wirklichkeit und Idee einer neuen Herrschaftsform, S. 36.

d. Fragen der Gewalthoheit im Verfassungsvertrag

Der „Vertrag über eine Verfassung für Europa" geht in den Bereichen der physischen Gewaltanwendung teilweise über die Regelungen des EU-Vertrages hinaus. Gemäß Artt. I-41 Abs. 3 UAbs. 2, III-311 EV sollte eine sogenannte Europäische Verteidigungsagentur eingerichtet werden, die dazu beiträgt, mitgliedstaatliche Verteidigungspotentiale durch logistische und datenbezogene Unterstützung zu steigern. Für den Ernstfall der gemeinsamen Verteidigungspolitik, den Angriff auf einen EU-Staat, soll Art. I-41 Abs. 7 UAbs. 1 EV die anderen zum Beistand verpflichten; die Mitgliedschaft einzelner Staaten im nordatlantischen Bündnis und deren völkerrechtliche Folgen sollen hiervon indes nicht beeinträchtigt werden (Art. I-41 Abs. 7 UAbs. 2 EV). Den militärisch führenden Unionsstaaten eröffnet der Verfassungsvertrag die Option, im Rahmen einer sogenannten Ständigen Strukturierten Zusammenarbeit gemäß Artt. I-41 Abs. 6, III-312 EV enger zu kooperieren. Auch dabei bliebe jedoch das Gewaltmonopol ungebrochen: Staaten, die daran teilnehmen, können sich gemäß Art. III-312 Abs. 5 EV jederzeit davon zurückziehen.

Deutlicher als im Streitkräftesektor stärkt der Verfassungsvertrag die Handlungsfähigkeit der Union in den Bereichen Polizei und Justiz, die in den Artt. III-257ff. EV geregelt worden sind. Insbesondere gilt dies für die Einsetzung einer europäischen Staatsanwaltschaft (Art. III-274 EV), die durch Ratsgesetz entstehen und zur Anklage berechtigt sein soll, wenn es um Straftaten geht, die zum finanziellen Nachteil der Union begangen worden sind. Die europäische Staatsanwaltschaft könnte danach gemäß Art. III-274 Abs. 2 EV in den entsprechenden Verfahren die Aufgaben der mitgliedstaatlichen Staatsanwaltschaft vor Gericht übernehmen.[169] Zwar stellt auch diese Regelung die staatliche Gewalthoheit nicht grundsätzlich in Frage, solange das Ableitungsverhältnis dem Grunde nach besteht und die Legitimität des europäisch-staatsanwaltlichen Handelns auf mitgliedstaatlicher Berufung beruht; in dem Moment, wo auch die übrigen Staatlichkeitskriterien mehr und mehr in Frage gestellt werden, könnte indes auch die Einrichtung einer europäischen Strafverfolgungsbehörde als Übergangsindiz angesehen werden – als eine erste Art von Bundes"polizei" (in gänzlich untechnischem Sinne), die einzugreifen hat, wo bestimmte Formen der Kriminalität gravierende Interessen des Bundesstaatsganzen oder gar dessen Bestehen gefährden.

e. Die Zwischenbilanz zum fünften Kriterium

Unter allen Staatlichkeitskriterien erscheint die Gewalthoheit als dasjenige, das auf europäischer Ebene bislang noch am schwächsten ausgeprägt ist.[170] Durch

---

[169] Zu den Hintergründen dieser Einrichtung siehe *Jürgen Meyer*, Die Arbeiten an einer Europäischen Verfassung – ein Werkstattbericht, S. 10.

[170] *Armin von Bogdandy*, integration 1993, 210, 213; *ders.*, Supranationaler Föderalismus

die Einrichtung einer europäischen Staatsanwaltschaft hätte der Verfassungsentwurf allerdings auch in diesem Bereich erste Verschiebungen bewirkt, die auf eine gesamteuropäische Staatlichkeit hindeuten könnten.

6. *Das sechste Kriterium: zum Fortbestand des Austrittsrechts*

a. *Austrittsfragen im Völkerrecht*

Das sechste Kriterium, das dazu verhilft, die Staatsqualität zusammengeschlossener Räume zu prüfen, ist, wie dargelegt, die Frage nach einem Austrittsrecht der darin vereinigten Glieder. Bei internationalen Verbänden stellt sich dies als ein Problem der völkerrechtlichen Kündbarkeit des zugrunde liegenden Vertrages dar. Soweit es sich um Verträge handelt, deren Parteien dem Unterzeichnerkreis der WVRK angehören, richten sich die Kündigungsmöglichkeiten nach deren Artt. 54ff., sofern der Vertrag selbst nicht Spezielleres besagt[171] (vgl. Art. 54 lit. a WVRK).[172] Eine Kündigung von Verträgen ohne Kündigungsklausel ist demnach nur dann statthaft, wenn dieses Recht dem Willen der Vertragsparteien (Art. 56 1. lit. a WVRK) oder der Natur des Vertrages entspricht (Art. 56 1. lit. b WVRK). Möglichkeiten einer außerordentlichen Kündigung bzw. Suspension bestehen insbesondere beim Wegfall der Geschäftsgrundlage (Art. 62 WVRK)[173], im Fall der nachträglichen Unmöglichkeit (Art. 61 WVRK) und bei erheblichen Vertragsverletzungen durch die anderen Parteien (Art. 60 WVRK).[174] Staaten, die davon Gebrauch machen, lösen damit ein Stück ihrer äußeren (völkerrechtlichen) Bindung.

b. *Austrittsmöglichkeiten nach dem Recht der Verträge*

Eine Klausel, wonach es den Mitgliedstaaten der Union freisteht, EG und EU zu verlassen, findet sich bisher in keinem der Verträge. Die einvernehmliche Verabschiedung einzelner Mitglieder durch eine Änderung der vertraglichen Grundlagen wird dabei von den meisten Autoren für zulässig gehalten[175], wo-

als Wirklichkeit und Idee einer neuen Herrschaftsform, S. 36; vgl. auch BVerwG DVBl. 1999, 1437, 1439 sowie *Paul Kirchhof*, in: Festschrift für Thomas Oppermann, S. 201, 210 und *Manfred Zuleeg*, NJW 2000, 2846, 2851.

[171] *Michael Dickstein*, Der Verfassungsbegriff der Europäischen Union, S. 95 und *Arved Waltemathe*, Austritt aus der EU, S. 30.

[172] Wiener Übereinkommen über das Recht der Verträge vom 23. Mai 1969, BGBl 1985 II, S. 926. Ein Großteil ihrer Regeln gilt ohnehin völkergewohnheitsrechtlich, vgl. *Wolfgang Graf Vitzthum*, in: Vitzthum (Hrsg), Völkerrecht, 1. Abschnitt Rn. 114.

[173] Dazu *Peter M. Huber*, in: Ipsen/Rengeling/Mössner/Weber (Hrsg.), Verfassungsrecht im Wandel, S. 349, 356.

[174] *Arved Waltemathe*, Austritt aus der EU, S. 91ff.

[175] So beispielsweise *Peter M. Huber*, AöR 116 (1991), 210, 222; *ders.*, Maastricht – ein Staatsstreich?, S. 40f.; *Josef Isensee*, in: Festschrift für Ulrich Everling, S. 567, 574; *Arved Waltemathe*, Austritt aus der EU, S. 44ff. und *Juli Zeh*, ZEuS 2004, 173, 188f. (m.N. zur Gegenansicht).

gegen das Recht zum einseitig erklärten Austritt sowohl hinsichtlich seiner Voraussetzungen als auch hinsichtlich dessen, ob es als solches besteht, seit langem umstritten ist.[176] Dabei geht es im Kern um die Frage, inwieweit trotz oder wegen des Fehlens entsprechender Regelungen auf die Regeln der WVRK rekurriert werden kann.[177] Ein solcher Rückgriff scheitert, in formaler Hinsicht, zunächst einmal daran, daß nicht alle EU-Staaten auch Unterzeichner der WVRK sind[178]. Ob entsprechende Regelungen als Völkergewohnheitsrecht auf den Austritt eines Staates aus der EU angewendet werden können, ist nicht geklärt – und zwar auch (oder: gerade auch) dann nicht, wenn man ihre Geltung als völkergewohnheitsrechtliche Normen bejaht. Diese Anwendbarkeit hängt davon ab, als was man Union und Gemeinschaft versteht: als völkerrechtlichen Staatenverbund oder als supranationale Organisation sui generis, als abgeleitetes äußeres Gebundensein oder als Ansatz zu einer neuen und unabgeleiteten Ordnung.[179] Gerade das ist es jedoch, was mit Hilfe des Austrittsrechts als Staatlichkeitsindizium geklärt werden soll. Um der Gefahr des Zirkelschlusses zu entgehen[180], bleibt daher hier nur zu sagen, daß unter EGV und EUV entsprechende Austrittsrechte weder eindeutig festgestellt noch mit Sicherheit abgelehnt werden können. [181]

[176] Eine umfassende Darstellung des Streits bietet *Juli Zeh*, ZEuS 2004, 173, 176ff. Grundsätzlich nach völkerrechtlichen Regeln die Austrittsmöglichkeiten bejahend *Karl Doehring*, in: Festschrift für Ulrich Everling, Bd. I, S. 263, 270; *Trevor C. Hartley*, BYIL 72 (2001), 1, 22; *Christian Hillgruber*, in: Isensee/Kirchhof (Hrsg.), Handbuch des Staatsrechts, Bd. II, § 32 Rn. 80; *Peter M. Huber*, in: Ipsen/Rengeling/Mössner/Weber (Hrsg.), Verfassungsrecht im Wandel, S. 349, 356; *ders.*, AöR 116 (1991), 210, 222; *ders.*, Maastricht – ein Staatsstreich?, S. 40f. und *Albrecht Randelzhofer*, in: Isensee/Kirchhof (Hrsg.), Handbuch des Staatsrechts, Bd. II, § 17 Rn. 34 m.w.N.; ablehnend demgegenüber *Ulrich Everling*, in: Festschrift für Rudolf Bernhardt, S. 1161, 1174f.; *Gil Carlos Rodríguez Iglesias*, EuGRZ 1996, 125, 129; *Juli Zeh*, a.a.O., S. 187 und *Manfred Zuleeg*, NJW 2000, 2846, 2851; *ders.*, BB 1994, 581, 585 (bei unterschiedlicher Stringenz der Positionen). Zum Ganzen siehe auch *Arved Waltemathe*, Austritt aus der EU, der im Ergebnis den zuerst Genannten folgt (a.a.O., S. 101).

[177] Die Zulässigkeit eines Austritts nach Art. 62 Abs. 1 WVRK bzw. nach der clausula rebus sic stantibus bejahen *Karl Doehring*, in: Festschrift für Ulrich Everling, Bd. I, S. 263, 270; *Peter M. Huber*, in: Ipsen/Rengeling/Mössner/Weber (Hrsg.), Verfassungsrecht im Wandel, S. 349, 356; *ders.*, Maastricht – ein Staatsstreich?, S. 41; *ders.*, Recht der Europäischen Integration, § 5 Rn. 21; *Albrecht Randelzhofer*, in: Isensee/Kirchhof (Hrsg.), Handbuch des Staatsrechts, Bd. II, § 17 Rn. 34. Zum Ganzen auch *Juli Zeh*, ZEuS 2004, 173, 181f.

[178] Vgl. BGBl II, Fundstellennachweis B vom 04.02. 2005 (Stand: 31.12. 2004), S. 555f. Ferngeblieben sind aus dem Kreis der EU-Staaten Frankreich, Irland und Malta.

[179] So schlußfolgert beispielsweise *Peter M. Huber* (in: Ipsen/Rengeling/Mössner/Weber [Hrsg.], Verfassungsrecht im Wandel, S. 349, 356) die Kündigungsmöglichkeit aus dem völkerrechtlichen Fundament der Verträge.

[180] Hierzu auch *Alexander Schmitt Glaeser*, Grundgesetz und Europarecht als Elemente Europäischen Verfassungsrechts, S. 41.

[181] Wenig hilfreich ist hierbei, wo es um die Analyse der bestehenden Rechtsstrukturen geht, eine Untersuchung der faktischen Durchsetzbarkeit des Austritts, wie *Trevor C. Hartley* (in: Mouton/Stein [Hrsg.], Eine neue Verfassung für die Europäische Union? Die Regierungskonferenz 1996, S. 57, 61f.) sie ausführt.

c. *Austrittsrechte in der Rechtsprechung*

Ob, und wenn ja, unter welchen Voraussetzungen, Mitgliedstaaten die Union verlassen dürfen, ist vom EuGH bislang nicht ausdrücklich entschieden worden.[182] Insbesondere kann eine Aussage hierzu nicht daraus abgeleitetet werden, daß der EuGH mehrfach von der „endgültigen Beschränkung" der mitgliedstaatlichen Hoheitsgewalt spricht.[183] Dem Gerichtshof kann nicht unterstellt werden, essentielle Fragen des Verhältnisses von Union und Mitgliedstaat lösen zu wollen, wo er diese (d.h. das Recht zum Austritt) mit keinem Wort anspricht[184] – ebenso wie in der Frage nach dem Bestand änderungsfester Verfassungsinhalte, auf die später noch einzugehen ist[185], werden auch hier die Urteilsbegründungen weit über jedes Maß hinaus strapaziert.[186]

d. *Die Austrittsklausel im Verfassungsentwurf (Art. I-60 EV)*

aa. Der Inhalt ihrer Regelung. Im „Vertrag über eine Verfassung für Europa" ist die Möglichkeit einer einseitigen Kündigung durch die Mitgliedstaaten in Art. I-60 vorgesehen.[187] Hiernach sind diese berechtigt, im Einklang mit den Vorschriften ihrer Verfassung aus der Union auszutreten (Art. I-60 Abs. 1 EV). Der austrittswillige Mitgliedstaat hat diesen Wunsch dem Europäischen Rat mitzuteilen, woraufhin die Union[188] ein Abkommen über die Modalitäten des Austritts mit ihm schließt (Art. I-60 Abs. 2 EV). Art. I-60 Abs. 3 EV bestimmt, daß der Austritt mit dem Inkrafttreten dieses Abkommens wirksam wird, spätestens jedoch zwei Jahre nach erfolgter Austrittsmitteilung. Diese Grenze verrät, daß Art. I-60 EV ein echtes Austrittsrecht enthält, welches der Mitgliedstaat auch gegen den Willen der Union in Anspruch nehmen kann. Der Austritt ist in jedem Fall erreichbar[189]; er bleibt legal, auch wenn die Union kein Austrittsabkommen schließt.

---

[182] *Arved Waltemathe* (Austritt aus der EU, S. 46ff.) untersucht verschiedene EuGH-Entscheidungen auf ein Austrittsrecht hin, gelangt dann aber zum selben Ergebnis: daß aus den Äußerungen des EuGH keine Unzulässigkeit des Ausscheidens abzuleiten ist (a.a.O., S. 51).

[183] So unter anderem in EuGH, Rs. 26/62, Slg. 1963, 1 (Van Gend & Loos); EuGH, Rs. 6/64, Slg. 1964, 1251 (Costa/ENEL) und einer Reihe späterer Entscheidungen.

[184] Anders jedoch *Thomas Bruha/Carsten Nowak*, AVR 42 (2004), 1, 10f.

[185] Siehe dazu unten: 10.

[186] In der Frage der änderungsfesten Verfassungsinhalte wird dies von *Thomas Bruha/Carsten Nowak* (AVR 42 [2004], 1, 20) selbst eingeräumt.

[187] Im Entwurf des Konvents: Art. I-59. Zur Regelung näher *Thomas Bruha/Carsten Nowak*, AVR 42 (2004), 1, 6ff.; *Jean-Victor Louis*, in: Pernice/Zemánek (Hrsg.), A Constitution for Europe: The IGC, the Ratification Process and Beyond, S. 223, 229ff.; *Thomas Oppermann*, DVBl. 2003, 1234, 1242; *Albrecht Randelzhofer*, in: Isensee/Kirchhof (Hrsg.), Handbuch des Staatsrechts, Bd. II, § 17 Rn. 34 und *Jürgen Schwarze*, EuR 2003, 535, 558f.

[188] D.h. nicht die Mitgliedstaaten; *Thomas Bruha/Carsten Nowak*, AVR 42 (2004), 1, 7.

[189] *Thomas Bruha/Carsten Nowak*, AVR 42 (2004), 1, 7.

bb. Die verfassungstheoretische Beurteilung von Art. I-60 EV. Die Möglichkeit des legalen und durchsetzbaren Austritts nach Art. I-60 EV widerspricht zunächst der Annahme der Gesamtstaatlichkeit. Sie weist jedoch Besonderheiten auf: anders als in Völkerrechtsverbänden, schließt der austrittswillige Staat das Abkommen mit der Union selbst und nicht mit den darin verbliebenen Staaten.[190] Diese Vorgehensweise spricht ebenso wie der Umstand, daß Europäischer Rat und Europäisches Parlament involviert sind, für die Annahme, daß die mitgliedstaatliche Verfassung als Ausdruck der höchsten Ordnungsstruktur relativiert werden soll. In ihrer Ambivalenz könnte die Austrittsklausel ebenso als Zugeständnis im Sinne der oben geschilderten Ausnahmefälle aufgefaßt werden, in denen auch die oberste Ordnungsstruktur aus bestimmten politischen Zwängen heraus Austrittsoptionen freistellen kann. In Betracht kommt dafür insbesondere der Gesichtspunkt der Konsolidierung[191], aber auch die Rücksichtnahme auf Minderheiten in einem heterogenen Gesamtraum.[192] Art. I-60 EV beantwortet daher die Frage nach dem Sitz der souveränen Staatlichkeit weniger deutlich, als dies in der Debatte über diese Vorschrift angenommen wird.[193]

e. Die Zwischenbilanz zum sechsten Kriterium

Unter der geltenden Rechtslage sind Gründe und Grenzen eines einseitigen Austrittsrechts ungewiß. Die Staatlichkeitsfrage ist hierdurch nicht zu entscheiden. Wenngleich die Austrittsklausel des Verfassungsvertrages zunächst gegen die Gesamtstaatlichkeit spricht, ist auch dieser Zusammenhang nicht zwingend: von den oben geschilderten Ausnahmen kommen hierbei mehrere in Betracht.

7. Das siebte Kriterium: die gerichtliche Letztentscheidungsbefugnis des EuGH

a. Letztentscheidungsbefugnisse internationaler Gerichte

Wenn man sich die Zusammenhänge von Zuständigkeitenverteilung und Zuständigkeitenkontrolle verdeutlicht[194], so stellt sich die Frage nach dem Bestand

---

[190] *Juli Zeh*, ZEuS 2004, 173, 200.

[191] Erwägungen in diese Richtung finden sich bei *Stephan Hobe*, in: Festschrift für Erik Jayme, Bd. 2, S. 1123, 1126f. und *Jean-Victor Louis*, in: Pernice/Zemánek (Hrsg.), A Constitution for Europe: The IGC, the Ratification Process and Beyond, S. 223, 230f.

[192] Siehe dazu oben: Erstes Buch, Vierter Abschnitt, IV.4.c.bb.

[193] Siehe z.B. *Thomas Bruha/Carsten Nowak*, AVR 42 (2004), 1, 14ff.; *Peter M. Huber*, EuR 2003, 574, 592 und *Jörn Sack*, Der Staat 44 (2005), 67, 81. Zurückhaltend demgegenüber *Jean-Victor Louis*, in: Pernice/Zemánek (Hrsg.), A Constitution for Europe: The IGC, the Ratification Process and Beyond, S. 223, 232. Vgl. ferner auch *Wolfgang Wessels*, JCMS 43 (2005), Sonderheft 1, 11, 16.

[194] Siehe oben: Erstes Buch, Vierter Abschnitt, V.1.

der Staatlichkeit immer auch als Problematik gerichtlicher Letztentscheidungsbefugnisse dar – dies sowohl im Hinblick auf Kompetenzkollisionen als auch, in der Verallgemeinerung dieses Gedankens, hinsichtlich des Bestands der einzelstaatlichen Verfassungsinhalte. Entsprechende Zuständigkeiten sind internationalen Gerichten nicht übertragen; wenn diese abschließend entscheiden, so nur über inhaltliche Probleme aus dem Bereich ihres Tätigkeitsfelds. Diese wesensimmanenten Beschränkungen lassen sich überall dort belegen, wo internationale Gerichte (oder gerichtsähnliche Spruchkörper) handeln: beim Haager Schiedsgericht und beim Internationalen Gerichtshof, beim Streitschlichtungsgremium der WTO und beim Internationalen Strafgerichtshof – all diese Institutionen sind durch völkerrechtliche Verträge begründet worden und zur abschließenden und letztverbindlichen Entscheidung nur in konkreten, in ihre Zuständigkeit übertragenen Sachfragen berufen. Auch dort, wo die Kontrolle der Zuständigkeitsgrenzen grundsätzlich zum Kreis dessen zählt, was dem internationalen Gericht an Befugnissen eingeräumt wurde, schließt dies eine spätere, gegebenenfalls auf Ausnahmefälle und Grundsatzfragen[195] zu beschränkende verfassungsrechtliche Kontrolle des Entscheidungsinhalts durch mitgliedstaatliche Verfassungsgerichte keinesfalls aus.[196] Aus den bestehenden Ableitungszusammenhängen heraus muß dabei der unabgeleiteten Struktur das Letztentscheidungsrecht über grundlegende Zuständigkeitenkonflikte und den Bestand der höchstrangigen Rechtsgüter zukommen, während es die Natur des Umstandes, abgeleitet zu sein, mit sich bringt, daß entsprechende Strukturen grundsätzlich nicht befugt sind, letztverbindlich über die Einhaltung ihrer Zuständigkeit zu entscheiden.[197]

[195] Oder, wie *Eckart Klein* (VVDStRL 50 [1991], 56, 69) hinsichtlich der Kompetenzkontrolle schreibt: die Entscheidung über den verfassungsrechtlich nicht übertragbaren Bereich; vgl. dazu auch das Schlußwort *Eckart Kleins* im selben Tagungsband, S. 190, 191. Ohne diese Einschränkungen Trybunal Konstytucyjny, Urteil vom 11. Mai 2005, K 18/04, Nrn. 15f. (zitiert nach der deutschsprachigen Zusammenfassung des Urteils unter http://www.trybunal.gov.pl).

[196] Wie *Theodor Schilling* (ZfRV 1997, 96) richtig feststellt, ist diese Frage auch von der Befugnis eines internationalen Gerichts zu unterscheiden, über seine eigene Zuständigkeit zu befinden: im Gegensatz zu dieser Art von Kompetenz, die jedem internationalen Gericht zukommt, geht es hier darum, ob das Gericht über die Rechtsetzungsbefugnisse jenes internationalen Rechtssystems zu entscheiden hat, dem es selbst angehört.

[197] Hierin liegt die Begründung, die *Joseph H.H. Weiler/Ulrich R. Haltern* (HILJ 37 [1996], 411, 437) bei *Theodor Schilling* (HILJ 37 [1996], 389, 406) vermissen: warum legislative und judizielle Kompetenzkompetenz im Grund zusammengehören. Siehe dazu bereits oben: Erstes Buch, Vierter Abschnitt, V.1. Tendenziell zurückhaltender *Eckart Klein*, VVDStRL 50 (1991), 56, 66f.

b. Gerichtliche Letztentscheidungszuständigkeiten im Recht der Verträge

Zur Frage, wer in Zuständigkeitskonflikten und Grundrechtsbeschwerden gegen Akte des europäischen Rechts letztverbindlich entscheidet, enthalten EGV und EUV keine expliziten Anordnungen.

c. Der Standpunkt des EuGH im Gegensatz zum Standpunkt der nationalen Verfassungsgerichte

Im Hinblick auf die Rechtsetzungszuständigkeiten durch die EU hat der EuGH das Recht, letztverbindlich darüber zu entscheiden, mehrfach beansprucht.[198] Das Gericht begründet dies insbesondere damit, daß es sich beim Recht der EG um eine autonome rechtliche Ordnung handeln soll, zu deren letztverantwortlichem Hüter er, der EuGH, eingesetzt sei. Die gegenteilige Annahme, wonach ein solches Recht den mitgliedstaatlichen Verfassungsgerichtshöfen zustehen müsse, widerspräche dem EGV, da dem EuGH mit dessen Inkraftsetzung das Rechtsprechungsmonopol über die Verwerfung europäischen Rechts übertragen worden sei. Ohne sein Monopol in diesen Fragen sei die einheitliche Anwendung des europäischen Rechts und mit ihr dessen Wirksamkeit in Gefahr. Dieser Rechtsauffassung sind mehrere mitgliedstaatliche Verfassungsgerichte entgegengetreten[199], indem sie sich das Recht vorbehalten zu prüfen, ob ein Rechtsakt der Gemeinschaft die Grenzen der Zuständigkeiten verletzt, die ihrem Tätigsein durch das Vertragswerk gezogen worden sind.[200] Ihre Ansicht stützen sie darauf, daß ultra-vires-Akte sich außerhalb dessen bewegen, was durch die Zustimmungsgesetze zu EGV und EUV an nationaler Rechtsetzungsmacht preisgegeben worden ist. Als Akte des mitgliedstaatlichen Rechts blieben diese Gesetze an den Inhalt der nationalen Verfassungsrechtsnormen gebunden, so daß nur das Verfassungsgericht als oberste Kontrollinstanz dieser verfassungsrechtlichen Ordnung letztverantwortlich darüber zu wachen habe, ob die Union ihre Zuständigkeiten beachtet[201] – da nur solche Rechtsakte der

---

[198] Dem Standpunkt des EuGH folgen u.a. *Gil Carlos Rodríguez Iglesias*, EuGRZ 1996, 125, 127 und *Joseph H. H. Weiler/Ulrich R. Haltern*, HILJ 37 (1996), 411.

[199] Überblick bei *Franz C. Mayer*, Kompetenzüberschreitung und Letztentscheidung, S. 260ff. Die letzte, inhaltlich konsequenteste Entscheidung hierzu ist in Polen ergangen; vgl. Trybunal Konstytucyjny, Urteil vom 11. Mai 2005, K 18/04, Nrn. 15f. (zitiert nach der deutschsprachigen Zusammenfassung des Urteils unter http://www.trybunal.gov.pl). Kritisch dazu *Franz C. Mayer*, GLJ 6 (2005), 1497, 1499. Siehe dazu auch oben I.2.b.

[200] Die Sichtweise der genannten Verfassungsgerichte vertreten *Christian Hillgruber*, in: Isensee/Kirchhof (Hrsg.), Handbuch des Staatsrechts, Bd. II, § 32 Rn. 98; *Günter Hirsch*, NVwZ 1998, 907, 909 (beschränkt auf Verstöße gegen Wesensgehalte der nationalen Verfassung); *Peter M. Huber*, AöR 116 (1991), 210, 241; *Theodor Schilling*, HILJ 37 (1996), 389, 407 und, trotz erheblicher Einschränkungen, letztlich auch *Thomas Oppermann*, in: Battis/Kunig/Pernice/Randelzhofer (Hrsg.), Das Grundgesetz im Prozeß europäischer und globaler Verfassungsentwicklung, S. 117, 124 („allenfalls in dem kaum vorstellbaren Fall einer evidenten Fehlentscheidung des Europäischen Gerichtshofs").

[201] Zum Verhältnis der Zuständigkeitenkontrolle durch das BVerfG zu den Möglichkeiten

Union das innerstaatliche Recht verdrängen und beeinflussen können, die sich innerhalb des gesetzlich vorgezeichneten Integrationsprogramms bewegen.[202]

Auch dieser Konflikt, den einzelne Stimmen des Schrifttums für juristisch nicht lösbar erachten[203], erweist sich damit als eine Folge zweier konkurrierender Staatlichkeitsbezugspunkte[204]: die Rechtsauffassung des EuGH kann nur dann plausibel erscheinen, wenn die europäische Integration als verfassunggebender Vorgang und damit als gesamteuropäische Staatsgründung aufgefaßt werden muß. Eine autonome rechtliche Ordnung, die sich nicht vom Staat herleitet und dennoch das Öffentliche zu regeln beansprucht, ist theoretisch nicht denkbar.[205] Dies aber bedeutet, daß auch die Auseinandersetzungen um das Letztentscheidungsrecht durch die Gerichte beider Ebenen die Unsicherheit eines Staatlichkeitsmerkmals signalisieren: wenn es darum geht, Verlust und Übergang der Staatlichkeit zu diagnostizieren, sind die Offenheit dieses Punktes und der Umstand, wer sie hervorruft, als Anhaltspunkte zu Lasten der bestehenden Staatlichkeitsstrukturen zu begreifen.[206]

des nationalen Gesetzgebers, auf Zuständigkeitsüberschreitungen der EU zu reagieren, siehe *Holger Stadie*, NVwZ 1994, 435, 438.

[202] Es bleibt deshalb in seiner juristischen Überzeugungskraft fragwürdig, wenn *Joseph H.H. Weiler* dem BVerfG Inkonsequenz vorwirft (Political Studies 44 [1996], 517, 532; ähnlich *ders./Ulrich R. Haltern*, HILJ 37 [1996], 411, 428f.), indem er meint, daß die richtige Interpretation eines völkerrechtlichen Vertrages (und damit auch der in ihm enthaltenen Kompetenzen) dem Organ obliege, dem diese Kontrollzuständigkeit durch den Vertrag übertragen worden sei. Dem EuGH die Auslegung des Vertrages zu übertragen, heißt nicht zugleich, jegliche eigenen, zum Schutz der Verfassungsordnung nötigen Kontrollmechanismen aufgeben zu müssen. Auch nach Völkerrecht sind offensichtliche Brüche der Kompetenzbeschränkungen nicht ohne weiteres zu akzeptieren, auch und vor allem dann, wenn das Organ, das eigentlich zu dieser Kontrolle berufen gewesen ist, sie deckt. Internationale Organisationen, die sich offenkundig außerhalb dessen bewegen, wozu sie durch Vertrag eingesetzt sind, binden die Mitgliedstaaten nicht unabweislich; sie können sie nicht binden, weil diese von ihren Völkern als unabgeleitet konzipiert und damit zu den alleinigen Quellen der Ordnung in ihren Räumen eingesetzt sind. Andeutungsweise wie hier *Paul Kirchhof*, in: Kirchhof/Ehlermann (Hrsg.), Deutsches Verfassungsrecht und Europäisches Gemeinschaftsrecht, S. 11, 22 und *Theodor Schilling*, HILJ 37 (1996), 389, 407.

[203] So z.B. *Josef Isensee*, in: Festschrift für Klaus Stern, S. 1239, 1263ff.; *Markus Heintzen*, AöR 119 (1994), 564, 578ff. Zur gleichen Schlußfolgerung gelangt *Anne Peters* (Elemente einer Theorie der Verfassung Europas, S. 765), indem sie vom grundsätzlichen Verhältnis der beiden Rechtsordnungen her argumentiert.

[204] Zur Abhängigkeit der Letztentscheidungsfrage vom verfassungstheoretischen Standpunkt bei der Behandlung der Integration ausführlich *Mattias Kumm*, CMLR 36 (1999), 351.

[205] Siehe oben: Erstes Buch, Zweiter Abschnitt, II.1.b.

[206] Die besondere Problematik dieser Frage wurde bereits in der Diskussion deutlich, die hierzu auf der Staatsrechtslehrertagung 1990 stattgefunden hat; vgl. dazu insbesondere die Beiträge von *Eckart Klein* (VVDStRL 50 [1991], 164, 165 und 166) und *Eberhard Grabitz* (VVDStRL 50 [1991], 166). Eine vermittelnde Lösung entwickelt *Edin Šarčević*, DÖV 2000, 941, 948, der zwischen Prüfungs- und Verwerfungskompetenz differenziert.

d. Gerichtliche Letztentscheidungszuständigkeiten im Verfassungsvertrag

Der „Vertrag über eine Verfassung für Europa" hat zur Frage der gerichtlichen Letztentscheidungsbefugnis explizit nichts geregelt, so daß die bisherige Rechtslage fortgelten und die Auseinandersetzung hierüber andauern muß.[207]

e. Die Zwischenbilanz zum siebten Kriterium

Insbesondere durch die Haltung des Europäischen Gerichtshofs in der Frage, wer über die Einhaltung der Kompetenzgrenzen durch die Gemeinschaft letztverbindlich erscheidet – er selbst oder die nationalen Verfassungsgerichte – ist auch der Bestand des siebten Staatlichkeitskriteriums unsicher geworden.[208] Ohne eine Klärung durch eine entsprechende Festlegung im EGV bzw. im künftigen Verfassungsvertrag muß sich diese Frage als Konfliktfeld zweier Staatlichkeitsansprüche (vertreten durch die höchstrangigen Akteure der mitgliedstaatlichen und der europäischen Ebene) erweisen.

8. Das achte Kriterium: Rechtsaufsicht und Bundeszwang in der EU

a. Rechtsdurchsetzungsmechanismen im Völkerrecht

Der Freiwilligkeit der völkerrechtlichen Bindung entspricht auch die Art und Weise, wie entsprechende Vertragsverpflichtungen des einzelnen Staates durchgesetzt werden können: als typisches Mittel hierzu ist insbesondere die Festlegung von Vertragsstrafen denkbar, wenn dies vorab in irgendeiner Form vereinbart worden ist; bei Pflichten, welche sich auf die Mitarbeit des Staates in einer internationalen Organisation beziehen, können Mitgliedstaaten im Falle einer schwerwiegenden und dauerhaften Verletzung unter Umständen auch ausgeschlossen werden.[209] Unbekannt ist dem Völkerrecht demgegenüber eine Durchsetzung dieser Verpflichtungen durch die internationale Organisation selbst, im Wege des Selbsteintritts und der Ersatzvornahme – physischer Zwang kommt auch gegenüber vertragsbrüchigen, die Spielregeln eines Staatenbundes mißachtenden Ländern nicht in Betracht.[210]

---

[207] So in der Sache auch *Stefan Kadelbach*, in: Festschrift für Manfred Zuleeg, S. 219, 230f. und *Ingolf Pernice*, Die neue Verfassung der Europäischen Union – ein historischer Fortschritt zu einem europäischen Bundesstaat?, S. 17.

[208] Vgl. *Mattias Kumm*, CMLR 36 (1999), 351, 384f.

[209] *Ignaz Seidl-Hohenveldern/Gerhard Loibl*, Das Recht der Internationalen Organisationen einschließlich der Supranationalen Gemeinschaften, Rnrn. 2030ff.

[210] Zu den Besonderheiten im Hinblick auf die Zwangsmaßnahmen des UN-Sicherheitsrates *Ignaz Seidl-Hohenveldern/Gerhard Loibl*, Das Recht der Internationalen Organisationen einschließlich der Supranationalen Gemeinschaften, Rnrn. 2015ff.; an der Bewertung der typischen Sanktionsmöglichkeiten in einem Staatenbund ändert sich hierdurch erst einmal nichts – dies insbesondere auch aufgrund der aktuellen Dynamik der damit verbundenen völkerrechtlichen Rechtsfragen (im Hinblick beispielsweise auf das Vorgehen der USA im zweiten Irakkrieg).

b. Möglichkeiten zur Durchsetzung des EG-Rechts gegenüber den Mitgliedstaaten im geltenden Primärrecht

Über welche Zwangsmittel verfügt die Union gegen Staaten, die ihre vertraglichen Pflichten verletzen? Welche Möglichkeiten sieht das geltende Primärrecht vor, Rechtsakte der Union gegen die Mitgliedstaaten durchzusetzen? Zentrales Instrument zum Vorgehen gegen wirkliche oder vermeintliche Vertragsverletzungen durch einen Mitgliedstaat ist das sogenannte Vertragsverletzungsverfahren, d.h. eine Feststellungsklage[211] vor dem EuGH, um die Vertragswidrigkeit des mitgliedstaatlichen Verhaltens gerichtlich klären zu lassen. Entsprechende Verfahren können sowohl durch die Mitgliedstaaten (nach Art. 227 EGV) als auch durch die EG-Kommission (nach Art. 226 EGV) eingeleitet werden. Erkennt der EuGH in dem angegriffenen Verhalten eine Vertragsverletzung, so hat der Mitgliedstaat jene „Maßnahmen zu ergreifen, die sich aus dem Urteil des Gerichtshofs ergeben“ (Art. 228 Abs. 1 EGV). Tut er dies nicht, so kann die Kommission, unter Einhaltung bestimmter Verfahrensvorschriften (Art. 228 Abs. 2 UAbs. 1 und 2 EGV), den Fall erneut zum EuGH bringen, der dann die Möglichkeit hat, einen „Pauschalbetrag“ oder ein „Zwangsgeld“ festzulegen (Art. 228 Abs. 2 UAbs. 3 EGV). Bezeichnenderweise vertritt ein Teil des Schrifttums mittlerweile die Ansicht, daß Urteile des Gerichtshofs (entgegen dem Wortlaut von Art. 244 i. V. m. Art. 256 UAbs. 1 letzter HS EGV) auch gegen die Staaten vollstreckt werden können, dies sowohl im Hinblick auf das verlangte Verhalten als auch im Hinblick auf die Zahlung des Zwangsgeldes.[212]

Neben diesem allgemeinen Instrumentarium, das dazu dient, Vertragsverletzungen zu sanktionieren, enthält der EGV noch eine Reihe spezieller Durchsetzungsmechanismen, die darauf hinwirken sollen, die Vertragstreue seitens der Mitgliedstaaten in einigen besonders sensiblen Bereichen des Integrationsprojektes zu sichern.[213] Entsprechende Regelungen finden sich beispielsweise im EG-Wettbewerbsrecht (Art. 85 EGV) und im Recht der Beihilfen (Art. 88 EGV), zwei zentralen (und ebenso problematischen) Säulen des Binnenmarktkonzeptes. In ihren Durchsetzungsmöglichkeiten gehen diese Bestimmungen jedoch nicht über dasjenige hinaus, was die Artt. 226f. i. V. m. Art. 228 EGV für den Fall der Vertragsverletzung vorsehen; auch sie beschränken sich im wesentlichen auf Feststellungen und Vorschläge durch die Kommission (Art. 85 Abs. 1 Satz 3, Abs. 2 Satz 1 EGV) oder dienen als Vorverfahren vor der Anrufung des

---

211 *Charlotte Gaitanides*, in: von der Groeben/Schwarze (Hrsg.), Vertrag über die Europäische Union und Vertrag zur Gründung der Europäischen Gemeinschaft, Bd. 4, Rn. 7 zu Art. 226 EG.

212 So beispielsweise *Charlotte Gaitanides*, in: von der Groeben/Schwarze (Hrsg.), Vertrag über die Europäische Union und Vertrag zur Gründung der Europäischen Gemeinschaft, Bd. 4 Rn. 2 zu Art. 244 EG mit zahlreichen Nachweisen zu beiden Ansichten.

213 Daß dies notwendig ist, belegt *Thomas Oppermann*, Europarecht, § 8 Rn. 29 und § 9 Rn. 19.

Gerichtshofs (vgl. Art. 88 Abs. 2 UAbs. 2 EGV). Besondere Durchsetzungsmechanismen finden sich darüber hinaus im Bereich der Wirtschafts- und Währungspolitik (wo auch die Öffentlichkeit sie verstärkt wahrnimmt): Mitgliedstaaten, die gegen die gemeinschaftsrechtlich festgelegte Haushaltsdisziplin verstoßen, können gemäß Art. 104 EGV durch Ratschläge (Abs. 7 Satz 1), Fristsetzungen (Abs. 9 UAbs. 1), Veröffentlichungen (Abs. 8) und das Anfordern von Berichten nach einem Zeitplan (Abs. 9 UAbs. 2) seitens des Rates dazu gebracht werden, die gewünschten haushaltspolitischen Maßnahmen zu ergreifen. Sofern sich ein Mitgliedstaat diesen Maßnahmen nicht beugt, ist dem Rat unter anderem die Möglichkeit eröffnet, eine Geldbuße zu bestimmen (Abs. 11 Satz 1 letzter Anstrich).

In den Kontext möglicher Sanktionen der EU gegen einen einzelnen Mitgliedstaat gehört des weiteren Art. 7 EUV i. V. m. Art. 309 EGV. Anders als in den soeben angesprochenen Vorschriften geht es hierbei nicht darum, einzelne Vertragsverletzungen zu sanktionieren – sondern um den Fall, daß ein Mitgliedstaat jene Grundsätze verletzt, deren Achtung die Grundvoraussetzung für eine EU-Mitgliedschaft bildet (Art. 49 UAbs. 1 1. HS EUV). Diese Grundsätze nennt Art. 6 Abs. 1 1. HS EUV; es sind: Freiheit, Demokratie, Menschenrechte und Rechtsstaatlichkeit. Wird einer dieser Grundsätze durch einen Mitgliedstaat in schwerwiegender Weise verletzt, so kann die Union (durch den Rat mit Zustimmung des Parlaments) unter Beachtung einer genau vorgeschriebenen Vorgehensweise (Art. 7 Abs. 1 und 2 EUV) beschließen, bestimmte mitgliedschaftliche Rechte des betreffenden Staates auszusetzen (Art. 7 Abs. 3 UAbs. 1 Satz 1 EUV; Art. 309 Abs. 2 UAbs. 1 Satz 1 EGV). Andere Reaktionsmöglichkeiten sieht das gegenwärtige Primärrecht nicht vor – insbesondere nicht die Herstellung der gemeinschaftsrechtskonformen Zustände im entsprechenden Staat durch die Intervention der EU.

Wenn die Gesamtheit dieser Möglichkeiten, die Einhaltung des EU-Rechts zu erzwingen, in staatlichkeitstheoretischer Perspektive bewertet werden soll, ist zunächst festzustellen, daß unbedingte Zwangsmittel, d. h. eine echte Bundesexekution durch Selbsteintritt oder Ersatzvornahme, nicht existieren. Die stärksten Eingriffsmöglichkeiten, die der EU zur Verfügung stehen, sind Zwangsgeld und Geldbußen, Instrumente also, die zwar auch als Mittel des Zwangsvollstreckungsrechts gebräuchlich erscheinen, die jedoch, in der hier anzuwendenden Form (je nachdem, wie man die Möglichkeit ihrer Vollstreckung bewertet) allenfalls als erste Ansätze zu einem echten Zwangsmittelregime verstanden werden können.

c. Die Frage der zwangsweisen Durchsetzung von EG-Recht gegen die Mitgliedstaaten in der Rechtsprechung des EuGH

Daß im Fall der Vertragsverletzung durch die Mitgliedstaaten keine Zwangsvollstreckung durch die europäischen Organe möglich und notwendig ist, wird vom EuGH als selbstverständlich erachtet.[214] Tendenzen, die Akzente der Gesamtrechtsordnung in eine bundesstaatliche Richtung zu verschieben, sind in diesem Punkt nicht zu erkennen.

d. Möglichkeiten zur Durchsetzung des EG-Rechts gegenüber den Mitgliedstaaten im Verfassungsvertrag

Was die Möglichkeiten einer zwangsweisen Durchsetzung des EG-Rechts gegenüber den Mitgliedstaaten betrifft, unterscheiden sich die Regelungen des Verfassungsvertrages im wesentlichen nicht vom bisherigen Primärrecht. Entscheidungen des EuGH im Vertragsverletzungsverfahren (Art. III-360 EV bzw. Art. III-361 EV) sind, wie bisher auch, nur durch Zwangsgelder sanktioniert (Art. III-362 Abs. 2 UAbs. 2 und Abs. 3 UAbs. 2 EV), die ihrerseits nicht vollstreckt werden können (Art. III-380 i. V. m. Art. III-401 UAbs. 1 2. HS). Spezielle Durchsetzungsmechanismen finden sich weiterhin in den Bereichen der Wirtschafts- und Währungspolitik und im EG-Beihilfenregime (Artt. III-179; III-184 sowie III-168); in der Intensität dessen, was an Druck ausgeübt werden kann, gehen auch diese Instrumentarien nicht über die Möglichkeiten der Bußgeldfestsetzung hinaus.

Gleiches gilt schließlich für jene Sanktionen, die einem Mitgliedstaat drohen, wenn er die Grundwerte der Union, die in Art I-2 EV aufgezählt sind, schwerwiegend mißachtet (Art. I-59 EV). Im äußersten Fall droht dem Mitgliedstaat hierbei die Aussetzung seiner Rechte (Art. I-59 Abs. 3 Satz 1 EV); Interventionsmöglichkeiten sind der EU nicht eröffnet.

e. Die Zwischenbilanz zum achten Kriterium

Alles in allem erweist sich die EU, wenn man die Staatlichkeitsfrage anhand ihrer Möglichkeiten zur Rechtsdurchsetzung beurteilt, als ein Zusammenschluß von Staaten, dessen Funktionsfähigkeit auf einer freiwilligen Befolgung der Rechtsvorschriften durch die Mitgliedstaaten beruht. Elemente einer zwangsweisen Rechtsdurchsetzung, wie sie in bundesstaatlichen Verfassungen (freilich beschränkt auf Extremfälle) angelegt sind, lassen sich im Primärrecht bislang nicht finden. Ein mögliches Inkrafttreten des Verfassungsvertrages würde hieran nichts ändern.

9. Das neunte Kriterium: zur Legalität der Auflösungsentscheidung

a. Die Auflösungsfrage im Völkerrecht

Ein weiteres Indiz, das den Status der Hoheitsgewalten aufzeigen kann, ist die Frage, ob ein bestimmter Herrschaftsverband durch seine Glieder aufgelöst

---

[214] Siehe z. B. EuGH, verb. Rs. 24 und 97/80, Slg. 1980, 1319, 1331 ff. (Schaffleisch); vgl. dazu auch *Thomas Oppermann*, Europarecht, § 9 Rnrn. 18 f.

werden kann: wenn es sich dabei um ein Gebundensein handelt, das auf völkerrechtlichen Übereinkünften beruht, ist seine völlige Auflösung durch den einstimmigen Beschluß der beteiligten Vertragsstaaten möglich; die Bindungen des Völkervertragsrechts können durch gegenläufige Rechtsakte abgeschafft, internationale Pakte außer Kraft gesetzt und internationale Organisationen aufgelöst werden.[215]

Selbst dort, wo der Vertragstext von einer dauerhaften Bindung ausgeht, steht dies dem einvernehmlichen Auflösungsbeschluß durch die Mitgliedstaaten nicht entgegen. Da das äußere Gebundensein einer höchsten und unabhängigen Ordnung rechtlich freiwillig erfolgt, kann diese Bindung nur solange bestehen, wie der Wille der Parteien sie trägt. Im Grunde handelt es sich um dasselbe Problem, das sich stellt, wenn Formvorschriften die Vertragsänderung (und damit zugleich sein Außerkraftsetzen) an die Wahrung formeller Maßgaben binden: das einstimmige Handeln aller Parteien kann auch derartige Bindungen überwinden.[216] Hinter beiden Zusammenhängen: hinter der Fixierung einer dauerhaften Bindung und hinter der Festlegung formeller Besonderheiten im Vertragsänderungsverfahren, steht der Gedanke, daß sich gewillkürte Bindungen, sei es an Inhalte, sei es an Formen, allein auf den Parteiwillen gründen und deshalb einvernehmlich aufgelöst werden können – der eigene Wille kann freie Parteien nicht endgültig binden.

b. Auflösungsmöglichkeiten nach dem Recht der Verträge

Wenn es sich bei der EU tatsächlich bis heute um einen Verband nach Völkerrecht handelt, wären die Mitgliedstaaten zur einvernehmlichen Auflösung rechtlich imstande. Dem könnte jedoch Art. 51 EUV entgegenstehen, der besagt, daß der EU-Vertrag auf unbestimmte Zeit geschlossen ist; die entsprechende Aussage findet sich auch in Art. 312 des EG-Vertrages. Diese Klauseln könnten einerseits so verstanden werden, daß eine Auflösung der Union generell ausscheiden soll, was, unabhängig von der Frage der völkerrechtlichen Konsequenzen, eine Entwicklung des Integrationsverbandes in eine bundesstaatliche Richtung indizieren müßte; sie ließen sich andererseits, im Einklang mit entsprechenden Gepflogenheiten des Völkerrechts[217], auch als eine Aussage

---

215 *Peter M. Huber*, in: Ipsen/Rengeling/Mössner/Weber (Hrsg.), Verfassungsrecht im Wandel, S. 349, 356; *Paul Kirchhof*, in: Kirchhof/Ehlermann (Hrsg.), Deutsches Verfassungsrecht und Europäisches Gemeinschaftsrecht, S. 11, 14; *Christian Seiler*, Der souveräne Verfassungsstaat zwischen demokratischer Rückbindung und überstaatlicher Einbindung, S. 259 und *Christian Tomuschat*, EuGRZ 1993, 489, 494 f.

216 Siehe dazu oben: 1.a.

217 Entsprechende Klauseln finden sich beispielsweise auch in Art. XVI Abs. 1 des sog. Chemiewaffen-Übereinkommens, in Art. XIII Abs. 1 des Biotoxinwaffen-Übereinkommens und in Art. 4 UAbs. 1 des Vertrages über das Verbot von Kernwaffenversuchen.

darüber auslegen, daß kein automatisches Ablaufdatum besteht.[218] Beide Auffassungen werden im Schrifttum vertreten.[219] Wenngleich die juristischen Bedenken gegen die zuerst genannte Lesart überwiegen (der Abschluß eines unauflösbaren Bundes hätte deutlicher zum Ausdruck kommen müssen), genügt es für die hier vorzunehmende Untersuchung der Staatlichkeitsfrage erneut, die juristische Ungewißheit dieses Punkts zu diagnostizieren. Allein der Umstand, daß die Rechtslage eine solche Auslegung zuläßt, illustriert die Fragwürdigkeit und die Offenheit zur Entscheidung einer Staatlichkeitszuordnung im gesamteuropäischen Staatenverbund.

Die Offenheit der Staatlichkeitsfrage wird zudem in besonderer Weise greifbar, wenn man dieses Zwischenergebnis mit dem Befund kombiniert, daß auch die Geltung des „freedom of form" für das EU-Primärrecht juristisch zumindest fraglich erscheint.[220] Selbst wenn man die Auflösbarkeit des Gesamtverbandes nicht an einer Klausel wie Art. 51 EUV scheitern lassen wollte, stellte sich eine solche Auflösung als Vertragsänderung dar, auf die Art. 48 EUV anzuwenden wäre,[221] mit der Konsequenz, daß Rat, Parlament und Kommission in der dort vorgesehenen Weise zu beteiligen sind. Dies dürfte, wenngleich die inhaltliche Position des Rates in diesem Fall eher der mitgliedstaatlichen Seite zuneigen müßte, die Auflösungsmöglichkeiten zumindest erschweren. Auch eine solche mittelbare, prozedurale Erschwernis ist jedoch zu berücksichtigen, wenn es um die Frage der Auflösbarkeit als Kriterium der Staatlichkeitszuordnung geht.

c. *Die Auflösungsfragen in der Rechtsprechung des EuGH*

Zur Frage, ob Union und Gemeinschaft auflösbar sind, hat der EuGH bisher nicht Stellung genommen. Auch hier wird jedoch zum Teil auf Aussagen rekurriert, wonach der Gerichtshof von einer dauerhaften Beschränkung der mitgliedstaatlichen Hoheitsrechte spricht. Die Problematik, die sich hierbei stellt,

---

[218] Während beispielsweise der EGKS-Vertrag am 23. 07. 2002 nach fünfzig Jahren außer Kraft getreten ist (Art. 97 EGKS).

[219] Gegen eine Auflösungssperre *Trevor C. Hartley*, in: Mouton/Stein (Hrsg.), Eine neue Verfassung für die Europäische Union? Die Regierungskonferenz 1996, S. 57, 61; *Peter M. Huber*, in: Ipsen/Rengeling/Mössner/Weber (Hrsg.), Verfassungsrecht im Wandel, S. 349, 355; *ders.*, Recht der Europäischen Integration, § 5 Rn. 20 und *Arved Waltemathe*, Austritt aus der EU, S. 30 ff.; dafür *Thomas Oppermann*, Europarecht, § 4 Rn. 58; *Heinhard Steiger*, Staatlichkeit und Überstaatlichkeit, S. 135 f. (mit Nachweisen aus der älteren Literatur). Nach Differenzierungsmöglichkeiten sucht *Ulrich Everling*, in: Festschrift für Rudolf Bernhardt, S. 1161, 1172 f. Ausführlich zum Ganzen auch *Christian Seiler*, Der souveräne Verfassungsstaat zwischen demokratischer Rückbindung und überstaatlicher Einbindung, S. 258 ff.

[220] Siehe dazu oben: 1.b.

[221] Anders *Trevor C. Hartley*, BYIL 72 (2001), 1, 21, der, ausgehend vom Rechtsgedanken des Art. 54 WVRK, eine Einhaltung der vorgesehenen Vertragsschlußmodalitäten nicht für notwendig hält; vgl. auch *dens.*, in: Mouton/Stein (Hrsg.), Eine neue Verfassung für die Europäische Union? Die Regierungskonferenz 1996, S. 57, 61.

entspricht der parallelen Fragestellung im Rahmen der Austrittsthematik, auf die hierzu verwiesen werden kann.[222]

d. Die Auflösungsfrage im Verfassungsentwurf

Explizite Regeln darüber, ob die EU aufgelöst werden könnte, sind auch im „Vertrag über eine Verfassung für Europa" nicht zu finden. Die juristischen Auseinandersetzungen über diesen Punkt werden demnach ihre Bedeutung behalten – ebenso wie die staatlichkeitstheoretische Bewertung dieser Situation. Hinzu kommt jedoch der stärkere Einfluß, den EU-Organe auf den Prozeß der Vertragsänderungen durch das Verfassungsvertragswerk gewinnen: zwar müßte im Europäischen Rat die Mehrheit der Stimmen für ein solches Vorhaben genügen (so daß Rats- und Kommissionspräsident überstimmt werden könnten) – ein Konvent zur Vorbereitung der Auflösung dürfte jedoch, nicht zuletzt durch die Einbeziehung von Abgeordneten des Europäischen Parlaments und Vertretern der Kommission, ausgeschlossen sein. Ohne die Mitwirkung der gesamteuropäischen Ebene (in der Gestalt von Konvent und Europäischem Ratspräsidenten) wäre eine Auflösung rechtlich nicht möglich, wenn man davon ausgeht, daß auch Art. IV-443 EV „the freedom of form" ausschließen soll. Ein solcher mittelbarer, nämlich prozeduraler, Ausschluß von Auflösungsmöglichkeiten (indem europäische Organe mit darüber entscheiden) muß jedoch als weiteres Indiz dafür verstanden werden, daß die Inhalte des Verfassungsvertrages deutlich stärker in eine bundesstaatliche Richtung tendieren als das gegenwärtige EU-Primärrecht.

e. Die Zwischenbilanz zum neunten Kriterium

Eine Auflösung der Europäischen Union durch die Mitgliedstaaten trifft in verschiedener Hinsicht auf rechtliche Hürden: dies zum einen im Hinblick darauf, ob die EU überhaupt aufgelöst werden darf, und dies zum anderen im Hinblick darauf, welche Vorgehensweise hierbei statthaft erscheint. Die Auseinandersetzungen in dieser Frage verdeutlichen, daß auch der Bestand des neunten Staatlichkeitskriteriums nicht mehr eindeutig festgestellt werden kann.[223] Durch

---

[222] Siehe dazu oben: 6.c.

[223] Daß das Auflösungsrecht im Laufe des Integrationsprozesses verloren gehen oder modifiziert werden kann, bemerkt zu Recht auch *Ulrich Becker*, in: Schwarze (Hrsg.), EU-Kommentar, Rn. 13 zu Art. 312 EGV. – Vgl. dazu auch *Trevor C. Hartley*, Constitutional Problems of the European Union, S. 147, der den Folgen der Auflösung detailliert nachgeht. Richtigzustellen ist dabei die Bemerkung, daß es irrelevant sei, ob die Auflösung gegen Gemeinschaftsrecht verstoße („it would not matter if the winding up were contrary to Community law and invalid under it, since the Community legal system would [...] have ceased to exist"): unzulässig könnte eine Auflösung nur dann sein, wenn dieses sich selbst als höchste Ordnung entwirft; abgeleitete Strukturen sind per se änderbar und können damit auch abgeschafft werden (mit der Folge, daß sie aufhören, rechtlicher Maßstab zu sein) – es sei denn, sie sind selbst Teil der einheitstiftenden Ordnungsvorstellung. Wie dies möglich sein kann, wur-

den Verfassungsvertrag, der die EU-Organe stärker als bisher an der Änderung des Primärrechts beteiligt, wird die rechtliche Fragwürdigkeit einer möglichen Auflösung zusätzlich vertieft.

10. Das zehnte Kriterium: zum Bestand änderungsfester Verfassungsinhalte

a. Änderungsfeste Normeninhalte im Völkerrecht

Dem Völkerrecht sind änderungsfeste Normeninhalte weitgehend unbekannt.[224] Der Grund hierfür liegt in dem Umstand, der oben aufgezeigt wurde: absolut änderungsfeste Rechtsnormen sind Bestandteil der obersten Ordnungsstruktur und können denknotwendigerweise nicht von anderen Vorschriften abzuleiten sein.[225] Scheinbare Ausnahmen (wie zum Beispiel Art. 311 Abs. 6 i. V. m. Art. 136 der UN-Seerechtskonvention[226]) proklamieren letztlich nur eine allgemeine Rechtsüberzeugung, welche die Parteien für besonders wichtig erachten; Rechtsvorschriften dieser Art verdeutlichen den Umstand, daß bestimmte Grundmaximen eines gerechten zwischenstaatlichen Verhaltens Bestandteil des Ordnungsbewußtseins aller oder vieler Völker sind – Begegnung und Kongruenz dieser Konzeptionen machen Völkerrecht möglich. Völkerrechtliche „Ewigkeitsklauseln" – auf die Fragwürdigkeit dieses Ausdrucks wird ohnehin noch einmal zurückzukommen sein[227] – bringen insofern Schnittpunkte menschlicher Ordnungskonzepte zum Ausdruck. In ihrer deklaratorischen Bedeutung ähneln sie den Unverbrüchlichkeitsverbürgungen verschiedener Landesverfassungen, die in staatstheoretischer Hinsicht bereits gewürdigt worden sind.[228] Von diesen vereinzelten Ausnahmen abgesehen, finden sich änderungsfeste Normen nur dort, wo eine Verfassungsordnung durch eine entsprechende Bindungsvorstellung auf höchster Ebene unabgeleitet eingesetzt wird.

b. Änderungsfeste Normen in EGV und EUV

Änderungsfeste Bestimmungen finden sich, dem Wortlaut der Verträge zufolge, weder im EGV noch im EUV. Auch hier sind jedoch im europarechtlichen Schrifttum Versuche zu verzeichnen, entsprechende Anknüpfungspunkte her-

---

de oben (im Hinblick auf das Wesen der Bundesstaatlichkeit) erläutert; siehe Erstes Buch, Dritter Abschnitt, II.2.b.; es kommt indes nicht in Betracht, wo es sich um Strukturen des äußeren Eingebundenseins handelt.

[224] *Bruno de Witte*, in: Winter/Curtin/Kellermann/de Witte (Hrsg.), Reforming the Treaty on European Union, S. 3, 16; *ders.*, NYIL 25 (1994), 299, 318.

[225] Siehe oben: Erstes Buch, Vierter Abschnitt, VI.2.a.

[226] Zum Beispiel von Art. 311 Abs. 6 i. V. m. Art. 136 der UN-Seerechtskonvention siehe auch *Bruno de Witte*, NYIL 25 (1994), 299, 318.

[227] Siehe unten: Viertes Buch, Erster Abschnitt.

[228] Siehe oben: Erstes Buch, Vierter Abschnitt, VI.2.b.

beizukonstruieren.[229] Teilweise wurde hierzu auf Art. 2 Satz 1 letzter Anstrich EUV zurückgegriffen, der als eine Art Unverbrüchlichkeitsverbürgung zum Schutz des acquis communautaire interpretiert worden ist.[230] Entsprechende Deutungsansätze sind in staatlichkeitstheoretischer Perspektive aufschlußreich, da sie zeigen, wie sich bereits die bestehenden Rechtsstrukturen der Europäischen Union, durch die entsprechende Lesart, in eine bundesstaatliche Gesamtkonzeption einfügen lassen. Juristisch erscheinen sie gleichwohl anfechtbar: wie generell alle Ziele, die Art. 2 Satz 1 EUV aufführt, ist auch dieser Punkt, die Wahrung des gemeinschaftsrechtlichen Besitzstandes, durch eine Umschreibung der Verträge zu ändern: jene Union, auf die sich die Vorschrift bezieht (und deren Ziele sie festlegt), ist allein die Union dieses Vertrages, d.h. des Unionsvertrages von Maastricht in der Fassung von Nizza. Unverbrüchlichkeit über eine mögliche Vertragsänderung hinaus wird durch diese Formulierungen nicht zum Ausdruck gebracht.

Eine Vorschrift, die zukünftige Änderungen des Vertrages sachlich beschränkt, findet sich demgegenüber in Art. 190 Abs. 2 UAbs. 2 EGV.[231] Auch diese Klausel begründet jedoch keinen absolut änderungsfesten verfassungsrechtlichen Inhalt[232]: weiterhin verantworten die Mitgliedstaaten die Ausgestaltung der europäischen Organe und damit zugleich die Einrichtung des Europäischen Parlamentes. Art. 190 Abs. 2 UAbs. 2 EGV skizziert dabei den Vorsatz der Staaten, das Unionsrecht in dieser konkreten Detailfrage in einer bestimmten Weise fortzuentwickeln, da schon im Zeitpunkt des Vertrages von

---

[229] *So beispielsweise Ulrich Everling*, in: Festschrift für Rudolf Bernhardt, S. 1161, 1170; *Dimitris Th. Tsatsos*, EuGRZ 1995, 287, 294. Anders jedoch *Michael Dickstein*, Der Verfassungsbegriff der Europäischen Union, S. 129ff.; *Trevor C. Hartley*, Constitutional Problems of the European Union, S. 145; *Christian Hillgruber*, in: Isensee/Kirchhof (Hrsg.), Handbuch des Staatsrechts, Bd. II, § 32 Rn. 80; *Christian Koenig*, DÖV 1998, 268, 275 und *Bruno de Witte*, NYIL 25 (1994), 299, 318; zum Verhältnis dieser Diskussion zum Problem einer möglichen hierarchischen Struktur des EU-Primärrechts vgl. *Andreas von Arnauld*, EuR 2003, 191, 210ff.

[230] So vor allem *José Luís da Cruz Vilaça/Nuno Piçarra*, CDE 1993, 3, 28ff. und (zurückhaltender) *Amaryllis Verhoeven*, The European Union in Search of a Democratic and Constitutional Theory, S. 148f. Ablehnend *Adele Anzon*, JÖR 49 N.F. (2001), 103, 116; *Hermann-Josef Blanke*, in: Calliess/Ruffert (Hrsg.), Kommentar zu EU-Vertrag und EG-Vertrag, Rn. 16 zu Art. 2 EUV und *Matthias Pechstein*, in: Streinz (Hrsg.), EUV/EGV, Rn. 14 zu Art. 2 EUV.

[231] Art. 190 Abs. 2 UAbs. 2 EGV wird durch das Protokoll Nr. 7 zum EG-Vertrag über die Erweiterung der Europäischen Union von 2001 nicht außer Kraft gesetzt, da sich Art. 2 Abs. 1 dieses Protokolls ausdrücklich nur auf Art. 190 Abs. 2 UAbs. 1 EGV bezieht.

[232] *Roland Bieber/Marcel Haag*, in: von der Groeben/Schwarze (Hrsg.), Vertrag über die Europäische Union und Vertrag zur Gründung der Europäischen Gemeinschaft, Bd. 4, Rn. 26 zu Art. 190 EGV und *Peter M. Huber*, in: Streinz (Hrsg.), EUV/EGV, Rn. 20 zu Art. 190 EGV. – Entsprechendes gilt für die Regelungen über „unwiderruflich feste Wechselkurse", wie sie beispielsweise in Art. 123 Abs. 4 EGV angesprochen werden. Dazu *Michael Dickstein*, Der Verfassungsbegriff der Europäischen Union, S. 131.

Nizza absehbar war, daß mit jeder künftigen Erweiterungsrunde in der Frage der Sitzverteilung im Parlament Änderungen notwendig werden.

c. Änderungsfeste Verfassungsstrukturen in der EuGH-Rechtsprechung

Zur Frage der änderungsfesten Vertragsinhalte hat der EuGH bislang nicht explizit Stellung genommen. Im Schrifttum wurde jedoch vereinzelt versucht, entsprechende materielle Änderungsgrenzen in bestimmte gerichtliche Aussagen, insbesondere in sein erstes Gutachten zur Schaffung des Europäischen Wirtschaftsraums[233], hineinzudeuten.[234] Das in Frage stehende Abkommen sah dabei die Einrichtung eines homogenen europäischen Wirtschaftsraums vor, der die Staaten von EG und EFTA umfassen und über einen Gerichtshof verfügen sollte, dessen Richter mehrheitlich dem EuGH angehören. Im Gutachten des Gerichtshofes heißt es dazu, daß auch eine Vertragsänderung (in Gestalt einer Anpassung des Art. 238 a. F. EGV[235]) die Unvereinbarkeit eines entsprechenden Abkommens mit dem Gemeinschaftsrecht nicht beseitigen könne.[236]

Die Reichweite dieser Aussage ist umstritten[237]: inwieweit wollte der EuGH damit sagen, daß die notwendige Konformität von EWR-Abkommen und EG-Vertrag auch durch die Änderung des letzten in keinem Fall hergestellt werden

---

[233] EuGH, Gutachten 1/91, Slg. I-1992, 6079. Zur rechtlichen Problematik, um die es in diesem Gutachten ging, auch *Ernst-Ulrich Petersmann*, Aussenwirtschaft 46 (1991), 247, 273.

[234] *Armin von Bogdandy*, integration 1993, 210, 213; *José Luís da Cruz Vilaça/Nuno Piçarra*, CDE 1993, 3, 20ff.; *Maria Luisa Fernandez Esteban*, REDC 40 (1994), 241, 280f.; ablehnend gegenüber dieser Lesart und zugleich gegenüber der Annahme selbst *Michael Dickstein*, Der Verfassungsbegriff der Europäischen Union, S. 130; *Trevor C. Hartley*, Constitutional Problems of the European Union, S. 147; *Markus Heintzen*, EuR 1994, 35, 38f.; *Ignaz Seidl-Hohenveldern*, in: Winter/Curtin/Kellermann/de Witte (Hrsg.), Reforming the Treaty on European Union, S. 23, 24 und *Bruno de Witte*, in: Winter/Curtin/Kellermann/de Witte (Hrsg.), Reforming the Treaty on European Union, S. 3, 17.

[235] Jetzt Art. 310 EGV.

[236] EuGH, Gutachten 1/91, Slg. I-1992, 6079, 6111f.: „Artikel 238 EWR bietet keine Grundlage für die Errichtung eines Gerichtssystems, das Art. 164 EWG-Vertrag und allgemeiner die Grundlagen der Gemeinschaft selbst beeinträchtigt, durch ein internationales Abkommen. Aus denselben Gründen könnte eine Änderung von Art. 238 die Unvereinbarkeit des Gerichtssystems des Abkommens mit dem Gemeinschaftsrecht nicht beseitigen". Zum Urteil auch *Maria Luisa Fernandez Esteban*, REDC 40 (1994), 241, 273ff. und *José Luís da Cruz Vilaça/Nuno Piçarra*, CDE 1993, 3, 20ff. Die fragliche Formulierung wird im zweiten EWR-Gutachten (EuGH, Gutachten 1/92, Slg. I-1992, 2821) in dieser Form nicht wieder aufgegriffen.

[237] Den Streit dokumentieren u. a. *Michael Dickstein*, Der Verfassungsbegriff der Europäischen Union, S. 130; *Markus Heintzen*, EuR 1994, 35, 37f. und *Bruno de Witte*, NYIL 25 (1994), 299, 318ff.; *ders.*, in: Winter/Curtin/Kellermann/de Witte (Hrsg.), Reforming the Treaty on European Union, S. 3, 16. Siehe ferner dazu *Andreas von Arnauld*, EuR 2003, 191, 204f.; *Maria Luisa Fernandez Esteban*, REDC 40 (1994), 241, 297ff.; *Trevor C. Hartley*, Constitutional Problems of the European Union, S. 146; *dens.*, BYIL 72 (2001), 1, 20 und *Christian Hillgruber*, in: Isensee/Kirchhof (Hrsg.), Handbuch des Staatsrechts, Bd. II, § 32 Rn. 80.

könnte? Aus theoretischer Sicht hieße dies, Grundanliegen der Verträge auch gegen den einmütigen Änderungswillen der EU-Mitgliedstaaten zu sichern. Wenn man das Gericht so zu verstehen hat, handelte es sich notwendigerweise um eine Annahme änderungsfester Verfassungsinhalte. Ob der EuGH diese Konsequenzen tatsächlich gesehen und gewollt hat, ist aus den Gutachten nicht abzulesen.[238] Möglicherweise hätte er, wenn es seine Absicht gewesen wäre, diesen Punkt klarer herausgestellt.[239] Andererseits ist zu bedenken, daß die Annahme änderungsfester Verfassungsinhalte der vom EuGH vertretenen Autonomiethese[240] entspricht: wenn das Gemeinschaftsrecht tatsächlich eine autonome Rechtsordnung bildet, die nur noch historisch und nicht juristisch auf den völkerrechtlichen Gründungsakt zurückführbar ist, so folgt aus dieser Autonomie ein Anspruch, sich als Ordnung zu behaupten, der auch die Unantastbarkeit ihres Vorhandenseins und ihrer prägenden Momente umschließt. Das Sich-Erheben einer neuen autonomen Ordnung ist notwendigerweise die Grundlage des Übergangs der Staatlichkeit, der zugleich auch neue änderungsfeste Verfassungsinhalte mit sich bringt.

d. Änderungsfeste Normenbestände im Verfassungsvertrag

Auch im „Vertrag über eine Verfassung für Europa" sind änderungsfeste Verfassungsinhalte nicht ausdrücklich festgelegt; die staatlichkeitstheoretische Bewertung der Rechtslage bleibt damit dieselbe.

e. Die Zwischenbilanz zum zehnten Kriterium

Auch die Frage, ob änderungsfeste Verfassungsinhalte gegenwärtig auf europäischer Ebene aufzufinden sind, bildet mittlerweile den Gegenstand einer europarechtlichen Kontroverse – allein dies genügt, die Staatlichkeitsfrage auch anhand des zehnten Kriteriums als offen zu betrachten, wenngleich aus juristischer Sicht die besseren Argumente gegen die Annahme unverbrüchlicher Rechtsnormen sprechen. Ob der EuGH deren Vorhandensein in der ganzen Tragweite einer solchen Behauptung annehmen wollte, bleibt zweifelhaft, dies entspräche jedoch der von ihm verfochtenen These, daß die Ordnung des Gemeinschaftsrechts als autonom zu gelten habe.[241]

---

238 Verneinend *Michael Dickstein*, Der Verfassungsbegriff der Europäischen Union, S. 130f. und *Markus Heintzen*, EuR 1994, 35, 38.

239 *Bruno de Witte*, in: Winter/Curtin/Kellermann/de Witte (Hrsg.), Reforming the Treaty on European Union, S. 3, 17.

240 Dazu oben: I.3.

241 *Markus Heintzen*, EuR 1994, 35, 49.

IV. Der Staatlichkeitsbestand in den EU-Mitgliedstaaten (am Beispiel der Bundesrepublik Deutschland)

1. *Staatlichkeitsindizien als Zuordnungs-Entweder-Oder*

Wenn man sich nun, vor dem Hintergrund dieser Erwägungen, noch einmal verdeutlicht, wie es um die Staatlichkeitsstrukturen innerhalb der Mitgliedstaaten bestellt ist, so spiegeln sich Entstehung und Anwachsen der Staatlichkeitsindizien auf europäischer Ebene hier als deren Verlust – mit anderen Worten: Unsicherheiten über den Bestand eines Merkmals auf der Ebene der EU lassen auch den Fortbestand des Merkmals im einzelnen Mitgliedstaat ungewiß werden. Daß entsprechende Verluste eingetreten sind, wurde in der staatsrechtlichen Dogmatik in vielen Einzelzusammenhängen erkennbar. Ebenso wie es auf europäischer Ebene eine Ausnahme darstellt, daß das Vorhandensein eines Indiziums mit Gewißheit auszuschließen ist (was sich letztlich nur im Hinblick auf die Zwangsmittelhoheit und die Mechanismen der Rechtsdurchsetzung annehmen läßt), kann auch das eindeutige Fortbestehen dieser Merkmale im Mitgliedstaat nur die Ausnahme darstellen: wie zum Teil bereits zu erkennen war, bildet im Grunde jedes Indiz eine Art Zuordnungs-Entweder-Oder, weil seine verfassungsrechtliche Neubegründung auf der Ebene des Unionsrechts den Fortbestand derselben Rechtsfigur auf anderer Ebene ausschließt. Dies liegt bei den Kriterien der Kompetenzhoheit und der Allzuständigkeit, aber auch der Organisationshoheit und dem Zwangsmittelmonopol auf der Hand, aus den Darlegungen des Ersten Buches dürfte jedoch hervorgegangen sein, warum diese Annahme letztlich für sämtliche Staatlichkeitsmerkmale zutrifft.

2. *Bestandsaufnahme in mitgliedstaatlicher Hinsicht*

Im einzelnen ergibt sich dabei, zusammengefaßt und anknüpfend an das Gesagte, folgendes Bild:

- Was die Regeln betrifft, *wie das nationale Verfassungsrecht geändert werden kann*, so ergeben sich diese bis heute aus der mitgliedstaatlichen Verfassungsrechtsordnung (so z.B. aus Art. 79 GG); ihre Geltung leitet sich aus der Geltung dieser Verfassung (und nicht von anderen Rechtsnormen) her.
- Fraglich erscheint es demgegenüber, ob im Hinblick auf den einzelnen Mitgliedstaat noch von einer wirklichen *Kompetenzordnungshoheit* (als rechtliches Imstandesein, über die Gesamtverteilung aller Hoheitsbefugnisse zu bestimmen) die Rede sein kann: Kompetenzen, die der einzelne Mitgliedstaat auf die Union übertragen hat, lassen sich nur noch durch ein gemeinsames Handeln mit anderen Staaten (in Ansätzen auch mit Unionsorganen[242]) auf die Staaten zurückübertragen. Was in der innerstaatlichen Verfassungs-

[242] Siehe oben: III.1.b.

diskussion als Kompetenzkompetenz des Bundes dargestellt wird[243], ist von vornherein inhaltlich reduziert: es handelt sich dabei nur noch um die Hoheit über das Übriggebliebene, das der Regelungszuständigkeit der EU nicht unterfällt.

- Am deutlichsten stellt sich der Abbau der Staatlichkeitskriterien auf der Ebene des Mitgliedstaats dar, wenn nach dessen *inhaltlicher Allzuständigkeit* gesucht werden soll. Mit der dauerhaften Übertragung wesentlicher Staatsaufgaben auf die Union ist eine solche inhaltliche Allzuständigkeit, wie sie sich an das Staatsein knüpft, zum formalen Ableitungszusammenhang reduziert worden. Die Verantwortlichkeit des Mitgliedstaates für alles, was an hoheitlichen Aufgaben zu bewältigen ist, und für alles, was an hoheitlicher Gewalt hierzu ausgeübt wird, erscheint im Hinblick auf die Situation des Mitgliedstaats nur noch als Zurechnungsmuster (worauf noch einmal, im demokratietheoretischen Kontext, zurückzukommen ist[244]) – während die inhaltliche Seite dieser Verantwortung: das legislative Gestaltenkönnen mit unmittelbarer Wirkung gegen den Bürger, für weiteste Rechtsetzungsbereiche auf die Ebene der EU übergangen ist.[245]
- Auch die Frage, auf welcher Ebene das Gemeinwesen eines Mitgliedstaates über die höchsten in ihm tätigen *Organe* verfügt, läßt sich nicht eindeutig klären – die Antwort hängt davon ab, in welches Verhältnis man die Ebene des Staates zur Unionsebene stellt. Dasein und Tätigsein der mitgliedstaatlichen Verfassungsorgane beruhen auf den Anordnungen der jeweiligen verfassungsrechtlichen Bestimmungen (vgl. Art. 38ff. GG), deren Geltung jedoch unter europäische Vorbehalte treten oder von einer europäischen Geltungsanordnung abhängen kann. Wo erste Ansätze hierzu auch im Bereich der Herrschaftsorganisation verzeichnet werden können, wurde bereits beschrieben.[246]
- Ähnlich, wenngleich mit weniger deutlichen Hinweisen auf eine Autonomie der europäischen Ebene, gestaltet sich die Rechtslage im Hinblick auf die *Zwangsmittelhoheit* der einzelnen Staaten: daß diese eindeutig den Mitgliedstaaten zuzuordnen ist, läßt sich nur so lange behaupten, wie sich aus den Gesamtzusammenhängen beider Ebenen noch keine vollständige kompetentielle und normhierarchische Unterordnung der mitgliedstaatlichen Verfassungsstrukturen unter das Unionsrecht ergibt.
- Auch in der schwierigen Frage der *Austrittsrechte* kann die Staatlichkeit der Mitgliedstaaten nur insoweit als intakt aufgefaßt werden, als es sich um ein Infragegestelltsein der räumlichen Einheit von unten her handelt, d.h. um die

[243] Vgl. statt aller *Klaus Stern*, Das Staatsrecht der Bundesrepublik Deutschland, Bd. I, S. 673.

[244] Siehe unten: Drittes Buch, Zweiter Abschnitt.

[245] Hierzu ausführlich unten: Viertes Buch, Erster Abschnitt.

[246] Siehe dazu oben: III.4.b.

Austritte föderaler Gliedeinheiten (wie beispielsweise der deutschen Länder) aus dem bisherigen Gesamtstaat, die von Verfassungs wegen als ausgeschlossen erscheinen. Dies bedeutet indes nicht zwangsläufig, daß deshalb auch der Bund als Staat verstanden werden muß – sicher ist insofern nur, daß die darunter liegenden Gliedeinheiten, in Deutschland also: die Länder, nicht über Staatsqualität (in jenem Sinn, der hier verfolgt werden soll) verfügen.

- Auf die Auseinandersetzungen der mitgliedstaatlichen *Verfassungsgerichte* mit dem EuGH über den Anspruch, letztverbindlich über Zuständigkeitsfragen und Kerninhalte der Verfassung, im Grunde also über den Bestand der verfassungsrechtlichen Ordnung selbst zu entscheiden, wurde bereits ausführlich eingegangen.[247] Auch an dieser Stelle ist greifbar, wie der Verlust eines Staatlichkeitsmerkmals hier und dessen Neuherausbildung dort korrespondieren.
- Im Inneren seiner verfassungsrechtlichen Ordnung verfügt der Mitgliedstaat nach wie vor über umfassende und letztverbindliche *Interventionsmöglichkeiten*, wenn sich einzelne Träger der Hoheitsgewalt den Anordnungen der gesamtstaatlichen Organe rechtwidrig widersetzen oder Bundesrecht brechen. Bundesstaaten kennen als ultima ratio[248] den Bundeszwang (vgl. Art. 37 GG). Da der EU keine derartigen Befugnisse zustehen, bleibt, hieran gemessen, die Staatlichkeit der Mitgliedsländer unangefochten.
- Was die *Auflösung* der rechtlichen Gemeinschaft betrifft, so gilt dasjenige entsprechend, was auch für die Frage der Austrittsmöglichkeit festgestellt worden ist: der Umstand, daß ein Bundesstaat wie Deutschland nicht von unten her, durch seine Glieder, aufgelöst werden kann, heißt nicht zwangsläufig, ihm Staatsqualität zuschreiben zu dürfen – diese läßt sich, dem negativen Abgrenzungscharakter dieses Kriteriums zufolge, nur dort mit Sicherheit ausschließen, wo entsprechende Auflösungsmöglichkeiten bestehen.
- Auch der *Geltungsanspruch verfassungsrechtlicher Unverbrüchlichkeitsklauseln* (wie Art. 79 Abs. 3 GG) erweist sich im Integrationskontext als gefährdet: ungeachtet einer verfassungsrechtlichen Klarstellung, wie sie sich in Art. 23 Abs. 1 Satz 3 GG i. V. m. Art. 79 Abs. 3 GG[249] findet, wird teilweise, ausgehend von der Rechtsprechung des EuGH, der Vorrang des Gemeinschaftsrechts auch vor diesen Normen behauptet. Mit anderen Worten: entsprechende Festlegungen stünden, wenn man dieser Auffassung folgt, unter dem Vorbehalt ihrer Vereinbarkeit mit dem gesamteuropäischen Recht; ihre Funktion im mitgliedstaatlichen Verfassungsgesetz müßte mithin der Funk-

---

[247] Siehe oben: III.7.c.

[248] Zur grundgesetzlichen Verfassungsordnung vgl. *Wilfried Erbguth*, in: Sachs (Hrsg.), Grundgesetz, Rn. 2 zu Art. 37.

[249] Siehe dazu unten: Viertes Buch, Erster Abschnitt.

tion entsprechender Klauseln in heutigen Landesverfassungen gleichen.[250] Auch die Unverbrüchlichkeitsbestimmungen des gegenwärtigen staatlichen Verfaßtseins werden somit zugunsten einer neu entstehenden Ordnung relativiert – zunächst in der rechtswissenschaftlichen Theorie, später möglicherweise in der juristischen Praxis.

Diese kurze Zusammenstellung der Staatlichkeitshinweise im nationalen Verfassungsrecht verdeutlicht, daß Staatlichkeitseinbußen hier und Staatlichkeitsgewinne dort nahezu durchweg korrespondieren: der Offenheit vieler Einzelergebnisse im Hinblick auf den europäischen Integrationsprozeß entspricht ihre Offenheit im Hinblick auf ihren Bestand in den Staaten. Das Vierte und letzte Buch dieser Arbeit wird dieser Frage noch einmal, dann jedoch als juristische Problematik aus der Perspektive des nationalen Verfassungsrechts, nachgehen.

V. Zwischenergebnis: Die Staatlichkeit der EG – gegenwärtiger Zustand und künftige Perspektive

Die Untersuchung des Staatlichkeitsbestandes in Europa ist nunmehr, mit der Erörterung der Staatlichkeitsgewinne durch die Union und mit der Erörterung der Staatlichkeitsverluste durch die Mitgliedstaaten, erschöpft. Bestätigt das Bild, das die Indizien bieten, die häufig zu lesende Aussage, daß die EU kein Staat sei und kein Staat werden könne? Für sich genommen, ergeben die einzelnen Kriterien einen durchaus verschiedenen Eindruck: während einige, wie etwa der Allzuständigkeitsanspruch und die formelle Hoheit über die Kompetenzverteilung, eine Staatlichkeit der Europäischen Gemeinschaft als möglicherweise bevorstehend ankündigen, gibt es andere, wie beispielsweise die Zwangsmittelhoheit oder die Bundesintervention, die bislang eher für den Fortbestand der Staatlichkeit der Mitgliedstaaten sprechen. In der Mehrzahl der Kriterien stellt sich die Situation als eine offene dar: die ebenenbezogene Zuordnung der staatlichkeitsrelevanten Kriterien bildet den Gegenstand mehrerer juristischer Meinungsstreite (so zum Beispiel im Hinblick auf das gerichtliche Letztentscheidungsrecht, die Auflösungs- und Austrittsmöglichkeiten und den Bestand änderungsfester Verfassungsinhalte) – ohne daß dieser Zusammenhang immer hinreichend deutlich bewußt ist. Ansätze des Übergangs sind gleichwohl in allen Kriterien angelegt. Ein besonderes Kennzeichen dieser Situation, das in mehreren Zusammenhängen aufgedeckt wurde, liegt zudem darin, daß der Bestand des jeweiligen Kriteriums in den Mitgliedstaaten auf einen

[250] Siehe dazu oben: Erstes Buch, Vierter Abschnitt, VI.2.b. sowie unten: Viertes Buch, Erster Abschnitt.

normtheoretischen Ableitungszusammenhang, auf einen einzelnen historischen Rechtsakt (das Zustimmungsgesetz) und damit, wenn man so will, auf eine Formalie reduziert worden ist, während die eigentliche Verlagerung der entsprechenden rechtsetzenden und judiziellen Gewalt auf die Ebene der EU deutlich in eine bundesstaatliche Richtung weist.

Wäre es vor diesen Hintergründen zutreffend, im Hinblick auf die Staatlichkeit der EU von einer Übergangsphase zu sprechen? Wenn man dies tut – und die Mehrzahl der Kriterien spricht dafür, daß es richtig ist, dies zu tun –, muß man indes die Besonderheiten beachten, die sich mit der Staatlichkeitserkenntnis verbinden: EG und EU sind in erster Linie politische Konstrukte, deren Dasein sich völkerrechtlichen Vertragsschlüssen dankt. Sie sind ein Versuch, mit Hilfe des Rechts eine Verfassungsordnung und damit, gewollt oder ungewollt, zugleich einen Staat zu errichten, von dem nicht zu wissen ist, inwiefern der Bindungswille des einzelnen ihn tatsächlich trägt. Die Deutlichkeit, mit der auch der Verfassungsentwurf in eine entsprechende Richtung zielt, hat diese Entwicklung forciert. Für den Erfolg der Staatsgründung sind die Details der verfassungsrechtlichen Architektur indes nicht entscheidend: den Staat kann nur diejenige Ebene der politischen Gebundenheit bilden, auf die sich das ordnungsbegründende Zusammengehörigkeitsbewußtsein einer Gemeinschaft bezieht, d. h. jenes Gefüge der hoheitlichen Gewalt, dem der einzelne letztverantwortlich gegenüberzutreten hat, weil dieses ihm in einer hoheitlich-verbindlichen Weise den Schutz seiner Rechte verbürgt.[251] Erst dann, wenn ein solches auf die EU bezogenes Zusammengehörigkeitsbewußtsein entstanden sein wird, kann diese als Staat existieren. Die rechtliche Form eilt dieser Entwicklung, unter dem Druck verschiedener Faktoren, voraus. Sollte sich dieses Bewußtsein nicht im entsprechenden Umfang entwickeln, bleiben alle Verfassungsdokumente ebenso wie die Proklamationen der europäischen Organe, ungeachtet ihrer nominell-äußerlichen Formen und Formeln, ihrem Wesen nach Völkervertragsrecht.

Diese Einschränkung: daß es sich hierbei immer nur um die juristisch-technische Seite des Staatlichkeitsübergangs handelt, ist im folgenden mitzubedenken, wenn untersucht werden soll, wie und wodurch Verlust und Neubegründung der Staatlichkeit bewirkt werden können; die Frage, der hier nachzugehen ist, lautet, welche inhaltlichen Schritte den Übergang der Staatlichkeit am deutlichsten erkennbar machen und durch welches Verfahren sie geschehen. Die andere Seite, die Entstehung eines staatenbegründenden Bewußtseins, liegt im Historisch-Psychologischen.

---

[251] Siehe oben Erstes Buch, Erster Abschnitt, III.2.

2. Abschnitt

Schritte zum gesamteuropäischen Bundesstaat

I. Reformen zur juristischen Vollendung der bundesstaatlichen Struktur

Bereits heute weist die Europäische Union eine Reihe von Merkmalen auf, die auf eine künftige Staatsnatur hindeuten. Sie bildet den politischen Versuch, ein rechtliches System zu konstruieren, das in der staatswissenschaftlichen Analyse als Ansatz zu einer grundlegenden Neubegründung der verfassungsrechtlichen Ordnung erscheint. Sein Gelingen hängt davon ab, inwieweit das individuelle Bindungsbewußtsein ein solches gesamteuropäisches Grundordnungsmuster trägt, indem es dieses Schritt für Schritt als neuen Bezugspunkt seines Strebens nach einer grundlegenden Ordnung der öffentlichen Sphären akzeptiert. Im vorangegangenen Abschnitt wurde erörtert, welche Ansätze zu einer entsprechenden gesamteuropäischen Verfassungsarchitektur (im vollen Sinne des Wortes) das gegenwärtige Primärrecht enthält – und welche durch den Verfassungsvertrag, falls er in Kraft tritt, hinzugefügt werden. Der Zweite Abschnitt des Zweiten Buches blickt nunmehr darüber hinaus: er widmet sich der Frage, welcher weiteren Reformen es bedürfte, um eine entsprechende Bundesstaatsgründung, gemessen an den verfassungsjuristischen Konstruktionen, zu vollenden.[252] Die zehn erörterten Kriterien des Staatseins sind dabei im Blick zu behalten – obwohl (und gerade weil) sich die Perspektive der Untersuchung an dieser Stelle von einer Analyse des Staatlichkeitsbestandes (welche die genannten Kriterien leisten sollten) zu einer Analyse der Staatlichkeitserzeugung verschiebt, die herauszufiltern versucht, welche inhaltlichen Reformen das Staatsein Europas forcieren. Diesem Ansatz entsprechend, geht die Untersuchung von jenen Reformfragen aus, die in einem besonders engen Zusammenhang zur Staatlichkeitsthematik stehen – es sind dies das Verfahren der Vertragsänderung[253] ebenso wie die Frage des Verfassungsvorrangs[254], die Inhalte der Kompetenzordnung[255] ebenso wie die Möglichkeiten der Kompetenzkon-

---

[252] Als explizite Fragestellung wurde dieses Thema bislang nur vereinzelt behandelt; vgl. dazu die Ansätze bei *Jean-Claude Piris*, EuR 2000, 311, 328 ff.

[253] Dazu unten: II.

[254] Dazu unten: III.

[255] Dazu unten: IV.

trolle[256] und schließlich die Beschaffenheit des Institutionengefüges[257], dessen Tätigsein die bundesstaatliche Natur des Verbandes durch den Vollzug der Verfassungsstrukturen ins Werk setzen muß.

Im Mittelpunkt des folgenden Abschnittes stehen daher solche Reformvorschläge, die das Staatsein begründen – und die, in der einen oder anderen Form, deutlicher oder mit Vorsicht, in die bisherige Diskussion um eine institutionell-organisatorische Umgestaltung der Union eingebracht wurden. Hierbei ist insbesondere auf jene Verfassungsentwürfe zu rekurrieren, die von Seiten der Politik und von wissenschaftlicher Seite im Zuge der Konventsarbeit, aber auch schon in früheren Phasen vorgelegt wurden.[258] Eine verfassungspolitische Bewertung dieser Entwürfe oder auch des europäischen Bundesstaatsprojekts selbst ist dabei nicht intendiert: zu klären ist hier nur die Frage, was getan werden *müßte*, um eine solche bundesstaatliche Verfassungsstruktur in Europa entstehen zu lassen; beiseite zu lassen ist das Problem, ob dies auch getan werden *sollte*.

II. Änderungen im Recht der Vertragsrevision

1. *Die Einbeziehung europäischer Organe in Vorgänge der Primärrechtsgestaltung*

Wie im Kontext der Fragen nach einem Außerkraftsetzen des EG-Rechts und den Grenzen seiner Änderbarkeit an mehreren Punkten deutlich geworden ist[259], bildet die Frage, wer die Verfassung ändern kann, einen zentralen Gesichtspunkt für die Unterscheidung von höchstrangigem innerem Verbundensein und abgeleiteten äußeren Pflichten. Abkommen, die von den Parteien gemeinsam geändert oder beendet werden können, verkörpern keine Einsetzung einer unabgeleiteten und höchstrangigen Staatsgewalt und stellen daher keine Staatsverfassung dar. Die EG zum Bundesstaat werden zu lassen, heißt daher

---

[256] Dazu unten: V.

[257] Dazu unten: VI.

[258] Einen Überblick über 16 dieser Entwürfe bietet *Peter Häberle*, DÖV 2003, 429, ohne die staatlichkeitsrelevanten Aspekte zu thematisieren. *Andreas Schwartze* (in: Streit/Voigt [Hrsg.], Europa reformieren, S. 127, 132ff.) vergleicht verschiedene Verfassungsentwürfe der neunziger Jahre aus kompetenz- und verfahrensrechtlicher Perspektive. Verfassungsentwürfe für Europa aus verschiedenen Epochen stellen auch *Walter Lipgens* (45 Jahre Ringen um die Europäische Verfassung, passim) und *Wilfried Loth* (Entwürfe einer europäischen Verfassung, S. 49ff.) zusammen. Die zuerst genannte Dokumentation ist insbesondere deshalb wertvoll, weil sie zahlreiche Verfassungsentwürfe aus der Ur- und Frühgeschichte des europäischen Einigungsbestrebens, insbesondere aus der Zeit vor der Gründung der Montanunion, versammelt und übersetzt.

[259] Dazu oben Erstes Buch, Vierter Abschnitt, III.1. und Erstes Buch, Vierter Abschnitt, III.2.c.

zuerst, ihr die Hoheit über das Recht, auf das sie sich gründet, in die Hände zu geben. Mit diesem Schritt erlangte sie zugleich die Hoheit über eine ganze Reihe von Staatlichkeitskriterien – in jenem Rahmen, den die Verfassung selbst ihr dabei vorgibt, könnte sie auf einen weiteren Ausbau ihrer Zuständigkeiten, auf eine Verankerung der gerichtlichen Letztentscheidungsrechte, auf Austrittsverbote usw. hinwirken.

Der wichtigste Schritt, der in die Richtung einer gesamteuropäischen Bundesstaatlichkeit getan werden könnte, läge demzufolge darin, die Befugnis zur Änderung des europäischen Primärrechts in die Hände jener Versammlung zu geben, die sich am deutlichsten als Organ der gesamteuropäischen Verfassungsordnung versteht, d. h. in die Hände des Europäischen Parlaments. Wenn dieses Verfassungsänderungen beraten und beschließen kann, fungiert es fortan als Verfassungsorgan, womit es zugleich dem Muster bundesstaatlicher Letztverantwortlichkeiten entspricht. Es wäre dann dazu imstande und juristisch berufen, die Verfassungsordnung des Gesamtraums seinem Mandat entsprechend zu gestalten. In einem solchen Fall wäre das Primärrecht der EG, das vom Parlament erlassen wird, in der Tat nur noch historisch, durch seinen ursprünglich vertraglichen Einsetzungsakt, auf den Willen des Einzelstaats zurückführbar; die Rechtsinhalte der Verfassung, und damit zugleich die Beziehung von Glied und Gemeinschaft, würden fortan gesamteuropäisch normiert.

Reformen, die das EP (oder eine vergleichbare Institution) in den Stadien des Gesetzentwurfs, der Gesetzesberatung und des Gesetzesbeschlusses zum Hauptorgan der Verfassungsgesetzgebung machen, verschaffen dem europäischen Recht auch dann die Stellung einer autonomen rechtlichen Ordnung, wenn neben dem EP ein zweites Gemeinschaftsorgan, sei es der Europäische Rat oder sei es ein Verfassungskonvent, am Prozeß der Primärrechtsrevision mitwirkt.[260] Änderungen des EU-Primärrechts werden zur Verfassungsrevision (im richtigen Sinne des Wortes), sobald es ausschließlich europäische Organe sind, die darüber entscheiden.[261] Von einem solchen Moment an hat die Ebe-

---

[260] So beispielsweise nach den Vorschlägen von *Rudolf Luster/Gero Pfennig/Friedrich Fugmann* (in: Weidenfeld [Hrsg.], Wie Europa verfaßt sein soll – Materialien zur politischen Union, S. 105, 133 – Art. 83) und *Helmut Wagner* (in: Bruha/Hesse/Nowak [Hrsg.], Welche Verfassung für Europa?, S. 281, 296f.); vgl. ferner auch *Roland Bieber*, in: Wildenmann (Hrsg.), Staatswerdung Europas?, S. 393, 402.

[261] Entsprechendes war beispielsweise im Entwurf des Institutionellen Ausschusses im Europäischen Parlament (Abl. EG Nr. C 61/155 vom 10. 2. 1994; abgedruckt auch bei *Stavros Katsigiannis/Melanie Piepenschneider*, Verfassung der Europäischen Union: Zum Entwurf des Institutionellen Ausschusses im Europäischen Parlament, S. 45ff.) vorgesehen, dessen Art. 31 Nr. 1 1. Anstrich zufolge die Verfassung von den Unionsorganen, ohne eine Ratifikation durch die Mitgliedstaaten, geändert werden sollte (a. A. *Meinhard Hilf*, integration 1994, 68, 73, der im Kompetenzbereich von einer Ratifikationsnotwendigkeit ausgeht, jedoch selbst einräumen muß, daß der Entwurf kein anderes Verfahren für die Verfassungsänderung als jenes des Art. 31 vorsieht; wie hier wohl *Ernst-Ulrich Petersmann*, Aussenwirtschaft 50 [1995], 171, 190 und 195f.). – Eine Änderung der Verfassung ohne mitgliedstaatliche Ratifi-

ne der Gemeinschaft ihre Ordnung selbst in der Hand und beansprucht, die öffentliche Sphäre in dem von ihr umschlossenen Raum grundsätzlich zu ordnen. Auch der Europäische Rat handelte dabei als Gemeinschaftsorgan; seine Rolle entspräche der Rolle einer Länderkammer im Rahmen eines föderalistisch determinierten Verfahrens zur Änderung des Verfassungsgesetzes, wie es beispielsweise in Art. 79 Abs. 2 GG angelegt ist. In ihr verwirklicht sich die föderale Komponente der Ordnungsvorstellung, wonach Bund und Glieder auf ein austariertes Zusammenwirken in ihrem Bestreben um Entwurf und Entwicklung einer gesamtstaatlichen Verfassung festgelegt sind.

Auch unterhalb der Stufe einer solchen Umwälzung der bisherigen Ordnungsmuster sind Reformschritte im Hinblick auf das Verfahren zur Änderung des EU-Primärrechts vorstellbar, die auf eine Staatlichkeit des Gesamtraumes hinwirken und insbesondere in ihrem Zusammenspiel mit anderen Fragen (wie beispielsweise der Gestaltung der kompetentiellen Ordnung) zu würdigen sind. Auch dort, wo das föderale Organ (der Rat oder ein entsprechender Nachfolger) zum Hauptakteur der Vertragsrevision eingesetzt wird, würde ein Gemeinschaftsorgan über die Verfassungsentwicklung entscheiden, mag sein Handeln zunächst auch von der Verfolgung einzelstaatlicher Interessen mitbestimmt sein. Sein Dasein als Verfassungsorgan ist stets auf die politische Verbundenheit des Gesamtraums bezogen. Es ist insoweit vorstellbar und durch die bundesstaatliche Praxis bewiesen, daß in bundesstaatlichen Ordnungskonzepten die föderalistische Komponente soweit in den Vordergrund treten kann, daß die Verfassungsverantwortung in hohem Maße auch dem gemeinsamen Handeln der einzelnen Glieder obliegt.[262] Entscheidend ist dabei, ob es die unabgeleitete Ordnung des Gesamtraums ist, die dieses Gesamtkonzept einsetzt. Vom europäischen Bundesstaat kann deshalb auch dort auszugehen sein, wo sich die Verfassungsstruktur eines Gesamtraums in erster Linie in den Händen der „Staatenvertretung" befindet, wenn dies das föderale Moment innerhalb eines letztmaßgeblich verbundenen Raumganzen ausdrückt.

---

kationsakte ist auch in den Entwürfen von *Robert Badinter* (Une Constitution européenne, S. 129 – Art. 81) und *Rudolf Luster/Gero Pfennig/Friedrich Fugmann* (in: Weidenfeld [Hrsg.], Wie Europa verfaßt sein soll – Materialien zur Politischen Union, S. 133) vorgesehen. Ein Beispiel aus der frühesten Phase des Integrationsprozesses stellen die Verfassungsentwürfe von *Ivor Jennings* (Art. XXIII) und der Europa-Union (Art. 90) dar, beide abgedruckt in: *Walter Lipgens*, 45 Jahre Ringen um die Europäische Verfassung, S. 44 ff. bzw. 94 ff. sowie Art. 20 Abs. 2 des Verfassungsentwurfs der UEF, abgedruckt bei *Wilfried Loth*, Entwürfe einer europäischen Verfassung, S. 55 ff.

[262] Eine entsprechend starke Stellung im Verfahren der Verfassungsänderungen genießen die Gliedstaaten beispielsweise nach Art. X.1. der bosnisch-herzegowinischen Verfassung sowie nach den Artt. 192 ff. der Schweizerischen Bundesverfassung. Auch Änderungen des deutschen Grundgesetzes bedürfen gemäß Art. 79 Abs. 2 GG einer Zweidrittelmehrheit im Bundesrat als der Ländervertretung.

2. Primärrechtsänderungen durch Mehrheitsentscheidungen

Im engen Zusammenhang mit der Frage, welches Organ über eine Änderung des EG-Primärrechts entscheidet, steht der Gesichtspunkt des Abstimmungsmodus im entsprechenden Gremium[263], und zwar insbesondere in jenem Gremium, das dazu dient, eine Mitwirkung der Gliedeinheiten (im Bundesstaat also: der Länder) an der Ausgestaltung der Bundesverfassung zu vermitteln. Einstimmigkeitserfordernisse in einem solchen „Staaten"gremium entsprechen dabei eher dem Status eines äußeren Gebundenseins, Mehrheitsbeschlüsse eher dem Wesen des Staates. Im Falle eines äußeren Verpflichtetseins sind Mehrheitsentscheidungen zur Änderung der Verträge allenfalls unter der Maßgabe vorstellbar, daß der überstimmte Vertragspartner austreten kann.[264] Die freiwillige vertragliche Bindung des Gemeinwesens nach außen hin erfordert eine rechtliche Struktur, die es dem einzelnen Mitglied erlaubt, über die Ausgestaltung dessen zu entscheiden, woran er sich freiwillig beteiligt, oder, wo dies aus Gründen der Funktionsfähigkeit des Ganzen nicht ohne weiteres möglich erscheint, eine Struktur, die ihm den Austritt erlaubt; sie erfordert, mit *Albert Hirschman* gesprochen, ein Entweder-Oder von „voice" und „exit". Demgegenüber illustriert ein funktionierendes Mehrheitsprinzip das grundlegende politische Verbundensein des Gesamtraums, das dessen Staatsqualität ausmacht: wo dieses herrscht, haben die Gliedeinheiten gänzlich darauf verzichtet, die Durchsetzung einzelner Standpunkte zu erzwingen oder, für den Fall des Überstimmtwordenseins, die Einheit durch Austritt in Frage zu stellen. Staatlichkeitsforcierend wirken demzufolge Reformen, nach denen das Recht der Verträge durch die Vertretung der Gliedstaaten per Mehrheitsbeschluß modifiziert werden kann, ohne daß Austrittsoptionen dies kompensieren.

---

263 Entsprechende Mehrheitsbeschlüsse schlägt beispielsweise *Helmut Wagner* (in: Bruha/Hesse/Nowak [Hrsg.], Welche Verfassung für Europa?, S. 281, 296) vor, wonach einer Änderung der „Europäischen Verfassung" die Mehrheit im Parlament, die Mehrheit im Ministerrat und eine besondere qualifizierte Mehrheit im „Hohen Verfassungsrat (HVR)", einer von *Wagner* angeregten Versammlung der Staats- und Regierungschefs, die als Unionsorgan handeln, zustimmen müssen. Entsprechende Vorschläge sind auch aus der Frühzeit des europäischen Integrationsprozesses bekannt; vgl. Art. XXIII des Verfassungsentwurfes von *Ivor Jennings* und Art. 90 des Verfassungsentwurfs der Europa-Union, beide abgedruckt in: *Walter Lipgens*, 45 Jahre Ringen um die Europäische Verfassung, S. 44ff. bzw. 94ff.

264 Entsprechende Regelungen sehen die Verfassungsentwürfe von *Robert Badinter* (Une Constitution européenne, S. 128 – Art. 81 i.V.m. Art. 80) und *Jean Touscoz* (La Constitution de l'Union européenne, S. 179f. – Art. 19 Abs. 5) vor; vgl. auch *Roland Bieber*, in: Wildenmann (Hrsg.), Staatswerdung Europas?, S. 393, 401.

3. *Abgestufte Änderungsmechanismen: die Vorschläge zur Zweiteilung des Primärrechts*

Im Kontext einer möglichen Änderung des Vertragsrevisionsverfahrens sind des weiteren jene Vorschläge zu untersuchen, die auf eine Zweiteilung des bisherigen EG-Primärrechts abzielen.[265] Dessen heutige Inhalte sollen, so sehen es die entsprechenden Verfassungsentwürfe vor, auf einen grundlegenden Basisvertrag und einen detaillierten Gemeinschaftsvertrag aufgeteilt werden.[266] Während der zuerst Genannte die Grundsätze der Union und die Hauptgesichtspunkte ihrer institutionellen Architektur darstellen soll, legt der zweite, dem rechtlichen Rang nach untergeordnet, die einzelnen Politikfelder der Gemeinschaft und die Maßnahmen, die diese ausführen kann, fest. Entsprechende Vorschläge bezwecken eine Aufteilung der Verträge jedoch nicht allein aus Gründen ihrer besseren Verständlichkeit – sie sollen, zumindest nach einem Teil der Entwürfe, zugleich die Modalitäten ihrer Änderbarkeit differenzieren: während der Basisvertrag wie bisher nach völkerrechtlichem Muster durch Vertragsschluß und Ratifikation revidiert werden muß, könnte der eigentliche Gemeinschaftsvertrag leichter, gegebenenfalls durch ein Zusammenwirken europäischer Organe und durch Mehrheitsbeschluß, änderbar sein.[267] Aus staatlichkeitstheoretischer Perspektive gehören in diesen Kontext auch solche Ideen, wonach die primärrechtlichen Vorschriften der Union in einem „Verfassungsvertrag" und sogenannten Organgesetzen niedergelegt werden sollen.[268] Auf-

[265] Eine Zweiteilung der Verträge wurde einerseits von einer Arbeitsgruppe um *Richard von Weizsäcker* (*Richard von Weizsäcker/Jean-Luc Dehaene/David Simon*, Die institutionellen Auswirkungen der Erweiterung, S. 12) und andererseits, im Auftrag der EG-Kommission, vom Europäischen Hochschulinstitut in Florenz vorgeschlagen (European University Institute, A Basic Treaty for the European Union, S. 4ff.). Zum zuerst genannten Entwurf vgl. *Stefan Oeter*, in: Bruha/Hesse/Nowak (Hrsg.), Welche Verfassung für Europa?, S. 243, 259; zum zuletzt genannten Entwurf siehe *Bruno de Witte*, CMLR 39 (2002), 1255, 1270ff. Einen weiteren Verfassungsentwurf mit Zweiteilungslösung, der sich an die Konzeption von *Dehaene/Weizsäcker/Simon* anlehnt, entwickelte das Centrum für angewandte Politikforschung: CAP, Ein Grundvertrag für die Europäische Union. Grundsätzlich zustimmend u. a. *Christoph Dorau*, in: Ronge (Hrsg.), In welcher Verfassung ist Europa – Welche Verfassung für Europa? S. 155, 165.

[266] Näher dazu auch *Christoph Dorau*, Die Verfassungsfrage der Europäischen Union, S. 163ff.

[267] Dies gilt jedoch nicht für den Entwurf des Europäischen Hochschulinstitutes (European University Institute, A Basic Treaty for the European Union, Annex I und Annex II), der (sowohl hinsichtlich des Basisvertrages wie auch hinsichtlich des Gemeinschaftsvertrages) in Klausel 92 am bisherigen Art. 48 EUV festhält. Ein besonderer Anspruch dieses Entwurfs bestand darin, die geltende rechtliche Lage unangetastet zu lassen (European University Institute, a.a.O., S. 9f. und Annex I, S. 42 – dort in Fn. 145). Auch der CAP-Entwurf (Ein Grundvertrag für die Europäische Union) hält in Art. 102 am bisherigen Verfahren des EUV fest.

[268] So der EP-Entwurf eines Vertrages zur Gründung der Europäischen Union (Abl. EG Nr. C 77/33 vom 14. 2. 1984), Art. 34 Abs. 2 i. V. m. Art. 38; der Entwurf des Institutionellen

gabe dieser Organgesetze wäre es insbesondere, Zuständigkeiten und Zusammenwirken der Unionsorgane zu regeln. Auch diese Gesetze sollen, den Vorstellungen der entsprechenden Verfassungsentwürfe zufolge, durch Gemeinschaftsorgane änderbar sein.[269]

Die verfassungstheoretische Bedeutung eines solchen Reformschrittes hängt davon ab, welche Änderungsbefugnis der Gemeinschaft in concreto eingeräumt wird, d.h. welche Regeln sich in welchem Teil finden. Solange die entsprechenden Basisverträge nach völkerrechtlichem Muster geändert und beendet werden können[270], behält die Gemeinschaft formell betrachtet ihren Charakter als abgeleitetes Verpflichtetsein.[271] Die Verträge entsprechend zu teilen, heißt insofern nichts anderes, als eine weitere rechtliche Ableitungsstufe zu etablieren. Ein Blick auf die damit geschaffene Autonomie, wie sie letztlich auch die Substanz der Staatlichkeit ausmacht, zeigt indes, daß die EU durch eine Aufteilung der Verträge Staatlichkeitsinhalte aufnehmen kann, indem sie, mit der Hoheit über einen formell zweifellos nachrangigen Regelungsausschnitt, in beträchtlichem Umfang zur Inhaberin verschiedener staatlichkeitskennzeichnender Zuständigkeiten, wie beispielsweise der Organisations-, Kompetenz- und Rechtshoheit, wird.[272] Was bereits für weite Ausschnitte des heutigen Unionsrechts

---

Ausschusses im Europäischen Parlament (Abl. EG Nr. C 61/155 vom 28.2. 1994), Art. 31 Nr. 1; der Verfassungsentwurf von *Robert Badinter* (Une Constitution européenne, S. 67 – Art. 22) und der Verfassungsentwurf von *Jean Touscoz* (La Constitution de l'Union européenne, S. 179 – Art. 19 Abs. 3).

[269] Nämlich durch ein Zusammenwirken von Rat, Kommission und Parlament, vgl. EP-Entwurf eines Vertrages zur Gründung der Europäischen Union (Abl. EG Nr. C 77/33 vom 14. 2. 1984), Art. 37f. und *Jean Touscoz*, La Constitution de l'Union européenne, S. 4ff. – Der Unterschied zwischen Organgesetzen und anderen Gesetzen liegt dabei in erster Linie in den Mehrheitsanforderungen, der Unterschied zur Änderung des Unionsvertrages im fehlenden Ratifikationserfordernis (Art. 84 UAbs. 2). Nach dem Entwurf des Institutionellen Ausschusses im EP (Abl. EG Nr. C 61/155 vom 28. 2. 1994) wäre auch für eine Änderung der Verfassung keine Ratifikation notwendig gewesen.

[270] Dies ist bei den bisherigen Entwürfen in großer Mehrheit der Fall, die zumindest am Änderungsmechanismus des Art. 48 EUV festhalten; vgl. European University Institute, Basic Treaty of the European Union, clause 92; CAP, Ein Grundvertrag für die Europäische Union, Art. 102. Eine Ausnahme bildet der Entwurf des Institutionellen Ausschusses im Europäischen Parlament (Abl. EG Nr. C 61/155 vom 28. 2. 1994), der vom Ratifikationserfordernis absieht; siehe dazu auch die in Fn. 261 nachgewiesene Literatur. Der EP-Entwurf eines Vertrages zur Gründung der Europäischen Union weist insofern in eine bundesstaatliche Richtung, als er Änderungen des Unionsvertrages dem Gesetzgebungsverfahren unterwirft (Art. 84 UAbs. 1 Satz 2), so daß nur noch das Ratifizierungserfordernis aus Art. 84 UAbs. 2 an ein völkerrechtliches Muster erinnert (Abl. EG Nr. C 77/33 vom 14. 2. 1984).

[271] *Stefan Oeter*, in: Bruha/Hesse/Nowak (Hrsg.), Welche Verfassung für Europa?, S. 243, 259.

[272] Vgl. dazu auch *Stefan Oeter*, in: Bruha/Hesse/Nowak (Hrsg.), Welche Verfassung für Europa?, S. 243, 259.

festgestellt werden konnte, gilt dann um so mehr: verfassungsrechtliche Ableitungszusammenhänge verkümmern zu formellen Zurechnungsmustern.[273]

4. *Ewigkeitsklauseln und änderungsfeste Verfassungsinhalte*

Reformen des Vertragsänderungsverfahrens beeinflussen die Staatlichkeitsfrage schließlich auch dann, wenn sie darauf abzielen, auf der Ebene des Unionsrechts änderungsfeste Verfassungsinhalte zu etablieren.[274] Zu denken ist dabei an Rechtssätze, wonach bestimmte Grundsätze der gemeinschaftlichen Rechtsordnung, sei es der Anspruch einer demokratischen Herrschaft oder sei es die Wahrung individueller grundlegender Rechte, vor der Möglichkeit einer Änderung abgeschirmt werden. Ihre Einführung in das Primärrecht brächte verfassungsjuristisch zum Ausdruck, daß die EU nicht länger als abgeleitete Bindung, die aufgehoben und geändert werden kann, sondern als unabgeleitetes grundlegendes Ordnungsgefüge, d. h. als Staat, interpretiert werden muß; änderungsfeste Verfassungsinhalte lösen, unabhängig von ihrem vorläufigen Umfang, die bisherigen statusbestimmenden Ableitungsbeziehungen auf.

III. Der Ausbau des Verfassungsvorrangs

1. *Der Vorrang des Primärrechts vor mitgliedstaatlichem Verfassungsrecht*

Die europäische Union zum Staat zu verwandeln, bedeutet weiterhin, ihrem Primärrecht einen unmittelbaren Vorrang vor allem anderen Recht innerhalb ihres Geltungsbereiches zu verschaffen.[275] Wo ein solcher Vorrang durchgesetzt wird, überschreitet eine Gemeinschaft die Schwelle zum Staat. Die Umsetzung des Vorranganspruchs im Gemeinschaftsrecht berührt daher unmittelbar die Staatlichkeitsfrage[276]; dem Ziel, einen europäischen Bundesstaat zu schaffen, entspräche dabei eine Vorrangklausel, die den Primat des europäischen Rechts auch vor dem Recht der nationalen Verfassungen (und damit auch vor deren

---

[273] Zu Recht meint daher *Stefan Oeter* (in: Bruha/Hesse/Nowak [Hrsg.], Welche Verfassung für Europa?, S. 243, 259), daß sich ein entsprechendes Zweiteilungsmodell von staatenbündischen Vorstellungen „irreversibel verabschieden" würde.

[274] Dazu oben Erstes Buch, Vierter Abschnitt, VI.2. und Zweites Buch, Erster Abschnitt, III.10. Der Vorschlag, entsprechende Inhalte einzuführen, findet sich in Art. 83 Nr. 3 des Verfassungsentwurfes von *Rudolf Luster/Gero Pfennig/Friedrich Fugmann*, in: Weidenfeld (Hrsg.), Wie Europa verfaßt sein soll – Materialien zur Politischen Union, S. 105, 133 sowie bei *Helmut Wagner*, in: Bruha/Hesse/Nowak (Hrsg.), Welche Verfassung für Europa?, S. 281, 297. – Änderungsfeste Inhalte fanden sich auch in den bundesstaatlich orientierten Verfassungsentwürfen der Nachkriegszeit, vgl. Art. 20 Abs. 1 des UEF-Entwurfes, abgedruckt in *Wilfried Loth*, Entwürfe einer europäischen Verfassung, S. 55 ff.

[275] Vgl. dazu auch *Bruno de Witte*, CMLR 39 (2002), 1255, 1279.

[276] Dazu oben Erstes Buch, Vierter Abschnitt, I.1. und Zweites Buch, Erster Abschnitt, I.

änderungsfesten Gehalten) verbürgt.[277] Wenngleich hierfür bereits ein Anwendungsvorrang des europäischen Rechts (wonach nationales Recht, das gegen EU-Recht verstößt, im Konfliktfall unangewendet bleibt) grundsätzlich ausreicht, so müßte ein echter Geltungsvorrang (wonach nationales Recht generell unwirksam ist, wenn es gegen EU-Recht verstößt) der bundesstaatlichen Gesamtkonzeption besser entsprechen, da dieser, im Hinblick auf die Rechtshierarchie, Abgeleitetsein und Geltungsbedingtheit des nationalen Rechts stärker verwirklicht und, im Hinblick auf die inhaltliche Seite des Staatseins, die Verfassungsvorstellungen der Bundesgesamtheit besser entfaltet. Einer Staatlichkeit der EU entspräche deshalb eine Klausel, wie sie sich in Art. I-6 EV abzuzeichnen beginnt und die, in ihrer deutlichsten Form, lautet: „Kompetenzgemäß erlassenes Recht der Union bricht jegliches mitgliedstaatliche Recht."

2. *Feststellungen der Verfassungswidrigkeit untergeordneten Rechts*

Auf die Begründung einer gesamteuropäischen Bundesstaatlichkeit würde es außerdem hinwirken, wenn das EG-Primärrecht Regelungen bereitstellt, die den Verfassungsvorrang prozessual deutlicher untermauern.[278] Der gemeinschaftsrechtliche Vorrang gegenüber mitgliedstaatlichem Recht kann nur insoweit als ein Ferment der Bundesstaatsdurchsetzung wirken, als dieser sich auch im einzelnen Streitfall wirksam konkretisiert. Staatlichkeitsforcierend wirken demzufolge Reformen, welche die Letztentscheidungsbefugnis über die Vereinbarkeit mitgliedstaatlicher Rechtsnormen mit dem Recht der EU einem gesamteuropäischen Verfassungsgerichtshof zuordnen, der dort, wo er Verstöße fest-

[277] Uneingeschränkte Vorrangklauseln finden sich beispielsweise in Art. 42 Satz 2 des Entwurfs eines Vertrages zur Gründung der Europäschen Union, den das Europäische Parlament vorgelegt hat (Abl. EG Nr. C 77/33 vom 14. 2. 1984); in Art. 65 des Verfassungsentwurfs von *Rupert Scholz* (Die Verfassung der Europäischen Union, S. 27); in Art. 1 Nr. 4 des Verfassungsentwurfs von *Rudolf Luster/Gero Pfennig/Friedrich Fugmann* (zitiert nach: Weidenfeld [Hrsg.], Wie Europa verfaßt sein soll – Materialien zur Politischen Union, S. 105, 106); in Art. 1 Nr. 6 des Entwurfs des Institutionellen Ausschusses im Europäischen Parlament (Abl. EG Nr. C 61/155 vom 28. 2. 1994); in Art. 3 Abs. 1 des Freiburger Verfassungsentwurfs (http://www.europa-institut.de/eng/); in Art. 57 des Verfassungsentwurfes von *Elmar Brok* (CONV 325/02) und in Art. 16 UAbs. 3 des Verfassungsentwurfs von *Robert Badinter*, Une Constitution européenne, S. 61.; vgl. ferner auch die Entschließung des EP vom 12. 12. 1990, Nr. 23 (EuGRZ 1991, 187, 190). Vorrangklauseln fanden sich bereits in den bundesstaatlich orientierten Verfassungsentwürfen aus der Anfangsphase des Integrationsprozesses, vgl. Art. 7 Abs. 1 des „Entwurfs zur Verfassung der Vereinigten Staaten von Europa", vorgelegt durch die Europa-Union 1942; wiederabgedruckt bei *Walter Lipgens*, 45 Jahre Ringen um die Europäische Verfassung, S. 94 ff.

[278] Bemerkenswert ist in diesem Kontext auch Art. 42 Satz 5 des EP-Entwurfs eines Vertrages zur Gründung der Europäischen Union (Abl. EG Nr. C 77/33 vom 14. 2. 1984), wonach die einzelstaatlichen Gerichte das Recht der Union (und damit auch die Vorrangklausel in Art. 42 Satz 2 des Entwurfs) anzuwenden haben. Eine solche Regelung wendet sich als Verfassungsnorm direkt an die nationale Gerichtsbarkeit, die sie damit als eine ihr untergeordnete ansieht.

stellt, das mitgliedstaatliche Recht für nichtig oder zumindest für unanwendbar erklärt. Hierzu könnte es beispielsweise kommen, wenn durch eine Umstrukturierung der möglichen Verfahrensgegenstände und durch die Verschärfung der gerichtlich auszusprechenden Folgen (insbesondere also: durch die Erkenntnis der Verfassungswidrigkeit mitgliedstaatlichen Rechts) Vorabentscheidungsverfahren und Vertragsverletzungsprozeß zu verfassungsgerichtlichen Verfahren im vollen Sinne des Wortes, zu Normenkontrolle und Bund-Gliedstaaten-Streit, ausgebaut würden. Auf die Frage der Zuständigkeitenkontrolle, die einen Ausschnitt aus dieser Thematik markiert, ist im folgenden noch einmal zu sprechen zu kommen.

IV. Staatlichkeitsrelevante Änderungen im Kompetenzverteilungssystem

1. Eindimensionale Zuständigkeitszuweisungen an die Mitgliedstaaten durch das EG-Recht

Primärrechtsreformen berühren die Staatlichkeitsfragen insbesondere dort, wo es um die Verteilung der Zuständigkeiten zwischen Union und Mitgliedstaat geht. Die Staatlichkeit der EU setzt dabei Bestimmungen voraus, die dieser sowohl die inhaltliche Allzuständigkeit als auch die formale Kompetenzverteilungshoheit verschaffen.[279] Derartige Regelungen setzen das Prinzip der begrenzten Einzelermächtigung außer Kraft. Zukünftige Reformschritte der Zuständigkeitsverteilung sind deshalb unter dem Gesichtspunkt zu betrachten, ob die im EG-Primärrecht zu verankernde Kompetenzzuordnungsstruktur mit dem Anspruch hervortritt, die Gesamtheit der Verantwortlichkeiten für die rechtliche Gestaltung der öffentlichen Sphären aus sich heraus zu begründen. In seiner deutlichsten Weise wäre ein solches staatstypisches Zuordnungsmuster verwirklicht, wenn das EG-Primärrecht den Mitgliedstaaten bestimmte, gegenständlich begrenzte Zuständigkeiten in Kompetenzkatalogen positiv zuweist. Alle weiteren Kompetenzen, die darin nicht aufgeführt sind, lägen dann

[279] Eine solche Klausel, die der Union die Kompetenzhoheit einräumt, findet sich in den bisherigen Verfassungsentwürfen sehr selten. Den deutlichsten Schritt in diese Richtung geht Art. 52 Nr. 1 des Verfassungsentwurfes von *Rudolf Luster/Gero Pfennig/Friedrich Fugmann* (in: Weidenfeld [Hrsg.], Wie Europa verfaßt sein soll – Materialien zur Politischen Union, S. 105, 121 f.), wonach bereits ein Unionsgesetz zur Kompetenzerweiterung genügt, dem die Mehrheit der nationalen Parlamente zustimmen muß. Diese Konstruktion entspricht dem Anspruch der Verfasser, eine bundesstaatliche Verfassung zu entwerfen. – Ein zweites Beispiel bildet der Verfassungsentwurf von *Dominique Rousseau* (le débat, Nr. 108 [Januar/Februar 2000] S. 54 ff.), durch dessen Art. 34 der Union (genauer gesagt: dem EP) bestimmte Kompetenzen zugewiesen werden, während alles hiervon nicht Erfaßte nach einer am Subsidiaritätsgedanken ausgerichteten Zuständigkeitenverteilung als Gegenstand der konkurrierenden Regelungsbefugnis erscheint.

von selbst bei der Gemeinschaft.[280] Allzuständigkeit und Kompetenzzuordnungshoheit würden nach einer solchen Reform, juristisch einwandfrei identifizierbar, auf europäischer Ebene angelegt sein; aus den Mitgliedstaaten entstünden in kompetenzrechtlicher Hinsicht autonome Selbstverwaltungskörper, deren Dürfen aus den Normen der Gesamtverfassung hervorgeht.

2. *Zweidimensionale Kompetenzzuordnungsregeln: die Verteilung der Zuständigkeiten an Mitgliedstaaten und Union durch das EG-Recht*

Um Schritte hin zur gesamteuropäischen Staatlichkeit kann es sich jedoch auch handeln, wenn das höchste EU-Recht den Gesamtbestand der Zuständigkeiten zweidimensional, d.h. durch Zuweisungen an Union und Glieder, verteilt. Derartigen zweidimensionalen Zuweisungsregeln ist der Anspruch der Gesamtverteilung grundsätzlich immanent[281]: wer eine entsprechende Kompetenzzuordnungsregel erläßt, entscheidet, daß die kompetenzrechtliche Koordination aller beteiligten Hoheitsträger gerade auf dieser und keiner anderen Ebene des politischen Verbundenseins erfolgt. Von jenem Moment an, in dem das EU-Primärrecht sich anschickt, die Gesamtheit der hoheitlichen Zuständigkeiten innerhalb seines Geltungsbereiches zwischen sich und anderen Ebenen zu verteilen, gibt es den Anspruch kund, staatlich zu sein. Je nachdem, wie sich diese Zuständigkeitenverteilung in concreto gestaltet, und je nachdem, welche Seite über die sogenannte Reservezuständigkeit für alles Nichterfaßte verfügt, sind in der staatlichkeitsbezogenen Bewertung der entsprechenden Reformschritte verschiedene Grade zu differenzieren:

- Der staatlichkeitsnächste Fall einer entsprechenden zweidimensionalen Zuständigkeitenverteilung liegt vor, wenn das Unionsrecht die Kompetenzen in jener Weise koordiniert, daß sowohl der Union als auch den Mitgliedstaaten Tätigkeitsfelder durch eine explizite rechtliche Zuweisung anvertraut werden und sich die *Reservekompetenz* ausdrücklich (oder auch, wenn dies eindeutig ist, immanent) *bei den Unionsorganen* befindet.[282] Eine verfassungsrechtliche Kompetenzordnung dieser Art müßte demnach bedeuten, daß der

[280] Um eine solche ausschließliche Zuweisung an die Union handelt es sich auch bei jenem Kompetenzverteilungssystem, das dem Verfassungsentwurf von *Dominique Rousseau* (le débat, Nr. 108 [Januar/Februar 2000], S. 54, 70f.) zugrunde liegt: die Union verfügt danach über eine Reihe ausschließlicher Zuständigkeiten, während alle anderen Kompetenzbereiche als konkurrierende Zuständigkeiten angelegt sind. – Zum Zusammenhang von eindimensionaler Zuweisung und Staatlichkeitsfrage auch *Hermann-Josef Blanke*, ThürVBl. 2002, 224, 229.

[281] In der Sache genauso *Peter-Christian Müller-Graff*, EWS 2002, 206, 213; wohl auch *Sionaidh Douglas-Scott*, Constitutional Law of the European Union, S. 538; vgl. ferner auch *Hermann-Josef Blanke*, ThürVBl. 2002, 224, 229 sowie *Jürgen Schwarze*, in: Schwarze/Müller-Graff (Hrsg.), Europäische Verfassungsentwicklung, S. 7, 22f., die sich hinsichtlich der Mitgliedstaaten auf negative Abgrenzungsregeln beschränken wollen.

[282] Die Frage vermischt sich hier mit dem Problem, welche Organe beteiligt sein müssen

Grundsatz der begrenzten Einzelermächtigung zunächst abgeschafft und dann in einer umgekehrten Weise zur Geltung gebracht wird: die Gliedstaaten der Union wären dann nur noch dort zum Erlaß von Rechtsvorschriften befugt, wo die Union sie dazu ermächtigt. In der staatlichkeitstheoretischen Bewertung entspräche eine solche Kompetenzzuordnungsstruktur der eindimensionalen Zuweisung durch die Union weitestgehend.

– Wie bereits die Darlegungen zu Art. 11 Abs. 2 Satz 2 des Verfassungsvertrages gezeigt haben sollten[283], kann eine zweidimensionale Zuständigkeitszuweisung unter bestimmten Umständen selbst dann als bundesstaatstypisch eingestuft werden, wenn sich die Zuweisung an die Mitgliedstaaten auf die ausdrückliche *Klarstellung ihrer Reservekompetenzen* beschränkt, d. h. wenn das EG-Primärrecht der europäischen Ebene katalogweise bestimmte Kompetenzen gewährt und alles Übriggebliebene in die Hände des Einzelstaates legt.[284] Sollte Art. I-11 Abs. 2 EV (oder eine entsprechende Vorschrift) in Kraft gesetzt werden, so hängt deren Bedeutung zuerst davon ab, ob die Verfassungsordnung der Gesamtheit sich selbst als ein entsprechendes Grundordnungsmuster versteht. Was äußerlich-formal nach ein und derselben Regel aussieht[285] („Zur Ausübung der staatlichen Befugnisse sind grundsätzlich die Bundesglieder [Mitgliedstaaten oder Länder] befugt, sofern in dieser Verfassung nichts anderes bestimmt ist."), kann sich einerseits als Grundsatz der begrenzten Einzelermächtigung erweisen – es handelt sich dann nur um ein äußeres Verpflichtetsein der einzelnen Staaten; es kann jedoch ebenso die Grundlegung einer bundesstaatlichen Kompetenzordnung bilden, wie Art. 30 GG[286] belegt. [287]

(oder auch, welche keinesfalls beteiligt sein dürfen), um von einer solchen Reservekompetenz mit Recht sprechen zu können. Dazu auch Erstes Buch, Vierter Abschnitt, III.2.

[283] Siehe dazu oben: Zweites Buch, Erster Abschnitt, III.3.d.

[284] Entsprechende Regelungen finden sich beispielsweise in Art. 16 UAbs. 1 des Verfassungsentwurfs von *Robert Badinter* (Une Constitution européenne, S. 61). Einen Grenzfall markiert Art. 7 Abs. 2 UAbs. 2 des Verfassungsentwurfes von *Alan Dashwood/Michael Dougan/Christophe Hillion/Angus Johnston/Eleanor Spaventa* (http://www.whi-berlin.de/doc/dashwood.doc), der die Zuweisung der Residualkompetenz an die Mitgliedstaaten (und damit den Allzuständigkeitsanspruch der Gesamtverfassung) mit den Worten „by virtue of their sovereignty" entschärft.

[285] *Dieter Grimm*, JZ 1995, 581, 590. Daß eine Regelung wie Art. 70 GG auch Vorbild für einen europäischen Kompetenzkatalog sein könne, meint u. a. *Rupert Scholz*, ZG 2002, 1, 10, ohne damit eine Verlagerung der Kompetenzkompetenz zu verbinden.

[286] Daß Art. 30 GG eine lückenlose Kompetenzverteilung bewirkt, wie die Bundesstaatlichkeit sie voraussetzt, betont *Wilfried Erbguth* (in: Sachs [Hrsg.], Grundgesetz, Rn. 6 zu Art. 30); andeutungsweise auch *Theodor Maunz*, in: Maunz/Dürig, Grundgesetz, Rn. 1 zu Art. 30. Zum Allzuständigkeitsanspruch der Schweizerischen Bundesverfassung *Ulrich Häfelin/Walter Haller*, Schweizerisches Bundesstaatsrecht, Rn. 1057.

[287] Auch bundesstaatliche Verfassungen können, wenn man so will, auf dem „Prinzip der begrenzten Einzelermächtigung" beruhen, wie Artt. 30, 70 und 83 GG beweisen, nur daß es dann die Ebene des Gesamtstaates ist, die diese Aufteilung vornimmt. Dazu auch *Dieter*

Allein eine eindimensionale Zuweisung von Zuständigkeiten an die Union durch die EG-Mitgliedstaaten ist daher als eindeutige Absage an eine gesamteuropäische Staatsgründung zu betrachten[288]: eine solche Zuweisung enthält, unabhängig von ihrem konkreten Umfang, die Aussage, daß die übrigen Zuständigkeiten bei ihren bisherigen Trägern verbleiben. Auch eine solche Zuständigkeitenfestlegung würde den Staatlichkeitsanspruch markieren; wie bei jeder eindimensionalen Zuständigkeitsbestimmung findet er sich dort, von wo diese Zuweisung ausgeht – und demzufolge, im Hinblick auf die Beziehung der EU zu ihren Gliedern, beim Staat.

V. Staatlichkeitsrelevante Reformschritte im Bereich der Kompetenzkontrolle

1. *Zuständigkeiten des EuGH in Kompetenzverletzungsverfahren*

Wie bereits im Rahmen des Verfassungsvorrangs kurz thematisiert worden ist, setzen vollständige Bundesstaatsstrukturen neben einer adäquaten Umsetzung von formeller Kompetenzhoheit und inhaltlichem Allzuständigkeitsanspruch[289] weiterhin voraus, daß die gesamtstaatliche Ebene auch die letztverbindliche Entscheidung über die Einhaltung der Zuständigkeitsgrenzen aller in ihrem Herrschaftsbereich tätigen Hoheitsträger für sich monopolisiert. Staatlichkeitsergänzend wirken damit auch jene Primärrechtsreformen, wonach über die Einhaltung der Zuständigkeitsgrenzen durch die Gemeinschaft eines ihrer Organe letztverbindlich entscheidet. Insbesondere nach den umstrittenen Entscheidungen von BVerfG und Dänischem Obersten Gerichtshof[290] wurden entsprechende Modelle in einer Reihe von Spielarten entwickelt und unterbreitet. Manche davon waren darauf gerichtet, die Rolle des EuGH als Kompetenzgerichtshof zu stärken, während andere darauf abzielten, ein zusätzliches Organ, sei es in Form eines neuen Gerichtshofes oder sei es in Form eines politischen

Grimm, JZ 1995, 581, 590. – Besonders anschaulich ist dafür Punkt 68 der Entschließung des EP vom 12. 12. 1990 (EuGRZ 1991, 187, 193), wonach Rat und Parlament bei Angelegenheiten der Kompetenzübertragung durch Mehrheit entscheiden, während für sonstige Verfassungsänderungen gemäß Punkt 69 ein Ratifikationserfordernis gilt.

[288] Eine solche Fortführung des Prinzips der begrenzten Einzelermächtigung findet sich u.a. im Verfassungsentwurf von *Rupert Scholz* (Die Verfassung der Europäischen Union, S. 26 – Art. 63 Abs. 1). – Weniger entscheidend dürfte es demgegenüber sein, ob die Zuständigkeitsfelder der EU weiterhin zielbezogen oder aber bereichsbezogen festgelegt werden – so jedoch *Theo Öhlinger* (in: Festschrift für Georgios I. Kassimatis, S. 801, 815 f.), der bereichsbezogene Kompetenzzuweisungen zu Unrecht als eine Übertragung von Letztverantwortung für die entsprechenden Gebiete versteht.

[289] Dazu oben Erstes Buch, Vierter Abschnitt, III.2. und Erstes Buch, Vierter Abschnitt, IV.1.

[290] Dazu oben Zweites Buch, Erster Abschnitt, I.2.b.

Gremiums, neu zu kreieren. Die Einführung einer Vertragsklausel, wonach allein der EuGH dazu berufen ist, verbindlich über die Wahrung der Gemeinschaftskompetenzen zu entscheiden, würde die Staatlichkeit der EU weiter fördern[291]: dem bundesstaatlichen Muster entsprechend, könnte die höhere Ebene über die Einhaltung ihrer Zuständigkeiten letztverbindlich entscheiden. Die Ordnungsstruktur des Gesamtraumes würde somit durch ihre eigenen Organe verbürgt.

Die entsprechende alleinige kompetenzrechtliche Prüfungsbefugnis müßte sich dann sowohl auf das Vorhandensein einer einschlägigen Zuweisungsbestimmung als auch auf deren Ausübungsvoraussetzungen beziehen, d.h. auf Verhältnismäßigkeit und Subsidiarität. Beide Gesichtspunkte können im bundesstaatlichen Gefüge letztverbindlich nur von Bundesorganen zu beurteilen sein. Die Bindung des Gemeinwesens zur unabhängigen Ordnung impliziert notwendigerweise die Befugnis seiner Verfassungsorgane zu tun, was zum Bestand von Bindung und Ordnung notwendig ist. Aus diesem Zusammenhang ergibt sich neben dem Erfordernis, diese Aufgabe überhaupt in die Hände des Bundes zu legen, zugleich ein unverzichtbarer Einschätzungsspielraum, den dessen Organe ausschöpfen dürfen.[292]

2. *Die Einrichtung eines europäischen Kompetenzgerichtshofs*

Die Entwicklung hin zu einer gesamteuropäischen Staatlichkeit würde auch durch die Neueinsetzung eines europäischen Kompetenzgerichtes beschleunigt, wie dies beispielsweise *Ernst-Ulrich Petersmann*[293] und *Joseph H. H. Weiler*[294] vorschlagen. Ein solches Gericht sollte je zur Hälfte aus EuGH-Richtern

[291] Entsprechende Regelungsvorschläge finden sich beispielsweise (mehr oder weniger deutlich) in Art. 39 des Verfassungsentwurfes des Institutionellen Ausschusses im EP (Abl. EG Nr. C 61/155 vom 28. 2. 1994); in Art. 19 i. V. m. Art. 59 Nr. 5 des Verfassungsentwurfs von *Robert Badinter* (Une Constitution européenne, S. 62) und in Art. 66 Abs. 4 des Verfassungsentwurfs von *Rupert Scholz* (Die Verfassung der Europäischen Union, S. 27).

[292] Im deutschen Staatsrecht hat das BVerfG einen entsprechenden Einschätzungsspielraum bei den verschiedenen Formen der Bundes-Gesetzgebungszuständigkeiten bestätigt. Im Bereich der konkurrierenden Gesetzgebung wurde dieser Spielraum nach der früheren Bedürfnisklausel des Art. 72 Abs. 2 GG a. F. von der Rechtsprechung des BVerfG weit ausgedehnt und im Ergebnis auf eine Kontrolle unter dem Gesichtspunkt des „Ermessensfehlgebrauchs“ (so *Christoph Degenhart*, Staatsrecht I, Rn. 176; *ders.*, in: Sachs [Hrsg.], Grundgesetz, Rn. 9 zu Art. 72, m. w. N.) beschränkt (vgl. BVerfGE 1, 264, 272 f.). Die Erforderlichkeitsklausel des Art. 72 Abs. 2 GG n. F. hat diesen Einschätzungsspielraum deutlich verengt, aber nicht gänzlich beseitigt (*Christoph Degenhart*, Staatsrecht I, Rn. 177; *ders.*, in: Sachs [Hrsg.], Grundgesetz, Rn. 10 zu Art. 72). BVerfGE 106, 62 geht nunmehr zwar davon aus, daß die Einschätzung des Gesetzgebers, ob ein Gesetz des Bundes erforderlich ist, in vollem Umfang nachgeprüft werden kann (a.a.O., S. 136), räumt dem Gesetzgeber aber zugleich einen „Prognosespielraum“ ein (a.a.O., S. 143).

[293] Aussenwirtschaft 50 (1995), 171, 183.

[294] JCMS 35 (1997), 97, 127.

und aus Richtern der nationalen Verfassungsgerichte bestehen; zusammentreten soll es ausschließlich, um Kompetenzfragen im Verhältnis von Gemeinschaft und Mitgliedstaaten zu entscheiden.[295] Auch ein solches Gericht wäre, wenn man es einführt, ein Verfassungsorgan der EU[296], für welches das oben Gesagte zutrifft. Die Besonderheiten seiner Bestellung können allenfalls dazu beitragen, daß sich ein solches Gericht der Kompetenzexpansion durch die Gemeinschaft deutlicher entgegenstellt, als dies der EuGH bislang getan hat.[297] Für die Frage, welcher Ebene ein solcher Gerichtshof angehört, kommt es allein darauf an, in welchem Verfassungsraum er entscheidet.

3. *Die Einsetzung eines EU-Kompetenzausschusses*

Die notwendigen Spielräume der Bundesebene im Hinblick auf die Wahrnehmung ihrer Kompetenzen sind naturgemäß nur begrenzt justitiabel.[298] Angesichts dessen wurde erwogen[299], zur Kontrolle der gemeinschaftlichen Kompetenzausübungsschranken (insbesondere also zur Kontrolle von Verhältnismäßigkeit und Subsidiarität) einen sogenannten Kompetenzausschuß einzurichten, der als politisches Gremium über die entsprechenden Zuständigkeitsfragen befindet.[300] Dieses Organ sollte, so die Idee, politisch besetzt werden und unter

---

[295] So *Ernst-Ulrich Petersmann*, Aussenwirtschaft 50 (1995), 171, 202; *Joseph H.H. Weiler* zufolge soll das Gremium am französischen Verfassungsrat (Conseil Constitutionnel) orientiert sein und aus dem Präsidenten des EuGH und nationalen Verfassungsrichtern bestehen (JCMS 35 [1997], 96, 127). Gegen diese Vorstellungen wenden sich u.a. *Rainer Arnold*, EWS 2002, 216, 222; *Christoph Dorau*, Die Verfassungsfrage der Europäischen Union, S. 134; *Peter-Christian Müller-Graff*, EWS 2002, 206, 213 und *Eckhard Pache*, EuR 2002, 767, 780.

[296] *Joseph H.H. Weiler*, JCMS 35 (1997), 96, 127.

[297] *Ernst-Ulrich Petersmann*, Aussenwirtschaft 50 (1995), 171, 202.

[298] Ähnlich zur gerichtlichen Kontrollierbarkeit der Vorgaben aus Art. 5 EGV *Christian Calliess*, in: Calliess/Ruffert (Hrsg.), Kommentar zu EU-Vertrag und EG-Vertrag, Rn. 66 zu Art. 5 EGV und *Rudolf Geiger*, EUV/EGV, Rn. 15 zu Art. 5 EGV; zur parallelen Problematik innerhalb der deutschen Bundesstaatlichkeit siehe oben Fn. 292.

[299] Einen entsprechenden Vorschlag enthält Art. 26 des Freiburger Verfassungsentwurfes (http://www.europa-institut.de/eng/). Zustimmend *Christoph Dorau*, Die Verfassungsfrage der Europäischen Union, S. 134; *Eckhard Pache*, EuR 2002, 767, 780; *Ingolf Pernice*, Welche Verfassung braucht Europa?, S. 4 und *Jürgen Schwarze*, NJW 2002, 993, 995; *ders.*, in: Schwarze/Müller-Graff (Hrsg.), Europäische Verfassungsentwicklung, S. 7, 24. Zu entsprechenden Vorschlägen vgl. weiterhin *Robert Badinter*, Une Constitution européenne, S. 40f. Gegen dieses Konzept wenden sich *Rainer Arnold*, EWS 2002, 216, 222; *Hermann-Josef Blanke*, ThürVBl. 2002, 224, 231 (der statt dessen einen Ausbau von COSAC, der Konferenz der Europaausschüsse, anregt – hiergegen wiederum *Peter M. Huber*, in: Deutscher Bundestag, Referat Öffentlichkeitsarbeit [Hrsg.], Der Weg zum EU-Verfassungskonvent, S. 193, 207f.); *Peter-Christian Müller-Graff*, EWS 2002, 206, 213 und *Rupert Scholz*, Die Verfassung der Europäischen Union, S. 7.

[300] Ob dieses Gremium mit Politikern der Mitgliedstaaten oder der Union besetzt werden soll, ist für das, was hier untersucht werden muß, gleichgültig: unabhängig von ihrer Herkunft und den Umständen ihres Eingesetztwordenseins handeln die Mandatsträger in einem solchen Gremium als Mitglieder eines europäischen Verfassungsorgans.

dem Gesichtspunkt der politischen Zweckmäßigkeiten entscheiden.[301] Als Verfassungsorgan wäre dieser Ausschuß berufen, das zur Umsetzung des gesamtstaatlichen Ordnungskonzepts erforderliche Maß an Einheitlichkeit zu bestimmen; anders als ein Gericht wäre er nicht gehalten, Einschätzungsspielräume zu belassen, da er selbst es ist, der zur Ausschöpfung dieser Spielräume eingesetzt wäre.[302] Ungeachtet seiner Zusammensetzung handelt durch ihn die Hoheit des Bundes; die Verbindlichkeit, die sein Handeln beansprucht, ergibt sich aus dem Verfaßtsein des Ganzen.

Die Kontrolle der Zuständigkeitsordnung entspricht folglich dann dem bundesstaatlichen Muster, wenn sie letztverbindlich auf europäischer Ebene stattfinden muß. Die drei dargestellten Reformschritte zielen, gewollt oder ungewollt, darauf hin. Wo sie miteinander verbunden werden (indem zuerst ein Kompetenzausschuß eingeschaltet wird, das letzte Wort jedoch dem EuGH zustehen soll[303]) wird der bundesstaatliche Charakter des Ganzen noch einmal verstärkt: es wäre in diesem Fall ein politisches Gremium des Bundes, das mit weitem Ermessen über Subsidiarität und Verhältnismäßigkeit der gesamtstaatlichen Kompetenzausübung entscheidet, und ein Verfassungsgerichtshof desselben, der verbindlich über das wacht, was noch kontrolliert werden kann.

VI. Reformen des Institutionengefüges

1. *Der Ausbau des Parlamentarismus*

a. *Das EP als Gesetzgeber und als Kontrollorgan*

Die Frage nach den möglichen Organen einer Kompetenzkontrolle überschneidet sich mit einem weiteren Themenkreis, der die Staatlichkeitsfrage berührt: der Reform des institutionellen Gefüges. Daß eine solche institutionelle Reform inzwischen, nach den jüngsten Erweiterungen der Gemeinschaft, unumgänglich ist, um die Arbeitsfähigkeit ihrer Organe sicherzustellen, entspricht mittlerweile der einhelligen Ansicht.[304] Wie im Ersten Abschnitt dieses Buches gezeigt, tragen Funktionsweise und rechtliche Stellung einiger Unionsorgane bereits heute ambivalente Züge: Parlament, Kommission und Rat weisen (freilich in ganz unterschiedlichem Umfang) bundesstaatstypische Merkmale auf

---

[301] Siehe dazu *Christoph Dorau*, Die Verfassungsfrage der Europäischen Union, S. 134 und *Jürgen Schwarze*, NJW 2002, 993, 995.

[302] *Christoph Dorau*, Die Verfassungsfrage der Europäischen Union, S. 134.

[303] So der Vorschlag von *Christoph Dorau*, Die Verfassungsfrage der Europäischen Union, S. 134 und *Jürgen Schwarze*, NJW 2002, 993, 995 sowie Art. 27 des Freiburger Verfassungsentwurfes (http://www.europa-institut.de/eng/).

[304] Siehe statt aller *Jürgen Schwarze*, in: Schwarze/Müller-Graff (Hrsg.), Europäische Verfassungsentwicklung, S. 7, 24, sowie, aus politischer Sicht, *Joschka Fischer*, integration 2000, 149, 152.

und untermauern den Weg der Union zur Staatsqualität.[305] Reformen dieser Institutionen müssen daher zwangsläufig Staatlichkeitsakzente verschieben. Insbesondere im Hinblick auf die Rolle des Parlamentes (und damit zugleich: im Hinblick auf eine Weiterentwicklung des europäischen Parlamentarismus) soll es an dieser Stelle genügen, mögliche Reformoptionen in ihrer direkten Staatlichkeitsrelevanz zu behandeln – die Fragen nach dem demokratischen Charakter der Union, die sich damit zwangsläufig verbinden, können hier zunächst noch ausgeblendet werden. Sie behandelt das Dritte Buch dieser Arbeit.

Mit dem Europäischen Parlament verfügt die EU über eine Versammlung, die sich sehr deutlich von den herkömmlichen Organen internationalen Verbundenseins abhebt und einem bundesstaatlichen Muster entspricht.[306] Wenn es um die Staatlichkeit der Union geht, ist das Hauptaugenmerk im Falle ihrer künftigen Umstrukturierung auf Stellung und Zusammensetzung dieser Versammlung zu richten. Ihre Aufwertung zählt gegenwärtig zu den am weitesten verbreiteten Forderungen.[307] Trotz der Abstufungen im einzelnen, verbindet diese Ideen der Gedanke, das Europäische Parlament zum Hauptorgan der gesamteuropäischen Rechtsetzung zu erheben, das eine gleichberechtigte Stellung zum Rat einnehmen soll.[308] Das Parlament wäre danach eine Art erster Kammer[309] in einem zweigeteilten Rechtsetzungsverfahren, ohne deren entscheidendes Zutun kein Rechtsakt zustande gebracht werden könnte. Eine solche Rechtsstellung des Parlamentes entspräche nicht nur hinsichtlich des Erscheinungsbildes und hinsichtlich der Funktionen der Gesetzgebungskörperschaft in einem Bundesstaat. Die Bedeutung, die einer solchen Reform im Hinblick

---

[305] Dazu oben: Zweites Buch, Erster Abschnitt, III.4.b. Vgl. dazu auch *Peter Badura*, AöR 131 (2006), 423, 439 (insbesondere zur Rolle des Europäischen Parlaments).

[306] Siehe dazu oben: Zweites Buch, Erster Abschnitt, III.4.b.dd. Dazu auch *Peter Badura*, AöR 131 (2006), 423, 439.

[307] Siehe dazu beispielsweise die Forderungen der Bertelsmann Europa-Kommission, Europas Vollendung vorbereiten, S. 17ff. sowie *Robert Badinter*, Une Constitution européenne, S. 34ff.; *Hermann-Josef Blanke*, ThürVBl. 2002, 224, 231; *Ernst-Ulrich Petersmann*, Aussenwirtschaft 50 (1995), 171, 200f.; *Rupert Scholz*, ZG 2002, 1, 7 und Arbeitsgruppe „Europäische Verfassung“, in: Weidenfeld (Hrsg.), Wie Europa verfaßt sein soll – Materialien zur Politischen Union, S. 11, 27. Auf die demokratischen Gesichtspunkte, die sich mit diesen Bestrebungen verbinden, kommen wir im nächsten Buch dieser Arbeit zurück.

[308] Gefordert werden vor allem die Ausweitung des Mitentscheidungsverfahrens nach Art. 251 EGV und das Initiativrecht des Parlamentes bei der Gesetzgebung, vgl. Bertelsmann Europa-Kommission, Europas Vollendung vorbereiten, S. 18; ähnlich bereits der EP-Entwurf eines Vertrages zur Gründung der Europäischen Union, Abl. EG Nr. C77/33 vom 14. 2. 1984, Artt. 37f., und der Entwurf des Institutionellen Ausschusses im Europäischen Parlament (Abl. EG Nr. C 61/155 vom 28. 2. 1994), Art. 32 UAbs. 1. Besonders deutlich auch *Robert Badinter*, Une Constitution européenne, S. 88 (Art. 46 Satz 2). Aus dem sonstigen Schrifttum siehe *Ulrich Everling*, ZEuS 2001, 385, 391 und *Ingolf Pernice*, JÖR 48 N.F. (2000), 205, 225.

[309] Ähnlich die Bertelsmann Europa-Kommission, Europas Vollendung vorbereiten, S. 18 („Staatenkammer“) und *Elmar Brok*, CONV 325/02 in Art. 83 Abs. 1 seines Verfassungsentwurfes („House of Peoples“).

auf den Staatscharakter des Gesamtraumes zukommt, ist in erster Linie aus der Natur dieses Parlamentes heraus zu erklären, das sich als ein unmittelbar von den Völkern gewähltes Organ nicht in gleicher Weise wie etwa der Rat an die Mitgliedstaaten als oberste politische Ordnungsstruktur knüpft. Seine Aufwertung, sei es durch Kontrollbefugnisse, sei es durch Rechtsetzungszuständigkeiten, verdünnt letztendlich den Ableitungszusammenhang, der die Union als völkerrechtliches Gebilde aus dem Willen der Staaten hervorgehen läßt.

Dies gilt insbesondere dort, wo es um die Rechte des Parlaments als Gesetzgeber geht[310]: in der Ausgestaltung der Rechtsordnung verwirklicht sich die Ordnungsvorstellung eines Gemeinwesens in einer den einzelnen bindenden Form.[311] Wenn aber ein Organ diese Aufgabe wahrnimmt, dessen Dasein nur noch formal (nämlich durch einen Einsetzungsakt) auf dem Willen der Staaten beruht, so bilden auch die Rechtsnormen dieses Verbandes (als Umsetzungsakte der bevorzugten Ordnung) nur noch formal den rechtlichen Ausdruck einer äußeren Bindung, deren eigener Status dem der Mitgliedstaaten entspringt. Im Substantiellen verwirklichen sie die Geltungsansprüche gesamteuropäischer Akteure, die sich als Gesetzgebungskörperschaft anschicken, die öffentliche Sphäre des von ihnen zu ordnenden Raumes in einer dem Staat vergleichbaren Weise zu regeln. Wird diese Stärkung noch durch andere Kriterien (wie beispielsweise einen Übergang der Kompetenzordnungshoheit) ergänzt, muß dies, was die verfassungsrechtlichen Ordnungsstrukturen betrifft, in eine gesamteuropäische Staatlichkeit münden.

Derselbe Zusammenhang wird deutlich, wenn man Vorschläge untersucht, die darauf zielen, dem Parlament im Verhältnis zu anderen EU-Organen zusätzliche Kontrollbefugnisse zu verschaffen.[312] Derartige Reformen kommen mit dem Parlament einem Träger zugute, der sich nur noch in einem formalen

---

310 So beispielsweise in den Vorschlägen der Bertelsmann Europa-Kommission, Europas Vollendung vorbereiten, S. 18; im Entwurf des Institutionellen Ausschusses im Europäischen Parlament (Abl. EG Nr. C 61/155 vom 28.2. 1994), Art. 32 UAbs. 1; im Verfassungsentwurf von *Robert Badinter*, Une Constitution européenne, S. 88 – Art. 46 Satz 2; vgl. ferner *Hermann-Josef Blanke*, ThürVBl. 2002, 224, 231; *Eckhard Pache*, EuR 2002, 767, 778 und *Rupert Scholz*, ZG 2002, 1, 7.

311 Dazu oben: Erstes Buch, Zweiter Abschnitt, II.1.a.

312 Typisch hierfür ist beispielsweise der Vorschlag, den Kommissionspräsidenten aus der Mitte des Parlamentes wählen zu lassen, vgl. dazu die Bertelsmann Europa-Kommission, Europas Vollendung vorbereiten, S. 18, sowie ferner *Rupert Scholz*, ZG 2002, 1, 7. In eine ähnliche Richtung zielt auch der Gedanke, dem EP das Recht zur Einsetzung von Untersuchungsausschüssen zu gewähren; vgl. dazu Art. 87 des Verfassungsentwurfs von *Elmar Brok* (CONV 325/02); Art. 31 des Verfassungsentwurfes von *Rudolf Luster/Gero Pfennig/Friedrich Fugmann* (zitiert nach: Weidenfeld [Hrsg.], Wie Europa verfaßt sein soll – Materialien zur Politischen Union, S. 105, 113); Art. 15 vierter Anstrich des Entwurfes des Institutionellen Ausschusses im Europäischen Parlament (Abl. EG Nr. C 61/155 vom 28.2. 1994); Art. 6 Abs. 2 UAbs. 6 des Verfassungsentwurfs von *Jean Touscoz* (La Constitution de l'Union européenne, S. 156) sowie *Hans-Peter Schneider*, VVDStRL 50 (1991), 146, 147 (mit einigen weiteren, ähnlich gelagerten Vorschlägen). Zur Bedeutung diese Rechts im Rahmen einer parla-

Sinn als abgeleitete Hoheitsstruktur einstufen läßt. EU-Organe, die danach dem Parlament verantwortlich sind, geraten ein Stück weit in eine Art Unterordnungsverhältnis zu diesem. Das gilt insbesondere für eine parlamentarische Verantwortlichkeit der Kommission, die unter dem Gesichtspunkt der Demokratie angeregt wird.[313] Erschien die EU bisher als ein Konglomerat aus völkerrechtlich geprägten und bundesstaatlich orientierten Organisationsansätzen, die von verschiedenen Institutionen verkörpert und von den Vorschriften des Primärrechts ins Gleichgewicht gesetzt wurden, so bewirken Abberufungs- und Kontrollrechte des Parlaments Verschiebungen zu dessen Gunsten, die den von ihm vertretenen Charakter des Staatsganzen fördern. Schritte zur Parlamentarisierung der EU bringen deren Staatlichkeit voran.

b. Modifikationen des europäischen Wahlrechts unter dem Gesichtspunkt der Gleichheit

Eine weitere Reform, die unter dem Gesichtspunkt der demokratischen Organisation von EG und EU angemahnt wird[314] (die uns hier jedoch zunächst einmal unter dem Gesichtspunkt von Staatlichkeitsverlust und Staatlichkeitsbegründung beschäftigt[315]), betrifft das Wahlrecht zum Europäischen Parlament, wie es in Art. 190 EGV festgelegt ist.[316] Die bisherige Regelung, wonach auf jeden Mitgliedstaat die in Art. 190 Abs. 2 UAbs. 1 EGV genannte Anzahl von Sitzen entfällt, verletzt das Gebot der Erfolgswertgleichheit, indem sie die Wählerschaft kleinerer Staaten über Gebühr privilegiert. Wenn dabei die Anzahl der Europaparlamentarier nicht auf ein Maß erhöht werden soll, daß die Funktionsfähigkeit des Abgeordnetenhauses selbst in Gefahr gerät, bleiben für Mitgliedstaaten wie Malta und Luxemburg keine eigenen Sitze. Was dieser Be-

---

mentarischen Demokratie vgl. *Meinhard Schröder*, in: Schneider/Zeh (Hrsg.), Parlamentsrecht und Parlamentspraxis, § 46 Rnrn. 1 ff.

[313] So bereits in Art. 29 des EP-Entwurfs eines Vertrags zur Gründung der Europäischen Union (Abl. EG Nr. C 77/33 vom 14. 2. 1984), der die Verantwortlichkeit ausdrücklich festlegt (Abs. 1) und zugleich näher ausführt (Abs. 2 bis 4). Danach sind die Kommissionsmitglieder zur Beantwortung schriftlicher und mündlicher Anfragen verpflichtet (Abs. 2). Dem Parlament steht ein bindendes Mißtrauensvotum gegenüber der gesamten Kommission zu (Abs. 3, 4). – Hierzu ausführlich: Drittes Buch, Zweiter Abschnitt.

[314] So z. B. von *Rupert Scholz*, ZG 2002, 1, 7; *ders.*, Die Verfassung der Europäischen Union, S. 9; dazu auch *Hermann-Josef Blanke*, ThürVBl. 2002, 224, 231. Die konsequenteste Umsetzung dieser Forderungen findet sich in Art. 24 Nr. 1 des Verfassungsentwurfes von *Rudolf Luster/Gero Pfennig/Friedrich Fugmann* (in: Weidenfeld [Hrsg.], Wie Europa verfaßt sein soll – Materialien zur Politischen Union, S. 105, 112); zurückhaltend demgegenüber *Roland Bieber*, in: Ipsen/Rengeling/Mössner/Weber (Hrsg.), Verfassungsrecht im Wandel, S. 291, 302 f.

[315] Zur Demokratieproblematik: Drittes Buch, Zweiter Abschnitt. Zum selben Zusammenhang wie hier vgl. auch *Karl Albrecht Schachtschneider*, in: Blomeyer/Schachtschneider (Hrsg.), Die Europäische Union als Rechtsgemeinschaft, S. 75, 119.

[316] Die verschiedenen Reformoptionen hierzu werden im Diskussionspapier der Bertelsmann Europa-Kommission (Europas Vollendung vorbereiten, S. 19 f.) vorgestellt.

fund für die Frage einer Etablierung demokratischer Herrschaftsformen in der EU heißt, wird an späterer Stelle, im Rahmen einer Herrschaftsform-Analyse (Drittes Buch, Zweiter Abschnitt) erörtert. Die unmittelbare staatlichkeitstheoretische Konsequenz aller entsprechenden, die Wahlrechtsgleichheit forcierenden Reformbestrebungen bestünde zunächst einmal darin, daß sich die Ableitungszusammenhänge zwischen mitgliedstaatlicher Hoheitsstruktur und gemeinschaftlicher Parlamentstätigkeit noch einmal lockern. Die Abgeordneten repräsentieren dann nicht mehr wie bisher die einzelnen Völker, sondern die Bevölkerung in der Gesamtheit.[317] Wenngleich auch dies die EU nicht zwingend zum Staat macht[318], sind entsprechende Überlegungen im Zusammenhang mit den anderen dargelegten Reformpaketen zu sehen.[319] Wer Ableitungsstränge lockern und zugleich die Kompetenz des Parlaments ausdehnen will, ist im Begriff, ein Organ zu schaffen, das nach bundesstaatstypischem Muster als Hauptorgan der staatlichen Willensbildung agiert und damit den Willen der Gesamtbevölkerung umsetzt.[320]

2. *Die Umstrukturierung des Rates*

a. *Vetoausschluß und Mehrheitsentscheidung*

Der Beitritt von zwölf neuen Mitgliedstaaten zur Europäischen Union seit dem 1. Mai 2004 hat auch Reformen des EG-Ministerrats notwendig gemacht, der als eine Zusammenkunft von 27 Ministern zu effizienter Beratung und effektiver Entscheidung nicht mehr im selben Maße imstande sein kann.[321] Ein Teil der Reformvorschläge zielt darauf ab, durch Änderungen der Verfahrensweise die Handlungsfähigkeit des Rates zu erhalten, nach anderen Vorstellungen sollte die Reform demgegenüber ins Institutionengefüge selbst eingreifen und den Rat durch etwas anderes ersetzen.[322] Dem Wortlaut von Art. 205 Abs. 1 EGV

---

[317] *Karl Albrecht Schachtschneider*, in: Blomeyer/Schachtschneider (Hrsg.), Die Europäische Union als Rechtsgemeinschaft, S. 75, 119.

[318] So jedoch *Karl Albrecht Schachtschneider*, in: Blomeyer/Schachtschneider (Hrsg.), Die Europäische Union als Rechtsgemeinschaft, S. 75, 115.

[319] Die hier dargestellten staatlichkeitsrelevanten Reformschritte werden in den meisten der Verfassungsentwürfe kombiniert; vgl. Bertelsmann Europa-Kommission, Europas Vollendung vorbereiten, S. 21.

[320] Ähnlich *Karl Albrecht Schachtschneider*, in: Blomeyer/Schachtschneider (Hrsg.), Die Europäische Union als Rechtsgemeinschaft, S. 75, 115 und *Rudolf Streinz*, DVBl. 1990, 949, 960.

[321] *Joschka Fischer*, integration 2000, 149, 152. Siehe dazu auch *Jürgen Schwarze*, in: Schwarze/Müller-Graff (Hrsg.), Europäische Verfassungsentwicklung, S. 7, 24.

[322] Weniger von Interesse sind in diesem Zusammenhang Reformüberlegungen, die sich auf eine Neuausgestaltung der Ratspräsidentschaft richten – doch stellt auch die Einführung eines Ratspräsidenten, der nicht zugleich für einen Mitgliedstaat auftritt, den bislang streng staatenbestimmten Willensbildungsprozeß im Ratsgremium ein Stück weit in Frage. Vorschläge dazu unterbreiten die Bertelsmann Europa-Kommission, Europas Vollendung vorbereiten, S. 21 f. sowie *Robert Badinter*, Une Constitution européenne, S. 73 ff. – Artt. 26 ff.

zufolge sind Mehrheitsbeschlüsse des Rates bereits heute der Regelfall; einstimmige Ratsbeschlüsse sieht der Vertrag demgegenüber nur für bestimmte, besonders wichtige Maßnahmen vor.[323] Jede weitere Kürzung der verbleibenden Einstimmigkeitsregeln ist dabei ebenfalls als Schritt in Richtung Staatlichkeit zu deuten.[324] Wie bereits im Zusammenhang mit der Frage der Primärrechtsentstehung dargelegt wurde, sind Mehrheitsentscheidungen als Anzeichen der entstehenden Staatlichkeit[325] zu betrachten: mit dem Verzicht auf entsprechende Blockadepotentiale unterwirft sich der integrationsoffene Staat dem Willen der Gemeinschaft und räumt dem äußeren Gebundensein den Vorrang ein vor eigenen Prämissen. Entsprechende Bindungen einzugehen, heißt dabei nicht nur, die eigene Entscheidungsfreiheit einzuschränken (was für jede Bindung gilt), sondern heißt vor allem, die Unabhängigkeit des Staates im politischen Dasein[326] auf eine solche Art zu verkürzen, daß der Inhalt dieser Beschränkung von der Mehrheit der anderen Staaten und damit zuletzt von dem Bund, den sie bilden, festgelegt wird.[327] Auf die Zusammenhänge dieses Gesichtspunkts mit der Frage nach möglichen Austrittsoptionen muß hier noch einmal hingewiesen werden.[328]

b. Der Rat als zweite Kammer

In einem engen Verhältnis zur Frage der Mehrheitsverhältnisse im Rat steht dessen Stellung im Institutionengefüge. Zum großen Teil sind diese Vorschläge

---

[323] Auch auf die Problematik der Mehrheitsentscheidung im Rat wird später (und zwar dann, wenn es um Kontinuität und Wandel des Staatformbestandes geht, d.h. im Dritten Buch dieser Arbeit) noch ausführlicher einzugehen sein. – Ohne unmittelbaren Bezug zur Staatlichkeitsfrage erscheint demgegenüber das Problem der Stimmengewichtung im Rat, das ebenfalls Gegenstand zahlloser Reformbestrebungen ist. Vgl. dazu den Überblick der Bertelsmann Europa-Kommission, Europas Vollendung vorbereiten, S. 13f.

[324] Für eine Ausweitung des Mehrheitsprinzips plädieren u.a. die Bertelsmann Europa-Kommission, Europas Vollendung vorbereiten, S. 16 („die vordringlichste Reform"); der Verfassungsentwurf des Institutionellen Ausschusses im Europäischen Parlament (Abl. EG Nr. C 61/155 vom 28. 2. 1994), Art. 20 UAbs. 1; die Entschließung des EP vom 12. 12. 1990, Nr. 36 (EuGRZ 1001, 187, 191) sowie *Robert Badinter*, Une Constitution européenne, S. 80 – Art. 37 UAbs. 4; *Theo Öhlinger*, in: Festschrift für Georgios I. Kassimatis, S. 801, 814 und *Ingolf Pernice*, JÖR 48 N.F. (2000), 205, 225.

[325] *Christian Tomuschat*, in: Nettesheim/Schiera (Hrsg.), Der integrierte Staat, S. 155, 173.

[326] Dazu oben Erstes Buch, Erster Abschnitt, II.

[327] In diesem Zusammenhang ist ein Vorschlag von Interesse, den *Robert Badinter* (Une Constitution européenne, S. 76 – Art. 32 UAbs. 3 Satz 1) unterbreitet und der sich auf den Europäischen Rat bezieht: dieser sollte, so *Badinter*, im Konsens entscheiden, es sei denn, daß ein Mitgliedstaat die Abstimmung verlangt – in diesem Fall gelte dann eine qualifizierte Mehrheit. Alternative Abstimmungsverfahren („Voting-by-Veto", „Approval-Voting", „Voting-by-Countdown", „Voting-by-Ignorance" und „Voting-by-Revocation") behandelt aus institutionenökonomischer Sicht auch *Torsten Peters*, in: Streit/Voigt (Hrsg.), Europa reformieren, S. 85, 93ff.

[328] Siehe dazu oben: II.2.

darauf gerichtet, den Rat als zweite Kammer einzurichten – mit anderen Worten: zum Parlament als Hauptorgan der Gesetzgebung träte der Rat als Länderkammer hinzu.[329] Je nachdem, wie Zustimmungserfordernisse und Einspruchsmöglichkeiten im einzelnen ausgestaltet würden, könnte eine solche Länderkammer, anders als der deutsche Bundesrat, möglicherweise imstande sein, jeden Rechtsetzungsakt des EP zu verhindern.[330] Selbst in dieser Gestalt würden Funktion und rechtliche Stellung des Ministerrats bundesstaatlichen Mustern entsprechen: aus der föderalistischen Ordnungsmotivation der Bundesgesamtheit heraus müßte sich der einzelne Gliedstaat in die Willensbildung des Bundes staatsrechtlich einbringen können, wozu ihm das „Organ der Länder" (als ein Verfassungsorgan des Bundes[331]) Gelegenheit bietet.[332] Entscheidend ist dabei, daß diese Mitwirkungsmöglichkeit von der Bundesverfassung gewollt und getragen erscheint – und insofern auf jener Ordnungsvorstellung beruht, die dieser zugrunde liegt und die staatliche Einheit begründet. Der mitgliedstaatliche Wille, so könnte man sagen, würde durch einen solchen Reformschritt vom Träger zur Komponente der Rechtsgestaltung gemacht.[333]

c. *Die Preisgabe der Ratsfunktionen in einem Senatsmodell*

Noch eindeutiger als durch die Umstrukturierung des bisherigen Ministerrates kann die europäische Bundesstaatlichkeit dadurch ins Werk gesetzt werden, daß an die Stelle des Rates eine Einrichtung tritt, deren Mitglieder durch die Völker direkt gewählt werden.[334] In Anlehnung an das US-amerikanische Vorbild wurde dieses Organ als Senat bezeichnet. Unabhängig von der konkreten

---

[329] So z.B. *Ingolf Pernice*, Welche Verfassung braucht Europa?, S. 4; *Ernst-Ulrich Petersmann*, Aussenwirtschaft 50 (1995), 171, 184f. (der diesen Vorschlag auf Seite 200f. dann zugunsten einer zweiten Kammer aus nationalen Parlamentariern verwirft); *Rupert Scholz*, ZG 2002, 1, 8; *ders.*, Die Verfassung der Europäischen Union, S. 8 sowie die Arbeitsgruppe „Europäische Verfassung", in: Weidenfeld (Hrsg.), Wie Europa verfaßt sein soll – Materialien zur Politischen Union, S. 11, 21f.; aus politischer Sicht auch *Joschka Fischer*, integration 2000, 149, 154. Ablehnend äußert sich demgegenüber *Ulrich Everling*, ZEuS 2001, 385, 391.

[330] So z.B. nach dem Verfahren, das *Rudolf Luster/Gero Pfennig/Friedrich Fugmann* in Artt. 54f. ihres Verfassungsentwurfs empfehlen (zitiert nach: Weidenfeld [Hrsg.], Wie Europa verfaßt sein soll – Materialien zur Politischen Union, S. 105, 122).

[331] Zur Stellung des Bundesrates als Verfassungsorgan des Bundes *Christoph Degenhart*, Staatsrecht I, Rn. 653.

[332] Länderkammern in einem engeren Sinne des Wortes finden sich außer in Deutschland auch in Österreich (Art. 34ff. der Bundesverfassung: Bundesrat), in Rußland (Art. 95 Abs. 1, 2 der Verfassung der Russischen Föderation: Föderationsrat) und in der Schweiz (Art. 148 Abs. 2 i.V.m. Art. 150 der Schweizerischen Bundesverfassung: Ständerat).

[333] Dazu auch *Robert Badinter*, Une Constitution européenne, S. 37f.

[334] So der Vorschlag von *Ernst-Wolfgang Böckenförde*, Transit 17 (1999), 175, 178. Ähnliche Vorstellungen finden sich auch im Verfassungsentwurf von *Dominique Rousseau* (le débat, Nr. 108 [Januar/Februar 2000], S. 54, 70 – Artt. 26ff.). Ein etwas anderes Senatsmodell diskutiert (und verwirft) *Robert Badinter*, Une Constitution européenne, S. 38, wonach die einzelnen Senatoren bestimmte Regionen vertreten. Die folgenden Ausführungen gelten für ein solches Modell um so mehr.

Stellung dieses Senats und seiner Beziehung zu Parlament und Regierung[335], würden mit seiner Einrichtung die Ableitungszusammenhänge zwischen gesamteuropäischer Struktur und mitgliedstaatlicher Ordnung zerrissen und in ihr Gegenteil verkehrt. Das Europäische Parlament erschiene danach als Vertretung der gesamteuropäischen Bevölkerung, der Senat als die Vertretung der einzelnen Völker[336] – die Staaten selbst wären im Institutionenensemble einer solchen Union nicht mehr vertreten. Mitgliedstaatliche Verfassungsorgane blieben damit, je nach der Stringenz, in der ein solches Modell umgesetzt werden soll, auf Unionsebene nahezu ohne Einfluß und könnten Rechtsänderungen weder anregen noch unterbinden. Den Handlungen der EU könnten sie auch die nationale Identität ihres Mitgliedstaates nicht mehr wirksam entgegenhalten. Da innerhalb ein und desselben öffentlichen Raumes zwei voneinander unabhängige Verfassungsordnungen nicht dauerhaft vorstellbar sind[337], müßte dies zu einer Unterordnung der nationalen Verfassungsordnungen unter die Unionsstruktur führen.

3. Der Ausbau der EG-Kommission zur Regierung

a. Die Begründung ihrer parlamentarischen Verantwortlichkeit

Die Erweiterung der Union um zehn neue Mitglieder hat neben den bereits genannten Reformdiskussionen auch jene Debatte verstärkt, die um Gestalt und Stellung der künftigen Kommission stattfindet.[338] Entsprechende Umgestaltungsvorschläge beziehen sich einerseits auf die Rolle der Kommission im Institutionengefüge, insbesondere im Hinblick auf ihr Verhältnis zum Parlament, und, damit verbunden, auf das Wie und das Durch-Wen ihres Eingesetztwerdens, andererseits auf den Ausbau von Gestaltungsmöglichkeiten und Aufsichtsoptionen bei der Vollziehung des Rechts. Je stärker der Einfluß wird, den das Europäische Parlament auf die Ernennung und Abberufung der Kommissare ausüben darf, desto weniger kann deren Dasein und Stellung aus dem Wil-

---

335 Im Detail schlägt *Ernst-Wolfgang Böckenförde* (Transit 17 [1999], 175, 178) vor, daß je nach Größe des Mitgliedstaates die Völker zwischen einem und vier Senatoren wählen, die gemeinsam den Senat bilden. Dieser Senat soll dann die Regierung ernennen, die ihm verantwortlich bleibt. Während der Rat als Gremium abgeschafft wird, soll die Kommission zu einem „Fachsekretariat" der Regierung bzw. des Senats herabgestuft werden. – Im Senatsmodell von *Dominique Rousseau* (le débat N. 108 [Januar/Februar 2000], S. 54, 70 – Art. 27 UAbs. 2 Satz 3) soll demgegenüber jeder Staat über vier Senatoren verfügen.

336 *Ernst-Wolfgang Böckenförde*, Transit 17 (1999), 175, 178.

337 Siehe oben: Erstes Buch, Erster Abschnitt, I.2.b.

338 Den Zusammenhang von Osterweiterung und struktureller Umgestaltung der Kommission behandelt u. a. die Bertelsmann Europa-Kommission, Europas Vollendung vorbereiten, S. 9. Vgl. dazu auch *Joschka Fischer*, integration 2000, 149, 152 und *Jürgen Schwarze*, in: Schwarze/Müller-Graff (Hrsg.), Europäische Verfassungsentwicklung, S. 7, 24.

len der Staaten hervorgehen[339], oder, um weiterhin in der hier verwendeten Ausdrucksweise zu reden: desto stärker wandelt sich der Ableitungszusammenhang zwischen mitgliedstaatlicher Verfassungsordnung und Unionsregierung vom Ausdruck eines äußeren Verpflichtetseins des einzelnen Staates zum historisch-formalen Zurechnungspunkt. Ansätze hierzu finden sich schon im geltenden Recht, wonach die Benennung des Kommissionspräsidenten durch den Rat der Staats- und Regierungschefs einer Zustimmung des Parlamentes bedarf (Art. 214 Abs. 2 UAbs. 1 letzter HS EGV), das zudem auch die Kommission als ganze bestätigen muß (Art. 214 Abs. 2 UAbs. 3 Satz 1 EGV). Jeder künftige Ausbau dieser parlamentarischen Abhängigkeit, sei es durch die Einführung eines verbindlichen Mißtrauensvotums des Parlaments gegen den Kommissionspräsidenten[340] oder sei es durch die Schaffung einer Abberufungsmöglichkeit einzelner Kommissare[341], nähert die Stellung der Kommission dem parlamentarisch-demokratischen Muster des Staatsaufbaus (und damit zugleich: die Union der Staatlichkeit) an[342]; die Kommission würde, im Falle weiterer solcher Reformen, ihre eigenen Handlungen jener Institution gegenüber zu verantworten haben, die dem bundesstaatlichen Muster am meisten entspricht.[343]

b. Anzahl und Staatsangehörigkeit der Kommissare

Ein weiterer Reformschritt, der sich mit einer Parlamentarisierung verbindet und auf die Arbeitsfähigkeit des Gremiums nach der Osterweiterung zielt, betrifft die Besetzung der Kommission.[344] Das bisherige Prinzip, wonach jedem

---

[339] Zurückhaltend daher *Manfred Zuleeg*, in: Festschrift für Georgios I. Kassimatis, S. 905, 921.

[340] So in der Sache *Rudolf Luster/Gero Pfennig/Friedrich Fugmann* in Art. 44 Nr. 1 ihres Verfassungsentwurfs (zitiert nach Weidenfeld [Hrsg.], Wie Europa verfaßt sein soll – Materialien zur Politischen Union, S. 105, 118). Ein Mißtrauensvotum gegen die Kommission als ganze sah der EP-Entwurf eines Vertrages zur Gründung der Europäischen Union (Abl. EG Nr. C 77/33) in Art. 29, Abs. 3 vor; ähnlich der Vorschlag der Arbeitsgruppe „Europäische Verfassung", in: Weidenfeld (Hrsg.), Wie Europa verfaßt sein soll – Materialien zur Politischen Union, S. 11, 30.

[341] So der Vorschlag von *Rudolf Luster/Gero Pfennig/Friedrich Fugmann*, in: Weidenfeld (Hrsg.), Wie Europa verfaßt sein soll – Materialien zur Politischen Union, S. 105, 118 – Art. 44 Nr. 3. Die Bertelsmann Europa-Kommission schlägt vor, dem Parlament das Recht zur Einleitung eines Amtsenthebungsverfahrens gegen einzelne Kommissare zu gewähren (Europas Vollendung vorbereiten, S. 11) und den Kommissionspräsidenten aus der Mitte des Parlamentes zu wählen (a.a.O., S. 18).

[342] Vgl. zu diesem Zusammenhang auch *Jean-Claude Piris*, EuR 2000, 311, 333.

[343] Dazu oben Zweites Buch, Erster Abschnitt, III.4.b.dd. sowie in diesem Abschnitt: 1. – Erwähnenswert ist auch die eigenständige Konzeption, die *Robert Badinter* (Une Constitution européenne, S. 77 – Art. 33) vorschlägt: regieren soll danach ein Ministerrat unter dem Vorsitz eines europäischen Premierministers (Art. 33 i. V. m. Art. 35 UAbs. 2), der zugleich am Europäischen Rat teilnimmt. Dieser Premierminister leitet zudem die Kommission (Art. 35 UAbs. 3 Satz 1).

[344] Die hierzu diskutierten Modelle: das Senior/Junior-Modell, das Rotationsmodell, das

Mitgliedstaat eine Kommissarstelle zusteht, verdeutlicht den Einfluß der Staaten auf die Struktur der Union: das mitgliedstaatliche Vertrauen in das Handeln der Kommissare und deren unabhängige Stellung sind bisher aufeinander bezogen.[345] Auch dieser Ableitungszusammenhang verkehrt sich in sein Gegenteil, wenn zukünftige Reformen, wie der Verfassungsvertrag sie teilweise andeutet[346], die Zusammensetzung der Kommission vom mitgliedstaatlichen Einfluß entkoppeln.[347] Wenn fortan nicht mehr jeder Mitgliedstaat über einen eigenen Kommissar verfügt, wird dieses Verhältnis zu Lasten der Staaten verschoben: die Unabhängigkeit, welche die europäischen Kommissare genießen, stützt sich dann allein auf ihre Stellung im institutionellen Gefüge; das Vertrauen der einzelnen Mitgliedstaaten in einen von ihnen genannten Bewerber wird dadurch für verzichtbar erachtet.[348] Auch die Beschränkung der Anzahl von Kommissaren ist daher ein Baustein der Bundesstaatsgründung, der vor allem dort den Systemwechsel trägt, wo er mit einem schrittweise sich verwirklichenden Ausbau an parlamentarischen Kontrollrechten korrespondiert.[349]

Staatssekretäremodell und das Regierungsmodell, beleuchtet die Bertelsmann Europa-Kommission, Europas Vollendung vorbereiten, S. 10f.

[345] Dieser Aspekt wird oft übersehen; vgl. z.B. *Robert Badinter*, Une Constitution européenne, S. 32; *Ingolf Pernice*, JÖR 48 N.F. (2000), 205, 227; *Jürgen Schwarze*, in: Schwarze/Müller-Graff (Hrsg.), Europäische Verfassungsentwicklung, S. 7, 24f. und *Jean Touscoz*, La Constitution de l'Union européenne, S. 164.

[346] Während Art. I-26 Abs. 5 EV für die erste Kommission, die in Anwendung des Verfassungsvertrages ernannt wird, am bisherigen Grundsatz festhält, begründet Art. I-26 Abs. 6 EV für alle nachfolgenden Kommissionen ein Rotationsprinzip, das in der Zusammensetzungsfrage einerseits die Gleichbehandlung der Mitgliedstaaten wahren (Art. I-26 Abs. 6 UAbs. 2 Satz 2 lit. a EV) und andererseits das demographische und geographische Spektrum der Gesamtheit der Mitgliedstaaten ausdrücken soll (Art. I-26 Abs. 6 UAbs. 2 Satz 2 lit. b EV).

[347] So schlug bereits der Institutionelle Ausschuß im Europäischen Parlament vor, dieses Prinzip völlig aufzugeben (Abl. EG Nr. C 61/155 vom 28.2. 1994 – Art. 22); ähnlich *Jean Touscoz*, La Constitution de l'Union européenne, S. 163 (Art. 9 Abs. 1); *Ingolf Pernice* (JÖR 48 N.F. [2000], 205, 227) und *Jürgen Schwarze* (in: Schwarze/Müller-Graff [Hrsg.], Europäische Verfassungsentwicklung, S. 7, 24f.). *Robert Badinter*, Une Constitution européenne, S. 83 – Art. 40 UAbs. 1, der die Zahl der Kommissare auf 15 beschränkt, hält demgegenüber daran fest, daß keine Nation doppelt vertreten sein soll. Art. 58 Abs. 2 des Freiburger Verfassungsentwurfes (http://www.europa-institut.de/eng/) sieht vor, daß die Kommission grundsätzlich aus einem Kommissar pro Mitgliedstaat bestehen soll, hiervon jedoch durch Ratsbeschluß abgerückt werden kann (Art. 58 Abs. 3); ähnlich Art. 105 Abs. 2 des Verfassungsentwurfes von *Elmar Brok* (CONV 325/02). – Für Lockerungen des Zusammenhangs von Mitgliedstaaten und Kommission plädiert außer den Genannten auch *Hermann-Josef Blanke*, ThürVBl. 2002, 224, 232.

[348] Entsprechendes gilt für Anregungen, wonach auch bei EuGH und Rechnungshof auf die Regel verzichtet werden soll, daß jeder Mitgliedstaat einen Kandidaten benennt – auch deren unabhängige Stellung korrespondiert mit dem Vertrauen der Mitgliedstaaten in ihre Tätigkeit. Vorschläge in diese Richtung entwirft die Bertelsmann Europa-Kommission, Europas Vollendung vorbereiten, S. 23.

[349] Wie dies die Bertelsmann Europa-Kommission (Europas Vollendung vorbereiten, S. 11 und 21) empfiehlt.

c. *Die Aufgaben der Kommission an der Spitze einer gesetzesvollziehenden Behördenhierarchie*

Die Einrichtung eines bundesstaatsähnlichen Aufbaus hängt schließlich auch davon ab, daß die Kommission, um als Regierung zu handeln, die Spitze eines gesamtstaatlichen Behördengefüges bildet. In bundesstaatlichen Ordnungsstrukturen verfügt die Gesamtstaatsregierung typischerweise sowohl über eigene Bundesbehörden als auch über mindestnotwendige Weisungsrechte gegenüber Landesbehörden, wobei die föderalistische Komponente der Ordnungsbegründung beides auf seinen unerläßlichen Umfang beschränkt.[350] Die Einrichtung weiterer europäischer Behörden würde daher den bundesstaatlichen Charakter der Gemeinschaft verstärken, insbesondere wenn jene dem einzelnen gegenüber unmittelbar auftreten sollen.[351] Weisungsrechte der EU-Kommission gegenüber nationalen Behörden würden das bundesstaatliche Gestaltungsmuster im Bereich des Gesetzesvollzugs weiter forcieren.[352] Der

---

[350] Die entsprechenden Regeln finden sich im GG in Art. 87 (Bundesbehörden) und Artt. 84 Abs. 5 Satz 1, 85 Abs. 3 Satz 1 (Weisungsrechte). Auf die Grenzen bei der Erweiterung, insbesondere durch die Neugründung weiterer Bundesbehörden, weisen *Christoph Degenhart*, Staatsrecht I, Rn. 512 und *Bodo Pieroth*, in: Jarass/Pieroth, Grundgesetz, Rn. 9 zu Art. 87 hin. – Parallelen hierzu finden sich wiederum auch in den anderen bestehenden Bundesstaaten, wobei, je nach der Ausprägung der bundesstaatlichen Struktur, das eine oder das andere, die Weisungsmöglichkeiten oder die Behörden, im Vordergrund stehen kann. Vgl. z. B. Artt. 78a ff. der Österreichischen Bundesverfassung und Art. 178 der Schweizerischen Bundesverfassung. Auch die bundesstaatlich orientierten Verfassungskonzepte aus der Anfangsphase des Integrationsprozesses sahen dementsprechend Bundesbehörden vor; vgl. Artt. 11 f. des Verfassungsentwurfes der Europa-Union aus dem Jahre 1942, abgedruckt bei *Walter Lipgens*, 45 Jahre Ringen um die Europäische Verfassung, S. 94 ff.

[351] Wie dies bei den Behörden der Fall wäre, die *Rudolf Luster/Gero Pfennig/Friedrich Fugmann* in Art. 68 ihres Verfassungsentwurfs vorschlagen (zitiert nach: Weidenfeld [Hrsg.], Wie Europa verfaßt sein soll – Materialien zur Politischen Union, S. 105, 127).

[352] Vgl. dazu die Regelungsvorschläge im Entwurf des Institutionellen Ausschusses im Europäischen Parlament, Art. 34 UAbs. 2 Satz 1 2. HS (Abl. EG Nr. C 61/155 vom 28. 2. 1994) und im Entwurf von *Rudolf Luster/Gero Pfennig/Friedrich Fugmann* (in: Weidenfeld [Hrsg.], Wie Europa verfaßt sein soll – Materialien zur Politischen Union, S. 105, 127 – Art. 67 Nr. 2). – Bereits heute bestehen auf europäischer Ebene eine ganze Reihe behördenähnlicher Einrichtungen, die bei *Thomas Oppermann*, Europarecht, § 5 Rnrn. 165 ff. detailliert aufgeführt sind. Neben Ämtern im engeren Sinne (wie beispielsweise Eurostat, dem Statistischen Amt der EG) ist dabei zunehmend eine sogenannte „mittelbare Gemeinschaftsverwaltung" (*Thomas Oppermann*, a.a.O., § 5 Rn. 181) entstanden, die beispielsweise ein Europäisches Markenamt und eine Europäische Umweltagentur umfaßt. Neben diesen beiden „Behörden"formen stehen weitere, teils durch völkerrechtlichen Vertrag gegründete, verselbständigte juristische Personen wie beispielsweise das Europäische Patentamt. – Ansätze zu einem Weisungsrecht finden sich bereits im Wettbewerbsrecht, wenn dort im Art. 85 Abs. 1 Satz 2 EGV die Behörden der Mitgliedstaaten der Kommission Amtshilfe leisten. Unter Umständen können nationale Behörden nach dieser Regelung verpflichtet sein, im Auftrag der Kommission Untersuchungen durchzuführen, vgl. *Helmuth Schröter*, in: von der Groeben/Schwarze (Hrsg.), Vertrag über die Europäische Union und Vertrag zur Gründung der Europäischen Gemeinschaft, Rn. 12 zu Art. 85 EGV.

Staatlichkeitsgewinn hängt dabei nicht ausschließlich vom Umfang der entsprechenden Gemeinschaftsbefugnisse ab: es kennzeichnet die Bundesstaatlichkeit, daß sich die Verwaltungszuständigkeiten und Weisungsrechte, die der Bund beanspruchen darf, aus der Bundesverfassung heraus ergeben, um so das von ihr gewollte Ordnungsmodell gegen Sonderinteressen zu sichern.

VII. Weitere bundesstaatstypische Verfassungsinhalte

Um die rechtliche Struktur eines europäischen Bundesstaats zu komplettieren, müßten noch eine Reihe weiterer bundesstaatstypischer Verfassungsinhalte auf der Ebene des Unionsrechts eingeführt werden:

- Im Hinblick auf die äußere Einheit der Ordnung ist dies ein *absolutes Austrittsverbot*[353], welches so deutlich wie möglich klarstellen muß, daß zwischen den einzelnen Teilen des Ganzen völkerrechtliche Möglichkeiten, den Vertrag zu verlassen, unbedingt ausgeschlossen erscheinen.
- Im Hinblick auf die innere Einheit der Ordnung sind dies die Möglichkeiten des *Bundeszwangs*, die es erlauben, den Vorrang der Verfassung und den Bestand der staatlichen Einheit auch über die Ebenen des bundesstaatlichen Gesamtgefüges hinweg gegen Anfechtungsbestrebungen wirksam zu sichern.[354]
- Zum Ausbau einer gesamteuropäischen Bundesstaatlichkeit würde es weiterhin beitragen, wenn auf der Ebene der Union militärische Befehlsstrukturen angelegt würden oder die Union über eigene *Streitkräfte* verfügt.[355]

---

[353] Ein ausdrückliches Austrittsverbot enthält Art. 2 Nr. 1 des Verfassungsentwurfs von *Rudolf Luster/Gero Pfennig/Friedrich Fugmann* (in: Weidenfeld [Hrsg.], Wie Europa verfaßt sein soll – Materialien zur Politischen Union, S. 105, 106); aus der Anfangszeit des Integrationsprozesses vgl. Art. I.4. des Verfassungskonzepts von *Arnold Brecht* aus dem Jahr 1942 und Art. 3 Satz 2 des Verfassungsentwurfs von *Léon van Vassenhove*, beide abgedruckt bei *Walter Lipgens*, 45 Jahre Ringen um die Europäische Verfassung, S. 82 ff. bzw. S. 117 ff. Austrittsklauseln finden sich demgegenüber in den Entwürfen von *Robert Badinter*, Une Constitution européenne, S. 128 – Art. 80; *Jean Touscoz*, La Constitution de l'Union européenne, S. 181 – Art. 24 und *Alan Dashwood/Michael Dougan/Christophe Hillion/Angus Johnston/Eleanor Spaventa* (http://www.whi-berlin.de/doc/dashwood.doc) – Art. 27 Abs. 1. Zur Frage der Austrittsklauseln vgl. ferner *Ernst-Ulrich Petersmann*, CMLR 32 (1995), 1123, 1152 f.

[354] Vgl. hierfür aus der Frühzeit der Integration: Art. 10 des Verfassungsentwurfes der Europa-Union, abgedruckt bei *Walter Lipgens*, 45 Jahre Ringen um die Europäische Verfassung, S. 94 ff.

[355] Entsprechende Vorschläge wurden insbesondere in der frühesten Phase der europäischen Einigungsbewegung, unter dem Eindruck der Greuel des Zweiten Weltkrieges, angeregt; vgl. z. B. Art. XV des Verfassungsentwurfs von *Ivor Jennings* aus dem Jahr 1940, abgedruckt bei *Walter Lipgens*, 45 Jahre Ringen um die Europäische Verfassung, S. 44 ff.

Entsprechende Vorschläge wurden bis jetzt nur vereinzelt geäußert.[356] Wie gleich noch einmal erklärt werden soll, kann der gegenwärtig scheinbar noch vorhandene Konsens, entsprechende Inhalte nicht etablieren zu wollen, keinesfalls als eine Art Versicherung gegen eine gesamteuropäische Bundesstaatlichkeit eingestuft werden. Die Frage, wann aus den einstmals souveränen Teilen der Union endgültig integrierte Bestandteile, mit anderen Worten: wann aus den Mitgliedern eines völkerrechtlichen Bundes endgültig Glieder in einer staatlichen Bindung entstanden sein werden, hängt nicht primär von einem bestimmten der zehn genannten Kriterien, sondern von der Beschaffenheit der Verfassungsstrukturen in ihrer Gesamtheit ab – und noch viel mehr davon, als was diese vom einzelnen Rechtsadressaten aufgefaßt werden.

VIII. Zwischenergebnis: staatlichkeitsforcierende Rechtsstrukturen in der Union als politisches Experiment mit verfassungsrechtlichen Formen

Die Auswahl möglicher Reformschritte, die hiermit vorgestellt wurde, markiert die Hauptaspekte einer zu errichtenden Bundesstaatskonstruktion. Die Frage, welcher dieser Schritte für die Bundesstaatsgründung der wichtigste ist, läßt sich leichter beantworten, als dies auf den ersten Blick scheint – da sämtliche diese Aspekte auf demselben verfassungstheoretischen Umstand beruhen (nämlich: dem unabgeleiteten Gelten und der Höchstrangigkeit der verfassungsrechtlichen Ordnung), hängen sie alle so miteinander zusammen, daß der rechtliche Bestand des einen den rechtlichen Bestand des anderen begründet oder, wo die Rechtslage dies nicht ohne weiteres zuläßt, sein Noch-Nicht-Vorhandensein als Mangel und Systembruch dastehen läßt. Bezeichnend dafür erscheinen Versuche, aus dem Bestand einzelner Merkmale auf den Bestand der andern zu schließen, wie dies einerseits (in einer der EU günstigen Weise) durch den EuGH unternommen wird, wenn dieser aus der dauerhaften Übertragung von Kompetenzen auf den Vorrang des Gemeinschaftsrechts schließt[357], und wie dies andererseits (in einer den Gliedstaaten günstigen Weise) ein Teil der Lehre versucht, wenn dieser das Austrittsrecht der Staaten aus dem Völkerrechtscharakter der Vertragsänderung ableiten will[358].

Entscheidend ist dabei, daß es sich stets nur um die Einrichtung rechtlich-organisatorischer Vorgaben handelt, deren eigentliche Bedeutung sich erst dadurch zu erfüllen vermag, daß die Vorstellungswelt des politisch zum Bund geeinten Gemeinwesens ein solches letztverbindliches Miteinanderverbunden-

---

[356] Siehe dazu den Nachweis oben in Fn. 354.

[357] EuGH, Rs. 6/64, Slg. 1964, 1251, 1269f. – Costa/ENEL.

[358] Siehe dazu oben: Zweites Buch, Erster Abschnitt, III.6.b.

sein aus bestimmten Ordnungsmotiven heraus akzeptiert. Wo dieses Bewußtsein sich einstellt, kommt es auf das einzelne rechtliche Merkmal nicht mehr entscheidend an; die politischen Prozesse werden seinen Übergang Schritt für Schritt bewirken. Bis dahin bleibt die EU ein politisches Experimentieren mit Formen und Formeln einer höchsten rechtlichen Geltung (man könnte auch sagen: mit verfassungsrechtlichem Equipement), dessen Gelingen von Faktoren abhängt, die sich verfassungspolitisch nur begrenzt beeinflussen lassen. Vor dem Hintergrund dieser Zusammenhänge geht es im folgenden Abschnitt um jene Wege, die zum Staatlichkeitsübergang führen. Inwiefern hängt die Frage nach der Bundesstaatlichkeit des Verbandes auch vom Verfahren ab, durch welches sich künftige Integrationsschritte vollziehen?

3. Abschnitt

Staatsgründungsakte und Staatlichkeitswahrnehmung – mögliche Vorgehensweisen zur Einrichtung der gesamteuropäischen Staatlichkeit

I. Verfahrensoptionen im Staatlichkeitskontext

1. Die Entstehungsweise der Ordnung als Aspekt ihres Wesens

Die bisherigen Darlegungen haben verdeutlicht, welchen Einfluß bestimmte inhaltliche Modifikationen des EG-Primärrechts auf die Staatlichkeitsfrage besitzen. Im nächsten Schritt der Betrachtung ist nunmehr zu prüfen, welche Rolle die Art und Weise ihres Zustandekommens für die Frage des Staatlichkeitsübergangs spielt. Normen obersten Ranges unabgeleitet zustande zu bringen, um damit die neue Ordnung ins Werk zu setzen, erfordert es, Rechtssätze zu etablieren, in denen die Höchstrangigkeit des damit verfolgten Ordnungsanspruchs verkörpert ist. Ob und inwieweit dies geschieht, ist nicht allein ein Problem des Regelungsinhaltes – auch aus den Umständen seines Eingesetztwerdens kann sich ergeben, als was ein Regelungsganzes gemeint ist[359]: als die Verwirklichung einer letztmaßgeblichen inneren Bindung oder als nachgeordnete äußere Rechtspflicht. Entsprechende Indizien bieten einerseits das Verfahren der Verfassungserarbeitung selbst, d.h. die Art und Weise von Beratung und Entwurfserstellung, und andererseits die Modalitäten, nach denen der Text in Kraft gesetzt wird. Hinsichtlich des ersten Gesichtspunktes, des Erarbeitungsvorgangs, wurden im europäischen Integrationsprozeß mit der Einsetzung von Grundrechte- und Verfassungskonvent neuartige Wege beschritten, deren Einfluß auf die Frage nach dem Wesen der durch sie zu schaffenden Normen (und damit auf die Frage nach dem Wesen des Verbandes, den sie prägen) an dieser Stelle zu analysieren ist.[360] Auch über den zweiten Gesichtspunkt, die Art und Weise des Inkraftgesetztwerdens, wurde im Integrationsprozeß intensiv nachgedacht – die europäische Verfassung sollte, so wurde gefordert, durch Volks-

[359] *Matthias Ruffert*, EuR 2004, 165, 193.
[360] Dazu unten II.

entscheid eingesetzt werden.[361] Die Bedeutung eines solchen Schrittes im Staatlichkeitskontext muß hier ebenfalls aufgeklärt werden.[362]

2. *Die Rolle des Volkes als pouvoir constituant und deren Wahrnehmbarkeit im europäischen Konstitutionalisierungsprozeß*

Der gesuchte Zusammenhang von Verfahrensweise und Staatlichkeit ist aus der Rolle heraus zu ermitteln, die dem Volk innerhalb der jeweiligen Konstitutionalisierungsschritte zufällt.[363] Welche einzelnen Akte bringen das Volk in die Lage, seine Rolle als verfassunggebende Gewalt zu erfüllen? Wodurch wird es in den Stand gesetzt, ein gesamteuropäisches Verfassungsmodell anzunehmen oder zugunsten der heutigen Hoheit des mitgliedstaatlichen Verfaßtseins zu unterbinden? Verfassunggebende Akte setzen voraus, daß ein Volk als pouvoir constituant auftritt[364]: je klarer sich dieser Auftritt im Integrationsakt verdeutlicht, desto richtiger ist es, von einem Hinüberwechseln jenes als Staatlichkeit identifizierten grundlegenden Ordnungsmusters auf einen neuen Träger zu sprechen. Im einzelnen staatlichkeitsrelevanten Integrationsschritt müssen Momente angelegt sein, die im Kern darauf deuten, daß seine Umsetzung dem Willen eines Gesamtvolkes zur politischen Ordnungsbegründung dient; wenn es um die verfassungstheoretische Bewertung entsprechender Integrationsschritte geht, kommt es demzufolge darauf an, entsprechende Momente im Einzelakt nachzuweisen.[365] Während die hierzu nachzuweisenden Komponenten (also: die Rechtsstrukturen des Staatseins) im Inhalt der entsprechenden Nor-

---

361 So z.B. *Peter Häberle*, Europäische Verfassungslehre, S. 634; *Ingolf Pernice*, Die neue Verfassung der Europäischen Union – ein historischer Fortschritt zu einem europäischen Bundesstaat?, S. 23; aus politischer Sicht *Jo Leinen*, Frankfurter Allgemeine Zeitung vom 3. Mai 2004, S. 12. Zum Fragenkreis des Referendums im Kontext der europäischen Integration umfassend *Sven Hölscheidt/Iris Putz*, DÖV 2003, 737, die zahlreiche weitere Vorschläge für ein solches Vorgehen nachweisen, sowie *Matthias Ruffert*, EuR 2004, 165, 195ff.

362 Dazu unten III.

363 *Matthias Ruffert*, EuR 2004, 165, 193.

364 Dazu ausführlich oben: Erstes Buch, Zweiter Abschnitt, I.3. Es ist deshalb nicht richtig anzunehmen, die verfassunggebende Gewalt des Volkes sei „eine andere, bescheidenere" geworden, wie dies *Peter Häberle* tut (Europäische Verfassungslehre, S. 221). Wenn die Einzelnationen tatsächlich nicht mehr „Herren" ihrer eigenen Verfassungen sind, wie *Häberle* behauptet, müßten sie in ihrer Gesamtheit zum „Herren" der Gesamtverfassung geworden sein. Das einzelne Gemeinwesen kann nicht umhin, sich auf einer bestimmten Ebene seines politischen Gebundenseins als unabhängig zu entwerfen; dies ist die Ebene der Verfassung, über die es verfügt.

365 Diese Zusammenhänge verleiten *Peter Häberle* zu der mißverständlichen Fragestellung, ob „die verfassunggebende Gewalt des Volkes schon textlich auf bestimmte Verfahren festgelegt" sei (Europäische Verfassungslehre, S. 234). Die Antwort lautet: nein – der Umstand, daß sich die verfassunggebende Gewalt in verschiedenen Formen, in Verfassungsverträgen und angenommenen Verfassungsgesetzen, ausdrücken kann (indem das Volk sie befolgt), heißt nicht, daß diese authentisch sind oder der pouvoir constituant darauf festgelegt wäre. Im Gegenteil: richtig verstanden, bedarf die verfassunggebende Gewalt des Volkes kei-

men gesucht werden müssen, verbindet sich die Bewertung dessen, was dabei als staatlich erscheint (mit anderen Worten: der Maßstab zur Identifizierung dieser Strukturen), in gleichem Maße mit dem Verfahren, in dem sie entstehen – ob eine neu sich entwickelnde Ordnungsstruktur materiell darauf zugeschnitten ist, innerhalb des von ihr geregelten Raumes höchstrangig und unabgeleitet (und daher: staatlich) zu wirken, erschließt sich aus dem Inhalt des Regelungsganzen; ob sich auch das Bewußtsein der verfassunggebenden Gewalt auf eine solche Staatsgründung richtet, ist ein Punkt, den nur das Verfahren ans Licht bringen kann. Wer sich der Frage widmet, wann und wodurch Staatlichkeit übergeht, muß beide Aspekte beleuchten: welche Regeln als oberstes Ordnungsgefüge gelten, hängt einerseits von ihren Inhalten und andererseits davon ab, wie – oder besser: als was – diese wahrnehmbar sind.[366]

Hauptgesichtspunkt der verfassunggebenden Gewalt ist, wie oben beschrieben, das Merkmal der Akzeptanz – was mehr bedeutet als ein bloßes Hinnehmen und Befolgen: das Volk betätigt sich als pouvoir constituant, indem es die Grundstrukturen einer bestimmten verfassungsrechtlichen Ordnung für richtig befindet[367]; seine verfassunggebende Gewalt erscheint in praxi als Annahme eines bestimmten Ordnungskonzepts, das seinen Bindungsmotiven entspricht. Versuche, durch die Einsetzung einer anderen verfassungsrechtlichen Ordnung den Staat neu zu konstituieren, beginnen daher immer als Experimente: an ihrem Anfang steht die Staats- und Verfassungsvorstellung der „verfassungschaffenden Gruppe" (*Carl J. Friedrich*)[368], deren Erfolg oder Scheitern allein davon abhängt, ob das Volk die von ihr entworfene Ordnung vollzieht. Die möglichen Verfahrensoptionen, nach welchen die entsprechenden Verfassungsstrukturen ins Werk gesetzt werden können, variieren untereinander vor allem im Grad ihrer Deutlichkeit, mit der sie eine solche Annahme des vorgeschlagenen Verfassungskonzepts sichtbar werden lassen – und gerade diese Frage ist es, die sich nunmehr auch im Hinblick auf die EU, auf deren weiteres Voranschreiten in Richtung Bundesstaat, stellt. Die beiden wichtigsten Wege, um künftige gesamteuropäische Ordnungsstrukturen in Kraft treten zu lassen: der Abschluß völkerrechtlicher Verträge und ein mögliches Verfassungsreferendum, sind unter

---

nes dieser Akte, um wirksam zu werden; wo die politische Führung ihr diesen verweigert, werden hierfür eigene Wege gefunden.

[366] Dazu näher unten: III.1.b.

[367] Siehe dazu oben: Erstes Buch, Zweiter Abschnitt, I.3. Es wird an dieser Stelle ein weiteres Mal ersichtlich, daß die verfassunggebende Gewalt des Volkes etwas anderes als „Ideologie" oder Fiktion ist, wie dies im Schrifttum immer wieder vertreten worden ist (vgl. z.B. *Gerd Roellecke*, JZ 1992, 929, 932ff.; in dieselbe Richtung wie hier demgegenüber *Ernst-Wolfgang Böckenförde*, Staat, Verfassung, Demokratie, S. 93). Die Ausübung der verfassunggebenden Gewalt durch das Volk ist immer ein real sich vollziehender Vorgang, der jedoch von der formellen Inkraftsetzung eines bestimmten Verfassungsgesetzes gedanklich getrennt werden muß.

[368] Der Verfassungsstaat der Neuzeit, S. 148.

diesem Gesichtspunkt auf ihre Bedeutung für die Staatsgründung hin zu beleuchten.[369]

II. Staatlichkeitstypische Umstände der Verfassungsentstehung

1. *Zum Zusammenhang von Verfassungsberatung und Staatlichkeitsfrage*

Die ersten Hinweise darauf, welche Kodifikationsschritte zur Konstitutionalisierung und damit zur Staatlichkeit eines Verbandes beitragen, sind in der Art und Weise zu finden, wie ein Normtext erarbeitet wurde.[370] Der Zusammenhang beider Aspekte wird sichtbar, wenn man sich noch einmal die Bedeutung der verfassungsrechtlichen Ordnung verdeutlicht und hierdurch die Besonderheiten ihrer Konzeptionierung erfaßt: um seinen ordnungsbegründenden Anspruch einlösen zu können, muß der Text des Verfassungsgesetzes jenen Motiven des Verbundenheitsbewußtseins entsprechen, die das Geeintsein des Gemeinwesens tragen; das Verfassungsdokument muß, um als oberste Regel zu wirken, jene Gemeinsamkeiten erfassen, auf denen die Absicht, sich binden zu wollen, beruht. Die Komplexität dieser Motive enthält zugleich Spielräume; einzelne Komponenten der gemeinsamen Ordnungsvorstellung können bei bestimmten Bevölkerungsgruppen stärker als bei anderen im Vordergrund stehen: so beispielsweise der Wunsch, sozial abgesichert zu sein, bei denen, die sozial schwach sind; der Wunsch, Religionsfreiheit zu genießen, bei denen, die einer Glaubensgemeinschaft angehören usw. Gemeinsame Grundlagen rechtsverbindlich zu regeln, erfordert dabei eine umfassende Beratung im Vorfeld und im Prozeß der Staats- und Verfassungskonzeptionierung; um zu erfassen, was sie verbindet, ist es geboten, Vertreter möglichst vieler verschiedener Gruppen in die Beratungen einzubeziehen und ihre Standpunkte auf gemeinsame Nenner zu bringen.[371] Die Pluralisierung der Gesellschaft in den letzten Jahrzehnten hat dieses Bedürfnis noch einmal verstärkt: während in den vorwiegend homogenen Gemeinschaften der Vergangenheit verfassungsrechtliche Strukturen vergleichsweise leicht auf den Anspruch der herrschenden Ordnungsvorstellung abgestimmt werden konnten, setzt die pluralistische Gesellschaftsstruktur des heutigen Industrie- und Informationszeitalters mit ihrem

---

[369] Außer Betracht bleiben sollen dabei jene Rechtsfragen, die ein solches Verfassungsreferendum im Hinblick auf das geltende EU-Recht bereitet. Siehe dazu eingehend *Sven Hölscheidt/Iris Putz*, DÖV 2003, 737, 743f.

[370] *Koen Lenaerts/Marlies Desomer*, CMLR 39 (2002), 1217, 1234ff. Die Bedeutung verschiedener Vorgehensweisen im Rahmen der Verfassungsgestaltung behandelt (aus der Sicht der US-amerikanischen Verfassungstheorie) auch *George A. Berman*, in: Bieber/Widmer (Hrsg.), Der europäische Verfassungsraum, S. 291.

[371] Vgl. dazu auch *Miguel Poiares Maduro*, in: Weiler/Eisgruber (Hrsg.), Altneuland: The EU Constitution in a Contextual Perspective, S. 33.

Nebeneinander verschiedenster Weltanschauungen und Lebenskonzepte ein entsprechend breites Verfassungsforum voraus. Umgekehrt heißt dies, daß eine entsprechend breit angelegte Einbeziehung von Vertretern der verschiedenen Bevölkerungsschichten in einen grundlegenden Rechtserzeugungsprozeß auf den integrativ-konsensorientierten Anspruch dieser Normsetzung hinweist.[372] Dem Konstitutionalisierungsbestreben einer Gemeinschaft entsprechen daher jene Foren der Gesetzesausarbeitung, in denen die bestehende Vielfalt der Interessen bestmöglich wahrgenommen und auf einen Nenner gebracht werden kann, wie beispielsweise verfassunggebende Versammlungen, Verfassungskonvente und Runde Tische.[373] Die Annahme einer Verfassungsordnung durch die Bevölkerung beginnt hier bereits damit, daß deren einzelne Gruppen durch ihre Repräsentanten aktiv daran mitwirken, die Verfassung entstehen zu lassen. Indem ein solches Verfahren Erkenntnis und Ausgleich (wenn man so will: des Verbindenden und des Noch-zu-Verbindenden) fördert, wird bereits im Vorfeld ihres Inkrafttretens sichtbar, daß die entstehende Norm dazu dient, die öffentliche Sphäre in grundlegender Weise zu ordnen.[374]

In deutlichem Gegensatz hierzu stehen solche Rechtsentwicklungsverfahren, bei denen sich der Kreis derer, die sie – die Verfahren – beeinflussen können, von vornherein auf die Mitglieder eines einzelnen Gremiums und deren juristisch geschulte Berater beschränkt. Diesem Muster entspricht im Innern der staatlichen Ordnung typischerweise die Gesetzgebungspraxis, als deren tatsächliche Hauptakteure die Mitarbeiter von Parlamentsfraktionen und Ministerien erscheinen. Den entscheidenden Gegensatz zur Methode der Verfassungskonvente und Runden Tische bildet in unserem Fall jedoch (wo es um die Vereinigung mehrerer Gemeinwesen zu einem Bundesstaat geht) die Ausarbeitung von völkerrechtlichen Verträgen durch den Zusammentritt von internatio-

---

[372] Entsprechend versteht auch *Peter Häberle* Verfassungsgebung als „Kompromiß im Pluralismus der Ideen und Interessen" (Europäische Verfassungslehre, S. 589); vgl. hierzu ferner auch *Miguel Poiares Maduro*, in: Weiler/Eisgruber (Hrsg.), Altneuland: The EU Constitution in a Contextual Perspective, S. 31 und 33.

[373] Beispiele hierfür weist *Peter Häberle*, Europäische Verfassungslehre, S. 234 nach. Ein anderer Weg wurde demgegenüber, bedingt durch die Umstände, bei der Ausarbeitung des Grundgesetzes beschritten, von der die Vertreter gesellschaftlicher Interessengruppen weitgehend ausgeschlossen wurden; der Parlamentarische Rat war in erster Linie mit erfahrenen Juristen und Politikern besetzt, so daß bei seiner Arbeit „praktischer Hausverstand, sachbezogene Abgeklärtheit und ein beachtliches Maß an Verständigungsbereitschaft vorherrschten" (*Reinhard Mußgnug*, in: Isensee/Kirchhof [Hrsg.], Handbuch des Staatsrechts, Bd. I, § 8 Rn. 47). Ein Gremium unabhängiger Experten erweist sich demnach ebenfalls zur Verfassungsschöpfung imstande, wenn es die vorhandenen Interessen umfassend und unvoreingenommen wahrnimmt.

[374] Vgl. *Miguel Poiares Maduro*, in: Weiler/Eisgruber (Hrsg.), Altneuland: The EU Constitution in a Contextual Perspective, S. 34. Von *Peter Häberle* wird dies als „Renaissance des Gedankens der paktierten Verfassung" interpretiert (Europäische Verfassungslehre, S. 236).

nalen Regierungskonferenzen.[375] Während Konvente sich darauf richten, Gruppen zu integrieren, die sich um eine Gestaltung der künftigen staatlichen Ordnung bemühen, zielt die Regierungskonferenz auf einen Ausgleich von Interessenskonflikten unabhängiger Staaten – und setzt damit den Staat als Einheit voraus.[376] Rechtstexte, die auf dem zuletzt genannten Weg, durch einen Zusammentritt von Regierungskonferenzen, entstehen, werden daher in aller Regel nicht der grundlegenden Neuordnung des Gemeinwesens dienen – ihre Ausarbeitung wird vielmehr als ein Vorgang innerhalb der bestehenden Ordnung eingestuft werden müssen, der die bisherigen Bindungen keinesfalls auflösen, sondern ergänzen und fortführen soll. Entsprechende Rechtsetzungsverfahren deuten demnach darauf hin, daß ein Staatlichkeitsübergang nicht bewirkt werden soll. Die Frage, welche Ausnahmen von dieser Maxime im Falle einer vertraglich vereinbarten Bundesstaatsgründung gemacht werden müssen, und die Frage, wie diese vor dem Hintergrund der hier vertretenen Staatskonzeption erklärt werden können, untersuchen und beantworten, im Kontext der Formen des Inkraftgesetztwerdens einer Verfassung, die unter III. folgenden Absätze. Zuvor ist jedoch zu bewerten, ob es sich bei der Art und Weise, wie das EU-Primärrecht bisher konzeptioniert worden ist und weiterhin konzeptioniert wird, um das Muster der Verfassunggebung oder um das Muster der zwischenstaatlichen Vereinbarung handelt.

2. *Die Ausarbeitung staatlichkeitsrelevanter Normierungsentwürfe im europäischen Integrationsprozeß*

Die rechtliche Ausgestaltung der EU beruht in jener Form, in der sie sich heute darstellt, vorrangig auf den Vorschriften der Verträge, die von den Unionsstaaten auf verschiedenen Regierungskonferenzen, zur Vorbereitung der Vertragswerke von Rom, Maastricht, Amsterdam und Nizza, ausgehandelt worden sind. Ein solches Verfahren spricht zunächst eindeutig gegen die Staatsgründungsabsicht. Erst die Einrichtung eines Verfassungskonvents durch die Erklärung von Laeken[377] folgt dem Muster der Verfassunggebung in einem Umfang, der den

---

[375] Zum Zusammenhang der Arbeitsweise von Regierungskonferenzen mit der Verfassungsqualität der europäischen Verträge siehe *Bruno de Witte*, in: Beaumont/Lyons/Walker (Hrsg.), Convergence und Divergence in European Public Law, S. 39, 42ff., zum Kreis der Beteiligten detailliert S. 45ff. sowie *dens.*, in: Pernice/Zemánek (Hrsg.), A Constitution for Europe: The IGC, the Ratification Process and Beyond, S. 59, 64ff. *De Witte* zeigt, wie auch Regierungskonferenzen von verschiedenen formell nicht beteiligten Gruppen beeinflußt werden, einschließlich der jeweiligen nationalen Opposition, der Verfassungsgerichte und dem EuGH. Vgl. hierzu ferner auch *Helmut Wagner*, in: Bruha/Hesse/Nowak (Hrsg.), Welche Verfassung für Europa?, S. 281, 287ff.

[376] *Matthias Ruffert*, EuR 2004, 165, 194, m.N. des politikwissenschaftlichen Schrifttums hierzu; siehe auch *Johannes Christian Wichard*, EuGRZ 2004, 556, 558.

[377] Dazu *Paul Craig*, Constitutional Process and Reform in the EU: Nice, Laeken, the Convention and the IGC, S. 2ff.; *Stephan Hobe*, Futures 38 (2006), 169, 173ff.; *Koen Le-*

verfassungsrechtlichen Inhalten der Verträge entspricht (wenn man den Vorläufer dieser Entwicklung, den Grundrechte-Konvent, wegen der Spezialität seines Themas hier einmal außer acht läßt).[378] Im Verfassungskonvent versammelten sich unter dem Vorsitz von *Valéry Giscard d'Estaing* Parlamentarier und Regierungsvertreter der Mitglied- und der Anwärterstaaten, Europaparlamentarier und Vertreter der Kommission. Als Beobachter sind zudem Mitglieder des Wirtschafts- und Sozialausschusses (Artt. 257ff. EGV), der „europäischen Sozialpartner" (Artt. 136ff. EGV[379]), des Ausschusses der Regionen (Artt. 263ff. EGV) sowie der Europäische Bürgerbeauftragte (Art. 43 EUV) hinzugerufen worden.[380] Der Ansatz, in den Prozeß der Verfassungsentstehung über die Regierungsvertreter hinaus nationale Parlamentarier und europäische Gremien, Wirtschaftsverbände und einen Bürgerbeauftragten einzubeziehen, entsprach zumindest ein Stück weit dem Bemühen um eine stärkere, im Gesamtraum zu vollziehende Integration[381], wenngleich die Beschränkung der Stimmrechte auf die Vertreter von Europäischer Kommission, Europäischem Parlament und Mitgliedstaaten für Vorsicht und Zurückhaltung spricht.[382] In

---

naerts/Marlies Desomer, CMLR 39 (2002), 1217, 1235ff. und *Markus M. Müller*, in: Beckmann/Dieringer/Hufeld (Hrsg.), Eine Verfassung für Europa, S. 73, 75f.

[378] Dazu auch *Stefan Kadelbach*, in: Festschrift für Manfred Zuleeg, S. 219, 231f. und *Miguel Poiares Maduro*, in: Weiler/Eisgruber (Hrsg.), Altneuland: The EU Constitution in a Contextual Perspective, S. 31ff.

[379] Was mit „Sozialpartnern" i. S. der Artt. 136ff. EGV gemeint ist, bedarf noch der genauen juristischen Klärung; siehe dazu *Sebastian Krebber*, in: Calliess/Ruffert (Hrsg.), Kommentar zu EU-Vertrag und EG-Vertrag, Rnrn. 4ff. zu Art. 138, der in Rn. 20 die bisher von der Kommission als „Sozialpartner" anerkannten Wirtschaftsverbände aufzählt.

[380] *Koen Lenaerts/Marlies Desomer*, CMLR 39 (2002), 1217, 1238 und *Thomas Oppermann*, DVBl. 2003, 1165, 1166. Zur Zusammensetzung und Arbeitsweise des Konvents siehe außerdem *Paul Craig*, Constitutional Process and Reform in the EU: Nice, Laeken, the Convention and the IGC, S. 6ff.; *Peter Fischer*, in: Festschrift für Wolfgang Mantl, S. 991, 994ff.; *Stephan Hobe*, EuR 2003, 1, 10ff.; *ders.*, Futures 38 (2006), 169, 173f.; *Franz C. Mayer*, ZaöRV 63 (2003), 59; *Ingolf Pernice*, Die neue Verfassung der Europäischen Union – ein historischer Fortschritt zu einem europäischen Bundesstaat?, S. 15f. und *Reinhard Rack/Daniela Fraiss*, in: Festschrift für Wolfgang Mantl, S. 1121ff. sowie die Schilderung des Konventsmitglieds *Jürgen Meyer*, Die Arbeiten an einer Europäischen Verfassung – Ein Werkstattbericht, passim.

[381] Ähnlich *Miguel Poiares Maduro*, in: Weiler/Eisgruber (Hrsg.), Altneuland: The EU Constitution in a Contextual Perspective, S. 31f. Besondere Bedeutung kam dabei auch verschiedenen Foren zu, deren Debatten die Konventsdiskussion begleitet haben und inspirieren sollten; siehe *Koen Lenaerts/Marlies Desomer*, CMLR 39 (2002), 1217, 1240ff. und *Reinhard Rack/Daniela Fraiss*, in: Festschrift für Wolfgang Mantl, S. 1121, 1130. Je nachdem, in welcher Weise die Ergebnisse derartiger öffentlicher Foren in die Gestaltung des Verfassungstextes einbezogen werden, könnte hierin, in der Zeit des Internet und der Massenkommunikation, ein entscheidender Faktor künftiger Verfassungsberatung entstehen, auf den die eigentliche „verfassunggebende Gruppe" bei der Schöpfung des Verfassungsgesetzes zurückgreift.

[382] *Matthias Ruffert*, EuR 2004, 165, 194. Diese Zurückhaltung kritisiert unter dem Aspekt der demokratischen Legitimation *Thomas Schmitz*, EuR 2003, 217, 236; demgegenüber meinen *Koen Lenaerts/Marlies Desomer* (CMLR 39 [2002], 1217, 1252), daß die Konventsmethode den entstehenden Verfassungsvertrag zu einem „act emanating from the peoples of

der Frage, wie der Vertrag über eine Verfassung für Europa erarbeitet werden sollte, zeigt sich mithin dieselbe Ambivalenz, die auch dessen Inhalte prägt: was sich im Hinblick auf die Rechtsinhalte als ein formales (und, wie ausführlich gezeigt worden ist, inzwischen nur noch fragmentarisches) Fortbestehen von Ableitungszusammenhängen erweist[383], stellt sich im Hinblick auf die Ausarbeitung des Verfassungsvertrages als eine konsequente Beschränkung von Mitwirkungsrechten dar – und wird uns, in der vielleicht deutlichsten Form, als ein Festhalten am Ratifikationsverfahren begegnen, wo es um das Inkraftsetzen des Verfassungsvertrages geht.[384] Im Kern handelt es sich in allen drei Zusammenhängen um das Fortbestandsinteresse (oder, wie man es auch nennen könnte: um das Selbsterhaltungsbestreben) der bisherigen Staatlichkeitsformen. Die Beteiligung weiterer Interessenvertreter an künftigen Konventen, die im Schrifttum teilweise angeregt wurde[385], brächte es zwangsläufig mit sich, daß sich zugleich die Themenpalette erweitert, mit der diese Konvente befaßt sind. Insofern ist davon auszugehen, daß die jeweiligen Gremien Schritt für Schritt dazu kämen, nach einer grundlegenden Neueinrichtung der von ihnen zu ordnenden Sphären zu suchen: die von ihnen verfaßten Entwürfe müßten in immer höherem Maß Interessensvielfalt vermitteln und damit an einem grundlegenden, allseits geteilten Werte- und Formenkonsens orientiert sein, so daß sich die dabei zu entwickelnde Ordnung dem Anspruch einer umfassenden Ausgestaltung der öffentlichen Sphäre immer mehr nähert. Je mehr Sonderinteressen ein Regelungsganzes ausgleichen soll, desto grundsätzlicher muß es konzeptioniert sein – und desto stärker muß derjenige, der es in Kraft setzen will, nach Ideen und Grundmustern suchen, die den Nenner des Staatsganzen bilden.[386] Das Einbeziehen weiterer Gruppen in die Arbeit eines Konventes würde damit zugleich jenen Anspruch verstärken, mit dem der Verfassungsentwurf, den ein solches Gremium hervorbringt, im Streit um die politische Gestaltung des künftigen Integrationsvorgangs auftritt.[387]

Europe" werden lasse. Vgl. hierzu auch *Stephan Hobe*, Futures 38 (2006), 169, 174 und *Neil MacCormick*, How to adopt a European Constitution and how not to adopt one, S. 2.

383 Siehe oben: Erster Abschnitt, passim.

384 Dazu unten: III.

385 So z. B. *Thomas Schmitz* (EuR 2003, 217, 238); ähnlich auch *Peter Häberle*, Europäische Verfassungslehre, S. 242.

386 *Miguel Poiares Maduro*, in: Weiler/Eisgruber (Hrsg.), Altneuland: The EU Constitution in a Contextual Perspective, S. 33: „The framers of a Constitution are seen as rational actors in search of universal rules that can best satisfy everyone's future interests."

387 Daß ein „intensiviertes Konventsmodell" in seiner „Eigendynamik [...] das Ende der Regierungskonferenzen [...] und den Beginn klassischer Verfassunggebung auf EU-Ebene bedeuten könne", meint auch *Peter Häberle*, Europäische Verfassungslehre, S. 242; vgl. auch *Reinhard Rack/Daniela Fraiss*, in: Festschrift für Wolfgang Mantl, S. 1121, 1123.

III. Staatlichkeitstypische Umstände der Verfassungsinkraftsetzung

1. Die Vereinbarung von Verfassungsverträgen durch völkerrechtliche Abkommen

a. Das Wesen des bundesstaatlichen Gründungsvertrages

Ähnliche Zusammenhänge, wie sie bei der Frage der Verfassungsberatung durch Konferenz und Konvent sichtbar gemacht worden sind, bestehen in höherem Maße auch dort, wo es um die Art und Weise des Inkraftgesetztwerdens der entsprechenden Vorschriften geht. Im gegenwärtigen Kontext der Staatlichkeitsfrage kommt dabei einerseits die Vereinbarung der jeweiligen Rechtsakte durch völkerrechtlichen Vertrag[388] und andererseits, wie vor allem im Kontext des Verfassungsvertrages gefordert[389], deren Inkrafttreten durch Referendum in Frage.[390] Die bisherigen Integrationsschritte folgen auch insoweit dem völkerrechtlichen Muster.[391] Entsprechende Abkommen, wie sie dabei in der Gestalt von EGV und EUV vereinbart worden sind, zielen im Regelfall nicht darauf ab, Staaten zu gründen: die maßgeblichen Akteure sind als Staatenvertreter an die Vorgaben (und im Grunde auch an den Bestand) der jeweils herrschenden Ordnung gebunden, die deren konkretes Tätigsein trägt; ihr Handeln ist daher so zu verstehen, daß es die Basis der Staatlichkeit wahrt. Läßt es sich nichtsdestoweniger denken, daß der Vertrag, den sie schließen, das Gründungsmoment eines Bundesstaates markiert?[392] Können sich Staaten, die selbst die bisherige Ordnung bilden, miteinander zur Gründung eines neuen Staates verbinden? Daß es dies gibt, hat nicht zuletzt die deutsche Geschichte, mit der Gründung des Norddeutschen Bundes und dem späteren Beitritt von Bayern und anderen süddeutschen Staaten, bewiesen.[393] Wie lassen sich diese Vorgänge vor den Hintergründen des hier vertretenen Staatlichkeitsdenkens erklären? Die weiteren Fragen, die sich an diesen Zusammenhang knüpfen, lassen sich, ohne daß dies übertrieben erscheint, als Schlüsselfragen in der europäischen Staatlichkeitsentwicklung bezeichnen; sie führen uns zu dem umstrittenen Punkt, ob die Staatsgründung eines gezielten Willensaktes bedarf. Mit anderen

---

[388] Dazu *Helmut Wagner*, in: Bruha/Hesse/Nowak (Hrsg.), Welche Verfassung für Europa?, S. 281, 287 ff.

[389] Siehe dazu die Nachweise in Fn. 361.

[390] Dazu auch *Stefan Kadelbach*, in: Festschrift für Manfred Zuleeg, S. 219, 231 f.

[391] *Roland Bieber*, in: Bieber/Widmer (Hrsg.), Der europäische Verfassungsraum, S. 313, 322 und *Bruno de Witte*, NYIL 25 (1994), 299, 331 f.

[392] Dazu auch *Ernst Rudolf Huber*, Deutsche Verfassungsgeschichte, Bd. III, S. 670.

[393] Zur Gründung des Norddeutschen Bundes 1867 *Franz Cromme*, DÖV 2002, 593, 595 und *Ernst Rudolf Huber*, Deutsche Verfassungsgeschichte, Bd. III, S. 671 f.; zu dessen Vollendung durch die Gründung des Deutschen Kaiserreiches 1871 *Ernst Rudolf Huber*, a.a.O., S. 786 ff., insbes. S. 791. Die völkerrechtliche Literatur behandelt die entsprechenden Vorgänge eingehend; besonders ausführlich: *Georg Dahm*, Völkerrecht, Bd. I, S. 98 ff.

Worten: kann sich die europäische Bundesstaatsgründung auch unbewußt (oder, um mit *Stefan Griller* zu sprechen, ohne „Staatsgründungswillen") vollziehen – indem sich Staaten durch solche Vertragswerke miteinander verbinden, deren staatlichkeitsbegründende Wirkung sich erst in der Zukunft herausstellt? Welche Faktoren steuern es letztlich, wohin der Integrationsprozeß führt?

Durch völkerrechtliche Verträge können höchstrangige, bundesstaatliche Ordnungsstrukturen einzig und allein dann wirksam eingerichtet werden, wenn dies dem Willen der Gesamtgemeinschaft entspricht, zum autonomen Staatsraum verbunden zu sein. Indem die Verträge diesen Willen durch die Vereinbarung des Zusammenschlusses vollziehen, rufen sie eine Ordnung ins Leben, deren Bestand sich auf ein neues Gewolltsein höchster und letztmaßgeblicher Bindungen gründet. Die bisherige verfassungsrechtliche Ordnung, die auf der einzelstaatlichen Ebene liegt, verliert Allzuständigkeit und Letztverantwortungsanspruch; der integrationswillige Staat gibt diese (und sich) in der von ihm gesuchten Gesamteinheit auf.[394] Ein solcher Vertragsschluß ist daher zugleich Abkommen und Verfassungsgesetz; er bildet seinem historisch-formalen Ursprung zufolge einen Bestandteil äußerlich-völkerrechtlichen Verpflichtetseins, von seinem juristischen Gehalt her indes den Ausdruck der höchsten inneren Bindung.[395] Im zeitlichen Ablauf der Integration wird jenes (nämlich das äußere Verpflichtetsein) von dieser (nämlich der neu entstandenen Bindung) negiert: während die Vorbereitungen zum Abschluß eines solchen Vertrages auf Handlungsstrukturen der bisherigen Ordnung zurückgeführt werden können (sie beruhen, rechtstheoretisch gesprochen, auf dem Grundnorm-Ensemble der Vertragsstaatengruppe), wird vom Augenblick seiner Inkraftsetzung an der Regelungsinhalt des Vertrages zur neuen Verfassung, die als höchste und unabgeleitete Rechtsnorm künftig nur noch aus sich heraus gilt – die bisherigen Ableitungsstränge zerreißen, die Norm verliert ihr vertragliches Wesen.[396] Die

---

[394] *Ernst Rudolf Huber*, Deutsche Verfassungsgeschichte, Bd. III, S. 670.

[395] Eine entsprechende Doppelnatur hat für den Vertrag von Maastricht *Olivier Beaud* (RFDA 1993, 1045, 1060) herausgearbeitet, der dieselben Eigenschaften auch der US-amerikanischen Verfassung von 1787 zuschreibt (a.a.O., dort in Fn. 39). Vgl. auch *dens.*, Der Entwurf einer Verfassung für Europa – Verfassungsrechtliche Betrachtungen aus französischer Perspektive, S. 7ff. sowie *Bruno de Witte*, in: Winter/Curtin/Kellermann/de Witte (Hrsg.), Reforming the Treaty on European Union, S. 3, 11ff.

[396] Anders als beispielsweise *Christoph Schönberger* in Anlehnung an *Carl Schmitt* meint (AöR 129 [2004], 81, 112), ist ein derartiger Vertrag daher zwar *zugleich*, nicht jedoch *gleichzeitig* Vertrag und Verfassung – es kann allenfalls eine gewisse Zeit lang undeutlich sein, was von beiden er ist. *Carl Schmitts* Lehre vom Bundesvertrag selbst ist insofern in sich widersprüchlich, als sie zum einen von der verfassunggebenden Gewalt des Volkes als Grundlage der politischen Einheit ausgeht (Verfassungslehre, S. 61) und andererseits echte Bundesverfassungen anerkennt, die dadurch gekennzeichnet sind, daß „nebeneinander die politische Einheit des Bundes als solche […] und die politische Existenz der Bundesmitglieder" bestehen (a.a.O., S. 63). Dieser Widerspruch prägt *Carl Schmitts* gesamtes Bundesverständnis. Ähnliche Mißverständnisse des Zusammenhangs finden sich u.a. bei *Luis Diez-Picazo*, in:

Beziehungen der Gliedstaaten untereinander ergeben sich fortan aus der Verfassung des Bundes und bilden ein Thema des Staatsrechts.

Um bundesstaatliche Gründungsverträge handelt es sich demzufolge nur dort, wo das Bundesabkommen einen entsprechenden Neuordnungswillen der Gesamtgemeinschaft vollzieht.[397] Ein solcher Vertrag verändert den Status der Glieder, indem er aus Staaten Staatsbestandteile macht.[398] Indem der bundesstaatliche Gründungsvertrag die Unabhängigkeit der bisherigen Staaten beseitigt, wird eine solche für den Gesamtraum geschaffen – *Ernst Rudolf Huber* hat insofern zu Recht vom „qualitativen Sprung in einen wesenhaft veränderten Verfassungszustand" gesprochen[399]. Der Umstand, daß ein solcher Vertrag den Willen der Gesamtgemeinschaft zur Einheit vollzieht, heißt dabei auch, daß Zeitpunkt und Partner nicht frei gewählt werden können. Wo der Vertragsschluß die Einheitsvorstellung verfehlt, bleibt das, was die Parteien vereinbart haben, letztlich nur Formel und Form, die bei günstiger Lage der Dinge als ein vorrangiges rechtliches Sollen (oder auch, wenn man es noch etwas deutlicher ausdrücken will: als eine Art Pseudo-Verfassung) juristisch praktiziert werden können, im Konfliktfall jedoch von der als höher begriffenen Ordnung (die dann nach wie vor in der Verfassung des Einzelstaats liegt) punktuell oder ganz außer Kraft gesetzt würde.[400] Entscheidend ist demzufolge der Umstand, ob das vertraglich Vereinbarte vom Volk als dem Träger der staatlichen Ordnung tatsächlich als seine neue Verfassung, als Ausdruck seines höchsten und letztmaßgeblichen Verbundenseins, verstanden und praktiziert wird – oder, um beide Bedeutungen, Erkenntnis und Vollziehung, in einem Wort auszudrücken: entscheidend ist, als was das Volk die Regelung wahrnimmt.[401]

Weiler/Eisgruber (Hrsg.), Altneuland: The EU Constitution in a Contextual Perspective, S. 2.

[397] Dies illustriert das Beispiel der Bundesstaatsgründung durch den Norddeutschen Bund von 1867, die *Ernst Rudolf Huber* (Deutsche Verfassungsgeschichte, Bd. III, S. 679) deshalb als vollzogen begreift, „weil seine Gründung sich nicht allein in Rechtsakten, wie Staatsverträgen, Verfassungsbeschlüssen und Publikationspatenten, sondern zugleich im soziologisch-politischen Gesamtvorgang der Herrschaftsbildung" verwirklichen konnte. Als Gegenbeispiel führt *Huber* (a.a.O.) den mißlungenen Reichsgründungsversuch von 1848/49 an, der sich „in der Manifestation entleerter Normativität" erschöpft haben soll. Ein aufschlußreiches Beispiel aus der gegenwärtigen Staatenwelt bildet die durch den Vertrag von Dayton eingesetzte bosnische Verfassung, die (mitsamt der Ordnung, die sie verkörpert) von denen, für die sie gedacht war, zunächst nur zögernd, um nicht zu sagen: widerwillig, angenommen wurde. Vgl. dazu die düstere Einschätzung bei *Edin Šarčević*, AVR 39 (2001), 297, 306 ff. und 333 ff.

[398] *Ernst Rudolf Huber*, Deutsche Verfassungsgeschichte, Bd. III, S. 671 (zur Gründung des Norddeutschen Bundes); vgl. dazu auch *Ulrich K. Preuß*, in: Schuppert/Pernice/Haltern (Hrsg.), Europawissenschaft, S. 489, 514 ff.

[399] Deutsche Verfassungsgeschichte, Bd. III, S. 671.

[400] Ein historisches Beispiel für ein solches Mißlingen sieht *Ernst Rudolf Huber* (Deutsche Verfassungsgeschichte, Bd. III, S. 679) im Versuch einer Reichsgründung 1848/49.

[401] Daß zwischen der Verfassungsqualität einer Rechtsnorm und ihrer Anerkennung durch

b. Terminologie, Methodenfragen und Kommunikation als Probleme der Verfassungswahrnehmung

Die Wahrnehmung der rechtlichen Inhalte durch das Volk, auf die es bei der Frage der Staatsgründung ankommt, vollzieht sich, wenn man betrachtet, was damit gemeint ist, in drei voneinander zu unterscheidenden und wechselseitig sich prägenden Dimensionen: es handelt sich dabei erstens um die Wahrnehmung des Vertrages durch die hiermit beauftragten Institutionen, zweitens um seine Wahrnehmung in der Öffentlichkeit und drittens um die Wahrnehmung im individuellen Bewußtsein.

- Hinsichtlich jener *juristischen Institutionen*, die zur Umsetzung und Anwendung eines integrationsorientierten Vertragswerks berufen sind, stellt sich die Wahrnehmungsfrage einerseits als Frage der inhaltlichen Entscheidung und andererseits als Methodenproblem. Beides hängt eng miteinander zusammen. Während es für die Auslegung von völkerrechtlichen Verträgen maßgeblich darauf ankommt, den Willen der Vertragsparteien zu treffen, wird die Verfassung als oberste Rechtsnorm anhand des klassischen Methodenkanons der Gesetzesauslegung – Wortlaut, Systematik, Zweck und Geschichte – gedeutet.[402] Insbesondere dort, wo es um das Zusammenwirken von Bundesgesamtheit und Einzelstaat geht, können sich die Auslegungsergebnisse dabei stark unterscheiden – je nachdem, ob das vereinbarte Regelwerk als Vertrag oder als Verfassung aufgefaßt wird. Während sich aus dem Parteiwillen der Vertragsstaaten aus naheliegenden Gründen regelmäßig Anhaltspunkte gegen die Annahme einer Staatlichkeitsübertragung ergeben (weil deren Verwirklichung die Selbstaufgabe der Glieder als Staaten bedeutet), erbringen die Methoden der Gesetzesauslegung ein solches Ergebnis weit eher – den wirklichen Parteiwillen zu erforschen, heißt grundsätzlich, das Fortbestandsinteresse der Staaten zu berücksichtigen; Verfassungsverträge nach Wortlaut, Systematik und Zweck zu verstehen, erlaubt es demgegenüber, sie über die Staatlichkeitsgrenze hinaus zu effektivieren, insbeson-

---

den Rechtsanwender ein entscheidender Zusammenhang besteht, deutet auch *Franz C. Mayer*, EuZW 2003, 321 an.

[402] *Olivier Beaud*, Der Entwurf einer Verfassung für Europa – verfassungsrechtliche Betrachtungen aus französischer Perspektive, S. 8; zur Auslegung völkerrechtlicher Verträge siehe *Matthias Herdegen*, Völkerrecht, § 15 Rnrn. 28ff.; zur Gesetzesauslegung *Karl Larenz*, Methodenlehre der Rechtswissenschaft, S. 312ff. Ziel der zuerst Genannten ist es zu ermitteln, was mit einer Vereinbarung seitens der daran beteiligten Parteien gewollt worden ist; Ziel der zuletzt Genannten ist es festzustellen, was eine Norm als „gesolltes" Verhalten verlangt – kurz gesagt heißt dies: Vertragsauslegung zielt auf subjektiv Gewolltes, Verfassungsauslegung auf objektiv Gesolltes. Verträge sind ihrem Wesen nach freiwillig eingegangene Bindung, Verfassung und Gesetz sind Ausdruck objektiver Ordnung. – Von Interesse sind hierzu in fernerem Zusammenhang auch die Beobachtungen *Brun-Otto Brydes* (Der Staat 42 [2003], 61, 66f.) zur Methodenwahl im Hinblick auf Konstitutionalisierungstendenzen im Völkerrecht.

dere wenn man hierzu den objektiv-teleologischen Auslegungsansatz bemüht.[403] Die Interpretationsmethode determiniert auf diese Weise den Inhalt der Entscheidung in staatlichkeitsbezogenen Fragen. Die methodischen Herangehensweisen oberster Behörden und Gerichte wirken sich dabei auf die Wahrnehmung der entsprechenden Regeln durch untergeordnete Gremien, und nicht selten auch auf die rechtswissenschaftliche Einordnung dieser Normensysteme, leitbildhaft aus.[404] Ein prominentes Beispiel dafür bietet wiederum die Rechtsprechung des EuGH zur unmittelbaren Anwendbarkeit des Gemeinschaftsrechts und zu dessen Anwendungsvorrang[405]: erst durch diese Urteile und deren gewollte Implikationen wurde die Rechtsordnung der EG als ein supranationales Gebilde entworfen[406]; EGV und EUV erlangten erst hierdurch verfassungstypische Qualitäten – und werden seither als das wahrgenommen, was der EuGH aus ihnen gemacht hat.[407]

– Als das entscheidende Bindeglied zwischen der politisch-völkerrechtlichen Konstruktion mit ihren juristischen Implikationen einerseits und dem Bewußtsein des einzelnen innerhalb eines Gemeinwesens andererseits fungieren indes Wahrnehmung und Wiedergabe entsprechender Verträge in der *medialen Öffentlichkeit.* Im öffentlichen Kommunikationsprozeß formen

---

[403] Ein besonders anschauliches Beispiel hierfür begegnet uns in der Rechtsprechung des EuGH (was angesichts der staatlichkeitsforcierenden Tendenz seiner Rechtsprechungslinie, auf die hier bereits mehrfach hingewiesen wurde, nicht überrascht) – und zwar im Grundsatz des „effet utile" (zuerst in EuGH, Rs. 9/70, Slg. 1970, 825, 838 – Leberpfennig), bei dem der ursprüngliche Wille der Vertragsparteien weniger erheblich ist als die optimale Wirksamkeit der Vorschrift, was im Grunde der Auslegungsmaxime des Verfassungsrechts entspricht, daß dieses, wo immer es gilt, bestmöglich wirksam sein soll; vgl. *Christoph Degenhart*, Staatsorganisationsrecht, Rn. 21 a. E. – Zum Auslegungsgrundsatz des „effet utile" im Kontext der Methodendiskussion auch *Peter Häberle*, Europäische Verfassungslehre, S. 272. Daß die teleologische Auslegung (in ihrer objektiven Spielart) unter den Auslegungsmethoden des EuGH eine besondere Stellung einnimmt, belegt *Rudolf Streinz*, Europarecht, Rn. 570; daß das Gericht dabei (unter Berufung auf den „Geist der Vorschriften, ihre Systematik und ihren Wortlaut" – EuGH Rs. 26/62, Slg. 1963, 1, 24 – Van Gend & Loos) mitunter auch gegen den klaren Willen der Mitgliedstaaten entscheidet, zeigen *Trevor C. Hartley*, AJCL 34 (1986), 229, 233 und *Eric Stein*, AJIL 75 (1981), 1, 6 ff.

[404] Dazu auch *Peter Häberle*, Europäische Verfassungslehre, S. 591 f. (insbesondere zur Bedeutung verfassungsgerichtlicher Sondervoten).

[405] Zur unmittelbaren Anwendbarkeit des Gemeinschaftsrechts EuGH, Rs. 26/62, Slg. 1963, 1, 25 ff. – Van Gend & Loos; zum Anwendungsvorrang EuGH, Rs. 6/64, Slg. 1964, 1251, 1269 ff. – Costa/ENEL.

[406] Kritisch zur rechtlichen Relevanz des Supranationalitätsgedankens nunmehr jedoch das polnische Trybunal Konstytucyjny, Urteil vom 11. Mai 2005, K 18/04, Nr. 6 (zitiert nach der deutschsprachigen Zusammenfassung des Urteils unter http://www.trybunal.gov.pl).

[407] *Anne Peters*, Elemente einer Theorie der Verfassung Europas, S. 770 („unter den verfassungsentwickelnd tätigen Organen kommt die wichtigste Rolle dem Europäischen Gerichtshof zu") sowie *Johannes Christian Wichard*, EuGRZ 2004, 556, 557. Siehe dazu auch *Bruno de Witte*, NYIL 25 (1994), 299, 323 f., der dabei auch auf die Rolle des Rates und dessen Verständnis von Art. 308 EGV (damals noch: Art. 235 EGV) eingeht. Auch *de Witte* konstatiert „conspicuous changes to the original understanding of the EEC Treaty".

sich dabei Ideen, von denen die individuelle Vorstellungswelt ausgehen muß. Die Wahrnehmung bestimmter staatenverbindender Abkommen in der Öffentlichkeit der Medien kann demzufolge, in gewissen Situationen, Integrationsprozesse forcieren und das individuelle Bewußtsein für die Staatsgründungsfrage schärfen. Schlagworte, die durch Journalisten aufgegriffen werden (wie z. B. „Europäische Union", „Europäische Demokratie" und nunmehr „Europäische Verfassung") tragen hierzu maßgeblich bei – dies insbesondere, wenn der eigentliche Regelungsinhalt, infolge seiner Komplexität und infolge seines juristisch-abstrakten Charakters, für den einzelnen unverständlich (oder auch: uninteressant) bleibt. Wo ein solches Vermittlungsvorhaben demgegenüber fehlschlägt, besteht die Gefahr der Inkongruenz von Rechtsstruktur und Ordnungsbewußtsein: die politisch-völkerrechtliche Vertragskonstruktion würde vom einzelnen nicht mehr hinreichend wahrgenommen; der von oben herab entworfene Bundesstaat würde nur scheinbar vom Willen des Volkes getragen. Was dann nach Zustimmung aussieht, könnte sich bald, in der theoretischen und in der praktischen Prüfung, als Unwissenheit erweisen, mit jenen Folgen im Konfliktfall, die oben aufgezeigt wurden.[408]

– Die Art und Weise, wie *der einzelne* die Inhalte staatenverbindender Bundesverträge einordnet und vollzieht, ohne juristische Kenntnis zu haben, ist die ungenaueste und elementarste der angesprochenen Wahrnehmungsdimensionen: anhand des von ihm empfangenen Eindrucks von Art und Ausmaß der neu zu begründenden Ordnung muß er entscheiden, ob sie – die Ordnung – zumindest dem Grundton seiner Bindungsbereitschaft entspricht. Beim Eintritt in einen Bundesstaat wird sich diese Erwägung zuallererst darauf beziehen, inwieweit der Kreis der beteiligten Staaten und das eigene Zusammengehörigkeitsempfinden kongruieren. Wo dies nicht der Fall ist, zerreißt der Zusammenhang einer beiderseitigen Letztverantwortlichkeit: der einzelne wird dann nicht bereit sein, einen Staat mitzutragen, dessen Mehrheitsentscheidung er nicht als die seinesgleichen empfindet; die ihm abverlangten Pflichten empfände er dann gerade nicht als die Kehrseite einer Ordnungsverbürgung, die sein Staat ihm eröffnet.

Besonders deutlich werden die geschilderten Zusammenhänge beispielsweise in der Frage (die, juristisch gesehen, eine Detailfrage darstellt), wie das vertraglich vereinbarte Regelungswerk benannt worden ist. Wenn eine Regierungskonferenz (oder ein von ihr eingesetzter Konvent) ein Vertragswerk als „Verfassung" bezeichnet und die Medien diesen Begriff übernehmen, muß dies das individuelle und kollektive Bewußtsein in einer Weise beeinflussen, die letztlich auf die Rechtsanwendung zurückwirkt. Der Ausdruck „Verfassung" verfügt dabei über besondere Suggestionskraft: im Bewußtsein der Menschen wird dieser mit

[408] Siehe dazu oben: Erstes Buch, Dritter Abschnitt, III.2.d.

dem Staat in Verbindung gebracht[409] – gerade die wissenschaftlichen Auseinandersetzungen um seine Verwendung illustrieren, wie nah er dem Staatsgründungsgedanken steht.[410] Völkerrechtliche Abkommen, die sich der Wendung „Verfassung" bedienen, tragen mithin dazu bei, Momente des Verbundenheitsbewußtseins zu aktivieren: der einzelne, der vom Inkrafttreten dieser „Verfassung" erfährt, prüft, inwieweit er den in seinen Augen entstehenden Staat als den letzten Bezugspunkt seines eigenen politischen Gebundenseins gutheißen kann.[411] Die Art und Weise des politischen Vorgehens kann somit dazu beitragen, entsprechende Verbundenheitskonzeptionen zum Bewußtsein zu bringen.[412]

c. *Das Entweder-Oder von Bundesstaatsgründung und völkerrechtlichem Verpflichtetsein in einem schrittweise sich vollziehenden Integrationsprozeß*

Wo sich die Verbindung verschiedener Staaten nicht durch einen einzigen und einmaligen Bundesvertrag, sondern in mehreren aufeinanderfolgenden Schritten, durch zahlreiche einander ergänzende und einander ablösende Abkommen vollzieht, kann dies zu einer Rechtslage führen, in der das Wesen der geschlossenen Verträge und mit ihm das Wesen des entstehenden Verbandes zunächst als offen, genauer gesagt: als neu zu entscheidend, erscheinen.[413] Auch in diesen Momenten bleibt es, was ihre theoretische Charakterisierung betrifft, beim Entweder-Oder von Bundesstaatsgründung und völkerrechtlichem Verpflichtetsein.[414] Maßgeblich ist letztendlich auch hier, welche verfassungsrechtliche Struktur dem mehrheitlich gewollten Ordnungsmuster entspricht. Die Ent-

---

[409] Vgl. *Armin von Bogdandy*, JZ 2005, 529, 530: „Die dichteste Form eines politischen Zusammenschlusses erfolgt unter einer Verfassung". Es gibt jedoch keine „dichteren" Formen des politischen Zusammenschlusses als jene, die hier als „Staat" herausgestellt wurde.

[410] Kritisch daher zur Bezeichnung „Verfassung" für die Grundlagen der Union *Christian Koenig*, DÖV 1998, 268, 275.

[411] Daß der Verfassungsbegriff Erwartungen weckt, welche die Union nicht einlösen kann, befürchtet *Christian Koenig*, DÖV 1998, 268, 275.

[412] *Koen Lenaerts/Marlies Desomer*, CMLR 39 (2002), 1217, 1234.

[413] Unklarheiten können dabei durchaus gewollt sein, um „Bürger und Völker nicht zu überfordern", wie *Peter Häberle* (Europäische Verfassungslehre, S. 219) einräumt.

[414] Demgegenüber meint *Marcel Kaufmann* (Der Staat 36 [1997], 521, 530ff.), daß die verfaßten Mitgliedstaaten als Vertragsherren im Prozeß einer permanenten europäischen Verfassunggebung verstanden werden müßten, so daß sie in der Union zugleich als Verfassunggeber, verfassungsändernder Gesetzgeber und verfaßte Organe fungieren. Der Hauptunterschied zwischen *Marcel Kaufmanns* Thesen und dem hier vertretenen Ansatz liegt m.E. im Verfassungsbegriff, den *Kaufmann*, ohne dies zu erklären und ohne hierzu zwingend veranlaßt zu sein, auf eine Form des Rechtsstoffs erstreckt, die eben doch ein äußeres rechtliches Gebundensein und damit Völkerrecht bleibt. Als Verfassungsrecht sollte bezeichnet werden, was gerade nicht auf verfaßte Gewalten zurückführbar ist. Insofern verdient die Sichtweise *Bruno de Wittes* (NYIL 25 [1994], 299) den Vorzug. Auch *Kaufmanns* Ansatz läuft zuletzt auf die Annahme zweier Verfassungsebenen hinaus, die zugleich nebeneinander bestehen; das Nötige dazu wurde bereits im Ersten Buch, Zweiter Abschnitt, I.2.b. gesagt.

scheidungen darüber reifen in Konfliktsituationen heran – wie beispielsweise dort, wo sich der einzelne auf Grundrechte beruft, die sein bisheriger Staat ihm gegenüber letztverbindlich verbürgt; dasselbe gilt, wo oberste Behörden und Gerichte Fragen des Zusammenspiels von Bund und Gliedern entscheiden. Die rechtliche Unsicherheit in der Staatlichkeitsfrage kann dann nur allmählich, in historisch längeren Klärungsprozessen abgestellt werden.[415] Ob das Volk die vertraglich entstandenen Ordnungsstrukturen als Staatsgründungsakt akzeptiert hat, wird in diesen Fällen möglicherweise erst später, wenn man so will: nach dem Sieg dieses oder jenes Staatlichkeitsanspruchs, gesagt werden können.

Diese Zusammenhänge machen es vorstellbar, daß auch solche Regelungen, die ursprünglich nicht dazu bestimmt waren, am Staatlichkeitsanspruch der Glieder zu rütteln, in der Art dessen, als was man sie wahrnimmt, umschlagen und damit als rechtliche Staatsgründungsakte fungieren.[416] Was ursprünglich dem völkerrechtlichen Muster entsprach, kann sich insofern erst später als Bundesstaatsgründung erweisen.[417] Auf die historische Absicht der Staaten im Augenblick des Vertragsschlusses kommt es in diesen Fällen nicht an; die etappenweise verwirklichte Vergemeinschaftung einzelner Staatlichkeitskomponenten reicht zur Staatsgründung auch ohne Staatsgründungabsichten aus, wenn die Rechtsstruktur des Gesamtraumes von einem bestimmten Moment an als die letztverbindliche Ordnung dieses Gemeinwesens aufgefaßt wird.[418]

d. *Wesen und Rechtsproblematik des einzelstaatlichen Zustimmungsaktes*

Auch das Wirksamwerden bundesstaatlicher Gründungsverträge setzt es voraus, daß der einzelne Staat den vereinbarten Inhalt bestätigt und ratifiziert. Dort, wo es sich um ein Abkommen handelt, das darauf abzielt, die beteiligten Glieder zum Bundesstaat zu vereinen, liegt in diesen Zustimmungsakten zugleich die Preisgabe des eigenen Staatlichkeitsanspruchs. Hieraus ergibt es sich (zunächst als ein verfassungstheoretischer Zusammenhang, jedoch mit unmit-

---

[415] Als Beispiel hierfür kann wiederum die Auseinandersetzung um die Souveränitätsfrage im Deutschen Reich nach 1871 angeführt werden; vgl. *Stefan Oeter*, ZaöRV 55 (1995), 659, 664ff. Gleichwohl wäre es falsch, von einem dauerhaften Verdecktbleiben von Staatlichkeit und Souveränität auszugehen, wie dies beispielsweise *Olivier Beaud* (RFDA 1993, 1045, 1067) und *Christoph Schönberger* (AöR 129 [2004], 81, 104f.) in Anlehnung an die Lehren *Carl Schmitts* (Verfassungslehre, S. 373) behaupten. Siehe dazu oben Erstes Buch, Dritter Abschnitt, II.2.c.

[416] Demgegenüber hält es *Thomas Schmitz* (EuR 2003, 217, 231) für ein unverzichtbares Merkmal der Verfassung, daß diese sich selbst von vornherein als solche versteht und bezeichnet. Das Problem, ob und wodurch sich das Wesen einer Norm vom Vertrag zur Verfassung wandeln kann, wird von *Schmitz* nicht behandelt.

[417] *Olivier Beaud*, Der Entwurf einer Verfassung für Europa – verfassungsrechtliche Betrachtungen aus französischer Perspektive, S. 8.

[418] Tendenziell anders insbesondere *Stefan Griller*, in: Schuppert/Pernice/Haltern (Hrsg.), Europawissenschaft, S. 201, 232ff.

telbaren verfassungsjuristischen Konsequenzen), daß entsprechende Zustimmungsakte zur Bundesstaatsgründung irreversibel erscheinen und durch spätere Rechtsakte nicht außer Kraft gesetzt werden können. Der Satz „lex posterior derogat leges priori" gilt hierfür nicht: die neu eingerichtete rechtliche Ordnung fungiert nunmehr als das Grundgesetz des Gesamtraums, über das legal nicht länger verfügt werden kann. In rechtsmethodischer Hinsicht entspricht diese Erkenntnis dem Umstand, daß spätere Normen die früheren nur unter der Bedingung verdrängen, daß es sich um ein und dieselbe rechtliche Ordnung handelt – ein Grundsatz, der für alle Derogationsregeln gilt.[419] An einer solchen Identität der rechtlichen Ordnung fehlt es indes im Fall eines Staatsgründungsaktes.[420] Als das eigentliche Zentralproblem der Zustimmungserklärung erweist sich dabei indes eine andere Frage – nämlich jene nach ihrer Legalität, wenn man die Inkraftsetzung einer neuen verfassungsrechtlichen Ordnung an den Maßstäben der bisherigen mißt. Dieses Problem, das als eine juristische Frage im Kontext konkreter rechtlicher Ordnungen auftritt und aus diesen heraus gelöst werden muß, soll an späterer Stelle, im Zweiten Abschnitt des Vierten Buchs dieser Arbeit, aufgelöst werden – im Hinblick auf die grundgesetzliche Ordnung und im Hinblick auf die Rolle, die Art. 146 GG hierbei spielt.

e. *Aspekte der Bundesstaatsgründung im europäischen Integrationsprozeß*

Während die rechtlichen Inhalte, die durch EGV und EUV, aber auch durch die Rechtsprechung des EuGH, in Europa fixiert worden sind, in verschiedener Hinsicht auf die Entstehung eines Bundesstaates hindeuten[421], weisen Form und Entstehung in eine andere Richtung. Was die Art und Weise ihres Zustandekommens angeht, entsprechen die bisherigen Verträge voll und ganz dem völkerrechtlichen Muster[422]: in Kraft gesetzt wurden sie durch einstimmigen Staatenbeschluß – ohne direkten Einfluß des Volkes und ohne öffentlichen Diskurs (wenn man von jenen EU-Staaten absieht, deren Verfassung ein Referendum erfordert). In dieses Bild paßt auch die formale Gestaltung des europäischen Vertragswerkes, das zusätzlich zu den Artikeln von EGV und EUV mehr als 30, rechtlich zum Vertrag zu rechnende[423] Protokollanhänge umfaßt.

Der „Vertrag über eine Verfassung für Europa" hätte, so scheint es, diese Diskrepanz zwischen völkerrechtlichen Formalien und verfassungsrechtlichen Inhalten verstärkt.[424] Trotz seiner Ausarbeitung durch den Konvent waren der

---

[419] Vgl. dazu auch *Reinhold Zippelius*, Juristische Methodenlehre, S. 37ff.

[420] Dazu auch *Ernst Rudolf Huber*, Deutsche Verfassungsgeschichte, Bd. III, S. 670.

[421] Dazu oben: Erster Abschnitt, passim.

[422] Wenn man von der Besonderheit absieht, daß an den Beratungen über Vertragsänderungen gemäß Art. 48 EUV auch Gemeinschaftsorgane mitwirken. Dazu näher oben: Erster Abschnitt, III.1.b.

[423] Vgl. Art. 311 EGV.

[424] Es sei denn, man hätte ihn von vornherein nicht rechtlich in Kraft setzen, sondern, wie

Regierungskonferenz Änderungsmöglichkeiten eröffnet, die sie, insbesondere im Bereich der Institutionen, umfassend genutzt hat.[425] Ob er in dieser oder einer geänderten Fassung doch noch in Kraft treten wird, hängt davon ab, ob ihn die Staaten (die der Entwurf, den völkerrechtlichen Gepflogenheiten entsprechend, an dieser Stelle als die „Hohen Vertragsparteien“ bezeichnet) ratifizieren (Art. IV-447 Abs. 1 EV).[426] Auch hier spricht es schließlich für die Vertragsnatur der „Verfassung“, daß gemäß Art. IV-442 EV 36 Protokolle und zwei weitere Anhänge als rechtliche Bestandteile des vereinbarten Regelungsganzen gelten.

Diese Diskrepanz von verfassungsrechtlichem Inhalt und völkerrechtlicher Form, die den „Vertrag über eine Verfassung für Europa“ maßgeblich prägt, kennzeichnet letztendlich auch den bundesstaatlichen Gründungsvertrag.[427] Der Unterschied liegt dabei nur in Nuancen: während ein echter bundesstaatlicher Gründungsvertrag die völkerrechtlichen Formen benötigt, um den Staatsgründungsakt in ein Verhältnis zur bisherigen Ordnung zu setzen (warum eine rechtliche Kontinuität dennoch nicht erreicht werden kann, wird im Zweiten Abschnitt des Vierten Buches, im Hinblick auf die grundgesetzliche Ordnung, erörtert)[428], ergibt sich die Notwendigkeit der völkerrechtlichen Formen im

die Grundrechte-Charta, nur politisch proklamieren und der EU als Leitbild voranstellen wollen. Vgl. dazu *Manfred Zuleeg*, in: Festschrift für Georgios I. Kassimatis, S. 905, 920.

[425] Dazu ausführlich *Ingolf Pernice*, in: Pernice/Zemánek (Hrsg.), A Constitution for Europe: The IGC, the Ratification Process and Beyond, S. 33.

[426] Was bekanntlich bis jetzt nicht erfolgt ist. Vgl. dazu auch *Hermann-Josef Blanke*, EuR 2005, 787 ff. und *Bruno de Witte*, The Process of Ratification of the Constitutional Treaty and the crisis options: a legal Perspective, passim, sowie die Beiträge von *Stanislaw Biernat* und *Jo Shaw* in dem von Pernice und Zemánek herausgegebenen Sammelband „A Constitution for Europe: The IGC, the Ratification Process and Beyond“, S. 97 ff. und 77 ff.

[427] Diesen Zwiespalt ausgeleuchtet zu haben, ist ein besonderes Verdienst verschiedener Autoren des französischsprachigen Schrifttums. Die aus der deutschen Staatslehre vertraute Diskussion um die Unterscheidung von Staatenbund und Bundesstaat spiegelt sich dort in der Auseinandersetzung um die Unterscheidung von Vertrag und Verfassung, vgl. *Olivier Beaud*, Der Entwurf einer Verfassung für Europa – verfassungsrechtliche Betrachtungen aus französischer Perspektive, S. 7 f.; *Christian Franck*, in: Magnette (Hrsg.), La constitution de l'Europe, S. 31; *Fernand Herman*, in: Mattera (Hrsg.), La Conférence intergouvernementale sur l'Union européenne, S. 41; siehe ferner auch *Johannes Christian Wichard*, EuGRZ 2004, 556 und *Bruno de Witte*, in: Winter/Curtin/Kellermann/de Witte (Hrsg.), Reforming the Treaty on European Union, S. 3, 11 ff. Auch jene Ansicht, die mit *Carl Schmitt* diese Unterscheidung zugunsten einer „Lehre des Bundes“ verwirft (dazu oben: Erstes Buch, Dritter Abschnitt, II.2.c.), hat hier in *Olivier Beaud* ihren Verfechter, vgl. *dens.*, RFDA 1993, 1045, 1067. Vgl. aus dem deutschsprachigen Schrifttum hierzu auch *Dieter Grimm*, in: Schuppert/Pernice/Haltern (Hrsg.), Europawissenschaft, S. 177, 184 ff. sowie aus philosophischer Sicht *István M. Fehér*, in: Beckmann/Dieringer/Hufeld (Hrsg.), Eine Verfassung für Europa, S. 61, 64 ff.; zum Ganzen auch *Luis Diez-Picazo*, in: Weiler/Eisgruber (Hrsg.), Altneuland: The EU Constitution in a Contextual Perspective, passim.

[428] Weshalb seinerzeit auch *Bismarck* die Gründung des Norddeutschen Bundes den Fürsten nicht oktroyieren wollte, siehe *Ernst Rudolf Huber*, Deutsche Verfassungsgeschichte, Bd. III, S. 672.

weiteren europäischen Integrationsprozeß gerade daraus, daß kein Bundesstaat gegründet werden soll – beidem gemeinsam ist es (und das ist trotz der scheinbaren Gegensätzlichkeit letztlich entscheidend), daß bisherige und künftige Ordnung als miteinander verbunden, im letzten Grunde wohl als identisch aufgefaßt werden, wobei völkerrechtliche Formen das Moment der räumlichen Vereinigung, der EU-Mitgliedstaaten und der künftigen Bundesstaatsglieder, ins Zentrum des Interesses stellen und die Frage nach Kontinuität oder Bruch der bisherigen letztverbindlichen Ordnungsstrukturen ausblenden. Völkerrechtliche Formen im Integrationsprozeß betonen den Gesichtspunkt der Koordination der einzelnen Glieder, die dabei als eine selbst durch die Staaten gewollte erscheint, wohingegen eine Neukonstitution der Gesamtheit (auch dort, wo sie bundesstaatlich geprägt ist) gerade nicht durch die einzelnen Staaten bzw. deren Völker, sondern allein durch den Willen des Gesamtvolks stattfinden kann. Mit anderen Worten: das Festhalten an den völkerrechtlichen Formen in der Integration lenkt das staatlichkeitserfassende Bewußtsein (des einzelnen, mitunter auch das des wissenschaftlichen Denkens) von der Frage ab, welche Bezugsgröße in Zukunft als Träger der Ordnung fungiert – oder, um es noch einmal in den Ausdrücken der politischen Philosophie auszusprechen: in der Staatlichkeitswahrnehmung des Bundesstaates und der EU verdrängen territorial-räumliche Vorstellungsmuster von Integration die politisch-ordnungsbezogenen Denkkategorien und führen dazu, Staatlichkeit als Formalie, oder zumindest als etwas, das durch Formalien gebannt werden könnte, zu denken. Dies erklärt, warum die Mitgliedstaaten um so entschiedener auf der strikten Völkerrechtlichkeit ihrer Vereinbarung beharren[429], je deutlicher sich das vertraglich Vereinbarte an Verfassungsinhalte annähert. Wie jedoch Bestand, Vereinigung und Trennung territorialer Räume letztlich nur als Funktionen und Folgen der Ordnung erscheinen, so bilden auch die völkerrechtlichen Formen im Integrationsgeschehnis nur einen Modus der Konstitution – Garantien gegen die Entstehung eines Bundesstaates sind durch diese nicht zu erlangen.

Übertragen auf die Fragen des europäischen Integrationsprozesses, ergeben diese Erwägungen folgendes, hier bereits mehrfach angedeutetes Bild: solange sich auch alle künftigen Integrationsschritte in der bisherigen völkerrechtlichen Weise vollziehen, steht auch die Frage einer schrittweise sich ergebenden Bundesstaatsgründung im Raum. Ob (und wenn, wodurch) ein Zustand gesamteuropäischer Staatlichkeit letztlich erreicht worden ist, wird dann zunächst zum Gegenstand von juristischen Kontroversen, wie sie sich in einer vergleichbaren Weise nach der deutschen Reichseinigung von 1871 und in der Gründungs- und Konsolidierungsphase der Vereinigten Staaten von Amerika bis zum Ausbruch

---

[429] *Bruno de Witte*, in: Winter/Curtin/Kellermann/de Witte (Hrsg.), Reforming the Treaty on European Union, S. 3, 8.

des Bürgerkriegs 1861 abgespielt haben.[430] Die Staatlichkeitsfrage müßte sich dann, was ihre Umsetzung in den juristischen Konstruktionen betrifft, im Streit um das Verhältnis der Ebenen zueinander entscheiden, insbesondere dort, wo beide es beanspruchen, dem einzelnen letztverbindlich gegenüberzutreten – die Auseinandersetzungen zwischen EuGH und nationalen Verfassungsgerichten über die Frage, durch wen die Rechtsakte der EG auf ihre Kompetenzmäßigkeit und Grundrechtsvereinbarkeit hin überprüft werden können, sind dafür ein erstes bezeichnendes Beispiel.[431] Den lang andauernden verfassungsrechtlichen Unsicherheiten, die sich damit verbinden, läßt sich nur dadurch entrinnen, daß man sämtliche weiteren Integrationsschritte, welche Aspekte des Staatseins berühren, dem Volk zur Abstimmung vorlegt.

2. *Verfassungsreferenden im Staatlichkeitskontext*

a. *Komponenten der Abstimmung über die Staatlichkeit: mitgliedstaatliche Beitrittsreferenden und gesamteuropäischer Verfassungsentscheid*

Wer bewußt und nach außen hin sichtbar in eine gesamteuropäische Staatlichkeit eintreten will, kommt um eine Volksabstimmung über einen als solchen erkennbaren Staatsgründungsakt nicht umhin. Der Umstand, daß es sich um die Vereinigung mehrerer bis dahin selbständiger politischer Einheiten zu einem neuen Staatsganzen handelt, macht dabei eine doppelte Abstimmung notwendig, wenn eine solche Willensäußerung die Haltung der Rechtsadressaten zur entstehenden Bundesgemeinschaft hinreichend sicher abbilden soll: abstimmen müssen einerseits die Völker der einigungswilligen Mitgliedstaaten und andererseits das gemeinsame Volk des Gesamtraumes.[432] Ob die einzelnen, bis dahin selbständigen Völker der Staaten bereit und gewillt sind, in ein Gesamtgemeinwesen einzutreten und mit ihresgleichen ein bundesstaatstragendes Staatsvolk zu bilden, kann nur durch einzelstaatliche Referenden festgestellt

---

[430] Nachweise dieser historischen Auseinandersetzungen finden sich u. a. bei *Stefan Oeter*, ZaöRV 55 (1995), 659, 664ff. (zur deutschen Reichsgründungsfrage) sowie *Luis Diez-Picazo*, in: Weiler/Eisgruber (Hrsg.), Altneuland: The EU Constitution in a Contextual Perspective, S. 4ff. und *Michael Ronellenfitsch*, in: Festschrift für Thomas Oppermann, S. 65, 69ff. (zur Lage in den USA vor dem nordamerikanischen Bürgerkrieg, der zuletzt genannte Autor insbesondere zur Rolle von *John C. Calhoun*).

[431] Siehe dazu ausführlich oben: Erster Abschnitt, I.2.b und III.7.c , jeweils mit ausführlichen Nachweisen.

[432] Die hier vertretene Ansicht stützt sich z.T. auf die Darlegungen bei *Ernst Rudolf Huber*, Deutsche Verfassungsgeschichte, Bd. III, S. 677f., der dort die Notwendigkeit einer entsprechenden „doppelten Verfassungsvereinbarung" für die Gründung des Deutschen Reiches 1871 behandelt. Die Unterschiede zwischen den Darlegungen *Hubers* und dem hier entwikkelten Ansatz beruhen im wesentlichen auf der unterschiedlichen konstitutionellen Architektur der jeweils betrachteten Bundesstaatsgründung; im Kern der Sache sind sie identisch. Vgl. zu der hier vorgeschlagenen gedanklichen Trennung ferner *Neil MacCormick*, How to adopt a European Constitution and how not to adopt one, S. 4.

werden[433] – ein gesamteuropäisches Referendum über eine Bundesstaatsgründung stünde der Frage, ob das Einzelvolk beitreten will, gleichgültig gegenüber. Gegenstand eines möglichen gesamteuropäischen Referendums wären demzufolge weniger der Eintritt in die Bundesstaatlichkeit und das Geeintsein des Staatsvolkes als solches, sondern in erster Linie die Frage, welche Ordnung dieses verlangt. Hieraus ergibt sich, daß ein Referendum, welches bewußt auf Staatsgründung zielt, in zwei Abstimmungsvorgängen stattfinden muß: einerseits als einzelstaatliches Beitrittsreferendum und andererseits als Verfassungsreferendum innerhalb des Gesamtraums.

b. Beitrittsreferenden zum Bundesstaat: verfassungstheoretische Bedeutung und verfassungsrechtliche Legalität

Mit dem Erfolg eines Referendums über den Beitritt eines Staates zu einem neuen Staatsganzen hat sich das Volk des zuerst genannten Gebietes als Bestandteil eines übergeordneten pouvoir constituant definiert: es nimmt seine frühere Ordnung von nun an als Ausschnitt der höheren wahr. Wo die Verfassungsordnung eines integrationswilligen Staates von Wissenschaft und juristischer Praxis in einer solchen Weise interpretiert wird, daß sie entsprechende Beitrittsoptionen auf scheinbar legalem Wege bereithält, liegt in dieser Deutung bereits der Versuch, die bestehende Ordnung des Staates als abhängig, abgeleitet und damit letztlich auch als untergeordnet zu deuten.[434] Wie bereits (im Hinblick auf den nationalen Zustimmungsakt zum bundesstaatlichen Gründungsvertrag) erörtert wurde, handelt es sich hierbei um verfassungstheoretische Annahmen mit unmittelbaren verfassungsrechtlichen Implikationen. Diese Zusammenhänge am Beispiel der Beziehungen von Art. 146 GG zu Art. 79 Abs. 3 und Art. 20 GG zu untersuchen, bildet das Anliegen des Vierten Buchs dieser Arbeit, wo anhand dieser Vorschriften für die grundgesetzliche Ordnung (und in gewisser Weise auch exemplarisch) analysiert werden soll, ob entsprechende Schritte – Zustimmungsgesetze zu staatlichkeitsberührenden Verträgen und die Veranstaltung von Beitrittsreferenden zum Eintritt in ein Bundesstaatsganzes – aus der bestehenden Ordnung heraus überhaupt als legal einzustufen sein können. An dieser Stelle genügt zunächst die Erkenntnis, daß ein Volk, welches sich per

[433] Diesen Aspekt vernachlässigt *Thomas Schmitz* (EuR 2003, 217, 237), wenn er meint, daß die bisherigen Staatsvölker bei der Legitimierung einer europäischen Verfassunggebung nur eine ergänzende Rolle spielen. Ihre wirkliche Rolle kann *Schmitz*, von seinem theoretischen Ansatz her, nicht erfassen, weil er die Staatlichkeitsfrage ausblendet und Gesichtspunkte der Verfassunggebung mit demokratietheoretischen Postulaten vermischt.

[434] Bezeichnend dafür sind Lesarten des Art. 23 GG, wonach dieser auch den Eintritt in einen gesamteuropäischen Bundesstaat erlaubt. Siehe dazu ausführlich: Viertes Buch, Erster Abschnitt. Symptomatisches theoretisches Konstrukt ist nicht zuletzt auch die Lehre vom „Mehrebenen-Verfassungsverbund", die insbesondere von *Ingolf Pernice* vertreten wird; vgl. dazu *dens.*, VVDStRL 60 (2001), 148, 163ff. und die weiteren Nachweise oben in: Erstes Buch, Vierter Abschnitt, I.2.b., dort insbesondere in Fn. 361.

Referendum für den Beitritt zum Bundesstaat ausspricht, in der Verfassungspraxis Mittel und Wege zur Hand haben wird, um die alte Verfassung in seinem Sinne zu verstehen; der Anspruch, den es damit als Ausschnitt des neu sich formierenden pouvoir constituant verfolgt, schließt es im Praktischen aus, daß sich die Organe des Staates (und damit auch die Justiz) der Bundesstaatsgründung mit dem Hinweis auf ihre Rechtswidrigkeit widersetzen.

Diese Zusammenhänge gelten zunächst für sogenannte bindende Referenden, deren Ausgang die Verfassungsorgane verpflichtet.[435] Wie verhält es sich jedoch dort, wo ein entsprechendes Referendum nur konsultativer Natur ist, das von den Verfassungsorganen nicht unbedingt befolgt werden muß?[436] Was ihre Staatlichkeitsrelevanz anbelangt, unterscheiden sich beide Fälle kaum voneinander: auch das konsultative Referendum über den Beitritt brächte im Fall seines Erfolges den Willen des einzelnen Teiles zum Ausdruck, als Bestandteil eines gesamteuropäischen Volkes Mitglied des Bundesstaatsganzen zu werden. Politisches Integrationsbestreben und individuelle Bindungsbereitschaft würden wiederum kongruieren. Im umgekehrten Fall, wenn solch ein konsultatives Referendum zum Bundesstaatsbeitritt scheitert und das zuständige Organ (in der Regel: das Parlament) diesen Beitritt dennoch vollzieht, muß dieser Schritt nicht nur in verfassungsrechtlicher Hinsicht als illegal (warum er auch das ist, wird der Zweite Abschnitt des Vierten Buches erklären), sondern erst recht in verfassungstheoretischer Hinsicht als illegitim eingestuft werden müssen.[437] Zwar kann sich die Legitimität der gesamtsstaatlichen Ordnung auch später, aus einem geänderten Bindungsbewußtsein heraus, als vorhanden erweisen, wenn dem Volk die neu errichtete gesamtsstaatliche Verfassungsarchitektur im Nachhinein als Ausdruck der verlangten Ordnung erscheint; ob dies der Fall ist, dürfte jedoch schwerer feststellbar sein – spätere Referenden müßten den Integrationsvorgang dann um so stärker gefährden.

c. Ordnungsbezogene Referenden als Gründungsmoment des Gesamtstaats

Gegenstand eines gesamtraumbezogenen Referendums ist demgegenüber die Frage nach Inhalt und Form der entstehenden Ordnung. Das neu sich entwikkelnde Staatsvolk entscheidet hierbei zuallererst darüber, welche konkreten

[435] Wobei es sich strenggenommen um keine echte verfassungsrechtliche Verpflichtung handeln kann, sondern nur um ein „Sich-Verpflichtet-Glauben", welches auf der Erkenntnis beruht, daß das Volk die bisherige Ordnung preisgibt. Aus verfassungsrechtlicher Sicht verfügt kein Staatsorgan über die Kompetenz, die Staatlichkeit des eigenen Verbandes zu beenden (so auch *Ernst Rudolf Huber*, Deutsche Verfassungsgeschichte, Band III, S. 670); es kann daher auch rechtlich nicht dazu verpflichtet sein, dieses zu tun. Ausführlich hierzu: Viertes Buch, Erster Abschnitt.

[436] Zur Unterscheidung von bindenden und konsultativen Referenden, *Sven Hölscheidt/Iris Putz*, DÖV 2003, 737, 738.

[437] Zur Frage der Legitimität in diesem Kontext siehe oben: Erstes Buch, Zweiter Abschnitt, I.5.

Verfassungsinhalte dem von ihm bevorzugten Ordnungsmuster entsprechen. Der einzelne prüft, vor dem Hintergrund seiner Erwartungen an die Form und an die Inhalte einer entsprechenden bundesstaatlichen Hoheitsgewalt, den Verfassungstext auf das Vorhandensein passender Aussagen hin, d.h. auf die Verankerung entsprechender Grundrechte und Staatsziele und auf bestimmte Gestaltungsmuster der staatsorganisatorischen Architektur. Ein Gründungsdokument zur Gesamtsstaatlichkeit wird nur dann akzeptiert, wenn es diese inhaltlich-wertebezogenen Erwartungen seines Adressatenkreises erfüllt.

Mit diesen beiden Formen des Referendums, dem Beitrittsreferendum im einigungsbereiten Mitgliedstaat und dem verfassungsgestaltenden Referendum auf der Ebene des neuen Staatsganzen, lassen sich die zukünftig stattfindenden Referenden in ihrer Bedeutung für den Fragenkreis der Staatlichkeit typisieren. Die Umstände der bisherigen Abstimmungs- und Entscheidungspraxis zeigen jedoch, daß diese Unterscheidung, so wünschenswert ihre klare Umsetzung sein mag, einer Reihe von Problemen begegnet, die bedacht werden müssen, um vorschnelle Schlüsse zu vermeiden. Diese Probleme beruhen auf dem Zusammenhang von Verbundenheitsmotivation und Ordnungsvorstellung.

d. Zusammengehörigkeitsgrund und Ordnungsmodell: Probleme der Referendentypisierung im europäischen Einigungsprozeß

Die Unterscheidung staatlichkeitsbegründender Beitrittsreferenden und verfassungsgestaltender Plebiszite eines Gesamtvolkes kann, wenn sie zur Wesensbestimmung eines konkreten Abstimmungsakts genutzt werden soll, eine differenzierte Betrachtung erfordern. Die praktische Seite des Problems besteht hierbei darin, daß sich auch das mitgliedstaatliche Beitrittsreferendum stets auf einen konkreten Rechtstext, dem der Staat beitritt, bezieht. Auch die Entscheidung für einen Beitritt zum europäischen Bundesstaat bestätigt zwangsläufig einen künftigen Staat in konkreter Gestalt. Die Entscheidung gegen den Beitritt verschafft insofern keine Gewißheit, ob der europäische Bundesstaat seiner Idee nach oder aufgrund seiner Form abgelehnt wurde.[438] Ein Referendum allein über die Idee eines europäischen Bundesstaates wäre weder sinnvoll noch machbar: Zustimmung oder Ablehnung eines gesamteuropäischen Bundesstaatsganzen sind zwangsläufig auf ein konkretes Konzept der damit verbundenen Ordnung gerichtet – und zwar auch dort, wo dieses nur in groben Zügen skizziert ist. Abstrakte Ideen des Staatseins sind demnach nicht abstimmungsfähig – über ein Gebundensein zur politischen Einheit seine Meinung äußern zu können, setzt voraus, die Form dieser Einheit, und mehr noch (um eine For-

[438] In abgeschwächter Form gilt dies bereits für den Mißerfolg der Verfassungsreferenden in den Niederlanden und Frankreich, wo nationalistisch motivierte Integrationsgegner der politischen Rechten und die Gegner bestimmter Wirtschaftskonzepte der politischen Linken kumulativ zum Scheitern der Verfassungsabstimmung beitrugen.

mulierung von *Peter Sloterdijk* aufzugreifen[439]) den „starken Grund, zusammen zu sein“, zu erkennen. Die beiden Komponenten, die im Rahmen einer plebiszitären Bundesstaatsgründung notwendig sind, lassen sich daher praktisch nicht trennen. Ihr Verbundensein rührt zuletzt aus dem Umstand her, daß Beitrittsmotiv und Ordnungsvorstellung zwei Aspekte derselben Idee sind: jene Bindung, welche die politische Letztverantwortlichkeit im Verhältnis von Staat und einzelnem begründet, beruht auf einem Bündel an Motiven, das beispielsweise auch den Gesichtspunkt umfaßt, im welchem räumlichen Kreis ein Ordnungsmodell zu verwirklichen ist. Der einzelne, der über den Beitritt zum Bundesstaat abstimmt, prüft damit auch, welche Vorstellungen von sozialem Abgesichertsein, von Freiheit und von öffentlicher Sicherheit (um einiges herauszugreifen) in dem, was da entsteht, nach seinem Empfinden erfüllbar erscheinen. Die Zusammengehörigkeitsoptionen werden durch den Willen zu diesem oder jenem Gestaltungsmuster der öffentlichen Sphäre determiniert; im Ordnungswillen selbst liegt der letzte Grund der politischen Zusammengehörigkeit.

Diese Zusammenhänge schließen es aus, die beiden Komponenten eines bundesstaatsbegründenden Verfassungsreferendums in praxi zu trennen: die Frage nach seiner Bereitschaft zum Beitritt in einen Bundesstaat kann nur beantworten, wer die Gestalt des kommenden Staatsganzen kennt – erst der Ordnungsentwurf macht die darin liegenden Bindungsbegründungen sichtbar. Mitgliedstaatliche Beitrittsreferenden und eine europaweite Abstimmung über die Inhalte der Verfassung sind daher zu einem gemeinsamen Plebiszit zu verbinden und dabei zugleich in ihrer Bewertung zu unterscheiden. Entscheidend ist dabei, daß die konkrete Verfassung nur dort als in Kraft gesetzt gilt, wo auch die Mehrheit des Einzelstaates diese Inkraftsetzung will – und auch nur dann als in Kraft gesetzt gilt, wenn die Mehrheit der Gesamtbevölkerung für ihre Annahme stimmt.[440] Durch ein solches Vorgehen würden die beiden maßgeblichen Komponenten einer bundesstaatsbegründenden Verfassungsabstimmung gewahrt[441]: das Befinden über die Herausbildung eines Gesamtvolkes durch dessen einzelne Teile und seine Gesamtentscheidung über den Inhalt der von ihm zu errichtenden Ordnung.

---

[439] Gemeint ist der gleichlautende Buchtitel: *Peter Sloterdijk*, Der starke Grund, zusammen zu sein.

[440] Ein derartiges Vorgehen wurde (de lege ferenda) vereinzelt bereits für die weitere Integration der EU vorgeschlagen, so z. B. von *Thomas Schmitz*, EuR 2003, 217, 241. Im Hinblick auf die Details anders, im Hinblick auf die Richtung jedoch ähnlich *Neil MacCormick* (How to adopt a European Constitution and how not to adopt one, S. 5), der ein europaweites Referendum erst im Anschluß an eine Ratifikation der Verfassung durch die Staaten stattfinden lassen will.

[441] Das zusätzliche Problem entsprechender Quoren wird dabei außen vor gelassen. Ausführungen dazu finden sich (im Hinblick auf die Verfassungslage unter dem Grundgesetz) bei *Christoph Degenhart*, Klausurenkurs im Staatsrecht, Rn. 559.

e. *Politische Optionen eines plebiszitären Staatsgründungsaktes und deren verfassungstheoretische Folgen*

Wo ein Bundesstaat durch einen einzigen plebiszitären Staatsgründungsakt bestätigt und ins Werk gesetzt werden soll, der alle Kriterien des Staatseins erfaßt[442], handelt es sich um ein verfassunggebendes Referendum im strengsten Sinne des Ausdrucks. Wo die Politik darauf abzielt, diesen Schritt zu vermeiden, und dem Volk statt dessen mehrere einzelne Integrationsakte zur Abstimmung unterbreitet, muß jede dieser einzelnen Stufen, im Falle ihres Erfolges, als Baustein einer Verfassungsentwicklung erscheinen, deren Vollzug dann allerdings um so schwächer bewußt ist. Auch dort, wo eine dieser Abstimmungen scheitert, schließt dies eine Staatsgründung noch nicht vollständig aus: vorstellbar ist es durchaus, daß ein gescheitertes Referendum, im Hinblick auf seine mittelbaren politischen Folgen, eine Verkürzung plebiszitärer Mitgestaltungsoptionen im weiteren Integrationsfortgang veranlaßt. Der bestehende Staatenverbund würde dann, soweit die Verfassungslage des Mitgliedstaats es zuläßt[443], ohne weitere Volksabstimmungen in der für ratsam befundenen Weise gestaltet – und möglicherweise zum Staatswesen vertieft. Inwiefern das Gemeinwesen (des einzelnen Staates und der Gesamtheit) das dabei Zustandegebrachte bejaht, kann wiederum schwierig feststellbar sein – anders als im Falle des Plebiszits wird die Ordnungsvorstellung hier nicht im Wege der Abstimmung aktiviert und artikuliert, sondern Schritt für Schritt auf die Probe gestellt. Ob sie tatsächlich dazu imstande ist, den rechtlich vorhandenen Bundesstaatszustand zu tragen, kann sich dann erst allmählich herausstellen.[444]

---

[442] Gemeint sind die oben behandelten zehn Kriterien; siehe dazu Erstes Buch, Vierter Abschnitt.

[443] Zwingend vorgeschrieben wären entsprechende Referenden in Dänemark (wenn eine Gesetzesvorlage, die weitere Übertragungen der dänischen Hoheitsgewalt zum Gegenstand hat, im Parlament nicht die Mehrheit von fünf Sechsteln erreicht – vgl. §§ 20 Abs. 2, 42 der dänischen Verfassung) und Irland (vgl. Art. 29 Abs. 4 i. V. m. Art. 47 der irischen Verfassung). Gemäß Art. 44 Abs. 3 der österreichischen Bundesverfassung und Art. 168 Abs. 3 der Verfassung des Königreichs Spanien sind Plebiszite erforderlich, wenn die Verfassung fundamental geändert werden soll, was bei weiteren Integrationsschritten durchaus denkbar erscheint. Auch Art. 7 i. V. m. Art. 93 der slowakischen Verfassung schreibt in diesen Fällen ein Referendum vor. Litauens Verfassung verlangt ein obligatorisches Referendum für die Änderung bestimmter fundamentaler Verfassungsartikel, die hier ebenfalls berührt sein können (vgl. Art. 9 Abs. 1 und 2 der litauischen Verfassung). Näheres zu diesen Regelungen behandeln *Sven Hölscheidt/Iris Putz*, DÖV 2003, 737, 738 ff. – Zur juristischen Problematik entsprechender Regelungen vgl. auch oben: Erstes Buch, Vierter Abschnitt, VI.2.a., sowie ausführlich unten: Viertes Buch, Zweiter Abschnitt.

[444] Auf die Risiken, die ein solches Vorgehen birgt, wurde im Schrifttum nachdrücklich hingewiesen. Vgl. dazu beispielsweise *Dieter Grimm*, JZ 1995, 581, 590; *Joseph H. H. Weiler*, ELJ 4 (1998), 43, 59 ff.; *ders.*, in: Joerges/Mény/Weiler (Hrsg.), What Kind of Constitution for What Kind of Polity?, S. 235; einem derartigen etappenweise sich vollziehenden Konstitutionalisierungsprozeß scheint demgegenüber *Peter Häberle*, Europäische Verfassungslehre, S. 219, deutlich aufgeschlossener gegenüberzustehen.

IV. Staatlichkeitsfragen in abgeschichteten Integrationsprozessen

1. *Staatlichkeitsberührende Integrationsschritte einzelner Staaten innerhalb einer supranationalen Union*

Welche Bedeutung hätte es für die Staatlichkeitsfrage, wenn im Rahmen einer sich vollziehenden supranationalen Integration einzelne Staaten weiter als die übrigen voranschreiten wollen, wie dies aus wissenschaftlicher und aus politischer Sicht[445] teilweise angeregt wurde – insbesondere dann, wenn einzelne Staaten (wie Großbritannien, Dänemark oder Irland, durch politisches Zögern oder durch gescheiterte Referenden) den Integrationsprozeß scheinbar oder tatsächlich aufhielten? Das Stichwort, das diese Debatte markierte, war der Ausdruck vom „Europa der zwei [manchmal auch: der ‚multiplen'] Geschwindigkeiten", oder, im englischsprachigen Raum, die Wendung „variable geometry".[446] Im Hinblick auf die Staatlichkeitsfrage ist hierbei zu konstatieren, daß alles Gesagte entsprechend gilt, wenn einzelne Staaten untereinander eine weitere Vergemeinschaftung staatlichkeitsrelevanter Politikbereiche vereinbaren und dabei, bewußt oder nicht, inhaltlich auf eine Staatsgründung zielen.[447] Die Beziehungen eines solchen staatlichkeitsbildenden Integrationskerns zu jenen EU-Mitgliedstaaten, die ihm nicht angehören, wären dann als eine Summe von völkerrechtlichen Rechtspflichten zu verstehen, die aus dem gemeinsamen Eingebundensein in die supranationale Union resultieren. Auch insofern handelte es sich um eine (dem Völkerrecht bekannte) Staatsgründung durch Zusammenschluß – nur daß diese wiederum in einer Union vor sich geht, die der Staatlichkeit zustrebt.

2. *Der Fortbestand völkerrechtlicher Bindungen im Verhältnis integrationsbereiter zu integrationsverzögernden Staaten*

Die Vereinbarung weitere Integrationsschritte zwischen einzelnen Mitgliedstaaten, die deren Staatlichkeitsverluste vertiefen, würde insofern die völkerrechtlichen Bindungen der bestehenden Verträge nicht lösen.[448] EGV und EUV,

---

[445] Vgl. dazu aus politischer Sicht *Joschka Fischer*, integration 2000, 149, 155f., der sich damit an Ideen von *Jacques Delors*, *Helmut Schmidt*, *Valéry Giscard d'Estaing*, *Karl Lamers* und *Wolfgang Schäuble* anschließt. Aus wissenschaftlicher Sicht *Peter-Christian Müller-Graff*, integration 2001, 208, 217f.; *ders.*, EWS 2002, 206, 215f.; *ders.*, integration 2000, 157, 166f. Einen guten Überblick über die bisherigen Formen einer solchen unionsinternen Differenzierung (im Hinblick auf weiterreichende Vereinbarungen bestimmter Staatengruppen, aber auch im Hinblick auf Übergangsregeln beim Beitritt neuer Mitgliedstaaten) bietet *Bruno de Witte*, NYIL 25 (1994), 299, 326f.

[446] *Bruno de Witte*, NYIL 25 (1994), 299, 326.

[447] Worauf der Vorschlag von *Joschka Fischer* hinausläuft, wenn man dessen Details betrachtet; vgl. *dens.*, integration 2000, 149, 156.

[448] *Stanislaw Biernat*, in: Pernice/Zemánek (Hrsg.), A Constitution for Europe: The IGC,

die völkerrechtlichen Grundlagen der supranationalen Integration in Europa, können nur einvernehmlich geändert oder abgeschafft werden. Die Grenzen, innerhalb derer die Modifikation eines völkerrechtlichen Vertrages durch einzelne Vertragsparteien zulässig ist, ergeben sich aus Art. 41 WVRK[449]: unzulässig wäre es danach, einen entsprechenden Integrationsschritt mit einer Austrittsverpflichtung zu koppeln, wonach die Union verläßt, wer ihre Weiterentwicklung nicht mittragen will.[450] Eine solche Regel müßte sich, um wirksam zu sein, in den bisherigen Verträgen auffinden lassen[451], was nicht der Fall ist: daß ihre Änderung nur einstimmig erfolgen kann, schließt es aus, Staaten zum Austritt zu zwingen, die sich der Änderung der vertraglichen Grundlagen widersetzen.[452] Ein entsprechendes Vorgehen hieße[453], EGV und EUV als geltendes

---

the Ratification Process and Beyond, S. 97, 120; *Bruno de Witte*, NYIL 25 (1994), 299, 327ff.; *ders.*, in: Winter/Curtin/Kellermann/de Witte (Hrsg.), Reforming the Treaty on European Union, S. 3, 9; vgl. auch *Roland Bieber*, Die Union 1998/4, 17, 21f. sowie *dens.*, in: Bieber/Widmer (Hrsg.), Der europäische Verfassungsraum, S. 313, 320f.

[449] Näher dazu *Bruno de Witte*, in: Winter/Curtin/Kellermann/de Witte (Hrsg.), Reforming the Treaty on European Union, S. 3, 9. Zur Anwendbarkeit der WVRK auf EGV und EUV siehe oben: Erster Abschnitt, III.6.b.

[450] Eine derartige Regelung fand sich in Art. 47 UAbs. 1 Satz 2 des Verfassungsentwurfs des Institutionellen Ausschusses im EP (Abl. der EG Nr. C 61/155 vom 10. 2. 1994): Mitgliedstaaten, die den Vertrag nicht fristgerecht ratifizierten, sollten sich danach zwischen dem Austritt und dem Verbleib in der reformierten Union entscheiden. Ähnliche Vorstellungen äußerte auch der Präsident des Verfassungskonvents, *Valéry Giscard d'Estaing*, für den Fall, daß ein Staat den Verfassungsvertrag nicht in Kraft setzen will, vgl. dazu die Äußerungen desselben in: DER SPIEGEL, Nr. 43/2002, S. 50. Eine völkerrechtskonforme Deutung erlaubt beispielsweise Art. 82 UAbs. 2 des Entwurfes eines Vertrages zur Gründung der Europäischen Union (Abl. der EG Nr. C 77/33 vom 14. 2. 1984), wonach die ratifizierenden Staaten über ihre Beziehungen zu den sich widersetzenden zu beratschlagen haben (dazu *Roland Bieber*, in: Wildenmann [Hrsg.], Staatswerdung Europas?, S. 393, 401; *ders.*, Die Union 1998/4, 17, 20; ähnliche Regelungen finden sich auch in der Entschließung des EP vom 12. Dezember 1990, Nrn. 71–73 [EuGRZ 1991, 187, 193] und nunmehr in Erklärung Nr. 30 der Schlußakte des Verfassungsvertrages; speziell zum zuletzt genannten Rechtsakt siehe *Luis Diez-Picazo*, in: Weiler/Eisgruber [Hrsg.], Altneuland: The EU Constitution in a Contextual Perspective, S. 12f.). Eingehend zur völkerrechtlichen Bewertung entsprechender Vorschläge *Stanislaw Biernat*, in: Pernice/Zemánek (Hrsg.), A Constitution for Europe: The IGC, the Ratification Process and Beyond, S. 97, 119ff.; *Bruno de Witte*, NYIL 25 (1994), 299, 329; *ders.*, in: Winter/Curtin/Kellermann/de Witte (Hrsg.), Reforming the Treaty on European Union, S. 3, 9ff.; *ders.*, The Process of Ratification of the Constitutional Treaty and the Crisis Options: A Legal Perspective, S. 1ff., 7 und 17f.

[451] *Bruno de Witte*, NYIL 25 (1994), 299, 327; *ders.*, in: Winter/Curtin/Kellermann/de Witte (Hrsg.), Reforming the Treaty on European Union, S. 3, 9.

[452] Das gleiche gilt auch für den Vorschlag, daß die zur weiteren Integration sich bereit findende Staatenmehrheit aus der „alten" EU austreten und eine „neue" ins Werk setzen sollte; vgl. *Herbert Trimbach/Steffen Beilke*, NJ 2005, 206, 207 – wie hier *Stanislaw Biernat*, in: Pernice/Zemánek (Hrsg.), A Constitution for Europe: The IGC, the Ratification Process and Beyond, S. 97, 121f. und *Bruno de Witte*, The Process of Ratification of the Constitutional Treaty and the Crisis Options: A Legal Perspective, S. 18. Zur umstrittenen Frage, ob eine entsprechende einseitige Austrittsabsicht rechtlich zulässig wäre, siehe oben: Erster Abschnitt, III.6.b.

Recht zu verletzen.[454] Ein „Europa der multiplen Geschwindigkeiten" ist nur unter dieser Voraussetzung umsetzbar; Mitgliedstaaten, die einer Staatsgründung schneller als andere zustreben wollen, müssen sich an ihren Verträgen mit den übrigen festhalten lassen – auch (und: gerade auch) dort, wo dies ihr Vorankommen hindert.

V. Zwischenergebnis: Das Wechselspiel von Inhalt und Vorgehensweise

Die Ausführungen dieses Abschnittes haben gezeigt, wie sowohl die Umstände, unter denen eine Regelung von materiellen Verfassungsinhalten entsteht, als auch die Art und Weise ihres Inkrafttretens die Staatlichkeitsfrage berühren. Materielle Staatlichkeitsaspekte und formelles Verfahren stehen dabei in einer Wechselbeziehung: die Art und Weise seiner Entstehung und seines Inkrafttretens kann entweder dazu beitragen, materielle Staatlichkeitspotentiale eines Rechtstextes freizusetzen, indem sie, beispielsweise durch ein gemeinschaftsweites Referendum, die Staatlichkeitsoptionen thematisiert – oder aber dazu verhelfen, diese zu relativieren, indem sie auch künftig den völkervertragsrechtlichen Verhandlungs- und Vereinbarungsgepflogenheiten entspricht. Die Modalitäten seines Entstehens und die Umstände, wie es zur Geltung gebracht wird, beeinflussen damit zugleich die Frage, wie und vor allem: als was ein bestimmtes grundlegendes Regelungswerk im individuellen Bewußtsein, in der Öffentlichkeit und schließlich auch in der juristischen Praxis wahrgenommen wird. Ob der einzelne einer neu sich entfaltenden staatlichen Ordnung grund-

---

[453] Wie es beispielsweise auch (und in verschiedenen Varianten) erwogen wurde, nachdem Dänemark den Maastrichtvertrag nicht ratifizierte; vgl. dazu die aufschlußreichen und völkerrechtlich fundierten Darlegungen von *Bruno de Witte*, NYIL 25 (1994), 299, 330 und in: Winter/Curtin/Kellermann/de Witte (Hrsg.), Reforming the Treaty on European Union, S. 3, 10, die an der Rechtswidrigkeit eines solchen Vorgehens keinerlei Zweifel zulassen. – Zum zweistufigen Verfahren des sog. Penelope-Entwurfs, für den das Gesagte ebenfalls zutrifft, vgl. *Bruno de Witte*, The Process of Ratification of the Constitutional Treaty and the Crisis Options: A Legal Perspective, S. 5 f.; *dens.*, in: Pernice/Zemánek (Hrsg.), A Constitution for Europe: The IGC, the Ratification Process and Beyond, S. 59, 74 f. Als völkerrechtskonform erscheinen demgegenüber die Vorschläge *Roland Biebers* (in: Wildenmann [Hrsg.], Staatswerdung Europas?, S. 393, 402; *ders.*, Die Union 1998/4, 17, 22 f.), wonach im Wege des Änderungsverfahrens nach Art. 48 EUV (damals: Art. 236 EGV) diese Vorschrift selbst durch ein neues Verfahren ersetzt werden soll, das Mehrheitsentscheidungen und Austrittsverpflichtungen vorsieht.

[454] *Bruno de Witte*, NYIL 25 (1994), 299, 327 ff. Die Lösung dieser Frage beschäftigt auch *Roland Bieber* (in: Bieber/Widmer [Hrsg.], Der europäische Verfassungsraum, S. 313, 320 f.; vgl. auch *dens.*, in: Wildenmann [Hrsg.], Staatswerdung Europas?, S. 393, 400 ff.; *dens.*, Die Union 1998/4, S. 17, 22) der ein Modell finden will, welches die fortbestehenden Verträge im Verhältnis zu jenen Staaten, von denen die Verfassunggebung nicht getragen wird, überflüssig macht.

sätzlich zustimmen kann, hängt in erster Linie von ihren Inhalten ab – ob er sie als solche überhaupt wahrnimmt, demgegenüber auch und zuerst von der Art und Weise ihrer Entstehung. Die EU zum Staat zu verfassen, ist unter diesen Prämissen auf verschiedenen Wegen möglich – auch kann sich ein solcher Vorgang ereignen, wo eine Staatsgründung ursprünglich nicht beabsichtigt war. Völkerrechtliche Vorgehensweisen bieten hiergegen keinerlei rechtliche Sicherheit; Staatlichkeitszusammenhänge vollziehen und vollenden sich im Politisch-Substantiellen – Verfahrensmodalitäten, seien es Gründungsverträge oder seien es Referenden, hängen in ihrem Bestand und in ihrer Wirksamkeit als rechtliche Form davon ab, ob sie diesen real sich vollziehenden Staatlichkeitszusammenhängen, um nicht zu sagen: „der Sache", entsprechen.

Drittes Buch

Herrschaftsformen

Einführung in das Dritte Buch

Die verfassungstheoretischen Probleme, die sich aus dem Übergang der Staatlichkeit ergeben, betreffen neben den bereits behandelten Aspekten noch einen weiteren grundsätzlichen Zusammenhang, der aufzuklären ist, bevor sich die Untersuchung den Rechtsfolgen dieser Entwicklungen zuwenden kann. Staatlichkeit verwirklicht sich, wie in den vorangegangenen Abschnitten gezeigt werden konnte, niemals als ein Abstraktum, sondern stets in einer konkreten, die Ansprüche der Ordnungsvorstellung ausführenden Form – ihr Übergang, der den bisherigen Staat durch einen neuen ersetzt, betrifft daher zugleich den Kern der Staatsformthematik. Diesem Zusammenhang von Staatlichkeit und Herrschaftsform kommt im Kontext des europäischen Integrationsfortschritts besondere Bedeutung zu – erörtert wurde er bisher unter dem Stichwort des „europäischen Demokratiedefizits", das in den folgenden Abschnitten unter dem Gesichtspunkt des Staatlichkeitsübergangs untersucht und theoretisch erfaßt werden soll. Die Notwendigkeit, über das Verhältnis von Staatsform und Staatlichkeit zu reflektieren, wurde, was die heutige Aktualität dieses Themas betrifft, durch den europäischen Integrationsprozeß hervorgerufen; in den Nationalstaaten des 19. und 20. Jahrhunderts bestand sie allenfalls in bestimmten Einzelmomenten[1], da die Staatlichkeitsproblematik alles in allem als gelöst und das Dasein der Staaten als gesichert erschien – um die richtige Staatsform, so hatte es den Anschein, wurde im Inneren der kontinuierlich bestehenden Staaten gerungen. Wie Staatlichkeit und Staatsform miteinander korrespondieren, stellte sich dabei, in den Bahnen des scheinbar gesicherten Staatseins, allenfalls noch als eine staatsrechtliche Frage dar, und zwar insbesondere dort, wo eine föderale Struktur in einem Spannungsverhältnis zur demokratischen Gestaltung der Gesamteinheit stand.[2] Die Frage nach dem Verhältnis von Staatlich-

---

[1] Als Beispiel für einen derartigen Moment lassen sich die Verwicklungen des Jahres 1848 anführen, in denen mit der Staatsformfrage (Monarchie oder Demokratie) zugleich über die Staatlichkeit des Reiches bzw. seiner Glieder zu entscheiden war. Siehe dazu *Dietmar Willoweit*, Deutsche Verfassungsgeschichte, S. 305 f.

[2] Das Verhältnis von Föderalismus und Demokratie wird daher in der staatsrechtlichen ebenso wie in der verfassungstheoretischen Diskussion überwiegend als ein spannungsgeladenes empfunden, siehe dazu vergleichend *Roman Herzog*, in: Maunz/Dürig, Grundgesetz,

keit und Staatsform erschien hier (in einer Lage, wo das Staatsein der Bundesrepublik Deutschland, oder um ein historisch älteres Beispiel zu wählen, der Weimarer Republik, selbst nicht in Frage gestellt war) als Diskussion darüber, inwieweit die „Staatlichkeit“ bundesstaatlicher Gliedeinheiten eine Blockade demokratischer Entscheidungen der gesamtstaatlichen Volksvertretung rechtfertigen oder, je nach dem Inhalt dieser Entscheidung, möglicherweise sogar erforderlich machen kann.[3] Auf die grundsätzliche Thematik, wie Staatlichkeit und Staatsform korrespondieren, wurden diese Probleme nur selten zurückverfolgt.[4] Der Staatlichkeitsverlust im Zuge des europäischen Integrationsprozesses macht es jetzt allerdings unumgänglich, sich dieser Fragen zu vergewissern.

Im Ersten Abschnitt des Dritten Buches ist daher zu untersuchen, in welchem theoretischen Zusammenhang Staatlichkeit und Staatsform zueinander stehen; im Zweiten Abschnitt ist zu ermitteln, wie sich dieser Zusammenhang im Kontext der europäischen Staatsgründungsfrage auswirkt. Die Auseinandersetzung über das häufig beklagte europäische Demokratiedefizit soll hierbei als ein Beispiel dafür an- und ausgeführt werden, wie Verlust und Neubegründung des Staatseins die Staatsform bestimmen. Staatlichkeitsverlust und Demokratiedefizit erscheinen insofern als zwei auf das Engste miteinander verbundene Phänomene; möglicherweise – dies wird zu beantworten sein – handelt es sich auch nur um zwei verschiedene Wahrnehmungsweisen ein und desselben Umstandes: des Umbruchs der gemeinschaftlichen Ordnungskonzeption.[5] Das Demokratiedefizit der EU zu erfassen und Abhilfemuster zu finden, kann jedenfalls nur dann gelingen, wenn man sich auch den grundsätzlichen Zusammenhang von Staatlichkeit und Staatsform bewußt gemacht hat.

Rnrn. 91 ff. zu Art. 20/II; *Carl Schmitt*, Verfassungslehre, S. 388 ff. (zur Weimarer Verfassung) sowie *Carl J. Friedrich*, Der Verfassungsstaat der Neuzeit, S. 227 ff. (zur Verfassung der USA und zur Verfassung der Schweiz). Anders jedoch *Thomas Fleiner*, in: Müller-Graff/Riedel (Hrsg.), Gemeinsames Verfassungsrecht in der Europäischen Union, S. 17, 28 f. und *Konrad Hesse*, Grundzüge des Verfassungsrechts, Rn. 274.

[3] Ein aktuelles Beispiel für entsprechende Spannungen bot die Diskussion um die Blockademöglichkeiten des Bundesrates im Gesetzgebungsverfahren (vor der Föderalismusreform); vgl. dazu *Jürgen Jekewitz*, in: Denninger/Hoffmann-Riem/Schneider/Stein (Hrsg.), Kommentar zum Grundgesetz für die Bundesrepublik Deutschland (Alternativkommentar), Rn. 11 vor Art. 50 (der auch auf die Frage der demokratischen Legitimation aufmerksam macht) und *Heinrich de Wall*, in: Friauf/Höfling (Hrsg.), Berliner Kommentar zum Grundgesetz, Rn. 43 zu Art. 50.

[4] Hervorhebenswert hierzu sind aus jüngerer Zeit *Alexander Hanebeck*, Der demokratische Bundesstaat des Grundgesetzes, S. 26 ff. und *Christoph Möllers*, Staat als Argument, S. 405 ff.

[5] Das Thema wird insbesondere angerissen von *Dieter Grimm*, JZ 1995, 581, 589 f.

1. Abschnitt

Staatlichkeit und Staatsform

I. Zusammenhänge von Staatsform und politischem Gebundensein

1. Bewußtseinsimmanente Ordnungskonzeptionen und faktische Zwänge als Faktoren der Staatsformbegründung

Die Ideenwelt eines Gemeinwesens von den Gründen seines politischen Zusammengeschlossenseins zur unabhängigen Einheit impliziert zugleich bestimmte Staatsformmotive, Motive also, den Staat nach bestimmten Mustern zu formen. Der Wille des einzelnen, politisch im Staat gebunden zu sein, setzt stets ein bestimmtes Verständnis der Art und der Zwecke dieses individuellen (oder, um noch einmal den Ausdruck aus dem Ersten Buch aufzugreifen: dieses „mikropolitischen") Einbezogenseins voraus, aus dem sich unter anderem ergibt, welche Stellung der einzelne in dem zu schaffenden Staat einnehmen und welche Rechte er darin wahrnehmen soll. Aus diesem Bewußtsein ergibt sich damit zugleich, von wem und wodurch der Staat beherrscht werden soll. Ideen politischer Bindung sind insofern Herrschaftsideen. Die Unterordnung der Individuen unter eine entsprechende Vorstellung heißt in concreto Unterordnung unter eine sich etablierende Ordnungsgewalt, deren Akzeptanz aus dem Willen, gebunden zu sein, hervorgeht. Die Anhängerschaft der herrschenden Ordnungsvorstellung organisiert die politischen Strukturen des Gemeinwesens nach jenem Muster, das diese Ideen am besten verwirklichen kann. Ein Volk beispielsweise, das sich aus einem bestimmten Nationalbewußtsein heraus zur Einheit verbindet und die eigene Freiheit als Fundament seiner Ordnung begreift, organisiert sich, ausgehend vom Gesichtspunkt der Volkssouveränität, in der diesem Anliegen entsprechenden Staatsform der Demokratie.[6] Die entsprechenden Konzeptionen des politischen Zusammengeschlossenseins und seiner angemessenen Staatsform werden in ihrer Umsetzung von zahlreichen Zwängen determiniert.[7] Zur politischen Wirksamkeit können dabei nur jene Staats-

---

[6] Dazu grundlegend *Ernst-Wolfgang Böckenförde*, in: Isensee/Kirchhof (Hrsg.), Handbuch des Staatsrechts, Bd. II, § 24 Rnrn. 8ff.

[7] Derartige Zwänge, die die Machbarkeit der Demokratie bedingen, beschreibt *Ernst-Wolfgang Böckenförde* (in: Isensee/Kirchhof [Hrsg.], Handbuch des Staatsrechts, Bd. II, § 24 Rn. 72), der zutreffend feststellt, daß die Staatsform der Demokratie in höherem Maße als andere Staatsformen darauf angewiesen sei, die Komplexität staatlicher Entscheidungszusammenhänge zu reduzieren, „damit Sachentscheidungen für demokratische Willensbil-

und Staatsformambitionen gelangen, die diese Zwänge beachten; ideelle Ordnungskonzeptionen und politische Wirksamkeit bedingen und beeinflussen einander. Gemeinwesen, die sich, um bestimmte Werte zu sichern, als politisch autonome Einheiten, sprich: als Staaten konstituieren, sind nur dann imstande, ihren Daseinszweck zu erfüllen, wenn sie groß genug sind, um im Kräftespiel der völkerrechtlich souveränen Mächte zu bestehen.[8] Die Möglichkeit, den Zweck des politischen Gebundenseins erreichen zu können, determiniert insofern den Umfang der abzugrenzenden Einheit – in der staatlichkeitstragenden Ordnungsvorstellung müssen sich, um diese wirksam werden zu lassen, Wünsche und Werte mit Effektivitätsaspekten verbinden; in der Errichtung von Staatlichkeit und Staatsform muß dasjenige, was gewollt wurde, mit demjenigen auf einen Nenner gebracht werden, was politisch möglich erscheint. Als Staatlichkeit existiert, so könnte man sagen, immer nur jene Form der politischen Ordnung, die zugleich gewollt wurde und gemacht werden konnte.

Bereits hieraus ergeben sich für den Zusammenhang von Staatlichkeit und Staatsform im Kontext des europäischen Einigungsvorgangs zwei zentrale, im einzelnen noch zu bestimmende Konsequenzen. Dies betrifft zum einen die Möglichkeiten, Herrschaftsformen für einen europäischen Bundesstaat zu konzeptionieren, und dies betrifft zum anderen die Übertragbarkeit des bisherigen parlamentarisch-demokratischen Herrschaftsmodells auf ein solches Staatsganzes. Indem die Effektivität der Herrschaftsausübung im Nationalstaat durch verschiedene Zwänge in Frage gestellt ist, hängt die künftige Verwirklichung der damit verbundenen Anliegen, der Werte und Gerechtigkeitsmotive, von ihrer Umsetzbarkeit im größeren Kontext, im gesamteuropäischen Bundesstaat, ab.[9] Dessen Staatsform jedoch ist nicht frei wählbar – durch das Programm sei-

---

dungs- und Entscheidungsprozesse zugänglich werden". Ähnlich *Werner von Simson*, EuR 1991, 1, 15. Von Interesse sind in diesem Zusammenhang auch die Darlegungen von *Paul Craig* (in: Craig/de Búrca [Hrsg.], The Evolution of EU Law, S. 1, 26f.), der am Beispiel des EU-Demokratiedefizits die Beziehung von Staatsform und staatlichen Handlungsformen verdeutlicht, und *Armin von Bogdandy*, in: Festschrift für Peter Badura, S. 1033, 1049, der die gedankliche Verbindung zur privaten Freiheit behandelt. Zugang zum politikwissenschaftlichen Denken in dieser Frage verschaffen *Anthony MacGrew*, in: MacGrew (Hrsg.), The Transformation of Democracy?, S. 1 und *Klaus Dieter Wolf*, Die Neue Staatsräson – Zwischenstaatliche Kooperation als Demokratieproblem in der Weltgesellschaft, passim.

[8] Siehe dazu auch oben: Erstes Buch, Dritter Abschnitt, III.3.b.

[9] Diesen Zusammenhang belegen aus Sicht der Politikwissenschaft *Jürgen Habermas*, Die Einbeziehung des Anderen, S. 187 und *Fritz W. Scharpf*, in: Grimm/Hesse/Jochimsen/Scharpf, Zur Neuordnung der Europäischen Union: Die Regierungskonferenz 1996/97, S. 65, 68ff.; aus verfassungstheoretischer Sicht *James Tully*, MLR 65 (2002), 204, 211f. Deutlich skeptischer als die Genannten äußert sich *Werner von Simson*: „Das Dilemma […] besteht darin, daß es fast unmöglich ist, in den politischen Großformen, auf die wir angewiesen sind und auf die wir zusteuern, die Staatsgewalt vom Volk ausgehen zu lassen. […] Wir brauchen heute politische Einheiten, die auf keine ersichtliche Weise von den Betroffenen kontrolliert werden können."; ähnlich *Uwe Volkmann*, AöR 127 (2002), 575, 608ff. Siehe zum Ganzen auch den von *Anthony MacGrew* herausgegebenen Band „The Transformation of Democra-

nes Daseins (durch das Motiv, das ihn prägt, und durch jene Zwänge, die darauf wirken) ist die Art seiner Herrschaftsstrukturen maßgeblich prädeterminiert. Die Wesenszüge der Staatsform, die seine Gründung hervorbringt, sind folglich neu zu bestimmen, doch folgt es aus der Wesensneuheit des zu gründenden Staates, daß jene Herrschaftsformen, die ihm vorausgingen, in ihrem Bestand grundsätzlich mit überwundenen Staatlichkeitsgrößen verbunden erscheinen und durch eine Einrichtung des gesamteuropäischen Staates abgeschafft würden.[10] Bereits aus diesen Zusammenhängen ergibt es sich, daß nationalstaatlich-demokratische Herrschaftsmodelle, sei es nun der britische Parlamentarismus, sei es das französische Präsidialsystem oder sei es die deutsche Kombination von Demokratie und Föderalismus[11], auf die EU nicht eins zu eins übertragbar sein können.

2. *Die Ebene des grundlegenden politischen Verbundenseins als Bezugspunkt der Staatsformthematik*

Der Zusammenhang von Staatsform und politischem Verbundensein, wie er hier dargestellt wurde, führt zu einem weiteren Gedanken, auf den es bei einer staatlichkeitstheoretischen ebenso wie bei einer verfassungsrechtlichen Untersuchung der europäischen Einigungsthematik maßgeblich ankommt. Zu überlegen ist dabei, in welchem Verhältnis das Vorhandensein einer grundlegenden Ebene des politischen Gebundenseins zur Frage der Herrschaftsform steht – oder, aus verfassungspolitischer Perspektive formuliert, in welcher Weise das Vorhandensein eines entsprechenden grundlegenden Gebundenseins einkalkuliert werden muß, wenn es darum geht, diese oder jene Form der politischen Herrschaft in Europa zu etablieren. Spätestens aus dieser Perspektive werden die Antworten greifbar: die Frage der Staatsform, die in einem Staatswesen herrscht, ist stets auf die Ebene der grundlegenden politischen Bindung dieser Gemeinschaft bezogen; um (als Wissenschaftler des Staatsrechts) zu erkennen,

---

cy?" – hierin insbesondere die Arbeiten von *Robert Cox* (S. 49 ff.), *David Goldblatt* (S. 73 ff.), *Anthony MacGrew* (S. 1 ff., S. 231 ff.) und *Grahame Thompson* (S. 149 ff.).

[10] Dies macht insbesondere Argumentationsmuster fragwürdig, die aus der Alternativlosigkeit der Europäisierung die Notwendigkeit einer Demokratisierung der EU ableiten wollen (so *Stefan Oeter*, ZaöRV 55 [1995], 659, 698). Das eine hängt nicht vom anderen ab: daß die bisherige Staatsform die künftigen Aufgaben, auf sich allein gestellt, nicht bewältigen kann, heißt nicht, daß sie ihrem Wesen nach auf die Union übertragbar sein muß. Wenn es aber eine andere „Demokratie" sein soll, die Europa beherrscht, liegt letztlich doch ein Staatsformenwechsel vor, der durch die Übertragung des Ausdrucks „Demokratie" auf die neu entstehende Ordnung theoretisch verschleiert zu werden droht. Skeptisch auch *Uwe Volkmann* (AöR 127 [2002], 575, 607) im Hinblick auf die Ersetzung der „Herrschaft durch das Volk" durch die „Herrschaft für das Volk".

[11] Siehe dazu die bis heute aufschlußreichen, weil die grundsätzliche Stellung der Volksvertretung erfassenden Darstellungen der politischen Systeme in den verschiedenen europäischen Staaten, die sich im Dritten Teil von *Carl J. Friedrichs* Werk „Der Verfassungsstaat der Neuzeit" finden (insbesondere S. 341 ff., 375 ff., 411 ff.).

welche Staatsform in einem politisch geeinten Gemeinwesen herrscht, ist zu ergründen, welche Art der Herrschaftslegitimation gerade diese Herrschaftsebene prägt; um (als Akteur des politischen Lebens) Einfluß auf die Gestaltung der Staatsform zu nehmen, ist zu beachten, daß es diese Ebene des Gemeinwesens ist, auf die sich entsprechende Gestaltungsvorschläge beziehen. Alle anderen Ebenen einer staatlichen Herrschaftsausübung werden von hier aus legitimiert.[12] Die Vollkommenheit einer Staatsform (im Sinne ihres letzten Erschöpftwerdens) reicht möglicherweise über jene Ebene des grundsätzlichen Gebundenseins hinaus und erfordert, im Falle der Demokratie, Mitgestaltungsmöglichkeiten auch auf anderen Ebenen – ihr grundsätzliches Präsentsein jedoch in einer Gemeinschaft (das Ja-Oder-Nein in der Frage nach ihren demokratischen Qualitäten, um bei der heutigen Staatsform zu bleiben) liegt ausschließlich auf der Ebene ihres Vereintseins begründet.

Hieraus ergibt es sich nunmehr, daß sich Mitwirkungsdefizite, die eine demokratische Staatsform auf der entscheidenden Ebene schwächen oder ausschließen müssen, nicht durch zusätzliche Mitwirkungsinstrumente auf anderen Ebenen (sei es in der Gemeinde, im Kreis, im Bundesland – oder eben in der EU) kompensiert werden können.[13] Diese Erkenntnis, die sich aus dem Bezug der Staatsform auf die Ebene des grundlegenden politischen Gebundenseins ergibt, stellt zugleich die Weichen in der Behandlung des Demokratiedefizits – und zwar in einer Weise, die an späterer Stelle, im Zweiten Abschnitt des Dritten Buches und im Ersten Abschnitt des Vierten Buches, in all ihren verfassungstheoretischen und verfassungsrechtlichen Implikationen entfaltet werden soll.

---

[12] Dieser Zusammenhang von Staatlichkeit und Staatsformbegründung wird zum Teil nicht beachtet; siehe dafür beispielsweise *Christian Seiler*, Der souveräne Verfassungsstaat zwischen demokratischer Rückbindung und überstaatlicher Einbindung, S. 278f. Zur Verbindung dieses Gesichtspunktes mit den staatsrechtlichen Rechtsfiguren des „Parlamentsvorbehaltes" und der „Wesentlichkeitstheorie" siehe unten: III.2.b.

[13] Demgegenüber hält die ganz überwiegende Ansicht eine solche Kompensation für möglich; siehe dafür statt vieler *Peter M. Huber*, Recht der Europäischen Integration, § 5 Rnrn. 39ff. Ausführlich dazu unten: Drittes Buch, Zweiter Abschnitt.

II. Demokratiedefinitionen im Kontext einer ordnungsbezogenen Staatlichkeitstheorie: Grundanliegen und Grundvoraussetzungen der demokratischen Herrschaftsform

1. Die Staatsform der Demokratie als das Muster einer unmittelbar vom Volk ausgehenden Handlungslegitimation

a. Ordnungsbezogene Grundlegitimität und demokratische Handlungslegitimation

Als legitimes Herrschaftssystem ist, wie dargelegt, jene Hoheitsstruktur anzusehen, die der Vorstellung eines zur Staatlichkeit verbundenen Gemeinwesens von der ihm angemessenen Ordnung entspricht und von diesem daher mehrheitlich gewollt wird.[14] Bei der Frage nach dem Wesen der demokratischen Staatsform handelt es sich demgegenüber um den Inhalt der zu errichtenden Ordnung. Wesen und Begründung der demokratischen Handlungslegitimation sind daher vom Fragenkreis der ordnungsbezogenen Grundlegitimität gedanklich zu trennen[15]: nach dem Bestand der demokratischen Handlungslegitimation kann nur gefragt werden, wo sich ein Gemeinwesen als solches demokratisch verfaßt.

Inhaltlich unterscheidet sich die demokratische Form der Legitimation staatlicher Hoheitsgewalt von anderen Mustern der Herrschaftsermächtigung durch die Besonderheit, daß das Volk durch die Wahl von Repräsentanten jene bestellt, die es beherrschen – und zwar nicht nur in jenem allgemeinen Sinne, in dem das Volk, wie oben erläutert, jede legitime Staatsordnung trägt, sondern im Sinne einer konkreten, politisch unmittelbar relevanten Verantwortlichkeit, die durch Wahlen hergestellt wird.[16] An der Spitze der demokratischen Herrschaftsstrukturen (die, wie dargelegt, auf jener Ebene der Hoheitsgewalt zu finden sein muß, wo sich das Volk zum Staatsein verbindet) befinden sich daher vom Volk gewählte Vertreter, deren Mandat auf dem Willen des Wählers beruht. Das Volk wächst hierdurch über seine Rolle als Träger der Staatsgewalt hinaus und wird in seiner Qualität als politisch entscheidende Wählerschaft

---

[14] Dazu oben: Erstes Buch, Zweiter Abschnitt, I.5.

[15] Die Begriffe der „Handlungslegitimation" und „Grundlegitimität" sind einer ähnlichen Begriffswahl von *Peter-Christian Müller-Graff* (EWS 2002, 206, 211) entlehnt, der von „Grundlegitimation" und „Handlungslegitimation" spricht, damit jedoch nicht ganz denselben Zusammenhang meint; vgl. dazu unten Fn. 108.

[16] *Werner Frotscher*, in: Festgabe für Georg Christoph von Unruh, S. 127, 129; vgl. dazu auch *Gerd Roellecke*, in: Kroker/Dechamps (Hrsg.), Das Menschenbild der freien Gesellschaft, S. 213, 220f. *Uwe Volkmann* (VVDStRL 60 [2001], 368) drückt diesen Zusammenhang mit den Worten aus, daß sich die Bürger „wechselseitig als Koautoren ihrer Rechtsordnung" einsetzen und anerkennen.

selbst zum Verfassungsorgan[17] – in einem verfassungstheoretischen und (wenn man die Rolle des Wählers, wie sie sich zum Beispiel in Art. 38 GG festgelegt findet[18], in ihrer verfassungsrechtlich-staatsformrelevanten Bedeutung versteht) auch in einem unmittelbaren verfassungsjuristischen Sinn. Eine solche Ausweitung des allgemeinen Gewilltseins, eine staatliche Herrschaftsordnung zu bilden, zum Verlangen, diese Herrschaft als Volk selbst praktizieren zu wollen, ist das entscheidende Merkmal der demokratischen Staatsform.[19] Die Ausübung der staatlichen Hoheitsgewalt muß daher, wenn es sich um das handeln soll, was man heute als demokratische Herrschaft versteht, in einer lückenlosen Legitimationskette aus dem politischen Willen des Volkes hervorgehen.[20] Welche verfassungstheoretischen Konsequenzen sich im einzelnen hieran knüpfen, soll im Zweiten Abschnitt des Dritten Buches Schritt für Schritt, im Hinblick auf die bisherige Staatsform der Mitgliedstaaten ebenso wie im Hinblick auf die sich entfaltende Staatsform Europas, dargestellt werden.

b. Die Irrelevanz demokratietheoretischer Neukonzeptionen für die Staatsformthematik

Der Ausgangspunkt, der damit für die weiteren Betrachtungen gewählt worden ist, entspricht der herkömmlichen Demokratiekonzeption des bundesdeutschen Staatsrechts. Insbesondere im Hinblick auf das Demokratiedefizit im europäischen Einigungsvorgang[21] wurden die Aussagekraft dieses Modells und damit zugleich die Angemessenheit einer Herangehensweise, die dieses zur Grundlage nimmt, von vielen Autoren in Frage gestellt. Um das politische Gebilde der Union in demokratietheoretischen Kategorien zu erfassen (und manchmal auch: um es vom Defizitvorwurf lossprechen zu können), wurde die verfassungstheoretische Aufmerksamkeit dabei verstärkt auf neue, andersgeartete Demokratiekonzeptionen gerichtet[22], die im politikwissenschaftlich-philoso-

---

[17] Vgl. dazu auch *Paul Kirchhof*, JZ 1998, 965, 972 und *Christoph Möllers*, Staat als Argument, S. 407.

[18] Dazu ausführlich *Christoph Degenhart*, Staatsrecht I, Rnrn. 43 ff.

[19] Ähnlich *Ernst-Wolfgang Böckenförde*, in: Isensee/Kirchhof (Hrsg.), Handbuch des Staatsrechts, Bd. II, § 24 Rn. 8: „Die Demokratie als Staats- und Regierungsform geht über die Inhaberschaft der verfassunggebenden Gewalt durch das Volk hinaus. Sie besagt, daß das Volk nicht nur Ursprung und letzter Träger der politischen Herrschaftsgewalt ist, es vielmehr die politische Herrschaftsgewalt auch selbst ausübt, sie aktuell innehat und innehaben soll. *Das Volk herrscht nicht nur, es regiert auch.*" (Hervorhebungen von mir – S. H.) Vgl. dazu auch *Christoph Möllers*, Staat als Argument, S. 407 f. und 422.

[20] BVerfGE 83, 60, 72 f.; 89, 152, 182; *Christoph Degenhart*, Staatsrecht I, Rn. 24; *Christoph Möllers*, Staat als Argument, S. 291 und *Klaus Stern*, Das Staatsrecht der Bundesrepublik Deutschland, Bd. I, S. 604.

[21] Dazu unten: Drittes Buch, Zweiter Abschnitt.

[22] Dies empfiehlt ausdrücklich *Rainer Wahl*, in: Festschrift für Hasso Hofmann, S. 113, 139 f.; weitere Nachweise finden sich oben in Fn. 52 der Einleitung. Sehr anschaulich hierfür sind auch die Ausführungen von *Paul Craig*, in: Craig/de Búrca (Hrsg.), The Evolution of EU

phischen Schrifttum im Hinblick auf eine heterogene, in sich selbst vielfältig differenzierte Gesellschaft konzipiert worden sind[23] und für die im deutschen Sprachraum beispielsweise der Name *Jürgen Habermas* steht. In den meisten dieser Ansätze erscheint Demokratie dabei gerade nicht, oder jedenfalls nicht so, wie bisher verstanden, als ein staatsorganisatorisches Prinzip und demzufolge auch nicht als ein Muster der Staatsform.[24] Ob und inwieweit staatliche Herrschaft beispielsweise auch dadurch als „demokratisch" legitimiert aufgefaßt werden darf, daß der einzelne durch seine Teilhabe an öffentlichen Diskursen zum „Urheber" der entsprechenden hoheitlichen Setzungen wird (wie dies die sogenannte deliberative Demokratietheorie nach *Jürgen Habermas* an-

---

Law, S. 1, 29f., der sich, nachdem er im Anschluß an *Joseph H.H. Weiler* die herrschenden Demokratiemodelle als unpassend für die EU eingestuft hat, anschickt, eine passende Demokratiekonzeption zu entwerfen. Ein solches Vorgehen muß jedoch den verfassungstheoretischen Wert des Ausdrucks „Demokratie" zur Kennzeichnung einer Staatsform, um es mit Vorsicht zu sagen: verringern. Kritisch zu entsprechenden Vorgehensweisen *Uwe Volkmann*, AöR 127 (2002), 575, 608; zum Wandel des Demokratiekonzeptes im Integrationsprozeß auch *Martin Nettesheim*, in: Festschrift für Albrecht Randelzhofer, S. 55 und *András Sajó*, in: Weiler/Eisgruber (Hrsg.), Altneuland: The EU Constitution in a Contextual Perspective, S. 21 ff.

[23] Gemeint sind damit einerseits die sogenannten „deliberativen" Demokratietheorien, wonach, vereinfacht gesprochen, all diejenigen als Urheber des Gesetzes angesehen werden, die an der entsprechenden „Konversation" teilhaben konnten – dazu im Haupttext –, andererseits Netzwerkvorstellungen und Modelle von globaler Demokratie, die sich an das Vorhandensein multipler „Netzwerke" zur Rechtsetzung und Rechtsdurchsetzung knüpfen (siehe hierfür insbesondere *Daniele Archibugi*, in: Archibugi/Held [Hrsg.], Cosmopolitan Democracy, S. 121, 127ff. und *David Held*, Democracy and the Global Order, S. 219ff.; *ders.*, in: Archibugi/Held [Hrsg.], Cosmopolitan Democracy, S. 96, 106ff.). Einen Überblick über die entsprechenden Denkansätze bietet *Anne Peters*, Elemente einer Theorie der Verfassung Europas, S. 748ff. und, aus der Sicht des Politikwissenschaftlers, *Klaus Dieter Wolf*, Die Neue Staatsräson – Zwischenstaatliche Kooperation als Demokratieproblem in der Weltgesellschaft, S. 192ff. (zur globalen Demokratiekonzeption) und 196ff. (zur deliberativen Demokratiekonzeption); vgl. ferner auch *Martin Nettesheim*, in: Festschrift für Albrecht Randelzhofer, S. 55; *Alexander Somek*, The spectre of supranationality, S. 7ff. und *Uwe Volkmann*, AöR 127 (2002), 575, 578.

[24] Besonders anschaulich hierfür ist das von *Anne Peters* (Elemente einer Theorie der Verfassung Europas, S. 755f.) nachgewiesene Zitat von *Jürgen Habermas*, wonach Demokratie nicht in erster Linie Partizipation und Willensäußerung bedeute (und damit auch nicht: Mitwirkung des demos an der staatlichen Willensbildung), sondern „Zugänglichkeit eines deliberativen Prozesses". *Peters*, die entsprechende Denkweisen nicht von vornherein ausschließt, räumt dabei selbst ein, daß hierdurch die Unterschiede von Demokratie und „Nichtdemokratie" verwischen (a.a.O., S. 756); ähnlich *Ulrich Beck*, APuZ B38/98, 3, 8 und *Uwe Volkmann*, AöR 127 (2002), 575, 608f. Zu den theoretischen Hintergründen partizipatorisch-deliberativer Demokratiemodelle in Politik und Philosophie siehe *Dieter Fuchs*, in: Festschrift für Peter Graf Kielmannsegg, S. 19, 34ff. und *Manfred G. Schmidt*, Demokratietheorien, S. 251ff. Eine aufschlußreiche Auseinandersetzung mit deliberativen Demokratiekonzeptionen findet sich auch bei *Alexander Somek*, The spectre of supranationality, S. 7ff., der insbesondere zeigt, wie die deliberativen Denkansätze von *Jürgen Habermas* bei anderen Autoren dieser Richtung (hier konkret: bei *Erik O. Eriksen*) in einer idealisierenden Weise verkürzt worden sind. – Richtig zur Demokratie als Staatsform *Uwe Volkmann*, a.a.O., S. 577.

nimmt[25]), kann in dem von uns untersuchten Kontext dahingestellt bleiben: entscheidend für die Frage nach Bestand und Wandel der Staatsform (und damit entscheidend auch für die Frage, wie deren Entwicklung sich zu Bestand und Wandel des Staatseins verhält) ist zuletzt vor allem der Umstand, wer mit welchem Recht über das Zustandekommen der Gesetze und deren Vollziehung entscheidet.[26] Den Begriff „Demokratie" durch deliberativ-diskurstheoretische Denkansätze neu zu bestimmen, mag philosophisch gehaltvoll erscheinen und zum Verständnis bestimmter Konzepte einer europäischen oder globalen Bürgergesellschaft beitragen (möglicherweise lassen sich damit auch entsprechende verfassungspolitische Ziele verfolgen[27]) – einen staatlichkeitstheoretischen Erkenntniswert besitzen diese Demokratiekonzeptionen indes ebensowenig wie eine rechtswissenschaftliche Bedeutung. Bestand und Wandel der herrschenden Staatsform können sie nicht belegen, setzt dieses doch die Analyse institutionalisierter Einflußnahmemöglichkeiten des einzelnen auf die staatlichen Entscheidungsprozesse voraus.[28]

Dasselbe gilt zuletzt auch für jene Facetten des demokratietheoretischen Denkens, wonach die demokratische Legitimation der staatlichen Herrschaft (zumindest zum Teil) aus der damit zu verwirklichenden Freiheit und der Herrschaft des Rechts – mit anderen Worten: im deutschen Staatsdenken aus dem Rechtsstaatsgebot, im amerikanischen Verfassungsdiskurs aus der rule of law und in der Gedankenwelt der Sozial- und Rechtsphilosophie aus der Idee formeller und materieller Gerechtigkeit – abzuleiten sei.[29] Das Verhältnis der Demokratie zur Freiheit des einzelnen umfaßt Spannungen und Momente des

---

[25] *Deirdre M. Curtin*, Postnational democracy, S. 53ff. und *Rainer Schmalz-Bruns*, ZIB 1999, 185. Nachweise auch bei *Stephan Bredt*, ELJ 12 (2006), 61, 67f.; *Anne Peters*, Elemente einer Theorie der Verfassung Europas, S. 749f. und *Alexander Somek*, The spectre of supranationality, S. 7; zum Zusammenhang von deliberativem Ansatz und Staatsformfrage auch *Christopher Lord/Paul Magnette*, JCMS 42 (2004), 183, 194f.; *Martin Nettesheim*, in: Festschrift für Albrecht Randelzhofer, S. 55, 69ff. und *Uwe Volkmann*, AöR 127 (2002), 575, 602f.

[26] Zu Recht meint daher auch *Alexander Somek* (The spectre of supranationality, S. 7 [dort in Fn. 7]), daß die sogenannte deliberative Demokratie eine „impoverished version of democracy" sei; kritisch auch *Martin Rempe*, Von der Völkerherrschaft zur Demokratie?, S. 8.

[27] Denselben Zusammenhang bemerken *Gertrude Lübbe-Wolff*, VVDStRL 60 (2001) 246, 262 und *Dietrich Rauschning*, VVDStRL 60 (2001), 396, 397.

[28] Dies zeigt sich deutlich an der inzwischen verbreiteten Bezeichnung „post-parlamentarische Demokratie" (so *Ulrich Beck*, APuZ B38/98, 3, 6 und *Anne Peters*, Elemente einer Theorie der Verfassung Europas, S. 755ff.), die als Staatsform eben gerade nicht mehr dem entspricht, was bisher als Demokratie eingestuft wurde. Der wissenschaftliche Anspruch derartiger Theorien liegt somit eher in der Behauptung des Begriffs „Demokratie" als in der zutreffenden Kennzeichnung eines Zusammenhangs (wobei der Ausdruck „Behauptung" hier durchaus in seiner doppelten Bedeutung, als Verteidigung und zugleich als eine unbewiesene Erklärung, zu verstehen sein soll) – eine Konsequenz, die *Ulrich Beck* (a.a.O., S. 8) auch selbst der Sache nach einräumt.

[29] Dazu *Helmut Steinberger*, Konzeption und Grenzen freiheitlicher Demokratie, passim.

Gleichgerichtetseins[30] – es läßt sich jedoch nicht in der Weise beschreiben, daß die zuvor genannten Verfassungsansprüche ein Bestandteil der Staatsform darstellen, wenn man diese im bisherigen und hier verfolgten Sinne versteht[31] (wonach die Staatsform darüber entscheidet, wer in einem Staatswesen – um das oben Gesagte noch einmal zu wiederholen: durch institutionalisierte Einflußnahmemöglichkeiten – herrscht). Ob und inwieweit ein Übergang der Staatlichkeit die herrschenden Staatsformen ändert, kann sich, vor dem Hintergrund eines solchen traditionell-institutionalistischen Staatsformbegriffs, nur aus dem Vergleich mit jenen Staatsstrukturen ergeben, die schon bisher als demokratisch eingestuft wurden – Neudefinitionen des Demokratiebegriffs können letztendlich nicht darüber hinwegtäuschen, daß es eine andere Staatsform wäre, die im Falle des Nichtübereinstimmens auf den Plan tritt.

2. *Gesichtspunkte der demokratischen Handlungslegitimation im Zusammenhang des ebenenbezogenen politischen Gebundenseins*

Die Herrschaftsform, die in concreto das Ordnungsganze prägt, hängt davon ab, wie sich die Handlungslegitimation auf jener Ebene des grundlegenden politischen Gebundenseins darstellt, die hier als Staat verstanden werden soll.[32] Die politische Organisation einer Gemeinschaft kann demzufolge nur dann als Demokratie im Sinne der bisherigen Staatsformenlehre eingestuft werden, wenn sich der Hauptstrang der demokratischen Handlungslegitimation auf diese Ebene bezieht.[33] Defizite, die hierbei bestehen, können nicht durch die verstärkte „Demokratisierung" (genauer gesagt: durch die Verstärkung von Mit-

---

[30] Grundsätzlich dazu *Ernst-Wolfgang Böckenförde*, in: Isensee/Kirchhof (Hrsg.), Handbuch des Staatsrechts, Bd. II, § 24 Rnrn. 35 f.

[31] Ähnlich *Christian Hillgruber*, in: Becker (Hrsg.), Zusammengesetze Staatlichkeit in der Europäischen Verfassungsgeschichte, S. 257, 281. Zur Definition dessen, was hier als Staatsform bezeichnet wird, vgl. auch *Hans Peters*, Artikel „Staat" (IV./1.), in: Görres-Gesellschaft (Hrsg.), Staatslexikon, 7. Band, S. 538: „[bei der Form des Staates – S. H.] geht es um die Art und Weise der Organisierung der staatlichen Herrschaftsgewalt, in sich und ihrem Verhältnis zum Bürger, insbesondere auch um die Stellung des Bürgers selbst als bloßes Objekt der Herrschaft oder als irgendein Mitbeteiligter an der Ausübung der Herrschaftsgewalt."

[32] Zum Problemkreis der demokratischen Legitimation in bündischen Systemen auch *Stefan Oeter*, ZaöRV 55 (1995) 659, 688 ff.

[33] Dies ist der Haupteinwand gegen die sich verbreitende Ansicht, wonach es für ein demokratisches Staatswesen zuerst auf demokratische Mitgestaltungsmöglichkeiten im Alltag ankäme, wie dies u. a. bei *Gertrude Lübbe-Wolff*, VVDStRL 60 (2001), 246, 281 anklingt (weitere Nachweise, auch aus dem philosophischen Schrifttum, bei *Franz Thedieck*, JA 1991, 345, 349 f.). Der demokratische Charakter des gesamten öffentlichen Lebens spielt, wie bereits *Alexis de Tocqueville* (Über die Demokratie in Amerika, Erster Band, passim) im Hinblick auf die Entwicklung der Demokratie in den Vereinigten Staaten ausführlich aufgezeigt hat, eine bedeutende Rolle; demokratische Defizite auf der Ebene des grundlegenden politischen Gebundenseins dieser Gemeinschaft lassen sich damit dennoch nicht kompensieren: es hat mit einer demokratischen Staatsform im staatsorganisationsrechtlichen Sinne nichts mehr zu tun, wenn die Verhältnisse des täglichen Lebens (in der Gemeinde, in öffentlichen Organisa-

bestimmungsoptionen) auf anderen Ebenen, wie beispielsweise in den Gliedstaaten oder in den Kreisen und Gemeinden, aufgewogen werden.[34] Bereits aus dem Vorhandensein der grundlegenden politischen Bindung als solche ergibt sich die Folge, daß sich die Demokratie (in ihrer theoretischen Konstruktion) als Staatsform hierauf bezieht – und (in ihrem praktischen Wirksamkeitsanspruch) hierauf beziehen muß. Insofern trifft es zu, daß Demokratie an das Dasein des Staates gebunden erscheint[35] – nur muß man diese Aussage zuallererst dahingehend verstehen, daß es die Staatlichkeit als solche (um nicht zu sagen: deren Vorhandensein in der Welt) ist, die den Bezug der Demokratie auf das Dasein des Staates begründet. Was damit gemeint ist, wird insbesondere deutlich, wenn man die eben besprochene Frage (ob die Staatsform der Demokratie an den Staat gebunden erscheint) mit *Uwe Volkmann* dahingehend umformuliert, ob denn die Demokratie den Staat überhaupt voraussetzt[36] – und damit eine Frage behandelt, die schon vom Ansatz her falsch gestellt ist: da jedes Gemeinwesen notwendigerweise über eine Ebene des letztverantwortlichen und höchsten politischen Gebundenseins verfügt, auf der es die grundsätzliche Ordnung seiner öffentlichen Sphäre begründet (und damit der Staat, in welcher Form auch immer, besteht), ist die richtige Frage, auf welche der Ebenen eines bestehenden Ordnungsganzen die Komponenten der Demokratie bezogen sein müssen, um als Staatsform wirksam zu sein. Demokratie setzt den Staat voraus[37], wie jede Staatsform das Staatsein voraussetzt, nicht im Sinne eines theoretisch zu begründenden Gesolltseins, sondern als ein faktisch vorhandener Umstand, der ihrem Möglichwerden auf ursprüngliche Weise vorausliegt und auf den sich dieses bezieht.

Welche Konsequenzen haben diese Zusammenhänge für die Verwirklichung von Demokratie im sogenannten „Mehrebenensystem"? Wie äußert sich die

---

tionen, am Arbeitsplatz usw.) der Mitbestimmung breiteren Raum lassen, die zentralen politischen Entscheidungen des Staates indes demokratisch zu schwach legitimiert sind.

[34] Tendenziell anders auch *Gunnar Folke Schuppert*, in: Klingemann/Neidhardt (Hrsg.), Zur Zukunft der Demokratie, S. 237, 251. Diesen Gesichtspunkt vernachlässigt auch, wer der „Dezentralisation" pauschal demokratische Qualitäten zuschreibt (so u. a. *Reinhold Zippelius*, Allgemeine Staatslehre, S. 207f.). Dies ist aus einer sehr abstrakten Perspektive durchaus richtig (Bürgernähe und Dezentralisierung versprechen ein größeres Mitwirkungspotential als das zentrale Regieren), blendet indes die Gegebenheiten der politischen Bindungszusammenhänge und die damit verbundene Ebenenthematik aus. Richtig daher *Werner Frotscher*, in: Festgabe für Georg Christoph von Unruh, S. 127, 143f.

[35] Ablehnend *Juliane Kokott*, VVDStRL 63 (2004), 7, 32; tendenziell skeptisch auch *Brun-Otto Bryde*, Der Staat 42 (2003), 61, 66; zum Fragenkreis „Demokratie ohne Staat?" siehe weiterhin *Christoph Möllers*, Staat als Argument, S. 423f.

[36] Vgl. *Uwe Volkmann*, AöR 127 (2002), 575.

[37] *Peter Schneider*, in: Festschrift für Ulrich Klug, S. 157, 161: „Demokratische Willensbildung setzt Staat voraus. Staatsuntergang läßt alle Erörterungen, Reflexionen und Überlegungen über demokratische Willensbildung als *gegenstandslos* erscheinen." (Hervorhebung im Original). Dazu auch *Christoph Möllers*, Staat als Argument, S. 423f.

Bedeutung jener grundlegenden Ebene des politischen Gebundenseins in der praktisch-staatsorganisatorischen Umsetzung eines demokratischen Ordnungsmodells? Wenn die demokratische Legitimation auf jener Ebene am stärksten sein muß, auf der sich das Gemeinwesen zur unabhängigen politischen Einheit zusammengeschlossen hat, so bedeutet dies, daß als zentrales politisches Entscheidungsgremium nur jene Institution in Betracht kommt, die gerade auf dieser Ebene als Volksvertretung fungiert. Im demokratisch organisierten Bundesstaat gebührt diese Rolle dem gesamtstaatlichen Parlament. Die Volksvertretung auf der Ebene des grundlegenden politischen Gebundenseins muß demzufolge (um eine Wendung *Hans Hugo Kleins* aufzugreifen[38]) die „Definition des Gemeinwohls" für sich beanspruchen; als zentrales Verfassungsorgan muß sie im politischen Alltagsgeschäft das Anliegen der Verfassunggeber erfüllen, die öffentliche Sphäre in bestimmter Weise zu ordnen. Beide Ansprüche sind ihrem Wesen zufolge unteilbar und undelegierbar; in der Aufgabe der Volksvertretung als Verfassungsorgan, alles das zu regeln und zu entscheiden, was das Gemeinwesen grundlegend berührt, verwirklicht sich die Verfassungsfunktion.[39] Unabhängig von der Ausgestaltung der demokratischen Herrschaftsform in ihren ganzen Details, können grundsätzliche Entscheidungen somit nur von den Organen der hier als „staatlich" verstandenen Ebene des Gemeinwesens (die zugleich Verfassungsorgane im eigentlichen Sinn des Ausdruckes darstellen), zu treffen sein – ein Zusammenhang, der im Staatsrecht der Bundesrepublik vom BVerfG unter dem Stichwort der Wesentlichkeitstheorie verfassungsrechtlich ausgeführt wurde.[40] Demokratie ist insofern, wie *Walter Leisner* richtig bemerkt hat, eine Form der politischen Ordnung, in der „alle wesentlichen Fragen" vom Volk bzw. den von ihm gewählten Vertretern entschieden werden.[41] Von der demokratischen Legitimation des Parlamentes hängt dann (im parlamentarischen Regierungssystem) die demokratische Legitimation aller anderen staatlichen Hoheitsgewalten ab – dies einerseits im Hinblick auf eine funktionale Gliederung der Gewalten (hinsichtlich der Legitimation von Justiz und Verwaltungsbehörden), dies andererseits aber auch, zumindest vom Grundsatz her[42], im Hinblick auf eine ebenenbezogene Aufteilung der staatlichen Hoheitsgewalt (hinsichtlich der Legitimation von Gemeinden

---

[38] *Hans H. Klein*, in: Festschrift für Ernst Forsthoff, S. 165, 184.

[39] Zur weiterführenden Frage, inwieweit sich aus dem Demokratieprinzip der Grundsatz der staatlichen Letztverantwortung als Rechtsprinzip ableiten läßt, vgl. *Christoph Möllers*, Staat als Argument, S. 292ff.

[40] Siehe dazu unten: III.2.c. und die Nachweise in Fn. 120.

[41] In: Festschrift für Peter Badura, S. 289, 308.

[42] Auf die Ausnahmen hiervon wird noch in diesem Abschnitt zurückzukommen sein, siehe dazu unten: III.

und Kreisen und – wie später gezeigt werden soll – auch von supranationalen Organisationen).[43]

Beide Komponenten: die Legitimation des Parlamentes durch das Gesamtvolk und die Zurückführbarkeit sämtlicher Staatsgewalt auf dieses als Quelle, haben den demokratischen Charakter nationalstaatlicher Ordnungsstrukturen geprägt. Wenn hier untersucht werden soll, inwieweit der Übergang der Staatlichkeit im Kontext der europäischen Integration die Staatsform berührt[44], kommt es deshalb darauf an, die zukünftige Bedeutung einer möglichen gesamtstaatlichen Volksvertretung zu erfassen[45] – einerseits im Hinblick auf ihren Bezug zum Gesamtvolk, andererseits im Hinblick auf ihre Rolle als Ursprung der staatlichen Hoheitsgewalt. Die Frage nach dem Bestand demokratischer Strukturen in einem bestimmten Staatsganzen ist dadurch jedoch keineswegs erschöpfend zu klären: ebenso bedeutsam wie das Vorhandensein einer gesamtstaatlichen Volksvertretung als oberstes Verfassungsorgan (und damit einhergehend: das Vorhandensein bestimmter demokratierelevanter Prämissen seiner Bestellung, wie beispielsweise von Freiheit und Gleichheit im Wahlrecht) ist eine rechtliche Gestaltung der gesamtstaatlichen Ordnung, die eine echte Mitwirkung des Volkes am Prozeß politischer Willensbildung erlaubt.[46] Auf der Verfassungsebene des Gesamtstaates müssen demzufolge die entsprechenden Mitwirkungsfreiheiten in hinreichender Weise verbürgt sein, so etwa das Recht auf freie Meinungsäußerung und Kommunikation, die Versammlungs- und Vereinigungsfreiheit, die Freiheit der politischen Parteien, aber auch das Verbot von Diskriminierungen aufgrund der individuellen politischen Ansicht.[47] Derartige Artikulations- und Mitwirkungsrechte müssen sich innerhalb der einzelnen Teile eines Gesamtstaates in gleicher Weise ver-

---

[43] Wie im Schrifttum bemerkt worden ist, lassen sich Entscheidungen, die politisch dem Gesamtvolk gegenüber zu verantworten sind, nur über die Verantwortlichkeit der politischen Leitung gegenüber einem Zentralparlament als Repräsentanten des Gesamtvolkes legitimieren. So in der Sache *Stefan Oeter*, ZaöRV 55 (1995), 659, 700 unter Hinweis auf *Max Weber*. Vgl. dazu ferner *Christoph Degenhart*, Staatsrecht I, Rn. 24.

[44] Zur Staatsformrelevanz des europäischen Einigungsvorgangs siehe den folgenden Abschnitt.

[45] Im Hinblick auf den europäischen Integrationsprozeß: die zukünftige Rolle des Europäischen Parlaments. Dazu allgemein *Peter M. Huber*, EuR 2003, 574.

[46] Vgl. auch *Peter M. Huber*, in: Drexl/Kreuzer/Scheuing/Sieber (Hrsg.), Europäische Demokratie, S. 27, 37.

[47] Zur demokratischen Relevanz der Kommunikationsgrundrechte vgl. *Christoph Degenhart*, in: Stober (Hrsg.), Handbuch des Sächsischen Staats- und Verwaltungsrechts, § 10 Rn. 3 (mit umfassenden Rechtsprechungsnachweisen); *ders.*, in: Dolzer/Vogel/Graßhof (Hrsg.), Bonner Kommentar zum Grundgesetz, Rnrn. 21 ff. zu Art. 5 Abs. 1 und 2; zur Bedeutung der Versammlungsfreiheit im Kontext der Demokratie *Helmuth Schulze-Fielitz*, in: Dreier, Grundgesetz, Bd. I, Rn. 16 zu Art. 8; zur Bedeutung der Vereinigungsfreiheit *Hartmut Bauer*, in: Dreier, Grundgesetz, Bd. I, Rn. 20 zu Art. 9. Die Freiheit der Parteien in ihrer Funktion für die Demokratie behandelt u. a. *Christoph Degenhart*, Staatsrecht I, Rn. 78; die Funktion des Diskriminierungsverbots im Kontext der demokratischen Ordnung *Marion Eckertz-Hö-*

wirklichen lassen; inhaltlich müssen sie sich auf die Ordnung des Staatsganzen beziehen.[48] Defizite in der Wahrnehmbarkeit dieser Rechte auf der Ebene des letztmaßgeblichen politischen Gebundenseins werden durch ihren Ausbau innerhalb untergeordneter Hoheitsstrukturen (im Gliedstaat oder in der Gemeinde) nicht kompensiert. Dasselbe gilt in entsprechender Weise auch für die sogenannten „vorrechtlichen Voraussetzungen"[49] jeder Art von parlamentarisch-demokratischer Herrschaft, insbesondere für das Vorhandensein einer gesamtgemeinschaftlichen Kommunikation, welche die Willensbildung des Staatsvolks ermöglicht. Die damit verbundenen Fragen nach der Rolle des demos als Träger der Herrschaft und nach der Art, wie dieser gedacht werden muß, sind hierfür zu lösen, bevor ein geschlossenes Bild des Zusammenhangs von Staatsform und Staatlichkeit am Beispiel der Demokratie im Gefüge einer Mehrebenenordnung konzipiert werden kann.

3. Die Rolle des demos im Demokratiekonzept

a. Das Wesen des demos: die Bindung des Volkes zur staatlichen Einheit mit parlamentarisch-demokratischem Ordnungskonzept

aa. Das Dasein des demos als Faktum. Die Frage nach der Rolle des Volkes als Träger der Demokratie (eine Rolle, die, wie oben gezeigt, im Grunde eine doppelte ist: einmal als Träger der Herrschaft und einmal als deren höchstes Subjekt[50]) hat sich in der Auseinandersetzung um die Übertragbarkeit der staatlich-parlamentarischen Demokratiekonzeption auf die EU als eine zentrale Thematik erwiesen. Wer der Union die Fähigkeit abspricht, als „Staatenverbund"[51] nach parlamentarisch-demokratischem Muster zu funktionieren, tut dies zumeist mit dem Hinweis, daß ein europäisches Volk, welches in einer demokratischen Ordnung als Träger der Herrschaft, als demos, fungiert, nicht existiert. Wer dies bestreitet und eine gesamteuropäische Demokratie für konstruierbar erachtet, kommt meist nicht umhin, das gegenwärtige, nationalstaatlich orientierte Verständnis des demos in Frage zu stellen. Welche Rolle spielt das Konzept des demos für den Zusammenhang von Staatlichkeits- und Staatsformthematik?

---

fer, in: Denninger/Hoffmann-Riem/Schneider/Stein (Hrsg.), Kommentar zum Grundgesetz für die Bundesrepublik Deutschland (Alternativkommentar), Rn. 123 zu Art. 3 Abs. 2, 3.

[48] Vgl. dazu auch *Ernst-Joachim Mestmäcker*, RabelsZ 58 (1994), 615, 628.

[49] BVerfGE 89, 155, 185; dazu auch *Dieter Grimm*, in: Eriksen/Fossum/Menéndez (Hrsg.), Developing a Constitution for Europe, S. 69, 77 ff.; *Gerd Roellecke*, in: Kroker/Dechamps (Hrsg.), Das Menschenbild der freien Gesellschaft, S. 213, 222 ff.; *Rudolf Streinz*, DVBl. 1990, 949, 961 sowie, aus der Sicht des Soziologen, *Tilman Evers*, Leviathan 1994, 115, 127.

[50] So in der Sache auch *Christoph Möllers*, Staat als Argument, S. 407 und 422; diese Unterscheidung verkennen u. a. *Markus M. Müller*, in: Beckmann/Dieringer/Hufeld (Hrsg.), Eine Verfassung für Europa, S. 73, 78 ff.; *Jiří Přibáň*, ELJ 11 (2005), 135, 142 ff.

[51] So BVerfGE 89, 155.

Um diese Zusammenhänge zutreffend zu erfassen, kommt es wiederum darauf an, an diese Fragen in der richtigen Weise heranzutreten.[52] Hierzu sei noch einmal betont, daß es zuallererst die Gegebenheiten der politischen und verfassungspraktischen Realität sein müssen, die als Grundlagen der verfassungs- und demokratietheoretischen Konzeptionierung fungieren. Entscheidender Bezugspunkt des wissenschaftlichen Modells ist die Realität – bevor sie dazu imstande sein kann, irgend etwas anderes zu sein oder zu tun (Legitimationsmodelle zu entwerfen, Staatlichkeitsformen zu typisieren oder auf sonstige Weise dem Verfassungsrecht Maßstäbe zu liefern), ist die staats- und demokratietheoretische Betrachtung gehalten, das Sein der Ordnung und das Sein des Staates zur Kenntnis zu nehmen und allem weiteren Denken zugrunde zu legen. Der Ausgangspunkt, von dem aus Wesen und Rolle des demos im Kontext von Staatlichkeits- und Staatsformthematik geklärt werden müssen, ist demnach dessen faktische Existenz – der demos existiert als ein Volk, das sich zur Einsetzung einer letztverbindlichen Ordnung, mit anderen Worten: zum Staatsein, verbunden hat und dabei gewillt ist, die Herrschaft in dieser Ordnung selbst (sei es unmittelbar oder sei es durch gewählte Repräsentanten) auszuüben.[53] Mit anderen Worten: der Wille des Volkes, in einer demokratischen Ordnung vereinigt zu sein, macht es zum demos, zum Legitimationssubjekt jeder staatlichen Handlung. Das Volk trägt dann die Ordnung als solche und fungiert zugleich als Inhaber ihrer obersten Herrschaftsgewalt – der Wille, zur unabhängigen politischen Einheit verbunden zu sein, ist beim demos vom Willen zu herrschen, nicht trennbar.[54] In der Konsequenz dessen trifft es auch zu,

---

[52] Umfassende Darstellungen der demos-Thematik finden sich aus jüngerer Zeit u.a. bei *Ernst-Wolfgang Böckenförde*, in: Isensee/Kirchhof (Hrsg.), Handbuch des Staatsrechts, Bd. II, § 24 Rnrn. 26ff.; *Michiel Brand*, Affirming and Refining European Constitutionalism: Towards the Establishment of the First Constitution for the European Union, S. 12ff.; *Ulrich Haltern*, Europarecht und das Politische, S. 440ff.; *Amaryllis Verhoeven*, The European Union in Search of a Democratic and Constitutional Theory, S. 90ff.; *Rainer Wahl*, in: Festschrift für Hasso Hofmann, S. 113, 142ff. und *Joseph H. H. Weiler*, JÖR 44 N.F. (1996), 91, 96ff.; *ders.*, ELJ 1 (1995), 219, 224ff.; *ders./Ulrich R. Haltern/Franz C. Mayer*, WEP 18/3 (1995), 4, 9ff. Demos- und Staatsvolk-Thematik werden dabei nicht immer hinreichend unterschieden; vgl. *Anneli Albi/Peter Van Elsuwege*, ELR 30 (2004), 741, 755ff.; *Markus Kotzur*, Grenznachbarschaftliche Zusammenarbeit in Europa, S. 259ff.; *Markus M. Müller*, in: Beckmann/Dieringer/Hufeld (Hrsg.), Eine Verfassung für Europa, S. 73, 78ff.; *Jiří Přibáň*, ELJ 11 (2005), 135, 142ff. und *Rainer Wahl*, a.a.O.

[53] Ähnlich *Paul Kirchhof*, JZ 1998, 965, 972. Zur Unterscheidung von demos und Staatsvolk zutreffend auch *Christoph Möllers*, Staat als Argument, S. 407 und 422; vgl. dazu auch *Gerd Roellecke*, in: Kroker/Dechamps (Hrsg.), Das Menschenbild der freien Gesellschaft, S. 213, 220f.

[54] Wenngleich er theoretisch unterschieden werden muß; vgl. auch *Christoph Möllers*, Staat als Argument, S. 407f., 422. Unzutreffende Gleichsetzungen finden sich beispielsweise bei *Markus Kotzur*, Grenznachbarschaftliche Zusammenarbeit in Europa, S. 259ff.; *Markus M. Müller*, in: Beckmann/Dieringer/Hufeld (Hrsg.), Eine Verfassung für Europa, S. 73, 78ff. und *Jiří Přibáň*, ELJ 11 (2005), 135, 142ff.

daß die demokratische Staatsform den demos verlangt[55] – der Ausdruck bezeichnet die der Demokratie faktisch vorausliegende Einheit, zu deren Ordnungsbewußtsein es zählt, durch frei gewählte Vertreter sich selbst zu regieren.

bb. Die Singularität des demos. Der Ausdruck „demos" bezeichnet dem Gesagten zufolge das Volk als Quelle der Hoheitsgewalt innerhalb demokratischer Herrschaftsgefüge. Die Wendung ist damit für jenes Volk reserviert, das die demokratische Ordnung des Staatsganzen trägt und dieses (unmittelbar und durch Vertreter) beherrscht. Aus diesem Zusammenhang folgt, daß einzelne Volksteile dieses Staatsganzen (wie beispielsweise die „Völker" der Gliedstaaten oder Regionen) nicht als demoi (im strengen Sinne des Wortes) eingestuft werden dürfen. Das gleiche gilt auch für die Völkergesamtheit, die sich in einem (engen oder weniger engen) zwischenstaatlichen Bündnis versammelt: so lange der entsprechende Verband lediglich ein äußeres Verpflichtetsein und keine Staatsgründung darstellt, bilden die darin vereinigten Völker, ungeachtet ihrer organisatorischen Mitwirkungsmöglichkeiten, keinen wirklichen demos. Die Annahme „multipler demoi", die insbesondere von *Joseph H. H. Weiler* in die Diskussion gebracht wurde[56], verkennt somit den grundlegenden Zusammenhang von Staatlichkeit und Staatsform; sie verkennt es insbesondere, daß das Vorhandensein der Staatlichkeit einen entscheidenden qualitativen Unterschied zwischen den verschiedenen Ebenen des Gemeinwesens und damit auch zwischen den verschiedenen „demoi" (um bei *Weilers* Begriffswahl zu bleiben) bedeutet. Innerhalb ein und desselben Gemeinwesens, kann es, wenn dieses sich demokratisch verfaßt, ausschließlich einen, auf die Ebene des Staates bezogenen demos geben: man könnte vor dem Hintergrund des Zusammenhangs von Staatlichkeit und Staatsform, wie er oben dargestellt wurde, demos daher als Staatsvolk, das sich selbst beherrscht, definieren – mit einer besonderen Betonung des Ausdrucks „Staatsvolk".

cc. Die Unentbehrlichkeit des demos als Grundfigur eines demokratiebezogenen Verfassungsdenkens. Die demokratietheoretische Bedeutung des demos, die oben herausgearbeitet wurde, wird auch durch jene Ansicht bestritten, die das Wesen der demokratischen Ordnung zuallererst in dem Gedanken erblickt,

---

[55] So auch *Joseph H. H. Weiler*, JÖR 44 N. F. (1996), 91, 94.

[56] *Joseph H. H. Weiler*, JÖR 44 N. F. (1996), 91, 130 ff.; *ders.*, ELJ 1 (1995), 219, 252 ff.; *ders./Ulrich R. Haltern/Franz C. Mayer*, WEP 18/3 (1995), 4, 21 f.; in der Sache auch *Anneli Albi/Peter Van Elsuwege*, ELR 30 (2004), 741, 760 und *Deirdre M. Curtin*, Postnational democracy, S. 50. Zu diesem Konzept kritisch, inhaltlich jedoch nahestehend *Amaryllis Verhoeven*, The European Union in Search of a Democratic and Constitutional Theory, S. 96 f. Zur Frage „multipler demoi" aus politikwissenschaftlicher Sicht auch *Beate Kohler-Koch*, A Constitution for Europe?, S. 10 ff.

daß jeder, der einer Hoheitsgewalt unterstellt ist, an der Auswahl derer, die sie ausüben (und damit zugleich an der Entscheidung darüber, wie sie ausgeübt werden soll) teilhaben kann.[57] Demokratie soll danach zu definieren sein als die Herrschaft der jeweils betroffenen Kreise.[58] Eine solche Herangehensweise verwechselt jedoch das Anliegen der Demokratie mit der Art ihres Funktionierens, oder, wie man es auch ausdrücken könnte: ihren Anspruch mit den Bedingungen seiner Verwirklichung.[59] Zwar liegt der Wert der demokratischen Staatsform in der Tat darin, daß der, der sich dem Staat unterwirft, mit darüber bestimmt, wie und durch wen er regiert wird. Dies zu verwirklichen heißt jedoch, die Voraussetzungen der politischen Struktur zutreffend zu erfassen. Die bloße Existenz verschiedener Betroffenenkreise (in Gemeinden und Gemeindeverbänden, in föderalen Gliedstaaten, im Gesamtstaat und in einer supranationalen Union) darf dabei nicht zu dem Irrtum verleiten, daß die Rollen dieser einzelnen Teile im Hinblick auf die Staatsform des Ganzen gleichwertig sind. Bereits das Vorhandensein einer höchsten und letzten Ebene der politischen Gebundenheit, die man als Staat bezeichnen kann, verlangt es, die demokratische Legitimation aller staatlichen Herrschaft hierauf zu beziehen.[60]

Derselbe Einwand begegnet der zunehmend sich verbreitenden Überlegung, Demokratie bürger- statt volksbezogen zu deuten und in den Mittelpunkt ihrer Beschreibung die Partizipationsmöglichkeiten des einzelnen an den politischen Entscheidungsprozessen zu stellen.[61] Die Unzulänglichkeiten einer solchen Be-

---

[57] Ansätze zu einem solchen Verständnis finden sich bereits in der Demokratietheorie der Weimarer Zeit, so z. B. bei *Hans Peters*, Zentralisation und Dezentralisation, S. 29f. (m. w. N.); dazu auch *Reinhard Hendler*, Selbstverwaltung als Ordnungsprinzip, S. 304.

[58] So oder ähnlich *Roland Bieber*, Aussenwirtschaft 46 (1991), 391, 392 und *Juliane Kokott*, VVDStRL 63 (2004), 7, 29f.; argumentativ hiermit eng verwandt auch *Deirdre M. Curtin*, Postnational democracy, S. 50f.; *Andreas Fisahn*, KritV 1996, 267, 278 und *Ulrich K. Preuß*, Ratio Juris 12 (1999), 417, 425. Ausführlich zu diesen Konzepten *Matthias Jestaedt*, Demokratieprinzip und Kondominialverwaltung, S. 213ff.

[59] Gegen das Konzept der „Betroffenen-Demokratie" wenden sich, aus verfassungsrechtlicher und aus demokratietheoretischer Sicht, BVerfGE 83, 37, 51; *Ernst-Wolfgang Böckenförde*, in: Isensee/Kirchhof (Hrsg.), Handbuch des Staatsrechts, Bd. II, § 24 Rn. 27 und *Matthias Jestaedt*, Demokratieprinzip und Kondominialverwaltung, S. 213ff. Weitere kritische Stimmen weist *Reinhard Hendler*, Selbstverwaltung als Ordnungsprinzip, S. 316 nach.

[60] Ähnlich *Matthias Jestaedt*, Demokratieprinzip und Kondominialverwaltung, S. 220f. Dieser Zusammenhang wird auch von *Markus Kotzur* (Grenznachbarschaftliche Zusammenarbeit in Europa, S. 282) grundsätzlich erkannt, in seiner Bedeutung jedoch unterschätzt, wie die folgende Stelle belegt: „Die Verengung von der *Menschheit* auf den *demos* entspringt nur einer jeden Gemeinschaft immanenten legitimatorischen Notwendigkeit bzw. Ordnungsfunktion. Da das Individuum kraft seines Menschseins nicht überall, nicht an jeder politischen Einheit konstitutiv mitwirken kann, sondern nur an der, zu der eine *hinreichende Bindung*, ein *hinreichender Wertekonsens* und ein *hinreichender Wille* zur Einheitsbildung besteht, ist das Staatsvolk weiterhin unbestrittenes Zuordnungssubjekt und Anknüpfungspunkt der Legitimation." (Hervorhebungen entsprechen dem Originaltext.)

[61] So z. B. *Armin von Bogdandy*, in: Festschrift für Peter Badura, S. 1033, 1045 und *Ulrich K. Preuß*, Ratio Juris 12 (1999) 417, 423; in eine ähnliche Richtung weisen auch *Peter M. Hu-*

trachtung werden insbesondere dort relevant, wo bestimmte Defizite (in den Verfassungsstrukturen, wie zum Beispiel im Hinblick auf die Aspekte der Wahlrechtsgleichheit[62], oder auch in den sozialen Voraussetzungen der Demokratie, wie zum Beispiel im Hinblick auf das Vorhandensein einer politisch interessierten Öffentlichkeit) den demokratischen Charakter des Staatsganzen schwächen, der einzelne jedoch auf Partizipationsmöglichkeiten in anderen Kreisen (in seiner Gemeinde und seiner Region – oder in seinem künftigen Gliedstaat, falls Europa zum Staat wird) verwiesen werden soll. Welchen Wert jene Partizipationsmöglichkeiten besitzen, über die der einzelne im politischen Leben verfügt, bestimmt sich zuallererst danach, welche Akteure welche Fragen entscheiden. Auf jene Ebene, deren Organe als Verfassungsorgane agieren (indem sie über die Aufteilung sämtlicher Zuständigkeiten befinden und indem sie, um das Wort des früheren Bundesverfassungsrichters *Klein* ein zweites Mal aufzugreifen, dazu berufen sind, das Gemeinwohl zu definieren) müssen sich dabei die entscheidenden, die stärksten Mitwirkungsrechte beziehen. Um diesen Zusammenhang demokratietheoretisch zu formulieren, bedarf es allerdings nicht unbedingt eines Rückgriffs auf den Standpunkt des einzelnen citoyen, der allzuleicht zu dem Mißverständnis verleitet, daß die Staatsform der Demokratie auch ohne demos, also auch ohne ein zur Herrschaft bereites Staatsvolk, vorstellbar sei. Im Hinblick auf die demokratische Ordnung erscheint der einzelne Bürger in der Rolle dessen, der durch sein Bewußtsein die Ordnung begründet, und er erscheint ebenso in der Rolle dessen, der durch seine Teilhabe das demokratische System in seinem periodischen Prozeß des Aus- und Abgewähltwerdens von politischen Verantwortungsträgern mit Leben erfüllt, er erscheint, mit anderen Worten, als ein Bestandteil von Staatsvolk und demos – er erscheint jedoch nicht als die maßgebliche Bezugsgröße, wenn es darum geht, die demokratische Staatsform in einem Verband zu erfassen, da diese auf der Herrschaft des Volkes, einer zur unabhängigen politischen Einheit sich zusammenfindenden Gruppe von Menschen beruht. Demokratiekonzeptionen ohne demos, wie beispielsweise *Ulrich K. Preuß* sie vertritt, bekunden, wenn sie die politische Wirklichkeit zutreffend deuten, daß die Staatsform nicht dieselbe geblieben sein kann. Das Ende der demoi, wie der Nationalstaat des 19. und des 20. Jahr-

---

ber, in: Drexl/Kreuzer/Scheuing/Sieber (Hrsg.), Europäische Demokratie, S. 27, 33 f.; *ders.*, Recht der Europäischen Integration, § 5 Rn. 36; *Winfried Kluth*, Die demokratische Legitimation der Europäischen Union, S. 43 (für die Ebene der EU); *Markus Kotzur*, Grenznachbarschaftliche Zusammenarbeit in Europa, S. 282 und *Anne Peters*, Elemente einer Theorie der Verfassung Europas, S. 753. Zum „Menschen als Legitimationsbezugspunkt" einer „globalen Demokratie" auch *Brun-Otto Bryde*, Der Staat 42 (2003), 61, 64 ff. – Ablehnend demgegenüber *Dietrich Murswiek*, VVDStRL 60 (2001), 401. Vgl. dazu ferner auch *Ulrich Haltern*, Europarecht und das Politische, S. 443 ff. (der diese „Wendung zum Subjekt" als etwas interpretiert, was „mit allen Konsequenzen fest auf dem Boden der Moderne" steht – S. 443).

[62] Zu den Grundsätzen der Wahlrechtsgleichheit vgl. allgemein *Christoph Degenhart*, Staatsrecht I, Rnrn. 53 ff.

hunderts sie kannte, bedeutet indes nicht, daß auch die grundlegende politische Gebundenheit der Gemeinschaft, und damit zugleich: ihr staatliches Wesen entfallen sein müßte – warum dies nicht der Fall sein kann, wurde gezeigt.[63] Die Staatsform, welche die neue und möglicherweise größere Einheit begründet, verdient, wenn das Volk darin nicht mehr als demos auftritt (und zwar als demos in jenem uns bisher bekannten Sinne) nicht mehr dieselbe Bezeichnung. Welche Züge sie trägt, wird im Zweiten Abschnitt des Dritten Buches gefragt – und zwar im Hinblick auf jenen Staatlichkeitsübergang, der sich gegenwärtig in Europa vollzieht.

b. Die Homogenität des demos: ihre Notwendigkeit

Mit der Erkenntnis, daß die demokratische Staatsform das Dasein des demos voraussetzt, ist ein weiterer Streitpunkt verbunden, der insbesondere im Anschluß an das Maastricht-Urteil des Bundesverfassungsgerichts[64] kontrovers diskutiert worden ist. Die Frage, um die es dabei geht, lautet, welche besonderen Qualitäten das Staatsvolk demokratischer Ordnungen aufweisen muß. Bedarf es, damit das Volk die Herrschaft im demokratischen Staat effektiv ausüben kann, einer besonderen Homogenität der zu ihm gehörenden Menschen?[65] Wenn dem so wäre: woraus kann sich diese ergeben? Auch diese Fragen müssen zunächst einmal zutreffend in die gedanklichen Zusammenhänge der Staatsformthematik eingeordnet werden. (Gerade aus einer ungenauen Zuordnung dieser Frage haben sich bereits zahlreiche Mißverständnisse entwickelt.[66]) Wenn man es richtig versteht, erscheint das Homogenitätserfordernis, anders als zum Teil unterstellt wird, nicht als ein theoretisches Kriterium, anhand dessen geprüft werden kann, ob ein bestimmtes Staatsganzes dem demokratischen Anspruch genügt, und schon gar nicht als ein normatives, aus dem Demokratieprinzip abzuleitendes Verfassungsgebot; vielmehr handelt es sich um eine aus der Natur der Sache sich ergebende – eine, wenn man so will, der Demokratie wesensimmanente – Voraussetzung, die in aller Regel erfüllt sein muß, damit ein bestimmtes Ordnungssystem als demokratischer Staat funktioniert.[67] In

---

[63] Siehe dazu oben: Erstes Buch Dritter Abschnitt, III.3.b.

[64] E 89, 155.

[65] Generell ablehnend u.a. *Helmut Goerlich*, Theodor-Litt-Jahrbuch 2003/3, 67, 76 ; *Markus M. Müller*, in: Beckmann/Dieringer/Hufeld (Hrsg.), Eine Verfassung für Europa, S. 73, 84f. und *Anne Peters*, Elemente einer Theorie der Verfassung Europas, S. 753; ein Mindestmaß an Homogenität erachten demgegenüber *Markus Kotzur*, Grenznachbarschaftliche Zusammenarbeit in Europa, S. 269ff. und *Christian Seiler*, Der souveräne Verfassungsstaat zwischen demokratischer Rückbindung und überstaatlicher Einbindung, S. 280, für erforderlich, die jedoch zwischen Staatlichkeits- und Staatsformthematik, d.h. zwischen den verfassungstheoretischen Kategorien demos und Staatsvolk, nicht hinreichend deutlich differenzieren. Vgl. dazu auch *Helmut Goerlich*, Theodor-Litt-Jahrbuch 2005/4, 21, 39 („Homogenität als kulturelles, nicht als ethnisches Phänomen").

[66] Dazu auch *Christoph Möllers*, Staat als Argument, S. 422f.

[67] Vgl. auch *Christoph Möllers*, Staat als Argument, S. 422.

welchem Umfang eine solche Homogenität vorhanden sein muß, und wichtiger noch: auf welche Art der Gleichheit sich diese bezieht – dies kann je nach der konkreten politischen Lage, aus der heraus eine Demokratie aufgebaut wird, variieren; die folgenden Absätze kommen darauf zurück.

Der eigentliche Zusammenhang, auf den es für eine Demokratietheorie zunächst ankommt, liegt darin, daß eine Demokratie als Staatsform überhaupt nur dort in Betracht kommt, wo das Volk, das sich politisch beherrscht, die Entscheidungen des Staates als eigene auffassen darf. Dies setzt voraus, daß sich das Volk als Einheit begreift (und zwar als Einheit in einem besonderen, über das bisher Gemeinte hinausgehenden Sinn): die Minderheit, die in einer bestimmten Abstimmung unterliegt, muß aufgrund ihres Zusammengehörigkeitsempfindens gewillt sein, die Mehrheitsentscheidung zu akzeptieren.[68] Als demos läßt sich aus dieser Perspektive jene Gruppe bezeichnen, in der die überstimmte Minderheit die Beschlüsse der Abstimmungsmehrheit hinnimmt, weil sie sich mit dieser auf eine grundsätzliche Art als verbunden betrachtet. Die Homogenität des Volkes ist daher, trotz unterschiedlicher Anforderungen bei unterschiedlichen Umständen, als eine vorrechtliche Voraussetzung zur Einrichtung demokratischer Ordnungsstrukturen vonnöten, da nur sie den Wunsch, zusammengehören zu wollen, über innenpolitische Auseinandersetzungen hinweg dauerhaft sichert[69]. Die Anforderungen an eine solche Empfindung des Miteinanderverbundenseins, auf der letztendlich das Staatsein basiert, sind demzufolge in einem demokratischen Staatswesen höher als anderswo. Als einheitstiftendes Ordnungsbewußtsein vorparlamentarischer Monarchien genügte noch die Bereitschaft, Untertan dieses und jenes Herrschers zu sein, wohingegen die Demokratie nur funktioniert, wenn sich nicht Mehrheit und Minderheit von vornherein dauerhaft geschieden gegenüberstehen, weil ein bestimmter, von den Beteiligten als fundamental empfundener Gegensatz sie trennt.[70] Anders als im monarchischen System, würden sich in einem solchen Staat zwei Gruppen begegnen, die beide eine Ordnung erstreben, in der sie an der Herrschaft beteiligt sein wollen – nur das eine dieser beiden Gruppen (näm-

---

[68] Dieser Zusammenhang wurde von zahlreichen Autoren betont, siehe z.B. *Ernst-Wolfgang Böckenförde*, in: Isensee/Kirchhof (Hrsg.), Handbuch des Staatsrechts, Bd. II, § 24 Rnrn. 47ff., 63ff.; *Dieter Grimm*, JZ 1995, 581, 589f.; *Josef Isensee*, in: Isensee/Kirchhof (Hrsg.), Handbuch des Staatsrechts, Bd. II, § 15 Rn. 122; *Fritz W. Scharpf*, Jahrbuch zur Staats- und Verwaltungswissenschaft 6 (1992/1993), 165, 168; *dens.*, in: Grimm/Hesse/Jochimsen/Scharpf, Zur Neuordnung der Europäischen Union: Die Regierungskonferenz 1996/97, S. 65, 66; *Joseph H.H. Weiler*, YLJ 100 (1991), 2403, 2471; *dens.*, Political Studies 44 (1996), 517, 523; *dens.*, ELJ 1 (1995), 219, 228.

[69] *Ernst-Wolfgang Böckenförde*, in: Isensee/Kirchhof (Hrsg.), Handbuch des Staatsrechts, Bd. II, § 24 Rn. 47.

[70] *Ernst-Wolfgang Böckenförde*, in: Isensee/Kirchhof (Hrsg.), Handbuch des Staatsrechts, Bd. II, § 24 Rn. 63; *Christoph Gusy*, ZfP 1998, 267, 279; *Anne Peters*, Elemente einer Theorie der Verfassung Europas, S. 753 und *Fritz W. Scharpf*, Jahrbuch zur Staats- und Verwaltungswissenschaft 6 (1992/93), 165, 168.

lich jene, die sich ständig in der Minderheit befindet) ihren Anspruch dauerhaft nicht verwirklichen kann. Wo es innerhalb einer demokratisch ausgerichteten Ordnung an einem entsprechenden Homogenitätsbestand fehlt, erscheint daher auch das parlamentarische System (zumindest aus der Sicht jener, die in ihm dauerhaft unterliegen) als verfassungsrechtlich aufgestellte Fassade – Beschlüsse gegen den permanenten Widerstand einer Minderheit wären nicht vom Willen des Volksganzen getragen.[71] Die fehlende Handlungslegitimation bezeugt dabei zugleich die Illegitimität der errichteten Ordnung: ohne das mindestnotwendige Maß an (einer wie auch immer beschaffenen) Homogenität des inbegriffenen Volkes könnte sich innerhalb eines Staatsganzen kein Ordnungsbewußtsein entfalten, das die Einsetzung demokratischer Herrschaftsstrukturen erstrebt – wenn ein Wille zur Begründung einer letztverbindlichen Ordnung in diesem Fall überhaupt zu verzeichnen sein soll. Das staats- und staatsformbegründende Ordnungsbewußtsein erstrebt die Demokratie von sich aus nur dort, wo es die homogene, Mehrheit und Minderheit verbindende Natur des Staatsvolkes als vorhanden empfindet.

c. Die Homogenität des demos: ihre inhaltlichen Momente

Jene Autoren, denen die vorliegende Untersuchung bis hierher gefolgt ist und die ein notwendiges Vorhandensein des demos in der Demokratie ebenso anerkennen wie das Erfordernis seines Homogenseins (um mit *Ernst-Wolfgang Böckenförde* und *Paul Kirchhof* hiervon nur zwei Vertreter zu nennen), müssen an dieser Stelle bekennen, auf welchen konkreten Momenten diese Homogenität des demos beruht bzw. auf welchen konkreten Momenten sie theoretisch beruhen könnte.[72] Daß sich die notwendige Gleichartigkeit nicht zwangsläufig aus ethnisch-kulturellen Gemeinsamkeiten heraus entwickeln muß[73], belegt

---

[71] *Fritz W. Scharpf*, Jahrbuch zur Staats- und Verwaltungswissenschaft 6 (1992/93), 165, 169.

[72] Dazu *Ernst-Wolfgang Böckenförde*, in: Isensee/Kirchhof (Hrsg.), Handbuch des Staatsrechts, Bd. II, § 24 Rnrn. 47f., 64 und *Christian Seiler*, Der souveräne Verfassungsstaat zwischen demokratischer Rückbindung und überstaatlicher Einbindung, S. 280.

[73] Was im Grunde auch niemand mehr ernsthaft behauptet (so auch die Einschätzung *Ulrich Halterns* [Europarecht und das Politische, S. 445]). Die Möglichkeit einer politisch-wertebezogenen Herausbildung demokratisch gesinnter Staatsvölker wird weder vom BVerfGE 89, 155 noch in den wissenschaftlichen Arbeiten *Paul Kirchhofs* negiert, wie *Joseph H. H. Weiler* (JÖR 44 N. F. [1996], 91, 97ff.; *ders.*, ELJ 1 [1995], 219, 224ff.; *ders./Ulrich R. Haltern/Franz C. Mayer*, WEP 18/3 [1995] 4, 10ff.) und andere, ihm folgende Autoren (so z. B. auch *Anneli Albi/Peter Van Elsuwege*, ELR 30 [2004], 741, 759f.; *Michiel Brand*, Affirming and Refining European Constitutionalism: Towards the Establishment of the First Constitution for the European Union, S. 7; *Helmut Goerlich*, Theodor-Litt-Jahrbuch 2003/3, 67, 75 [dort vor allem in Fn. 21] und *Markus M. Müller*, in: Beckmann/Dieringer/Hufeld [Hrsg.], Eine Verfassung für Europa, S. 73, 80) glauben zu machen versuchen. In BVerfGE 89, 155 ist von ethnischer Homogenität ebensowenig die Rede wie bei *Paul Kirchhof* (in: Isensee/Kirchhof [Hrsg.], Handbuch des Staatsrechts, Bd. VII, § 183), der neben „Geburt und Herkunft" die Nation auch durch die „Gemeinsamkeit von Sprache, Religion, Kunst und geschichtlicher

der Bestand von ethnisch überaus heterogen beschaffenen Demokratien, wie beispielsweise den USA.[74] Auch politisch-wertebezogene Gesichtspunkte können die Herausbildung des demos maßgeblich prägen[75] – ethnos und demos stehen aus demokratietheoretischer Sicht in keinem zwingenden Zusammenhang zueinander[76]; entscheidend ist einzig, dies sei noch einmal betont, ein ausreichendes Verbundensein des zum Staat vereinten Gesamtvolks, welches einen dauerhaften Ausschluß von Minderheiten verhindert. Die sozial-psychologischen Einzelheiten einer solchen demosbegründenden Zusammengehörigkeitsmotivation zu ermitteln, kann hier nicht versucht werden – und ist auch nicht die Aufgabe einer verfassungstheoretischen Arbeit.[77] Um den Zusammenhang von Staatlichkeit und Staatsform, im allgemeinen und im Hinblick auf den europäischen Integrationsprozeß, deutlicher zu erfassen, genügt zunächst die Erkenntnis, daß demos-Konzeptionen so zu entwerfen sind, wie sie den Gegebenheiten der politischen Ordnungsbegründung entsprechen. Auch ein gesamteuropäischer demos ließe sich als demokratietheoretisches Denkmodell aus verschiedenen Bewußtseinsfaktoren konstruieren[78]; die Frage, auf die es letzt-

---

Erfahrung" bestimmt sieht (a.a.O., Rn 25). In der zitierten Entscheidung des Bundesverfassungsgerichts heißt es: „Demokratie, soll sie nicht lediglich formales Zurechnungsprinzip bleiben, ist vom Vorhandensein bestimmter vorrechtlicher Voraussetzungen abhängig, wie einer ständigen freien Auseinandersetzung zwischen sich begegnenden sozialen Kräften, Interessen und Ideen, in der sich auch politische Ziele klären und wandeln [...] und aus der heraus eine politische Meinung den öffentlichen Willen verformt. [...] Derartige tatsächliche Bedingungen können sich, soweit sie noch nicht bestehen, im Verlauf der Zeit im institutionellen Rahmen der Europäischen Union entwickeln" (BVerfG, a.a.O. S. 185).

[74] *Ernst-Wolfgang Böckenförde*, in: Isensee/Kirchhof (Hrsg.), Handbuch des Staatsrechts, Bd. II, § 24 Rn. 48; *Winfried Kluth*, Die demokratische Legitimation der Europäischen Union, S. 35.

[75] Dies wird im Schrifttum insbesondere von jenen Autoren übersehen, die dem „ethnisch-kulturellen" den „postnationalen" demos-Begriff entgegenzuhalten versuchen, wie z. B. *Paul Craig*, in: Craig/de Búrca (Hrsg.), The Evolution of EU Law, S. 1, 28 f. und *Joseph H. H. Weiler*, JÖR 44 N.F. (1996), 91, 115 ff.; *ders./Ulrich R. Haltern/Franz C. Mayer*, WEP 18/3 (1995), 4, 14 ff.

[76] *Ernst-Wolfgang Böckenförde*, in: Isensee/Kirchhof (Hrsg.), Handbuch des Staatsrechts, Bd. II, § 24 Rn. 48 und *Dieter Grimm*, JZ 1995, 581, 590; aus der Sicht des Politikwissenschaftlers *Michael Zürn*, Regieren jenseits des Nationalstaates, S. 238. Demgegenüber meint *Jürgen Habermas* (Die Einbeziehung des Anderen, S. 189 f.), daß beides nicht deckungsgleich sein *dürfe*, um „die soziale Integration einer ausdifferenzierten [...] Gesellschaft" zu ermöglichen.

[77] Eingehend dazu *Lars-Erik Cederman*, EJIR 7 (2001), 139.

[78] Beispielhaft: *Deirdre M. Curtin*, Postnational democracy, S. 53 ff.; *Jürgen Habermas*, Die Einbeziehung des Anderen, S. 189 f. und *Joseph H. H. Weiler*, JÖR 44 N.F. (1996), 91, 132; *ders.*, ELJ 1 (1995), 219, 252 ff.; *ders./Ulrich R. Haltern/Franz C. Mayer*, WEP 18/3 (1995), 4, 20 ff.; im Ansatz wie hier: *Winfried Kluth*, Die demokratische Legitimation der Europäischen Union, S. 39 und *Amaryllis Verhoeven*, The European Union in Search of a Democratic and Constitutional Theory, S. 93 ff.; einen guten Überblick über die gegenwärtig diskutierten Modelle und deren theoretische Hintergründe bietet *Lars-Erik Cederman*, EJIR 7 (2001), 139.

endlich ankommt, muß jedoch lauten, ob diese Faktoren stark genug sind, eine demokratische Staatlichkeit in der EU zu begründen – oder, um es in Worten zu sagen, die so schlicht sind wie die Grundfrage selbst: entscheidend ist, ob es den gesamteuropäischen demos tatsächlich gibt.

4. Öffentliche Debatten als Essential einer parlamentarisch-demokratischen Herrschaftsform

In den Auseinandersetzungen um die Möglichkeiten einer gesamteuropäischen Demokratie umfaßt die Frage von Homogenität und demos auch den Gesichtspunkt des öffentlichen Diskurses: die demokratische Staatsform setzt als weitere Komponente ihrer Begründung das Vorhandensein einer öffentlichen Sphäre und öffentlich geführten Debatte voraus.[79] Volksherrschaft im staatsformbezogenen Sinne des Ausdrucks bedeutet, daß ein Volk denjenigen zur Regierung bestimmt, dessen politische Pläne dem Mehrheitswillen entsprechen. Im parlamentarisch-demokratischen System, insbesondere dann, wenn dieses, wie heute, parteienstaatlich geprägt ist, wählt das Volk, in dieser oder jener staatsorganisatorischen Konstruktion, unter verschiedenen politischen Programmen.[80] Um diese zunächst zu erkennen und dann nach den für richtig befundenen Kriterien bewerten zu können, bedarf es einer permanenten, öffentlich geführten Debatte über die zu lösenden politischen Probleme.[81] In ihr formieren sich Parteien, Interessenvertretungen und politische Grüppchen, die darum werben, vom Volk das Mandat zur Umsetzung ihres Programms zu erhalten. Dieser öffentlich geführte Diskurs muß den gesamten demos bestimmen – wo Minderheiten davon (gezielt oder aufgrund möglicher Verständigungsprobleme) dauerhaft ausgegrenzt werden, muß hierdurch die Akzeptanz der Mehrheitsentscheidung gefährdet und die demokratische Legitimation der hoheitlich

---

[79] BVerfGE 89, 155, 185; *Ernst-Wolfgang Böckenförde*, in: Isensee/Kirchhof (Hrsg.), Handbuch des Staatsrechts, Bd. II, § 24 Rn. 68; *Claus Dieter Classen*, AöR 119 (1994), 238, 256; *Dieter Grimm*, in: Eriksen/Fossum/Menéndez (Hrsg.), Developing a Constitution for Europe, S. 69, 77; *Erich Kaufmann*, Grundtatsachen und Grundbegriffe der Demokratie, S. 24 f.; *Ernst-Joachim Mestmäcker*, RabelsZ 58 (1994), 615, 628 f. und *Christian Seiler*, Der souveräne Verfassungsstaat zwischen demokratischer Rückbindung und überstaatlicher Einbindung, S. 282 f.; aus der Sicht eines deliberativen Demokratieverständnisses: *Deirdre M. Curtin*, Postnational democracy, S. 56 ff. Die Bedeutung der öffentlichen Sphäre, wie sie hier herausgearbeitet wurde, bestreitet u. a. *Stephan Bredt*, ELJ 12 (2006), 61, 62 f., der die Annahme eines allgemeinen politischen Diskurses in dem zur demokratischen Einheit verbundenen Volk zu Unrecht mit den Nationalitätskonzeptionen von *Jean-Jacques Rousseau* und *Carl Schmitt* in Zusammenhang bringt.

[80] *Winfried Kluth*, Die demokratische Legitimation der Europäischen Union, S. 40; vgl. dazu auch BVerfGE 20, 162, 174; *Christoph Degenhart*, in: Dolzer/Vogel/Graßhof (Hrsg.), Bonner Kommentar zum Grundgesetz, Rnrn. 5, 21 zu Art. 5 Abs. 1 und 2 und *Dieter Grimm*, in: Eriksen/Fossum/Menéndez (Hrsg.), Developing a Constitution for Europe, S. 69, 77.

[81] *Ernst-Wolfgang Böckenförde*, in: Isensee/Kirchhof (Hrsg.), Handbuch des Staatsrechts, Bd. II, § 24 Rn. 68.

ergangenen Anordnungen insgesamt fraglich erscheinen. Demokratische Legitimationsmodelle setzen auch in dieser Hinsicht die Einheit des demos voraus. Diskurse in anderen Kreisen wie beispielsweise die Auseinandersetzungen der Gemeindebewohner um kommunale Belange (oder auch die Debatte im einzelnen Mitgliedstaat, wenn die EU selbst erst ein Staat ist) können diese Mängel nicht kompensieren.[82]

Die Annahme eines solchen Zusammenhangs wird auch durch das Bestehen von demokratischen Herrschaftsformen in mehrsprachigen Staaten nicht widerlegt[83]: ob dort trotz vergleichsweise eingeschränkter Verständigungsmöglichkeiten eine den Gesamtraum umfassende, meinungsbildende Medienlandschaft als Forum der demokratischen Auseinandersetzung fungiert, hängt von zahlreichen Umständen ab. Beispiele dafür, daß dies gelingt, bilden Kanada, Belgien und die Schweiz. Ob diese Staaten tatsächlich als Anhaltspunkte für die Einrichtung demokratischer Strukturen in der EU dienen können, wie dies die Befürworter einer solchen „Demokratisierung" der Union immer wieder behaupten, wird im Zweiten Abschnitt des Dritten Buches behandelt – ebenso wie die Frage, ob es sich überhaupt um eine echte Demokratisierung handelt, wie das Staatsrecht sie in Art. 23 Abs. 1 Satz 1 GG vorschreibt. Demokratische Staatsorganisationsformen ohne funktionierenden Diskurs weisen demgegenüber auf bestimmte Defizite in der Legitimität der Gesamtordnung hin; wo es an einer demokratischen Auseinandersetzung in der Öffentlichkeit des Staatsganzen fehlt, fehlt es letztendlich am demos.

---

[82] Zur Frage, ob das Inkraftsetzen eines formellen Verfassungsgesetzes zur Herausbildung von demos und demokratischer Öffentlichkeit beiträgt, siehe *Cindy Skach*, JCMS 43 (2005), 149, 165 f.

[83] *Dieter Grimm*, JZ 1995, 581, 589; *ders.*, in: Eriksen/Fossum/Menéndez (Hrsg.), Developing a Constitution for Europe, S. 69, 79. Pauschale Hinweise auf ihr Funktionieren verschleiern die Komplexität der eigentlich zu klärenden Frage: das Trennende, das die Sprachenvielfalt bewirkt, muß durch andere Momente um so stärker aufgewogen werden. Dies verkennen *Claus Dieter Classen*, AöR 119 (1994), 238, 256; *Jochen A. Frowein*, in: Starck (Hrsg.), Constitutionalism, Universalism and Democracy – a comparative analysis, S. 53, 62; *Ingolf Pernice*, Die Verwaltung 26 (1993), 449, 479 und *Gerd Roellecke*, in: Kroker/Dechamps (Hrsg.), Das Menschenbild der freien Gesellschaft, S. 213, 223 (dieser insbesondere, wenn er – gegen *Grimm* – meint, daß Geschichte und Sprache zwei verschiedene Begründungen seien, was abstrakt betrachtet selbstverständlich zutrifft, den entscheidenden Gesichtspunkt jedoch, die Kompensation, nicht erkennt).

III. Autonomieansprüche nachgeordneter Hoheitsträger: ihre Zulässigkeit und ihre Grenzen aus der Sicht einer staatlichkeitsbezogenen Demokratietheorie

1. Fragen der demokratischen Legitimation abgeleiteter Hoheitsstrukturen

Als typisches Instrument, mit dem im neuzeitlichen Verfassungsstaat die Ordnung durch die Verfassungsorgane ins Werk gesetzt werden soll, erscheint die Delegation: Aufgaben und Befugnisse der Rechtsdurchsetzung werden nachgeordneten Verwaltungs- und Justizstrukturen übertragen. Das Parlament, das im demokratischen Staat per Gesetz Behörden errichtet und deren Vorgehensweise reglementiert, setzt diese kraft eigenen Willensaktes in ihre Zuständigkeiten ein und verleiht ihnen in einem solchen Umfang Hoheitsgewalt, wie dies die Behördenaufgabe erfordert. Die demokratische Legitimation von Parlament und Regierung erstreckt sich dann auf diese Strukturen, deren Tätigsein von ihnen verantwortet wird. Mitunter finden sich jedoch Herrschaftsstrukturen, deren Organe mehr oder weniger selbständig zu hoheitlichen Handlungen legitimiert sind, ohne daß sie deshalb Verfassungsorgane des Staatsganzen darstellen. Beispiele dafür finden sich auf allen Ebenen des politischen Gebundenseins: in den Landkreisen und Gemeinden agieren die vom Bürger gewählten Organe Stadtrat und Kreistag[84]; die deutschen Bundesländer verfügen über Parlamente, welche das Landesvolk wählt; auf der gesamtstaatlichen Ebene handeln autonome Selbstverwaltungsträger, deren Organe vom Kreis ihrer Angehörigen durch Wahl bestellt werden sollen[85] – und auch die EG als eine bislang nicht staatlich geprägte Struktur verfügt über eine direkt gewählte Versammlung. Was bedeutet es für den hier zu untersuchenden Zusammenhang, wenn das Volk in einer solchen Weise bestimmte Herrschaftsträger selbständig legitimiert? Was bedeutet es für die Staatsformthematik (und was bedeutet es für das Staatsein als solches), wenn sich ein entsprechender „eigenständiger Legitimationsstrang", wie man ihn nach außen hin in der Gestalt des Europäischen Parlamentes erlebt und wie man ihn im Inneren der staatlichen Ordnung in der Gestalt von Landtagen, Kreistagen und Gemeindeversammlungen kennt[86], hinsichtlich seiner

---

[84] In vielen Bundesländern werden außerdem auch die Bürgermeister direkt vom Volk gewählt, vgl. z.B. §48 Abs. 1 Satz 1 SächsGemO. Einen Überblick über die entsprechenden Regelungen verschafft *Alfons Gern*, Deutsches Kommunalrecht, Rn. 354.

[85] Beispiel hierfür sind die sogenannten „Sozialwahlen", wodurch das Recht der Mitglieder eines Sozialversicherungsträgers auf Teilhabe an dessen demokratischer Selbstverwaltung hergestellt werden soll, vgl. *Bertram Schulin/Gerhard Igl*, Sozialrecht, Rn. 217. Es handelt sich in diesem Fall um Organe der sog. mittelbaren Bundesverwaltung, siehe *Georg Hermes*, in: Dreier, Grundgesetz, Bd. III, Rn. 32 zu Art. 86; detaillierte Nachweise (einschließlich der jeweiligen Rechtsgrundlagen) bei *Bernd Becker*, Öffentliche Verwaltung, S. 312f.

[86] Den Zusammenhang beider Fragen sehen auch *Winfried Kluth*, Die demokratische Legitimation der Europäischen Union, S. 38 und *Giandomenico Majone*, ELJ 4 (1998), 5, 15.

herrschaftsbegründenden Legitimationskraft so weit verselbständigt hat, daß ihre Handlungslegitimation nicht länger auf den Willen des Staates und seine Verfassung zurückführbar ist? Läßt sich ein Merkmal bestimmen, das den Auftritt eines neu sich formierenden demos markiert (der, wenn er sich durchsetzt, den Austausch der einheitsbegründenden Ordnungsvorstellung und damit zugleich auch die Staatsgründung bedeutet)? Worauf beruht es, daß die eigenständige Legitimation von Gemeinden und Ländern die Staatsnatur des Bundes nicht angreift, während die Erweiterung der europaparlamentarischen Zuständigkeiten z.T. als Gefährdung mitgliedstaatlicher Selbständigkeit aufgefaßt wurde?[87] Um diese Fragen zutreffend beantworten zu können, ist es zunächst einmal nötig, Klarheit darüber zu gewinnen, wie nachgeordnete Hoheitsstrukturen, die eine besondere Autonomie genießen, an der Staatsformentfaltung teilnehmen können.[88]

2. *Die Unterscheidung von verfassungsrechtlich-ursprünglicher Staatsformmodifikation und parlamentarisch bestimmter Staatlichkeitsentfaltung*

a. *Abgeleitete Herrschaftsstrukturen als parlamentarische Entscheidung oder als Bestandteile einer einheitsbegründenden Ordnungsidee*

Wenn unter dem Gesichtspunkt des Zusammenhangs von Staatlichkeit und Staatsform nach der gesonderten demokratischen Legitimation bestimmter hoheitlicher Akteure in einem Gemeinwesen gefragt werden soll, die in beträchtlichem Umfang autonom handeln und deren Tätigsein sich im Hinblick auf die demokratische Legitimationsableitung nur zum Teil auf die Verfassungsordnung des Staates zurückführen läßt (wie beispielsweise Gemeinden, Landkreise oder – trotz des beträchtlichen, gleich noch zu untersuchenden Qualitätssprungs – auch der bundesstaatliche Gliedstaat[89]), so sind dazu zwei Formen von Autonomie zu unterscheiden, die auch dort relevant sind, wo es um die demokratische Legitimation der supranationalen Hoheitsgewalt geht – die ja ebenfalls, so lange sie noch nicht Staat ist, als abgeleitete Herrschaftsstruktur (nur eben als eine solche des Äußeren) eingestuft werden muß.[90] Dieser Unter-

---

[87] So in der Tendenz einerseits *Ingolf Pernice*, Die Verwaltung 26 (1993), 449, 486, andererseits *Hans Heinrich Rupp*, ZRP 1993, 211, 213 und *Karl Albrecht Schachtschneider/Angelika Emmerich-Fritsche/Thomas C. W. Beyer*, JZ 1993, 751, 755. Weitere Nachweise dieser Auffassung finden sich bei *Roland Bieber*, Aussenwirtschaft 46 (1991), 391, 395f.

[88] Tendenziell ähnliche Vorstellungen wie die hier folgenden finden sich u.a. bei *Hans H. Klein*, in: Festschrift für Ernst Forsthoff, S. 165.

[89] Vgl. dazu auch *Christoph Möllers*, Staat als Argument, S. 364f., der den Gegensatz von Länderstaatlichkeit und Gemeindeautonomie in der „normativen Demokratiefähigkeit" der Länder unter dem Grundgesetz sieht. Was von dieser Konzeption zu halten ist, wird sich aus den folgenden Darlegungen, insbesondere aus der Unterscheidung von parlamentarisch bestimmter Staatsformentfaltung und verfassungsrechtlich-ursprünglichen Staatsformmodifikationen, ergeben.

[90] Zum letzten siehe oben: Erstes Buch, Zweiter Abschnitt, II.3.

schied knüpft an einen Zusammenhang an, der bereits im Ersten Buch, im Kontext des Föderalismus, ausgeführt wurde und der im Kern besagt, daß es innerhalb eines Staates abgeleitete Ebenen staatlicher Herrschaftsgewalt geben kann, deren Dasein einen Bestandteil der Ordnungsvorstellung markiert. Als abgeleitet erscheinen diese Strukturen (zu denen insbesondere die bundesstaatlichen Gliedstaaten zählen) deshalb, weil es die Gesamtverfassung ist, aus der ihr Dasein hervorgeht. Wenn es darum geht, demokratische Legitimation in einem Staatsaufbau zu vermitteln, sind daher, im Hinblick auf autonom agierende Herrschaftsverbände (verwaltungsrechtlich gesprochen: im Hinblick auf öffentlich-rechtliche Selbstverwaltungsstrukturen) zwei Formen von Autonomie anhand ihrer Daseinsbegründung zu unterscheiden[91]:

- Innerhalb eines Gemeinwesens finden sich einerseits politische Herrschaftsstrukturen, deren autonomes Dasein sich aus den Grundstrukturen der verfassungsrechtlichen Ordnung selbst herleiten läßt. Beispielhaft hierfür erscheinen insbesondere die Gliedstaaten in einem föderalistischen Ganzen (wie beispielsweise die deutschen Länder), möglicherweise aber auch die Träger des kommunalen Selbstverwaltungsrechts.[92] Ihr Vorhandensein selbst bildet eine essentielle Komponente der Ordnungsvorstellung.[93] Die entscheidende staatlichkeitstheoretische Erkenntnis liegt zunächst darin, daß trotz ihrer Autonomie auch diese Träger der Hoheitsgewalt vom Willen des Gesamtvolkes (und nicht nur des Volksteiles) eingesetzt sind[94] – doch läßt sich behaupten, daß ihr Dasein und damit zugleich ihre Autonomie nicht aus dem Willen des Volkes als demos, sondern aus seiner verfassungsschöpfenden Kraft, d. h. aus dem Wirken des pouvoir constituant, hervorgehen.[95] Die eingesetzte Herrschaftsform ist dabei von vornherein föderalistisch oder, in

---

[91] Ansätze der entsprechenden Unterscheidung finden sich auch bei *Hans H. Klein*, in: Festschrift für Ernst Forsthoff, S. 165, 178.

[92] Die Frage, ob die Autonomie der Gemeinden wie die Selbständigkeit der Gliedstaaten einen Grundgedanken der Verfassungsordnung markiert, ist eine Frage, die sich nicht allein durch den Blick in Art. 79 Abs. 3 GG und auch nicht allein durch den Hinweis darauf, daß die Gemeinden der „Staatlichkeit“ der Länder zuzurechnen seien (so *Michael Niehaus*, in: Sachs [Hrsg.], Grundgesetz, Rn. 31 zu Art. 28), erschöpfend beantworten läßt. Bezeichnend für die Schwierigkeit dieser Thematik sind insofern die Versuche, Art. 79 Abs. 3 GG über den Umweg des Demokratieprinzips auf den Bestand der kommunalen Selbstverwaltung zu erstrekken (so z. B. *Günter Seele*, Der Kreis aus europäischer Sicht, S. 57f.); zur Diskussion weiterhin *Angela Faber*, DVBl. 1991, 1126, 1131 und *Wolfgang Löwer*, in: von Münch/Kunig, Grundgesetz-Kommentar, Bd. 2, Rn. 95 zu Art. 28; mit derartigen Interpretationsversuchen wird ein bestimmtes, vom Wortlaut des Art. 79 Abs. 3 GG eindeutig nicht erfaßtes Grundmoment der Verfassungsarchitektur unter den Schutz der Unverbrüchlichkeitsklausel gestellt. Zum Thema auch *Hans Herbert von Arnim*, AöR 113 (1988), 1, 8, der das Problem jedoch dadurch verkürzt, daß er Verfassung und Verfassungsgesetz, pouvoir constituant und verfassungsändernden Gesetzgeber, nicht unterscheidet.

[93] Siehe dazu oben: Erstes Buch, Dritter Abschnitt, II.2.b.

[94] Siehe dazu oben: Erstes Buch, Dritter Abschnitt, II.1.

[95] Diese Unterscheidung hätte *Christoph Möllers* (Staat als Argument, S. 364f.) berück-

Staaten mit autonomen Gebieten[96], regionalistisch modifiziert.[97] Diesen Zusammenhängen entsprechend, soll eine solche Autonomie im folgenden als eine *verfassungsrechtlich-ursprüngliche Staatsformmodifikation* (eine Modifikation nämlich gegenüber einem staatsformtheoretischen Idealtyp) bezeichnet und gekennzeichnet werden.

– Die öffentlich-rechtliche Ordnung kennt andererseits Formen verselbständigter Hoheitsträger, deren Dasein auf einer Entscheidung des Parlamentes – und damit auf dem Willen des demos – beruht. Als Beispiele hierfür sind im deutschen Recht zahlreiche Fälle von autonomen Selbstverwaltungsträgern – von öffentlich-rechtlichen Personen im Sozialversicherungswesen[98] über Hochschulen bis hin zu kommunalen Zweck- und Verwaltungsverbänden – zu nennen.[99] Die Autonomie dieser Herrschaftsstrukturen reicht stets nur so weit, wie das Gesetz, auf dem ihr Dasein beruht, dies zulassen will; dies wiederum kann nur in jenen Grenzen der Fall sein, welche die verfassungsrechtliche Staatsformfestlegung absteckt. Eine entsprechende, durch Parlamentsbeschluß angeordnete Autonomie soll daher hier als *parlamentarisch bestimmte Ausgestaltung der Staatsform* (d.h. als *Staatlichkeitsentfaltung*) dargestellt werden.[100]

sichtigen müssen, wenn er untersucht, was die Legitimation der Länderstaatsgewalt qualitativ von der Legitimation anderer Autonomieträger unterscheidet.

[96] Siehe z.B. Artt. 2, 143 ff. der spanischen Verfassung (dazu *Jordi Solé Tusa*, in: López Pina [Hrsg.], Spanisches Verfassungsrecht, S. 249, 261 ff.) sowie Artt. 5 Abs. 1, 65 ff. der Russischen Föderationsverfassung (dazu *Theodor Schweisfurth*, EuGRZ 1994, 473, 483 f.).

[97] *Peter Graf Kielmannsegg*, in: Weidenfeld (Hrsg.), Reform der Europäischen Union, S. 229, 232; vgl. dazu auch *Andreas Fisahn*, KritV 1996, 267, 277.

[98] §§ 29 ff. SGB IV. – Dazu näher *Eckhard Kreßel/Michael Wollenschläger*, Leitfaden zum Sozialversicherungsrecht, S. 58 ff.

[99] Hierzu zählen v.a. die sog. Träger der „funktionalen Selbstverwaltung“ (siehe dazu *Ernst-Wolfgang Böckenförde*, in: Isensee/Kirchhof [Hrsg.], Handbuch des Staatsrechts, Bd. II, § 24 Rnrn. 33 ff.), die jedoch, gerade im Hinblick auf kommunale Verwaltungs- und Zweckverbände, von den Trägern einer gebietsbezogenen Selbstverwaltung u.U. schwer abgrenzbar sind. In der hier anzustellenden Untersuchung kommt es auf diese Unterscheidung ebensowenig an wie auf den umstrittenen Begriff der „mittelbaren Selbstverwaltung“ (dazu *Ernst Thomas Emde*, Die demokratische Legitimation der funktionalen Selbstverwaltung, S. 263; *Ernst Forsthoff*, Lehrbuch des Verwaltungsrechts, S. 478 und *Reinhard Hendler*, Selbstverwaltung als Ordnungsprinzip, S. 295 f.); vielmehr geht es darum zu untersuchen, auf welchen Rechtsakt sich die Selbstverwaltung gründet. Zum Sonderproblem der öffentlich-rechtlichen Rundfunkanstalten siehe *Christoph Degenhart*, in: Dolzer/Vogel/Graßhof (Hrsg.), Bonner Kommentar zum Grundgesetz, Rn. 763 zu Art. 5 Abs. 1 und 2.

[100] Hierzu sind mithin auch jene Formen der Selbstverwaltung zu rechnen, die das Parlament im Wege der verfassungsändernden Gesetzgebung in den Verfassungstext inkorporiert, ohne daß diese dem Grundanliegen der Verfassungsrechtsordnung entsprechen. Eine Rolle spielt dies insbesondere im Rahmen von Art. 23 Abs. 1 GG, worauf sogleich zurückzukommen ist (siehe unten: 3.). Dementsprechend hat *Hans Herbert von Arnim* (AöR 113 [1988], 1, 6) teilweise recht und teilweise unrecht, wenn er in der verfassungsrechtlichen Verankerung bestimmter Institutionen eine Form von demokratischer Legitimation sehen will: dies trifft für Entscheidungen des Verfassungsgesetzgebers prinzipiell zu, nicht jedoch für „Institutio-

Bevor im Zweiten Abschnitt des Dritten Buches im Detail aufgezeigt werden soll, welche Bedeutung diese Überlegungen für die Frage nach dem Demokratiedefizit der EU erlangen (um es zu wiederholen: auch die Union war bislang eine abgeleitete Herrschaftsstruktur), gilt es, diese Unterscheidung von ursprünglicher Staatsformmodifizierung und parlamentarischer Staatsformentfaltung für den Gewinn von Merkmalen nutzbar zu machen, die zu erkennen geben, welche Schranken einer Änderung der Staatsform gesetzt sind (oder, um den Bezug zu Europa noch einmal deutlich zu machen: die zu erkennen geben, wann Herrschaftsstrukturen entstehen, welche die heutige Staatsform verletzten). In beiden Fällen jedoch, dies ist gegen mögliche Mißverständnisse zu betonen, bleibt die Staatsgewalt des verselbständigten Hoheitsträgers auf die Ebene der Gesamtstaatsverfassung bezogen; Autonomien bestehen nur dort, wo diese sie zuläßt.[101]

b. Parlamentarisch bestimmte Staatlichkeitsentfaltung und verfassungsrechtlich-ursprüngliche Staatsformmodifikation: die Wege ihrer Legitimation

Welche Konsequenzen ergeben sich aus der oben dargestellten Unterscheidung für den Themenkreis der Legitimation? In den Fällen der verfassungsrechtlich-ursprünglichen Staatsformmodifikation, d.h. bei Ordnungsstrukturen, die unmittelbar auf der Verfassung und der ihr zugrunde liegenden Ordnungsvorstellung basieren, hat die Verfassungsordnung Autonomie (beispielsweise in der Form des Föderalismus) und Staatsform (beispielsweise in der Form der parlamentarischen Demokratie) in Einklang zu bringen. Wenn sie beansprucht, demokratische Strukturen auch innerhalb des Staatsganzen konsequent auszuformen, muß sie diese auch für das Tätigsein autonomer Herrschaftsstrukturen bestimmen. Den Gliedstaaten wird daher die Form ihrer demokratischen Legitimation durch die Bundesverfassung in einem bestimmten Umfang, der von Bundesstaat zu Bundesstaat variiert, vorgeschrieben.[102] Es stellt dann einen Kompromiß zwischen beiden Komponenten (Föderalismus und Demokratie) dar, daß die Länder einerseits (vor allem mit den Landesparlamenten, aber auch mit den Möglichkeiten der unmittelbaren Demokratie[103]) über eigene umfassende Legitimationsquellen verfügen – hier steht die Autonomie über der Herrschaft des demos, den es ja, wie gezeigt worden ist, im eigentlichen Sinne nur

---

nen", die zum Kernbestand des konkreten Verfassungskonzeptes gehören und demnach durch das Wirken des pouvoir constituant hervorgebracht werden.

[101] *Hans H. Klein*, in: Festschrift für Ernst Forsthoff, S. 165, 177; vgl. auch *Ernst Thomas Emde*, Die demokratische Legitimation der funktionalen Selbstverwaltung, S. 75; *Winfried Kluth*, Die demokratische Legitimation der Europäischen Union, S. 36 und *Christoph Möllers*, Staat als Argument, S. 362f.

[102] Vgl. Art. 28 Abs. 1 GG; Art. IV Sec. 4 der US-amerikanischen Verfassung; Artt. 95ff. der österreichischen Bundesverfassung sowie Art. 51 Abs. 1 Satz 1 der Schweizerischen Bundesverfassung.

[103] Dazu *Christoph Degenhart*, Staatsrecht I, Rnrn. 103ff.

innerhalb des Gesamtstaates gibt –, andererseits jedoch ihre Staatsform wegen Art. 28 Abs. 1 GG (bzw. den entsprechenden Regeln) selbst nicht völlig frei festlegen dürfen. Was in einzelnen Gliedstaaten durch entsprechende Wahlen an Handlungslegitimation hergestellt wird, ist zuletzt eine von der Verfassungsordnung gewollte, die Staatsform der Demokratie durch subsidiäre Momente modifizierende Herrschaftsverteilung, die dem Zugriff des demos und seiner Vertreter entzogen erscheint.

In den Fällen der parlamentarisch bestimmten Ausgestaltung der Staatsform, d.h. bei autonomen Strukturen, deren Dasein einer Entscheidung von Volksvertretern und nicht den Grundanliegen der verfassungsrechtlichen Ordnung entspringt, ergibt sich die Legitimation ihres Handelns aus der Legitimation des parlamentarischen Einsetzungsaktes.[104] Ob im einzelnen Fall eine demokratische Mitbestimmung der betroffenen Kreise (der Universitätsangehörigen, der Krankenversicherten usw.) angebracht ist, obliegt dabei grundsätzlich dem legislativen Ermessen. Auf die Grenzen, die sich dabei ergeben, gehen die folgenden Absätze ein.

c. Parlamentarisch bestimmte Staatlichkeitsentfaltung und verfassungsrechtlich-ursprüngliche Staatsformmodifikation: die Grenzen ihrer Legitimation

Autonom agierende Hoheitsträger sind, unabhängig von der Frage, ob der Wille des Parlamentes oder das Grundmotiv der verfassungsrechtlichen Ordnung ihr Dasein begründet, in einer bestimmten Weise in die Ordnungsgesamtheit einbezogen – aus diesem Einbezogensein ergeben sich dabei die Grenzen der möglichen Autonomie. Aus diesen Grenzen wiederum, welche die herrschende Staatsform der Autonomie untergeordneter Hoheitsstrukturen zieht, läßt sich erkennen, wann und wodurch eine solche Teilordnung (sei es ein Gliedstaat oder sei es ein supranationaler Verband[105]) den Bestand des verfassungsrechtlichen Grundmusters sprengt. In der staatsrechtlichen Lehre wurden diese Fragen bislang vor allem im Kontext der Legitimation von innerstaatlichen Trägern öffentlich-rechtlicher Selbstverwaltungsbefugnisse thematisiert. Die Kriterien, die sich in dieser Diskussion in erster Linie auf die demokratische Legitimierbarkeit des hoheitlichen Handelns von kommunalen oder funktionalen[106] Selbstverwaltungskörperschaften beziehen, lassen sich, wie gleich gezeigt werden soll, verallgemeinern – und zu einer Theorie über das Zusammenspiel von Autonomie und Herrschaftsform, von selbständigen Legitimationsmöglichkeiten und Staatlichkeitsbestand, ausbauen. Im einzelnen lassen sich dabei, im Anschluß an eine Arbeit *Ernst-Wolfgang Böckenfördes*[107], fünf Komponenten be-

---

[104] BVerfGE 107, 59, 94; *Hans H. Klein*, in: Festschrift für Ernst Forsthoff, S. 165, 184 f.

[105] Siehe hierzu für die EU den nachfolgenden Abschnitt.

[106] Zur „funktionellen Selbstverwaltung" siehe die Nachweise oben in Fn. 85.

[107] Die Organisationsgewalt im Bereich der Regierung, S. 47 ff. Dazu auch *Ernst Thomas Emde*, Die demokratische Legitimation der funktionalen Selbstverwaltung, S. 73.

stimmen; eine sechste soll aufgrund ihrer besonderen Bedeutung für die Staatlichkeitsthematik hinzugefügt werden. Diese Gesichtspunkte, anhand derer geklärt werden kann, ob das Tätigsein bestimmter autonomer Herrschaftsstrukturen Staatsform und Staatlichkeit wahrt, stellen sich dabei folgendermaßen dar:

(1) Von der Ebene des grundlegenden politischen Gebundenseins her muß eine Anordnung ausgehen, daß die konkrete Herrschaftsstruktur als ein rechtlich verselbständigter Träger von Hoheitsgewalt vorhanden sein soll.[108] Im Falle der verfassungsrechtlich-ursprünglichen Staatsformmodifikation, wie sie oben dargestellt wurde, leitet sich diese Anordnung aus dem Grundanliegen der verfassungsrechtlichen Ordnung (und der darin verwirklichten Ordnungsvorstellung) selbst ab. So ergibt sich beispielsweise, um wiederum einen Zusammenhang aus dem deutschen Verfassungsrecht zu zitieren, der Bestand der Länder der Bundesrepublik Deutschland in erster Linie aus der nur eingeschränkt änderbaren verfassungsrechtlichen Fundamentalnorm des Art. 20 Abs. 1 GG, die ihrerseits zentrale Kernelemente der grundgesetzlichen Ordnungsvorstellung fixiert.[109] Im Falle der parlamentarisch ins Leben gerufenen Selbstverwaltungsstrukturen beruht diese Anordnung auf dem konkreten, vom Parlament in Kraft gesetzten Einsetzungsakt. Ihr Dasein kann insofern auf den Willen des demos zurückgeführt werden; vom BVerfG und der Mehrzahl der staatsrechtlichen Autoren wird dabei für die Einrichtung autonomer Selbstverwaltungskörperschaften ein Gesetzesvorbehalt angenommen.[110] Entscheidend ist in beiden Zusammenhängen letztlich, daß ein Tätigsein der autonom agierenden Herrschaftsstruktur überhaupt nur dann mit der herrschenden Staatsform vereinbar erscheint, wenn es bereits in seinem Dasein in der einen oder anderen Weise auf die Ebene des Staates zurückgeführt werden kann.

(2) Durch die entsprechende Einsetzungsnorm, auf die sich das Dasein des verselbständigten Trägers von Hoheitsbefugnissen gründet, müssen Aufgabenkreis und örtlicher Wirkungsbereich hinreichend deutlich abgesteckt sein. In diesem Kriterium verkörpert sich der Ableitungscharakter der ganzen Struktur: was durch die verfassungsrechtliche Ordnung (sei es durch ihre eigene Beschaffenheit oder sei es durch ihre Organe) als untergeordnetes, wenngleich autonomes

---

[108] Dieser Zusammenhang wird von *Peter-Christian Müller-Graff* (EWS 2002, 206, 211) als „demokratische Grundlegitimation" bezeichnet.

[109] Dazu auch *Jochen A. Frowein*, in: Starck (Hrsg.), Constitutionalism, Universalism and Democracy – a comparative analysis, S. 53, 60.

[110] BVerfGE 107, 59, 94; *Ernst-Wolfgang Böckenförde*, in: Isensee/Kirchhof (Hrsg.), Handbuch des Staatsrechts, Bd. II, § 24 Rn. 34; *Christoph Degenhart*, Staatsrecht I, Rn. 26 und *Ernst Thomas Emde*, Die demokratische Legitimation der funktionalen Selbstverwaltung, S. 68. Zu parallelen Rechtsfiguren in Großbritannien, die das hier Angenommene bestätigen, siehe *Giandomenico Majone*, ELJ 4 (1998), 5, 15 m. w. N.

Herrschaftsgefüge eingesetzt wird, bleibt in seinem Wesen zwangsläufig beschränkt und wird durch diese Beschränkung an seinen Platz und seine Rolle im Ganzen der Ordnung gebunden. Im Falle einer parlamentarisch bestimmten, die Staatsform ausgestaltenden Autonomie müssen sich diese Grenzen unmittelbar aus dem entsprechenden Einsetzungsakt (oder aus der Natur der Sache) ergeben[111]; im Falle der verfassungsrechtlich-ursprünglichen Staatsformmodifikation folgen sie aus der Verfassung. Der Aufgabenkreis kann dabei in dem zuletzt genannten Zusammenhang (dem Verankertsein der Autonomie in der Ordnungsvorstellung) denkbar breit angelegt sein, wie ein Blick auf die prinzipiell umfassende Zuständigkeit der Länder nach den Artt. 30, 70 ff., 83 ff. GG, aber auch auf die Zuständigkeit der Gemeinden nach Art. 28 Abs. 1 GG beweist[112] – an seiner Kontingentierung im Hinblick auf die räumliche Weite dieses Agierens (deren Beschränkung sich oftmals allein aus der Natur des Verbandes ergibt) und an seinem Zurückbleiben hinter einer echten Allzuständigkeit[113] (das auch dort zu verzeichnen ist, wo die Hoheitsstrukturen, wie beispielsweise die deutschen Bundesländer gemäß Art. 30 GG, über eine Art verfassungsrechtlich zugewiesener Residualkompetenz[114] verfügen) ändert dies nichts.

(3) Den autonom agierenden Herrschaftsstrukturen müssen die auszuübenden Hoheitsbefugnisse durch die verfassungsrechtliche Ordnung oder deren Organe zugeteilt sein. Der Träger der Staatsgewalt, der diese selbstverantwortlich wahrnimmt, darf dem einzelnen gegenüber nur insoweit reglementierend tätig sein, als ihn die Ebene der Verfassung (aus sich selbst heraus oder durch das parlamentarische Handeln) dazu ermächtigt. Wiederum hängt die demokratietheoretische Einordnung – und mittelbar auch die staatsrechtliche Dogmatik in diesem Bereich – maßgeblich davon ab, das Verhältnis von Staat und einzelnem zu verstehen. Die beiderseitige letztmaßgebliche Verbürgung von Rechtsgeltung und Rechtsbefolgung, auf die oben bereits hingewiesen wurde[115], entfaltet sich hier in der Konsequenz, daß der Staat den Erlaß von hoheitlichen Maßnahmen dem einzelnen gegenüber durch autonome Akteure nur dann zu dulden bereit ist, wenn er selbst die Möglichkeit dafür eröffnet; der einzelne sieht sich nur

---

[111] BVerfGE 107, 59, 94. Bei Zweck- und Verwaltungsverbänden folgt diese Festlegung aus den Bestimmungen des Kommunalrechts (vgl. §§ 7 f., 44, 46 SächsKomZG), bei Handwerkskammern aus § 91 HandwO, bei Rechtsanwaltskammern aus §§ 60 ff. BRAO usw.

[112] Von der „Allzuständigkeit" der Gemeinden sprechen u. a. BVerfGE 83, 37, 54; 83, 60, 76; *Hans Herbert von Arnim*, AöR 113 (1988), 1, 23; *Michael Niehaus*, in: Sachs (Hrsg.), Grundgesetz, Rn. 42 zu Art. 28 (der zugleich die Bedingtheit dieser „Allzuständigkeit" durch den Gesetzesvorbehalt in Art. 28 Abs. 2 Satz 1 GG klarstellt) und *Bodo Pieroth*, in: Jarass/Pieroth, Grundgesetz, Rn. 12 zu Art. 28.

[113] Siehe dazu eingehend oben: Erstes Buch, Vierter Abschnitt, IV.1.

[114] *Bodo Pieroth*, in: Jarass/Pieroth, Grundgesetz, Rn. 1 zu Art. 30.

[115] Siehe oben: Erstes Buch, Erster Abschnitt, III.2.

dann autonom agierenden Hoheitsstrukturen (mit dem Zwang, zu gehorchen) gegenübergestellt, wenn dies durch die Verfassungsordnung oder deren Organe gewollt ist. Wo die Autonomie der Akteure unmittelbar in der Verfassungsrechtsordnung wurzelt, ist dieser Zusammenhang in einem weiten Sinn zu verstehen: daß die Gliedstaaten eines föderalistischen Ganzen dem einzelnen gegenüber hoheitlich auftreten, ergibt sich, wenn es um legislative Rechtsakte geht, bereits aus ihrem Gesetzgebungsrecht, das in der Bundesverfassung fixiert ist;[116] in den Fällen einer parlamentarisch bestimmten Ausgestaltung der Staatsform müssen diese Befugnisse, um die Herrschaftsform nicht zu verletzen, durch Parlamentsgesetz festgelegt sein.[117] Die Legitimation der Hoheitsgewalt durch den demos verlangt es in diesem Fall auch, daß es dem Parlament als dem unmittelbar legitimierten (und damit aus demokratischer Sicht zugleich: als dem staatsrechtlich höchsten) Verfassungsorgan vorbehalten bleibt, grundlegende politische Entscheidungen zu treffen – es gehört zum Anspruch der demokratischen Staatsform, daß nur die vom Volk legitimierten Organe[118] des obersten Ordnungsniveaus dazu befugt sind, die wesentlichen Belange dieser Gemeinschaft, insbesondere wenn die Stellung des einzelnen von ihnen berührt wird, verbindlich zu regeln.[119] Die staatsrechtliche Dogmatik hat diesen Zusammenhang unter den Stichworten der Wesentlichkeitstheorie und des Parlamentsvorbehalts thematisiert.[120]

(4) Aus dem entsprechenden Einsetzungsakt müssen sich auch die Grundsätze der Binnenverfassung des autonom agierenden Hoheitsträgers ergeben. Die organisationsrechtlichen Grundsätze der jeweiligen Binnenstruktur werden in

---

[116] Dieses ergibt sich einerseits aus den positiven Bestimmungen über eine entsprechende Zuständigkeit (z.B. nach den Artt. 70ff., 83ff. GG), andererseits jedoch auch aus der bundesstaatlichen Grundaussage der verfassungsrechtlichen Ordnung.

[117] BVerfGE 107, 59, 94. Hinzu kommt innerhalb eines rechtsstaatlich verfaßten Staatswesens der Vorbehalt des Gesetzes, wonach Eingriffe des Staates in Freiheit oder Eigentum des einzelnen nur auf der Grundlage eines Gesetzes zulässig sind; siehe *Christoph Degenhart*, Staatsrecht I, Rn. 288. Im Kern betrifft auch dies die Art und Weise des individuellen Eingebundenseins in die staatliche Ordnung.

[118] Daß auch die Regierung ein demokratisch legitimiertes Verfassungsorgan ist, betonen BVerfGE 68, 1, 108f. und *Christoph Degenhart*, Staatsrecht I, Rn. 30.

[119] *Reinhard Hendler*, Selbstverwaltung als Ordnungsprinzip, S. 317f. Vgl. nunmehr aber BVerfGE 107, 59, 93: es genüge jedoch nicht, „daß die Aufgaben, die der Funktionsträger erledigen soll, von wesentlicher Bedeutung für das Allgemeinwohl sind". Dies widerspricht indes nicht unbedingt der hier vertretenen Ansicht: in der Lesart des BVerfG bezieht sich die „Wesentlichkeit" auf die Wahrnehmung einer konkreten Aufgabe (Sicherstellung der Wasserversorgung), hier jedoch auf die grundlegende Festlegung bestimmter Rechts- und Ordnungsstrukturen. Eine Abschwächung des Wesentlichkeitsgedankens findet sich indes bei *Gertrude Lübbe-Wolff*, VVDStRL 60 (2001), 246, 284.

[120] Zur Wesentlichkeitstheorie BVerfGE 47, 46, 78ff. (ständige Rspr.); *Christoph Degenhart*, Staatsrecht I, Rnrn. 304ff.; zum Parlamentsvorbehalt *Christoph Degenhart*, a.a.O., Rnrn. 30ff. Die hier in Frage stehenden Gesichtspunkte betreffen die demokratietheoretische Ableitung beider Maximen (vgl. *Christoph Degenhart*, a.a.O., Rn. 31).

den Fällen einer verfassungsrechtlich-ursprünglichen Staatsformmodifikation durch die entsprechenden Verfassungsvorgaben determiniert, die (wie oben bereits erörtert) einen Ausgleich darstellen zwischen Autonomie und Staatsformmodell. So schreibt beispielsweise Art. 28 Abs. 1 GG den bundesstaatlichen Gliedern die Grundsätze der rechtsstaatlichen und demokratischen Ordnung vor, auch sichert Art. 28 Abs. 1 Satz 2 GG mindestnotwendige Mitbestimmungsstandards für die Gemeinde. In den Zusammenhängen einer vom Parlament bestimmten, staatsformgestaltenden Autonomie zeichnet demgegenüber das jeweilige Einsetzungsgesetz die Binnenverfassung der zu errichtenden Herrschaftsstrukturen vor. Ihr Handeln wird dadurch insoweit vom Willen des demos getragen, als die Beschaffenheit ihrer Organe, deren Zuständigkeit und deren Funktion, auf einer Entscheidung seiner Vertreter beruhen.[121]

(5) Aus der obersten Ordnungsstruktur muß sich weiterhin ableiten lassen, welche rechtliche Stellung die eingerichtete Körperschaft innerhalb des Gesamtstaats genießt. Der abgeleitete Charakter jedes nachgeordneten Trägers staatlicher Hoheitsbefugnisse wird hierbei wiederum sichtbar: in welchem Verhältnis ein autonom agierender Hoheitsinhaber zur Gesamtheit des Staatswesens steht, kann sich nur aus der gesamtstaatlichen Verfassung als dem Ausdruck eines höchsten und letztverantwortlichen Gebundenseins und den Rechtsakten der Verfassungsorgane herleiten lassen. Die Stellung, die eine verfassungsrechtlich-ursprüngliche, durch ihre Verankerung in der Ordnungsvorstellung zur Selbständigkeit berufene Teilordnung innerhalb eines Staatsganzen einnimmt, ergibt sich dabei z.T. unmittelbar aus Verfassungsprinzipien, zum überwiegenden Teil jedoch aus deren positiver Ausgestaltung im Verfassungsgesetz. Gliedstaatliche und gesamtstaatliche Ordnung werden im Grundgesetz u. a. in Art. 31 koordiniert, aber beispielsweise auch durch die Vorschriften über die Mitwirkung des Ländergremiums Bundesrat an der Gesetzgebung des Bundes.[122] Gleiches gilt für das Verhältnis der Gemeinden zum Staat, das Art. 28 Abs. 2 Satz 1 GG durch die Wendung „im Rahmen der Gesetze“ definiert. Die Strukturen dieses Eingebettetseins können, wenn überhaupt, nur auf verfassungsrechtlicher Ebene umgestaltet werden. Für die Fälle des parlamentarisch eingesetzten Selbstverwaltungsträgers ergibt sich dieses Verhältnis zum Teil schon aus dem Wesen des parlamentarischen Einsetzungsaktes an sich, dem die Möglichkeit der Änderung und Aufhebung innewohnt, insbesondere aber aus dessen Inhalt, der die Beziehungen eines solchen autonom agierenden Hoheitsträgers zu allen anderen Stellen der Hoheitsgewalt (mindestens implizit) festlegt. Zur Einbindung des Selbstverwaltungsträgers in die staatliche Ordnung ist dies unerläßlich.[123]

---

[121] Vorgaben hierfür finden sich nun auch in BVerfGE 107, 59, 93.
[122] Hierzu ausführlich: *Christoph Degenhart*, Staatsrecht I, Rnrn. 657 ff.
[123] *Ernst Thomas Emde*, Die demokratische Legitimation der funktionalen Selbstverwal-

(6) Zu diesen fünf, von *Ernst-Wolfgang Böckenförde* im Hinblick auf die Staatsformverträglichkeit von Selbstverwaltungskörperschaften herausgearbeiteten Kriterien ist ein weiteres zu ergänzen, das bereits im Rahmen der Staatlichkeitsuntersuchung (als achtes Merkmal des Staatseins) eine wichtige Rolle gespielt hat und das mit dem Stichwort „rechtliches Aufsichtsinstrumentarium" bezeichnet werden kann. *Autonom agierende Herrschaftsstrukturen im Inneren einer staatlichen Ordnung können danach nur dann mit dem Bestand der demokratischen Staatsform zu vereinbaren sein, wenn rechtlich sichergestellt ist, daß sich der Wille des Volkes, den Parlament und Regierung verwirklichen sollen, in jedem Fall durchzusetzen vermag, wenn ein entsprechender Hoheitsträger den Rahmen, der ihm gezogen wurde, verläßt.* Ungeachtet der Autonomie, welche die Verfassung oder deren Organe eingeräumt haben, ist es daher geboten, daß die Möglichkeit einer rechtlichen Kontrolle dieser Strukturen besteht. Eine solche rechtliche Kontrolle vollzieht sich dort, wo es um verfassungsrechtlich-ursprünglich eingesetzte Autonomieträger geht, insbesondere durch die verfassungsrechtlichen Aufsichtsmöglichkeiten des Bundes gegenüber den Ländern, wie sie u.a. durch Art. 84 Abs. 3 Satz 1 GG eingerichtet wurden. Im Falle der parlamentarisch bestimmten Selbstverwaltungsstrukturen verwirklicht sich dieses Erfordernis durch deren Unterstelltsein unter das verwaltungsrechtliche Regime der Rechtsaufsichtsinstrumentarien, das (in jenem weiten Sinne des Wortes „Rechtsaufsicht", um den es hier geht) administrative und judizielle Kontrollmechanismen umschließt.

Tab. 1: Staatsform und Autonomie

Staatsformsichernde Beschränkungen autonom agierender Herrschaftsstrukturen	*Verfassungsrechtlich-ursprüngliche Staatsformmodifikationen (z. B. bundesstaatliche Gliedstaaten)*	*Parlamentarisch bestimmte Staatlichkeitsentfaltung (z. B. kommunale Zweck- und Verwaltungsverbände)*
(1) Bestandsanordnung	durch verfassungsinhärente oder explizite Staatsstrukturprinzipien (z.B. Art. 20 Abs. 1 GG) – Modifikation der idealtypischen Staatsform im konkreten Staat	durch Parlamentsgesetz (gegebenenfalls auch: durch Verfassungsgesetz)

tung, S. 82 ff.; *Werner Frotscher*, in: Festgabe für Georg Christoph von Unruh, S. 127, 147 und *Hans H. Klein*, in: Festschrift für Ernst Forsthoff, S. 165, 180.

(2) Festlegung des räumlichen und gegenständlichen Aufgabenkreises	durch eine verfassungsrechtlich festgelegte Aufgabenverteilung (und durch die fehlende Kompetenzkompetenz des Gliedstaats als äußerste Grenze)	durch gesetzlich bestimmte Aufgabenzuweisungen und Regelungen zum örtlichen Wirkungsbereich
(3) Zuweisung hoheitlicher Handlungsbefugnisse gegenüber dem einzelnen	durch explizite Zuweisung oder durch ein entsprechendes Angelegtsein in der konkreten verfassungsstrukturellen Gesamtkonzeption	durch gesetzliche Handlungs- und Eingriffsermächtigungen (bis zur Grenze der Grundrechtswesentlichkeit)
(4) Determination der Binnenverfassung	durch die Gesamtverfassung (z.B. Art. 28 Abs. 1, 2 GG)	durch das Gesetz selbst (in den Grenzen der Staatsform)
(5) Determination der Stellung innerhalb des Staatsganzen	durch die Verfassung (als Ausdruck der herrschenden Ordnungsvorstellung)	z.T. durch die Rechtsnatur des Einsetzungsaktes (Reform und Abschaffung), i.ü. durch dessen Inhalte
(6) Rechtliche Aufsichtsinstrumentarien	durch verfassungsrechtliche Mittel der Rechtsaufsicht des Bundes (z.B. Art. 84 Abs. 3 Satz 1 GG)	durch das verwaltungsrechtliche Rechtsaufsichtsregime (im weiteren Sinne)

In welcher Beziehung stehen diese Erwägungen nun zu der hier zu untersuchenden Frage der Staatsformbeeinträchtigung im europäischen Integrationsprozeß? Welche Rolle spielen die genannten sechs Kriterien für das Demokratiedefizit der EU? Die Antworten hierauf wurden bereits mehrfach angedeutet: die beschriebenen sechs Komponenten definieren das Wesen der abgeleiteten Ordnungsstruktur; aus ihnen ergibt sich der Maßstab, wann trotz autonomer Herrschaftsstrukturen die Staatsform gewahrt worden ist. Dies ist der Fall, wenn (oder in zeitlicher Perspektive betrachtet: so lange, wie) alle diese Anhaltspunkte dem Wesen der konkreten Autonomie entsprechend – verfassungsrechtlich-ursprünglich oder parlamentarisch bestimmt – erfüllt worden sind und erfüllt werden können. Untergeordnete Hoheitsstrukturen, die in der Organisation ihrer Binnenverfassungen rechtlich vollkommen frei oder in ihren Aufgaben unbeschränkt sind, sprengen die herrschende Staatsform – Beschaffenheit und Wirken gehen dann nicht länger auf den Willen des demos zurück. Die nachträgliche Einrichtung entsprechender Hoheitsstrukturen durch den einfachen oder den verfassungsändernden Gesetzgeber bedeutet gerade keine Ausgestaltung einer bisher bestehenden Ordnungsvorstellung; staatsformsprengende Herrschaftsstrukturen treten in den Konflikt mit dieser und brechen die staatsformtragenden Normen des geltenden Staatsrechts – ein Zusammenhang, der im Hinblick auf die grundgesetzlichen Vorgaben aus Art. 79 Abs. 3 GG i. V. m. Art. 20 Abs. 1 GG (im Ersten Abschnitt des Vierten Buches) noch zu erörtern sein wird. Wie sich die Beeinträchtigung der Staatsform im Integrationsprozeß nachweisen läßt, zeigt sich, wenn man die hier dargestellten sechs Komponenten auf einen Sonderfall der abgeleiteten Ordnungsstruktur, die Bindungen des Gemeinwesens mit seinesgleichen, anwendet.

3. Staatsformsichernde Autonomiebeschränkungen und deren rechtliche Umsetzung im Falle des äußeren (völkerrechtlichen) Verpflichtetseins

Die Einsetzung autonom agierender Herrschaftsstrukturen muß sich nicht auf das Innere eines Staatswesens beschränken: auch bei der Gründung zwischenstaatlicher Einrichtungen und internationaler Organisationen handelt es sich um Formen von abgeleiteter und nachgeordneter Hoheitsgewalt, die durch die Ebene des Verfassungsrechts und die Entscheidungen ihrer Organe hervorgebracht werden.[124] Die oben dargestellten sechs Komponenten sind auch hierbei als Maßstäbe zu gebrauchen, wenn untersucht werden soll, ob die Einsetzung einer solchen Hoheitsstruktur mit der bisherigen Staatsform zu vereinbaren ist – eine Untersuchung, die eine staatlichkeitstheoretisch bedeutsame (und die verfassungsrechtlich wichtigste) Facette dessen betrifft, was in der gegenwärtigen Verfassungsdiskussion als europäisches Demokratiedefizit aufgefaßt wird.[125] Um zu ergründen, wann eine solche Einbindung die bestehende Staatsform sprengt, muß zunächst festgestellt werden, ob es sich in den Fällen des äußeren Verpflichtetseins (insbesondere natürlich im Hinblick auf die EU) um eine Form von verfassungsrechtlich-ursprünglicher Staatsformmodifikation oder um eine parlamentarisch bestimmte Staatlichkeitsausgestaltung handelt. Von der Art ihres Zustandegebrachtwerdens her betrachtet, liegt der Daseinsgrund entsprechender Organisationen im Willen der Verfassungsorgane begründet – und gerade nicht im Kerngehalt der verfassungsrechtlichen Ordnung. Die völkerrechtlichen Gründungsverträge internationaler Organisationen werden durch die Vertreter der Mitgliedstaaten geschlossen, die dabei zumeist als demokratisch (mittelbar) legitimierte Repräsentanten der einzelnen Staatsvölker handeln. Selbst dort, wo der Text des Verfassungsgesetzes die Mitwirkung eines Staates in dieser und jener internationalen Staatenvereinigung vorsieht, muß dies eher als eine verfassungsgesetzliche Fixierung bestimmter außenpolitischer Belange denn als Bestandteil der staatlichkeitsstiftenden Ordnungsvorstellung aufgefaßt werden. Derartige Regelungen, wie sie sich z. B. (in einer vergleichsweise konkreten Aussage zugunsten eines solchen internationalen

---

[124] Siehe dazu oben: Erstes Buch, Zweiter Abschnitt, II.3.

[125] Siehe dazu unten: Zweiter Abschnitt.

Eingebundenseins) auch in Art. 23 Abs. 1 Satz 1 GG finden[126], fungieren nicht als „verfassungsgestaltende Grundentscheidung" (um einen Ausdruck der heutigen Staatsrechtslehre, hier in seiner Formulierung durch *Christoph Degenhart*, aufzugreifen[127]), was sich durchaus pauschal, ohne Rücksichten auf die Umstände und den Inhalt der entsprechenden Verfassungsbestimmungen, festhalten läßt – aus einem Grund, der noch einmal in einer ganz entscheidenden Weise mit dem Wesen des Staatseins zu tun hat: der Grundanspruch jeder Verfassung, ein bestimmtes Gemeinwesen durch die rechtliche Fixierung einer einenden und abgrenzenden Ordnungsvorstellung zur politischen Einheit zu formen, impliziert als politisch-ideellen Nukleus den Gedanken des Unabhängigseins. Zwar lassen sich aus dieser Unabhängigkeit heraus völkerrechtliche Bindungen aller Art eingehen, doch können diese nicht von vornherein den Grund (oder auch nur den Teil eines Grunds) der staatlichen Einheit bilden. Wo die dauerhafte Integration des Gemeinwesens in eine größere Einheit Teil der Ordnungsvorstellung ist, wird daher nicht das einzelne Glied, sondern die Einheit des Gesamtraumes als Bezugsgröße der letztverbindlichen Ordnung gewählt. Der Wunsch, als Gemeinwesen in diesem oder jenem zwischenstaatlichen Bündnis zu stehen, trägt zur Einheitsbegründung und Ordnungseinrichtung im Inneren des Staates nichts bei. Hinzu kommt, daß die nationale Verfassung niemals imstande sein kann, die Existenz einer internationalen Organisation zu verbürgen. Insofern handelt es sich auch dort, wo der Verfassungstext eine Mitwirkungsverpflichtung verbürgt, nicht um einen Unterfall der verfassungsrechtlich-ursprünglichen Autonomie einer Herrschaftsstruktur, wie sie in den vorangegangen Absätzen vorgestellt wurde, sondern um die Sonderform einer parlamentarisch bestimmten Staatlichkeitsentfaltung (auf deren staatsformbezogene Besonderheit nun einzugehen ist).[128]

Angewendet auf den Fall des äußeren völkerrechtlichen Verpflichtetseins, ergibt sich damit für die Frage nach der Staatsformverträglichkeit abgeleiteter Herrschaftsstrukturen folgendes Bild:

(1) Die Mitwirkung des Staates in internationalen Organisationen ist mit der bestehenden demokratischen Staatsform nur dadurch in Einklang zu bringen,

---

[126] Eine hiermit vergleichbare Norm enthält Art. 88–1 der französischen Verfassung; auch diese bezieht sich auf eine Mitwirkung in der EU.

[127] Staatsrecht I, Rn. 1 (Überschrift). – Dies erklärt i.ü. auch, warum das Grundgesetz für den Fall der Neugliederung des Bundesgebietes in Art. 29 Abs. 2 Satz 1 einen Volksentscheid vorsieht, für den Eintritt in eine supranationale Bindung demgegenüber nicht: anders als die supranationale Einbindung zählt der Bestand der Länder zum Kerninhalt der grundgesetzlichen Ordnungsvorstellung. Die Kritik *Hermann Klenners* hieran ist daher verfehlt (vgl. *dens.*, in: Franke/Schöneburg/Schumann [Hrsg.], Spannung im Verfassungsbogen, S. 37, 42).

[128] Es ist daher richtig, wenn BVerfGE 89, 155, 184 meint, daß sich die Legitimation der hoheitlichen Befugnisse, welche die EG ausübt, „zuvörderst" durch die nationalen Parlamente vollzieht.

daß die unmittelbare Vertretung des demos, das Parlament, dieser Mitwirkung zustimmt; nur dann ist es mit der obersten Herrschaft des Volkes vereinbar, daß eine internationale Organisation als unabhängig agierende Entscheidungsinstanz den demokratisch gestalteten Staat rechtlich bindet. Die rechtliche Form, in der dies geschieht, findet sich im jeweiligen nationalen *Zustimmungsgesetz*, wie dieses in Art. 59 Abs. 2 Satz 1 GG ausdrücklich vorgesehen ist.[129] Den damit angedeuteten Zusammenhang von Demokratiegebot und parlamentarischem Zustimmungsakt hat auch das BVerfG im Maastrichturteil betont.[130]

(2) Beitritte zu internationalen Organisationen sind mit dem Charakter der Staatsform außerdem nur zu vereinbaren, wenn der *Aufgabenkreis* der entsprechenden Organisation hinreichend deutlich abgesteckt ist. Der Gründungsvertrag, dem das Parlament als Vertretung des demos zustimmen soll, muß besagen, in welchen Aufgabenfeldern die internationale Organisation tätig sein darf. Bestimmtheit und Vorhersehbarkeit des Einsetzungsaktes erscheinen somit aus demokratisch-staatsformbezogener Sicht unverzichtbar[131], dies um so mehr, als sich aus der einmal eingegangenen Bindung völkerrechtliche Pflichten ergeben, die nicht oder nur unter erheblichen Schwierigkeiten wieder gelöst werden können. Dem Mitgliedstaat müssen zudem Aufgaben und Befugnisse von substantiellem Gewicht verbleiben.[132] Das BVerfG hat auch diese Konsequenzen im Maastrichturteil gezogen.[133]

(3) Internationale Organisationen treten dem einzelnen nur ausnahmsweise unmittelbar gegenüber.[134] Wo sie dies tun[135], müssen sich aus dem Vertrag (und damit zugleich aus dem Zustimmungsakt) konkret benannte Befugnisnormen ergeben, die der Organisation die Möglichkeiten eröffnen, mit *unmittelbarer*

---

[129] BVerfGE 89, 155, 184.

[130] BVerfGE 89, 155, 183 f.

[131] *Marcel Kaufmann*, Europäische Integration und Demokratieprinzip, S. 486 (These 20).

[132] BVerfGE 89, 155, 186; *Dieter Grimm*, Jahrbuch zur Staats- und Verwaltungswissenschaft 6 (1992/93), 13, 17; *Paul Kirchhof*, JZ 1998, 965, 972; vgl. dazu ferner auch *Christoph Möllers*, Staat als Argument, S. 408, der den Zusammenhang von Staatlichkeit und Demokratie (im Hinblick auf integrationsbedingte Zuständigkeitenverluste) zutreffend erkennt.

[133] BVerfGE 89, 155, 187 f.

[134] Beispiele dafür bieten neben den Handlungen der supranationalen Organisationen wie der EG insbesondere Einrichtungen zum internationalen Menschenrechtsschutz wie etwa das System der EMRK, die dem einzelnen Klagemöglichkeiten eröffnen, oder auch die sich entwickelnde internationale Strafgerichtsbarkeit, vor der sich einzelne für die von ihnen begangenen Kriegsverbrechen zu verantworten haben; vgl. *Kay Hailbronner*, in: Vitzthum (Hrsg.), Völkerrecht, 3. Abschnitt, Rnrn. 22 ff.

[135] Beispielhaft hierfür sind die unmittelbar geltenden Vorschriften des EG-Rechts, die außer bestimmten Teilen des EG-Vertrags selbst insbesondere unmittelbar geltende Verordnungen (Art. 249 UAbs. 2 Satz 2 EGV) und Entscheidungen (Art. 249 UAbs. 4 EGV) umfassen.

Durchgriffswirkung rechtlich verbindlich zu handeln, und die zugleich bestimmen, unter welchen Voraussetzungen die entsprechenden Rechtsakte statthaft erscheinen.[136] Wo dies nicht gewahrt bleibt, sprengen die Handlungen des supranationalen Verbandes (denn von einem solchen ist zu sprechen, wenn internationale Rechtsakte im innerstaatlichen Raum rechtlich unmittelbar, mit Wirkung auch für den einzelnen gelten[137]) die bisher herrschende Staatsform; sie behaupten dann eine unabgegrenzte Unmittelbarkeit gegenüber dem Bürger, die nur dem Staatshandeln zukommt. Zu diesem allgemeinen Zusammenhang von Herrschaftsform und hoheitlicher Regelungsbefugnis (der, in schlagwortartiger Kürze auf die Formel: ‚Demokratie = Herrschaft des Parlamentes über die rechtliche Ordnung' gebracht werden kann, und der allein schon durch die supranationale Integration als solche in Frage gestellt wird), kommen zwei weitere Gesichtspunkte hinzu, die diese Staatsformgefährdung entscheidend verstärken: dies ist einerseits, im Hinblick auf den Inhalt der supranationalen Entscheidung, der Gedanke der Wesentlichkeit, und dies ist andererseits, im Hinblick auf das Zustandekommen des Rechts, die Frage nach der Beschaffenheit des supranationalen Entscheidungsverfahrens. Wie weiter oben bereits angesprochen wurde, setzt es der Fortbestand der heute herrschenden demokratischen Staatsform voraus, daß alle grundlegenden politischen Fragen durch die Verfassungsorgane des jeweiligen Staates gelöst werden können. Hieran ändert es nichts, daß internationale Organisationen mehr und mehr auch über Themen entscheiden, die für den Staat von höchster Wichtigkeit sind, wie beispielsweise Militäreinsätze oder zentrale Fragen der internationalen Handelspolitik[138] – diese Beschlüsse verpflichten grundsätzlich die Staatengemeinschaft und werden vom jeweiligen Staat dem einzelnen gegenüber durch entsprechende Umsetzungsregeln verwirklicht, welche die Verfassungsorgane letztverbindlich zu verantworten haben. Zur Staatsformgefährdung entwickelt sich diese Konstellation jedoch, wenn eine internationale Organisation die Befugnis erlangt, in bestimmten zentralen Bereichen (Wirtschaft und Währung, oder gar Sicherheit und Verteidigung) dem einzelnen gegenüber rechtlich verbindlich zu handeln, d.h. im Falle einer supranationalen Union. In dem Maße, wie deren unmittelbar geltendes Recht durch Mehrheitsentscheidung zustande gebracht wird – angesprochen wird damit der zweite verstärkend hinzutretende Umstand –, verliert

[136] Neben der Verletzung der Staatsformbestimmungen droht hier auch die Beeinträchtigung eines weiteren Staatsstrukturprinzips: der Rechtsstaatlichkeit. Dementsprechend dürfen unmittelbar wirkende Entscheidungen der EG nach Art. 249 UAbs. 4 EGV keine den einzelnen belastenden Rechtsfolgen setzen; so *Matthias Ruffert*, in: Calliess/Ruffert (Hrsg.), Kommentar zu EU-Vertrag und EG-Vertrag, Rn. 118 zu Art. 249 EGV; vgl. auch EuGH, Rs. 30/75, Slg. 1975, 1419, 1428.

[137] Siehe dazu die Nachweise in Fn. 3 der Einleitung.

[138] Zu denken ist hierbei u.a. an Resolutionen des UN-Sicherheitsrates nach Art. 25 der Charta der Vereinten Nationen oder Entscheidungen des WTO-Streitschlichtungsverfahrens (dazu *Rudolf Dolzer*, in: Vitzthum [Hrsg.], Völkerrecht, 6. Abschnitt, Rn. 71 m.w.N.).

die Vertretung des Volkes zudem ihre Fähigkeit, im einzelnen zu bestimmen (oder wenigstens mitzubestimmen), was den Inhalt der rechtlichen, von ihm zu verantwortenden Ordnung ausmacht; sie verliert damit zugleich die Kontrolle darüber, was dem einzelne Rechtssubjekt abverlangt wird. Inwieweit in einer solchen Konstellation die Staatsform der Glieder dennoch gewahrt bleiben kann, soll der folgende Abschnitt anhand des europäischen Integrationsvorgangs beleuchten.

(4) Was die Ausgestaltung der *Binnenverfassung* betrifft, so muß auch diese sich aus dem parlamentarischen Zustimmungsakt in seiner Verbindung mit dem Text, dem zugestimmt wurde, ergeben. Der internationale Verband müßte anderenfalls eine unabgeleitete Hoheit in Organisationsfragen gewinnen, die im Vierten Abschnitt des Ersten Buches als ein Merkmal der Staatlichkeit vorgestellt wurde[139] und die zugleich neben dieser auch die herrschende Staatsform tangiert. Organe, deren Dasein vom parlamentarischen Zustimmungsakt nicht mehr umfaßt ist, sprengen, wenn sie dem Staat gegenüber rechtlich verbindlich auftreten sollen, die demokratische Ordnung. Da es sich auch bei der Begründung internationaler und supranationaler Hoheitsgewalt um eine parlamentarisch bestimmte Staatlichkeits- und Staatsformentfaltung handelt, ist auch die Binnenverfassung dieser Herrschaftsstrukturen an jenen Rahmen gebunden, den die Grundentscheidungen der Verfassung ihr vorgeben: so ist auch die supranationale Union in ihrem Handeln gegenüber dem einzelnen an das Rechtsstaatsprinzip gebunden; für ihre organisatorische Ausgestaltung gilt der Grundsatz der Demokratie (was das für die Verfassungsordnung bedeutet, wird im Zweiten Abschnitt dieses Buches erörtert, welche Rechtsfolgen sich daraus ergeben, zeigt der Erste Abschnitt des Vierten Buchs). Im Grundgesetz wird dieser Zusammenhang durch die sogenannte „Struktursicherungsklausel"[140] in Art. 23 Abs. 1 Satz 1 zum Ausdruck gebracht, der insofern, vor dem Hintergrund des hier vertretenen Staatlichkeitsdenkens, als Parallelbestimmung zu Art. 28 Abs. 1 Satz 1 GG aufgefaßt werden muß.

(5) Dieselben Gedanken lassen sich auch auf die komplexe Thematik übertragen, welche Stellung diese oder jene internationale Organisation und das von ihr gesetzte Recht im Hinblick auf den Einzelstaat einnehmen. Die demokratische Staatsform, die auf der Herrschaft des demos beruht, verbietet es dabei, daß sich das Ableitungsverhältnis von Staatlichkeit und Mitgliedschaft umkehrt (oder, um etwas genauer zu sein: sie verbietet, daß es nicht mehr die Staatlichkeit des Einzelglieds ist, welche *die Art und Weise des Eingebundenseins ins Ganze* determiniert, sondern die Staatlichkeit dieser Gesamtheit) und die Organisation aus sich heraus über die Stellung des Staates in ihrem Inneren ent

[139] Siehe oben: Erstes Buch, Vierter Abschnitt, IV.2.
[140] Siehe dazu unten: Viertes Buch, Erster Abschnitt.

scheidet. Die Beziehungen zwischen staatlicher und suprastaatlicher Rechtsmasse müssen sich aus der vertraglichen Vereinbarung der daran beteiligten Staaten ergeben; nur so kann sie durch deren Völker verantwortet werden.

(6) Wenngleich eine *rechtliche Aufsicht* des Staates über das Tätigsein internationaler oder supranationaler Organisationen schon aus dem völkerrechtlichen Wesen dieser Verbände heraus nicht in Betracht kommen kann, so muß doch das letzte Wort über die Vereinbarkeit internationaler Rechtsakte mit den Prinzipien des einzelstaatlichen Rechts, zumindest dort, wo es um Verfassungsgrundsätze geht, beim einzelnen Mitgliedstaat liegen.[141] Die Zusammenhänge von Staatlichkeit und letzter gerichtlicher Kontrollmöglichkeit bzw. Rechtsaufsichtsmitteln, die weiter oben als siebtes und achtes Staatlichkeitskriterium diskutiert worden sind[142], wirken sich hier als Indikatoren des Staatsformbestandes aus: wo den Mitgliedstaaten nahezu sämtliche Möglichkeiten aus der Hand genommen wurden zu überprüfen, ob das Tätigsein der supranationalen Union seine eigenen rechtlichen Grundlagen wahrt, erscheint die demokratische Staatsform (in den bisherigen Staaten) gefährdet – ebenso (und um so mehr noch) dort, wo die supranationale Union über eigene Rechtsaufsichtsmittel gegenüber den Mitgliedstaaten verfügt. In dem Augenblick, in dem sich das bisherige Verhältnis von Beaufsichtigung und Beaufsichtigtwerden in sein Gegenteil wendet, verzichtet das Gemeinwesen auf eine ihm eigene Staatsform – das Staatsvolk verliert die oberste Herrschaftsgewalt an einen übergeordneten Träger und hört damit (im Hinblick auf seine verfassungsrechtlich-staatsorganisatorische Rolle in der Demokratie) auf, demos zu sein.

Die Untersuchung der behandelten sechs Komponenten unter dem Gesichtspunkt ihrer Anwendbarkeit auf die Formen des äußeren völkerrechtlichen Verpflichtetseins hat eines sehr deutlich gezeigt: wenn es um den Fortbestand der demokratischen Staatsformen geht, ist in verschiedener Hinsicht zu prüfen, wie sich der Integrationsprozeß auf die Stellung und Rolle der mitgliedstaatlichen Volksvertretungen auswirkt. Welche Regelungszuständigkeiten bleiben in ihren Händen? Welches Gewicht haben diese im Hinblick auf die Gesamtverantwortung für das Wohlergehen der konkreten Einzelgemeinschaft? Welche Möglichkeiten bleiben dem Parlament, mittelbar (durch die Bestellung, Anweisung und Kontrolle anderer Verfassungsorgane) oder unmittelbar (durch seine Zustimmung zum Primärrecht) auf den Inhalt supranational erlassener, innerstaatlich geltender Rechtssätze Einfluß zu nehmen? Aus den Antworten hierauf, die im nächsten Abschnitt gesucht werden sollen, wird es sich ergeben, was

---

[141] Siehe dazu oben: Erstes Buch, Vierter Abschnitt, V.1.

[142] Siehe oben: Erstes Buch, Vierter Abschnitt, V.1. und 2.

der Umbruch der Staatlichkeit in Europa für den Bestand der demokratischen Staatsform in den Mitgliedstaaten bedeutet.

IV. Zwischenergebnis: Zusammenhänge von Staatlichkeits- und Staatsformbestand – die Entwicklungsmöglichkeiten eines gesamteuropäischen demos und deren staatstheoretische Folgen

Die vorangegangenen Darlegungen haben bewiesen, daß die Frage der Staatlichkeit mit der Thematik der Staatsform aufs Engste verbunden erscheint: der Bestand einer Staatsform ist stets an den Bestand des Staatseins geknüpft. Die Zukunft der Demokratie hängt mithin davon ab, in welcher Form eine Herrschaft des demos innerhalb der künftigen Ordnung möglich sein wird, welche Sachzuständigkeiten der von ihm gewählten Vertretung verbleiben, wer über deren Verteilung entscheidet, wer die organisatorische Ausgestaltung des Ordnungsganzen in letzter Verantwortung beherrscht usw. All diese Punkte kennzeichnen zweierlei: den Bestand der Demokratie als Staatsform und den Bestand der Staaten als Staaten. Die Verbundenheit beider Aspekte liegt in der Natur des demos begründet, der als jenes Volk verstanden werden muß, das zur unabhängigen politischen Ordnung verbunden ist und innerhalb dieser politischen Einheit die Herrschaft selbst ausüben will. Dies bringt es mit sich, daß die Staatsform der Demokratie nicht auf jeder beliebigen Ebene neu installiert werden kann: wo der demos die Herrschaft verliert, sind Staatlichkeitsfrage und Staatsformthematik offen. Ohne die Ergebnisse des nächsten Abschnitts vorwegnehmen zu wollen, läßt sich aus den behandelten Zusammenhängen heraus eine bestimmte, mit der Staatlichkeitsfrage unmittelbar zusammenhängende theoretische Schlußfolgerung bereits am Ende dieses Abschnitts in der gebotenen Deutlichkeit aussprechen: der Ausbau demokratischer und demokratieähnlicher Strukturen von oben herab kann die Demokratie auf einer anderen Ebene ebensowenig begründen, wie der weitere Ausbau verfassungsrechtlicher Staatlichkeitskennzeichen das Gelingen der Bundesstaatsgründung verbürgt. Wie es um die Frage der Staatsform im europäischen Einigungsvorgang bestellt ist, soll, vor dem Hintergrund dieser Erkenntnis, der folgende Abschnitt beschreiben.

2. Abschnitt

Staatsformentwicklung im europäischen Integrationsprozeß

I. Das gegenwärtige Demokratiedefizit der Europäischen Gemeinschaft als Folge zweier sich überschneidender Staatsformbegründungen

1. Die Dualität des europäischen Demokratiedefizits aus staatlichkeitsbezogener Perspektive

Die Auseinandersetzungen um die juristische Bewertung des europäischen Integrationsprozesses wurden über mehrere Jahrzehnte hinweg von einem Thema mitbestimmt, das mit der Staatlichkeitsfrage in engstem Zusammenhang steht: gemeint ist das sogenannte europäische Demokratiedefizit.[143] Dessen Ursachen lassen sich indes nur dann umfassend entschlüsseln, wenn es gelingt, den Beziehungsreichtum von Staatlichkeits- und Staatsformthematik in seiner konkreten Gestalt, im Hinblick auf die Brüche und Kontinuitäten des Staatseins im europäischen Einigungsvorgang, nachzuvollziehen. Im folgenden soll daher versucht werden, das Demokratiedefizit, dem hier verfolgten Ansatz entsprechend, als eine Summe von Übergangserscheinungen wahrzunehmen, die sich nur dann in ein ganzes und stimmiges Bild fassen lassen, wenn man bei der Betrachtung der in Europa errichteten Herrschaftsordnung Kommendes und Gehendes trennt. Der Versuch der herrschenden Sicht, die heutige Legitimationsstruktur der Union als etwas Ganzes und für den Augenblick Fertiges zu interpretieren, verstellt die Einsicht in den wichtigsten Zusammenhang[144]: sie

---

[143] Einen Überblick über die einzelnen Aspekte, die sich damit verbinden, bieten *Paul Craig*, in: Craig/de Búrca (Hrsg.), The Evolution of EU Law, S. 1, 23f.; *Ulrich Haltern*, Europarecht und das Politische, S. 434ff.; *Andreas Tiedtke*, Demokratie in der Europäischen Union, S. 29ff. und *Amaryllis Verhoeven*, The European Union in Search of a Democratic and Constitutional Theory, S. 60. Allgemein dazu auch *Helmut Goerlich*, Theodor-Litt-Jahrbuch 2007/5, 63, 77f.

[144] Anschaulich hierfür sind die Ausführungen *Ernst-Ulrich Petersmanns* (CMLR 32 [1995], 1123, 1138), der pauschal von der Gefährdung der „parliamentary democracy within the EU" spricht – wie bei *Petersmann* wird die Frage von den meisten Autoren verkürzt. Z.T. sind derartige, einseitig angelegte Behandlungen der Staatsformthematik dadurch veranlaßt, daß die Frage nach Vorhandensein und Umfang eines Demokratiedefizits vom Boden einer bestimmten Rechtsordnung (des Mitgliedstaats oder der Gemeinschaft) aus erschlossen werden soll (typisch dafür: *Frauke Brosius-Gersdorf*, EuR 1999, 133; *Marcel Kaufmann*, JZ 1999, 814 und *Paul Kirchhof*, JZ 1998, 965, 972). Derartige Untersuchungen erscheinen methodisch

stellt als einträchtig nebeneinander bestehend dar, was sich politisch und verfassungsjuristisch im tiefen Widerspruch zueinander befindet. Richtig verstanden, handelt es sich bei dem Problemkreis des integrationsbedingten Demokratiedefizits um zwei voneinander zu trennende Fragen, wovon die erste auf jenen „innerstaatlichen" Demokratieverlust zielt, den die supranationale Einbindung mit sich bringt, während es bei der anderen darum geht, den Charakter jener Herrschaftsform zu bestimmen, die sich innerhalb des künftigen Unionsganzen abzuzeichnen beginnt. Der erste Gesichtspunkt beschreibt insofern ein Demokratiedefizit innerhalb der bisher herrschenden Ordnung, d.h. ein „innerstaatliches" Defizit im eigentlich richtigen Sinne; ihm liegt die Maxime zugrunde, daß jedwede Ausübung staatlicher Hoheitsgewalt durch das mitgliedstaatliche Parlament und damit durch die Vertretung des Volkes zumindest mittelbar legitimiert werden muß. Der zweite Gesichtspunkt versucht demgegenüber, die organisatorische Struktur der EU in ihrer Bedeutung für die Staatsformthematik in einem sich möglicherweise herausbildenden gesamteuropäischen Staat zu erfassen. Diesem Ansatz entsprechend, soll daher zunächst, zur Klärung des ersten Gesichtspunktes, festgestellt werden, inwieweit die europäische Integration den Parlamentarismus als Staatsform der daran beteiligten Staaten berührt: hierbei ist zunächst, in einem ersten Schritt, durch eine Analyse des gegenwärtigen Unionsrechts zu ermitteln, wie das Zusammenspiel von mitgliedstaatlichem Parlamentarismus und europäischen Entscheidungsprozessen abläuft[145]; die hierbei gefundenen Zusammenhänge (die sich, im Hinblick auf den Bestand der mitgliedstaatlichen Legitimationsketten, durchaus auch als das Gegenteil eines Zusammenhangs, nämlich als ein Losgelöstsein, darstellen können) sind im zweiten Schritt anhand jener Kriterien[146] zu bewerten, die im Ersten Abschnitt des Dritten Buches als Kennzeichen des Staatsformbestandes bestimmt worden waren – aus dieser Prüfung ergibt sich, ob sich mit der legitimationsbezogenen Verselbständigung der europäischen Ordnungsstruktur, mit ihrem Schritt aus der abgeleiteten hin zur eigenen Legitimation, ein Wechsel der Staatsformbegründung (und daher: ein Bruch mit der herrschenden Staatsform) verbindet.[147] Im Anschluß daran wendet sich die Betrachtung dem zweiten Gesichtspunkt zu, der im Hinblick auf den heute erreichten Integrationsstand das eigentliche Kernstück der europäischen Demo-

legitim, sind jedoch in ihrem Erkenntniswert begrenzt, da die gewählte Perspektive aus dem Inneren der rechtlichen Ordnung heraus den Wechsel von Staatsform und Staatlichkeit nicht bzw. immer nur als Defizit wahrnehmen kann.

[145] Dazu unten: II.

[146] Siehe oben: Erster Abschnitt, III.2.c.

[147] Dazu unten: III. – Demgegenüber soll es hier nicht um den allgemeinen Wandel der Staatsform gehen, den die Veränderung politischer Strukturen im Kontext der Globalisierung bewirkt; dazu allgemein *Gertrude Lübbe-Wolff*, VVDStRL 60 (2001), 246, 265ff.; *dies.*, RuP 2004, 130, 133f. und *Anne Peters*, Elemente einer Theorie der Verfassung Europas, S.754ff. – beide m.w.N.

kratiedebatte markiert: anhand der organisationsrechtlichen Vorschriften des EG-Primärrechts soll aufgezeigt werden, inwiefern auch eine sich selbständig legitimierende Union demokratische Züge aufweisen kann.[148] Zum Abschluß dieses Abschnitts ist sodann zu erörtern, welchen Einfluß es auf beide Aspekte des Demokratiedefizits hat, wenn der „Vertrag über eine Verfassung für Europa" in Kraft gesetzt wird.[149]

2. *Die doppelte Legitimationsbasis der EU: Erklärungswert und Erklärungsmängel der herrschenden Sichtweise*

Dem Standpunkt der herrschenden staats- und europarechtlichen Lehre zufolge ist die Europäische Union als hoheitliche Handlungseinheit auf doppelte Weise legitimiert: einerseits über die im Rat agierenden Regierungsvertreter der Mitgliedstaaten, die ihrerseits den nationalen Parlamenten verantwortlich sind, und andererseits auf unmittelbare Weise über das von den Unionsbürgern direkt gewählte Europäische Parlament.[150] Der zutreffende Kern dieser Vorstellung liegt in der Wahrnehmung zweier getrennter Legitimationswege, die in der gegenwärtigen Unionsstruktur, so könnte man sagen, nebeneinanderher existieren. Das Verhältnis beider Legitimationsstränge zueinander wird mit diesem Modell eines (Kompatibilität verlangenden) Nebeneinanderher-Existierens[151] hingegen nur unzureichend, und damit ein Stück weit auch unzutreffend, erfaßt. Die These vom Vorhandensein einer doppelten Legitimationsgrundlage verdeckt zu Unrecht den Umstand, daß sich die staatsformbestimmende Art und Weise der demokratischen Herrschaftslegitimation nur auf jener speziellen Ebene der Hoheitsgewalt vollzieht, auf der sich das Gemeinwe-

[148] Dazu unten: IV.

[149] Dazu unten: V.

[150] So beispielsweise *Christian Calliess*, in: Festschrift für Georg Ress, S. 399, 403; *Claus Dieter Classen*, in: von Mangoldt/Klein/Starck, Das Bonner Grundgesetz, Bd. 2, Rnrn. 28ff. zu Art. 23; *Christoph Dorau*, in: Ronge (Hrsg.), In welcher Verfassung ist Europa – Welche Verfassung für Europa?, S. 155, 173; *Meinhard Hilf*, VVDStRL 60 (2001), 387; *Peter-Christian Müller-Graff*, EWS 2002, 206, 211; *Thomas Oppermann*, DVBl. 2003, 1234, 1240; *Hans-Jürgen Papier*, EuGRZ 2004, 753, 756; *Ingolf Pernice*, Zur Verfassungsdiskussion in der Europäischen Union, S. 9; *ders.*, in: Dreier (Hrsg.), Grundgesetz, Bd. II, Rnrn. 52f. zu Art. 23; *ders.*, Die Verwaltung 26 (1993), 449, 466; *Jürgen Schwarze*, EuR 2003, 535, 556; *ders.*, in: Schwarze (Hrsg.), Die Entstehung einer europäischen Verfassungsordnung, S. 463, 554f. und *Manfred Zuleeg*, JZ 1993, 1069, 1072; abgeschwächt auch *Christian Seiler*, Der souveräne Verfassungsstaat zwischen demokratischer Rückbindung und überstaatlicher Einbindung, S. 292ff. Kritisch demgegenüber *Gertrude Lübbe-Wolff*, VVDStRL 60 (2001), 407, 408; tendenziell zurückhaltend auch *Peter Badura*, AöR 131 (2006), 423, 439. Nähere Untersuchungen dieses Konzepts finden sich u. a. bei *Karl-Peter Sommermann*, DÖV 2003, 1009, 1010ff.

[151] Wie es am deutlichsten bei *Christian Calliess*, in: Festschrift für Georg Ress, S. 399, 403f. zum Ausdruck kommt. Bezeichnend für diesen Ansatz sind weiterhin die Darstellungen von *Claus Dieter Classen*, in: von Mangoldt/Klein/Starck, Das Bonner Grundgesetz, Bd. 2, Rnrn. 28ff. zu Art. 23; *Christoph Dorau*, Die Verfassungsfrage der Europäischen Union, S. 86ff. und *Ingolf Pernice*, in: Dreier (Hrsg.), Grundgesetz, Bd. II, Rn. 58 zu Art. 23.

sen zur unabhängigen Einheit verbunden hat und, aus dem Motiv dieser Bindung heraus, die Staatsform begründet. Wie in der Frage der Staatlichkeit selbst gilt auch hier ein Entweder-Oder: als Bezugspunkt der demokratischen Legitimation als Herrschaftsform kann nur die Ebene der Mitgliedstaaten oder die Ebene des EU-Gesamtraums erscheinen[152]; das jeweils andere bildet dann seinem Wesen zufolge eine abgeleitete Ordnungsstruktur, deren eigene Legitimation grundsätzlich von jener anderen Ebene herrührt – und die gegebenenfalls aufgrund des ihr eigenen besonderen Maßes an Autonomie zusätzliche Legitimationsinstrumente[153] verlangt (oder diese, in Anbetracht der Unversehrtheit der Staatsform, zumindest verträgt). Die Frage, in welchem Verhältnis die beiden in der EU vorhandenen Legitimationsstränge zueinander stehen[154], zielt damit im Grunde auf das Thema der Staatlichkeit: sie sucht zu ergründen, ob die Union wie bisher als äußere Bindung über die Mitgliedstaaten oder als eine neue Form der Verwirklichung von höchster und unabgeleiteter Ordnung, d.h. als Staat, durch die unmittelbare Verantwortlichkeit ihrer Verfassungsorgane legitimiert werden soll.[155] Jeder dieser Stränge, die Legitimation der Union durch die Vertreter im Rat und die Legitimation der Union durch ihr eigenes Parlament, gehören im Grunde zu einer anderen Staatlichkeit und verfolgen eine andere Staatsformbegründung; ihr Ausbau und ihre Vernachlässigung entscheiden darüber, welche Ebene die Staatsform (genauer gesagt: das verfassungsrechtliche Umsetzungsmuster der Staatsform) letztendlich trägt.[156] In der letzten Konsequenz dieses Gedankens ist daher zu sagen, daß Demokratie als Staatsform auf europäischer Ebene die Demokratie als Staatsform auf der Ebene der Mitgliedstaaten ausschließt – und umgekehrt.[157] Ihr weiterer Ausbau muß diese zwangsläufig schwächen.[158] Das mangelnde Problembewußtsein, das die Annahme einer doppelten Legitimationsbasis prägt, schlägt sich insbeson-

[152] Diesen Dualismus deutet auch *Gráinne de Búrca*, MLR 59 (1996), 349, 352ff. an.

[153] Ein derartiges Konzept klingt auch in der Maastricht-Entscheidung des Bundesverfassungsgerichts an (E 89, 155, 184), das die eigenständige Legitimation der Union durch ein Europäisches Parlament als zusätzliche Stütze versteht; vgl. *Karl-Peter Sommermann*, DÖV 2003, 1009, 1011.

[154] Explizit dazu *Claus Dieter Classen*, in: von Mangoldt/Klein/Starck, Das Bonner Grundgesetz, Bd. 2, Rn. 29 zu Art. 23; *Christoph Gusy*, ZfP 1998, 267, 273; *ders.*, in: Brunkhorst/Kettner (Hrsg.), Globalisierung und Demokratie, S. 131, 140; siehe ferner auch *Gunnar Folke Schuppert*, in: Klingemann/Neidhardt (Hrsg.), Zur Zukunft der Demokratie, S. 237, 250f.

[155] Zutreffend zum Zusammenhang von demokratischer Legitimation und Staatlichkeit *Rüdiger Breuer*, NVwZ 1994, 417, 425.

[156] Vgl. dazu auch *Gráinne de Búrca*, MLR 59 (1996), 349, 352ff. und *Meinhard Hilf*, VVDStRL 60 (2001), 387.

[157] Demgegenüber meint *Ingolf Pernice* (in: Dreier [Hrsg.], Grundgesetz, Bd. II, Rn. 58 zu Art. 23), daß die Demokratie auf Unionsebene die Demokratie in den Mitgliedstaaten voraussetzt.

[158] Näheres dazu sogleich unter II.

dere in der These nieder, daß der mitgliedstaatliche Demokratieverlust durch einen Ausbau der demokratischen Mitwirkungsmechanismen auf Unionsebene kompensiert werden kann.[159] Entsprechende Ausgleichsversuche bedeuten, Staatsformelemente auf eine andere Ebene der politischen Ordnung zu übertragen – was zugleich den Übergang der Staatlichkeit vorantreiben muß.[160] Wer behauptet, daß die Legitimation der europäischen Ordnungsstruktur durch die im Rat versammelten Mitgliedstaaten um so niedriger ausfallen könne, je stärker sich diese unmittelbar durch das Europäische Parlament herstellen läßt, muß bedenken, daß sich beides auf verschiedene Verortungen der Staatsformbegründung bezieht[161]; es handelt sich zuletzt um zwei miteinander konkurrierende Ordnungsansprüche, die beide darauf zielen, die öffentliche Sphäre als ganze zu ordnen, und die einander daher *im Grunde* negieren.[162]

II. Die Übermittlung demokratischer Legitimationspotentiale vom Mitgliedstaat in europäische Rechtsetzungs- und Entscheidungsprozesse

1. *Substanzverluste mitgliedstaatlicher Demokratien durch Kompetenzübertragungsvorgänge*

Als erste Dimension des europäischen Demokratiedefizits ist nunmehr zu untersuchen, inwieweit durch den europäischen Einigungsvorgang, durch die mit ihm verbundenen Kompetenzverschiebungen und durch die Art der europäischen Rechtsetzungs- und Entscheidungsprozesse, die Demokratie der Mitgliedstaaten als herrschende Staatsform in Frage gestellt wird – um hieraus abzuleiten, ob (und wenn, inwiefern) sich das voranschreitende Überwechseln des

---

159 So ausdrücklich *Christian Calliess*, in: Festschrift für Georg Ress, S. 399, 403; in der Sache ähnlich *Peter Häberle*, EuGRZ 1992, 429, 432; *Peter M. Huber*, in: Ipsen/Rengeling/Mössner/Weber (Hrsg.), Verfassungsrecht im Wandel, S. 349, 365f.; *Ingolf Pernice*, in: Dreier (Hrsg.), Grundgesetz, Bd. II, Rn. 57 zu Art. 23 und *Jürgen Schwarze*, in: Schwarze (Hrsg.), Die Entstehung einer europäischen Verfassungsordnung, S. 109, 161; kritisch demgegenüber *Rüdiger Breuer*, NVwZ 1994, 417, 424; *Dieter Grimm*, in: Eriksen/Fossum/Menéndez (Hrsg.), Developing a Constitution for Europe, S. 69, 82 sowie *Gertrude Lübbe-Wolff*, VVDStRL 60 (2001), 246, 258.

160 *Rüdiger Breuer*, NVwZ 1994, 417, 425.

161 Skeptisch auch *Rüdiger Breuer*, NVwZ 1994, 417, 424.

162 Der hier vorgeschlagene Wandel der Perspektive (die Unterscheidung von [vergehender] mitgliedstaatlicher und [kommender] gesamteuropäischer Staatsform) löst zugleich eine Reihe von Widersprüchlichkeiten auf, die innerhalb des europäischen Demokratiedilemmas diagnostiziert worden sind; vgl. *Gráinne de Búrca*, MLR 59 (1996), 349, 353; *Amaryllis Verhoeven*, The European Union in Search of a Democratic and Constitutional Theory, S. 62f.; *Joseph H. H. Weiler*, YLJ 100 (1991), 2403, 2473 und die (den Ebenenzusammenhang verkennenden) Vorhaltungen *Görg Haverkates* gegen die Thesen von *Peter M. Huber*, VVDStRL 60 (2001), 399, 400.

Staatseins, welches im Ersten Abschnitt des Zweiten Buchs dargestellt wurde, auch in einer Beeinträchtigung des mitgliedstaatlichen Staatsformbestandes nachweisen läßt. Zu analysieren ist hierbei zunächst, in welchem Umfang die Strukturen des Unionsrechts dazu imstande sind, die demokratische Legitimation, die in den Staaten durch Wahlen zur Volksvertretung hervorgebracht wird, in die politischen Entscheidungsprozesse der Union hinein zu übermitteln. Im Anschluß hieran ist dann, unter Zuhilfenahme der oben behandelten Kennzeichen des Staatsformbestandes, zu resümieren, inwiefern diese Strukturen auch heute noch mit jenen Beschränkungen zu vereinbaren sind, welche sich aus dem Staatsformanspruch der Verfassungsordnung ergeben – dies um so mehr, als es sich auch bei der EU aus der Sicht des Staates um eine (äußere) Form von parlamentarisch bestimmter Staatsformentfaltung handelt, für welche, wie oben gezeigt worden ist[163], im Verhältnis zur verfassungsrechtlich-ursprünglichen Staatsformmodifikation deutlich strengere Maßstäbe gelten.

Eine erste, entscheidende Frage im Hinblick auf die gegenwärtige Lage und die künftige Entwicklung der mitgliedstaatlichen Demokratien findet sich dabei im Gesichtspunkt der Zuständigkeitsübertragung.[164] Der Bestand der Demokratie als herrschende Staatsform setzt dabei voraus, daß die vom demos direkt bestellten Verfassungsorgane, insbesondere also die Parlamente der Mitgliedstaaten, durch den Erlaß abstrakt-genereller Regelungen über die wesentliche Ausgestaltung der öffentlichen Ordnung entscheiden.[165] Diese Grundkomponente demokratischer Herrschaftsorganisation wäre verletzt, wenn die vom demos gewählten Verfassungsorgane die ihnen obliegende Zuständigkeit zur grundlegenden Regelung der Gemeinwohlbelange in erheblichem Umfang an andere Herrschaftsstrukturen veräußern.[166] Trotz einer formal intakt erscheinenden Zurechnungskette erfüllt das Parlament in einem solchen Fall nicht den vom Volk erhaltenen Auftrag, die Geschicke des Gemeinwesens in bestimmter Weise zu lenken. Das demokratische Prinzip beschränkt insofern die Möglichkeit einer Verlagerung von Zuständigkeiten auf andere Träger. Daß die Einrichtung der EU und die Übertragung breitester Zuständigkeiten auf diese die Bedeutung der mitgliedstaatlichen Gesetzgebungskörperschaften deutlich relativiert haben, wird heute einhellig konstatiert.[167] Vom BVerfG wurden die-

---

[163] Siehe oben: Erster Abschnitt, III.3.

[164] Dazu BVerfGE 89, 155, 172; *Claus Eiselstein*, ZRP 1991, 18, 21; *Jochen A. Frowein*, in: Starck (Hrsg.), Constitutionalism, Universalism and Democracy – a comparative analysis, S. 53, 60; *Jean-Paul Jacqué*, RUDH 1995, 397, 408 und *Jürgen Schwarze*, in: Schwarze (Hrsg.), Die Entstehung einer europäischen Verfassungsordnung, S. 109, 160f.; siehe auch *Karl Doehring*, DVBl. 1997, 1133, 1135f.

[165] *Peter M. Huber*, in: Ipsen/Rengeling/Mössner/Weber (Hrsg.), Verfassungsrecht im Wandel, S. 349, 364.

[166] BVerfGE 89, 155, 186.

[167] Siehe dazu auch oben: Zweites Buch, Erster Abschnitt, III.3.b. sowie unten: Viertes Buch, Erster Abschnitt. Die Bedeutung dieser quantitativen Komponente für den Bestand

se Zusammenhänge in seiner Maastricht-Entscheidung thematisiert: dem Bundestag müßten, so das Gericht, aus Gründen der demokratischen Staatsform Befugnisse von substantiellem Gewicht verbleiben.[168] Mit der Frage, ob diese Grenze aus der Sicht des Grundgesetzes heute bereits erreicht ist, wird sich der Erste Abschnitt des Vierten Buches befassen.[169]

2. *Integrationsbedingte Machtzuwächse der Exekutiven zu Lasten der Parlamente in den mitgliedstaatlichen Verfassungsstrukturen*

Die demokratische Funktion des mitgliedstaatlichen Parlamentes wird integrationsbedingt nicht nur durch den Verlust bereichsbezogener Zuständigkeiten, sondern auch dadurch geschwächt, daß nicht die mitgliedstaatlichen Parlamente, sondern die Regierungen im Rahmen der supranationalen Rechtsetzung die Hauptrolle spielen.[170] Im Rat der EG agieren die Vertreter der Regierungen als supranationaler Gesetzgeber, wohingegen sich die Einwirkungsmöglichkeiten der Parlamente auf bestimmte Formen der Kontrolle beschränken.[171] Die Wirk-

---

des Demokratieprinzips bezweifelt zu Unrecht *Claus Dieter Classen*, in: von Mangoldt/Klein/Starck, Das Bonner Grundgesetz, Bd. 2, Rn. 36 zu Art. 23. – Richtigkeit und Bedeutung der mitunter zu lesenden Angabe, wonach bereits Anfang der neunziger Jahre zirka achtzig Prozent der mitgliedstaatlichen Wirtschaftsgesetzgebung europarechtlich determiniert gewesen sein sollen (so u. a. *Christoph Dorau*, Die Verfassungsfrage der Europäischen Union, S. 33; *Günter Hirsch*, NJW 2000, 46, 47; *Peter M. Huber*, Maastricht – ein Staatsstreich?, S. 36 [unter Berufung auf *Jacques Delors*] und *Paul Kirchhof*, NJW 2001, 1332) mag dabei auf sich beruhen; die ursprünglichen Quellen dieser Zahl weist BVerfGE 89, 155, 173 nach.

[168] BVerfGE 89, 155, 186; zustimmend *Claus Dieter Classen*, in: von Mangoldt/Klein/Starck, Das Bonner Grundgesetz, Bd. 2, Rn. 37 zu Art. 23.

[169] Bemerkenswert ist an dieser Stelle zunächst, daß auch das BVerfG den Verlust der entsprechenden Zuständigkeiten als Schwächung der bisherigen Staatsform begreift; vgl. BVerfGE 89, 155, 172 und 182. Durch den Vertrag von Amsterdam sind die Zuständigkeiten der EG weiter ausgebaut worden, dies vor allem zur Verwirklichung des freien Personenverkehrs, insbesondere im Hinblick auf eine gemeinsame Asyl-, Visa- und Einwanderungspolitik; vgl. *Ingolf Pernice*, in: Kloepfer/Pernice (Hrsg.), Entwicklungsperspektiven der Europäischen Verfassung im Lichte des Vertrags von Amsterdam, S. 19, 21; *ders.*, CMLR 36 (1999), 703, 730 ff.

[170] Dazu *Paul Craig*, in: Craig/de Búrca (Hrsg.), The Evolution of EU Law, S. 1, 24; *Deirdre Curtin*, Postnational democracy, S. 45 f.; *Dieter Grimm*, Jahrbuch zur Staats- und Verwaltungswissenschaft 6 (1992/93), 13 f.; *Christoph Gusy*, ZfP 1998, 267, 272 f.; *Heinz Schäffer*, in: Schwarze (Hrsg.), Die Entstehung einer europäischen Verfassungsordnung, S. 339, 354; *Jürgen Schwarze*, in: Schwarze (Hrsg.), Die Entstehung einer europäischen Verfassungsordnung, S. 463, 522 f.; *Amaryllis Verhoeven*, The European Union in Search of a Democratic and Constitutional Theory, S. 60 und *Joseph H. H. Weiler*, Aussenwirtschaft 46 (1991), 411, 412 f.; *ders.*, JÖR 44 N. F. (1996), 91, 106. *Daniel Wincott* (ELJ 4 [1998], 411, 412) spricht diesbezüglich von einer „perversion of democracy within Europe".

[171] Diese konkretisiert Art. 23 Abs. 3 GG, wonach die Bundesregierung dem Bundestag vor ihrer Mitwirkung an Rechtsakten der EU die Gelegenheit, Stellung zu nehmen, einräumen muß und die Haltung des Parlamentes bei den Verhandlungen zu berücksichtigen hat. Die näheren Modalitäten der Unterrichtung des Bundestages sind lediglich einfachgesetzlich

samkeit dieser Kontrollmöglichkeiten in der Verfassungspraxis wird in der wissenschaftlichen Diskussion uneinheitlich beurteilt; sie dürfte jedoch vor allem deshalb als gering zu veranschlagen sein, weil sich die Arbeit des Rates selbst als ein Komplex verschiedener Beratungsebenen darstellt, so daß, trotz deutlich verbesserter Transparenz[172], ratsinterne Entscheidungsabläufe[173] von außen nur begrenzt erfaßt werden können.[174] Indem die staatliche Exekutive durch die Ausübung gemeinschaftlicher Gewalt im supranationalen Rahmen materielle Gesetzgebungsbefugnisse wahrnimmt, wird innerhalb der mitgliedstaatlichen Verfassungsordnung der Vorrang des demokratisch legitimierten Gesetzgebungsweges in Frage gestellt – und damit die Bindung der Hoheitsgewalten an den Willen des demos.[175] Auch dieser Zusammenhang wird von vielen Autoren als Hauptgesichtspunkt einer integrationsbedingten Staatsformgefährdung verstanden.

Insbesondere dieser Zusammenhang verdeutlicht die hier vertretene These, wonach das Demokratiedefizit aus dem Konflikt zweier Staatlichkeitsansprüche herrührt. Was in Gestalt der EU zum politischen Dasein gelangt ist, entspricht dem Grunde nach der typischen, den Bestand der Staatsform wahrenden Beschaffenheit einer abgeleiteten Ordnungsstruktur: innerhalb des demokratisch verfaßten Staatsganzen liegt die Funktion der Gesetzgebung beim Parlament als Vertretung des Volkes – in der Aufgabe, das Allgemeine für alle verbindlich zu regeln, begegnet die Funktion der Legislative dem Anspruch des zuhöchst legitimierten Verfassungsorgans. Demgegenüber vollzieht sich die Tätigkeit der Exekutive im weitaus größten Teil ihrer Geschäfte innerhalb rechtlich (und damit: parlamentarisch) vorgeformter Bereiche – ihre Domäne ist die Umsetzung der Normen im einzelnen Fall.[176] Dasselbe gilt dort, wo es sich um das Verpflichtetsein des Staates nach außen hin handelt: während die grund-

---

verankert: vgl. §§ 3 bis 5 des Gesetzes über die Zusammenarbeit von Bundesregierung und Deutschem Bundestag in Angelegenheiten der Europäischen Union (Gesetz vom 12. März 1993, BGBl. I S. 311). In der verfassungsrechtlichen Beurteilung dieser Regelungen äußert sich *Rüdiger Breuer* (NVwZ 1994, 417, 426) ebenfalls zurückhaltend. Zum Problem einer möglichen Verfassungswidrigkeit der einfachgesetzlichen Ausführungsvorschrift *Claus Dieter Classen*, in: von Mangoldt/Klein/Starck, Das Bonner Grundgesetz, Bd. 2, Rn. 97 zu Art. 23 m. w. N. der hierzu vertretenen Positionen.

172 Vgl. Art. 207 Abs. 3 UAbs. 2 Satz 3 EGV und die hierzu ergangenen Sekundärrechtsakte, insbesondere den Beschluß des Rates vom 9. 4. 2001 (ABl. Nr. L 111/29 vom 20. 4. 2001).

173 Dazu *Christoph Gusy*, ZfP 1998, 267, 273 und *Gertrude Lübbe-Wolff*, VVDStRL 60 (2001), 246, 256 f.

174 *Christian Calliess*, in: Festschrift für Georg Ress, S. 399, 406; demgegenüber äußern sich zuversichtlich *Christoph Gusy*, ZfP 1998, 267, 273 und *Marcel Kaufmann*, JZ 1999, 814, 818; zur österreichischen Rechtslage vgl. *Heinz Schäffer*, in: Schwarze (Hrsg.), Die Entstehung einer europäischen Verfassungsordnung, S. 339, 377 ff.

175 *Marcel Kaufmann*, JZ 1999, 814, 818.

176 Vgl. auch *Gertrude Lübbe-Wolff*, VVDStRL 60 (2001), 246, 255: „Für die Funktion des Gesetzgebers sind Regierungen oder Kollegien von Regierungsmitgliedern [...] gerade nicht legitimiert."

legende Entscheidung über den Beitritt zu dem Vertragswerk der Legislative gebührt[177], obliegt der Regierung des Staates als Spitze der Exekutive das hieraus sich ergebende fortwährende Engagement in der Umsetzung dieser Verträge – was beim Eintritt in eine supranationale Organisation auch Mitarbeit in deren Führungsgremien bedeutet. Zur Staatsformgefährdung wird dieses Muster erst dann, wenn der äußeren Ordnungsstruktur, wie im Fall der EU, zunehmend autonome Rechtsetzungszuständigkeiten erwachsen.[178] Die Exekutive, die dem Muster der parlamentarisch-demokratischen Staatsform entsprechend, ihre Legitimation vom Parlament als Vertretung des demos bezieht, gewinnt diesem gegenüber ein Mehr an Gewicht, indem sie durch ihre Teilnahme an supranationalen Entscheidungsprozessen bei der Erzeugung gesetzesähnlicher Rechtsregeln mitwirkt, auf deren konkrete rechtliche Inhalte das Parlament keinen Einfluß mehr hat.[179] In welchem Umfang eine solche Verschiebung das Parlament zugunsten der Regierung entmachtet und in welchem Umfang sie aus diesem Grund mit den Prämissen der Demokratie unvereinbar erscheint, hängt einerseits von der konkreten verfassungsrechtlichen Ausgestaltung der mitgliedstaatlichen Ordnung und andererseits davon ab, in welchem Umfang Zuständigkeiten auf die EG delegiert worden sind.[180] Insbesondere der zuletzt genannte Umstand rechtfertigt es, bereits unter dem gegenwärtigen Integrationsstand von einer nachhaltigen Störung der staatsformbestimmenden Schlüsselstellung der mitgliedstaatlichen Parlamente und Abgeordnetengremien zu sprechen.[181]

3. Durchbrechungen des Legitimationszusammenhangs ...

a. ... durch Ratsbeschlüsse im Mehrheitsverfahren

Die parlamentarische Demokratie als die Staatsform der Mitgliedstaaten wird des weiteren durch zwei Momente tangiert, die den als lückenlos gedachten Legitimationszusammenhang zwischen der Willensbetätigung des demos und der hoheitlich ausgeübten Herrschaftsgewalt ein Stück weit durchbrechen. Es handelt sich dabei einerseits um das Verfahren der Mehrheitsentscheidung im Rat, das die Möglichkeit einschließt, als Staat überstimmt zu werden, und andererseits um den Einfluß der übrigen EU-Organe auf den europäischen Rechtserzeugungsprozeß. Hinsichtlich des ersten Gesichtspunkts, der Mehrheitsent-

---

[177] Vgl. Art. 59 Abs. 2 Satz 1 GG. Parallelvorschriften hierzu finden sich in § 95 UAbs. 1 Satz 1 des finnischen Grundgesetzes, Art. 91 Abs. 1 Satz 1 der niederländischen Verfassung und Art. 94 Abs. 1 der spanischen Verfassung.

[178] Zum Zusammenhang auch *Claus Eiselstein*, ZRP 1991, 18, 21.

[179] Ähnlich *Dieter Grimm*, in: Eriksen/Fossum/Menéndez (Hrsg.), Developing a Constitution for Europe, S. 69, 82 und *Marcel Kaufmann*, JZ 1999, 814, 817; vgl. auch *Ernst-Joachim Mestmäcker*, RabelsZ 58 (1994), 615, 627.

[180] Dazu oben: 1.

[181] *Jürgen Schwarze*, in: Schwarze (Hrsg.), Die Entstehung einer europäischen Verfassungsordnung, S. 463, 522 f.

scheidung im Rat, stellt sich dabei die grundsätzliche Frage, wieso ein solches Entscheidungsverfahren mit dem Demokratieprinzip in Konflikt stehen kann, wo doch die Mehrheitsentscheidung selbst das Wesen der Demokratie kennzeichnen soll.[182] Das Spannungsverhältnis, um nicht zu sagen: die Inkompatibilität, von staatenbezogener Demokratie und Mehrheitsentscheidung im Rat wird sichtbar[183], wenn man sich das Zusammenspiel von mitgliedstaatlicher Vertretung und supranationaler Beschlußfassung näher ansieht. Den Vorschriften des EG-Vertrages zufolge entscheidet der Rat entweder einstimmig oder durch Mehrheit – Art. 205 Abs. 1 EGV sieht dabei die einfache Mehrheit als Regelfall vor, die praktisch indes die Ausnahme bildet.[184] Näheres zur qualifizierten Mehrheit regelt Art. 205 Abs. 2 EGV, wonach die Stimmen der einzelnen Ratsmitglieder unterschiedlich gewichtet werden und eine entsprechende Mindeststimmenzahl zur Beschlußfassung notwendig ist. Ratsentscheidungen im Wege der qualifizierten Mehrheit finden sich insbesondere im Rahmen des EG-Rechtsetzungsverfahrens (Artt. 251 Abs. 2, 3; 252 lit. a, lit. e, Satz 1 EGV). Die staatsformgerechte Legitimationsableitung, die vom mitgliedstaatlichen demos über das von ihm zu wählende Parlament und die von diesem bestellten Minister bis zum Rat der EG als dem supranationalen Gesetzgeber reicht, wird an jener Stelle durchbrochen, an der ein Regierungsvertreter im Rat der EG überstimmt worden ist:[185] der einzelne Rechtsakt, den der Rat durch Mehr-

---

[182] Siehe dazu die Nachweise unten in Fn. 187.

[183] Dazu *Karl Doehring*, DVBl. 1997, 1133, 1134; *Christoph Dorau*, Die Verfassungsfrage der Europäischen Union, S. 93 f.; *Dieter Grimm*, Jahrbuch zur Staats- und Verwaltungswissenschaft 6 (1992/93), 13, 14; *Peter M. Huber*, in: Ipsen/Rengeling/Mössner/Weber (Hrsg.), Verfassungsrecht im Wandel, S. 349, 365; *Gertrude Lübbe-Wolff*, VVDStRL 60 (2001), 246, 257 f.; *Fritz W. Scharpf*, in: Grimm/Hesse/Jochimsen/Scharpf (Hrsg.), Zur Neuordnung der Europäischen Union: Die Regierungskonferenz 1996/97, S. 65, 67 und *Joseph H. H. Weiler*, Aussenwirtschaft 46 (1991), 411, 413.

[184] *Jean-Paul Jacqué*, in: von der Groeben/Schwarze (Hrsg.), Vertrag über die Europäische Union und Vertrag zur Gründung der Europäischen Gemeinschaft, Bd. 4, Rn. 2 zu Art. 205 EGV.

[185] So in der Sache auch *Christian Calliess*, in: Festschrift für Georg Ress, S. 399, 405; *Karl Doehring*, DVBl. 1997, 1133, 1134 und *Peter M. Huber*, in: Ipsen/Rengeling/Mössner/Weber (Hrsg.), Verfassungsrecht im Wandel, S. 349, 365. Hieran ändert sich auch dann nichts, wenn die den Einzelstaat überstimmende Staatenmehrheit zugleich die Mehrheit der EU-Bürger umfaßt (so aber *Hans-Jürgen Papier*, EuGRZ 2004, 753, 756). In dieser Argumentation zeigt sich sehr deutlich jene Verwechselung der Bezugsebenen, die aus einer verkürzten Wahrnehmung der theoretischen Bedeutung jener Ordnungsebene resultiert, auf der sich das Gemeinwesen zur grundlegenden politischen Einheit verbunden hat. – In ähnlicher Weise unzutreffend erscheint der Einwand von *Christoph Dorau* (Die Verfassungsfrage der Europäischen Union, S. 93 f.), daß es nicht auf die einzelne Ratsentscheidung ankommen sollte, sondern darauf, ob sich der überstimmte Staat „insgesamt im System der Union wiederfindet und an den Entscheidungen des Rates grundsätzlich und insgesamt beteiligt ist". Dies kann nur dann als richtig erscheinen, wenn ein europäisches Staatsvolk vorhanden und die Demokratie als Staatsform auf europäischer Ebene eingesetzt ist, mit anderen Worten: wenn die EU einen demokratischen Bundesstaat bildet. Dazu auch unten: IV.

heitsentscheidung erläßt, kann in seiner konkreten Daseinsform nicht aus dem Willen des demos abgeleitet werden.[186] Strenggenommen widerspricht er diesem sogar. Auch unter dem Gesichtspunkt der personellen Legitimation (der darauf abstellt, durch wessen Entscheidung Amtsträger zu ihrer Stellung gelangen) stehen Mehrheitsbeschlüsse im Rat den Grundsätzen der demokratischen Staatsform entgegen, wie die Mitgliedstaaten sie kennen: über das Zustandekommen des betreffenden Rechtsaktes haben aus der Sicht jener, deren Vertreter überstimmt worden sind, Personen entschieden, deren Auswahl sie (nämlich: die Wähler) nicht beeinflussen konnten.

Der hiergegen ausgesprochene Einwand, gerade das Mehrheitsprinzip sei seinem Wesen zufolge urdemokratisch[187], vermengt die Ebenen der Staatsformthematik: demokratische Qualitäten kann der Mehrheitsentscheidung des Rates nur zuerkennen, wer die demokratischen Strukturen der Gesamtgemeinschaft in dieser selbst angelegt sieht, sprich: wer die EG als Bundesstaat deutet.[188] Aus der Sicht der mitgliedstaatlichen Staatsform begründet das Verfahren der Mehrheitsentscheidung Einzelmomente des Fremdbestimmtseins[189], die aus be-

[186] Anders als insbesondere *Stefan Griller* (in: Schuppert/Pernice/Haltern [Hrsg,], Europawissenschaft, S. 201, 256) meint, gelten diese Bedenken grundsätzlich nicht für einstimmig zustande gebrachte Beschlüsse des Rates – und zwar auch dann nicht, wenn diese nur durch Einstimmigkeit aufgehoben und geändert werden können. Der entscheidende Unterschied liegt nämlich darin, daß es sich in diesem Fall (bei der einstimmig zustande gebrachten Entscheidung) um eine typische Konstellation des äußerlich-freiwilligen Verpflichtetseins, um nicht zu sagen: um völkerrechtliche Bindungswirkungen, handelt, wie sie jede Staatsformentfaltung beschränken (man könnte auch – europarechtlich bedenklich, aber staatstheoretisch korrekt – formulieren: was vom Rat einstimmig zustande gebracht worden ist, gilt als Vertrag; wer sich im Rat verpflichtet, muß auch den Völkerrechtsgrundsatz pacta sunt servanda beachten), während im anderen Fall (der Ratsentscheidung im Mehrheitsverfahren) demokratische Staaten in erheblichem Umfang auch und vor allem hinsichtlich der Inhalte ihres Verpflichtetseins an fremde Mandatsträger ausgeliefert erscheinen. Sich freiwillig (und sei es auch längerfristig) äußerlich zu verpflichten, heißt daher nicht gleichzeitig, staatsformrelevante Ableitungsstränge zu kappen – genau darum handelt es sich jedoch, wo sich ein Staat dauerhaft fremden Mehrheitsentscheidungen unterwirft.

[187] In diese Richtung *Christoph Dorau*, Die Verfassungsfrage der Europäischen Union, S. 94; *Gertrude Lübbe-Wolff*, VVDStRL 60 (2001), 246, 257 sowie *Matthias Ruffert*, EuR 2004, 165, 184.

[188] Die Argumentation von *Gertrude Lübbe-Wolff* (VVDStRL 60 [2001], 246, 257) ist deshalb nur dann überzeugend, wenn man sie auf die gesamteuropäische Ebene als Basis des Staatseins bezieht. Diese Konsequenz hat *Lübbe-Wolff* nicht hinreichend verdeutlicht. Das gleiche gilt im übrigen auch für die Erwägung *Hans-Jürgen Papiers* (EuGRZ 2004, 753, 756), daß die Mehrheitsentscheidung im Rat demokratisch nur dann legitimiert sei, wenn die Staatenmehrheit zugleich die Mehrheit der Europäer umfasse.

[189] *Christian Calliess*, in: Festschrift für Georg Ress, S. 399, 405; *Peter Graf Kielmannsegg*, in: Weidenfeld (Hrsg.), Reform der Europäischen Union, S. 229, 239 und *Fritz W. Scharpf*, in: Grimm/Hesse/Jochimsen/Scharpf, Zur Neuordnung der Europäischen Union: Die Regierungskonferenz 1996/97, S. 65, 66; ähnlich *Karl Doehring*, DVBl. 1997, 1133, 1134 („keine Volksherrschaft").

stimmten Zwängen heraus akzeptiert werden können[190], die mit dem Grundsatz, daß alle Hoheitsgewalt vom Staatsvolk ausgeht, jedoch nicht zu vereinbaren sind.[191] Auch der Umstand, daß sich das Mehrheitsverfahren selbst durch die Zustimmung des entsprechenden Parlamentes zu den Verträgen auf den Willen des demos zurückführen läßt, wiegt diesen Mangel nicht vollständig auf – dies zum einen im Hinblick auf die zeitliche Distanz, die möglicherweise zwischen Beitritt und Überstimmtwerden liegt (ein Argument, das an Dringlichkeit immer mehr zunimmt), und dies zum anderen und vor allem im Hinblick auf die Besonderheit, daß dieses gegen den Willen des Mitgliedstaats erlassene Recht Vorrang vor sämtlichen innerstaatlichen Normen beansprucht. Wo unmittelbar geltende rechtliche Regeln überstaatlich in Kraft gesetzt werden (und erst recht, wo diese auch vorrangig gelten), muß aus der Sicht der mitgliedstaatlichen Staatsform die Ableitungskette lückenlos sein – dies erfordert, wie zutreffend festgestellt wurde, ein mitgliedstaatliches Vetorecht im entsprechenden Abstimmungsgremium, hier demzufolge ein Veto des Staates im Rat der EG. Seinem Wortlaut zufolge sieht der EG-Vertrag kein entsprechendes Vetorecht vor. Durch den sogenannten „Luxemburger Kompromiß“[192] wurde jedoch „bei einer Gefährdung der vitalen Interessen eines Staates“ eine politische Vetomöglichkeit[193] etabliert, doch blieb die Frage ihrer Rechtsqualität umstritten (diese wird überwiegend verneint[194]); zudem erscheint das Fortbestehen der Vereinbarung zunehmend unklar.[195] Aus der Sicht der mitgliedstaatlichen De-

---

[190] *Fritz W. Scharpf*, in: Grimm/Hesse/Jochimsen/Scharpf, Zur Neuordnung der Europäischen Union: Die Regierungskonferenz 1996/97, S. 65, 67 sowie *Rudolf Streinz*, in: Sachs (Hrsg.), Grundgesetz, Rn. 26 zu Art. 23.

[191] *Peter M. Huber*, in: Ipsen/Rengeling/Mössner/Weber (Hrsg.), Verfassungsrecht im Wandel, S. 349, 365.

[192] Der Text des Luxemburger Kompromisses wird wiedergegeben bei *Rudolf Geiger*, EUV/EGV, Rnrn. 9 bis 11 zu Art. 205; dazu aus der neueren Literatur *Ulrich Everling*, in: Festschrift für Manfred Zuleeg, S. 158, 169 ff.

[193] So in der Sache auch *Rudolf Geiger*, EUV/EGV, Rn. 13 zu Art. 205 und *Karl Albrecht Schachtschneider*, in: Blomeyer/Schachtschneider (Hrsg.), Die Europäische Union als Rechtsgemeinschaft, S. 75, 124. Daß die politische Praxis, entgegen dem Wortlaut, zu einem absoluten Veto gelangt sei, belegt *Michael Schweitzer*, in: Festschrift für Hubert Armbruster, S. 75, 83. Dazu auch *Rudolf Streinz*, Europarecht, Rnrn. 304 ff. (der sogar von einer „Überlagerung des Mehrstimmigkeitsprinzips durch die Luxemburger Vereinbarung“ spricht) und *Johannes Christian Wichard*, in: Calliess/Ruffert (Hrsg.), Kommentar zu EU-Vertrag und EG-Vertrag, Rnrn. 8 f. zu Art. 205 EGV. Was sich in der Etablierung des Luxemburger Kompromisses gezeigt hat, war zuletzt nichts anderes als der zentrale Unterschied von völkerrechtlich-äußerem Verpflichtetsein und innerer ordnungsbegründender Bindung: Staaten, die als solche fortbestehen wollen, können sich selbst nicht ohne letzten Vorbehalt fremden Mehrheitsentscheidungen unterwerfen.

[194] Vgl. *Rudolf Streinz*, Europarecht, Rn. 305 und *Johannes Christian Wichard*, in: Calliess/Ruffert (Hrsg.), Kommentar zu EU-Vertrag und EG-Vertrag, Rn. 9 zu Art. 205 EGV. Ausführlich dazu *Michael Schweitzer*, in: Festschrift für Hubert Armbruster, S. 75, 84 ff. m. N. der Gegenansicht aus dem älteren Schrifttum.

[195] Anders als in den siebziger und achtziger Jahren (dazu *Volkmar Götz*, in: Festschrift

mokratie, deren legitimationsvermittelnde Ableitungsstränge die Mehrheitsentscheidung zerreißt, erscheint diese Vereinbarung nichtsdestoweniger bis heute als „the most legitimating element of the Community", wie *Joseph H.H. Weiler* und eine Reihe anderer Autoren zutreffend festgestellt haben.[196]

b. ... durch den Einfluß weiterer Organe auf den europäischen Rechtserzeugungsprozeß

aa. Die Einbeziehung originär europäischer Legitimationsstrukturen: der Einfluß des Europäischen Parlaments. Die Ausübung der Hoheitsgewalt durch den Willen des Volkes wird auch dadurch in Frage gestellt, daß am europäischen Rechtserzeugungsprozeß neben dem Rat auch solche Akteure teilnehmen, deren konkrete Legitimation zum Erlaß rechtlicher Normen sich allenfalls im weitesten Sinn aus den mitgliedstaatlichen Herrschaftsstrukturen ergibt. Als entsprechende Organe fungieren: das Europäische Parlament, die Europäische Kommission und der Europäische Gerichtshof – dieser allerdings in einer anderen, man möchte sagen: „informellen" Weise. Daß der Einfluß dieser Organe auf das europäische Rechtsetzungsverfahren bisher kaum unter dem Gesichtspunkt des Staatsformverlustes thematisiert worden ist[197], kennzeichnet die Einseitigkeit der herrschenden Wahrnehmung. Wo auf den Rechtserzeugungsprozeß solche Organe Einfluß gewinnen, deren Handlungsbefugnis sich ausschließlich oder ganz überwiegend aus anderen Legitimationsquellen als dem Willen des Staatsvolkes speist, handelt es sich nicht nur um punktuelle Durchbrechungen der bestehenden staatsformeigenen Ableitungsketten (um diese kann es sich allerdings handeln, wenn ihr möglicher Umfang eng genug abgesteckt ist), sondern um ein Hinzukommen anderer Staatsformkonzepte, die sich mit einer anderen Ordnungsvorstellung verbinden. Inwiefern gilt dieser Zusammenhang auch für die Mitwirkungsbefugnisse des Europäischen Parlamentes, das die Rechtsetzung in der EG zum Teil mitentscheidend (Art. 251 EGV) und zum Teil beratend (Art. 252 EGV) beeinflußt? Für eine Einbettung in das bisherige demokratische Konzept spricht, daß es die Staatsvölker sind,

für Ulrich Everling, Bd. I, S. 339, 340 und *Michael Schweitzer*, in: Festschrift für Hubert Armbruster, S. 75, 82 f.) ist die unmittelbare Bedeutung der Luxemburger Vereinbarung heutzutage gering (so *Ulrich Everling*, in: Festschrift für Manfred Zuleeg, S. 158, 170 und *Johannes Christian Wichard*, in: Calliess/Ruffert [Hrsg.], Kommentar zu EU-Vertrag und EG-Vertrag, Rn. 9 zu Art. 205 EGV [mit Fn. 12]). Zu bedenken ist aber, daß ein entsprechendes Veto seine eigentliche Wirkung (als Druckmittel) bereits im Vorfeld der Abstimmungen entfaltet und hier durchaus zur politischen Praxis gehört (vgl. *Ulrich Everling*, a.a.O., S. 158, 169 f. und *Volkmar Götz*, a.a.O., S. 346), was wiederum nur funktioniert, wenn die in der EG versammelten Mitgliedstaaten von seiner Zulässigkeit ausgehen.

[196] *Joseph H.H. Weiler*, Aussenwirtschaft 46 (1991), 411, 421; *ders.*, YLJ 100 (1991), 2403, 2473; ebenso *Peter Graf Kielmannsegg*, in: Weidenfeld (Hrsg.), Reform der Europäischen Union, S. 229, 239 und *Fritz W. Scharpf*, in: Grimm/Hesse/Jochimsen/Scharpf, Zur Neuordnung der Europäischen Union: Die Regierungskonferenz 1996/97, S. 65, 67.

[197] Ansatzweise bei *Marcel Kaufmann*, JZ 1999, 814, 817.

welche die Mandatsträger wählen; das Europäische Parlament erscheint gerade nicht als die Vertretung des gesamteuropäischen Wahlvolks (Art. 189 UAbs. 1, 1. HS EGV). Mit anderen Worten: die personelle Legitimation der Europaparlamentarier folgt unmittelbar aus dem Willen der demoi. Demgegenüber spricht die Funktionsweise dieser Versammlung stärker dafür, diese als eine Vertretung des gesamteuropäischen Wahlvolks zu sehen, was sich insbesondere aus der uneingeschränkten Anwendung des Mehrheitsprinzips (Art. 198 UAbs. 1 EGV) und aus der beabsichtigen Angleichung der entsprechenden Wahlverfahren (Art. 190 Abs. 4 EGV) ergibt.[198] Dem entsprechen in steigendem Maße auch das Selbstverständnis des Parlamentes[199] und (hierdurch bedingt) sein Bild in der Öffentlichkeit. Auch im verfassungswissenschaftlichen Schrifttum wird die Legitimation des Europäischen Parlamentes zunehmend als eine solche verstanden, die vom Gesamtvolk der EU-Bürger ausgeht.[200]

Wenn man diese Tendenzen hin zu einem gesamteuropäischen Parlamentarismus in ihrer staatlichkeitsrelevanten Bedeutung erfaßt, so handelt es sich nicht um einen Mangel an Demokratie, sondern im Gegenteil um deren Behauptung (nämlich: um deren Behauptung als mitgliedstaatliche Staatsform), wenn das Europäische Parlament im Vergleich zum Rat der Minister über geringere Zuständigkeiten verfügt[201]: um den Bestand der bisherigen Staatsform im europäischen Integrationsvorgang zu wahren, darf die Tätigkeit des Rates, insbesondere was den Erlaß von Rechtsvorschriften betrifft, möglichst wenig eingeschränkt werden. Das mitgliedstaatliche Demokratieprinzip steht demnach einer supranationalen Gewaltenteilung entgegen, wenn die Rechtsetzungshoheit innerhalb dieses Integrationsverbandes mit Gewalten geteilt werden soll, deren Besetzung und Handeln nicht dem Willen des Staatsvolkes entsprechen.[202] Hieraus erklärt sich das scheinbare Paradoxon, daß im Rechtsetzungsprozeß der EG eine Sache dann in den Bereich der schwächeren parlamentarischen Mitwirkungsbefugnisse (bzw. aus diesem ganz heraus) fällt, wenn diese besonders

---

198 Zur Bedeutung der Vorschrift seit dem Amsterdamer Vertrag siehe *Marcel Haag/Roland Bieber*, in: von der Groeben/Schwarze (Hrsg.), Vertrag über die Europäische Union und Vertrag zur Gründung der Europäischen Gemeinschaft, Bd. 4, Rn. 34 zu Art. 190 EGV.

199 *Ingolf Pernice*, in: Dreier (Hrsg.), Grundgesetz, Bd. II, Rn. 53 zu Art. 23.

200 So (oder in der Sache ähnlich): *Christian Calliess*, in: Festschrift für Georg Ress, S. 399, 402; *Christoph Gusy*, ZfP 1998, 267, 269 und *Ingolf Pernice*, in: Dreier (Hrsg.), Grundgesetz, Bd. II, Rn. 53 zu Art. 23; gegenteiliger Ansicht sind u.a. *Claus Dieter Classen*, AöR 119 (1994), 238, 248f. und *Marcel Kaufmann*, Europäische Integration und Demokratieprinzip, S. 483.

201 Demzufolge ist der Ansicht von *Rudolf Streinz* beizupflichten, daß es nur dann „sinnvoll und logisch [sei], das Parlament in das Zentrum des politischen Systems zu rücken", wenn man den gesamteuropäischen Bundesstaat anstrebe (DVBl. 1990, 949, 960).

202 Insofern trifft auch die Annahme *Christoph Gusys* zu, daß die Existenz des Europäischen Parlamentes mit dessen geringer Kompetenzausstattung erkauft worden sei (ZfP 1998, 267, 270) – mehr noch: sie ist aus demokratischer Sicht zwingend, wenn man die demokratische Herrschaftsform vom Grundsatz her auf mitgliedstaatlicher Ebene angelegt sieht.

wichtig erscheint, wohingegen im Mitgliedstaat gerade für wesentliche Staatsaufgaben ein Parlamentsvorbehalt existiert.[203] Diese zum Teil als befremdlich empfundene[204] Konsequenz ist erforderlich und berechtigt, wenn die Demokratie als mitgliedstaatliche Staatsform auch ihrer supranationalen Einbindung standhalten soll. Die Einbeziehung originär europäischer Legitimationsstrukturen in der Gestalt eines Europäischen Parlaments ist daher Ergänzung und Zweckmäßigkeit – und muß die Staatsform gefährden, sobald sie zum Hauptstrang der demokratischen Legitimationsbeschaffung ausgebaut wird.

bb. Ungebundenheit und strukturelles Ungleichgewicht: der Einfluß der Kommission. Mitentscheidend für den Bestand der einzelstaatlichen Demokratien ist weiterhin, ob (und wenn, in welchem Umfang) ein unabhängiges europäisches Regierungsorgan, wie es in der Gestalt der EG-Kommission existiert, gesamteuropäische Rechtserzeugungsprozesse beeinflußt. Die Europäische Kommission, die durch ein Zusammenwirken von Rat und Europäischem Parlament ernannt wird (Art. 214 Abs. 2 EGV), übt „ihre Tätigkeit in voller Unabhängigkeit zum allgemeinen Wohl der Gemeinschaften aus" (Art. 213 Abs. 2 UAbs. 1 EGV). Auch hier gebietet es die Legitimation der Gemeinschaften durch die mitgliedstaatlichen demoi, die Einflußnahmemöglichkeiten der Kommission denen des Rates unterzuordnen. In ihrer gegenwärtigen organisationsrechtlichen Ausgestaltung ist die Unionsstruktur auf diese Prämissen hin orientiert: Rat und Kommission stehen im Hinblick auf gegenseitige Kontroll- und Einwirkungsmöglichkeiten im Ungleichgewicht, die organisationsrechtliche Ausgestaltung der Unionsstruktur ist von Ernennungsrechten und Kontrollmöglichkeiten des Rates gegenüber der Kommission geprägt (Artt. 208; 213 Abs. 1 UAbs. 2; 214 Abs. 2; 215 UAbs. 2, 3; 216 EGV). Die Befugnisse der Kommission gegenüber dem Rat beschränken sich darauf, dessen Einberufung durch den Präsidenten verlangen zu können (Art. 204 EGV). Dementsprechend begrenzt sind auch die Mitwirkungsbefugnisse, welche die Kommission im Rahmen der europäischen Rechtserzeugungsvorgänge wahrnimmt (Artt. 251 Abs. 2 UAbs. 1, UAbs. 3 lit. c, Abs. 4 Satz 2; 252 lit. a, lit. d). Das Initiativrecht der Kommission (Artt. 251 Abs. 2 UAbs. 1; 252 lit. a) kann dabei aus der Sicht der mitgliedstaatlichen Demokratien nur deshalb als vertretbar erscheinen, weil ohne positive Ratsmitwirkung kein (gesetzesähnlicher[205]) Rechtsakt zustande gebracht werden kann. Wie die Stellung des Parlamentes ist auch die Rolle der Kommission im europäischen Rechtsetzungsverfahren nur aufgrund

---

[203] Siehe oben: Erster Abschnitt, III.2.c.

[204] Vgl. *Christoph Gusy*, ZfP 1998, 267, 272 f.; *ders.*, in: Brunkhorst/Kettner (Hrsg.), Globalisierung und Demokratie, S. 131, 139.

[205] Insbesondere also: keine Richtlinien und keine Verordnungen.

ihrer nachrangigen Bedeutung im Vergleich zur zentralen Funktion des Rates mit der bestehenden mitgliedstaatlichen Herrschaftsform zu vereinbaren.

cc. Die Grenzen der richterlichen Rechtsfortbildung aus der Perspektive des Staatsformbestandes: der Einfluß des EuGH. Solange die Ebene der Mitgliedstaaten als Grundlage und Bezugspunkt der demokratischen Staatsform gedeutet wird, steht auch die Rechtsprechungspraxis des EuGH zu der aus dieser Staatsform sich zwingend ergebenden Legitimationsherleitung in einem gewissen Spannungsverhältnis.[206] Die Unterwerfung des Staates unter ein internationales Rechtsprechungsgremium steht mit dem Grundsatz, daß alle Staatsgewalt vom Volk ausgehen muß, nur insoweit in Einklang, als der Staat sich selbst durch die hierfür demokratisch legitimierten Organe vertraglich dazu verpflichtet hat, diese Gerichtsbarkeit anzuerkennen[207] – und das Gericht sich seinerseits innerhalb dieses ihm gezogenen Rahmens bewegt. Unter den Prämissen der demokratischen Staatsform ist auch die supranationale Gerichtsbarkeit des EuGH nur insoweit legitimiert, wie sie, ihrer vertraglichen Rolle entsprechend, das Recht der EG in Konfliktfällen auslegt[208]; demgegenüber fehlt ihr, aus demokratietheoretischer Perspektive betrachtet, jede Art von Legitimation, dieses Recht über die Vertragsinhalte hinaus zu erweitern; erst recht fehlt ihr die Befugnis, sich dabei über den Wortlaut der Verträge hinwegzusetzen. Ungeachtet dessen hat der EuGH im Laufe seiner Geschichte eine ganze Reihe vertraglich nicht vorgesehener Rechtsfiguren erschaffen und somit Primärrecht kreiert, das für die Herrschaftsausübung durch die Gemeinschaft von essentieller Bedeutung erscheint und das, wie alles Unionsrecht, auch den Mitgliedstaat bindet.[209] Wie insbesondere die Grundsätze der unmittelbaren Anwendbarkeit[210] und des Anwendungsvorrangs[211] belegen[212] (weiterhin von Bedeutung sind auch die Haftungsgrundsätze der Mitgliedstaaten für Verstöße gegen

---

[206] *Heinz Schäffer*, in: Schwarze (Hrsg.), Die Entstehung einer europäischen Verfassungsordnung, S. 339, 355 (m.N. der österreichischen Verfassungsjudikatur); siehe ferner auch *Karl Doehring*, DVBl. 1997, 1133, 1135. Das Problem wird, im Vergleich mit anderen Aspekten des Demokratiedefizits, eher selten thematisiert; vgl. *Andreas Tiedtke*, Demokratie in der Europäischen Union, S. 126.

[207] *Rudolf Geiger*, Grundgesetz und Völkerrecht, S. 391.

[208] Zum Verhältnis von Demokratie (als Volksherrschaft) und Justiz (als unabhängigem Entscheidungsgremium) allgemein *Carl Schmitt*, Verfassungslehre, S. 273 ff.

[209] Eingehende Untersuchungen dazu, auf deren Ergebnisse sich die hier vertretene Auffassung stützt, finden sich u.a. bei *Maria Luisa Fernandez Esteban*, REDC 40 (1994), 241; *Leigh Hancher*, NYIL 25 (1994), 259; *Trevor C. Hartley*, AJCL 34 (1986), 229; *G. Federico Mancini*, CMLR 26 (1989), 595; *Eric Stein*, AJIL 75 (1981), 1 und *Manfred Zuleeg*, BB 1994, 581.

[210] EuGH, Rs. 26/62, Slg. 1963, 1, 25 – Van Gend & Loos –.

[211] EuGH, Rs. 6/64, Slg. 1964, 1251, 1270 – Costa/ENEL –.

[212] Zu deren Relevanz im Staatlichkeitskontext siehe oben: Zweites Buch, Erster Abschnitt, I.2.

Gemeinschaftsrecht[213], die unmittelbare Geltung von Richtlinien[214], aber auch die Ausformung europäischer Grundrechte[215]), müssen die rechtlichen ebenso wie die praktischen Konsequenzen dieser Judikatur als außerordentlich schwerwiegend, wenn nicht sogar als unmittelbar staatlichkeitsrelevant eingestuft werden – was angesichts des Umstandes, daß es ein Gericht war, welches all diese Rechtsfiguren (ungeachtet ihres Fehlens in den Verträgen) im Wege der richterlichen Rechtsfortbildung konstituiert hat, unter demokratietheoretischen Gesichtspunkten die Staatsform in einem bemerkenswerten Umfang belastet[216] und was, unter verfassungsrechtlichen Gesichtspunkten, insbesondere im Hinblick auf Art. 20 Abs. 1 GG zu Unrecht niemals vertieft diskutiert worden ist.[217] Die demokratisch legitimierte Staatsgewalt wird auch hierdurch ein Stück weit an Normen gebunden, deren Entstehung sie selbst nicht beeinflussen konnte. Keine der oben genannten Maximen (unmittelbare Anwendbarkeit und Vorrang des EG-Rechts, mitgliedstaatliche Haftung usw.) konnte bisher in ihrer rechtlichen Geltung auf den Willen des Volkes zurückgeführt werden.[218]

III. Staatsformverlust und Staatsformbegründung beim Eintritt in eine gesamteuropäische Staatlichkeit: ein Resümee zum Bestand der mitgliedstaatlichen Herrschaftsform (anhand der Kriterien über staatsformbedingte Grenzen autonom agierender Hoheitsgewalten)

1. Erster Gesichtspunkt: die Anordnung des Bestandes von EG und EU im Wege des parlamentarischen Zustimmungsaktes

Indem mitthin gezeigt werden konnte, in welchen Zusammenhängen die organisationsrechtliche Struktur der Union dem Demokratiegebot der mitgliedstaatlichen Verfassungsordnungen entspricht und in welchen Zusammenhängen sie sich im Widerspruch zu dieser befindet, sind diese Erkenntnisse nun-

---

213 EuGH, Verb. Rs. C-6/90 und C-9/90, Slg. 1991 I-5357, 5415 – Francovich –.

214 EuGH, Rs. 8/81, Slg. 1982, 53, 71 – Richtlinien –.

215 EuGH, Rs. 11/70, Slg. 1970, 1125, 1135 – Internationale Handelsgesellschaft –.

216 Angesichts dieser Bilanz überrascht die (im Konjunktiv formulierte) Bemerkung *Andreas Tiedtkes* (Demokratie in der Europäischen Union, S. 127), daß eine richterliche Rechtsfortbildung durch den EuGH demokratisch nicht ausreichend legitimiert „wäre", wenn diese sich „vom Primärrecht ‚emanzipiert'". Genau dies ist mit den im Haupttext genannten Rechtsprechungsgrundsätzen in vielfältiger Weise geschehen, auf die *Tiedtke* jedoch mit keinem Wort eingeht. Daß der EuGH „in ganz erheblichem Maße Rechtsfortbildung" betreibt, räumt im übrigen auch der frühere Richter am EuGH, *Manfred Zuleeg*, ein (VVDStRL 50 [1991], 153, 155).

217 Ansätze finden sich jetzt bei *Andreas Tiedtke*, Demokratie in der Europäischen Union, S. 126f.

218 Mit einem Inkrafttreten des Verfassungsvertrages könnte dies nunmehr erstmals herbeigeführt werden.

mehr anhand jener sechs Merkmale zu beurteilen, die im Ersten Abschnitt des Dritten Buches als Kriterien des Staatsformbestandes eingestuft wurden.[219] Hieraus wird sich ergeben, ob sich die Rechtsstruktur der Union insgesamt noch im Rahmen dessen hält, was als „parlamentarisch bestimmte Staatlichkeitsentfaltung" gekennzeichnet wurde – oder ob sich in der Autonomie, welche die europäischen Rechtserzeugungsprozesse prägt, Staatsformentwicklungen kundtun, deren Bezugspunkt nicht mehr die mitgliedstaatliche, sondern die europäische Ebene des politischen Gebundenseins darstellt. Entsprechend dem ersten der oben benannten Kriterien müßte die EU dafür zunächst auf einer parlamentarischen Bestandsanordnung beruhen, aus der sich ihr Dasein als autonom agierende Ordnungsstruktur ableiten läßt.[220] Dieser Bestandsgrund findet sich bis heute in den mitgliedstaatlichen Zustimmungsgesetzen zu den Verträgen.[221] Die sogenannte „institutionelle Legitimation" der EU[222] entspricht damit in ihrem Ansatz der Legitimationsvorstellung der mitgliedstaatlichen Demokratie.

2. *Zweiter Gesichtspunkt: die Festlegung von Wirkungs- und Aufgabenkreis*

Der Bestand der mitgliedstaatlichen Demokratie setzt weiterhin voraus, daß Aufgaben- und Wirkungskreis der abgeleiteten, autonom agierenden Hoheitsstruktur durch den parlamentarischen Einsetzungsakt festgelegt sind.[223] Die Zuweisung eines Aufgabenkreises findet sich hier insbesondere in Art. 2 EGV, der wiederum auf die in den Artt. 3 und 4 EGV genannten Politiken verweist. Wie zuvor bereits festgestellt wurde, nähert sich diese Aufgabenzuweisung, einerseits durch die immense inhaltliche Fülle und andererseits durch die Besonderheiten einer zielbezogenen Kompetenzzuweisungsstruktur, einer nicht länger eingrenzbaren Allzuständigkeit an.[224] Hinzu kommt schließlich die Unschärfe der Kompetenzabgrenzung, die, insbesondere im Anwendungsbereich von Art. 308 EGV, zur Kompetenzausweitung der Gemeinschaften beitragen mußte. Zielbezogenheit, Fülle und Unschärfe, die untereinander im Wechselspiel stehen, haben den Aufgabenkreis der Gemeinschaft entgrenzt.[225] Die Ge-

---

[219] Siehe dazu oben: Erster Abschnitt, III.2.c.

[220] Siehe dazu oben: Erster Abschnitt, III.3. sowie *Armin von Bogdandy*, Supranationaler Föderalismus als Wirklichkeit und Idee einer neuen Herrschaftsform, S. 56f. und *Claus Dieter Classen*, AöR 119 (1994), 238, 244. Denselben Gedanken führt *Marcel Kaufmann* (JZ 1999, 814, 818; *ders.*, Europäische Integration und Demokratieprinzip, S. 484) aus, wenn er von demokratischer Legitimation „auf konstituierender Stufe" spricht.

[221] *Amaryllis Verhoeven*, The European Union in Search of a Democratic and Constitutional Theory, S. 63.

[222] Vgl. *Claus Dieter Classen*, AöR 119 (1994), 238, 244.

[223] Siehe dazu oben: Erster Abschnitt, III.3. und *Marcel Kaufmann*, JZ 1999, 814, 818.

[224] Siehe oben: Zweites Buch, Erster Abschnitt, III.3.b. sowie unten: Viertes Buch, Erster Abschnitt.

[225] Siehe oben: Zweites Buch, Erster Abschnitt, III.3.

meinschaftsstruktur hat mithin jene Schranken durchbrochen, innerhalb derer eine autonom agierende Hoheitsstruktur an der demokratischen Legitimation durch den parlamentarischen Willensakt teilhaben kann.[226] Das Ausmaß, in welchem während des europäischen Integrationsvorgangs die Aufgabenfelder des supranationalen Verbandes entgrenzt worden sind, stellt der staatlichen Hoheitsgewalt, die auf den Willen des Volkes zurückgeht, eine verselbständigte Hoheitsstruktur gegenüber, deren Tätigkeit in keinen kontrollierbar abgesteckten Rahmen eingebunden ist. Wenn es das Wesen der demokratischen Ordnung kennzeichnet, daß diese von Verfassungsorganen vollzogen wird, die das Staatsvolk bestellt, so muß es die Substanz dieser Staatsform berühren, wenn innerhalb derselben Ordnung ein supranationaler Hoheitsträger thematisch ungebunden agiert.

3. Dritter Gesichtspunkt: die Zuweisung hoheitlicher Handlungsbefugnisse dem einzelnen gegenüber

Die Wahrung des Legitimationszusammenhangs setzt außerdem voraus, daß die autonome Hoheitsstruktur dem einzelnen nur insoweit gegenübertritt, als sie hierzu durch einen Rechtsakt der Volksvertretung (sprich: durch Parlamentsgesetz) ermächtigt worden ist, da ansonsten das Moment der Letztverantwortlichkeit[227], welches das Verhältnis von Staat und einzelnen konstituiert, aufgelöst würde. Dem Individuum tritt die EG insbesondere dort gegenüber, wo sie innerhalb ihres Aufgabenkreises unmittelbar geltende Rechtsnormen setzt. Von besonderem Interesse ist dabei das Rechtsinstrument der Verordnung, die gemäß Art. 249 UAbs. 2 Satz 2 EGV in allen ihren Teilen rechtlich verbindlich sein soll und als Rechtsnorm innerhalb der EG-Mitgliedstaaten unmittelbar, mit Wirkung für und gegen den einzelnen[228], gilt. Ein bezeichnendes Beispiel dafür, wie intensiv ein entsprechender Rechtsakt in die Sphäre des einzelnen eingreifen kann, bot der Fall der Bananenmarktordnung[229] – die Befugnis, individuelle Rechte in erheblichem Maß zu beschränken[230], ergab sich dabei aus der weit gefaßten Handlungsermächtigung des Art. 34 Abs. 1 UAbs. 2 lit. c EGV, wonach die Union für bestimmte Bereiche eine Marktordnung aufstellt. Die Autonomie der EU wird damit (und nicht nur damit, sondern auch durch die unmittelbare Geltung von Richtlinien, wie der EuGH sie bejaht) auf die

[226] Welche Rechtsfolgen sich hieraus für die grundgesetzliche Ordnung ergeben, behandelt der Erste Abschnitt des Vierten Buches.

[227] Siehe oben: Erstes Buch, Erster Abschnitt, III.2.

[228] *Gudrun Schmidt*, in: von der Groeben/Schwarze (Hrsg.), Vertrag über die Europäische Union und Vertrag zur Gründung der Europäischen Gemeinschaft, Bd. 4, Rn. 29 zu Art. 249 EG.

[229] BVerfGE 102, 147; zum Fall auch *Norbert Reich*, EJIL 7 (1996), 103.

[230] Dazu auch *Ulrich K. Preuß*, in: Schuppert/Pernice/Haltern (Hrsg.), Europawissenschaft, S. 489, 522.

Regelungsdimension der individuellen Belange erstreckt – trotz ihrer unverkennbaren Grundrechtswesentlichkeit wurden die entsprechenden Rechtsetzungsbereiche dadurch weitestgehend außer Reichweite der verfassungsmäßigen Willensdurchsetzung des demos gestellt. Entsprechende Verschiebungen wären im Inneren einer parlamentarisch-demokratischen Ordnung verfassungsrechtlich kaum vorstellbar: Regelungen, welche die grundrechtliche Stellung des Individuums in zentralen Punkten berühren, müssen vom Parlament selbst verabschiedet werden.[231] Dort, wo es um die Begrenzung ordnungsinterner Autonomieträger im Hinblick auf ihr hoheitliches Handeln dem einzelnen gegenüber geht, liegt die Notwendigkeit eines entsprechenden „Wesentlichkeitsvorbehaltes" zur Wahrung der rechtsstaatlich-demokratischen Staatsform offen zutage; ob diese Prämisse aus demokratietheoretischer und aus verfassungsrechtlicher Sicht durch autonom agierende Hoheitsgewalten in Frage gestellt wird, hängt indes nicht davon ab, ob es sich um eine innere oder äußere Herrschaftsstruktur handelt, welche den einzelnen ohne irgendeine Rückbindung an die Ebene des mitgliedstaatlichen Verfassungsrechts und damit auch ohne irgendeine Rückbindung an die Vertretung des demos rechtlich in spürbarem Umfang verpflichtet. Indem die EG als eine abgeleitete Ordnungsstruktur in die Lage versetzt wird, dem einzelnen in eigener Verantwortung gegenüberzutreten und dessen Grundrechte auf der Basis allgemein gehaltener Handlungsbefugnisse nachhaltig zu beschränken[232], verläßt sie auch hier den Bereich, in dem die Autonomie einer abgeleiteten Ordnungsstruktur mit dem Fortbestand der bisherigen Herrschaftsformen vereinbar erscheint.[233]

4. *Vierter Gesichtspunkt: die Ausgestaltung der Binnenverfassung*

Um den Bestand der Staatsform zu wahren, müssen zudem die Kernaussagen der Binnenverfassung des autonom agierenden Hoheitsträgers durch die Vorgaben der legitimationsspendenden Ebene determiniert sein. Dieses erfolgt in erster Linie durch den Vertragsinhalt selbst und damit durch die mitgliedstaatliche Ordnungsstruktur, aus der heraus der Vertrag geschlossen und in Kraft

---

[231] *Christoph Degenhart*, Staatsrecht I, Rn. 305.

[232] Europäische Grundrechtsverbürgungen durch den EuGH können diese Problematik allenfalls aus grundrechtspolitischer Sicht (nämlich im Hinblick auf den Bestand entsprechender Grundrechtsschutzstandards) lösen, ändern jedoch nichts an der hier zu behandelnden legitimations- und ableitungstheoretischen Frage, ob sich eine vom Parlament geschaffene untergeordnete Rechtsstruktur innerhalb jenes Rahmens bewegt, den die Staatsform ihr vorgibt.

[233] Daß dies für eine abgeleitete Struktur im Inneren einer rechtsstaatlich-demokratischen Staatsordnung nicht vorstellbar ist, belegt die Situation im Kommunalrecht, wo die allgemeine Satzungsbefugnis der Gemeinde, wie sie sich beispielsweise in § 4 Abs. 1 SächsGemO findet, für den Eingriff in Eigentum und Freiheit des einzelnen gerade nicht ausreichen soll, sondern hierfür stets eine konkrete gesetzliche Eingriffsermächtigung vorliegen muß; siehe statt aller *Liv Jaeckel/Fritz Jaeckel*, Kommunalrecht in Sachsen, S. 195.

gesetzt wurde. Hinter diesen Vorgaben stehen mitunter verfassungsgesetzliche Festlegungen in den einzelnen Mitgliedstaaten[234], so beispielsweise, wenn Art. 23 Abs. 1 Satz 1 GG die Mitwirkung Deutschlands in der Union davon abhängig macht, daß diese „demokratischen, rechtsstaatlichen, sozialen und föderativen Grundsätzen und dem Grundsatz der Subsidiarität verpflichtet" sein muß.[235] Die Entscheidung über die Strukturen der EU-Binnenverfassung liegt, aufgrund ihrer Stellung als „Herren der Verträge"[236], in den Händen der EU-Mitgliedstaaten. Gleichwohl sind auch dabei Umstände zu verzeichnen, die bereits jetzt eine bemerkenswerte Mitwirkung der europäischen Ebene an der Ausgestaltung ihrer eigenen Verfassungsgrundlagen belegen – ganz besonders gilt dies für den Beitrag des EuGH zur Entwicklung der gemeinschaftlichen Verfassungsarchitektur, sei es durch die Etablierung europäischer Grundrechte[237] oder sei es durch Entscheidungen zum Verhältnis der Unionsorgane[238] untereinander. Zwar tragen diese Entwicklungen bis heute den Charakter einer punktuellen, mit den Inhalten der Verträge größtenteils zu vereinbarenden Vervollständigung des Primärrechts, dessen Schicksal als solches in den Händen der Mitgliedstaaten verbleibt – je geringer indes die Spielräume der Mitgliedstaaten bei der Umgestaltung des Vertragswerkes werden, desto mehr droht dieser Aspekt zur Formalie zu werden. Die Frage nach der herrschenden Staatsform, die hier untersucht werden soll, zielt demgegenüber auf das materiell sich Vollziehende, in dem die verfassungsgestaltende Judikatur des EuGH (der deshalb schon vielfach – und angesichts der hier beschriebenen Zusammenhänge nicht ganz zu Unrecht – als europäisches Verfassungsgericht bezeichnet worden ist[239]) einen immer breiteren Raum einnimmt. Die Staatsformthematik erscheint insofern, entgegen dem ersten äußeren Anschein, auch unter dem vierten Gesichtspunkt zumindest als offen und ambivalent.

---

[234] Neben Art. 23 Abs. 1 Satz 1 GG ist hierbei insbesondere Kapitel 10, § 5 UAbs. 1 Satz 1 der schwedischen Verfassung zu nennen.

[235] Den Verfassungsorganen erwächst hieraus die Pflicht, auf die entsprechende Ausgestaltung der supranationalen Hoheitsstrukturen hinzuwirken; siehe *Hans Bernhard Brockmeyer*, in: Schmidt-Bleibtreu/Klein, Kommentar zum Grundgesetz, Rn. 6 zu Art. 23.

[236] BVerfGE 89, 155, 190.

[237] Siehe dazu grundlegend EuGH, Rs. 11/70, Slg. 1970, 1125, 1135 – Internationale Handelsgesellschaft –.

[238] Ein bekanntes Beispiel dafür bildet die Rechtsprechung des EuGH zur prozeßrechtlichen Stellung des Europäischen Parlamentes, mit der sich das Gericht wiederholt über den Wortlaut der Verträge hinweggesetzt hat; vgl. dazu die Schilderung bei *Ulrich Haltern*, Europarecht, S. 231 ff.

[239] Zum EuGH als europäischem Verfassungsgericht *Karl Doehring*, DVBl. 1997, 1133, 1135 m.w.N; *Maria Luisa Fernandez Esteban*, REDC 40 (1994), 241 und *Manfred Zuleeg*, BB 1994, 581.

5. *Fünfter Gesichtspunkt: die Einbettung der europäischen Herrschaftsstruktur in die mitgliedstaatliche Ordnungsgesamtheit*

Das Tätigsein der EU als autonom agierende Herrschaftsstruktur kann des weiteren nur dann mit der Staatsform der mitgliedstaatlichen Demokratie zu vereinbaren sein, wenn durch die demokratisch legitime Einsetzung derselben auch ihre Stellung innerhalb der herrschenden Ordnungsgesamtheit hinreichend deutlich fixiert worden ist. Da es sich im Fall der EU um eine Form des äußeren Verpflichtetseins der daran beteiligten einzelnen Staaten handelt, muß auf der Ebene der nationalen Verfassungsstruktur, insbesondere durch das Handeln des Parlamentes als Vertretung des demos, geklärt worden sein, in welcher Weise das Ableitungsverhältnis verwirklicht und die supranationale Struktur in das Gesamtensemble der Herrschaftsgewalt, das die Staatlichkeit darstellt, integriert werden soll. Die Schwierigkeit im Fall der supranationalen Union liegt hierbei darin, daß ihrem Recht zur Wirksamkeit verholfen werden muß, ohne ihren Ableitungscharakter in Frage zu stellen. Solange der Bestand der mitgliedstaatlichen Staatsform gewahrt bleiben muß (und zwar gewahrt bleiben muß nicht nur aus verfassungspolitischen, sondern zuallererst aus verfassungsrechtlichen Gründen, wie an späterer Stelle noch zu zeigen sein wird[240]), kann dies nur bedeuten, daß „Wirksamkeit" nicht „unbedingter Vorrang" heißen darf. Grundlage dieser Zuordnung sind wiederum die Verträge, die ihrerseits von der Gesamtheit der mitgliedstaatlichen Verfassungsordnungen ausgehen. Auch hierbei ist zu erkennen, daß eine solche formale Zuordnung der Unionsstruktur zur mitgliedstaatlichen Ordnung durch Vertrag und Vertragsgesetz (eine Zuordnung, die eher einen historischen Ursprung als ein legitimationsverschaffendes Rückbindungsverhältnis beschreibt) die aufgeworfene Staatsformfrage nur unzureichend beantworten kann; ebenso wie Verlust und Neubegründung des Staatseins ist auch der Umbruch der Staatsform durch die Diskrepanz zwischen dem formalen Fortbestehen ursprünglicher Ableitungszusammenhänge und ihrer materiellen Konterkarierung geprägt. Hierbei ist zu bedenken, in welchem Umfang die Stellung, die der Hoheitsverband der Gemeinschaft gegenüber seinen Mitgliedern einnimmt, von der Rechtsprechungspraxis des Gerichtshofs geprägt ist; besonders bedenklich erscheint es aus Sicht der herrschenden parlamentarisch-demokratischen Staatsform, daß an der Entscheidung dieser staatlichkeits- und staatsformbestimmenden Fragen (wie beispielsweise an einer Festlegung des Anwendungsvorrangs und seines Umfangs) Verfassungsorgane der Staaten nicht oder zumindest nicht unmittelbar beteiligt gewesen sind[241] – die Entscheidung über das Verhältnis von staatlichem und überstaatlichem Recht kann in diesen Fällen nicht auf den Willen des demos zurückgeführt wer-

---

240 Siehe unten: Viertes Buch, Erster Abschnitt.

241 Wenn man von den konkreten Verfahrensbeteiligten absieht. Deren Haltung dokumentiert *Eric Stein*, AJIL 75 (1981), 1, 4 ff. und 11.

den. Der Bestand der parlamentarisch-demokratischen Staatsform in den EU-Mitgliedstaaten erscheint dabei doppelt geschwächt, wenn man bedenkt, daß der Rat über das Zustandekommen europäischen Rechts im Mehrheitsverfahren entscheidet – das Parlament als die demokratisch unmittelbar legitimierte Vertretung des Volkes wird durch den Vorrang europäischer Rechtsvorschriften gebunden, ohne den Vorrang selbst begründet zu haben[242], und, wenn der nationale Minister im Rat überstimmt worden ist, ohne die Chance, auf den Inhalt des Rechtsakts Einfluß zu nehmen. Diese Komponenten: Anwendungsvorrang und Mehrheitsentscheidung, sprengen insofern die Grenzen, innerhalb derer autonome Hoheitsstrukturen freiverantwortlich auftreten dürfen, ohne die Staatsform in Frage zu stellen – die rechtliche Stellung der Unionsorgane und ihrer Rechtsakte im gesamten Ordnungsgefüge wurden und werden von dieser in erheblichem Umfang selbst definiert.

6. Sechster Gesichtspunkt: Durchsetzungsmöglichkeiten demokratisch zustande gebrachter Entscheidungen gegenüber der europäischen Herrschaftsstruktur

Von einem Fortbestand der mitgliedstaatlichen Staatsform kann schließlich, entsprechend dem sechsten der oben aufgezeigten Kriterien, nur dann auszugehen sein, wenn die Ebene der unmittelbaren demokratischen Legitimation (die zugleich die Ebene des grundlegenden politischen Gebundenseins markiert) über wirksame rechtliche Aufsichtsmöglichkeiten verfügt, die es sicherstellen, daß sich die Entscheidungen der Volksvertretung gegenüber allen anderen Hoheitsträgern, und damit auch gegenüber politisch autonom agierenden Herrschaftsstrukturen (sowohl im Inneren als auch nach außen hin) durchsetzen können. Die Probleme, die sich hierbei aus Wesen und Wirkung der völkerrechtlichen Bindung ergeben, wurden oben bereits behandelt – entscheidend ist dabei indes, daß die demokratisch gewählten Organe des Staates (hier also: die Parlamente) weiterhin über die rechtlichen Möglichkeiten verfügen, außerhalb der zur autonomen Wahrnehmung auf den supranationalen Verband übertragenen Aufgabenfelder eigene Entscheidungen in die Tat umzusetzen und dabei, wenn es darauf ankommt, Kompetenzüberschreitungen der europäischen Organe entgegenzutreten. Das demokratische Prinzip der mitgliedstaatlichen Verfassungsordnungen verlangt daher entsprechende Aufsichts- und Kontrollmechanismen. Die Frage nach dem Bestand der mitgliedstaatlichen Staatsform

---

[242] Dies gilt zumindest für jene Staaten, die schon vor der Costa/ENEL-Entscheidung (Rs. 6/64, Slg. 1964, 1251, 1270) Mitglieder der Gemeinschaft waren – seither gehört auch der Anwendungsvorrang zum Bestand des acquis communautaire, den der Mitgliedstaat mit seinem Beitritt anerkennt (vgl. *Bruno de Witte*, in: Craig/de Búrca [Hrsg.], The Evolution of EU Law, S. 177, 197f.). An der staatsformtheoretischen Gesamtbeurteilung dieses Zusammenhangs, die insbesondere das Zusammenwirken der beiden Komponenten Mehrheitsentscheidung und Anwendungsvorrang berücksichtigen muß, ändert dies nichts.

mündet hier ein weiteres Mal in die Behandlung verschiedener Staatlichkeitskriterien ein, deren Zuordnung im Ersten Abschnitt des Zweiten Buches im Hinblick auf das Verhältnis von Mitgliedstaat und Gemeinschaft versucht worden ist.[243] Was die rechtliche Durchsetzung demokratisch zustande gebrachter Entscheidungen gegen Rechtsakte der EU anbelangt, so erweisen sich diese, wenn man vom streitigen Fall der Austrittsmöglichkeit einmal absieht (der ohnehin nur ultima ratio sein kann und für die Frage des Staatsformbestandes deshalb nichts hergibt), als kaum realisierbar – entsprechende Aufsichtsmöglichkeiten beginnen sich statt dessen im umgekehrten Verhältnis, in der Gestalt des Vertragsverletzungsverfahrens, welches die Kommission gemäß Art. 226 EGV einleiten kann, abzuzeichnen, wenngleich die EU gegenwärtig noch nicht über ein eigenes Zwangsmittelinstrumentarium verfügt. Alles in allem ist daher auch im Hinblick auf dieses Kriterium zu konstatieren, daß die Grenzen der Staatsformverträglichkeit überschritten worden sind, die sich aus der Verfassungsordnung für die Autonomie abgeleiteter Herrschaftsstrukturen (zumal dann, wenn diese vom Parlament eingesetzt wurden) ergeben.

7. Zwischenbilanz: der gegenwärtige Bestand der mitgliedstaatlichen Staatsform

Die vorangegangenen Untersuchungen haben ergeben, daß die EU als autonom agierender Hoheitsträger über die Grenzen dessen hinausgeht, was einer autonomen Ordnungsstruktur an staatsformverträglichen Freiräumen zustehen kann. Ihre Zuständigkeiten sind hierfür zu weit und nicht klar genug festgelegt; ihre Handlungsmöglichkeiten gegenüber dem einzelnen weisen in einem zu hohen Maße unkontrollierbare Spielräume auf; ihr Verhältnis zur rechtlichen Ordnung der Mitgliedstaaten wurde in entscheidenden Punkten von ihr modifiziert; ihr Tätigsein kann von den demokratisch legitimierten Organen der Mitgliedstaaten schwer kontrolliert und (im Fall der Verletzung ihrer Zuständigkeitenbegrenzung) auch schwer korrigiert werden. In der Gesamtbeurteilung dieser Gesichtspunkte ist daher mit Recht zu behaupten, daß die supranationale Integration die Wirksamkeit der parlamentarischen Demokratie in den Verfassungsordnungen der Mitgliedstaaten und somit deren Staatsform gefährdet – ein Befund, dessen juristisch-dogmatische Konsequenzen der Erste Abschnitt des Vierten Buches behandelt.[244] Verlust und Neubegründung der Staatlichkeit gehen insofern mit einem Verlust der Staatsform und deren Neuentwicklung in dem nunmehr sich entwickelnden Bundesstaatsganzen einher.[245]

---

[243] Siehe dazu oben: Zweites Buch, Erster Abschnitt, III.7. und 8.

[244] Der Nationalstaat erscheint insofern „in Sachen Demokratie" doch deutlich weniger „hartnäckig", als *Peter Häberle* dies angenommen hat (EuGRZ 1992, 429, 432 – Zitate wörtlich).

[245] In der Sache ebenso *Rüdiger Breuer*, NVwZ 1994, 417, 425.

Wie diese neu sich entfaltende Herrschaftsform eines gesamteuropäischen Staates beschaffen sein kann, ist ebenso eine offene Frage wie das Problem, ob ein solcher gesamteuropäischer Staat vom Staatsvolk getragen sein wird oder letztlich nur einen Staatsgründungsversuch (oder, wenn man es bildlich ausdrücken wollte, eine verfassungsrechtlich aufgerichtete Staatlichkeitsfassade) markiert. In den folgenden Absätzen geht es nunmehr darum, Hinweise aufzuspüren, welche den Charakter der kommenden Staatsform in Gesamteuropa verraten.

IV. Die Eigenschaften einer möglichen gesamteuropäischen Staatsform

1. Die Defizite der demokratischen Herrschaftslegitimation innerhalb des gesamteuropäischen Raumes im Kontext der Staatlichkeitsfrage

Wenn nunmehr danach gefragt werden soll, welche Staatsform sich im gesamteuropäischen Raum abzuzeichnen beginnt, ist hierfür als Ausgangspunkt die Frage zugrunde zu legen, ob eine Einrichtung demokratischer Herrschaftsstrukturen in der EU möglich und (angesichts der heutigen Lage) realistisch erscheint. Die Mehrzahl jener Autoren, die in der jüngeren Zeit die organisatorisch-institutionelle Struktur der EU untersucht und deren Legitimationsansätze unter Staatsformgesichtspunkten analysiert und demokratietheoretisch eingestuft haben, gelangte bei allen Unterschieden in den Details zur selben und richtigen Einsicht, daß auf europäischer Ebene derzeit von einem erheblichen, aus verschiedenen Umständen sich ergebenden Demokratiedefizit auszugehen ist.[246] Welche Umstände dies sind und wie schwer das Defizit wiegt, bleibt dabei freilich umstritten. Diese Aspekte sollen hier nun unter dem Gesichtspunkt näher beleuchtet werden, inwieweit sich das Zustandekommen einer demokratischen Herrschaftsform im gesamteuropäischen Raum durch den Ausbau ihrer demokratischen Ordnungsansätze vorantreiben läßt und wie sich dies auf die Staatlichkeitsfrage auswirkt.

Für dieses Untersuchungsprogramm sind somit Einwände irrelevant, wonach von einem europäischen Demokratiedefizit deshalb nicht gesprochen werden könne, weil kein Bedürfnis vorhanden sei, die EU demokratisch zu organisieren. Die Begründungen, die dafür im Schrifttum vorgebracht wurden, sind einerseits, im Hinblick auf das behauptete Fehlen entsprechender Normen in Staats-, Europa- und Völkerrecht, positivrechtlich[247] und andererseits, im Hin-

[246] So z.B. *Karl Doehring*, DVBl. 1997, 1133, 1135ff.; *Christoph Gusy*, ZfP 1998, 267, 271; *Gertrude Lübbe-Wolff*, VVDStRL 60 (2001), 246, 259 und *Ernst-Ulrich Petersmann*, Aussenwirtschaft 50 (1995), 171, 173. Eine Antikritik aus politikwissenschaftlicher Sicht versucht *Thomas Christiansen*, in: Steffani/Thaysen (Hrsg.), Demokratie in Europa: zur Rolle der Parlamente, S. 50, 53ff.

[247] So insbesondere *Albrecht Randelzhofer*, in: Hommelhoff/Kirchhof (Hrsg.), Der Staatenverbund der Europäischen Union, S. 39, der die Beschränkung seines Untersuchungsziels

blick auf die Grenzen demokratischer Legitimationsnotwendigkeiten, demokratietheoretisch[248] geprägt. Beide Aspekte tragen zur hier untersuchten Frage nichts bei: positiv-rechtliche Argumente betreffen in erster Linie die Auslegung der verfassungsrechtlichen Vorgaben seitens der bisherigen Mitgliedstaaten (und lassen keinerlei Rückschlüsse auf den Charakter des sich entwickelnden Staates zu) – hierauf wird weiter unten, im Rahmen unserer Untersuchung zu Art. 23 GG, ausführlicher zu sprechen zu kommen sein.[249] Demokratietheoretische Herangehensweisen, die aus grundsätzlichen Erwägungen heraus die Legitimationsnotwendigkeit der EU leugnen, beruhen auf einem Verständnis vom Wesen der EU, das der hier verfolgten Grundkonzeption widerspricht und ein Zum-Staat-Werden der EU ausschließt. Wenn daher im folgenden die Entwicklungsmöglichkeiten der demokratischen Staatsform in der EU einerseits anhand ihrer organisatorisch-institutionellen Architektur und andererseits anhand der nötigen vorrechtlichen Bestandsvoraussetzungen untersucht werden sollen, lautet die zugrunde liegende Frage, ob das, was in Europa entsteht, als Demokratie im bisherigen Sinn interpretiert werden kann[250]: im Mittelpunkt stehen demnach Parallelität und Gegenläufigkeit der bisherigen mitgliedstaatlichen und einer möglichen gesamteuropäischen Staatsform. Je größer die Unterschiede erscheinen, die dabei hervortreten werden, desto stärker geht mit dem Verlust der einzelstaatlichen Staatsqualität auch der Verlust des parlamentarisch-demokratischen Herrschaftsgefüges einher – ein Verlust, der durch die Bezeichnung jener neu sich entfaltenden Herrschaftsform als „postparlamentarische Demokratie“ nicht kaschiert werden sollte.[251] Im folgenden sind daher zunächst die organisationsrechtlichen Ordnungsstrukturen in der Union auf ihren demokratischen Charakter hin zu untersuchen.

---

a.a.O. ausdrücklich klarstellt; ähnlich *Georg Ress*, in: Gedächtnisschrift für Wilhelm Karl Geck, S. 625, 631 ff. und *Andreas Tiedtke*, Demokratie in der Europäischen Union, S. 55 ff. Dies ist zum Teil mißverstanden worden, vgl. zur Position *Randelzhofers* auch *Karl Doehring*, DVBl. 1997, 1133, 1137.

[248] Näheres dazu bei *Gertrude Lübbe-Wolff*, VVDStRL 60 (2001), 246, 251 m. w. N.

[249] Siehe dazu unten: Viertes Buch, Erster Abschnitt.

[250] Methodisch überzeugend zu dieser Frage: *Karl Doehring*, DVBl. 1997, 1133 ff.

[251] Beispielhaft für solch einen Versuch: *Deirdre Curtin*, Postnational democracy, S. 53 ff. Zum Begriff der „postparlamentarischen Demokratie“ siehe die Nachweise oben in Fn. 28. – Zu Recht meint daher *Marcus Höreth* (IPG 2002/4, 11, 34), daß „post-parlamentarische Praktiken [...] als Teil des europäischen Demokratieproblems und nicht als dessen normativ überzeugende Lösung“ erscheinen.

2. *Das Europäische Parlament als Kernbestandteil einer gesamteuropäischen Demokratie*

a. Die gegenwärtige rechtliche Stellung des Europäischen Parlamentes im Vergleich mit demokratietheoretisch mindestnotwendigen Parlamentsfunktionen

aa. Seine Mitwirkungsmöglichkeiten im EG-Rechtsetzungsverfahren. Die Existenz eines Europäischen Parlamentes könnte zunächst darauf hindeuten, daß die neue, im gesamteuropäischen Raum sich entfaltende Herrschaftsstruktur zumindest in ihren Grundzügen der bisherigen parlamentarisch-demokratischen Staatsform entspricht, oder, wenn dies heute noch nicht der Fall ist, zukünftig hierzu ausgebaut werden kann. Das Europäische Parlament müßte hierfür jene vier Funktionen erfüllen (oder, um es, dem Entwicklungscharakter des Integrationsprozesses entsprechend, abgeschwächter zu formulieren: das Europäische Parlament müßte die Anlage dazu besitzen, jene vier Funktionen erfüllen zu können), die das Herzstück des Parlamentarismus als Staatsform markieren und die mit den Schlagworten: Gesetzgebung, Kontrolle der Exekutive, Enqueterecht und Budgethoheit ausgedrückt werden können.[252] Unter diesen vier Funktionen ist es wiederum die Gesetzgebung, der das Hauptgewicht zukommt: als Vertretung des Volkes gestaltet das Parlament die rechtliche Ordnung. In welchem Umfang erfüllt das Europäische Parlament im Rahmen der supranationalen Rechtsetzungsvorgänge diese Funktion?[253] Entsprechend den Regelungen des EGV sind hierbei verschiedene Mitwirkungsformen zu unterscheiden[254]:

– Mitwirkungsmöglichkeiten des Europäischen Parlaments am EG-Rechtsetzungsvorgang sind dabei im sogenannten *Mitentscheidungsverfahren* gemäß Art. 251 EGV am stärksten (und damit, um es vorwegzunehmen, in einem der parlamentarischen Staatlichkeit am nächsten kommenden Muster) verwirklicht. Das Europäische Parlament nimmt in diesem Verfahren zunächst zum Entwurf eines Rechtsaktes Stellung, den die Kommission vorgelegt hat (Art. 251 Abs. 2 UAbs. 1 EGV). Der Rechtsakt wird danach erlassen (dies allerdings durch den Rat), wenn dieser (nämlich der Rat) die Änderungsvorschläge des Parlamentes gutheißt (Art. 251 Abs. 2 UAbs. 2 1. Anstrich EGV) oder jenes (nämlich das Parlament) keinerlei Änderungsvorschläge eingebracht hat (Art. 251 Abs. 2 UAbs. 2 2. Anstrich EGV). Wenn beides nicht zu-

---

[252] Vgl. dazu auch *Christoph Degenhart*, Staatsrecht I, Rnrn. 29, 598.

[253] Eine zusammenfassende Darstellung dessen findet sich bei *Christoph Gusy*, in: Brunkhorst/Kettner (Hrsg.), Globalisierung und Demokratie, S. 131, 135f. Zur Bedeutung des Vertrages von Amsterdam hierbei siehe *Ingolf Pernice*, CMLR 36 (1999), 703, 740.

[254] Einen Überblick über weitere Sonderfälle verschafft *Thomas Oppermann*, Europarecht, § 5 Rnrn. 37f.; eine Kurzübersicht findet sich auch in der Entscheidung EGMR NJW 1999, 3107, 3110 – Matthews –.

trifft (wenn also der Rat den Standpunkt des Parlamentes nicht billigt), unterbreitet der Rat einen eigenen Vorschlag, den das Parlament annehmen (Art. 251 Abs. 2 UAbs. 3 lit. a) oder (dies allerdings nur durch eine absolute Mitgliedermehrheit) endgültig ablehnen kann (Art. 251 Abs. 2 UAbs. 3 lit. b). Schlägt das Parlament seinerseits abermals vor, den Rechtsakt zu ändern (Art. 251 Abs. 2 UAbs. 3 lit. c EGV), kann der Rat diese Änderung akzeptieren (Art. 251 Abs. 3 Satz 1 1. HS EGV – der Rechtsakt gilt dann als erlassen) oder einen Vermittlungsausschuß anrufen (Art. 251 Abs. 3 Satz 2, Abs. 4 EGV), über dessen Vorschlag Rat und Parlament mit qualifizierter Mehrheit entscheiden (Art. 251 Abs. 5 Satz 1 EGV). Der Rechtsakt scheitert, wenn eines der beiden Organe ihn ablehnt (Art. 251 Abs. 5 Satz 2 EGV). Alles in allem gilt damit, daß im Verfahren der Mitentscheidung gegen den Willen des Parlamentes Rechtsakte nicht zustande gebracht werden können.[255] Die Stellung des Parlamentes entspricht in diesem Verfahren, insbesondere im Hinblick auf ihr annähernd gleiches Gewicht im Verhältnis zum Rat, beinahe der Position einer parlamentarischen Gesetzgebungskörperschaft in einer föderalistisch geprägten (man könnte auch sagen: modifizierten) Demokratie – doch darf angesichts der Parallelität nicht übersehen werden, daß auch diese Verfahrensgestaltung ein bemerkenswertes Defizit aufweist: anders als sämtlichen mitgliedstaatlichen Parlamenten bleibt dem Europäischen Parlament das Recht der Gesetzesinitiative verwehrt.[256]

– Auch im *Verfahren der Zusammenarbeit* nach Art. 252 EGV liegt das Recht zur Normsetzungsinitiative in den Händen der Kommission. Zum Vorschlag der Kommission nimmt zunächst das Parlament Stellung (Art. 252 lit. a EGV); sodann erarbeitet der Rat einen gemeinsamen Standpunkt, der wiederum dem Parlament zugeleitet wird (Art. 252 lit. b UAbs. 1 Satz 1 EGV). Wenn dieses ihn billigt, wird der Rechtsakt vom Rat erlassen (Art. 252 lit. b UAbs. 2 EGV); wenn dieses ihn ablehnt oder Änderungen verlangt (Art. 252 lit. c UAbs. 1 Sätze 1 und 2 EGV), so entscheidet, nach erneuter Stellungnahme der Kommission (Art. 252 lit. d EGV), letztmaßgeblich der Rat (Art. 252 lit. e EGV). Das Parlament kann insofern das Zustandekommen von Rechtsnormen nicht verhindern, wenn der Rat daran festhalten will. Im Verfahren der Zusammenarbeit ist die Mitwirkung des Parlamentes demzufolge auf ein Recht zur Stellungnahme beschränkt, welche sich jedoch auf die für den Ratsbeschluß notwendige Mehrheit auswirken kann (Art. 252 lit. c UAbs. 2 EGV). Die Stellung des Europäischen Parlamentes bleibt daher im sogenannten Verfahren der Zusammenarbeit deutlicher als im Mitentscheidungsver-

[255] Dem Mitentscheidungsverfahren entsprechen insofern eine Reihe weiterer Sonderverfahren, in denen eine Zustimmung des Europäischen Parlaments ausdrücklich vorgesehen ist; vgl. z.B. Art. 107 Abs. 5 Satz 2 EGV. Zu diesen Fällen auch *Thomas Oppermann*, Europarecht, § 5 Rn. 36.

[256] *Andreas Tiedtke*, Demokratie in der Europäischen Union, S. 133.

fahren hinter den Erfordernissen parlamentarischer Staatsformmuster zurück.[257]

– Die Rechtsetzungsverfahren der EG sind in den Artt. 251, 252 EGV keineswegs abschließend geregelt[258]; neben den Mitwirkungsmustern der Mitentscheidung und der Zusammenarbeit kennt der Vertrag noch *andere Rechtsetzungsregeln*, die insbesondere dadurch geprägt sind, daß ihrer Ausgestaltung zufolge das Europäische Parlament lediglich angehört werden muß.[259] Seine Stellungnahme, die es im Rahmen dieser Anhörung abgibt, kann dabei den Rat, der abermals als das zentrale Organ der Rechtsetzung auftritt, nicht binden, wenngleich die Praxis ihre Konzertierung erstrebt.[260] Der Einfluß, den das Parlament hierdurch auf das Zustandekommen und auf den Inhalt der zu erlassenden Rechtsakte ausüben kann, ist der Konzeption des EGV zufolge noch einmal deutlich geringer als im Verfahren des Art. 252 EGV, in welchem das Parlament gegebenenfalls zweimal gehört werden muß und in welchem das Parlament dem Rat eine zweite Lesung aufzwingen kann – bei der dieser den Rechtsakt unter Umständen nur noch einstimmig in Kraft setzen darf (Art. 252 lit. c UAbs. 2). Entsprechende Anhörungsverfahren, wie der EGV sie derzeit vorsieht, genügen damit den Erfordernissen parlamentarisch-demokratischer Herrschaftsgestaltung in noch geringerem Maße.

Um die gesetzgebungsähnlichen Funktionen des Europäischen Parlamentes in ihrer Staatsformrelevanz abschließend beurteilen zu können, ist es notwendig zu bestimmen, wann welches Verfahren gilt. Mitentscheidungs- und Zustimmungsverfahren sind gemäß Art. 251 Abs. 1 bzw. Art. 252 Satz 1 EGV anzuwenden, wenn die konkrete Vertragsbestimmung dies vorsieht. Mit der Revision des EG-Primärrechts durch die Verträge von Maastricht und Amsterdam wurde dabei das Mitentscheidungsverfahren zur quantitativ wichtigsten Rechtsetzungsregel erhoben,[261] die unter anderem bei der Ausgestaltung der Grundfreiheiten (Artt. 40 1. Teilsatz; 42 1. Teilsatz; 44 Abs. 1; 46 Abs. 2; 47 Abs. 1 und 2 EGV), im Bereich der Rechtsharmonisierung (Art. 95 Abs. 1 Satz 2 EGV) und im Rahmen der Zollregelungen (Art. 135 EGV) anzuwenden ist. Demgegenüber hat das Verfahren der Zusammenarbeit durch den Amsterdamer Vertrag

---

257 Siehe dazu auch das Sondervotum der Richter *Freeland* und *Jungwiert* zu EGMR NJW 1999, 3107, 3111.

258 Vgl. dazu im einzelnen *Martin Gellermann*, in: Streinz (Hrsg.), EUV/EGV, Rnrn. 2ff. vor Art. 250 EGV.

259 Beispiele hierfür folgen im Haupttext.

260 Zum sogenannten Konzertierungsverfahren *Thomas Oppermann*, Europarecht, § 5 Rn. 33.

261 Vom Mitentscheidungsverfahren als dem „normalen Gesetzgebungsverfahren" spricht *Christoph Dorau*, in: Ronge (Hrsg.), In welcher Verfassung ist Europa – Welche Verfassung für Europa?, S. 155, 172; anders jedoch *Albert Bleckmann*, JZ 2001, 53, 55.

stark an Bedeutung verloren.[262] Die wenigen ihm verbliebenen Fälle[263] sind jedoch von großem politischem Interesse, wie die Vorschriften des Art. 99 Abs. 5 EGV zur möglichen Überwachung der nationalen Wirtschaftspolitiken und die Bestimmungen des Art. 103 Abs. 2 EGV aus dem Bereich der Finanzfragen belegen. Eine besondere politische Bedeutung kennzeichnet auch die Fälle des Anhörungsverfahrens, das im EGV an einigen Stellen vorgeschrieben ist.[264] Wichtige Beispiele dafür finden sich auf dem Feld der Agrarpolitik (Art. 37 Abs. 2 UAbs. 3 EGV) und im Bereich des grundrechtlich besonders sensiblen Kartell- und Wettbewerbsrechts (Art. 83 Abs. 1 EGV).

Dies alles zusammen verdeutlicht, daß der gegenwärtige Umfang, in dem das Europäische Parlament am supranationalen Rechtsetzungsprozeß zu beteiligen ist, den Erfordernissen der parlamentarischen Demokratie nicht gerecht werden kann.[265] Wer dies erstrebt, muß sämtliche zentralen Felder der EG-Politik dem Mitentscheidungsverfahren unterstellen[266] und dem Europäischen Parlament ein umfassendes Recht zur Normsetzungsinitiative einräumen.[267] Solange dies nicht verwirklicht ist, handelt es sich bei dem auf europäischer Ebene zu vollziehenden Rechtsetzungsverfahren bereits aus staatsrechtlich-organisatorischen Gründen (welche anderen, vorrechtlichen Gründe es gibt, die diesen Befund verstärken, wird an späterer Stelle gezeigt[268]) um keine Selbstgesetzgebung einer politisch vereinten Gemeinschaft durch ihre demokratisch gewählte Vertretung.[269]

bb. Die Stellung des Europäischen Parlaments im Verhältnis zu den anderen EG-Organen. Ob das Europäische Parlament in der Lage ist, die Funktion zu erfüllen, die einer Volksvertretung innerhalb parlamentarischer Ordnungen zukommt, hängt des weiteren davon ab, wie sich sein Verhältnis zu den anderen Organen der Gemeinschaft gestaltet. Den Mustern der parlamentarischen Staatsform entspricht es, daß diese dem Parlament gegenüber für ihr politisches Handeln verantwortlich sind, es sei denn, daß sie selbst (wie beispielsweise ein

---

262 *Thomas Oppermann*, Europarecht, § 5 Rn. 34.

263 Insgesamt sind es noch vier; vgl. *Christian Calliess*, in: Festschrift für Georg Ress, S. 399, 408 m. w. N.; abweichend *Albert Bleckmann*, JZ 2001, 53, 55.

264 Dazu *Thomas Oppermann*, Europarecht, § 5 Rn. 33.

265 *Anne Peters*, Elemente einer Theorie der Verfassung Europas, S. 751; tendenziell anders *Christoph Dorau*, Die Verfassungsfrage der Europäischen Union, S. 91 f.

266 Dazu auch *Armin von Bogdandy*, Supranationaler Föderalismus als Wirklichkeit und Idee einer neuen Herrschaftsform, S. 59.

267 Ähnlich *Andreas Tiedtke*, Demokratie in der Europäischen Union, S. 132 f.; zurückhaltender *Brun-Otto Bryde*, in: Festschrift für Manfred Zuleeg, S. 131, 139.

268 Siehe dazu unten: 4.

269 Vgl. dazu auch das Sondervotum der Richter *Freeland* und *Jungwiert* zu EGMR NJW 1999, 3107, 3111 – Matthews – sowie *Roland Bieber*, Aussenwirtschaft 46 (1991), 391, 397. Insgesamt zurückhaltend auch *Mattias Kumm/Victor Ferreres Comella*, in: Weiler/Eisgruber (Hrsg.), Altneuland: The EU Constitution in a Contextual Perspective, S. 21.

vom Volk direkt gewählter Staatspräsident) als demokratisch unmittelbar legitimiert gelten müssen.[270] In welchem Umfang sind diese Anforderungen im Ensemble der EG-Organe verwirklicht? Das wichtigste Organ der EG, der Rat, dem in gleicher Weise legislative und exekutive Befugnisse zustehen[271], ist dem Europäischen Parlament gegenüber weder in seinem konkreten Handeln noch durch entsprechende Möglichkeiten einer parlamentarischen Einflußnahme auf seine personelle Besetzung verantwortlich.[272] Einzige Handhabe des Europäischen Parlaments ist insofern das Mittel der Nichtigkeitsklage (Art. 230 EGV), das indes gerade kein parlamentarisch-politisches, sondern ein gerichtlich-juristisches Verantwortenmüssen bedeutet. Die Schwäche des Europäischen Parlamentes gegenüber der herausragenden Stellung des Rates wird auch dadurch verdeutlicht, daß dieses den Rat nicht einberufen kann (vgl. Art. 204 EGV) – was sich in einem föderalistisch modifizierten System nicht unbedingt als notwendig darstellt, was hier aber, vor dem Hintergrund der Machtaufhäufung im Rat, die staatsorganisatorisch-strukturelle Unterlegenheit des Parlamentes im Hinblick auf sein Verhältnis zum Rat unterstreicht. Die gesamte Gestaltung entspräche (wenn man sich diese in eine staatliche Ordnung hineindenkt) einer gravierenden föderalistischen Modifizierung der demokratisch geprägten Entscheidungsstruktur (sofern man die Ausdrücke „Modifizierung" und „demokratisch" hierauf überhaupt noch anwenden möchte), die den Staatsformcharakter der Einheit neu definiert. Das Volk als Träger der Demokratie im Gesamtraum hätte alles in allem nur wenige Mittel, um seinen eigenen Willen gegen die Vorstellungen der im Rat versammelten Gliedstaaten zu behaupten.

Im Vergleich hierzu erweist sich die Stellung des Europäischen Parlaments gegenüber der Kommission als deutlich stärker.[273] Hervorzuheben ist dabei insbesondere das Recht, der Kommission als Ganzes das Mißtrauen auszusprechen (Art. 201)[274], deren Mitglieder nach einem entsprechenden Parlamentsbeschluß ihr Amt geschlossen niederzulegen haben (Art. 201 UAbs. 2 Satz 1 EGV). Eine erstrangige politische Rolle spielt das Europäische Parlament außerdem bei der Besetzung der Kommission: gemäß Art. 214 Abs. 2 UAbs. 1 2. HS EGV bedarf die Auswahl des Kommissionspräsidenten durch den Rat der

---

270 *Karl Doehring*, DVBl. 1997, 1133, 1134.

271 *Karl Doehring*, DVBl. 1997, 1133, 1135.

272 *Claus Dieter Classen*, in: von Mangoldt/Klein/Starck, Das Bonner Grundgesetz, Bd. 2, Rn. 32 zu Art. 23; siehe dazu auch *Karl Doehring*, DVBl. 1997, 1133, 1134; *Anne Peters*, Elemente einer Theorie der Verfassung Europas, S. 752 und *Andreas Tiedtke*, Demokratie in der Europäischen Union, S. 138; Ansätze zu einer solchen Kontrolle werden von *Albert Bleckmann* (JZ 2001, 53, 57f.) behauptet, aber nicht näher dargelegt.

273 *Christoph Gusy* (ZfP 1998, 267, 271; *ders.*, in: Brunkhorst/Kettner [Hrsg.], Globalisierung und Demokratie, S. 131, 136) meint daher, daß das Kontrollrecht in der Kommission den falschen Adressaten habe. Hiergegen *Claus Dieter Classen*, in: von Mangoldt/Klein/Starck, Das Bonner Grundgesetz, Bd. 2, Rn. 32 zu Art. 23.

274 *Christoph Dorau*, Die Verfassungsfrage der Europäischen Union, S. 91.

EG zwingend eines parlamentarischen Zustimmungsvotums; ein solches Votum verlangt Art. 214 Abs. 2 UAbs. 3 Satz 1 EGV darüber hinaus für die Einsetzung der Kommission als ganzes.[275] Dasselbe Verfahren ist gemäß Art. 215 UAbs. 3 Satz 2 EGV anzuwenden, wenn der Kommissionspräsident sein Amt vorzeitig aufgeben muß. In beiden Fällen entscheidet das Parlament somit nahezu gleichberechtigt neben dem Rat. In den Kontext der verantwortlichkeitsbegründenden Befugnisse des Parlamentes gegenüber der Kommission gehört auch das Recht der parlamentarischen Anfrage nach Art. 197 UAbs. 3 EGV, dem die Kommission gerecht werden muß.[276] Alles in allem entsprechen derartige Kontrollmechanismen[277] zumindest tendenziell dem, was auch das parlamentarisch-demokratische System innerhalb der einzelnen Mitgliedstaaten im Hinblick auf den Gesichtspunkt der parlamentarischen Verantwortlichkeit ausmacht.[278] Mißtrauensvotum und Ernennungsrecht sind danach Kernkomponenten parlamentarischer Demokratie; sie sichern die Rückbindung der Regierung an den im Parlament sich äußernden Willen des Volkes.[279] Was hierbei noch fehlt, wie beispielsweise die echte parlamentarische Wahl der als Regierung fungierenden Kommission, wird wiederum durch die beherrschende Stellung des Rates versperrt.

cc. Das Enquete-Recht des Parlamentes. Zum Wesen der parlamentarischen Demokratie zählen neben parlamentarischen Gesetzgebungsrechten und Verantwortlichkeitsverhältnissen der Exekutive gegenüber dem Parlament Kontroll- und Untersuchungsbefugnisse der unmittelbaren demos-Vertretung. Diese verwirklichen sich typischerweise in der verfassungsrechtlich eröffneten Möglichkeit, Untersuchungsausschüsse einzusetzen, deren Aufgabe darin besteht, politisch fragwürdige Zusammenhänge im Bereich der Staatsleitung zu

---

[275] Dazu näher *Ingolf Pernice*, CMLR 36 (1999), 703, 739. Die Bedeutung dieser Befugnis verdeutlichte insbesondere das Geschehen um den italienischen Europaminister *Rocco Buttiglione* im Oktober 2004, vgl. *Peter Häberle*, Europäische Verfassungslehre, S. 652.

[276] *Christoph Dorau*, Die Verfassungsfrage der Europäischen Union, S. 90 und *Peter M. Huber*, in: Streinz (Hrsg.), EUV/EGV, Rn. 9 zu Art. 197 EGV; die Wirksamkeit dieses Interpellationsrechts betont *Manfred Zuleeg*, JZ 1993, 1069, 1072.

[277] Die grundgesetzliche Ordnung kennt derartige Mechanismen in der Gestalt des konstruktiven Mißtrauensvotums (Art. 67 GG), der Wahl der Bundeskanzlers (Art. 63 GG), der Vertrauensfrage (Art. 68 GG), aber auch des Anwesenheitsverlangens (Art. 43 Abs. 1 GG) und des Fragerechts der Abgeordneten (dazu *Christoph Degenhart*, Staatsrecht I, Rn. 631).

[278] *Anne Peters*, Elemente einer Theorie der Verfassung Europas, S. 751; insgesamt eher zurückhaltend *Christian Calliess*, in: Festschrift für Georg Ress, S. 399, 411 (m. w. N.), der jedoch auch auf die kontinuierliche Ausweitung dieser Befugnisse hinweist.

[279] In diesem Kontext ist auch die Bemerkung von *Claus Dieter Classen* (in: von Mangoldt/Klein/Starck, Das Bonner Grundgesetz, Bd. 2, Rn. 32 zu Art. 23) von Interesse, daß das EP, im Gegensatz zu vielen mitgliedstaatlichen Parlamenten, nicht durch ein anderes Organ aufgelöst werden könne. Einen entsprechenden rechtsvergleichenden Überblick gibt *Classen* a.a.O.

durchleuchten.[280] Ein entsprechendes parlamentarisches Recht zur Enquete findet sich auch in Art. 193 EGV[281] – der vom EP einberufene Ausschuß hat danach das Ziel, „behauptete Verstöße gegen das Gemeinschaftsrecht oder Mißstände bei der Anwendung desselben" zu untersuchen (Art. 193 UAbs. 1 1. HS EGV). Um eine parlamentarische Kontrollmöglichkeit im weitesten Sinne handelt es sich außerdem bei der in Art. 200 EGV vorgesehenen Erörterung des jährlichen, von der Kommission erstellten Gesamtberichts.[282] Zu erwähnen sind neben diesen unmittelbar dem Parlament eingeräumten Kontrollmöglichkeiten auch die Untersuchungsrechte des Europäischen Bürgerbeauftragten, die dieser gemäß Art. 195 Abs. 1 UAbs. 2 EGV wahrnehmen soll.[283] Der Einfluß des Parlaments, das diesen Bürgerbeauftragten einsetzt (Art. 195 Abs. 1 UAbs. 1 EGV), liegt insbesondere darin, daß es Untersuchungen durch jenen veranlassen kann (Art. 195 Abs. 1 UAbs. 2 Satz 1 EGV) und dessen Ermittlungsergebnisse aufnimmt (Art. 195 Abs. 1 UAbs. 2 Satz 2 EGV). Während sich die praktische Wirksamkeit derartiger Untersuchungsrechte innerhalb des Organensembles im Laufe des Integrationsprozesses herausstellen muß[284], weist ihre primärrechtliche Verankerung eindeutiger als die anderen Kriterien in eine parlamentarisch-demokratische Richtung. Ihr weiterer Ausbau legt die politische Gesamtverantwortung Schritt für Schritt in die Hände einer gesamteuropäischen demos-Vertretung – genauso, wie dies der parlamentarisch-demokratisch geprägten Ordnungsvorstellung entspricht.

dd. Der Einfluß des Europäischen Parlamentes auf das Budgetrecht. Die Hoheit des Parlamentes über den staatlichen Haushalt markiert das vierte Merkmal der parlamentarisch-demokratischen Herrschaftsorganisation.[285] Budgetentschei-

---

280 Vgl. für die deutsche Verfassungsrechtslage Art. 44 GG; dazu *Christoph Degenhart*, Staatsrecht I, Rnrn. 611 ff.; zu vergleichbaren Rechten in anderen Staaten siehe Art. 56 der belgischen Verfassung; § 51 der dänischen Verfassung; § 35 UAbs. 1 Satz 2 der finnischen Verfassung; Art. 68 Abs. 2 der griechischen Verfassung; Art. 82 der italienischen Verfassung; Art. 64 der luxemburgischen Verfassung und Art. 76 Abs. 1 der spanischen Verfassung.

281 Näher ausgestaltet durch den Beschluß des Europäischen Parlamentes, des Rates und der Kommission vom 19. April 1995 (95/167/EG, Euratom, EGKS), abgedruckt bei *Peter M. Huber*, in: Streinz (Hrsg.), EUV/EGV, Rn. 20 zu Art. 193 EGV.

282 *Peter M. Huber*, in: Streinz (Hrsg.), EUV/EGV, Rn. 1 zu Art. 200 EGV; vgl. auch die Andeutungen dieses Zusammenhanges bei *Albert Bleckmann*, JZ 2001, 53, 57.

283 Auch *Ingolf Pernice* (Die Verwaltung 26 [1993], 449, 470) rückt die Stellung des Europäischen Bürgerbeauftragten in den Kontext der parlamentarischen Untersuchungsrechte; ähnlich *Christoph Dorau*, Die Verfassungsfrage der Europäischen Union, S. 90, der auch auf die Ernennung der Rechnungshofmitglieder hinweist (Art. 247 Abs. 3 EGV), bei welcher indes nur eine Anhörung des Parlamentes vorgesehen ist.

284 Über die bisherige Praxis berichten *Marcel Haag/Roland Bieber*, in: von der Groeben/Schwarze (Hrsg.), Vertrag über die Europäische Union und Vertrag zur Gründung der Europäischen Gemeinschaft, Bd. 4, Rn. 14 zu Art. 193 EGV.

285 *Alfred Bleckmann*, JZ 2001, 53, 55 und *Michael Brenner*, in: Isensee/Kirchhof (Hrsg.), Handbuch des Staatsrechts, Bd. III, § 44 Rn. 33.

dungen betreffen einen der sensibelsten Punkte innerhalb der neuzeitlichen Hoheitsstruktur: Einnahme und Verteilung der finanziellen Mittel entscheiden darüber, welche Staatsaufgaben in welchem Umfang erfüllt werden können (da, wie sich historisch[286] und politikwissenschaftlich nachweisen ließe, Ausgabenhoheit und Aufgabenhoheit – und damit zugleich die Hoheit über die Einnahmenseite – zwingend in einer Hand vereinigt sein müssen, um dauerhafte politische Gestaltungsmöglichkeiten zu sichern, was philosophisch auf die banale, nichtsdestoweniger aber richtige Erkenntnis zurückführt, daß Ziele nur verwirklichen kann, wer die Mittel beherrscht). Das Wesen der parlamentarischen Demokratie verlangt es daher, auch das Budgetrecht in die Hände der Volksvertretung zu legen, da anderenfalls gesetzgeberische Vorgaben mit finanzpolitischen Mitteln konterkariert werden könnten. Inwiefern ist auch diese Voraussetzung einer parlamentarischen Demokratie im supranationalen Integrationsgebilde verwirklicht? Näheres hierzu regelt Art. 272 EGV, wonach der Haushaltplan vom Rat auf den Entwurf der Kommission hin aufgestellt und dem Parlament übermittelt wird (Art. 272 Abs. 3 UAbs. 3 EGV). Stimmt das Parlament hiernach dem Haushalt zu, ist dieser beschlossen (Art. 272 Abs. 4 UAbs. 3 Satz 1 EGV); verlangt es (unter den Voraussetzungen von Art. 272 Abs. 4 UAbs. 2 EGV) dessen Änderung, so muß der Rat erneut darüber entscheiden (Art. 272 Abs. 4 UAbs. 4 i. V. m. Art. 272 Abs. 5 EGV). Hierbei differenziert Art. 272 Abs. 4 UAbs. 2 EGV zwischen obligatorischen (nämlich: „sich zwingend aus dem Vertrag oder den aufgrund des Vertrags erlassenen Rechtsakten" ergebenden) und nicht obligatorischen Ausgaben[287]: während das Parlament hinsichtlich der zuletzt genannten Ausgaben Änderungen selbst vornehmen kann, darf es hinsichtlich der zuerst genannten Finanzmittel lediglich Änderungsvorschläge unterbreiten. Diese Differenzierung zwischen obligatorischen und nichtobligatorischen Ausgaben setzt sich fort in der Frage, wer hierüber letztverbindlich entscheidet.[288] Sieht sich der Rat außerstande, die Änderungsvorschläge des Parlamentes zu übernehmen, so gilt hinsichtlich der obligatorischen Ausgaben Art. 272 Abs. 5 UAbs. 1 EGV, der (trotz seiner Differenzierung verschiedener Konstellationen) letztendlich dazu führt, daß in jedem Falle der Rat letztverbindlich entscheidet.[289] Im anderen Fall, bei nichtobligatorischen Ausgaben, leitet der Rat, wenn er die Änderung ablehnt, den Haushaltentwurf in der von ihm noch einmal geänderten Fassung dem Parla-

---

[286] Um als ein berühmtes Beispiel hierfür nur den sogenannten preußischen Verfassungskonflikt zu erwähnen; vgl. dazu ausführlich *Rainer Wahl*, in: Isensee/Kirchhof, Handbuch des Staatsrechts, Bd. I, § 2 Rnrn. 42 ff.

[287] Was den Umfang beider Ausgabenkategorien angeht, so herrscht zwischen ihnen (nach einem jahrzehntelangen Übergewicht obligatorischer Ausgaben) weitgehend Parität; vgl. dazu die Angaben bei *Andreas Tiedtke*, Demokratie in der Europäischen Union, S. 130 f.

[288] Dazu eingehend *Andreas Tiedtke*, Demokratie in der Europäischen Union, S. 130 f.

[289] *Andreas Tiedtke*, Demokratie in der Europäischen Union, S. 130.

ment zur Beschlußfassung zu (Art. 272 Abs. 5 UAbs. 4 EGV). Dieses kann daraufhin den Haushaltplan in der vom Rat vorgeschlagenen modifizierten Version annehmen, ablehnen oder seinerseits ändern. Hinsichtlich der nichtobligatorischen Ausgaben entscheidet somit das Europäische Parlament letztverbindlich über die Haushaltaufstellung.[290] Zu diesen (im Schrifttum überwiegend zurückhaltend eingeschätzten[291]) Mitwirkungsmöglichkeiten des Parlamentes tritt dessen Befugnis, den Haushaltplan insgesamt zu verwerfen und die Vorlage eines neuen Entwurfes zu verlangen (Art. 272 Abs. 8 EGV). Parlamentarische Mitwirkungsbefugnisse im Hinblick auf die Finanzen finden sich auch über den Bereich des Budgetrechts im engeren Sinne hinaus, so zum Beispiel gemäß Art. 273 UAbs. 3 EGV im Zusammenhang sogenannter Nothaushalte und gemäß Art. 276 EGV bei der haushaltrechtlichen Entlastung der Europäischen Kommission.[292] Alles in allem betrachtet, begründen diese Zuständigkeiten, und hierbei in erster Linie seine Stellung im Rahmen der Haushaltfestlegung, eine ambivalente Stellung des Parlamentes im Bereich des Ausgabenrechts: während sich einerseits Ansätze zu einem echten parlamentarischen Budgetrecht nachweisen lassen[293], bleiben zentrale Felder der Ausgabenfestlegung (vor allem im zentralen Bereich der vertraglich zwingenden Mittelaufwendung) der Entscheidung des Rats vorbehalten. Dieser Befund fügt sich mithin in das Bild einer (gleich noch etwas näher zu thematisierenden) Staatsformveränderung, wie es insbesondere die Untersuchungen des EG-Rechtsetzungsverfahrens, aber auch die Untersuchungen der parlamentarisch-demokratischen Verantwortlichkeitszusammenhänge, ergeben.

b. Demokratietheoretische Notwendigkeiten in der Ausgestaltung des europäischen Wahlrechts, insbesondere: die Frage der Wahlrechtsgleichheit

aa. Das Problem der Erfolgswertgleichheit bei Wahlen zum Europäischen Parlament. Die parlamentarisch-demokratische Herrschaftsform, die das gegenwärtige Staatsorganisationsrecht des Mitgliedstaates prägt, ist nicht schon dadurch verwirklicht, daß eine als „Parlament" zu bezeichnende Einrichtung existiert, welche die vier zentralen Funktionen einer vom Volk gewählten Vertretung: Gesetzgebung, Regierungseinsetzung, Enquete und Haushalt, wahrnehmen darf. Als demokratisch im vollen Sinne des Wortes kann dieses parla-

[290] *Andreas Tiedtke*, Demokratie in der Europäischen Union, S. 130.

[291] Siehe dazu statt vieler *Christian Waldhoff*, in: Calliess/Ruffert (Hrsg.), Kommentar zu EU-Vertrag und EG-Vertrag, Rn. 9 zu Art. 272; anders jedoch *Alfred Bleckmann*, JZ 2001, 53, 55, der allerdings davon auszugehen scheint, daß dem Europäischen Parlament durchweg die Letztentscheidungsbefugnis zusteht.

[292] Hierzu näher *Christoph Dorau*, in: Ronge (Hrsg.), In welcher Verfassung ist Europa – Welche Verfassung für Europa?, S. 155, 173, der auch auf die praktische Bedeutung verweist, die diese Bestimmung erlangt hat.

[293] *Thomas Oppermann*, Europarecht, § 11 Rn. 40.

mentarisch dominierte Gremiengefüge erst gelten, wenn die Wahlen zur demos-Vertretung bestimmten Wahlrechtsgrundsätzen[294] genügen. Eine besondere Bedeutung hat dabei (früher, in der Zeit des Konstitutionalismus, und heute, in der Zeit der supranationalen Integration) der Grundsatz der Wahlrechtsgleichheit erlangt, der besagt, daß jede abgegebene Stimme in gleicher Weise gezählt werden muß und den Ausgang der Wahl (und damit die Auswahl der Vertreter) in gleicher Weise beeinflussen soll.[295] Was sich hierin verwirklicht, ist der Grundgedanke der Gleichheit – mit anderen Worten: der Anspruch des einzelnen, in gleicher Weise wie alle ein Bestandteil des demos zu sein –, ein Anspruch, der ein unverzichtbares Essential demokratischer Ordnungsvorstellungen bildet. „Herrschaft des Volkes" setzt zwingend voraus, daß eine Herrschaft durch Gleiche entsteht: das Volk selbst ist eine Idee, die, in ihrer Abgrenzungskraft gegenüber jeglichen Formen des ständestaatlichen Denkens und in ihrer Negation jeglicher essentieller erblicher Privilegierung, Gleichheit voraussetzt. Demokratie als Staatsform zu wollen bedeutet, diesen Gleichheitsgedanken der politischen Herrschaftsgestaltung zugrunde zu legen.[296]

Daß dieser Grundsatz der Wahlrechtsgleichheit auch im Hinblick auf die Europawahlen gewahrt ist, wird von zahlreichen Autoren aus zwingenden Gründen bestritten.[297] Die Anzahl der Abgeordnetensitze, die im Europäischen Parlament zu vergeben sind, wird gemäß Art. 190 Abs. 2 EGV in einem bestimmten Verhältnis auf die einzelnen Mitgliedstaaten verteilt. Zwar berücksichtigt dieser Verteilungsschlüssel durchaus die Größe der einzelnen Staaten (so stehen 99 Abgeordneten aus Deutschland lediglich sechs Mandatsträger aus Luxemburg gegenüber), jedoch vermag die Aufteilung der Mandate den wirklichen Größenverhältnissen im Hinblick auf die Einwohnerzahl nicht einmal annähernd

---

294 Zu diesen Grundsätzen (aus der Sicht des deutschen Verfassungsrechts) *Christoph Degenhart*, Staatsrecht I, Rnrn. 46ff.

295 In der staatsrechtlichen Literatur werden diese Zusammenhänge mit den Begriffen „Zählwert-" und „Erfolgswertgleichheit" bezeichnet; vgl. *Christoph Degenhart*, Staatsrecht I, Rn. 53; *ders.*, Klausurenkurs im Staatsrecht, Rn. 390.

296 *Christoph Dorau*, Die Verfassungsfrage der Europäischen Union, S. 88, spricht insofern zu Recht vom Grundsatz der Wahlrechtsgleichheit als einem elementaren Ausdruck des Demokratieprinzips, „insoweit er die formal gleiche Herrschaftsteilhabe der Bürger sichert". Zu den Hintergründen auch *Peter M. Huber*, Jahrbuch zur Staats- und Verwaltungswissenschaft 6 (1992/93), 179, 197f.

297 So *Christian Calliess*, in: Festschrift für Georg Ress, S. 399, 413; *Anne Peters*, Elemente einer Theorie der Verfassung Europas, S. 751 und *Christoph Schönberger*, Unionsbürger, S. 501; in der Sache ähnlich *Rudolf Streinz*, DVBl. 1990, 949, 960; anders jedoch *Brun-Otto Bryde*, in: Festschrift für Manfred Zuleeg, S. 131, 133ff.; zurückhaltend auch *Claus Dieter Classen*, in: von Mangoldt/Klein/Starck, Das Bonner Grundgesetz, Bd. 2, Rn. 32 zu Art. 23 und *Jochen A. Frowein*, in: Starck (Hrsg.), Constitutionalism, Universalism and Democracy – a comparative analysis, S. 53, 60f.; siehe dazu auch *Roland Bieber*, Aussenwirtschaft 46 (1991), 391, 400f.; *Christoph Dorau*, Die Verfassungsfrage der Europäischen Union, S. 88f. und *Ingolf Pernice*, Die Verwaltung 26 (1993), 449, 481f. Ausführlich zum Ganzen *Peter M. Huber*, Jahrbuch zur Staats- und Verwaltungswissenschaft 6 (1992/93), 179, 192ff.

zu entsprechen.[298] Dies hat zur Folge, daß Abgeordnete kleinerer Staaten deutlich weniger Wählerstimmen für den Einzug benötigen als die Abgeordneten größerer Staaten, woraus sich wiederum ergibt, daß die einzelne Wählerstimme aus einem kleineren EU-Staat ein größeres Gewicht im Hinblick auf die Zusammensetzung des gesamten Abgeordnetengremiums aufweist – und daher, in der Begrifflichkeit der deutschen Staatsrechtsdogmatik, einen höheren Erfolgswert besitzt.[299] Zwar hat die Praxis demokratischer Bundesstaatsformen bewiesen, daß zur Wahrung der föderalen Balance und zum Schutz von inbegriffenen Minderheiten eine gewisse Abstufung dieser sogenannten Erfolgswertgleichheit nötig sein kann,[300] doch müssen sich derartige Durchbrechungen des Gleichheitsgrundsatzes im Wahlrecht auf zwingende Ausnahmefälle beschränken[301] und dürfen nicht, wie im Fall der EU, in der Konstruktion eines parlamentarischen Ordnungsmusters als Regel und Normalzustand angelegt sein.[302] Da eine Vergrößerung des Parlamentes, auch im Hinblick auf vergangene und künftige Beitrittsverfahren, aus Gründen der Arbeitsfähigkeit nicht in Betracht kommt[303], bleibt dem, der eine demokratische Staatsform in der EU verankert sehen will, als einziger Ausweg, daß kleine Länder (wie Dänemark oder Slowenien) weniger, und kleinste Länder (wie Luxemburg oder Malta)

[298] Ausführliche Berechnungen hierzu finden sich bei *Andreas Tiedtke*, Demokratie in der Europäischen Union, S. 37 und (mit z.T. überholtem Zahlenmaterial) bei *Winfried Steffani*, in: Steffani/Thaysen (Hrsg.), Demokratie in Europa: Zur Rolle der Parlamente, S. 33, 39f.; Zahlenangaben bieten außerdem *Siegbert Alber*, in: Ronge (Hrsg.), In welcher Verfassung ist Europa – Welche Verfassung für Europa?, S. 123, 127f. und *Roland Bieber*, Aussenwirtschaft 46 (1991), 391, 400f. Wenn *Bieber* an anderer Stelle (in: Ipsen/Rengeling/Mössner/Weber [Hrsg.], Verfassungsrecht im Wandel, S. 291, 302) davon spricht, daß die „Abstufung der Mandatszahlen nicht genau [sic!] entsprechend der jeweiligen Bevölkerungszahl" verlaufe, so untertreibt er damit die verfassungstheoretisch höchst problematischen Dimensionen der Gleichheitsthematik.

[299] Von einem unterschiedlichen Zählwert geht demgegenüber *Andreas Tiedtke*, Demokratie in der Europäischen Union, S. 36ff. aus.

[300] Das damit bezeichnete Spannungsverhältnis von Demokratie und Minderheitenschutz leugnet (der Sache nach) *Roland Bieber*, in: Ipsen/Rengeling/Mössner/Weber (Hrsg.), Verfassungsrecht im Wandel, S. 291, 303.

[301] In der Sache ähnlich *Peter M. Huber*, Jahrbuch zur Staats- und Verwaltungswissenschaft 6 (1992/93), 179, 203. Das Problem läßt sich auch nicht durch den Hinweis auf die Existenz föderaler Kammern als Teil der Gesetzgebungsfunktion in vielen Bundesstaaten aus der Welt schaffen (so aber *Brun-Otto Bryde*, in: Festschrift für Manfred Zuleeg, S. 131, 133f.), da es gerade die Volksvertretung auf Bundesebene ist, die das Demokratieprinzip (auch in den Fällen seiner föderalistischen Modifizierung) zu verwirklichen hat – und die deshalb um so mehr dem Gleichheitsgedanken entsprechen muß, je stärker föderalistische Organe den Gesetzgebungsvorgang beeinflussen können.

[302] *Winfried Steffani*, in: Steffani/Thaysen (Hrsg.), Demokratie in Europa: Zur Rolle der Parlamente, S. 33, 40f. Dies verkennt u.a. *Roland Bieber* (Aussenwirtschaft 46 [1991], 391, 401), wenn er auf eine entsprechende Minderheitenklausel im italienischen Verfassungsrecht hinweist; entsprechende verzerrende Vergleiche finden sich darüber hinaus auch bei *Christoph Dorau*, Die Verfassungsfrage der Europäischen Union, S. 88.

[303] *Christoph Dorau*, Die Verfassungsfrage der Europäischen Union, S. 89.

überhaupt keine eigenen Abgeordneten stellen.[304] Demokratie und Föderalismus stehen hier in einem besonders problematischen Spannungsverhältnis – welches momentan dadurch gekennzeichnet ist, daß die föderalistische Komponente innerhalb der staatsorganisationsrechtlichen Ordnungsgesamtheit des Unionsganzen die Grenzen dessen weit überschreitet, was unter hergebrachten staatsformanalytischen Beurteilungsmaßstäben als föderalistisch modifizierte, parlamentarisch-demokratische Herrschaftsform eingestuft werden kann.[305]

bb. Wahlsystem und Demosvertretung. Der Etablierung einer parlamentarisch-demokratischen Ordnung in der EU müßte es des weiteren entgegenstehen, wenn für die Wahlen zum Parlament noch kein (im notwendigen Umfang) vereinheitlichtes Wahlverfahren bestünde[306] – um von einer parlamentarischen Demokratie im vollen Sinne des Ausdrucks sprechen zu können, ist dessen Einrichtung unerläßlich.[307] Die ungebrochene Verkörperung des Volkswillens in einer Versammlung verbietet Brüche im Wahlsystem; der Wille, als Volk sich selbst zu beherrschen, setzt Einheit und Einheitlichkeit in Substanz und Verfahren voraus. Wie und nach welchem Verfahren die Parlamentarier der gesamteuropäischen Volksvertretung gewählt werden sollen, richtet sich derzeit noch nach den entsprechenden Vorgaben des innerstaatlichen Rechts; eine erste, wenngleich auch zurückhaltende Angleichung des Wahlverfahrens wurde inzwischen jedoch durch gemeinschaftsrechtliche Vorgaben zur Ausgestaltung des Europawahlrechts erreicht[308] (dies vor allem im Hinblick auf die Grundentscheidung jedes demokratischen Wahlrechtssystems – Mehrheits- oder Verhältniswahlrecht –, die durch eine europaweite Einführung des Verhältniswahlrechts vereinheitlicht wurde[309]). Unterschiede zwischen den Europawahlbe-

---

[304] Ablehnend *Roland Bieber*, in: Ipsen/Rengeling/Mössner/Weber (Hrsg.), Verfassungsrecht im Wandel, S. 291, 302 f.

[305] Es ist insofern nicht nachvollziehbar, daß *Christoph Dorau* (Die Verfassungsfrage der Europäischen Union, S. 88 f.), obwohl er den Grundsatz der Erfolgswertgleichheit als elementaren Ausdruck des Demokratieprinzips einstuft, zum Ergebnis gelangt, daß die europäische Demokratie durch die Staatenbezogenheit der Mandatszuteilung nicht geschwächt, sondern gestärkt werden müsse.

[306] Dazu *Christoph Schönberger*, Unionsbürger, S. 501 f.; *Andreas Tiedtke*, Demokratie in der Europäischen Union, S. 35 f.; siehe ferner auch *Roland Bieber*, Aussenwirtschaft 46 (1991), 391, 402; *Christian Calliess*, in: Festschrift für Georg Ress, S. 399, 413 ff.; *Peter M. Huber*, Jahrbuch zur Staats- und Verwaltungswissenschaft 6 (1992/93), 179, 193 f.; *Ingolf Pernice*, Die Verwaltung 26 (1993), 449, 481 f.; *Rudolf Streinz*, DVBl. 1990, 949, 960 und *Christian Tomuschat*, in: Nettesheim/Schiera (Hrsg.), Der integrierte Staat, S. 155, 169.

[307] *Peter M. Huber*, Jahrbuch zur Staats- und Verwaltungswissenschaft 6 (1992/93), 179, 194 und *Rudolf Streinz*, DVBl. 1990, 949, 960.

[308] Vgl. dazu den „Beschluß des Rates des EU vom 25. 6. 2002 und 23. 9. 2002 zur Änderung des Akts zur Einführung allgemeiner unmittelbarer Wahlen der Abgeordneten des Europäischen Parlaments im Anhang zum Beschluß 76/787/EGKS,EWG/Euratom", ABl. Nr. L 283 vom 21. 10. 2002, S. 1. Näher hierzu *Wolfgang Schreiber*, NVwZ 2004, 21, 25 f.

[309] Vgl. Art. 1 des oben zitierten Beschlusses (Fn. 308). Dazu auch *Marcel Haag/Roland*

stimmungen der einzelnen Staaten finden sich nach wie vor im Wahlalter (dies jedoch nur im Hinblick auf das passive Wahlrecht, das zwischen 18 und 25 Jahren liegt), in der Wahlgebietseinteilung, in der Stimmenverrechnung (hier existieren insgesamt fünf verschiedene Verrechnungsmodelle) und in der Sperrklauselfrage (die zwischen null und fünf Prozent beträgt).[310] Was die staatsformtheoretische Beurteilung dieser Rechtslage angeht, so kann auch hierbei grundsätzlich eine föderalistische Modifizierung des Wahlsystems innerhalb einer grundsätzlichen Gleichheit aus zwingenden Gründen vorstellbar sein: dies beispielsweise, wenn durch differenzierte Sperrklauselbestimmungen oder durch sogenannte Grundmandatsklauseln die Vertretung bestimmter hinreichend starker Minderheiten sichergestellt werden soll (durch Modelle also, die auch im bundesdeutschen Wahlrecht an verschiedenen Stellen praktiziert worden sind: erinnert sei hier an die getrennte Bemessung der Fünfprozenthürde nach der deutsch-deutschen Wiedervereinigung[311], an die Klauseln zum Schutz der dänischen Minderheit in Schleswig-Holstein[312] oder an die Ausnahmeklausel des § 6 Abs. 6 Satz 1 2. Alt. BWahlG[313]) – dies alles jedoch nur ausnahmsweise und nicht als weitreichendes Verzichten auf das Kriterium der Einheitlichkeit. So lange die entsprechenden Unterschiede im Europawahlrecht den Regelfall bilden, handelt es sich bei der in Europa entstehenden Staatsform um ein Konzept, das von demokratischer Herrschaft nicht etwa quantitativ, sondern wesensmäßig getrennt ist.

c. Zwischenbilanz: Ansätze demokratischer Herrschaftsausübung unter der Dominanz föderativer Gestaltungsmomente

Aufgaben und Stellung des Europäischen Parlamentes lassen dieses bereits heute in verschiedener Hinsicht als ein Organ hervortreten, das, bei allen Besonderheiten in der Gestaltung, aus staatsorganisatorischer (und, wenn man so will: aus formal-verfassungsjuristischer) Sicht ein Stück weit parlamentarisch-demokratische Herrschaftsmaximen einlösen kann.[314] Dies gilt insbesondere

---

Bieber, in: von der Groeben/Schwarze (Hrsg.), Vertrag über die Europäische Union und Vertrag zur Gründung der Europäischen Gemeinschaft, Bd. 4, Rn. 22 nach Art. 190 EGV; ausführlich *Christian Calliess*, in: Festschrift für Georg Ress, S. 399, 415 und *Wolfgang Schreiber*, NVwZ 2004, 21, 25. Die Kritik, die *Christian Tomuschat* (in: Nettesheim/Schiera [Hrsg.], Der integrierte Staat, S. 155, 169) geäußert hat, dürfte inhaltlich bis heute zutreffen.

[310] Dazu im einzelnen *Marcel Haag/Roland Bieber*, in: von der Groeben/Schwarze (Hrsg.), Vertrag über die Europäische Union und Vertrag zur Gründung der Europäischen Gemeinschaft, Bd. 4, Rnrn. 22ff. nach Art. 190 EGV. – Die Angaben im Haupttext stützen sich zum Teil auch auf die Zusammenstellung einer Internetquelle: http://www.wahlrecht.de/ausland/europa.htm.

[311] Dazu *Christoph Degenhart*, Staatsrecht I, Rn. 59.

[312] Vgl. § 6 Abs. 6 Satz 2 BWahlG und die Kommentierung hierzu bei *Wolfgang Schreiber*, Handbuch des Wahlrechts zum Deutschen Bundestag, Rnrn. 22ff. zu § 6 BWahlG.

[313] Dazu BVerfGE 95, 408 und *Christoph Degenhart*, Staatsrecht I, Rn. 61.

[314] Ähnlich EGMR NJW 1999, 3107, 3110 – Matthews –; *Claus Dieter Classen*, in: von

für seine Rechtsstellung gegenüber der Kommission sowie für sein Recht zur Enquete. Zahlreiche andere Gesichtspunkte weisen jedoch in die entgegengesetzte Richtung[315], so vor allem sein nach wie vor begrenzter Einfluß im gemeinschaftlichen Rechtserzeugungsverfahren und das Ungleichgewicht im Verhältnis zum Rat. Hinzu kommen die beiden gravierenden Schwächen des europäischen Wahlverfahrens: das Fehlen eines einheitlichen Verfahrens und die Ungleichheit des Erfolgswerts, die eine originäre demokratische Legitimation auf europäischer Ebene unter der gegenwärtigen Rechtslage ausschließen. Entsprechende Hindernisse, die aus staatsorganisatorischer Sicht die Entstehung einer demokratischen Staatsform in Gesamteuropa blockieren, ließen sich möglicherweise durch institutionelle Reformen beheben – Wahlverfahren könnten stärker vereinheitlicht und Parlamentsbefugnisse weiter ausgebaut werden. Daß dies für sich genommen nicht reicht, wurde bereits im Ersten Abschnitt des Dritten Buches begründet – auf die vorrechtlichen Voraussetzungen, die zur Einrichtung einer demokratischen Herrschaftsform noch erfüllt werden müßten (um das Unterschwellig-Prozeßhafte dieser Entwicklung stärker zu unterstreichen, ließe sich auch von Vorbedingungen sprechen, die noch in Erfüllung gehen müßten), kommt die vorliegende Untersuchung nach einem kurzen Blick auf die staatsformentscheidende Bedeutung der anderen Organe zurück.

3. *Die Staatsformrelevanz der übrigen Gemeinschaftsorgane*

Welche Umstände lassen sich außerhalb des parlamentarischen Fragenkreises in der Unionsstruktur ausmachen, die einen Hinweis auf den Charakter der kommenden Herrschaftsform bieten? Anders gefragt: welche Prinzipien verkörpern die übrigen ihrer Organe? Welcher Staatsform entspricht es, wenn man ihre Rolle verstärkt? Als politisches Hauptentscheidungsorgan innerhalb der EG fungiert, wie bereits mehrfach festgestellt wurde, der *Rat*. Daß dieser nicht als Organ einer europäischen Demokratie (wohl aber als zwingende Folge der mitgliedstaatlichen Demokratie[316]) aufgefaßt werden kann[317], ergibt sich bereits

---

Mangoldt/Klein/Starck, Das Bonner Grundgesetz, Bd. 2, Rn. 32 zu Art. 23; *Christoph Dorau*, Die Verfassungsfrage der Europäischen Union, S. 91 f.; *ders.*, in: Ronge (Hrsg.), In welcher Verfassung ist Europa – Welche Verfassung für Europa?, S. 155, 173; eher zurückhaltend *Christoph Gusy*, ZfP 1998, 267, 271; *ders.*, in: Brunkhorst/Kettner (Hrsg.), Globalisierung und Demokratie, S. 131, 136 f. und *Mattias Kumm/Victor Ferreres Comella*, in: Weiler/Eisgruber (Hrsg.), Altneuland: The EU Constitution in a Contextual Perspective, S. 21.

[315] Vgl. dazu auch den knappen Überblick bei *Gertrude Lübbe-Wolff*, VVDStRL 60 (2001), 246, 248 f. und *Christoph Dorau*, Die Verfassungsfrage der Europäischen Union, S. 92; *ders.*, in: Ronge (Hrsg.), In welcher Verfassung ist Europa – Welche Verfassung für Europa?, S. 155, 174.

[316] Siehe dazu bereits oben: II. und sofort im Haupttext.

[317] *Roland Bieber*, Aussenwirtschaft 46 (1991), 391, 396 f. und *Anne Peters*, Elemente einer Theorie der Verfassung Europas, S. 753.

aus dem Umstand, daß er seine Legitimation, sowohl in personeller als auch in sachlicher Hinsicht, weder direkt vom Unionsvolk noch mittelbar vom Europäischen Parlament herleiten kann. Seinem staatstheoretischen Wesen zufolge erscheint der Rat der EG, im Hinblick auf Arbeitsweise, Zusammensetzung und rechtliche Stellung, in erster Linie als ein dem Föderalismus entsprechendes Gremium – dies durchaus in einem Sinn, der an die Tradition der deutschen Länderversammlungen anknüpft. Ratsmitglieder agieren als Staatenvertreter, die das Interesse ihres Mitgliedstaats wahrnehmen; der Rat als Gremium vertritt, so könnte man sagen, das Interesse der Staaten (eine Wendung, bei der – wie immer bei der Behandlung kollektiver Interessenvertretungsvorgänge – Zuschreibung und Fiktion nicht übersehen werden dürfen).[318] Je stärker die föderalistischen Funktionen des Rates ausgeprägt sind, desto stärker tritt sein Tätigsein in einen Gegensatz zu den Erfordernissen der gesamteuropäischen Demokratie.[319] Dieser Zusammenhang wird insbesondere anhand des Abstimmungsverfahrens deutlich, in welchem der Rat entscheidet: dem föderalistischen Gedanken (und erst recht dem Gedanken des Staatenbundes) entspricht hier das Prinzip der Einstimmigkeit, die das Moment der Vielfalt im Bundesstaat (und die Souveränität der Glieder im Staatenbund) sichert, indem sie verhindert, daß das einzelne Glied unter Zwang steht. Dem Herrschaftskonzept der gesamteuropäischen Demokratie entspräche demgegenüber das Mehrheitsprinzip[320], da es – so die hergebrachte Begründung – mit dem demokratischen Grundgedanken nicht zu vereinbaren sei, daß Minderheiten den Gestaltungswillen der Mehrheit blockieren[321], vor allem aber – so die hier entworfene Argumentationslinie – weil die demokratische Staatsform die Einheit des demos im Gesamtstaat voraussetzt und diese sich überall dort verwirklichen (und damit auch: durchsetzen) muß, wo essentielle politische Entscheidungen getroffen werden sollen. Insofern muß das Erfordernis der Einstimmigkeitsentscheidung im Rat die Entstehung einer demokratischen Herrschaftsform auf gesamteuropäischer Ebene verhindern, wohingegen das Mehrheitsprinzip die demokratische Staatsform der Mitgliedstaaten verletzt.[322] Alles in allem kann von einer gesamteuropäischen Demokratie somit nur unter der Voraussetzung gesprochen werden, daß der Rat durchweg im Mehrheitsverfahren entscheidet – und daß (hier knüpft die Betrachtung an das weiter oben Gesagte an) die hervorge-

---

318 *Roland Bieber*, Aussenwirtschaft 46 (1991), 391, 396.

319 *Roland Bieber*, Aussenwirtschaft 46 (1991), 391, 396.

320 Gegebenenfalls auch in der Gestalt einer doppelten Mehrheit (der Staaten und der Gesamtbevölkerung); vgl. *Hans-Jürgen Papier*, EuGRZ 2004, 753, 756.

321 *Gertrude Lübbe-Wolff*, VVDStRL 60 (2001), 246, 258 und *Joseph H.H. Weiler*, YLJ 100 (1991), 2403, 2467.

322 Siehe dazu oben: II.3.a. Dieser entscheidende Zusammenhang bleibt bei *Gertrude Lübbe-Wolff* (VVDStRL 60 [2001], 246, 257f.) leider unklar.

hobene Stellung des Rates gegenüber dem Parlament zurückgestuft wird.[323] Den Willen zum Staatsein vorausgesetzt, entstünde ansonsten im gesamteuropäischen Raum eine komplexe, letztverbindliche Ordnungsstruktur, die von einer Versammlung der Vertreter einzelner Partikulargewalten beherrscht wird, welche sich ihrerseits auf ein Geflecht an Kommissionen und Ausschüssen stützt.[324] Entwicklungen hin zu einer gesamteuropäischen Beamteneliten- und Expertenherrschaft (Entwicklungen also, die sich gerade auch in einem ausufernden Ausschußwesen ankündigen[325]), könnten sich bald als ein essentieller Wesenszug der entstehenden Staatsform erweisen.[326]

In dieses, vom demokratischen Muster der Staatsorganisation sich stark unterscheidende Bild paßt auch das Wirken der *Europäischen Kommission*. Solange diese nicht im Sinne eines parlamentarisch-demokratischen Regierungsmodells vom Parlament gewählt und in die volle Verantwortlichkeit ihm gegenüber gebracht worden ist, bleibt sie (auch und gerade auch aus Sicht der gesamteuropäischen Staatsform) demokratisch unzureichend legitimiert.[327] Ihre Beziehungen zu Rat und Parlament bilden eine Art Gradmesser der Staatsformbestimmung, an dem sich die demokratischen Qualitäten des entstehenden Verbandes (hinsichtlich seiner institutionell-organisatorischen Gestaltung) ablesen lassen: in dem Maße, in dem die Kommission als die Spitze der Exekutive dem Parlament gegenüber verantwortlich ist, gewinnt die EU demokratische Standards; ihre stärkere Anbindung an den Rat macht die Europäische Kommission demgegenüber zum Ausführungsorgan einer von Partikulareinflüssen durchzogenen Herrschaftsstruktur, das, vom Rat eingesetzt und kontrolliert, in seinem Wirken nicht auf den Willen des Volkes zurückgehen kann.[328]

Welchen Charakter die Herrschaftsform der EU im Falle der Herausbildung einer gesamteuropäischen Staatlichkeit aufweist, wird des weiteren durch die

---

323 *Anne Peters*, Elemente einer Theorie der Verfassung Europas, S. 753.

324 *Deirdre Curtin* hat hierfür den Ausdruck „Neo-Absolutism" gebraucht (Postnational democracy, S. 46); die deutsche Entsprechung „Neo-Absolutismus" findet sich bei *Tilman Evers*, Leviathan 1994, 115, 128. Siehe dazu weiterhin *Paul Craig*, in: Craig/de Búrca (Hrsg.), The Evolution of EU Law, S. 1, 24.

325 Hierbei ist insbesondere an das sogenannte Komitologie-Verfahren zu denken, das inzwischen in weiten Bereichen der gemeinschaftlichen Rechtsetzung praktiziert wird; vgl. *Martin Gellermann*, in: Streinz (Hrsg.), EUV/EGV, Rnrn. 18ff. vor Art. 250 EGV.

326 Ähnlich (aus der Sicht des Politikwissenschaftlers) *Marcus Höreth*, IPG 2002/4, 11, 15; zum dezisionistischen Charakter der komitologischen Herrschaft vgl. *Jiří Přibáň*, ELJ 11 (2005), 135, 145f. In gleicher Weise pessimistisch äußert sich auch *András Sajó* (in Weiler/Eisgruber [Hrsg.], Altneuland: The EU Constitution in a Contextual Perspective, S. 23), der dann jedoch (in bezug auf die europäische Integration) meint: „The possible end of democracy as we know and traditional constitutionalism is not the beginning of uncontrolled diffuse power. There are liberal though non-democratic control mechanisms."

327 *Peter Graf Kielmannsegg*, in: Weidenfeld (Hrsg.), Reform der Europäischen Union, S. 229, 233.

328 Vgl. auch *Deirdre Curtin*, Postnational democracy, S. 45f.

Rolle definiert, die der *EuGH* als höchstes Gericht der entstehenden verfassungsrechtlichen Ordnung zukünftig spielt. Von Interesse ist hierbei, in welchem Umfang das Gericht inhaltlich zur Entwicklung der gesamteuropäischen Rechtsordnung beiträgt. Wie bereits im Hinblick auf den Bestand der mitgliedstaatlichen Staatsform, ist auch hier an die Entscheidungen des Gerichtshofs zur Stellung des Parlamentes oder zur Geltung der europäischen Grundrechte zu denken; weniger von Interesse sind demgegenüber jene Aspekte, die sich auf das Verhältnis von europäischer und mitgliedstaatlicher Ordnung beziehen. Parlamentarisch-demokratische Herrschaftsstrukturen in der EU erfolgreich zu etablieren, setzt insofern voraus, daß sich der EuGH auf die ihm zugewiesene Tätigkeit der Rechtsauslegung beschränkt[329]; die Weiterentwicklung des Unionsrechts kann in einer gesamteuropäisch verankerten Demokratie nur die Aufgabe der entsprechenden parlamentarischen demos-Vertretung sein. Überprüft werden muß daher auch, wie und durch wen die Richter des Gerichtshofs ernannt werden sollen[330] – „wie" kann dabei nur heißen: „durch Wahl", und „durch wen" kann dabei nur heißen: „durch die Volksvertretung" (gegebenenfalls auch: „durch ein unmittelbar vom Parlament dazu legitimiertes Gremium"); mit anderen Worten: der Auswahlmodus muß sicherstellen, daß sich auch das europäische Richteramt und die damit verbundene Fülle der Hoheitsgewalt auf den Willen des Volkes zurückführen lassen. So lange diese Postulate nicht erfüllt sind, muß auch im Hinblick auf die Stellung des EuGH von einem europäischen Demokratiedefizit ausgegangen werden. Die derzeitige Beschaffenheit der gemeinschaftlichen Herrschaftsorganisation ist somit, wenn man das Organensemble als ganzes betrachtet, von einem Dualismus parlamentarisch-demokratischer und föderalistisch-administrativer Gestaltungsmomente geprägt. Welche der beiden Staatskonzeptionen sich letztendlich durchsetzt (wenn man davon ausgeht, daß die EU zum Bundesstaat wird), hängt indessen nicht nur und nicht in erster Linie von der institutionellen Architektur ab: wie jede Staatsform setzt auch die Demokratie eine Reihe vorrechtlich vorhandener Umstände voraus, ohne deren dauerndes Gesichertsein sie als Staatsform nicht in Betracht kommt.

---

[329] Siehe dazu auch *Heinz Schäffer*, in: Schwarze (Hrsg), Die Entstehung einer europäischen Verfassungsordnung, S. 339, 355.

[330] Kritisch dazu *Karl Doehring*, DVBl. 1997, 1133, 1135; *ders.*, VVDStRL 60 (2001), 357, 358. Den Zusammenhang mit der demokratischen Legitimationsbegründung durch die Mitgliedstaaten untersuchen *Claus Dieter Classen*, AöR 119 (1994), 238, 246 und *Andreas Tiedtke*, Demokratie in der Europäischen Union, S. 127.

4. Voraussetzungen der gesamteuropäischen Demokratie: demos und demokratische Öffentlichkeit

a. Gegenwärtiger Entwicklungsstand und künftige Entwicklungsmöglichkeiten eines gesamteuropäischen Volkes

Um von einer gesamteuropäischen Demokratie nicht nur in bezug auf verfassungsrechtlich-formale Strukturen, sondern im vollen Sinne einer eingerichteten und mit Leben erfüllten Staatsform sprechen zu können, ist es notwendig, daß innerhalb der EU ein entsprechendes Gesamtvolk als Bezugspunkt entsteht.[331] Ein solches Volk müßte zugleich die gesamteuropäische Staatlichkeit tragen und dabei den Anspruch erheben, in diesem Staatswesen selbst (d.h. durch die von ihm bestellten Vertreter) zu herrschen. Daß ein gesamteuropäisches Volk bis heute nicht existiert, wurde durch die sozialwissenschaftliche Forschung empirisch belegt und wird (wenn man andere demos-Konzepte außer Betracht läßt[332]) auch in der verfassungswissenschaftlichen Auseinandersetzung um die Defizite der europäischen Demokratie überwiegend[333] eingeräumt[334] – die Aussage der sogenannten No-demos-These (für die in Deutschland, aber auch im internationalen Diskurs, insbesondere das Maastricht-Urteil des BVerfG[335] und die Arbeiten *Dieter Grimms*[336] angeführt werden) trifft daher zu, soweit sie sich auf die heutige Situation der europäischen Völker bezieht. Kontrovers diskutiert wird demgegenüber die Frage, ob die Entwicklung eines gesamteuropäischen demos im Hinblick auf die europäische Völkervielfalt überhaupt denkbar erscheint. Inwiefern kann in Europa in absehbarer Zeit ein gemeinsames Bewußtsein entstehen, das darauf zielt, die Europäische Union als letztverantwortliche Ordnungsgrundlage anzuerkennen, und das die Absicht umfaßt, die Herrschaft darin unter den Prämissen einer staatsbürgerlichen Gleichheit miteinander zu teilen?[337] In der gebotenen Kürze, die eine staatsrechtlich und staatstheoretisch angelegte Arbeit in soziologischen Fragen auf-

---

331 Siehe oben: Erster Abschnitt, II.3.

332 Dazu oben: Erster Abschnitt, II.1.b. und 3.a.

333 Zweifelnd jedoch *Markus M. Müller*, in: Beckmann/Dieringer/Hufeld (Hrsg.), Eine Verfassung für Europa, S. 73, 81.

334 *Dieter Grimm*, JZ 1995, 581, 589; *Marcel Kaufmann*, Europäische Integration und Demokratieprinzip, S. 484; *Paul Kirchhof*, JZ 1998, 965, 972; *Thomas Oppermann/Claus Dieter Classen*, APuZ 1993, B 28, 11, 15; *Jiří Přibáň*, ELJ 11 (2005), 135, 145; *Heinz Schäffer*, in: Schwarze (Hrsg.), Die Entstehung einer europäischen Verfassungsordnung, S. 339, 385; aus der politikwissenschaftlichen Literatur: *Marcus Höreth*, IPG 2002/4, 11, 21; *Hermann Lübbe*, Abschied vom Superstaat, S. 147 und *Fritz W. Scharpf*, in: Festschrift für Klaus von Beyme, S. 772. Eingehend zur Frage eines „europäischen Volkes" auch *Werner von Simson*, EuR 1991, 1.

335 BVerfGE 89, 155.

336 Siehe dazu insbesondere *Dieter Grimm*, JZ 1995, 581; *ders.*, in: Eriksen/Fossum/Menéndez (Hrsg.), Developing a Constitution for Europe, S. 69, 78ff.

337 Eher skeptisch *Hans-Jürgen Papier*, EuGRZ 2004, 753, 757f.

weisen darf, ist hierauf zu antworten, daß die Entwicklung eines gesamteuropäischen Volkes gegenwärtig weder gesichert noch ausgeschlossen erscheint, wenngleich ein anhaltendes Desinteresse für europapolitische Themen in weiten Teilen der Bevölkerung, das sich regelmäßig auch in der geringen Wahlbeteiligung bei den Wahlen zum Europäischen Parlament niederschlägt, momentan eher gegen die Entwicklung eines gesamteuropäischen Bürgerbewußtseins spricht. Gegen die Herausbildung eines solchen Bewußtseins spricht es zudem, daß sich europäische Parteien in der politischen Praxis bisher nicht bemerkbar gemacht haben[338], obwohl diese in Art. 191 UAbs. 1 EGV als wichtige Faktoren der Integration in der Union bezeichnet werden, die dazu beitragen sollen, ein europäisches Bewußtsein zu formen. Bezugspunkt des individuellen politischen Gestaltenwollens bleibt, so scheint es, der Nationalstaat, in dessen parteien- und interessenpolitische Landschaft der einzelne eingebettet sein will.

b. Medienstrukturen, Sprachenvielfalt und Rezipienteninteressen: die Entwicklungschancen einer gesamteuropäischen Öffentlichkeit

Mit der Frage des demos ist die Herausbildung einer gesamteuropäischen Öffentlichkeit auf das Engste verbunden.[339] Solange diese nicht existiert, fehlt es an einer essentiellen Voraussetzung der parlamentarisch-demokratischen Staatsform.[340] Daß eine solche gesamteuropäische Öffentlichkeit bis heute nicht existiert[341], ist empirisch erfahrbar: staatenübergreifende Medien, sei es in der Gestalt europäischer Rundfunk- und Fernsehprogramme, sei es in der Gestalt einer europaweit gelesenen Presse, sind, von Einzelprojekten abgesehen[342], gegenwärtig nicht oder noch nicht vorhanden.[343] Den fehlenden Medienstruktu-

---

338 *Dieter Grimm*, in: Eriksen/Fossum/Menéndez (Hrsg.), Developing a Constitution for Europe, S. 69, 78; näher dazu auch *Martin Rempe*, Von der Völkerherrschaft zur Demokratie?, S. 19.

339 Speziell hierzu *Albert Bleckmann*, JZ 2001, 53, 57f.; *Claus Dieter Classen*, in: von Mangoldt/Klein/Starck, Das Bonner Grundgesetz, Bd. 2, Rn. 34 zu Art. 23; *ders.*, AöR 119 (1994), 238, 256f.; *Christoph Dorau*, in: Ronge (Hrsg.), In welcher Verfassung ist Europa – Welche Verfassung für Europa?, S. 155, 174f.; *Dieter Grimm*, JZ 1995, 581, 588; *Peter Häberle*, Europäische Verfassungslehre, S. 168ff.; *Ernst-Joachim Mestmäcker*, RabelsZ 58 (1994), 615, 628f. und *Manfred Zuleeg*, JZ 1993, 1069, 1074.

340 Siehe dazu oben: Erster Abschnitt, II.4.

341 Siehe statt vieler *Dieter Grimm*, in: Eriksen/Fossum/Menéndez (Hrsg.), Developing a Constitution for Europe, S. 69, 78; *Marcus Höreth*, IPG 2002/4, 11, 21; *Hermann Lübbe*, Abschied vom Superstaat, S. 147; *Mattias Kumm/Victor Ferreres Comella*, in: Weiler/Eisgruber (Hrsg.), Altneuland: The EU Constitution in a Contextual Perspective, S. 22 und *Fritz W. Scharpf*, in: Festschrift für Klaus von Beyme, S. 672, 674f. Anders, aber ohne jede Begründung, *Manfred Zuleeg*, JZ 1993, 1069, 1074.

342 Die Bedeutung des Fernsehsenders „arte" betont *Peter Häberle*, Europäische Verfassungslehre, S. 175f.

343 *Albert Bleckmann*, JZ 2001, 53, 58; *Dieter Grimm*, JZ 1995, 581, 588; *ders.*, in: Eriksen/Fossum/Menéndez (Hrsg.), Developing a Constitution for Europe, S. 69, 78; *Marcel Kaufmann*, Europäische Integration und Demokratieprinzip, S. 484; *Peter Graf Kielmannsegg*, in:

ren entspricht das Fehlen einer staatenübergreifenden politischen und gesellschaftlichen Debatte: Geschehnisse in anderen EU-Staaten werden als Außenpolitik und äußere Angelegenheit und nicht als Fragen der inneren Ordnung verstanden.[344] Belegt wird eine solche Annahme nicht zuletzt auch durch eine Beobachtung der politischen Umgangsformen, die sich in innenpolitischen Fragen traditionellerweise vom außenpolitischen Vorgehen unterscheiden: während im Umgang mit den Regierungsvertretern anderer Staaten ein diplomatischer Ton und diplomatische Bräuche gewahrt werden müssen, zeichnet sich die tagespolitische Debatte im Innern des parlamentarisch-demokratischen Staates durch die schonungslose Kritik des politischen Gegners, bis hin zur Infragestellung seiner politischen Fähigkeit, aus. Wenn man dies als ein Indiz (und zwar ein Indiz, welches oft unterschätzt worden ist) für die Frage heranziehen will, ob ein gesamteuropäischer Parlamentarismus gegenwärtig möglich erscheint, so genügt es, die Beachtung der diplomatischen Etikette im Umgang der europäischen Spitzenpolitiker miteinander (bei Gipfeltreffen, bei Staatsbesuchen oder bei ihren öffentlichen Stellungnahmen zu Vorgängen im anderen Land) zu bedenken, um die Antwort zu kennen.

Ein weiteres, häufig gebrauchtes Argument gegen die Herausbildung eines öffentlichen Diskurses über die heutigen Staatengrenzen hinweg bezieht sich auf die Vielsprachigkeit der Union.[345] Inwiefern steht dieser Umstand (der auf absehbare Zeit nicht zu ändern sein wird) der Entstehung einer gesamteuropä-

---

Weidenfeld (Hrsg.), Reform der Europäischen Union, S. 229, 238; *Heinz Schäffer*, in: Schwarze (Hrsg.), Die Entstehung einer europäischen Verfassungsordnung, S. 339, 385; *Christian Seiler*, Der souveräne Verfassungsstaat zwischen demokratischer Rückbindung und überstaatlicher Einbindung, S. 283 und *Christian Tomuschat*, in: Nettesheim/Schiera (Hrsg.), Der integrierte Staat, 155, 170.

[344] Ansätze zu gesamteuropäischen Diskussionen belegt *Peter Häberle*, Europäische Verfassungslehre, S. 178 ff., der jedoch parallele Diskussionen zu ein und demselben Thema in verschiedenen EU-Staaten mit einer gemeinsamen europäischen Öffentlichkeit gleichsetzt (kritisch gegenüber einer solchen Herangehensweise auch *Dieter Grimm*, in: Eriksen/Fossum/Menéndez [Hrsg.], Developing a Constitution for Europe, S. 69, 78 f.); Einzelmomente einer gesamteuropäischen öffentlichen Debatte weisen auch *Claus Dieter Classen* (in: von Mangoldt/Klein/Starck, Das Bonner Grundgesetz, Bd. 2, Rn. 34 zu Art. 23) und *Christoph Dorau*, Die Verfassungsfrage der Europäischen Union, S. 84 nach. Demgegenüber erscheinen die Behauptungen von *Roland Bieber* (in: Ipsen/Rengeling/Mössner/Weber [Hrsg.], Verfassungsrecht im Wandel, S. 291, 301 f.) als Idealisierung.

[345] So zum Beispiel *Dieter Grimm*, JZ 1995, 581, 588; *ders.*, in: Eriksen/Fossum/Menéndez (Hrsg.), Developing a Constitution for Europe, S. 69, 79; *Peter Graf Kielmannsegg*, in: Weidenfeld (Hrsg.), Reform der Europäischen Union, S. 229, 238 und *Christian Tomuschat*, in: Nettesheim/Schiera (Hrsg.), Der integrierte Staat, S. 155, 170. Ablehnend hierzu *Christoph Dorau*, Die Verfassungsfrage der Europäischen Union, S. 84; *Jochen A. Frowein*, EuR 1995, 315, 324; *ders.*, in: Starck (Hrsg.), Constitutionalism, Universalism and Democracy – a comparative analysis, S. 53, 62; *Carl Otto Lenz*, NJW 1993, 1962, 1963; *Ingolf Pernice*, Die Verwaltung 26 (1993), 449, 480; *Anne Peters*, Elemente einer Theorie der Verfassung Europas, S. 753 und *Gerd Roellecke*, in: Kroker/Dechamps (Hrsg.), Das Menschenbild der freien Gesellschaft, S. 213, 222 f.

ischen Öffentlichkeit entgegen? Die Bedeutung einer gemeinsamen Sprache darf grundsätzlich nicht unterschätzt werden: sie erlaubt es, Meinungen mühelos auszutauschen, ohne dabei auf die Hilfe von Dolmetschern und Übersetzern angewiesen zu sein. Wo die gesamte innenpolitische Auseinandersetzung darauf beruht, daß Nachrichtenagenturen und Journalisten tagespolitische Statements permanent in mehrere verschiedene Sprachen übertragen, leidet die Spontanität des Diskurses und wächst die Gefahr der inhaltlichen Verflachung und des gegenseitigen Mißverstehens; das Schicksal diffiziler politischer Inhalte und damit zugleich das Schicksal der politischen Substanz der Demokratie hieße dann unter Umständen „lost in translation" – im wörtlichen wie auch im übertragenen Sinne des Ausdrucks.[346] Was bei Völkern mit zwei oder drei Sprachen mit langen demokratischen Traditionen (bei denen sich auch die entsprechenden öffentlichen Sphären mit der Zeit herausbilden konnten) möglich sein kann, muß daher nicht ohne weiteres funktionieren, wo es sich um ein Gesamtgebilde mit mehr als 20 verschiedenen Sprachen handelt.[347] Angesichts der rasanten Fortschritte im Bereich der Medien- und Kommunikationstechnologien ist es indes nicht gänzlich auszuschließen, daß sich entsprechende Foren entwickeln: Fernsehprogramme könnten im Mehrkanalton gesendet und Internet-Angebote mehrsprachig zur Verfügung gestellt werden; in dem Maße, in dem elektronische Medien Einfluß gewinnen, könnten sich hieraus Chancen für die Entwicklung eines multilingualen Diskurses ergeben: Kommunikations- und Herrschaftsformen bedingen einander[348], die künftigen Möglichkeiten eines geistigen Austauschs bestimmen und erweitern die Möglichkeiten künftiger politischer Ordnung.

Voraussetzung für das Entstehen von gesamteuropäischer Demokratie ist es insofern, daß das Interesse der Bevölkerung an einem derartigen Austausch zu-

[346] Der Hinweis auf die Möglichkeit der Übersetzung erschöpft daher das Problem nicht – anders jedoch *Ingolf Pernice*, Die Verwaltung 26 (1993), 449, 480.

[347] *Dieter Grimm*, JZ 1995, 581, 589; *ders.*, in: Eriksen/Fossum/Menéndez (Hrsg.), Developing a Constitution for Europe, S. 69, 79. – Dies unterscheidet den Fall der EU von der Situation Belgiens, Kanadas oder der Schweiz, bei denen es um zwei bis vier verschiedene Sprachen geht, und wo es sich um Völker handelt, die schon sehr lange zur politischen Einheit verbunden sind. Der Sezessionswunsch Québecs hat zudem die Brüchigkeit dieser Einheit im Falle Kanadas demonstriert. Entsprechende unzutreffende Vergleiche finden sich u.a. bei *Claus Dieter Classen*, AöR 119 (1994), 238, 256; *Jochen A. Frowein*, in: Starck (Hrsg.), Constitutionalism, Universalism and Democracy – a comparative analysis, S. 53, 62; *Federico Mancini*, KritV 81 (1998), 387, 395 f. (der als weitere Beispiele auch Indien und Südafrika angibt); *Markus M. Müller*, in: Beckmann/Dieringer/Hufeld (Hrsg.), Eine Verfassung für Europa, S. 73, 80 und *Ingolf Pernice*, Die Verwaltung 26 (1993), 449, 479; gegen eine Gleichsetzung wenden sich demgegenüber *Christian Seiler*, Der souveräne Verfassungsstaat zwischen demokratischer Rückbindung und überstaatlicher Einbindung, S. 283 und *Andreas Tiedtke*, Demokratie in der Europäischen Union, S. 96. Siehe dazu auch *Claus Dieter Classen*, in: von Mangoldt/Klein/Starck, Das Bonner Grundgesetz, Bd. 2, Rn. 34 zu Art. 23.

[348] Dies betont *Ingolf Pernice*, Die Verwaltung 26 (1993), 449, 480 f.

nimmt.[349] Nur wo dieses besteht, wird auch eine staatenübergreifende Medienaktivität wirtschaftlich lukrativ.[350] Die gegenwärtigen Erfahrungen stimmen dabei indes eher skeptisch: wie insbesondere die niedrige Wahlbeteiligung bei Europawahlen und der gleichbleibend geringe Bekanntheitsgrad originär europapolitischer Akteure beweisen, ist das Bevölkerungsinteresse an den Zusammenhängen europäischer Politik trotz der Gründung einer Europäischen Union durch den Vertrag von Maastricht, trotz Einführung einer Unionsbürgerschaft gemäß Art. 17 EGV und (dies mag am signifikantesten scheinen) trotz der Einführung einer gemeinsamen Währung nicht nennenswert gestiegen. Auch die Erwartung, daß eine Stärkung des Europäischen Parlamentes und die Erweiterung seiner Zuständigkeiten ein größeres Interesse an seiner Arbeit bewirken, hat sich bislang nicht erfüllt.[351] Ob (und wenn, wodurch) dieses erzeugt werden kann, bildet eine der zentralen Fragen im Zusammenhang der künftigen europäischen Staatsform: die Absicht des Volkes, sein Staatswesen selbst zu beherrschen, äußert sich im individuellen Interesse am konkreten politischen Geschehen.

c. Distanz und Bevölkerungszahl als staatsformbestimmende Größen

Gegen die Möglichkeit einer gesamteuropäischen Demokratie ist mitunter auch eingewandt worden, daß die Distanzen zu groß erschienen, die zwischen dem einzelnen und den von ihm zu legitimierenden Organen in Brüssel und Straßburg herrschen, und daß die Bevölkerungszahl der EU mit knapp einer halben Milliarde Menschen für ein demokratisches Staatswesen bei weitem zu hoch sei.[352] Der erste dieser beiden Gesichtspunkte, der Zusammenhang von territorialer Beschränkung und demokratischer Staatsform, ist indes nicht zwingend

---

349 Vgl. auch *Ingolf Pernice*, Die Verwaltung 26 (1993), 449, 480f.

350 Diesen Zusammenhang übersieht *Brun-Otto Bryde* (in: Festschrift für Manfred Zuleeg, S. 131, 141), der im Hinblick auf das Defizit an Informationen über europäische Politik von einem „Medienversagen“ spricht.

351 Siehe *Joseph H.H. Weiler*, The Constitution of Europe, S. 266. Entsprechende Erwartungen äußerten u.a. *Roland Bieber*, in: Ipsen/Rengeling/Mössner/Weber (Hrsg.), Verfassungsrecht im Wandel, S. 291, 302; *Christine Langenfeld*, VVDStRL 60 (2001), 376; *Daniel Thürer*, VVDStRL 50 (1991), 167; vgl. aus politikwissenschaftlicher Sicht dazu auch *Edgar Grande*, Leviathan 24 (1996), 339, 350f. und *Mattias Kumm/Victor Ferreres Comella*, in: Weiler/Eisgruber (Hrsg.), Altneuland: The EU Constitution in a Contextual Perspective, S. 21. Anders als die Genannten verbindet *Peter M. Huber* (in: Deutscher Bundestag, Referat Öffentlichkeitsarbeit [Hrsg.], Der Weg zum EU-Verfassungskonvent, S. 193, 206) die Herausbildung einer europäischen Öffentlichkeit mit einer Aufwertung der Stellung mitgliedstaatlicher Parlamente im europäischen Integrationsprozeß.

352 In diese Richtung *Christian Tomuschat*, in: Nettesheim/Schiera (Hrsg.), Der integrierte Staat, S. 155, 168 (der insbesondere auch auf das Problem der Bevölkerungsgröße eingeht). Anklänge auch bei *Hans Peter Ipsen*, in: Festschrift für Bodo Börner, S. 163, 174 und *Rudolf Streinz*, DVBl. 1990, 949, 961; siehe außerdem *Paul Craig* in: Craig/de Búrca (Hrsg.), The Evolution of EU Law, S. 1, 23; *Christoph Dorau*, in: Ronge (Hrsg.), In welcher Verfassung ist Europa – Welche Verfassung für Europa?, S. 155, 175; *ders.*, Die Verfassungsfrage der Euro-

begründbar: die Überwindung territorialer Distanzen bildet gleichsam den gemeinsamen Kern sämtlicher neuzeitlicher Herrschaftsorganisationen – der Flächenstaat wird seinem Wesen zufolge aus der Distanz beherrscht und verwaltet, die Hoheitsgewalt, die er wahrnimmt, wird über eine territoriale Distanz hin legitimiert. Das Instrument, das diese Distanz im demokratischen Staatswesen überwindet, ist die Wahl von Volksvertretern zu einer Versammlung, dem staatlichen Parlament. Die Distanz der Abgeordneten zu ihren Wählern kann dabei, je nach Wahlsystem, größer oder geringer ausfallen: während sie im Mehrheitswahlrecht durch die Bindung des Abgeordneten an seinen Wahlkreis zumindest teilweise reduziert werden kann, bleibt sie im System des Verhältniswahlrechts in ihrem vollen Umfang erhalten. Der neuzeitliche Parlamentarismus erweist sich in beiden Formen als Mittel, die Entfernung zwischen Herrschaftsunterworfenen und staatlicher Hoheitsgewalt, zwischen Legitimationsquelle und Legitimationsempfänger, zu überbrücken: durch den Wahlakt beeinflußt der einzelne unmittelbar die Zusammensetzung von Parlament und Regierung, durch ihn steht das Volk in nächster politischer Nähe zu seinen höchsten Organen. Die Herrschaftsform der parlamentarischen Demokratie steht daher nicht im Widerspruch zur räumlichen Distanz von Volk und Volksvertretern[353] – ganz im Gegenteil läßt sich behaupten, daß sie auf dieser beruht. Fortschritte im Bereich der Verkehrs- und Kommunikationstechnologien können diese Distanzen weiter verringern. (Was den finanziellen und zeitlichen Aufwand betrifft, so sind bereits heute die Reise- und Kommunikationsmöglichkeiten europaweit besser ausgebaut als noch vor wenigen Jahrzehnten in den einzelnen Staaten.[354]) Die Distanzen, welche durch die Legitimationsmechanismen einer gesamteuropäischen Demokratie überbrückt werden müßten, erscheinen insofern nicht größer als in einer Reihe anderer Staaten (man denke nur an die USA, Kanada oder Australien), deren demokratische Verfassungen sich seit langem als gefestigt und belastbar erweisen. Auch die Herrschaftsform der EU kann ihrem Wesen zufolge nur eine entsprechende Distanzherrschaft sein, als die sich der Parlamentarismus bewährt hat.[355]

Ähnliche Erwägungen gelten schließlich auch für den zweiten vorgebrachten Gesichtspunkt, das Problem der Bevölkerungsgröße. Demokratische Entscheidungsstrukturen in bevölkerungsreichen Staaten zu etablieren, stellt sich heute in erster Linie als eine organisatorische Frage dar, die – sowohl durch technische Fortschritte als auch durch eine voranschreitende logistische Durchdringung des gesamteuropäischen Raumes – zunehmend besser gelöst werden kann. Auch hierbei zeigt ein Blick auf die gegenwärtige Staatenwelt, auf demokrati-

päischen Union, S. 14 sowie *Amaryllis Verhoeven*, The European Union in Search of a Democratic and Constitutional Theory, S. 60.

353 *Anne Peters*, Elemente einer Theorie der Verfassung Europas, S. 779.

354 Dies verkennt *Christoph Dorau*, Die Verfassungsfrage der Europäischen Union, S. 141.

355 Ebenso *Anne Peters*, Elemente einer Theorie der Verfassung Europas, S. 779.

sche Staatswesen wie die USA (mit 300 Millionen Einwohnern), Japan (mit knapp 130 Millionen Einwohnern) oder gar Indien (mit über einer Milliarde Einwohnern), daß Demokratie und Bevölkerungsreichtum grundsätzlich zu vereinbaren sind. Was die Abschwächung der Einflußnahmemöglichkeiten des Individuums betrifft (man müßte dabei, um das Problem genau zu bestimmen, von einer gefühlten Einflußnahmemöglichkeit sprechen, da das tatsächliche Stimmengewicht als abstrakt-mathematische Größe keinen staatsformtheoretischen Erkenntniswert aufweist), so ergeben sich zwischen den Größenordnungen des zwei- und dreistelligen Millionenbereichs, um die es hier geht, keinerlei spürbare Unterschiede: das politische Gewicht des einzelnen in der Massendemokratie wäre, wenn man es mathematisch exakt ausrechnen wollte, in beiden Fällen verschwindend gering – die verfassungstheoretische Größe dieses Einflusses (oder, verfassungspolitisch gesprochen: der Wert der Demokratie) beruht indes darauf, daß sich der einzelne als ein Bestandteil des demos (und zwar als ein Bestandteil unter seinesgleichen) daran beteiligt, die Herrschaft innerhalb eines demokratisch verfaßten Gemeinwesens einzurichten und auszuüben.

V. Die Staatsformthematik nach dem Verfassungsvertrag

1. Die Auswirkungen des Verfassungsvertrages auf den Verlust der mitgliedstaatlichen Demokratie, insbesondere im Hinblick auf die Rolle des Rates

Die gegenwärtige Unionsstruktur hat sich alles in allem als ein Gebäude erwiesen, das sich, wenn es zum Staat wird, in der Lage des Entweder-Oder von gesamteuropäischer Demokratie und föderalistisch geprägtem, technisch-administrativ beherrschtem Ordnungsgefüge befindet. Die vorrechtlichen Umstände, die über die Gestaltung der etwaigen Staatsform entscheiden, schließen keines von beidem mit Sicherheit aus. Zu fragen ist daher an dieser Stelle, in welche Richtung die Entwicklung der Union durch den Verfassungsvertrag gelenkt wird, zu dessen Zielen es zählte, die demokratischen Ansätze in der EU zu verbessern.[356] Die eingangs getroffene Unterscheidung der Demokratie als gegenwärtige Herrschaftsform in den einzelnen Mitgliedstaaten von der Frage ihrer Zukunft als Staatsform innerhalb eines gesamteuropäischen Bundesstaatsganzen ist hierbei noch einmal aufzugreifen – so daß in einem ersten Schritt untersucht werden soll, inwieweit die Bestimmungen des Verfassungsvertrags stärker noch als EGV und EUV die Demokratie als Staatsform der

[356] So bereits die Erklärung des Europäischen Rates von Laeken (durch den der Verfassungskonvent einberufen worden ist), abgedruckt in EuGRZ 2001, 662, 663. Dazu *Thomas Oppermann*, DVBl. 2003, 1234, 1240 und *Andreas Tiedtke*, Demokratie in der Europäischen Union, S. 208ff.

Mitgliedstaaten relativieren. Im Mittelpunkt des Interesses steht dabei die Zukunft des Rates, der bisher als das entscheidende Bindeglied in der Ableitungskette zwischen gemeinschaftlicher Hoheitsgewalt und Demosvertretung fungierte. Der Bestand der mitgliedstaatlichen Demokratie verlangt dabei Einfluß (im Hinblick auf das Rechtsetzungsverfahren) und Einstimmigkeit (im Hinblick auf die Abstimmungsweise). Unter beiden Gesichtspunkten würde die demokratische Herrschaftsstruktur der Mitgliedstaaten mit dem Inkrafttreten des Verfassungsvertrages geschwächt.

- Art. I-23 Abs. 3 EV bestimmt, daß der Rat im Wege der *qualifizierten Mehrheit* entscheidet, sofern die Verfassung nichts anderes festlegt. Die Zahl der Fälle, in denen die Verfassung Einstimmigkeit vorschreibt, wurde gegenüber der geltenden Rechtslage reduziert. Beispiele dafür, wo diese entfällt, finden sich im politisch sensiblen Bereich der Rechtsharmonisierung (Art. III-172 Abs. 1 Satz 2 EV gegenüber Art. 94 EGV), auf dem Gebiet der Verkehrspolitik (Art. III-236 Abs. 3 EV gegenüber Art. 71 Abs. 2 1. HS EGV), in den Bestimmungen über die Europäische Zentralbank (Art. III-187 Abs. 3 EV gegenüber Art. 107 Abs. 5 EGV) und in den Materien des Haushaltsrechts (Art. III-412 Abs. 2 EV[357] gegenüber Art. 279 Abs. 2 EGV). Hinzu kommen eine Reihe sogenannter „Passerelle-Klauseln"[358], welche den Übergang vom Einstimmigkeitsverfahren zur Mehrheitsentscheidung ohne eine Änderung des Verfassungsvertrages erlauben[359]: diese finden sich insbesondere in Art. IV-444 Abs. 1 UAbs. 1 EV (für den gesamten dritten Teil des Verfassungsvertrages) und in Art. I-40 Abs. 7 EV (für alle anderen Bereiche). Die demokratietheoretische Brisanz dieser Bestimmungen, auf die *Jürgen Schwarze* zu Recht hingewiesen hat[360], kann auch durch ein teilweise verankertes Vetorecht zugunsten der Nationalparlamente (wie Art. IV-444 Abs. 3 UAbs. 1 Satz 2 EV es vorsieht) nicht entschärft werden, da die pauschale Ermächtigung, in bestimmten Bereichen zu Mehrheitsentscheidungen überzugehen, an der Grundproblematik (d.h. an dem Umstand, daß entsprechende Rechtakte nicht auf den Willen des demos zurückgeführt werden können) nichts ändert. Hinzu kommt, daß ein Inkrafttreten des Verfassungsvertrages auch die Praxis des „Luxemburger Kompromisses" hinfällig machen dürfte[361], da der

---

[357] Geplant war dies ab dem 1. Januar 2007; vgl. Art. III-412 Abs. 3 EV.

[358] Zur Problematik der sogenannten „Passerelleklauseln" siehe *Christian Calliess*, in: Festschrift für Georg Ress, S. 399, 409; *Thomas Oppermann*, DVBl. 2003, 1165, 1175 und *Jürgen Schwarze*, EuR 2003, 535, 551 (der auf die demokratierelevanten Implikationen zutreffend hinweist).

[359] Vgl. dazu *Andreas Tiedtke*, Demokratie in der Europäischen Union, S. 229 ff.

[360] *Jürgen Schwarze*, EuR 2003, 535, 551; anders jedoch *Andreas Tiedtke*, Demokratie in der Europäischen Union, S. 231.

[361] *Johannes Christian Wichard*, in: Calliess/Ruffert (Hrsg.), Verfassung der Europäischen Union, Rn. 11 zu Art. I-25; zu Wesen und Bedeutung des „Luxemburger Kompromisses" siehe oben: II.3.a. In diesen Zusammenhang gehört auch die Erklärung Nr. 5 zu Art. I-25 EV,

Verfassungskonvent – in voller Kenntnis der Problematik – ein entsprechendes Vetorecht gerade nicht in den Verfassungstext der Art. I-24 ff. EV aufnehmen wollte. Unabhängig von der politisch umstrittenen Ausgestaltung der Mehrheitsverhältnisse im einzelnen entkräftet der Ausbau des Mehrheitsverfahrens durch den Verfassungsvertrag bereits aus diesem Grund das demokratische Herrschaftskonzept der in der EU verbundenen Staaten.[362]

- Innerhalb des europäischen *Rechtsetzungsverfahrens* verliert der Rat gegenüber dem Parlament ein Stück weit an Einfluß. Das bisherige Mitentscheidungsverfahren wird durch den Verfassungsentwurf in den Rang des ordentlichen Gesetzgebungsverfahrens erhoben (Art. III-396 EV), wodurch das Parlament dem Rat als Organ der Legislative grundsätzlich gleichwertig zur Seite gestellt ist.[363] Dieses ordentliche Gesetzgebungsverfahren hat in wichtigen Bereichen auch das Verfahren der Zusammenarbeit ersetzt (vgl. z.B. Art. III-179 Abs. 6 EV gegenüber Art. 99 Abs. 5 i.V.m. Art. 252 EGV);[364] in einigen Fällen tritt es im Verfassungsvertrag auch an die Stelle der bisherigen Anhörungspflichten, wie sich beispielsweise aus Art. III-231 Abs. 2 EV[365] gegenüber Art. 37 Abs. 2 UAbs. 3 EGV ergibt. Trotz einzelner Beispiele, die in eine andere Richtung deuten[366], zeigt sich die Umgestaltung des Rechtsetzungsverfahrens durch den Verfassungsvertrag von der Bestrebung geprägt, den Einfluß des Rates im Bereich der Rechtsetzung zu verkürzen.
- Hinzu kommt schließlich, daß der Rat auch im Hinblick auf die *Besetzung der Kommission* spürbar an Einfluß verliert. Nach den Regeln des Verfassungsentwurfs ist der Kommissionspräsident auf einen Vorschlag des Europäischen Rates hin durch das Europäische Parlament zu wählen[367] (Art. I-20 Abs. 1 Satz 3 i.V.m. Art. I-27 Abs. 1 Satz 1 EV); bei diesem Vorschlag muß der Rat das Ergebnis der Parlamentswahl beachten (Art. I-27 Abs. 1 Satz 1 2.

---

die allerdings an der Rechtslage schon deshalb nichts ändert, weil sie nur Blockademöglichkeiten durch qualifizierte Sperrminoritäten (und keine Blockademöglichkeiten einzelner Mitgliedstaaten) betrifft. Kritisch zur Erklärung, allerdings aus entgegengesetzter Perspektive, *Ulrich Everling*, in: Festschrift für Manfred Zuleeg, S. 158, 167 ff.

[362] Zur Begründung siehe oben: II.3.

[363] *Andreas Tiedtke*, Demokratie in der Europäischen Union, S. 235.

[364] Daß sich die Zahl der Anwendungsfälle des ordentlichen Gesetzgebungsverfahrens um zirka 40 Fälle erhöht und damit beinahe verdoppelt hat, belegen *Martin Rempe*, Von der Völkerherrschaft zur Demokratie?, S. 17 (m.w.N.) und *Andreas Tiedtke*, Demokratie in der Europäischen Union, S. 234; vgl. auch *Christian Calliess*, in: Festschrift für Georg Ress, S. 399, 408 und *Thomas Oppermann*, DVBl. 2003, 1234, 1238.

[365] Dessen Anwendungsbereich dabei, im Gegensatz zur früheren Einheitlichkeit des Verfahrens, von Art. III-231 EV abzugrenzen ist.

[366] Vgl. z.B. Art. III-183 Abs. 2 Satz 2 EV gegenüber Art. 103 Abs. 2 EGV, wonach an die Stelle des Verfahrens der Zusammenarbeit ein bloßes Anhörungsrecht des Parlaments treten soll.

[367] Dazu *Christian Calliess*, in: Festschrift für Georg Ress, S. 399, 408 und 411; *Thomas Oppermann*, DVBl. 2003, 1234, 1235 und *Jürgen Schwarze*, EuR 2003, 535, 549.

HS EV). Eine solche Regelung erinnert an Art. 63 Abs. 1 GG, wonach der Bundestag den Kanzler zunächst auf einen Vorschlag des Bundespräsidenten hin wählt. Daß der Bundespräsident seinen Vorschlag am Wahlausgang ausrichtet, entspricht dabei der gefestigten Praxis.[368] Das Verhältnis von Kommission und Parlament nähert sich damit dem parlamentarisch-demokratischen Ordnungsmodell um ein weiteres Streckenstück an[369] – mit der Folge, daß die Legitimation der Kommissionshandlungen mehr und mehr auf das Unionsvolk (wenn man von einem solchen überhaupt sprechen will) selbst zurückgeführt werden soll und der legitimationsbezogene Ableitungszusammenhang zur Ebene der einzelnen Mitgliedstaaten, dem bisherigen Aktionsfeld des demos, aufgelöst wird.

Diese Einflußverluste des Rates in Rechtsetzung und institutionellem Zusammenspiel, verbunden mit einem Ausbau des Mehrheitsverfahrens in ratsinternen Entscheidungsprozessen ohne die Möglichkeit eines Vetos, treiben die Entleerung der demokratischen Staatsform in den Einzelstaaten voran. In eine gegenteilige Richtung zielen indes verstärkte Kontrollrechte der mitgliedstaatlichen Parlamente, insbesondere im Hinblick auf den Subsidiaritätsgrundsatz, wie sie sich einerseits aus dem „Protokoll über die Rolle der nationalen Parlamente in der Europäischen Union“ (hier insbesondere aus den Artt. 1 bis 7) und andererseits aus dem „Protokoll über die Anwendung der Grundsätze der Subsidiarität und der Verhältnismäßigkeit“ (hier vor allem aus den Artt. 4, 6, 7, 8) ergeben – die gemäß Art. IV-442 EV Verfassungsbestandteile bilden. Entsprechende Kontrollrechte im Hinblick auf den Grundsatz der Subsidiarität können die Staatsformbeeinträchtigung möglicherweise verzögern (indem sie künftige Kompetenzübergänge beschränken), ändern indes, aus Gründen, die hier ausführlich dargelegt wurden, nichts an der oben getroffenen Einschätzung im Hinblick auf das Infragegestelltsein der mitgliedstaatlichen demokratischen Herrschaftsstruktur.

2. Die Auswirkungen des Verfassungsvertrages auf die Entwicklung der gesamteuropäischen Staatsform, insbesondere im Hinblick auf die Stellung und die Rolle des Europäischen Parlamentes

Wie sich der „Vertrag über eine Verfassung für Europa“ auf die Entwicklung einer potentiellen gesamteuropäischen Herrschaftsform (und damit, wenn man so will, auf die zweite, von der EU-Staatlichkeit ausgehende Dimension des Demokratiedefizits) auswirkt, zeigt sich am deutlichsten an der Bedeutung, die dem Parlament als dem Herzstück eines neuzeitlich-demokratischen Staatswe-

---

[368] *Christoph Degenhart*, Staatsrecht I, Rn. 678.

[369] *Christian Calliess*, in: Festschrift für Georg Ress, S. 399, 412 und *Thomas Oppermann*, DVBl. 2003, 1234, 1235.

sens zukommt. Ein erster wichtiger Unterschied zur Rechtslage unter dem EGV besteht demnach darin, daß der Verfassungsvertrag das Parlament zur Vertretung der „Unionsbürgerinnen und Unionsbürger" einsetzt (Art. I-20 Abs. 2 UAbs. 1 Satz 1 EV). Mit dieser Formulierung wendet sich der Text des Verfassungsvertrages in aller Deutlichkeit dem Gedanken zu, daß die Abgeordneten des Europäischen Parlamentes ein gesamteuropäisches Volk und nicht mehr wie bisher die Völker der Mitgliedstaaten vertreten.[370] Der Verfassungsvertrag setzt damit das Vorhandensein (oder zumindest: ein rasches Sich-Entwickeln) des gesamteuropäischen demos voraus.[371] Die verfassungsrechtlich zwingenden Konsequenzen dieser Idee, die insbesondere in der Einheitlichkeit des Wahlrechts und im Grundsatz der Erfolgswertgleichheit bestehen, sind jedoch allenfalls ansatzweise umgesetzt worden.[372] Die Anknüpfung an die mitgliedstaatlichen demoi, die durch Art. I-20 Abs. 2 UAbs. 1 Satz 1 EV scheinbar aufgelöst werden sollte, blieb in der praktischen Ausgestaltung des Wahlrechts erhalten. Was die Befugnisse des Parlamentes betrifft, so zeigen sich diese insbesondere durch den Ausbau des Mitentscheidungsverfahrens zur ordentlichen Form der Gesetzgebung[373], aber auch durch die parlamentarische Wahl des Kommissionspräsidenten[374], gestärkt.[375] Das Recht, Gesetzgebungsvorschläge einzubringen, das für eine gesamteuropäische Demokratie als weiterer Fortschritt eingestuft werden könnte, wird dem Europäischen Parlament indes auch durch den Verfassungsvertrag nicht eröffnet (vgl. Art. III-396 Abs. 2 EV).[376] Deutlich aufgewertet wurde die Stellung des Parlamentes demgegenüber im Be-

[370] *Winfried Kluth*, in: Calliess/Ruffert (Hrsg.), Verfassung der Europäischen Union, Rn. 2 zu Art. I-20.

[371] Ähnlich *Matthias Ruffert*, EuR 2004, 165, 180.

[372] So ist eine Vereinheitlichung des Wahlrechts im Verfassungsvertrag zwar vorgesehen, allerdings ohne konkrete Umsetzungsfrist (Art. III-330 EV); die unzureichende Verwirklichung der Erfolgswertgleichheit konnte zwar etwas abgeschwächt, aber nicht abgestellt werden. Vgl. dazu auch *Hans-Jürgen Papier*, EuGRZ 2004, 753, 756; *ders.*, in: Festschrift für Georg Ress, S. 699, 708 f.; *Matthias Ruffert*, EuR 2004, 165, 180; *Jürgen Schwarze*, EuR 2003, 535, 550; *Karl-Peter Sommermann*, DÖV 2003, 1009, 1016 und *Andreas Tiedtke*, Demokratie in der Europäischen Union, S. 239 f.

[373] *Matthias Ruffert*, EuR 2004, 165, 180; dazu auch *Karl-Peter Sommermann*, DÖV 2003, 1009, 1011 – im Ergebnis wurde der Anwendungsbereich des Mitentscheidungsverfahrens damit verdoppelt.

[374] Siehe dazu oben: 1. Den Unterschied zur bisherigen Rechtslage verdeutlicht *Karl-Peter Sommermann*, DÖV 2003, 1009, 1012, der zu Recht von einem „Rollentausch bei der Legitimationsvermittlung" spricht. Dazu weiterhin *Christian Calliess*, in: Festschrift für Georg Ress, S. 399, 411; *Thomas Oppermann*, DVBl. 2003, 1234, 1235; *Matthias Ruffert*, EuR 2004, 165, 181 und *Jürgen Schwarze*, EuR 2003, 535, 549.

[375] *Ingolf Pernice*, Die neue Verfassung der Europäischen Union – ein historischer Fortschritt zu einem Europäischen Bundesstaat?, S. 11; *Jürgen Schwarze*, EuR 2003, 535, 550 und *Karl-Peter Sommermann*, DÖV 2003, 1009, 1012; deutlich zurückhaltender *Mattias Kumm/Victor Ferreres Comella*, in: Weiler/Eisgruber (Hrsg.), Altneuland: The EU Constitution in a Contextual Perspective, S. 21.

[376] *Jürgen Schwarze*, EuR 2003, 535, 550.

reich des Haushaltsrechts gemäß Art. III-404 EV, nach welchem der Volksvertretung nunmehr die volle Mitentscheidungsgewalt zusteht (was insbesondere darauf beruht, daß die heutige Unterscheidung von obligatorischen und sonstigen Ausgaben[377] abgeschafft werden soll).[378] Der Parlamentarismus der EU (falls man von einem solchen tatsächlich sprechen soll) verbindet daher auch nach dem Inkrafttreten des Verfassungsvertrags gesamteuropäisch-demokratische mit betont föderalistisch-partikular gefärbten Momenten, wobei sich die Gewichte deutlich zugunsten der ersten verschieben: die Rolle des Europäischen Parlamentes wurde streckenweise aufgewertet, dies allerdings nicht in einem Umfang, daß die Rolle der gesamteuropäischen Volksvertretung dem Muster der parlamentarischen Demokratie vollkommen entspräche.[379] Umgekehrt wurde die herausgehobene Stellung des Rates verkürzt, ohne die damit verbundenen föderalistisch-partikularen Blockademomente vollständig zu entziehen. In dieses Bild einer Stärkung der gesamteuropäischen Demokratie passen zuletzt auch die neu eingeführten Ansätze zu einer gesamteuropäischen Bürgerinitiative (vgl. Art. I-47 EV)[380], die dem gesamteuropäischen demos direktdemokratische Mitgestaltungsoptionen eröffnen.[381]

Sowohl die zuletzt genannten Vorschriften des Verfassungsvertrages als auch die bestehenden Ansätze in EGV und EUV bilden, dies muß an dieser Stelle wiederholt werden, nicht mehr und nicht weniger als ein (in verfassungsrechtlicher Form unterbreitetes) Angebot zur Grundsteinlegung einer gesamteuropäischen Demokratie – sie stellen Verfahren und Organe zur Begründung einer demokratischen Staatsform in Gesamteuropa bereit, wenngleich jedoch eingeräumt werden muß, daß sie dies unvollständig und zurückhaltend tun. Was die Annahme dieser Offerte durch das Volk der Gemeinschaft betrifft, gebieten die gescheiterten Volksabstimmungen Skepsis. Wer gehofft hatte, daß die symbolische Kraft des Verfassungsvertrages mit dazu beiträgt, die europäische Identität der EU-Bewohner zu stärken, muß nun, nach dem Scheitern der Referenden in den Niederlanden und in Frankreich, erkennen, daß dieser Plan fehlgeschlagen sein dürfte. Die notwendigen sozialpsychologischen Grundlagen: das Heranwachsen eines gesamteuropäischen Willens zur staatlichen Einheit nach demokratischem Muster und die Entstehung der damit verbundenen Öffentlich-

---

[377] Siehe dazu oben: IV.2.a.dd.

[378] *Ingolf Pernice*, Die neue Verfassung der Europäischen Union – ein historischer Fortschritt zu einem europäischen Bundesstaat?, S. 18.

[379] In der Einschätzung wie hier: *Peter Häberle*, Europäische Verfassungslehre, S. 652; *Thomas Oppermann*, DVBl. 2003, 1165, 1174 und *Jürgen Schwarze*, EuR 2003, 535, 550; zurückhaltender *Christian Calliess*, in: Festschrift für Georg Ress, S. 399, 409, der vor allem die entgegengesetzten Tendenzen betont.

[380] Ausführlich dazu *Martin Rempe*, Von der Völkerherrschaft zur Demokratie?, S. 21 ff.

[381] *Matthias Ruffert*, in: Calliess/Ruffert (Hrsg.), Verfassung der Europäischen Union, Rn. 14 zu Art. I-47; skeptisch zur Einführung direktdemokratischer Instrumente auf europäischer Ebene *Marcus Höreth*, IPG 2002/4, 11, 25 f.

keit, erscheinen mit und ohne ein Inkrafttreten des Verfassungsvertrages alles andere als gesichert. Dessen demokratische Ambitionen sind indessen nur dann realisierbar, wenn sich beide Komponenten entwickeln und die rechtlichen Strukturen der gesamteuropäischen Demokratie mit Leben erfüllen. Die weitere Entleerung der mitgliedstaatlichen Staatsform durch den Verfassungsvertrag wäre demgegenüber im Augenblick seines Inkraftgesetztwerdens vollzogen.

VI. Zwischenergebnis: Rationale Staatlichkeit – Europa als Produkt des Kalküls

Welche Quintessenz läßt sich aus diesen Erkenntnissen über den Zusammenhang von Staatlichkeit und Herrschaftsform im konkreten gesamteuropäischen Integrationskontext ziehen? Wie in diesem Abschnitt gezeigt werden konnte, wirft die supranationale Eingliederung eines Staates das Staatsformproblem in doppelter Hinsicht auf – es umfaßt wie die Staatlichkeitsfrage selbst die beiden Momente Verlust und Neubegründung. Nur dann, wenn ein gesamteuropäischer demos entsteht, d. h. wenn das Volk der Union deren Ordnung als Staat akzeptiert und die Herrschaft darin selbst ausüben will, werden sich auch die staatsorganisatorischen Bestimmungen des europäischen Verfassungsrechts in ihren zum Teil bereits vorhandenen, zum Teil noch auszubauenden demokratischen Dimensionen entfalten. Die Motive der Völker Europas, eine solche gesamteuropäische Einheit als letzten Bezugspunkt des eigenen politischen Eingebundenseins zu bejahen, können durchaus facettenreich sein – doch findet sich, wenn es denn dazu kommt, darin mit hoher Wahrscheinlichkeit ein zentrales Moment, das sich auch auf das Wesen der zu begründenden Staatsform auswirken muß: Europa wäre als Staat ein Produkt des Kalküls, das unter dem Druck politischer Zwänge, unter den Bedingungen einer weltweit entfesselten Wirtschaftskonkurrenz, im Hinblick auf die Gefahren global agierender Terrornetzwerke, zum effektiven Schutz der ökologischen Lebensgrundlagen und, ganz besonders, zur Sicherung eines dauerhaften Friedens in Europa, ins Leben gerufen und ausgebaut wurde.[382] Ein europäischer Bundesstaat wäre damit (um einen Ausdruck des Historikers *Sebastian Haffner* aufzugreifen, den dieser auf Preußen gemünzt hat[383]) eine Art „Rationalstaat“. Staaten als Vernunftprodukte sind aus der Geschichte bekannt: das Königreich Preußen war hierfür ein bezeichnendes kontinentaleuropäisches Beispiel.[384] Wenn die Entwicklung auf die Errichtung eines gesamteuropäischen Bundesstaates hinzielt und das Volk

---

[382] *Christian Tomuschat*, in: Nettesheim/Schiera (Hrsg.), Der integrierte Staat, S. 155, 168.

[383] Siehe dazu die Quellenangabe in Fn. 384.

[384] Aufschlußreich hierzu erscheinen insbesondere die Anmerkungen des Historikers *Sebastian Haffner* zur preußischen Geschichte, die dieser in mehreren Rundfunkvorträgen dar-

der Union diesen mitträgt, so zeigt dies, daß innerhalb des individuellen Bindungsbewußtseins rationale Argumente nach vorn und nationale Gefühle in den Hintergrund treten. Die Staatsform, die diese Umstände erwarten lassen, muß demzufolge ebenfalls auf rationalistischen Prinzipien beruhen, mit anderen Worten: die Legitimation der Unionsgewalt muß sich in Strukturen verwirklichen, die Effektivität und Rationalität der staatlichen Entscheidung garantieren. Die vorangegangenen Untersuchungen zur Entwicklung eines möglichen gesamteuropäischen Staates haben verdeutlicht, welchen Charakter eine solche rationale Herrschaftslegitimation aufweisen mag: sie könnte einerseits in eine neue, gesamteuropäische Demokratie münden, in der die Gemeinschaft der Europäer über ihr eigenes politisches Schicksal bestimmt; sie könnte sich andererseits jedoch auch als technisch-administratives Herrschaftsgefüge entpuppen, in dem parlamentarische Mechanismen als Form und Fassade fungieren.[385] Welchen Weg die Entwicklung der gesamteuropäischen Staatlichkeit nimmt, ist dabei noch offen: auch die rationale Staatlichkeit der Union hängt in ihrer Entstehung von nichtrationalen Umständen ab.

---

gelegt hat. Die Vorträge sind unter dem Titel „Historische Variationen" auch als Tonträger veröffentlicht worden (dhv-Hörverlag 2001).

[385] Siehe dazu vor allem die Zustandsbeschreibung bei *Deirdre Curtin*, Postnational democracy, S. 45f., die sich dabei auf Studien des Politologen *Rinus van Schendelen* stützt, sowie ferner *Paul Craig*, in: Craig/de Búrca (Hrsg.), The Evolution of EU Law, S. 1, 24 und *Hans-Jürgen Papier*, EuGRZ 2004, 753, 757f.

Viertes Buch

Rechtsfolgen

Einführung in das Vierte Buch

Was Staatlichkeit richtigerweise bedeutet, wann und wodurch sie den Träger wechselt und wie sich ein solcher Prozeß auf den Staatsformcharakter auswirkt – diese Fragen wurden unter den Stichworten „Bindungen“, „Übergänge“ und „Herrschaftsformen“ in den ersten drei Büchern der Arbeit behandelt. Im Vierten und letzten Buch dieser Studie bleibt nunmehr zu zeigen, welche Rolle die hier entworfene staats- und verfassungstheoretische Lehre vom Staat als der Ebene des grundlegenden politischen Gebundenseins bei der Interpretation konkreter Verfassungsrechtssätze spielt. Welche verfassungsjuristischen Konsequenzen knüpfen sich de lege lata an ein solches Staatlichkeitskonzept? Der Zusammenhang von Staatstheorie und Normauslegung, der damit gesucht werden soll, erweist sich insbesondere dort als Problem, wo sich Vorschriften wie die Artikel 20 oder 146 GG unmittelbar auf Staats- und Verfassungsgrundlagen beziehen: die von ihnen in verfassungsrechtlichen Sätzen ausformulierten Grundkomponenten der Ordnung fundieren den Staat – entsprechende Verfassungsartikel fixieren die Ordnungsvorstellung, welche die staatliche Ordnung begründet. Gegenstand ihrer Auslegung ist demzufolge das Wesen des Staates, konkret (im Hinblick auf den vorhandenen Staat und die mit ihm eingerichtete Staatsform) und abstrakt (im Hinblick auf sein Staatsein als solches). Welche verfassungsjuristischen Ergebnisse normativ aus diesen Regeln geschlußfolgert werden, hängt somit vom entsprechenden Staatlichkeitsbild ab, das der Untersuchung zugrunde gelegt wird – was umgekehrt heißt, daß es dessen Richtigkeit (man könnte auch, um den Zusammenhang von Staatstheorie und Wirklichkeitsinterpretation noch etwas deutlicher zu machen, formulieren: sein Wahrheitsgehalt) ist, welche die Qualität der juristischen Schlüsse bestimmt.

Im Mittelpunkt des Vierten Buches steht demzufolge die juristische Betrachtung der verfassungsrechtlichen Folgen von Staatlichkeitsverlust und Staatsformenwechsel anhand des bundesdeutschen Verfassungsrechts. Zu beginnen ist dabei (im Ersten Abschnitt des Vierten Buchs) mit der Frage, ob ein möglicher Beitritt Deutschlands zu einem gesamteuropäischen Bundesstaatsganzen mit dem Grundgesetz zu vereinbaren ist. Sollte dies nicht der Fall sein, bleibt zu bestimmen, welche konkreten Integrationsschritte als verfassungswidrig erscheinen. Die Subsumtion unter die entsprechenden Grundgesetznormen, insbesondere also unter Art. 79 Abs. 3 i. V. m. Art. 20 Abs. 1 GG, hat sich dabei auf das zu stützen, was in den vorangegangenen Büchern zum Wesen des Staats konstatiert worden ist – und dabei insbesondere auf die Erkenntnis, daß die Staatlichkeit selbst dort, wo sie als bundesstaatliches Ordnungsmuster erscheint, immer nur auf einer einzigen Ebene angelegt ist.[1] Die Subsumtion der gegenwärtigen und künftigen Integrationsschritte unter die vom Grundgesetz festgelegten verfassungsrechtlichen Vorgaben muß sich zugleich auf das Thema der Herrschaftsformen erstrecken; Staatlichkeit und Staatsform sind ihrem Wesen zufolge auf das engste miteinander verbunden, was sich auch an ihrer Behandlung im Verfassungsrecht zeigt: rechtliche Regeln, die den Wandel der Staatsform verbieten (wie beispielsweise Art. 79 Abs. 3 i. V. m. Art. 20 Abs. 1 GG im Hinblick auf den Grundsatz der Demokratie), können sich zugleich als Sperren der Staatlichkeitsübertragung erweisen – und umgekehrt. Im Anschluß hieran sollen im Zweiten Abschnitt des Vierten Buches jene verfassungsjuristischen Implikationen dargelegt werden, die sich in bezug auf die Vorgehensweise ergeben, nach der die gesamteuropäische Bundesstaatsgründung erfolgt. Inwiefern kann die bisherige Verfassungsordnung hierfür legale Verfahrensoptionen eröffnen? Welche Rolle spielt Art. 146 GG in diesem Zusammenhang – ermöglicht er es, die Staatlichkeit Deutschlands in ein europäisches Bundesstaatsganzes zu überführen? Was gilt, wenn der Eintritt in eine gesamteuropäische Staatlichkeit ins Werk gesetzt worden ist; welche Rolle könnte das Grundgesetz über einen solchen Moment hinaus spielen? Der Fragenkreis des Vierten und letzten Buches, der in erster Linie auf die Auslegung des Verfassungsrechts zielt, führt dabei immer wieder zu den rechts- und verfassungstheoretischen Dimensionen der Staatlichkeitsthematik zurück.

---

[1] Siehe oben: Erstes Buch, Dritter Abschnitt, II.2.

1. Abschnitt

Grundgesetzliche Schranken von Staatlichkeitsentäußerung und Staatsformpreisgabe

I. Staatlichkeit und Staatsform im grundgesetzlichen Normengefüge

1. Art. 79 Abs. 3 i. V. m. Art. 20 Abs. 1 GG als verfassungsjuristischer Bezugspunkt der Staatlichkeitsfrage

Um zu ermitteln, ob (und wenn ja: mit welchen Folgen) das Grundgesetz eine Entäußerung der bisherigen bundesrepublikanischen Staatlichkeit durch die Verfassungsorgane und die damit einhergehende Preisgabe der demokratischen Staatsform verbietet, sind zunächst die verfassungsrechtlichen Anknüpfungspunkte von Staatlichkeitsschutz und Staatsformverbürgung zu suchen. Hinsichtlich des Staatlichkeitsschutzes (auf die Staatsformthematik kommt die Arbeit im nächsten Absatz zurück) ist dabei zuerst Art. 79 Abs. 3 i. V. m. Art. 20 Abs. 1 GG zu betrachten, der die Grenzen bestimmt, innerhalb derer eine Änderung der verfassungsrechtlichen Ordnung und (dies muß untersucht werden) der Verlust ihres Wesens zulässig ist. Art. 20 Abs. 1 bis 3 GG, auf den Art. 79 Abs. 3 verweist, bezeichnet verfassungsrechtlich in nuce, was die vom Grundgesetz rechtlich geordnete Staatlichkeit ausmacht. Deren Grundthemen kennzeichnen die Begriffe Rechtsstaat, Bundesstaat, Sozialstaat und Demokratie.[2] Die Aufgabenstellung der hier vorgenommenen Untersuchung macht es notwendig zu entscheiden, ob auch das Staatsein Deutschlands als solches durch diese Vorschrift geschützt ist: bevor untersucht werden kann, welche einzelnen Schritte den vom Grundgesetz vorgezogenen Rahmen verlassen[3], sind Weite und Richtung des Regelungsanspruchs zu klären, mit dem die entscheidende Maßstabsnorm auftritt.

2. Anknüpfungspunkte der Staatsformthematik: Art. 23 Abs. 1 Satz 1 GG und Art. 23 Abs. 1 Satz 3 GG i. V. m. Artt. 79 Abs. 3, 20 Abs. 1 und 2 GG

Wenn es darum geht zu bestimmen, in welchem Umfang das Grundgesetz Staatsformausgestaltungen zuläßt (oder, umgekehrt gefragt, von welchem Moment an es sich um verfassungsrechtlich nicht zu rechtfertigende Brüche des

---

[2] Vgl. *Christoph Degenhart*, Staatsrecht I, Rn. 11.

[3] Siehe unten: II. und III.

bestehenden parlamentarisch-demokratischen Herrschaftslegitimationsmusters handelt), so ist, wie im Ersten Abschnitt des Dritten Buchs gezeigt werden konnte, von jener parlamentarisch geschaffenen Rechtsgrundlage auszugehen, auf der das Tätigsein des autonomen Hoheitsträgers beruht. (Da es sich bei der EU um einen autonomen Hoheitsträger nach außen hin handelt, kommen, wie dargelegt wurde, verfassungsrechtlich-ursprüngliche Staatsformmodifikationen von vornherein nicht in Betracht[4].) Eine entsprechende parlamentarische Entscheidung, auf der die Mitwirkung Deutschlands im Integrationsprozeß fußt, findet sich hier, auf der Ebene des Verfassungsrechts, in Art. 23 GG. Art. 23 Abs. 1 Satz 1 GG eröffnet der Bundesrepublik Deutschland die Möglichkeit (und erhebt es zu ihrer verfassungsrechtlichen Pflicht[5]), an der Entwicklung der Europäischen Union mitzuarbeiten. Die Übertragung staatlicher Hoheitsrechte auf die supranationale Integrationsstruktur, die sich damit verbindet, regelt Art. 23 Abs. 1 Satz 2 und 3 GG. Diese Regelung „berührt" (und dies in einer Weise, die bei verfassungsrechtlicher Zulässigkeit als Ausformung und bei verfassungsrechtlicher Unzulässigkeit als Verletzung aufgefaßt werden muß), was Art. 20 Abs. 1 und 2 GG als Herrschaftsform vorschreibt: innerhalb des deutschen Hoheitsgebietes werden danach bestimmte Formen der Herrschaftsgewalt durch die Akteure eines supranationalen Institutionengefüges verwirklicht, deren Tätigsein die Verantwortungsbereiche der Verfassungsorgane verkürzt. Entsprechende Integrationsschritte läßt Art. 23 Abs. 1 Satz 3 GG auch ohne ausdrückliche Änderung des Grundgesetztextes zu, bindet sie jedoch an das Vorhandensein einer verfassungsändernden Mehrheit und verpflichtet die Verfassungsorgane dazu, die unverzichtbaren essentialia der Verfassungsrechtsordnung gemäß Art. 79 Abs. 3 GG zu beachten.

Art. 23 Abs. 1 GG bildet somit den Anknüpfungspunkt, wenn es um die Unversehrtheit des grundgesetzlichen Staatsformbestandes im europäischen Einigungsvorgang geht. Dieser Schutz vollzieht sich auf zweierlei Weise: einerseits über Art. 23 Abs. 1 Satz 3 GG i. V. m. Artt. 79 Abs. 3, 20 Abs. 1 und 2 GG und andererseits über Art. 23 Abs. 1 Satz 1 GG, wenn dieser auf die demokratischen Strukturen des Unionsgefüges verweist. Beide Maßstäbe bedürfen hier zunächst der getrennten Betrachtung, sind jedoch, bei korrektem Verständnis, eng miteinander verbunden[6]:

– Indem *Art. 79 Abs. 3 GG i. V. m. Art. 20 Abs. 1 und 2 GG* (als erster Maßstab des Staatsformbestandes) auch die demokratischen Grundstrukturen der Gemeinschaft erfaßt, verpflichtet er die deutschen Verfassungsorgane, bei der

[4] Siehe dazu oben: Drittes Buch, Erster Abschnitt, III.3.

[5] *Ingolf Pernice*, in: Dreier (Hrsg.), Grundgesetz, Bd. II, Rn. 45 zu Art. 23 und *Rudolf Streinz*, in: Sachs (Hrsg.), Grundgesetz, Rn. 10 zu Art. 23 GG. Zum Staatszielcharakter von Art. 23 Abs. 1 Satz 1 GG eingehend *Marcel Kaufmann*, JZ 1999, 814, 815 ff. und *Dieter Scheuing*, in: Schwarze/Müller-Graff (Hrsg.), 17. FIDE-Kongress, S. 7, 19 f.

[6] Siehe unten: III.1.

Übertragung weiterer Hoheitsrechte auf die Union darauf zu achten, daß ein entsprechender Schritt das Wesen der bestehenden Staatsform unverletzt läßt. Art. 23 Abs. 1 Satz 3 GG i. V. m. Artt. 79 Abs. 3, 20 Abs. 1 und 2 GG schützt damit insbesondere die Substanz der mitgliedstaatlichen Staatsform, die Inhalte ihrer konkreten Betätigung, vor einem Ausgezehrtwerden durch die Verlagerung immer weiterer Hoheitsrechte auf die EU.

– Der zweite staatsformbezogene Maßstab, den die Verfassung als Integrationsbeschränkung bereitstellt, findet sich, wie bereits oben erwähnt, in *Art. 23 Abs. 1 Satz 1 GG* selbst. Diese Bestimmung sieht vor, daß eine Mitwirkung an der Entwicklung der Europäischen Union nur dann geboten und statthaft[7] sein kann, wenn diese unter anderem auch demokratischen Prinzipien genügt. Diese Klausel soll, so die herrschende Lesart, Deutschland dazu verpflichten, auf eine entsprechende demokratische Prägung der gesamteuropäischen Integrationsstrukturen hinzuarbeiten. So unzweifelhaft sich eine solche Verpflichtung aus Normzweck und Wortlaut ergibt, so problematisch erscheint die Frage, wie sich diese verwirklichen läßt. Wie oben ausführlich erklärt worden ist[8], kann eine demokratische Ordnung der politischen Sphäre nur hier oder dort, nur auf der Ebene der EU oder nur im einzelnen Mitgliedstaat, eingesetzt sein. Die Verpflichtung der deutschen Verfassungsorgane, auf eine Demokratisierung der europäischen Entscheidungsstrukturen hinzuarbeiten, mutet daher zunächst wie eine Verpflichtung zur Preisgabe der eigenen Staatlichkeit an. Wie weiter unten gezeigt werden soll[9], ergibt jedoch Art. 23 Abs. 1 Satz 1 GG mit seiner Forderung nach demokratischen Grundstrukturen für die EU auch in der hier vertretenen staatstheoretischen Denkweise einen begreiflichen rechtlichen Sinn – der allerdings Stoßrichtung und Funktionsweise dieser Bestimmung gegenüber dem, was sie nach herrschender Lesart ausmacht, deutlich (und zwar zugunsten der mitgliedstaatlichen Staatsform) verschiebt.

Die Beschränkungen eines integrationsverbundenen Staatsformenwandels, die in der grundgesetzlichen Verfassungsordnung durch Art. 23 Abs. 1 Satz 3 i. V. m. Artt. 79 Abs. 3, 20 Abs. 1 und Art. 23 Abs. 1 Satz 1 GG statuiert und somit sichtbar gemacht werden, spiegeln sich (zumindest zum Teil) auch in solchen Verfassungsvorschriften, deren Sinn darin liegt, Arbeitsweise und institutionelle Architektur der demokratischen Staatsform in concreto auszugestalten. In der Maastricht-Entscheidung des Bundesverfassungsgerichts ist dieser Zu-

[7] Zur Frage, ob sich hieraus ein Verbot der weiteren Mitwirkung Deutschlands ergibt, wenn die Unionsstruktur die Anforderungen der „Struktursicherungsklausel" verfehlt, siehe unten: III.3.d.

[8] Siehe oben: Drittes Buch, Erster Abschnitt, I.2.

[9] Siehe unten: III.3.a.aa.

sammenhang an Art. 38 GG deutlich geworden.[10] Indem Absatz 1 dieser Vorschrift den Grundsatz der Demokratie durch Wahlen zur parlamentarischen Volksvertretung verwirklicht, impliziert er zugleich die Bedingung, daß auch die Stellung des zu wählenden Parlamentes im staatlichen Institutionengefüge dieser Bedeutung entspricht; Vorschriften wie Art. 38 Abs. 1 GG entfalten nur dann einen Sinn, wenn die von ihnen verbürgten Wahlen die Hoheitsgewalt umfassend legitimieren. Entäußerungen der parlamentarischen Zuständigkeit führen zu einer Entwertung dieser Funktion und können insofern, wie vom BVerfG in der Maastricht-Entscheidung erläutert[11], Art. 38 Abs. 1 GG (und möglicherweise auch eine Reihe weiterer Grundgesetzvorschriften) verletzen. Wenn es (wie hier) darum geht, die grundgesetzlichen Schranken eines integrationsbedingten Infragegestellt-Werden-Dürfens des Staatsformbestandes zu untersuchen, ist diese Art von Bestimmungen indes nur von begrenzter Aussagekraft: anders als der Demokratiegrundsatz aus Art. 20 Abs. 1 GG selbst, partizipiert die Vorschrift des Art. 38 Abs. 1 GG nur zu einem gewissen, schwer zu erfassenden Teil am Schutz der grundgesetzlichen Änderungssperre aus Art. 79 Abs. 3 GG – wie man insbesondere an den vom BVerfG hingenommenen Abweichungen vom Grundsatz der Wahlrechtsgleichheit[12] erkennt. Die Inhalte des Art. 38 Abs. 1 GG erscheinen daher auch gegenüber den Möglichkeiten der Verfassungsdurchbrechung, die Art. 23 Abs. 1 Satz 3 GG einräumt, nicht vollständig resistent.[13] Soweit einzelne Aussagen dieser Vorschrift nicht zum Kernbestand einer demokratischen Staatsordnung zählen, lassen sie sich, im Falle eines Konflikts mit Art. 23 Abs. 1 GG, mit dem Anliegen einer europäischen Integration im Wege der praktischen Konkordanz in Übereinstimmung bringen – was, wie gleich noch gezeigt werden soll[14], für änderungsfeste Verfassungsinhalte ausgeschlossen erscheint. Wenn es darum geht zu ermitteln, in welchem Umfang entsprechende Abwandlungen der Staatsformgrundsätze zulässig sind, bietet demnach, neben Art. 23 Abs. 1 Satz 1 GG im Hinblick auf die Struktur der Union, allein Art. 79 Abs. 3 GG i. V. m. Art. 20 Abs. 1 und 2 GG den geeigneten Maßstab.[15]

3. Änderungsfeste Verfassungsinhalte und praktische Konkordanz

Art. 20 Abs. 1 GG hat sich damit (in seiner Verbindung mit Art. 79 Abs. 3 GG) sowohl im Hinblick auf das Bestehen der demokratischen Staatsform als auch

---

[10] Siehe BVerfGE 89, 155, 172.

[11] BVerfGE 89, 155, 172.

[12] Dazu *Christoph Degenhart*, Staatsrecht I, Rnrn. 59 ff.

[13] *Karl M. Meessen*, NJW 1994, 549, 552.

[14] Siehe dazu den folgenden Absatz (3.).

[15] Die juristischen Bezüge auf Art. 38 Abs. 1 GG in BVerfGE 89, 155, 171 ff. sind in erster Linie prozessual zu erklären, da gemäß Art. 93 Abs. 1 Nr. 4a GG (abgesehen vom Sonderfall des Widerstandsrechts) Art. 20 GG, anders als Art. 38 GG, nicht beschwerdefähig erscheint.

im Hinblick auf den Bestand der Staatlichkeit selbst als ein zentraler Prüfstein weiterer souveränitätsrelevanter Integrationsschritte erwiesen. Die Grenze, welche Art. 20 Abs. 1 i.V.m. Art. 79 Abs. 3 GG errichtet, ist dabei eine starre, die, wenn sie verletzt ist, keinerlei Raum für einen Ausgleich mit anderen Verfassungsanliegen eröffnet.[16] Entgegen einer im Schrifttum vertretenen Ansicht[17] scheidet der Grundsatz der praktischen Konkordanz als Mittel zur Bewältigung von Konflikten künftiger Integrationsschritte mit den Beschränkungen aus Art. 79 Abs. 3 i.V.m. Art. 20 Abs. 1 GG von vornherein aus: ihrem Grundgedanken zufolge (der definiert werden könnte als bestmöglicher Ausgleich zweier im Konflikt stehender gleichwertiger Güter) ist die praktische Konkordanz als ein verfassungsrechtliches Optimierungsgebot nur dann anzuwenden, wenn sich die Rechtsgüter, die einander im Konflikt gegenübergetreten sind, innerhalb des hierarchisch geordneten Normengefüges auf ein und derselben Stufe befinden[18] (verfassungsrechtliche Wertigkeit und normhierarchische Zuordnung eines Rechtsgutes bedeuten im neuzeitlichen Gesetzesstaat zumindest in dieser Hinsicht ein und dasselbe). Die Schutzgüter des Art. 79 Abs. 3 GG sind gegenüber Art. 23 GG (und den Rechtsakten, die darauf fußen) rechtlich unbedingt überlegen[19] – was verfassungsrechtlich um so zwingender erscheint (und verfassungspolitisch um so leichter hinzunehmen ist), als Art. 79

---

[16] Ähnlich *Udo Di Fabio*, Der Staat 32 (1993), 191, 210f.; *Udo Fink*, DÖV 1998, 133, 136 und *Josef Isensee*, in: Festschrift für Ulrich Everling, Bd. I, S. 567, 588; siehe auch *Rüdiger Breuer*, NVwZ 1994, 417, 422 und *Peter M. Huber*, ThürVBl. 1994, 1, 7; *ders.*, in: Ipsen/Rengeling/Mössner/Weber (Hrsg.), Verfassungsrecht im Wandel, S. 349, 360. – Gegen eine allzu starre Behandlung von Art. 79 Abs. 3 GG wendet *Peter Lerche* (in: Festschrift für Konrad Redeker, S. 131, 140) ein, daß auch die Inhalte dieser Vorschrift einer Art von „stillem Verfassungswandel" ausgesetzt seien, der eine allmähliche Anpassung der darin verbürgten Prinzipien erzeugt. Gerade deshalb, so ließe sich vor dem Hintergrund des hier vertretenen Denkens erwidern, muß es jedoch geboten erscheinen, die Inhalte des Art. 79 Abs. 3 GG (und damit zugleich: die Identität der verfassungsrechtlichen Ordnung) anhand des Bestands und anhand der Funktionen von verfassungsrechtlichen und staatsorganisatorischen Strukturen zu bestimmen – wie beispielsweise anhand des Vorhandenseins und anhand der Arbeitsweise des Parlamentes den Grundsatz der Demokratie, anhand der Zuständigkeitenverteilung und anhand der Stellung der Ländervertretung den Grundsatz des Föderalismus usw. Gerade die von *Lerche* richtig erkannte Wandelbarkeit der Begriffe zwingt uns dazu, objektive Formen der Staatlichkeitsstruktur in den Mittelpunkt aller Auslegungsbemühungen um die Unverbrüchlichkeitsklausel zu stellen.

[17] Beispielhaft *Brun-Otto Bryde*, in: von Münch/Kunig, Grundgesetz-Kommentar, Bd. 3, Rn. 49a zu Art. 79; *Christoph Dorau*, Die Verfassungsfrage der Europäischen Union, S. 177; *Christian Tomuschat*, EuGRZ 1993, 489, 494; in der Sache ähnlich auch *Peter M. Huber*, Maastricht – ein Staatsstreich?, S. 24; *ders.*, Recht der Europäischen Integration, § 4 Rn. 39; *Ingolf Pernice*, Die Verwaltung 26 (1993), 449, 472; *ders.*, in: Dreier (Hrsg.), Grundgesetz, Bd. II, Rn. 25 zu Art. 23 („Einheit der Verfassung").

[18] Dies verkennen *Brun-Otto Bryde*, in: von Münch/Kunig, Grundgesetz-Kommentar, Bd. 3, Rn. 49a zu Art. 79; *Christoph Dorau*, Die Verfassungsfrage der Europäischen Union, S. 177; *Ingolf Pernice*, in: Dreier (Hrsg.), Grundgesetz, Bd. II, Rn. 25 zu Art. 23 und *Christian Tomuschat*, EuGRZ 1993, 489, 494.

[19] Dezidiert anders *Christian Tomuschat*, EuGRZ 1993, 489, 494.

Abs. 3 GG ohnehin nur die Grundsätze und nicht deren konkrete Ausprägung schützt.[20] Hinzu kommt ein zweites, verfassungsdogmatisch zu erschließendes Argument gegen eine Lösung der entsprechenden Rechtsgüterkollisionen durch praktische Konkordanz: wenn eine Norm wie Art. 79 Abs. 3 GG den verfassungsändernden Gesetzgeber verpflichtet (auf dessen Tätigsein das übrige Verfassungsrecht, sei es durch Grundgesetzänderungen oder sei es durch ihr Unterlassen, beruht), so kommt ein abwägender Ausgleich dieser Änderungssperre mit den von ihm selbst geschaffenen Verfassungsgütern (wie Art. 23 Abs. 1 GG) nicht in Betracht[21] – es läge ansonsten in seiner Hand, die Bindung des Art. 79 Abs. 3 GG, zumindest der Sache nach, zu relativieren.

4. Zum Verhältnis von Art. 23 und Art. 24 GG im Kontext von Staatlichkeitsverlust und Staatsformpreisgabe

a. Art. 23 GG als lex specialis im europäischen Integrationskontext

Um die grundgesetzlichen Maßstäbe zu bestimmen, anhand derer die verfassungsrechtliche Zulässigkeit von Staatlichkeitsverlust und Staatsformpreisgabe zu beurteilen ist, bleibt an dieser Stelle noch zu klären, wie sich, im Kontext dieser Thematik, Art. 23 GG und Art. 24 GG zueinander verhalten. Erkenntnisse für die Frage, in welchem Umfang Art. 79 Abs. 3 GG die grundgesetzliche Ordnung gegen den Verlust ihrer verfassungsrechtlichen Qualitäten schützt, könnten sich dabei, wie hier gezeigt werden soll, insbesondere aus einem Vergleich mit der früheren Rechtslage (und dabei vor allem mit solchen Integrationsschranken, die vor der Neugestaltung von Art. 23 GG[22] in jene Vorschrift hineingedeutet wurden) ergeben. Vorauszuschicken ist zunächst eine kurze dogmatische Abgrenzung beider Normen: ebenso wie Art. 23 Abs. 1 GG eröffnet auch Art. 24 Abs. 1 GG den Verfassungsorganen das Recht, Hoheitsbefugnisse auf zwischenstaatliche Institutionen zu übertragen. Während Art. 24 Abs. 1 GG eine solche Möglichkeit in allgemeiner (und, wenn man so will: organisationsindifferenter) Form festhält, bezieht sich Art. 23 Abs. 1 GG ausschließlich auf den historischen Vorgang der europäischen Integration und bil-

---

[20] Zum letzten *Christoph Degenhart*, Staatsrecht I, Rn. 222; *Hans D. Jarass*, in: Jarass/Pieroth, Grundgesetz, Rn. 30 zu Art. 23 und *Thomas Oppermann/Claus Dieter Classen*, APuZ 1993, B 28, 11, 15.

[21] Diese Konsequenzen übersieht *Christoph Dorau*, Die Verfassungsfrage der Europäischen Union, S. 177; zutreffend demgegenüber *Dietrich Murswiek*, Der Staat 32 (1993), 161, 167.

[22] Art. 23 GG wurde in seiner jetzigen Fassung im Zusammenhang mit dem Maastricht-Vertragsschluß erlassen. Vgl. dazu allgemein *Hans-Jürgen Papier*, NJW 1997, 2841, 2843 f.; *Dieter Scheuing*, in: Schwarze/Müller-Graff (Hrsg.), 17. FIDE-Kongress, S. 7, 18 ff. und *Rupert Scholz*, NJW 1992, 2593.

det für diesen Fall die speziellere Norm.[23] Im Hinblick auf die Option, überstaatliche Rechtsstrukturen zu schaffen, durch die der Bestand des Staates und der in ihm verwirklichten Staatsform durch Integration rechtlich und faktisch in Frage gestellt werden könnte, sind beide Vorschriften wesensverwandt.

b. Schranken der Integrationsgewalt in der bundesverfassungsgerichtlichen Judikatur zu Art. 24 GG

Was den Verlust der Staatlichkeit betrifft, den auch Art. 24 Abs. 1 GG theoretisch ermöglichen könnte, so hat das BVerfG hiergegen eine Schranke errichtet, die inhaltlich dem änderungsfesten Nukleus der Verfassung, wie ihn Art. 79 Abs. 3 GG definiert, weitestgehend entspricht – der entsprechenden Rechtsauffassung der Karlsruher Richter zufolge mußte auch unter der Geltung von Art. 24 GG die Übertragung von Hoheitsrechten auf die EU jene Strukturen unberührt lassen, die Identität und Wesen der geltenden Verfassungsordnung bestimmen[24]; den deutschen Verfassungsorganen war es danach verwehrt, durch eine Übertragung von Hoheitsrechten die konstitutiven Strukturen des Grundgesetzes in Frage zu stellen.[25] Mit anderen Worten: die für das Staatsein entscheidenden Komponenten der innerstaatlichen Hoheitsgewalt sollten weder schranken- noch vorbehaltlos an äußere Träger verteilt werden dürfen.[26] Art. 24 Abs. 1 GG unterliegt somit (manche sagen: zum Teil[27] – aber selbst wenn

---

[23] *Rupert Scholz*, in: Maunz/Dürig, Grundgesetz, Rn. 3 zu Art. 23; *Rudolf Streinz*, in: Sachs (Hrsg.), Grundgesetz, Rn. 9 zu Art. 23.

[24] BVerfGE 37, 271, 279; aus dem Schrifttum *Paul Kirchhof*, in: Isensee (Hrsg.), Europa als politische Idee und als rechtliche Form, S. 63, 96.

[25] BVerfGE 37, 271, 279; vgl. dazu auch *Rüdiger Breuer*, NVwZ 1994, 417, 419; *Christoph Dorau*, Die Verfassungsfrage der Europäischen Union, S. 174; *Udo Fink*, DÖV 1998, 133, 135 f.; *Paul Kirchhof*, in: Isensee (Hrsg.), Europa als politische Idee und als rechtliche Form, S. 63, 96; *Peter Lerche*, in: Festschrift für Konrad Redeker, S. 131, 138; *Hans Heinrich Rupp*, NJW 1993, 38, 39 f.; *ders.*, ZRP 1993, 211; *Jürgen Schwarze*, in: Schwarze (Hrsg.), Die Entstehung einer europäischen Verfassungsordnung, S. 109, 137 und *Rudolf Streinz*, DVBl. 1990, 949, 954.

[26] Siehe dazu BVerfGE 37, 271, 279, aber auch BVerfGE 68, 1, 96. Näher zum Ganzen *Rüdiger Breuer*, NVwZ 1994, 417, 419; *Udo Fink*, DÖV 1998, 133, 135 f.; *Paul Kirchhof*, in: Isensee (Hrsg.), Europa als politische Idee und als rechtliche Form, S. 63, 96; *Peter Lerche*, in: Festschrift für Konrad Redeker, S. 131, 138; *Hans Heinrich Rupp*, NJW 1993, 38, 39 f.; *ders.*; ZRP 1993, 211; *Jürgen Schwarze*, in: Schwarze (Hrsg.), Die Entstehung einer europäischen Verfassungsordnung, S. 109, 136 f. und *Rudolf Streinz*, DVBl. 1990, 949, 954.

[27] Von einem deckungsgleichen Schutzumfang gehen u. a. aus: *Paul Kirchhof*, in: Merten (Hrsg.), Föderalismus und Europäische Gemeinschaften, S. 109, 112; *ders.*, in: Isensee (Hrsg.), Europa als politische Idee und als rechtliche Form, S. 63, 96 f.; *ders.*, in: Isensee/Kirchhof (Hrsg.), Handbuch des Staatsrechts, Bd. VII, § 183 Rn. 59; *Siegfried Magiera*, Jura 1994, 1, 4; *Klaus Stern*, Das Staatsrecht der Bundesrepublik Deutschland, Bd. I, S. 535; wohl auch *Hans Hofmann*, ZG 2003, 57, 67 und *Jürgen Schwarze*, in: Schwarze (Hrsg.), Die Entstehung einer europäischen Verfassungsordnung, S. 109, 137. Auch BVerfGE 68, 1, 96 läßt sich in diesem Sinne verstehen. Als (gegenüber Art. 79 Abs. 3 GG) weitergehend betrachten *Matthias Herdegen*, EuGRZ 1992, 589, 592; *Peter M. Huber*, AöR 116 (1991), 210, 228 und *Rudolf Streinz*,

dem so wäre, so handelte es sich jedenfalls um den zentralen und wichtigsten Teil der Verfassung, nämlich um die Inhalte des Art. 20 Abs. 1 GG) denselben Grenzen wie die Bestimmung zur europäischen Integration in Art. 23 Abs. 1 GG, die in ihrem Satz 3 ausdrücklich auf die entsprechenden Schranken aus Art. 79 Abs. 3 GG hinweist.[28] Das Bezeichnende und für den hier verfolgten Ansatz Relevante dieser Judikatur liegt dabei in dem Umstand, daß mit ihr die Selbstpreisgabe der Staatssubstanz zu einer Zeit verhindert werden sollte, als ein ausdrücklicher Hinweis auf die Geltung von Art. 79 Abs. 3 GG im Zusammenhang überstaatlicher Integrationsbestrebungen im Verfassungstext fehlte (wobei hinzugefügt werden muß, daß er angesichts des damaligen Integrationsstandes auch noch nicht notwendig war). Die Rechtsprechung des BVerfG zur europäischen Integration unter der Geltung von Art. 24 Abs. 1 GG bestätigt dabei, was weiter oben[29] zum Wesen änderungsfester Verfassungsinhalte gesagt worden ist: sie kann juristisch nur dann plausibel erscheinen, wenn sich die Unverbrüchlichkeit bestimmter Verfassungsinhalte (und zwar eine Unverbrüchlichkeit, die unabhängig von der Frage besteht, ob – und wenn ja, inwieweit – sie textlich fixiert worden ist) daraus ergibt, daß gerade durch sie die Grundanliegen des inneren politischen Gebundenseins einer Gemeinschaft zur rechtlichen Geltung gelangen.

c. *Art. 23 GG als Verstärkung des Staatlichkeitsschutzes*

Um Staatlichkeitsverlust und Staatsformpreisgabe anhand der grundgesetzlichen Vorgaben zutreffend beurteilen zu können, ist das Verhältnis von Art. 23 Abs. 1 GG zu Art. 24 Abs. 1 GG indes, über die Momente der Spezialität und des gleichen Begrenztseins hinaus, noch unter einem weiteren Gesichtspunkt von Interesse, der sich in erster Linie auf die Frage bezieht, warum Art. 23 GG neben Art. 24 GG notwendig wurde. Während die historischen Umstände dieser Notwendigkeit greifbar erscheinen (die Infragestellung von Staatsein und Staatsform durch den europäischen Einigungsvorgang geht in Charakter und Umfang beträchtlich über alles hinaus, was sich aus der Einbindung Deutschlands in andere zwischenstaatliche Organisationen, wie beispielsweise die

---

DVBl. 1990, 949, 954 die Grenzen der Integrationsgewalt nach Art. 24 GG; als enger betrachtet sie *Hans-Uwe Erichsen*, VerwArch 64 (1973), 101, 108. Nachweise zu den verschiedenen Ansichten finden sich u. a. bei *Albrecht Randelzhofer*, in: Maunz/Dürig, Grundgesetz, Rnrn. 84ff. zu Art. 24 Abs. 1. Zum Standpunkt des BVerfG vgl. auch *Rüdiger Breuer*, NVwZ 1994, 417, 419; *Christoph Enders*, in: Festschrift für Ernst-Wolfgang Böckenförde, S. 29, 35f.; *Peter Lerche*, in: Festschrift für Konrad Redeker, S. 131, 138; *Hans Heinrich Rupp*, NJW 1993, 38, 39f.; *ders.*, ZRP 1993, 211 sowie *Rudolf Streinz*, DVBl. 1990, 949, 954.

[28] Von einer „deklatorischen" Verweisung in Art. 23 Abs. 1 Satz 3 GG spricht zutreffend *Christoph Enders*, VVDStRL 60 (2001), 374, 375; vgl. auch *Fritz Ossenbühl*, DVBl. 1993, 629, 631 und *Jürgen Schwarze*, in: Schwarze (Hrsg.), Die Entstehung einer europäischen Verfassungsordnung, S. 109, 137.

[29] Siehe oben: Erstes Buch, Vierter Abschnitt, VI.2.a.

NATO[30], ergibt), kommt es hier darauf an herauszufinden, inwieweit durch die Ergänzung des Art. 23 GG eine besser geeignete Rechtsgrundlage geschaffen werden sollte und geschaffen worden ist – man könnte, im Hinblick auf die hier vorzunehmende Untersuchung der Staatlichkeitsfrage, auch von einem höheren Schutzstandard gegenüber integrationsbedingten Gefährdungen des Verfassungsrechts sprechen, der erreicht werden sollte. Entscheidend ist dabei, was Art. 23 Abs. 1 Satz 1 GG im Hinblick auf den Staatsformbestand ausdrücklich vorschreibt: nämlich daß eine EU, an der Deutschland beteiligt sein soll, selbst demokratische Grundzüge aufweisen muß. Die staatsformsichernden Anforderungen, die sich damit verbinden, werden somit gegenüber Art. 24 Abs. 1 GG, der nichts dergleichen enthält, verdeutlicht und potenziert. Art. 24 Abs. 1 GG, dessen Tragweite in der Veräußerung nationaler Hoheitsbefugnisse seinem Wortlaut zufolge unbegrenzt ist, erwies sich im Falle der europäischen Integration als eine Grundlage für das Infragestellen von Staat und Staatsform, da diese Norm weder Schranken noch Kompensationserfordernisse verdeutlicht. Art. 23 Abs. 1 Satz 1 GG manifestiert insofern den Willen der beteiligten Verfassungsorgane, den Bestand der demokratischen Staatsform auch gegenüber dem supranationalen Integrationsvorgang zu sichern.[31] Mit der Einfügung von Art. 23 Abs. 1 GG wertet der Verfassungsgesetzgeber, und dies zu Recht (was nicht verfassungspolitisch, sondern juristisch und staatstheoretisch gemeint ist), das Weiterbestehen der Staatsform als ein verfassungsrechtlich höheres (weil unmittelbar mit der Ordnungsvorstellung zusammenhängendes und durch Art. 79 Abs. 3 GG i.V.m. Art. 20 Abs. 1 GG besonders geschütztes) Rechtsgut. Bei der Auslegung dieser Klausel (der sogenannten „Struktursicherungsklausel"[32]) hat diese Erkenntnis eine entscheidende Rolle zu spielen.[33]

---

[30] Ob die NATO als zwischenstaatliche Einrichtung im Sinne des Art. 24 Abs. 1 GG angesehen werden kann, wird uneinheitlich beurteilt; bejahend äußert sich beispielsweise BVerfGE 68, 1, 93, ablehnend äußern sich u. a. *Albrecht Randelzhofer*, in: Maunz/Dürig, Grundgesetz, Rn. 187 zu Art. 24 Abs. 1 und *Rudolf Streinz*, in: Sachs (Hrsg.), Grundgesetz, Rn. 36 zu Art. 24.

[31] Siehe dazu auch die Beschlußempfehlung und den Bericht des Sonderausschusses „Europäische Union (Vertrag von Maastricht)", BT-Drs. 12/3896, S. 18.

[32] Von einer „Struktursicherungsklausel" ist bereits im Gesetzgebungsverfahren die Rede gewesen, vgl. dazu die Beschlußempfehlung und den Bericht des Sonderausschusses „Europäische Union (Vertrag von Maastricht)", BT-Drs. 12/3896, S. 17 sowie den Bericht der Gemeinsamen Verfassungskommission, BT-Drs. 12/6000, S. 20.

[33] Siehe dazu unten: III.3.a.

II. Die verfassungsrechtliche Zulässigkeit eines integrationsbedingten Staatlichkeitsverlustes

1. Staatlichkeit als Schutzgut des Art. 79 Abs. 3 i. V. m. Art. 20 Abs. 1 GG

a. Wesenszug und Normativität: der Ausdruck der Unverbrüchlichkeit eines höchstrangigen Ordnungsanspruchs im geltenden Verfassungsrecht

Daß aus verfassungstheoretischer Sicht, unter den Aspekten der Ordnungsbegründung und der Staatlichkeitsgrundlagen, der Eintritt des Gemeinwesens in ein anderes Staatsein von der herrschenden staatlichen Ordnung her nicht legitimiert werden kann, ergibt sich aus der Natur eines entsprechenden höchstrangigen Ordnungsgedankens: der Verfassungsstruktur eines Staates liegt insofern der Anspruch zugrunde, die öffentliche Sphäre innerhalb des von ihr umschlossenen Raumes frei und letztverbindlich zu ordnen. Dieser Anspruch markiert Sinn und Wesen der verfassungsrechtlichen Ordnung; er schließt die Option des legalen Sich-Selbst-Preisgebens aus. Eine Verfassungsordnung, die bereit wäre anzuerkennen, daß eine andere sie ersetzt[34], müßte ihre eigene Notwendigkeit ebenso wie ihre eigene Richtigkeit in Frage zu stellen bereit sein – es wäre daher keine Übertreibung zu behaupten, daß eine solche Verfassungsordnung ihr eigenes Dasein, nämlich: ihr Gedachtsein zur Einrichtung der Ordnung, negiert; sie verzichtete auf den der Verfassung wesenseigenen Gedanken, die einzige legitime Ordnungsgrundlage der durch sie vereinigten Menschen zu bilden. Eine andere Ordnung bedeutete zugleich ein anderes Ordnungsmotiv mit anderen Ordnungsprinzipien und damit zuletzt und zwangsläufig ein anderes sich ordnendes Volk[35]; eine solche Verfassung stellte somit nicht nur sich selbst, sondern auch das Geeintsein ihrer Gemeinschaft in Frage. Versuche, den Eintritt einer bestehenden Staatlichkeit in eine neue Grundordnung zu legalisieren, legen sich selbst schon den Anspruch der neuen Ordnung zugrunde; ihr Legalitätsbegriff hat sich vom Boden des bisherigen Verfaßtseins gelöst.

Die Schwierigkeit einer verfassungsrechtlichen Prüfung liegt nunmehr darin, normativ zu begründen, inwiefern sich dieser aus dem Wesen der Verfassungsnorm folgende Anspruch im Verfassungsrecht ausdrückt – mit anderen Worten: inwiefern der konkrete verfassungsgesetzliche Normtext die Natur der Verfassung markiert. Verfassungsrecht, insbesondere im Bereich der änderungsfesten Verfassungsinhalte, ist dabei kein nach freiem Gutdünken zu deutendes Recht: seine konkreten normativen Gehalte müssen so verstanden und eingegrenzt werden, daß sie dem gerecht werden können, was Staat und Ordnung als Erscheinungen einer bestimmten, einer (im Hinblick auf den Staat) politischen und (im Hinblick auf die zugrunde liegende Ordnungsvorstellung) geistigen

[34] Zur Bedeutung von Art. 146 GG siehe unten: Zweiter Abschnitt.
[35] Siehe dazu oben: Erster Abschnitt, Zweites Buch, I.3.

Wirklichkeit ausmachen – das verfassungsrechtliche Sollen muß, um seinen Sinn zu erfüllen, dem Grund des Seins von Staat und rechtlicher Ordnung entsprechen. Dieser Zusammenhang (der in ähnlicher Weise auch an späterer Stelle, im Rahmen der Überlegungen zu Art. 146 GG, auftauchen wird[36]) zeichnet das Auslegungsergebnis für Art. 79 Abs. 3 GG vor. Den maßgeblichen Anknüpfungspunkt hierfür stellt das Grundgesetz in Art. 79 Abs. 3 GG i.V.m. Art. 20 Abs. 1 GG, in Gestalt der oft so bezeichneten „Ewigkeitsklausel", bereit. Aus dem, was zum Wesen der verfassungsrechtlichen Ordnung, zu Beginn dieses Absatzes und im Zweiten Abschnitt des Ersten Buchs, ausgeführt wurde, ist die grundsätzliche Funktion dieser Klausel (auf die es auch bei der Auslegung ankommt) leicht zu bestimmen: die Verbürgung des eigenen, als unverbrüchlich gedachten Bestehens manifestiert keineswegs ein bestimmtes historisches (oder gar geschichtsphilosophisch fundiertes) Erwarten[37], sondern verkörpert den axiomatischen Geltungsanspruch (und damit zugleich: den Unverbrüchlichkeitsanspruch) der Ordnung.[38] Mit verfassungspolitischen Illusionen hat die Verankerung einer entsprechenden „Ewigkeitsklausel" im Verfassungstext, anders als zum Teil suggeriert wird[39], demzufolge wenig zu tun – der Anspruch, den die konkrete Ordnung verfolgt, ist seinem Wesen nach geltungserheischend und zeitlos; der Sinn von Ordnungsstiftung und Verfassunggebung, politischem Geeintsein und rechtlicher Setzung, liegt nicht im temporären, sondern in einem normativen Als-Unverbrüchlich-Gedachtsein – was „Ewigkeitsklauseln" erstreben, ist nicht ihre ewige[40], sondern ihre endgül-

---

[36] Dazu unten: Zweiter Abschnitt.

[37] Zutreffend daher *Paul Kirchhof*, in: Isensee (Hrsg.), Europa als politische Idee und als rechtliche Form, S. 63, 98 und *Hans Heinrich Rupp*, NJW 1993, 38, 39; vgl. dazu auch *Gerd Roellecke*, in: Kroker/Dechamps (Hrsg.), Das Menschenbild der freien Gesellschaft, S. 213, 219.

[38] Demgegenüber sieht *Hans Heinrich Rupp* (NJW 1993, 38, 39) den Zweck der Unverbrüchlichkeitsklausel darin, „deutlich zu machen, bis zu welchen Änderungen das Grundgesetz seine Legitimation zur Verfügung stellt". Dies trifft in gewissem Sinne zwar zu, verdeckt jedoch den Umstand, daß es nicht im Belieben der verfassungsrechtlichen Akteure, im Zeitpunkt der Verfassungsentstehung oder danach, liegen kann, diese Reichweite frei zu bemessen: Unverbrüchlichkeitsansprüche folgen, so könnte man sagen, aus dem Wesen der verfassungsrechtlichen Ordnung als Produkt des Gewilltseins zur politischen Bindung. Dazu oben: Erstes Buch, Vierter Abschnitt, VI.2. – In eine ähnliche Richtung wie *Hans Heinrich Rupp* argumentieren an dieser Stelle *Paul Kirchhof*, in: Isensee/Kirchhof (Hrsg.), Handbuch des Staatsrechts, Bd. VII, § 183 Rn. 62; *ders.*, in: Isensee (Hrsg.), Europa als politische Idee und als rechtliche Form, S. 63, 98f. und *Gerd Roellecke*, in: Kroker/Dechamps (Hrsg.), Das Menschenbild der freien Gesellschaft, S. 213, 219.

[39] So insbesondere, wenn *Horst Dreier* (JZ 1994, 741, 746) hinter der Regelung von Art. 79 Abs. 3 GG „politische Unsicherheit, naive Rechtsgläubigkeit und Überforderung normativer Institutionen" vermutet und daher fragt, ob „der Norm ein über den bloßen Wunschcharakter hinausgehender Sinn" beigelegt werden kann; oder auch, wenn *Peter Häberle* (in: Festschrift für Hans Haug, S. 81,103) feststellen zu müssen glaubt, daß Ewigkeitsklauseln „nicht per se ‚überflüssig'" erscheinen und ihnen einen „begrenzten Sinn" zusprechen will.

[40] Daß die Bezeichnung „Ewigkeitsklausel" unrichtig sei, meint zutreffend *Hans Heinrich*

tige Geltung, im Sinne eines letzten, nicht zu hintergehenden und nicht zu hinterfragenden Gebotenseins.[41]

b. Die juristische Begründbarkeit eines verfassungsrechtlichen Staatlichkeitsschutzes durch Art. 79 Abs. 3 GG i. V. m. Art. 20 Abs. 1 GG

aa. Erwägungen anhand des Sprachgebrauchs der Verfassung: die Verwendung der Ausdrücke „Staat" und „Volk", insbesondere durch Art. 20 Abs. 1 und 2 GG.

Inwiefern läßt sich nun Art. 79 Abs. 3 i. V. m. Art. 20 Abs. 1 GG das Verbot, die Staatlichkeit Deutschlands aufzugeben, auch mit den hergebrachten Mitteln der Verfassungsauslegung entnehmen? Ob aus den genannten Bestimmungen eine entsprechende Aussage in dogmatisch zulässiger Weise abzuleiten ist, wird gegenwärtig, innerhalb des staats- und verfassungsrechtlichen Schrifttums, uneinheitlich beurteilt.[42] Das Bundesverfassungsgericht hat diese Frage im

---

Rupp, NJW 1993, 38, 39; ähnlich *Paul Kirchhof*, in: Isensee/Kirchhof (Hrsg.), Handbuch des Staatsrechts, Bd. VII, § 183 Rn. 62; *ders.*, in: Isensee (Hrsg.), Europa als politische Idee und als rechtliche Form, S. 63, 98.

[41] Siehe auch *Josef Isensee*, in: Isensee/Kirchhof (Hrsg.), Handbuch des Staatsrechts, Bd. VII, § 166 Rn. 61. Die Verwechslung von (notwendigem) Unverbrüchlichkeitsanspruch und (illusorischen) ewigem Inkraftbleiben-Können, von Ordnungsgrund und Zeitfaktor, prägt weite Teile des Schrifttums zum Normzweck von Art. 79 Abs. 3 GG; illustrativ z. B. *Horst Dreier*, JZ 1994, 741, 746; *Birgitta Stückrath*, Art. 146 GG: Verfassungsablösung zwischen Legalität und Legitimität, S. 242 f. und *Cornelia Vismann*, in: Denninger/Hoffmann-Riem/Schneider/Stein (Hrsg.), Kommentar zum Grundgesetz für die Bundesrepublik Deutschland (Alternativkommentar), Rn. 41 zu Art. 79. Allgemein zum Thema „Ewigkeitsklauseln": *Peter Häberle*, in: Festschrift für Hans Haug, S. 81.

[42] Grundsätzlich bejahend: *Rüdiger Breuer*, NVwZ 1994, 417, 423; *Christoph Dorau*, Die Verfassungsfrage der Europäischen Union, S. 185; *Udo Fink*, DÖV 1998, 133; *Karl-E. Hain*, in: von Mangoldt/Klein/Starck, Das Bonner Grundgesetz, Bd. 3, Rn. 136 zu Art. 79 Abs. 3; *Matthias Herdegen*, EuGRZ 1992, 589, 590; *Peter M. Huber*, ThürVBl. 1994, 1, 2; *ders.*, Maastricht – ein Staatsstreich?, S. 22; *ders.*, Recht der Europäischen Integration, § 4 Rn. 54; *Christian Hillgruber*, in: Isensee/Kirchhof (Hrsg.), Handbuch des Staatsrechts, Bd. II, § 32 Rn. 41; *Josef Isensee*, in: Festschrift für Ulrich Everling, Bd. I, S. 567, 588; *Marcel Kaufmann*, JZ 1999, 814, 820; *Paul Kirchhof*, in: Merten (Hrsg.), Föderalismus und Europäische Gemeinschaften, S. 109, 112; *ders.*, ZfA 1992, 459, 462; *ders.*, in: Isensee/Kirchhof (Hrsg.), Handbuch des Staatsrechts, Bd. VII, § 183 Rn. 60; *ders.*, in: Isensee (Hrsg.), Europa als politische Idee und als rechtliche Form, S. 63, 97; *Dietrich Murswiek*, Der Staat 32 (1993), 161, 162; *Fritz Ossenbühl*, DVBl. 1993, 629, 632; *Ingolf Pernice*, in: Isensee/Kirchhof (Hrsg.), Handbuch des Staatsrechts, Bd. VIII, § 191 Rn. 43 (der zutreffend darauf hinweist, daß diese Frage vor allem vom Verständnis der Staatlichkeit abhängt); *Hans Heinrich Rupp*, NJW 1993, 38, 39; *ders.*, ZRP 1993, 211, 213; *Karl Albrecht Schachtschneider*, in: Blomeyer/Schachtschneider (Hrsg.), Die Europäische Union als Rechtsgemeinschaft, S. 75, 80; *Dieter Scheuing*, in: Schwarze/Müller-Graff (Hrsg.), 17. FIDE-Kongress, S. 7, 23; *Rupert Scholz*, in: Maunz/Dürig, Grundgesetz, Rn. 88 zu Art. 23; *Jürgen Schwarze*, in: Schwarze (Hrsg.), Die Entstehung einer europäischen Verfassungsordnung, S. 109, 185 und *Rudolf Streinz*, in: Sachs (Hrsg.), Grundgesetz, Rn. 84 zu Art. 23. Grundsätzlich ablehnend: *Brun-Otto Bryde*, in: von Münch/Kunig, Grundgesetz-Kommentar, Bd. 3, Rn. 49a zu Art. 79; wohl auch *Horst Dreier*, in: Dreier (Hrsg.), Grundgesetz, Bd. II, Rn. 46 zu Art. 79 III; *ders.*, in: Dreier (Hrsg.), Grundgesetz,

Maastrichturteil ausdrücklich offengelassen.[43] Für die Möglichkeit einer Verankerung des Staatlichkeitsschutzes in Art. 79 Abs. 3 i. V. m. Art. 20 Abs. 1 GG kann zunächst der Wortlaut der Norm angeführt werden, der in Art. 20 Abs. 1 GG von der Bundesrepublik Deutschland als einem „Bundesstaat" und damit zugleich auch von ihrer Staatsqualität spricht.[44] Ein solcher Hinweis auf den Wortlaut erschöpft indes aus zweierlei Gründen nicht das Problem: dies zum einen, in auslegungstechnischer Hinsicht, weil in der Tat kaum zu leugnen ist, daß die entsprechende Wortlautanknüpfung höchst gezwungen und herbeikonstruiert wirkt[45] (so daß weitere Auslegungsmethoden unbedingt bemüht werden müssen), und dies zum anderen in terminologischer Hinsicht (mit welcher sich unmittelbar staatstheoretische Fragen verbinden)[46], weil die Bedeutung der Aussage, daß „Bundesstaat" zugleich „Staatlichkeit" heißt, maßgeblich davon abhängt, was das Grundgesetz mit dem Terminus „staatlich" ausdrücken will. Diese zuletzt genannte Problematik wird insbesondere dann augenfällig, wenn man den scheinbaren Konsens des Schrifttums über das Schutzgut „Staatlichkeit" hinterfragt: viele, die auch das Staatsein durch Art. 79 Abs. 3 GG geschützt sehen wollen, behaupten zugleich, daß eine „Staatlichkeit" Deutschlands auch gewahrt bleiben könne, wenn dieses sich zum Gliedstaat in einem gesamteuropäischen Bundesstaatsganzen entwickelt.[47] Letztlich entscheidend ist deshalb, welche Vorstellung die Verfassung an dieser (und an anderer) Stelle mit den Ausdrücken „Staat" und „staatlich" verknüpft: meint das Wort „Staat" im Sinne des Grundgesetzes ausschließlich die (souveräne und

---

Bd. III, Rn. 16 zu Art. 146; unentschieden *Hans D. Jarass*, in: Jarass/Pieroth, Grundgesetz, Rn. 29 zu Art. 23. Ausführlich zum Ganzen *Christoph Möllers*, Staat als Argument, S. 376 ff.

[43] BVerfGE 89, 155, 188. Von der Ablehnung eines deutschen Beitritts zum gesamteuropäischen Bundesstaat durch das BVerfG geht indessen *Gerd Roellecke* (in: Kroker/Dechamps [Hrsg.], Das Menschenbild der freien Gesellschaft, S. 213, 218) aus.

[44] So u. a. *Josef Isensee*, in: Festschrift für Ulrich Everling, Bd. I, S. 567, 588; *Paul Kirchhof*, in: Isensee/Kirchhof (Hrsg.), Handbuch des Staatsrechts, Bd. VII, § 183 Rn. 60; *Dietrich Murswiek*, Der Staat 32 (1993), 161, 162; *Fritz Ossenbühl*, DVBl. 1993, 629, 632 und *Theodor Schilling*, AöR 116 (1991), 32, 54 f. Demgegenüber will *Brun-Otto Bryde* (in: von Münch/Kunig, Grundgesetz-Kommentar, Bd. 3, Rn. 49a zu Art. 79) das Wort „Staat" lediglich als Verbot interpretieren, „die Bundesrepublik in anarchistische Verhältnisse zu überführen". Art. 79 Abs. 3 GG schützt jedoch nicht irgendein Staatsein des hierzulande vorgefundenen Gemeinwesens, sondern die konkrete, vom Grundgesetz eingerichtete Staatlichkeit.

[45] Vgl. dazu auch *Christoph Möllers*, Staat als Argument, S. 383 f.

[46] Dazu auch *Peter M. Huber*, Maastricht – ein Staatsstreich?, S. 22.

[47] Anschaulich hierfür erscheinen die Darlegungen *Dieter Scheuings*, in: Schwarze/Müller-Graff (Hrsg.), 17. FIDE-Kongress, S. 7, 23 f. Warum dies verfassungstheoretisch nicht haltbar sein kann, wurde oben ausführlich begründet (Erstes Buch, Dritter Abschnitt, II.). Wo das Problem des Staatseins in dieser Weise verkürzt wird, gelingt der Theorie ohne Mühe auch die Konstruktion eines „dreistufigen" Bundesstaates, bestehend aus Europa, dem Bund und den Ländern, innerhalb dessen alle drei Ebenen Staaten sein können. So z. B. *Thomas Oppermann/Claus Dieter Classen*, APuZ 1993, B 28, S. 11, 19 und *Wolfgang Graf Vitzthum*, EuR 2002, 1, 3. Ablehnend hierzu *Peter M. Huber*, Maastricht – ein Staatsstreich?, S. 22; *ders.*, Recht der Europäischen Integration, § 4 Rn. 57.

völkerrechtsunmittelbare) territoriale Hoheitsstruktur, deren unabgeleitete Herrschaft auf der individuellen Bereitschaft zum letztverantwortlichen Eingestelltsein in eine für richtig befundene Ordnung beruht – oder versteht die Verfassung das von ihr zahlreich gebrauchte Wort „Staat“ in jenem Sinne, in dem auch die ganz überwiegende Ansicht der deutschen Verfassungsrechtslehre den Bundesländern Staatsqualität zuspricht?[48] Ein Blick in den Text der Verfassung ergibt insofern ein deutliches Bild: wo sie „Staat“ sagt, meint sie zum Teil explizit den souveränen, völkerrechtlich unmittelbar zum Handeln befähigten Staat, wie die Artt. 16 Abs. 2 Satz 2; 16a Abs. 2 Satz 1 und 2, Abs. 3 Satz 1 und 2, Abs. 5; 32 Abs. 1 und 59 Abs. 1 Satz 2 belegen. In den meisten Fällen, in denen der Ausdruck „Staat“ im Verfassungstext auftaucht, bezeichnet er jedoch jenes Gesamtgefüge der Hoheitsgewalt, das durch das Grundgesetz etabliert wird (vgl. z.B. Artt. 1 Abs. 1 Satz 2; 3 Abs. 2 Satz 2; 6 Abs. 1, Abs. 2 Satz 2; 7 Abs. 1, Abs. 3 Satz 2, Abs. 4 Satz 2 ; 20a; 34 Satz 1 und 140 i.V.m. 137 Abs. 3 Satz 2 WRV) – „staatlich“ heißt dann nur soviel wie „hoheitlich“ oder „öffentlichrechtlich“. Meint das Grundgesetz demgegenüber die föderalen Gliedeinheiten, so redet es durchweg von „Ländern“, wie ein Blick auf den zweiten Satz der Präambel und eine Vielzahl weiterer Grundgesetznormen[49] beweist. Hinweise darauf, daß der Ausdruck „Staat“ auch föderale Gliedgebilde wie etwa die Länder bezeichnet, sind dem Grundgesetz, trotz zahlreicher Gelegenheiten hierzu, nicht zu entnehmen.[50] Insgesamt ist daher zu konstatieren, daß die Verfassung,

[48] Siehe statt aller *Udo Di Fabio*, Der Staat 32 (1993), 191, 201 und *Peter Lerche*, in: Festschrift für Konrad Redeker, S. 131, 135; siehe dazu auch oben: Erstes Buch, Dritter Abschnitt, II.1. und Erstes Buch, Vierter Abschnitt, I.2.a. Daß auch das Grundgesetz einem entsprechend unspezifischen Staatsbegriff folgt, wird von vielen Autoren als bloße Selbstverständlichkeit erachtet; so in der Sache beispielsweise *Christoph Dorau*, Die Verfassungsfrage der Europäischen Union, S. 186f.; *Hans D. Jarass*, in: Jarass/Pieroth, Grundgesetz, Rn. 29 zu Art. 23 und *Klaus Stern*, Das Staatsrecht der Bundesrepublik Deutschland, Bd. I, S. 521; richtig demgegenüber *Rüdiger Breuer*, NVwZ 1994, 417, 423; *Udo Fink*, DÖV 1998, 133, 138 und *Paul Kirchhof*, in: Isensee/Kirchhof (Hrsg.), Handbuch des Staatsrechts, Bd. VII, § 183 Rn. 60.

[49] Dies sind im einzelnen: Artt. 10 Abs. 2 Satz 2; 11 Abs. 2; 13 Abs. 6 Satz 3; 23 Abs. 2 Satz 1, Abs. 4, Abs. 5 Satz 1 und 2, Abs. 6 Satz 1; 24 Abs. 1a; 28 Abs. 1 Satz 1 und 2, Abs. 3; 29 Abs. 1 Satz 1, Abs. 2 Satz 2, Abs. 3, Abs. 4, Abs. 5 Satz 3 und 4, Abs. 7 Satz 1, Abs. 8 Satz 1, Satz 4 1. HS; 30; 32 Abs. 2, Abs. 3; 33 Abs. 1; 35; 50 bis 52; 70 bis 72; 83 bis 85; 91; 104 a bis 109; 118 Satz 1; 118a; 127; 134; 135; 138; 141 und 144 GG.

[50] Scheinbare Ausnahmen finden sich in Art. 28 Abs. 1 Satz 1 GG, der im Hinblick auf die Verfassungsstrukturen der Länder vom Merkmal „des Rechtsstaates“ spricht, und in Artt. 29 Abs. 8; 130 Abs. 3, wo von den „Staatsverträgen“ der Länder die Rede ist. Der Ausdruck „Rechtsstaat“ besagt indes nichts über die Frage der Staatsqualität, sondern bezeichnet seit dem 19. Jahrhundert eine Summe von Grundsätzen, wie die Hoheitsgewalt ausgeübt wird; zur Entstehung dieses Begriffes vgl. *Edin Šarčević*, Der Rechtsstaat, S. 11ff. Der Ausdruck „Staatsvertrag“ für Verträge von Gliedstaaten untereinander (Art. 29 Abs. 8, Art. 130 Abs. 3 GG) ist ebenfalls traditionell, aus der Geschichte des deutschen Föderalismus heraus, zu verstehen. Vgl. dazu *Hans Schneider*, Artikel „Staatsverträge“, in: Herzog/Kunst/Schlaich/Schneemelcher (Hrsg.), Evangelisches Staatslexikon, Bd. II, S. 3459. Zudem belegt Art. 123

wo sie die Ausdrücke „Staat" und „staatlich" verwendet, entweder den Staat im völkerrechtlichen (und damit in einem dem hier beschriebenen Ansatz entsprechenden) Sinn bezeichnet oder „Staatlichkeit" als Synonym für Hoheitlichkeit verstanden wissen will (und damit auf die Abgrenzung von öffentlichen und privaten Sphären zielt).[51] Gliedstaatlichkeit als Staatlichkeit im grundgesetzlichen Sinne zu deuten, würde der Terminologie der Verfassung durchgängig widersprechen. Die Wortlautinterpretation von Art. 20 Abs. 1 GG spricht damit, was die Verwendung des Terminus „Staat" anbelangt, für einen Schutz des Staatseins durch Art. 79 Abs. 3 GG – in keinem beliebigen, sondern in dem hier vertretenen Sinne.

Ein weiterer wortlautbezogener Anknüpfungspunkt zur Behandlung der Frage, ob Art. 79 Abs. 3 GG i. V. m. Art. 20 GG auch die Staatlichkeit selbst schützt, findet sich im Begriff „Volk", den Art. 20 Abs. 2 GG ebenso wie Art. 1 Abs. 2 GG und die Präambel verwenden. Wie sich dabei aus dem Zusammenhang der genannten Vorschriften, und hierbei insbesondere aus der Präambel, ergibt, ist unter der Bezeichnung „Volk" an dieser Stelle das deutsche Volk zu verstehen.[52] Die Rolle des „Volkes" als Träger der Herrschaftsgewalt setzt dabei das Dasein einer Gemeinschaft voraus, die in einer verfassungsrechtlich relevanten Bedeutung als Volk qualifiziert werden kann. Mit einer Auflösung der bisherigen Staatlichkeit in einem europäischen Bundesstaatsganzen würde indes auch ein solches verfassungsrechtlich relevantes Dasein des Volkes (und nur ein solches Dasein kann das Grundgesetz meinen) in Frage gestellt[53]: das Volk, das in einen gesamteuropäischen Bundesstaat eintritt, würde aufhören, als Träger einer unabgeleiteten Ordnung und damit zugleich als jene verfassunggebende Kraft zu agieren, als die es die grundgesetzliche Ordnung voraussetzt.[54] Die

---

Abs. 2 GG, daß das Grundgesetz den Begriff des „Staatsvertrages" nicht einheitlich, d. h. nicht nur für die Verträge der Gliedstaaten gebraucht.

[51] Dies übersieht, wer sich darauf beruft, daß nicht innerhalb ein und desselben Verfassungskontextes mit verschiedenen Staatsbegriffen operiert werden könne (so z. B. *Christoph Dorau*, Die Verfassungsfrage der Europäischen Union, S. 186 und *Ingolf Pernice*, DVBl. 1993, 909, 922). Das Grundgesetz selbst würde den Staatsbegriff auch in der hier vertretenen Lesart nicht, wie behauptet wird, in verschiedenem Sinne verwenden; die Rede von der „Staatsqualität der Bundesländer" geht auf die verfassungsgerichtliche Rechtsprechung zurück, vgl. BVerfGE 1, 14, 34. *Karl Doehring* hat insofern zu Recht von einer „echten Fiktion" gesprochen (in: Festschrift für Ulrich Everling, Bd. I, S. 263, 267); vgl. auch *dens.*, ZRP 1993, 98, 100. Siehe zum ganzen auch oben: Erstes Buch, Dritter Abschnitt, II.1. und Erstes Buch, Vierter Abschnitt, I.2.a. und *Rüdiger Breuer*, NVwZ 1994, 417, 423 sowie *Udo Fink*, DÖV 1998, 133, 138.

[52] BVerfGE 83, 37, 50 f.; aus der Literatur siehe statt aller *Peter M. Huber*, Maastricht – ein Staatsstreich?, S. 21; *Ulrich Penski*, ZRP 1994, 192, 193 und *Bodo Pieroth*, in: Jarass/Pieroth, Grundgesetz, Rn. 4 zu Art. 20.

[53] Ebenso *Udo Fink*, DÖV 1998, 133, 137; *Dietrich Murswiek*, Der Staat 32 (1993), 161, 163; *Karl Albrecht Schachtschneider*, in: Blomeyer/Schachtschneider (Hrsg.), Die Europäische Union als Rechtsgemeinschaft, S. 75, 121; ähnlich *Ulrich Penski*, ZRP 1994, 192, 194.

[54] *Rüdiger Breuer*, NVwZ 1994, 417, 423 und *Ulrich Penski*, ZRP 1994, 192, 194.

verfassungsrechtliche Stellung, welche Art. 20 Abs. 2 GG dem deutschen Volk zuweist, kann sich nur dadurch erfüllen, daß (und kann sich demzufolge auch nur so lange erfüllen, wie) dieses als Träger eines eigenen, unabhängigen Staates fungiert – die Aussage, daß alle Staatsgewalt vom deutschen Volk ausgehen muß, hätte dort, wo diese Bedingung nicht mehr gewahrt ist, keinerlei rechtlichen Sinn. Das deutsche Volk wäre jedoch im Fall einer europäischen Bundesstaatsgründung nicht mehr der originäre Bezugspunkt der verfassungsrechtlichen Ordnung[55]; es wäre von diesem Moment an kein Staatsvolk mehr – und könnte daher auch nicht mehr jene verfassungsrechtliche Größe darstellen, als die es das Grundgesetz will und voraussetzt.[56] Unabhängig davon, ob sich ein solches europäisches Staatsvolk in absehbarer Zukunft entwickelt, verstößt bereits die konkrete rechtliche Ausgestaltung des gesamteuropäischen Herrschaftssystems gegen Art. 79 Abs. 3 i. V. m. Art. 20 Abs. 1 und 2 GG, wenn sie Verfassungsstrukturen verwirklicht, die einer verfassungsrechtlichen Neubestimmung des ordnungsbegründenden Staatsvolks entsprechen.[57] Art. 79 Abs. 3 i. V. m. Art. 20 Abs. 2 GG verbietet daher den Staatlichkeitsverzicht auch insofern, als im Wortlaut dieser Vorschrift die staatstragende Rolle des deutschen Volkes fixiert ist, die in einem solchen Fall zwangsläufig verloren gehen muß.

bb. Teleologische Auslegungsansätze: Art. 79 Abs. 3 GG i. V. m. Art. 20 GG als letztverbindliche Garantie einer konkreten Staatlichkeitsform. Um zu ermitteln, ob zum Schutzumfang der Bestandsgarantien des Art. 79 Abs. 3 GG i. V. m. Art. 20 Abs. 1 und 2 GG auch der Aspekt des Staatseins (im Sinne dieser Arbeit) gehört, ist neben dem Wortlaut auch das Regelungsziel dieser Vorschriften zu untersuchen. Hierfür ist zu bedenken, daß Art. 20 Abs. 1 GG mit den Prinzipien des Bundesstaates und der Demokratie, aber auch Art. 20 Abs. 3 GG mit der Verbürgung des Rechtsstaats, keine abstrakten Ideen kundgeben wollen, sondern auf die juristische Gewährleistung von konkreten Verfassungsgrundsätzen zielen.[58] Art. 20 Abs. 1 bis 3 GG verankert die darin genannten Prinzipien als verfassungsrechtliche Normen, aus denen heraus Rechtsfolgen deduziert werden können.[59] Entsprechende Festlegungen änderungsfest zu verbürgen,

---

[55] Siehe dazu ausführlich oben: Erster Abschnitt, Zweites Buch, I.3.

[56] Dazu auch *Rüdiger Breuer*, NVwZ 1994, 417, 423; *Udo Di Fabio*, Der Staat 32 (1993), 191, 206; *Dietrich Murswiek*, Der Staat 32 (1993), 161, 163; vgl. ferner *Ulrich Penski*, ZRP 1994, 192, 194 und *Karl Albrecht Schachtschneider*, in: Blomeyer/Schachtschneider (Hrsg.), Die Europäische Union als Rechtsgemeinschaft, S. 75, 120f.

[57] Ähnlich *Dietrich Murswiek*, Der Staat 32 (1993), 161, 163.

[58] *Udo Fink*, DÖV 1998, 133, 140; *Peter M. Huber*, Maastricht – ein Staatsstreich?, S. 21; *Josef Isensee*, in: Festschrift für Ulrich Everling, Bd. I, S. 567, 588 und *Ulrich Penski*, ZRP 1994, 192, 193; vgl. dazu auch *Peter Lerche*, in: Festschrift für Konrad Redeker, S. 131, 137 sowie *Thomas Oppermann/Claus Dieter Classen*, APuZ 1993, B 28, S. 11, 19.

[59] So die überwiegende Ansicht, siehe *Horst Dreier*, in: Dreier (Hrsg.), Grundgesetz, Bd. II, Rn. 12 zu Art. 20 (Einführung); *Michael Sachs*, in: Sachs (Hrsg.), Grundgesetz, Rn. 4

setzt, auch dies wurde oben bereits ausführlich begründet[60], Höchstrangigkeit und unabgeleitetes Gelten der Verfassung und damit zugleich das Staatsein ihrer Gemeinschaft voraus.[61] Diese Ausgangsüberlegung sollen die beiden folgenden Beispiele: der Grundsatz der Demokratie und der Grundsatz des Föderalismus, verdeutlichen und untermauern.

– Die Interpretation von Art. 20 Abs. 1 und 2 GG im Gesamtkontext der Verfassung verdeutlicht, daß diese Norm den *Grundsatz der Demokratie* in der Gestalt einer parlamentarischen Ordnung verbürgt. Hieraus ergeben sich Wahlrechtsgrundsätze, Parlamentsvorbehalte und bestimmte legitimationsvermittelnde Ableitungsmuster.[62] Die Verbürgung eines solchen parlamentarischen Systems kann ihren Sinn indes nur insoweit erfüllen, wie auch der Staat als Grundlage und Bezugspunkt der entsprechenden Staatsform besteht[63]; mit der Preisgabe der eigenen, aus dem politischen Gebundensein hervorgehenden Staatsqualität wird auch der Staatsformverbürgung der Boden entzogen.[64] Doch selbst dann, wenn man der hier vertretenen Ansicht über den Zusammenhang von Staatlichkeit und Staatsform nicht folgt und eine Verankerung der Herrschaft auf verschiedenen Ebenen des politischen Gebundenseins einer Gemeinschaft grundsätzlich für vorstellbar hält, wird man einräumen müssen, daß die Verbürgung bestimmter Verfassungsinhalte durch Art. 79 Abs. 3 GG mit dem Moment der Letztverantwortlichkeit korrespondiert: verbürgt werden kann nur, was in die eigene Letztverantwortung fällt. Übertragen auf die Entwicklungen in der Verfassungswirklichkeit heißt dies, daß der Eintritt in eine andere Staatlichkeit die verfassungsrecht-

---

zu Art. 20 und *Karl-Peter Sommermann*, in: von Mangoldt/Klein/Starck, Das Bonner Grundgesetz, Bd. 2, Rn. 4 zu Art. 20; in Frage gestellt durch *Philip Kunig*, Das Rechtsstaatsprinzip, S. 481 ff. und *Edin Šarčević*, Das Bundesstaatsprinzip, S. 215 ff.

[60] Erstes Buch, Vierter Abschnitt, VI. 2.

[61] In der Argumentation ähnlich *Rüdiger Breuer*, NVwZ 1994, 417, 423; *Udo Di Fabio*, Der Staat 32 (1993), 191, 200; *Udo Fink*, DÖV 1998, 133, 139; *Marcel Kaufmann*, JZ 1999, 814, 820 und *Jürgen Schwarze*, in: Schwarze (Hrsg.), Die Entstehung einer europäischen Verfassungsordnung, S. 109, 137; vgl. auch *Thomas Oppermann/Claus Dieter Classen*, APuZ 1993, B 28, S. 11, 19.

[62] Siehe dazu oben Drittes Buch, Erster Abschnitt, II.

[63] Ähnlich *Paul Kirchhof*, in: Isensee (Hrsg.), Europa als politische Idee und als rechtliche Form, S. 63, 98. Entgegen dem Einwand *Ulrich Penskis* (ZRP 1994, 192) handelt es sich bei dieser Argumentation um keinen unzulässigen Schluß vom funktionalen Umstand einer Norm auf deren normativen Inhalt, sondern um die teleologische Bestimmung des Anwendungsbereiches von Art. 79 Abs. 3 GG (in seinem Zusammenspiel mit Art. 20 Abs. 1 und 2 GG), mit anderen Worten um die Frage: was muß Art. 79 Abs. 3 i. V. m. Art. 20 Abs. 1 und 2 GG gegenständlich umfassen, um seine Intention – die Unverbrüchlichkeit der genannten Verfassungsinhalte – erfüllen zu können?

[64] Ähnliche Gedanken entwickelt *Marcel Kaufmann*, JZ 1999, 814, 820, der hierbei auf das Wesen der Demokratie „als Projekt politischer Selbstbestimmung einer Handlungseinheit" rekurriert, aus der sich das Erfordernis der politischen Unabhängigkeit denknotwendig schlußfolgern läßt.

liche Gewährleistung der Demokratie auch der Sache nach ungewiß macht[65]; sie stünde grundsätzlich unter dem Vorbehalt ihrer Vereinbarkeit mit europäischem Recht (was praktisch leicht aktuell werden kann, wie man beispielsweise am Problem des Ausländerwahlrechts erkennt[66]).

– Derselbe teleologische Zusammenhang läßt sich auch anhand der *Föderalismusverbürgung* belegen. Art. 20 Abs. 1 GG i.V.m. Art. 79 Abs. 3 GG zielt darauf ab, die Bundesstaatlichkeit des deutschen Gesamtstaats verfassungsrechtlich zu sichern. Dieser Grundsatz verlangt, daß den Ländern hinreichend breite Zuständigkeitsfelder verbleiben, innerhalb derer sie eine umfassende staatliche Tätigkeit mit legislativer, exekutiver und judikativer Gewalt entfalten und eigenverantwortlich ausüben können. Entsprechende Zuständigkeitsräume können durch das Grundgesetz aus eigener Kraft nur so lange gesichert und für die Ländergesetzgebung offengehalten werden, wie Art. 79 Abs. 3 GG i.V.m. Art. 20 Abs. 1 GG als ranghöchste und keinem Vorbehalt unterliegende Rechtsvorschrift gilt. Mit dem Eintritt in eine gesamteuropäische Staatlichkeit geriete jedoch auch der Grundsatz des Föderalismus (als einer der Hauptwesenszüge der deutschen Verfassungsstruktur) in die Abhängigkeit von gesamteuropäischen Vorgaben.

Entsprechende Erwägungen ließen sich auch im Hinblick auf andere grundgesetzliche Verbürgungen, wie beispielsweise den Grundsatz der Rechtsstaatlichkeit[67] und die Geltung der Grundrechte, anstellen. In all diesen Fällen gilt, daß der Schritt in ein gesamteuropäisches Bundesstaatsganzes entsprechende Gewährleistungen unter den Vorbehalt ihrer Vereinbarkeit mit europäischen Rechtsnormen stellen müßte – im Falle eines Konflikts gälte dann das Recht der europäischen Verfassung als die ranghöhere Norm.[68] Die Gliedstaaten hätten danach keinerlei Möglichkeit, die Substanz ihres Staatsrechts dem Willen der europäischen Bundesorgane entgegenzuhalten, es sei denn, daß die gesamteuropäische Ordnung selbst dies punktuell zuläßt.[69] Sinn und Zweck des Art. 79 Abs. 3 i.V.m. Art. 20 Abs. 1 GG implizieren insofern, daß die in dieser Vorschrift verankerten Grundprinzipien durch die Verfassung aus eigener Kraft

---

[65] Ähnlich *Matthias Herdegen*, EuGRZ 1992, 589, 590; anders jedoch *Christoph Möllers*, Staat als Argument, S. 384.

[66] Dazu BVerfGE 83, 37; 83, 60 und *Christoph Degenhart*, Staatsrecht I, Rnrn. 68f.

[67] Beispielhaft dafür: *Paul Kirchhof*, in: Isensee (Hrsg.), Europa als politische Idee und als rechtliche Form, S. 63, 97f.

[68] *Udo Fink*, DÖV 1998, 133, 139; ähnliche Gedanken entwickelt *Christoph Enders*, VVDStRL 60 (2001), 374, 375.

[69] Dies übersieht, wer den Eintritt in einen gesamteuropäischen Bundesstaat problemlos für zulässig hält; vgl. z.B. *Christoph Dorau*, Die Verfassungsfrage der Europäischen Union, S. 186f.; *Hans D. Jarass*, in: Jarass/Pieroth, Grundgesetz, Rn. 29 zu Art. 23; *Ingolf Pernice*, in: Dreier (Hrsg.), Grundgesetz, Bd. II, Rn. 35 zu Art. 23 und *Klaus Stern*, Das Staatsrecht der Bundesrepublik Deutschland, Bd. I, S. 521.

garantiert werden können.[70] Sämtliche seiner Verbürgungen hängen daher zuletzt davon ab, daß die deutsche Staatlichkeit fortbesteht und somit das Grundgesetz seine Bedeutung behält.[71]

Zwei weitere staatsrechtlich-dogmatische Erwägungen schließen sich an diese teleologische Betrachtung unmittelbar an – beide betreffen das Verhältnis der Schutzzwecke von Art. 79 Abs. 3 GG zum Problem der Staatlichkeitspreisgabe:

- Die erste dieser beiden Erwägungen (sie wendet sich der formell-verfahrensrechtlichen Seite der Unverbrüchlichkeitsklausel zu) bezieht sich dabei auf den Standpunkt der herrschenden Ansicht, wonach Art. 79 Abs. 3 GG selbst nicht legal außer Kraft gesetzt werden kann.[72] Wer so weit geht (und so weit muß gehen, wer die staatstheoretische Bedeutung dieser Vorschrift begreift), kommt kaum umhin zuzugestehen, daß Art. 79 Abs. 3 GG unter diesen Voraussetzungen auch alle anderen denkbaren Arten seines (mittelbaren oder unmittelbaren) Außerkraftgesetztwerdens abwehren muß. Wie im vorangegangenen Absatz gezeigt werden konnte, würde es sich – im Falle des deutschen Beitritts zu einem europäischen Bundesstaat – um ein Geschehnis handeln, das gerade ein solches (zumindest mittelbares) Beeinträchtigtwerden bewirkt.
- Die zweite der beiden Erwägungen (sie betrifft die Schutzgegenstände) läßt sich dabei als ein Erst-Recht-Schluß beschreiben, auf den *Josef Isensee* zutreffend hinweist[73]: wenn die Änderungsschranke aus Art. 79 Abs. 3 GG überall dort greift, wo ein einzelnes der darin genannten oder in Bezug genommenen Verfassungsprinzipien durch eine Grundgesetzänderung in seiner Geltung beeinträchtigt wird, so ist sie erst recht dort anzuwenden, wo das gesamte Fundament der Verbürgungen aufgesprengt und dem Grundgesetz die Fähigkeit zur letztverbindlichen Garantie der Prinzipien geraubt werden sollen.

---

70 Dies verkennt *Christoph Möllers*, Staat als Argument, S. 384.

71 *Udo Di Fabio*, Der Staat 32 (1993), 191, 200; *Marcel Kaufmann*, JZ 1999, 814, 817 und *Jürgen Schwarze*, in: Schwarze (Hrsg.), Die Entstehung einer europäischen Verfassungsordnung, S. 109, 137; ähnlich *Udo Fink*, DÖV 1998, 133, 139; kritisch hierzu *Christoph Möllers*, Staat als Argument, S. 384 (der indes das entscheidende Moment: die unverbrüchliche Garantie der genannten Komponenten durch die Verfassung, unterbewertet und deshalb davon ausgeht, daß Art. 79 Abs. 3 GG auch im Falle des Staatlichkeitsverlustes seine Bedeutung behält).

72 So u.a. *Christoph Degenhart*, Staatsrecht I, Rn. 222; *Horst Dreier*, in: Dreier (Hrsg.), Grundgesetz, Bd. II, Rn. 47 zu Art. 79 III; *Dietrich Murswiek*, Der Staat 32 (1993), 161, 166 und *Bodo Pieroth*, in: Jarass/Pieroth, Grundgesetz, Rn. 13 zu Art. 80 (m.N. der Gegenansicht); kritisch dazu *Gerd Roellecke*, in: Kroker/Dechamps (Hrsg.), Das Menschenbild der freien Gesellschaft, S. 213, 218f.

73 In: Festschrift für Ulrich Everling, Bd. I, S. 567, 589.

Der Eintritt der Bundesrepublik Deutschland in eine gesamteuropäische Staatlichkeit muß aus diesen und aus den vorangegangenen Erwägungen heraus auch unter teleologischen Gesichtspunkten als ein Verstoß gegen Art. 79 Abs. 3 GG i. V. m. Art. 20 Abs. 1 und 2 GG aufgefaßt werden.

cc. Das systematische Zusammenspiel der Grundgesetznormen: der Bestand des Staates als Schutzgut weiterer Verfassungsvorschriften. Eine (rechtsdogmatisch notwendige) Verankerung des Staatlichkeitsschutzes in Art. 79 Abs. 3 GG i. V. m. Art. 20 Abs. 1 GG kann sich, unter dem Gesichtspunkt der systematischen Verfassungsauslegung, auf Argumente stützen, die sich aus dem Verhältnis von freiheitlicher demokratischer Grundordnung und dem Bestand der staatlichen Einheit, als Schutzgüter und Bezugspunkte anderer Grundgesetznormen, ergeben. Der Blick in den Text der Verfassung beweist, daß beide Aspekte durchweg (oder, je nach rechtlicher Anschauung, beinahe durchweg[74]) gleichgesetzt werden, wie insbesondere die Artt. 10 Abs. 2 Satz 2, 11 Abs. 2, 21 Abs. 2 Satz 1 und 91 Abs. 1 GG belegen.[75] Diese Vorschriften zeigen zunächst, daß die Verfassung den Verlust der Staatlichkeit Deutschlands keineswegs hinnehmen will (und, wie hier bereits mehrfach deutlich geworden ist, keinesfalls hinnehmen kann); ein entsprechendes Ziel wird deshalb insbesondere durch Art. 21 Abs. 2 Satz 1 GG explizit für verfassungswidrig erklärt. Wenn das Grundgesetz somit das Fortbestehen des Staates und den Bestand seiner freiheitlichen demokratischen Grundordnung wertungsmäßig auf ein und derselben Stufe ansiedelt, so müßte es zu einem inneren Widerspruch führen, wenn man nur die Geltung der Ordnung, nicht jedoch das künftige Dasein des Staates von Art. 79 Abs. 3 GG umfaßt sehen wollte. Die Entäußerung der Staatlichkeit erschiene anderenfalls als ein legales Thema der Verfassungsänderung,

[74] Eine Ausnahme findet sich, dem Wortlaut des Verfassungstextes zufolge, in Art. 18 Satz 1 GG. Bezeichnend ist hierbei, daß der Bestand der Bundesrepublik Deutschland mit dem Bestand der freiheitlichen demokratischen Grundordnung in der rechtswissenschaftlichen Literatur zu dieser Bestimmung von einer Reihe namhafter Autoren gleichgesetzt wird; vgl. z. B. *Josef Isensee*, in: Festgabe für Karin Graßhof, S. 289, 292 und *Walter Schmitt Glaeser*, Mißbrauch und Verwirkung von Grundrechten im politischen Meinungskampf, S. 38 f.

[75] Daß der Bestand des Staates, auch in seiner territorialen Bedeutung, vom Bestand der Staatsgewalt nicht getrennt werden kann, wurde hier bereits des öfteren gezeigt. Die entsprechenden Tatbestandsmerkmale in Art. 21 Abs. 2 Satz 1 GG und den anderen genannten Vorschriften stehen daher zueinander nicht im Verhältnis des Entweder-Oder, sondern sind auf das Engste verbunden und im Grunde identisch. Wenn demgegenüber ein Großteil der staatsrechtlichen Lehre unter den „Bestand" der Bundesrepublik Deutschland ausschließlich deren „territoriale Integrität" subsumiert (so statt aller *Jörn Ipsen*, in: Sachs [Hrsg.], Grundgesetz, Rn. 162 zu Art. 21), so handelt es sich um eine verfassungsjuristische Fortsetzung des unzulänglichen Drei-Elemente-Denkens: im neuzeitlichen Staat erscheint das Staatsgebiet in einem bestimmten (nämlich: faktisch-politischen) Sinn als Funktion und Folge und in einem anderen (nämlich: teleologisch-ordnungsbezogenen) Sinn als Instrument der staatlichen Hoheitsgewalt – nicht jedoch als gleichwertige Größe. Siehe dazu oben Erstes Buch, Erster Abschnitt, IV.3.

ohne zugleich das Ziel von politischen Parteien bilden zu dürfen (Art. 21 Abs. 2 Satz 1 GG)[76]; Art. 79 Abs. 3 GG würde damit erlauben, was die anderen Vorschriften ausschließen wollen. Dies beweist, daß auch aus Gründen der Verfassungssystematik der Schutz des Staatseins in Art. 79 Abs. 3 i. V. m. Art. 20 Abs. 1 und 2 GG verankert sein muß.

dd. Das Auslegungsfazit und dessen Bestätigung durch den Grundgesetzwortlaut. Art. 79 Abs. 3 GG i. V. m. Art. 20 GG muß nach dem Gesagten ein Konzept von Ordnung und Staatlichkeit schützen, das dem hier verfolgten entspricht. Gliedstaatliche Autonomie würde dem nicht genügen – und zwar auch dann nicht, wenn sie einen Umfang erreicht, der über die Selbständigkeit der deutschen Bundesländer hinausgeht.[77] Einer entsprechenden Umwidmung des Grundgesetzes zu einer Gliedstaatsverfassung stünde Art. 79 Abs. 3 GG i. V. m. Art. 20 Abs. 1 GG aus Gründen, die verfassungsdogmatisch zwingend erscheinen und staatstheoretisch bedingt sind, entgegen. Das Ergebnis dieser Überlegungen – der Schutz des Staatseins im hier vertretenen Sinne – wird letztlich noch einmal durch den Wortlaut der Grundgesetzvorschrift bestätigt: indem Art. 79 Abs. 3 GG gerade von „diese[m] Grundgesetz" (das als Verfassung eines bundesstaatlichen Gliedstaats nicht mehr dasselbe sein könnte) und dessen „Änderung" (die eine Umwidmung nicht mehr umfaßt) spricht, bezieht er sich nicht nur und nicht vorrangig auf den formellen Bestand des Grundgesetzes als Rechtsakt, sondern auch und vor allem auf dessen Natur als Verfassung, auf

[76] Ähnlich argumentieren auch *Christian Hillgruber*, in: Isensee/Kirchhof (Hrsg.), Handbuch des Staatsrechts, Bd. II, § 32 Rn. 41 und *Dietrich Murswiek*, Der Staat 32 (1993), 161, 163. – Die Frage, ob Art. 21 Abs. 2 Satz 1 GG auch Parteien erfaßt, welche sich die Preisgabe der bundesdeutschen Staatlichkeit in einem gesamteuropäischen Föderalismus zum Ziel gesetzt haben, erörtern u. a. *Jörn Ipsen*, in: Sachs (Hrsg.), Grundgesetz, Rn. 164 zu Art. 21; *Hans H. Klein*, in: Maunz/Dürig, Grundgesetz, Rn. 523 zu Art. 21 und *Uwe Volkmann*, in: Friauf/Höfling (Hrsg.), Berliner Kommentar zum Grundgesetz, Rn. 94 zu Art. 21, die dies durchweg, mit dem Hinweis auf den Text der Präambel, verneinen. Wenn man beachtet, daß auch die supranationale Integration in Europa als eine Art des äußeren Eingebundenseins eines Staates kein Grundmotiv seiner verfassungsrechtlichen Ordnung darstellt und deshalb änderungsfeste Verfassungsgüter nicht aufwiegen kann (siehe dazu oben: Drittes Buch, Erster Abschnitt, III.3. sowie in diesem Abschnitt: I.3), will diese Begründung nicht überzeugen. Was letztlich von einer Anwendung des Art. 21 Abs. 2 Satz 1 GG absehen läßt, ist eine (allgemein als dringend empfundene) politische Notwendigkeit, den Integrationsprozeß in politisch zukunftsfähigen Formen fortzusetzen – normativ begründbar ist dieses Absehen nicht. Bei *Hans H. Klein* (a.a.O., Rn. 522) kommt dieser Zusammenhang andeutungsweise zum Ausdruck; zu pauschal argumentiert demgegenüber *Hans D. Jarass*, in: Jarass/Pieroth, Grundgesetz, Rn. 29 zu Art. 23.

[77] Beispielhaft für entsprechende Schlußfolgerungen, wonach der Eintritt in einen europäischen Bundesstaat wegen der angeblich fortbestehenden Staatsqualität seiner Glieder zulässig sei, erscheinen *Christoph Dorau*, Die Verfassungsfrage der Europäischen Union, S. 186 f.; *Ingolf Pernice*, in: Dreier (Hrsg.), Grundgesetz, Bd. II, Rn. 35 zu Art. 23 und *Klaus Stern*, Das Staatsrecht der Bundesrepublik Deutschland, Bd. I, S. 521. Richtig demgegenüber *Marcel Kaufmann*, JZ 1999, 814, 817.

dessen Wesen als unabgeleitete und letztverbindliche Norm.[78] Seinen Status als höchste und unabgeleitete Norm zu beenden, liegt somit von vornherein außerhalb dessen, was Art. 79 GG erlaubt.[79]

2. *Gestalt und Zeitpunkt der Verfassungsverletzung*

Von jenen Autoren, welche die Verankerung des Staatlichkeitsschutzes in Art. 79 Abs. 3 GG i. V. m. Art. 20 Abs. 1 und 2 GG ablehnen (oder die zumindest den Beitritt zu einem europäischen Bundesstaat für verfassungsrechtlich zulässig halten – der Unterschied beider Standpunkte ist bereits dargelegt worden), wird zur Begründung ihrer Auffassung geltend gemacht, daß der Zeitpunkt, zu dem der Verlust der Staatlichkeit eintritt, rechtlich nicht eindeutig feststellbar sei.[80] In der Tat stellt sich an dieser Stelle die Frage, in welchen Momenten (bei welchen Grundgesetzänderungen gemäß Art. 79 Abs. 1 GG, aber auch bei welchen Verfassungsdurchbrechungen gemäß Art. 23 Abs. 1 Satz 2 und 3 GG) der Schutz der Unverbrüchlichkeitsklausel eingreifen soll.[81] Aus Sinn und Zweck der Bestimmung läßt sich die Antwort indes mit weit größerer Präzision, als dies oft erkannt wird, entnehmen. Entgegen einer vielfach geäußerten Annahme[82] geht es nämlich nicht darum, *den* entscheidenden Schritt in ein gesamteuropäisches Staatsein zu finden: Art. 79 Abs. 3 GG ist seinem Wesen nach eine Verfahrensnorm, die es verbietet, bestimmte Verfassungsinhalte in

---

[78] *Dietrich Murswiek*, Der Staat 32 (1993), 161, 165 und *Joachim Wolf*, JZ 1993, 594, 599.

[79] *Dietrich Murswiek*, Der Staat 32 (1993), 161, 165.

[80] *Jürgen Schwarze*, in: Schwarze (Hrsg.), Die Entstehung einer europäischen Verfassungsordnung, S. 109, 186 (im Hinblick auf den Beitritt zu einem bundesstaatlich geeinten Europa, das *Schwarze* nicht als Staatlichkeitspreisgabe ansieht und deshalb für zulässig hält); vgl. auch *Rüdiger Breuer*, NVwZ 1994, 417, 423; *Christian Koenig*, DVBl. 1993, 140, 143; *Peter Lerche*, in: Festschrift für Konrad Redeker, S. 131, 141 f.; *Dietrich Murswiek*, Der Staat 32 (1993), 161, 173 ff. und *Fritz Ossenbühl*, DVBl. 1993, 629, 632.

[81] Hierfür wurden verschiedene qualitative und quantitative Kriterien genannt, die im Schrifttum bisher noch nicht abschließend untersucht worden sind; vgl. dazu z. B. *Peter M. Huber*, in: Sachs (Hrsg.), Grundgesetz, Rn. 18 zu Art. 146; *ders.*, ThürVBl. 1994, 1, 6; *ders.*, Maastricht – ein Staatsstreich?, S. 27 ff.; *Marcel Kaufmann*, JZ 1999, 814, 821; *Dietrich Murswiek*, Der Staat 32 (1993), 161, 175 f.; *Torsten Stein*, in: Merten (Hrsg.), Föderalismus und Europäische Gemeinschaften, S. 91, 98 ff. und *Rudolf Streinz*, DVBl. 1990, 949, 957 ff. (der Staatlichkeits- und Staatsformbestand indes nicht hinreichend differenziert). Demgegenüber empfiehlt *Jürgen Schwarze* (JZ 1999, 637, 640), die Grenzen der Integrationsgewalt aus Art. 79 Abs. 3 GG vorerst noch unbestimmt zu formulieren. Die juristische Handhabbarkeit einer Norm hängt indes gerade von der Bestimmung ihres rechtlichen Inhalts durch die Methoden der Auslegung ab; Norminhalte (die staats- und europarechtliche Grundsatzfragen betreffen!) absichtlich offen zu lassen (womit, aus verfassungspolitischen Beweggründen, der objektive Wille des Verfassungsgesetzes durch Zeitablauf korrigiert, um nicht zu sagen: gefügig gemacht werden soll), widerspricht dem Grundanliegen des juristischen Denkens.

[82] Siehe z. B. *Peter Lerche*, in: Festschrift für Konrad Redeker, S. 131, 141 und *Fritz Ossenbühl*, DVBl. 1993, 629, 632; vgl. dazu auch *Christian Koenig*, DVBl. 1993, 140, 147 und *Dietrich Murswiek*, Der Staat 32 (1993), 161, 173 f.

Kraft treten (und damit andere unwirksam werden) zu lassen – die Norm soll auf diese Weise das Zustandekommen rechtlicher Inhalte ausschließen, die zu einem der von ihr umfaßten Prinzipien im Widerspruch stehen. Im Kontext der Staatlichkeitsfrage ist hieraus zu schließen, daß Art. 79 Abs. 3 GG solche Rechtsstrukturen verbietet, die Ausdruck einer anderen als der vom Grundgesetz eingerichteten Staatlichkeit sind.[83] Welche Rechtsstrukturen dies im einzelnen sind, wurde im letzten Abschnitt des Ersten Buches, insbesondere aber in den ersten beiden Abschnitten des Zweiten Buches herausgearbeitet: es handelt sich dabei um jene zehn im Verfassungsrecht nachzuweisenden Kriterien, welche die Höchstrangigkeit einer Ordnungsstruktur kennzeichnen.[84] Ihrer Verankerung im Recht der EU stünde und steht Art. 79 Abs. 3 GG i. V. m. Art. 20 Abs. 1 GG von Verfassungs wegen entgegen, da sich durch deren Eingesetztwerden ein anderes als das vom Grundgesetz eingerichtete Staatswesen rechtlich verwirklichen soll.[85]

Als Verstoß gegen Art. 79 Abs. 3 GG i. V. m. Art. 20 Abs. 1 GG erscheint deshalb (zusammengefaßt und unter Hinweis auf die oben dargelegten Details[86]) die Etablierung einer oder mehrerer der folgenden rechtlichen Gestaltungsmuster auf der Ebene der europäischen Normen:

- *Vorrangklauseln*, welche das Recht der Union ohne jede Vorbehalte über das Recht des einzelnen Mitgliedstaats stellen[87];
- Klauseln, die den Unionsorganen die Hoheit über die *Änderung* ihrer Rechtsgrundlagen verschaffen[88];

---

[83] Wie *Rüdiger Breuer* (NVwZ 1994, 417, 424) zutreffend feststellt, ist Art. 79 Abs. 3 GG insofern verletzt oder nicht – tertium non datur. Wenn man dabei nicht die gesamte Staatlichkeitsthematik auf einmal, sondern immer die einzelne Rechtsstruktur prüft, zerstreuen sich auch die von *Peter Lerche* (in: Festschrift für Konrad Redeker, S. 131, 141) und *Fritz Ossenbühl* (DVBl. 1993, 629, 632) geltend gemachten Bedenken.

[84] *Karl Albrecht Schachtschneider* (in: Blomeyer/Schachtschneider [Hrsg.], Die Europäische Union als Rechtsgemeinschaft, S. 75, 124) sieht auch das Problem der Mehrheitsentscheidung im Rat als eine Frage des Staatlichkeitsthemas an – doch geht es hierbei weniger darum, auf welcher Ebene eine Hoheitsgewalt als unabhängig und letztverantwortlich eingesetzt wird, sondern eher darum, durch wen und wie sie ausgeübt wird, mit anderen Worten: um den Gesichtspunkt der Staatsform. Siehe dazu oben: Drittes Buch, Zweiter Abschnitt, II.3.a. und unten: III.3.b. und c.

[85] Insofern trifft auch die Vermutung nicht zu, daß zahlreiche kleinere Einzelschritte eher mit Art. 79 Abs. 3 GG zu vereinbaren sind als ein großer Schritt in das Bundesstaatsganze; so aber *Peter Lerche*, in: Festschrift für Konrad Redeker, S. 131, 142.

[86] Siehe dazu insgesamt oben: Zweites Buch, Erster und Zweiter Abschnitt; vgl. ferner auch *Peter M. Huber*, Maastricht – ein Staatsstreich?, S. 27 ff. und *Christoph Möllers*, Staat als Argument, S. 389 ff.

[87] Dazu oben: Erstes Buch, Vierter Abschnitt, IV.1. und Zweites Buch, Erster Abschnitt, I. sowie *Christoph Enders*, in: Festschrift für Ernst-Wolfgang Böckenförde, S. 29, 44 f. und *ders.*, VVDStRL 60 (2001), 374, 375.

[88] Dazu oben: Erstes Buch, Vierter Abschnitt, III.1. und Zweites Buch, Erster Abschnitt, III.1. sowie *Peter M. Huber*, Maastricht – ein Staatsstreich?, S. 29.

- Klauseln, wonach Unionsorgane über die *Verteilung der Zuständigkeiten* (zwischen sich und den Mitgliedstaaten) entscheiden[89];
- Vorschriften, welche den Anspruch der Unionsorgane zu erkennen geben, die öffentliche Sphäre *abschließend und umfassend zu regeln*[90];
- Ermächtigungsklauseln an die Union, *Verfassungsorgane* nach eigenem Belieben ins Leben zu rufen und an die Spitze der neu zu schaffenden Ordnung zu stellen[91];
- Bestimmungen, wonach der *Einsatz physischen Zwangs* durch die Union und ihre Organe selbst statuiert und, im Hinblick auf das Wann und das Wie und das Ob-Überhaupt seiner Anwendung, ausgebaut und definiert werden kann[92];
- Vertragsklauseln, welche eine *Kündigung* der staatlichen Mitgliedschaft im Integrationsverband ausnahmslos ausschließen[93];
- Bestimmungen, welche das *gerichtliche Letztentscheidungsrecht* in den Fragen der Rechtsetzungszuständigkeiten wie auch in den Fragen sonstiger unverzichtbarer Verfassungsinhalte in die Hände einer supranationalen Höchstgerichtsbarkeit legen[94];
- Klauseln, welche der Union die Möglichkeiten einer effektiven Rechtsaufsicht oder der *Bundesexekution* eröffnen[95];
- Vertragsstrukturen, wonach über eine *Auflösung* des Integrationsverbandes nicht die darin vereinigten Staaten, sondern die Unionsorgane entscheiden[96];

---

[89] Dazu oben: Erstes Buch, Vierter Abschnitt, III.2. und Zweites Buch, Erster Abschnitt, III.2.; siehe ferner auch *Peter M. Huber*, in: Sachs (Hrsg.), Grundgesetz, Rn. 18 zu Art. 146; *ders.*, ThürVBl. 1994, 1, 6f.; *ders.*, Maastricht – ein Staatsstreich?, S. 29; *Marcel Kaufmann*, JZ 1999, 814, 817.

[90] Dazu oben: Erstes Buch, Vierter Abschnitt, IV.1. und Zweites Buch, Erster Abschnitt, III.3. sowie *Peter M. Huber*, in: Sachs (Hrsg.), Grundgesetz, Rn. 18 zu Art. 146; *ders.*, ThürVBl. 1994, 1, 6f.; *ders.*, Maastricht – ein Staatsstreich?, S. 34; *Torsten Stein*, in: Merten (Hrsg.), Föderalismus und Europäische Gemeinschaften, S. 91, 101f.

[91] Siehe dazu oben: Erstes Buch, Vierter Abschnitt, IV.2 und Zweites Buch, Erster Abschnitt, III.4. sowie *Peter M. Huber*, in: Sachs (Hrsg.), Grundgesetz, Rn. 18 zu Art. 146; *ders.*, ThürVBl. 1994, 1, 6f.

[92] Dazu oben: Erstes Buch, Vierter Abschnitt, IV.3. und Zweites Buch, Erster Abschnitt, III.5.

[93] Dazu oben: Erstes Buch, Vierter Abschnitt, IV.4. und Zweites Buch, Erster Abschnitt, III.6.; siehe auch *Peter M. Huber*, in: Sachs (Hrsg.), Grundgesetz, Rn. 18 zu Art. 146; *ders.*, ThürVBl. 1994, 1, 6f.; *ders.*, Maastricht – ein Staatsstreich?, S. 32; *ders.*, Recht der Europäischen Integration, §4 Rn. 58; *Marcel Kaufmann*, JZ 1999, 814, 821 und *Dietrich Murswiek*, Der Staat 32 (1993), 161, 175.

[94] Dazu oben: Erstes Buch, Vierter Abschnitt, V.1. und Zweites Buch, Erster Abschnitt, III.7. sowie *Christoph Enders*, in: Festschrift für Ernst-Wolfgang Böckenförde, S. 29, 42f. und *Marcel Kaufmann*, JZ 1999, 814, 821.

[95] Dazu oben: Erstes Buch, Vierter Abschnitt, V.2. und Zweites Buch, Erster Abschnitt, III.8.

[96] Dazu oben: Erstes Buch, Vierter Abschnitt, VI.2. und Zweites Buch, Erster Abschnitt, VI.1.; siehe auch *Marcel Kaufmann*, JZ 1999, 814, 821.

– Unverbrüchlichkeitsklauseln in der Art des Art. 79 Abs. 3 GG, die darauf zielen, *änderungsfeste Verfassungsinhalte* auf gesamteuropäischer Ebene zu verankern[97].

Verletzt wird Art. 79 Abs. 3 i. V. m. Art. 20 Abs. 1 und 2 GG demzufolge immer dann, wenn die Bundesrepublik Deutschland eine völkerrechtliche Bindung an einen der genannten Vertragsinhalte begründet. Die Auffassung, daß der Zeitpunkt des Eingreifens von Art. 79 Abs. 3 GG i. V. m. Art. 20 Abs. 1 GG unter dem Gesichtspunkt des Staatlichkeitsbestandes nicht oder jedenfalls nicht hinreichend sicher feststellbar sei, hat sich damit als haltlos erwiesen.

Fraglich kann dabei allenfalls sein, inwiefern die Möglichkeit einer verfassungskonformen Auslegung das Verdikt der Nichtigkeit eines entsprechenden Zustimmungsaktes abzuwenden vermag. Wie auch in allen anderen Auslegungszusammenhängen hat ein verfassungskonformes Verständnis der zu prüfenden Normen Vorrang, solange dieses noch den juristischen Interpretationsmethoden entspricht[98] – doch gebieten die Umstände hierbei ein besonderes Maß an verfassungsrechtlicher Umsicht: indem es in den vorliegend untersuchten Zusammenhängen um Zustimmungsgesetze zu supranationalen Integrationsakten und damit um den Eintritt in die Pflichten mehrseitiger internationaler Vertragswerke geht, muß bei der Auslegung staatlichkeitsrelevanter Vertragsklauseln mitbedacht werden, wie die zu prüfende Regelung von den Vertragspartnern aufgefaßt wird.[99] An ein verfassungskonformes Verständnis der entsprechenden Vertragsbestimmung ist hiernach dann, und nur dann, zu denken, wenn die entsprechende Lesart auch dem Konsens der Vertragsparteien entspricht. Die Irreversibilität des Eintritts in eine neue staatliche Bindung schließt es dabei von vornherein aus, im Falle eines Zweifels zugunsten der Integration zu entscheiden.

3. *Die Vereinbarkeit des geltenden Primärrechts mit Art. 79 Abs. 3 GG i. V. m. Art. 20 Abs. 1 GG (unter Staatlichkeitsaspekten)*

Die Frage, ob das geltende Primärrecht von EG und EU mit Art. 79 Abs. 3 i. V. m. Art. 20 Abs. 1 und 2 GG unter dem Gesichtspunkt des Staatlichkeitsbestandes zu vereinbaren ist, wurde innerhalb des verfassungsrechtlichen Schrifttums (genauer gesagt: innerhalb jenes Teils des verfassungsrechtlichen Schrift-

---

[97] Dazu oben: Erstes Buch, Vierter Abschnitt, VI.1. und Zweites Buch, Erster Abschnitt, III.10.

[98] *Christoph Degenhart*, Staatsrecht I, Rn. 792.

[99] Zu einem entsprechenden Vorgehen des Bundesverfassungsgerichts im Maastricht-Verfahren siehe *Karl Albrecht Schachtschneider*, VVDStRL 56 (1997), 100; zum Problem der verfassungskonformen Auslegung völkerrechtlicher Verträge im allgemeinen vgl. BVerfGE 4, 157, 168 f.

tums, der entsprechende Verstöße überhaupt für vorstellbar hält[100]) uneinheitlich beurteilt. Verletzungen dieser Normen wurden insbesondere nach dem Inkrafttreten des Vertrages von Maastricht behauptet.[101] Gestützt wurde diese Annahme auf die Regelungen zur Währungsunion und die Veräußerung weiterer Zuständigkeitsfelder an die Gemeinschaft. Inwiefern bereits in den Bestimmungen der heute geltenden Verträge ein Übergang einzelner Staatlichkeitsaspekte erblickt werden kann, wurde im Ersten Abschnitt des Zweiten Buches eingehend dargelegt, auf dessen Ergebnisse hier noch einmal zurückzukommen ist. Bei ihrer verfassungsrechtlichen Bewertung anhand des Maßstabes aus Art. 79 Abs. 3 GG i. V. m. Art. 20 Abs. 1 GG ergibt sich in der Frage, ob das gegenwärtige Unionsrecht mit dem Grundgesetz (unter dem Gesichtspunkt des Staatlichkeitsbestandes) zu vereinbaren ist, folgendes Bild:

– Den unbedingten *Vorrang des europäischen Rechts* vor sämtlichen mitgliedstaatlichen Normen (und damit auch vor änderungsfesten Verfassungsinhalten der mitgliedstaatlichen Ordnung) sieht das europäische Unionsrecht nicht vor.[102] EGV und EUV, die sich hierzu nicht explizit äußern, lassen den verfassungsrechtlich nötigen Spielraum für eine staatlichkeitswahrende Deutung der Integrationsstruktur unangetastet.[103] Auch der Umstand, daß der EuGH einen entsprechenden Vorrang vertritt, führt dabei nicht zur Verfassungswidrigkeit des Vertragswerks, sondern wäre, im Falle eines Konflikts von gemeinschaftsrechtlicher Norm und unverbrüchlichen nationalen Verfassungsinhalten, durch die mitgliedstaatlichen Verfassungsorgane (zugunsten eines Fortbestandes der Mitgliedsländer als Staaten) verfassungsrechtlich korrekt zu bewältigen. Eine verfassungskonforme Auslegung des Vertragswerks durch die mitgliedstaatlichen Verfassungsgerichte erscheint an dieser Stelle ohne weiteres möglich – in ihrer Judikatur wird eine entsprechende Sichtweise (die den Kerninhalten der nationalen Verfassung den Vorrang einräumt), vom Solange-I-Beschluß des Bundesverfassungsgerichts[104] bis hin zur jüngsten Entscheidung des polnischen Trybunal Konstytucyjny[105], beinahe durchgängig praktiziert.[106]
– EGV und EUV eröffnen der Union nicht die Möglichkeit, selbständig über

[100] Siehe dazu oben: II.1.b.aa.
[101] So *Dietrich Murswiek*, Der Staat 32 (1993), 161, 187; *Fritz Ossenbühl*, DVBl. 1993, 629, 632; *Hans Heinrich Rupp*, NJW 1993, 38, 40 und *Karl Albrecht Schachtschneider/Angelika Emmerich-Fritsche/Thomas C. W. Beyer*, JZ 1993, 751.
[102] Anders jedoch *Karl Albrecht Schachtschneider/Angelika Emmerich-Fritsche/Thomas C. W. Beyer*, JZ 1993, 751, 757.
[103] Vgl. dazu auch *Matthias Herdegen*, EuGRZ 1992, 589, 591.
[104] E 37, 271.
[105] In deutschsprachiger Zusammenfassung veröffentlicht unter: http://www.trybunal.gov.pl.
[106] Dazu ausführlich oben: Zweites Buch, Erster Abschnitt, I.2.b. sowie *Matthias Herdegen*, EuGRZ 1992, 589, 591.

eine *Neugestaltung ihrer rechtlichen Grundlagen* zu entscheiden.[107] Änderungen des Primärrechts werden weiterhin auf völkerrechtlichem Wege vereinbart; erste Ansätze einer Beteiligung von Unionsorganen fallen dabei, nach dem gegenwärtigen Stand des Unionsrechts, noch nicht in einem solchen Umfang ins Gewicht, daß dies zwingend als ein Kennzeichen der gesamteuropäischen Staatlichkeit ausgelegt werden müßte – wenngleich ein solches Verständnis, wie oben gezeigt wurde[108], möglich erscheint. Entscheidend ist dafür, daß Kommission und Parlament (als genuin europäische Organe) Änderungen der primärrechtlichen Vorschriften nicht nur nicht erzwingen können (was in jedem Fall grundgesetzwidrig sein müßte), sondern unter der gegenwärtigen Rechtslage auch keinerlei rechtliche Mittel besitzen, Änderungen, welche die Mitgliedstaaten verlangen, dauerhaft zu verhindern.[109] Die Verträge lassen sich auch weiterhin in der Weise verstehen (und dies genügt, sofern es nur dem Konsens aller beteiligten Staaten entspricht[110]), daß ein einstimmiges Handeln der Mitglieder ausreicht, um die Mitwirkungsmöglichkeiten der gesamteuropäischen Organe am Änderungsprozeß zu beenden – wie vom Verfahren des Art. 48 EUV bei Einstimmigkeit der EU-Staaten abgewichen werden konnte, hat nicht zuletzt das Vorgehen bei der Ausarbeitung des Verfassungsvertrages verdeutlicht.

– Hinsichtlich der Fragen von *Allzuständigkeit* und *Kompetenzkompetenz* (die aufgrund ihres engen Zusammenhangs hier gemeinsam behandelt werden) haben die Untersuchungen des Zweiten Buches bewiesen, daß die Ordnung der Zuständigkeiten, wie sie durch die Verträge von Maastricht und Amsterdam in EUV und EGV fixiert worden ist, alles in allem noch nicht als Staatlichkeitspreisgabe (und damit noch nicht als ein Verstoß gegen Art. 79 Abs. 3 GG i. V. m. Art. 20 Abs. 1 GG) eingestuft werden kann.[111] Aus der Perspektive einer Rechtsstrukturanalyse, wie sie hier zu verfolgen ist (wo es um die Feststellung der Verfassungsmäßigkeit untergeordneter Rechtsnormen geht), kann an diesem Befund auch der Umstand nichts ändern, daß seit den Verträgen von Maastricht und Amsterdam im Hinblick auf eine Allzuständigkeit der Union in Anbetracht der Fülle ihrer heutigen Kompetenzen nur noch von einem „Noch-Nicht" die Rede sein kann.[112] Ein Recht zur umfassenden

---

[107] Siehe dazu ausführlich oben: Zweites Buch, Erster Abschnitt, III.1.b. und *Peter M. Huber*, in: Ipsen/Rengeling/Mössner/Weber (Hrsg.), Verfassungsrecht im Wandel, S. 349, 353; vgl. ferner auch *Matthias Herdegen*, EuGRZ 1992, 589, 591.

[108] Dazu oben: Zweiter Abschnitt, III.1.

[109] Dazu oben: Zweiter Abschnitt, III.1.

[110] Siehe dazu oben: 2.

[111] So auch *Udo Fink*, DÖV 1998, 133, 139.

[112] Daß hinsichtlich des Umfangs der übertragenen Zuständigkeiten eine Grenze erreicht worden sei, meinen *Matthias Herdegen*, EuGRZ 1992, 589, 593; *Dietrich Murswiek*, Der Staat 32 (1993), 161, 187 und in der Sache auch *Karl Albrecht Schachtschneider*, in: Blomeyer/Schachtschneider (Hrsg.), Die Europäische Union als Rechtsgemeinschaft, S. 75, 122.

Ordnung des Gemeinwesens wird den europäischen Organen durch EGV und EUV weder ausdrücklich eingeräumt noch der Sache nach eröffnet; der Grundsatz der begrenzten Einzelermächtigung, den Art. 5 UAbs. 1 EGV ausdrücklich festschreibt, schließt einen solchen Anspruch, und mit ihm zugleich die Kompetenzkompetenz der Union, grundsätzlich aus[113]; wie ebenfalls gezeigt worden ist[114], kann an diesem Befund auch die sogenannte Abrundungsklausel des Art. 308 EGV nichts Entscheidendes ändern.[115] Wenngleich diese Vorschrift der Union (beschränkte) Möglichkeiten, die eigene Zuständigkeit zu erweitern, eröffnet, so ergibt sich hieraus, aus der Sicht des mitgliedstaatlichen Verfassungsrechts, nur das Gebot, diese Norm zurückhaltend zu interpretieren (dies allerdings zwingend): die Möglichkeit einer verfassungswidrigen Anwendung haftet, stärker oder weniger stark, jeder Gesetzesbestimmung an, ohne diese selbst in einen Widerspruch zur Verfassung zu setzen.[116] Welche einzelnen Zuständigkeiten durch die Verträge von Maastricht und Amsterdam auf die EG übergegangen sind, ist demgegenüber, unter dem Gesichtspunkt des Staatlichkeitsbestandes, irrelevant[117]: die Eigenschaft eines Verbandes, in der hier dargelegten Bedeutung als Staat aufzutreten, läßt sich nicht mit bestimmten inhaltlichen Zuständigkeiten (wie etwa Währung[118] oder Verteidigung) identifizieren, sondern hängt in erster Linie von der Gesamtkonzeption der Zuständigkeitenverteilung ab[119], die, wie hier gezeigt werden konnte, mit den Erfordernissen des verfassungsrechtlich geschützten Staatsformbestandes zu vereinbaren ist.

– Einen entsprechenden, das Staatsein der Mitglieder schützenden Auslegungsspielraum läßt das Primärrecht auch dort zu, wo es um den *Austritt* eines der Mitglieder aus der Union geht.[120] In Anbetracht der verfassungsrechtlichen

---

[113] Siehe dazu oben: Zweites Buch, Erster Abschnitt, III.2.b.aa.; zur Ambivalenz dieses Regelungsmusters siehe oben: Erstes Buch, Vierter Abschnitt, III.2.c.

[114] Dazu oben: Zweites Buch, Erster Abschnitt, III.3.b.bb.

[115] Anders jedoch *Udo Di Fabio* (Der Staat 32 [1993], 191, 196f.), der die faktischen Folgen dessen betont, wie Art. 308 EGV angewandt wurde.

[116] Art. 6 Abs. 4 EUV scheidet aus den oben behandelten Gründen als Anknüpfungspunkt der legislativen Kompetenzkompetenz ebenfalls aus, siehe dazu: Zweites Buch, Erster Abschnitt, III.2.b.bb und die gegenteiligen Positionen in BVerfGE 89, 155, 194ff. einerseits und bei *Karl Albrecht Schachtschneider/Angelika Emmerich-Fritsche/Thomas C. W. Beyer*, JZ 1993, 751, 753f. andererseits; zusammenfassend *Peter M. Huber*, in: Ipsen/Rengeling/Mössner/Weber (Hrsg.), Verfassungsrecht im Wandel, S. 349, 354f.

[117] Dazu oben: Erstes Buch, Vierter Abschnitt, IV.1.c.

[118] *Ingolf Pernice*, in: Isensee/Kirchhof (Hrsg.), Handbuch des Staatsrechts, Bd. VIII, § 191 Rn. 45; *ders.*, Die Verwaltung 26 (1993), 449, 474; anders jedoch *Matthias Herdegen*, EuGRZ 1992, 589, 592 und *Dietrich Murswiek*, Der Staat 32 (1993), 161, 181.

[119] Unklar insoweit *Matthias Herdegen*, EuGRZ 1992, 589, 592, der beispielsweise die Währungshoheit „zu den wesentlichen Komponenten staatsrechtlichen Eigenlebens“ zählt, eine Europäisierung dieser Funktionen im Wege der Verfassungsänderung aber dennoch für zulässig hält.

[120] Dazu oben: Zweites Buch, Erster Abschnitt, III.6.b.

Grenzen, die Art. 79 Abs. 3 GG i. V. m. Art. 20 Abs. 1 GG der äußeren Einbindung des vom Grundgesetz konstituierten Staatswesens zieht, kann diese bis heute umstrittene Frage verfassungskonform nur so zu beantworten sein, daß EGV und EUV den Rückgriff auf die außerordentlichen Kündigungsmöglichkeiten, die das Völkerrecht (beispielsweise in den Artt. 60 ff. WVRK) vorsieht[121], als ultima ratio nicht ausschließen sollen.[122] Die Verträge lassen ein solches Verständnis ohne weiteres zu.[123]

- Auch im Hinblick auf den Problemkreis des *gerichtlichen Letztentscheidungsrechts* in Kompetenz- und Grundrechtsfragen ist das gegenwärtige Vertragsrecht mit Art. 79 Abs. 3 GG i. V. m. Art. 20 Abs. 1 GG unter dem Gesichtspunkt des Staatlichkeitsbestandes zu vereinbaren. In den Verträgen selbst findet sich kein Anhaltspunkt dafür, daß die Befugnis zur letztverbindlichen gerichtlichen Entscheidung in Grundrechtskonflikten und Kompetenzstreitigkeiten beim EuGH liegen muß. Wenn dieser von einem solchen Recht ausgeht, handelt es sich um den Versuch einer (die eigenen Kompetenzen erweiternden) Rechtsfortbildung, dem mehrere mitgliedstaatliche Verfassungsgerichte, ausdrücklich oder in der Konsequenz ihrer Argumentationsweisen, entgegengetreten sind.[124]
- Was die *Außerkraftsetzung der Verträge* (und damit die Abschaffung des supranationalen Verbandes selbst) anbelangt, so erwiese es sich als Verstoß gegen Art. 79 Abs. 3 GG i. V. m. Art. 20 Abs. 1 GG, wenn dem Primärrecht zufolge eine Auflösung des supranationalen Verbandes gegen dessen Willen unmöglich wäre. Eine solche Bestimmung findet sich weder im EGV noch im EUV: wie im Ersten Abschnitt des Zweiten Buches gezeigt worden ist, muß Art. 312 EGV ebensowenig wie Art. 51 EUV zwingend als eine Art „Unauflöslichkeitsklausel" ausgelegt werden, so daß auch hier ein verfassungskonformes Verständnis des Vertragswerkes möglich erscheint. Im übrigen stellt sich auch diese Frage als ein Problem der Beteiligung europäischer Organe am vertraglich festgelegten Änderungsverfahren dar – deren Vereinbarkeit mit dem Grundgesetz hier bereits aufgezeigt wurde.

Alles in allem erweist sich damit das Primärrecht der Union in seiner gegenwärtigen Beschaffenheit unter Staatlichkeitsaspekten als grundgesetzkonform. Art. 79 Abs. 3 GG i. V. m. Art. 20 Abs. 1 GG setzt dabei jedoch eine bestimmte

---

[121] Dazu oben: Zweites Buch, Erster Abschnitt, III.6.a. sowie *Peter M. Huber*, in: Ipsen/Rengeling/Mössner/Weber (Hrsg.), Verfassungsrecht im Wandel, S. 349, 355 ff.

[122] *Peter M. Huber*, in: Ipsen/Rengeling/Mössner/Weber (Hrsg.), Verfassungsrecht im Wandel, S. 349, 356 f.

[123] *Peter M. Huber*, in: Ipsen/Rengeling/Mössner/Weber (Hrsg.), Verfassungsrecht im Wandel, S. 349, 356 f.; a. A. *Karl Albrecht Schachtschneider/Angelika Emmerich-Fritsche/Thomas C. W. Beyer*, JZ 1993, 751, 758.

[124] Dazu oben: Zweites Buch, Erster Abschnitt, III.7.

Verständnisweise der Verträge voraus, mit welcher die bisherige Rechtsauffassung des EuGH zum Anwendungsvorrang und zum judiziellen Letztentscheidungsrecht ebensowenig zu vereinbaren ist wie bestimmte im Schrifttum vertretene Annahmen zur Auslegung der hier beschriebenen staatlichkeitsrelevanten Aspekte des europäischen Rechts.

4. Die Vereinbarkeit des „Vertrages über eine Verfassung für Europa" mit Art. 79 Abs. 3 GG i. V. m. Art. 20 Abs. 1 GG (unter Staatlichkeitsaspekten)

Nachdem sich damit EGV und EUV unter dem Gesichtspunkt des Staatlichkeitsbestandes als grundgesetzkonform herausgestellt haben, bleibt zu untersuchen, inwiefern auch die Zustimmung Deutschlands zu dem (vorerst gescheiterten) Verfassungsvertrag mit Art. 79 Abs. 3 GG i. V. m. Art. 20 Abs. 1 GG zu vereinbaren ist. Das Hauptaugenmerk richtet sich hierbei auf Vorrangproblematik, Änderungsverfahren und Zuständigkeitenverteilung, welche (im Hinblick auf die EU) die neuralgischen Punkte des Staatlichkeitsbestandes markieren:

- Im Hinblick auf den *Vorrang des europäischen Rechts* könnte sich insbesondere Art. I-6 EV als Verstoß gegen Art. 79 Abs. 3 GG i. V. m. Art. 20 Abs. 1 GG erweisen, da er seinem Wortlaut zufolge das Recht der Union ohne Beschränkungen über das Recht ihrer Mitglieder stellt. Ausnahmen, insbesondere bei Konflikten europäischer Rechtsvorschriften mit Kerninhalten nationalen Verfassungsrechts, sind in dieser Bestimmung nicht vorgesehen. Art. I-6 EV könnte daher so gemeint und so zu verstehen sein, daß sich der „Vertrag über eine Verfassung für Europa" mit dieser Norm an die Spitze einer gesamteuropäischen Rechtshierarchie stellt und vom Augenblick seines Inkrafttretens an höchste Geltung beansprucht. Ob ein solcher Schluß zwingend ist, hängt wiederum davon ab, welche anderen Deutungen Art. I-6 EV zuläßt, wobei insbesondere zu erwägen ist, diese Regelung als Bestätigung und Fixierung der bisherigen EuGH-Rechtsprechung[125] zu interpretieren.[126] Wie weiter oben, insbesondere im Hinblick auf die Judikatur des spanischen Tribunal Constitucional, ausführlich dargelegt worden ist[127], beginnen sich entsprechende Auslegungstendenzen in der Rechtsprechung nationaler Verfassungsgerichte herauszukristallisieren.[128] Für ein entsprechendes Verständnis (das zugleich als ein verfassungskonformes Verständnis im Hinblick auf

---

[125] Dazu oben: Zweites Buch, Erster Abschnitt, I.5.

[126] So u.a. Conseil Constitutionnel EuR 2004, 911, 914 und *Thomas Oppermann*, DVBl. 2003, 1165, 1172; ablehnend gegenüber dieser Annahme äußern sich *Mattias Kumm/Victor Ferreres Comella*, in: Weiler/Eisgruber (Hrsg.), Altneuland: The EU Constitution in a Contextual Perspective, S. 7ff. und *Theo Öhlinger*, in: Festschrift für Georg Ress, S. 685, 693.

[127] Zweites Buch, Erster Abschnitt, I.5.

[128] Siehe hierzu vor allem die Entscheidungen Conseil Constitutionnel EuR 2004, 911, 914 und Tribunal Constitucional EuR 2005, 339, 346. Zu dieser Tendenz auch *Gil Carlos Rodri-*

die Wahrung des mitgliedstaatlichen Staatseins erscheint) spricht insbesondere, daß Art. I-6 EV durch Art. I-5 Abs. 1 Satz 1 EV relativiert werden soll, wonach die Union „die nationale Identität der Mitgliedstaaten" achtet, „die in deren grundlegender politischer und verfassungsrechtlicher Struktur [...] zum Ausdruck kommt".[129] Rechtsakte der Union dürfen danach die Identität der mitgliedstaatlichen Verfassungsordnungen in keiner Weise gefährden.[130] Wenn aus diesen Erwägungen heraus Art. I-6 EV in einem Sinn interpretiert werden kann, der mit Art. 79 Abs. 3 GG i. V. m. Art. 20 Abs. 1 GG zu vereinbaren ist (und wenn abzusehen ist, daß auch die völkerrechtlichen Vertragspartner die Klausel in derselben Weise verstanden wissen wollen), so ist dabei gleichwohl zu beachten, daß der „Vertrag über eine Verfassung für Europa" an diesem Punkt (in der Frage, was verfassungsrechtlich zulässig ist) eine äußerste Grenze erreicht hat: die Unantastbarkeit der grundlegenden Staatsstruktur als höchstes und oberstes Recht muß sich aus ihr selbst, aus der Geltungskraft ihrer Bestandssicherungsklauseln ergeben[131]; sobald ihr Vorhandensein ganz oder teilweise auf dem Schutz durch die höhere Rechtsnorm beruht, wäre der Höchstrangigkeitsanspruch der Verfassung gebrochen – die Rechtsstruktur liefe dann auf eine von oben her eingerichtete Autonomie- und Fortbestandsgarantie hinaus. Der Auslegungsspielraum, den Art. I-6 EV in dieser Hinsicht eröffnet, genügt damit alles in allem noch den verfassungsrechtlichen Anforderungen – doch handelt es sich dabei in mehrfacher Hinsicht, im Hinblick auf die methodische Anfechtbarkeit einer entsprechenden Lesart und im Hinblick auf die Nähe der Klausel zum vollendeten Föderalismus, um einen Grenzfall: auch ein verfassungskonformes Verständnis der Norm hilft nicht darüber hinweg, daß die Bestimmung des Art. I-6 EV mit aller nur denkbaren Deutlichkeit in eine bundesstaatliche Richtung weist.

– Was die *Hoheit der Unionsorgane über die eigenen Rechtsgrundlagen* betrifft, so ergeben sich Zweifel insbesondere aus dem Umstand, daß die Mitwirkungsmöglichkeiten dieser Organe an der Änderung des Primärrechts

guez Iglesias, Perspektiven europäischer und nationaler Verfassungsgerichtsbarkeit im Lichte des Vertrags über eine Verfassung für Europa, S. 8ff.

129 Conseil Constitutionnel EuR 2004, 911, 914. – Die Grenze, die der europäische Verfassungsvertrag dem Tätigsein der Union damit zieht, gilt insbesondere für den Fall des Konflikts von Unionsvorschriften und nationalem Verfassungsrecht, das Art. I-5 Abs. 1 Satz 1 EV (anders als bisher Art. 6 Abs. 3 EUV) ausdrücklich erwähnt. Daß auch die gegenwärtige Rechtslage Einbrüche in die Grundstrukturen des nationalen Verfassungsrechts ausschließt, betonen u. a. *Eckart Klein*, in: Hailbronner/Klein/Magiera/Müller-Graff, Handkommentar zum Vertrag über die Europäische Union (EUV/EGV), Rn. 4 zu Art. F (im Hinblick auf Art. F Abs. 1 a. F. EUV) und *Matthias Pechstein*, in: Streinz (Hrsg.), EUV/EGV, Rn. 27 zu Art. 6 EUV. Eher zurückhaltend demgegenüber *Josef Isensee*, in: Festschrift für Klaus Stern, S. 1239, 1257.

130 Vgl. dazu auch *Wolfgang Graf Vitzthum*, EuR 2002, 1, 3f.

131 Zutreffend hierzu auch *Theo Öhlinger*, in: Festschrift für Georg Ress, S. 685, 692f.

noch einmal deutlich gestärkt worden sind (vgl. Art. IV-443 EV). Wenn auch eine solche Regelung nach dem oben Gesagten[132] noch als verfassungskonform eingestuft werden kann, beruht dies letztendlich darauf, daß der Schwerpunkt innerhalb dieses Änderungsverfahrens nach wie vor bei den einzelnen Staaten gesucht werden muß, von deren Ratifikation das Inkrafttreten jedweder Änderung abhängt (Art. IV-443 Abs. 3 UAbs. 2 EV). „Empfehlungen", welche der Konvent dabei ausspricht (Art. IV-443 Abs. 2 Satz 3 EV), können die Staaten in keiner Weise verpflichten, wie bereits der Verfassungskonvent gezeigt hat. Die Grenzen dessen, bis wohin Unionsorgane an der Änderung des Primärrechts in verfassungsrechtlich zulässiger Weise teilhaben dürfen, sind damit jedoch erreicht.

– Was die *Verteilung der Zuständigkeiten* anbelangt, so erweist sich, wie im Ersten Abschnitt des Zweiten Buches gezeigt worden ist, insbesondere Art. 11 EV im Hinblick auf Verlust und Übergang der Staatlichkeit als kritisch, wenn dessen Absatz 2 Satz 2 bestimmt, daß alle der Union nicht übertragenen Zuständigkeiten den Mitgliedstaaten verbleiben.[133] Eine derartige Regelung, die mit entsprechenden Klauseln in bundesstaatlichen Verfassungen durchaus vergleichbar erscheint, könnte als verfassungsrechtlicher Anspruch des EU-Primärrechts ausgelegt werden, über die Ordnung der öffentlichen Sphäre, durch die Verteilung der Hoheitsgewalt zwischen Unionsgebilde und Mitgliedstaaten, abschließend befinden zu wollen. Eine solche Lesart (wonach Allzuständigkeit und Kompetenzkompetenz auf die europäische Ebene hinübergewechselt wären) stellt sich indes nicht als zwingend dar, wenn man die Norm in ihrem Zusammenspiel mit den anderen Absätzen dieser Vorschrift versteht – Art. 11 Abs. 1 Satz 1 EV könnte, wie oben gezeigt worden ist[134], im Rahmen dessen, was methodisch statthaft erscheint, auch als eine (regelungstechnisch nicht unbedingt notwendige) Erläuterung zum Prinzip der begrenzten Einzelermächtigung aufgefaßt werden.[135] Beschränkt auf eine ent-

[132] Siehe dazu im einzelnen oben: Zweites Buch, Erster Abschnitt, III.1.d.

[133] Siehe dazu oben: Zweites Buch, Erster Abschnitt, III.3.d.

[134] Zweites Buch, Erster Abschnitt, III.3.d.

[135] In diese Richtung (z.T. noch zu Art. 9 Abs. 2 Satz 2 des Konventsentwurfs) *Markus Ludwigs*, ZEuS 2004, 211, 217; *Thomas Oppermann*, DVBl. 2003, 1165, 1171 (der hierdurch sogar die „Herrschaft über die Verträge" seitens der Mitgliedstaaten betont sieht, dabei jedoch die Ambivalenz dieser Vorschrift und ihre Nähe zu einer Bestimmung wie Art. 30 GG verkennt) und *Jürgen Schwarze*, EuR 2003, 535, 542. Eine entsprechende Diskussion über den „Ursprung" der Zuständigkeiten fand im Verfassungskonvent statt, vgl. dazu die Drucksache CONV 624/03 (Kurzbericht über die zusätzliche Plenartagung am 5. März 2003 in Brüssel), S. 1, ohne daß dabei die Bedeutung von Art. 11 Abs. 2 Satz 2 EV (damals Art. 8 Abs. 2 Satz 2 bzw. Art. 9 Abs. 2 Satz 2 der Entwürfe) geklärt worden wäre. Auch die Begründung des Präsidiums zur ersten Fassung der entsprechenden Bestimmung (Vermerk des Präsidiums zum Entwurf der Art. 1 bis 16 des Verfassungsvertrages, CONV 528/03, S. 15 f.) enthält keinerlei Hinweise darauf, inwieweit sich die Funktion der entsprechenden Klausel in einer Klarstellung von Selbstverständlichkeiten erschöpft.

sprechende Klarstellungsrolle, wäre auch Art. 11 Abs. 2 Satz 2 EV als immanenter Bestandteil des Prinzips der begrenzten Einzelermächtigung mit Art. 79 Abs. 3 GG i. V. m. Art. 20 Abs. 1 GG zu vereinbaren – die Gefahr, daß eine solche Norm über diese Rolle hinauswächst und sich zur Verankerung eines gemeinschaftsrechtlichen Allzuständigkeitsanspruchs entwickelt (sobald eine solche gesucht wird), bleibt dabei bestehen.[136]

Wenn sich somit auch die Bestimmungen des Verfassungsvertrages in einer Weise auslegen lassen, die den Erfordernissen des Art. 79 Abs. 3 GG i. V. m. Art. 20 Abs. 1 GG unter dem Gesichtspunkt des Staatlichkeitsverlustes (bei verfassungskonformer Auslegung zahlreicher Vorschriften) entspricht, so hat sich dennoch gezeigt, daß die Entwicklung des supranationalen Einigungswerkes mit dem Integrationsstand des Verfassungsvertrages an den Grenzen des rechtlich Zulässigen angelangt ist (und zwar an jenen Grenzen, die sich aus der Frage des Staatseins ergeben – jene anderen Grenzen, die sich an den Bestand des Staatsformcharakters knüpfen, könnten, wie gleich noch gezeigt werden soll, deutlich enger gezogen erscheinen).[137] Die besondere Intensität, welche die Einbindung der grundgesetzlichen Ordnung in den supranationalen Integrationsvorgang kennzeichnet, weist dabei deutlich in die Richtung einer neu sich entwickelnden, gesamteuropäischen Staatlichkeit – und verlangt, aus juristischer wie aus staatstheoretischer Sicht, auf den Bestand jedes einzelnen Staatlichkeitskriteriums zu achten. Juristisch betrachtet, bedeutet der Übergang eines Staatlichkeitskriteriums die Einsetzung eines verfassungsrechtlich illegalen Normengebildes – staatstheoretisch betrachtet, bedeutet er Verlust und Neubegründung des Staatseins.

---

[136] Zumal es sich um einen allgemeinen Grundsatz der juristischen Hermeneutik, auch und gerade auch bei Verfassungen, handelt, Vorschriften so auszulegen, daß sie einen rechtlich sinnvollen Regelungsinhalt besitzen; vgl. *Franz Bydlinski*, Juristische Methodenlehre und Rechtsbegriff, S. 444.

[137] Diese Grenze wurde z.T. bereits durch den Maastrichtvertrag als erreicht angesehen, siehe *Peter M. Huber*, ThürVBl. 1994, 1, 7. – Methodisch fragwürdig erscheint dabei die Argumentation *Jürgen Schwarzes* (in: Schwarze [Hrsg.], Die Entstehung einer europäischen Verfassungsordnung, S. 109, 187), der aus dem Ziel einer „Weiterentwicklung der Europäischen Union" gemäß Art. 23 Abs. 1 Satz 1 GG deren Vereinbarkeit mit Art. 79 Abs. 3 GG schlußfolgert, wenn ansonsten dafür kein Spielraum besteht. Die verfassungspolitische Motivation einer solchen Argumentation wird a.a.O., S. 190, erkennbar. Wie *Schwarze* auch *Christoph Dorau*, Die Verfassungsfrage der Europäischen Union, S. 187. Entsprechende Überlegungen skizziert und analysiert auch *Udo Di Fabio*, in: Der Staat 32 (1993), 191, 197f.

III. Die verfassungsrechtliche Zulässigkeit einer integrationsbedingten Staatsformpreisgabe

1. „Alle Staatsgewalt geht vom Volk aus" als entscheidender Bezugspunkt der integrationsrelevanten Staatsformabsicherung in der Verfassungsordnung des Grundgesetzes

Staatlichkeit und Staatsform erscheinen auch dort auf das Engste verbunden[138], wo es um die Sicherung ihres Bestandes innerhalb des Verfassungsrechts geht[139]: als konkreter geschichtlicher Ordnungszusammenhang kann die Staatlichkeit niemals abstrakt, sondern stets nur in konkreter Gestalt, in ihrer Ausprägung zu einer Staatsform, verfassungsrechtlich geschützt sein[140] – während andersherum der Schutz, den die Verfassung zu Gunsten der durch sie errichteten Staatsform entfaltet, zugleich auch den Bestand der Staatlichkeit selbst garantiert.[141] Was die Behandlung der Staatsformthematik anbelangt, so enthält das Grundgesetz hierfür deutlichere Anknüpfungspunkte als für den Schutz der Staatlichkeit selbst – dies einerseits in Art. 23 Abs. 1 Satz 3 GG, der sich auf Art. 79 Abs. 3 GG und damit auf den änderungsfesten Kernbestand der demokratischen Staatsform nach Art. 20 Abs. 1 und 2 GG bezieht, und dies andererseits in Art. 23 Abs. 1 Satz 3 GG, der die Mitwirkungspflicht der deutschen Verfassungsorgane am europäischen Einigungswerk auf jene Art von Integrationsstrukturen beschränkt, die ihrerseits demokratischen Prinzipien entsprechen. Der Gedanke, auf dem die beiden genannten Normenkomplexe beruhen, ist seinem Grunde nach ein und derselbe: geschützt ist danach der Ansatz, daß, der Staatskonzeption des Grundgesetzes zufolge, sämtliche Staatsgewalt auf den Willen des Volkes zurückgehen muß (Art. 20 Abs. 2 Satz 1 GG). Der Satz „alle Staatsgewalt geht vom Volk aus" ist insofern der identische Bezugspunkt aller die Staatsform sichernden Grundgesetznormen, auch und gerade auch im Hinblick auf den Fortschritt der Integration.[142] Art. 23 Abs. 1 Satz 1 GG und Art. 23 Abs. 1 Satz 3 i. V. m. Artt. 79 Abs. 3, 20 Abs. 1 und 2 GG kommen daher als Schranken zur Staatsformverbürgung ins Spiel, wenn (wie und wodurch auch immer) Formen der öffentlichen Gewalt ins Leben gerufen werden, die

[138] Dazu allgemein oben: Drittes Buch, Erster Abschnitt, I.

[139] Das mangelnde Bewußtsein hierfür beklagt *Rüdiger Breuer*, NVwZ 1994, 417, 425. Anregungen dazu finden sich insbesondere bei *Marcel Kaufmann*, JZ 1999, 814, 820.

[140] *Rüdiger Breuer*, NVwZ 1994, 417, 425 und *Ulrich Penski*, ZRP 1994, 192, 193. Dezidiert anders indes *Christoph Dorau*, Die Verfassungsfrage der Europäischen Union, S. 187; vgl. dazu auch *Josef Isensee*, in: Festschrift für Ulrich Everling, Bd. I, S. 567, 588.

[141] Zu diesem Zusammenhang auch *Udo Fink*, DÖV 1998, 133, 140.

[142] Verfassungsrechtlich bedenklich erscheint es, wenn die Bedeutung von Art. 20 Abs. 2 GG im Integrationsprozeß von vornherein als relativiert aufgefaßt wird; beispielhaft hierfür *Jürgen Schwarze*, in: Schwarze (Hrsg.), Die Entstehung einer europäischen Verfassungsordnung, S. 109, 161.

innerhalb des deutschen Staates hoheitliche Befugnisse wahrnehmen wollen, ohne vom Volk (und zwar vom Volk im Sinne des Grundgesetzes) hierzu legitimiert worden zu sein.[143] Was die Grundannahme des Art. 20 Abs. 2 Satz 1 GG – „alle Staatsgewalt geht vom Volk aus" – verletzt, kann weder mit Art. 23 Abs. 1 Satz 3 i. V. m. Artt. 79 Abs. 3, 20 Abs. 1 und 2 GG zu vereinbaren sein, noch kann es (wie noch zu begründen sein wird) als „demokratisch" im Sinne von Art. 23 Abs. 1 Satz 1 GG gelten. Die Differenzierung von Art. 23 Abs. 1 Satz 1 GG und Art. 23 Abs. 3 i. V. m. Artt. 79 Abs. 3, 20 Abs. 1 und 2 GG verdeutlicht dabei, wie sich der Schutz des Staatsformbestandes im Hinblick auf den Integrationsprozeß in doppelter Weise entfaltet: während Art. 23 Abs. 1 Satz 3 GG i. V. m. Artt. 79 Abs. 3, 20 Abs. 1 und 2 GG den Bestand der grundgesetzlichen Staatsform insoweit absichern soll, wie die sich entwickelnde supranationale Ordnungsstruktur Bestand, Bedeutung und Wirksamkeit der bisherigen innerstaatlichen Legitimationsketten beeinflußt und abschwächt, fordert Art. 23 Abs. 1 Satz 1 GG demokratische Grundstrukturen für den Unionsverband selbst. Wenn nun versucht werden soll, die tatbestandlichen Voraussetzungen ebenso wie die Rechtsfolgen beider Vorschriften im Kontext der integrationsbedingten Staatsformgefährdung zu konkretisieren, ist deren gemeinsamer Kern, die Wahrung des Satzes „alle Staatsgewalt geht vom Volk aus", der Betrachtung zugrunde zu legen.

2. *Art. 23 Abs. 1 Satz 3 GG i. V. m. Artt. 79 Abs. 3, 20 Abs. 1 und 2 GG: die verfassungsrechtlichen Grenzen eines integrationsbedingten Funktionsverlustes der grundgesetzlichen Staatsform*

a. *Qualitative und quantitative Momente des Staatsformbestandes*

Demokratische Strukturen und Prinzipien können als Staatsform nur dort wirksam werden, wo die vom demos bestellten Organe, insbesondere also das Parlament, als die entscheidenden Gremien der Ausgestaltung einer öffentlichen Ordnung agieren.[144] Art. 20 Abs. 2 Satz 1 GG verlangt insofern, daß der vom Volk zu wählende Bundestag die Rechtsordnung selbst verantworten muß und selbst verantworten kann; ihm muß die Staatsfunktion der Gesetzgebung zufallen[145] (und zwar die Staatsfunktion der Gesetzgebung in einer materiellen

---

[143] *Ulrich Penski*, ZRP 1994, 192, 194; vgl. dazu auch *Christian Seiler*, Der souveräne Verfassungsstaat zwischen demokratischer Rückbindung und überstaatlicher Einbindung, S. 276. Demgegenüber will *Christoph Dorau* (Die Verfassungsfrage der Europäischen Union, S. 180) den unantastbaren Kerngehalt dieser Vorschriften auf die Aussage reduziert sehen, daß die Herrschaft freier und gleicher Menschen über sich selbst unberührt bleiben muß. Zu diesem Konzept der Betroffenenmitbestimmung siehe oben: Drittes Buch, Erster Abschnitt, II.3.a.cc. Art. 20 Abs. 2 GG spricht insofern zu Recht nicht von „Bürgern" und „Menschen", sondern vom „Volk".

[144] Siehe oben Drittes Buch, Erster Abschnitt, II.

[145] *Christoph Degenhart*, Staatsrecht I, Rn. 29.

Bedeutung, nicht im Sinne des formellen Gesetzesbegriffs der grundgesetzlichen Prägung[146]). Das Grundgesetz schützt insofern, wie *Josef Isensee* zutreffend festgestellt hat[147], nicht nur die reine Verfassungsstruktur, sondern auch die in der Wirklichkeit des Staates vorhandene Substanz, auf die sich diese bezieht, d.h. nicht nur die Staatsform der parlamentarischen Demokratie als formell-abstraktes Verfassungskonzept, sondern auch den Bestand an Aufgaben und Befugnissen, der zu ihrer Verwirklichung notwendig ist.[148] Diese Schutzwirkung des Art. 23 Abs. 1 Satz 3 i. V. m. Artt. 79 Abs. 3, 20 Abs. 1 und 2 GG, entfaltet sich, so die Grundannahme der folgenden Absätze, in doppelter Weise – sie entfaltet sich einerseits als Absicherung einer qualitativen Komponente des Staatsformbestandes (nämlich als eine Absicherung gegen den Verlust des demokratischen Legitimationspotentials durch eine zu unbestimmte Veräußerung eigener Zuständigkeiten), und sie entfaltet sich andererseits als Absicherung einer quantitativen Komponente des Staatsformbestandes (nämlich als eine Absicherung gegenüber zu wenig eigenen Kompetenzen).

Die verfassungsrechtlichen Konsequenzen aus diesen Überlegungen hatte das BVerfG bereits in seiner Maastricht-Entscheidung[149] gezogen. Bedeutsam ist dabei zunächst die Erkenntnis, daß der Grundsatz der parlamentarischen Demokratie, wie das Grundgesetz ihn in Art. 20 Abs. 1 und 2 GG i. V. m. Art. 38 GG festgelegt hat, einer Übertragung von Hoheitsrechten auf die Union insofern zwingend entgegensteht, wie hierdurch die Zuständigkeiten des Parlaments in einem staatsformgefährdenden Ausmaß ausgehöhlt werden.[150] Dies wiederum heißt, das die Zustimmung zu einer Änderung des Primärrechts sowohl dann als verfassungswidrig erscheint, wenn dieser Akt selbst die entsprechenden Hoheitsbefugnisse überträgt (dies betrifft das quantitative Moment), als auch dann, wenn er nur, in Gestalt entsprechender Ermächtigungsklauseln, den Weg dazu frei macht (dies betrifft das qualitative Moment). Der *qualitative* Aspekt bezieht sich folglich insbesondere auf die Bestimmtheit der primärrechtlichen Zuständigkeitenfestlegung, aus der sich Art und Umfang der Kompetenzübertragung ergeben.[151] Welche Zuständigkeiten die EU wahrnehmen darf, muß hiernach ebenso eindeutig feststellbar sein wie die Voraussetzungen und Grenzen, wann und in welchem Umfang die Union die ihr eingeräumten

---

[146] Zum zuletzt genannten formellen Gesetzesbegriff vgl. *Christoph Degenhart*, Staatsrecht I, Rnrn. 124ff.

[147] In: Festschrift für Klaus Stern, S. 1239, 1248.

[148] In der Sache ähnlich BVerfGE 89, 155, 182.

[149] BVerfGE 89, 155, 182ff.

[150] BVerfGE 89, 155, 186 spricht hier von einem „Übergewicht von Aufgaben und Befugnissen in der Verantwortung des europäischen Staatenverbundes“, ohne darzulegen, wann ein solches besteht und wie dieses festgestellt werden soll.

[151] Dazu BVerfGE 89, 155, 187f.; *Peter M. Huber*, in: Ipsen/Rengeling/Mössner/Weber (Hrsg.), Verfassungsrecht im Wandel, S. 349, 362f.

Befugnisse ausüben kann.[152] Das *quantitative* Moment betrifft demgegenüber die Fülle der bereits übertragenen oder gegenwärtig zu übertragenden Zuständigkeiten, die ins Verhältnis zu dem gesetzt werden muß, was dem mitgliedstaatlichen Parlament an eigenverantwortlich wahrzunehmenden Regelungszuständigkeiten verbleibt.[153]

Parallel zur Argumentation in der Staatlichkeitsfrage[154] könnte auch hiergegen eingewandt werden, daß der Bereich des verfassungsrechtlich Erlaubten nicht hinreichend sicher abgrenzbar sei. Aus der möglichen Schwierigkeit einer Abgrenzung läßt sich allerdings nicht begründen, daß die Unterscheidung von verfassungsmäßigen Modifikationen der konkreten Staatsformentfaltung und verfassungswidrigen Schritten hin zu einer umfassenden Staatsformpreisgabe von vornherein nicht versucht werden sollte.[155] Die Schwierigkeit, eine entsprechende Grenze zu finden, läßt sich zudem auch dadurch verringern, daß man sowohl hinsichtlich der qualitativen als auch hinsichtlich der quantitativen Momente auf den Zweck der in Art. 23 Abs. 1 Satz 3 GG i. V. m. Artt. 79 Abs. 3, 20 Abs. 1 und 2 GG angelegten Beschränkung abstellt, der im Hinblick auf das Bestehen der Staatsform in den Bestrebungen liegt, die demokratischen Legitimationsmechanismen des Grundgesetzes in Form und Substanz zu erhalten:

- Im Hinblick auf die *qualitativen Aspekte*, wie sie auch das BVerfG ins Zentrum seiner Erwägung gestellt hat, muß sich dieser Regelungsanspruch dadurch vollziehen, daß die Klarheit der vertraglichen Zuständigkeitenverteilung Kompetenzausweitungen durch die Gemeinschaft verhindert. Hieraus ergibt sich, daß die Zustimmung zu einem neuen Akt des Primärrechts Art. 23 Abs. 1 Satz 3 GG i. V. m. Artt. 79 Abs. 3, 20 Abs. 1 GG immer dann widerspricht, wenn die supranationale Gemeinschaft zum rechtlichen Regeln befugt ist, ohne dabei an konkrete Ziele und begrenzte Materien gebunden zu sein.[156] In seiner rechtlichen Ausgestaltung käme dies dem Anspruch auf inhaltliche Allzuständigkeit gleich[157], der explizit formuliert oder in der Struktur konkreter Kompetenzzuordnungsnormen inbegriffen sein kann.
- Die Grenze des verfassungsrechtlich Erlaubten läßt sich indes auch dort prä-

---

[152] BVerfGE 89, 155, 187 f.

[153] Vgl. BVerfGE 89, 155, 186.

[154] Siehe oben: II.2.

[155] Daß „von der Schwierigkeit der Abgrenzung" nicht „auf das Nichtvorhandensein einer Grenze" geschlossen werden dürfe, hat bereits *Carl Schmitt* (Verfassungsrechtliche Aufsätze, S. 147) betont, und dies als einen „logisch höchst merkwürdige[n], aber anscheinend suggestive[n] Schluß" bezeichnet.

[156] BVerfGE 89, 155, 187 f.; siehe auch *Peter M. Huber*, in: Ipsen/Rengeling/Mössner/Weber (Hrsg.), Verfassungsrecht im Wandel, S. 349, 362.

[157] Siehe dazu oben Erstes Buch, Vierter Abschnitt, IV.1. – *Peter M. Huber* (in: Ipsen/Rengeling/Mössner/Weber [Hrsg.], Verfassungsrecht im Wandel, S. 349, 362) interpretiert den Standpunkt des BVerfG insofern als eine Absage an „die bisher vom Gemeinschaftsrecht gewählte Technik finaler Aufgabenzuweisungen".

zisieren, wo es darum geht, das Quantum zu bestimmen, bis wohin eine Preisgabe der Hoheitsrechte mit dem Grundgesetz vereinbar erscheint.[158] Hoheitsbefugnisse sind ihrem Wesen zufolge weder zählbar noch meßbar. Der Grundsatz der parlamentarischen Demokratie, wie ihn das Grundgesetz umsetzt, gebietet indes, daß die vom Volk gewählte Vertretung als Zentrum des Verfassungslebens fungiert und im Rahmen der rechtlichen Ausgestaltung einer Gemeinschaft die erste und entscheidende Rolle spielt.[159] Der grundgesetzlichen Demokratiekonzeption zufolge muß das Parlamentsgesetz innerhalb der damit begründeten Ordnung als zentrales Steuerungsmittel erscheinen.[160] Hieraus ergibt sich, daß Art. 79 Abs. 3 GG i. V. m. Art. 20 Abs. 1 und 2 GG jedenfalls dann als verletzt gelten muß, wenn dem Bundestag innerhalb des staatsorganisatorischen Gremienensembles, unter Einbeziehung auch der supranationalen Rechtsetzungshoheit, ein *offensichtliches Übergewicht* beim Erlaß allgemeinverbindlicher Normen nicht länger zukommt.[161] Der einzugestehende Umstand, daß eine feste Grenze hierbei nicht fixiert werden kann, zwingt dogmatisch dazu, ein Offensichtlichkeitskriterium (und zwar ein Offensichtlichkeitskriterium zugunsten des Staates) zu wählen, dem die Verteilung der Zuständigkeiten gerecht werden muß. Alles andere wäre mit dem Schutz unvereinbar, den Art. 79 Abs. 3 GG i. V. m. Art. 20 Abs. 1 und 2 GG anstrebt: Unsicherheiten über die Grenzen des Zulässigen dürfen nicht zu Lasten der änderungsfesten Verfassungsinhalte aufgelöst werden, sondern müssen um so stärker beschränken, was diese gefährdet.[162]

Indem Art. 23 Abs. 1 Satz 3 GG i. V. m. Artt. 79 Abs. 3, 20 Abs. 1 und 2 GG die Übertragung von Hoheitsrechten auf die Union in ihrem Umfang verfassungsrechtlich begrenzt, wirkt er zugleich einer zweiten Facette der integrationsbe-

---

[158] Siehe dazu auch BVerfGE 89, 155, 186 f., wo dieser Gesichtspunkt indes eher undeutlich bleibt.

[159] Siehe dazu oben: Drittes Buch, Erster Abschnitt, II.1.

[160] *Christoph Degenhart*, Staatsrecht I, Rn. 122; *Fritz Ossenbühl*, in: Isensee/Kirchhof (Hrsg.), Handbuch des Staatsrechts, Bd. III, § 61 Rnrn. 19 f. m. w. N. Vgl. auch *Horst Dreier*, Jura 1997, 249, 256.

[161] Hierin liegt der entscheidende Unterschied der hier vertretenen Ansicht gegenüber der Position in BVerfGE 89, 155, 186, wo es als ausreichend angesehen wird, daß der europäischen Ebene selbst kein Übergewicht an Zuständigkeiten erwächst. Für einen Staat, dessen Verfassung dadurch gekennzeichnet ist, daß die in ihm ausgeübte Staatsgewalt auf den Willen des Volkes zurückgeführt werden kann, ist dies, vor allem aufgrund der dargestellten Abgrenzungsschwierigkeiten, zu wenig, in ihm *muß* das Übergewicht den vom Volk gewählten Organen zukommen – gerade dort, wo eine eindeutige Abgrenzung nur allzu schwer durchführbar ist.

[162] Dieser Gesichtspunkt ist in BVerfGE 89, 155, 186 f. zu Unrecht vernachlässigt worden; vgl. *Karl Albrecht Schachtschneider*, in: Blomeyer/Schachtschneider (Hrsg.), Die Europäische Union als Rechtsgemeinschaft, S. 75, 121.

dingten Staatsformgefährdung entgegen: dem gesteigerten Einfluß der innerstaatlichen Exekutiven, den diese durch ihr Mitwirken im Rat der Gemeinschaft mit seinen umfassenden Zuständigkeiten zum Erlaß sekundärrechtlicher Rechtsregeln gewinnen. Das demokratietheoretisch nachgewiesene und verfassungsrechtlich sich auswirkende Legitimationsdilemma, welches sich damit verbindet[163], ist in juristischer Hinsicht nur durch eine Beschränkung der möglichen Kompetenzübertragung zu lösen. Die Grenze, die das Grundgesetz hierfür vorgibt, ist mit dem, was soeben herausgestellt wurde, identisch: Art. 79 Abs. 3 GG i. V. m. Art. 20 Abs. 1 und 2 GG verbietet die funktionale Aufwertung der Bundesregierung auf Kosten des Parlamentes, wenn der Bundestag hierdurch die ihm gebührende Rolle als offensichtlicher Inhaber der Befugnis zur allgemeinverbindlichen Rechtsetzung einbüßt.

b. Die Einhaltung der verfassungsrechtlichen Grenzen durch geltendes Primärrecht und Verfassungsvertrag

Unter dem *qualitativen Gesichtspunkt* (d. h. unter dem Gesichtspunkt der hinreichenden Bestimmtheit von supranationalen Ermächtigungsnormen) erweisen sich sowohl die Regelungen in EGV und EUV als auch die Vorschriften des „Vertrages über eine Verfassung für Europa" (in der Gestalt der Zustimmungsakte) als verfassungskonform; was im Rahmen der Staatlichkeitsthematik zur Allzuständigkeit und zur Kompetenzkompetenz ausgeführt wurde[164], gilt hierfür entsprechend: weder die geltenden Verträge noch die Regeln des Verfassungsvertrages weisen inhaltlich zu unbestimmte Möglichkeiten der Kompetenzentäußerung auf (oder, um es im Hinblick auf die Abrundungsklausel des Art. 308 EGV noch etwas genauer zu treffen: weder die bisherigen Verträge noch der Verfassungsvertrag müssen in einer solchen Weise ausgelegt werden). Die Ansicht, daß Art. 6 Abs. 4 EUV eine entsprechende unbestimmte Kompetenzerweiterungsklausel enthält[165], wurde vom BVerfG in seinem Urteil zum Vertrag von Maastricht[166] mit zwingenden Gründen verworfen.[167]

Die hier zu betrachtende Frage, ob die Vorschriften des geltenden Primärrechts bzw. die Regelungen des Verfassungsvertrages auch unter dem Aspekt des Staatsformbestandes mit Art. 23 Abs. 1 Satz 3 GG i. V. m. Artt. 79 Abs. 3, 20 Abs. 1 und 2 GG zu vereinbaren sind, läuft damit auf den Gesichtspunkt des

---

[163] Dazu oben: Drittes Buch, Zweiter Abschnitt, II.2. und *Marcel Kaufmann*, JZ 1999, 814, 817f.

[164] Dazu oben: Zweites Buch, Erster Abschnitt, III.2 und 3.

[165] Dazu oben: Zweites Buch, Erster Abschnitt, III.2.b.bb.

[166] BVerfGE 89, 155, 195ff.

[167] Siehe oben: Zweites Buch, Erster Abschnitt, III.2.b.bb. sowie *Christoph Dorau*, Die Verfassungsfrage der Europäischen Union, S. 34; *Peter M. Huber*, in: Ipsen/Rengeling/Mössner/Weber (Hrsg.), Verfassungsrecht im Wandel, S. 349, 355 und *Ingolf Pernice*, in: Isensee/Kirchhof (Hrsg.), Handbuch des Staatsrechts, Bd. VIII, § 191 Rn. 45.

Umfangs der übertragenen Zuständigkeiten, und damit auf die *quantitativen* Momente der Prüfung, hinaus.[168] Entscheidend ist danach, ob angesichts des heute erreichten und des vom Verfassungsvertrag intendierten Umfangs an übertragenen Hoheitsbefugnissen berechtigterweise noch von einer offensichtlichen Hauptrolle der demokratisch gewählten Vertretung im Rechtsetzungssektor die Rede sein kann. Der Blick auf einige der wichtigsten Gesetzgebungsfelder ergibt, daß die rechtliche Ausgestaltung der Ordnung insgesamt von einer engen Verflechtung europäischer und mitgliedstaatlicher Rechtsetzungsaktivitäten geprägt ist[169]:

– Beschränkungen der mitgliedstaatlichen Rechtsordnungen reichen bis hinein ins *Verfassungsrecht*.[170] Beispiele hierfür finden sich im Bereich der Grundrechtsdogmatik, wo europarechtliche Diskriminierungsverbote die Schutzbereiche von Deutschengrundrechten ausweiten[171] und, entgegen dem Wortlaut des Art. 19 Abs. 3 GG, zumindest in EG-rechtlich relevanten Zusammenhängen eine Gleichbehandlung ausländischer juristischer Personen aus dem EU-Raum mit solchen aus dem Inland verlangen.[172] Weil sich hierbei

---

[168] Es ist bezeichnend (und bildet den entscheidenden Mangel des Maastrichturteils), daß das BVerfG die qualitativen Momente, d. h. die Bestimmtheit der Übertragungsklauseln, in der konkreten Subsumtion wesentlich stärker beachtet als den quantitativen Aspekt, d. h. den Umfang der bereits übergegangenen Zuständigkeiten; vgl. BVerfGE 89, 155, 187ff. – dazu andeutungsweise auch *Karl M. Meessen*, NJW 1994, 549, 551 und *Karl Albrecht Schachtschneider*, in: Blomeyer/Schachtschneider (Hrsg.), Die Europäische Union als Rechtsgemeinschaft, S. 75, 121. Daß der politische Druck das Ergebnis der Maastrichtentscheidung bestimmt haben könnte, mutmaßt *Rüdiger Breuer*, NVwZ 1994, 417, 424.

[169] Eine aufschlußreiche Zusammenstellung dieser Entwicklungen findet sich auch bei *Friedrich Schoch*, VBlBW 2003, 297, der dabei von „Impulse[n] des Europäischen Gemeinschaftsrechts für die Fortentwicklung der innerstaatlichen Rechtsordnung“ spricht, ohne auf den mit diesen „Impulsen“ einhergehenden Funktionsverlust für die demokratisch gewählten Organe der Mitgliedstaaten zu sprechen zu kommen. Nachweise hierzu finden sich auch bei *Peter M. Huber*, Maastricht – ein Staatsstreich?, S. 36ff. und *Ingolf Pernice*, VVDStRL 60 (2001), 148, 181.

[170] Einen umfassenden Überblick über entsprechende Einflüsse bieten *Hartmut Bauer*, JBl. 2000, 750 und 754ff. und *Jürgen Schwarze*, in: Schwarze (Hrsg.), Die Entstehung einer europäischen Verfassungsordnung, S. 109, 140ff. *Ingolf Pernice* (VVDStRL 60 [2001], 148, 172; *ders.* in: Dreier [Hrsg.], Grundgesetz, Bd. II, Rn. 21 zu Art. 23) spricht, insofern nicht ganz zu Unrecht, davon, daß die Mitgliedstaaten aufgehört hätten, die „Herren ihrer eigenen Verfassung“ zu sein – ohne dabei jedoch den eklatanten Widerspruch zum demokratischen Staatsstrukturprinzip des Grundgesetzes deutlich zu machen.

[171] *Peter M. Huber*, in: von Mangoldt/Klein/Starck, Das Bonner Grundgesetz, Bd. 1, Rn. 324 zu Art. 19 Abs. 3; *Dieter Scheuing*, in: Schwarze/Müller-Graff (Hrsg.), 17. FIDE-Kongress, S. 7, 14; zurückhaltend demgegenüber *Peter J. Tettinger* (in: Sachs [Hrsg.], Grundgesetz, Rn. 20 zu Art. 12), der für eine Änderung des Verfassungstextes plädiert. Den Rückgriff auf Art. 2 Abs. 1 GG, der in seinem Schutzniveau dem jeweiligen Grundrecht anzugleichen wäre, empfiehlt *Friedrich Schoch*, VBlBW 2003, 297, 305.

[172] *Peter M. Huber*, in: von Mangoldt/Klein/Starck, Das Bonner Grundgesetz, Bd. 1, Rn. 323 zu Art. 19; *Dieter Scheuing*, in: Schwarze/Müller-Graff (Hrsg.), 17. FIDE-Kongress, S. 7, 14; *Friedrich Schoch*, VBlBW 2003, 297, 305.

jedoch die meisten Beschränkungen des (verfassungsändernden) Gesetzgebers unmittelbar aus dem Primärrecht ergeben, dem der Bundestag selbst durch Gesetz zugestimmt hat, stellt sich die Frage nach dem Gebundensein und der Gestaltungsfreiheit des Bundestages als Rechtsetzungsorgan hier noch nicht in ihrer wirklichen Schärfe.

- Deutlicher tritt die Beschränktheit der legislativen Gestaltungsspielräume auf dem Feld des *Zivilrechts* hervor, wo der ganz überwiegende Teil der zuletzt verwirklichten Änderungen, insbesondere die Schuldrechtsreform von 2001, durch weitreichende Vorgaben aus europäischen Richtlinien historisch veranlaßt und inhaltlich mitbestimmt wurde.[173] Die bisherige Systematik des BGB mußte hierbei, insbesondere auf dem Feld des Verbraucherschutzes, umstrukturiert und an die in den Richtlinien vorgezeichneten Regelungskonzeptionen angepaßt werden.[174]
- Beschränkungen des gesetzlichen Handlungsspielraumes finden sich in immer größerer Zahl auch in den Teilbereichen des *Arbeitsrechts*.[175] Die Rechtsetzungstätigkeit des nationalen Gesetzgebers wird hier einerseits durch europäische Richtlinien und Verordnungen, andererseits aber auch durch die Judikatur des EuGH in entscheidender Weise determiniert.[176]
- Ähnliches gilt für neuere Gesetzesänderungen im *Urheberrecht* (man denke hier zum Beispiel an die Änderungen des „Ersten Korbes"), die europarechtliche Vorgaben, zur Einrichtung europaweit vereinheitlichter Urheberschutz-Standards, umsetzen sollten.[177]
- Unter dem Einfluß europarechtlicher Regeln stehen darüber hinaus be-

---

[173] Einen umfassenden Überblick hierüber bieten *Bettina Heiderhoff*, Gemeinschaftsprivatrecht, S. 127ff.; *Franz Jürgen Säcker*, in: Münchener Kommentar zum Bürgerlichen Gesetzbuch, Bd. 1, Einleitung, Rnrn. 186ff. und ferner auch *Karl Larenz/Manfred Wolf*, Allgemeiner Teil des Bürgerlichen Rechts, S. 43ff. Den Einfluß europäischer Richtlinien auf die Schuldrechtsmodernisierung behandelt u.a. *Walter Rolland*, in: Haas/Medicus/Rolland/Schäfer/Wendtland, Das neue Schuldrecht, S. 1, 2ff. Zur Frage eines künftigen europäischen Zivilgesetzbuches siehe statt aller *Bettina Heiderhoff*, a.a.O., S. 219ff.

[174] Beispiele hierfür finden sich bei *Bettina Heiderhoff*, Grundstrukturen des nationalen und europäischen Verbrauchervertragsrechts, S. 394ff. Allgemein zu europarechtsbedingten Systembrüchen *Rüdiger Breuer*, NVwZ 1994, 417, 418f.

[175] Einen Überblick hierüber verschafft *Franz Gamillscheg*, Arbeitsrecht I, S. 17ff.

[176] So meint beispielsweise *Franz Gamillscheg* (Arbeitsrecht I, S. 20, m.w.N. hierzu), daß die Rechtsprechung des EuGH zu „einer beherrschenden Kraft des Arbeitsrechts geworden" sei. Illustrativ hierfür erscheint nicht zuletzt die sogenannte „Paletta"-Rechtsprechung des EuGH, die *Gamillscheg* (a.a.O., S. 354ff.) eingehend behandelt.

[177] Einen ausführlichen Überblick hierüber verschafft *Gerhard Schricker*, in: Schricker (Hrsg.), Urheberrecht, Einleitung Rn. 47, der zusammenfassend feststellt: „Das Europäische Gemeinschaftsrecht hat auf das deutsche Urheberrecht in vielfältiger und tiefgehender Weise eingewirkt, die Fortentwicklung in neuerer Zeit ist wesentlich auf seinen Einfluß zurückzuführen".

stimmte Teile des *Gesellschaftsrechts*[178] und des *Kartellrechts*[179] ebenso wie des *Banken-* und *Wertpapierrechts*[180], was nicht zuletzt die Etablierung von gemeinschaftsrechtlich festgelegten Gesellschaftsformen illustriert.[181] Auch hierbei spielt die Rechtsprechung des EuGH eine wichtige Rolle.[182] Die Bedeutung, welche der rechtlichen Regulierung des Wirtschaftslebens und der Finanzgeschäfte für Prosperität und Zukunftsaussichten eines Gemeinwesens (und zwar eines Gemeinwesens im Zeitalter eines durch und durch ökonomisch orientierten Gesellschaftsmodells) zukommt, verlangt es, die entsprechenden Einbußen an parlamentarischen Steuerungsmitteln und Gestaltungsoptionen besonders hoch zu gewichten.[183]

- Auf dem Gebiet des öffentlichen Rechts zeigt sich das Ausmaß der Europäisierung nationaler Gesetzgebungsaktivitäten[184] insbesondere im *Umweltschutzrecht*, das in fast allen Unterbereichen, im Immissionsschutzrecht ebenso wie beim Artenschutz, von europäischen Vorgaben determiniert wird.[185] Im Kontext der Staatsformthematik erscheint dieser Umstand insofern besonders bedeutsam, als die Belange des Umweltschutzes aufgrund der entsprechenden Staatszielbestimmung in Art. 20a GG einen erstrangigen Stellenwert innerhalb der Gesamtheit staatlicher Regelungsanliegen genießen.
- Dieselbe Feststellung gilt auch für jene Rechtsbereiche, die gerade in der modernen Medien- und Kommunikationsgesellschaft mehr und mehr an Bedeutung gewinnen und die hier, unabhängig von genauen Abgrenzungsfragen, unter dem Stichwort *Telekommunikations-* und *Internetrecht* angeführt werden sollen.[186] Gesetzgeberische Entscheidungen werden auch auf diesen

---

[178] Vgl. *Götz Hueck/Christine Windbichler*, Gesellschaftsrecht, § 1 Rnrn. 15ff.

[179] Dazu (im Überblick) *Hermann-Josef Bunte*, in: Langen/Bunte, Kommentar zum deutschen und europäischen Kartellrecht, Bd. 2, Einführung zum EG-Kartellrecht, Rnrn. 19ff.

[180] Näheres hierzu erörtert u.a. *Carsten Peter Claussen*, Bank- und Börsenrecht, S. 50ff.

[181] Dazu *Götz Hueck/Christine Windbichler*, Gesellschaftsrecht, § 1 Rn. 15.

[182] Zu denken ist hier beispielsweise an die Rechtsprechung des EuGH zu den sogenannten „goldenen Aktien", d.h. zu bestimmten Formen von gesetzlichen Vorbehalten und Beschränkungen bei der Privatisierung staatlicher Unternehmen; vgl. *Ernst-Joachim Mestmäcker/Heike Schweitzer*, Europäisches Wettbewerbsrecht, § 2 Rnrn. 54ff. (mit detaillierten Nachweisen der Judikatur).

[183] Vgl. dazu auch *Theodor Schilling*, AöR 116 (1991), 32, 58.

[184] Zum Einfluß des europäischen Rechts auf das nationale öffentliche Recht im allgemeinen siehe *Friedrich Schoch*, VBlBW 2003, 297ff.

[185] Überblick dazu bei *Astrid Epiney*, Umweltrecht in der Europäischen Union, S. 172ff.; eine ausführliche Darstellung der einzelnen Bereiche geben *Walter Frenz*, Europäisches Umweltrecht, Rnrn. 216ff. und insbesondere die in Bd. II des von *Hans-Werner Rengeling* herausgegebenen „Handbuchs zum europäischen und deutschen Umweltrecht" versammelten Beiträge. Zum „Steuerungspotential des EG-Naturschutzrechts" auch *Jörg Berkemann*, in: Degenhart/Dammert/Heggemann (Hrsg.), Bergrecht in der Entwicklung, S. 51, 52ff. Eine kritische Sicht dieser Einflüsse bietet *Rüdiger Breuer*, NVwZ 1994, 417, 418.

[186] Einen detaillierten Überblick über den Einfluß des EG-Rechts auf diesen Sektor ver-

Gebieten durch eine Vielzahl von Richtlinien, zum E-Commerce, zum Betrieb von Kommunikationsnetzen und zur Bereitstellung verschiedenenartiger Mediendienste, bestimmt. Für die Staatsformthematik ist dieser Umstand angesichts der Bedeutung von Kommunikation und Internet in einer Gesellschaft, deren Wesen vom Austausch individueller Mitteilungen und öffentlich relevanter Nachrichten über weite Distanzen in kürzesten Zeiten bestimmt ist (oder, um ein gängiges Schlagwort zu nennen: angesichts der Bedeutung von Kommunikation und Internet im sogenannten „Informationszeitalter"), von besonders großem Interesse.

- Europarechtliche Vorschriften prägen außerdem die Bereiche des *Zuwanderungs-* und des *Ausländerrechts*, die sich im Hinblick auf die Einwanderung und die rechtliche Stellung von EG-Ausländern nur noch in einem sehr begrenzten Umfang der Gestaltungshoheit nationaler Gesetzgebungsgremien zuordnen lassen.[187]
- Regelungen zum *Waren- und Zahlungsverkehr mit dem Ausland*, für die das Grundgesetz in Art. 73 Nr. 5 GG eine eigene Kompetenzzuweisung bereithält, sind, im Hinblick auf das Verhältnis zu anderen EU-Staaten, weitestgehend gemeinschaftsrechtlich gebunden.[188]

Bereits diese Zusammenstellung über den Einfluß europäischer Rechtsetzungsaktivitäten auf einige der wichtigsten Rechtsetzungsfelder verdeutlicht, in welchem Umfang zentrale Bereiche einer bisher nationalstaatlich-parlamentarisch wahrzunehmenden Gestaltungsverantwortlichkeit durch europäische Rechts-

---

schaffen u.a. *Wolfgang Hoffmann-Riem*, DVBl. 1999, 125, 129ff.; *Christian Koenig/Sascha Loetz/Andreas Neumann*, Telekommunikationsrecht, S. 54ff. und *Hans-Heinrich Trute*, in: Trute/Spoerr/Bosch, Telekommunikationsgesetz mit FTEG, Einführung II, Rnrn. 1ff. Einen anhaltenden Trend zur Europäisierung erwartet für das „Informationsrecht" *Michael Kloepfer*, Informationsrecht, §2 Rn. 56. – Ähnliche Beobachtungen ließen sich auch für das Medienrecht anstellen (vgl. *Christoph Degenhart*, in: Dolzer/Vogel/Graßhof [Hrsg.], Bonner Kommentar zum Grundgesetz, Rnrn. 665ff. zu Art. 5 Abs. 1 und 2), doch handelt es sich dabei zum überwiegenden Teil um Kompetenzeinbußen der Landeslegislative, so daß die Frage der Staatsformverschiebung hieran nur bedingt, unter zusätzlicher Berücksichtigung ihrer föderalistischen Prägung, erfaßt werden kann.

[187] Dazu *Kay Hailbronner*, Ausländerrecht, Rnrn. 16ff. und *Annette Zimmermann-Kreher*, in: Storr/Wenger/Eberle/Albrecht/Zimmermann-Kreher, Kommentar zum Zuwanderungsgesetz, Rnrn. 4ff. zu §1 FreizügG. Interessant erscheint in diesem Zusammenhang auch der Hinweis von *Ingolf Pernice* (VVDStRL 60 [2001], 148, 181) auf die Rechtsprechung des EGMR, der Unionsbürger in einem anderen Mitgliedstaat nicht mehr als Ausländer ansieht.

[188] Dementsprechend konstatiert *Christoph Degenhart* (in: Sachs [Hrsg.], Grundgesetz, Rn. 21 zu Art. 73), daß „der Gehalt der Kompetenzvorschrift [des Art. 73 Nr. 5 GG im Hinblick auf den Gesichtspunkt der Zölle – S.H.] aufgrund der Zollunion der EG [...] gegen null" tendiere. Zur Determinierung des Außenwirtschaftsrechts durch europarechtliche Vorgaben vgl. *Hans-Michael Wolffgang*, in: Bieneck (Hrsg.), Handbuch des Außenwirtschaftsrechts, §4 Rnrn. 51ff.

akte determiniert und sogar ausgeschöpft werden. Rechtsetzungsprozesse auf diesen Gebieten (zu denen die Kernbereiche des öffentlichen wie des Privatrechts gehören) müssen inzwischen fast durchweg als ein enges Verflochtensein nationalen und supranationalen Rechts, als Zusammenspiel parlamentarischer und überstaatlicher Aktivitäten, eingestuft werden.[189] Gegenbeispiele, welche belegen, daß eine Reihe zentraler Regelungsfelder in der Verantwortung des vom Volk zu wählenden Bundestages verbleibt, fanden sich bisher u. a. im Strafrecht und im gerichtlichen Verfahrensrecht. Europarechtliche Beschränkungen der gesetzgeberischen Gestaltungsfreiheit sind mittlerweile auch hier zu verzeichnen.[190] Von einem offensichtlichen Übergewicht des demokratisch legitimierten Gesetzgebungsgremiums und damit von einer Primärverantwortung des Parlamentes für Richtung und Inhalt des Rechts kann bereits unter der geltenden Rechtslage bei vorurteilsfreier Herangehensweise keine Rede mehr sein[191] – dies vor allem auch deshalb, weil der Einfluß des europäischen Rechts in besonderem Umfang jene Bereiche betrifft, die Basis und Grundton der modernen Gesellschaft markieren: Kommunikation und Umwelt, Arbeit, Wirtschaft und Kapital. In seiner verfassungsrechtlichen Konsequenz kann sich aus diesem Befund nur ergeben, daß bereits das heute geltende Primärrecht (und demzufolge auch der Verfassungsvertrag) aufgrund der Fülle der übertragenen

---

[189] In der Gesamteinschätzung wie hier *Friedrich Schoch*, VBlBW 2003, 297; ähnlich auch *Peter M. Huber*, Recht der Europäischen Integration, § 7 Rn. 24; *Martin Nettesheim*, ZEuS 2002, 507, 513 f. und *Ingolf Pernice*, VVDStRL 60 (2001), 148, 180 ff.; *ders.*, in: Isensee/Kirchhof (Hrsg.), Handbuch des Staatsrechts, Bd. VIII, § 191 Rn. 45 m. w. N. Zurückhaltend demgegenüber *Claus Dieter Classen*, in: von Mangoldt/Klein/Starck, Das Bonner Grundgesetz, Bd. 2, Rn. 36 zu Art. 23 Abs. 1.

[190] Einbrüche des europäischen Rechts in den Bereich des Strafrechts belegt *Friedrich Schoch*, VBlBW 2003, 297, 299 (m. w. N.); Einbrüche in den Bereich des Verfahrensrechts behandeln *Leo Rosenberg/Karl Heinz Schwab/Peter Gottwald*, Zivilprozeßrecht, § 6 Rnrn. 7 ff. (für das zivilgerichtliche Verfahren) und *Jost Hüttenbrink*, in: Kuhla/Hüttenbrink/Endler, Der Verwaltungsprozeß, S. 9 (m. w. N.) – zu denken ist für den zuletzt genannten Zusammenhang nicht zuletzt auch an die Besonderheiten beim einstweiligen Rechtsschutz.

[191] Schätzungen, in welchem Umfang die deutsche Gesetzgebung durch europäische Vorgaben determiniert ist, beliefen sich bereits Anfang der neunziger Jahre auf 50 Prozent; siehe dazu die Nachweise bei *Rüdiger Breuer*, NVwZ 1994, 417, 418; *Peter M. Huber*, Maastricht – ein Staatsstreich?, S. 36; *Fritz Ossenbühl*, DVBl. 1993, 629, 631 und *Ingolf Pernice*, in: Isensee/Kirchhof (Hrsg.), Handbuch des Staatsrechts, Bd. VIII, § 191 Rn. 45 mit Fn. 222. Im Wirtschaftsrecht soll dieser Anteil schon damals über 80 Prozent ausgemacht haben, siehe *Rüdiger Breuer*, a.a.O., *Peter M. Huber*, a.a.O. und *Fritz Ossenbühl*, a.a.O. sowie oben: Drittes Buch, Zweiter Abschnitt, II.1. (dort insbesondere Fn. 167). Gegen diese Betrachtungen wendet *Claus Dieter Classen* (in: von Mangoldt/Klein/Starck, Das Bonner Grundgesetz, Bd. 2, Rn. 36 zu Art. 23 Abs. 1) ein, daß die qualitative Dimension der Einflußnahme europäischen Rechts auf die nationale Ordnung gegenüber der quantitativen vorrangig zu berücksichtigen sei, was jedoch, aus den im Haupttext ausgeführten Gründen, mit der vom Grundgesetz eingerichteten und verfassungsgerichtlich zu kontrollierenden Bestandsgarantie der demokratischen Staatsform nicht zu vereinbaren ist; auch ist es fraglich, ob sich hieraus tatsächlich eine den einzelnen Staaten günstigere Einschätzung der Dinge ableiten ließe.

Zuständigkeiten Art. 23 Abs. 1 Satz 3 GG i. V. m. Artt. 79 Abs. 3, 20 Abs. 1 und 2 GG verletzt. Daß sich diese Verfassungswidrigkeit auf die Zustimmung Deutschlands zum Vertragsganzen bezieht, liegt in der Natur der Dinge begründet: zu viele einzelne Zuständigkeiten (von denen jede, für sich genommen, hinreichend abgegrenzt und bestimmt ist und daher unter qualitativen Aspekten nicht beanstandet werden kann) führen hier in ihrer Summe zu einem Zustand, der den Grundsatz der parlamentarischen Staatsform verletzt.

3. Art. 23 Abs. 1 Satz 1 GG: die sogenannte Struktursicherungsklausel als Bestandsgarantie demokratischer Legitimationszusammenhänge

a. Die Erwähnung demokratischer Grundsätze in Art. 23 Abs. 1 Satz 1 GG: theoretische Bewandtnis und juristische Begründung

aa. Der Ausdruck „demokratische Grundsätze" als Garantie und Anspruch des grundgesetzlich eingerichteten Legitimationszusammenhangs – eine These zur Neuinterpretation von Art. 23 Abs. 1 Satz 1 GG. Im Gegensatz zur Vorschrift des Art. 23 Abs. 1 Satz 3 GG i. V. m. Artt. 79 Abs. 3, 20 Abs. 1 und 2 GG, die den Bestand der vom Grundgesetz eingerichteten demokratischen Ordnung als solche im europäischen Integrationsprozeß sichern soll, richtet sich Art. 23 Abs. 1 Satz 1 GG auf die Ausgestaltung der Unionsstruktur selbst. Inwiefern ergibt sich auch hieraus eine verfassungsrechtliche Schranke für den integrationsbedingten Wandel der grundgesetzlich eingerichteten Staatsform? Das heute herrschende Verständnis dieser Vorschrift sieht darin die Verpflichtung der Verfassungsorgane, auf den Ausbau demokratischer Strukturen innerhalb des supranationalen Integrationsgebildes hinzuarbeiten – und meint dabei vor allem den Erhalt und die Stärkung der beiden Stränge ihrer angeblich doppelten Legitimation. Der Gedanke der doppelten Legitimation hat sich indes als Irrtum erwiesen, der die Basis der demokratischen Staatsform in der Staatswirklichkeit und damit den Zusammenhang von Staatlichkeit und Staatsform verkennt.[192] In verfassungshermeneutischer Hinsicht stellt sich an dieser Stelle die Frage, was Art. 23 Abs. 1 Satz 1 GG mit der Wendung „demokratische Grundsätze" meint, wenn man wie hier davon ausgeht, daß der Grundsatz der Demokratie als konkrete Form der politischen Herrschaft nur dort verankert sein kann, wo das Gemeinwesen sich zur unabhängigen Einheit (und damit: zum Staatsein) verfaßt hat.[193] Welchen Sinn hat die Forderung nach „demokratischen Grundsätzen" für die Union, wenn man mit „Demokratie" nur das Gemeinwesen meint, dessen einzelne Bürger gleichzeitig Träger einer von ihnen gewollten letztverbindlichen Ordnung und konkrete Subjekte ihrer praktischen Wahr-

---

[192] Dazu oben: Drittes Buch, Zweiter Abschnitt, I.2. sowie *Rüdiger Breuer*, NVwZ 1994, 417, 425.

[193] Siehe oben: Drittes Buch, Erster Abschnitt, I.

nehmung (und damit in ihrer Gesamtheit als Volk ein Verfassungsorgan) darstellen? Die Annahme, daß Art. 23 Abs. 1 Satz 1 GG mit seiner Forderung nach „demokratischen Grundsätzen" für die Union gegenstandslos werden müßte, wenn man vom Verbundensein von Demokratie und politischer Einheit, Staatsform und Staatlichkeit, ausgeht, wäre dennoch zu voreilig – Art. 23 Abs. 1 Satz 1 GG bekommt nach dem hier vertretenen Ansatz eine andere (juristisch besser zu begründende, vor allem aber staatlichkeitstheoretisch besser fundierte) Bedeutung: der Ausdruck „demokratische Grundsätze", den die Vorschrift verwendet, soll es erfordern, daß die Hoheitsgewalt der Union an die mitgliedstaatlichen Legitimationsketten angeknüpft bleibt.[194] Art. 23 Abs. 1 Satz 1 GG meint demzufolge keine (wie auch immer zu bestimmende) Kongruenz von europäischer und mitgliedstaatlicher Herrschaftsstruktur[195], weder in der Gestalt eines eigenen Parlamentarismus noch auf der Basis der „doppelten Legitimation", sondern die integrationsbezogene Fortsetzung der eigenen (grundgesetzlich eingerichteten) legitimationsvermittelnden Ableitungsketten – mit anderen Worten: Art. 23 Abs. 1 Satz 1 GG schützt mit dem Ausdruck „demokratische Grundsätze" Bestand und Fortgeltungskraft der eigenen, innerstaatlichen Demokratie.[196] Mit dieser Wortwahl stellt die Bestimmung klar, wer innerhalb des supranationalen Integrationsverbandes die oberste Herrschaftsgewalt ausüben soll: dies sind allein und ausschließlich die mitgliedstaatlichen demoi; sie stellt damit gleichzeitig klar, wer die Herrschaftsgewalt nicht ausüben soll: dies sind einerseits europäische oder nationale Organe, wenn diese nicht demokratisch, durch die mitgliedstaatlichen Völker, legitimiert sind, und dies sind andererseits „die Bürger", einzeln und in der Gesamtheit als „Volk" der EU, da eine solche Form der gesamteuropäischen Demokratie ein gesamteuropäisches Staatsein voraussetzt. Art. 23 Abs. 1 Satz 1 GG fordert insofern, daß die in Deutschland verwirklichte Staatsform der Demokratie Quelle des Gemeinschaftsrechts ist[197] – eine Quelle unter vielen, so weit es um dessen gesetzgeberisches Zustandegebrachtwerden geht; alleinige Quelle, was seine grundsätzliche Geltung in Deutschland betrifft. Nur ein solches Verständnis von Art. 23

[194] In eine ähnliche Richtung zielt auch BVerfGE 89, 155, 184, wobei das Gericht die Möglichkeit einer Kompensation durch das Europäische Parlament grundsätzlich zuläßt. Vgl. auch *Fritz Ossenbühl*, DVBl. 1993, 629, 635 und *Ulrich Penski*, ZRP 1994, 192, 195.

[195] So aber *Christoph Dorau*, Die Verfassungsfrage der Europäischen Union, S. 173 und *Ingolf Pernice*, in: Dreier (Hrsg.), Grundgesetz, Bd. II, Rn. 51 zu Art. 23 (der ein solches Verständnis für zwingend hält); zurückhaltender, aber im Kern ebenso *Rudolf Streinz*, in: Sachs (Hrsg.), Grundgesetz, Rnrn. 21 f. zu Art. 23 („strukturangepasste Grundsatzkongruenz").

[196] In der Tendenz ähnlich *Peter M. Huber*, in: Ipsen/Rengeling/Mössner/Weber (Hrsg.), Verfassungsrecht im Wandel, S. 349, 362 f.; *Marcel Kaufmann*, JZ 1999, 814, 817; *Fritz Ossenbühl*, DVBl. 1993, 629, 635 und *Ulrich Penski*, ZRP 1994, 192, 194; vgl. dazu auch *Rudolf Streinz*, in: Sachs (Hrsg.), Grundgesetz, Rn. 25 zu Art. 23.

[197] *Peter M. Huber*, in: Ipsen/Rengeling/Mössner/Weber (Hrsg.), Verfassungsrecht im Wandel, S. 349, 362 f.; weitere Erwägungen hierzu aus der Zeit vor dem Inkrafttreten des Art. 23 GG finden sich bei *Rudolf Streinz*, DVBl. 1990, 949, 959.

Abs. 1 Satz 1 GG kann zugleich dem Grundsatz des Art. 20 Abs. 2 Satz 1 GG – „alle Staatsgewalt geht vom Volk aus" – entsprechen, der im vorangegangenen Absatz als das entscheidende Anliegen der grundgesetzlichen Staatsformverbürgung identifiziert worden ist.[198]

bb. Wortlaut, Kontext und telos: Kontrolle und Verdeutlichung der hier vertretenen These anhand der hergebrachten Verfassungshermeneutik. Inwieweit läßt sich die These, daß Art. 23 Abs. 1 Satz 1 GG mit dem Ausdruck „demokratische Grundsätze" den Bestand der vom Grundgesetz eingerichteten demokratischen Legitimationszusammenhänge gegenüber ihrem Infragegestelltsein durch die supranationale Integration gewährleisten will, auch durch eine methodengerechte Auslegung dieser Vorschrift belegen? Was spricht dafür und was spricht (aus verfassungsrechtlicher Perspektive) dagegen, die Struktursicherungsklausel so zu verstehen, daß ein Mitwirken Deutschlands am europäischen Einigungsvorgang nur dann zulässig ist, wenn die Herrschaftsstruktur der Union in ausreichendem Umfang (was angesichts ihrer Regelungszuständigkeiten nur soviel wie „lückenlos" heißen kann) an die mitgliedstaatlichen Legitimationsketten angeknüpft bleibt? Was den *Wortlaut* des Art. 23 Abs. 1 Satz 1 GG betrifft, so läßt dieser eine entsprechende Lesart eindeutig zu. Die Bundesrepublik wirkt danach an einer Union mit, die demokratischen Grundsätzen verpflichtet ist – die Union muß, mit anderen Worten, demokratisch organisiert sein. Dies kann einerseits, im Fall eines Staates, als Verpflichtung zur eigenen Begründung einer demokratischen Staatsform gemeint sein; es kann aber auch, im Fall eines untergeordneten Hoheitsträgers, bedeuten, daß der Zusammenhang zum Willen des demos als dem Subjekt der Demokratie gewahrt werden muß – dem Grundsatz der Demokratie verpflichtet zu sein, markiert vor allem ein Ziel und sagt nichts darüber aus, auf welche Weise die demokratische Legitimation des Verbands konstruiert werden kann. Entscheidend ist demnach, welche gedankliche Konzeption von „Demokratie" das Grundgesetz dem Ausdruck „demokratisch" in Art. 23 Abs. 1 Satz 1 GG zugrunde gelegt wissen will. Der Wortlautgesichtspunkt steht insofern in enger Verbindung mit dem Problem, wo und in welcher Bedeutung das Grundgesetz an anderen Stellen von „Demokratie" und „demokratischen" Erfordernissen spricht. Entsprechende Ausdrücke finden sich im Grundgesetz insgesamt an zehn verschiedenen Stellen.[199] Von einer einzelnen Ausnahme abgesehen[200], sind diese Formulierungen

---

[198] Dazu oben: III.1; vgl. ferner auch *Ulrich Penski*, ZRP 1994, 192, 194 und *Karl Albrecht Schachtschneider*, in: Blomeyer/Schachtschneider (Hrsg.), Die Europäische Union als Rechtsgemeinschaft, S. 75, 100f.

[199] Im einzelnen sind dies: Artt. 11 Abs. 2; 18 Satz 1; 20 Abs. 1; 21 Abs. 1 Satz 3, Abs. 2 Satz 1; 23 Abs. 1 Satz 1; 28 Abs. 1 Satz 1; 73 Nr. 10 lit. b; 87a Abs. 4 Satz 1; 91 Abs. 1. – Art. 135a Abs. 2 GG bleibt dabei außer Betracht.

[200] Diese findet sich in Art. 21 Abs. 1 Satz 3 GG. Zu beachten ist allerdings, daß sich der

durchweg als Hinweis auf die vom Grundgesetz eingerichtete Staatsform gemeint – und damit zugleich als Hinweis auf die in ihm konzipierte, parlamentarisch geprägte Art und Weise der Vermittlung demokratischer, vom Volkswillen ausgehender Herrschaftslegitimation. Ungeachtet der Vielzahl an möglichen Bedeutungen, die dem Begriff „demokratisch" im Laufe seiner Geschichte, zu Recht und zu Unrecht, beigelegt wurden, fixiert das Grundgesetz durch die Verwendung des Ausdrucks somit einen konkreten und unzweideutigen Inhalt, nämlich die von ihm etablierte parlamentarische Staatsform.

Was *Sinn und Zweck* der Vorschrift betrifft, ist Art. 23 Abs. 1 Satz 1 GG in erster Linie als Öffnungsklausel gedacht, welche die Integration Deutschlands in die supranationalen Rechtsstrukturen des europäischen Einigungswerkes ermöglichen soll.[201] Der Relativsatz („die ... gewährleistet") verdeutlicht jedoch, daß die Mitarbeit Deutschlands in der Union davon abhängen muß, wie diese (nämlich die Union) gegenwärtig beschaffen ist und künftig beschaffen sein wird. Wenn Art. 23 Abs. 1 Satz 1 GG dabei von einer Verpflichtung der Union auf „demokratische Grundsätze" spricht, so zielt dies, in einer sehr allgemeinen Bedeutung, zunächst einmal darauf ab, die Rückbindung der Unionsgewalt an den Willen des Volkes zu sichern. Indem er diese Wendung gebraucht, macht Art. 23 Abs. 1 Satz 1 GG die Mitwirkung Deutschlands in der Union verfassungsrechtlich davon abhängig, daß deren Hoheitsgewalt den Kriterien einer konkreten, nämlich der parlamentarisch-demokratischen, Staatsform entspricht. Da die Union diese Staatsform selbst nicht hervorbringen und verwirklichen kann, solange sie noch nicht Staat, sondern eine Form seiner äußeren Einbindung ist[202], kann sich der Zweck der in Art. 23 Abs. 1 Satz 1 GG enthaltenen Relativierung ausschließlich dadurch erfüllen, daß auch das Tätigsein der Union (und damit sämtliche Akte der supranationalen Hoheitsgewalt) auf den Willen der demoi zurückführbar ist.[203] Andere Möglichkeiten, die gemeinschaftsrechtliche Herrschaftsgewalt zu legitimieren, sind jedenfalls nicht „demokratisch" im grundgesetzlichen Sinne, da diese Verfassung den Ausdruck gerade nicht beliebig gebraucht. Sinn und Zweck des Art. 23 Abs. 1 Satz 1 GG sprechen insofern ebenfalls dafür, die Norm als eine Verpflichtung zur Anknüpfung der Unionsgewalt an den Willen der einzelnen demoi zu deuten.

Anhaltspunkte, welche das hier entworfene Verständnis des Art. 23 Abs. 1 Satz 1 GG widerlegen, lassen sich auch anhand der *Entstehungsgeschichte* nicht

Gesichtspunkt des Demokratischen in dieser Verfassungsvorschrift überhaupt nicht auf die Legitimierung hoheitlicher Gewalt, sondern auf das Innere der Parteien bezieht, bei denen es sich gerade nicht um staatliche bzw. hoheitlich agierende Rechtssubjekte handelt.

[201] *Rupert Scholz*, in: Maunz/Dürig, Grundgesetz, Rn. 4 zu Art. 23.

[202] Zur Bedeutung dessen siehe oben: Erstes Buch, Zweiter Abschnitt, II.

[203] *Karl Albrecht Schachtschneider*, in: Blomeyer/Schachtschneider (Hrsg.), Die Europäische Union als Rechtsgemeinschaft, S. 75, 100f.

finden[204], die im Rahmen der Verfassungsinterpretation, zumindest in der Herangehensweise des Bundesverfassungsgerichts, ohnehin nur eine untergeordnete, von der objektiven Ordnungsfunktion des Verfassungsrechts in den Hintergrund gedrängte Bedeutung erlangt.[205] Die Deutung des Relativsatzes von Art. 23 Abs. 1 Satz 1 GG hängt somit zuletzt davon ab, welche staatstheoretische Ideenwelt der Norminterpret mit dem Wort „demokratisch" verbindet. Ein derartiges, methodenbestimmendes Vorverständnis (das nicht nur nicht verhindert werden kann, sondern das mitgebracht werden muß, wenn man mit Verfassungsbegriffen wie „Demokratie" und „Volk" etwas anfangen will) kann der Wirklichkeit des Staates entsprechen oder diese verkennen; eine Normauslegung, die sich auf letzteres stützt, mag dabei zwar vordergründig als begrifflich schlüssig und juristisch begründbar erscheinen – sie kann jedoch die Verfassungsfragen in der Sache nicht lösen. Im Hinblick auf Pflichten und Grenzen bei der Mitwirkung Deutschlands am Fortschritt der Integration, wie sie in Art. 23 Abs. 1 Satz 1 GG festgelegt sind, lautet daher die Frage, inwieweit man bereit ist, diese Bestimmung (durch ein Normverständnis, das um die Grundzusammenhänge von öffentlich-rechtlicher Herrschaftsgewalt und politischem Gebundensein weiß[206]) als einen Punkt der Vergewisserung über den Bestand der grundgesetzlichen Staatsform gelten zu lassen.[207]

b. Art. 23 Abs. 1 Satz 1 GG als Grenze der Staatsformpreisgabe (dessen konkreter juristischer Inhalt)

Welche zur konkreten juristischen Subsumtion geeigneten Vorgaben lassen sich Art. 23 Abs. 1 Satz 1 GG hinsichtlich des Staatsformbestandes entnehmen? Wenn man die sogenannte Struktursicherungsklausel des Art. 23 Abs. 1 Satz 1 GG in der Weise interpretiert, daß die legitimationsvermittelnde Ableitung der Unionsgewalt aus dem Willen der mitgliedstaatlichen Völker, den die gewählten Organe vertreten, von Verfassungs wegen erforderlich ist, so folgt daraus, daß die Rechtsakte der Union in erster Linie auf die entsprechenden Entschei-

---

[204] So wird in der Begründung der Bundesregierung zum Gesetzesentwurf ausdrücklich darauf hingewiesen, daß eine Verpflichtung der Union auf demokratische Grundsätze nicht als Einrichtung eines gesamteuropäischen Parlamentarismus verstanden werden könne, da dies letztlich der Entstehung eines europäischen Bundesstaats gleichkommen müßte; vgl. BT-Drs. 12 /3338, S. 6.

[205] BVerfGE 1, 299, 312; *Christoph Degenhart*, Staatsrecht I, Rn. 20.

[206] Siehe dazu auch *Rüdiger Breuer*, NVwZ 1994, 417, 425.

[207] *Christoph Dorau* (Die Verfassungsfrage der Europäischen Union, S. 189) wendet hiergegen ein, daß ein solches Verfassungsverständnis die Notwendigkeit der internationalen Kooperation nicht genügend beachte. Politische Erfordernisse, so ließe sich kontern, bilden indes keine Faktoren der verfassungsrechtlichen Legalität – wenn Staatlichkeit und Staatsform, wie das Grundgesetz sie einrichtet und garantiert, durch den Eintritt Deutschlands in einen gesamteuropäischen Bundesstaat aufgegeben werden, kann die Verfassung der bisherigen Ordnung aus den im Haupttext erörterten Gründen nicht als rechtliche Grundlage dienen. Zutreffend dazu *Udo Fink*, DÖV 1998, 133, 141.

dungen der Staatenvertreter zurückgeführt werden müssen[208]; maßgeblich für die verfassungsrechtliche Beurteilung der supranationalen Hoheitsgewalt ist insofern die Frage, ob eine geschlossene Legitimationskette hin zu den gewählten Organen der Mitgliedstaaten besteht. Wichtigster Akteur der europäischen Legislative muß, wie sich hieraus zwingend ergibt, der Ministerrat sein, dessen Mitglieder durch die einzelstaatlichen Volksvertretungen legitimiert sind.[209] Eine solche geschlossene Legitimationskette zwischen Ratsentscheidung und mitgliedstaatlicher Volksvertretung läßt sich indes nur dann nachvollziehen, wenn die Regierungsmitglieder im Rat nicht überstimmt werden können.[210] Auch hier wird Art. 20 Absatz 2 Satz 1 GG als Kern der in Art. 23 Abs. 1 Satz 1 GG verankerten Struktursicherungsklausel (im Hinblick auf deren demokratierelevante Aspekte) erkennbar: der Satz: „alle Staatsgewalt geht vom Volk aus“ läßt in der Unbedingtheit seines Anspruchs (denn um einen unbedingten Anspruch muß es sich handeln, wenn der Verfassungstext mit dem Wort „alle“ – das sprachlich hier in Szene gesetzt ist – jedwede Ausnahme ausschließt) kein Überstimmtwerden der durch die Volksvertretung legitimierten Akteure zu.[211] Der Wille des Volkes würde anderenfalls nicht nur als Grundlage eines entsprechenden gemeinschaftsrechtlichen Hoheitsaktes entfallen – er würde durch den Willen der Staatenmehrheit gebrochen. Hieran ändert sich auch durch den Umstand nichts, daß die Einrichtung des gemeinschaftsrechtlichen Mehrheitsverfahrens (durch die Zustimmung des Parlamentes) selbst auf dem Willen des Volkes beruht[212]: demokratisch zu legitimieren ist stets die konkrete Hoheits-

---

[208] *Ulrich Penski*, ZRP 1994, 192, 195; vgl. dazu auch *Christian Hillgruber*, in: Becker (Hrsg.), Zusammengesetze Staatlichkeit in der Europäischen Verfassungsgeschichte, S. 257, 262.

[209] *Christian Hillgruber*, in: Becker (Hrsg.), Zusammengesetze Staatlichkeit in der Europäischen Verfassungsgeschichte, S. 257, 262; *Peter M. Huber*, in: Ipsen/Rengeling/Mössner/Weber (Hrsg.), Verfassungsrecht im Wandel, S. 349, 363 und *Marcel Kaufmann*, JZ 1999, 814, 817. Die Bedeutung des Rates als Legitimationsquelle betonen auch *Thomas Oppermann/Claus Dieter Classen*, APuZ 1993, B 28, S. 11, 15.

[210] Siehe dazu oben: Drittes Buch, Zweiter Abschnitt, II.3.a. sowie *Peter M. Huber*, in: Ipsen/Rengeling/Mössner/Weber (Hrsg.), Verfassungsrecht im Wandel, S. 349, 363.

[211] Wenn BVerfGE 89, 155, 183 hiergegen vorbringt, daß die Integrationsoffenheit des Staates vom Grundgesetzgeber gewollt worden sei, so sagt dies nichts darüber aus, um welchen Preis: notwendige Folge des Mehrheitsverfahrens ist, wie oben dargelegt wurde (Drittes Buch, Zweiter Abschnitt, II.3.a.), je nach den Bereichen, in denen der Rat auf diese Weise entscheidet, eine mehr oder weniger umfassende Selbstpreisgabe der demokratischen Staatsform, die das Grundgesetz konzipiert. Sollte der Grundgesetzgeber des Jahres 1949 auch diese Konsequenzen vorhergesehen und verfassungsrechtlich gewollt haben, so birgt die Verfassung in sich zwei einander widersprechende Grundsätze (den Grundsatz der Demokratie und dessen supranationale Preisgabe), die nicht zugleich zu verwirklichen sind. Wenn der gegenwärtige Stand des europäischen Einigungswerkes nunmehr eine Entscheidung erfordert, gilt für Rechtsanwender, die mit dieser Frage befaßt sind, Art. 79 Abs. 3 GG, der einen davon (nämlich die Demokratie) als änderungsfest konzipiert. Hierzu auch (mit gegenteiliger Sicht) *Christian Tomuschat*, EuGRZ 1993, 489, 494.

[212] So aber BVerfGE 89, 155, 183 f.

entscheidung als solche und nicht allein die abstrakte Befugnis.[213] Als verfassungskonform kann die entsprechende Abstimmungsregel daher nur eingestuft werden, wenn dem einzelnen Mitgliedstaat zumindest die Möglichkeit eines letzten, den Rechtsakt verhindernden Vetos verbleibt[214]: der Verzicht auf ein mögliches Veto kann dann als konkrete Entscheidung des legitimierten Vertreters eingeschätzt werden, den Willen der Mehrheit zugunsten der Stabilität der Gemeinschaft gegen sich gelten zu lassen – wobei hinzugefügt werden sollte, daß bereits eine solche Ableitungskette in ihrer demokratietheoretischen Herleitung als konstruiert, in der Einschätzung ihrer legitimationsvermittelnden Kraft als schwach und demzufolge in ihrer verfassungsrechtlichen Zulässigkeit als „gerade noch hinnehmbar" zu beurteilen ist.[215]

Aus der staatsformbezogenen Vorgabe des Art. 23 Abs. 1 Satz 1 GG ergeben sich im Hinblick auf die rechtliche Rolle des Rates weitere Konsequenzen. Hierzu gehört es zunächst, daß die nationalen Regierungsvertreter im Rat an die Inhalte ihrer Verfassung gebunden sein müssen[216]: demokratische Legitimationsakte erschöpfen sich nicht im Moment der formalen Bevollmächtigung – die Hoheitsgewalt, die entsprechend legitimierte Organe ausüben, muß auch in ih-

---

[213] Allgemein BVerfGE 83, 60, 73; 93, 37, 68f.; *Ernst-Wolfgang Böckenförde*, in: Isensee/Kirchhof (Hrsg.), Handbuch des Staatsrechts, Bd. II, § 24 Rn. 12.

[214] Eine interessante Differenzierung hierzu entwirft *Karl Albrecht Schachtschneider* (in: Blomeyer/Schachtschneider [Hrsg.], Die Europäische Union als Rechtsgemeinschaft, S. 75, 124), der Mehrheitsentscheidungen dann als hinnehmbar betrachtet, „wenn von der Union oder ihren Gemeinschaften nur Ausführungsregelungen zu einstimmig oder vertraglich beschlossenen Leitentscheidungen beschlossen werden sollen".

[215] Demgegenüber genügt es zur Vereinbarkeit des Mehrheitsverfahrens mit dem Grundgesetz (entgegen BVerfGE 89, 155, 184) nicht, daß die Union auf die Verfassungen der Mitgliedstaaten Rücksicht zu nehmen hat, da es hier, in der Frage des Staatsformbestandes, nicht allein um die Grenzen einer inhaltlichen Einflußnahme von EU-Organen auf die Rechtsordnung der Mitgliedstaaten geht, sondern auch (und gerade auch) um die Frage, wodurch sich diese legitimiert. Vgl. hierzu *Peter M. Huber*, in: Ipsen/Rengeling/Mössner/Weber (Hrsg.), Verfassungsrecht im Wandel, S. 349, 363.

[216] So auch *Peter M. Huber*, ThürVBl. 1994, 1, 2; *Eckart Klein*, VVDStRL 50 (1991), 56, 85 und *Theodor Schilling*, DVBl. 1997, 458ff. (mit etwas anderer Begründung); *ders.*, VVDStRL 56 (1997), 116; ablehnend demgegenüber *Kay Hailbronner*, VVDStRL 56 (1997), 121, 122. Verfassungsrechtlich-dogmatisch ergibt sich hieraus die Frage, inwieweit das BVerfG die Möglichkeit oder die Pflicht hat, entsprechende Verfassungsverstöße eines im Rat agierenden Bundes- oder Landesministers zu kontrollieren; vgl. *Waldemar Hummer/Walter Obwexer*, in: Streinz (Hrsg.), EUV/EGV, Rn. 28 zu Art. 203 EGV m. w. N. Daß dem BVerfG ein Recht zur Überprüfung grundsätzlich zustehen muß, ergibt sich aus dem, was hier zur Bindung von abgeleiteten Herrschaftsstrukturen an die Verfassung in verschiedenen Kontexten dargelegt wurde. Wiederum ein anderer Fragenkreis ist es, inwieweit sich die Verfassungswidrigkeit des Ministerhandelns auf die Verfassungswidrigkeit des vom Rat zustande gebrachten Rechtsaktes auswirken kann. Hier verschiebt Art. 23 Abs. 1 Satz 1 GG mit seiner Öffnung der Verfassungsstruktur für das Eingebundensein Deutschlands im supranationalen Integrationsgeschehen den Maßstab (so auch *Eckart Klein*, a.a.O.); was er jedoch nicht zu legalisieren vermag, sind Verstöße gegen die Kernbestandteile der Verfassung, die durch Art. 79 Abs. 3 des Grundgesetzes geschützt sind (*Eckart Klein*, a.a.O., S. 85f.).

ren Inhalten dem Willen des demos, und damit auch dem Gesamtensemble demokratisch erlassener Normen innerhalb des verfaßten Staatsganzen, verpflichtet erscheinen. Was hier (in demokratietheoretischer Hinsicht) als Legitimationskette und (in staatlichkeitstheoretischer Hinsicht) als Ableitungsverhältnis veranschaulicht werden soll, umfaßt insoweit neben dem blanken Einsetzungsakt auch den Gesichtspunkt der Befugnisbegrenzung, die sich zuallererst aus der Verfassung ergibt. Hinzu tritt als weitere Konsequenz, daß die im Rat agierenden Vertreter der Mitgliedstaaten so eng wie möglich an dessen parlamentarische Aufsicht gebunden sein müssen: die demokratischen Legitimationsketten hin zur Hoheitsgewalt der EU müssen insbesondere dort, wo sie von der Entscheidung des mitgliedstaatlichen Parlamentes als demos-Vertretung ausgehen, lückenlos sein; Defizite in der staatsorganisatorischen Struktur einzelner Mitgliedstaaten können auf diese Weise die demokratische Grundstruktur des Verbandsganzen gefährden. Die letzte hier zu erwähnende Konsequenz betrifft das Verhältnis des Rates zum Parlament, welches im Zweiten Abschnitt des Dritten Buches ausführlich erklärt worden ist; wie dort gezeigt werden konnte, paßt eine Mitwirkung des Europäischen Parlamentes an der Gemeinschaftsrechtsetzung (oder gar eine Kontrolle des Rates) ausschließlich dann in das (von Art. 23 Abs. 1 Satz 1 GG vorgeschriebene) Schema, wenn dieses als ein Gremium der Völkervertreter fungiert[217] – wobei das Erfordernis einer Mehrheitsabstimmung im Parlament, das organisatorisch zwingend erscheint, auch diese Mitwirkungsoptionen auf ein Moment der Ergänzung (und auf eine Rolle, die deutlich hinter jener des Rates zurück bleiben muß) beschränkt.

c. Die Vereinbarkeit des geltenden Primärrechts und des geplanten Verfassungsvertrages mit den staatsformbezogenen Anforderungen der Struktursicherungsklausel

Ausgehend von einer solchen juristischen Bedeutung der Struktursicherungsklausel stellt sich an dieser Stelle die Frage, inwieweit das geltende Primärrecht des EGV und EUV damit zu vereinbaren ist. Anhand des Gesagten ergeben sich hierbei in mehrfacher Hinsicht Bedenken:

- Wie weiter oben ausführlich dargelegt wurde[218], räumt der EGV dem Verfahren der Mehrheitsentscheidung im Rat breite Anwendungsfelder ein (was, wie noch einmal betont werden soll, immer im Zusammenhang mit dem Vorrang des europäischen Rechts vor dem Recht der Einzelstaaten zu beurteilen ist). Mit dem Gebot demokratischer Grundsätze in der Union gemäß Art. 23 Abs. 1 Satz 1 GG kann eine solche Bestimmung nur so lange zu vereinbaren

---

[217] Siehe dazu oben: Drittes Buch, Zweiter Abschnitt, IV.2.b. sowie *Fritz Ossenbühl*, DVBl. 1993, 629, 634. Demgegenüber hält *Ingolf Pernice* (Die Verwaltung 26 [1993], 449, 486) Art. 23 GG für eine geeignete Grundlage zu einer weiteren Parlamentarisierung der EU.

[218] Siehe dazu oben: Drittes Buch, Zweiter Abschnitt, II.3.a.

sein, wie auch ein mitgliedstaatliches Vetorecht existiert[219] – ein solches ist jedoch weder im Recht der Verträge verankert, noch kann der sogenannte „Luxemburger Kompromiß" als Vetorecht eingestuft werden (weil – erstens – dessen Rechtsnormcharakter von den meisten Autoren aus wichtigen Gründen abgelehnt wird, die Frage nach der Verfassungsmäßigkeit eines Zustimmungsgesetzes zur Unionsmitgliedschaft indes nur anhand der Rechtsstruktur zu beurteilen ist; und weil – zweitens – seine Weitergeltung zumindest seit den Vertragsrevisionen von Maastricht und Amsterdam, ebenfalls aus wichtigen Gründen, in hohem Maß fraglich erscheint).[220]

– Als Verletzungen von Art. 23 Abs. 1 Satz 1 GG (im Hinblick auf das Erfordernis demokratischer Strukturen in der Union) erscheinen zudem die Aufwertungen des Europäischen Parlamentes im gesamteuropäischen Rechtsetzungsverfahren, wodurch dieses dem Rat in weiten Bereichen gleichgestellt ist[221] – Aufwertungen des Parlaments entsprechen der Einrichtung einer demokratischen Staatsform auf gesamteuropäischer Ebene (genauer gesagt, entsprechen sie dem Versuch, diese einzurichten – auch dies wurde im Zweiten Abschnitt des Dritten Buches eingehend erörtert), die mit einer Bundesstaatsgründung verbunden erscheint, und die, dies ist verfassungsrechtlich entscheidend, nicht ohne einen Verstoß gegen Art. 79 Abs. 3 i. V. m. Art. 20 Abs. 1 GG zu bewältigen ist.

Aus dieser Bewertung der gegenwärtigen gemeinschaftsrechtlichen Herrschaftsstrukturen ergibt sich zugleich, wie der „Vertrag über eine Verfassung für Europa" (unter Staatsformgesichtspunkten) am Maßstab von Art. 23 Abs. 1 Satz 1 GG zu beurteilen ist: da dieser Vertrag einerseits die Anwendungsfelder des Mehrheitsverfahrens über das heutige Maß hinaus ausdehnt[222] (und dieses zugleich als Regel bestätigt, Art. I-23 Abs. 3 EV), und da er andererseits die Stellung des Parlamentes zu Lasten des Rates verstärkt[223], erweist sich die demokratische Qualität eines solchen Verbandes aus Sicht der mitgliedstaatlichen Ordnung als (noch einmal) deutlich geschwächt. Entsprechende Maßnahmen begründen, im Falle ihres Gelingens, eine andere, vom demokratischen Grundsatz der Mitgliedstaaten wesensverschiedene Staatsform, die sich möglicherweise, hinsichtlich ihrer staatstheoretischen Typisierung, doch noch zu einem demokratischen Herrschaftsmodell ausbauen läßt, die jedoch nicht *die* „Demokratie" darstellt und die auch nicht auf *dem* „Volk" beruht, von denen das Grundgesetz spricht. Mitgliedstaatliche Demokratiedefizite werden hierdurch

---

[219] Dazu oben: Drittes Buch, Zweiter Abschnitt, II.3.a. sowie *Peter M. Huber*, in: Ipsen/Rengeling/Mössner/Weber (Hrsg.), Verfassungsrecht im Wandel, S. 349, 363.

[220] Siehe dazu oben: Drittes Buch, Zweiter Abschnitt, II.3.a., dort insbesondere Fn. 195.

[221] Siehe dazu oben: Drittes Buch, Zweiter Abschnitt, IV.2.a.aa.

[222] Dazu oben: Drittes Buch, Zweiter Abschnitt, V.1.

[223] Dazu oben: Drittes Buch, Zweiter Abschnitt, V.1.

nicht kompensiert, sondern vertieft – indem eine solche gesamteuropäische „Demokratie" die mitgliedstaatliche Herrschaft schrittweise substituiert. Vom Boden des geltenden Verfassungsrechts aus, zu dem auch Art. 23 Abs. 1 Satz 1 GG, in der hier vertretenen Lesart, gehört, stellt sich dieser Ausbau zwangsläufig als Verfassungsverletzung dar.

d. Verfassungsrechtliche Folgen einer Verletzung der Struktursicherungsklausel

Welche verfassungsrechtlichen Konsequenzen sich an die Verletzung der Struktursicherungsklausel knüpfen, wird aus Art. 23 Abs. 1 Satz 1 GG nicht ohne weiteres deutlich.[224] Art. 23 Abs. 1 Satz 1 GG könnte, wenn die Union die Kriterien verfehlt, einerseits als das Verbot einer weiteren Mitwirkung[225] und andererseits als eine Freistellung[226] davon gemeint sein. Im Gesetzgebungsverfahren wurde dies (natürlich auch deshalb, weil der Gesetzgeber von der Verfassungsmäßigkeit des Vertragswerkes überzeugt war) nicht thematisiert.[227] Der Indikativ des Verfassungswortlauts („wirkt ... mit bei der Entwicklung [einer] Union, die ... verpflichtet ist und ... gewährleistet") ließe sich insofern tatsächlich als eine bloße Auflockerung der im ersten Halbsatz angelegten Verfassungspflicht deuten. Wie gerade das Beispiel der staatsformbezogenen Inhalte des Art. 23 Abs. 1 Satz 1 GG zeigt, würde ein solches Verständnis dem Zweck der Struktursicherungsklausel allerdings nicht in ausreichendem Umfang gerecht: wenn die EU die Vorgaben dieser Klausel verfehlt (daß sie dies bereits nach gegenwärtiger Rechtslage tut, ist im vorangegangenen Abschnitt dargelegt worden), erscheint zumindest im Hinblick auf den Grundsatz der Demokratie auch die weitere Mitarbeit in der Union zwangsläufig als Verfassungsverstoß, da Art. 23 Abs. 1 Satz 1 GG mit seinem Hinweis auf die Wahrung der Staats-

---

[224] So auch *Dieter Scheuing*, in: Schwarze/Müller-Graff (Hrsg.), 17. FIDE-Kongress, S. 7, 20.

[225] So wohl *Rudolf Streinz*, in: Sachs (Hrsg.), Grundgesetz, Rn. 16 zu Art. 23.

[226] So wohl *Claus Dieter Classen*, in: von Mangoldt/Klein/Starck, Das Bonner Grundgesetz, Bd. 2, Rn. 11 zu Art. 23 Abs. 1.

[227] So heißt es in der Begründung des Gesetzesentwurfes (BT-Drs. 12/3338, S. 6) einerseits, daß „Hoheitsrechtsübertragungen auf die Europäische Union [...] dem einfachen Gesetzgeber möglich seien, „*wenn und so lange* die europäische Integrationsgemeinschaft [...], derzeit als Europäische Union, sich in bestimmten, den westeuropäischen Demokratien eigenen Strukturen entwickelt", was sich im Sinne einer (verfassungsrechtlich bindenden und verfassungsgerichtlich kontrollierbaren) Mitwirkungsschranke auslegen läßt. Im nächsten Satz heißt es demgegenüber: „Die Strukturklausel *begrenzt* das in der Staatszielbestimmung angesprochene *Mitwirkungsziel* auf eine europäische Union, die in ihren elementaren Strukturen den durch das Grundgesetz geformten Kernprinzipien des Staates ‚Bundesrepublik Deutschland' entspricht ...", was lediglich für eine Beschränkung der Mitwirkungsverpflichtungen spricht. Auch die Gemeinsame Verfassungskommission legt sich in ihrem Bericht (BT-Drs. 12/6000, S. 20f.) in dieser Hinsicht nicht fest. (Alle Hervorhebungen wurden von mir hinzugefügt – S. H.)

form letztlich nur den in Art. 20 Abs. 2 Satz 1 GG verankerten Grundsatz: „alle Staatsgewalt geht vom Volk aus“ im Kontext des europäischen Einigungsvorgangs verdeutlicht. Da dieses Prinzip in seinem Kern durch Art. 79 Abs. 3 GG vor Veränderungen geschützt ist, erscheint die Frage, ob Art. 23 Abs. 1 Satz 1 GG als Verbot einer weiteren Mitarbeit aufgefaßt werden muß, letztlich als gegenstandslos: soweit Art. 23 Abs. 1 Satz 1 GG in der hier vertretenen Lesart die Herrschaftsform schützt, sind diese Verfassungsinhalte durch Art. 79 Abs. 3 GG jedweden Änderungen entzogen – was zugleich heißt, daß es sich nicht um die Verletzung einfachen Verfassungsrechts (wie Art. 23 Abs. 1 GG es darstellt), sondern um Eingriffe in den unverbrüchlichen Kern der grundgesetzlichen Ordnung, um nicht zu sagen: in ihre „Grundsubstanz“, handelt.

IV. Zwischenergebnis: zur Inkongruenz von Staatlichkeits- und Staatsformverbürgung

Die Subsumtion der heutigen strukturellen Beschaffenheit der Union unter die staatsformrelevanten Bestandsgarantien der Verfassung hat damit Verstöße in doppelter Hinsicht ergeben: mit der auf die Union übergegangenen Kompetenzfülle ist zwangsläufig ein Wandel der Staatsform verbunden, der sich weder in den Formen des bisherigen Primärrechts noch in der Gestalt des intendierten Verfassungsvertrages mit den Anforderungen des Grundgesetzes aus Art. 23 Abs. 1 Satz 3 GG i. V. m. Artt. 79 Abs. 3, 20 Abs. 1 und 2 GG verträgt. Im Hinblick auf die Unionsstruktur selbst ist weder das Mehrheitsverfahren im Rat noch die Stellung des Europäischen Parlamentes im Rahmen des europäischen Rechtsetzungsverfahrens (in ihrer gegenwärtigen Ausgestaltung, und erst recht in ihrer Erweiterung durch den Verfassungsvertrag) als „demokratisch“ i. S. v. Art. 23 Abs. 1 Satz 1 GG zu qualifizieren. Hinter beiden Schranken steht dabei Art. 79 Abs. 3 GG, der auch die Abwägung mit Belangen der Integration als juristische Rechtfertigungsmöglichkeit ausschließt.[228] Die Verfassungsordnung des Grundgesetzes hat sich damit hinsichtlich der Staatsformbewahrung, verglichen mit dem Schutz der Staatlichkeit selbst, als strenger erwiesen. Dies spricht dafür, dem Streit um eine Verankerung der Staatlichkeitsverbürgung in Art. 79 Abs. 3 i. V. m. Art. 20 Abs. 1 und 2 GG etwas weniger Beachtung zu schenken, als dies gegenwärtig getan wird – und um so genauer die Zustimmungsakte am Maßstab der verfassungsrechtlich statuierten Demokratievorgaben zu prüfen: die vom Grundgesetz eingerichtete Staatsform hat, bedingt durch den europäischen Integrationsprozeß, im Hinblick auf den „materiellen Bestand“ (im Hinblick also auf das materiell Vorhandene) an Zuständigkeiten, einen beträchtlichen Teil ihrer verfassungsrechtlich vorausgesetzten Sach- und

[228] Siehe dazu oben: I.3. sowie *Udo Fink*, DÖV 1998, 133, 136.

Sinn-Substanz aufgeben müssen; zugleich hat sie, im Hinblick auf den „formellen Bestand" (im Hinblick also auf das formell-strukturelle Unversehrtbleiben) von grundgesetzlich eingerichteten Legitimationszusammenhängen, die den Willen des Volkes in politischen Entscheidungsprozessen vermitteln, bedeutende Brüche erlitten. In einer solchen Verletzung der verfassungsrechtlich verankerten Staatsform zeichnet sich die Mißachtung des grundgesetzlichen Staatlichkeitsanspruches in aller Deutlichkeit ab.

Gegen dieses Zwischenergebnis muß sich, so scheint es, der Einwand aufdrängen, daß ein solches Verfassungsverständnis zu streng und zu unflexibel erscheint, wenn künftige Weiterentwicklungen des gemeinschaftlichen Verfaßtseins nur um den Preis der Verfassungsverletzung erlangt werden können. Inwiefern kann ein Verfassungsverständnis dem Wesen und der Funktion des Verfassungsrechts entsprechen, das deren materielle Kerninhalte auch gegen den Willen demokratisch legitimierter Verfassungsorgane (und, wie gleich geklärt werden soll, möglicherweise auch gegen den Willen des Staatsvolks selbst) absichern soll? Die vorliegende Untersuchung weicht diesen Fragen nicht aus – sie wird, nach einer Erörterung der Funktion von Art. 146 GG und der juristischen Konsequenzen einer vollbrachten Bundesstaatsgründung im Rahmen der weiterführenden Schlußfolgerungen ihr eigenes Verständnis der Verfassungsfunktionen begründen. Im Vorgriff hierauf ist jedoch schon an diesem Punkt zu konstatieren, daß sich die Funktion des Verfassungsrechts nicht darin erschöpft (und vielleicht sogar, im Kontext der Staatlichkeitsfrage, noch nicht einmal primär darin erblickt werden kann), Staatlichkeitsentwicklungen zu unterbinden, sondern daß es in diesen Fällen ihr Zweck ist, Umbrüche, die sie aus sich selbst heraus nicht zu verhindern vermag, als ein unverbrüchlicher Maßstab zu dokumentieren. Ein solches Verfassungsverständnis mitsamt seinen Konsequenzen deutlich zu machen (was im Fazit der Arbeit versucht werden soll), setzt jedoch voraus, auch jene Bestimmung in die Betrachtungen einzubeziehen, die das Grundgesetz zur Ablösung des Verfassungsgesetzes bereithält.

2. Abschnitt

Der Schritt in den europäischen Bundesstaat – Verfahrensoptionen und Konsequenzen aus verfassungsrechtlicher Sicht

I. Verfassunggebung und Verfassungsänderung als verfassungsrechtliche Kategorien im Kontext der Staatlichkeitsfrage

Die vorangegangenen Untersuchungen haben verdeutlicht, warum eine Preisgabe der souveränen Staatlichkeit Deutschlands durch Eintritt in ein gesamteuropäisches Bundesstaatsganzes änderungsfeste Verfassungsinhalte verletzt. Verfassungswidrig wäre es demnach, entsprechende supranationale Vertragsinhalte unter dem Regime des bislang geltenden Rechts, d.h. auf der Grundlage von Art. 23 Abs. 1 Satz 3 GG, in Kraft treten zu lassen. Verfassungswidrig wäre es jedoch genauso, ein solches Inkrafttreten dadurch möglich machen zu wollen, daß entsprechende Beitrittsoptionen, mehr oder weniger deutlich, ins Grundgesetz eingefügt werden: selbst eine Klausel, die eine Mitwirkung Deutschlands in einem gesamteuropäischen Bundesstaatsganzen ausdrücklich vorsieht, verstieße gegen Art. 79 Abs. 3 GG und könnte daher kein zulässiger Gegenstand der Verfassungsänderung sein.[229] Diese juristische Erkenntnis (nämlich: daß ein solcher Beitritt auf Basis der gegenwärtigen oder einer entsprechend geänderten verfassungsrechtlichen Ordnung verfassungswidrig erscheint) wird im rechtswissenschaftlichen Schrifttum, sofern es diese Einschätzung teilt, meist mit dem Hinweis verbunden, daß eine europäische Bundesstaatsgründung der verfassunggebenden Gewalt des Volkes obliege, woraus die Notwendigkeit einer Volksabstimmung über diese Frage zu schlußfolgern sei.[230] Eine wachsende Zahl von Autoren[231] hält dabei Art. 146 GG für den ge-

[229] Art. 79 Abs. 3 GG abzuschaffen, wäre nach herrschender Ansicht ebenfalls unzulässig; siehe dazu oben: Erster Abschnitt, II.1.b.bb.

[230] Siehe die Nachweise dazu in Fn. 321.

[231] So z.B. *Horst Dreier*, in: Dreier (Hrsg.), Grundgesetz, Bd. III, Rn. 16 zu Art. 146; *Matthias Herdegen*, EuGRZ 1992, 589, 594; *Peter M. Huber*, ThürVBl. 1994, 1, 8; *ders.*, in: Sachs (Hrsg.), Grundgesetz, Rn. 18 zu Art. 146 (der diese Ansicht als „inzwischen wohl h. M." bezeichnet); *Hans D. Jarass*, in: Jarass/Pieroth, Grundgesetz, Rn. 5 zu Art. 146; *Michael Kirn*, in: von Münch/Kunig (Hrsg.), Grundgesetz-Kommentar, Bd. 3, Rn. 11 zu Art. 146; *Dietrich Murswiek*, Der Staat 32 (1993), 161, 189; *Theodor Schilling*, AöR 116 (1991), 32, 68f. und *Ewald Wiederin*, AöR 117 (1992), 410, 446; abgeschwächter auch *Siegfried Magiera*, in:

eigneten Weg, die verfassunggebende Gewalt des Volkes aus der grundgesetzlichen Ordnung heraus (und damit zugleich in verfassungsrechtlicher Kontinuität, sprich: rechtmäßig) zu aktivieren. Inwiefern erscheint eine solche Argumentationsweise stimmig, wenn man, wie hier, die Verfassung als Ausdruck eines grundlegenden und höchstrangigen politischen Gebundenseins des Gemeinwesens deutet? Welche Funktion kommt Art. 146 GG unter der hier vertretenen Verfassungskonzeption zu und wie läßt sich diese rechtsdogmatisch begründen?

II. Art. 146 GG als juristischer Weg zum Eintritt in den gesamteuropäischen Staat?

1. Normauslegung unter verfassungstheoretischen Prämissen: Art. 146 GG und das Verhältnis von verfassunggebenden Akten zum Verfahren der Totalrevision

a. Art. 146 GG als Schluß- und Schutzbestimmung der bundesdeutschen Verfassung

Als Schlußbestimmung des Grundgesetzes regelt Art. 146 GG, wann dieses außer Kraft treten soll; die heute geltende Fassung der Norm geht dabei auf Art. 4 Nr. 6 des deutsch-deutschen Einigungsvertrages zurück. Seine Geltung verlieren soll das Grundgesetz demnach nur, wenn „eine Verfassung in Kraft tritt, die von dem deutschen Volke in freier Entscheidung beschlossen worden ist". Art. 146 GG ist daher in erster Linie so zu verstehen, daß andere Gründe die Verfassung nicht außer Kraft setzen können.[232] Die Rechtsfolge Geltungsverlust wird dabei an zwei zentrale Momente geknüpft: eine neue Verfassung muß, erstens, überhaupt zustande gebracht worden sein[233] – und sie muß, zweitens, auf der freien Entscheidung des deutschen Staatsvolks beruhen. Bevor jedoch geprüft werden kann, ob diese Kriterien im Falle des deutschen Beitritts zu einer gesamteuropäischen Föderation erfüllt sind oder zumindest erfüllt werden könnten, ist zunächst zu erörtern, welche Fälle die Vorschrift erfaßt. Dies ist insbesondere deshalb geboten, weil sich aus dem Text der Verfassung nicht ohne weiteres ablesen läßt, in welcher Weise Art. 146 GG mit dem durch Art. 79 Abs. 3 GG manifestierten, legal nicht zu umgehenden Unverbrüchlichkeitsan-

---

Stern (Hrsg.), Deutsche Wiedervereinigung, Bd. I, S. 121, 122: das Grundgesetz könne über Art. 146 GG stärker revidiert werden als über Art. 79 GG, was im Rahmen des europäischen Integrationsprozesses unter Umständen notwendig sei.

232 *Ewald Wiederin*, AöR 117 (1992), 410, 416. Ähnlich (zu Art. 146 GG a. F.) *Hartmut Maurer*, VVDStRL 49 (1990), 166.

233 *Otto Kimminich*, in: Stern (Hrsg.), Deutsche Wiedervereinigung, Bd. I, S. 111, 112.

spruch[234] korrespondiert.[235] Legalisiert die Schlußbestimmung des Grundgesetzes den Eintritt in eine neue, wesenhaft andere Ordnung, den Art. 79 Abs. 3 GG zu verhindern versucht – oder bleibt auch die darin festgelegte Vorgehensweise an die Änderungssperre gebunden? Ist es denkbar, daß die staatliche Ordnung, deren Dasein das Verfassungsrecht ausformt, durch eine verfassungsrechtliche Vorschrift, juristisch gesprochen, „auflösend bedingt" ist? Befreit Art. 146 GG für einen konkreten, historisch zu datierenden Moment die bestimmenden politischen Kräfte (und hierbei vor allem: das Volk) vom unbedingten Geltensollen der verfassungsrechtlichen Ordnung? Alles das wäre der Fall, wenn Art. 146 GG als Hinweis auf den pouvoir constituant, auf die verfassunggebende Kraft des Volkes, aufgefaßt werden müßte. Zwingend ist ein solches Verständnis, wie gleich gezeigt werden soll, nicht.

b. Das Entweder-Oder von Verfassunggebung und Verfassungsrevision als Schlüsselfrage des verfassungsrechtlichen Umgangs mit Art. 146 GG

Anhand der oben, im Zweiten Abschnitt des Ersten Buches, gewonnenen Erkenntnisse zum Wesen von Verfassung und verfassunggebender Gewalt kristallisiert sich als Kernproblem des Art. 146 GG die Frage heraus, welchen Fall dieser meint[236]: die Neubegründung der verfassungsrechtlichen Ordnung auf der Basis eines neuen einheitstiftenden Ordnungsmotivs – oder eine innerhalb der bestehenden Ordnung zu vollbringende Neugestaltung des Verfassungsgesetzes, die Muster und Motive des bisherigen Verfaßtseins (dessen Herrschaftsform, dessen Freiheitlichkeit, dessen sozialpolitische Grundsätze – und damit zugleich auch jenen „starken Grund, zusammen zu sein"[237], auf dem das Ganze beruht) unberührt läßt.[238] In der hier zuletzt genannten Lesart wäre Art. 146 GG als verfassungsrechtliche Offerte zu einer sogenannten Totalrevision des Verfassungstextes zu deuten, der danach in seiner neuen Gestalt, mit anderem Titel, anderem Wortlaut und anderen Inhalten in den Details, die Ordnung als solche fortführen soll. Die zentrale Unterscheidung, auf die es für das richtige Verständnis der grundgesetzlichen Schlußvorschrift ankommt, liegt mithin in

---

[234] Siehe dazu oben: Erster Abschnitt, II.

[235] Zu diesem Verhältnis grundsätzlich *Josef Isensee*, in: Stern (Hrsg.), Deutsche Wiedervereinigung, Bd. I, S. 63 und *Hans Meyer*, in: von Arnim (Hrsg.), Direkte Demokratie, S. 67, 79 f.

[236] Überblicke über die zu Art. 146 GG vertretenen Theorien bieten u. a. *Manfred Baldus*, KritV 1993, 429, 430 ff.; *Dirk Heckmann*, DVBl. 1991, 847, 852; *Josef Isensee*, in: Isensee/Kirchhof (Hrsg.), Handbuch des Staatsrechts, Bd. VII, § 166 Rn. 53; *Henning Moelle*, Der Verfassungsbeschluß nach Art. 146 Grundgesetz, S. 21 ff. und *Ewald Wiederin*, AöR 117 (1992), 410, 411 f.

[237] Zur Quelle dieser Redewendung siehe oben: Zweites Buch, Dritter Abschnitt, III.2.d., dort in Fn. 439.

[238] Zum grundsätzlichen Verständnis von Art. 146 GG vgl. insbesondere *Josef Isensee*, in: Stern (Hrsg.), Deutsche Wiedervereinigung, Bd. I, S. 63; *Christian Starck*, in: Festschrift für Herbert Helmrich, S. 289, 292 und *Ewald Wiederin*, AöR 117 (1992), 410, 413 ff.

der Frage, ob die Identität der bisherigen Ordnung über das Außerkrafttreten des bisherigen Verfassungsgesetzes hinaus gewahrt werden muß.[239] Wo dies der Fall ist, handelt es sich letztendlich immer um Formen einer verfassungsrechtlich normierbaren und innerhalb der Rechtsordnung zu vollziehenden Textrevision; wo dies nicht der Fall ist, handelt es sich um verfassunggebende Akte, die mit der bisherigen Ordnung, auch in juristischer Hinsicht, brechen.[240] Für Feststellungen, um welchen Fall es sich handelt, können die Umstände, wie die neu konzipierte verfassungsrechtliche Ordnung zustande gebracht und in Kraft gesetzt wurde (durch Volksabstimmungen, durch Änderungen des Verfassungsgesetzes oder durch völkerrechtliche Abkommen), allenfalls als Indizien eingestuft werden.[241] Um zu erfassen, welche Rolle Art. 146 GG im Hinblick auf eine gesamteuropäische Bundesstaatsgründung spielt, kommt es zunächst darauf an, den Regelungsinhalt der Vorschrift auf eine der beiden Seiten dieses Entweder-Oder (von Verfassunggebung und Totalrevision) zu verorten. Eine Lage dazwischen (wie ein Teil des Schrifttums sie annimmt, wenn es von einer „‚verfaßten' verfassunggebenden Gewalt spricht[242]) kommt dabei von vornher-

---

[239] Demgegenüber unterscheidet *Josef Isensee* (in: Stern [Hrsg.], Deutsche Wiedervereinigung, Bd. I, S. 63, 64f.; *ders.*, in: Isensee/Kirchhof [Hrsg.], Handbuch des Staatsrechts, Bd. VII, § 166 Rnrn. 14ff.) die Kategorien der „Verfassungsablösung" und der „Verfassungsrevision" anhand der formalen Frage, ob „ein neuer Beschluß über die Verfassung ergeht" und „damit das Fundament der Verfassungsgeltung neu gelegt wird", wohingegen es gerade nicht darauf ankommen soll, ob Substanz oder Wortlaut der bisherigen verfassungsrechtlichen Ordnung neu verfaßt worden sind. „Verfassungsablösung" und „Verfassungsrevision" unterscheiden sich, wenn man der Auffassung *Isensees* folgt, ausschließlich dadurch, daß im Falle der ersten das Volk über die Geltung der Verfassung entscheidet – diese Unterscheidung sieht *Isensee* sodann verkörpert in den Artt. 146 und 79 GG. Die Geltungsgrundlage einer Ordnung findet sich jedoch richtigerweise im Einheits- und Ordnungswillen einer Gemeinschaft; solange dieser identisch ist, bleibt auch die verfassungsrechtliche Ordnung dieselbe, unabhängig davon, wie oft und in welcher Form sie durch Volksentscheide bestätigt wird. Die bedenkliche Konsequenz des von *Isensee* vertretenen Ansatzes zeigt sich, wenn dieser (in: Stern [Hrsg.], Deutsche Wiedervereinigung, Bd. I, S. 63, 66; *ders.*, in: Isensee/Kirchhof [Hrsg.], Handbuch des Staatsrechts, Bd. VII, § 166 Rn. 15) die „Verfassungsablösung" generell für legal hält und von „Revolutionen" abgrenzt, die mit der bisherigen Staatsordnung brechen – soll, so ließe sich fragen, die Legalität der Verfassungspreisgabe tatsächlich davon abhängen, ob aus der bisherigen Ordnung heraus hierfür eine „Rechtsgrundlage" herbeikonstruiert werden kann? Was die bisherige Ordnung sprengt und das Gemeinwesen substantiell neu verfaßt, sind Brüche und Umwälzungen im Bewußtsein einer Gemeinschaft von den Gründen ihres Zusammengeschlossenseins, unabhängig davon, ob sich diese auf scheinbar legalen Wegen oder durch gewaltsame Umsturzaktionen artikulieren; hierin liegt, wenn man so will, der Unterschied zwischen einer Verfassungsänderung und einer „Revolution". – Richtige Ansätze hierzu sind u.a. bei *Thomas Würtenberger* (in: Stern [Hrsg.], Deutsche Wiedervereinigung, Bd. I, S. 95, 96f.) zu finden.

[240] Zu dieser Alternativität von Verfassungsänderung und Verfassunggebung auch *Ewald Wiederin*, AöR 117 (1992), 410, 413 (der allerdings den Begriff der Verfassunggebung in seiner Abgrenzungsfunktion zu unscharf gebraucht) sowie *Christian Winterhoff*, Verfassung – Verfassunggebung – Verfassungsänderung, passim.

[241] Siehe dazu ausführlich oben: Zweites Buch, Dritter Abschnitt.

[242] So zum Beispiel *Ewald Wiederin*, AöR 117 (1992), 410, 415; *Thomas Würtenberger*, in:

ein nicht in Betracht, da es ein solches Dazwischen nicht gibt (das Motiv, auf dem die verfassungsrechtliche Ordnung einer Gemeinschaft beruht, kann, wie im Ersten Buch ausgeführt wurde[243], nur verschieden oder identisch sein) – wenngleich gesagt werden muß, daß sich Bruch und Bestand mitunter erst spät, in der Verfassungspraxis des neu geordneten Staates erweisen.[244]

c. Art. 146 GG als Ausdruck der verfassunggebenden Gewalt des Volkes? – Theoretische Implikationen und dogmatische Konsequenzen

aa. Verfassungsrechtliche Implikationen: zur möglichen Verfassungswidrigkeit und Funktionslosigkeit von Art. 146 GG. Für die Frage, ob Art. 146 GG den Fall der Verfassunggebung (und zwar den Fall der Verfassunggebung im hier vertretenen Sinne) oder nur den Fall einer vollständigen Textrevision meint, sind zunächst zwei verfassungsrechtliche Implikationen der entsprechenden Auslegung zu bedenken (man könnte auch, angesichts der staatlichkeitstheoretischen Schwierigkeiten, welche sich damit verbinden, von zwei verfassungsrechtlichen „Komplikationen" der Auslegung sprechen), die ihren Weg in entscheidender Weise vorzeichnen müssen. Hierbei geht es einmal um das Wesen der Schlußbestimmung als Rechtssatz und das andere Mal um deren Verfassungskonformität. Beide Aspekte wurden im Schrifttum vielfach erörtert, nicht immer jedoch unter Rückgriff auf ein stimmiges verfassungstheoretisches Konzept.

Der erste zu bedenkende Umstand ergibt sich aus der Frage, ob die Ausübung der verfassunggebenden Gewalt durch das Volk überhaupt in irgendeiner Weise geregelt werden kann. Wer dieses verneint[245] (und zwar mit Recht verneint, wie die Ausführungen insbesondere des Ersten Buches, Zweiter Abschnitt, verdeutlicht haben sollten), erklärt (wenn er dennoch daran festhält, daß Art. 146 GG den pouvoir constituant meinen soll) die Vorschrift zur dekla-

---

Stern (Hrsg.), Deutsche Wiedervereinigung, Bd. I, S. 95, 103 und (eher terminologisch als sachlich, siehe dazu unten in Fn. 305) *Hans-Peter Schneider*, in: Isensee/Kirchhof (Hrsg.), Handbuch des Staatsrechts, Bd. VII, § 158 Rn. 39. Derselbe Einwand gilt auch für die Unterscheidung von „originärer" und „revolutionärer Verfassunggebung" bei *Mattias G. Fischer*, MDR 1994, 440, 441.

[243] Siehe dazu insbesondere den Ersten und Zweiten Abschnitt.

[244] Es wäre eine verkürzte und historisch einfach zu widerlegende Annahme, den Bruch der bisherigen Ordnung mit gewaltsamer Revolution und ihr Bestehen mit Kontinuität im Wirken von Organen gleichzusetzen. Ein anschauliches Beispiel dafür bietet die englische Verfassungsgeschichte, von der *Carl J. Friedrich* festgestellt hat, daß sich „Revolutionen vollziehen, ohne daß irgendeine konstituierende Gruppe in Funktion tritt" (Der Verfassungsstaat der Neuzeit, S. 154). Allgemein dazu auch *Reinhold Zippelius*, Allgemeine Staatslehre, S. 158 f.

[245] Grundlegend hierzu *Dietrich Murswiek*, Die verfassunggebende Gewalt nach dem Grundgesetz für die Bundesrepublik Deutschland, S. 135; einen detaillierten Überblick über die hierzu vertretenen Positionen verschafft *Christian Winterhoff*, Verfassung – Verfassunggebung – Verfassungsänderung, S. 150 ff.

ratorischen, im Grunde *funktionslosen Norm*.[246] Ihr Regelungsinhalt erschöpfte sich dann in einem Hinweis auf die verfassunggebende Gewalt des Volkes, durch deren Tätigwerden das Grundgesetz außer Kraft gesetzt werden kann; die Vorschrift benennt, so verstanden, einen verfassungstheoretischen Grundsatz (nämlich: daß das Volk die verfassungsrechtliche Ordnung trägt) und zieht hieraus die juristisch naheliegende Schlußfolgerung, daß ein wirksames Inkrafttreten der neuen verfassungsrechtlichen Ordnung die Geltung der alten beendet. Ein substantieller rechtlicher Regelungsanspruch ließe sich, bei einem solchen Verständnis, aus Art. 146 GG nicht deduzieren: anders, als dies mitunter behauptet wird[247], vermag das Verfassungsgesetz dem pouvoir constituant des Volkes gerade keine „spezifische Funktion" innerhalb der verfassungsrechtlichen Ordnung zu übertragen – was sich per definitionem nicht regeln läßt, weil es selbst die Grundlage aller rechtlichen Vorschriften darstellt, kann nicht zugleich als Adressat von verfassungsmäßigen Rechten und Pflichten erscheinen (oder, in verfassungsphilosophischer Reformulierung: was das rechtliche Gelten des normativ Gesollten begründet, kann nicht im Innern einer verfassungsrechtlich-normativen Ordnung anzusiedeln sein). Eine verfassungsrechtliche Regel, die zu binden versucht, was seinem Wesen zufolge ungebundene Kraft ist, muß sich mithin in verfassungsrechtlicher Hinsicht (politisch mag es sich anders verhalten) als funktionslos erweisen (das Wort von *Josef Isensee*[248], Art. 146 GG sei der Wurmfortsatz der Verfassung: unnütz, aber entzündlich, trifft daher, wenn man Art. 146 GG als Hinweis auf den pouvoir constituant des Volkes versteht, den Kern des Problems).[249] Weil jedoch eine Verfassungsbestimmung erst dann als funktionslos und überflüssig eingestuft werden sollte, wenn andere (und zwar: sinnvollere) Lesarten mit allen methodisch erlaubten Auslegungsmitteln nicht erkannt werden können[250], darf man bereits an

---

246 *Otto Kimminich*, in: Stern (Hrsg.), Deutsche Wiedervereinigung, Bd. I, S. 111, 112 und *Hans-Jürgen Papier*, in: Kloepfer/Merten/Papier/Skouris, Kontinuität und Diskontinuität in der deutschen Verfassungsgeschichte, S. 85, 97. – Demgegenüber sieht *Peter M. Huber* (in: Sachs [Hrsg.], Grundgesetz, Rn. 9 zu Art. 146) die Vorschrift gerade dann als funktionslos an, wenn man diese als gebunden an Art. 79 Abs. 3 GG versteht. Anders als *Huber* behauptet, wäre Art. 146 GG dann jedoch gerade kein „funktionsloser lakonischer Hinweis darauf, dass das Recht der Macht letztlich immer zu weichen hat", sondern würde durchaus eine besondere Rolle im Rahmen der legalen Verfassungsrevision spielen – sei es, wie hier vertreten, als Sonderregel für den Fall der Totalrevision, sei es als Ergänzung zu Art. 79 Abs. 2 GG. Funktionslos kann die Vorschrift nur sein, wenn sie regeln soll, was nicht geregelt werden kann: den Auftritt der verfassunggebenden Gewalt. Wie *Peter M. Huber* jedoch *Josef Isensee*, in: Stern (Hrsg.), Deutsche Wiedervereinigung, Bd. I, S. 63, 92 f. und *Peter Lerche*, in: Festschrift für Nikolaus Lobkowicz, S. 299, 306.

247 *Peter M. Huber*, in: Sachs (Hrsg.), Grundgesetz, Rn. 11 zu Art. 146; *ders.*, ThürVBl. 1994, 1, 7; richtig insoweit BVerfGE 89, 155, 180.

248 In: Stern (Hrsg.), Deutsche Wiedervereinigung, Bd. I, S. 63, 93.

249 In der Sache ähnlich *Albrecht Randelzhofer*, in: Stern (Hrsg.), Deutsche Wiedervereinigung, Bd. I, S. 141, 153 und *Ewald Wiederin*, AöR 117 (1992), 410, 414.

250 Ähnlich, jedoch mit gegenteiligen Schlußfolgerungen, *Peter M. Huber*, in: Sachs

dieser Stelle bezweifeln, daß ein Verständnis, welches Art. 146 GG auf die echte Verfassunggebung (in dem von uns vertretenen Sinne) bezieht, verfassungsjuristisch begründet sein soll.

Der zweite Gesichtspunkt, der für eine Auslegung des Art. 146 GG im Hinblick auf die Unterscheidung von (ordnungsbewahrender) Totalrevision des Verfassungsgesetzes und (ordnungsbegründender) Verfassunggebung maßgeblich ist, betrifft dessen eigene *Verfassungsmäßigkeit.*[251] Diese wurde, nach dem Inkrafttreten der Vorschrift im Jahr 1990, von Teilen des Schrifttums[252] insbesondere deshalb in Frage gestellt, weil der damals handelnde verfassungsändernde Gesetzgeber juristisch nicht dazu berechtigt gewesen sein soll, über den Zeitpunkt, wann das Grundgesetz außer Kraft treten muß, zu bestimmen. Unter der Prämisse, daß als Verfassungsverstoß hier nur die Verletzung von Art. 79 Abs. 3 GG in Verbindung mit den dort genannten Prinzipien in Betracht kommen kann[253], erscheint dieser Einwand insoweit plausibel, als die Verfassungsorgane (und zwar auch dort, wo sie als verfassungsändernde Gesetzgebungsgremien agieren) nicht darüber entscheiden dürfen, wann ihre Bindung an das Grundgesetz aufhören soll – was verfassungstheoretisch der Erkenntnis entspricht, daß die Entscheidungsbefugnis über ein Außerkrafttreten der verfassungsrechtlichen Ordnung nicht durch jenes Organ usurpiert werden darf, dessen Tätigsein auf dieser Ordnung beruht.[254] Gerade dies wäre jedoch mit der Neufassung der Schlußbestimmung geschehen, wenn man diese, mit Teilen des Schrifttums, als verfassungsrechtlichen Ausgang in eine neu zu bestimmende Ordnung versteht: die unverbrüchliche Bindung, in welche die Verfassungsorgane gemäß Art. 79 Abs. 3 GG eingestellt sind, wäre inhaltlich bald obsolet,

---

(Hrsg.), Grundgesetz, Rn. 10 zu Art. 146. Relativierend hierzu äußert sich *Josef Isensee* (in: Stern [Hrsg.), Deutsche Wiedervereinigung, Bd. I, S. 63, 69): „Normen ohne eigenständige Bedeutung" seien „in der Realität des heutigen Gesetzesstaates [...] keine Seltenheit"; es gäbe daher „keine apriorische Rechtsregel, daß jede Norm Bedeutung haben müsse, sondern nur eine methodische Prima-facie-Vermutung, mit der ein loyaler Interpret an eine Norm herantritt"; ähnlich auch *Albrecht Randelzhofer*, in: Stern (Hrsg.), Deutsche Wiedervereinigung, Bd. I, S. 141, 156 (dort in Fn. 156).

251 Dazu auch *Peter Lerche*, in: Festschrift für Nikolaus Lobkowicz, S. 299, 302 und *Thomas Würtenberger*, in: Stern (Hrsg.), Deutsche Wiedervereinigung, Bd. I, S. 95, 97 ff.

252 In diese Richtung argumentieren *Hans-Uwe Erichsen*, Jura 1992, 52, 55 und *Albrecht Randelzhofer*, in: Stern (Hrsg.), Deutsche Wiedervereinigung, Bd. I, S. 141, 155; mit gleichem Ergebnis bei etwas anderer Begründung auch *Richard Bartlsperger*, DVBl. 1990, 1285, 1300 und *Gerd Roellecke*, NJW 1991, 2441, 2444; vgl. zu diesem Zusammenhang auch *Josef Isensee*, in: Isensee/Kirchhof (Hrsg.), Handbuch des Staatsrechts, Bd. VII, § 166 Rn. 61; *ders.*, Braucht Deutschland eine neue Verfassung?, S. 54 f. und *Paul Kirchhof*, in: Isensee (Hrsg.), Europa als politische Idee und als rechtliche Form, S. 63, 77.

253 Dazu *Josef Isensee*, in: Stern (Hrsg.), Deutsche Wiedervereinigung, Bd. I, S. 63, 89.

254 Vgl. hierzu auch *Hans-Uwe Erichsen*, Jura 1992, 52, 55; *Paul Kirchhof*, in: Isensee (Hrsg.), Europa als politische Idee und als rechtliche Form, S. 63, 77 und *Gerd Roellecke*, NJW 1991, 2441, 2444. Ablehnend äußert sich zu dieser Argumentationsweise *Peter Lerche*, in: Festschrift für Nikolaus Lobkowicz, S. 299, 302.

wenn es denselben Organen in verfassungsrechtlicher Hinsicht anheimgestellt wäre, über den Zeitpunkt, wann diese Bindungen enden, selbst und frei zu entscheiden. Als eine später ins Grundgesetz inkorporierte Norm müßte sich Art. 146 GG, wenn man ihn tatsächlich auf die verfassunggebende Gewalt des Volkes bezieht, als eine Umgehung von Art. 79 Abs. 3 GG (oder, um es noch etwas genauer zu treffen: als dessen in Aussicht genommene Aufkündigung) darstellen – und diesen somit verletzen.[255] Die Annahme, daß es sich bei Art. 146 GG, wie von manchen behauptet, um verfassungswidriges Verfassungsrecht handelt, ist indes nur dann stimmig und zwingend, wenn sich, dem Vorrang der verfassungskonformen Gesetzesauslegung zufolge, mit den hergebrachten Mitteln der Verfassungsinterpretation keinerlei Inhalte auffinden lassen, die den Verfassungsvorgaben genügen. Hieraus wiederum folgt, daß die Schlußbestimmung des Grundgesetzes nur insoweit als verfassungsgemäß gelten kann, wie diese Norm gerade nicht als ein Hinweis auf die verfassunggebende Kraft des Volkes fungiert.[256] Beide Gesichtspunkte: die rechtliche Funktionslosigkeit und die mögliche Verfassungswidrigkeit, zwingen somit dazu, Art. 146 GG in anderer Weise zu deuten; als Hinweis auf die verfassunggebende Gewalt des Volkes wäre er überflüssig oder verfassungswidrig – oder, was hier nicht geklärt werden muß, beides zugleich.[257]

---

[255] Zu Recht meint daher *Paul Kirchhof* (in: Isensee [Hrsg.], Europa als politische Idee und als rechtliche Form, S. 63, 77), daß Art. 146 GG „durch Verfassungsänderung in das Grundgesetz eingefügt worden" sei und „deshalb nicht mehr an rechtlichen Gestaltungsmöglichkeiten vermitteln" könne, „als ihr selbst zugrunde liegt". Dezidiert anders jedoch *Thomas Würtenberger*, in: Stern (Hrsg.), Deutsche Wiedervereinigung, Bd. I, S. 95, 99 („Ein Hinweis auf die letzte Grundlage bzw. auf die Grundnorm des demokratischen Verfassungsstaates kann kaum verfassungswidriges Verfassungsrecht sein") und S. 139; Erwägungen in diese Richtung finden sich u. a. auch bei *Hans-Uwe Erichsen*, Jura 1992, 52, 55. Hiergegen ist zu bemerken: daß sich der pouvoir constituant rechtlich nicht binden läßt, führt zwangsläufig dazu, daß sein möglicher Auftritt von der bestehenden Ordnung her als illegal (und nicht etwa als legal) eingestuft werden muß.

[256] In der Konsequenz genauso *Paul Kirchhof*, in: Isensee (Hrsg.), Europa als politische Idee und als rechtliche Form, S. 63, 77.

[257] Illustrativ für entsprechende Fehlschlüsse, die sich ergeben, wenn Art. 146 GG als grundgesetzlicher Hinweis auf den pouvoir constituant ausgelegt wird, sind auch die Darlegungen von *Michael Elicker* (ZRP 2004, 225, 228), der die verfassunggebende Gewalt „als ranghöchste Äußerungsform der in Art. 20 II GG zum Ausdruck gebrachten Volkssouveränität" versteht und diese als einen möglichen Akteur zukünftiger Verfassungsentwicklungen durch Art. 146 GG explizit anerkannt sieht. Gegenüber seinen Kritikern (*Daniel Göhler*, ZRP 2005, 98 und *Tobias Herbst*, ZRP 2005, 29) ist *Elicker* jedoch zuzugestehen, daß diese Sicht der Dinge, wenn man von einem entsprechenden Verständnis des Art. 146 GG ausgeht, in sich selbst durchaus stimmig erscheint. *Elickers* eigentlicher Fehler ist es, die verfassunggebende Gewalt des Volkes als Grundlage jeder staatlichen Ordnung in einer eigentümlichen Weise in deren Inneres zu verorten, obgleich diese (nämlich: die verfassunggebende Gewalt) schon aus dem Grundanliegen der Verfassung heraus, Ordnung zu stiften, nicht legalisiert werden kann (ansatzweise in diese Richtung auch *Tobias Herbst*, a.a.O., S. 30).

bb. Verfassungstheoretische Implikationen: der gedankliche Horizont der verfassungsrechtlichen Ordnung als Grenze ihres rechtlichen Inhalts. Für die Auslegung der grundgesetzlichen Schlußbestimmung ist auch eine staats- und verfassungstheoretische Implikation des Problems relevant, die in ihren rechtlichen Konsequenzen, im Hinblick auf das Verständnis der Norm, von zentraler Bedeutung erscheint[258]: wer Art. 146 GG als einen Hinweis auf die verfassunggebende Kraft des Volkes versteht[259], muß als Bezugspunkt der Norm zwangsläufig einen neu sich herausbildenden pouvoir constituant anerkennen – und damit eine vom Wesen her andere Ordnungsvorstellung, die letztlich auf einen anderen Staat, und, dies wurde im Zweiten Abschnitt des Ersten Buches verdeutlicht[260], im staatlichkeitstheoretischen Sinn auch auf ein anderes Staatsvolk hinausläuft. Vom Horizont ihrer eigenen Ordnungsvorstellung her sind diese Größen: ein anderes Zusammengehörigkeitsmotiv, ein anderes Staatsein und ein anders beschaffenes Volk (das in personeller Hinsicht nicht mit dem Staatsvolk der Bundesrepublik identisch sein muß und das in ideeller Hinsicht nicht mit diesem identisch sein kann), nicht zu erfassen[261] – Verfassungsvorschriften müßten, um dies zu vollbringen, zwangsläufig die eigene Geltungsgrundlage negieren und außer dem eigenen Volk, das sie trägt, und dem Staat, den sie prägen, beliebige andere Ordnungen, Staaten und Völker innerhalb desselben von ihnen zu ordnenden Raumes für zulässig halten. Der Anspruch der Ordnung, richtig und nötig zu sein, hätte sich damit erübrigt.[262] Wenn man Art. 146 GG als einen Hinweis auf den pouvoir constituant des Volkes versteht, negiert die Vorschrift sich selbst.[263]

---

[258] Dazu auch *Albrecht Randelzhofer*, in: Stern (Hrsg.), Deutsche Wiedervereinigung, Bd. I, S. 141, 153.

[259] So u.a. *Thomas Würtenberger*, in: Stern (Hrsg.), Deutsche Wiedervereinigung, Bd. I, S. 95 und S. 133.

[260] Siehe oben: Erstes Buch, Zweiter Abschnitt, I.3.

[261] Daher stellt *Christian Starck* (in: Festschrift für Herbert Helmrich, S. 289, 293) mit Recht klar, daß Verfassungen „ihre Änderungen, ihre Totalrevision" regeln, „aber nicht ihre Ersetzung durch die verfassunggebende Gewalt".

[262] *Paul Kirchhof* (in: Isensee/Kirchhof [Hrsg.], Handbuch des Staatsrechts, Bd. VII, § 183 Rn. 22; ebenso in: Isensee [Hrsg.], Europa als politische Idee und als rechtliche Form, S. 63, 77f.) spricht insofern zu Recht von einer „Denaturierung einer einheitswahrenden und das Gemeinwesen auf Dauer ordnenden Verfassung", von einer „Selbstpreisgabe" redet *Ewald Wiederin*, AöR 117 (1992), 410, 414; das Problem wird des weiteren behandelt von *Richard Bartlsperger*, DVBl. 1990, 1285, 1299. Grundlegend anders demgegenüber *Michael Elicker*, ZRP 2004, 225, 228.

[263] Diese Fragen werden von jenen Autoren, die Art. 146 GG als Ausdruck des pouvoir constituant verstehen, kaum thematisiert; daß eine „Legalisierung" verfassunggebender Akte unproblematisch möglich sein kann, wird ohne weiteres unterstellt; vgl. statt vieler *Thomas Würtenberger*, in: Stern (Hrsg.) Deutsche Wiedervereinigung, Bd. I, S. 95.

d. Art. 146 GG als rechtlicher Weg zur Totalrevision des Verfassungsgesetzes

Aus dem Gewicht der verfassungstheoretischen und verfassungsrechtlichen Implikationen, die sich mit dieser Lesart verknüpfen, muß geschlußfolgert werden, daß Art. 146 GG nicht als Hinweis auf die originäre verfassunggebende Gewalt des Volkes zu verstehen sein kann.[264] Dem oben geschilderten Entweder-Oder entsprechend, kann die Norm folglich nur die Sonderform einer Änderung des Verfassungstextes beschreiben, deren Eigenheit darin besteht, daß durch den unmittelbar geäußerten Willen des Volkes ein neues Verfassungsdokument an die Stelle des bisherigen tritt.[265] Die Ordnung selbst muß dabei, was den Kern ihres Wesens betrifft, unversehrt weiterbestehen[266]; auch wird, wenn man Art. 146 GG in einem solchen Sinne versteht, durch ein entsprechendes Vorgehen die Geltungsbasis der Ordnung, auf der Rechtsverbindlichkeit und institutionelles Wirken beruhen, nicht in Frage gestellt: diese (nämlich: die Geltungsbasis der Ordnung) findet sich nach wie vor im unveränderten Willen derselben konkreten Gemeinschaft, aus diesen oder jenen fortbestehenden Motiven heraus zur politischen Einheit verbunden zu sein und sich die passende Ordnung zu geben. Das Volk wird demnach nicht als Verfassunggeber aktiv[267] – es wird statt dessen als ein Verfassungsorgan am Zustandekommen des neuen Verfassungsgesetzes beteiligt.[268] Ordnung, Staat und Volk bleiben somit im Grunde identisch.

---

[264] So auch *Dirk Heckmann*, DVBl. 1991, 847, 854; *Josef Isensee*, in: Stern (Hrsg.), Deutsche Wiedervereinigung, Bd. I, S. 63, 92 und *Christian Starck*, in: Festschrift für Herbert Helmrich, S. 289, 292; in der Sache genauso *Paul Kirchhof*, in: Isensee/Kirchhof (Hrsg.), Handbuch des Staatsrechts, Bd. VII, § 183 Rnrn. 20f.; a. A. *Peter Lerche*, in: Festschrift für Nikolaus Lobkowicz, S. 299, 301 und *Thomas Würtenberger*, in: Stern (Hrsg.), Deutsche Wiedervereinigung, Bd. I, S. 95 und S. 133.

[265] Ähnlich *Paul Kirchhof*, in: Isensee/Kirchhof (Hrsg.), Handbuch des Staatsrechts, Bd. VII, § 183 Rnrn. 20ff. und *Christian Starck*, in: Festschrift für Herbert Helmrich, S. 289, 293 („äußerstenfalls ... Totalrevision"); anders jedoch *Peter Lerche*, in: Festschrift für Nikolaus Lobkowicz, S. 299, 301.

[266] *Josef Isensee*, in: Stern (Hrsg.), Deutsche Wiedervereinigung, Bd. I, S. 63, 90 sowie *Paul Kirchhof*, in: Isensee (Hrsg.), Europa als politische Idee und als rechtliche Form, S. 63, 77; gegenteilig *Peter Lerche*, in: Festschrift für Nikolaus Lobkowicz, S. 299, 301.

[267] *Josef Isensee*, in: Stern (Hrsg.), Deutsche Wiedervereinigung, Bd. I, S. 63, 92 und *Christian Starck*, in: Festschrift für Herbert Helmrich, S. 289, 292f.; a. A. *Joachim Wolf*, JZ 1993, 594, 600; *Thomas Würtenberger*, in: Stern (Hrsg), Deutsche Wiedervereinigung, Bd. I, S. 95; wohl auch *Richard Bartlsperger*, DVBl. 1990, 1285, 1298; zur Unterscheidung beider Funktionen des Volkes auch *Tobias Herbst*, ZRP 2005, 29ff. (gegen *Michael Elicker*, ZRP 2004, 225, 228).

[268] Ähnlich *Ewald Wiederin*, AöR 117 (1992), 410, 415; in der Sache auch *Hans-Peter Schneider*, in: Isensee/Kirchhof (Hrsg.), Handbuch des Staatsrechts, Bd. VII, § 158 Rnrn. 39f., wenn dieser von der „verfaßten" verfassunggebenden Gewalt des Volkes spricht. – Ein solches Verfahren der Totalrevision könnte sich entweder durch Volksabstimmung vollziehen, was von Art. 146 GG durchaus nahegelegt wird, oder durch die Volkswahl einer Konstituante, wie dies *Christoph Degenhart* (zu Art. 146 GG a. F.) beschreibt (DVBl. 1990, 973,

Was die oben umrissenen verfassungsrechtlichen Implikationen betrifft, so erweist sich ein Verständnis des Art. 146 GG im Sinne einer Option zur Totalrevision als die beste mögliche Lösung: in dieser Funktion wäre die Vorschrift sinnvoll und nützlich, da Art. 79 GG nur von einer „Änderung" des Grundgesetzes, nicht jedoch von dessen vollständiger Substituierung durch einen anderen Verfassungstext spricht.[269] Hinzu kommt, daß Art. 146 GG die unmittelbare Beteiligung des deutschen Volkes am Zustandekommen des neuen Verfassungsgesetzes verlangt, wofür Art. 79 GG bis jetzt keinen Raum läßt. Die Schlußbestimmung des Grundgesetzes ließe sich insofern, für den Fall der Totalrevision, als lex specialis verstehen, die Art. 79 Abs. 2 GG möglicherweise verdrängt, zumindest aber ergänzend hinzutritt (was hier nicht weiter verfolgt werden muß[270]). In dieser Lesart wäre zugleich der Verdacht widerlegt, Art. 146 GG könnte wegen einer Anmaßung der Verfassungsorgane, mit der Änderung dieser Vorschrift über das Ende ihrer eigenen verfassungsrechtlichen Pflichten selbst und frei entschieden zu haben, als verfassungswidrig erscheinen[271]: Regeln zur Neuformulierung des Verfassungsgesetzes können auf dem normalen Weg des verfassungsändernden Gesetzgebungsverfahrens beschlossen und in Kraft gesetzt werden, solange dies den Bestand der änderungsfesten Verfassungsinhalte wahrt. Diese beiden Momente: der Grundsatz der verfassungskonformen Auslegung und der Gedanke der Effektivität der verfassungsrechtlichen Normen, gebieten mithin, Art. 146 GG als Vorschrift zur Totalrevision zu verstehen – inwieweit ein solches Ergebnis auch auf eine methodengerechte Verfassungsauslegung gestützt werden kann, bleibt im folgenden Absatz zu untersuchen.[272]

---

976). Näheres hierzu auch bei *Josef Isensee*, in: Stern (Hrsg.), Deutsche Wiedervereinigung, Bd. I, S. 63, 91 und *Hans Meyer*, in: von Arnim (Hrsg.), Direkte Demokratie, S. 67, 80ff.

[269] Dementsprechend war bislang umstritten, ob Art. 79 GG auch den Fall einer solchen Totalrevision erfaßt. Wie hier (also ablehnend) *Brun-Otto Bryde*, in: von Münch/Kunig (Grundgesetz-Kommentar, Bd. 3, Rn. 4 zu Art. 79) und *Thomas Würtenberger*, in: Stern (Hrsg), Deutsche Wiedervereinigung, Bd. I, S. 95, 101, S. 117 und S. 121 (der jedoch Totalrevision und Verfassunggebung vermengt); bejahend demgegenüber *Richard Bartlsperger*, DVBl. 1990, 1285, 1290; *Josef Isensee*, in: Stern (Hrsg.), Deutsche Wiedervereinigung, Bd. I, S. 63, 91; *ders.*, Braucht Deutschland eine neue Verfassung?, S. 55; *Peter Lerche*, in: Festschrift für Nikolaus Lobkowicz, S. 299, 301 und *Klaus Stern*, Das Staatsrecht der Bundesrepublik Deutschland, Bd. I, S. 176 – jeweils m. w. N.

[270] Dazu *Paul Kirchhof*, in: Isensee (Hrsg.), Europa als politische Idee und als rechtliche Form, S. 63, 77.

[271] *Josef Isensee*, in: Stern (Hrsg.), Deutsche Wiedervereinigung, Bd. I, S. 63, 90; siehe dazu oben: c.aa.

[272] Entsprechendes versucht, mit gegenteiliger Erwartung und gegenteiligem Ergebnis, *Mattias G. Fischer*, MDR 1994, 440. Eine ausführliche Normanalyse zu dieser Frage bietet auch *Ewald Wiederin*, AöR 117 (1992), 410, 431ff.

e. Die Grundfrage des Art. 146 GG unter den Gesichtspunkten der methodengerechten Verfassungsauslegung

Betrachtet man die Schlüsselfrage des Art. 146 GG (nämlich die Frage danach, was mit dieser Vorschrift gemeint ist: Verfassunggebung oder Totalrevision) anhand des hergebrachten Kanons der verfassungsrechtlichen Auslegungsmethoden, so ergibt sich dabei das folgende Bild:

- Die These, daß Art. 146 GG gerade nicht die verfassunggebende Gewalt des Volkes meinen kann, wird zunächst dadurch bestätigt, daß der *Wortlaut* der Norm vom „deutschen Volk" und dessen „freier Entscheidung" spricht. Die Schlußbestimmung des Grundgesetzes knüpft mit diesen Formulierungen an bestimmte, in der Verfassungswirklichkeit vorzufindende Umstände an, deren Nichterfüllung die Anwendung der Verfassungsnorm ausschließt. Beide Aspekte: der Bestand des deutschen Volkes und dessen Entscheidung in Freiheit, können indes nur im verfaßten Zustand erfüllt sein: verfassungsrechtlich gesehen, erschiene ein „unverfaßtes Volk" (wenn es das gäbe) nicht als ein ansprechbares Subjekt, das Träger von Rechten und Pflichten (und damit berechtigt zum Inkraftsetzen eines Gesetzes) sein kann, sondern es wäre, juristisch gesprochen, ein nullum, das nicht gebunden und rechtlich nicht erkannt werden kann. Dasselbe gilt für das Merkmal der freien Entscheidung: frei über die Verfassung zu beschließen vermag nur das geeinte, sich selbst bestimmende Volk, das zuvor als solches verfaßt worden ist. Freiheit und Selbstbestimmung des deutschen Volkes werden somit durch Art. 146 GG verfassungsrechtlich nicht nur gefordert, sondern zugleich, für den Zeitpunkt der dort genannten Entscheidung, als vorhanden (oder zumindest: als möglich erscheinend) vorausgesetzt[273] (verlangen kann auch die Verfassung nur das, was sie als Sein oder Sein-Können[274] einstuft), so daß bereits vom Wortlaut der Vorschrift her keine beliebige, frei sich entfaltende verfassunggebende Kraft einer noch nicht zur Einheit gelangten Gemeinschaft angesprochen erscheint.[275]

---

[273] Vgl. zur Bedeutung des Ausdrucks „Freiheit" in Art. 146 GG a.F. *Christoph Degenhart*, DVBl. 1990, 973, 977 und *Ulrich Storost*, in: Guggenberger/Stein (Hrsg.), Die Verfassungsdiskussion im Jahr der deutschen Einheit, S. 172, 180; zum Terminus „in freier Entscheidung", den Art. 146 GG heute verwendet, siehe *Thomas Würtenberger*, in: Stern (Hrsg), Deutsche Wiedervereinigung, Bd. I, S. 95, 102.

[274] Vom „Sein-Können" sprechen u.a. die Philosophen *Martin Heidegger* und *Peter Sloterdijk*, die bei dieser Begriffsbildung möglicherweise durch den Ausdruck „possest" des *Nikolaus von Kues* inspiriert worden sind.

[275] Demgegenüber schlußfolgert *Thomas Würtenberger*, in: Stern (Hrsg.), Deutsche Wiedervereinigung, Bd. I, S. 95, 97 aus der Formulierung „verliert seine Gültigkeit", daß durch Art. 146 GG ein Akt der Verfassunggebung gemeint sein müsse. Damit verwechselt er jedoch die Fortgeltung der verfassungsrechtlichen Ordnung mit der formellen Rechtsgültigkeit des Verfassungsgesetzes, die Art. 146 GG behandelt. – Gegenteilig zur hier vertretenen Lesart des Verfassungswortlauts auch *Mattias G. Fischer*, MDR 1994, 440.

- Was die innere *Systematik* des Grundgesetzes betrifft, so ist an dieser Stelle die sogenannte Widerstandsklausel des Art. 20 Abs. 4 GG zu beachten, die dem einzelnen das Recht zum friedlichen und zum bewaffneten[276] Widerstand gegen die Beseitigung der grundgesetzlichen Ordnung eröffnet.[277] Wenn diese Vorschrift gegen jede Art des Staatsstreiches schützt, müßte Art. 146 GG hierzu in einen juristisch nicht lösbaren Widerspruch treten, wenn man ihn als eine Möglichkeit des legalen Austritts aus der bestehenden Verfassungsordnung begreift. Während einige (und zwar die politischen Aktivisten dieser oder jener mit dem Grundgesetz unzufriedenen Richtung) unter Berufung auf Art. 146 GG auf die Begründung einer neuen verfassungsrechtlichen Ordnung hinwirken dürften, könnten andere, unter Berufung auf Art. 20 Abs. 4 GG, hiergegen auf legale Art Widerstand leisten.[278] Beseitigen läßt sich diese Antinomie von Art. 146 GG und Art. 20 Abs. 4 GG ausschließlich dadurch, daß man den zuerst genannten Artikel gerade nicht als eine Erlaubnis zur Beendigung der verfassungsrechtlichen Ordnung, sondern als einen Weg zur Neuformulierung des Verfassungsgesetzes versteht, dessen Grundzüge der Ordnung des Grundgesetzes entsprechen. Im Hinblick auf das systematische Zusammenspiel der Klausel mit anderen Vorschriften im verfassungsrechtlichen Kontext ist an dieser Stelle auch Art. 5 des deutsch-deutschen Einigungsvertrages zu nennen. Wie insbesondere *Thomas Würtenberger* zutreffend dargelegt hat[279], beweist auch diese Bestimmung, daß ein Vorgehen nach Art. 146 GG an die änderungsfesten Verfassungsinhalte gebunden sein muß.
- Daß Art. 146 GG nicht als ein deklatorischer Hinweis auf die verfassunggebende Gewalt des Volkes gemeint sein kann, läßt sich auch mit *Sinn und Zweck* der Vorschrift begründen. Hierbei hilft es, den Zweck der Bestimmung so einzugrenzen, daß mit Gewißheit gesagt werden kann, was davon nicht mehr umfaßt ist – um damit zugleich festzustellen, was Art. 146 GG nicht gewollt und deshalb auch nicht gemeint haben kann. Entscheidend ist danach, wie sich die Schlußbestimmung des Grundgesetzes zum Gesamten-

---

[276] *Roman Herzog*, in: Maunz/Dürig, Grundgesetz, Bd. III, Rn. 59 zu Art. 20/IX.

[277] Dazu *Thomas Würtenberger*, in: Stern (Hrsg.), Deutsche Wiedervereinigung, Bd. I, S. 95, 99f.

[278] Es ist bezeichnend, daß im Schrifttum das Verhältnis des Art. 146 GG zu Art. 20 Abs. 4 GG weitgehend unbeachtet bleibt, was insbesondere bei jenen Autoren überrascht, die Art. 146 GG als einen Hinweis auf den pouvoir constituant des Volkes auslegen. Eine Ausnahme bildet insbesondere *Thomas Würtenberger* (in: Stern [Hrsg.], Deutsche Wiedervereinigung, Bd. I, S. 95, 99ff.) der das Verhältnis beider Vorschriften im Grundsatz zutreffend erfaßt, in der Behandlung des Art. 146 GG jedoch von der hier vertretenen Rechtsansicht abweicht. Die unbedingte Geltung des Art. 20 Abs. 4 GG gegenüber Art. 146 GG betont zu Recht *Otto Kimminich*, in: Stern (Hrsg.), Deutsche Wiedervereinigung, Bd. I, S. 111, 112.

[279] In: Stern (Hrsg.), Deutsche Wiedervereinigung, Bd. I, S. 95, 96f., der dies, von seinem Ansatz her, Art. 146 GG als Ausdruck des pouvoir constituant zu begreifen, notwendigerweise als Widersprüchlichkeit wahrnehmen muß.

semble der verfassungsrechtlich verankerten Ziele verhält. In diesem Zusammenhang ist zu beachten, daß es sich bei der Verfassungsordnung des Grundgesetzes um eine Form der Staatlichkeit handelt, die durchweg vom Willen zur Verwirklichung bestimmter höchstrangiger Werte geprägt ist, wie sich insbesondere an der herausgehobenen Stellung der Menschenwürde in Art. 1 Abs. 1 GG, an der Plazierung und dem Inhalt der Grundrechtsverbürgungen in den Artt. 2 bis 19 GG und an zahlreichen anderen Grundgesetznormen (wie zum Beispiel den Artt. 20a, 26, 102 und 140) ablesen läßt. Einer solchen Verfassung, die in ihrem ersten Artikel die Würde des Menschen zum obersten ihrer Ansprüche macht und die, allgemeiner gesprochen, ein Staatswesen ausformt, das auf den Menschen und dessen Bedürfnisse (auf seine freiheitliche Entfaltung, auf sein soziales Abgesichertsein und auf sein Dasein in einer dauerhaft friedlichen Ordnung) hin konzipiert ist, können nicht in anderen Artikeln Ziele untergeschoben werden, die den Bestand dieser Grundanliegen im historischen Ablauf egalisieren.[280] Mit Artikel 146 GG kann demnach nicht bezweckt worden sein, was sich der Verwirklichung der grundgesetzlichen Kernanliegen gegenüber als gleichgültig erweist[281] – so daß auch von dieser Warte her Art. 146 GG nicht als die Möglichkeit eines Austritts in ein beliebiges neues Verfaßtsein (und damit auch nicht als die Möglichkeit eines freien verfassunggebenden Aktes) aufgefaßt werden kann. Der Gedanke, daß die Verfassungsordnung sich selbst legal nicht preisgeben kann, eröffnet sich hier in einer inhaltlich-wertebezogenen Weise.

– Daß die grundgesetzliche Schlußbestimmung nicht als Hinweis auf einen ungebundenen pouvoir constituant zu verstehen sein kann, läßt sich auch anhand der *Entstehungsgeschichte* beweisen[282] – wie die Materialien über ihr Zustandekommen belegen, hat der historische Gesetzgeber des Jahres 1990 keine völlige Preisgabe der vom Grundgesetz eingerichteten Ordnung gebilligt.[283]

---

280 Ähnlich *Siegfried Magiera*, in: Stern (Hrsg.), Deutsche Wiedervereinigung, Bd. I, S. 121.

281 *Thomas Würtenberger*, in: Stern (Hrsg.), Deutsche Wiedervereinigung, Bd. I, S. 95, 102 argumentiert an dieser Stelle mit den „naturrechtlichen Kerngehalt[en]" einer Verfassung, die auch im Rahmen von Art. 146 GG nicht preisgegeben werden dürften.

282 Näheres hierzu, mit gleichem Ergebnis, bei *Mattias G. Fischer*, MDR 1994, 440; *Josef Isensee*, in: Stern (Hrsg.), Deutsche Wiedervereinigung, Bd. I, S. 63, 85 und *Peter Lerche*, in: Festschrift für Nikolaus Lobkowicz, S. 299, 301 f.

283 Siehe dazu insbesondere die Denkschrift der Bundesregierung zum Einigungsvertrag (BT-Drs. 11/7760, S. 355, 359) und die Rede des damaligen Bundesinnenministers *Wolfgang Schäuble* (BT-Prot. 11/17 490 f.). Gegenteilig interpretiert die Materialien zu Art. 146 GG n.F. *Henning Moelle*, Der Verfassungsbeschluß nach Art. 146 Grundgesetz, S. 113; unentschieden bleibt *Ewald Wiederin*, AöR 117 (1992), 410, 437.

Eine methodengerechte Auslegung des Verfassungsgesetzes hat damit die oben bezeichnete These bestätigt[284]: in Art. 146 GG kann gerade nicht die verfassunggebende Gewalt des Volkes gemeint sein, die keinerlei rechtliche Bindungen kennt, und die, im Hinblick auf ihre künftigen Auftritte, gänzlich außerhalb des Gesichtskreises verfassungsändernder Gesetzgebungsvorhaben liegt[285] – gemeint sein kann nur die Totalrevision des Verfassungsgesetzes, welche die Identität der grundgesetzlichen Ordnung, in Kernanliegen und Grundstrukturen, bewahrt.[286]

f. Normgegenständliche Kontinuität und historische Sonderumstände: zur Rolle der verfassunggebenden Gewalt in Art. 146 a. F. GG

Gegen die These, daß Art. 146 GG nur den Fall der ordnungsimmanenten Totalrevision des Verfassungsgesetzes meint, könnte zuletzt noch eingewandt werden, daß die Vorschrift in ihrer jetzigen Fassung durch den verfassungsändernden Gesetzgeber im Zuge der deutsch-deutschen Einheit nicht neu erfunden, sondern durch geringfügige Korrekturen des Textes aus Art. 146 a. F. GG hervorgebracht worden ist. In ihrer ursprünglichen Formulierung hatte die Schlußbestimmung des Grundgesetzes dessen provisorischen Charakter verdeutlicht[287]: das Grundgesetz sollte außer Kraft treten können, wenn eine in Freiheit beschlossene, gesamtdeutsche Verfassungsrechtsordnung möglich erschien. An Art. 79 Abs. 3 GG sollte dieses gesamtdeutsche, wiedervereinigungsbedingte Verfassunggebungsverfahren nach damals ganz herrschender Ansicht nicht gebunden gewesen sein (auf die Methode, wie diese Bindungslosigkeit von Teilen des Schrifttums relativiert worden ist, und auf die Frage, was dies für den von uns untersuchten Zusammenhang heißt, kommt der folgende Absatz zurück). Wer Art. 146 GG als eine Vorschrift zur Verfassunggebung

---

[284] Gegenteilig jedoch *Mattias G. Fischer*, MDR 1994, 440, 441.

[285] Demgegenüber ist der Bezug auf die „verfassunggebende Gewalt" des Volkes in der Präambel als solcher gemeint und inhaltlich zutreffend, da sich dies auf jenen konkreten Auftritt des pouvoir constituant bezieht, auf dem die grundgesetzliche Ordnung beruht.

[286] Von Interesse sind dabei auch rechtsvergleichende Gesichtspunkte, welche die hier vertretene Rechtsauffassung stützen. Regelungen zur Totalrevision des Verfassungsgesetzes finden sich u. a. in Art. 44 Abs. 3 der österreichischen Verfassung, Art. 168 Abs. 1 der spanischen Verfassung, Artt. 158 f. der bulgarischen Verfassung und Art. 193 der Schweizerischen Bundesverfassung. Im Hinblick auf die Rechtslage in der Schweiz ist es dabei bezeichnend, daß eine Reihe von bedeutenden Vertretern der Schweizerischen Staatsrechtslehre (entgegen dem Wortlaut von Art. 193 Abs. 4, der nur die zwingenden Bestimmungen des Völkerrechts als Grenzen statuiert) von materiellen Schranken der Totalrevision ausgeht; siehe dazu die Nachweise bei *Ulrich Häfelin/Walter Haller*, Schweizerisches Bundesstaatsrecht, Rn. 28. Zur Rechtslage in Spanien vgl. die aufschlußreiche Darstellung von *Pedro de Vega*, in: López Pina (Hrsg.), Spanisches Verfassungsrecht, S. 91, 104 ff.

[287] *Christoph Degenhart*, DVBl. 1990, 973, 976; ähnlich auch *Albrecht Randelzhofer*, in: Stern (Hrsg.), Deutsche Wiedervereinigung, Bd. I, S. 141, 153 f. und *Christian Starck*, in: Festschrift für Herbert Helmrich, S. 289, 290.

versteht, könnte seine Ansicht durch diesen Umstand gestärkt sehen[288]: ist der Regelungsgegenstand beider Bestimmungen (man sollte vielleicht, im Hinblick auf die Art und das Vonstatten-Gehen des anvisierten Geschehens, besser von einem „Regelungsbezugspunkt" der Schlußbestimmung sprechen) in dieser Hinsicht nicht doch derselbe geblieben? Allgemeiner gefragt: bewies nicht Art. 146 a. F. GG, daß eine rechtliche Ordnung entgegen dem hier eingenommenen Standpunkt doch eine legale Außerkraftsetzung ihrer eigenen Ordnungsgrundlagen vorsehen kann – zugunsten von höheren Zielen, die früher in der wiederherzustellenden Einheit des deutschen Volkes erblickt worden sind[289] und die heute möglicherweise in der Einheit Europas zu finden sein könnten (die schließlich, wie einst auch die Einheit Deutschlands, in der Präambel als Leitvorstellung herausgestellt wird)?

Eine solche Betrachtungsweise würde indes verkennen, welche verfassungstheoretischen Besonderheiten das Entstehen der grundgesetzlichen Ordnung gekennzeichnet haben. Diese Besonderheit lag darin, daß sich das Grundgesetz als die Verfassung des westdeutschen Staates in der Zeit zwischen 1949 und 1990, aus seiner Perspektive betrachtet, nur auf einen halben pouvoir constituant stützen konnte – ein Umstand, den man sich um so stärker vor Augen zu führen hat, als er in den damaligen Auseinandersetzungen um die verfassunggebende Gewalt in Deutschland und, in diesem Zusammenhang, um die Bedeutung von Art. 146 GG kaum thematisiert worden ist. Wenn im Hinblick auf die Entstehung des Grundgesetzes des öfteren von einem „Geburtsmakel"[290] die Rede gewesen ist, so lag dieser nicht so sehr in der Verfahrensweise des Parlamentarischen Rates (im allgemeinen) oder der fehlenden Volksabstimmung (im besonderen) begründet[291], sondern in der Unvollständigkeit der verfassunggebenden Gewalt, auf welcher das Grundgesetz von 1949 bis 1990 beruhte. Art. 146 a. F. GG drückte insofern ein Bescheidwissen darüber aus, daß ein beträchtlicher Teil des als zusammengehörig empfundenen Volkes abgetrennt war und am pouvoir constituant, zu dem es gehörte, nicht teilhaben konnte. Die frühere Fassung der grundgesetzlichen Schlußnorm war somit durch einen

---

[288] In diese Richtung *Peter Lerche*, in: Festschrift für Nikolaus Lobkowicz, S. 299, 302.

[289] Vgl. *Josef Isensee*, in: Isensee/Kirchhof (Hrsg.), Handbuch des Staatsrechts, Bd. VII, § 166 Rn. 8.

[290] Siehe dazu *Josef Isensee*, in: Stern (Hrsg.), Deutsche Wiedervereinigung, Bd. I, S. 63, 76 ff.

[291] Daß dies durch den „Willen des Souveräns der Bundesrepublik Deutschlands, der sich in mehr als 40jähriger Verfassungspraxis für die Ordnung des Grundgesetzes entschieden" hat, ausgeglichen wurde, betont zu Recht *Christoph Degenhart*, DVBl. 1990, 973, 976. Richtig auch *Josef Isensee*, in: Stern (Hrsg.), Deutsche Wiedervereinigung, Bd. I, S. 63, 68; *ders.*, in: Isensee/Kirchhof (Hrsg.), Handbuch des Staatsrechts, Bd. VII, § 166 Rn. 43; *Michael Kirn*, in: von Münch/Kunig, Grundgesetz-Kommentar, Bd. 3, Rn. 8 zu Art. 146; *Peter Lerche*, in: Festschrift für Nikolaus Lobkowicz, S. 299, 306 und *Reinhold Zippelius*, BayVBl. 1992, 289, 291.

Zwiespalt geprägt, der erst durch die Einheit Deutschlands geheilt werden konnte: indem Art. 146 a. F. GG eine Perspektive dafür bereithielt, die deutsche Verfassung neu zu begründen, wenn die Einheit hergestellt ist, wies er auf die Unvollständigkeit der verfassunggebenden Gewalt vor der Wiedervereinigung hin und bezog sich insofern, anders als Art. 146 n. F. GG, auf den pouvoir constituant[292]; zugleich trug er damit die Vorstellung in sich, daß jenes gemeinsame Volk, das er will und voraussetzt, durch dasselbe Zusammengehörigkeitsbewußtsein, durch dieselben Begriffe von Selbstbestimmung und Freiheit, zur inneren Einheit verbunden sein muß[293] – so daß bereits der Bezug auf dieses Volk (im staatstheoretischen Sinne[294]) und dessen Geeintsein in einem gesamtdeutschen Staat die Möglichkeit einer freien (und damit auch: inhaltlich offenen) Verfassungsneuschöpfung ausschloß.[295] Die grundgesetzliche Schlußbestimmung bezog sich damit, trotz ihrer Bereitschaft, das Volk als Verfassunggeber auftreten zu lassen, auf den Fortbestand der eigenen Ordnungsvorstellung.[296] Der Zwiespalt, der die Norm prägte, lag somit darin, einerseits das vereinigte deutsche Volk als verfassunggebende Gewalt zu verstehen und seinen Auftritt als solche ermöglichen zu wollen[297] – und damit andererseits Ideen und Muster der künftigen Ordnung vorherbestimmen zu müssen.[298] Was Art. 146 GG wirklich zulassen wollte (und, wie klar geworden sein dürfte: was

[292] *Christian Starck*, in: Festschrift für Herbert Helmrich, S. 289, 290; ausführlich zu Art. 146 a. F. GG vor dem Hintergrund der Unterscheidung von Verfassungsänderung und Verfassunggebung auch *Christian Winterhoff*, Verfassung – Verfassunggebung – Verfassungsänderung, S. 303 ff., der indes den entscheidenden Zusammenhang (nämlich: die Situation des unvollständigen pouvoir constituant) nicht in hinreichender Weise verdeutlicht.

[293] *Christoph Degenhart*, DVBl. 1990, 973, 977; ähnlich bereits *Ulrich Scheuner*, DÖV 1953, 581, 582 f.

[294] Siehe dazu oben: Erstes Buch, Zweiter Abschnitt, I. 3.

[295] *Dietrich Murswiek*, Die verfassunggebende Gewalt nach dem Grundgesetz für die Bundesrepublik Deutschland, S. 144; in der Sache auch *Ulrich Scheuner*, DÖV 1953, 581, 582 f.

[296] Vgl. dazu auch *Christoph Degenhart*, DVBl. 1990, 973, 977 und *Josef Isensee*, in: Isensee/Kirchhof (Hrsg.), Handbuch des Staatsrechts, Bd. VII, § 166 Rn. 22, sowie, aus der Literatur der Entstehungszeit, *Ulrich Scheuner*, DÖV 1953, 581, 582 f. Diesen Gesichtspunkt verkennt u. a. *Dietrich Murswiek*, Die verfassunggebende Gewalt nach dem Grundgesetz für die Bundesrepublik Deutschland, S. 136 f.

[297] *Dietrich Murswiek*, Die verfassunggebende Gewalt nach dem Grundgesetz für die Bundesrepublik Deutschland, S. 144. In der verfassungsrechtlichen Analyse der Vorschrift wurde oft nur diese Seite zur Kenntnis genommen, vgl. z. B. *Josef Isensee*, in: Stern (Hrsg.), Deutsche Wiedervereinigung, Bd. I, S. 63, 64 ff. und *Hartmut Maurer*, VVDStRL 49 (1990), 166 f.

[298] Dieser Zwiespalt führt in seiner rechtlichen Konsequenz auch zu jenem scheinbaren Widerspruch von Vorläufigkeitsvorbehalt und Endgültigkeitsanspruch, den *Josef Isensee* (in: Stern [Hrsg.], Deutsche Wiedervereinigung, Bd. I, S. 63, 73) konstatiert. Der Vorläufigkeitsvorbehalt richtete sich gerade darauf, die eigene, als unverbrüchlich konzipierte Staatsordnung durch den pouvoir constituant in seiner Gesamtheit bestätigen zu lassen. Dies verkennt *Ewald Wiederin*, AöR 117 (1992), 410, 420 f., wenn er von einem einfachen Regel-Ausnahme-Verhältnis ausgeht.

er überhaupt nur zulassen konnte), war ausschließlich die von ihm erwartete Art des verfassunggebenden Aktes, bei dem es sich um einen Akt des von ihm angesprochenen, wiedervereinigten deutschen Volkes hätte handeln müssen, der in einer von ihm geforderten Weise (nämlich: durch freiheitliche Entscheidung) zustande gebracht worden ist – und der, wenngleich es der Wortlaut der Vorschrift nicht aussprach, letztlich auch den vom Grundgesetz eingerichteten Kernanliegen genügt (wie beispielsweise der demokratischen Staatsform, der Geltung von Grundrechten und den Aspekten der Rechtsstaatlichkeit). Es ist insofern bezeichnend, daß sich das Schrifttum bemüht hat, trotz seiner verbalen Leugnung eines Gebundenseins des Art. 146 a.F. GG an Art. 79 Abs. 3 GG, Bindungen herbeizukonstruieren – sei es als „Kern eines Kerns" (wie dies *Josef Isensee* versucht hat[299]), der inhaltlich dem Schutzumfang des Art. 79 Abs. 3 GG, mit gewissen Abstrichen im Hinblick auf den Föderalismus, entsprach – oder sei es als eine Art von naturrechtlicher Bindung (wie dies *Dietrich Murswiek* gemeint hat[300]), was praktisch auf dasselbe hinauslief. Wenn man die Problematik des Art. 146 a.F. GG in dieser Weise als eine verfassungstheoretische Zwiespältigkeit angesichts eines unvollständigen Volkes versteht, wird klar, daß sich hieraus kein Argument dafür ableiten läßt, die Norm auch nach ihrer Umformulierung als Hinweis auf die Verfassunggebung zu lesen – gerade umgekehrt ließe sich sagen, daß Art. 146 GG a.F. und Art. 146 GG n.F. insoweit in einer gewissen Kontinuität gesehen werden müssen, als die Schlußbestimmung des Grundgesetzes weder früher noch heute eine Preisgabe der verfassungsrechtlichen Grundanliegen erlaubt.

g. *Resümee: Juristische Funktion und verfassungstheoretische Einordnung von Art. 146 GG*

Aus allem zuvor Gesagten ergibt sich, daß Art. 146 GG nur dann anwendbar ist, wenn es darum geht, ein neues Verfassungsgesetz in Kraft treten zu lassen, durch welches die Identität der verfassungsrechtlichen Ordnung gewahrt bleibt.[301] Ihre Schranken findet diese Vorschrift demnach in Art. 79 Abs. 3

[299] In: Stern (Hrsg.), Deutsche Wiedervereinigung, Bd. I, S. 63, 72; in der Sache ähnlich *ders.*, in: Isensee/Kirchhof (Hrsg.), Handbuch des Staatsrechts, Bd. VII, § 166 Rn. 22, sowie *Paul Kirchhof*, in: Isensee/Kirchhof (Hrsg.), Handbuch des Staatsrechts, Bd. VII, § 183 Rn. 19. Als einen solchen, auch im Wege des Art. 146 GG a.F. nicht preiszugebenden Kern definierte *Christoph Degenhart* (DVBl. 1990, 973, 977) den „Bestand der Länder" und „eine der Ordnung des Grundgesetzes gleichwertige freiheitliche Staatsordnung".

[300] Die verfassunggebende Gewalt nach dem Grundgesetz für die Bundesrepublik Deutschland, S. 137ff.; ebenso *Ulrich Storost*, in: Guggenberger/Stein (Hrsg.), Die Verfassungsdiskussion im Jahr der deutschen Einheit, S. 172, 181. Rückblickend kritisch zu entsprechenden Interpretationsansätzen *Ewald Wiederin*, AöR 117 (1992), 410, 430f.

[301] In der Sache ebenso *Josef Isensee*, in: Stern (Hrsg.), Deutsche Wiedervereinigung, Bd. I, S. 63, 90ff.; anders z.B. *Thomas Würtenberger*, in: Stern (Hrsg.), Deutsche Wiedervereinigung, Bd. I, S. 95, 100f.

GG[302] (wobei dieser, wenn man es genau betrachtet, etwas mehr ist – und etwas anderes ist – als eine Schranke: Art. 79 Abs. 3 GG markiert thematisch den Rahmen, aus dem das Vorgehen nach Art. 146 GG seine Inhalte schöpft[303]; anders als die bloße Schranke, bestimmt Art. 79 Abs. 3 i. V. m. Art. 20 Abs. 1 GG nicht nur, was kein Gegenstand der neuen verfassungsrechtlichen Ordnung sein darf, sondern fixiert, positiv und in unverbrüchlicher Weise – ihre Motive). Art. 79 Abs. 3 GG trennt somit, für die grundgesetzliche Ordnung verbindlich, die Sphären von Verfassungsänderung und Verfassunggebung.[304] Systematisch betrachtet, ergibt sich hiermit das folgende Bild[305]:

Tab. 2: Verfassunggebung und Verfassungsrevision[306]

	Verfassungsänderungen		*Verfassunggebung*
Begriffsbestimmung	Änderungen des Verfassungstextes	Totalrevision des Verfassungstextes	Neukonstituierung des Gemeinwesens als politische Einheit auf anderer ideeller Grundlage
Akteur	Verfassungsorgane als pouvoir constitué	Verfassungsorgane und Volk als pouvoir constitué	Volk als pouvoir constituant
Verfassungsrechtliche Grundlage	Art. 79 GG	Art. 146 GG i. V. m. Art. 79 Abs. 3 GG	rechtlich nicht zu fixieren
materielle Grenzen	Art. 79 Abs. 3 GG	Art. 79 Abs. 3 GG	keine

302 Ablehnend *Hans Meyer*, in: von Arnim (Hrsg.), Direkte Demokratie, S. 67, 79f.

303 Ähnlich *Christian Starck*, in: Festschrift für Herbert Helmrich, S. 289, 292. Daß Art. 79 Abs. 3 GG für Art. 146 GG mehr darstellt als eine Schranke, kommt auch bei *Josef Isensee* (in: Stern [Hrsg.], Deutsche Wiedervereinigung, Bd. I, S. 63, 90f.) andeutungsweise zum Ausdruck. Den „naturrechtlichen Kerngehalt" des Art. 79 Abs. 3 GG bemüht *Thomas Würtenberger*, in: Stern (Hrsg.), Deutsche Wiedervereinigung, Bd. I, S. 95, 102.

304 *Peter M. Huber*, in: ThürVBl. 1994, 1, 2; *ders.*, in: Sachs (Hrsg.), Grundgesetz, Rn. 11 zu Art. 146. Dem entspricht es, wenn *Dirk Heckmann* sagt, Verfassungsänderung bestimme sich danach, „was das Grundgesetz an Einwirkung erlaubt, Verfassunggebung danach, was es verbietet" (DVBl. 1991, 847, 851).

305 Sachlich stimmt hiermit außer den bereits Genannten auch *Hans-Peter Schneider* (in: Isensee/Kirchhof [Hrsg.], Handbuch des Staatsrechts, Bd. VII, § 158 Rnrn. 39f.) überein, der jedoch, anders als z. B. *Paul Kirchhof* (in: Isensee/Kirchhof [Hrsg.], Handbuch des Staatsrechts, Bd. VII, § 183 Rnrn. 19ff.), den Begriff der „Verfassungsablösung" auch auf die mittlere, hier als Totalrevision bezeichnete Vorgehensweise bezieht und hierfür, noch unglücklicher, auf eine „‚verfaßte' verfassunggebende Gewalt" des Volkes rekurriert.

306 Siehe dazu ausführlich oben: Erstes Buch, Zweiter Abschnitt, I. und die jüngst erschienene, grundlegende Schrift von *Christian Winterhoff*, Verfassung – Verfassunggebung – Verfassungsänderung, passim, der Verfassunggebung und Verfassungsänderung auf S. 193 in ähnlicher Weise gegenüberstellt.

Terminologie nach Paul Kirchhof[307]	Verfassungs-änderung	Verfassungs-erneuerung	Verfassungsablösung
Terminologie nach Carl Schmitt[308]	Verfassungs-änderung	Verfassungs-änderung	Verfassungs-vernichtung Verfassungs-beseitigung[309]

2. *Die Irrelevanz von Art. 146 GG im Kontext der europäischen Bundesstaatsgründung*

Anhand der aufgezeigten Funktion des letzten Verfassungsartikels, der den Weg zu einer ordnungsimmanenten Totalrevision des Verfassungsgesetzes öffnen und diese vom Willen des Volkes abhängig machen soll, wird nunmehr offenkundig, weshalb die Bestimmung auch für den Beitritt der Bundesrepublik Deutschland zu einem europäischen Bundesstaatsganzen nicht relevant ist.[310] Bei dem genannten Schritt in einen solchen Staat handelt es sich, wie im Ersten Abschnitt des Vierten Buches (und nicht nur dort) erklärt worden ist, gerade nicht um eine Totalrevision des Verfassungsgesetzes, welche die Grundlagen des Verfassungsrechts unberührt läßt, sondern genau um das Gegenteil dessen: selbst dann, wenn der Text des Grundgesetzes in seiner bisherigen Fassung ohne geringste Veränderung weiterbestünde, würde die Grundstruktur der verfassungsrechtlichen Ordnung durch einen solchen Beitritt nicht bloß modifiziert, sondern in ihrem Wesen verändert – das Grundgesetz würde zu einer untergeordneten und in ihrer Geltung durch höhere Normen bedingten Rechtsquelle umfunktioniert.[311] Hieraus ergibt es sich zwingend, daß Art. 146 GG dem Versuch, das Volk über einen Beitritt zum europäischen Bundesstaatsganzen durch Referendum entscheiden zu lassen, nicht als verfassungsrechtliche Grundlage dient.[312] Dasselbe muß für Bestrebungen gelten, durch Volksabstimmung nach Art. 146 GG eine neue Verfassung zu schaffen, die ihrerseits, explizit oder auch durch das Weglassen einer Änderungssperre, den Weg zum

---

[307] In: Isensee/Kirchhof (Hrsg.), Handbuch des Staatsrechts, Bd. VII, § 183 Rnrn. 19 ff.

[308] Verfassungslehre, S. 99.

[309] Zur Problematik der „Verfassungsbeseitigung" bei *Carl Schmitt* siehe oben: Erstes Buch, Zweiter Abschnitt, I.3., dort insbesondere Fn. 104.

[310] Nachweise zur hier vertretenen Ansicht folgen in Fn. 312, zur Gegenansicht vgl. die Angaben weiter oben in Fn. 231.

[311] *Dietrich Murswiek*, Der Staat 32 (1993), 161, 188 f. sieht gerade hierin den Grund dafür, Art. 146 GG anzuwenden.

[312] So auch *Axel von Campenhausen*, in: von Mangoldt/Klein/Starck, Das Bonner Grundgesetz, Bd. 3, Rn. 22 zu Art. 146 und *Josef Isensee*, in: Isensee/Kirchhof (Hrsg.), Handbuch des Staatsrechts, Bd. VII, § 166 Rn. 68; *ders.*, in: Festschrift für Ulrich Everling, Bd. I, S. 567, 590; ebenfalls zurückhaltend, wenngleich aus anderen Gründen, *Matthias Ruffert*, EuR 2004, 165, 196; zu Nachweisen der Gegenansicht siehe oben Fn. 231.

Eintritt in einen Bundesstaat freigibt.[313] Die Sperre, die in Art. 79 Abs. 3 GG festgelegt ist und die auch durch Art. 146 GG nicht außer Kraft gesetzt werden kann, wirkt als eine höchstrangige, legal nicht zu umgehende Änderungsbeschränkung unabhängig vom konkreten modus procedendi, und zwar immer dann, wenn der Weg zur Auflösung der Staatlichkeit beschritten werden soll.[314]

Diese Erkenntnis (daß Art. 146 GG als Grundlage für den Eintritt in einen EU-Staat nicht genutzt werden kann) wird durch den Wortlaut der Schlußbestimmung bestätigt, und dies in einer juristisch sich aufdrängenden Weise, so daß zum selben Ergebnis auch gelangen müßte, wer weder die hier vertretenen staatstheoretischen Positionen noch die oben beschriebene Lesart des Art. 146 GG (als Klausel zur Totalrevision) vertritt. Anknüpfungspunkt dieser Überlegungen ist wiederum der von Art. 146 GG verwendete Ausdruck: „von dem deutschen Volke". Unabhängig davon, wen man darunter versteht und woran man anknüpft, ist jedenfalls eines gewiß: das deutsche Volk kommt als pouvoir constituant einer gesamteuropäischen Verfassungsordnung nicht in Betracht. Wenn eine solche Verfassung durch Volksabstimmung in Kraft gesetzt werden soll, so wäre das deutsche Volk (das von diesem Moment an strenggenommen kein Volk im staatstheoretischen und verfassungsrechtlichen Sinne mehr darstellt) lediglich ein Bestandteil in einem gesamteuropäischen Staatsvolk. Dem Wortlaut des Art. 146 GG genügt ein solches Bestandteil-Sein nicht; die neue gesamteuropäische Ordnung käme nicht „in freier Entscheidung" des „deutschen Volkes" zustande[315] – „frei" zu beschließen, heißt zwangsläufig auch: „selbst und allein".[316] An der Unvereinbarkeit eines entsprechenden Vorgehens mit dem Wortlaut des Art. 146 GG würde sich auch dadurch nichts ändern, daß zunächst (wie *Peter M. Huber* es vorschlägt) das deutsche Volk gemäß Art. 146 GG im nationalen Rahmen darüber beschließt, ob es als pouvoir constituant (im Hinblick auf eine gesamteuropäische Bundesstaatsgründung) aktiv werden will[317], um später, bei positivem Ausgang eines solchen Referendums, im Rahmen einer unionsweiten Verfassungsabstimmung oder auch durch die gewähl-

---

313 So der Vorschlag von *Christoph Enders*, VVDStRL 60 (2001), 374, 376 und *Theodor Schilling*, AöR 116 (1991), 32, 69; ein etwas anderes zweistufiges Vorgehen, das sachlich jedoch denselben Einwänden ausgesetzt ist, erwägt *Peter M. Huber*, ThürVBl. 1994, 1, 8; siehe auch *dens.*, in: Sachs (Hrsg.), Grundgesetz, Rn. 16 zu Art. 146. – Näheres dazu sogleich im Haupttext.

314 Anders jedoch *Dietrich Murswiek*, Der Staat 32 (1993), 161, 188.

315 Diesen Aspekt verkennt *Peter M. Huber*, in: Sachs (Hrsg.), Grundgesetz, Rn. 21 zu Art. 146.

316 Die Begrifflichkeit „selbst und allein" entlehne ich dem Buch „Relativitätstheorie des Öffentlichen Rechts" von *Martin Hochhuth*, der diese Wendung häufig, jedoch in anderen Zusammenhängen, gebraucht.

317 So *Peter M. Huber*, ThürVBl. 1994, 1, 8; *ders.*, in: Sachs (Hrsg.), Grundgesetz, Rn. 21 zu Art. 146.

ten Vertreter in einer Art gesamteuropäischer Konstituante, über das Inkrafttreten einer föderalen Staatsordnung mitzubestimmen. Auch dann nämlich hätte „das deutsche Volk" nur über das Außerkrafttreten (genauer gesagt: über die Umwidmung) seiner eigenen, grundgesetzlichen Ordnung entschieden. Dem eindeutigen Wortlaut des Art. 146 GG würde selbst dies nicht genügen[318]: daß eine neue Verfassung „von dem deutschen Volke in freier Entscheidung beschlossen" wurde, ist gerade nicht gleichbedeutend damit, daß die bisherige Verfassung (also das Grundgesetz) „vom deutschen Volk in freier Entscheidung außer Kraft gesetzt" worden ist. Wenn hiergegen eingewandt werden sollte, daß diese Begründung begriffsjuristisch, um nicht zu sagen: kleinlich, erscheint, so ist zu erwidern, daß ein entsprechendes Vorgehen (nämlich: das doppelte Entscheiden-Lassen des Volkes) auch den Sinn der Verfassungsbestimmung verfehlt, zu dem, wie bereits oben näher erklärt worden ist[319], auch der Aspekt von Schutz und Vorsicht gehört: ganz bewußt läßt Art. 146 GG den Wunsch des Volkes, das Grundgesetz nicht mehr zu haben, als Grund für dessen Gültigkeitsverlust nicht genügen, sondern verlangt, daß vom deutschen Volk eine neue Verfassung in Kraft gesetzt worden ist.

III. Verfassungsreferenden als Gebot des politischen Stils

Die damit gewonnene Einsicht, daß Art. 146 GG für einen Eintritt in ein europäisches Bundesstaatsganzes nicht genutzt werden kann, impliziert, aus einer etwas anderen Perspektive, eine zweite, verfassungsrechtlich zentrale Erkenntnis, welche sich auf die Frage bezieht, ob von Verfassungs wegen ein Volksentscheid über den Fortgang des europäischen Einigungswerkes geboten erscheint.[320] Festzuhalten ist an dieser Stelle zunächst, daß sich ein solches Gebot,

---

[318] Wie *Otto Kimminich* (in: Stern [Hrsg.], Deutsche Wiedervereinigung, Bd. I, S. 111, 112) richtig festgestellt hat, besagt Art. 146 GG „nichts über die Außerkraftsetzung der gegenwärtig geltenden Verfassung, sondern nur [etwas] über die Inkraftsetzung einer neuen Verfassung, die erst nach ihrer Inkraftsetzung die alte Verfassung verdrängt". Dezidiert anders jedoch *Peter M. Huber*, in: Sachs (Hrsg.), Grundgesetz, Rn. 21 zu Art. 146.

[319] Siehe oben: II.1.a.

[320] Daß Volksabstimmungen über das Wirken des pouvoir constituant den deutlichsten Aufschluß brächten, wurde im Dritten Abschnitt des Zweiten Buches dieser Arbeit (dort unter III.2.) gezeigt; im Rahmen dieser Erörterung ist zugleich klar geworden, daß sie, aus verfassungstheoretischer Perspektive, zur Annahme eines verfassunggebenden und die Staatlichkeit übertragenden Prozesses keinesfalls zwingend erforderlich sind. – In der Sache ebenso *Josef Isensee*, in: Stern (Hrsg.), Deutsche Wiedervereinigung, Bd. I, S. 63, 68f. und S. 114; anders jedoch *Joachim Burmeister*, in: Stern (Hrsg.), Deutsche Wiedervereinigung, Bd. I, S. 128; gegen ihn wiederum *Wolfgang Graf Vitzthum* (im selben Band, S. 128). Unbegründet ist daher auch die Befürchtung *Christian Koenigs* (DVBl. 1993, 140, 147), durch einen schrittweise sich vollziehenden Eintritt in den gesamteuropäischen Staat könne der verfassunggebende Akt des Volkes vereitelt werden. Warum dies nicht der Fall sein kann, wurde hier be-

dem oben Gesagten zufolge, zumindest nicht aus der grundgesetzlichen Schlußvorschrift ableiten läßt. Gefragt werden kann daher nur, ob sich die Verpflichtung, über den Eintritt in einen europäischen Staat unmittelbar das Volk entscheiden zu lassen, verfassungsrechtlich aus einer anderen Vorschrift ergibt. Im Schrifttum wurde hierbei insbesondere auf das Demokratieprinzip rekurriert.[321] Hiergegen sprechen jedoch verschiedene Argumente, die sich unmittelbar aus dem oben Gesagten ergeben; dabei gilt das Hauptaugenmerk wiederum Art. 79 Abs. 3 GG. Wo diese Vorschrift, ohne Möglichkeit einer Abwägung[322] und ohne Möglichkeit der Umgehung[323], dem Verlust des Staatseins entgegengestellt ist, lassen sich auch aus anderen Verfassungsbestimmungen heraus keine Vorgaben für die Art und Weise dieses Schrittes entwickeln. Die Aussagen des Verfassungsgesetzes zu Staatlichkeit und Staatsform sind insofern als Einheit zu deuten, in der Endgültigkeit und Ausschließlichkeit des obersten Ordnungsanspruchs zum Ausdruck gelangen. Der Kerngedanke einer solchen, staatlichkeitstheoretisch zwingenden, Argumentation (der besagt, daß die Preisgabe der verfassungsrechtlichen Ordnung in einem neuen Staatsein von vornherein außerhalb des verfassungsmäßigen Horizonts liegt) gibt sich in gleichem Maß zu erkennen, wenn man nach dem Geltungsgrund und der normativen Substanz des grundgesetzlichen Demokratieprinzips (und damit zugleich nach den Grenzen seiner rechtlichen Bindungskraft) fragt: Demokratie ist ein Gebot, das sich seinerseits aus Art. 20 Abs. 1 und 2 GG i. V. m. Art. 79 Abs. 3 GG ergibt; wo diese Vorschriften gebrochen werden sollen, endet auch die Anordnung selbst. Demokratische Herrschaftsformen, dies sei an dieser Stelle noch einmal betont, sind das Produkt und nicht die Basis des verfassunggebenden Aktes. Ein rechtlicher Ausspruch des Inhalts: „wenn die Staatlichkeit schon verloren geht, dann wenigstens durch ein Referendum", läßt sich somit auch aus dem grundgesetzlichen Demokratieprinzip nicht deduzieren. Annahmen, daß über den Eintritt Deutschlands in ein gesamteuropäisches Bundesstaatsganzes das Volk im Wege der Volksabstimmung gefragt werden müßte, sind daher mit verfassungsjuristischen Mitteln nicht zu begründen.[324] Ob entsprechende Refe-

---

reits des öfteren begründet (siehe dazu insbesondere die Darlegungen des Ersten Buches, Zweiter Abschnitt, I. und des Zweiten Buches, Dritter Abschnitt, III.).

[321] So beispielsweise *Peter M. Huber*, ThürVBl. 1994, 1, 7f.; *Dietrich Murswiek*, Der Staat 32 (1993), 161, 171.

[322] Siehe oben: Viertes Buch, Erster Abschnitt, I.3.

[323] Siehe oben: Viertes Buch, Erster Abschnitt, II.2.b.bb.

[324] Forderungen nach einem Tätigwerden der verfassunggebenden Gewalt für den Fall weiterer staatlichkeitsberührender Integrationsschritte, wie sie sich beispielsweise bei *Peter M. Huber*, ThürVBl. 1994, 1, 7, finden, verwirren daher das Thema in doppelter Weise – dies zum einen, weil sie als juristische Forderungen nicht zu begründen, genaugenommen nicht einmal vorstellbar, sind, und dies zum anderen, weil sich der eigentliche Vorgang der Neuverfassung eines Gemeinwesens allmählich und faktisch, durch die Einrichtung entsprechender rechtlicher Strukturen und deren Bestätigung durch das (künftige) Staatsvolk, vollzieht.

renden stattfinden oder nicht, erscheint insofern allein als Aspekt des politischen Stils, der viel darüber verrät, wie jenes gesamteuropäische Staatswesen, das sich juristisch abzuzeichnen beginnt, herbeigeführt und beherrscht werden soll.

IV. Rechtsfolgen des vollzogenen Bundesstaatsbeitritts

1. *Zum Fortgeltungsanspruch von Rechtsordnung und Verfassung nach Verlust und Übergang der Staatlichkeit*

a. *Die Fortgeltung nationaler Verfassungsgesetze kraft europäischen Geltungsbefehls*

In jenem Moment, in dem der Beitritt der Bundesrepublik Deutschland zu einem gesamteuropäischen Staat anhand der oben genannten Kriterien als vollbracht eingestuft werden muß[325], erlischt zugleich der ursprüngliche und unabgeleitete Geltungsanspruch der grundgesetzlichen Ordnung. Das Ende ihres originären Geltens als Verfassung muß dabei indes nicht zwangsläufig als ein völliges Außerkrafttreten aufgefaßt werden: das Grundgesetz kann als Statut (man dürfte, aus der Perspektive des deutschen Föderalismus, auch formulieren: als Landesverfassung) eines Gliedstaates Deutschland weiterbestehen, soweit die verfassungsrechtliche Ordnung des europäischen Staates dies zuläßt – was, in Anbetracht der ausgeprägt föderalen Struktur des entstehenden Staates, ohne weiteres anzunehmen sein muß (es ist sogar zu erwarten, daß die europäische Ordnung das Weiterbestehen der nationalen Verfassung de lege ferenda voraussetzen wird). Eine solche Legalisierung des autonomen Verfaßtseins der Glieder und die hieraus sich ergebende Fortgeltung ihrer Verfassung könnte zum Beispiel aus einer Klausel wie dem heutigen Art. 6 Abs. 3 EUV (dem Art. I-5 Abs. 1 Satz 1 des Verfassungsvertrages entspricht) abgeleitet werden.[326] Die „nationale Identität" der Mitgliedstaaten zu achten, bedeutet vor allem, deren eigenes, traditionsreiches Verfaßtsein als essentielle Komponente und bestimmendes Ferment der gesamteuropäischen Rechtsordnung zu erhalten. (Mit anderen Worten: die entsprechenden Klauseln würden vom Eintritt in den Bun-

---

[325] Siehe dazu oben: Erstes Buch, Vierter Abschnitt, III-VI. Mit der Fortgeltungsfrage befaßt sich, allerdings nur beiläufig, auch *Christian Seiler*, Der souveräne Verfassungsstaat zwischen demokratischer Rückbindung und überstaatlicher Einbindung, S. 261 (dort vor allem in Fn. 87).

[326] Entsprechende Bestimmungen, daß die Gliedstaaten über eine eigene „Verfassungsordnung" verfügen, finden sich u. a. in Art. 5 Abs. 2 der russischen Föderationsverfassung und in Art. 51 der Schweizerischen Bundesverfassung. Auch aus Art. 20 Abs. 1 i. V. m. Art. 28 Abs. 1 GG ergibt sich, daß die Länder eine eigene „verfassungsrechtliche" Ordnung besitzen; vgl. dazu *Wolfgang Löwer*, in: von Münch/Kunig, Grundgesetz-Kommentar, Bd. 2, Rn. 9 zu Art. 28.

desstaat an als stärkster verfassungsrechtlicher Ausdruck der föderalen Ordnungskomponente fungieren – man könnte Art. 6 Abs. 3 EUV insofern mit einigem Recht als Parallelbestimmung zur grundgesetzlichen Ewigkeitsklausel, genauer gesagt: zu den darin enthaltenen föderalen Momenten, begreifen). Der Bruch, den ein solcher Wechsel des Geltungsgrundes begründet, zeigt sich in der verfassungsrechtlichen Sphäre insbesondere dadurch, daß die grundgesetzliche Ordnung vollständig hinter den Vorrang der europäischen Normen zurücktreten muß – wobei eingeräumt werden kann, daß sich die Rechtssphäre der Union, um ihrer stark föderal orientierten Ordnungsvorstellung entsprechen zu können, selbst in beträchtlichem Umfang zurücknehmen muß, auch und gerade in der Frage des Vorrangs.

Die verfassungsrechtliche Autonomie, die dem vom Mitglied zum Gliedstaat gewordenen Baustein des europäischen Bundesstaatsganzen verbleibt, ist eine Form der Selbständigkeit, die sich rechtlich aus der Gesamtverfassung und substantiell aus der Ordnungsvorstellung ergibt, auf der die neue Verfassung beruht. Dasein und Autonomie der einzelnen Einheit müßten dabei, so ist zu erwarten, einen unverzichtbaren Bestandteil der gesamteuropäischen Ordnungsvorstellung markieren – und zwar in weit stärkerem Umfang, als dies für die Länder der Bundesrepublik Deutschland gegenwärtig gesagt werden kann. Dieser Umstand würde nicht nur ihre Abschaffung ausschließen, sondern zugleich ein hohes Maß an politischer Selbständigkeit zum Kernbestand des Verfassungsrechts machen. Die verfassungsrechtlich eingerichtete Autonomie des Gliedstaats mag insofern zunächst eine Selbstverständlichkeit bleiben (insbesondere dann, wenn die Bundesstaatsgründung keine Fragen der Sachkompetenzen berührt). Dennoch hätte die grundgesetzliche Ordnung (wie alle anderen mitgliedstaatlichen Verfassungsordnungen auch) ihre bis dahin letzte Verantwortlichkeit für Rechtsnormsetzung und Rechtsnormvollstreckung zur „Definition des Gemeinwohls“[327] verloren.

b. Bedeutungswandel und Bedeutungsverlust einzelner Grundgesetznormen

Die Metamorphose der bisherigen innerstaatlichen Verfassungsstrukturen in prinzipieller Funktion und juristischem Wesen, wie sie der Eintritt des Staates in ein europäisches Bundesstaatsganzes bewirkt, brächte es zwangsläufig mit sich, daß sich, auch ohne entsprechende Umformulierung, der Regelungsinhalt einzelner Grundgesetzvorschriften ändert:

– Änderungen am Sinn der einzelnen Vorschrift betreffen zunächst die *Präambel*: deren Bezug auf die „verfassunggebende Gewalt“ des deutschen Volkes müßte die aktuelle Bedeutung verlieren und könnte nur noch als eine Art verfassungsmäßig in Szene gesetzte Reminiszenz an den historischen Ursprung der grundgesetzlichen Ordnung ausgelegt werden. Eine verfassung-

[327] Zum Ursprung dieses Ausdrucks siehe oben: Drittes Buch, Erster Abschnitt, II.2.

gebende Gewalt des deutschen Volkes, wie sie das hier vertretene Staatlichkeitsdenken entwirft (das, wie mehrfach erkannt werden konnte, dem grundgesetzlichen Staatlichkeitsdenken entspricht[328]), würde es im Fall des gelungenen Bundesstaatsprojektes nicht mehr geben; Bezüge darauf durch das gliedstaatliche Verfassungsgesetz müßten, wenn sie als solche gemeint sind, aus der Sicht des Gesamtstaats als verfassungswidrig erscheinen. Die Präambel des Grundgesetzes als historische Reminiszenz zu verstehen, wäre dann ein Gebot der verfassungskonformen Auslegung untergeordneten Rechts.

– Gravierende Änderungen wären außerdem dort zu verzeichnen, wo die Verfassung die Staatsform verbürgt: *Art. 20 Abs. 1 und 2 GG* ließe sich in einem europäischen Bundesstaatsganzen nicht länger als die Begründung einer eigenen, unmittelbar der Ordnungsvorstellung entsteigenden Form der staatlichen Herrschaft verstehen, sondern fungierte nur noch als eine Ausprägung dessen (man könnte auch, da es sich um eine untergeordnete Rechtsebene handelt, von einem „Aufgreifen" oder einem „Aufnehmen" dessen sprechen), was im Ersten Abschnitt des Dritten Buches, im Hinblick auf die abgeleitete Selbständigkeit der Herrschaftsgewalt, als „verfassungsrechtlich-ursprüngliche Staatsformmodifikation" gekennzeichnet wurde.[329] Das Dasein und das Geformtsein der Herrschaftsgewalt, wie sie durch Art. 20 Abs. 1 und 2 GG in Verbindung mit anderen Grundgesetznormen hervorgebracht wird, stünden inhaltlich unter einem geschriebenen oder ungeschriebenen gesamtstaatlichen Homogenitätsvorbehalt, der funktionell dem entspricht, was Art. 28 Abs. 1 Satz 1 GG für das Verhältnis von Bund und Ländern verbürgt. Welche Inhalte ein entsprechender Vorbehalt aufgibt (und dies im doppelten Sinne des Ausdrucks: welche er vorschreibt und welche er preisgibt), wäre eine Angelegenheit der gesamteuropäischen Staatsformverbürgung, die das Grundgesetz nicht beeinflussen kann. So wäre Art. 20 Abs. 1 und 2 GG beispielsweise nicht mehr imstande, das Wahlrecht für Bürger aus anderen Teilen des europäischen Bundesstaates, zum Bundestag und zu den Länderparlamenten, zu beschränken, wenn ein solches Wahlrecht durch die Normen der gesamteuropäischen Ordnung verlangt wird. Daß entsprechende Diskrepanzen zwischen europäischer und nationaler Ebene in erheblichem Umfang auftreten können, läßt sich heute schon absehen: wie im Zweiten Abschnitt des Dritten Buches gezeigt werden konnte, deutet viel darauf hin, daß die in Europa allmählich hervortretende Form der politischen Herrschaft sich stark von dem unterscheidet, was bislang in den Mitgliedstaaten als parlamentarisch-demokratisches Legitimationsmodell praktiziert worden ist; absehen

---

[328] Siehe oben: Viertes Buch, Erster Abschnitt, II.1.b.aa. und Viertes Buch, Erster Abschnitt, III.1.a.bb.

[329] Siehe oben: Drittes Buch, Erster Abschnitt, III.2.

läßt sich damit zugleich (weil das Bundesstaatswesen es fordert), welches Herrschaftsmuster sich letztendlich durchsetzen muß.

- Vom Bundesstaatsbeitritt am stärksten betroffen wäre indes der Regelungsinhalt der grundgesetzlichen Änderungssperre gemäß *Art. 79 Abs. 3 GG*. Da auch diese Norm unter den Vorbehalt der Gesamtverfassung geriete, wäre sie zukünftig außerstande, die in ihr angesprochenen Staatsgrundlagen letztmaßgeblich zu schützen. Die Funktion der Bestimmung würde hierdurch in entscheidender Weise geschwächt – Art. 79 Abs. 3 GG stünde zwar weiterhin jenen Änderungen des Grundgesetzes entgegen, die seine Schutzgüter aufheben oder in Gefahr bringen müßten, wäre jedoch nicht mehr imstande, deren Verletztwerden durch europäische Rechtsakte zu unterbinden. Rechtsdogmatisch gesprochen, verliert die Norm mit ihrer Unterordnung unter das europäische Recht einen wichtigen Teil ihres bisherigen Anwendungsfeldes (wir wagen zu behaupten, daß es ihr wichtigster ist, wenn man das Ausmaß der supranational bedingten Umstrukturierung der Rechtsordnung beachtet); rechtstheoretisch gesprochen, geht der Normfunktion von Art. 79 Abs. 3 GG eine materielle Komponente verloren, die sich beschreiben läßt als die Fähigkeit, Grundentscheidung (zugunsten bestimmter Verfassungsanliegen) zu sein. Was bisher als Unverbrüchlichkeitsklausel die Substanz der höchsten und unabgeleiteten Ordnung verbürgte, wird nunmehr, mit der Umwidmung des Verfassungsgesetzes zum Gliedstaatsstatut, zu einer deklaratorischen (man könnte auch sagen: zu einer wertebezeugenden) Vorschrift. Ähnlich wie die entsprechenden Änderungssperren in einigen deutschen Länderstatuten (statt aller sei hier nur Art. 74 Abs. 1 Satz 2 SächsVerf genannt), wiese auch Art. 79 Abs. 3 GG, vom Zeitpunkt der europäischen Staatsgründung an, auf die unverbrüchlichen Kerne einer gesamtstaatlich-übergeordneten Rechtsordnung hin, die (was indes selbstverständlich erscheint) auch in den einzelnen Gliedstaaten gelten.[330] Der Bedeutungsverlust der Vorschrift wird spätestens in diesem Zusammenhang greifbar: wo Art. 79 Abs. 3 GG die Verbürgungen der gesamtstaatlichen Verfassung (wie etwa im Hinblick auf Grundrechts- und Rechtsstaatsmaximen) für den grundgesetzlichen Rechtsraum bekräftigt, verliert er seine bisherige Bedeutung dadurch, daß er dies nur noch deklaratorisch tun kann (die grundgesetzliche Unverbrüchlichkeitsklausel würde in diesem Falle von Rechts wegen funktionslos); wo er darüber hinausgeht und änderungsfeste Prinzipien verbürgt, die in der Verfassung des gesamteuropäischen Staates nicht auch in gleicher Weise geschützt sind, verliert er ebenfalls seine Bedeutung, da europäische Normen diese Verbürgung jederzeit außer Kraft setzen können (die grundgesetzliche Unverbrüchlichkeitsklausel würde in diesem Falle von Rechts wegen gebrochen).
- Durch die europäische Bundesstaatsgründung würden des weiteren jene

[330] Siehe oben: Erstes Buch, Vierter Abschnitt, VI.2.b.

Vorschriften modifiziert, die sich an die völkerrechtliche Stellung der Bundesrepublik Deutschland als völkerrechtlich souveränes Staatswesen knüpfen, so insbesondere die *Artt. 24* und *59 GG*. Diese würden insoweit gegenstandlos, wie das Recht, völkerrechtliche Verpflichtungen zu begründen, auf die Union übergewechselt ist. Wie indes im letzten Absatz dieses Kapitels gezeigt werden soll, ist zu erwarten, daß äußere Souveränität und völkerrechtsunmittelbares Agieren jene Aspekte des Staatlichkeitsübergangs bilden, die sich zuletzt und möglicherweise auch am wenigsten deutlich vollziehen.[331] Art. 24 GG und Art. 59 GG könnten, so scheint es, ihre Funktionen (oder zumindest bestimmte Facetten davon) auch nach einem Bundesstaatsbeitritt behalten – sie wären dann jedoch, wie noch gezeigt werden soll, kein Ausdruck mehr für Ungebundenheit und äußere Souveränität, sondern verwirklichten und verdeutlichten ein besonderes Maß an Selbständigkeit, das die Verfassung (und zwar die Verfassung des europäischen Bundesstaatsganzen) den einzelnen Gliedern eröffnet.

Daß der Bedeutungswandel der damit angesprochenen Grundgesetznormen eines gewissen Klärungsprozesses bedarf, der gegenwärtig erst einsetzt (man denke an die Diskussionen über die Rolle von Art. 79 Abs. 3 GG im Kontext der Integration) und der nur Schritt für Schritt, im Hinblick auf konkrete Rechtsfragen (die Vorrang- und Nachrangaspekte betreffen) zu bewältigen ist, läßt sich schon heute vorhersehen; eine entsprechende bundesstaatsgerechte Umwidmung der nationalen Verfassungsnormen ist insofern mit dem weiteren Vorankommen des Integrationsprojektes verknüpft: je deutlicher sich dieses zur politischen Einheit hin orientiert, d. h. je offener die politisch verantwortlichen Akteure den Eintritt der Staaten in ein gesamteuropäisches Bundesstaatsganzes betreiben, desto eher ist auch mit einem Abschluß dieses Klärungsprozesses zu rechnen; und desto eher ist zu erwarten, daß in die Fragen nach dem Verhältnis von nationalem und europäischem Recht Rechtssicherheit einkehrt. Was die Umwidmung der mitgliedstaatlichen Verfassungsgesetze zu Grundstatuten föderaler Staatsglieder und was die entsprechende Neuausrichtung ihrer Interpretation im oben beschriebenen Sinne – kurz: was ihre funktionelle Herabstufung betrifft, so sind es in erster Linie die nationalen Verfassungsgerichte, die dabei zum Zug kommen müssen. Dies freilich ist mit zwei Problemen verbunden, die einen entsprechenden Klärungs- und Umwidmungsprozeß rechtlich erschweren und zeitlich verzögern. Der erste der beiden Aspekte (es handelt sich bei ihm zugleich um ein Problem des Verfassungsrechts und, so könnte man sagen, um ein Problem der „politischen Psychologie“[332]) besteht demnach

[331] Siehe dazu unten: 2.

[332] Auch diesen Ausdruck verdankt der Autor den Arbeiten *Peter Sloterdijks*, der ihn im zweiten Band seines Sphären-Projektes gebraucht.

darin, daß gerade die nationalen Verfassungsgerichte aus ihrer Funktion heraus und aus ihrem Selbstverständnis heraus zögern und zögern müssen: ihre Aufgabe ist es, die Einhaltung der nationalen Verfassungsordnung zu garantieren, die jedoch, wie im Ersten Abschnitt des Vierten Buches umfassend gezeigt worden ist, durch die Bundesstaatsgründung verletzt wird. Hinzu kommt, daß sich aus einer Anerkennung der europäischen Bundesstaatlichkeit durch die mitgliedstaatlichen Verfassungsgerichte zwangsläufig auch deren eigenes Herabgestuftwerden ergibt – das Bescheidwissen darüber könnte in einigen der deutlichsten Entscheidungen zu den Grenzen der Integration (insbesondere im Maastricht-Urteil des BVerfG[333], gerade auch im Hinblick auf seine Haltung dem EuGH gegenüber, und im Urteil des Trybunal Konstytucyjny[334], im Hinblick auf seine Haltung zur Rechtsfigur der supranationalen Union) bereits eine Rolle gespielt haben. Der zweite der beiden erwähnten Aspekte (bei ihm handelt es sich um ein rechtlich und rechtstheoretisch zu behandelndes Problem) stellt sich dar als eine Frage der Kontinuität im Tun und Dasein der Verfassungsgerichte – und letztlich auch aller anderen Verfassungsorgane: inwieweit können deren Aktivitäten in einem solchen Herabstufungsprozeß Kontinuität und Fortgeltung wahren? Welche Rolle spielt die Rechtsprechung des Bundesverfassungsgerichts über den Punkt der Bundesstaatsgründung hinaus? Wann und inwiefern bleiben Verfassungsorgane sie selbst (und: wann und inwiefern bleibt alles das es selbst, was ihnen untergeordnet ist) – und somit gebunden an das, was sie als Institutionen der Bundesrepublik Deutschland ins Werk gesetzt haben? Der zweite Problemkreis mündet an dieser Stelle in die Fragen nach Kontinuität und weiterer Geltung der gesamten innerstaatlichen Ordnung im Fall einer europäischen Staatsgründung ein, deren entscheidender Lösungsansatz nun skizziert werden soll (die Antwort hierauf wird ebenso einfach wie eindeutig sein) – der zuerst genannte Fragenkreis: das zu erwartende Zögern und Zögern-Müssen der nationalen Verfassungsgerichte bei einer bundesstaatskonformen Umwidmung der Verfassungsgesetze, kann mit Mitteln des Rechts, aus Gründen, die hier umfassend dargelegt wurden, nicht zu bewältigen sein.

c. Bruch und Kontinuität im Dasein und Wirken von rechtlicher Ordnung und verfassungsrechtlichen Institutionen

Indem der Eintritt der Bundesrepublik Deutschland in einen gesamteuropäischen Bundesstaat die bisherige grundgesetzliche Ordnung aus ihrer Funktion als Verfassung entläßt und zur abgeleiteten Ordnung eines Gliedstaates macht, wird, zumindest theoretisch, auch die Kontinuität der Rechtsordnung (insbesondere also die Fortgeltung ihrer gesetzlichen und untergesetzlichen Normen, ebenso jedoch die Rechtskraft der auf ihrer Grundlage ergangenen Entschei-

---

[333] BVerfGE 89, 155.
[334] Urteil vom 11. Mai 2005, K 18/04, deutsch unter: http://www.trybunal.gov.pl.

dungen der Justiz und die Bestandskraft ihrer Verwaltungsmaßnahmen) fundamental in Frage gestellt – wie das Verfassungsrecht der Gliedstaaten im Besonderen (das damit aufhört, Verfassungsrecht im richtigen Sinne des Ausdrucks zu sein[335]), wird letztlich auch deren gesamte rechtliche Ordnung im Allgemeinen auf eine neue Basis gegründet.[336] Was sich damit in rechts- und verfassungstheoretischer Hinsicht als grundlegende Neubegründung der Herrschaft, mit neuem Recht und neuer Rechtsverbindlichkeit, herausstellt (auch von einer Revolution ist im Zusammenhang mit einer europäischen Bundesstaatsgründung bereits – und dies nicht zu Unrecht – die Rede gewesen), dürfte der rechtlichen Praxis zunächst kaum Probleme bereiten: die Weitergeltung des untergeordneten Rechtes (in Deutschland also: das Inkraftbleiben der Bundes- und Landesvorschriften, die künftige Bindungswirkung der Rechtsakte sämtlicher Bundes- und Landesbehörden und die fortbestehende Rechtskraft aller Urteile und Beschlüsse) wird im Augenblick des Beitritts durch die Verfassung des europäischen Bundesstaates bestätigt, letztlich indem diese auf die Fortgeltung der nationalen Verfassungsordnungen hinweist. Ihre künftige Rechtsverbindlichkeit schließt sich damit ohne zeitliche Unterbrechung und (was ebensowichtig erscheint) zunächst auch ohne inhaltlich-rechtsdogmatische Dissonanzen an die bisherige Normgeltung an. Auf die tägliche Rechtsanwendung könnten sich Verlust und Übergang der Staatlichkeit insofern nicht unmittelbar auswirken – dies um so mehr, als Einfluß und Vorrang des europäischen Rechts die mitgliedstaatlichen Ordnungen auch bisher maßgeblich mitbestimmt haben.[337]

Entsprechende Zusammenhänge prägen auch das Problemfeld der Kontinuität in Dasein und Identität der mitgliedstaatlichen Organe und Stellen. Aus verfassungstheoretischer Sicht ist dabei derselbe Bruch zu verzeichnen: während das Dasein der staatlichen Stellen (angefangen von den untersten Behörden bis hinauf zu den Verfassungsorganen) durch einen Bundesstaatsbeitritt nicht in Frage gestellt werden muß (wenn die neue Verfassung, wie oben beschrieben, ein weiteres Inkraftbleiben der mitgliedstaatlichen Rechtsordnung vorsieht), so ist im Hinblick auf deren verfassungsrechtliche Identität (die zuallererst durch die Quelle der Autorität definiert wird) von einer Verwandlung zu sprechen, die sich um so deutlicher zeigt, je höher die entsprechende Stelle in der Staatsstruktur steht, d.h. je stärker und unmittelbarer sie mit der Aufgabe einer ordnungsgemäßen Ausgestaltung der öffentlichen Sphären betraut ist. Am deutlichsten vollzieht sich ein solcher Wandel in ihrer Identität bei den Verfassungsorganen, die aus ihrer Funktion als höchste Garanten eines letztverbindlichen

[335] Siehe dazu vorn: Erstes Buch, Zweiter Abschnitt, I.

[336] Allgemein dazu *Karl Doehring*, Völkerrecht, Rn. 185.

[337] Dieser Einschätzung entspricht im übrigen auch die Erkenntnis der völkerrechtlichen Lehre, wonach bei der Vereinigung mehrerer Staaten zu einem Bundesstaat deren Rechtsordnungen durchaus in Kraft bleiben können, dann allerdings auf anderer Grundlage stehen. Vgl. u.a. *Karl Doehring*, Völkerrecht, Rn. 185.

Ordnungsgefüges heraustreten und zu den obersten Gremien eines autonomen, letztlich jedoch abgeleiteten und untergeordneten Rechtsraumes werden – und die sich damit, wie heute die Verfassungsorgane der Länder, in einem spannungsreichen, letztlich jedoch untergeordneten Verhältnis zu Inhalt und Praxis der Gesamtstaatsverfassung befinden. (Insbesondere die Stellung der Landesverfassungsgerichte verdeutlicht die Situation, die das Ergebnis eines solchen Prozesses sein muß.[338]) Inhaltliche Brüche in ihrer Tätigkeit sind zunächst nur dort zu erwarten, wo Verfassungsorgane mit Anwendung und Zustandebringen von Vorschriften befaßt sind, auf die sich der Staatlichkeitsverlust unmittelbar auswirkt, wie beispielsweise bei Zuständigkeitskonflikten und rechtlichen Vorrangfragen im Verhältnis von Glied und Gesamtstaat. Anhand der damit verbundenen juristischen Einzelgesichtspunkte würde sich nach und nach herausstellen, daß die Kontinuität von Rechtsetzung und Rechtsanwendung zuletzt doch durch die Bundesverfassung bedingt ist und demzufolge in Dauer und Umfang vom Willen des Gesamtstaates abhängt.

2. *Die Auswirkungen des Staatlichkeitsverlustes in völkerrechtlicher Hinsicht – der europäische Einigungsprozeß als künftiger Entwicklungsfaktor des zwischenstaatlichen Rechts*

a. *Staatlichkeitsverlust und Völkerrechtssubjektivität*

Die Umwandlung der EU in einen gesamteuropäischen Bundesstaat würde, von allen innerstaatlichen Problemen abgesehen, auch eine Vielzahl völkerrechtlicher Schwierigkeiten ergeben, deren Lösung sich (um das Grunddilemma, aber auch den Ausweg anzusprechen) aus den bisherigen völkerrechtlichen Rechtsgrundsätzen heute noch nicht ablesen läßt. Diese Zweifel betreffen einerseits (und zwar im Hinblick darauf, wie das Völkerrecht mit nichtstaatlichen – oder auch: mit nicht-mehr-staatlichen – Herrschaftsstrukturen umgeht) die Frage, welche unmittelbaren Folgen eine solche gesamteuropäische Bundesstaatsgründung für den Aspekt der Völkerrechtssubjektivität der bisher bestehenden Staaten bewirkt; und sie betreffen andererseits (im Hinblick darauf, wie

---

338 Das oft wiederholte Bild vom Nebeneinander bundesverfassungsgerichtlichen und landesverfassungsgerichtlichen Wirkens (vgl. statt aller *Herbert Bethge*, BayVBl. 1985, 257, 262) verkürzt zumindest den eigentlichen Zusammenhang der Dinge, siehe dazu oben: Erstes Buch, Dritter Abschnitt, II.). Auch die weiteste Autonomie, die ein Gliedstaat genießt, ändert nichts daran, daß er diese durch die Verfassungsverbürgungen des Gesamtstaats, durch die Verankerung seines Daseins und seiner Stellung in der Ordnungsvorstellung der gesamtstaatlichen Einheit, erlangt. Im Hinblick auf die grundgesetzliche Verfassungsordnung läßt sich dieser Zusammenhang bereits daran erkennen, daß die Auffassung vom Nebeneinander beider Sphären insbesondere auf die Rechtsprechung des Bundesverfassungsgerichtes zurückgeführt werden kann (vgl. BVerfGE 60, 175, 209) – ein „Nebeneinander", das von einer der beiden Seiten geschaffen und gewährleistet wird, läßt sich jedoch nicht uneingeschränkt als „Nebeneinander" bezeichnen.

das Völkerrecht mit dem Wechsel des Staatseins verfährt) das Problem der Staatennachfolge. Was das erste Thema betrifft, so läßt das europäische Integrationsprojekt hierbei mit großer Gewißheit die Weiterentwicklung der völkerrechtlichen Praxis erwarten: nahezu alle Staaten Europas sind in einer Vielzahl internationaler Organisationen und multilateraler Vertragskomplexe gebunden; zwei dieser Staaten, Großbritannien und Frankreich, sind darüber hinaus ständige Mitglieder im UNO-Sicherheitsrat, dem, vom politischen Einfluß her, obersten Gremium der Staatengemeinschaft. Ein Integrationsprojekt wie die Europäische Union, das sich anschickt, eine solche Vielzahl großer und traditionsreicher Nationalstaaten, wie Frankreich und Spanien, Großbritannien, Italien und Deutschland, zu einem Bundesstaat zu vereinen, muß auch die Frage nach einer Völkerrechtsfähigkeit bundesstaatlicher Glieder in ein anderes Licht rücken. Zwar wäre aus den oben erörterten Gründen das Fortbestehen der äußeren Souveränität all dieser Staaten rechtlich und praktisch nicht denkbar (Gliedstaaten einer Föderation können als untergeordnete Herrschaftsstrukturen im Außenverhältnis nicht ungebunden agieren) – was jedoch möglich erscheint, wäre auch hier ein besonderes Maß an äußerer Autonomie, welche die Einzelstaaten befähigt, weiterhin Mitglied in bestimmten Verbänden zu sein, (im Einklang mit der Bundesverfassung) internationalen Abkommen beizutreten oder sich auf andere Weise völkerrechtlich zu binden. Daß dies grundsätzlich vorstellbar ist, hat, bei aller Problematik eines solchen Vergleiches, die UNO-Mitgliedschaft zweier Sowjetrepubliken zu Zeiten des Kalten Krieges gezeigt.[339] Insofern gilt es, in der Völkerrechtspraxis Modi zu finden (und in der Völkerrechtstheorie Ansätze zu konzipieren), welche eine umfangreiche Völkerrechtsfähigkeit der bisherigen Staaten erlauben, gleichzeitig jedoch dem Staatsein und dem Hoheitsanspruch des neu sich entfaltenden Bundesstaates genügen. Daß die internationale Staatengemeinschaft sich hierauf einlassen und entsprechende Auswege einrichten wird, ist zu erwarten: Völkerrecht als ein Recht zur Koordination staatlicher Ordnungsstrukturen muß sich und kann sich (wie die historische Entwicklung gezeigt hat) dem Charakter dieser Ordnungsstrukturen nach und nach anpassen.[340] Dies gilt insbesondere dann, wenn die Gründung des europäischen Bundesstaates nicht durch einen einzelnen, als solchen klar erkennbaren Akt, sondern in einem juristisch komplizierten, schrittweise voranzubringenden Entwicklungsvorgang geschieht[341] – völkerrechtliche Strukturen können in diesen Prozessen über einen langen Zeitraum hin eingerichtet und angepaßt werden.[342] Die Entwicklung des Völkerrechts

---

339 *Ignaz Seidl-Hohenveldern/Gerhard Loibl*, Das Recht der Internationalen Organisationen einschließlich der Supranationalen Gemeinschaften, Rn. 514.

340 Instruktiv zum ganzen *Karl Doehring*, Völkerrecht, Rn. 16.

341 Zu entsprechenden „Schwebezuständen" in der Staatenpraxis *Wilfried Fiedler*, in: Festschrift für Günther Winkler, S. 217, 228ff.

342 *Wilfried Fiedler*, in: Festschrift für Günther Winkler, S. 217, 228ff.

wird insofern die Entwicklung des gesamteuropäischen Bundesstaates begleiten, wo es um dessen Beziehung zu Drittstaaten geht – sie wird allerdings, aufgrund des besonderen Maßes an Formalisierung und Rechtssicherheit, welches das Völkerrecht prägt, und aufgrund des hohen Stellenwertes der äußeren Souveränität für die einzelnen Staaten, diesen Entwicklungen eher nachlaufen müssen als voranschreiten können. Je schneller dabei die Konsolidierung des neu entstandenen Bundesstaates gelingt, desto eher wird es erkennbar, daß sich die partielle Völkerrechtsfähigkeit der darin vereinigten Glieder aus seiner Verfassung (und deren Besonderheit, die das Völkerrecht aufgreift) begründet.[343]

b. Staatlichkeitsverlust und Staatennachfolge

In jenen Bereichen, in denen die völkerrechtliche Selbständigkeit der heutigen EU-Staaten nach einer gesamteuropäischen Bundesstaatsgründung nicht in der beschriebenen Weise fortgesetzt werden kann (weil sie Aspekte betrifft, die der Gesamtstaat an sich gezogen hat), ergibt sich die Frage, inwiefern dieser die Rechtsnachfolge der Gliedsstaaten antritt. Probleme der völkerrechtlichen Staatensukzession stellten sich dabei einerseits im Hinblick auf die Nachfolge in Verträge und Organisationen und andererseits im Hinblick auf die Nachfolge in Vermögen und Schulden. Zu lösen sind entsprechende Fragen grundsätzlich nach den allgemeinen Regeln des Völkerrechts über die Staatennachfolge – wobei jedoch bemerkt werden muß, daß diese wesentlich schwächer als beispielsweise die Regeln zur Völkerrechtsfähigkeit ausgeprägt sind.[344] Trotz entsprechender Kodifikationsversuche[345] wird das, was als völkerrechtliche Norm zur Lösung entsprechender Konfliktkonstellationen anzuwenden sein soll, ganz entscheidend von der Praxis der Staatengemeinschaft bestimmt.[346] Auch hierbei müßte die Entstehung eines Staates vom Ausmaß der EU die völkerrechtlichen Regeln neu definieren (ähnlich wie sie auch durch den Zerfall der Sowjetunion, insbesondere was die Behandlung Rußlands betrifft, teilweise

---

[343] Siehe dazu auch *Oliver Dörr*, Die Inkorporation als Tatbestand der Staatensukzession, S. 181.

[344] *Karl Doehring*, Völkerrecht, Rn. 182; *Ulrich Fastenrath*, in: Fastenrath/Schweisfurth/Ebenroth, Das Recht der Staatensukzession, S. 9, 10 und *Kay Hailbronner*, in: Vitzthum (Hrsg.), Völkerrecht, 3. Abschnitt Rn. 178.

[345] Einerseits durch die Wiener Konvention über die Staatennachfolge in Verträge vom 23. August 1978, die erst 1996 in Kraft getreten ist und der bis heute nicht sämtliche EU-Staaten beigetreten sind; andererseits durch die Wiener Konvention über die Staatennachfolge in Staatsvermögen, Staatsschulden und Staatsarchive vom 8. April 1983, die bislang noch gar nicht in Kraft gesetzt wurde. Siehe zu Inhalt und Entstehung der zuerst genannten *Karl Zemanek*, in: Festschrift für Alfred Verdross, S. 719; zu beiden *Wilfried Fiedler*, in: Festschrift für Ignaz Seidl-Hohenveldern, S. 133, 147 ff. und *Stephan Hobe/Otto Kimminich*, Einführung in das Völkerrecht, S. 104 ff.

[346] *Karl Doehring*, Völkerrecht, Rn. 182: eine „gefestigte Staatenpraxis diesbezüglich" sei „nicht auffindbar" – „in der Mehrzahl derartiger Fälle [werden] spezielle Verträge ausgehandelt […], die auf individuelle Situationen Rücksicht nehmen."

neu definiert worden sind[347]), wobei Art und Dauer dieses konkreten Staatsgründungsprozesses der Frage ein Stück ihrer potentiellen Brisanz nehmen müssen, die sie insbesondere bei raschen Zerfallsprozessen besitzt[348] – Übergangszeiträume können großzügig einkalkuliert werden und haben, wenn man bedenkt, daß die EU schon heute zum Abschluß zwischenstaatlicher Abkommen befugt ist und Mitglied internationaler Organisationen sein kann (beides wird praktiziert[349]), möglicherweise seit langem begonnen. Im Hinblick auf die völkerrechtlichen Fragen einer gesamteuropäischen Bundesstaatsgründung ist daher zu konstatieren, daß ein Einigungsvorgang dieses Ausmaßes durch die Staatengemeinschaft eine Vielzahl angemessener Einzellösungen zeitigen wird. Die Bundesstaatlichkeit der EU kann sich so, in zahlreichen einzelnen Schritten, auch im Verhältnis zu dritten Staaten entfalten[350] – der völkerrechtlichen Dogmatik gibt dies wiederum Zeit, der Vorgehensweise der Staaten entsprechende Normqualitäten abzugewinnen.

V. Zwischenergebnis: der Wille des Staates, bestehen zu bleiben

Im Ergebnis sind damit verschiedene Schlüsse zu ziehen: hierzu gehört zunächst, wie soeben gezeigt, die Erkenntnis, daß ein Integrationsvorgang vom Ausmaß des europäischen Einigungswerkes die Dogmatik des Völkerrechts, insbesondere in den Fragen der Völkerrechtsfähigkeit von Verbänden, und stärker noch in der Frage der Staatennachfolge, grundlegend umwälzen muß (dies allerdings liegt noch weit in der Zukunft); hierzu gehört (ebenfalls für die Zukunft) außerdem die Erkenntnis, daß ein Verfassungsreferendum zum Eintritt in einen europäischen Bundesstaat aus grundgesetzlicher Sicht nur politisch, nicht jedoch juristisch geboten sein kann; und hierzu gehört zuallererst die Erkenntnis (die einen zentralen Gesichtspunkt der heutigen Diskussionen betrifft), daß das Grundgesetz keinerlei rechtliche Mittel bereitstellt, Deutschland zu einen Bundesland im Gesamtstaat Europa zu machen. Diesen Schritt zu

---

347 So wird u.a. die Mitgliedschaft Rußlands im UNO-Sicherheitsrat völkerrechtlich damit begründet, daß dieses als Nachfolge-Staat der Sowjetunion „akzeptiert" worden sei, siehe Kay Hailbronner, in: Vitzthum (Hrsg.), Völkerrecht, 3. Abschnitt, Rn. 177f.

348 Zur Schwierigkeit genauer Terminierungen bei jahrzehntelangen Entwicklungsprozessen vgl. *Wilfried Fiedler*, in: Festschrift für Günther Winkler, S. 217, 220.

349 So ist die EG u.a. Mitglied in der WTO, daneben jedoch auch in einer ganzen Reihe weiterer internationaler Organisationen, die bei *Jörn Sack* (ZEuS 2001, 267, 280ff.) aufgezählt sind. Die Zahl der geschlossenen Verträge soll sich inzwischen auf über 700 belaufen, siehe *Rudolf Mögele*, in: Streinz (Hrsg.), EUV/EGV, Rn. 5 zu Art. 300 EGV (dort in Fn. 4).

350 Praktische Schwierigkeiten im einzelnen bedürfen dann einer punktuellen Lösung im konkreten Kontext. Vgl. dazu auch *Wilfried Fiedler*, in: Festschrift für Günther Winkler, S. 217, 220.

versuchen, heißt, die bisherige rechtliche Ordnung zu brechen.[351] Die Fülle der dogmatischen Versuche, diese juristische Konsequenz zu kaschieren (indem man den Verlust der Staatlichkeit als solchen bestreitet oder Art. 146 GG als Weg einer pseudolegalen Überleitung bemüht), illustriert möglicherweise, daß die Deutschen, wie mitunter gesagt wird, ein „rührend legalitätsbedürftiges Volk"[352] sind – sie zeigt vor allem jedoch die verbreitete Haltung, einen entsprechenden Übergang des Staatseins zumindest nicht bremsen zu wollen. In einem solchen Prozeß, wo sich juristische Kontrollinstanzen mit Hilfe der verfassungsrechtlichen Lehre darum bemühen, Verlust und Übergang der Staatlichkeit durch eine Anpassung von Begriffen und Norminhalten zu legalisieren, kann sich die Bundesstaatsgründung als verfassungsjuristisches Experiment (wie es im Grunde jede Staatsgründung darstellt) vollziehen.[353] Die Sicherungsmechanismen der verfassungsrechtlichen Ordnung, wie sie in der Gestalt von Art. 79 Abs. 3 GG, Art. 20 Abs. 4 GG und, in gewissem Sinne, auch durch Art. 146 GG[354] in das Grundgesetz eingebaut sind, können den Bestand der Verfassung (und damit zugleich die Staatlichkeit ihrer Gemeinschaft) nur so

---

[351] *Josef Isensee*, in: Isensee/Kirchhof (Hrsg.), Handbuch des Staatsrechts, Bd. VII, § 166 Rn. 68; *ders.*, in: Festschrift für Ulrich Everling, S. 567, 590. – Demgegenüber hält *Peter M. Huber* (ThürVBl. 1994, 1, 7) den hier eingenommenen Standpunkt für einen unrealistischen „Verfassungspurismus", der das Wesen einer demokratischen Verfassungsordnung verkennt. Auch eine demokratische Verfassung kann jedoch, gerade weil sie eine bestimmte Staatlichkeitsvorstellung verfolgt und sich auf das Dasein eines vereinigten, sich selbst regierenden Volkes bezieht, keine Möglichkeit des Austritts in eine andere Ordnung, mit anderem Volk und anderer Staatsform, eröffnen. Was die Frage des „Realismus" der hier verfochtenen Ansicht betrifft, so betrifft dieser Einwand nicht den Ansatz als solchen, sondern allenfalls die verfassungspolitischen Schlüsse, die sich hieraus, zumindest in den Augen der Kritiker dieses Standpunkts, ergeben (hierauf kommt die Arbeit in ihrem Schlußkapitel zurück) – im Hinblick auf ihren wissenschaftlichen Ansatz sollte sich die hier vertretene Lehre gerade durch den Versuch, realistisch zu bleiben, vom bisherigen Theorienspektrum abheben (wenn man den Ausdruck „realistisch" im staatswissenschaftlichen Kontext als die Methode versteht, das Wesen des Staates vom Sein her zu denken): Staatlichkeit und Verfassunggebung werden hier als konkret sich vollziehende, im eigentlichen Sinn des Wortes sich verwirklichende Ordnungsprozesse verstanden, auf deren (das Recht begründendes) Sein hin Verfassungsvorschriften ausgelegt werden müssen. Staatlichkeitsübergang und Verfassunggebung müssen demnach als solche begriffen, benannt und behandelt werden – gerade diese Übereinstimmung von Wirklichkeit, Erklärungsmodell und juristischer Einordnung zeichnet jedoch ein realistisches Rechtsdenken aus.

[352] Vgl. *Carl Schmitt*, Verfassungsrechtliche Aufsätze, S. 446; ein sinnverwandtes Bonmot auch bei *Peter M. Huber*, ThürVBl. 1994, 1, 8.

[353] Von einer „juristischen (Selbst-)Täuschung" spricht daher zu Recht *Josef Isensee*, in: Isensee/Kirchhof (Hrsg.), Handbuch des Staatsrechts, Bd. VII, § 166 Rn. 68, der an anderer Stelle mit Nachdruck auch auf die verfassungspolitische Fragwürdigkeit entsprechender Versuche aufmerksam macht (vgl. *dens.*, in: Festschrift für Ulrich Everling, Bd. I, S. 567, 590: „Es wäre der Sache Europas unwürdig, nach pseudolegalen Hintertüren Ausschau zu halten. Die rechtliche Lösung ist der Neuanfang, der sich nicht rückversichert in der Staatlichkeit, die überwunden, und in der Verfassung, die degradiert werden soll ...").

[354] Dazu oben: II.1.a.

lange und nur in dem Umfang schützen, wie dieser Schutz von den Akteuren tatsächlich gewollt ist. Art. 20 Abs. 4 GG und Art. 79 Abs. 3 GG hängen insofern von einer ungeschriebenen und bisher unbenannten Voraussetzung ab: dem Willen des Staates, als solcher bestehen zu bleiben.

Schlüsse

I. Gesamtresümee: Staatlichkeit als das Ziel der politischen Bindung und als die Basis der Herrschaftsform, ihr möglicher Übergang und dessen Rechtsfolgen

„Bindungen", „Übergänge", „Herrschaftsformen" und „Rechtsfolgen" – in diesen vier Schritten sollte aufgedeckt werden, was Staatlichkeit als solche bedeutet, wann und wodurch sie von einer Ordnungsebene auf die andere wechselt, wie sich dies auf die konkrete Gestalt ihres Auftretens, d. h. auf die Herrschaftsform, auswirkt, und welche Rechtsfolgen sich hieraus für die grundgesetzliche Verfassungsordnung, im Hinblick auf den Staatlichkeitsverlust im europäischen Einigungsvorgang, ergeben.

Im *Ersten Abschnitt des Ersten Buches* wurde dabei, ausgehend vom Gewilltsein des Individuums zur Einrichtung einer konkreten Ordnung der öffentlichen Sphären, Staatlichkeit als eine Form des politischen Gebundenseins entworfen, deren Besonderheit in den Momenten der gegenseitigen Letztverantwortung von individuellem Verhalten und gemeinschaftlicher Ordnung besteht. Aus diesem Willen der Individuen zum letztmaßgeblichen politischen Verbundensein ergeben sich zum einen die Abgrenzung des Staates als eine unabhängige Einheit im politischen Raum und zum anderen Inhalte und Charakter der einzurichtenden Ordnung. Als legitim kann danach, wie im *Zweiten Abschnitt des Ersten Buchs* gezeigt worden ist, nur jene Ausgestaltung des Verfassungsrechts gelten, die dieser Ordnungsvorstellung entspricht. Verfassungsrecht ist demnach, seinem Wesen zufolge, höchstes und unabgeleitetes Recht, aus dessen rechtlichem Wesen alle anderen Normen, die es beanspruchen, hoheitlich-rechtsverbindlich zu gelten, ihr Vorhandensein ableiten müssen. Autonomes und originär geltendes Recht kann es daher nur geben, wo ein Gemeinwesen sich aus dem Gedanken der politischen Zusammengehörigkeit heraus als unabhängig verfaßt. Im *Dritten Abschnitt des Ersten Buches* wurde sodann Souveränität als die Fähigkeit der Gemeinschaft identifiziert, eine entsprechende höchste und unabgeleitete Ordnung zu schaffen. Als eine solche Fähigkeit zur Begründung der unabgeleiteten Ordnung kann die Souveränität zwar für einzelne Staaten verlorengehen – sie kann jedoch aus dem politischen Ordnungsganzen nicht auf Dauer verschwinden. Die zentralen Aspekte der bisherigen verfassungstheoretischen Souveränitätsdoktrin: die Fragen nach Verbands- und Organsouveränität, nach Innen und Außen, nach Normalfall und Ausnahmezustand, wurden, hiervon ausgehend, neu untersucht; dabei konnte zugleich aufgezeigt werden, welche Zusammenhänge sich mit der Unterscheidung staatenbündischer und bundesstaatlicher Ordnungsstrukturen verbinden. Entgegen der sogenannten Lehre vom Bund, wie sie in Anknüpfung an *Carl Schmitt* von verschiedenen Autoren zur Einordnung des supranationalen Integrationsprozesses herangezogen wird, ist dabei am Entweder-Oder von Staatenbund und Bundesstaat festzuhalten: auch in einem Bundesstaat ergeben sich die eingerichteten Hoheitsstrukturen aus dem gesamtstaatlichen Verfaßtsein – doch gehört das Moment der föderalen Gewaltenverteilung hierbei zur Ordnungsvorstellung (und damit zugleich zum Kern des Verfassungsrechts) selbst. Im *Vierten Abschnitt des Ersten Buches* wurden, ausgehend von einem solchen Staatlichkeitsdenken, zehn Kriterien gefunden, die als Strukturen höchster rechtlicher Ordnung das Bestehen der grundlegenden politischen Bindung einer Gemeinschaft und damit zugleich deren Staatsqualität indizieren. Dies sind, im Hinblick auf die Normerzeugung, die Regeln der Rechtsänderung und die Fragen der formellen Kompetenzzuordnungshoheit, dies sind des weiteren, im Hinblick auf die Rechtsinhalte, der Anspruch des Staates auf erschöpfende Zuständigkeit, die Hoheit der institutionellen Organisation, die Zwangsmittelhoheit des Staates und (im Verbund verschiedener Rechtsebenen) das Recht der kleineren Einheit zum Austritt; dies sind, im Hinblick auf Rechtskontrolle und Rechtsdurchsetzung, die verfassungsgerichtliche Letztentscheidungsbefugnis und die Mittel der rechtlichen Aufsicht; und dies sind, im Hinblick auf das Außerkrafttreten rechtlicher Ordnungsstrukturen, die Legalität der Auflösung nachgeordneter Herrschaftskomplexe und der Bestand änderungsfester Verfassungsinhalte.

Mit dem *Ersten Abschnitt des Zweiten Buches* wurde sodann die Übergangslage beschrieben, in welcher sich die zehn genannten, rechtsstrukturellen Indizien im Hinblick auf das Verhältnis von EU und Mitgliedstaaten befinden. Ihre Zuordnung zu dieser oder jener Ebene bildet nahezu durchweg den Gegenstand von juristischen Kontroversen, was in gleicher Weise den Staatlichkeitsverlust der Mitgliedstaaten wie auch die Nähe der EU zum künftigen Staatsein verdeutlicht. Dabei hat sich gezeigt, daß auch der „Vertrag über eine Verfassung für Europa“, insbesondere durch die Besonderheiten seiner Zuständigkeitenverteilung ebenso wie durch die stärkere Einbeziehung genuin europäischer Organe in die Entscheidungsprozesse, diesen Kurs fortsetzen würde. Im unmittelbaren Zusammenhang damit wurde im *Zweiten Abschnitt des Zweiten Buches* gefragt, welche weiteren Rechtsänderungen den Übergang der Staatlichkeit vorantreiben müssen. Im Ergebnis dieser Überlegungen ist dabei deutlich geworden, daß die EU bis zur Herausbildung einer gesamteuropäischen Ordnungsvorstellung ein politisches Experimentieren mit verfassungsrechtlichen Formen darstellen muß. Die Art und Weise, wie entsprechende Verfassungsinhalte im europäischen Gesamtraum in Kraft gesetzt werden, kann dabei, wie der *Dritte Abschnitt des Zweiten Buches* gezeigt hat, über den Status des politischen Gebundenseins Aufschluß verschaffen und dessen Klärung forcieren. Zwingende Zusammenhänge zwischen Vorgehensweise und Staatlichkeitsübertragung sind hierbei nicht zu verzeichnen; insbesondere ist aus staatlichkeitstheoretischer Sicht kein europaweites Referendum zur Gründung eines gesamteuropäischen Bundesstaates gefordert. Allein entscheidend für den Erfolg ist die Bereitschaft der Völker, einen solchen gesamteuropäischen Bundesstaat als verfassungsrechtliche Verwirklichung ihres politischen Verbundenheitsbewußtseins wahrzunehmen, das auf die Einrichtung einer letztverbindlichen und unabgeleiteten Ordnung zielt – Verfassunggebung stellt sich insofern immer auch als Verfassungswahrnehmung dar.

Die Erkenntnisse, die damit über Gründe und Verwirklichung der Staatlichkeit gewonnen worden sind, wurden im Dritten Buch der Arbeit auf den Fragenkreis der demokratischen Staatsform erstreckt. Hierbei wurde insbesondere deutlich, daß Herrschaftsformen auf jener Ebene einer Ordnungsgesamtheit angelegt sind, auf der sich das Gemeinwesen zur unabhängigen Einheit verbindet. Defizite an demokratischen Einflußnahmestrukturen oder an substantiellen Grundvoraussetzungen der gegenwärtigen Demokratie (insbesondere also: Defizite in Diskurs und Öffentlichkeit), die auf der Ebene der Staatsformbegründung bestehen, lassen sich daher, dies hat der *Erste Abschnitt des Dritten Buches* gezeigt, nicht durch zusätzliche Mitbestimmungsmöglichkeiten auf anderen Ebenen kompensieren; Demokratiekonzeptionen, die entsprechende Kompensationsmöglichkeiten bejahen, vertreten ein anderes Staatsformkonzept, das auch als solches benannt werden sollte. Das faktische Vorhandensein eines entsprechenden Staatsvolks, das in der Demokratie die Herrschaft selbst und allein ausüben soll, zieht auch der Legitimationsvermittlung durch andere, autonom agierende Hoheitsträger im Innern und Äußern der staatlichen Ordnung eng bemessene Grenzen, deren verfassungsrechtliche Bestimmung wiederum davon abhängt, ob das Dasein der entsprechenden Hoheitsgewalten in der entsprechenden Ordnungsvorstellung angelegt ist. Der Wandel des Staatsformcharakters, der sich mit einem solchen Eintritt in ein gesamteuropäisches Bundesstaatsganzes verbindet, wurde im *Zweiten Abschnitt des Dritten Buches* herausgearbeitet. Hierbei wurde erkannt, daß die Lehre, welche von einer „doppelten Legitimationsbasis der EU“ ausgeht, Fragen nach dem Bestand der mitgliedstaatlichen Staatsform mit dem Charakter der entstehenden gesamteuropäischen Herrschaft vermengt, so daß von einem „Demokratiedefizit“ in Europa unter zwei grundsätzlich voneinander zu unterscheidenden Aspekten die Rede sein muß: dies einerseits im Hinblick auf die Beeinträchtigung der mitgliedsstaatlichen Staatsform, insbesondere durch die Übertragung von Zuständigkeiten auf die EU und deren Entscheidung im Mehrheitsverfahren, und dies andererseits im Hinblick auf den Charakter der in Europa sich herausbildenden Staatsform, der sich von einer parlamentarisch-demokratischen Herrschaft sowohl durch bestimmte institutionelle Defizite als auch durch das Fehlen der vorrechtlichen Voraussetzungen einer demokratischen Staatsform maßgeblich unterscheidet.

Was die Rechtsfolgen einer möglichen Staatlichkeitsübertragung betrifft, so erweisen sich, wie der *Erste Abschnitt des Vierten Buches* gezeigt hat, alle Versuche, die EU zum Bundesstaat zu verfassen, als Verfassungsverletzung. Der Grundsatz, daß die Bundesrepublik Deutschland ein Staatswesen im Sinne einer höchsten und unabgeleiteten Ordnung darstellt, ist von Verfassungs wegen durch Art. 20 Abs. 1 GG i. V. m. Art. 79 Abs. 3 GG gegen jedwede Änderungen geschützt. Abwägungen mit anderen Verfassungsgütern kommen dabei nicht in Betracht. Widerlegen ließ sich zudem die Behauptung, daß der Zeitpunkt, wann Art. 79 Abs. 3 GG eingreifen soll, nicht exakt feststellbar sei: verfassungswidrig ist die Einrichtung rechtlicher Strukturen, wenn diese dem Muster eines europäischen Bundesstaates entsprechen. Im Hinblick auf Bestand und Funktionsfähigkeit der parlamentarischen Demokratie als der vom Grundgesetz eingerichteten Staatsform haben sich die europäischen Rechtsstrukturen bereits in der gegenwärtigen Lage als Verletzung des Grundgesetzes erwiesen. Grund hierfür ist einerseits die Fülle der übertragenen Kompetenzen – Art. 79 Abs. 3 i. V. m. Art. 20 Abs. 3 GG verlangt, daß der vom Staatsvolk gewählten Versammlung ein deutliches Übergewicht in der Rechtsetzung zukommt; Grund hierfür ist andererseits die Entscheidung des Rates im Mehrheitsverfahren ohne die Chance eines Vetos, die mit Art. 23 Abs. 1 GG, verstanden als eine Verlängerung der mitgliedstaatlichen Legitimationsketten auf die Ebene der EU, nicht zu vereinbaren ist. Durch den „Vertrag über eine Verfassung für Europa" und den damit verbundenen Ausbau der supranationalen Mehrheitsverfahren bei gleichzeitigem Vorrang der europäischen Rechtsetzungsakte vor beinahe jeglichem mitgliedstaatlichem Recht würde dieser verfassungswidrige Zustand vertieft. Daß auch Art. 146 GG keine Befugnis eröffnet, einem gesamteuropäischen Bundesstaatsganzen auf legale Art anzugehören, hat der *Zweite Abschnitt des Vierten Buches* verdeutlicht: Art. 146 GG kann aus verschiedenen Gründen nicht den Akt einer Neuverfassung des Gemeinwesens meinen, sondern bezieht sich auf eine Totalrevision des Verfassungsgesetzes, die Grundstrukturen, Kernanliegen und damit auch die Identität der Ordnung als solche unversehrt läßt. Da ein entsprechender Bundesstaatsbeitritt in einer nicht zu heilenden Weise gegen die grundgesetzliche Ordnung verstieße, ergibt sich aus der Verfassung, entgegen einer sich verbreitenden Ansicht, nicht das Gebot, hierüber ein Referendum zu halten. Was die juristische Situation nach einem solchen Schritt angeht, so würde das Grundgesetz fortan als eine abgeleitete Gliedstaatsverfassung gelten – dies allerdings, entsprechend der föderalistischen Komponente eines entsprechenden Staates, mit einem breiten Spielraum an Autonomie. Auch die weiteren Konsequenzen: die künftige Geltung sämtlichen untergeordneten Rechts und der völkerrechtliche Umgang mit einem solchen Staatsgründungsvorgang, dürften in der Rechtspraxis durch entsprechende Anpassungsregeln (die zum Teil schon eingeführt wurden) Schritt für Schritt zu bewältigen sein. Was damit einerseits als Ergebnis und andererseits als Ausgangspunkt für weiterführende Untersuchungen festgestellt wurde, besitzt eine juristische, eine praktische, eine normtheoretische, eine methodische und eine staatlichkeitstheoretische Dimension, die untereinander auf das Engste korrespondieren. Welche Schlußfolgerungen lassen sich nunmehr, am Ende der Betrachtung zum „Verlust der Staatlichkeit", für diese fünf Aspekte vermitteln?

II. „Verlust der Staatlichkeit" – fünf weiterführende Schlußfolgerungen

1. Das verfassungsrechtliche Fazit: Staatsrecht in Bekundungsfunktion

Feststellungen, wie sie hier getroffen worden sind, über das Wesen des Staatseins und dessen juristischen Ausdruck, bilden immer nur eine Art Zwischenergebnis und eine Art Basis für den nächsten, Ordnung und Staatlichkeit weiter verfolgenden Ansatz – insbesondere dann, wenn sich Staatlichkeitsverlust und Staatlichkeitsbegründung, mit gänzlich ungewissem Ausgang, dafür jedoch in einem räumlich um so größeren Umfang, vollziehen. Wie die Arbeit an verschiedenen Stellen gezeigt hat, lassen sich die verfassungsjuristischen Fragen von Staatlichkeit und Staatsform nicht ohne eine staatstheoretische Fundierung der eigenen Auslegung lösen. Wenngleich eine methodengerechte Normexegese zu Art. 146 GG, zu Art. 20 GG oder zu Art. 79 Abs. 3 GG auch andere als die hier vertretenen Lesarten zuläßt oder zuzulassen scheint, so ist gleichwohl zu beachten, was an mehreren Stellen deutlich geworden ist: daß insbesondere im Verfassungsrecht Normauslegungen wertlos sein müssen, welche die faktischen Zusammenhänge von Staatlichkeit und Staatsform, von Verfassungsnatur und Verfassungsinhalten, von pouvoir constituant und verfaßten Gewalten, verkennen. Welchen Wert, so ließe sich einwenden, hat demgegenüber ein Verfassungsverständnis, wonach ein Übergang der Staatlichkeit auf die Union die grundgesetzliche Ordnung zwingend verletzt – selbst wenn das Volk hierüber durch Volksabstimmung entscheidet? Muß das Verfassungsverständnis, das dieser Arbeit zugrunde gelegt ist, nicht zwangsläufig als zu streng und als zu unflexibel erscheinen, wenn danach bestimmte Umbrüche im Verfaßtsein einer Gemeinschaft, selbst wenn der Großteil des Volkes (man muß beachten: des neuen Volkes) sie will, nur um den Preis der Verfassungsverletzung erlangt werden können? Ein solches Verständnis unterschätzt indes die Funktionen des Staatsrechts, dessen Normen, stärker als andere Normen, immer auch etwas bezeugen: sie bezeugen, in welchem Umfang dieses und jenes Geschehen von den Maßstäben abweicht, auf deren permanentem Gewahrtsein das Dasein der Ordnung beruht – zur Aufgabe des Verfassungsrechts zählt es insofern, Maßstäbe für Diskurse zu bilden (sei es innerhalb eines Verfahrens, sei es in der wissenschaftlichen Kontroverse oder sei es in der Öffentlichkeit), anhand derer ein Bruch der herrschenden Ordnung festgestellt werden soll. Erfüllen kann das Verfassungsrecht eine solche Aufgabe nur, wenn seine Interpreten der Versuchung widerstehen, die rechtlichen Maßstäbe den tatsächlichen Entwicklungen anzupassen – was ganz besonders dort gilt, wo die Kernanliegen dieser Ordnung berührt sind. Wenn bereits die heutige Einrichtung der EU den Rechtssatz „alle Staatsgewalt geht vom Volk aus" verletzt und künftige Schritte in einen europäischen Bundesstaat diese Verletzung vertiefen, so ist es allein das inhaltlich unangepaßte verfassungsrechtliche Sollen, das den Wandel von Staatsform und Staatsein verdeutlicht. Hier, im Grenzbereich von verfassungsrechtlicher Bindung und kaschierten oder öffentlich erklärten Versuchen, eine neue Form von staatlicher Ordnung zu schaffen, fungiert das Verfassungsrecht in einer ganz besonderen Weise auch als Signal – wo eine Rechtsordnung nicht zu verhindern vermag, was seinem Wesen zufolge nicht zu verhindern sein kann, muß sie als unverbrüchlicher Maßstab den Umbruch dokumentieren; die Wirksamkeit des verfassungsrechtlichen Satzes liegt dann in seiner Fähigkeit, den Verlust sichtbar zu machen.

2. *Das integrationspolitische Fazit: rechtliche Hürden und sachlicher Zwang*

Die Frage, ob man ungeachtet der klaren verfassungsrechtlichen Lage am Ausbau bundesstaatlicher Strukturen in der EU festhalten will, ist politisch zu lösen. Die Gründung eines gesamteuropäischen Staates kann, dies wurde an mehreren Punkten verdeutlicht, nur insoweit erfolgreich verlaufen, wie auch der einzelne die EU als seinen letztmaßgeblichen Ordnungsbezugspunkt bejaht. Verfassungsrechtliche Hürden, welche die bisherige Ordnung aufstellt, werden überwunden, wenn der Eintritt in den Gesamtstaat vom Volk desselben befürwortet wird – durch ein faktisches Darüber-Hinweg-Gehen der historischen Entwicklung, das wiederum auf einem politisch gewollten Darüber-Hinweg-Sehen der Verfassungsorgane beruht. Dauerhaft nicht zu überwinden wäre es aber, wenn die Hauptvoraussetzung eines solchen Staatsgründungswillens fehlt: die Idee, daß Europa politisch zusammengehört. Ein solches Zusammengehörigkeitsempfinden ist dem Grunde nach bereits nötig, um ein gesamteuropäisches Bundesstaatsganzes zu schaffen; es muß indes besonders stark ausgeprägt sein, wenn dieser Staat (um dem Anspruch der Mitgliedstaaten und den Ansprüchen, welche die EU selbst an sich stellt, zu genügen) freiheitlich-demokratisch verfaßt werden soll. Nicht alles, was hierbei politisch gewünscht wird, läßt sich auch praktisch vollbringen; die Konstruierbarkeit einer konkreten staatlichen Ordnung stößt hier an die Grenzen einer höheren Realität, deren

Vorhandensein als ein weiteres, staatlichkeitstheoretisches Fazit der Arbeit gedacht werden kann.

3. Das methodische Fazit: Staatlichkeitstheorien als begrifflicher Minimalismus

Um zu entsprechenden staatlichkeitstheoretischen Faziten zu gelangen, bedurfte es auch einer zeitgemäß-kritischen Reflexion über die Methodik staatswissenschaftlichen Denkens. Das hier vorgestellte Konzept läßt sich insofern mit einigem Recht als ein staatlichkeitstheoretischer Minimalismus beschreiben – und gegebenenfalls kritisieren. Sein Anspruch besteht jedoch gerade darin, Begriffe und Erklärungsmuster der heutigen staats- und verfassungstheoretischen Lehre von philosophischen oder gar ideologischen Aufladungen zu entlasten, um so den Blick freizugeben auf das Wesen des Staatseins und die damit zu verbindenden rechtstheoretischen und rechtsdogmatischen Konsequenzen. (Man könnte, wenn die Gefahr, mißverstanden zu werden, nicht ganz so hoch wäre, in einer Umkehrung zu *Hans Kelsen* von einer „Reinen Staatslehre" sprechen). Um Verlust und Neubegründung der staatlichen Ordnung nachzuvollziehen, müssen die entsprechenden staatstheoretischen Begriffe (wie zum Beispiel: Souveränität) auf ihre Grundaussagen, und damit auf einen ordnungenübergreifenden kleinsten gemeinsamen Nenner, zurückgeführt werden – Begriffe aus dem Inneren einer Ordnung, und Begriffe, die aufgeladen sind mit den ethischen und philosophischen Grundüberzeugungen, auf denen das Dasein von Staat und Verfassung beruht, müssen zwangsläufig scheitern, wenn es darum geht, die Metamorphosen und Übergänge des Phänomens „Staatlichkeit" zu analysieren – diese können sie, aus ihrer Perspektive, immer nur als Defizite erfassen. Die philosophisch nur schwer zu beantwortende Frage, in welchem Umfang es Sinn hat, künftige oder vergangene Ordnungen an den eigenen, heute geltenden Wertmaßstäben zu messen, mag im Rahmen dieser Arbeit dahingestellt bleiben – staatlichkeitstheoretische Schlußfolgerungen läßt eine solche Herangehensweise nicht oder jedenfalls nicht in dem Umfang zu, den die Erörterung des europäischen Einigungsvorgangs erfordert.

4. Das staatlichkeitstheoretische Fazit: Staatlichkeit als Realität

Die Untersuchung der Staatlichkeitsfrage im europäischen Integrationskontext hat alles in allem ein Konzept vom Staatsein ergeben, das dessen mechanizistische Konstruktion durch die Drei-Elemente-Lehre hinter sich läßt. Dennoch, trotz des nicht-physischen Grunds ihres Wesens (denn um eine physische Erklärung des Staates handelt es sich, wenn man die Kategorien „Volk" und „Gebiet" gleichberechtigt neben den Zusammenhang der Staatsgewalt stellt), besitzt die Staatlichkeit Realität. Beide Extreme, die Drei-Elemente-Lehre mit ihrer mechanizistischen Konstruktion und die Versuchung, den Staat mit *Kel-*

sen als juristische Denkfigur zu konzipieren, verkennen gerade die Besonderheit dieser Realität: „Staatlichkeit" durch „Volk" und „Gebiet" zu bestimmen, verwechselt das physische Dasein von Menschen und Landschaft mit dem geistigen Dasein des Staates; ihn als Abstraktion und juristisches Konstrukt zu entwerfen, verkennt die Realität geistiger Zusammenhänge in der politischen Welt. Verfassungsrechtliche und staatstheoretische Untersuchungen zu Dasein und Wandel des Staates können ihre Aufgaben jedoch nur erfüllen, wenn sie diese Realität als solche erfassen; Staatlichkeit, so könnte man letztendlich sagen, ist die Realität der Ideen (und ist damit zugleich eine Realität des Geistes) in der politischen Sphäre.

5. *Das normtheoretische Fazit: Geltung als ein real bedingtes und als ein abstrakt gewolltes Gebot*

Mit dem Aspekt des Staatlichkeitsverlustes wurde zugleich das Verhältnis von Zeit und Ordnung behandelt, das als Spannungsbeziehung, als ein wesensimmanenter Zwiespalt von Endgültigkeitsanspruch und bewußtseinsbedingt sich vollziehenden Brüchen, identifiziert worden ist. Als Ordnungsansprüche, die aus sich selbst heraus ihre unbedingte und unbefristete Geltung verlangen, stehen verfassungsrechtliche Normen außerhalb zeitlicher Kategorien; als real sich vollziehende Zusammenhänge sind sie der Zeit unterworfen. Diese Unterscheidung ist zu beachten, wo sich die Rechtswissenschaft mit der Staatlichkeitsfrage beschäftigt: während die Staatsrechtsdogmatik den Geltungsanspruch der verfassungsrechtlichen Normen als unbedingt und als endgültig wahrnehmen soll, muß es der Staatstheorie darum gehen, die vor-juristischen Gründe dieses Verfaßtseins zu suchen. Wer beides verwechselt, verkennt, nach der einen oder nach der anderen Seite hin, das duale Wesen der verfassungsrechtlichen Geltung, deren Natur darin besteht, aus faktischen Zusammenhängen heraus ein abstraktes Gebot zu begründen. Ordnung ist und Ordnung gilt – im Kontext der europäischen Staatsgründung ist zu beobachten, wie Sein und Gelten einander bedingen.

Literaturverzeichnis

Akehurst, Michael, Parliamentary Sovereignty and the Supremacy of Community Law, in: BYIL 60 (1989), 351 ff.

Alber, Siegbert, Braucht Europa eine Verfassung?, in: Ronge (Hrsg.), In welcher Verfassung ist Europa – Welche Verfassung für Europa?, Baden-Baden 2001, S. 123 ff.

Albi, Anneli/Van Elsuwege, Peter, The EU Constitution, national constitutions and sovereignty: an assessment of a „European constitutional order", in: ELR 30 (2004), 741 ff.

Amar, Akhil Red, Of Sovereignty and Federalism, in: YLJ 96 (1987), 1425 ff.

Amrhein-Hofmann, Christine, Monismus und Dualismus in den Völkerrechtslehren, Berlin 2003

Anzon, Adele, Die „europäische Verfassung" als Rechtsproblem, in: JÖR 49 N. F. (2001), 103 ff.

Archibugi, Daniele, From the United Nations to Cosmopolitan Democracy, in: Archibugi/Held (Hrsg.), Cosmopolitan Democracy, Cambridge 1995, S. 121 ff.

von Arnauld, Andreas, Normenhierarchien innerhalb des primären Gemeinschaftsrechts, in: EuR 2003, 191 ff.

von Arnim, Hans Herbert, Gemeindliche Selbstverwaltung und Demokratie, in: AöR 113 (1988), 1 ff.

Arnold, Rainer, Die Rolle der Mitgliedstaaten in der Europäischen Verfassungsordnung, in: EWS 2002, 216 ff.

Badinter, Robert, Une Constitition européenne, Paris 2002

Badura, Peter, Die föderative Verfassung der Europäischen Union, in: Kästner/Nörr/Schlaich (Hrsg.), Festschrift für Martin Heckel zum 70. Geburtstag, Tübingen 1999, S. 695 ff.

ders., Diskussionsbetrag: Europäisches und nationales Verfassungsrecht, in: VVDStRL 60 (2001), 353 ff.

ders., Supranationalität und Bundesstaatlichkeit durch Rangordnung des Rechts, in: Starck (Hrsg.), Rangordnung der Gesetze, Göttingen 1995, S. 107 ff.

ders., Verfassung und Verfassungsrecht in Europa, in: AöR 131 (2006), S. 423 ff.

Baldus, Manfred, Eine vom deutschen Volk in freier Entscheidung beschlossene Verfassung – Zum Schicksal des Art. 146 GG nach Vorlage des Abschlußberichtes der Gemeinsamen Verfassungskommission, in: KritV 1993, 429 ff.

ders., Zur Relevanz des Souveränitätsproblems für die Wissenschaft vom Öffentlichen Recht, in: Der Staat 36 (1997), 381 ff.

Balmes, Jacob, Protestantismus und Katholizismus in ihrer Beziehung zur europäischen Civilisation, 2. Band, 2. Auflage, Regensburg 1888

Bartlsperger, Richard, Verfassung und verfassunggebende Gewalt im vereinten Deutschland, in: DVBl. 1990, 1285 ff.

Bauer, Hartmut, Europäisierung des Verfassungsrechts, in: JBl. 2000, 750 ff.

ders., Kommentierung zu Art. 9, in: Dreier (Hrsg.), Grundgesetz, Bd. I, 2. Auflage, Tübingen 2004

Beaud, Olivier, Der Entwurf einer Verfassung für Europa – Verfassungsrechtliche Betrachtungen aus französischer Perspektive, FCE 6/03, Berlin 2003

ders., Fédéralisme et souveraineté, in: RDP 1998, 83ff.

ders., Föderalismus und Souveränität, in: Der Staat 35 (1996), 45ff.

ders., La federation entre l'État et l'empire, in: Théret (Hrsg.), L'État la finance et le social, Paris 1995, S. 282ff.

ders., La souveraineté de l'État, le pouvoir constituant et le Traité de Maastricht, in: RFDA 1993, 1045ff.

Beck, Ulrich, Das Demokratie-Dilemma im Zeitalter der Globalisierung, in: APuZ 1998, B 38, 3ff.

Becker, Bernd, Öffentliche Verwaltung, Percha 1989

Becker, Ulrich, Kommentierung zu Art. 312 EGV, in: Schwarze (Hrsg.), EU-Kommentar, Baden-Baden 2000

Berber, Friedrich, Von den Anfängen der Staatlichkeit, in: Spanner/Lerche/Zacher/Badura/von Campenhausen (Hrsg.), Festgabe für Theodor Maunz zum 70. Geburtstag am 1. September 1971, München 1971, S. 19ff.

Berkemann, Jörg, Rechtsfragen der Anwendung der FFH-Richtlinie, der Vogelschutzrichtlinie und naturschutzrechtlicher Regelungen auf bergbauliche Vorhaben, in: Degenhart/Dammert/Heggemann (Hrsg.), Bergrecht in der Entwicklung, Baden-Baden 2000, S. 51ff.

Bermann, George A., The Constitutional Amendment Process, in: Bieber/Widmer (Hrsg.), Der europäische Verfassungsraum, Zürich 1995, S. 291ff.

Bernard, Nick, Multilevel Governance in the European Union, Den Haag u. a. 2002

Bernhardt, Rudolf, Völkerrecht und Landesrecht: Neuere Aspekte eines alten Problems, in: Grupp/Hufeld (Hrsg.), Recht – Kultur – Finanzen, Festschrift für Reinhard Mußgnug zum 70. Geburtstag am 26. Oktober 2005, Heidelberg 2005, S. 281ff.

Bethge, Herbert, Verfassungsgerichtsbarkeit im Bundesstaat, in: BayVBl. 1985, 257ff.

Biaggini, Giovanni, Die Idee der Verfassung – Neuausrichtung im Zeitalter der Globalisierung?, in: ZSR 119 N.F. (2000), 445ff.

Bieber, Roland, Das Verfahren zur Entwicklung einer europäischen Verfassung, in: Die Union 1998/4, 17ff.

ders., Democratization of the European Community through the European Parliament, in: Aussenwirtschaft 46 (1991), 391ff.

ders., Steigerungsform der europäischen Union: Eine Europäische Verfassung, in: Ipsen/Rengeling/Mössner/Weber (Hrsg.), Verfassungsrecht im Wandel, Köln u. a. 1995, S. 291ff.

ders., Verfassungsgebung und Verfassungsänderung in der Europäischen Union, in: Bieber/Widmer, Der europäische Verfassungsraum, Zürich 1995, S. 313ff.

ders., Verfassungsentwicklung und Verfassungsgebung in der Europäischen Gemeinschaft, in: Wildenmann (Hrsg.), Staatswerdung Europas?, Baden-Baden 1991, S. 393ff.

Biernat, Stanislaw, Ratification of the Constitutional Treaty and Procedures for the Case of Veto, in: Pernice/Zemánek (Hrsg.), A Constitution for Europe: The IGC, the Ratification Process and Beyond, Baden-Baden 2005, S. 97ff.

Blanke, Hermann-Josef, Der Unionsvertrag von Maastricht – Ein Schritt auf dem Weg zu einem europäischen Bundesstaat?, in: DÖV 1993, 412ff.

ders., Erweiterung ohne Vertiefung? Zur „Verfassungskrise“ der Europäischen Union, in: EuR 2005, 787 ff.
ders., Essentialia des Entwurfes des Europäischen Verfassungsvertrages, in: TDS 2003, 95 ff.
ders., Essentialia einer Europäischen Verfassungsurkunde (Teil 2), in: ThürVBl. 2002, 224 ff.
ders., Kommentierung zu Art. 2 EUV, in: Calliess/Ruffert (Hrsg.), Kommentar zu EU-Vertrag und EG-Vertrag, 2. Auflage, Neuwied 2002
Bleckmann, Albert, Das europäische Demokratieprinzip, in: JZ 2001, 53 ff.
ders., Das Souveränitätsprinzip im Völkerrecht, in: AVR 23 (1985), 450 ff.
Böckenförde, Ernst-Wolfgang, Demokratie als Verfassungsprinzip, in: Isensee/Kirchhof (Hrsg.), Handbuch des Staatsrechts, Bd. II, 3. Auflage, Heidelberg 2004, § 24
ders., Die Organisationsgewalt im Bereich der Regierung, Berlin 1964
ders., Kommentar, in: Transit 17 (1999), 175 ff.
ders., Staat Nation Europa, Frankfurt am Main 1999
ders., Staat Verfassung Demokratie, 2. Auflage, Frankfurt am Main 1992
von Bogdandy, Armin, Die Europäische Union als supranationale Föderation, in: integration 1999, 95 ff.
ders., Europäische Verfassung und Europäische Identität, in: JZ 2004, 53 ff.
ders., Konstitutionalisierung des europäischen öffentlichen Rechts in der europäischen Republik, in: JZ 2005, 529 ff.
ders., Skizzen einer Theorie der Gemeinschaftsverfassung, in: von Danwitz u. a. (Hrsg.), Auf dem Wege zu einer europäischen Staatlichkeit, Stuttgart u. a. 1993, S. 9 ff.
ders., Supranationaler Föderalismus als Wirklichkeit und Idee einer neuen Herrschaftsform, Baden-Baden 1999
ders., Supranationale Union als neuer Herrschaftstypus: Entstaatlichung und Vergemeinschaftung in staatstheoretischer Perspektive, in: integration 1993, 210 ff.
ders., Zur Übertragbarkeit staatsrechtlicher Figuren auf die Europäische Union, in: Brenner/Huber/Möstl (Hrsg.), Der Staat des Grundgesetzes – Kontinuität und Wandel, Festschrift für Peter Badura zum siebzigsten Geburtstag, Tübingen 2004, S. 1033 ff.
Börzel, Tanja A./Risse, Thomas, Who is Afraid of a European Federation? How to Constitutionalize a Multi-Level Governance System, in: Joerges/Mény/Weiler (Hrsg.), What Kind of Constitution for What Kind of Polity?, Harvard Jean Monnet Working Paper 7/00, Cambridge 2000, S. 45 ff.
Bothe, Michael, Kommentierung zu Art. 20 Abs. 1–3 II, in: Denninger/Hoffmann-Riem/Schneider/Stein (Hrsg.), Kommentar zum Grundgesetz für die Bundesrepublik Deutschland (Alternativkommentar), Neuwied (Loseblatt), Stand: 2001
Brand, Michiel, Affirming and Refining European Constitutionalism: Towards the Establishment of the First Constitution for the European Union, EUI Working Paper LAW No. 2004/2, San Domenico 2004 (http://www.iue.it)
Brecht, Arnold, Verfassungsentwurf, in: Walter Lipgens, 45 Jahre Ringen um die Europäische Verfassung, Bonn 1986, S. 82 ff.
Bredt, Stephan, The European Social Contract and the European Public Sphere, in: ELJ 12(2006), 61 ff.
Brenner, Michael, Das Prinzip Parlamentarismus, in: Isensee/Kirchhof (Hrsg.), Handbuch des Staatsrechts Bd. III, 3. Auflage, Heidelberg 2005, § 44
Breuer, Rüdiger, Die Sackgasse des neuen Europaartikels (Art. 23 GG), in: NVwZ 1994, 417 ff.

Brockmeyer, Hans Bernhard, Kommentierung zu Art. 23, in: Schmidt-Bleibtreu/Klein, Kommentar zum Grundgesetz, 10. Auflage, München 2004

Brosius-Gersdorf, Frauke, Die doppelte Legitimationsbasis der Europäischen Union, in: EuR 1999, 133 ff.

Broß, Siegfried, Bundesverfassungsgericht – Europäischer Gerichtshof – Europäischer Gerichtshof für Kompetenzkonflikte, in: VerwArch 92 (2001), 425 ff.

Bruha, Thomas/Nowak, Carsten, Recht auf Austritt aus der Europäischen Union?, in: AVR 42 (2004), 1 ff.

Brumlik, Micha, Souveränität – Der lange Weg zum kurzen Abschied, in: Brunkhorst/Niesen (Hrsg.), Das Recht der Republik, Frankfurt am Main 1999, S. 66 ff.

Brunner, Otto, Land und Herrschaft, 5. Auflage, Wien 1965

Bryde, Brun-Otto, Demokratisches Europa und Europäische Demokratie, in: Gaitanides/Kadelbach/Iglesias (Hrsg.), Europa und seine Verfassung, Festschrift für Manfred Zuleeg zum siebzigsten Geburtstag, Baden-Baden 2005, S. 131 ff.

ders., Kommentierung zu Art. 79, in: von Münch/Kunig, Grundgesetz-Kommentar, Bd. 3, 4./5. Auflage, München 2003

ders., Konstitutionalisierung des Völkerrechts und Internationalisierung des Verfassungsrechts, in: Der Staat 42 (2003), 61 ff.

Bunte, Hermann-Josef, Einführung zum EG-Kartellrecht, in: Langen/Bunte, Kommentar zum deutschen und europäischen Kartellrecht, Bd. 2, 9. Auflage, Neuwied u. a. 2001

de Búrca, Gráinne, The Quest for Legitimacy in the European Union, in: MLR 59 (1996), 349 ff.

Burghardt, Günter, Die Europäische Verfassungsentwicklung aus dem Blickwinkel der USA, FCE 4/02, Berlin 2002 (http://www.whi-berlin.de)

Burmeister, Joachim, Diskussionsbeitrag, in: Stern (Hrsg.), Deutsche Wiedervereinigung, Bd. I, Köln u. a. 1991, S. 128

Bydlinski, Franz, Juristische Methodenlehre und Rechtsbegriff, 2. Auflage, Wien u. a. 1991

Calliess, Christian, Das Demokratieprinzip im europäischen Staaten- und Verfassungsverbund, in: Bröhmer u. a. (Hrsg.), Internationale Gemeinschaft und Menschenrechte, Festschrift für Georg Ress zum 70. Geburtstag am 21. Januar 2005, Köln u. a. 2005, S. 399 ff.

ders., Kommentierung zu Art. 5 EGV, in: Calliess/Ruffert (Hrsg.), Kommentar zu EU-Vertrag und EG-Vertrag, 2. Auflage, Neuwied 2002

ders./Ruffert, Matthias: Vom Vertrag zur EU-Verfassung? in: EuGRZ 2004, 542 ff.

Camilleri, Joseph A./Falk, Jim, The End of Sovereignty?, Aldershot u. a. 1992

von Campenhausen, Axel, Kommentierung zu Art. 146, in: von Mangoldt/Klein/Starck, Das Bonner Grundgesetz, Bd. 3, 5. Auflage, München 2005

Caporaso, James A., The European Union and Forms of State: Westphalian, Regulatory or Post-Modern?, in: JCMS 34 (1996), 29 ff.

Castiglione, Dario, A constitutional debate without a constitutional document?, in: Eriksen/Fossum/Menéndez (Hrsg.), Constitution-Making and Democratic Legitimacy, Oslo 2002, S. 75 ff.

Cederman, Lars-Erik, Nationalism and Bounded Integration: What it Would Take to Construct a European Demos, in: EJIR 7 (2001), 139 ff.

Christiansen, Thomas, Gemeinsinn und europäische Integration. Strategien zur Optimierung von Demokratie- und Integrationsziel, in: Steffani/Thaysen (Hrsg.), Demokratie in Europa: Zur Rolle der Parlamente, Opladen 1995, S. 50 ff.

Chryssochoou, Dimitris N., Democracy and Symbiosis in the European Union: Towards a Confederal Consociation, in: WEP 17/4 (1994), 1 ff.
Classen, Claus Dieter, Erwiderung: Souveränität – im Staatsinneren eine überholte Kategorie?, in: JZ 2003, 143 f.
ders., Europäische Integration und demokratische Legitimation, in: AöR 119 (1994), 238 ff.
ders., Kommentierung zu Art. 23, in: von Mangoldt/Klein/Starck, Das Bonner Grundgesetz, Bd. 2, 5. Auflage, München 2005
Claussen, Carsten Peter, Bank- und Börsenrecht, 3. Auflage, München 2003
Closa, Carlos, The Implicit Model of Constitution in the EU Constitutional Project, in: Eriksen/Fossum/Menéndez (Hrsg.), Constitution-Making and Democratic Legitimacy, Oslo 2002, S. 53 ff.
Constantinesco, Vlad, L'émergence d'un droit constitutionnel européen/Rapport de synthèse, in: RUDH 1995, 445 ff.
Constantinesco, Léontin-Jean, Das Recht der europäischen Gemeinschaften, Band 1, Baden-Baden 1977
MacCormick, Neil, Beyond the Sovereign State, in: MLR 56 (1993), 1 ff.
ders., How to adopt a European Constitution and how not to adopt one, FCE 8/05, Berlin 2005 (http://www.whi-berlin.de)
ders., Questioning Sovereignty, Oxford 1999
ders., The Maastricht-Urteil: Sovereignty Now, in: ELJ 1 (1995), 259 ff.
Cox, Robert, Economic globalization and the limits to liberal democracy, in: MacGrew (Hrsg.), The Transformation of Democracy, Cambridge 1997, S. 49 ff.
Craig, Paul, Constitutional Process and Reform in the EU: Nice, Laeken, the Convention and the IGC, FCE 3/04 (http://www.whi-berlin.de)
ders., Constitutions, Constitutionalism and the European Union, in: ELJ 7 (2001), 125 ff.
ders., The ECJ, National Courts and the Supremacy of Community Law, in: Miccù/Pernice (Hrsg.), The European Constitution in the Making, Baden-Baden 2004, S. 35 ff.
ders., The Nature of the Community: Integration, Democracy and Legitimacy, in: Craig/de Búrca (Hrsg.), The Evolution of EU Law, Oxford 1999, S. 1 ff.
Cromme, Franz, Verfassungsvertrag der Europäischen Union, in: DÖV 2002, 593 ff.
da Cruz Vilaça, José Luís /Piçarra, Nuno, Y a-t-il des limites materielles à la révision des traites instituant les Communautés européennes?, in: CDE 1993, 3 ff.
Curtin, Deirdre, Postnational democracy, Den Haag 1997
dies., The Constitutional Structure of the Union: A Europe of Bits and Pieces, in: CMLR 30 (1993), 17 ff.
Dahm, Georg, Völkerrecht, Bd. I, Stuttgart 1958
Dashwood, Alan, States in The European Union, in: ELR 23, 1998, 201 ff.
ders./Dougan, Michael/Hillion, Christophe/Johnston, Angus/Spaventa, Eleanor, Verfassungsentwurf (http://www.whi-berlin.de/doc/dashwood.doc)
Dederer, Hans-Georg, Die Konstitutionalisierung Europas, in: ZG 2003, 97 ff.
Degenhart, Christoph, Staatsrecht I, 21. Auflage, Heidelberg 2005
ders., Klausurenkurs im Staatsrecht, 3. Auflage, Heidelberg 2005
ders., Direkte Demokratie auf Bundesebene nach dem Grundgesetz – Anmerkungen zu einem Gesetzentwurf, in: Stern/Grupp (Hrsg.), Gedächtnisschrift für Joachim Burmeister, Heidelberg 2005, S. 87 ff.

ders., Kommentierung zu Art. 5 Abs. 1 und 2, in: Dolzer/Vogel/Graßhof (Hrsg.), Bonner Kommentar zum Grundgesetz, Heidelberg(Loseblatt), Stand: 2006
ders., Kommentierung zu Art. 72, in: Sachs (Hrsg.), Grundgesetz, 3. Auflage, München 2003
ders., Kommentierung zu Art. 73, in: Sachs (Hrsg.), Grundgesetz, 3. Auflage, München 2003
ders., Medienrecht, in: Stober (Hrsg.), Handbuch des Sächsischen Staats- und Verwaltungsrechts, Stuttgart u. a. 1996, § 10
ders., Verfassungsfragen der deutschen Einheit, in: DVBl. 1990, 973 ff.
Denninger, Erhard, Vom Ende nationalstaatlicher Souveränität in Europa, in: JZ 2000, 1121 ff.
Dickstein, Michael, Der Verfassungsbegriff der Europäischen Union, Linz 1998
Diez-Picazo, Luis, Treaty or Constitution? The Status of the Constitution for Europe, in: Weiler/Eisgruber (Hrsg.), Altneuland: The EU Constitution in a Contextual Perspective, New York u. a. 2004, Jean Monnet Working Paper 5/04 (http://www.jeanmonnetprogram.org/papers/04/040501–11.html)
Doehring, Karl, Allgemeine Staatslehre, 3. Auflage, Heidelberg
ders., Demokratiedefizit in der Europäischen Union?, in: DVBl. 1997, 1133 ff.
ders., Die nationale „Identität" der Mitgliedstaaten der Europäischen Union, in: Due/Lutter/Schwarze (Hrsg.), Festschrift für Ulrich Everling, Bd. I, Baden-Baden 1995, S. 263 ff.
ders., Diskussionsbeitrag, in: VVDStRL 46 (1988), 126
ders., Diskussionsbeitrag, in: VVDStRL 60 (2001), 357 f.
ders., Staat und Verfassung in einem zusammenwachsenden Europa, in: ZRP 1993, 98 ff.
ders., Völkerrecht, 2. Auflage, Heidelberg 2004
Doering, Detmar, Austritt erlaubt? Die Verfassung der Europäischen Union braucht ein Sezessionsrecht, in: ORDO 51 (2000), 383 ff.
Dolzer, Rudolf, Wirtschaft und Kultur im Völkerrecht, in: Vitzthum (Hrsg.), Völkerrecht, 3. Auflage, Berlin 2004, 6. Abschnitt
Dorau, Christoph, Bedarf und Inhalt einer Verfassung für die Europäischen Union, in: Ronge (Hrsg.), In welcher Verfassung ist Europa – Welche Verfassung für Europa?, Baden-Baden 2001, S. 155 ff.
ders., Die Verfassungsfrage der Europäischen Union, Baden-Baden 2001
ders./Jacobi, Philipp, The Debate over a „European Constitution": Is it Solely a German Concern?, in: EPL 6 (2000), 413 ff.
Dörr, Oliver, Die Inkorporation als Tatbestand der Staatensukzession, Berlin 1995
Douglas-Scott, Sionaidh, Constitutional Law of the European Union, Harlow u. a. 2002
Dowrick, Frank Ernest, A Model of the European Communities' Legal System, in: YEL 3 (1983), 169 ff.
Dreier, Horst, Das Demokratieprinzip des Grundgesetzes, in: Jura 1997, 249 ff.
ders., Grenzen demokratischer Freiheit im Verfassungsstaat, in: JZ 1994, 741 ff.
ders., Kommentierung zu Art. 20, in: Dreier (Hrsg.), Grundgesetz, Bd. II, Tübingen 1998
ders., Kommentierung zu Art. 79 III, in: Dreier (Hrsg.), Grundgesetz, Bd. II, Tübingen 1998
ders., Kommentierung zu Art. 146, in: Dreier (Hrsg.), Grundgesetz, Bd. III, Tübingen 2000

Eckertz-Höfer, Marion, Kommentierung zu Art. 3, in: Denninger/Hoffmann-Riem/Schneider/Stein (Hrsg.), Kommentar zum Grundgesetz für die Bundesrepublik Deutschland (Alternativkommentar), Neuwied (Loseblatt), Stand: 2001

Eiselstein, Claus, Europäische Verfassunggebung, in: ZRP 1991, 18ff.

Elazar, Daniel J., The United States and the European Union: Models for Their Epochs, in: Nicolaidis/Howse (Hrsg.), The Federal Vision, Oxford 2001, S. 31ff.

Eleftheriadis, Pavlos, Aspects of European Constitutionalism, in: ELR 21 (1996), 32ff.

ders., Begging the Constitutional Question, in: JCMS 36 (1998), 255ff.

Elgie, Robert/Zielonka, Jan, Constitutions and Constitution-Building: A Comparative Perspective, in: Zielonka (Hrsg.), Democratic Consolidation in Eastern Europe, Bd. 1, Oxford 2001, S. 25ff.

Elicker, Michael, Verbietet das Grundgesetz ein Referendum über die EU-Verfassung?, in: ZRP 2004, 225ff.

Emde, Ernst Thomas, Die demokratische Legitimation der funktionalen Selbstverwaltung, Berlin 1991

Enders, Christoph, Diskussionsbeitrag, in: VVDStRL 60 (2001), 374ff.

ders., Offene Staatlichkeit unter Souveränitätsvorbehalt – oder: Vom Kampf der Rechtsordnungen nach Maastricht, in: Grawert/Schlink/Wahl/Wieland (Hrsg.), Offene Staatlichkeit, Festschrift für Ernst-Wolfgang Böckenförde zum 65. Geburtstag, Berlin 1995, S. 29ff.

Engisch, Karl, Die Einheit der Rechtsordnung, Darmstadt 1987

Epiney, Astrid, Umweltrecht in der Europäischen Union, Köln u. a. 2005

Epping, Volker, Die Verfassung Europas?, in: JZ 2003, 821ff.

Erbguth, Wilfried, Kommentierung zu Art. 30, in: Sachs (Hrsg.), Grundgesetz, 3. Auflage, München 2003

ders., Kommentierung zu Art. 37, in: Sachs (Hrsg.), Grundgesetz, 3. Auflage, München 2003

Erichsen, Hans-Uwe, Die Verfassungsänderung nach Art. 79 GG und der Verfassungsbeschluß nach Art. 146 GG, in: Jura 1992, 52ff.

ders., Zum Verhältnis von EWG-Recht und nationalem öffentlichen Recht der Bundesrepublik Deutschland. Anmerkung zu: EuGH, U. v. 17.05. 1972 – Rs. C-93/71, in: VerwArch 64 (1973), 101ff.

Everling, Ulrich, Comment, in: Winter/Curtin/Kellermann/de Witte (Hrsg.), Reforming the Treaty on European Union, Den Haag 1996, S. 19ff.

ders., Mehrheitsabstimmung im Rat der EU nach dem Verfassungsvertrag – Rückkehr zu Luxemburg und Ioannina?, in: Gaitanides/Kadelbach/Iglesias (Hrsg.), Europa und seine Verfassung, Festschrift für Manfred Zuleeg zum siebzigsten Geburtstag, Baden-Baden 2005, S. 158ff.

ders., Überlegungen zum Fortgang der Europäischen Integration, in: ZEuS 2001, 385ff.

ders., Zur Stellung der Mitgliedstaaten der Europäischen Union als „Herren der Verträge", in: Beyerlin/Bothe/Hofmann/Petersmann (Hrsg.), Recht zwischen Umbruch und Bewahrung, Festschrift für Rudolf Bernhardt, Berlin u. a. 1995, S. 1161ff.

Evers, Tilman, Supranationale Staatlichkeit am Beispiel der Europäischen Union: Civitas civitatum oder Monstrum?, in: Leviathan 1994, 115ff.

Faber, Angela, Die Zukunft kommunaler Selbstverwaltung und der Gedanke der Subsidiarität in den Europäischen Gemeinschaften, in: DVBl. 1991, 1126ff.

Di Fabio, Udo, Das Recht offener Staaten, Tübingen 1998

ders., Der neue Art. 23 des Grundgesetzes, in: Der Staat 32 (1993), 191 ff.
ders., Der Staat als Institution, in: Isensee/Lecheler (Hrsg.), Freiheit und Eigentum, Festschrift für Walter Leisner zum 70. Geburtstag, Berlin 1999, S. 225 ff.
ders., Diskussionsbeitrag, in: VVDStRL 63 (2004), 71 ff.
ders., Eine europäische Charta, in: JZ 2000, 737 ff.
Fassbender, Bardo, Die Souveränität des Staates als Autonomie im Rahmen der völkerrechtlichen Verfassung, in: Mansel/Pfeiffer/Kronke/Kohler/Hausmann (Hrsg.), Festschrift für Erik Jayme, Band 2, München 2004, S. 1089 ff.
Fastenrath, Ulrich, Das Recht der Staatensukzession, in: Fastenrath/Schweisfurth/Ebenroth, Das Recht der Staatensukzession, Heidelberg 1996, S. 9 ff.
Fehér, István M., Die Verfassung und das Volk, in: Beckmann/Dieringer/Hufeld (Hrsg.), Eine Verfassung für Europa, Tübingen 2004, S. 61 ff.
Fernandez Esteban, Maria Luisa, La nocion de constitución europea en la jurisprudencia del Tribunal de Justicia de las comunidades Europeas, in: REDC 40 (1994), 241 ff.
Fiedler, Wilfried, Der Zeitfaktor im Recht der Staatensukzession, in: Haller u. a. (Hrsg.), Staat und Recht, Festschrift für Günther Winkler, Wien u. a. 1997, S. 217 ff.
ders., Entwicklungslinien im Recht der Staatensukzession, in: Hafner u. a. (Hrsg.), Liber amicorum Professor Ignaz Seidl-Hohenveldern in honour of his 80th birthday, Den Haag u. a., S. 133 ff.
Fink, Udo, Garantiert das Grundgesetz die Staatlichkeit der Bundesrepublik Deutschland?, in: DÖV 1998, 133 ff.
Fisahn, Andreas, Abgeleitete Demokratie, in: KritV 1996, 267 ff.
Fischer, Joschka, Vom Staatenverbund zur Föderation – Gedanken über die Finalität der europäischen Integration, in: integration 2000, 149 ff.
Fischer, Mattias G., Art. 146 GG – Königsweg zur neuen Verfassung oder gegenstandslose Bestimmung im Grundgesetz?, in: MDR 1994, 440 ff.
Fischer, Peter, Europäischer Konvent und Verfassung für Europa: Phänomene politischer Transformation, in: Kopetz/Marko/Poier (Hrsg.), Soziokultureller Wandel im Verfassungsstaat, Festschrift für Wolfgang Mantl, Wien u. a. 2004, S. 991 ff.
Flauss, Jean François, Auf dem Wege zu einer europäischen Verfassung – Wechselwirkungen zwischen europäischem und nationalem Verfassungsrecht aus französischer Sicht, in: Schwarze/Müller-Graff (Hrsg.), Europäische Verfassungsentwicklung, Baden-Baden 2000, S. 31 ff.
Fleiner, Thomas, Verfassungsbegriff, Verfassungsziele und Verfassungscharakteristika in den Mitgliedstaaten der Europäischen Union und in der Europäischen Union, in: Müller-Graff/Riedel (Hrsg.), Gemeinsames Verfassungsrecht in der Europäischen Union, Baden-Baden 1998, S. 17 ff.
ders./Basta Fleiner, Lidija R., Allgemeine Staatslehre, 3. Auflage, Berlin u. a. 2004
Forsthoff, Ernst, Lehrbuch des Verwaltungsrechts, 10. Auflage, München u. a. 1973
Fowler, Michael Ross/Bunck, Julie Marie, Law, Power, and the Sovereign State, Pennsylvania 1995
Franck, Christian, Traité et constitution: les limites de l'analogie, in: Magnette (Hrsg.), La constitution de l'Europe, Brüssel 2000, S. 31 ff.
Frankenberg, Günter, The Return of the Contract: Problems and Pitfalls of European Constitutionalism, in: ELJ 6 (2000), 257 ff.
Frenz, Walter, Europäisches Umweltrecht, München 1997
Friedrich, Carl J., Der Verfassungsstaat der Neuzeit, Berlin u. a. 1953
Frotscher, Werner, Selbstverwaltung und Demokratie, in: von Mutius (Hrsg.), Selbstver-

waltung im Staat der Industriegesellschaft, Festgabe zum 70. Geburtstag von Georg Christoph von Unruh, Heidelberg 1983, S. 127 ff.

Frowein, Jochen A., Constitutionalism in the Face of the Changing Nation State, in: Starck (Hrsg.), Constitutionalism, Universalism and Democracy – a comparative analysis, Baden-Baden 1999, S. 53 ff.

ders., Die Verfassung der Europäischen Union aus der Sicht der Mitgliedstaaten, in: EuR 1995, 315 ff.

Fuchs, Dieter, Modelle der Demokratie: Partizipatorische, Liberale und Elektronische Demokratie, in: Kaiser/Zittel (Hrsg.), Demokratietheorie und Demokratieentwicklung, Festschrift für Peter Graf Kielmannsegg, Wiesbaden 2004, S. 1934 ff.

Gaitanides, Charlotte, Kommentierung zu Art. 226 EG, in: von der Groeben/Schwarze (Hrsg.), Kommentar zum Vertrag über die Europäische Union und zur Gründung der Europäischen Gemeinschaft, Bd. 4, 6. Auflage, Baden-Baden 2004

Gamillscheg, Franz, Arbeitsrecht I, München, 8. Auflage, München 2000

Geiger, Rudolf, Grundgesetz und Völkerrecht, 4. Auflage, München 2004

Gellermann, Martin, Kommentierung zu Art. 250 EGV, in: Streinz (Hrsg.), EUV/EGV, München 2003

Gerkrath, Jörg, L'Emergence d'un droit constitutionnel pour l'Europe, Brüssel 1997

Gern, Alfons, Deutsches Kommunalrecht, 3. Auflage, Baden-Baden 2003

von Gierke, Otto, Das Deutsche Genossenschaftsrecht, 2. Band, Darmstadt 1954 (Nachdruck)

Giscard D'Estaing, Valery, „Neuer Gründergeist" (Interview), in: Der Spiegel Nr. 43/2002, S. 50 ff.

Goerlich, Helmut, Das Demokratieverständnis heute – aus staatsrechtlicher Sicht, in: Theodor-Litt-Jahrbuch 2007/5, S. 63 ff.

ders., „Gemeinschaft" aus der Sicht der Staatsrechtslehre, in: Theodor-Litt-Jahrbuch 2003/3, S. 67 ff.

ders., Hermann Heller. Demokratisierung in Staatsrecht und Volksbildung, in: Theodor-Litt-Jahrbuch 2005/4, S. 21 ff.

Göhler, Daniel, Verbietet das Grundgesetz ein Referendum über die EU-Verfassung?, in: ZRP 2005, 98 ff.

Goldblatt, David, Liberal democracy and the globalization of environmental risks, in: MacGrew (Hrsg.), The Transformation of Democracy, Cambridge 1997, S. 73 ff.

Goring, Randi L., Requirements for the Emerging European Constitution, WHI-Paper 2/03, Berlin 2003 (http://www.whi-berlin.de)

Götz, Volkmar, Mehrheitsbeschlüsse des Rates der Europäischen Union, in: Due/Lutter/Schwarze (Hrsg.), Festschrift für Ulrich Everling, Bd. I, Baden-Baden 1995, S. 339 ff.

Grabitz, Eberhard, Diskussionsbeitrag, in: VVDStRL 50 (1991), 166 ff.

Grande, Edgar, Demokratische Legitimation und europäische Integration, in: Leviathan 24 (1996), 339 ff.

MacGrew, Anthony, Democracy beyond borders? Globalization and the reconstruction of democratic theory and practice, in: MacGrew (Hrsg.), The Transformation of Democracy, Cambridge 1997, S. 231 ff.

ders., Globalization and territorial democracy: an introduction, in: MacGrew (Hrsg.), The Transformation of Democracy, Cambridge 1997, S. 1 ff.

Griller, Stefan, Die Europäische Union. Ein staatsrechtliches Monstrum?, in: Schuppert/Pernice/Haltern (Hrsg.), Europawissenschaft, Baden-Baden 2005, S. 201 ff.

ders., Diskussionsbeitrag, in: VVDStRL 60 (2001), 392f.
ders., Mehr Pragmatismus in der Europäischen Verfassungsdebatte, bitte!, in: EuZW 2002, 33
ders., The Impact of the Constitution for Europe on National Sovereignty, in: Pernice/ Zemánek (Hrsg.), A Constitution for Europe: The IGC, the Ratification Process and Beyond, Baden-Baden 2005, S. 151ff.
Grimm, Dieter, Braucht Europa eine Verfassung, in: JZ 1995, 581ff.
ders., Europas Verfassung, in: Schuppert/Pernice/Haltern (Hrsg.), Europawissenschaft, Baden-Baden 2005, S. 177ff.
ders., Integration durch Verfassung, FCE 6/04, Berlin 2004 (http://www.whi-berlin.de)
ders., Mit einer Aufwertung des Europa-Parlaments ist es nicht getan. – Das Demokratiedefizit der EG hat strukturelle Ursachen, in: Jahrbuch zur Staats- und Verwaltungswissenschaft 6 (1992/93), 13ff.
ders., Treaty or constitution?, in: Eriksen/Fossum/Menéndez (Hrsg.), Developing a Constitution for Europe, London u.a. 2004, S. 69ff.
Grussmann, Wolf-Dietrich, Grundnorm und Supranationalität – Rechtsstrukturelle Sichtweisen der europäischen Integration, in: von Danwitz u.a. (Hrsg.), Auf dem Wege zu einer Europäischen Staatlichkeit, Stuttgart u.a. 1993, S. 47ff.
Gusy, Christoph, Brauchen wir eine juristische Staatslehre? (http://www.jura.uni-bielefeld.de/Lehrstuehle/Gusy/Veroeffentlichungen_Vortraege/StaatslehreBayreuth.pdf)
ders., Demokratiedefizite postnationaler Gemeinschaften unter Berücksichtigung der EU, in: ZfP 1998, 267ff.
ders., Demokratiedefizite postnationaler Gemeinschaften unter Berücksichtigung der Europäischen Union, in: Brunkhorst/Kettner (Hrsg.), Globalisierung und Demokratie, Frankfurt am Main 2000, S. 131ff.
Haack, Stefan, Der Begriff der Verfassung, in: EuR 2004, 785ff.
ders., Europas doppelte Finalität, in: Die Europäische Verfassung – Verfassungen in Europa, 45. Assistententagung Öffentliches Recht, Baden-Baden 2005, S. 90ff.
ders., Statut und Status im europäischen Verfassungsdiskurs, in: ZÖR 2006, 23ff.
Haag, Marcel/Bieber, Roland, Kommentierung zu Art. 190 EGV, in: von der Groeben/ Schwarze (Hrsg.), Kommentar zum Vertrag über die Europäische Union und zur Gründung der Europäischen Gemeinschaft, Bd. 4, 6. Auflage, Baden-Baden 2004
dies., Kommentierung zu Art. 193 EGV, in: von der Groeben/Schwarze (Hrsg.), Kommentar zum Vertrag über die Europäische Union und zur Gründung der Europäischen Gemeinschaft, Bd. 4, 6. Auflage, Baden-Baden 2004
Häberle, Peter, Die Herausforderungen des europäischen Juristen vor den Aufgaben unserer Verfassungs-Zukunft: 16 Entwürfe auf dem Prüfstand, in: DÖV 2003, 429ff.
ders., Europa als werdende Verfassungsgemeinschaft, in: DVBl. 2000, 840ff.
ders., Europa – eine Verfassungsgemeinschaft?, in: Ronge (Hrsg.), In welcher Verfassung ist Europa – Welche Verfassung für Europa?, Baden-Baden 2001, S. 99ff.
ders., Europäische Verfassungslehre, 3. Auflage, Baden-Baden 2005
ders., Gemeineuropäisches Verfassungsrecht, in: EuGRZ 1991, 261ff.
ders., Verfassungsrechtliche Ewigkeitsklauseln als verfassungsstaatliche Identitätsgarantien, in: Hangartner/Trechsel (Hrsg.), Völkerrecht im Dienste des Menschen, Festschrift für Hans Haug, Bern u.a. 1986, S. 81ff.
ders., Verfassungsrechtliche Fragen im Prozeß der europäischen Einigung, in: EuGRZ 1992, 429ff.

Habermas, Jürgen, Die Einbeziehung des Anderen, Frankfurt am Main 1995
Häfelin, Ulrich/Haller, Walter, Schweizerisches Bundesstaatsrecht, 6. Auflage, Zürich 2005
Hailbronner, Kay, Ausländerrecht, 2. Auflage, Heidelberg 1989
ders., Der Staat und der Einzelne als Völkerrechtssubjekte, in: Vitzthum (Hrsg.), Völkerrecht, 3. Auflage, Berlin 2004, 3. Abschnitt
ders., Diskussionsbeitrag, in: VVDStRL 56 (1997), 121
Hain, Karl-E., Kommentierung zu Art. 79 Abs. 3, in: von Mangoldt/Klein/Starck, Das Bonner Grundgesetz, Bd. 3, 5. Auflage, München 2005
Hallstein, Walter, Die Europäische Gemeinschaft, 5. Auflage, Düsseldorf u. a. 1979
Haltern, Ulrich, Europarecht, Tübingen 2005
ders., Europarecht und das Politische, Tübingen 2005
Hancher, Leigh, Constitutionalism, the Community Court and International Law, in: NYIL 25 (1994), 259 ff.
Hanebeck, Alexander, Der demokratische Bundesstaat des Grundgesetzes, Berlin 2004
Hartley, Trevor C., Constitutional Problems of the European Union, Oxford u. a. 1999
ders., Federalism, Courts and Legal Systems: The Emerging Constitution of the European Community, in: AJCL 34 (1986), 229 ff.
ders., International Law and the Law of the European Union – A Reassessment, in: BYIL 72 (2001), 1 ff.
ders., The Community Legal Order: A British View, in: Mouton/Stein (Hrsg.), Eine neue Verfassung für die Europäische Union? Die Regierungskonferenz 1996, Köln 1997, S. 57 ff.
Hauriou, Maurice, Précis de Droit Constitutionnel, Paris 1923
Haverkate, Görg, Diskussionsbeitrag, in: VVDStRL 60 (2001), 399 ff.
Heckmann, Dirk, Verfassungsreform als Ideenwettbewerb zwischen Staat und Volk, in: DVBl. 1991, 847 ff.
Heiderhoff, Bettina, Gemeinschaftsprivatrecht, München 2005
dies., Grundstrukturen des nationalen und europäischen Verbrauchervertragsrechts, München 2004
Heintschel von Heinegg, Wolff, Die völkerrechtlichen Verträge als Hauptrechtsquelle des Völkerrechts, in: Ipsen (Hrsg.), Völkerrecht, 5. Auflage, München 2004, 3. Kapitel
Heintzen, Markus, Die „Herrschaft" über die Europäischen Gemeinschaftsverträge – Bundesverfassungsgericht und Europäischer Gerichtshof auf Konfliktkurs?, in: AöR 119 (1994), 564 ff.
ders., Gemeineuropäisches Verfassungsrecht in der Europäischen Union, in: EuR 1997, 1 ff.
ders., Hierarchisierungsprozesse innerhalb des Primärrechts der Europäischen Gemeinschaft, in: EuR 1994, 35 ff.
Held, David, Democracy and the Global Order, Stanford 1995
ders., Democracy and the New International Order, in: Archibugi/Held (Hrsg.), Cosmopolitan Democracy, Cambridge 1995, S. 96 ff.
Heller, Hermann, Staatslehre, 6. Auflage, Tübingen 1983
Hendler, Reinhard, Selbstverwaltung als Ordnungsprinzip, Köln u. a. 1984
Herbst, Tobias, Volksabstimmung ohne Grundgesetz?, in: ZRP 2005, 29 ff.
Herchenhan, Bettina, Die Kompetenzabgrenzung zwischen der EG und ihren Mitgliedstaaten, in: BayVBl. 2003, 649 ff.

Herdegen, Matthias, Das „konstitutionelle" Profil Europas, in: Ronge (Hrsg.), In welcher Verfassung ist Europa – Welche Verfassung für Europa?, Baden-Baden 2001, S. 255 ff.
ders., Die Belastbarkeit des Verfassungsgefüges auf dem Weg zur Europäischen Union, in: EuGRZ 1992, 589 ff.
ders., Europarecht, 6. Auflage, München 2004
ders., Völkerrecht, 5. Auflage, München 2006
Herman, Fernand, Pour une Constitution européenne, in: Mattera (Hrsg.), La Conférence intergouvernementale sur l'Union européenne, Paris 1996, S. 41 ff.
Hertel, Wolfram, Die Normativität der Staatsverfassung und einer Europäischen Verfassung, in: JÖR 48 N. F. (1999), 233 ff.
Herzog, Roman, Kommentierung zu Art. 20, in: Maunz/Dürig, Grundgesetz, Bd. II, München (Loseblatt), Stand: 2006
Hesse, Konrad, Grundzüge des Verfassungsrechts der Bundesrepublik Deutschland, 20. Auflage, Heidelberg 1999
Hilf, Meinhard, Die Europäische Union und die Eigenstaatlichkeit ihrer Mitgliedstaaten, in: Hommelhoff/Kirchhof (Hrsg.), Der Staatenverbund der Europäischen Union, Heidelberg 1994, S. 75 ff.
ders., Diskussionsbeitrag, in: VVDStRL 60 (2001), 387 ff.
ders., Eine Verfassung für die Europäische Union: Zum Entwurf des Institutionellen Ausschusses des Europäischen Parlamentes, in: integration 1994, 68 ff.
Hillgruber, Christian, Der Nationalstaat in der überstaatlichen Verflechtung, in: Isensee/Kirchhof (Hrsg.), Handbuch des Staatsrechts, Bd. II, 3. Auflage, Heidelberg 2004, § 32
ders., Perspektiven der künftigen Rechtsform Europas, in: Becker (Hrsg.), Zusammengesetzte Staatlichkeit in der Europäischen Verfassungsgeschichte, Berlin 2006, S. 257 ff.
ders., Souveränität – Verteidigung eines Rechtsbegriffs, in: JZ 2002, 1072 ff.
Hirsch, Günter, EG: Kein Staat, aber eine Verfassung?, in: NJW 2000, 46 f.
ders., Kompetenzverteilung zwischen EuGH und nationaler Gerichtsbarkeit, in: NVwZ 1998, 907 ff.
Hirschmann, Albert O., Abwanderung und Widerspruch, Tübingen 1974
Hobe, Stephan, Der offene Verfassungsstaat zwischen Souveränität und Interdependenz, Berlin 1998
ders., Ein erster Blick auf den Entwurf der Europäischen Verfassung, in: Mansel/Pfeiffer/Kronke/Kohler/Hausmann (Hrsg.), Festschrift für Erik Jayme, Bd. 2, München 2004, S. 1123 ff.
ders., Will the European constitution lead to a European super-state?, in: Futures 38 (2006), 169 ff.
ders./Kimminich, Otto, Einführung in das Völkerrecht, 8. Auflage, Tübingen u. a. 2004
Hochhuth, Martin, Relativitätstheorie des Öffentlichen Rechts, Baden-Baden 2000
Hoffman, John, Sovereignty, Buckingham 1998
Hoffmann-Riem, Wolfgang, Telekommunikationsrecht als europäisiertes Verwaltungsrecht, in: DVBl. 1999, 125
Hofmann, Hans, Verfassungsrechtliche Auswirkungen der Ergebnisse des Verfassungskonvents, in: ZG 2003, 57 ff.
Hölscheidt, Sven/Putz, Iris, Referenden in Europa, in: DÖV 2003, 737 ff.

Höreth, Marcus, Das Demokratiedefizit läßt sich nicht wegreformieren. Über Sinn und Unsinn der europäischen Verfassungsdebatte, in: IPG 2002/4, 11
ders., Die Europäische Union im Legitimationstrilemma, Baden-Baden 1999
Huber, Ernst Rudolf, Deutsche Verfassungsgeschichte, Bd. III, Stuttgart u. a., 1963
ders., Deutsche Verfassungsgeschichte, Bd. V, Stuttgart u. a., 1978
Huber, Peter M., Bundesverfassungsgericht und Europäischer Gerichtshof als Hüter der gemeinschaftsrechtlichen Kompetenzordnung, in: AöR 116 (1991), 210 ff.
ders., Das institutionelle Gleichgewicht zwischen Rat und Europäischem Parlament in der künftigen Verfassung für Europa, in: EuR 2003, 574 ff.
ders., Demokratie ohne Volk oder Demokratie der Völker? Zur Demokratiefähigkeit der Europäischen Union, in: Drexl/Kreuzer/Scheuing/Sieber (Hrsg.), Europäische Demokratie, Baden-Baden 1999, S. 27 ff.
ders., Der Staatenverbund der Europäischen Union, in: Ipsen/Rengeling/Mössner/Weber (Hrsg.), Verfassungsrecht im Wandel, Köln u. a. 1995, S. 349 ff.
ders., Die Anforderungen der Europäischen Union an die Reform des Grundgesetzes, in: ThürVBl. 1994, 1 ff.
ders., Die Rolle des Demokratieprinzips im europäischen Integrationsprozeß, in: Jahrbuch zur Staats- und Verwaltungswissenschaft 6 (1992/93), Baden-Baden, S. 179 ff.
ders., Europäisches und nationales Verfassungsrecht, VVDStRL 60 (2001), 194 ff.
ders., in: Deutscher Bundestag, Referat Öffentlichkeitsarbeit (Hrsg.), Der Weg zum EU-Verfassungskonvent, Berlin 2002, S. 193 ff.
ders., Kommentierung zu Art. 19, in: von Mangoldt/Klein/Starck (Hrsg.), Das Bonner Grundgesetz, Bd. 1, 5. Auflage, München 2005
ders., Kommentierung zu Art. 146, in: Sachs (Hrsg.), Grundgesetz, 3. Auflage, München 2003
ders., Kommentierung zu Art. 190 EGV, in: Streinz (Hrsg.), EUV/EGV, München 2003
ders., Kommentierung zu Art. 193 EGV, in: Streinz (Hrsg.), EUV/EGV, München 2003
ders., Kommentierung zu Art. 197 EGV, in: Streinz (Hrsg.), EUV/EGV, München 2003
ders., Kommentierung zu Art. 200 EGV, in: Streinz (Hrsg.), EUV/EGV, München 2003
ders., Maastricht – ein Staatsstreich?, Stuttgart u. a. 1993
ders., Recht der Europäischen Integration, 2. Auflage, München 2002
Hueck, Götz/Windbichler, Christine, Gesellschaftsrecht, 20. Auflage, München 2003
Hufeld, Ulrich, Europäische Verfassunggebung zwischen Völker- und Europarecht, in: Beckmann/Dieringer/Hufeld (Hrsg.), Eine Verfassung für Europa, Tübingen 2004, S. 313 ff.
Hummer, Waldemar/Obwexer, Walter, Kommentierung zu Art. 203 EGV, in: Streinz (Hrsg.), EUV/EGV, München 2003
Hüttenbrink, Jost, Allgemeine Einführung, in: Kuhla/Hüttenbrink/Endler, Der Verwaltungsprozeß, München 2002.
Iglesias, Gil Carlos Rodríguez, Gedanken zum Entstehen einer Europäischen Rechtsordnung, in: NJW 1999, 1 ff.
ders., Perspektiven europäischer und nationaler Verfassungsgerichtsbarkeit im Lichte des Vertrages über eine Verfassung für Europa, FCE 2/05, Berlin 2005 (http://www.whi-berlin.de)

ders., Zur „Verfassung" der Europäischen Gemeinschaft, in: EuGRZ 1996, 125 ff.

Ipsen, Hans Peter, Die europäische Integration in der deutschen Staatsrechtslehre, in: Baur/Müller-Graff/Zuleeg (Hrsg.), Europarecht Energierecht Wirtschaftsrecht, Festschrift für Bodo Börner zum 70. Geburtstag, Köln u. a. 1992, S. 163 ff.

ders., Europäisches Gemeinschaftsrecht, Tübingen 1972

Ipsen, Jörn, Kommentierung zu Art. 21, in: Sachs (Hrsg.), Grundgesetz, 3. Auflage, München 2003

Isensee, Josef, Braucht Deutschland eine neue Verfassung?, Köln 1992

ders., Das Grundgesetz zwischen Endgültigkeitsanspruch und Ablösungsklausel, in: Stern (Hrsg.), Deutsche Wiedervereinigung, Bd. I, Köln u. a. 1991, S. 63 ff.

ders., Das Volk als Grund der Verfassung, Opladen 1995

ders., Diskussionsbeitrag, in: Stern (Hrsg.), Deutsche Wiedervereinigung, Bd. I, Köln u. a. 1991, S. 114

ders., Diskussionsbeitrag, VVDStRL 63 (2004), 90 f.

ders., Integrationsziel Europastaat?, in: Due/Lutter/Schwarze (Hrsg.), Festschrift für Ulrich Everling, Bd. I, Baden-Baden 1995, S. 567 ff.

ders., Schlußbestimmung des Grundgesetzes: Art. 146, in: Isensee/Kirchhof (Hrsg.), Handbuch des Staatsrechts, Bd. VII, Heidelberg 1992, § 166

ders., Staat und Verfassung, in: Isensee/Kirchhof (Hrsg.), Handbuch des Staatsrechts, Bd. II, 3. Auflage, Heidelberg 2004, § 15

ders., Verfassungsnorm in Anwendbarkeitsnöten: Artikel 18 des Grundgesetzes, in: Pfeiffer/Burgermeister/Roth (Hrsg.), Der verfaßte Rechtsstaat, Festgabe für Karin Graßhoff, Heidelberg 1998, S. 289

ders., Vorrang des Europarechts und deutsche Verfassungsvorbehalte – offener Dissens, in: Burmeister (Hrsg.), Verfassungsstaatlichkeit, Festschrift für Klaus Stern zum 65. Geburtstag, München 1997, S. 1239 ff.

Jackson, Robert, Sovereignty in World Politics: a Glance at the Conceptual and Historical Landscape, in: Political Studies 47 (1999), 431 ff.

Jacqué, Jean Paul, La Constitution de la Communauté européenne, in: RUDH 1995, 397 ff.

ders., Kommentierung zu Art. 205 EGV, in: von der Groeben/Schwarze (Hrsg.), Kommentar zum Vertrag über die Europäische Union und zur Gründung der Europäischen Gemeinschaft, Bd. 4, 6. Auflage, Baden-Baden 2004

Jaeckel, Liv/Jaeckel, Fritz, Kommunalrecht in Sachsen, 2. Auflage, Leipzig 2003

Jansen, Thomas, Überlegungen zu einer europäischen Verfassung, in: Ronge (Hrsg.), In welcher Verfassung ist Europa – Welche Verfassung für Europa?, Baden-Baden 2001, S. 323 ff.

Jarass, Hans D., Die Kompetenzverteilung zwischen der Europäischen Gemeinschaft und den Mitgliedstaaten, in: AöR 121 (1996), 173 ff.

ders., Kommentierung zu Art. 23, in: Jarass/Pieroth, Grundgesetz, 8. Auflage, München 2006

ders., Kommentierung zu Art. 146, in: Jarass/Pieroth, Grundgesetz, 8. Auflage, München 2006

Jekewitz, Jürgen, Kommentierung zu Art. 50, in: Denninger/Hoffmann-Riem/Schneider/Stein (Hrsg.), Kommentar zum Grundgesetz für die Bundesrepublik Deutschland (Alternativkommentar), Neuwied (Loseblatt), Stand: 2001

Jennings, Ivor, Verfassungsentwurf, in: Walter Lipgens, 45 Jahre Ringen um die Europäische Verfassung, Bonn 1986, S. 44 ff.

ders., Verfassungsentwurf, in: Wilfried Loth, Entwürfe einer europäischen Verfassung, Bonn 2002, S. 55 ff.

Jestaedt, Matthias, Demokratieprinzip und Kondominialverwaltung: Entscheidungsteilhabe Privater an der öffentlichen Verwaltung auf dem Prüfstand des Verfassungsprinzips Demokratie, Berlin 1993

ders., Der Europäische Verfassungsverbund – Verfassungstheoretischer Charme und rechtstheoretische Insuffizienz einer Unschärferelation, in: Krause/Veelken/Vieweg (Hrsg.), Recht der Wirtschaft und der Arbeit in Europa, Gedächtnisschrift für Wolfgang Blomeyer, Berlin 2004, S. 637 ff.

Joerges, Christian, Das Recht im Prozeß der europäischen Integration, in: Jachtenfuchs/Kohler-Koch (Hrsg.), Europäische Integration, Opladen 1996, S. 73 ff.

Kadelbach, Stefan, Vorrang und Verfassung: Das Recht der Europäischen Union im innerstaatlichen Bereich, in: Gaitanides/Kadelbach/Iglesias (Hrsg.), Europa und seine Verfassung, Festschrift für Manfred Zuleeg zum siebzigsten Geburtstag, Baden-Baden 2005, S. 219 ff.

Kahl, Bruno, Europäische Union: Bundesstaat – Staatenbund – Staatenverbund?, in: Der Staat 33 (1994), 241 ff.

Katsigiannis, Stavros/Piepenschneider, Melanie, Verfassung der Europäischen Union: Zum Entwurf des Institutionellen Ausschusses im Europäischen Parlament, Sankt Augustin 1994

Kaufmann, Erich, Grundtatsachen und Grundbegriffe der Demokratie, München 1950

Kaufmann, Marcel, Europäische Integration und Demokratieprinzip, Baden-Baden 1997

ders., Integrierte Staatlichkeit als Staatsstrukturprinzip, in: JZ 1999, 814 ff.

ders., Permanente Verfassunggebung und verfassungsrechtliche Selbstbindung im europäischen Staatenverbund, in: Der Staat 36 (1997), 521 ff.

Kelsen, Hans, Das Problem der Souveränität und die Theorie des Völkerrechts, 2. Auflage, Aalen 1960 (Neudruck)

ders., Reine Rechtslehre, 2. Auflage, Wien 1960

Kempen, Bernhard, Einige Bemerkungen zum völkerrechtlichen Begriff der Souveränität, in: Dörr/Fink/Hillgruber/Kempen/Murswiek (Hrsg.), Die Macht des Geistes, Festschrift für Hartmut Schiedermair, Heidelberg 2001, S. 783 ff.

Kielmannsegg, Peter Graf, Läßt sich die Europäische Union demokratisch verfassen?, in: Weidenfeld (Hrsg.), Reform der Europäischen Union, Gütersloh 1995, S. 229 ff.

Kimminich, Otto, Diskussionsbeitrag, in: Stern (Hrsg.), Deutsche Wiedervereinigung, Bd. I, Köln u. a. 1991, S. 111 f.

Kincaid, John, Introduction, in: Griffiths (Hrsg.), Handbook of Federal Countries, Montreal u. a. 2002, S. 3 ff.

Kirchhof, Paul, Demokratie ohne parlamentarische Gesetzgebung?, in: NJW 2001, 1332 ff.

ders., Der deutsche Staat im Prozeß der europäische Integration, in: Isensee/Kirchhof (Hrsg.), Handbuch des Staatsrechts, Bd. VII, Heidelberg 1992, § 183

ders., Der Staat als Organisationsform politischer Herrschaft und rechtlicher Bindung, in: DVBl. 1999, 637 ff.

ders., Der Verfassungsstaat und seine Mitgliedschaft in der Europäischen Union, in: Classen u. a., „In einem vereinten Europa dem Frieden der Welt zu dienen ...“ Liber amicorum Thomas Oppermann, Berlin 2001, S. 201 ff.

ders., Deutsches Verfassungsrecht und Europäisches Gemeinschaftsrecht, in: Kirchhof/

Ehlermann (Hrsg.), Deutsches Verfassungsrecht und Europäisches Gemeinschaftsrecht, Baden-Baden 1991, S. 11 ff.

ders., Die Gewaltenbalance zwischen staatlichen und europäischen Organen, in: JZ 1998, 965 ff.

ders., Europäische Einigung und der Verfassungsstaat der Bundesrepublik Deutschland, in: Isensee (Hrsg.), Europa als politische Idee und als rechtliche Form, Berlin, S. 63 ff.

ders., Europäische Integration und nationales Verfassungsrecht, in: ZfA 1992, 459 ff.

ders., Rechtsschutz durch Bundesverfassungsgericht und Europäischen Gerichtshof, in: Merten (Hrsg.), Föderalismus und Europäische Gemeinschaften, Berlin 1990, S. 109 ff.

Kirn, Michael, Kommentierung zu Art. 146, in: von Münch/Kunig, Grundgesetz-Kommentar, Bd. 3, 4./5. Auflage, München 2003

Klein, Eckart, Der Verfassungsstaat als Glied einer europäischen Gemeinschaft, in: VVDStRL 50 (1991), 56 ff.

ders., Diskussionsbeitrag, in: VVDStRL 50 (1991), 164 ff.

ders., Diskussionsbeitrag, in: VVDStRL 63 (2004), 74 f.

ders., Kommentierung zu Art. F EUV, in: Hailbronner/Klein/Magiera/Müller-Graff, Handkommentar zum Vertrag über die Europäische Union, Köln u. a. (Loseblatt), Stand: 2006

ders., Schlußwort , in: VVDStRL 50 (1991), 190 ff.

Klein, Hans H., Demokratie und Selbstverwaltung, in: Schnur (Hrsg.), Festschrift für Ernst Forsthoff zum 70. Geburtstag, 2. Auflage, München 1974, S. 165 ff.

ders., Kommentierung zu Art. 21, in: Maunz/Dürig, Grundgesetz, Bd. III, München (Loseblatt), Stand: 2006

Klenner, Hermann, Demokratie als Gesellschaftsvertrag?, in: Franke/Schöneburg/Schumann (Hrsg.), Spannung im Verfassungsbogen, Potsdam 1998, S. 37 ff.

Kloepfer, Michael, Informationsrecht, München 2002

Kluth, Winfried, Die demokratische Legitimation der Europäischen Union, Berlin 1995

ders., Kommentierung zu Art. I-20, in: Calliess/Ruffert (Hrsg.), Verfassung der Europäischen Union, München u. a. 2006

Köck, Heribert Franz, Grundsätzliches zu Primat und Vorrang des Unions- bzw. Gemeinschaftsrechts im Verhältnis zum mitgliedstaatlichen Recht oder Als die Frösche keinen König haben wollten, in: Bröhmer u. a. (Hrsg.), Internationale Gemeinschaft und Menschenrechte, Festschrift für Georg Ress zum 70. Geburtstag am 21. Januar 2005, Köln u. a. 2005, S. 557 ff.

Koenig, Christian, Anmerkungen zur Grundordnung der Europäischen Union und ihrem fehlenden „Verfassungsbedarf", in: NVwZ 1996, 549 ff.

ders., Ist die Europäische Union verfassungsfähig?, in: DÖV 1998, 268 ff.

ders., Volksabstimmungen nach dem Grundgesetz auf dem Weg in die Vereinigten Staaten von Europa, in: DVBl. 1993, 140 ff.

ders./Haratsch, Andreas, Europarecht, 4. Auflage, Tübingen 2003

ders./Loetz, Sascha/Neumann, Andreas, Telekommunikationsrecht, Heidelberg 2004

Kohler-Koch, Beate, A Constitution for Europe?, Mannheimer Zentrum für Europäische Sozialforschung Arbeitspapier Nr. 8/1999, Mannheim 1999 (http://www.mzes.uni-mannheim.de)

Kokott, Juliane, Die Staatsrechtslehre und die Veränderung ihres Gegenstandes, in: VVDStRL 63 (2004), 7ff.

Koopmans, Thymen, Federalism: The wrong debate, in: CMLR 29 (1992), 1047ff.

Kotzur, Markus, Grenznachbarschaftliche Zusammenarbeit in Europa, Berlin 2004

ders., Souveränitätsperspektiven – entwicklungsgeschichtlich, verfassungsstaatlich, staatenübergreifend betrachtet, in: JÖR 52 N.F. (2004), 197ff.

Krebber, Sebastian, Kommentierung zu Art. 138, in: Calliess/Ruffert (Hrsg.), Kommentar zu EU-Vertrag und EG-Vertrag, 2. Auflage, Neuwied 2002

Kreßel/Wollenschläger, Leitfaden zum Sozialversicherungsrecht, 2. Auflage, Neuwied u.a. 1996

Kumm, Mattias, Who is the Final Arbiter of Constitutionality in Europe?: Three Conceptions of the Relationship Between the German Federal Constitutional Court and the European Court of Justice, in: CMLR 36 (1999), 351ff.

ders./Ferreres Comella, Victor, The Future of Constitutional Conflict in the European Union: Constitutional Supremacy after the Constitutional Treaty, in: Weiler/Eisgruber (Hrsg.), Altneuland: The EU Constitution in a Contextual Perspective, New York u.a. 2004, Jean Monnet Working Paper 5/04 (http://www.jeanmonnetprogram.org/papers/04/040501–15.html)

Kunig, Philip, Das Rechtsstaatsprinzip, Tübingen 1986

ders., Völkerrecht und staatliches Recht, in: Vitzthum (Hrsg.), Völkerrecht, 3. Auflage, Berlin 2004, 2. Abschnitt

Kwiecień, Roman, The Primacy of European Union Law over National Law Under the Constitutional Treaty, in: GLJ 6 (2005), 1479ff.

Ladeur, Karl-Heinz, Towards a Legal Theory of Supranationality – The Viability of the Network Concept, in: ELJ 3 (1997), 33ff.

Langenfeld, Christine, Diskussionsbeitrag, in: VVDStRL 60 (2001), 376f.

Larenz, Karl, Methodenlehre der Rechtswissenschaft, 6. Auflage, Berlin u.a. 1991

ders./Wolf, Manfred, Allgemeiner Teil des Bürgerlichen Rechts, 9. Auflage, München 2004

Läufer, Thomas, Zum Stand der Verfassungsdiskussion in der Europäischen Union, in: Randelzhofer/Scholz/Wilke (Hrsg.), Gedächtnisschrift für Eberhard Grabitz, München 1995, S. 355ff.

ders., Zur künftigen Verfassung der Europäischen Union – Notwendigkeit einer offenen Debatte, in: integration 1994, 204ff.

Leben, Charles, A Federation of Nation States or a Federal State?, in: Joerges/Mény/Weiler (Hrsg.), What Kind of Constitution for What Kind of Polity?, Harvard Jean Monnet Working Paper 7/00, Cambridge 2000, S. 99ff.

Lecheler, Helmut, Einführung in das Europarecht, 2. Auflage, München 2003

Leinen, Jo, Für ein europäisches Verfassungsreferendum, in: Frankfurter Allgemeine Zeitung vom 3. Mai 2004, S. 12

Leisner, Walter, Der europarechtliche Einigungszwang, in: JZ 2002, 735ff.

ders., Zyklustheorie der Demokratie, in: Brenner/Huber/Möstl (Hrsg.), Der Staat des Grundgesetzes – Kontinuität und Wandel, Festschrift für Peter Badura zum siebzigsten Geburtstag, Tübingen 2004, S. 289ff.

Lenaerts, Koen, Constitutionalism and the Many Faces of Federalism, in: AJCL 38 (1990), 205ff.

ders., Is the European Union Federal, in: Fleerackers/van Leeuwen/van Roermund (Hrsg.), Law, Life and the Images of Man, Festschrift für Jan M. Broekman, Berlin, S. 417ff.

ders./Desomer, Marlies, New Models of Constitution-Making in Europe: The Quest for Legitimacy, in: CMLR 39 (2002), 1217ff.
ders./van Nuffel, Piet, La Constitution pour l'Europe et l'Union comme entité politique et ordre juridique, CDE 2005, 13ff.
Lenz, Carl Otto, Vertrag von Maastricht – Ende demokratischer Staatlichkeit, in: NJW 1993, 1962ff.
Lerche, Peter, Art. 146 GG: Auftrag zur Neuverfassung Deutschlands?, in: Ballestrem/Ottmann (Hrsg.), Theorie und Praxis, Festschrift für Nikolaus Lobkowicz zum 65. Geburtstag, Berlin 1996, S. 299ff.
ders., Europäische Staatlichkeit und die Identität des Grundgesetzes, in: Bender/Breuer/Ossenbühl/Sendler, Rechtsstaat zwischen Sozialgestaltung und Rechtsschutz, Festschrift für Konrad Redeker zum 70. Geburtstag, München 1993, S. 131ff.
ders., „Kompetenz-Kompetenz" und das Maastricht-Urteil des Bundesverfassungsgerichtes, in: Ipsen/Rengeling/Mössner/Weber (Hrsg.), Verfassungsrecht im Wandel, Köln u. a. 1995, S. 409ff.
Lhotta, Roland, Der Staat als Wille und Vorstellung: Die etatistische Renaissance nach Maastricht und ihre Bedeutung für das Verhältnis von Staat und Bundesstaat, in: Der Staat 36 (1997), 189ff.
Link, Christoph, Staatszwecke im Verfassungsstaat – nach 40 Jahren Grundgesetz, in: VVDStRL 48 (1990), 7ff.
Lipgens, Walter, 45 Jahre Ringen um die Europäische Verfassung, Bonn 1986
Loewenstein, Karl, Staatsrecht und Staatspraxis von Großbritannien, Bd. I, Berlin 1967
Lopes-Sabino, Amadeu, Penser la constitution de l'Union européenne, in: Revue du Marché commun et de l'Union européenne 1993, 362ff.
Lord, Christopher/Magnette, Paul, E Pluribus Unum? Creative Disagreement about Legitimacy in the EU, in: JCMS 42 (2004), 183ff.
Loth, Wilfried, Entwürfe einer europäischen Verfassung, Bonn 2002
Louis, Jean-Victor, Union Membership: Accession, suspension of Membership Rights and Unilateral Withdrawel. Some Reflections, in: Pernice/Zemánek (Hrsg.), A Constitution for Europe: The IGC, the Ratification Process and Beyond, Baden-Baden 2005, S. 223ff.
Löwer, Wolfgang, Kommentierung zu Art. 28, in: von Münch/Kunig, Grundgesetz-Kommentar, Bd. 2, 4./5. Auflage, München 2001
Lübbe, Hermann, Abschied vom Superstaat, Berlin 1994
ders., Geteilte Souveränität. Die Transformation des Staates in der europäischen Einigung, in: Ballestrem/Ottmann (Hrsg.), Theorie und Praxis, Festschrift für Nikolaus Lobkowicz, Berlin 1996, S. 269ff.
Lübbe-Wolff, Gertrude, Diskussionsbeitrag, VVDStRL 60 (2001), 407ff.
dies., Europäisches und nationales Verfassungsrecht, in: VVDStRL 60 (2001), 246ff.
dies., Globalisierung und Demokratie. Überlegungen am Beispiel der Wasserwirtschaft, in: RuP 2004, 130ff.
Ludwigs, Markus, Die Kompetenzordnung der Europäischen Union im Vertragsentwurf über eine Verfassung für Europa, in: ZEuS 2004, 211ff.
Luster, Rudolf/Pfennig, Gero/Fugmann, Friedrich, Bundesstaat Europäische Union: Ein Verfassungsentwurf, in: Weidenfeld (Hrsg.), Wie Europa verfaßt sein soll – Materialien zur politischen Union, Gütersloh 1991, S. 105ff.
Maduro, Miguel Poiares, How Constitutional Can the European Union Be? The Tention Between Intergovernamentalism and Constitutionalism in the European Union,

in: Weiler/Eisgruber (Hrsg.), Altneuland: The EU Constitution in a Contextual Perspective, New York u.a. 2004, Jean Monnet Working Paper 5/04 (http://www.jeanmonnetprogram.org/papers/04/040501–18.html)

Maganaris, Emmanuel, The Principle of Supremacy of Community Law – The Greek Challenge, in: ELR 23 (1998), 179ff.

Magiera, Siegfried, Die Grundgesetzänderung von 1992 und die Europäische Union, in: Jura 1994, 1ff.

ders., Diskussionsbeitrag, in: Stern (Hrsg.), Deutsche Wiedervereinigung, Bd. I, Köln u.a. 1991, S. 121ff.

ders., Kompetenzgrenzen und Strukturprinzipien der Europäischen Gemeinschaft, in: Bracher/Mikat/Repgen/Schumacher/Schwarz (Hrsg.), Staat und Parteien, Festschrift für Rudolf Morsey zum 65. Geburtstag, Berlin 1992, S. 211ff.

de Maistre, Joseph, Von der Souveränität, Berlin 2000

Majone, Giandomenico, Europe's „Democratic Deficit": The Question of Standards, in: ELJ 4 (1998), 5ff.

Mancini, Federico, Europa: Gründe für einen Gesamtstaat, in: KritV 81 (1998), 386ff.

ders., Europe: The Case for Statehood, in: ELJ 4 (1998), 29ff.

ders., The Making of a Constitution for Europe, in: CMLR 26 (1989), 595ff.

Marcic, René, Geschichte der Rechtsphilosophie, Freiburg 1971

ders., Rechtsphilosophie, Freiburg 1969

Maunz, Theodor, Kommentierung zu Art. 30, in: Maunz/Dürig, Grundgesetz, Bd. III, München (Loseblatt), Stand: 2006

ders., Staatlichkeit und Verfassungshoheit der Länder, in: Isensee/Kirchhof (Hrsg.), Handbuch des Staatsrechts, Bd. IV, Heidelberg 1990, § 94

Maurach, Reinhart, Handbuch der Sowjetverfassung, München 1955

Maurer, Hartmut, Diskussionsbeitrag: Deutschlands aktuelle Verfassungslage, in: VVDStRL 49 (1990), 166ff.

ders., Staatsrecht I, 4. Auflage, München 2005

Mayer, Franz C., Ein Referendum über die Europäische Verfassung?, in: EuZW 2003, 321

ders., Kompetenzüberschreitung und Letztentscheidung, München 2000

ders., Macht und Gegenmacht in der Europäischen Verfassung, in: ZaöRV 63 (2003), 59ff.

ders., Supremacy – Lost? – Comment on Roman Kwiecień, in: GLJ 6 (2005), 1497ff.

ders./Palmowski, Jan, European Identities and the EU – The Ties that Bind the Peoples of Europe, in: JCMS 42 (2004), 573ff.

Medina, Manuel, Hacia una constitución europea, Valladolid 1994

Meessen, Karl M., Maastricht nach Karlsruhe, in: NJW 1994, 549ff.

Meinecke, Friedrich, Weltbürgertum und Nationalstaat, 6. Auflage, München u.a. 1922

Menéndez, Agustín José, Another View of the Democratic Deficit: No Taxation without Representation, in: Joerges/Mény/Weiler (Hrsg.), What Kind of Constitution for What Kind of Polity?, Harvard Jean Monnet Working Paper 7/00, Cambridge 2000, S. 125ff.

Mestmäcker, Ernst-Joachim, On the Legitimacy of European Law, in: RabelsZ 58 (1994), 615ff.

ders./Schweitzer, Heike, Europäisches Wettbewerbsrecht, 2. Auflage, München 2004

Meyer, Hans, Art. 146 GG. Ein unerfüllter Verfassungsauftrag?, in: von Arnim (Hrsg.), Direkte Demokratie, Berlin 2000, S. 67ff.

Meyer, Jürgen, Die Arbeiten an einer Europäischen Verfassung – ein Werkstattbericht, FCE 7/02, Berlin 2002 (http://www.whi-berlin.de)
Moelle, Henning, Der Verfassungsbeschluß nach Art. 146 GG, Paderborn u. a. 1996
Mögele, Rudolf, Kommentierung zu Art. 300 EGV, in: Streinz (Hrsg.), EUV/EGV, München 2003
Möllers, Christoph, Staat als Argument, München 2000
Moravcsik, Andrew, Federalism in the European Union: Rhetoric and Reality, in: Nicolaidis/Howse (Hrsg.), The Federal Vision, Oxford 2002, S. 161
Müller, Markus M., Mut zur Staatlichkeit, in: Beckmann/Dieringer/Hufeld (Hrsg.), Eine Verfassung für Europa, Tübingen 2004, S. 73 ff.
Müller-Graff, Peter-Christian, Der Post-Nizza-Prozess – Auf dem Weg zu einer neuen europäischen Verfassung?, in: integration 2001, 208 ff.
ders., Europäische Föderation als Revolutionskonzept im europäischen Verfassungsraum?, in: integration 2000, 157 ff.
ders., Europäische Verfassungsordnung – Notwendigkeit, Gestalt und Fortentwicklung, in: EWS 2002, 206 ff.
Murswiek, Dietrich, Die Problematik eines Rechts auf Sezession – neu betrachtet, in: AVR 31 (1993), 307 ff.
ders., Die verfassunggebende Gewalt nach dem Grundgesetz für die Bundesrepublik Deutschland, Berlin 1978
ders., Diskussionsbeitrag, in: VVDStRL 60 (2001), 401 f.
ders., Maastricht und der pouvoir constituant, in: Der Staat 32 (1993), 161 ff.
Mußgnug, Reinhard, Diskussionsbeitrag, in: VVDStRL 60 (2001), 350 f.
ders., Zustandekommen des Grundgesetzes und Entstehen der Bundesrepublik Deutschland, in: Isensee/Kirchhof (Hrsg.), Handbuch des Staatsrechts, Bd. I, 3. Auflage, § 8
Nettesheim, Martin, Die konsoziative Föderation von EU und Mitgliedstaaten, in: ZEuS 2002, 507 ff.
ders., Europäische Integration und Europäisierung der Demokratietheorie, in: Dörr (Hrsg.), Ein Rechtslehrer in Berlin, Symposium für Albrecht Randelzhofer, Berlin u. a. 2004, S. 55 ff.
Newman, Michael, Democracy, Sovereignty and the European Union, London 1996
Nicolaysen, Gert, Der Nationalstaat klassischer Prägung hat sich überlebt, in: Due/Lutter/Schwarze (Hrsg.), Festschrift für Ulrich Everling, Bd. II, Baden-Baden 1995, S. 945 ff.
Niehaus, Michael, Kommentierung zu Art. 28, in: Sachs (Hrsg.), Grundgesetz, 3. Auflage, München 2003
Obradovic, Daniela, Community Law and the Doctrine of Divisible Sovereignty, in: Legal issues of European Integration 1993/1, S. 1 ff.
Oeter, Stefan, Europäische Integration als Konstitutionalisierungsprozeß, in: ZaöRV 59 (1999), 901 ff.
ders., Föderalismus, in: von Bogdandy (Hrsg.), Europäisches Verfassungsrecht, Berlin u. a. 2003, S. 59 ff.
ders., Selbstbestimmungsrecht im Wandel, in: ZaöRV 52 (1992), 741 ff.
ders., Souveränität – ein überholtes Konzept?, in: Cremer/Giegerich/Richter/Zimmermann (Hrsg.), Tradition und Weltoffenheit des Rechts, Festschrift für Helmut Steinberger, Berlin u. a. 2002, S. 259 ff.
ders., Souveränität und Demokratie als Probleme in der „Verfassungsentwicklung“ der Europäischen Union, in: ZaöRV 55 (1995), 659 ff.

ders., Vertrag oder Verfassung: Wie offen läßt sich die Souveränitätsfrage halten?, in: Bruha/Hesse/Nowak (Hrsg.), Welche Verfassung für Europa?, Baden-Baden 2001, S. 243 ff.

Öhlinger, Theo, Der Vorrang des Unionsrechts im Lichte des Verfassungsvertrages, in: Bröhmer u. a. (Hrsg.), Internationale Gemeinschaft und Menschenrechte, Festschrift für Georg Ress zum 70. Geburtstag am 21. Januar 2005, Köln 2005, S. 685 ff.

ders., Reflexionen über die Verfassung Europas, in: Alivizatos u. a. (Hrsg.), Essays in honour of Georgios I. Kassimatis, Athen u. a. 2004, S. 801 ff.

Ophüls, C. F., Staatshoheit und Gemeinschaftshoheit, Wandlungen des Souveränitätsbegriffs, in: Ule/Schwab/Nipperdey/Ulmer/Seidl-Hohenveldern (Hrsg.), Recht im Wandel, Köln u. a. 1965, S. 519 ff.

Oppermann, Thomas, Eine Verfassung für die Europäische Union, in: DVBl. 2003, 1165 ff., 1234 ff.

ders., Europarecht, 3. Auflage, München 2005

ders., Nationale Verfassungsautonomie und supranationale Bindung innerhalb der Europäischen Union, in: Battis/Kunig/Pernice/Randelzhofer (Hrsg.), Das Grundgesetz im Prozeß europäischer und globaler Verfassungsentwicklung, Baden-Baden 2000, S. 117 ff.

ders./Classen, Claus Dieter, Europäische Union: Erfüllung des Grundgesetzes, in: APuZ 1993, B 28, S. 11 ff.

Ossenbühl, Fritz, Gesetz und Recht – Die Rechtsquellen im demokratischen Rechtsstaat, in: Isensee/Kirchhof (Hrsg.), Handbuch des Staatsrechts, Bd. III, Heidelberg 1988, § 61

ders., Maastricht und das Grundgesetz – eine verfassungsrechtliche Wende?, in: DVBl. 1993, 629 ff.

Pache, Eckhard, Eine Verfassung für Europa – Krönung oder Kollaps der europäischen Integration?, in: EuR 2002, 767 ff.

Papier, Hans-Jürgen, Auf dem Weg zu einer Verfassung für Europa – eine vorläufige Bewertung des Konventsentwurfs –, in: Bröhmer u. a. (Hrsg.), Internationale Gemeinschaft und Menschenrechte, Festschrift für Georg Ress zum 70. Geburtstag am 21. Januar 2005, Köln 2005, S. 699 ff.

ders., Die Entwicklung des Verfassungsrechts seit der Einigung und seit Maastricht, in: NJW 1997, 2841 ff.

ders., Die Neuordnung der Europäischen Union, in: EuGRZ 2004, 753 ff.

ders., Verfassungskontinuität und -reform im Zuge der Wiedervereinigung, in: Kloepfer/Merten/Papier/Skouris, Kontinuität und Diskontinuität in der deutschen Verfassungsgeschichte, Berlin 1994, S. 85 ff.

ders., Zum Vertrag über eine Verfassung für Europa, in: ThürVBl. 2005, 193 ff.

Pechstein, Matthias, Kommentierung zu Art. 2 EUV, in: Streinz (Hrsg.), EUV/EGV, München 2003

ders., Kommentierung zu Art. 4 EUV, in: Streinz (Hrsg.), EUV/EGV, München 2003

ders., Kommentierung zu Art. 6 EUV, in: Streinz (Hrsg.), EUV/EGV, München 2003

Penski, Ulrich, Bestand nationaler Staatlichkeit als Bestandteil der Änderungsgrenzen in Art. 79 III GG, in: ZRP 1994, 192 ff.

Pernice, Ingolf, A Constitution for Europe. Amendments and legal make-up to the Convention's Draft, in: Pernice/Zemánek (Hrsg.), A Constitution for Europe: The IGC, the Ratification Process and Beyond, Baden-Baden 2005, S. 33 ff.

ders., Carl Schmitt, Rudolf Smend und die europäische Integration, in: AöR 120 (1995), 100 ff.

ders., De la constitution composée de l'Europe, in: RTDE 36 (2000), 623 ff.
ders., Der Europäische Verfassungsverbund auf dem Wege der Konsolidierung, in: JÖR 48 N.F. (2000), 205 ff.
ders., Deutschland in der Europäischen Union, in: Isensee/Kirchhof (Hrsg.), Handbuch des Staatsrechts, Bd. VIII, Heidelberg 1995, § 191
ders., Die neue Verfassung der Europäischen Union – ein historischer Fortschritt zu einem europäischen Bundesstaat?, FCE Spezial 1/03, Berlin 2003 (http://www.whi-berlin.de)
ders., Die Verfassungsfrage aus rechtswissenschaftlicher Sicht, WHI-Paper 8/99, Berlin 1999 (http://www.whi-berlin.de)
ders., Entwicklungsperspektiven der Europäischen Verfassung im Lichte des Vertrags von Amsterdam, in: Kloepfer/Pernice (Hrsg.), Entwicklungsperspektiven der Europäischen Verfassung im Lichte des Vertrags von Amsterdam, Baden-Baden 1999, S. 19 ff.
ders., Europäisches und nationales Verfassungsrecht, in: VVDStRL 60 (2001), 148 ff.
ders., Europäische Union: Gefahr für den Föderalismus in Deutschland, Österreich und der Schweiz?, in: DVBl. 1993, 909 ff.
ders., Fondements du droit constitutionnel européen, WHI-Paper 5/00, Berlin 2000 (http://www.whi-berlin.de)
ders., Kommentierung zu Art. 23, in: Dreier (Hrsg.), Grundgesetz, Bd. II, Tübingen 1998
ders., Maastricht, Staat und Demokratie, in: Die Verwaltung 26 (1993), 449 ff.
ders., Multilevel Constitutionalism and the Treaty of Amsterdam: European Constitution-Making Revisited, in: CMLR 36 (1999), 703 ff.
ders., Welche Verfassung braucht Europa?, WHI-Paper 3/02, Berlin 2002 (http://www.whi-berlin.de)
ders., Zur Verfassungsdiskussion in der Europäischen Union, WHI-Paper 2/01, Berlin 2001 (http://www.whi-berlin.de)
Peters, Anne, Elemente einer Theorie der Verfassung Europas, Berlin 2001
Peters, Hans, Artikel „Staat" (IV./1), in: Görres-Gesellschaft (Hrsg.), Staatslexikon, 7. Band, 6. Auflage, Freiburg 1962, S. 538 f.
ders., Zentralisation und Dezentralisation, Berlin 1928
Peters, Torsten, Reform der EU-Abstimmungsverfahren, in: Streit/Voigt (Hrsg.), Europa reformieren, Baden-Baden 1996, S. 85 ff.
Petersmann, Ernst-Ulrich, Constitutionalism, Constitutional Law and European Integration, in: Aussenwirtschaft 46 (1991), 247 ff.
ders., How Can the European Union be Constitutionalized? The European Parliament's 1994 Proposal for a „Constitution for the European Union", in: Aussenwirtschaft 50 (1995), 171 ff.
ders., Proposals for a New Constitution for the European Union: Building-Blocks for a Constitutional Theory and Constitutional Law of the EU, in: CMLR 32 (1995), 1123 ff.
Pfersmann, Otto, The New Revision of the Old Constitution, in: Weiler/Eisgruber (Hrsg.), Altneuland: The EU Constitution in a Contextual Perspective, New York u. a. 2004, Jean Monnet Working Paper 5/04 (http://www.jeanmonnetprogram.org/papers/04/040501–10.html)
Pieroth, Bodo, Kommentierung zu Art. 20, in Jarass/Pieroth, Grundgesetz, 8. Auflage, München 2006

ders., Kommentierung zu Art. 28, in: Jarass/Pieroth, Grundgesetz, 8. Auflage, München 2006

ders., Kommentierung zu Art. 30, in: Jarass/Pieroth, Grundgesetz, 8. Auflage, München 2006

ders., Kommentierung zu Art. 50, in: Jarass/Pieroth, Grundgesetz, 8. Auflage, München 2006

ders., Kommentierung zu Art. 80, in: Jarass/Pieroth, Grundgesetz, 8. Auflage, München 2006

ders., Kommentierung zu Art. 87, in: Jarass/Pieroth, Grundgesetz, 8. Auflage, München 2006

Pinder, John, Der Vertrag von Nizza – Wegbereiter eines föderalen oder intergouvernementalen Europa?, in: integration 2001, 77ff.

Piris, Jean-Claude, Hat die Europäische Union eine Verfassung? Braucht sie eine?, in: EuR 2000, 311 ff.

Preuß, Ulrich K., Auf der Suche nach Europas Verfassung, in: Transit 17 (1999), 154ff.

ders., Constitutional Powermaking for the New Polity: Some Deliberations on the Relations between Constituent Power and the Constitution, in: Cardozo Law Review 14 (1993), 639ff.

ders., Europa als politische Gemeinschaft, in: Schuppert/Pernice/Haltern (Hrsg.), Europawissenschaft, Baden-Baden 2005, S. 489ff.

ders., The Constitution of a European Democracy and the Role of the Nation State, in: Ratio Juris 12 (1999), 417ff.

Přibáň, Jiří, European Union Constitution-Making, Political Identity and Central European Reflections, in: ELJ 11 (2005), S. 135ff.

Pufendorf, Samuel, Die Verfassung des deutschen Reiches, Stuttgart 1976 (Reclam-Ausgabe)

Puttler, Adelheid, Die neuen Vertragsänderungsverfahren der Europäischen Verfassung im Lichte des Grundgesetzes, in: DÖV 2005, 401 ff.

dies., Kommentierung zu Art. 6 EUV, in: Calliess/Ruffert (Hrsg.), Kommentar zu EU-Vertrag und EG-Vertrag, 2. Auflage, Neuwied 2002

Rack, Reinhard, Diskussionsbeitrag, in: VVDStRL 50 (1991), 174

ders./Fraiss, Daniela, Europa am Vorabend der Erweiterung – Wege zur europäischen Verfassung, in: Kopetz/Marko/Poier (Hrsg.), Soziokultureller Wandel im Verfassungsstaat, Festschrift für Wolfgang Mantl, Wien u.a. 2004, S. 1121 ff.

Randelzhofer, Albrecht, Das Grundgesetz unter Vorbehalt? Zum neuen Art. 146 GG, in: Stern (Hrsg.), Deutsche Wiedervereinigung, Bd. I, Köln u.a. 1991, S. 141 ff.

ders., Kommentierung zu Art. 24, in: Maunz/Dürig, Grundgesetz (Loseblatt), München, Stand: 2006

ders., Souveränität und Rechtsstaat: Anforderungen an eine Europäische Verfassung, in: Noske (Hrsg.), Der Rechtsstaat am Ende?, München u.a. 1995, S. 123ff.

ders., Staatsgewalt und Souveränität, in: Isensee/Kirchhof (Hrsg.), Handbuch des Staatsrechts, Bd. II, 3. Auflage, Heidelberg 2004, § 17

ders., Zum behaupteten Demokratiedefizit der Europäischen Gemeinschaft, in: Hommelhoff/Kirchhof (Hrsg.), Der Staatenverbund der Europäischen Union, Heidelberg 1994, S. 39ff.

Rauschning, Dietrich, Diskussionsbeitrag, in: VVDStRL 60 (2001), 396f.

Raworth, Philip, Too Little, Too Late? Maastricht and the Goal of a European Federation, in: AVR 32 (1994), 24ff.

Raz, Joseph, On the Authority and Interpretation of Constitutions: Some Preliminaries, in: Alexander (Hrsg.), Constitutionalism: Philosophical Foundations, Cambridge u.a. 1998, S. 152ff.

Reich, Norbert, Judge-made „Europe à la carte“: Some Remarks on Recent Conflicts between European and German Constitutional Law Provoked by the Banana Litigation, in: EJIL 7 (1996), 103ff.

Rempe, Martin, Von der Völkerherrschaft zur Demokratie?, WHI-Paper 14/04, Berlin 2004 (http://www.whi-berlin.de)

Rengeling, Hans-Werner, Handbuch zum europäischen und deutschen Umweltrecht, Bd. 2, 2. Auflage, Köln u.a. 2003

Ress, Georg, Über die Notwendigkeit der parlamentarischen Legitimierung der Rechtsetzung der Europäischen Gemeinschaften, in: Fiedler/Ress (Hrsg.), Verfassungsrecht und Völkerrecht, Gedächtnisschrift für Wilhelm Karl Geck, Köln u.a. 1989, S. 625ff.

Röben, Volker, Constitutionalism of Inverse Hierarchy: the Case of the European Union, Jean Monnet Working Paper 8/03, New York 2003

Roellecke, Gerd, Brauchen wir ein neues Grundgesetz?, in: NJW 1991, 2441ff.

ders., Schließt die Identität der europäischen Staaten einen europäischen Bundesstaat aus?, in: Kroker/Dechamps (Hrsg.), Das Menschenbild der freien Gesellschaft, Frankfurt am Main 2000, S. 213ff.

ders., Souveränität, Staatssouveränität, Volkssouveränität, in: Murswiek/Storost/Wolff (Hrsg.), Staat – Souveränität – Verfassung, Festschrift für Helmut Quaritsch zum 70. Geburtstag, Berlin 2000, S. 15ff.

ders., Verfassungsgebende Gewalt als Ideologie, in: JZ 1992, 929ff.

van Roermund, Bert, Instituting Authority. Some Kelsenian Notes, in: Ratio Juris 15 (2002), 206ff.

Rolland, Walter, Einführung, in: Haas/Medicus/Rolland/Schäfer/Wendtland, Das neue Schuldrecht, München 2002, S. 1ff.

Ronellenfitsch, Michael, John C. Calhoun und die Europäische Staatengemeinschaft, in: Classen/Dittmann/Fechner/Gassner/Kilian (Hrsg.), „In einem vereinten Europa dem Frieden der Welt zu dienen ...“, Liber amicorum Thomas Oppermann, Berlin 2001, S. 65ff.

Rosenberg, Leo/Schwab, Karl Heinz/Gottwald, Peter, Zivilprozeßrecht, 16. Auflage, München 2004

Rosenfeld, Michel, The European Treaty – Constitution and Constitutional Identity. A Comment on Professor von Bogdandy, in: Weiler/Eisgruber (Hrsg.), Altneuland: The EU Constitution in a Contextual Perspective, New York u.a. 2004, Jean Monnet Working Paper 5/04 (http://www.jeanmonnetprogram.org/papers/04/040501–19.html)

Rousseau, Dominique, Pour une constitution européen, in: le débat, Nr. 108 (Januar/Februar 2000), 54ff.

Ruffert, Matthias, Kommentierung zu Art. I-47, in: Calliess/Ruffert (Hrsg.), Verfassung der Europäischen Union, München u.a. 2006

ders., Kommentierung zu Art. 249 EGV, in: Calliess/Ruffert (Hrsg.), Kommentar zu EU-Vertrag und EG-Vertrag, 2. Auflage, Neuwied 2002

ders., Perspektiven der europäischen Verfassungsgebung, in: ThürVBl. 2005, 49ff.

ders., Schlüsselfragen der Europäischen Verfassung der Zukunft, Grundrechte – Institutionen – Kompetenzen – Ratifizierung, in: EuR 2004, 165ff.

Rupp, Hans Heinrich, Europäische „Verfassung" und demokratische Legitimation, in: AöR 120 (1995), 269ff.

ders., Maastricht – eine neue Verfassung ?, in: ZRP 1993, 211 ff.

ders., Muß das Volk über den Vertrag von Maastricht entscheiden?, in: NJW 1993, 38ff.

Sachs, Michael, Kommentierung zu Art. 20, in: Sachs (Hrsg.), Grundgesetz, 3. Auflage, München 2003

Sack, Jörn, Die Europäische Union in den Internationalen Organisationen, in: ZEuS 2001, 267ff.

ders., Die Staatswerdung Europas – kaum eine Spur von Stern und Stunde, in: Der Staat 44 (2005), 67ff.

Säcker, Franz Jürgen, Einleitung, in: Münchener Kommentar zum Bürgerlichen Gesetzbuch, Bd. 1, 4. Auflage, München 2001

Sajó, András, Constitutional Enthusiasm Towards Network Constitutionalism, in: Weiler/Eisgruber (Hrsg.), Altneuland: The EU Constitution in a Contextual Perspective, New York u. a. 2004, Jean Monnet Working Paper 5/04 (http://www.jeanmonnetprogram.org/papers/04/040501–03.html)

Šarčević, Edin, Das Bundesstaatsprinzip, Tübingen 2000

ders., Der EuGH als gesetzlicher Richter (Art. 101 Abs. 1 GG), in: DÖV 2000, 941 ff.

ders., Der Rechtsstaat, Leipzig 1996

ders., Völkerrechtlicher Vertrag als „Gestaltungsinstrument" der Verfassunggebung: Das Daytoner Verfassungsexperiment mit Präzedenzwirkung?, in: AVR 39 (2001), 297ff.

Schachtschneider, Karl Albrecht, Die existentielle Staatlichkeit der Völker Europas und die staatliche Integration der Europäischen Union, in: Blomeyer/Schachtschneider (Hrsg.), Die Europäische Union als Rechtsgemeinschaft, Berlin 1995, S. 75ff.

ders., Diskussionsbeitrag, in: VVDStRL 56 (1997), 100ff.

ders., Diskussionsbeitrag, in: VVDStRL 60 (2001), 393ff.

ders./Emmerich-Fritsche, Angelika/Beyer, Thomas C. W., Der Vertrag über die Europäische Union und das Grundgesetz, in: JZ 1993, S. 751 ff.

Schäffer, Heinz, Österreichischer Landesbericht, in: Schwarze (Hrsg.), Die Entstehung einer europäischen Verfassungsordnung, Baden-Baden 2000, S. 339ff.

Schaller, Werner, Urteilsanmerkung, in: JZ 2005, 193ff.

Scharpf, Fritz W., Demokratieprobleme in der europäischen Mehrebenenpolitik, in: Merkel/Andreas (Hrsg.), Demokratie in Ost und West. Für Klaus von Beyme, Frankfurt am Main 1999, S. 672ff.

ders., Demokratische Politik in Europa, in: Grimm/Hesse/Jochimsen/Scharpf, Zur Neuordnung der Europäischen Union: Die Regierungskonferenz 1996/97, Baden-Baden 1996/1997, S. 65ff.

ders., Europäisches Demokratiedefizit und deutscher Föderalismus, in: Jahrbuch zur Staats- und Verwaltungswissenschaft 6 (1992/1993), 165ff.

Scheuing, Dieter, Deutsches Verfassungsrecht und europäische Integration, in: Schwarze/Müller-Graff (Hrsg.), 17. FIDE-Kongress, Baden-Baden 1997, S. 7ff.

Scheuner, Ulrich, Art. 146 GG und das Problem der verfassunggebenden Gewalt, in: DÖV 1953, 581 ff.

Schilling, Theodor, Die deutsche Verfassung und die europäische Einigung, in: AöR 116 (1991), 32ff.

ders., Diskussionsbeitrag, in: VVDStRL 56 (1997), 116ff.

ders., Rang und Geltung von Normen in gestuften Rechtsordnungen, Berlin 1994
ders., The Autonomy of the Community Legal Order: An Analysis of Possible Foundations, in: HILJ 37 (1996), 389ff.
ders., Zu den Grenzen des Vorrangs des Gemeinschaftsrechts, in: Der Staat 33 (1994), 555ff.
ders., Zum Verhältnis von Gemeinschafts- und nationalem Recht, in: ZfRV 1998, 149ff.
ders., Zum Wesen der Kompetenz des EuGH, in: ZfRV 1997, 96ff.
ders., Zur Verfassungsbindung des deutschen Vertreters bei der Mitwirkung an der Rechtsetzung im Rat der EU, in: DVBl. 1997, 458ff.
Schliesky, Utz, Souveränität und Legitimität von Herrschaftsgewalt, Tübingen 2004
Schmalz-Bruns, Rainer, Deliberativer Supranationalismus, in: ZIB 1999, 185ff.
Schmidt, Gudrun, Kommentierung zu Art. 249 EG, in: von der Groeben/Schwarze (Hrsg.), Kommentar zum Vertrag über die Europäische Union und zur Gründung der Europäischen Gemeinschaft, Bd. 4, 6. Auflage, Baden-Baden 2004
Schmidt, Manfred G., Demokratietheorien, 3. Auflage, Opladen 2000
Schmitt, Carl, Der Begriff des Politischen, 6. Auflage, Berlin 1996
ders., Politische Theologie, 7. Auflage, Berlin 1996
ders., Verfassungslehre, 3. Auflage, Berlin 1957
ders., Verfassungsrechtliche Aufsätze, 3. Auflage, Berlin 1985
Schmitt Glaeser, Alexander, Grundgesetz und Europarecht als Elemente europäischen Verfassungsrechts, Berlin 1996
Schmitt Glaeser, Walter, Mißbrauch und Verwirkung von Grundrechten im politischen Meinungskampf, Bad Homburg v.d.H. u.a. 1968
Schmitz, Thomas, Das europäische Volk und seine Rolle bei einer Verfassunggebung in der Europäischen Union, in: EuR 2003, 217ff.
Schneider, Hans, Artikel „Staatsverträge", in: Herzog/Kunst/Schlaich/Schneemelcher (Hrsg.), Evangelisches Staatslexikon, 3. Auflage, Bd. II, Stuttgart 1987, S. 3459
Schneider, Hans-Peter, Die verfassunggebende Gewalt, in: Isensee/Kirchhof (Hrsg.), Handbuch des Staatrechts, Bd. VII, Heidelberg 1992, § 158
ders., Diskussionsbeitrag, in: VVDStRL 60 (2001), S. 367f.
ders., Diskussionsbeitrag, in: VVDStRL 50 (1991), S. 146f.
ders., Föderative Gewaltenteilung in Europa, in: Cremer/Giegerich/Richter/Zimmermann (Hrsg.), Tradition und Weltoffenheit des Rechts, Festschrift für Helmut Steinberger, Berlin u.a. 2002, S. 1401ff.
Schneider, Heinrich, Alternativen der Verfassungsfinalität: Föderation, Konföderation – oder was sonst?, in: integration 2000, 171ff.
ders., Der Post-Nizza-Prozess: ein direkter Anlauf zur Konstitutionalisierung der Europäischen Union, in: integration 2001, 198ff.
ders., Die neuverfasste Europäische Union: noch immer „das unbekannte Wesen"?, in: Jopp/Matl (Hrsg.), Der Vertrag über eine Verfassung für Europa, Baden-Baden 2005, S. 109ff.
Schneider, Peter, Identität und Demokratie?, in: Kohlmann (Hrsg.), Festschrift für Ulrich Klug zum siebzigsten Geburtstag, Bd. I, Köln 1983, S. 157ff.
Schoch, Friedrich, Impulse des Europäischen Gemeinschaftsrechts für die Fortentwicklung der innerstaatlichen Rechtsordnung, in: VBlBW 2003, 297ff.
Scholz, Rupert, Die Verfassung der Europäischen Union, in: ZG-Sonderheft 1/2002, S. 1ff.
ders., Grundgesetz und europäische Einigung, in: NJW 1992, 2593ff.

ders., Kommentierung zu Art. 23, in: Maunz/Dürig, Grundgesetz, München, Loseblatt, Stand: 2006
ders., Wege zur Europäischen Verfassung, in: ZG 2002, 1 ff.
Schönberger, Christoph, Die Europäische Union als Bund, in: AöR 129 (2004), 81 ff.
ders., Unionsbürger, Tübingen 2005
Schreiber, Wolfgang, Die Wahl zum Europäischen Parlament in der Bundesrepublik Deutschland, in: NVwZ 2004, S. 21 ff.
ders., Handbuch des Wahlrechts zum Deutschen Bundestag, 6. Auflage, Köln u. a. 1996
Schricker, Gerhard, Einleitung, in: Schricker (Hrsg.), Urheberrecht, 3. Auflage, München 2006
Schröder, Meinhard, Das Bundesverfassungsgericht als Hüter des Staates im Prozeß der europäischen Integration, in: DVBl. 1994, 316 ff.
ders., Grundsatzfragen einer europäischen Verfassungsgebung, in: Ipsen/Rengeling/Mössner/Weber (Hrsg.), Verfassungsrecht im Wandel, Köln u. a. 1995, S. 509 ff.
ders., Untersuchungsausschüsse, in: Schneider/Zeh (Hrsg.), Parlamentsrecht und Parlamentspraxis, Berlin u. a. 1989, § 46
ders., Vertikale Kompetenzverteilung und Subsidiarität im Konventsentwurf für eine europäische Verfassung, in: JZ 2004, 8 ff.
Schröter, Helmuth, Kommentierung zu Art. 85 EGV, in: von der Groeben/Schwarze (Hrsg.), Kommentar zum Vertrag über die Europäische Union und zur Gründung der Europäischen Gemeinschaft, Bd. 2, 6. Auflage, Baden-Baden 2003
Schulin, Bertram/Igl, Gerhard, Sozialrecht, 7. Auflage, Düsseldorf 2002
Schulze-Fielitz, Helmuth, Kommentierung zu Art. 8, in: Dreier (Hrsg.), Grundgesetz, Bd. I, 2. Auflage, Tübingen 2004
Schuppert, Gunnar Folke, Anforderungen an eine Europäische Verfassung, in: Klingemann/Neidhardt (Hrsg.), Zur Zukunft der Demokratie, Berlin 2000, S. 237 ff.
Schwartze, Andreas, Kompetenzverteilung und Entscheidungsverfahren in einer Europäischen Verfassung – Eine Analyse von Verfassungsentwürfen, in: Streit/Voigt (Hrsg.), Europa reformieren, Baden-Baden 1996, S. 127 ff.
Schwarze, Jürgen, Auf dem Weg zu einer europäischen Verfassung – Wechselwirkungen zwischen europäischem und nationalem Verfassungsrecht, in: DVBl. 1999, 1677 ff.
ders., Auf dem Weg zu einer europäischen Verfassung – Wechselwirkungen zwischen europäischem und nationalem Verfassungsrecht, in: Schwarze/Müller-Graff (Hrsg.), Europäische Verfassungsentwicklung, Baden-Baden 2000, S. 7 ff.
ders., Deutscher Landesbericht, in: Schwarze (Hrsg.), Die Entstehung einer europäischen Verfassungsordnung, Baden-Baden 2000, S. 109 ff.
ders., Die Entstehung einer europäischen Verfassungsordnung, in: Schwarze (Hrsg.), Die Entstehung einer europäischen Verfassungsordnung, Baden-Baden 2000, S. 463 ff.
ders., Ein pragmatischer Verfassungsentwurf – Analyse und Bewertung des vom Europäischen Verfassungskonvent vorgelegten Entwurfs eines Vertrages über eine Verfassung für Europa, in: EuR 2003, 535 ff.
ders., Europäische Verfassungsperspektiven nach Nizza, in: NJW 2002, 993 ff.
ders., Europapolitik unter deutschem Verfassungsrichtervorbehalt, in: NJ 1994, 1 ff.
ders., Ist das Grundgesetz ein Hindernis auf dem Weg nach Europa?, in: JZ 1999, 637ff.
Schweisfurth, Theodor, Die Verfassung Rußlands vom 12. Dezember 1993, EuGRZ 1994, S. 473 ff.
Schweitzer, Michael, Die Stellung der Luxemburger Vereinbarung im europäischen Ge-

meinschaftsrecht, in: Burkei/Polter (Hrsg.), Rechtsfragen im Spektrum des Öffentlichen, Festschrift für Hubert Armbruster, Berlin 1976, S. 75 ff.

Seele, Günter, Der Kreis aus europäischer Sicht, Stuttgart 1991

Seidl-Hohenveldern, Ignaz, Comment, in: Winter/Curtin/Kellermann/de Witte (Hrsg.), Reforming the Treaty on European Union, Den Haag 1996, S. 23 ff.

ders./Loibl, Gerhard, Das Recht der internationalen Organisationen einschließlich der Supranationalen Gemeinschaften, 7. Auflage, Köln u. a. 2000

Seiler, Christian, Der souveräne Verfassungsstaat zwischen demokratischer Rückbindung und überstaatlicher Einbindung, Tübingen 2005

Seurin, Jean Louis, Towards a European Constitution? Problems of Political Integration, in: PL 1994, 625 ff.

Shaw, Jo, Postnational constitutionalism in the European Union, in: JEPP 6 (1999), 579 ff.

dies., Process and Constitutional Discourse in the European Union, in: Journal of Law and Society 27 (2000), 4 ff.

dies., What happens if the Constitutional Treaty is not ratified?, in: Pernice/Zemánek (Hrsg.), A Constitution for Europe: The IGC, the Ratification Process and Beyond, Baden-Baden 2005, S. 77 ff.

von Simson, Werner, Was heißt in einer europäischen Verfassung „das Volk"?, in: EuR 1991, 1 ff.

ders., Voraussetzungen einer Europäischen Verfassung, in: Schwarze/Bieber (Hrsg.), Eine Verfassung für Europa, Baden-Baden 1984, S. 91 ff.

Skach, Cindy, We, the peoples? Constitutionalizing the European Union, in: JCMS 43 (2005), 149 ff.

Sloterdijk, Peter, Der starke Grund, zusammen zu sein, Frankfurt am Main 1998

ders., Sphären I: Blasen, Frankfurt am Main 1998

ders., Sphären II: Globen, Frankfurt am Main 1999

Smend, Rudolf, Verfassung und Verfassungsrecht, München u. a. 1928

Snyder, Francis, General Course on Constitutional Law of the European Union, in: Collected Courses of the Academy of European Law 1995, Bd. VI/1, Den Haag u. a. 1998, S. 41 ff.

Sobel, Russell S., Vibert's European Union: A United Nations or a United States?, in: CPE 7 (1996), 309 ff.

Somek, Alexander, Ist die Europäische Union ein Staat? Soll sie ein Staat werden?, Wien 2000 (http://www.univie.ac.at./juridicum/forschung/wp21.pdf)

ders., The spectre of supranationality, Wien 2002 (http://www.univie.ac.at/juridicum/forschung/wp. 28.pdf)

Sommermann, Karl-Peter, Kommentierung zu Art. 20, in: von Mangoldt/Klein/Starck, Das Bonner Grundgesetz, Bd. 2, München 2005

ders., Verfassungsperspektiven für die Demokratie in einer erweiterten Europäischen Union: Gefahr der Entdemokratisierung oder Fortentwicklung im Rahmen europäischer Supranationalität?, in: DÖV 2003, 1009 ff.

Sørensen, Max, Autonomous Legal Orders: Some Considerations Relating to a Systems Analysis of International Organisations in the World Legal Order, in: ICLQ 32 (1983), 559 ff.

Stadie, Holger, Unmittelbare Wirkung von EG-Richtlinien und Bestandskraft von Verwaltungsakten, in: NVwZ 1994, 435 ff.

Starck, Christian, Allgemeine Staatslehre in Zeiten der Europäischen Union, in: Dicke u. a. (Hrsg.), Weltinnenrecht, Liber amicorum Jost Delbrück, Berlin 2005, S. 711 ff.

ders., Der neue Artikel 146 GG und die Gemeinsame Verfassungskommission, in: Letzgus u. a. (Hrsg.), Für Recht und Staat, Festschrift für Herbert Helmrich zum 60. Geburtstag, München 1994, S. 289 ff.

Steffani, Winfried, Das Demokratie-Dilemma der Europäischen Union. Die Rolle der Parlamente nach dem Urteil des Bundesverfassungsgerichts vom 12. Oktober 1993, in: Steffani/Thaysen (Hrsg.), Demokratie in Europa: Zur Rolle der Parlamente, Opladen 1995, S. 33 ff.

Steiger, Heinhard, Geht das Zeitalter des souveränen Staates zu Ende?, in: Der Staat 41 (2002), 331 ff.

ders., Staatlichkeit und Überstaatlichkeit, Berlin 1966

Stein, Eric, Lawyers, Judges, and the Making of a Transnational Constitution, in: AJIL 75 (1981), 1 ff.

Stein, Torsten, Europäische Integration und nationale Reservate, in: Merten (Hrsg.), Föderalismus und Europäische Gemeinschaften, Berlin 1990, S. 91 ff.

ders./von Buttlar, Christian, Völkerrecht, 11. Auflage, Köln u. a. 2005

Steinberger, Helmut, Allgemeine Regeln des Völkerrechts, in: Isensee/Kirchhof (Hrsg.), Handbuch des Staatsrechts, Bd. VII, Heidelberg 1992, § 173

ders., Aspekte der Rechtsprechung des Bundesverfassungsgerichts zum Verhältnis zwischen Europäischem Gemeinschaftsrecht und deutschem Recht, in: Hailbronner/Ress/Stein (Hrsg.), Staat und Völkerrechtsordnung, Festschrift für Karl Doehring, Berlin u. a. 1989, S. 951 ff.

ders., Diskussionsbeitrag, VVDStRL 50 (1991), 9 ff.

ders., Konzeption und Grenzen freiheitlicher Demokratie, Berlin u. a. 1974

Stern, Klaus, Das Staatsrecht der Bundesrepublik Deutschland, Bd. I, 2. Auflage, München 1984

Stone Sweet, Alec, Constitutional Dialogues in the European Community, EUI-Working Paper RSC No. 95/38, San Domenico 1995

Storost, Ulrich, Das Ende der Übergangszeit. Erinnerung an die verfassunggebende Gewalt, in: Guggenberger/Stein (Hrsg.), Die Verfassungsdiskussion im Jahr der deutschen Einheit, München u. a. 1991, S. 172 ff.

Streinz, Rudolf, Der „effet utile" in der Rechtsprechung des Gerichtshofs der Europäischen Gemeinschaften, in: Due/Lutter/Schwarze (Hrsg.), Festschrift für Ulrich Everling, Bd. II, Baden-Baden 1995, S. 1491 ff.

ders., Der Verfassungsstaat als Glied einer Europäischen Gemeinschaft, in: DVBl. 1990, 949 ff.

ders., Europarecht, 7. Auflage, Heidelberg 2005

ders., Kommentierung zu Art. 23, in: Sachs (Hrsg.), Grundgesetz, 3. Auflage, München 2003

ders., Kommentierung zu Art. 24, in: Sachs (Hrsg.), Grundgesetz, 3. Auflage, München 2003

ders., Kommentierung zu Art. 25, in: Sachs (Hrsg.), Grundgesetz, 3. Auflage, München 2003

ders., Kommentierung zu Art. 308 EGV, in: Streinz (Hrsg.), EUV/EGV, München 2003

ders., Sinn und Zwecks des Nationalstaates in der Zeit der Europäisierung und Globalisierung, in: Bröhmer u. a. (Hrsg.), Internationale Gemeinschaft und Menschenrechte, Festschrift für Georg Ress zum 70. Geburtstag am 21. Januar 2005, Köln 2005, S. 1277 ff.

Stückrath, Birgitta, Art. 146 GG: Verfassungsablösung zwischen Legalität und Legitimität, Berlin 1997
Sunstein, Cass R., Kommentar, in: Transit 17 (1999), 193ff.
Tettinger, Peter J., Kommentierung zu Art. 12, in: Sachs (Hrsg.), Grundgesetz, 3. Auflage, München 2003
Thedieck, Franz, Demokratietheorien und Grundgesetz, in: JA 1991, 345ff.
Thoma, Richard, Artikel „Staat (Allgemeine Staatslehre)", in: Elster/Weber/Wieser (Hrsg.), Handwörterbuch der Staatswissenschaften, 7. Band, 4. Auflage, Jena 1926, S. 724ff.
Thompson, Grahame, Multinational corporations and democratic governance, in: MacGrew (Hrsg.), The Transformation of Democracy, Cambridge 1997, S. 149ff.
Thym, Daniel, „A Superpower, not a Superstate" – Der britische Beitrag zur europäischen Verfassungsdiskussion, in: integration 2001, 356ff.
Thürer, Daniel, Diskussionsbeitrag, in: VVDStRL 50 (1991), 167ff.
Tiedtke, Andreas, Demokratie in der Europäischen Union, Berlin 2005
de Tocqueville, Alexis, Über die Demokratie in Amerika, Stuttgart 1985 (Reclam-Ausgabe)
Tomuschat, Christian, Das Endziel der europäischen Integration: Maastricht ad infinitum?, in: Nettesheim/Schiera (Hrsg.), Der integrierte Staat, Berlin 1999, S. 155ff.
ders., Die Europäische Union unter der Aufsicht des Bundesverfassungsgerichts, in: EuGRZ 1993, 489ff.
Touscoz, Jean, La Constitution de l'Union européenne, Brüssel 2002
Trimbach, Herbert/Beilke, Steffen, Die Ratifizierung der Europäischen Verfassung, in: NJ 2005, 206f.
Trute, Hans-Heinrich, Einführung II, in: Trute/Spoerr/Bosch, Telekommunikationsgesetz mit FTEG, Berlin u. a. 2001
Tsatsos, Dimitris Th., Das Prinzip der europäischen Verfassungsverantwortung, FCE 1/99, Berlin 1999 (http://www.whi-berlin.de)
ders., Die Europäische Unionsgrundordnung, in: EuGRZ 1995, 287ff.
ders., Integrationsförderung und Identitätswahrung – Zur europäischen Dimension der Verfassungsfunktion, in: Ziemske/Langheid/Wilms/Haverkate (Hrsg.), Staatsphilosophie und Rechtspolitik, Festschrift für Martin Kriele zum 65. Geburtstag, München 1997, S. 1263ff.
Tully, James, The Unfreedom of the Moderns in Comparison to Their Ideals of Constitutional Democracy, in: MLR 65 (2002), 204ff.
Tusa, Jordi Solé, Das politische Modell des Staates Autonomer Gebietskörperschaften, in: López Pina (Hrsg.), Spanisches Verfassungsrecht, Heidelberg 1993, S. 249ff.
Uibopuu, Henn-Jüri, Kommentierung zu Art. 72, in: Fincke (Hrsg.), Handbuch der Sowjetverfassung, Bd. II, München 1983
van Vassenhove, Léon, Verfassungsentwurf, in: Walter Lipgens, 45 Jahre Ringen um die Europäische Verfassung, Bonn 1986, S. 117ff.
De Vega, Pedro, Das Verfahren der Verfassungsänderung in der spanischen Rechtsordnung, in: López Pina (Hrsg.), Spanisches Verfassungsrecht, Heidelberg 1993, S. 91ff.
Verdross, Alfred, Die völkerrechtliche und politische Souveränität der Staaten, in: Kipp/Mayer/Steinkamm (Hrsg.), Um Recht und Freiheit, Festschrift für Friedrich August Freiherr von der Heydte zur Vollendung des 70. Lebensjahres, 1. Halbband, Berlin 1977, S. 703ff.
ders./Simma, Bruno, Universelles Völkerrecht, 3. Auflage, Berlin 1984

Verhoeven, Amaryllis, The European Union in Search of a Democratic and Constitutional Theory, Den Haag u. a. 2002

Vitzthum, Wolfgang Graf, Begriff, Geschichte und Quellen des Völkerrechts, in: Vitzthum (Hrsg.), Völkerrecht, 3. Auflage, Berlin 2004, 1. Abschnitt

ders., Die Identität Europas, in: EuR 2002, 1 ff.

ders., Diskussionsbeitrag, in: Stern (Hrsg.), Deutsche Wiedervereinigung, Bd. I, Köln u. a. 1991, S. 128 f.

Vogel, Hans-Jochen, Die bundesstaatliche Ordnung des Grundgesetzes, in: Benda/Maihofer/Vogel (Hrsg.), Handbuch des Verfassungsrechts, 2. Auflage, Berlin u. a. 1994, § 22

Volkmann, Uwe, Diskussionsbeitrag, in: VVDStRL 60 (2001), 368 ff.

ders., Kommentierung zu Art. 21, in: Friauf/Höfling (Hrsg.), Berliner Kommentar zum Grundgesetz, Bd. 2, Berlin (Loseblatt), Stand: 2006

ders., Setzt Demokratie den Staat voraus?, in: AöR 127 (2002), 575 ff.

Wagner, Helmut, Gibt es einen Königsweg zu einer europäischen Verfassung?, in: Bruha/Hesse/Nowak (Hrsg.), Welche Verfassung für Europa? Baden-Baden 2001, S. 281 ff.

Wahl, Rainer, Der einzelne in der Welt jenseits des Staates, in: Wahl/Wieland (Hrsg.), Das Recht des Menschen in der Welt, Kolloquium aus Anlaß des 70. Geburtstages von Ernst-Wolfgang Böckenförde, Berlin 2002, S. 59 ff.

ders., Die Entwicklung des deutschen Verfassungsstaates bis 1866, in: Isensee/Kirchhof (Hrsg.), Handbuch des Staatsrechts, Bd. I, 3. Auflage, Heidelberg 2003, § 2

ders., Erklären staatstheoretische Leitbegriffe die Europäische Union?, in: Dreier (Hrsg.), Rechts- und staatstheoretische Schlüsselbegriffe: Legitimität – Repräsentation – Freiheit, Symposion für Hasso Hofmann zum 70. Geburtstag, Berlin 2005, S. 113 ff.

ders., Europäisierung und Internationalisierung. Zum Verlust der schützenden Außenhaut der Souveränität, in: Schuppert/Pernice/Haltern (Hrsg.), Europawissenschaft, Baden-Baden 2005, S. 147 ff.

Waldhoff, Christian, Kommentierung zu Art. 272 EGV, in: Calliess/Ruffert (Hrsg.), Kommentar zu EU-Vertrag und EG-Vertrag, 2. Auflage, Neuwied 2002

Walker, Neil, European Constitutionalism and European Integration, in: PL 1996, 266 ff.

ders., The Migration of Constitutional Ideas and the Migration of the Constitutional Idea: the Case of the EU, EUI Working Paper LAW No. 2005/04, San Domenico 2005 (http://www.iue.it)

Waltemathe, Arved, Austritt aus der EU, Frankfurt am Main u. a. 2000

de Wall, Heinrich, Kommentierung zu Art. 50, in: Friauf/Höfling (Hrsg.), Berliner Kommentar zum Grundgesetz, Bd. 2, Berlin (Loseblatt), Stand: 2006

Warleigh, Alexander, Better the Devil You Know? Synthetic and Confederal Understandings of European Unification, in: WEP 21/3 (1998), 1 ff.

Weber, Albrecht, Zur künftigen Verfassung der Europäischen Gemeinschaft, in: JZ 1993, 325 ff.

Weiler, Joseph H. H., Der Staat „über alles", in: JÖR 44 N. F. (1996), 91 ff.

ders., Does Europe Need a Constitution? Demos, Telos and the German Maastricht Decision, in: ELJ 1 (1995), 219 ff.

ders., Epilogue – Fischer: The Dark Side, in: Joerges/Mény/Weiler (Hrsg.), What Kind of Constitution for What Kind of Polity?, Harvard Jean Monnet Working Paper 7/00, Cambridge 2000, S. 235 ff.

ders., European Neo-constitutionalism: in Search of Foundations for the European Constitutional Order, in: Political Studies 44 (1996), 517ff.

ders., Europe: The Case Against the Case for Statehood, in: ELJ 4 (1998), 43ff.

ders., Federalism Without Constitutionalism: Europe's Sonderweg, in: Nicolaidis/Howse (Hrsg.), The Federal Vision, Oxford 2002, S. 54ff.

ders., Problems of Legitimacy in Post 1992 Europe, in: Aussenwirtschaft 46 (1991), 411ff.

ders., The Constitution of Europe, Cambridge 1999

ders., The Reformation of European Constitutionalism, in: JCMS 35 (1997), 97ff.

ders., The Transformation of Europe, in: YLJ 100 (1991), 2403ff.

ders./Haltern, Ulrich R., The Autonomy of the Community Legal Order – Through the Looking Glass, in: HILJ 37 (1996), 411ff.

ders./Haltern, Ulrich R./Mayer, Franz C., European Democracy and Its Critique, in: WEP 18/3 (1995), 4ff.

von Weizsäcker, Richard, in: von Weizsäcker, Richard/Dehaene, Jean-Luc/Simon, David, Die institutionellen Auswirkungen der Erweiterung (http://europa.eu.int/igc2000/report99_de.pdf)

Wessels, Wolfgang, Keynote Article: The Constitutional Treaty – Three Readings from a Fusion Perspektive, in: JCMS 43 (2005), Sonderheft 1, 11ff.

Weyer, Hartmut, Gemeinschaftsrechtliche Überprüfbarkeit mitgliedstaatlicher Regelungen der Verkaufsmodalitäten, in: EuZW 2004, 455ff.

Wichard, Johannes Christian, Der Vertrag über eine Verfassung für Europa: Konstitutionalisierung oder Vertragsrevision?, in: EuGRZ 2004, 556ff.

ders., Kommentierung zu Art. 205 EGV, in: Calliess/Ruffert (Hrsg.), Kommentar zu EU-Vertrag und EG-Vertrag, 2. Auflage, Neuwied 2002

ders., Kommentierung zu Art. I-25, in Calliess/Ruffert (Hrsg.), Verfassung der Europäischen Union, München u.a. 2006

Wiederin, Ewald, Die Verfassunggebung im wiedervereinigten Deutschland, in: AöR 117 (1992), 410ff.

Willoweit, Dietmar, Deutsche Verfassungsgeschichte, 5. Auflage, München 2005

ders., Die Herausbildung des staatlichen Gewaltmonopols im Entstehungsprozeß des modernen Staates, in: Randelzhofer/Süß (Hrsg.), Konsens und Konflikt, Berlin u.a. 1986, S. 313ff.

Wincott, Daniel, Does the European Union Pervert Democracy? Questions of Democracy in New Constitutionalist Thought on the Future of Europe, in: ELJ 4 (1998), 411ff.

Winterhoff, Christian, Verfassung – Verfassunggebung – Verfassungsänderung, Tübingen 2007

de Witte, Bruno, Community Law and National Constitutional Values, in: Legal issues of European integration, 1991/2, 1ff.

ders., Direct Effect, Supremacy, and the Nature of the Legal Order, in: Craig/de Búrca (Hrsg.), The Evolution of EU Law, Oxford 1999, S. 177ff.

ders., European Treaty Revision – a Case of Multilevel Constitutionalism, in: Pernice/Zemánek (Hrsg.), A Constitution for Europe: The IGC, the Ratification Process and Beyond, Baden-Baden 2005, S. 59. ff.

ders., International Agreement or European Constitution, in: Winter/Curtin/Kellermann/de Witte (Hrsg.), Reforming the Treaty on European Union, Den Haag 1996, S. 3ff.

ders., Rules of Change in International Law: How Special is the European Community?, in: NYIL 25 (1994), 299 ff.

ders., Simplification and Reorganization of the European Treaties, in: CMLR 39 (2002), 1255 ff.

ders., The Closest Thing to a Constitutional Conversation in Europe: The Semi-Permanent Treaty Revision Process, in: Beaumont/Lyons/Walker (Hrsg.), Convergence and Divergence in European Public Law, Oxford u. a. 2002, S. 39 ff.

ders., The Process of Ratification of the Constitutional Treaty and the Crisis Options: a Legal Perspective, EUI Working Papers LAW No. 2004/16, San Domenico 2004 (http://www.iue.it)

Wolf, Klaus Dieter, Die neue Staatsräson – Zwischenstaatliche Kooperation als Demokratieproblem in der Weltgesellschaft, Baden-Baden 2000

Wolf, Joachim, Die Revision des Grundgesetzes durch Maastricht, in: JZ 1993, 594 ff.

Wolffgang, Hans-Michael, Ziele des Außenwirtschaftsrechts, in: Bieneck (Hrsg.), Handbuch des Außenwirtschaftsrechts, 2. Auflage, Köln 2005

Wuermeling, Joachim, Europa neu verfaßt, in: BayVBl. 2004, 577 ff.

Würtenberger, Thomas, Art. 146 GG n. F.: Kontinuität oder Diskontinuität im Verfassungsrecht?, in: Stern (Hrsg.), Deutsche Wiedervereinigung, Bd. I, Köln u. a. 1991, S. 95 ff.

Wyatt, Derrick, New Legal Order, or Old?, in: ELR 7 (1982), S. 147 ff.

Zeh, Juli, Recht auf Austritt, in: ZEuS 2004, 173 ff.

Zemanek, Karl, Die Wiener Konvention über die Staatennachfolge in Verträge, in: Miehsler/Mock/Simma/Tammelo (Hrsg.), Ius Humanitatis, Festschrift zum 90. Geburtstag von Alfred Verdross, Berlin 1980, S. 719 ff.

Zimmermann-Kreher, Annette, Kommentierung zu § 1 FreizügG, in: Storr/Wenger/Eberle/Albrecht/Zimmermann-Kreher, Kommentar zum Zuwanderungsgesetz, Stuttgart u. a. 2005

Zippelius, Reinhold, Allgemeine Staatslehre, 14. Auflage, München 2003

ders., Deutsche Einheit und Grundgesetz, in: BayVBl. 1992, 289 ff.

ders., Juristische Methodenlehre, 9. Auflage, München 2005

ders./Würtenberger, Thomas, Deutsches Staatsrecht, 31. Auflage, München 2005

Zuleeg, Manfred, Demokratie in der Europäischen Gemeinschaft, in: JZ 1993, 1069 ff.

ders., Die föderativen Grundsätze der Europäischen Union, in: NJW 2000, 2846 ff.

ders., Die Umgestaltung der Europäischen Verfassung, in: Alivizatos u. a. (Hrsg.), Essays in honour of Georgios I. Kassimatis, Athen u. a. 2004, S. 905 ff.

ders., Die Verfassung der Europäischen Gemeinschaft in der Rechtsprechung des Europäischen Gerichtshofs, in: BB 1994, 581 ff.

ders., Die Vorzüge der Europäischen Verfassung, in: Der Staat 41 (2002), 359 ff.

ders., Diskussionsbeitrag, in: VVDStRL 50 (1991), 153

ders., The European Constitution under Constitutional Constraints: The German Scenario, in: ELR 22 (1997), 19 ff.

Zürn, Michael, Regieren jenseits des Nationalstaates, Frankfurt am Main 1998

Sachregister

Jus Publicum

Beiträge zum Öffentlichen Recht – Alphabetische Übersicht

Alleweldt, Ralf: Bundesverfassungsgericht und Fachgerichtsbarkeit. 2006. *Band 151.*
Anderheiden, Michael: Gemeinwohl in Republik und Union. 2006. *Band 152.*
Appel, Ivo: Staatliche Zukunfts- und Entwicklungsvorsorge. 2005. *Band 125.*
Arnauld, Andreas von: Rechtssicherheit. 2006. *Band 148.*
Axer, Peter: Normsetzung der Exekutive in der Sozialversicherung. 2000. *Band 49.*
Baer, Susanne: „Der Bürger" im Verwaltungsrecht. 2006. *Band 146.*
Bauer, Hartmut: Die Bundestreue. 1992. *Band 3.*
Baumeister, Peter: Der Beseitigungsanspruch als Fehlerfolge des rechtswidrigen Verwaltungsakts. 2006. *Band 142.*
Beaucamp, Guy: Das Konzept der zukunftsfähigen Entwicklung im Recht. 2002. *Band 85.*
Becker, Florian: Kooperative und konsensuale Strukturen in der Normsetzung. 2005. *Band 129.*
Becker, Joachim: Transfergerechtigkeit und Verfassung. 2001. *Band 68.*
Biehler, Gernot: Auswärtige Gewalt. 2005. *Band 128.*
Blanke, Hermann-Josef: Vertrauensschutz im deutschen und europäischen Verwaltungsrecht. 2000. *Band 57.*
Böhm, Monika: Der Normmensch. 1996. *Band 16.*
Böse, Martin: Wirtschaftsaufsicht und Strafverfolgung. 2005. *Band 127.*
Bogdandy, Armin von: Gubernative Rechtsetzung. 2000. *Band 48.*
Borowski, Martin: Die Glaubens- und Gewissensfreiheit des Grundgesetzes. 2005. *Band 144.*
Brenner, Michael: Der Gestaltungsauftrag der Verwaltung in der Europäischen Union. 1996. *Band 14.*
Britz, Gabriele: Kulturelle Rechte und Verfassung. 2000. *Band 60.*
Bröhmer, Jürgen: Transparenz als Verfassungsprinzip. 2004. *Band 106.*
Brüning, Christoph: Einstweilige Verwaltungsführung. 2003. *Band 103.*
Burgi, Martin: Funktionale Privatisierung und Verwaltungshilfe. 1999. *Band 37.*
Bultmann, Peter Friedrich: Beihilfenrecht und Vergaberecht. 2004. *Band 109.*
Bumke, Christian: Relative Rechtswidrigkeit. 2004. *Band 117.*
Bungenberg, Marc: Vergaberecht im Wettbewerb der Systeme. 2007. *Band 163.*
Butzer, Hermann: Fremdlasten in der Sozialversicherung. 2001. *Band 72.*
Calliess, Christian: Rechtsstaat und Umweltstaat. 2001. *Band 71.*
Classen, Claus Dieter: Die Europäisierung der Verwaltungsgerichtsbarkeit. 1996. *Band 13.*
– Religionsfreiheit und Staatskirchenrecht in der Grundrechtsordnung. 2003. *Band 100.*
Coelln, Christian von: Zur Medienöffentlichkeit der Dritten Gewalt. 2005. *Band 138.*
Cornils, Matthias: Die Ausgestaltung der Grundrechte. 2005. *Band 126.*
Cremer, Wolfram: Freiheitsgrundrechte. 2003. *Band 104.*

Dammann, Jens: Materielles Recht und Beweisrecht im System der Grundfreiheiten. 2007. *Band 162.*
Danwitz, Thomas von: Verwaltungsrechtliches System und Europäische Integration. 1996. *Band 17.*
Dederer, Hans-Georg: Korporative Staatsgewalt. 2004. *Band 107.*
Detterbeck, Steffen: Streitgegenstand und Entscheidungswirkungen im Öffentlichen Recht. 1995. *Band 11.*
Di Fabio, Udo: Risikoentscheidungen im Rechtsstaat. 1994. *Band 8.*
Dörr, Oliver: Der europäisierte Rechtsschutzauftrag deutscher Gerichte. 2003. *Band 96.*
Durner, Wolfgang: Konflikte räumlicher Planungen. 2005. *Band 119.*
Enders, Christoph: Die Menschenwürde in der Verfassungsordnung. 1997. *Band 27.*
Epping, Volker: Die Außenwirtschaftsfreiheit. 1998. *Band 32.*
Fassbender, Bardo: Der offene Bundesstaat. 2007. *Band 161.*
Fehling, Michael: Verwaltung zwischen Unparteilichkeit und Gestaltungsaufgabe. 2001. *Band 79.*
Felix, Dagmar: Einheit der Rechtsordnung. 1998. *Band 34.*
Fisahn, Andreas: Demokratie und Öffentlichkeitsbeteiligung. 2002. *Band 84.*
Franz, Thorsten: Gewinnerzielung durch kommunale Daseinsvorsorge. 2005. *Band 123.*
Frenz, Walter: Selbstverpflichtungen der Wirtschaft. 2001. *Band 75.*
Gaitanides, Charlotte: Das Recht der Europäischen Zentralbank. 2005. *Band 132.*
Gellermann, Martin: Grundrechte im einfachgesetzlichen Gewande. 2000. *Band 61.*
Grigoleit, Klaus Joachim: Bundesverfassungsgericht und deutsche Frage. 2004. *Band 108.*
Gröpl, Christoph: Haushaltsrecht und Reform. *2001. Band 67.*
Gröschner, Rolf: Das Überwachungsrechtsverhältnis. 1992. *Band 4.*
Groß, Thomas: Das Kollegialprinzip in der Verwaltungsorganisation. 1999. *Band 45.*
Grzeszick, Bernd: Rechte und Ansprüche. 2002. *Band 92.*
Guckelberger, Annette: Die Verjährung im Öffentlichen Recht. 2004. *Band 111.*
Gurlit, Elke: Verwaltungsvertrag und Gesetz. 2000. *Band 63.*
Haack, Stefan: Verlust der Staatlichkeit. 2007. *Band 164.*
Häde, Ulrich: Finanzausgleich. 1996. *Band 19.*
Haltern, Ulrich: Europarecht und das Politische. 2005. *Band 136.*
Hase, Friedhelm: Versicherungsprinzip und sozialer Ausgleich. 2000. *Band 64.*
Heckmann, Dirk: Geltungskraft und Geltungsverlust von Rechtsnormen. 1997. *Band 28.*
Heitsch, Christian: Die Ausführung der Bundesgesetze durch die Länder. 2001. *Band 77.*
Hellermann, Johannes: Örtliche Daseinsvorsorge und gemeindliche Selbstverwaltung. 2000. *Band 54.*
Hermes, Georg: Staatliche Infrastrukturverantwortung. 1998. *Band 29.*
Hochhuth, Martin: Die Meinungsfreiheit im System des Grundgesetzes. 2007. *Band 153.*
Hösch, Ulrich: Eigentum und Freiheit. 2000. *Band 56.*
Hofmann, Ekkehard: Abwägung im Recht. 2007. *Band 158.*

Hohmann, Harald: Angemessene Außenhandelsfreiheit im Vergleich. 2002. *Band 89.*
Holznagel, Bernd: Rundfunkrecht in Europa. 1996. *Band 18.*
Horn, Hans-Detlef: Die grundrechtsunmittelbare Verwaltung. 1999. *Band 42.*
Huber, Peter-Michael: Konkurrenzschutz im Verwaltungsrecht. 1991. *Band 1.*
Hufeld, Ulrich: Die Vertretung der Behörde. 2003. *Band 102.*
Huster, Stefan: Die ethische Neutralität des Staates. 2002. *Band 90.*
Ibler, Martin: Rechtspflegender Rechtsschutz im Verwaltungsrecht. 1999. *Band 43.*
Jestaedt, Matthias: Grundrechtsentfaltung im Gesetz. 1999. *Band 50.*
Jochum, Heike: Verwaltungsverfahrensrecht und Verwaltungsprozeßrecht. 2004. *Band 116.*
Kadelbach, Stefan: Allgemeines Verwaltungsrecht unter europäischem Einfluß. 1999. *Band 36.*
Kämmerer, Jörn Axel: Privatisierung. 2001. *Band 73.*
Kahl, Wolfgang: Die Staatsaufsicht. 2000. *Band 59.*
Kaufmann, Marcel: Untersuchungsgrundsatz und Verwaltungsgerichtsbarkeit. 2002. *Band 91.*
Kersten, Jens: Das Klonen von Menschen. 2004. *Band 115.*
Khan, Daniel-Erasmus: Die deutschen Staatsgrenzen. 2004. *Band 114.*
Kingreen, Thorsten: Das Sozialstaatsprinzip im europäischen Verfassungsbund. 2003. *Band 97.*
Kischel, Uwe: Die Begründung. 2002. *Band 94.*
Koch, Thorsten: Der Grundrechtsschutz des Drittbetroffenen. 2000. *Band 62.*
Korioth, Stefan: Der Finanzausgleich zwischen Bund und Ländern. 1997. *Band 23.*
Kluth, Winfried: Funktionale Selbstverwaltung. 1997. *Band 26.*
Kube, Hanno: Finanzgewalt in der Kompetenzordnung. 2004. *Band 110.*
Kugelmann, Dieter: Die informatorische Rechtsstellung des Bürgers. 2001. *Band 65.*
Lang, Heinrich: Gesetzgebung in eigener Sache. 2007. *Band 159.*
Langenfeld, Christine: Integration und kulturelle Identität zugewanderter Minderheiten. 2001. *Band 80.*
Lehner, Moris: Einkommensteuerrecht und Sozialhilferecht. 1993. *Band 5.*
Leisner, Anna: Kontinuität als Verfassungsprinzip. 2002. *Band 83.*
Leisner, Walter Georg: Existenzsicherung im Öffentlichen Recht. 2007. *Band 157.*
Lenze, Anne: Staatsbürgerversicherung und Verfassung. 2005. *Band 133.*
Lepsius, Oliver: Besitz und Sachherrschaft im öffentlichen Recht. 2002. *Band 81.*
Lindner, Josef Franz: Theorie der Grundrechtsdogmatik. 2005. *Band 120.*
Lorz, Ralph Alexander: Interorganrespekt im Verfassungsrecht. 2001. *Band 70.*
Lücke, Jörg: Vorläufige Staatsakte. 1991. *Band 2.*
Luthe, Ernst-Wilhelm: Optimierende Sozialgestaltung. 2001. *Band 69.*
Mager, Ute: Einrichtungsgarantien. 2003. *Band 99.*
Mann, Thomas: Die öffentlich-rechtliche Gesellschaft. 2002. *Band 93.*
Manssen, Gerrit: Privatrechtsgestaltung durch Hoheitsakt. 1994. *Band 9.*
Masing, Johannes: Parlamentarische Untersuchungen privater Sachverhalte. 1998. *Band 30.*
Möstl, Markus: Die staatliche Garantie für die öffentliche Sicherheit und Ordnung. 2002. *Band 87.*
Möllers, Christoph: Gewaltengliederung. 2005. *Band 141.*
Morgenthaler, Gerd: Freiheit durch Gesetz. 1999. *Band 40.*

Morlok, Martin: Selbstverständnis als Rechtskriterium. 1993. *Band 6.*
Müller-Franken, Sebastian: Maßvolles Verwalten. 2004. *Band 105.*
Musil, Andreas: Wettbewerb in der staatlichen Verwaltung. 2005. *Band 134.*
Niedobitek, Matthias: Das Recht der grenzüberschreitenden Verträge. 2001. *Band 66.*
Odendahl, Kerstin: Kulturgüterschutz. 2005. *Band 140.*
Oeter, Stefan: Integration und Subsidiarität im deutschen Bundesstaatsrecht. 1998. *Band 33.*
Ohler, Christoph: Die Kollisionsordnung des Allgemeinen Verwaltungsrechts. 2005. *Band 131.*
Pache, Eckhard: Tatbestandliche Abwägung und Beurteilungsspielraum. 2001. *Band 76.*
Pauly, Walter: Der Methodenwandel im deutschen Spätkonstitutionalismus. 1993. *Band 7.*
Pielow, Johann-Christian: Grundstrukturen öffentlicher Versorgung. 2001. *Band 58.*
Poscher, Ralf: Grundrechte als Abwehrrechte. 2003. *Band 98.*
Puhl, Thomas: Budgetflucht und Haushaltsverfassung. 1996. *Band 15.*
Reinhardt, Michael: Konsistente Jurisdiktion. 1997. *Band 24.*
Remmert, Barbara: Private Dienstleistungen in staatlichen Verwaltungsverfahren. 2003. *Band 95.*
Rensmann, Thilo: Wertordnung und Verfassung. 2007. *Band 156.*
Rixen, Stephan: Sozialrecht als öffentliches Wirtschaftsrecht. 2005. *Band 130.*
Rodi, Michael: Die Subventionsrechtsordung. 2000. *Band 52.*
Röben, Volker: Außenverfassungsrecht. 2007. *Band 160.*
Rossen, Helge: Vollzug und Verhandlung. 1999. *Band 39.*
Rozek, Jochen: Die Unterscheidung von Eigentumsbindung und Enteignung. 1998. *Band 31.*
Ruffert, Matthias: Vorrang der Verfassung und Eigenständigkeit des Privatrechts. 2001. *Band 74.*
Sacksofsky, Ute: Umweltschutz durch nicht-steuerliche Abgaben. 2000. *Band 53.*
Šarčević, Edin: Das Bundesstaatsprinzip. 2000. *Band 55.*
Schlette, Volker: Die Verwaltung als Vertragspartner. 2000. *Band 51.*
Schliesky, Utz: Souveränität und Legitimtät von Herrschaftsgewalt. 2004. *Band 112.*
Schmehl, Arndt: Das Äquivalenzprinzip im Recht der Staatsfinanzierung. 2004. *Band 113.*
Schmidt, Thorsten I.: Kommunale Kooperation. 2005. *Band 137.*
Schmidt-De Caluwe, Reimund: Der Verwaltungsakt in der Lehre Otto Mayers. 1999. *Band 38.*
Schönberger, Christoph: Unionsbürger. 2006. *Band 145.*
Schroeder, Werner: Das Gemeinschaftrechtssystem. 2002. *Band 86.*
Schulte, Martin: Schlichtes Verwaltungshandeln. 1995. *Band 12.*
Schwartmann, Rolf: Private im Wirtschaftsvölkerrecht. 2005. *Band 122.*
Seiler, Christian: Der souveräne Verfassungsstaat zwischen demokratischer Rückbindung und überstaatlicher Einbindung. 2005. *Band 124.*
Sobota, Katharina: Das Prinzip Rechtsstaat. 1997. *Band 22.*
Sodan, Helge: Freie Berufe als Leistungserbringer im Recht der gesetzlichen Krankenversicherung. 1997. *Band 20.*

Sommermann, Karl-Peter: Staatsziele und Staatszielbestimmungen. 1997. *Band 25.*
Stoll, Peter-Tobias: Sicherheit als Aufgabe von Staat und Gesellschaft. 2003. *Band 101.*
Storr, Stefan: Der Staat als Unternehmer. 2001. *Band 78.*
Stumpf, Christoph A.: Alternative Streitbeilegung im Verwaltungsrecht. 2006. *Band 149.*
Sydow, Gernot: Verwaltungskooperation in der Europäischen Union. 2004. *Band 118.*
Talmon, Stefan: Kollektive Nichtanerkennung illegaler Staaten. 2006. *Band 154.*
Trute, Hans-Heinrich: Die Forschung zwischen grundrechtlicher Freiheit und staatlicher Institutionalisierung. 1994. *Band 10.*
Tschentscher, Axel: Demokratische Legitimation der dritten Gewalt. 2006. *Band 147.*
Uerpmann, Robert: Das öffentliche Interesse. 1999. *Band 47.*
Uhle, Arnd: Freiheitlicher Verfassungsstaat und kulturelle Identität. 2004. *Band 121.*
Unruh, Peter: Der Verfassungsbegriff des Grundgesetzes. 2002. *Band 82.*
Volkmann, Uwe: Solidarität – Programm und Prinzip der Verfassung. 1998. *Band 35.*
Voßkuhle, Andreas: Das Kompensationsprinzip. 1999. *Band 41.*
Wall, Heinrich de: Die Anwendbarkeit privatrechtlicher Vorschriften im Verwaltungsrecht. 1999. *Band 46.*
Walter, Christian: Religionsverfassungsrecht in vergleichender und internationaler Perspektive. 2006. *Band 150.*
Weiß, Wolfgang: Privatisierung und Staatsaufgaben. 2002. *Band 88.*
Welti, Felix: Behinderung und Rehabilitation im sozialen Rechtsstaat. 2005. *Band 139.*
Wernsmann, Rainer: Verhaltenslenkung in einem rationalen Steuersystem. 2005. *Band 135.*
Winterhoff, Christian: Verfassung – Verfassunggebung – Verfassungsänderung. 2007. *Band 155.*
Wittreck, Fabian: Die Verwaltung der Dritten Gewalt. 2006. *Band 143.*
Wolff, Heinrich Amadeus: Ungeschriebenes Verfassungsrecht unter dem Grundgesetz. 2000. *Band 44.*
Ziekow, Jan: Über Freizügigkeit und Aufenthalt. 1997. *Band 21.*